国家社科基金
GUOJIA SHEKE JIJIN HOUQI ZIZHU XIANGMU
后期资助项目

明代中国白银货币化研究

中国早期近代化历史进程新论

上册

Research on the Monetization of
Silver in China in the Ming Dynasty:
A New Discussion on the Historical Process of
China's Early Modernization

万　明　著

中国社会科学出版社

图书在版编目（CIP）数据

明代中国白银货币化研究：中国早期近代化历史进程新论：全 2 册 / 万明著.
—北京：中国社会科学出版社，2022.9（2024.1 重印）

ISBN 978 – 7 – 5227 – 0643 – 6

Ⅰ.①明… Ⅱ.①万… Ⅲ.①银—货币史—中国—明代 Ⅳ.①F822.9

中国版本图书馆 CIP 数据核字（2022）第 137013 号

出　版　人　赵剑英
责任编辑　李凯凯
责任校对　李　莉
责任印制　王　超

出　　　版　中国社会科学出版社
社　　　址　北京鼓楼西大街甲 158 号
邮　　　编　100720
网　　　址　http://www.csspw.cn
发　行　部　010 – 84083685
门　市　部　010 – 84029450
经　　　销　新华书店及其他书店

印刷装订　北京明恒达印务有限公司
版　　　次　2022 年 9 月第 1 版
印　　　次　2024 年 1 月第 2 次印刷

开　　　本　710×1000　1/16
印　　　张　55
字　　　数　985 千字
定　　　价　298.00 元（全二册）

国家社科基金后期资助项目

出 版 说 明

后期资助项目是国家社科基金设立的一类重要项目，旨在鼓励广大社科研究者潜心治学，支持基础研究多出优秀成果。它是经过严格评审，从接近完成的科研成果中遴选立项的。为扩大后期资助项目的影响，更好地推动学术发展，促进成果转化，全国哲学社会科学工作办公室按照"统一设计、统一标识、统一版式、形成系列"的总体要求，组织出版国家社科基金后期资助项目成果。

全国哲学社会科学工作办公室

目　　录

（上册）

明代中国白银货币化研究 20 年（代序）[*]

　　我提出"明代白银货币化"概念进行专题研究，至今已经 20 多年了。随着中国改革开放的逐步开展与深入，市场经济进程迅猛发展，总结中国历史上市场经济的经验教训也应该提上日程。明代中国白银货币化过程，是古代中国从农业经济向市场经济转型的过程，值得我们特别关注，源自市场的明代白银，改写了中国史，也改写了全球史。

　　回顾走过的学术历程，研究明代白银货币化的缘起是在 1999 年。那时我主持中国社会科学院历史研究所重点课题"晚明社会变迁研究"正式立项，2000 年申报为国家社会科学基金课题。自立项起，我个人研究专题已定为"明代白银货币化与中外变革"。2002 年课题以"优秀"结项后，因 SARS 延迟，2005 年才出版①。从 2001 年在"香港大学建立九十周年国际学术研讨会"上发表首篇论文②，至今已发表相关论文约 40 篇。中国经济何时、又如何从传统转向近代，是经济史乃至中国古代史需要着力研究的中国独特的历史发展进程的重大问题。明代的特殊性就在于是古代中国大转折的时代，也是经济全球化开端的时代，从明代中外关系史出发，提出"明代白银货币化"概念，问题意识是从货币经济视角来探讨中国走向近代化，走向世界的研究新路径，将研究融入全球史学术潮流，最终归结到经济全球化大合流问题。在 2015 年第 22 届历史科学大会

---

*　此代序曾承邀发表于《中国经济史研究》2019 年第 6 期，依序梳理了笔者 20 年的学术历程。原文关于明代白银货币化概念部分，和其中作为结语的 2018 年《南国学术》选出"2017 年度中国历史学研究十大热点"之一"白银进出口对明清货币的影响"点评，即 2017 年 4 月在"中国历史上的白银问题"国际学术研讨会的总结，移入本书正文；这里加入了本书完成的最后一部分标题。

①　《晚明社会变迁：问题与研究》主编、第一作者，撰写"绪论"（第 1—29 页）与第三章"明代白银货币化与中外变革"（第 143—246 页）。

②　以《明代白银货币化的初步考察》为题，在《中国经济史研究》2003 年第 2 期发表。

主旨会议"全球视野下的中国"上，我发表题为"白银货币化：明朝中国与全球的互动"的演讲，是多年研究的一个简略总结①，此后研究仍在继续进行之中。直至最近才将最后一部分完成：全球视野下的明清鼎革——基于白银货币化的分析，并分析明代白银货币化对于清朝的影响。

下面依序从五个方面大致梳理明代白银货币化研究的学术历程。

第一，发现明代白银货币化来自民间社会，来自市场。

我的研究是从白银货币化的启动开始的。明代白银货币化的观点，最早在 2001 年庆祝香港大学创校九十周年明清史国际学术研讨会上发表②。我的问题意识很明确：明初白银作为非法货币，不是国家货币制度的法定货币，是如何启动货币化过程的？此文开篇即指出：明朝大规模行用白银是一个重要的社会现象。明代白银成为主要货币，在社会经济生活中起了重要作用，以至于我们将晚明称为中国的白银时代也不为过。但是翻开《大明会典》，发现明代典章制度的记载中，唯见"钞法"和"钱法"，不见"银法"。这说明白银不是明朝的法定货币，也就没有制度可言。由此可见，明初禁用金银交易，白银不是国家的合法货币，它经历了从非法到合法，并普及于全社会的货币化过程。白银在明朝的货币化过程，在历史上是一个独特的不同寻常的现象。那么，白银是如何在明朝货币化，又是怎样形成实际主币地位，在社会经济生活中起了重要作用的，是一个十分值得探讨的问题，而这也是以往研究中一个比较忽略，有必要专门加以研究的问题。此文沿着傅衣凌先生以第一手土地买卖契约文书入手的探讨路径③，经过对明初洪武二年（1369 年）至成化二十三年（1487 年）的 119 年间 427 件徽州地区土地买卖交易契约文书的统计分析，获得了明代白银不同寻常的货币化过程的宝贵信息。大量第一手土地买卖契约文书证明，白银货币化自民间开始，经历了自下而上的发展历程，到明代成化（1465—1487 年）以后，为官方所认可，自上而下地展开。沿着民间与官

① Wan Ming, "The Monetization of Silver in China: Ming China and Its GlobalInteractions", in *China's Development from a Global Perspective*, María Dolores Elizalde and Wang Jianlang ed., Cambridge Scholars Publishing, 2017, 中文以《明代白银货币化的总体视野：一个研究论纲》为题，发表在《学术研究》2017 年第 5 期。
② 当时提交论文《试论货币经济与明朝统治》，经修改后更名《明代白银货币化的初步考察》，刊于《中国经济史研究》2003 年第 2 期。
③ 《明代前期徽州土地买卖契约中的通货》，《明清社会经济史论文集》，人民出版社 1982 年版。

方的两条线索进行论证考察，可以认为民间社会存在一种自下而上的白银货币化趋势，作为明初法定货币的宝钞最强劲对立物的白银，最终不以任何人的意志为转移，逐渐占据了主币的地位。提出明代白银货币化的进程，是由自下而上转而为自上而下相结合全面铺开的，其间最显著的转折点不在正统初年，而在成、弘以后；对《明史·食货志》中正统初年"弛用银之禁""朝野率皆用银"的记载提出了质疑。更重要的是，揭示了白银货币化起自民间，是市场发展促动的结果，而不是国家法令推行的结果。指出这种白银货币化的趋势，正是明代社会经济发展内在动力的客观体现，是市场经济萌发的过程。由此明确提出白银货币化是源自市场。

第二，明代白银货币化过程的探讨：国计与民生。

关于明代白银如何形成完全货币形态的过程，是前人没有做过的工作。2003 年我发表长达 4 万多字的论文《明代白银货币化与制度变迁》（《暨南史学》第二辑），对于中外学界研究明代白银问题进行了较全面的学术史回顾，提出"迄今为止，学术界缺乏对明代白银货币化过程的专门研究，而这无疑影响了对明代货币经济发展达到水平的认识及其作用的评估，更影响了对明代社会发展的整体评价。有鉴于此，本文着意于白银货币化如何自下而上而又自上而下的极大影响了明朝制度层面，促使发生了制度变迁，出现历史事实上的'银法'的动态过程"。我认为在中国历史上，白银从贵重商品，最终走向了完全的货币形态，是在明朝。因此，研究明朝白银本身，已经构成了货币史上的重大意义。然而，其意义却又绝不仅此而已。长期以来，晚明社会出现的令人瞩目的变化，引起了中外学术界广泛关注，对此变化，中国学者一般认为是中国从封建社会向资本主义社会的过渡，或称中国从古代社会向近代社会的转型时期，研究则主要是从资本主义萌芽和商品经济发展方面加以论证和解释。随着研究的深入，近年对于以往形成的"规范"认识，不少学者进行了深层反思和质疑，因此，在切实的实证研究基础上，研究范式的转换势在必行。迄今为止，资本主义萌芽论和商品经济发展论使学术界长期没有足够注意到货币经济发展的存在，很少留意白银在明代不同寻常的货币化过程，更极少注意到白银货币化的重大影响。对明代白银货币化的考察，正是出于这样一种考虑，试图以此作为一个全新的视角，进行实证研究，从中归纳认识，具体探讨和重新诠释明代社会发展变化的历史轨迹。

我尝试从国计与民生两条线索，探讨来自市场的白银货币化自下而上至与国家自上而下合流的全面铺开过程（《晚明社会变迁：问题与研究》第三章《白银货币化与中外变革》，2005 年）。探讨来自民间的白银作为货币，是如何被官方认可的，自下而上的白银货币化趋势何时发生了自上而下的展开？国家推行的通货目标与民间货币发展趋势是完全不同的，二者在什么时候开始调和呢？这里有一个交界点的问题。依据官方与民间文献记载揭示的大量事实，明朝成、弘以后，白银货币化自上而下全面铺开，带来社会经济货币化过程的急速发展，无论是从国家财政上，还是从社会各阶层人们日常生活上，即从国计与民生的两条线索来考察，这条轨迹都是清晰可见的。

国计方面，白银货币化与一系列制度变迁并行。我具体列举了国家财政收入货币化的大量事实，包括田赋货币化、徭役货币化、盐课货币化、茶课货币化、关税货币化等；还有国家财政支出货币化的大量事实，包括皇室、官俸、军费、政府开支等方面，并专门探讨了国家财政与白银货币化的空间分布的关系。并且提出了一个应该澄清的问题，就是自成化、弘治以后白银货币化趋势已经深刻影响了明朝财政和税收的货币化，引发了明朝一系列制度的变化；晚明赋役归一，唯征白银，但是直至明末，赋税仍称"钱粮"，这种名实不符的现象为研究设置了障碍，亟待澄清。

民生方面，白银货币化与社会变迁同步。我认为货币化即货币经济化的进程，但是绝不是说仅仅发生的是经济变革，以商品货币为引擎，以市场为推动力，整个社会形成了连锁反应，是经济、政治、社会、思想、文化等多种因素综合作用下的社会嬗变，也即中国近代化的进程。提出正如马克思所说："货币不是东西，是一种社会关系。"[1] 随着贵金属白银成为社会上流通的主币，白银货币体系将社会各阶层无一例外地全部包容了进去，货币化带给晚明社会的是社会关系的变化，包括生产和交换关系的变化。明初形成的旧的社会等级结构出现了明显的分化和整合，推动了人们的社会关系从对人的依附关系向对物的依赖关系，也就是经济关系转变。我的考察是从影响方面展开的：一是白银将社会各阶层卷入市场之中，二是白银货币化与新的经济成分增长，三是社会各阶层的商业性行为，四是引起社会价值观的巨大变迁。[2] 提出最为重要的是专业的商人群体——商

---

[1] 《马克思恩格斯全集》第 4 卷，人民出版社 1958 年版，第 119 页。

[2] 后增补了王学部分、性别个案与转型特例。

帮的兴起。著名的徽、晋、闽、粤等商帮，都是在 15 世纪下半叶至 16 世纪这一历史阶段形成和发展起来的。① 商帮的兴起，说明了资本的积累过程与白银货币化的进程相互吻合。货币化使商业性行为扩散到全社会，普遍出现在社会各阶层，在全社会上下对白银的追求中，商品货币流通加速进行，从乡村集市—城镇市场—区域市场—全国市场，市场得到了前所未有的扩大发展，一个全国性市场形成。② 在白银货币化过程中，王朝显然是被削弱而不是被强化了，③ 王朝拥有的资源更多地让位给市场，国家作用则更多地让位给社会，市场经济新的契机在此时出现，王朝权力的衰落不可避免。从政治与经济的关系来看，经济繁荣与政治衰败成正比，政治迟早要随时代变化，市场经济的萌发，本身就意味着王朝统治的危机。生产力发展，社会进步，导致旧的统治走向衰亡，这是一条历史规律。与此同时，我们不应忽略一个基本事实，白银货币的扩展，不仅改变了旧的社会生活，而且改变了人们旧的社会身份和地位，更改变了人们旧的思想价值观念。白银货币化，官可以买得，学可以进得，僧道可以当得，徭役可以代得，有了罪过，也可以通过纳银，即纳赃赎银化得。银子强有力的实用价值远远超出了陈腐的本末说教，社会风尚焉得不大改、社会秩序焉得不大变？整个社会的价值观念、社会行为，社会心理发生了重大变化。人们对财富的观念转移，从对白银千方百计赤裸裸的追求上表现无遗。嘉靖年间，整个社会已经呈现出"不以分制，以财制"的时代特色，旧的等级制分解，充分说明了晚明中国社会正沿着从传统向近代发展的路径前行，处于社会转型之中。

美国学者珀金斯曾认为："一般说来，同农业最密切相关的制度，自十四世纪以来并未发生显著的演变。另外，人们也不是真正需要去改革这些制度。"④ 这无疑是聚焦于农业生产力得出的结论；然而，从白银货币化的角度考察，就会发现与此相反的历史事实，与农业密切相关的制度不

---

① 参见张海鹏、张海瀛《中国十大商帮》，黄山书社 1993 年版。
② 许涤新、吴承明主编《中国资本主义发展史》第一卷《中国资本主义的萌芽》中，把国内市场分为四种类型，即地方小市场（墟集贸易）、城市市场、区域市场、全国市场（长距离贩运贸易），人民出版社 1985 年版，第 680 页。
③ 参见拙文《明代白银货币化与明朝兴衰》，中国社会科学院历史研究所明史研究室编《明史研究论丛》第六辑，黄山书社 2004 年版，第 395—413 页。
④ ［美］珀金斯著，朱海文等译：《中国农业的发展（1368—1968 年）》，上海译文出版社 1984 年版，第 240 页。

仅发生了显著演变，而且一切正是根据当时人的需求而改变的，因此变迁有着社会基础。明代白银货币化的考察证明，中国社会转型，近代开启，在多层面的深刻变迁上表现了出来，具体表现在六个层面上，一是货币形态层面，从贱金属铜钱向贵金属白银的货币形态转变；二是赋役制度层面，从实物和力役向货币税的税收制度转变；三是经济结构层面，从小农经济向市场经济结构转变；四是社会关系层面，从人的依附关系向物的依赖关系转变；五是价值观念层面，从重农抑商到工商皆本的观念转变；六是社会结构层面，从传统社会向近代社会转变。由此，我提出白银货币化过程，是中国社会经济货币化的过程，也是中国市场经济萌发的过程，具有向近代社会转型的划时代意义。

第三，白银货币化：明朝中国与全球的互动。

我认为白银货币化奠定，是中国与世界的连接。实证研究表明，中国以白银货币化为媒介，主动走向了世界，论证了中国走向近代，走向世界，是有社会内部强大驱动力的。沿着一条白银货币化—市场扩大发展—与世界连接的道路，中国以社会自身发展需求为依托，市场扩大发展到世界范围，与世界接轨，并深刻地影响了全球化的历史进程。①

考察明前期官方朝贡贸易，几乎没有白银的份额，在市场崛起的白银货币化加速扩张，在成化年间出现一个关键点，民间文书已经证明在市场白银独占鳌头的情况，朝堂之上丘濬根据社会流通提出以银为上币的建议；明朝在郑和下西洋后府库中的海外物资枯竭，白银需求使朝廷大规模在赋役方面改革折银——征银，也促使私人海外贸易蓬勃兴起。这些变化集中在成化时出现，应该说不是偶然的。发展到嘉靖初年，即16世纪20年代，白银货币化已经呈现出基本奠定"益专用银"的态势，白银渗透到整个社会，促使社会各阶层上上下下产生了对白银的巨大需求，在促使全国性市场初步形成后，进一步向海外世界扩展。中国银本位制的基本奠定，中国丝银外贸结构的确定，为以白银为中心的世界市场网络或体系形成，提供了重要前提条件，也使晚明中国的变革与世界的变革紧密联系在一起。我认为事实并非如既往一般所认识的，是西方东来导致了中国被动地与世界连接起来。中国巨大的日益增长的白银需求，使当时国内白银储存量以及银矿开采量严重不足的矛盾凸显了出来，求远大于供，白银价

---

① 《明代白银货币化：中国与世界连接的新视角》，《河北学刊》2004年第3期。

值增大，在这里，我提出正是白银货币化的巨大白银需求，促使中国市场超出国界走向海外成为必然。中国市场的扩张与海外市场的连接，首先直接刺激了日本银矿的大发现和大开发；这一点从全球史可以看得很清楚，中国的白银需求在前，日本的银矿开发在后。就此而言，中国引领了全球化来临。

与此同时，西方葡萄牙人东来，恰于 16 世纪 20 年代到达日本，他们立即发现中日间丝银贸易可以获得巨大利润，于是积极参与其间，开展了活跃的中介贸易，并将贸易范围扩大到全球；16 世纪六七十年代西班牙扩张到亚洲以后，也几乎立即发现了需要大量白银才能换取中国商品的事实，紧接着就出现了美洲银矿的疯狂开采和马尼拉大帆船的大规模运输，这些事件的发生，似乎不能以时间的偶合来说明，我认为从时间和动因来看，中国的白银需求曾直接影响和推动了日本银矿的大开发和间接影响和推动了美洲银矿的大开发。丹尼斯·弗莱恩和阿拉图罗·热拉尔德兹提出世界贸易在 1571 年诞生的观点，[①] 也即明隆庆五年。我提出，如以中国活跃的白银贸易为起点，那么时间应该提前到 16 世纪 40 年代，也就是中国白银货币的主币地位已经基本奠定，整个社会对于白银产生巨大需求，国内显然不能满足这种需求，于是开始向海外寻求的时代，则更为贴切。正是从那时起，一个世界贸易网络开始形成，世界市场雏形已开始运作；白银成为世界货币，在世界形成一个整体历史（也就是我们今天所谓经济全球化）的进程中的极为重要的作用，也已经显示了出来。由此我提出，中国积极参与并引领了经济全球化的初步建构，发挥了举足轻重的作用，为全球化作出了重要的历史性贡献；与此同时，通过与世界的连接，中国社会的白银货币化最终奠定，整个社会加速走向货币经济化。白银货币化即中国早期近代化进程的起源，晚明中国出现了传统社会向近代社会的转型和全球化的参与。白银货币化代表中国社会经济货币化的发展趋势，以货币为引擎，农业经济向货币经济转变，市场扩大发展，市场经济萌发并以前所未有的发展趋势极大地扩张，从中国方面来说，是市场扩大到世界范围；从世界来说，是逐渐形成了一个世界市场，这正是经济全球化开始的一幕。中国货币化过程与中国乃至世界的近代化过程重叠在一

---

① Dennis O. Flynn and Arturo Giraldez, "Born with a 'Silver Spoon': the Origin of World Trade in 1571", *Journal of World History*, Vol. 6, No. 2, 1995.

起。关键的是，通过研究，大量第一手资料无可辩驳地证明，在时间上，中国白银货币化发生在前，西方的到来在后，这说明在全球化的前夜，中国有着内部自身独特的变革运行轨迹，揭示了中国由内生型经济转型主动走向全球；在空间上，16 世纪全球化开端，中国与全球互动关系凸显，中国凭借自身的实力引领并参与了经济全球化的建构，从而走向了全球历史的趋同。在这里，我认为确实应该重新建构近代早期的全球史，那就是，16 世纪的全球史，一个世界体系形成的历史不是西方人带来的，是世界各国、各民族共同创造的历史。

可惜的是，迄今为止，虽然越来越多的中外学者采用经济全球化视野来考察历史，但是众多中国学者仍然持有 16 世纪西方大航海的全球史观。典型的是"中国被纳入（或卷入）世界经济体系"，立场与话语至今还是西方的。从时间上看，西方东来与全球贸易开始的时候已是 16 世纪以后，为时过晚，所以不可能是促成明代前期中国内部经济增长和货币市场经济发展的根本原因。对于白银货币的实证研究，我们的出发点只能是对于中国本土历史事实的探求，白银问题必须上溯到全球贸易以前更早时期本土历史的深入发掘与研究。

第四，白银货币化与赋役改革。

着意于白银货币化与赋役改革的关系，我认为中外史学界关于"一条鞭法"的研究成果积累深厚，然而就视角而言，则基本上不出赋役制度的范畴，相对而言，不免忽视了改革的整体发展线索及其宏阔的社会意义。为此，2007 年撰文《白银货币化视角下的明代赋役改革》（《学术月刊》2007 年第 5—6 期）指出：明代的赋役改革并不始自"一条鞭法"，如果从明宣宗宣德五年（1430 年）周忱改革算起，发展至明世宗嘉靖初年（1530 年左右）出现"一条鞭法"，再到一般所说的明神宗万历初年（1580 年左右）向全国推行，整整经历了一个半世纪的时间。明代白银货币化—赋役白银化是一个完整的过程，赋役折银与明代白银货币化密切相关，是白银货币化的重要表现形式。更重要的是，商品货币经济的极大扩展，也就是市场的扩大发展，货币化成为经济发展的推动力，由此可以得到解释。"一条鞭法"是此前明代一系列赋役改革的延伸与总结。

明代白银货币化趋势，是来自市场的动力，推动了一系列赋役改革出现。以赋役改革的形式，经历一个半世纪，白银货币化基本奠定，迎来了新一轮的改革——清丈田亩，赋役合一，统一折银，导致白银货币化走向财政货币化的最终完成。这也正是中国社会经济货币化的重要里程，是中国从传统社会向近代社会转型的重要标志。在前贤研究的基础上，我感到似乎还可以进一步阐释货币化过程对于促进中国历史发展进程具有的更为广阔的社会意义：

进程一：赋役折银—农民从纳粮当差到纳银不当差—从身份到契约—农民与土地分离—雇工人和商帮群体形成—市场化进程。

进程二：赋役折银—农业从单一到多元—经营权与所有权分离—农业商品化—商业化进程。

进程三：赋役折银—农村从封闭、半封闭到开放—市镇兴起—城市化进程。

以上三个进程，总括起来是一个农民、农业、农村的大分化的过程，晚明社会所谓"天崩地解"就由此始。折银最关键的作用体现在第一个进程上，即直接推动了农民从纳粮当差到纳银不当差，农民与国家的关系从身份走向契约，这是社会的巨大进步。而农业经济向商品货币经济转化，从而打破了农村封闭、半封闭的自然经济状态，由此，农民、农业、农村都发生了巨大变化，货币化与市场化、商业化、城市化同步，晚明社会遂进入了一个变动不居的发展状态。

应该说明的是，第一，纳银不当差，即以银代役，这是赋役改革折银以后实现的一个总的征代原则，相对纳粮当差而言是一个重大的变革。虽然在具体实行中出现有大量纳银仍派差的现象，过渡情况复杂，但是明后期以银代役形成了一个不可逆转的大趋势，也是毋庸置疑的。第二，史学界对于上述进程二、进程三的研究，即晚明农业商品化和市镇兴起与繁荣方面的研究，前贤成果极为丰硕，笔者为了避免重复论述，所以研究集中于农民从纳粮当差到纳银不当差的方面，我认为最为关键的变革不是发生在制度上，而是体现在人身上，直接推动了农民从纳粮当差到纳银不当差，农民逐渐摆脱了土地的束缚而获得独立的自由雇工的身份。这一重大变革，无疑就是英国历史法学家亨利·梅因所谓从身份到契约的过程，也无疑就是马克思所说的从人的依附关系向物的依赖关系的转变，是社会的巨大进步，成为由传统社会向近代社会转变的重要标志，对社会经济、政治和思想文化都产生了极其深刻的影响。

大量史料说明，在"一条鞭法"于全国普遍实行之前，早已伴随着一系列赋役改革，源自市场的白银已经基本奠定了流通领域主币的地位，由此中国走向了世界，更成为"一条鞭法"在全国实行的基本前提条件。在学术界以往的认识中，这一过程却是被颠倒了的，大多认为是外银流入促使"一条鞭法"实施，白银才成为主要货币，社会才普遍用银。这不符合明代历史发展的本来面貌，有予以澄清的必要。

第五，白银货币化与财政改革。

摸索新的研究模式，同时也是学术理路的自然延伸，是对《万历会计录》进行全面系统的整理和研究，这是首次对于《万历会计录》进行全面系统整理与研究，由我与数学教授徐英凯合作十余年完成。[①]《万历会计录》四十三卷，约百万字，产生于明朝万历初年，即 16 世纪 80 年代，是张居正改革攻坚阶段的直接产物，不仅如此，这部《会计录》在中国古代史上还具有更为重要的地位和意义，那就是它是迄今存留于世的中国古代唯一一部国家财政会计总账册。财政改革历来是惊心动魄的，处于社会转型、制度变迁、世界巨变关键时期的 16 世纪明代财政史，尤其值得我们特别关注。当时户部编纂此账册的目的，主要是改革需要所作的国家财政会计现状报告及其分析，是在各省直册报和档案、条例基础上编制而成。其内容备载全国十三布政司两直隶田赋旧额、见额、岁入、岁出总数；各边镇饷额；内库和各库各监局物料额；商价、光禄寺物料供应、宗藩禄粮、官员俸禄、营卫俸粮、漕运、仓场、屯田、盐法、茶法、钞关、商税和杂课等，林林总总，包括财政的方方面面，是一部包含 4.5 万多条数据的大型财政数据文献，主要是万历六年（1578 年）户部掌握的明代中央财政会计数字，也有少量万历八年（1580 年）的数字。长期以来，与其他的断代财政史比较，明代财政研究相对薄弱和滞后。研究集中在"一条鞭法"，对明代财政史缺乏全面系统的研究和总体的把握。《万历会计录》是 16 世纪 80 年代明代国家财政的实态记录，数据记载过于琐碎，数字达到小数点后七八位之多，仅田赋税目已达 30 多种，并对于户部所掌握的全国经济资源，直至府州县，几乎达到了毫分缕析的记载，整理和研究具有很大难度。而没有系统整理与研究，也就很难全面加以利用。从宏观的财政体系结构及其运动规律中去考察明代整体财政体系的研究，一直付之阙如，而由于明代白银货币化，以白银作为统一计量单位出现于明朝，使我产生了全面整理《会计录》，以白银作为统一的计量单

①《〈万历会计录〉的整理与研究》，中国社会科学出版社 2015 年版。

位，将《会计录》中所有收支数据全部折算为白银，得出财政的规模、结构以及货币化程度的认识。计量方法的运用，可以帮助我们在处理大规模资料时，克服例证性和罗列性的不足，不仅从质的规定性上，而且从量的规定性上去理解问题，从而使研究结论更为可靠，更令人信服，有助于深化对明代财政改革的真实发展过程。

我们的研究成果主要采用了统计列表的形式，总共编制统计表 555 个，附图 28 个。整理录入明代财政会计数据达 4.5 万条，全部处理的数据多达 20 万条以上。全书分为三篇，第一篇整理篇，系统地整理原书数据，编制了 133 个甲表，这些表格严格依据《会计录》原书的卷次顺序，保留了原书的全部内容，使得《会计录》这部大型数据文献，首次具备了现代统计表格的形式。由于原书内容繁杂、数字量巨大等特点，整理篇解决了长期以来给应用者带来的困惑与麻烦，可作为工具书使用。第二篇统计篇，分为 13 章，根据整理篇原始统计表所记录的数据，编制了 134 个统计表格，主要是对整理篇 133 个甲表分别进行比较、归类等简单的统计分析，这样做的目的，是下一步以白银作为统一的计量单位，对晚明国家财政结构分析和财政收支总额的推算打下一个坚实的基础。第三篇研究篇，分为 10 章顺序编制排列表格，编制的货币化统计表 288 个，是从明代白银货币化理论出发，以白银货币作为统一计量单位，将《会计录》中所有收支数据全部折算为白银，对户部掌握的全国财政状况进行统计分析，客观还原 16 世纪末明代财政的实态。由于《会计录》提供了其他史料所没有的详细财政数字，这些数字对于明代经济资源规模与分布、地区税负分布等具有不可替代的学术价值。特别应该提到的是，我们的聚类分析结果，与今天行政地理区划有着相似之处，说明明代与今天的国情有着千丝万缕的联系。

我们在研究视角上以白银货币化为主要线索，对《会计录》这部珍贵的大型数据资料进行全面系统的整理，特别是在研究方法上采用史学与数学方法相结合，定性分析与定量分析相结合，尝试以统计表格形式复原 16 世纪明代财政体系的变化实态。在对《会计录》中田赋的数字材料进行开发性初级处理的基础上，首次将数理统计多元分析中的系统聚类分析模型应用于历史学研究领域。将十五个省直作为样本，按照它们在田赋水平上的紧密程度进行分类，以同一类中已知省直的实物折银标准的加权平均值，作为折银标准未知省直的相同实物的折银标准，由此确定各省直田赋项目的折银标准。然后以统一的白银为计量单位,将全国田赋折银,进而得到 16 世纪全国各省直田赋的分布及其货币化比例,并选取个别省进行了个案分析。《会计录》卷六山东田赋数据全部缺失,我们在由系统聚类分析模型得到的山东与南直隶为一类的结论基础上,结合文献记载,应用系统聚类分析模型和随机数学中的线性回归模型,以白银作为统一的计量标准,对万历初年山东省及其所辖府州县田赋数据进行了补遗,并给出了田赋货币化结构。以田赋为因变量,积谷为预测变量,对于所分各类分别进行线性回归分析,在显著性水平 $\alpha = 0.01$ 下,模型回归效果显著,误差百分比很小,模型的拟合度 R^2 较高,回归效果理想。最终,严格依据《会计录》记载的实物与折银部分,将财政收支细目全部采用白银为统一的计量单位货币化,又在财政货币总额中除去实物部分,以白银作为统一的计量单位,考察晚明财政整体规模、结构与货币化比例,从而获得财政收支总额的货币化比例。对财政货币化进行分析研究,以期切实了解16 世纪明代国家财政的总体结构与货币化比例,晚明中国财政体系的变化实态和基本特征,进而了解明代财政体系的发展趋势与走向,深化明代财政史乃至中国古代经济史的研究。

以白银货币化理论为主导,我们认为万历初年,白银货币化发展进入一个新阶段。《会计录》这部大型数据文献是张居正改革的直接产物,充分证明了马克思对于"簿记"的经典论断"过程的控制和观念的总结"的正确,清楚地反映出 16 世纪 80 年代明代财政改革进入了攻坚阶段,主要有两个层面:一是以白银为统一的财政计量单位,二是以白银为统一的赋税征收形态。根据我们对于其中数据的个案分析,《会计录》已经展现出一个新的财政体系的雏形,这个新的财政体系是建立在白银基础上的,也就是建立在货币经济基础上,与明初建立在农业经济基础上的财政体系迥然不同了。这一点前贤没有指出,而当我们以白银作为统一计量单位,将《会计录》中财政收支数据全部货币化,求得财政的整体结构时,财政结构的变化是极为明显的,一个实物与货币二元结构的出现,凸显了白银货币化的意义,反映了财政在从实物财政向货币财政急剧变化之中的过渡形态。《会计录》表明,实物折征银的过程曲折反复,新旧混杂,国家财政面临艰难转折,提出张居正主政期间不存在清修《明史·食货志》所载的张居正向全国推行"一条鞭法"的史实,当时只有福建清丈试点成功,那么正是以《会计录》了解全国财政实态的情况下,张居正于万历八年向全国颁行《清丈条例》，为"一条鞭法"的水到渠成、为白银最终成为财政主体奠定了坚实的基础。从理论上对张居正改革进行了重新诠释，指出张居正改革明确把解决国家"财用大匮"作为治国目标，核心是财政改革。这场改革是此前一个半世纪赋役改革的延续，也是一个半世纪赋役改革由渐进到突进的关节点，说明地方赋役改革集中到了中央财政改革的层面。考察《会计录》，清楚可见折银—征银，曲折反复，可见国家财政已出现以白银为计量单位的部分会计收支总账，财政二元结构业已形成，并具有全面转向白银货币的明显趋势。根据统计，我们计算出晚明全国财政收入总额共计白银 18100167.73 两、全国财政支出总额共计白银 18544545.37 两的结果。这样看来，明显收不抵支，两者相差 444377.64 两。其中，实银的收入为 7589182.91 两，实银的支出为 9163098.67 两，在实银收支上有高达 1573915.76 两的赤字。因此认为，16 世纪七八十年代明代国家财政明显处于危机之中，这无疑意味着明朝的财政改革向以白银货币为主的财政体系转型必须加速进行。清丈田亩是财政体系转型的根基，此后"计亩征银"落到实处，"一条鞭法"水到渠成。从《万历会计录》到《赋役全书》，明朝实现了从实物税到货币税的财政体系的转型。事实上，以往研究过度集中在"一条鞭法"上，忽略了财政体系整体转变的研究。到万历后期，即使一些地方仍不免有实物征收，但以白银作为统一的计量单位，是以排山倒海之势遍及全国的。就此而言，虽然世间已无张居正，但是 16 世纪财政改革是成功的，明代财政体系从实物向货币的转型到明末已基本完成。也正因为如此，清初才能完整沿袭万历年间的改革成果①。《会计录》表明，明代财政正在进行脱胎换骨的转型，是从以实物为主的财政体系向以白银货币为主的财政体系转型，这是中国古代二千年前所未有的财政变革，具有划时代的意义。

这里应该说明的是，《会计录》中的"通计"仍然是复合单位的问题。我认为这是一种滞后现象，《会计录》处于改革过渡时期由此凸显出来。我在《明代〈万历会计录〉整理与研究·绪论》中专列了"明朝人以白银作为财政计量标准理念的形成"一小节，说明景泰年间始见"米银"之称，最典型的是，成化二十一年（1485 年）巡抚辽东左副都御史马文升应诏言事，其中"计亩税银"、"量增商税"、钞关"折钞收银"、

---

① 《传统国家近代转型的开端：张居正改革新论》，《文史哲》2015 年第 1 期。

田税"量增折银分数"、"差官铸钱"、天下户口食盐钞"俱收折银"，"通计一年亦可得银百余万两"。这是以银为计量单位的会计理念的完整体现。《钦依两浙均平录》的研究说明，伴随白银货币化，地方财政货币化，出现了明初不具备的地方财政体制，以银为计量单位的会计理念在浙江地方已全面实现。① 实际上《会计录》的"滞后"本是有因的，因为只有在全国普遍清丈田亩统一征银后，以白银作为计量单位的中央财政会计数额才可能出现，所以这里凸显的仍然是一个明显的转型期过渡阶段。

小　结

发展到明代，与当时社会生产力发展相适应，在铜的资源匮乏、钞币不行、宝钞制度失去信用的反弹下，白银崛起于市场。最根本的，就是白银货币化崛起于市场这一点。白银本来不是国家制度设计，也不是国家制度安排，是在市场与国家的博弈中崛起，这正是明代中国从农业经济向市场经济转型的启动。此后在市场作用下，国家不得不采取默认，在从未有国家公开颁布以白银作为法定货币的情况下，白银自下而上发展与国家自上而下用银相结合，到成化年间显示了市场与国家的合力，促使白银货币化过程向全国迅速铺开。这一阶段显露的更多的是市场，也是社会与国家的合作，即"看不见的手"与"看得见的手"的合力作用，促使中国经济货币化加速发展，从农业经济向市场经济转型，市场全面渗透到国家制度方方面面，社会各个阶层与领域。但是，另外，也要看到博弈仍然存在，终至明末，每一次国家铸币或恢复宝钞的举措，都可以视为国家与市场的博弈，国家试图掌控货币，也即掌控市场。但是直至明末，财政上几乎见不到铜钱，"内无关给，外无征收"，铸钱是历朝历代垄断货币得以获利的财政收入，在明朝却因来自市场的白银占据流通领域主币地位，这项收入基本上化为乌有，均以失败告终。白银货币化成为不可逆转的大趋势，推动了社会资本积累、消费和净出口，成为拉动社会经济增长的重要因素。同时，白银成为主币，成为财富的主体，也存在人为追求财富或者说贪欲的问题。经济转型期泥沙俱下，白银货币化是多面剑，晚明社会是一个多元社会，必须进行综合考察。对于赋税方面的负面影响，明朝人论

---

① 《明代浙江均平法考》，《中国史研究》2013 年第 2 期；《明代赋役改革新证：〈钦依两浙均平录〉解读之一》，《明史研究论丛》第 11 辑。

述非常多，前贤在研究"一条鞭法"时也已有比较全面的论及，我在研究晚明社会变迁时，主要聚焦货币化过程，也述及一些赋税的负面作用，但是没有展开。我认为经济转型期泥沙俱下，白银货币化引发的一系列制度变迁，往往是"一利生而一弊生"，因此关于白银对中国乃至世界产生的深远和重大的正负面影响，都应该成为我们研究关注的重点，需要进行综合考察。在 2002 年国家社科基金项目"晚明社会变迁"课题结束后，我几乎立即产生了晚明社会有"变"，还有"不变"的一面的想法，于是开始从国家与社会的综合研究代替变迁的片面视角。我认识到国家、市场、社会的探讨，既是历史研究的核心问题，也是历史研究的基本问题和元问题。迄今为止，有关国家与社会的理论主要是西方的理论。那么，如何构建中国的国家与社会理论？我们的基点必须建立在本土历史经验之上，质言之，即实证研究。从学术史角度来看，不仅需要突破中国传统国家与社会高度一元化模式，也需要突破现代西方国家与社会二元对立模式；既要避免国家至上的以国家为中心的倾向，也要避免社会至上的以社会为中心的倾向。明代国家与社会研究在理论上需要关注三个关系：第一，国家与社会的互动关系，特别是国家与社会的转型关系；第二，国家与社会具体问题与重要理论问题的关系；第三，明代中国与世界，也就是全球化开端之时中国与国际社会的关系①。

明代白银货币化是历史上一个特殊事例，白银缘起于市场，是市场经济的萌发，不是国家法令推行的结果；白银货币化的过程，是货币经济化的过程，货币经济的本质是什么？是市场经济。白银货币化过程，是中国社会经济货币化的过程。经济货币化的含义主要指相对于自给自足的物物交换而言，货币的使用日益增加，在交易过程中可以用货币来衡量的部分的比重越来越大。白银货币化过程的探讨，揭示了中国古代史上史无前例的独特的明代经济货币化现象，崛起于市场的白银，在明朝从非法到合法，形成流通领域中的主币，明朝统一的计量单位，更成为明朝统一的财政征收形态，财政的"统计银两化"由此出现。不少经济学家把经济货币化作为研究重点，如戈德史密斯（Raymond W. Goldsmith）、高斯（S. Ghosh）、弗里德曼（Milton friedman）和施瓦茨（Anna J. Schwartz）等对于 20 世纪 60 年代主要国家经济货币化的比重进行分析，得出一个结

---

① 万明：《关于明代国家与社会理论研究的思考》，《天津社会科学》2012 年第 6 期。

论：经济货币化比率的差别基本上反映了不同国家的经济发展水平，货币化比率与一国的经济发达程度呈现明显的正相关关系。所谓经济货币化，指作为交换手段的货币作用大大加强，经济活动中以货币为媒介的交易份额逐步增大的过程。明代白银崛起于市场，白银货币化进程，即中国经济货币化进程发展迅速，货币的作用渗透到各个经济领域和社会环节，随着货币体系、财政体系转轨进程的基本完成，货币对经济发展发挥着越来越大的作用，货币量的范围不断扩展的过程，是市场经济扩大发展的过程，明代中国就这样由国内市场扩大发展与全球市场接轨，发展趋向与经济全球化趋同，引领并参与了全球大合流的历史潮流，这是一个历史事实。

以全球史的视野来看明代白银问题，明代白银研究使中国史跃居全球史前沿地位，是经久不衰的话题，与西方的兴起相联系，同时，作为中国学者，我们应该揭示的是中国本土在世界一体化的前夜发生了什么？我们不能只看到西方市场经济的兴起，而看不到中国本土悄然发生的市场经济自发调节，推动国家发生一系列制度变迁，中国经济从农业经济向市场经济转型，同时推动中国市场与世界市场的连接，中国与经济全球化相联系。白银来自市场，是来自市场经济的萌发，中国进入白银时代，不是西方主导的经济全球化纳入的，中国引领并参与了世界第一个经济体系的建构。历史事实证明，中国不是被动纳入了全球经济体系之中，白银货币化是一个典型的例证。明代中国发生了什么？发生了经济转型—社会转型—国家转型，是传统向近代的转型，与全球近代化趋势相一致。需要说明的是，中外变革是互动的，但是中国内部自发原生变化在先，而不是相反。结论不是想当然的，也不是什么西方理论的套用，而是建立在明代中国第一手资料基础上提炼的中国历史经验。

因为水平有限，我知道自己做得还很粗浅，应该进行全面回顾、反思与补正。白银货币化研究，无疑印证了凯恩斯的论断："如果以货币的角度发掘历史，整个历史将会被颠覆。"[①] 对《会计录》的整理和研究完成，使白银货币化研究告一阶段。但我感到好像拖出了一个大扫把，大头在后面——晚明国家与社会转型，包括国家与社会治理模式的转型，涉及明代政治、经济、军事、文化、思想、社会、中外关系等领域的方方面面变化

---

① 王巍：《金融可以颠覆历史》"前言"，中国友谊出版公司 2013 年版。

与转型，更涉及中国与全球化的关系，是一个综合大课题①。尤其是林甘泉先生提出的"晚明国家与社会转型之间的关系问题"（《明代〈万历会计录〉整理与研究》林序），更是进一步深化研究的新课题。

在接续的研究进展中，从国家与市场/社会博弈的角度，本书考察了明代白银、宝钞与铜钱的较量概观；着重于白银货币化最后一个阶段，即张居正财政改革以后财政货币化推行全国的过程，探讨了 16 世纪末明神宗亲政以后国家与市场/社会博弈达到白炽化，国家以强权干预市场，造成市场一片萧条，社会极度动荡，国家与社会的转型在此分道扬镳；17 世纪明朝财政危机叠加全球白银危机，最终导致进入王朝鼎革的历史进程。而李自成、张献忠所建立的短暂王朝步明朝后尘，在货币财政窘境中处置不当，导致迅速消亡。在余论中从白银货币化对于清朝的影响入手，论述了在国家与市场/社会的博弈中，清朝成功完成了回归与重建。鉴于前贤在清朝建立的方方面面都已经具有丰厚的研究积累，这里仅从白银货币化——财政货币化是早期近代化历史进程的延伸发展出发，在前贤研究不及之处进行补充，是为余论。最后，提出明代白银货币化是中国早期近代化历史进程的起源，以及中国近代化历史进程两阶段论，这是研究 20 年得出的结论。

---

① 《〈万历会计录〉的重新认识与明史研究的新议题》，《明史研究论丛》第 13 辑，2014 年。

第一章　绪论

中国何时开始、又如何从传统转向近现代历史发展进程，是经济史，也是中国古代史需要着力研究的中国独特的历史发展进程的重大问题。

从全球史视野来看，16 世纪全球化开端，明代中国处于前所未有的全球性近代化历程开启的时代，也是史无前例的中国早期近代化历程开启的时代。为了这段中国早期近代化历史进程不被遗忘，这里尝试独辟蹊径，从白银货币化自市场崛起是市场经济的萌发出发，还原这段中国从传统到早期近代一步步走过来的历史，揭示在鸦片战争中国近代史开端之前，中国有一个早期近代化的历程。全球近现代化道路千差万别，不存在"标准"的道路。明代白银货币化——中国本土内生原发型变革，在全球大变局的前夜发生，推动中国进入全球近代化历程的大合流，中国积极引领了全球化第一波的诞生，主动参与了全球第一个经济体系的建构，中国与全球一起迈向人类早期近代的历史进程，为全球化作出了历史性贡献，是中国独特的早期近代化历史进程。

第一节　全球史视野下明代中国白银时代：
早期近代化历史进程的开启

从全球史视野来看，明代白银问题非常值得关注，源自市场的明代白银，某种意义上改写了中国历史，也改写了全球历史。本书探讨的主题是明代白银货币化的过程及其影响。在这里，以明朝成化（1465—1487 年）

划界，将明代中国分为前后两期，明后期称为晚明。① 划分前后期以后，我们清楚可见明代中国具有迥然不同的社会面貌，晚明形成一个大规模行用白银的社会现象，以至于将晚明称为中国的白银时代也不为过。一般而言，16世纪是前所未有全球大变局——全球近代化历史进程开启的时代，而在全球化的前夜，中国白银货币化开端，自14世纪下半叶至15世纪下半叶，原本不是国家货币制度内的白银，从民间市场崛起，是市场经济的萌发，凸显了市场现象和市场经济的作用，是传统经济向市场经济转型的启动，这正是史无前例的中国早期近代化历史进程的开启。

更重要的是，由经济变革为引擎的社会巨大需求——上上下下对于白银货币的求索，推动中国市场与其后经济全球化开端的全球市场相衔接，促使中国本土形成了中国史上前所未有的实际上的银本位货币体系和以白银货币为主的财政体系，更影响了经济全球化开端以白银作为世界货币的历程。明代为什么会有大量外银流入中国？长期以来中外史学界多是以当时欧洲不能制造出与中国商品相匹敌的商品来交换进行解释，这种只见外在不见本质的观点显然缺乏说服力，因此，我们需要切实了解中国内部在经济全球化前夜究竟发生了什么？有需求，就会有供给，这才是最基本的答案。通过大力发掘利用中外第一手资料和考古实物的实证研究表明，明代白银货币化从市场崛起，孕育了16世纪经济全球化开端时期市场扩张的共生性因素——市场经济。这里所说的市场经济是与传统自然经济相对而言的，其产品是为市场交换而生产，交换的媒介是货币。明代赋役改革，赋役向货币税收转化，农民要将农产品通过市场卖掉，换回白银去缴纳赋税。这是货币经济化或者说经济货币化的过程，而货币经济是使用货币进行交换的经济，就这个意义而言，货币经济的实质是市场经济。货币化即市场化。无独有偶，中国本土的变革与全球大变局相衔接，市场经济作为中国自身发展变化的驱动力，启动了中国前近代从传统经济向市场经济的转型，见证了中国主动走向经济全球化——世界近现代化历史进程的大合流过程。聚焦全球史视野下中国白银时代的开启，也就是聚焦于明代中国从传统向近代的转型问题，从全球史视角展开中国历史上货币经济——市场经济的萌生发展历程，即中国早期近代化历史进程，其经验教

---

① 参见万明《晚明社会变迁：问题与研究·绪论》，万明主编《晚明社会变迁：问题与研究》，商务印书馆2005年版，第2页。

训的研究，具有重要意义。

在西方，首先采用市场经济研究的是希克斯，[①] 在中国首先以市场经济讨论现代化的是吴承明先生。20 世纪 80 年代，吴承明先生对于 16 世纪商业发展对社会经济影响做出大量研究，结论是："一、国内市场显著地扩大了……二、长距离贩运贸易有了发展，并且已逐步由奢侈品以及特产品贸易转向以民生用品的贸易为主。即由产品与收入的交易转化为小生产者之间的交换，这是市场性质的一大变化。三、徽商、山陕商的大商帮的出现，说明国内市场已有相当的积累货币资本的能力。"[②] 到 20 世纪 90 年代末，他发表《现代化与中国十六、十七世纪的现代化因素》[③] 一文，全面论述了大商人资本的兴起，就业结构的变化和商人地位的提高，引发了社会、经济乃至民风习俗演变，是将以上变化直接与现代化相联系的重要论文。

先行的白银研究与社会变迁研究产生了丰硕成果。我于 20 世纪末提出明代白银货币化概念，探讨白银货币化过程及其广泛影响，并试图由此全面系统考察货币化——货币经济和国家与社会变迁关系，以及中外变革的关联与互动，关系中国国家和社会近代化转型与全球近代化趋向大合流问题，在中外先行研究中均未将此作为一个重要课题进行过综合考察与探讨，是先前研究存在的问题。

问题提出的历史前提和学术前提，都与时代特征相联系。明代中国的特殊性充分表现出时空上的特征："晚明社会处于人类历史上一个重要的时空段，它与两个划时代意义的开端，即中国从传统社会向近代社会转型的开端，和世界一体化或称全球化的开端相联系。"[④] 在时间上，处于古代中国从传统向近代的大转折时代；在空间上，处于 16 世纪经济全球化开端的大转折时代，由此，中国历史成为全球史的一部分，明代中国在中国史和全球史发展中具有特殊历史地位。由此，我们需要致力于探讨中国

---

① 英国学者约翰·希克斯认为世界经济发展的趋势是由习俗经济、命令经济向市场经济的转换，在西方始于 16 世纪"专业商人"的出现。见《经济史理论》，商务印书馆 1972 年版。

② 吴承明：《论明代国内市场和商业资本》，载《中国资本主义与国内市场》，中国社会科学出版社 1985 年版。

③ 吴承明：《现代化与中国十六、十七世纪的现代化因素》，《中国经济史研究》1998 年第 4 期。

④ 万明：《晚明社会变迁：问题与研究·绪论》，第 27 页。

如何从传统走向近现代化，走向全球化的综合研究新路径，并将研究融入全球史的学术潮流，最终归结到中国与经济全球化合流与分流重大问题的探讨。

在发掘中外第一手资料的基础上，对明代历史发展进程进行切实的实证研究，考察明代中国在中国史和全球史上的作用与地位，我们需要有联通中外的深入探讨。我认为，虽然市场自古已存在，但是市场经济有一个发展转变过程，明代是一个令人瞩目的转折点，换言之，中国自传统经济向市场经济转变的新起点，是自明代白银货币化始。

白银自市场崛起，表明市场经济萌发，明代中国实现了对传统经济的突破，经济体系转型引发了颠覆性的一系列制度变迁——社会转型——国家转型。与制度改革同步发生的是明朝民间社会的对外开放，同时，中国市场与全球市场连接起来，国内制度改革过程与中国积极参与全球化建构过程相联系，中国变革与融入全球化——近代化变革相互交织，中国积极主动引领并参与了经济全球化的第一波，也即全球第一个经济体系的建构。关注全球视野下的中国本土社会变迁，我认为，从白银货币化的视角，放在中国史的纵向维度与全球史横向维度中进行考察，可以揭示明代中国历史发展的独特性和与全球发展趋势的一致性，探讨明代中国对于世界作出的重要贡献，重塑全球化开端的中国话语权。

第二节　学术史回顾与研究现状评述

20世纪90年代，明代白银货币化课题的提出，是一个跨学科的，也是一个多学科交叉的综合性研究课题，此前并没有从货币经济出发的中国近代化历史进程的探讨。这一课题首先是从晚明社会变迁与转型的整体课题思考和认识的，没有只限于货币制度史来进行研究，认识到必须打破各学科的分界，进行跨学科、多学科的综合性研究。因此，相关研究与诸多学术研究领域发生关联，也与中国历史发展道路与取向相联系，而本书建构的解释框架，是在诸多领域前贤研究的基础上综合考察逐渐形成的总体观念。下面就研究过程的若干关联度大的学术领域进行简略回顾，探讨先行研究的诸多相关成果特征及其存在的问题。

一 晚明史研究

21 世纪是全球化的时代。回顾历史，全球化始自 15—16 世纪。主要聚焦在中国的晚明时期。处于重要的历史时空段的中国晚明史研究，形成一个经久不衰的课题，即中国传统社会向近代社会转型及与之紧密相联系的中国与全球化的关系问题。这既是史学界老一辈倍加关注的问题，也是新一代深入思考的问题。进一步说来，从中国近代化起源到世界近代化起源，即全球化的探讨，都与晚明史研究有着不解之缘。晚明处于中国乃至全球发生深刻变革的时期，它与两个划时代意义的开端：一是中国传统社会向近代社会转型的开端；二是世界向近代转型，即全球化的开端相联系。因此，它和中国与世界历史发展的近代/现代化进程紧紧地纠结在一起，成为学界广泛关注的重要前沿问题。

回顾学术史，自 20 世纪二三十年代中国封建社会长期延续问题的正式提出，到 50 年代以后中国资本主义萌芽的持续探讨；从中国社会停滞论，到中国近代化/现代化问题；近一个世纪以来，这些中国史学界讨论最热烈的重大问题，无一不与晚明史研究有关，换言之，晚明史研究关系到中国古代社会的变迁和转型，在探讨中国近代化/现代化的启动和障碍时，是不容回避的重要课题。众所周知，中国封建社会长期延续、中国资本主义萌芽问题的探讨都历时长久，而中国近代化/现代性的研究迄今方兴未艾，因此，对晚明史进行深入探讨，做出理性思考和诠释，具有重要的学术理论价值和现实意义。

中国史学界对晚明史的研究，百年来取得了大量成果。改革开放以后，借鉴西方政治史、经济史特别是社会史、文化史等理论，考察晚明社会现象，很快成为国内史学界的热点之一。对于晚明社会，一般说来，中外史界的主导性观点，是否定了中国停滞论观点，肯定当时社会发生了重大变化；但也有学者认为，变化是明朝政治腐败导致失控的末世现象，只是传统王朝的改朝换代，并不涉及社会的转型。如何看待晚明社会及其变化，中外史学界的评价不一，借以考察的视角不一，分析框架不一，解释模式也很不一样。总的说来，百年来的研究历程，向我们提出了究竟如何为晚明在中国史和全球史上定位的问题，给我们留下了很多思考空间。对相关重要研究视角进行回顾与反思，将对晚明史研究的深入开展大有裨益。同时，经过反思或者说再思考，也有利于一种新的社会转型和中国与全球化关系起源诠释体系的建构。

（一）社会经济史的视角

百年以来，与晚明社会变化研究密切相关的，是社会经济史的研究视角。这是中国史学界主要的探索历程。

20世纪二三十年代，中国社会性质的论战，引发了中国社会史论战，由此开始了中国封建社会长期延续问题的讨论。而这一问题是与"中国社会长期停滞论"密不可分的。停滞论的本源，可以追溯到18世纪英国经济学家亚当·斯密（Adam Smith）。他曾以这样一段话表述："中国一向是世界上最富的国家，土地最肥沃，耕作最精细，人民最繁多而且最勤勉的国家。然而，许久以前，它似乎就停滞于静止状态了。今日旅行家关于祖国耕作、勤劳及人口稠密状况的报告，与五百年前视察该国之马可·波罗的记述比较，几乎没有什么区别。也许在马可·波罗时代以前好久，中国的财富就已达到了该国法律制度所允许的发展程度"①。这种中国社会停滞的观点，在1840年鸦片战争以后，形成西方对中国社会发展看法的主流观点，一直持续。20世纪初，马克斯·韦伯（Max Weber）提出了中华帝国是"静止的社会"的论点②。从某种意义上说，中国学者开展中国资本主义萌芽的追寻式的研究取向，正是对这种"传统的停滞的"解释模式的回应。1937年，吕振羽在他的《中国政治思想史》中率先提出，中国传统社会后期已出现了资本主义萌芽，指出到明清之际，布尔乔亚的都市经济的成长，已成为社会经济中一个重要因素③。由此，中国社会长期停滞与资本主义萌芽在中国的产生、发展形成两种对立的命题出现。资本主义萌芽问题在对中国社会长期停滞论的质疑中出现，并成为此后晚明社会研究的一个重要主题。对资本主义萌芽这一问题的讨论，为认识明代，特别是晚明的历史地位，提供了一个新的视角，即认为中国社会经济不是停滞的，而是发展的视角。

中华人民共和国成立后，20世纪五六十年代中国史学界集中讨论了

---

① ［英］亚当·斯密：《国民财富的性质和原因的研究》（Adam Smith, *Wealth of Nations*）上卷，郭大力、王亚南译，商务印书馆1972年版，第165页。

② 参见［英］马克斯·韦伯《新教伦理与资本主义精神》，生活·读书·新知三联书店1987年版；《儒教与道教》，江苏人民出版社1995年版。其中不完全否认中国社会有发展，但是认为中国不具备西方那样的资本主义发展。

③ 吕振羽：《中国政治思想史》，黎明书局1937年版，第491—492页。

封建社会长期延续问题、资本主义萌芽问题。问题的提出，是以欧洲封建社会的存在和发展过渡到资本主义社会为参照的。中国史学界在认同中国封建社会长期延续的基础上，对资本主义萌芽展开了积极的探讨。1954年，尚钺在《中国历史纲要》中指出，在明代社会经济中，"资本主义因素"已经逐渐地增长起来。许大龄认为，明中叶以后，从正德到崇祯的一百多年间，已经有可能出现资本主义萌芽。① 讨论中，大多数学者倾向于中国资本主义萌芽产生于明代中后期，认为这一时期江南地区工商业发展，一批专业化市镇兴起，在手工业部门中出现了资本主义萌芽因素。侯外庐作了更为确切的界定："从十六世纪中叶至十七世纪初叶，也就是从明嘉靖到万历年间，是中国历史上资本主义萌芽最显著的阶段。"② 在今天看来，虽然讨论有简单比附西方资本主义关系产生的痕迹，但在讨论进行中，为了论证中国社会发展的方向是资本主义，由于西方的入侵而被打断了，史学研究者进行了大量实证研究，对晚明社会经济史的研究，特别是区域和部门经济史的研究起了极大推动作用。

　　应该说在对资本主义萌芽的追寻中，在进一步探讨社会经济史方面，日本学者进行了大量的社会经济史研究，并以细致而深入见称。早在20世纪40年代末，西嶋定生关于长江三角洲棉纺织业的研究，着眼点就放在是否具有面向近代化的资本主义商品生产上，结论是"还不具备向近代化转变的任何契机"。50年代，日本学者关于商品生产的研究十分活跃。至60年代，小山正明提出，与其把明末清初时代变化与"近代或资本主义之类联系起来"，不如找出"中国史自身应有的变化途径"。70年代，森正夫将重田德和小山正明等人的研究概括为"乡绅论"，指出研究方向变化是"由普通到特殊，由发展到结构"。80年代以后，日本史学界对地域社会的关注成为研究的重要特征，同时，根据森正夫等编《明清时代史の基本问题》，许多新领域得到了开拓性的发展。在森正夫撰写的

　　① 许大龄：《十六、十七世纪初期中国封建社会内部资本主义的萌芽》，《北京大学学报》1956年第3期。有关资本主义萌芽的论文，集中在当时出版的几部论文集中，主要有：中国人民大学中国历史教研室编《中国资本主义问题讨论集》，生活·读书·新知三联书店1957年版；南京大学历史系中国古代教研室编《中国资本主义萌芽问题讨论集》（续编），生活·读书·新知三联书店1960年版；南京大学历史系明清史研究室编《明清资本主义萌芽研究论文集》，江苏人民出版社1983年版。

　　② 侯外庐：《中国早期启蒙思想史》第1章，人民出版社1956年版。

"总论"之后，首先就是山本进撰写的"商品生产研究的轨迹"，足以说明对于商品生产的关注。而其中没有一篇关于货币经济的考察。①

20 世纪 70 年代末至 80 年代，随着世界社会史学界研究区域成为热点，明代区域经济史的研究不断深入，中国学者再次展开了资本主义萌芽问题的讨论。吴承明提出，中国的资本主义萌芽史，只能从明后期，或者说是从 16 世纪写起。② 大多数学者考察了明代手工业、农业中资本主义萌芽的发生和发展，并与中国封建社会长期延续问题结合，探讨了资本主义萌芽发展缓慢，没有发育成资本主义的原因，主要是从经济结构中去寻找。③ 1985 年许涤新、吴承明主编《中国资本主义发展史》第一卷《中国资本主义的萌芽》出版，对中国的资本主义萌芽进行了全面研究，代表了中国史学界对这一问题研究的最高水平。90 年代初，美国学者黄宗智（Pillip C. C. Huang）提出了"中国经济史中的悖论现象"与"规范认识危机"的问题④，大多数中国学者对他的论点提出质疑，但认同从中国历史实际出发，以多样化标准考察的思路。

值得注意的是，傅衣凌将毕生精力投入明清社会经济史和资本主义萌芽问题的研究，他提出"变迁论"，从新与旧、发展与迟滞、成熟与未成熟的矛盾变化把握社会经济变迁的特点和实质，大大加深了我们对社会经济变迁的认识。特别是他在晚年，在对自己一生学术研究进行深刻反思的基础上撰写的一篇论文中，提出了中国传统社会多元社会结构的思想，认为："中国传统社会产生了许多西欧社会发展模式所难以理解的现象"，"用西欧模式看起来互相矛盾的各种现象，在中国这个多元的社会结构中奇妙的统一着，相安无事，甚至相得益彰，这种既早熟又不成熟的弹性特征，使中国传统社会具有其他社会所无法比拟的适应性"。⑤ 有学者评价

---

① 参见［日］森正夫等编《明清时代史的基本问题》，森正夫《总论·绪言》，汲古书院1997 年版。日本学者的明代社会经济史研究，对我们深入研究晚明社会，具有重要学术参考价值，由于数量相当大，在此恕不一一列举，此书中译本由周绍泉、栾成显等译，商务印书馆 2013 年出版。

② 吴承明：《关于中国资本主义萌芽的几个问题》，《文史哲》1981 年第 5 期。

③ 主要著作有：傅衣凌《明清社会经济变迁论》，人民出版社 1989 年版；李文治等《明清时代的农业资本主义萌芽问题》，中国社会科学出版社 1983 年版。

④ ［美］黄宗智：《中国经济史中的悖论现象与当前的规范认识危机》，载《中国农村的过密化与现代化：规范危机及出路》，上海社会科学院出版社 1992 年版。

⑤ 傅衣凌：《中国传统社会：多元的结构》，《中国社会经济史研究》1988 年第 3 期。

这篇论文不仅为我们提供了探索中国历史独特性的一个有益的理论框架，更重要的是，它对方法论问题进行新的思考的意义。作为一位研究中国资本主义萌芽问题的影响广泛的代表性人物，他的这种思考无疑不仅仅是个人的，而应视为对这一学术领域的思维方式、学术观点和价值概念的整体性反思。

进入 20 世纪 90 年代，中国史学界不少学人对资本主义萌芽问题进行了反思。李伯重指出了"资本主义萌芽情结"问题，批评了对"萌芽"乃至"资本主义"的概念不清和研究思想方法上的教条主义。[①] 并以"早期工业化"的深入研究取而代之。[②] 胡成提出"用较符合中国实际的研究范式解释中国社会各项发展"，确立本土化的理论框架。[③] 高寿仙认为：仅仅用经济方面的指标去判断有无资本主义萌芽，本身不够科学。应抛弃单线进化论的模式。[④] 特别是一向对资本主义萌芽问题颇有研究的吴承明先生，特别指出："一个社会走向近代化的经济条件，诸如生产力的一定发展，生产的商品化、社会化等，并非完全属于资本主义范畴。"[⑤] 李怀印提出：在工业革命到来之前，资本主义曾经历了长达数百年的工场手工业阶段，工场手工业型资本主义不仅不能引发经济现代化，而且甚至自身难保。在现代化过程中，"关键变量"是现代科学技术及其在生产领域的应用，而不是其他因素。[⑥] 罗荣渠以生产力变革来为现代下定义，他认为不同国家和地区，因其传统因素的作用、社会改革和经济技术发展等方面的差别，具有各自的特点，提出了一元多线历史发展观，摆脱了与资本主义的必然联系。[⑦] 这些都为进一步研究晚明社会开辟了新的思路。

无论如何，中国学者对资本主义萌芽长达半个多世纪的执着探讨，从社会经济的视角，证明到晚明时中国社会经济不断发展，不仅没有停滞，而且确实出现了新的因素，由此提出了为晚明社会定位的问题。对于新因素的认识，至今学术界没有取得共识，有学者仍视为"资本主义生产关

① 李伯重：《"资本主义萌芽情结"》，《读书》1996 年第 8 期。
② 李伯重：《江南早期工业化：1550—1850 年》，社会科学文献出版社 2000 年版。
③ 胡成：《"资本主义萌芽"与本土化研究的思考》，《史学理论研究》1999 年第 2 期。
④ 高寿仙：《发展而又迟滞，早熟而又不成熟——傅衣凌先生的明清社会经济述评》，《亚细亚文化研究》第二辑，中央民族大学韩国文化研究所 1997 年版，第 217 页。
⑤ 吴承明：《市场·近代化·经济史论》，云南大学出版社 1996 年版，第 9—10 页。
⑥ 参见胡福明主编《中国现代化的历史进程》，安徽人民出版社 1994 年版，第 48—50 页。
⑦ 参见罗荣渠《现代化新论》，北京大学出版社 1993 年版。

系的萌芽"，提出"由传统的古代封建社会向新的近代资本主义社会的转变已经开始起步"①。21世纪开端，万明主编《晚明社会变迁：问题与研究》（2005年）一书别开生面，是国内首次以专题形式展开的晚明史研究，聚焦于9个专题：从"人口流动及其社会影响""商业与社会变迁""白银货币化与中外变革""晚明的地方精英与乡村控制""变迁中政府权力的转移""对明代卑幼人法律地位的考察""军户与社会变动""东林党·复社与晚明政治""泰州学派与儒学的平民化"，比较全面考察了晚明社会变迁的面貌。其中"明代白银货币化与中外变革"的命题，是从货币经济角度独辟蹊径，首次将明代白银货币问题与中外变革联系起来的综合考察，在《绪论》中提出："15世纪后半叶至17世纪上半叶是人类社会发生深刻变革的时代，也是中国社会发生深刻变革的时代，晚明社会处于人类历史上这样一个重要的时空段，它与两个划时代意义的开端，即中国从传统社会向近代社会转型的开端和世界一体化或称全球化的开端相联系。"② 张显清先生主编《明代后期社会转型研究》（2008年）首先从农业商品化出发，全面探讨了社会转型问题，认为是向近代资本主义社会转型。③ 唐文基主编《16—18世纪中国的商业革命》（2008年），主张16—18世纪中国发生了商业革命，但是一场未完成的商业革命。④ 赵轶峰《明清帝国农商社会研究（初编）》（2017年），从商品经济发展出发，提出了明清是一个农商社会，与现代社会关联的观点。⑤ 新理论的提出，有待加强实证研究以支撑。总之，从社会经济史出发的先行研究，至21世纪初已经相当深入，主流研究聚焦的是商品经济与商品流通，区域社会经济史研究是一个重要面相，也积累了大量研究成果，这里恕无法一一列举。关于市场的研究，主要有上述吴承明先生的研究，许檀系统地考察了明清时期城、乡市场网络体系的形成和发展过程。将全国市场网络划分为流通枢纽城市、中等商业城镇、农村集市三大层级，既吸收了施坚雅理论

① 王毓铨主编，刘重日、张显清副主编：《中国经济通史·明代经济卷·导论》，经济日报出版社2000年版。
② 万明：《晚明社会变迁：问题与研究·绪论》，《晚明社会变迁：问题与研究》，第27页。
③ 张显清主编：《明代后期社会转型研究》，中国社会科学出版社2008年版。
④ 唐文基主编：《16—18世纪中国的商业革命》，社会科学文献出版社2008年版。
⑤ 赵轶峰：《明清帝国农商社会研究（初编）》，科学出版社2017年版。

的层级概念，又代之以更符合中国历史实际的网络论，并指出"城乡市场网络体系的形成标志着传统经济向市场经济的转化，也是中国近代化过程的重要组成部分。① 尽管有关明代市场也已经产生了丰厚的研究成果，但是大多数研究是总括明清的笼统研究，而且先行的研究大多是从商品经济出发，鲜少关注货币经济，更缺乏将中国市场置于全球史发展进程中的综合研究，对于明代货币经济与中国市场和全球市场的整合研究，留有大量的研究空间，有必要开展建立在以往社会经济研究的深厚基础上，从近代化/现代化视角进一步追踪考察，以推进研究。

在今天的社会现实中，中国社会主义市场经济新的发展理念和实践提示我们，中国近现代化没有走与西方一样的资本主义化道路，而市场经济的发展是近现代社会发展的重要指标。

（二）近代化/现代化视角

尽管"近代化""现代化"为同义语，吴承明先生也认为"我国文献常两词并用，无碍原义"②，但是近代化和现代化这两个术语能否通用，在史学界还是存有争议的。20 世纪 90 年代末，吴承明先生提出，"一国的现代化，在历史上有个开始期，即各种现代化因素的出现时期"，并把中国现代化因素的出现，定于 16—17 世纪。③ 也就是说，他提出了将中国现代化起始时间定在晚明，用了"现代化"一词。我认为，现代化与工业化基本上属于同义语，而将晚明社会变迁直接与工业化发展相联系显然并不太合适，即使是在 16—17 世纪的英国，当时也同样没有工业化，工业化与工业革命相联系，开始于英国 18 世纪中叶，因此以工业化的标准衡量晚明，显然不相符。因此，对于晚明社会，不宜以现代化代替近代化的提法，以传统社会向近代社会的转变，即近代化的研究，或者说中国早期近代化历史进程的启动来解释，可能更为合理。

这里需要追溯现代化理论。产生在西方的现代化理论渊源，可以追溯到社会学的诞生。经典社会学家孔德（August Comte）、斯宾塞（Herbert Spencer）、迪尔凯姆（Emile Durkheim）等，都曾致力于社会发展和社会

---

① 许檀：《明清时期城乡市场网络体系的形成及意义》，《中国社会科学》2000 年第 3 期。
② 吴承明：《中国的现代化：市场与社会》"代序"，生活·读书·新知三联书店 2001 年版，第 1 页。
③ 吴承明：《现代化与中国十六、十七世纪的现代化因素》，《中国经济史研究》1998 年第 4 期。

变迁的研究，有着从传统到现代社会发展的经典论述。[①] 20 世纪初，马克斯·韦伯（Max Weber）提出了中华帝国的概念，认为与西方不同，中国是一个静止的社会，除非受到外力冲击，自身难以转变为一个理性现代社会。他将资本主义社会与前此的社会视为两个阶段。帕森斯（Talcott Parsons）论述了前近代与近代两个社会的特征，分为五对模式变量：普遍性与个别性，特定性与扩散性，业绩与世袭，感情中立与情感，集体取向与个人取向，以此区别传统社会与现代社会，并认为现代化就是前者向后者的进化。[②]

20 世纪五六十年代，美国以费正清（J. K. Fairbank）为首的哈佛学派提出了西方冲击—中国反应的模式，这一模式将近代西方资本主义社会视为一个动态、发展的社会，而将中国社会看作长期处于基本停滞状态的传统社会，在 19 世纪中叶西方冲击之后，才有可能发生向近代社会的转变。[③] 也就是认为中国社会内部不具备走向近代的动力，推动中国走向近代的是外部的动力。这种西方中心论的观点，在 70 年代以后受到批判，被柯文（Paul A. Cohen）称为"中国中心观"的理论所代替。[④] 中国中心观以中国社会内部为出发点，探讨中国社会内部的变化动力和形态结构，主张多学科的综合研究。此后，大多西方史学家运用"前近代"（Early Modern，或译为近代早期，早期现代）来研究指称晚明的历史。如美国学者魏斐德（Frederic Wakeman）注意到晚明发生了一系列的变化，并一直持续到清代。[⑤]

采用前近代，或者近代早期框架进行晚明研究的，还有日本学者。如沟口雄三在研究晚明东林党人的思想时，就是以中国前近代思想的演变为

[①] 参见 John Sttuart, *August Comte and positivism*. London, Trubner and Co, 1882；［英］赫伯特·斯宾塞著，张宏晖、胡汉波译《社会学研究》，华夏出版社 2001 年版；Robert Alun Jones：*Emile Durkheim*，*an introduction to four major works*. Beverly Hills, Calif.：Sage Publications，1986.

[②] 参见张琢主编《国外发展理论研究》，人民出版社 1993 年版，第 47 页。

[③] J. K. Fairbank，Reischauer and Craige，*East Asia：the modern transformation*. Boston, Houghton Mifflin, 1965.

[④] ［美］柯文：《在中国发现历史——中国中心观在美国的兴起》，林同奇译，中华书局 1989 年版。

[⑤] 参见［美］罗威廉（William T. Rowe）《近代中国社会史的研究方法》，见蔡少卿主编《再现过去：社会史的理论视野》，浙江人民出版社 1988 年版，第 299 页。

主题思考的。① 但是他的研究集中在思想领域。

值得注意的是，美国学者王国斌（R. Bin Wong）力图在一个平等的框架中，对中国与欧洲走向近代化的历史变迁模式进行比较研究，他指出，在近代早期的欧洲和明清时期的中国，经济变化的动力颇为相似，直到 19 世纪，它们才变得截然不同。②

20 世纪，中国史学界的状况正如有的学者所说，"面对席卷世界与中国的历史新潮流，越来越多的史学家立足于现世，将中国乃至整个世界的发展变革，将传统的以农业为主的社会向现代工业化社会的转变这一通常被称为'现代化'历史趋势和进程，作为史学研究的对象。"③ 20 世纪 80 年代中期，中国现代化研究全面展开，北京大学罗荣渠教授主持的"世界现代化进程研究"和华中师范大学章开沅教授主持的"中外近代化比较研究"，成为国家社会科学基金重点课题，研究成果颇为丰硕，出版了大量论著。然而，大批成果都是将考察界定在中国近代史的分期——鸦片战争，主要考察的是自鸦片战争以后，中国经历的从传统农业社会向现代工业社会转变的历程。因此，其中涉及 15 世纪中叶—17 世纪中叶的内容，也就是晚明的不多。

现代化理论无论是作为一种历史的思维，还是作为研究的方法，都拓宽了中国历史的研究。对晚明社会的研究也不例外。事实上，在 20 世纪已有越来越多的学者，注意到晚明中国发生的变化，认为传统与近代截然两分的近代化理论，不符合中国社会的历史实际。台湾学者熊秉真指出，二三十年来的研究"都在陈述着明清与近代之间在对立和断裂之外，可能实存着更重要的延续、衔接、交相为生的关系"。④ 胡晓真称晚明社会是"启蒙与现代的源头"。⑤ 张寿安提出重新检讨"传统中国的真面貌"，从明清文化的变化探索"前近代中国社会的现代性走向"。⑥

---

① 详见 [日] 沟口雄三《中国前近代思想的演变》，索介然、龚颖译，中华书局 1997 年版。

② [美] 王国斌：《转变的中国——历史变迁与欧洲经验的局限》，李伯重、连玲玲译，江苏人民出版社 1998 年版，第 3 页。

③ 刘新成主编：《历史学百年》，北京出版社 1999 年版，第 415 页。

④ 熊秉真：《情欲·礼教·明清》，《汉学研究通讯》总第 78 期。

⑤ 胡晓真：《世变之亟——由中研院文哲所世变中的文学世界主题计划谈晚明晚清研究》，《汉学研究通讯》总第 78 期。

⑥ 张寿安、吕妙芬：《明清情欲论述与礼秩重省》，《汉学研究通讯》总第 78 期。

　　值得关注的是，吴承明先生在 20 世纪末 21 世纪初直接提出了传统经济、市场经济与现代化的重要命题指出："近代化萌芽，即市场经济萌芽"，[①] 并进一步提出了"16、17 世纪中国的经济现代化因素与社会思想变迁"的看法。[②] 从传统社会向近现代社会的转型，是中国社会历史迄今为止最重要的社会转型，我认为，不应把现代化只看作西方向世界扩张和传播的过程，简单地理解为西方化。在西方著作中，这种观点自 18 世纪以来占有统治地位，因为那一世纪正是欧洲工业革命发生迅猛发展的时期，从那时以后，西方才建立起主导全球的话语霸权。然而，事实是中国社会转型的启动发生于此前的明代，中国走向近代历史进程的开端，并不始自西方打开中国大门之时，因此，中国开始走向近代化的历史进程，应该在此前中国本土社会内部寻求，而不是延续西方冲击—中国反应模式的理路，以 1840 年作为中国近代史的开始，带有西方冲击—中国反应模式的明显印迹。还有，至今许多论著中的所谓现代化标准，都是以西方经验来进行衡量的，而事实上 1949 年以后，中国开始走上了非资本主义的现代化道路，特别是当前中国社会主义市场经济的发展现实，提示我们对于中国传统社会向近代社会发展模式的探讨，应以中国本土历史经验作为出发点，跳出既定单一的思维方式去思考，各国现代化道路千差万别，不存在"标准"模式，因此，我们应该充分认识到中国近代化不是西方化，中国传统社会向近代社会的发展有着自身独特的发展道路。就这一意义来说，对中国传统社会向近代社会转变的关键时期，即晚明社会进行具体实证考察，将有助于深入探讨中国传统社会向近代社会转变的中国早期近代化历程，也有助于西方冲击—中国反应模式的完全消解。

　　（三）社会的视角

　　社会的视角是历史学与社会学结合的结果。

　　社会变迁，是对社会运行和发展进行动态的考察。社会学对社会变迁有着如下定义："在社会学的意义上来看，社会变迁既泛指一切社会现象的变化，又特指社会结构的重大变化；既指社会变化的过程，又指社会变

---

① 吴承明：《要重视商品流通在传统经济向市场经济转换中的作用》，《中国经济史研究》1995 年第 2 期。

② 吴承明：《现代化与中国十六、十七世纪的现代化因素》，《中国经济史研究》1998 年第 4 期。

化的结果。在社会学中,'社会变迁'是一个表示一切社会现象,特别是社会结构发生变化的动态过程及其结果的范畴。"①

晚明社会变迁与转型研究,是对晚明这一特定历史时期的社会变化现象进行的探讨。

在中国,早在20世纪30年代,从社会的角度,对晚明问题的研究已经开始,如谢国桢《明清之际党社运动考》,朱倓《明季社党研究》,都是这方面的重要研究成果。翦伯赞曾经评价中国社会史论战,指出论战双方"旁征博引马克思、恩格斯、列宁的文句,而忘记去研究具体的中国历史",认为无论是奴隶制,还是封建制,都存在复杂多样的形态,并不是千篇一律的,中国历史有它独特的"色彩"。②他早已提醒我们,社会形态具有多样性,中国历史发展有着自身独特的路径。

在西方,20世纪五六十年代初,结构功能主义孕育了现代化理论,成为有关发展中国家社会变迁最流行的理论。它避免了以往社会变迁理论的笼统的纵向描述,采用横向的结构比较,通过结构类型差异的分析,考察变迁的具体内容。在结构功能的分析中,社会变迁分为社会结构的分化、整合和适应三个方面。斯梅尔塞(Nell J. Smelsel)进一步以结构功能考察社会变迁,提出了解释框架:(1)"变迁的结构背景",即蕴藏于社会结构中的变迁内涵,不均衡的迹象越多,变化的可能性就越大。(2)"变迁的原动力",即社会内部或外部的变迁压力,压力的结果产生威胁。(3)"变迁动员",受到压力的社会不能确定变迁发展的方向,调动资源的领导者对变迁方向具有决定性作用。(4)"社会控制实际操作",可以促进或抵抗有意义的变迁,也可能阻止或刺激无价值的变迁。③这一框架成为研究社会变迁的重要解释方式。

20世纪五六十年代,在中国史学界执着于资本主义萌芽探讨的同时,西方学者开始了对晚明社会的新探讨。美国学者何炳棣(Ping-ti Ho)注意到科举与社会流动的关系,通过统计明清的进士、举人和贡生的履历,

---

① 郑杭生主编:《社会学概论新修(修订本)》,中国人民大学出版社1998年版,第391页。
② 见张书学《中国现代思绪思潮研究》,湖南教育出版社1998年版,第436—441页。
③ 详见张琢主编《国外发展理论研究》,人民出版社1993年版,第26页。

对明清社会进行了深入研究;① 80 年代，余英时（Yu Yingshi）的《中国近世宗教伦理与商人精神》，探讨了传统宗教伦理对中国本土的商业活动的影响，指出明清商人已走近传统边缘，但未曾突破传统，主要的阻力来自官僚体制。②

1986 年，美国社会学家查尔斯·蒂利（Charles Tili）在一次讲演中说："在此，我只想强调如下的明确事实，曾经在第二次世界大战结束之后二十年间，主导社会学有关大规模社会变迁研究的'发展'（development）与'现代化'（modernization）概念，已在这场运动中遭到不断批判，并朝历史化的方向发展。这里所谓的历史化指的是，将重大社会转型的研究时期向过去延伸，寻找可以与现代变迁相类比的历史，然后再借助它们在历史上所留下的文献资料，来考察现代变迁的横扫过程及其结果，并检视通则概念是否无误。与此同时，一小部分历史家也同样对流行在他们学界中的大规模变迁模式展开批判，进而转向包括社会学在内的社会科学，以便为历史研究另辟蹊径。"③ 他指出了关于历史上重大社会转型的研究，对社会学家和历史学家都具有重要的意义，二者的结合成为趋势。

20 世纪 80 年代以后，中国大陆史学界解放思想，突破禁区，引进西方社会学、人类学、文化学、政治学、经济学、心理学、地理学等多学科的理论和研究方法，吸收海外及中国港台地区研究成果，极大地拓宽了研究领域；同时，社会现实促使学者们重新思考研究取向和理论方法。视角由单纯的社会经济，扩展到社会的各个层面。从社会史和文化史角度考察晚明社会现象，成为中国海峡两岸史学界的研究热点之一。明后期中国社会发生的一系列变化，早已为历史学家所关注，并吸引了众多学者去探讨，举凡明代人口、家庭、家族、婚姻、宗族、阶级、阶层、民族、社会群体、日常生活、社会观念、价值体系、宗教信仰、风俗习惯、社会思潮、中西文化交流和碰撞等变化，都已有非常可贵的探索，产生了大量有分量的专题研究成果，不胜枚举。但是，从总体来说，对晚明社会变化的研究，更多地集中于对社会风气的考察。从大量关于晚明社会风气变化的

---

① Ping－ti Ho, *The Ladder of Success in Imperial China*：*Aspects of Social Mobility*, *1368－1911*, New York：Columbia University Press, 1962.
② 余英时：《士与中国文化》，上海人民出版社 1987 年版。
③ ［英］S. 肯德里克、P. 斯特劳、D. 麦克龙编：《解释过去了解现在——历史社会学》，上海人民出版社 1999 年版，第 15 页。

论述可以看出，对社会现象的一般性描述较多，而涉及社会结构变化的方面则相对薄弱，也就是涉及社会风尚变化的论述为多，而对社会深层结构变化的考察不够深入。

如何评价一个社会的运行与发展状态，长期以来在中外社会学界颇有争议，迄今为止没有达成一个公认的标准。大多数社会学家认为，从社会学的角度看，衡量社会运行和发展不能只从某个单方面，或某几个片面的角度出发，而必须用一种全面的、综合性的标准来评价。因此，仅从社会风气的层面来研究社会变化显然是不够的。

可贵的是，傅衣凌先生在他的遗作中指出：鸦片战争以前的中国社会，与西欧或日本的那种"纯粹的封建社会（Feudalism）"，不管在生产方式、上层建筑或者思想文化方面，都有很大差别。为了避免在比较中出现理论和概念的混淆，他使用了"中国传统社会"一词，并将中国传统社会定义为一个"多元的结构"，① 为我们描绘出了一幅多元化的传统社会结构图像：生产方式的多元化，社会控制体系的多元化，财产权的多元化，思想文化的多元化的社会全貌，为我们提供了探索中国社会独特性的有益的理论框架。

英国著名史家杰弗里·巴勒克拉夫（Geoffrey Barraclough）曾指出："以历史学为一方和以人类学和社会学为另一方之间的差别不在于目标和对象，而在于研究方法。"② 20 世纪 80 年代以后，借鉴国外新史学的经验，中国学者已在历史学与社会学、人类学的结合上进行开拓研究，成果显著。李培林先生《社会结构转型理论研究》一文，③ 对于史学研究具有重要启示作用。海外关注的热点，可以说中国学者也都有相当的投入，如士商关系、文人行为、宗教思想传播与融合、城市史、市民社会、法制史、妇女和性别、个性思想解放、庶民文化、公共领域、从中西比较出发进行的启蒙思潮研究等，恕在此不能一一列举。自 20 世纪 80 年代末以来，逐渐兴起了学术领域的整体反思，一些明史研究学者如赵轶峰等已经展开了对社会结构的深入研究。正是在先行研究基础上，研究首先应确定

---

① 傅衣凌：《中国传统社会：多元的结构》，《中国社会经济史研究》1988 年第 3 期。

② ［英］杰弗里·巴勒克拉夫：《当代史学主要趋势》，杨豫译，上海译文出版社 1987 年版，第 76 页。

③ 李培林：《社会结构转型理论研究》，《哲学动态》1995 年第 2 期。

综合研究的取向，以多维角度进行探讨。因此，从货币经济角度出发，以明代白银货币化过程及其深远影响的综合研究，有助于推进中国早期近代化历史进程的研究。

（四）全球的视角

马克思揭示了人类社会由低级到高级的历史发展进程。历史向世界历史的转变，是人类历史发展进程中的重要转变，当世界各国、各民族各个相互影响的活动范围在这个发展进程中越来越扩大，各民族的原始闭关自守状态则由于日益完善的生产方式、交往以及因此自发地发展起来的各民族之间的分工而消灭得越来越彻底，历史也就在越来越大的程度上成为全世界的历史。[①] 15 世纪以后海上交通的空前发展，地理上的新认识，使地球上东西方之间和各大陆之间发生了前所未有的密切交往，于是，越来越多的民族、国家和地区间的闭塞或半隔绝状态被打破，世界逐渐连成了一个整体，一幅全新的世界图景出现了。

在这一历史转变的重要关头，从历史的角度看，此前世界处于相对隔绝状态下的国家发展传统模式将被彻底打破，从此，任何国家和民族都必须在参加普遍交往和国际竞争中，求得生存和发展。这样的世界历史，相对以往大大地改观了，它所预示的是一种历史的趋同性。

美国社会学家沃勒斯坦（Immanuel Wallerstein）以马克思主义、宏观经济理论、系统论为指导，采用法国年鉴学派的历史分析方法和素材，对 16 世纪以来的资本主义发展史进行了深入研究，提出了世界体系论。这一理论将整个世界看作一个统一的整体，分析整体的发展规律，并从整体发展过程中审视作为部分的国家与社会的发展现象。沃氏认为，在 16 世纪以前，"世界性体系"表现为一些"世界性帝国"，如罗马帝国、中华帝国等，这些"世界性帝国"有单一的政治中心，但没有"世界性经济"，即使有但也不稳定。到 16 世纪，随着资本主义生产方式的发展，才形成了"世界性经济体系"。他提出"资本主义的世界经济是世界范围的劳动分工为基础而建立的"，并把世界分为中心区域、半边缘区域和边缘区域，各自承担特定的经济角色。认为"世界经济体正是建立在下述的居高临下地位之上，即当时存在三大不同区域，每个区域确实有不同的劳动控制方式，如果情况不是这样的话，就不可能确保剩余产品流入西

---

① 《马克思恩格斯全集》第 3 卷，人民出版社 1960 年版，第 51 页。

欧，以保障其资本主义制度的生存"。① 世界体系论的特点是用体系的观点看待整个世界及其各个部分的发展和变化，采用一体化的研究方法研究社会体系，而不是像现代化理论那样注意单个国家的发展变化。但是这一世界体系，完全是建立在欧洲中心论的基础上，充满了西方霸权话语。

事实上，西方学者展开对欧洲中心论的批判，为了求证，他们已转向研究中国。沃勒斯坦的世界体系论遭到了多方面质疑。在这一过程中，值得注意的，正如美国明史学会第一任会长范德（Edward L Farmer）所说："明史研究在西方学者努力创造一个更平衡的历史观上起了重要作用。"② 前面已经提到西方学者弗兰克（Andre Gunder Frank）在反对欧洲中心论的学者中，是最为突出的一位，有一部极具挑战性的著作。③ 但是他的著作也使我们加强了对晚明中国社会实证研究必要性的认识，更使我们认识到实证研究对晚明社会定位的重要性，中国学者应该发出自己的声音，这声音必须是建立在本土经验的实证基础之上。

迄今为止，越来越多的中外学者采用全球化视野来考察历史和现实。引人注目的是，全球化观点的主流，认为 15 世纪、16 世纪西方大航海以后开始了全球化的进程，从此中国卷入了世界大潮。樊树志先生《晚明史：1573—1644 年》出版④，是他近二十年倾力研究晚明史的一部力作，也是中国学者以全球化视野重新审视晚明的代表作，却也持有从西方航海贸易出发，着力于全球深刻变化给中国社会带来的巨大影响。我认为，实际上，中外关系研究需要深入复杂多变的社会内部去探求。在实证研究基础上，重新审视作为全球史一部分的晚明史，从中国本土经验出发，随着研究的深入，关注白银问题，可以发现从时间上看，全球贸易开始的时候已是 16 世纪以后，未免为时过晚，所以不可能是促成明代前期中国内部经济增长和货币经济发展的根本原因。对于白银货币的实证研究，出发点只能是对于中国本土历史事实的探求，白银问题在时间上必须上溯到西方

---

① ［美］伊曼纽尔·沃勒斯坦：《现代世界体系》（Immanuel Wallerstein, *The Modern Worde - System* I），第一卷，尤来寅等译，高等教育出版社 1997 年版，第 99 页。

② ［美］范德（Edward L. Farmer）：《近年英语世界明史研究新趋向》，万明译，《中国史研究动态》2000 年第 1 期。

③ ［德］贡德·弗兰克：《白银资本》（Andre Gunder Frank, *Reorient*：*Global Economy in the Asian Age*），刘北成译，中央编译出版社 2000 年版。按英文原书名直译应为《重新东向定位：亚洲时代的全球经济》。关于此书，本书有一篇专门书评，见附录。

④ 樊树志：《晚明史：1573—1644 年》，复旦大学出版社 2003 年版。

航海贸易以前更早的时期。

综上所述，21 世纪初晚明史研究在研究视角，也即研究范式的不断转换中推向深入。《晚明社会变迁：问题与研究》探索新的综合视角，我的思考是，沿着明代白银货币化—社会经济货币化、市场化—近代化—全球化的路径，以货币为切入点，以市场经济萌发为引擎，晚明整个社会形成了连锁反应，是经济、政治、社会、思想、文化等多元因素综合影响下的传统向近代的社会转型，可以概括为一个过程：货币化；一个趋向：近代化；双重使命：走向近代化，走向全球化。由此开始，我力图以全球史视野进行研究，在 2015 年在第 22 届世界历史科学大会"全球视野下的中国"主旨会议上发表了《白银货币化：明朝中国与全球的互动》。

近些年，全球史研究在中国蔚然成风，出版了大量译著与论著。探讨的主要焦点在全球经济史的"大分流"上，关乎中国在何时与全球经济发展潮流分道扬镳，聚焦的时间点是 18 世纪。针对长期以来。"西欧中心论"和"冲击—回应"模式在中西比较史研究中占据主导地位，美国学者彭慕兰首先从经济史视角提出"大分流"概念，引发了一场旷日持久的讨论，他的《大分流：欧洲、中国及现代世界经济的发展》一书[1]，主要比较考察了 18 世纪欧洲和东亚的社会经济状况，反对欧洲中心论，指出 1800 年以前是一个多元世界，没有一个经济中心，西方没有任何明显的、完全为西方自己独有的内生优势。美国王国斌、罗森塔尔的《大分流之外：中国和欧洲经济变迁的政治》，[2] 出于对学界热议的"大分流"问题的关切，延续以往中国与欧洲比较史学的研究路径，以政治因素探讨经济"大分流"的深层逻辑，将时间提前到 18 世纪以前，认为政治制度和政权的空间规模是促成"大分流"的根本原因。实际上，以中国政治制度为阻滞经济发展的主要原因并不是新观点。同年翻译出版的有皮尔·弗里斯《国家、经济与大分流》一书[3]，继续对这场争论进行延伸和发展，但也将比较研究的重点放在近代中国和西欧。新近出版的马德斌

---

① ［美］彭慕兰：《大分流：欧洲、中国及现代世界经济的发展》，史建云译，江苏人民出版社 2010 年版。

② ［美］王国斌、罗森塔尔：《大分流之外：中国和欧洲经济变迁的政治》，周琳译，江苏人民出版社 2018 年版。

③ ［荷］皮尔·弗里斯：《国家、经济与大分流》，郭金兴译，中信出版社 2018 年版。

《中国经济史的大分流与现代化》①，是把全球史与现代化问题联系起来的近代早期考察的论文集。

总之，两百年前发源于英国的工业革命，使中西方形成了历史大分流，这已成为中外史学界的基本共识。由此，也可反证此前的中国社会发展与全球大合流的趋向，这也是我们应该重点研究 15—16 世纪全球化开端时期历史的重要意义所在。

（五）关于明代国家与社会理论的反思

迄今为止，有关国家与社会的理论，主要是西方的理论。那么，如何构建中国的国家与社会理论？笔者认为，我们的基点必须建立在本土历史经验之上，第一是实证研究，第二是实证研究，第三也仍如是。从学术史角度简单回顾，不仅需要突破中国传统国家与社会高度一元化模式，也要突破现代西方国家与社会二元对立模式，既要避免国家至上的以国家为中心的倾向，也要避免社会至上的以社会为中心的倾向。

关于国家与社会的探讨，一直是西方政治学、社会学研究的热点问题之一，是中外史学界十分关注的学术前沿问题之一，也是明史研究的核心问题之一。国家与社会，可以分别列入政治史与社会史的范畴。目前国内外史学界这一领域的相关研究，无论是政治史、社会史，还是跨学科的研究，都已经有了相当丰富的学术积累。面对丰富的学术积累，以明代国家与社会作为一个具有典型意义的课题，据以提出思考的学理基础，是我们先期对于晚明社会变迁的研究。以"明代国家与社会"为主题，主办"明代国家与社会"学术研讨会，围绕此问题进行较长时段的研究工作，取得一系列相关成果。

从明史学科发展出发，我们有必要对既有研究进行理性的思考，厘清进一步发展的思路。打开方正电子图书库，输入"国家与社会"，出现了694 个条目。其中，以此为标题的实际上只有几部，而以"明代国家与社会"为题的，则没有一部。我们需要思考的重要问题是：何谓国家？何谓社会？国家与社会的关系是怎样的？进一步分梳二者关系：一元/二元？对立/统一？博弈/互动？国家为中心/社会为中心？社会在国家治理下/国家在社会之中？实际上，这是我们在研究中经常遇到，并且不得不思考的一系列问题。如果对于这一基本理论问题没有讨论与交流，我们的研究就

---

① 马德斌：《中国经济史的大分流与现代化》，浙江大学出版社 2020 年版。

不能达致整合思考与创新研究。

国家与社会是一个历久而弥新的问题。马克思、恩格斯等经典作家以及西方诸多学者，对此有过大量论述。目前，有关国家的定义多达150多种。一般认为，国家是政治实体或政治共同体，这类实体或共同体存在于人类的历史长河中，作为历史的产物，自从其产生之日起就具有双重作用，一是阶级统治的工具，二是社会共同体从事一般管理的公共权力。这也就是我们通常所说的，国家既有阶级统治的功能，又有管理社会的功能。值得注意的是，国家具有的三个主要属性：自然的、政治的和社会的属性中，社会的属性，也就是社会共同体。而关于社会的定义，在中国古代"社"与"会"是分开的，先有"社"，后有"会"，都包含人与人之间相互关系、共同活动之义。社会学所用的"社会"一词，广义上泛指从古到今的人类社会，本质上是人们相互交往的产物，是各种社会关系的总和，具体是指处于特定区域和时期、享有共同文化并以物质生产活动为基础的人类生活的共同体。在关于国家与社会的定义中，我们不难发现二者之间你中有我、我中有你的难以截然区分的情形。但是，也有不少学者进行了这样的划定：国家是通过政治手段联合起来的人与人之间关系的总和，社会则是通过经济手段联系起来的人与人之间关系的总和。这是将政治、经济分别开来的划分。综上所述，国家与社会，是一个充满歧见的领域，对何谓国家，何谓社会，如何理解二者的关系，具有多种不同的观点，并可连带产生一系列问题的分歧。而迄今为止，有关国家与社会的理论，主要是西方的理论。那么，如何构建中国的国家与社会理论？这一问题无法回避地摆在我们的面前。笔者认为，我们研究的基点必须建立在本土历史经验之上，第一是实证研究，第二是实证研究，第三也仍如是。以下从学术史角度简单回顾一下明代国家与社会研究相关的主要视角，谈谈个人的一些思考。

1. 一统天下：传统中国的视角

传统的看法，古代中国是一元论的。中国传统国家形态以大权独揽、皇位世袭的君主政体为主要特征，自秦汉以来形成了帝国的传统。这里所谓帝国，是从本土经验出发，皇帝即国家，并不必然是一个扩张的殖民帝国。中国古代社会，认为国家的权力来自"天命"，帝王称为天子，国家的权力基于血缘的世袭和诉诸于天命的君权神授，这种理论在古代中国占有重要地位。国家的正统性，来自皇帝，家国一体。秦朝统一后，即定"天下之事无小大皆决于上"，皇帝发布的诏令作为国家的最高决策，"皇帝御宇，其言也神。渊嘿黼扆，而响盈四表，唯诏策乎"。帝国的特性体现在"以文书御天下"的治理模式上；国家与社会的一体化，是帝王及其臣僚的终极追求。传统中国，国家的基本要素是土地与人民，统治的经济基础是自然经济—农业经济。所谓"溥天之下，莫非王土；率土之滨，莫非王臣"，国家的自然属性、政治属性、社会属性于此凸显，皇帝名义上有权做任何事情，政府职能范围广大，实行大一统中央集权统治。这套体制不断完善和巩固，尽管王朝不断更迭，这套体制模式始终不变并日益强化，大一统国家始终占据主导地位。

当我们沿着传统政治史的路径进行研究时，主要是以国家的角度来考虑明史问题的。君主专制的一元政治权力结构，作为一种政治文化传统流传久远。明代中国是一个帝国，值得注意的是，自明朝起，诏书起始句出现了"奉天承运"，突出表明了皇帝秉承"天命"，运行大统，统治中国的合法性。明初建立的帝国政治决策过程及其内在运行机制表明，诏令文书的传达与贯彻执行，形成了国家治理的基本形式，皇帝以诏令形式处理国家庶政，以诏令文书的一贯到底来治理国家，通常以颁布诏令的形式来立法，"因事立制，乘时创法"，而臣民的职责在于执行皇帝的诏令。一言而概之，"以文书御天下"，是大一统帝国的整体治式。在明代中国研究传统中，强调的是"溥天之下，莫非王土；率土之滨，莫非王臣"的大一统，建立起的君主专制政治体制；强调的是国家与社会之间呈现一种高度统一的、一体化的关系；强调的是国家塑造社会的功能，国家高度统合社会，社会处于被统治的地位；强调的是国家全面渗透到社会生活的各个领域，支配着人们的社会生活。

2. 二元对立：现代西方的视角

19 世纪，西方社会学作为一门独立学科兴起。自 20 世纪 90 年代以来，在中国改革进程中，中国国家与社会的关系引起了国内外学术界的广泛兴趣。中国学者引进西方"市民社会"的概念研究当代中国，形成了一种理论思潮，影响颇大。诚如代表性学者邓正来所说："在某种意义上为研究中国的国家与社会关系以及中国社会发展等论题提供了一个新的分析框架或解释模式。"① 市民社会是根据西方经验得出的理论，主要是国

---

① 邓正来：《国家与社会》，载张静主编《国家与社会》，浙江人民出版社 1998 年版，第 264 页。

家与社会二元对立的视角，认为国家与社会是零和博弈的关系。学术界对于现代中国的市民社会提出了各种解释，但都是在国家与社会对立的范式中提出命题。与此同时，哈贝马斯的"公共领域"概念在中国也受到了广泛的关注。一般而言，在西方的传统中，基于原有的国家与社会的分野，总体上侧重于国家与社会二元结构的对立关系，认为市民社会与国家相对，并部分独立于国家，它包括了那些不能与国家相混淆或者不能为国家所淹没的社会生活领域。

几乎与此同时，改革的时代呼唤史学走出危机，借鉴西方社会学的理论和方法对历史上的社会结构及其运动、社会组织及其运动，以及社会行为及社会心理的社会史研究蓬勃兴起，成为历史学重要分支。更重要的是，社会学研究的社会是现代市民社会，以市民社会为基础形成的社会组织；政治学研究的国家，不是古代血缘意义上的"民族国家"（nation），而是现代社会管理意义上的国家（state）；而我们的研究必须回归历史。

美国、中国学界最早借用"市民社会"和"公共领域"理论来研究近代中国国家与社会之间的关系，对于晚明以来中国的社会变迁有所涉及。黄宗智则认为，近代中国具有完全不同于西方的发展特点，不存在类似于西方那样的市民社会或公共领域，并提出了第三领域的观点。① 考诸历史，明代中国处于传统社会向近代社会转型的重要时期。有中国学者提出晚明江南在市民社会的觉醒和言论自由的程度上，与英国相比似乎并不逊色。但是毕竟中国与西方的语境完全不同，当时的市民社会还没有成熟到足以与国家二元对立。因此，认真研究中国从传统社会到近代社会转型的曲折而又复杂的历史过程，我们不能不顾历史实际，以西方经验来套中国历史。何况以市民社会或者公民社会为论题，作为认识当代中国的分析框架，还难免生搬硬套西方话语的批评，而将现代市民社会概念置于前近代，则难免削足适履之嫌。总之，照搬西方的历史经验是行不通的。

① 黄宗智利用清代四川省巴县、台湾的淡水分府和新竹县以及顺天府宝坻县的诉讼档案等资料，对清代民事审判和民间调解进行研究，在批判哈贝马斯"公共领域"与"市民社会"二元对立概念的基础上，他提出了第三领域的概念：即介于民间秩序和官方制度之间，还存在着一个中间地带——"第三领域"。见黄宗智《中国的"公共领域"与"市民社会"？——国家与社会间的第三领域》，程农译，邓正来、J. C. 亚历山大编《国家与市民社会——一种社会理论的研究路径》，中央编译出版社 1998 年版，第 420—443 页。

3. 分与合：多元互动的视角

近年来，有学者对西方国家与社会互动理论进行了较全面的评述，认为："经历了社会中心论和国家中心论之后，国家与社会关系的研究在 20 世纪 90 年代进入了'国家与社会互动'的新时期。"指出自 20 世纪 90 年代以来，已有西方学者开始打破二元对立的视角，以米格代尔（Joel S. Migdal）、埃文斯（Peter B. Evans）、奥斯特罗姆（Elinor Ostrom）为代表，提出了"国家在社会中""国家与社会共治"等理论，"国家在社会中"规避了国家—社会零和博弈，指出了国家与社会互动的多元性；"国家与社会共治"则提出了国家与社会的良性互动。[①] 这两种理论的提出，都揭示了对国家与社会复杂互动的关系，指出国家与社会存在合作与互补的关系和更重要的二者互相形塑的关系，这同时也意味着对国家与社会二分法的批评。国家与社会关系的多元互动研究视角，对加深对于现代国家与社会的理解具有重要的意义。值得注意的是，20 世纪 90 年代末以后，中国大部分学者也逐渐接受了国家与社会良性互动的观点，用于当代国家与社会关系的研究中。现有研究主要着重于借用西方现有理论对当代中国语境下发生的问题进行解释。虽然这些理论是现代西方经验的文本，但是对明代国家与社会的研究，应该说也有借鉴意义，为研究提供了更广阔的空间。

及至今日，明史研究，特别是明代社会史研究已经是硕果累累，借鉴西方的研究成果，明史学界对包括明代国家与社会的几乎方方面面，都进行了有益的探讨，多有创见，成绩卓著。然而纵观明代国家与社会的学术发展历程，目前的研究成果仍有若干不足之处，主要是三种倾向：一是讨论的问题仍过于集中在传统政治史的范畴，只关注明朝国家或者皇帝的、制度的层面；二是讨论侧重社会发展的历史，主要关注社会变革与社会转型，重点在区域社会，这两种倾向与上述中国传统一元论和西方二元论的两种学术取向似乎仍有着直接或间接的联系，对于国家与社会互动的关系和历史发展的整体性与连续性，均有不同程度的忽视；三是研究重心放在明代中国内部，而忽略了处于全球化开端时期的中国与外部世界的联动关系，即明代国家与国际社会的互动关系。

考察社会变迁，大都是着眼于"变"，21 世纪初，研究晚明社会，我

---

① 李姿姿：《国家与社会互动理论研究述评》，《学术界》2008 年第 1 期。

们采取整体世界——多元社会的研究取向，把晚明社会看作是一个整体，并置于全球大变革之中考察，注重各个发展变素之间的交叉与互动，提出了晚明是中国从传统社会向近代社会转型的开端和全球化开端的观点。在研究不断深入以后，我清醒地认识到，如果只研究"变"，则会忽略"不变"的一面；如果只是看到"变"，而看不到有"不变"的一面，也就是连续的一面，那么研究就会走偏，就会只看到历史的断裂，而看不到历史的连续性。"明代国家与社会"的课题由此提出，走向关注整体的明代史，进行整合性研究，即将明代中国国家与社会作为一个整体来进行统合研究，也就是既要看到明代社会发展变动不居的一面，也要看到历史发展连续性的一面，乃至多元混杂互动的国家与社会的历史整体面貌。

考察国家与社会的互动关系、中国与世界的连动关系，我认为明代白银货币化是一个典型事例。

从明代中国发展的总进程来看，明朝初年，一个建立在中国南部先进农业经济基础上的大一统帝国兴起，以农立国，家国一体，建立了经济、政治、文化等一系列制度，形成国家与社会的一体化建构，有效地统治了整个帝国。从国计、民生两条线索的考察，这种状态由于白银货币化——市场经济的迅速发展而面临解体。包括农民的非农化、农业的商品化、农村的城镇化……在举国的白银追求中，国家与社会开始分离，国家权力由明初对全社会的广泛覆盖，伴随经济转型及社会转型，社会开始摆脱国家的全面干预。国家与社会的互动与博弈关系在明代是极其明显的历史事实。研究传统国家的赋役—财政改革史，是我们认识国家与社会关系的重要途径。以明代作为个案分析的对象，具有典型意义。

还有一点需要提及，即迄今史界所津津乐道的是社会变革与转型，但是，以往我们几乎没有考虑过在社会转型的时候，国家有没有转型的征兆？二者的关系又如何？这是我们需要认真探讨的重大问题。

总之，国家与社会，是一个历久弥新的跨学科的课题。它既是一个政治史的核心问题，也是一个社会史的核心问题，无论是从国家的角度，还是从社会的角度，我们的研究实际上都会遇到你中有我、我中有你的不可回避的互动关系问题。也就是说，对于国家或社会做单向度的强调，只有从上向下的视角或者只有从下向上的视角，都是不合适的。对于明代国家与社会进行整合性的思考与研究，真正认识既有"非此即彼"的一面，又有"亦此亦彼"的一面的辩证性，可以避免片面强调一个方面的极端性。

我们不仅需要突破中国传统国家与社会高度一元化的传统模式，也要突破现代西方国家与社会二元对立的西方模式，这表明我们既要避免国家至上的以国家为中心的倾向，也要避免社会至上的以社会为中心的倾向。笔者认为，明代国家与社会研究在理论上需要关注下述三个关系：第一，国家与社会的互动关系，特别是国家与社会的转型关系；第二，国家与社会具体问题与重要理论问题的关系；第三，明代中国与世界，也就是全球化开端之时明代中国与国际社会的关系。更重要的是，白银货币化研究，促使我产生了对于市场/社会与国家的关系，中国与全球关系的进一步思考，加入了市场的因素，并在这一思考理路上开始进行明代中国早期近代化历史进程与全球近代化历史发展进程联结互动关系的研究。

当前，我们面临史学研究如何创新的问题。国家与社会是明史的核心问题，也是明史研究的基本问题和元问题，更是一个跨学科的综合性大课题。面对机遇与挑战，我们需要进行实证和理论结合的切实研究，走出一条不同于西方的基于本土历史经验的学术路子来。这是学科创新发展的必由之路。

二　货币史研究

（一）明代货币的整体研究

白银作为明代货币之一，迄今大多数中外学者是从货币形态和货币制度视角来研究的。20 世纪 20 年代以来的通史性著作中，均有关于明代各种货币形态的章节，主要有张家骧《中华币制史》①、侯厚培《中国币制史》②、戴铭礼《中国货币史》③，早期的译注有［日］吉田虎雄著、周伯棣译《中国货币史纲》④，Lien - sheng Yang: Money and Credit in China, A Short History ⑤，石毓符《中国货币金融史略》⑥，萧清《中国古代货币

---

① 张家骧：《中华币制史》，民国大学 1925 年版。
② 侯厚培：《中国币制史》，上海世界书局 1929 年版。
③ 戴铭礼：《中国货币史》，商务印书馆 1934 年版。
④ ［日］吉田虎雄：《中国货币史纲》，周伯棣译，中华书局 1934 年版。
⑤ Lien - sheng Yang, *Money and Credit in China*, *A Short History*, Cambridge & Massachusetts: Harvard University Press, 1952.
⑥ 石毓符：《中国货币金融史略》，天津人民出版社 1984 年版。

史》①，千家驹、郭彦岗《中国货币史纲要》②，叶世昌、潘连贵《中国古近代货币史》③，叶世昌《中国金融通史》（第一卷）④ 等。其中，最重要的研究专著是彭信威《中国货币史》⑤，设有"明代的货币"专章，包括货币制度：纸币、钱币、白银，货币的购买力：大明宝钞的膨胀、万历以前铜钱的购买力、晚明的铜钱贬值、白银的购买力，货币研究：货币理论、货币史和钱币学，信用和信用机关：高利贷和典当业、钱庄的兴起，全面系统地论述了明代各种货币形态及其相关制度与实行，着力于货币制度和货币理论以及货币购买力方面的论述。叶世昌编著《中国货币理论史》（上、下册）⑥，在明代部分介绍了明代学者货币思想，评价不高。周卫荣《中国古代钱币合金成分研究》⑦ 及周卫荣、杨君、黄维《中国古代银锭科学研究》⑧，是以考古遗存与文献资料、现代科学技术手段相结合，对古代钱币和银锭的研究，包括明代制钱和白银的形制、成分和使用情况，具有较高的学术价值。汤国彦主编《中国历史银锭》⑨ 及文四立、左秀辉《中国银锭图录》⑩，包括明代银锭形制和成分的系统介绍。

　　关于明代宝钞的研究主要有吴晗《记大明通行宝钞》⑪，乔晓金《明代钞币初探》⑫，王纪潮《论明代钞法的废弛》⑬，叶世昌《论大明宝钞》⑭，王玉祥《明代钞法述论》⑮，唐文基《论明代宝钞政策》⑯，赵善轩、李新华《重评"大明宝钞"》⑰，孙兵《明洪武朝宝钞的印造与支出

① 萧清：《中国古代货币史》，人民出版社 1984 年版。

② 千家驹、郭彦岗：《中国货币史纲要》，上海人民出版社 1986 年版。

③ 叶世昌、潘连贵：《中国古近代货币史》，复旦大学出版社 2001 年版。

④ 叶世昌：《中国金融通史》（第一卷），中国金融出版社 2002 年版。

⑤ 彭信威：《中国货币史》，上海人民出版社 1958、2007 年版。

⑥ 叶世昌编著：《中国货币理论史》（上、下册），中国金融出版社 1986、1993 年版。

⑦ 周卫荣：《中国古代钱币合金成分研究》，中华书局 2004 年版。

⑧ 周卫荣、杨君、黄维：《中国古代银锭科学研究》，北京科学出版社 2017 年版。

⑨ 汤国彦主编：《中国历史银锭》，云南人民出版社 1993 年版。

⑩ 文四立、左秀辉：《中国银锭图录》，中国金融出版社 2013 年版。

⑪ 吴晗：《记大明通行宝钞》，《读史劄记》，生活·读书·新知三联书店 1956 年版。

⑫ 乔晓金：《明代钞币初探》，《中国钱币》1983 年第 2 期。

⑬ 王纪潮：《论明代钞法的废弛》，《中国钱币论文集》，中国金融出版社 1985 年版。

⑭ 叶世昌：《论大明宝钞》，《平准学刊》第 4 辑下册，光明日报社 1989 年版。

⑮ 王玉祥：《明代钞法述论》，《甘肃社会科学》1997 年第 5 期。

⑯ 唐文基：《论明代宝钞政策》，《福建论坛》2000 年第 1 期。

⑰ 赵善轩、李新华：《重评"大明宝钞"》，《江西师范大学学报》2005 年第 1 期。

探微》①、李治国的硕士学位论文《明代宝钞制度研究》②等，从货币制度出发，论述明代宝钞制度的建立和实行，制度缺陷与失败原因。关于明末宝钞的回光返照，主要有蔡予新《明崇祯末年的行钞计划》③，叶世昌《明末蒋臣建议行钞始末》④ 等，详细介绍了崇祯末年行钞计划及其失败的过程及其意义。黄阿明《明代前期的救钞运动及其影响》⑤、陈昆、李志斌《财政压力、货币超发与明代宝钞制度》⑥ 等，是从货币制度史角度对于宝钞的新探索。

　　关于明代铜钱的研究主要集中在铜钱的官铸、私铸方面，主要有叶世昌、潘连贵《嘉靖年间没有补铸钱》⑦，王裕巽《明代钱法变迁考》⑧，王玉祥《试论明中、后期的私铸与物价》⑨、《明代"私钱"述论》⑩，张诗波《明代"私铸钱"与国家的应对措施》⑪，张宁《铜钱危机视野下的明代币制变革》⑫，张冬《明代九边军镇铸币考论》（上、下）⑬。关于李自成铸钱，有袁林《李自成"永昌通宝"再探》⑭。有关张献忠铸钱，有刘敏《大西政权铸币考》⑮ 关于铜钱的窖藏，有屠燕治《谈洪武年间的铜钱窖藏》⑯。关于铜钱的外流，有陈成的硕士学位论文《明代永乐通宝的外流及对周边国家的影响》⑰。关于银钱的研究，主要有高桂云《万历银钱

---

① 孙兵：《明洪武朝宝钞的印造与支出探微》，《江西社会科学》2003 年第 8 期。

② 李治国：《明代宝钞制度研究》，硕士学位论文，南开大学，2003 年。

③ 蔡予新：《明崇祯末年的行钞计划》，《中国钱币》1988 年第 1 期。

④ 叶世昌：《明末蒋臣建议行钞始末》，《中国钱币》2007 年第 4 期。

⑤ 黄阿明：《明代前期的救钞运动及其影响》，《江汉论坛》2012 年第 2 期。

⑥ 陈昆、李志斌：《财政压力、货币超发与明代宝钞制度》，《经济理论与经济管理》2013 年第 7 期。

⑦ 叶世昌、潘连贵：《嘉靖年间没有补铸钱》，《中国钱币》1986 年第 2 期。

⑧ 王裕巽：《明代钱法变迁考》，《中国钱币》1995 年第 2 期。

⑨ 王玉祥：《试论明中、后期的私铸与物价》，《中国钱币》2001 年第 3 期。

⑩ 王玉祥：《明代"私钱"述论》，《中国社会经济史研究》2002 年第 4 期。

⑪ 张诗波：《明代"私铸钱"与国家的应对措施》，《北方论丛》2007 年第 5 期。

⑫ 张宁：《铜钱危机视野下的明代币制变革》，《湖北大学学报》2014 年第 6 期。

⑬ 张冬：《明代九边军镇铸币考论》（上、下），《中国钱币》2019 年第 2、3 期。

⑭ 袁林：《李自成"永昌通宝"再探》，《中国钱币》1990 年第 4 期。

⑮ 刘敏：《大西政权铸币考》，《四川金融》1998 年第 2 期。

⑯ 屠燕治：《谈洪武年间的铜钱窖藏》，《中国钱币》1988 年第 1 期。

⑰ 陈成：《明代永乐通宝的外流及对周边国家的影响》，硕士学位论文，中山大学，2015 年。

刍议》①，王裕巽《明代金银钱分类综述》②，前者专门探讨了万历银钱，后者则是对于明代金银钱的种类及用途的全面综合阐述，金银钱一般不作为通货使用。

综上所述，明代货币与货币制度在通史类货币史中都有一席之地，但是研究不够专深，迄今没有一部明代货币史专著出版，国内对于明代钞币研究比较深入，对于铜钱的研究，从钱币学角度的研究成果很多，马飞海总主编《中国历代货币大系》是一套集大成的丛书，2016 年《中国历代货币大系·钱币学与货币文化》出版。③ 其他诸多成果在此恕不一一列举。近年钞、钱、银的竞争与演变受到关注，与从货币制度研究出发的货币白银化研究有关，将在下面明代白银部分一起回顾。

（二）明代白银的研究

明代白银问题是明代货币史的前沿问题，下面按照时间顺序，对主要研究成果进行简略回顾和评述。

1. 整体研究概述

开始白银货币化研究时，我就进行了对先行研究的认真回顾，认为早在明清之际就已引起著名思想家黄宗羲、顾炎武、王夫之等人的极大关注，三人均为废银论者。20 世纪 30 年代以后，梁方仲、清水泰次、博克塞（C. R. Boxer）等中外学者，从赋役制度与国际贸易的角度④，彭信威、加藤繁、杨联陞（Lien – sheng Yang）等学者从货币史的视角⑤，均对白银有所涉及，他们精深的研究成果和学术成就至今令人瞩目。1942 年朱偰《中国银两本位之史的研究》⑥，从银两本位的角度，简述了中国白银的历

---

① 高桂云：《万历银钱刍议》，《中国钱币》1991 年第 4 期。

② 王裕巽：《明代金银钱分类综述》，《中国钱币》2003 年第 4 期。

③ 马飞海总主编：《中国历代货币大系·钱币学与货币文化》，上海人民出版社 2016 年版。

④ 参见梁方仲 20 世纪 30 年代关于明代一条鞭法的系列论文，《明代一条鞭法年表》，《岭南学报》1952 年第 1 期，（初稿）说明："本表由草创以至达到现成的形式，历时将近廿年"；《明代国际贸易于银的输出入》，《中国社会经济史集刊》第 6 卷第 2 期，1939 年；［日］清水泰次《明代に於ける租税银纳の蔟逹》一文，《東洋学报》20 卷 3 期，1935 年；C. R. Boxer, *The Great Ship from Amacon*, *Annals of Macao and the Old Japan Trade*, Lisbon, 1959.

⑤ 参见彭信威《中国货币史》，上海人民出版社 1958 年版；［日］加藤繁《唐宋时代金银之研究》，台北：新文丰出版公司 1974 年版；Lien – sheng Yang, *Money and Credit in China*, *A Short History*, Harvard University Press, Cambridge, Massachusetts, 1952.

⑥ 朱偰：《中国银两本位之史的研究》，《财政学报》第 1 卷第 2 期，1942 年 1 月。

史演进，是全面论述明代货币制度、银两本位的代表性论文。上述各部中
国货币史均有关于白银的专门论述。20 世纪 80 年代以后，对货币沿革进
行系统研究的，有叶世昌、万志英（Richard von Glahn）等中外学者①；
对外国白银流入中国及其对于世界影响进行考察的，主要有全汉昇、艾维
泗（William S. Atwell）、弗林（Dennis O. Flynn）和吉拉尔德兹（Arturo
Giraldez）等中外学者。② 其中对明代白银研究用功最多、成就也最卓著
的是全汉昇，他对明代太仓银、国际白银流入，明银价变动，以及白银对
北方边防及市场的影响，均有深入研究。③ 进入 21 世纪，中外学术界特
别关注白银问题，德国贡德·弗兰克《白银资本：重视经济全球化中的
东方》中译本下面将专门述及。吴承明提出将"财政货币化"和"白银
内流"作为 16—17 世纪中国经济现代化因素，④ 是直接将财政货币化与
现代化联系在一起的第一人。总之，中外许多学者早已注意到白银在晚明
大量流入中国的现象，并对白银的输入量及其影响等进行了大量的研究。
1985 年赵轶峰发表的《试论明代货币制度的演变及其历史影响》⑤，从货
币制度出发，首先提出"货币白银化"概念，指出"以货币白银化为核
心的货币制度演变是这一时期社会结构变化的重要组成部分"。1993 年李
育安《明代货币制度的演变》⑥，简述明代由钞本位演变为银本位的过程
和原因，认为银本位的确立是明代商品经济发展的客观规律。2003 年任

────────────

① 参见叶世昌《中国货币理论史》，中国金融出版社 1986 年版；Richard von Glahn, *Fountain of Fortune: Money and Monetary Policy in China*, 1000 – 1700, Berkeley & Los Angeles & London: University of California Press, 1996.

② 全汉昇有关论著见下注；William S. Atwell, "Notes on Silver, Foreign Trade, and the Late Ming Economy", *Ching – shih wen – ti*, 3/8: 1 – 33, 1977; "International Bullion Flows and the Chinese Economy circa 1530 – 1650", *Past and Present*, 95: 68 – 99, 1982; "Ming Observations on the 'Seventeeth – Century Crisis' in China and Japan", *Journal of AsianStudies*, Vol. 45: 223 – 244, 1986. Dennis O. Flynn and Arturo Giraldez: "Born with a 'Silver Spoon': the Origin of World Trade in 1571", *Journal of World History*, Vol. 6, No2, 1995.

③ 全汉昇：《中国经济史论丛》上下册，台北：稻乡出版社 1991 年版；《宋明间白银购买力的变动及其原因》，《新亚学报》八卷一期，1967 年；《明清间美洲白银输入中国的估计》，《"中研院"史语所集刊》第六十六本，第三分，1995 年。

④ 吴承明：《中国的现代化：市场与社会》，生活·读书·新知三联书店 2001 年版，第 32—34 页。

⑤ 赵轶峰：《试论明代货币制度的演变及其历史影响》，《东北师范大学学报》1985 年第 4 期。

⑥ 李育安：《明代货币制度的演变》，《郑州大学学报》1993 年第 1 期。

均尚《明朝货币政策研究》①，从货币政策出发，指出明朝的货币政策主要体现在纸币"大明宝钞"和铸币铜钱的发行上，最终以纸币的贬值与铸币的混乱而告终，有利于白银在中国社会经济和国家财政中主币地位的确立。但同时也给政府财政、金融体系和各阶层人民生活带来负面影响。

有关银钱比价的论文，主要有严艳《浅谈明代白银与铜钱的比价问题》②，初步考察了明代银钱比价的变动情况，认为白银与铜钱的比价的波动是由于政府片面追求铸币利润、私铸的盛行、国内白银开采及海外白银的大量流入等原因造成。在货币思想方面，郑永昌的《明末清初的银贵钱贱现象与相关政治经济思想》③，着眼于明末清初的银贵钱贱现象，对于当时相关思想进行了专门梳理。蔡明伦、王楚清《论明中叶重钱轻银思想》④，指出主张用行政命令来改变客观规律以达到其倡行铜钱的目的，不仅无法实现，反而反映了这一时期我国经济思想发展的停滞与落后。蔡明伦《明清之际思想家对"银荒"的议论及解决方案》也是对明末清初相关思想的研究，认为充分反映了这一时期我国经济思想发展的停滞状态。张家骧等主编《中国货币思想史》⑤ 是第一部中国货币思想史，涉及明代，包括明初的货币思想、明中叶的货币思想、明末的货币思想、明清之际启蒙思想家的货币思想四章，全面论述了有明一代的货币思想，对于丘濬的以银为上币，谭纶等重钱轻银论，以及明清之际废银论均有专门论述。

2. 回顾外银流入中国问题

依据时间顺序，自 20 世纪 30 年代开始，中外学界开始从海外贸易或称国际贸易出发，研究白银流入中国现象、数量估计及其影响。1933 年傅镜冰发表《明清两代外银流入中国考》⑥，是研究国际白银输入中国问题的开始，分为三个时期，五条路径，考察明末至清中叶，输入 3 亿 5 千万元左右，促进了中国银本位形成；1939 年梁方仲《明代国际贸易和银

---

① 任均尚：《明朝货币政策研究》，《西南师范大学学报》2003 年第 3 期。

② 严艳：《浅谈明代白银与铜钱的比价问题》，《南方文物》2006 年第 4 期。

③ 郑永昌：《明末清初的银贵钱贱现象与相关政治经济思想》，台北师范大学历史学研究所，1991 年。

④ 蔡明伦、王楚清：《论明中叶重钱轻银思想》，《湖北师范学院学报》2004 年第 3 期。

⑤ 张家骧等主编：《中国货币思想史》上，湖北人民出版社 2011 年版。

⑥ 傅镜冰：《明清两代外银流入中国考》，《中行月刊》七卷六号，1933 年。

的输出入》①，是研究明代白银贸易的一篇力作，统计《明实录》洪武到正德的银课量，并估计万历元年至顺治初白银输入量在一亿元以上。全汉昇自 20 世纪 50 年代开始研究白银的流入问题，发表一系列相关论述，主要有《美洲白银与十八世纪中国物价革命的关系》②《明清间美洲白银的输入中国》③《再论明清间美洲白银的输入中国》④《三论明清间美洲白银的输入中国》⑤，与后来陆续发表的《明清间美洲白银输入中国的估计》《美洲白银与明清间中国海外贸易的关系》《美洲白银与明清经济》《略论新航路发现后的中国海外贸易》《略论新航路发现后的海上丝绸之路》《明代中叶后澳门的海外贸易》，均为白银输入中国的代表作。

　　20 世纪 80 年代的研究，主要有严中平《丝绸流向菲律宾，白银流向中国》⑥、董郁奎《试论明代的白银及其流通》⑦，分析了明代白银流通的时期、原因、来源及影响。李明银《十六世纪以来外国银元大量流入中国原因新探——与李刚、徐文华同志商榷》⑧，对于白银流入的原因进行了新的探讨。美国学者艾维泗（William S. Atwill）发表一系列论文⑨，揭示了国际白银流通与中国社会经济变化的密切联系，也揭示了中国乃至东亚与 17 世纪普遍性危机的整体关系，成为明代白银问题研究的代表性学者。

　　至 20 世纪 90 年代，按照论著发表时间顺序，首先是倪来恩、夏维中的《外国白银与明帝国的崩溃——关于明末外国白银的输入及其作用的

---

① 梁方仲：《明代国际贸易和银的输出入》，《中国社会史集刊》6 卷 11 期，1939 年。

② 全汉昇：《美洲白银与十八世纪中国物价革命的关系》，《"中研院"历史语言研究所集刊》第二十八本，1957 年。

③ 全汉昇：《明清间美洲白银的输入中国》，《中国文化研究所学报》二卷一期，1969 年。

④ 全汉昇：《再论明清间美洲白银的输入中国》，《陶希圣先生八秩荣庆论文集》，1979 年。

⑤ 全汉昇：《三论明清间美洲白银的输入中国》，收入《中国近代经济史论丛》，台北：稻禾出版社 1999 年版、中华书局 2011 年版。

⑥ 严中平：《丝绸流向菲律宾，白银流向中国》，《近代史研究》1981 年第 1 期。

⑦ 董郁奎：《试论明代的白银及其流通》，《浙江学刊》1988 年第 3 期。

⑧ 李明银：《十六世纪以来外国银元大量流入中国原因新探——与李刚、徐文华同志商榷》，《中国社会经济史研究》1989 年第 3 期。

⑨ William S. Atwill, "Noteson Silver, Foreign Trade, and the Late Ming Economiy." *Ch'ing - shih wen - ti*, Vol. 8, No. 3, 1977, pp. 1 - 33; "International Bullion Flows and the Chinese Economy, circa 1530—1650", *Past and Present*, No. 95, 1982, pp. 68 - 90; "A Seventeeth - century 'General Crisis'in East Asia?", *Modern Asia Studies*, Vol. 24, No. 4, 1990, pp. 661 - 682.

重新检讨》①，重新提出了白银输入对于明帝国影响问题，对西方史学界普遍认为美洲白银输入数量减少导致明王朝灭亡观点提出质疑，但所用白银输入不降反增的资料，不够确切；论述认为明朝灭亡是明王朝财政体制与传统社会结构不可调和的结果。林满红《明清的朝代危机与世界经济萧条——十九世纪的经验》②，主要研究聚焦 19 世纪，论述了 17 世纪世界危机与明代灭亡的关系，并对日本输入明代白银的数量做了估算。郑永昌《中日有关明代白银史研究之回顾》③，对中日两国学者的明代白银研究进行了比较全面的梳理。晁中辰《明后期白银的大量内流及其影响》④估计明中后期国外流入中国的白银数量约为一亿两左右，对国内商品经济的发展、银本位的确立具有重要影响。庄国土《16—18 世纪白银流入中国数量估算》⑤，认为在 1567—1644 年从国外流入中国的白银总量约 2.25亿两。王裕巽《明代白银国内开采与国外流入数额试考》⑥，认为明代国内白银开采量约为 2 千万两，明后期国外白银流入量约为 3 亿两。梅新育《略论明代对外贸易与银本位、货币财政制度》⑦，探讨了对外贸易与明朝货币财政制度的关系，认为明代中期贸易顺差和套汇使白银大量内流中国，是中国银本位制度确立的必要条件，对外贸易在促使明代财政制度向以白银为正赋的转变中发挥了重要作用。

进入 21 世纪，2004 年万明《明代白银货币化：中国与世界连接的新视角》⑧，从白银货币化的新视角出发，指出市场经济萌发，并以前所未有的发展趋势极大地扩展，不仅拉动了外银流入，而且使中国由此主动走向了世界，白银货币化直接影响了日本和间接影响了美洲银矿的开发，引导中国积极参与了世界经济体系的初步建构，并为整体世界的出现作出了重要的历史性贡献。该文对 1540—1644 年流入中国的日本白银、1571—

① 倪来恩、夏维中：《外国白银与明帝国的崩溃——关于明末外国白银的输入及其作用的重新检讨》，《中国社会经济史研究》1990 年第 3 期。
② 林满红：《明清的朝代危机与世界经济萧条——十九世纪的经验》，《新史学》1991年第 4 期。
③ 郑永昌：《中日有关明代白银史研究之回顾》，《台湾师范大学历史学报》1992 年第 20 期。
④ 晁中辰：《明后期白银的大量内流及其影响》，《史学月刊》1993 年第 1 期。
⑤ 庄国土：《16—18 世纪白银流入中国数量估算》，《中国钱币》1995 年第 3 期。
⑥ 王裕巽：《明代白银国内开采与国外流入数额试考》，《中国钱币》1998 年第 3 期。
⑦ 梅新育：《略论明代对外贸易与银本位、货币财政制度》，《学术研究》1999 年第 2 期。
⑧ 万明：《明代白银货币化：中国与世界连接的新视角》，《河北学刊》2004 年第 3 期。

1644 年流入中国的美洲白银分别进行了粗估，没有除去运输费用，总共有约 2 万吨（约 5 亿两）白银流入中国。韩琦《美洲白银与早期中国经济的发展》①认为，西属美洲在殖民地时期生产的大约 10 万吨至 13 万吨白银中的约 80% 以上被输出，白银大量流入中国对早期近代中国经济产生了巨大的积极影响，但明朝的灭亡和鸦片战争后中国的衰落也与当时中国白银输入的减少甚至外流有直接的关系。张宇燕、高程《海外白银、初始制度条件与东方世界的停滞——关于晚明中国何以"错过"经济起飞历史机遇的猜想》，②依据先行中外学者研究，指出白银通过国际贸易进入中国市场的总量很大，保守估计，约占世界银产量的 1/3 甚至 1/2 左右；但该文主要沿袭新经济史学派的观点，核心讨论产权制度或广义的宪政与长期经济增长之间的关系，从经济学出发猜测了明帝国停滞的原因。我国台湾学者李隆生从海外贸易的角度出发，对于明代白银流入以及白银存量做出了重新估算，③认为明朝末年中国白银总存量约为 7.5 亿两。这一存量应该是在全汉昇等学者估计基础上做出。他指出明亡前的百年期间，国外流入白银是中国自产白银的近 10 倍，对中国经济、社会、政治都产生了举足轻重的影响。但还提出了这样的问题："明季作为货币，大量进口的海外白银，对中国长期经济发展有显著影响吗？若没有这些白银，明季的经济发展会停滞吗？针对这两个问题，答案应该是否定的。古典经济学告诉我们货币是虚幻的，认为财富和货币是两个截然不同的概念，财富所包含的是实质产出，而货币仅是交易媒介，对经济没有实质影响。市场经济良好运作所需的仅为适当、适量和被信赖的货币。"显然，他认为当时可以产生替代品："假设没有海外输入的白银，明季中国真会因为缺乏足够货币，以致经济发展受到重大影响吗？这是极难想象的。我认为政府和民间很可能会以金、银为准备，发行可兑换纸币来替补白银的不足，至少这是不能排除的可能性；市场应该会找到它的出路，以适应和满足对货币的需求。"在这里，他似乎忘记了历史事实是一种过去式，无

---

① 韩琦：《美洲白银与早期中国经济的发展》，《历史教学问题》2005 年第 2 期。

② 张宇燕、高程：《海外白银、初始制度条件与东方世界的停滞——关于晚明中国何以"错过"经济起飞历史机遇的猜想》，《经济学》（季刊）2005 年第 2 期。

③ 参见李隆生《明末白银存量的估计》，《中国钱币》2005 年第 1 期；《晚明海外贸易数量研究：兼论江南丝绸产业与白银流入的影响》，台北：秀威科技股份有限公司 2005 年版。

法重演，更无法假设，客观的历史主义应该是我们研究的基点。白银为什么成为主币，是多种因素促成的，发展到明代，与当时社会生产力发展相适应，在铜的资源匮乏、钞币不行、宝钞制度失败的反弹下，白银崛起于民间社会市场，是市场经济的萌发，白银货币化推动了中国市场与全球市场的连接，资本积累、消费和净出口，成为拉动社会经济增长的重要因素。同时，白银成为主币，成为社会财富的代表，绝对不是虚幻现象，也存在人为追求财富或者说贪欲的问题，等等。总之，历史事实是，中国社会经济当时没有产生其他的替代品，只有白银崛起为主币，任何其他假设都没有发生，所以我们也不必去寻求这种缺乏历史事实也缺乏实际意义的假设。在金融货币领域，早就有关于货币中性的理论，然而，事实上货币是中性的理论，也早已被质疑，被历史事实所突破了。

李庆《晚明中国与西属菲律宾的贸易规模及历史走向——基于"货物税"（almojarifazgo）文献的数据分析》①一文，是利用档案资料对于白银贸易额度进行再度分析的论文。尽管各种白银估算和评价呈现了比较悬殊的结果，但是，学术界对于美洲生产的白银和日本生产的白银大部分都吸入了中国这一点，已经形成了共识。但是长期以来的估算，建立在西方大量资料的基础之上，没有考虑到明代白银货币化——财政货币化因素，将明代货币财政中的白银置于统计视野之外，是迄今研究存在的一个重大缺陷。

刘光临曾发表《明代通货问题研究——对明代货币经济规模和结构的初步估计》②《银进钱出与明代货币流通体制》③等论文，质疑"白银进步论"。通过估算明代经济中流通钱币的数量来考察市场规模，主要利用日本出土中国铜钱来重建1580年以前明代市场中的货币流通规模，并与北宋货币存量比较，指出万历以前明代货币经济规模大约是北宋盛时的1/5—1/3。晚明海外输入的白银是明代已有白银存量的4倍，提出海外白银挽救了明代市场的观点。由于不了解明代货币结构与制度的基本演变过程，更不了解白银货币化在成化时已经形成市场流通领域主币，以从未形

① 李庆：《晚明中国与西属菲律宾的贸易规模及历史走向——基于"货物税"（almojarifazgo）文献的数据分析》，《中国经济史研究》2018年第3期。
② 刘光临：《明代通货问题研究——对明代货币经济规模和结构的初步估计》，《中国经济史研究》2011年第1期。
③ 刘光临：《银进钱出与明代货币流通体制》，《河北大学学报》2011年第2期。

成明代市场主币的铜钱和日本出土铜钱"重建"明代市场货币流通规模，这种考证和批评是欠妥的。

2019 年《中国经济史研究》组织发表"中国经济史中的白银演化"笔谈（2019 年第 6 期，2020 年第 1 期），刊登了我写的《明代白银货币化研究 20 年——学术历程的梳理》一文，不仅从货币形态，而且以更宏大的视野探讨白银货币化过程及其影响。陈锋《明清时代的"统计银两化"与"银钱兼权"》，提出"统计银两化"只是一种国家财政的统计标准，在所谓的"白银货币化"过程中，铜钱的地位依旧重要，依然存在着"银钱并行"与"银钱兼权"，并提出"在国家财政收入、支出体系中，银两与铜钱各占有一定的比例"的观点。我提出晚明白银货币化，白银形成主要货币形态，并没有排除其他货币的存在，但明代银钱不是并行关系；明代白银货币化完成于财政货币化，全面向白银货币为主的财政体系转型，在地方以银柜收税，统一征银遍及全国，此有大量明代文书、册籍与实物见证，是一个不争的历史事实。"银钱并行"是在清代以后才出现的，不能以清准明；而如果没有白银货币化，就不可能出现统计银两化，后者正是前者的重要内容之一。彭凯翔《货币化与多元化：白银挑动下的明清货币"复调"》，重新审视了明代货币体系的"白银化"，认为白银化和货币化是明代经济中两个并不对立乃至可以相互促进的趋势，并指出由白银化推动的货币化最终为货币多元化在清代的成熟提供了条件。燕红忠《本位与信用：近代中国白银货币制度及其变革》，探讨的基点建立在"从明代中叶起，白银逐渐成为中国经济运行与货币制度中最主要的货币形态"，从货币供给和信用扩展的机制出发，客观探讨了近代中国白银货币制度的发展过程及其主要特点，以及由政府主导的币制改革的路径及特点。黑田明伸《中国货币史上的用银转变：切片、称重、入账的白银》，指出中国的银两是称重计量的，最初被作为丝绸（用于远距离贸易的支付）的辅助性手段。元代发行官钞，面额以铜钱单位标示，但按银重计价。明代赋役征银后，大量银条从日本及南美流入中国，用于交换丝绸、瓷器以及茶叶，民间买卖日常必需品的一般交易也用白银结算。岸本美绪《晚明的白银北流问题》从经济思想的角度，对晚明白银北流问题加以深入探讨。着重讨论白银北流问题和当时政治抗争的关系。分析当时通过铸钱、开矿等方法来试图解决银荒的若干提议及其论者之经济观。并指出这些思想为清初康熙年间和清代后期道光年间银荒时期的经世论者所继承。邱永志、张国坤《基准转移、结构嵌入与信用离散——近世货币变迁中的白银问题》，从纯粹货币形态变迁角度，沿袭王文成观点，认为宋金元时期白银货币化，为明代货币白银化准备了条件，并以货币学概念梳理白银化过程。

3. 外国学者关于明代白银研究

日本学者关于白银的研究也开始于 20 世纪 30 年代。1932 年小竹文夫发表《明末至清代中叶外国银之流入中国》。1935 年百獺弘《关于明代的银产额与外国银》①，系统探讨了明代中国国内白银的生产和外银流入中国情况，首次提出明代国内白银产量有限，成化之后白银产地从闽浙转移到云南。同年，清水泰次《明代に於ける租税银纳の蕋達》一文②，是从租税银纳化角度的研究。从贸易涉及白银问题研究的，主要有山胁悌二郎《近世日中贸易史の研究》③、岩生成一《朱印船貿易史の研究》④ 等。小叶田淳《金銀貿易史の研究》是代表作，认为从 17 世纪开始，通过中国与葡萄牙、西班牙、荷兰的贸易活动，日本平均每年输出 400 万—500万两白银，其中大部分流入了中国。依据 2002 年中岛乐章撰写的日本史学界明清史研究综述，主要有宫泽知之《中国专制国家的财政与物流》对北宋和明代前期的财政、物流状况作了比较。总结这两个时期虽然都将盐法与军粮的调达挂钩，但北宋由于铜钱的大量投放，支撑了以开封为联结点的江南至西北边疆的物流体系，而明代在实物财政和原额主义的政策下，形成了不经由国都的复杂物流体系。如果再参照岩井茂树和大田由纪夫的研究，就可以得出如下的结论：由于元代铜钱和白银大量流向国外，在榷盐收入被迫充当北方军饷的情况下，除了实物财政，明初政府几乎别无选择。黑田明伸论文《What did the silverinflux really do to early modern Asia?》，批驳了中国在白银大量流入的情况下仍未发生价格革命这一普遍观点，他论述在 17 世纪的中国，即便是在农村市场白银也已经取代了铜钱的功能。石见银山历史文献调查团编辑《石见银山·年表、编年史料纲目篇》（思文阁出版），汇集了日本、中国、朝鲜和西欧史料中关于 16—17 世纪东

---

① ［日］百獺弘：《关于明代的银产额与外国银》，《明清社会经济史研究》，东京：研文出版会 1980 年版。
② ［日］清水泰次：《明代に於ける租税银纳の蕋達》，《東洋学报》20 卷 3 期，1935 年。
③ ［日］山胁悌二郎：《近世日中贸易史の研究》，东京：吉川弘文馆 1960 年版。
④ ［日］岩生成一：《朱印船貿易史の研究》，东京：吉川弘文馆 1985 年版。

亚白银流通的资料，是一部有重要价值的文献。[1] 据我国台湾学者郑永昌研究（见上述），有关日本银流入中国数量的最早估算者是日本学者新井白石，其研究指出从1602—1648年，约有752万两日本白银流入中国。

西方学者的研究，以艾维泗（William S. Atwell）20世纪80年代关于明末白银的研究最具代表性。[2] 后来主要有弗林（Dennis O. Flynn）和吉拉尔德兹（Arturo Giraldez）提出1571年世界贸易诞生的观点。[3] 万志英（Richard von Glahn）[4] 的专著对于明代货币的演变过程，进行了全面系统的论述，是西方关于中国货币史的一部力作。但是他认为明末白银输入没有下降而是增加，艾维泗依据史料进行了质疑。[5] 万志英新著《剑桥中国经济史》全面系统论述了中国经济史，但遗憾的是其中仍引用了吴慧1990年发表的论文《明清（前期）财政结构性变化的计量分析》中的数据与结果，以明正统与清乾隆财政收入粮银数字进行比较，不能反映明清财政结构的真实变化过程。实际上，对于美洲白银问题在西方经济史论著中有着大量研究成果，不胜枚举；此外前面有关中国白银问题的择要概述，这里不再重复，本书具体章节中还将有先行学术成果的展开，《弗兰克〈白银资本——重视经济全球化中的东方〉评述》见后面附录。

4. "白银货币化"与"货币白银化"研究

王文成首先提出宋代白银货币化，[6] 我认为宋代多种货币并存，仍然

① 中岛乐章：《2002年日本史学界关于明清史的研究》，《中国史研究动态》2004年第12期。张玉林译自《史学杂志》第112编第5号（2003年5月20日发行）《2002年的历史学界——回顾与展望》。

② William S. Atwell, "Notes on Silver, Foreign Trade, and the Late Ming Economy", *Ching - shih wen - ti*, 3/8：1 - 33, 1977; "International Bullion Flows and the Chinese Economy circa 1530 - 1650", *Past and Present*, 95：68 - 99, 1982; "Ming Observations on the 'Seventeeth - Century Crisis' in China and Japan", *Journal of Asian Studies*, Vol. 45：223 - 244, 1986.

③ Dennis O. Flynn and Arturo Giraldez, "Born with a 'Silver Spoon': the Origin of World Trade in 1571", *Journal of World History*, Vol. 6, №2, 1995.

④ Richard von Glahn, *Fountain of Fortune: Money and Monetary Policy in China*, 1000 - 1700, Berkeley & Los Angeles & London：University of California Press, 1996.

⑤ William S. Atwell, "Another Look at Selver Imports into China, ca. 1635 - 1644", *Journal of World History*, Vol. 16, No. 4, Dec. 2005, pp. 467 - 489.

⑥ 参见王文成《宋代白银货币化研究》，云南大学出版社2001年版，另王氏《金朝时期的白银货币化与货币白银化》，从货币形态出发，将白银货币在金朝的演变区分为白银货币化与货币白银化两个阶段，界定白银从商品变成货币是白银货币化；钱退银进，是货币白银化。这与产生于特定历史阶段的明代白银货币化概念其着眼点完全不同。

是以铜钱为主要货币的时代，当时白银并没有形成完全形态的货币。对于提出宋代为第一次白银货币化，明代是第二次白银货币化的观点，我也认为不妥。因为这涉及对金元时期，特别是金代应该如何评价的问题，金朝是中国首次大量使用白银作为货币的朝代，所以不能同意宋代是第一次货币化，明代是第二次货币化的观点。我提出明代白银货币化概念以后，开始引起学术界对白银货币化问题的关注，很快产生了不少研究成果，2020年12月在"读秀"搜索"白银货币化"，出现相关中文期刊357篇。当然有些与明代并不相关，也有不少是没有新意的重复论述，恕在此不一一评述。2018年《南国学术》选出"2017年度中国历史学研究十大热点"，其中之一是"白银进出口对明清货币的影响"，我有幸受邀作为专家点评。下面将2018年4月在"中国历史上的白银问题"国际学术研讨会上总结所作的点评，特列于下："白银问题是经济全球化开端时期的重大课题，是全球史的重要组成部分。2017年这一问题之所以再度成为热门话题，与全球史在中国的研究兴起、'一带一路'研究的深入有着密切联系。相关研究已经引起历史学界与经济学界的共同兴趣，聚焦的问题主要有：一是关于白银货币化的时间，分别有唐、宋、元、明之说，拓展了研究的纵向考察维度；二是在学术概念上提出了'白银货币化''货币白银化''货币国际化'等；三是突破制度史的框架，与中国国家与社会的近代化转型联系在一起，并且向货币财政体系与国家治理模式转型；四是海外白银流入量再度引发关注，对深化研究提出了更高要求，即多种文字的原始数据如何发掘利用；五是作为一个跨学科的国际性研究课题，向研究者提出了史学理论建构的问题。"

上面已经提到"货币白银化"是1985年赵轶峰最早提出的，是从货币制度角度考察明代货币制度以及制度变迁与社会变迁的关系，具有开创性。一般来说，货币史研究的主流是从货币制度出发研究的。鉴于中外学界先行研究对于明代白银的论述几乎涉及经济、政治、社会、中外关系方方面面的领域，但是对于明代本土白银货币化的过程及其影响，以及中外变革的互动关系，却是先行研究没有关注的，需要进行综合性研究。我在20世纪90年代末提出"明代白银货币化"概念，专门关注明代白银货币化过程及其影响，从整体国家与市场/社会关系和中国与全球关系进行综合研究，揭示明代白银货币化从民间社会市场崛起，是市场经济的萌发，以"白银货币化与中外变革"为主题，从国计与民生两条线索，即一系列制度变迁与整体社会变迁的线索探析中国白银货币化的全过程。2003
年发表长篇论文《明代白银货币化与制度变迁》①。

2016 年黄阿明《明代货币白银化与国家制度变革研究》一书提出赞
同赵轶峰的界定与分析，认为"对明代白银而言，白银的命运是如何从
非法货币的地位而重新回到合法货币的地位的过程和结果。换言之，明代
货币是如何最终定格在以白银为合法主导货币的问题。因此，笔者认为使
用货币白银化这一概念可能更贴切合理"②。对此，我认为，我首先提出
从非法到合法，是明代不同于以往历朝历代的货币化过程，"白银货币
化"与"货币白银化"二者是一个共同过程的探讨，而白银化的出发点
仍然是从货币制度与货币形态考察，研究范围比"白银货币化"要狭窄
得多，"白银货币化"是货币经济化，是经济体系的变化，更关乎明代中
国与全球的互动关系，因此我认为"白银货币化"内容可以包括"货币
白银化"。黄阿明之书比较全面地从货币制度出发论述了白银化与国家一
系列制度变革，特别注意到赋税征银的负面问题和明代中后期的伪银流通
与国家应对问题，推进了明代货币史研究。

2018 年邱永志《"白银时代"的落地：明代货币白银化与银钱并行格
局的形成》一书，是他的博士学位论文，是第二部以货币白银化为主题
的专著。但此书一方面沿用我以前白银货币化两条线索的研究方法与路
径，从货币化梳理白银化过程，另一方面在资料上没有更多的开掘，却急
于标新，引入西方"货币虚幻"等理论，对"白银时代"加引号，认为
是"神话"，结论是明代形成银钱并行格局。历史上明朝没有"银法"，
而直至明末，铜钱也从未形成对于白银主币的并行格局，因此这是与历史
事实不相符合的结论。白银货币化研究依据明代大量第一手官私文书册籍
说明，白银来自市场经济的萌发，标志传统经济向市场经济转型，形成民
间市场流通领域主币和明代非制度的白银货币体系，完成于财政货币化，
促使市场越来越多地嵌入国家财政进程，推动传统两千年实物与力役为主
的财政体系向以白银货币为主的近代财政体系转型，形成国家财政统一计

---

① 万明《明代白银货币化与制度变迁》（《暨南史学》第二辑，暨南大学出版社 2003 年
版）首次概述了白银货币化与一系列制度变迁的关系。又参见万明《白银货币化与中外
变革》，收入《晚明社会变迁：问题与研究》，第 143—246 页。

② 黄阿明：《明代货币白银化与国家制度变革研究》，广陵书社 2016 年版，第 23 页。

量单位和统一税收主导形态，中国历史上出现了史无前例的大规模以白银
为主的货币财政。无论在市场流通领域还是国家税收领域，白银占有无可
置疑的主导地位，在中外大变革中的明代白银货币化过程及其重大而深远
的影响不是"神话"，明代银钱从未形成并行格局，而是形成了实际上的
银本位制，由此王朝丧失了货币主导权，不能稳定货币与市场秩序，法定
货币铜钱的屡铸和屡败就是证明。至清代才真正建立起银主钱辅的复本位
货币制度，而白银货币的主导地位仍不可替代，直至 20 世纪 30 年代白银
退出历史舞台，充分说明明代白银货币化是不可逆转的发展趋向，因此，
中国的白银时代持续了近 500 年，深刻影响了中国乃至全球的近代化历史
发展进程。

三　财政史研究

　　财政问题在中国传统史学中一直受到重视，主要是从财政制度按王朝
更替分析历代财政体制的兴衰。长期以来，与其他断代财政史相比较，明
代财政史研究相对薄弱，甚至可以说是滞后的。突出表现在各个断代财政
史的整体研究，大多已有多部专著，而明代财政史的研究相对薄弱，长期
以来以田赋制度与赋役制度为主，主要聚焦于"一条鞭法"研究，从国
家财政制度或体制出发，是一以贯之的主流研究范式。

　　（一）有关明代财政史的整体探讨

　　20 世纪 20 年代，中国学者初步尝试用西方理论阐释中国历史上的财
政问题，主要见于财政史的通史类著作或教材。这一时期出版了胡钧
《中国财政史讲义》①、徐式庄《中国财政史略》②。胡钧的《中国财政史
讲义》是中国第一部财政通史，具有开拓意义。该书第六章《元明之财
政》关于明代财政部分的论述，明确提出了明代财政在孝宗（即弘治）
以前颇具条理的观点。③ 进入 30 年代，有常乃德《中国财政制度史》④、
刘秉麟《中国财政小史》⑤、杨志濂《中国财政史辑要》⑥。由于田赋在财

---

①　胡钧：《中国财政史讲义》，商务印书馆 1920 年版。
②　徐式庄：《中国财政史略》，商务印书馆 1926 年版。
③　胡钧：《中国财政史讲义》，第 230 页。
④　常乃德：《中国财政制度史》，上海世界书局 1930 年版。
⑤　刘秉麟：《中国财政小史》，商务印书馆 1933 年版。
⑥　杨志濂：《中国财政史辑要》，无锡大公图书馆 1936 年版。

政中的重要地位，自中国财政史开创期起，对田赋制度的关注最多，产生
了多部通史著作：万国鼎《中国田赋史》①、徐士圭《中国田赋史略》②、
陈登原《中国田赋史》③、程滨遗等《田赋会要》第二篇《田赋史》上
册、马大英等《田赋会要》第三篇《田赋史》下册④，还有吴兆莘《中
国税制史》⑤ 等，均论及明代财政的田赋内容。但是这些通史性概述，缺
乏断代专题研究的基础，大多内容比较简略。对于明代财政史的专门探
讨，还是从论文开始的。20 世纪 30 年代，从田赋研究开端，梁方仲先生
进行了开创性的研究：1933 年，发表《明代田赋初制定额之年代小考》
一文⑥，1935 年发表了《明代粮长制度》⑦《近代田赋史中的一种奇异制
度及其原因》⑧《明代户口田地及田赋统计》⑨《明代"两税"税目》⑩ 等
系列论文。由此可见，举凡田赋制度、粮长制度、明代户口田地及田赋统
计等研究，即梁先生对明代财政史研究的扛鼎之作，均于此时奠基。同
年，还有赵其芳《明代之赋役制度》⑪、戴博荣《明代的田赋制度与垦荒
政策》⑫ 论文发表，说明田赋与赋役制度自明代财政史开创期始，已是最
主要的研究论题。1936 年，梁方仲发表关于一条鞭法的系列论文《一条
鞭法》⑬《一条鞭法的名称》⑭《一条鞭法的争论》⑮，表明了他的田赋研究
集中于明代重大赋役改革的学术取向，奠定了他在明代一条鞭法研究的首
创地位。在他的倡导下，一条鞭法研究此后成为明代财政史研究中的重

① 万国鼎：《中国田赋史》，正中书局 1933 年版。
② 徐士圭：《中国田赋史略》，商务印书馆 1935 年版。
③ 陈登原：《中国田赋史》，商务印书馆 1936 年版。
④ 程滨遗等：《田赋史》上册，马大英等：《田赋史》下册，正中书局 1934 年版。
⑤ 吴兆莘：《中国税制史》，商务印书馆 1937 年版。
⑥ 梁方仲：《明代田赋初制定额之年代小考》，《清华周刊》40 卷 3、4 期，1933 年。
⑦ 梁方仲：《明代粮长制度》，《益世报·史学》1935 年 5 月 28 日；《中国社会经济史集
刊》7 卷 2 期，1944 年。
⑧ 梁方仲：《近代田赋史中的一种奇异制度及其原因》，《史地周刊》1935 年第 23 期。
⑨ 梁方仲：《明代户口田地及田赋统计》，《中国近代经济史研究集刊》1936 年第 3 卷 1
期。
⑩ 梁方仲：《明代"两税"税目》，《中国近代经济史研究集刊》1936 年第 3 卷 1 期。
⑪ 赵其芳：《明代之赋役制度》，《中国经济》1935 年第 3 卷 3 期。
⑫ 戴博荣：《明代的田赋制度与垦荒政策》，《现代史学》1935 年第 2 卷 3 期。
⑬ 梁方仲：《一条鞭法》，《中国近代经济史研究集刊》1936 年第 4 卷 1 期。
⑭ 梁方仲：《一条鞭法的名称》，《中央日报》1936 年 4 月 23 日。
⑮ 梁方仲：《一条鞭法的争论》，《益世报·史学》1936 年 9 月 13 日。

心，或者说是研究的主流框架。

20世纪70年代末以后，出版的中国财政史通史类著作或教材渐多，主要有中央财政金融学院财政教研室编《中国财政简史》①、周伯棣编著《中国财政史》②、中国财政史编写组《中国财政史》③、孙翊刚主编《简明中国财政史》④、孙文学主编《中国财政史》⑤、黄天华编著《中国财政史纲》⑥、付志宇编著《中国财政史》⑦ 等。这些著作大多采用编年体的体例，以时间为顺序，对财政史按原始社会、奴隶社会、封建社会、半殖民地半封建社会、社会主义社会等社会形态进行分期，按历史朝代设立章节，每一朝代包括财政收入、支出、财政管理等各个方面。这些著作中均有明代部分，偏重于朝代的政治经济背景、财政典章制度、管理机构、财政收入与支出、财政思想的概况介绍，从内容到结构大致相同。财政史保持连贯地进行制度史的简要归纳与概述，似乎已经形成了一种套路，其中的专题研究或考证不多。同一时间段的通史类著作，还有我国台湾学者陈秀夔《中国财政史》《中国财政制度史》。⑧ 还应提到的是，即使是在中国财政史研究专著中，明代财政史也略显薄弱，如李炜光《中国财政史述论稿》⑨，论及中国历代财政，唯独缺少明代财政史部分的内容。2006年，陈其焱《中国财政通史·明代卷》出版⑩，是第一部结构完整、内容丰富的明代财政史著作。其中特别注意总结明代财政的历史经验教训，为现实财政改革提供历史的启示。但受限于通史类著作的性质，该书以较大篇幅论述了明王朝兴衰的政治经济背景与管理机构设置等制度层面，并面面俱到地对财政收入、财政支出、财政管理、财政思想各个方面分别叙述，显然缺乏专题研究的深度。

2015年叶振鹏主编，张建民、周荣著《中国财政通史·明代财政史》

①　中央财政金融学院财政教研室编：《中国财政简史》，中国财政经济出版社1978年版。
②　周伯棣编著：《中国财政史》，上海人民出版社1981年版。
③　中国财政史编写组：《中国财政史》，中国财政经济出版社1987年版。
④　孙翊刚主编：《简明中国财政史》，中国财政经济出版社1988年版。
⑤　孙文学主编：《中国财政史》，东北财经大学出版社1997年版。
⑥　黄天华编著：《中国财政史纲》，上海财经大学出版社1999年版。
⑦　付志宇编著：《中国财政史》，对外经济贸易大学出版社2011年版。
⑧　陈秀夔：《中国财政史》，正中书局1968年版；《中国财政制度史》，台北：正中书局1973年版。
⑨　李炜光：《中国财政史述论稿》，中国财政经济出版社2000年版。
⑩　陈其焱：《中国财政通史·明代卷》，中国财政经济出版社2006年版。

出版①，推进了明代财政史研究的发展，对于明代财政制度、财政收入和支出的基本结构、财政收支统计、财政、赋役制度改革，明末社会矛盾以及明代财政思想，进行了比较全面系统的论述，但囿于通史系列，专题研究仍感不足，对于金花银等一些重要问题仍采用清修《明史》旧说，没有揭示白银货币对于财政的重大意义；对于《万历会计录》，也仅罗列了一些数据资料，缺乏分析与研究。重要的是，长期以来以制度史和财政学相结合的通史类著作，是财政史论述的主流。

特别应该提到的是，财政史是经济史的重要组成部分，有关明代财政史研究，在社会经济史研究中也多有体现。如全汉昇《中国经济史研究》，② 其中涉及财政史的不少论文颇为深入，是我们研究明代财政史所必须参考的。又如吴缉华《明代社会经济史论丛》③、李剑农《宋元明经济史稿》④、李龙潜《明清经济史》⑤、田昌五和漆侠主编《中国封建社会经济史》（明清卷）⑥、王毓铨主编《中国经济通史·明代经济卷》⑦，等等，都有不少篇幅讨论明代赋役制度、税收制度等财政史的相关内容。此外，凡中国经济通史类著作，也都有相关内容，但大多数是概述性的。财政史毕竟是一门专门史，与社会经济史的出发点有所不同。故在此对于经济史的相关部分研究恕不一一罗列。

还有，张居正改革是明史乃至中国历史上的重大政治事件，这场改革包括财政改革的重要内容，再次印证了政治与经济的密不可分。明史研究中凡是论及张居正改革的，就必然述及他的财政改革，从朱东润《张居正大传》⑧ 起就是如此，迄今已有多部张居正传记出版，而论及张居正及其改革的论著更是不胜枚举。严格地说，在这些研究中，财政没有被看作一个独立的研究领域，而是作为张居正改革研究的附属出现，也就不能算

① 张建民、周荣：《中国财政通史·明代财政史》，湖南人民出版社 2015 年版。
② 全汉昇：《中国经济史研究》，台北稻乡出版社 1991 年版。
③ 吴缉华：《明代社会经济史论丛：睿斋论史存稿》，台湾学生书局 1970 年版。
④ 李剑农：《宋元明经济史稿》，生活·读书·新知三联书店 1959 年版。
⑤ 李龙潜：《明清经济史》，广东高等教育出版社 1988 年版。
⑥ 田昌五、漆侠主编：《中国封建社会经济史》（明清卷），齐鲁书社 1994 年版。
⑦ 王毓铨主编：《中国经济通史·明代经济卷》，经济日报出版社 2007 年版。
⑧ 朱东润：《张居正大传》，湖北人民出版社 1957 年版。但此书并非第一部张居正传，1937 年已有陈翊林《张居正评传》，由中华书局出版；其后张居正传记出版诸多，恕在此不一一赘述。

作财政史的专门研究。故在此也从略。

（二）关于明代财政史的专题研究

尽管有关明代政治、经济方面的成果极为丰硕，但是关于明代财政史的专题研究，一直没有形成明史研究的热点。根据中国社会科学院历史所明史研究室编辑的《百年明史论著目录》（1990—2005）不完全统计，自1900—2005 年的百余年中，明代财政与赋役的论文 409 篇（包括中国港澳台地区），这个数字相对 20 世纪 90 年代末和 21 世纪初每年明史研究论文高达 200—300 篇来说，是不多的。其中"财政"见于篇名的只有 17篇；冠以"田赋""赋役""赋税"的论文达 53 篇，实际论文内容涉及的会更多些。以"改革"为名的有 32 篇，其中以张居正改革之名出现为最多，有 14 篇；而以"一条鞭法"为名的专门研究论文达 34 篇之多，涉及"一条鞭法"相关内容的论文更是举不胜举。[①] 这一初步统计，说明明代财政史研究自开创期以来一直延续的重心，始终在于一条鞭法和赋役制度及其改革。

赋役制度方面的论文，突出的有伍丹戈《明代中叶的赋税改革和社会矛盾》[②]、秦佩珩《明代赋役制度考释》[③]，将明代赋役制度分为六项，对明代的田赋与丁役进行了大致梳理。王毓铨的系列论文《明朝徭役编审与土地》[④]《纳粮也是当差》[⑤]《明朝的配户当差制》[⑥]《明朝的田土赤契与赋役黄册》[⑦]《户役田述略》[⑧]，对明代户役制、徭役编审、配户当差、户役田进行了详细论述，强调了明代土地国有制的观点。唐文基对于赋役制度有系列研究论文，汇总为专著出版，下面将专门述及。我在《白银货币化视角下的明代赋役改革》（上、下）则指出明代赋役改革不同于历朝历代赋役改革的特征是赋役折银，揭示了并不始自"一条鞭法"

---

① 根据中国社会科学院历史研究所明史研究室编《百年明史论著目录》，时代传媒股份有限公司、安徽教育出版社 2012 年版，上册，第 191—208 页。需要说明的是，显然"财政与赋役"部分有些相关论文由于分类关系没有列入，而收集尚有不完全之处。
② 伍丹戈：《明代中叶的赋税改革和社会矛盾》，《社会科学战线》1979 年第 4 期。
③ 秦佩珩：《明代赋役制度考释》，《郑州大学学报》1983 年第 3 期。
④ 王毓铨：《明朝徭役编审与土地》，《历史研究》1988 年第 1 期。
⑤ 王毓铨：《纳粮也是当差》，《史学史研究》1989 年第 1 期。
⑥ 王毓铨：《明朝的配户当差制》，《中国史研究》1991 年第 1 期。
⑦ 王毓铨：《明朝的田土赤契与赋役黄册》，《中国经济史研究》1991 年第 1 期。
⑧ 王毓铨：《户役田述略》，《明史研究》1991 年第 1 期。

的明代赋役改革与中国走向近代化进程的重大意义。①

专题研究除赋役制度史长期一枝独秀外，在盐法、钞关、商税、杂税、军费及其他有关财政方面，也均有不少突出的研究成果。如盐法方面，20 世纪 70 年代已有徐泓颇见功力的系列论文发表：《明代前期的食盐生产组织》②《明代中期食盐运销制度的变迁》③《明代后期盐业生产组织与生产形态的变迁》④《明代后期的盐政改革与商专卖制度的建立》⑤等。军费方面，有梁淼泰《明代九边饷银并银估》⑥。

商税方面，有姜晓萍《明代的商税与管理》⑦、李龙潜《明代钞关制度述评——明代商税研究之一》⑧、《明代税课司、局和商税的征收——明代商税研究之二》⑨。林枫关于万历商业税的研究，利用了《会计录》资料，下面还将谈到。

20 世纪 70 年代，全汉昇、李龙华《明中叶后太仓岁入银两的研究》和《明代中叶后太仓岁出银两的研究》两篇论文⑩，对太仓银的研究最为细致深入，主要依据《明实录》中的史料，整理出明中叶后太仓银库岁入岁出银两数目，提出太仓银库的岁入银两是以倍数来递增的，太仓银库的岁出银两数目有越来越上升的趋势。万明指出其研究惜未见刘斯洁订正《太仓考》，并首次以《太仓考》一书为据，将万历八年（1580 年）太仓货币收入和各地税目所占份额与数目列表说明。⑪ 赵轶峰则指出全汉昇研

---

① 万明：《白银货币化视角下的明代赋役改革》（上、下），《学术月刊》2007 年第 5—6 期。

② 徐泓：《明代前期的食盐生产组织》，《台大文史哲学报》1975 年第 24 期。

③ 徐泓：《明代中期食盐运销制度的变迁》，《台大历史学系学报》1975 年第 2 期。

④ 徐泓：《明代后期盐业生产组织与生产形态的变迁》，《沈刚伯先生八秩荣庆论文集》，台北联经出版公司 1976 年版。

⑤ 徐泓：《明代后期的盐政改革与商专卖制度的建立》，《台大历史学系学报》1977 年第 4 期。

⑥ 梁淼泰：《明代九边饷银并银估》，《中国社会经济史研究》1994 年第 4 期。

⑦ 姜晓萍：《明代的商税与管理》，《西南师范大学学报》1994 年第 4 期。

⑧ 李龙潜：《明代钞关制度述评——明代商税研究之一》，《明史研究》第 4 辑，黄山书社 1994 年版。

⑨ 李龙潜：《明代税课司、局和商税的征收——明代商税研究之二》，《中国经济史研究》1997 年第 4 期。

⑩ 全汉昇、李龙华：《明中叶后太仓岁入银两的研究》，《中国文化研究所学报》5 卷 1 期，1972 年；《明代中叶后太仓岁出银两的研究》，《中国文化研究所学报》6 卷 1 期，1973 年。

⑪ 万明：《白银货币化与中外变革》，《晚明社会变迁：问题与研究》，商务印书馆 2005 年版，第 175—177 页。

究存在的问题是没有区分额收与实收数字。① 苏新红《明代"太仓库"称谓考》②《张居正当国时期的中央财政制度改革——以太仓库为核心》③推进了明代太仓库的研究。

　　20 世纪 80 年代，徐健竹专文探讨了张居正的财政改革。④ 高王凌全面考察了明代实物田赋改征货币田赋的大致过程，指出经过大约两个世纪时间，明代把一个实物财政改变为以货币税收为主的财政，这一改变是巨大的，它奠定了清代进一步改征的基础，并最终导致了传统田赋几乎完全征收货币的演变。⑤ 这无疑是一篇具有开拓性意义的重要研究论文。20 世纪 90 年代吴承明先生论述财政货币化，断言："万历 1581 年全面推行一条鞭法，货币化成为不可逆趋势。这时的货币化已非如宋以前之纳钱钞，而是白银化，我国确立贵金属本位，实在 16 世纪。"⑥ 着意于中央与地方关系，肖立军探讨了明代财政制度中的起运与存留，⑦ 吴琦、赵秀丽则认为明代财政的症结，是在中央与地方的政策执行差异。⑧ 黄阿明《明代赋税征银中的负面问题》⑨，专门论述了赋税征银所带来的弊病。而顾銮斋从中西赋税比较的角度，探讨了中西赋税结构的同源与分途，强调了西欧转以工商税为财政基础。⑩ 近年刘利平《明代户部财政决策权新探》⑪ 论证了明代户部拥有财政决策权的问题，《明代中后期太仆寺的财政管理初探》⑫《赋役折银与明代中后期太仆寺的财政收入》则专门探讨了太仆寺

---

① 赵轶峰：《明后期太仓收支数字考》，《明代的变迁》，生活·读书·新知三联书店 2008 年版，第 278 页。
② 苏新红：《明代"太仓库"称谓考》，《东北师范大学学报》2011 年第 1 期。
③ 苏新红：《张居正当国时期的中央财政制度改革——以太仓库为核心》，《古代文明》2013 年第 1 期。
④ 徐健竹：《试论张居正的财政改革》，《明史研究论丛》第一辑，江苏古籍出版社 1982 年版。
⑤ 高王凌：《明代的田赋改征——从实物税到货币税》，《中国史研究》1986 年第 3 期。
⑥ 吴承明：《现代化与中国十六、十七世纪的现代化因素》，《中国经济史研究》1998 年第 4 期。
⑦ 肖立军：《明代财政制度中的起运与存留》，《南开学报》1997 年第 2 期。
⑧ 吴琦、赵秀丽：《明代财政的症结：中央与地方的政策执行差异》，《江西师范大学学报》2004 年第 1 期。
⑨ 黄阿明：《明代赋税征银中的负面问题》，《史林》2007 年第 6 期。
⑩ 顾銮斋：《中西中古社会赋税结构演变的比较研究》，《世界历史》2003 年第 4 期。
⑪ 刘利平：《明代户部财政决策权新探》，《史学月刊》2009 年第 7 期。
⑫ 刘利平：《明代中后期太仆寺的财政管理初探》，《历史教学》（下半月刊）2010 年第 8 期。

的财政收入及其管理。① 苏新红《明代洪武时期的内库制度》②《明代洪武时期内库财政收支的特点及影响》③，专门考察了明代开国时期的内库制度及其财政特点与影响。李义琼《周忱改革、"京库"与中央财政再分配》④《明嘉靖间上供物料折银与工部白银财政的建立》⑤ 均涉及库藏与财政分配的考察。李园新著《明代内库与财政体制变迁研究》⑥，从财政体制变迁角度，提出明代中央财政体制经历了两次重要变革：一是京师库藏建置序列经历先内库后外库，由单一到多元的财权重构；二是京师库藏的收支形态实现了以实物为主向银两为主的转型。

明代赋役制度史，一直是研究的重要主题。主要专著有伍丹戈《明代土地制度和赋役制度的发展》，探讨了明代土地制度与赋役制度的紧密关系，专门研究了均田、均粮运动的由来与发展。⑦ 唐文基《明代赋役制度史》⑧ 是国内对于明代赋役制度进行系统研究的力作，指出明代赋役制度两大基本特征是明显的超经济强制和古老的原始性，同时提出三条演变轨迹：一是官田重赋问题解决，导致国有土地私有化；二是商品货币经济推动，导致实物税和力役之征向货币税转化；三是赋役改革导致里甲性质的变化。李三谋《明清财经史新探》⑨ 一书有关明代财政史部分，首先将研究重点放在赋役制的特点、发展状况及其作用上，并进一步探讨了明代财政性质及其演变，提出了明代财政具有中央集权和地方分权二重性的观点。张海瀛《张居正改革与山西万历清丈》⑩，分上、下两篇，上篇是张居正改革研究，下篇是对张居正主持的万历清丈在山西实行情况的研究，书末附有《山西丈地简明文册》影印件，资料珍贵，研究细致。刘志伟

---

① 刘利平：《赋役折银与明代中后期太仆寺的财政收入》，《故宫博物院院刊》2010年第3期。
② 苏新红：《明代洪武时期的内库制度》，《古代文明》2012年第1期。
③ 苏新红：《明代洪武时期内库财政收支的特点及影响》，《贵州社会科学》2012年第2期。
④ 李义琼：《周忱改革、"京库"与中央财政再分配》，《社会科学》2016年第7期。
⑤ 李义琼：《明嘉靖间上供物料折银与工部白银财政的建立》，《厦门大学学报》2019年第3期。
⑥ 李园：《明代内库与财政体制变迁研究》，社会科学文献出版社2019年版。
⑦ 伍丹戈：《明代土地制度和赋役制度的发展》，福建人民出版社1982年版。
⑧ 唐文基：《明代赋役制度史》，中国社会科学出版社1991年版。
⑨ 李三谋：《明清财经史新探》，山西经济出版社1990年版。
⑩ 张海瀛：《张居正改革与山西万历清丈》，山西人民出版社1993年版。

《在国家与社会之间：明清广东地区里甲赋役制度与乡村社会》①，是对广东赋役制度演变与乡村社会变迁相结合的深入考察，其中涉及赋役制度折银的作用，颇见功力。栾成显《明代黄册研究》②，是对明代田赋编派与征收的册籍黄册进行实证研究的力作。关于明代军饷方面研究进一步推进，主要有杨永汉《论晚明辽饷收支》③，林美玲《晚明辽饷研究》④，赖建诚《边镇粮饷：明代中后期的边防经费与国家财政危机，1531—1602》⑤。2011 年出版的边俊杰《明代财政制度变迁》⑥，是作者的博士学位论文，以现代财政学、经济学理论来阐释明代财政制度的演变，具有新的视角，但是仍是从制度史出发，而且没有大力发掘和利用原始资料，疏于考证，显得论证不足。我国台湾学者李华彦《财之时者：户部尚书毕自严与晚明财税（1628—1633）》⑦，发掘利用明末崇祯初年户部尚书毕自严《度支奏议》的丰富资料，对于明末毕自严的财经思维与财政改革规划，进行了系统的研究，重建了明末财政实况，蠡测了明朝灭亡的真实原因。曾美芳以《晚明户部的财政运作——以己巳之变为中心》⑧ 的博士学位论文，从明末发生的重大事件己巳之变入手，比较深入地探讨了晚明户部的具体财政运作过程。

2014 年《史学月刊》发表一组笔谈，较深入地探讨了明代赋役改革及其意义，值得关注。唐文基先生《明代赋役制度改革与社会转型》⑨ 指出晚明发生了商业革命，但同时指出："明代赋役改革对社会转型作用的估计不应夸大，财政制度包括收入与支出两大部分，明朝财政支出以军费和权贵消费为大宗，基本上无生产性支出，财政收入办法虽有所改革，但

---

① 刘志伟：《在国家与社会之间：明清广东地区里甲赋役制度与乡村社会》，中山大学出版社 1997 年版。

② 栾成显：《明代黄册研究》，中国社会科学出版社 1998 年版。

③ 杨永汉：《论晚明辽饷收支》台北：天工书局 1998 年版。

④ 林美玲：《晚明辽饷研究》，福建人民出版社 2007 年版。

⑤ 赖建诚：《边镇粮饷：明代中后期的边防经费与国家财政危机，1531—1602》，台北联经出版公司 2008 年版。

⑥ 边俊杰：《明代财政制度变迁》，经济管理出版社 2011 年版。

⑦ 李华彦：《财之时者：户部尚书毕自严与晚明财税》（1628—1633），《古代历史文化研究辑刊》八编，新北：花木兰文化出版社 2012 年版。

⑧ 曾美芳：《晚明户部的战时财政运作——以己巳之变为中心》，博士学位论文，暨南国际大学历史学系，2013 年。

⑨ 唐文基：《明代赋役制度改革与社会转型》，《史学月刊》2014 年第 7 期。

就支出而言，除黄河、运河的整治和江南地区水利兴修之外，大量支出是以军事开支和权贵的耗费性消费为主，整个财政制度对社会经济发展的推动力有限"。万明《〈万历会计录〉与明代国家和社会转型》①，在2012年提出明代财政体系转型是国家近代转型立论的基础上，② 进一步指出对于《万历会计录》进行创新性整理与研究的意义，是突破以往财政制度史研究的框架，从中国国家转型和全球化开端的高度重新审视晚明财政史，以白银货币化理论为主导透视明代赋役—财政改革，并进一步全面阐释了纳粮当差到纳银不当差对于国家与社会结构转型的重大意义。刘志伟关注从纳粮当差到完纳钱粮的转变过程，③ 深入解释了所谓"当差"即是服役，服役是基于身份上的依从关系而承担的义务，也就是基于王朝国家与编户齐民之间的人身支配关系而产生的一种资源供应关系。这种资源供应关系的建立"不是根据双方的合意"而是基于人身的控制。认为向完纳钱粮的转变，是明清王朝国家转型之一大关键。赵轶峰《明代白银货币称量形态对国家—社会关系的含义》，④ 则指出向以白银为主要货币转变，社会经济较前大幅度地摆脱了国家通过货币总量和价格实现的制约，社会获得了一定程度的解放。国家必须使用赋税手段，其调节经济、物价的能力也大幅度降低。国家与社会的关系实际变得比以前疏远而对立性增强了，晚明财政危机乃至明朝崩溃都与这一变化有深层的关联。2015年万明、徐英凯著《明代〈万历会计录〉整理与研究》⑤ 出版，这部著作是史学与数学工作者的首次合作10年以上的成果，是对中国古代历史上遗存的唯一一部财政会计总册的首次全面整理与研究，不仅对原书4.5万原始数据进行了系统整理，而且以白银作为统一的计量单位，进行统计分析，处理数据20万以上；建立数学模型，补充了原书缺失的山东田赋全部数据，并做了进一步统计分析，复原了明代万历初年户部掌握的明代财政的总体规模、结构和货币化比例；最后得出明确结论：明代财政体系从

---

① 万明：《〈万历会计录〉与明代国家和社会转型》，《史学月刊》2014年第7期。

② 万明《明代财政体系转型——张居正改革的重新诠释》，《中国社会科学报》2012年7月4日第5版。

③ 刘志伟：《从纳粮当差到完纳钱粮——明清王朝国家转型之一大关键》，《史学月刊》2014年第7期。

④ 赵轶峰：《明代白银货币称量形态对国家—社会关系的含义》，《史学月刊》2014年第7期。

⑤ 万明、徐英凯：《明代〈万历会计录〉整理与研究》，中国社会科学出版社2015年版。

以实物和力役为主向以白银货币为主的转型，标志了中国古代从赋役国家向近代赋税国家的转型。

近年来，申斌的博士学位论文聚焦《赋役全书》，在细致的考析基础上，从会计角度揭示了以《赋役全书》为代表的省级财政册籍的形成，奠定了明清中央集权财政体制的预算基础。[①] 而新近采用白银货币化的新视角，对于以往赋役研究重地苏州府赋税进行重新探讨的，是侯官响《明代苏州府赋税研究》[②]。其中以《万历会计录》的苏州府赋税资料为中心，对于苏州府财政起运存留，白银货币化程度、赋税结构、赋税总额进行了细致的定量分析，并与扬州府、浙江、山西、河南等地作了比较分析，还进一步探究了苏州民户的赋税负担与生活状况，提出了对于苏州重赋的新解释，是突破以往制度史框架研究的学术拓展，深化了明代苏州府赋税的研究。丁亮《明代浙直地方财政结构变迁研究》[③]，从财政体制变迁角度，比较细致地梳理了明代浙江与南直隶田赋、里甲公费、上供物料、均徭役等主要财政收支结构及其变迁。对于明代地方财政体制变迁的动力，同意刘光临到嘉靖抗倭之战才导致徭役全面银纳化，未免为时过晚。

（三）外国学者关于明代赋役制度和财政体制的研究

海外以日本学者为主的明代社会经济史研究，以细致而深入见称，重心也一直在赋役制度，特别是徭役制度的演变方面。有日本学者评价："日本以往的历史研究对象，集中于围绕着土地所有的地主和佃户的对抗关系上，以及被视为主佃关系在制度上的表现的赋役制度的研究。"[④] 早期奠基性研究，最著名的是清水泰次，1935 年，他已注意到租税的银纳问题，发表了《明代に於ける租税銀納の蒙達》。[⑤] 他的《明初田赋考》，在 1936 年已由张锡纶翻译到中国。[⑥] 1950 年他的主要论文结集，出版了

---

① 申斌：《赋役全书的形成——明清中央集权财政体制的预算基础》，博士学位论文，北京大学，2018 年。

② 侯官响：《明代苏州府赋税研究》，中国社会科学出版社 2019 年版。

③ 丁亮：《明代浙直地方财政结构变迁研究》，中国社会科学出版社 2020 年版。

④ ［日］渡边信一郎、宫泽知之、足立启二：《日本关于前近代社会经济史的研究》，《中国经济史研究》1987 年第 2 期。

⑤ ［日］清水泰次：《明代に於ける租税銀納の蒙達》，《東洋學報》20 卷 3 期，1935 年。

⑥ ［日］清水泰次：《明初田赋考》，张锡纶译，《食货》4 卷 2 期，1936 年。

《中国近世社会经济史》。① 有关一条鞭法研究，60 年代有栗林宣夫《一条鞭法の形成について》。② 日本学界聚焦于徭役的研究最多，出版了一系列颇见功力的研究成果，具有代表性的主要有山根幸夫《明代徭役制度の展開》③，岩见宏《明代徭役制度の研究》④，谷口规矩雄《明代徭役制度史研究》⑤，等等。这些专著都是在研究论文基础上撰写而成，具有相当的研究深度；采用制度史研究的视角，对于徭役制度演变中的里甲、均徭、力差、银差、徭役的银纳化都有细致的专门研究。岩井茂树《中国近世财政史の研究》一书，⑥ 其中明代部分，也主要是从明代徭役制度入手，专门考察了从均徭法看明代徭役问题、里甲制和徭役负担问题、一条鞭法后的徭役等问题；并探讨了明代财政的构造，指出国家财政的"原额主义"，造成了地方官府财政经费严重不足，导致了正额之外的附加性或追加性征收项目与数量的日益膨胀，缺乏弹性的正额部分与具有很强伸缩性的额外部分形成互补关系，一直延续到现代中国农村。可惜其中没有利用《会计录》的资料，而主要关注了地方资料。日本学者有关明代赋役改革的论文也相当多，如森正夫有对苏州府徭役改革、租税征收制度改革的多篇论文，形成的专著《明代江南土地制度研究》，揭示了周忱改革的背景："当时，明朝国家的法定货币是宝钞和铜钱，而民间流通的却是较之更可靠的白银"，其书有相当部分论述了为了均粮和稳定社会秩序，而改革明代税粮征收制度折征白银的实施过程。⑦ 特点是细致的考证和深入的分析。对均田均役改革进行探讨的还有滨岛敦俊的论文。⑧ 关于赋税银纳以及金花银的研究，主要有上述清水泰次《明代に於ける租税

---

① ［日］清水泰次：《中国近世社会经济史》，西野书店 1950 年版。
② ［日］栗林宣夫：《一条鞭法の形成について》，《清水博士追悼纪念明代史论丛》，东京大安株式会社 1962 年版。
③ ［日］山根幸夫：《明代徭役制度の展開》，东京女大学会 1966 年版。
④ ［日］岩见宏：《明代徭役制度の研究》，东京：同朋舍 1986 年版。
⑤ ［日］谷口规矩雄：《明代徭役制度史研究》，东京：同朋舍 1998 年版。
⑥ ［日］岩井茂树：《中国近代财政史研究》，付勇译，社会科学文献出版社 2011 年版。
⑦ ［日］森正夫：《十五世纪前半期苏州府的徭役制改革》，《名古屋大学文学部研究论集》41，1966 年；《明中叶江南租税征收制度的改革》，［日］小野和子编《明清时代の政治と社会》，京都大学人文科学研究所 1983 年版；《宣德—成化时期苏州府的徭役赋课》，《名古屋大学东洋史研究报告》13，1988 年。参见其专著《明代江南土地制度の研究》，日文版 1988 年，中文版《明代江南土地制度研究》，伍跃、张学锋等译，江苏人民出版社 2014 年版。
⑧ ［日］滨岛敦俊：《围绕均田均役法法の实施》，《东洋史研究》33 卷 3 号，1974 年。

银纳の裴达》，还有堀井一雄《金花银の展开》，① 星斌夫《金花银考》②。
足立启二《初期银财政の岁出入构造》主要依据《明史》和《明实录》，
将正统至嘉靖末数百年间向白银的转移，称为初期银财政，并对银出入的
规模与构成进行了研究。③ 新宫学有《明代北京铺户的徭役及其银纳化》
一文，专门重点考察了北京铺户徭役的货币化问题。④ 而早在 50 年代，
佐久间重男已有《明代における商税と财政上の关系》一文，专门探讨
了财政中的商税。⑤ 关于明代军饷，主要有清水泰次《明末の军饷》⑥，
寺田隆信《明代における边饷问题の一侧面：京运年例银について》⑦。
其他论文在此恕不一一罗列。特别应该提到的，是和田清《明史食货志
译注》一书，⑧ 是涉及明代财政史方方面面的重要研究参考书。

进入 21 世纪以后，明代赋役制度研究已经不是日本学界研究的热点。

西方学术界关注明代财政的主要有美国学者居蜜（Mi Chu Wiens），
她独辟蹊径，很早就将财政研究的重点放在与社会变迁的关系上，发表了
《十四、十五世纪财政与农村控制体系变迁》和《十五世纪社会变迁与财
政》两篇论文⑨，是明代财政社会史研究的先驱，颇具启发意义。

迄今为止，关于明代财政专著的代表作是美国学者黄仁宇（Ray
Huang）《十六世纪明代中国之财政与税收》（*Taxation and Governmental
Finance in Sixteenth – Century Ming China*）。⑩ 这部书可以说是关于 16 世纪

---

① ［日］堀井一雄《金花银の展开》，《东洋史研究》五卷二号，1940 年。

② ［日］星斌夫：《金花银考》，《山形大学纪要〈人文科学〉》九の一，1975 年。

③ ［日］足立启二：《初期银财政の岁出入构造》，《山根幸夫教授退休纪念明代史论丛》
下，东京：汲古书院 1990 年版。

④ ［日］新宫学：《明代北京铺户的徭役及其银纳化》，《历史》62，1984 年。

⑤ ［日］佐久间重男：《明代における商税と财政上の关系》，《史学杂志》65 卷 1—2 期，
1956 年。

⑥ ［日］清水泰次：《明末の军饷》，《市村博士古稀纪念东洋史论丛》，东京：富山房 1933
年版。

⑦ ［日］寺田隆信《明代における边饷问题の一侧面：京运年例银について》，《清水博士
追悼纪念明代史论丛》，东京：大安株式会社 1962 年版。

⑧ ［日］和田清编：《明史食货志训注》2 册，东京：汲古书院 1996 年版。

⑨ Mi Chu Wiens："Changes in the fiscal and rural contral systems in the fourteenth and fifteenth
centuries"，*Ming Studies*，No. 3，Fall，1976；"Social changes and fiscal reform in the fifteenth
century"，*Ming Studies*，No. 26，Fall，1988.

⑩ Ray Huang：*Taxation and Governmental Finance in Sixteenth – Century Ming China*. New York，
N. Y.，Cambridge Univ. Pr.，1974.

明代财政史研究开拓性的学术论著。此书初版于 1974 年，系统论述了 16 世纪明代财政，试图对明代财政与税收作出全面的说明。但遗憾的是，作者明确以西方现代资本主义财政体制作为参照系，对 16 世纪明代财政体制进行了全面批评性的研究，认为明代财政既保守又落后，"明代统治的独特之处在于其农村经济观念，这是 16、17 世纪中国经济发展的情况所决定的，我们可以称为保守型的，这是一个时代错误。"① 特别应该提到的是，作者撰写这部专著时是"选择依靠描述性语言而非是数据表格"，② 更没有采纳费正清及其推荐的专家提出的建议，他"觉得没有必要去分析财政与货币政策，以了解两者对经济的影响"；③ 因此，名为 16 世纪明代财政的研究专著，却极大地忽略了《会计录》这部 16 世纪明朝户部编纂且保存下来的国家财政总册，其书仅引用《会计录》6 个具体数据，并特别将《会计录》置于参考文献"其他的明代和清初的资料"中。这不能不构成了其书的最大缺陷。就此而言，其书的论证不是建立在系统扎实的明代数据资料基础上，研究流于表象而不能客观深入，以致认识的偏颇在所不免。而此书的影响很大，许多问题尚待澄清。④

毫无疑问，中外史学界对晚明社会经济的研究在 20 世纪已取得大量研究成果，主要围绕资本主义萌芽和一条鞭法等问题，有突出的学术成就。⑤ 然而，除了财政或经济通史性著作中都设有明代财政史专章，进行概述以外，一直以来，对明代财政史缺乏系统、全面的研究和总体的把握，以致在 20 世纪末回顾与总结时，被学者称为"明代财政史研究的'世纪遗憾'"。⑥ 而明代财政史研究的难度大，这在国际上早已闻名。早在 20 世纪 50 年代，英国著名中国财政史家崔瑞德（D. C. Twitchett）采用现代财政学的视角，完成了《唐代财政管理》 (*Financial Administration*

---

① 《十六世纪明代中国之财政与税收》，第 1 页。

② 《十六世纪明代中国之财政与税收》，第 3 页。

③ 黄仁宇：《黄河青山：黄仁宇回忆录》，生活·读书·新知三联书店 2001 年版，第 306 页。

④ 李龙潜先生著有长文批评此书没有与《会计录》相联系。其文《也评黄仁宇著〈十六世纪明代中国之财政与税收〉》，载《明清论丛》第九辑，紫禁城出版社 2009 年版。此文承梧桐先生复印赐予，在此谨致谢忱。

⑤ 有关资本主义萌芽方面的研究极为丰硕，但是鲜少涉及明代财政的内容，故在此不再展开。

⑥ 张建民、周荣：《明代财政史概要》，叶振鹏：《20 世纪中国财政研究概要》，湖南人民出版社 2005 年版，第 296 页。

under the T'ang Dynasty）一书，是 20 世纪西方学者研究唐代财政史的第一部专著。其后，他着手收集明代资料，但终以研究复杂、资料繁多而却步。[①] 我认为，正是因为明代中国白银货币化，最终导致财政货币化，是中国早期近代化历史进程的起源，因此，明代财政史成为难度极大的重要课题，需要展开全面系统的综合研究。

综上所述，明代财政史的主流，长期以来是在制度史的框架下发展，从财政体制出发进行研究，主要聚焦在一条鞭法，依循二十四史"食货志"的大一统财政体制考察，这种单一的视角局限了研究范围与视野，没有将至关重要的体制外市场因素包括在内，没有将市场和社会与国家的博弈协调视角纳入研究视野，或者仅探讨区域史，缺乏全国乃至全球大格局的综合考察。在全面系统整理与发掘大量明代数据资料，复原与重新探讨明代财政史的基础上，我与徐英凯的《明代〈万历会计录〉整理与研究》就是在这种研究状况下推出的创新性整理和研究成果，以实证研究揭示了明代财政体系发生了两千年以实物和力役为主向以白银货币为主转型的划时代变化，提出这开启了中国从传统赋役国家向近代赋税国家转型的新观点。但是明末财政货币化的全国推行，以及从国家与市场/社会博弈出发的研究，涉及中国早期近代化历史发展进程的探讨，仍是需要继续深入的重要课题。

第三节　本书主要结构与基本内容

一　本书主要结构

从明初的禁用金银交易，到白银成为社会流通领域的主币，存在一个白银货币化的过程。彭信威的《中国货币史》是货币史的经典论著，其中提到："一直到元末，白银还算不成十足的货币。"那么白银是怎么成为"十足的货币"的呢？很明显，这里缺乏一个过程的考察。仅从传统制度史的考察，往往遮蔽了动态的、连续的、联通中外的白银货币化过程的本来面貌及其深远影响。

---

① 崔瑞德《序》，见黄仁宇著，阿风等译：《十六世纪明代中国之财政与税收》，第 1 页，生活·读书·新知三联书店 2001 年版。

　　从时间上看，全球贸易的开始，已在 16 世纪以后。对于白银货币的实证研究，这里的出发点是对中国本土历史事实的探求，白银问题必须上溯到全球贸易以前更早的时期。

　　本书从中国本土历史出发，突破制度史的传统研究框架，以白银货币化为切入点，考察前贤没有考察过的明代白银货币化全过程，探讨的中心问题是明代白银如何从非法货币到合法货币，到完全的货币形态、流通领域的主币，乃至国家认可的事实上的银本位制的崛起与发展的全过程，以及其产生的重要影响与作用，及其反映的时代特征。

　　探讨明代白银货币化的崛起与发展过程的基本脉络和主流趋势，不仅有货币外在形态变革，更有内在观念调整；不仅有市场经济的萌发，国家对于民间社会的认同与改革合流，而且有市场/社会与国家的激烈博弈，进而推动明代中国国家与社会向近代转型，以及全球化开端时期中国与全球的互动，进而探索明朝在中国历史发展进程中的地位，以及明代中国在全球史发展进程中的地位与作用。

二　本书的基本内容

　　本书包括八章，下面依序简略叙述内容：

　　第一章绪论：以全球史视野下中国白银时代——中国早期近代化的开启作为引言，阐述明代白银货币化研究的意义；对于以往研究的学术史进行回顾与检讨，对研究现状进行评述；简述全书结构与基本内容；提出明代白银货币化概念与发展阶段论。

　　第二章明代白银货币化的缘起与发展过程：包括历史上白银货币化的溯源；明初宝钞货币制度建立，白银不是合法货币；白银在民间市场自下而上的崛起过程：427 件徽州土地契约文书的统计分析；指出英宗初年没有弛用银之禁的法令，修正清修《明史》的误导；白银自下而上的市场崛起与自上而下的官方认同结合铺开发展过程，概述集中表现在成化、弘治年间的制度变迁，至嘉靖初年主币地位的形成。

　　第三章明代白银货币化与一系列赋役改革：对于明代赋役改革的长时段考察；归纳改革不同于历朝历代的特征是折银——征银；进一步探讨了明代赋役改革模式；以日本存世珍稀明代文书《钦依两浙均平录》为中心的地方个案分析；最后是从"三农"角度，论证白银货币化即中国早期近代化历史进程。改革走向财政体系的转型，财政货币化形成，由此全面探讨了明代中国早期近代化的历史路径。

第四章明代白银货币化与整体社会变迁：包括社会各阶层卷入市场之中；新的经济成分增长；全社会市场商业行为；社会观念价值观的嬗变和王阳明与中国早期近代化历史进程；白银·性别个案；传统社会向近代多元社会转型特例：舟山双屿港、郑氏海商集团。

第五章白银货币化与中国和全球的互动：包括对于白银的巨大需求：民间海外贸易蓬勃兴起；白银危机：明朝海外政策的总体调整，官私海外贸易的转型，是国家与民间海上力量的博弈，也是市场/社会与国家的博弈；白银货币化与日本、美洲银矿开发；东矿西珍：东西洋贸易结构的变化；中国与全球的互动：中国积极引领推动并主动参与经济全球化第一波的全球第一个经济体系构建，海上丝绸之路（丝银—瓷银—白银之路）的全球扩展。

第六章白银货币化与传统国家近代转型：包括张居正改革的核心是财政改革；张居正没有推行全国的一条鞭法法令，存世的两部重要文献是《万历会计录》与《清丈田亩条例》；从《万历会计录》到《赋役全书》，全国推行清丈田亩后，统一征银水到渠成；税票见证的统一征银；两千年财政体系转型：标志古代赋役国家向近代赋税国家转型。

第七章白银货币化与国家和市场/社会博弈：包括市场与国家：白银·宝钞·铜钱较量概观；权力与利益：16世纪国家与市场/社会博弈的白炽化；危机与博弈：17世纪上半叶全球变局与明朝覆没；白银货币化与李自成、张献忠政权：李自成入京后的明宫并无藏银，实行"追赃助饷"的教训；张献忠"江口沉银"及其教训。

第八章余论：明代白银货币化对清朝建立的影响。包括回归与重建两大部分，主要强调的是中国早期近代化历史进程没有断裂，一直在赓续。

结论部分，概括对于明代白银货币化过程和影响的研究历程，提出明代白银货币化是中国早期近代化历史进程的起源，源自市场经济的萌发，由此内生原发型的中国早期近代化历史进程成为全球近代化历史进程的一部分。提出中国近代化历史进程分为两个阶段——早期近代化阶段和近代化阶段，在第一个阶段，是中国早期近代化阶段，自明代白银货币化起源，中国积极引领推动并主动参与了经济全球化开端全球第一个经济体系的建构，也即经济全球化开端的建构过程，为全球化作出了重要历史性贡献；到1840年以后进入第二个阶段——近代化阶段，中国才被动地纳入了西方工业革命后主导的全球第二个经济体系，也即全球化第二波。而中国早期近代化历史进程不应被遮蔽或遗忘。

最后，附录包括两篇：《弗兰克〈白银资本——重视经济全球化中的东方〉评述》与《白银与万历援朝之战》。其后是主要参考文献、后记。

第四节　明代白银货币化概念与发展阶段论

一　明代白银货币化的概念

本书在前人研究白银的基础上，立足于史学前沿，将宏大的学术关怀与本土实证研究结合起来，基本上按照时间顺序，对于前贤没有探讨过的明代白银货币化过程及其影响，进行全面系统的探讨，提出明代白银货币化是中国近 500 年白银时代的开启，即经济货币化进程，是中国国家与社会从传统向近代转型的近代化历史进程的一部分，也是全球化开端从古代向近代转型的全球近代化历史进程的一部分，将宏观与微观结合，定性与定量结合，聚焦于国家与社会，中国与全球两大关系的考察，无论是对中国本土的研究，还是对全球史的研究，均从双重视角出发，发掘中外第一手资料进行综合研究，论证古代中国国家与社会向近代的转型，转型中的明代国家与市场/社会的博弈，明代中国与全球互动的历史面貌。

以明代白银货币化为切入点的研究，首先需要确定概念。经过实证探索的过程，现将明代白银货币化概念的内涵与外延概括为以下 7 点：

第一，白银从贵重商品最终走向了完全的货币形态的过程，是在明朝特定时间段经历的一个不同寻常的货币化过程：从民间市场崛起，并在国家与市场、社会之间的博弈与调和中，最终走向了完全的货币形态。

第二，白银从非法货币到合法货币，再到整个社会流通领域主币的扩展过程。白银从民间市场崛起，是市场经济的萌发，经历自下而上的发展与国家自上而下的认可相结合，向全国铺开的过程。货币应用在时空上不断扩大，与国家财政、税收和行政管理的一系列改革与制度变迁并行展开，是一个"市场渗透"或者说市场扩张的过程，也是国家与社会需求合力推动的货币化进程。

第三，白银是从非法货币到合法货币，然后再到整个社会流通领域的主币，这是一个社会经济货币化过程，是农业经济向市场经济转型的过程，推动了农民从纳粮当差到纳银不当差，专业商人——商帮形成；市场扩张，城镇化兴起，劳动力市场形成；农产品市场化，乡村面貌改变，整体社会向多元变迁，即中国传统社会向近代社会的转型过程。

第四，白银货币化与明朝一系列赋役改革—财政改革同步，导致白银成为国家财政统一计量单位和征收形态，形成了史无前例的以白银为主导的财政体系，改变了两千年中国古代财政体系以实物和力役为主的体系结构，标志明代中国从传统赋役国家向近代赋税国家的转型，这是从本土第一手史料中提炼出的国家转型理论。

第五，明代出自市场的白银在流通领域形成主币，包括了货币白银化过程，建立起不在国家体制内产生的白银货币体系，形成实际上的白银本位制，构建了中国的白银时代。此后清朝建立银钱复本位制，白银主币地位不变，直至 1935 年退出历史舞台，中国白银时代存在了约 500 年。

第六，白银成为世界货币。明代中国以白银货币化为媒介，市场扩大发展与全球市场连接，直接推动日本银矿大开发和间接推动美洲银矿的大开发，促使白银形成世界货币，中国积极引领推动并参与了全球第一个经济体系的建构，也即经济全球化开端的建构过程，为全球化作出了重要的历史性贡献。

第七，贵金属白银在明代的货币化过程，是货币经济的扩大发展，货币经济是交换经济，其实质是市场经济，货币经济—市场经济的扩大发展是中国社会经济货币化进程，同时也是中国早期近代化历史进程，明代中国从传统向近代转型的早期近代化进程与经济全球化——全球近代化历史进程是重合的，是走向全球的大合流。

二 白银货币化的五个发展阶段

经过综合研究，明代白银货币化过程可划分为 5 个发展阶段：

第一阶段：始自洪武末年（14 世纪末），白银从民间社会市场自下而上崛起的起始阶段，是市场经济的萌发阶段。

第二阶段：以成化、弘治（15 世纪下半叶）为标志，为国家官方所认可，市场"看不见的手"与国家"看得见的手"共同协调作用，货币化自下而上与自上而下发展方式合流，向全国迅速铺开的发展阶段。

第三阶段：以嘉靖初年（16 世纪初）为标志，白银不仅形成社会流通领域主币，而且成为国家实际认可的主币定型阶段，在中外互动作用下，进入整体社会变迁与转型阶段。

第四阶段：以万历初年（16 世纪七八十年代）张居正改革为标志，白银货币全面渗透到国家财政结构之中，市场直接嵌入国家财政过程，白银货币化完成于财政货币化，进入国家财政体系全面转型的新阶段，也即国家从传统赋役国家向赋税国家转型的新阶段。

第五阶段：以明神宗亲政（16 世纪末至 17 世纪初）内官税收体制出台为标志，国家与市场/社会博弈达到白炽化，在皇权国家强力干预市场、掠夺全社会财富的白银争夺战中，激发了国家与市场的博弈白炽化，国家采用政治暴力手段掠夺社会白银财富，造成市场一片萧条和社会的极度动荡，国家与社会的近代化转型分道扬镳，国内市场危机与全球危机相叠加，导致明朝走向灭亡，促成了明清鼎革，中国早期近代化的历史进程一度受挫，但是并没有由此断裂。白银货币化直接影响了清朝建立和中国早期近代化进程的赓续。

第二章　明代白银货币化的缘起和发展过程

第一节　历史上白银货币化溯源

我们首先需要追溯中国古代的货币制度。中国汉代曾经盛行过黄金，此后在魏晋时期见到金银并提，是受到拜占庭和波斯的影响。中国的白银货币化趋势在唐宋以后开始显示了出来。对此，明末清初顾炎武曾有考证，现引述如下：

唐、宋以前上下通行之货，一皆以钱而已，未尝用银。《汉书·食货志》言；秦并天下，币为二等，而珠、玉、龟、贝、银、锡之属为器饰宝藏，不为币。孝武始造白金三品，寻废不行。《旧唐书》：宪宗元和三年六月诏曰：天下有银之山，必有铜矿。铜者可资于鼓铸，银者无益于生人。其天下自五岭以北，见采银坑，并宜禁断。然考之《通典》，谓梁初唯京师及三吴、荆、郢、江、湘、梁、益用钱，其余州郡则杂以谷帛交易，交广之域则全以金银为货。而唐韩愈奏状亦言，五岭买卖，一以银。元缜奏状言：自岭以南，以金银为货币；自巴以外，以盐帛为交易；黔巫溪峡，用水银、朱砂、缯彩、巾帽以相市。《宋史·仁宗纪》景祐二年诏：诸路岁输缗钱，福建、两广易以银，江东以帛，于是有以银当缗钱者矣。《金史·食货志》：旧例银每铤五十两，其直百贯。民间或有截凿者，其价亦随低昂，遂改铸银，名承安宝货，一两至十两，分五等，每两折钱二贯，公私同见钱用。又云更造兴定宝泉，每贯当通宝五十，又以绫印制元光珍货，同银钞及余钞行之。行之未久，银价日贵，宝泉日贱，民但以银论价，至元光二年，宝泉几于不用。哀宗正大间，民间但以银市易，此今日上下用银之始。①

这里揭示了秦代银不为币；汉武帝始造"白金三品"，但寻废，时银贱而钱贵；唐宪宗诏中有"银者无益于生人"之语，但唐代已有岭南以金银为币的记载，宋代有以银当缗钱的现象。以银交易，从金代开始盛行，以银锭为形制，直接影响国家的货币制度。元代实行宝钞制度，曾以银为钞本，发行"至大银钞"，昙花一现，市场只用纸钞，在对外贸易中使用白银，使得中国白银大量外流。自金至元白银的流通，为明代白银货币化奠定了基础，② 形成了明代白银货币化的历史资源。③

明初，宝钞沿袭元末，"无本、无额、有出无入之不兑现钞乃复现于明代"④，由于宝钞在明朝货币中的重要地位，研究明初货币集中考察宝钞者多，使我们对宝钞有了相当的认识。这里需要说明的是，明朝宝钞具有以下特性：一是统一性，明朝只发行一种纸币，即大明宝钞，终明世均用洪武年号；二是宝钞是一种不兑换纸币；三是发行数量无限制。正是由于这些特性，使宝钞在流通不久就产生了问题，这样实际上造成了一种货币的反弹现象，明代纸币制度遭遇阻遏，没有能够确立，

---

① （清）顾炎武著，黄汝成辑：《日知录集释》卷一一《银》，花山文艺出版社1990年版，第496页。

② 关于白银货币化，笔者认为明代是白银形成完全货币形态的时期。王文成先生提出宋代白银货币化，参见王著《宋代白银货币化研究》，云南大学出版社2001年版。笔者认为不妥，因为白银在宋代没有形成完全的货币形态，没有完成货币化，更未成为本位货币。宋代多种货币并存，铜钱是流通领域的主币，宋代可以说主要是铜钱时代。王先生在近年研究中也认为："宋代300多年的历史上，'以银计价'的现象由微至显，逐步发展。北宋时期白银广泛用于与其他商品互换，但直接以银计价的记载，仍属于零星、偶然……两宋时期白银的价值尺度职能，经历了100多年的孕育、积累，在南宋得到了初步发挥"。见《两宋"以银计价"史料考释——宋代白银价值尺度职能补论之一》，《云南社会科学》2009年第5期。再者，对于宋代是第一次白银货币化，明代是第二次白银货币化的观点，也认为是不妥的，如果这样，那么金代如何评价？金元在白银货币化进程中具有重要地位，为明代白银货币化起了奠基作用。但是白银作为金朝法定货币，而明代白银是来自民间市场的崛起，具有完全不同寻常的货币化过程。

③ 关于"金朝与南宋一道，共同揭开了中国白银货币史的第一章"，见王文成《宋代白银货币化研究》，云南大学出版社2001年版，第365页。对于宋代白银是否已经成为货币，史学界现在仍然有不同看法。他的研究是白银如何从商品到货币的货币化，而这里依据明初承继元朝仍行宝钞，白银货币化在明代完全实现，成为不可逆转的历史事实，虽然也包括上述内容，但更主要是对白银从非法货币到合法货币及其普遍于全社会，成为社会流通领域主币过程的考察。

④ 吴晗：《记大明通行宝钞》，《吴晗选集》，天津人民出版社1988年版，第251—252页。

而铜钱由于铜的匮乏也不得不退居次要，于是形成了对白银货币化极为有利的发展趋势，成为明代社会经济中一种引人注目的发展趋向。

追溯以往，在中国财政史上，赋税折征并非特例，是历朝常有的举措。除了实物折征以外，货币折征也有发生。明代以前有无财政货币化现象？应该说是有的，唐代两税法和宋代王安石变法都是由上及下的赋役改革，改革提出了征收钱币的要求。唐代宗大历元年（766年）有征青苗钱之诏，唐德宗建中元年（780年）杨炎为相，遂作两税法，出现所谓"按以钱输税而不以谷帛，以资力定税而不问身丁"。① 唐代建中年间杨炎施行两税法的时候，两税法户税部分的税额是以钱计算，"定税之数，皆计缗钱"，意味着中国古代财政传统的实物赋税正式转向货币赋税。史载"自建中定两税，物轻钱重，民以为患"。② 由于国家征钱，市面上钱币流通量不足，不久就产生钱重物轻的现象，无法维持下去。出于客观形势的需要和现实条件的限制，仅实行了40年，就改为征收实物了。③ 唐代的金银作为支付手段也曾表现在赋税上④，但不仅记载鲜少，而且如《通典》记四川盐课部分以银缴纳，王文成也认为"白银不是课税的法定物质形式，它与粮食一样，均属盐课的折纳物。实际用银纳税时，需通过铜钱折价，用铜钱度量其价值"。⑤ 宋代两税的征收，据《宋史·食货志》的统计可归纳为谷、帛、金、铁和物产四类。"凡岁赋，谷以石计，钱以缗计，金银丝绵以两计。"⑥ 苏辙在《栾城集》里指出："右臣闻自古经制国用之术，以为谷帛，民之所生也，故敛而藏之于官。钱币，国之所为也，故发而散之于民。其意常以所有，易其所无。有无相交，而国用足焉。故自熙宁以前，民间两税皆用米、麦、布、帛，虽有沿纳诸色杂钱，然皆以谷帛折纳，盖未尝纳钱也。钱之入官者，惟有茶盐酒税杂利而

---

① （元）马端临：《文献通考》卷三《田赋考》三，浙江古籍出版社1988年版，第45页。
② （宋）欧阳修、宋祁：《新唐书》卷五二《食货志》二，中华书局1975年版，第1353页。
③ 李志贤：《杨炎及其两税法研究》，中国社会科学出版社2002年版，第358—359、367页。
④ 彭信威：《中国货币史》，上海人民出版社2007年版，第236页。
⑤ 王文成：《宋代白银货币化研究》，云南大学出版社2001年版，第108页。
⑥ （元）脱脱：《宋史》卷一七四《食货志》二《赋税》，第4202—4203页。

已。"① 说明了在一定程度上宋代仍然存在唐代建中以来纳物折钱的事实。日本学者加藤繁对于宋代赋税征银的情况详加研究，得出还是稀有的结论。② 汪圣铎明确指出：宋代"田赋一般不以银立额征收"，个别产地除外。③ 并总结说：宋代田赋征收银两的情况较少，征收银两主要有如下几种情况：一是本地出产白银，二是南宋时期折帛钱在不通水路的州军一般折征银（有时折征纸币），三是南宋前期广西地区曾将经总制钱折银摊征于民，但绍兴二十六年（1156 年）被禁止。四是南宋有时有些地区赋税折变折征银。日本学者宫泽知之认为，在宋代投入流通过程中的物资，绝大部分恐怕应看作由国家使之商品化的。唐中叶实行两税法之后，虽然在法律上开始允许以货币缴纳赋税，但国家征收的大部分仍是实物。以两税及和买等形式由国家集中的物资中，相当一部分在城市和边境地区被投入市场。此外，茶、盐等以专卖形式销往边境，粮食则在国家的控制下流通等。这些物资在当时的城市以及更广阔的范围的流通中，占了决定性的比重。即使从周围农村流入城市的消费品，在北宋时期也受到国家的直接控制。④ 显然，赋税征银的现象南宋明显多于北宋。⑤ 而宋代正税与附加税以钱为额的部分，在实际征收大部分不征现钱而折征实物，称为折科。⑥ 王安石变法中的青苗法规定以铜钱缴纳，与免役法一律向百姓敛取现钱，敛钱加重了"钱荒"，妨碍了商业的发展和人民的正常经济生活，⑦ 终因条件不成熟而未能将钱币税收持续下去。

由此看来，明代的折征是有历史连续性的，而明代的货币折征本来似乎也没有什么特别之处。但是，明代的折征却又有其特殊性，即折银，这正是白银货币化的过程。明初宝钞货币体系不能确立，白银货币不请自来，其货币基础的奠定，应该追溯到历史上，自唐宋金元以来，

---

① （宋）苏辙：《栾城集》卷三八《乞借常平钱买上供及诸州军粮状》，上海古籍出版社 1987 年版，第 839 页。

② ［日］加藤繁：《唐宋时代金银之研究》（上册），中国联合准备银行 1944 年版，第 155 页。

③ 汪圣铎：《两宋货币史》（下），社会科学文献出版社 2003 年版，第 849 页。

④ ［日］宫泽知之：《宋代の都市商業と国家─市易法新考─》，《中国近世の都市と文化》，京都大学人文科学研究所，1984 年。

⑤ 汪圣铎：《两宋货币史》（下），第 853 页。

⑥ 汪圣铎：《两宋财政史》（上），中华书局 1995 年版，第 199 页。

⑦ 汪圣铎：《两宋财政史》（上），第 64 页。

白银已经历了商品到货币的货币化历程，发展到明代，白银货币化不仅是商品到货币的过程，重要的是从非法货币到合法货币的不同寻常的货币化过程。

第二节　明初宝钞货币制度的建立：白银不是合法货币

明朝的法定货币，首先是铜钱，继之是宝钞，而白银是在禁例之中。明代货币制度的一个突出特点就是贯彻以钞代钱，而且为了巩固钞的价值，明朝历史上曾不断出现禁止民间交易用金银的做法。

明朝建立之初，推出的法定货币是铜钱。洪武元年（1368 年）三月，帝命户部与行省铸造洪武通宝钱，"其制凡五等"。[①] 即洪武通宝有五种：小钱、当二、当三、当五、当十，自一钱以上，按比例增加重量，是足值铸币。这种铜钱，是明朝的第一种法定货币。[②] 故自洪武元年至七年（1368—1374 年），是明朝实行铜钱货币的时期。

自洪武八年（1375 年）起，明朝发行"大明通行宝钞"作为法定货币，由此开始了明朝的纸币时期。关于改行纸币的原因，在《明太祖实录》中讲得很明白：

> 时中书省及在外各行省皆置局以鼓铸铜钱，有司责民出铜，民间皆毁器物以输官，鼓铸甚劳。而奸民复多盗铸者。又商贾转易钱重道远，不能多致，颇不便。上以宋有交会法，而元时亦尝造交钞及中统正元宝钞，其法省便，易于流转，可以去鼓铸之害。[③]

这里说明明初实行铜钱有三不便：一是需要大量的铜来铸币，而铜的匮乏，使民间不得不以铜器上缴以铸币，造成"鼓铸甚劳"；二是民间有不少盗铸铜钱现象；三是铜钱分量重，用于长距离交易携带不便。因此，

---

①　《明太祖实录》卷三一，洪武元年三月辛未。台北："中研院"史语所校勘，1962 年影印本。下引实录均出此本，不另注。

②　早在朱元璋为吴王时，于元至正二十一年（1361 年）铸有大中通宝钱，分大小五等颁行，见《明太祖实录》卷一四，甲辰四月壬戌。

③　《明太祖实录》卷九八，洪武八年三月辛酉。

明朝继承宋元以来的纸币制度，发行大明宝钞，通行天下。①

查阅明朝典章制度，《明会典》记载有"钞法"，开篇即云："国初宝钞，通行民间，与铜钱兼使，立法甚严。其后钞贱不行，而法尚存。国初宝钞通行民间，与铜钱兼使。立法甚严。其后钞贱不行、而法尚存。"下面接云："洪武八年，令中书省造大明宝钞。取桑穰为钞料。其制方高一尺，阔六寸许。以青色为质。外为龙文花栏。横题其额曰：大明通行宝钞。内上两旁，复为篆文八字。曰：大明宝钞，天下通行。中图钞贯状。十串则为一贯，其下曰：户部奏准、印造大明宝钞，与铜钱通行使用，伪造者斩，告捕者赏银二百五十两，仍给犯人财产。若五百文，则画钞文为五串。余如其制，而递减之。每钞一贯折铜钱一千文，银一两，其余以是为差。其等凡六，曰一贯、五百文、四百文、三百文、二百文、一百文。每钞四贯，易赤金一两。禁民间不得以金银物货交易，违者治罪。告发者，就以其物给赏。若有以金银易钞者听。凡商税课，钱钞兼收。钱十之三，钞十之七，一百文以下，则止用铜钱。"② 由此可知，当大明宝钞发行之初，铜钱并没有退出舞台，宝钞与铜钱通行使用。但是金银是被禁止的："禁民间不得以金银物货交易。" 又规定："每钞一贯，准铜钱一千，银一两。"③ 此时的白银，在官方解释中，不能通行于交易中，只能给国家换取宝钞。有明确的交易以违法者治罪，告发者给赏的法律规定。④ 禁止在市场交易的白银，不在国家通行货币制度以内，不是合法货币，而是非法货币。此后为了维护宝钞的法定货币地位，永乐元年（1403 年）再次颁令"禁用金银交易"："以钞法不通，禁用金银交易。犯者准奸恶论。有能首捕者，以所交易金银充赏。其两相交易，而一人自首者免坐。赏与首捕同。"⑤ 明朝确定的法定货币是宝钞，白银没有法定货币的地位，表现在作为货币的白银市场交易是不被允许的，因此，白银在明廷没有被认可的合法货币地位。

明朝宝钞具有以下特性：一是统一性，明朝只发行一种纸币，即大明

① 《明太祖实录》卷九八，洪武八年三月辛酉。
② （明）申时行等：《明会典》卷三一《户部》十八《库藏·钞法》，中华书局 1989 年版，第 224 页。
③ 《明太祖实录》卷九八，洪武八年三月辛酉。
④ 《明会典》卷三一《户部》十八《库藏·钞法》，第 224 页。
⑤ 《明会典》卷三一《户部》十八《库藏·钞法》，第 224 页。

宝钞，终明之世均用洪武年号；二是宝钞自始就是一种不能兑换的纸币；三是明朝发行宝钞既无钞本，又无限额，发行量大，回笼量少，兑换新旧钞的秩序混乱且价格悬殊，加之宝钞制作简陋，伪造方便，纸币充斥市场，大大超过了社会的实际需求量，造成通货膨胀，日益贬值。正是由于这些特性，使宝钞在流通不久就产生了问题，导致明朝推行纸币的失败，国家宝钞货币制度没有能够确立。

明末，陈子龙《钞币论》将前朝与明朝钞币与钱法的发展过程进行梳理，讲得十分透彻：

> 君权所得制者，钱币而已。钱币通，即煮海铸山，皆可权其子母。钱币壅，即藏粟居货，无以平其轻重。楮非钱也，而可执为券以取钱，无远致之劳，有厚赍之用，是以飞钱、钞引唐创行之。宋之交子、会子，乃自西蜀一隅通于天下。始于暂以权钱，久之以代见钱，迨元而钞遂孤行矣。终元之世，无一人知有钱之用，而衣于钞，食于钞，贫且富于钞，岂尽禁令使然哉？夫亦因民所便，而特以收换称提，时疏其滞也。我太祖开基，首立钱法时，中书各省，鼓铸甚劳，转移不便，又召中书省仿宋元法，印造大明宝钞，内外流转，上下通行，其法洵称兼美，乃利垂百年，法久渐坏，迨宏（弘）治而钞法废矣。[①]

从历史实际来看，明朝从洪武至永乐、宣德，发行了大量宝钞，虽然我们无法知道发行量有多少，但是发行量的无限制，肯定是造成宝钞贬值的最重要原因之一。当时明朝已经认识到这一点，并实施了种种回笼货币的措施，却都无济于事，仍不能阻止宝钞贬值。更重要的是，明初至成、弘年间的一百多年，见于文书与文献中的民间交易使用金银的记载越来越多，伴随宝钞的壅滞而出现的，是明初民间存在的一股白银货币的强劲趋势，也即白银货币化的趋势。明初作为宝钞最强劲的对立物的白银，只要

---

① （清）王鎏原著，马陵合校注：《〈钱币刍言〉整理与研究》，陈子龙《钞币论》，东华大学出版社 2011 年版，第 40 页。陈子龙《陈忠裕公全集》未收录此论，叶世昌先生认为作于崇祯二年或四年，见《中国货币理论史》，中国金融出版社 1986 年版，第 184 页。

朝廷法令稍稍松懈，就会在民间交易中立即抬头。不容许在市场交易的白银，作为货币崛起于民间市场，这是不同寻常的货币化过程的缘起，因此白银货币化的趋势，是一个引人注目的社会经济现象，是一个市场经济萌发的现象。

从明初的禁用金银交易，到白银成为社会流通领域的主币，存在一个白银货币化的过程。彭信威的《中国货币史》是货币史的经典论著，其中提到："一直到元末，白银还算不成十足的货币。"那么白银是怎么成为"十足的货币"的呢？很明显，这里缺乏一个过程的考察。而这也是前贤研究中一个久被忽略的，有必要专门加以研究的问题。

显然，明初已出现了国家与市场/社会在货币上的博弈。明朝禁止民间使用白银进行交易，是立意将天下财富掌握在朝廷手中。大量强制性滥发的钞币，是对社会财富的直接掠夺，也使明朝国家货币信用丧失殆尽，因此民间社会才出现先是使用实物，后直接使用白银的现象，这实际上是拒绝朝廷赤裸裸地掠夺。此后在市场社会的倒逼下，王朝的货币危机直接与财政危机挂钩，由于白银货币崛起于民间，王朝挽救宝钞的举措不能成功，不得不逐渐松动对于白银的禁令。

进一步说来，明初白银并不是合法货币，朝廷禁用金银在市场交易。明朝推行宝钞，禁用金银，但有金银与宝钞的比价，加之银在民间有广阔的市场，钞法却朝令夕改，缺乏连续性，不能保证宝钞的信誉和价值，失去信用的法定货币宝钞，不断加大民间的不信任感。从洪武末年开始，在市场上已经显现出一种白银货币化趋势，成为一个引人注目的社会经济现象。百年后的成化年间，白银通行于全社会，逐渐形成民间市场流通领域主币，白银货币化行进到一个重要转折点，由此，自下而上的市场"看不见的手"与自上而下的国家"看得见的手"协调合作，共同推进货币化过程，在嘉靖初年确定为流通领域的主导地位，明代白银货币化的这一崛起于市场，最终得到国家认可的货币体系形成的曲折过程，在中国历史上是史无前例的。

在明朝，大规模行用白银是一个重要的社会现象。但是，翻开史籍，明代有关典章制度的记载中，唯见"钞法"和"钱法"，不见"银法"。这说明白银不是明朝的法定货币，也就没有制度可言，这一点足以说明白银不在国家货币制度或体制之内，白银是当时多元货币之一种，这是自历史上继承下来的。而这并不能说明白银是明朝国家设计安排的货币制度中的法定货币，明初禁止白银在市场交易，说明明朝禁止白银货币的基本职能，否认白银的合法货币地位；而最重要的，在明朝典章制度中没有"银法"，这是明代货币制度中从未有白银货币法定地位的最好证明，也是无法篡改的历史事实。因此，明初不在国家货币制度内的白银货币，它经历了从非法到合法，并普及于全社会的不同寻常的货币化过程。那么白银是如何在明朝货币化，又是怎样形成实际主币地位，在社会经济生活和中国市场与全球市场的连接中起了重要作用的，是一个十分值得探讨的问题，也是一个先行研究中缺乏研究的课题。

白银原本不是国家货币制度规定的法定货币，因此禁止市场交易，而正是在明廷禁令之中的白银，不仅从市场崛起，而且形成明朝普遍行用的主要货币，在国家体制外形成了一个白银货币体系。因此，考察白银货币化的过程，应该避免从国家制度的层面探究，而是必须寻找民间社会的第一手资料，大量徽州地区土地买卖契约文书的存世，反映了当时市场交易中的真实情况，成为发现明代白银不同寻常货币化过程的基本资料。下面就以徽州地区土地买卖契约文书来论证白银货币化的过程：并非国家法令推行的结果，在宝钞不行，国家货币制度不能确立，铜的资源匮乏，国家铸钱不足，私钱盛行，国家失控的情形下，明代白银货币化是自民间市场开始，自下而上发展，到成化年间，已出现在市场上形成主要货币的现象。在成、弘以后为官方认可，自下而上与自上而下地相结合全面展开。其中，最重要的展开方式是赋役折银。① 从折银到征银，明代不仅以白银作为统一的度量价值，而且形成了统一课税的法定形态，凸显的是市场的作用。重要的是，从时间上，经济全球化的开端——全球经济贸易体系的建构，是在 16 世纪以后，而出自中国本土历史事实探求的明代白银货币化的实证研究，可以上溯到全球贸易出现以前更早的时期，也就是上溯到洪武末期以降。

---

① 参见万明《明代白银货币化视角下的赋役改革》（上、下），《学术月刊》2007 年第 5、6 期。该文提出明代赋役改革与历朝历代赋役改革的不同之处，是统一以白银货币作为计量单位，并统一征收白银。

第三节 自下而上的白银崛起于市场：市场经济的萌发

一 427 件徽州土地契约文书的统计分析

明朝自一开始就禁用金银，并很快建立了宝钞货币制度，然而，民间却存在一种白银逐渐发展应用的势头，因此可以说国家推行的通货目标与民间货币发展趋势是不同的。摆在我们面前的问题有两个：第一，属于国家禁例之中的白银，如何货币化的？第二，国家与社会二者是在什么时候开始调和的呢？即国家从何时认可这种民间市场趋势的呢？下面结合契约文书和文献记载，划分阶段，略加分析和归纳。①

聚焦点在于，属于国家禁令之中的白银，是如何货币化的？经过考察，明代的白银货币化正是从民间市场开始的。最早注意明初民间实际使用通货状况的，是傅衣凌先生，他利用徽州土地买卖契约 146 张进行过初步分析，指出明代前期这一百多年间所使用的通货是很复杂的，洪武、永乐之间以钞为主，宣德、正统则钞、谷、布、银兼用，成化、弘治以银为主。② 沿着这一研究足迹，充分利用近年大量发现和披露的徽州土地买卖契约，对明代民间白银货币化的趋势及其发展作一较为深入的考察，可以进一步加深我们对明初货币流通实态的认识。现以所见明代徽州地区（主要是祁门、休宁、歙县）土地买卖交易契约 427 件中使用通货情况，编制出表 2—1：③

---

① 下文凡引契约之处，资料来源：安徽省博物馆编《明清徽州社会经济资料丛编》第一集（中国社会科学出版社 1988 年版），中国社会科学院历史所徽州文契整理组《明清徽州社会经济资料丛编》第二集（中国社会科学出版社 1990 年版），张传玺主编《中国历代契约会编考释》（下）（北京大学出版社 1995 年版），另见拙文《明代白银货币化的初步考察》（《中国经济史研究》2003 年第 2 期）中 427 件徽州契约列表，在此不再一一列出，不另注。

② 傅衣凌：《明代前期徽州土地买卖契约中的通货》，《明清社会经济史论文集》，商务印书馆 2010 年版，第 302—303 页。

③ 资料来源：根据安徽省博物馆编《明清徽州社会经济资料丛编》第一集（中国社会科学出版社 1988 年版），中国社会科学院历史所徽州文契整理组《明清徽州社会经济资料丛编》第二集（中国社会科学出版社 1990 年版），张传玺主编《中国历代契约会编考释》（下）（北京大学出版社 1995 年版）的明代契约文书编制。

表2—1　　　　　　　徽州地区土地买卖交易契约使用通货情况

年代	契约数（件）	契约内容分类				使用通货分类				备注
		卖田	卖地	卖山	其他	宝钞	银	谷物	绢布	
洪武二年—三十一年（1369—1398年）	49	12	17	20	1	37	6	5		洪武二年三年两例使用的是元钞；二十三年一例钞布兼支；二九、三〇、三十一年有三例以钞议，折谷物支付，入谷物类。
建文元年—四年（1399—1402年）	22	17	3	3		7	11	4		建文元年一例，以银议，以谷支付，入谷物类；二年一例钞布兼支，入钞类；三年有七例以银议，注明谷数，以银成交。洪武三十五年两例入建文四年。
永乐元年—二十二年（1403—1424年）	103	29	35	37	2	84	1	14	3	谷布类均在永乐四年前和十五年后；五年一例以布议，注明宝钞数，以钞成交，入钞类；七年一例以元中统钞交易，未入通货分类；八年一例田地山场均有，入田类。另有一分界合同，规定有违罚以籼稻米，入谷类。
洪熙元年（1425年）	6	3	3			4		1	1	

续表

年代	契约数（件）	契约内容分类				使用通货分类				备注
		卖田	卖地	卖山	其他	宝钞	银	谷物	绢布	
宣德元年—十年（1426—1435 年）	40	23	12	4	1	9	1	9	21	谷布兼支，入谷类；宣德三年一例以谷议，准以段布支付，入布类；一例以布议，准以谷物等支付，入谷类；五年两例以谷议，以布支付，入布类；八年一例以银钞议，以银钞支付，入银类；一例以谷议，以布支付，入布类；十年一例以布议，以谷与首饰花银支付，入谷类。
正统元年—十四年（1436—1449 年）	54	19	14	17	3		35	7	12	正统元年一例以谷议，注明宝钞数，以谷成交，入谷类；二年一例布银兼收，入银类；三年以后仅有两例以谷成交。
景泰元年—七年（1450—1456 年）	30	13	7	7	3		27	1	2	景泰元年一例以布议，计银数，入布类；景泰六年一例以谷议，注明银数，入谷类。
天顺元年—八年（1457—1464 年）	33	12	8	13			31	2		天顺五年一例以谷议，计银数，入谷类。
成化元年—二十三年（1465—1487 年）	90	8	37	42	3		90			
总计 119 年	427	136	136	143	13	140	203	43	39	

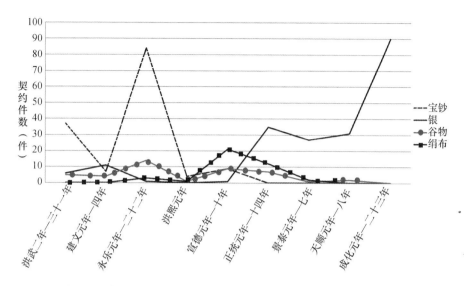

图2—1　宝钞、谷物、绢布、白银趋势（以每期的最后一年为节点）

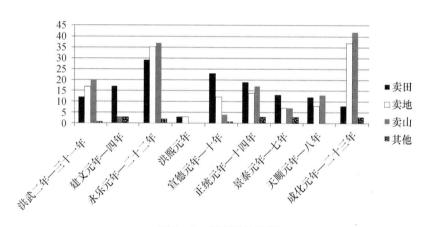

图2—2　买卖田地比例

　　表2—1、图2—1、图2—2通过所见土地买卖契约文书，对徽州这一既不出产白银，又不具备大的商业交易中心地位的地区的货币流通状况进行了具体考察，显示出了明朝民间白银货币化的进程。

　　明朝自一开始就禁用金银，建立宝钞制度，因此可以说，国家推行的通货目标与民间货币发展趋势是完全不同的。下文根据以上图表，结合其他文献记载划分阶段，略加归纳和分析。

二 明初白银货币化的阶段性分析

（一）洪武至建文时期（1368—1402 年）

此时是宝钞推行于民间的第一阶段，特点是作为国家法定货币的宝钞迅速衰落，白银货币化的趋势已经明显出现。

从表 2—1 来看，洪武年间 49 件契约说明，在徽州土地买卖中，有 37 例交易是以宝钞成交的，占总数 75% 以上；有 6 例交易使用白银，占总数 12%，其中 3 件发生于洪武八年（1375 年）宝钞发行前，另 3 件发生于洪武二十一年（1388 年）以后。洪武八年是宝钞开始实行的时间，以此为限，大致到洪武二十年（1387 年）的十几年间，是民间使用宝钞相对比较顺畅的时期。此前的白银交易，说明明初民间白银交易具有一定基础；而此后自洪武二十一年（1388 年），契约中出现以白银为通货的交易，说明宝钞壅滞不行，白银在民间交易中迅速抬头。事实上，明初宝钞在流通中投放多而回笼少，很快出现了弊病。洪武十三年（1380 年）明朝行倒钞法，但很不成功。① 宝钞行之久，弊病也越加明显。官吏利用发行之机，营私舞弊。在洪武十九年（1386 年）颁布的《御制大诰续编》中，有关于官吏将新钞混同收进的商税旧钞，虚出实收，共分新钞的案例。② 至洪武二十四年（1391 年），新钞购买力已是旧钞一倍，更使作弊屡禁不止。③

更严重的是宝钞的贬值，这使实行不到 20 年的明朝纸币制度面临崩坏。表现方式是，洪武二十一年（1388 年）以后，社会上流通的货币，远不只是宝钞，还有其他金银以及缎匹、米谷等实物代用品也在流通。洪武二十三年（1390 年）的契约中出现钞布兼支，就是一个例证。此外，明太祖敕录的《逆臣录》中有一供词，是苏州府吴江县北周庄的顾安保所招。就他所招 7 件事例来说，有 5 件涉及白银。特录于下：

　　一招有兄顾以成，即学文，于洪武二十五年十一月内前赴神策卫

① 《明太祖实录》卷一三一，洪武十三年五月己亥，第 2084 页。
② 《御制大诰续编·钞库作弊第三十二》，《皇明制书》本，社会科学文献出版社 2013 年版，第 121 页。
③ 《明太祖实录》卷二一一，洪武二十四年八月辛未，第 3137 页。

送纳秋粮未回。至洪武二十六年正月十三日，有表兄沈德全与同家人倪原吉、沈子良回家言说："你兄顾以成在京，因见我家门馆王先生在蓝玉府内教书，我与你兄央他引见，就送乌犀带一条与本官接受，赐与酒食。吃罢，言说：'你四分沈家是上等大户，我如今要行些事，正要和你商议。你可准备些粮米、银子、段匹前来，我要赏人'。又说：'见有钞一万五千贯，你可就船顺带前去苏杭收买段子'。各人依允，收讫在已。"今蒙取问，从实招说。

一招洪武二十六年正月内，有本县二十九都粮长袁祐，为因在京纳粮，就行交结蓝玉谋逆。将名下运粮人夫并备办钞五千贯、段子五百匹、银子五千两、金子一百两，送与蓝玉。仍办下枪一百条、刀三十把，听候接应。

一招洪武二十六年正月内，本县粮长沈昌年送段子三百匹、银子一千四百两，与蓝玉结交。

······

一招洪武二十六年正月内，同粮长、豪民朱文衡、徐文昭、徐继华等前到蓝府买马。当有蓝大舍出来回说："我尽有马，只是要用你。若肯随顺我行事时，我便赏与你马骑。你可教众粮长运些粮草接济，及与我教众粮长打些银碗与我赏军。"各人依允回家。其出银三百两，打成银碗一百只，有朱文衡等于二月初一日送至蓝府，当令火者收讫。

一招洪武二十六年正月内，同兄顾学文到蓝府商议谋逆。安保回家，分付富户山童、沈文进，将带银子二千两、钞五千贯、段子七百匹，在青龙山脚下等待行事。又令家人殷显祖、金忠，将带绵布五千匹、绢二千匹、在陈泥渡口等待接应。有豪民王彦昭、钱凯，在白土将带军器等待接应。[①]

蓝玉案是洪武末年的重大党狱，其中的案犯供词为我们提供了当时社会上的流通货币不仅有宝钞，而且有金银和实物的实际交易状况。与之相联系的是明太祖的赋税折收政策，史载"太祖洪武间令各处官田粮折收

---

① 明太祖敕录：《逆臣录》卷五《豪民顾以成等》，王天有、张何清点校，北京大学出版社 1991 年版，第 303—304 页。

钞、绢、金、银、绵、苎布及夏税农丝折绢俱解京库收支"。① 原来，各地不通舟楫之处，各随土产折收布帛以及白银解京的做法，宋代以来就存在，由于运输铜钱困难，一些交通不便地区，将铜钱改为绸绢或白银解京上供，宋仁宗景祐年间对此曾有具体规定。② 南宋也一直有此事例。明初的折收政策，有历史的继承性，也与明初社会货币经济发展水平相联系。值得注意的是，为了维护宝钞地位，明朝在禁金银之外，于洪武二十七年（1394 年）又出台了禁用铜钱的法令。于是，明初以钞为主，以钱为辅的货币制度不行，更造成了民间用银的增多，以致洪武末"杭州诸郡商贾，不论货物贵贱，一以金银定价"。③ 在二十九年（1396 年）、三十年（1397 年）、三十一年（1398 年）的契约中，连续出现以谷物支付，不是偶然的，可见在洪武末年，宝钞已经不仅贬值，得不到民间的信任，而且发生了逐渐退出民间流通领域的实际状况。洪武三十年（1397 年），明朝又令禁止民间金银交易。④ 这正说明了明朝法令并没有能真正禁止得了民间白银行用的现实。从洪武年间白银与米的比价，也可清楚地看到白银升值的情况：洪武九年（1376 年）每银 1 两折米 1 石，是 1∶1 的比率；十八年（1385 年），每银 1 两折米 2 石，是 1∶2 的比率；到三十年（1397 年），每银 1 两折米 4 石，是 1∶4 的比率，这样，在 20 年间，仅从官方规定的折价而言，白银价格就增长了 4 倍。

民间交易使用白银的趋向在建文时表现明显。建文时期契约 22 件，其中 11 件是以白银支付的，占 50% 。这说明白银用于民间交易的比例大增。值得注意的是，以银议价，以谷支付的例子，体现了民间以银为主要价值尺度的货币功能的承认；以银议价，注明计谷多少，仍以银成交的有 7 例，说明此时的白银交易带有实物交易的特征。契约注明发生于洪武三十五年（1402 年）的 2 例，明显是在永乐继位以后，均是以银议价。其一议价花银 2 两整，以银支付，但注明"其银折钞 20 贯"。⑤ 这种情况出

---

① （明）王圻：《续文献通考》卷四《田赋考》，现代出版社 1986 年版，第 42 页。
② 《宋会要辑稿·食货三七》之一三，中华书局 1957 年版，第 5454 页。
③ 《明太祖实录》卷二五一，洪武三十年三月甲子，第 3632 页。
④ 《明太祖实录》卷二五一，洪武三十年三月甲子，第 3632 页。
⑤ 契约原文是"银贰两"，张传玺主编《中国历代契约会编考释》（下）根据洪武八年始造宝钞时钞一贯，银一两的规定，以为"贰"下脱一"拾"字，当为银"贰拾两"，没有考虑到宝钞当时的贬值因素，误。

现，很可能是因为虽然民间出现渐以白银交易的势头，但银作为官方禁止的货币，民间在实际使用中有所顾忌，所以谨慎的事主没有忘记带上折合官方法定货币宝钞的数目。

表2—1的契约文书，都是徽州地区的。明代福建土地买卖契约文书至今已经保存不多，但从所见建文年间的一例，也能说明宝钞与银的微妙关系。现简录于下：

> 侯官县二十四都住人江十郎，承祖有山数号，坐落二十五都，土名……。今录出东西南北四至明白。今且因为年老，日食缺乏用度，遂将上项铺后等山出卖。今托得本里王文禄，引到本都方彦诚前来出头就买，三面与买主引进人议定，情愿将上项山定价宝钞捌百贯文，其买价钱钞就时交讫，别无留寄。所卖山段系自己物业，与房分伯叔兄弟侄无干涉，亦不曾重张典挂外人财物。如有此情，别路良业赔，罚银壹拾陆两抵还买主无词。……
>
> 建文叁年玖月　日
>
> 　　　　　立卖契人江十郎（花押）
>
> 　　　　　中人王文禄（花押）
>
> 　　　　　代书人池九才（花押）①

在这件卖山契中，以宝钞议价，也以钞支付明白，但是下面却注明如有产权情况不符，要罚银16两，说明了当时宝钞与银同时存在交易流通中，民间以白银作为价值尺度的事实。

从洪武、建文年间契约，已经可以看出民间白银货币化在明初形成了一种普遍趋势，这是一种促使宝钞退出民间日常交易活动，让位于白银的趋势。自建立宝钞制度以后，明朝为了维护这一制度，从洪武初年开始，就颁布法令禁用白银。但洪武末年，白银已在民间交易中抬头，明朝不得不再严令禁止。而建文朝没有颁布有关禁令，白银交易在民间开始盛行起来。说明政局动荡时，国家的控制力降低。

---

① 福建师范大学历史系：《明清福建经济契约文书选辑》，《建文三年侯官县江十郎卖山契》，人民出版社1997年版，第308页。

（二）永乐至宣德时期（1403—1435 年）

此时是宝钞推行于民间的第二阶段，特点是宝钞再度经历顶峰后衰落，向白银过渡的实物交易出现，是一个值得注意的重要现象。

永乐年间的契约有 103 件，其中 84 件使用宝钞进行交易，大约占总数的 81.5%，这与永乐帝一即位就颁令禁止金银交易是大有关系的。[①] 为了维护宝钞，明朝在永乐二年（1404 年）实行"户口食盐法"，永乐五年（1407 年）设官库倒钞，又令税粮课程赃罚折钞，一边以法令严惩不贷，一边想方设法使宝钞流通起来。措施实施以后，从上述契约反映的民间状况看，是颇见成效的。永乐时期 22 年间，成为明代宝钞推行最为顺畅的时期，民间使用宝钞交易活动的比例最高，实物交易仍然存在，而银的使用只有一例。从契约来看，实物交易发生在永乐四年（1406 年）前、永乐十五年（1417 年）后的时间段里，也就是说自永乐四年至十四年是全部使用宝钞的时期。永乐五年（1407 年）一例值得注意，以布议价，注明宝钞数，以宝钞支付，很有可能是以布匹做交易，但不愿公然违反官方规定而已。在永乐十四年（1416 年）、永乐十五年（1417 年）的 3 例交易中，注明的是以钞货支付，可见并不纯粹以钞成交；永乐十七年（1419 年）、永乐二十年（1422 年）、永乐二十一年（1423 年）的 4 例均以钞货议价，有的注明了以钞货成交，有的没有注明，但都似有实物交易夹杂在其中。永乐年间唯一一例以白银的交易，十分引人注目，发生于永乐十七年（1419 年），说明白银通货的抬头现象，与此同时，我们在文献记载中，得知这一年朝廷重申了金银之禁[②]，这也说明了白银交易在民间的抬头。当时营建北京，工程费用浩大，宝钞发行量一定相当大，而不断地贬值也是在意料之中。以奉天殿灾上奏的邹缉疏中言："……且如前两岁买办青绿颜料，本非出产之所，而科派动辄千数百斤，民无可得，则相率敛钞遍行各处收买，每大青一斤，至万六千贯，及至进纳，又多以不中，不肯收受，往复展转，当须二万贯钞。"[③] 物贵钞贱的状况严重发生，是白银抬头的直接原因。永乐末年，面对"物价腾涌"，明朝以严刑峻法

---

① 《明太宗实录》卷一九，永乐元年四月丙寅，第 346 页。

② 《明会典》卷三一《户部》十八《库藏》二《钞法》，第 224 页。

③ （明）邹缉：《奉天殿灾疏》，《明经世文编》卷二一，中华书局 1962 年影印本，第 163 页。

处理。永乐二十年（1422 年），定阻挠钞法罪，坐以大辟，全家罚款并发往边地充军。规定买卖银一钱的，双方各罚钞一千贯，一两罚一万贯，再加免罪钞一万贯。顾炎武所谓："自钞法行，而狱讼滋多"，① 正是因朝廷禁银行钞而起。

从税粮折征上，也可看出永乐时期禁银的彻底。早在洪武年间，已有税粮折征钞金银布绢的事例。至永乐年间禁银最严，折征无银，十一年（1413 年）折征令，唯见金与布："金每两准米三十石，阔白绵布每匹准米一石五斗。"②

至洪熙年间，继承永乐年间做法。早在监国时，仁宗就曾下令许输钞赎罪，即位后又增加门摊课程收钞，并下令禁止民间以金银布帛交易，以维护宝钞地位。从契约来看，6 例中有 4 例是以宝钞交易，白银交易则一例也没有，可见洪熙年间虽时间短暂，但设法维护宝钞地位，基本上保持了宝钞的优势。

宣德时期是一个宝钞明显减少，实物明显增多的时期。40 件契约中，以宝钞交易的 9 例，白银交易只有 1 例，而实物交易共 30 例，占近 75%。这种情况说明了钞法的阻滞。宣宗即位，针对"比者民间交易惟用金银，钞滞不行"状况，下令禁止金银交易，违者罚钞治罪。③ 三年（1428 年），停造新钞。已造的收库，不许发放，旧钞选择好的以供赏赐，不能用的烧毁。同时又严阻滞钞法罪。④ 四年（1429 年），因钞法不通，增加全国 33 个府州县市镇各店肆门摊课税 5 倍，⑤ 并设立钞关。七年（1432 年），下诏湖广、广西、浙江商税鱼课凡原来纳银者，都以钞征收，每银一两，纳钞 100 贯。⑥ 总之，宣宗在位期间，一方面从宝钞发行过多着手治理，暂时停止了发行；另一方面在宝钞回收上加大了力度，设立钞关；在放松米麦布帛的实物交易之禁的同时，仍禁止金银交易，规定如果民间

---

① 《日知录集释》卷一一《钞》，上海古籍出版社 1985 年影印本。
② （明）王圻：《续文献通考》卷四《田赋考·支移折变》。
③ 《明宣宗实录》卷一九，宣德元年七月壬辰，第 493 页。
④ 《明宣宗实录》卷四四，宣德三年六月癸卯、己酉，第 1088、1093 页。
⑤ 《明宣宗实录》卷五〇，宣德四年正月乙丑，第 1203—1204 页。
⑥ 《明宣宗实录》卷八八，宣德七年三月庚申，第 2018 页。此前，浙江温州知府何文渊曾言："近虽禁使银，而商税鱼课仍征银"，见《明宣宗实录》卷八〇，宣德六年六月甲辰，第 1854 页；另外，宣德年间在龙川每年征收 500 两差银，可见当时虽禁止民间交易用银，但政府却有征银，见《明英宗实录》卷一五，正统元年三月丙子，第 282 页。

用银交易，银一钱罚钞 1000 贯；如果官员贪污受贿银一两的，要罚钞 10000 贯。① 还有宣宗时完全不见金银的折收，只有实物与钞的折收。

尽管如此，从宝钞的流通实际来看，加大力度的措施并没有能够维持宝钞的地位。民间不愿用宝钞，就转向了实物交易，实物在交易中的比例达到了近 75%，以绢布类为最多。宝钞比例减至 22.5%，且主要是在宣德三年（1428 年）以前使用，换言之，以三年为限，可见宝钞走向衰亡的明显轨迹。但在八年（1433 年）尚有 1 例用钞，另有 1 例银钞兼收，反映出直至宣德末年，宝钞并没有完全退出民间的流通领域。② 同时，从银的使用来看，只有八年 1 例是以银为主，以钞为次兼支；另有十年（1435 年）1 例，是以布议价，准以谷和首饰花银支付，可知这一时期宝钞使用虽减少，由于有朝廷法令，银并没有立即抬头，残存在流通中而已。

从整体上看，宣德三年（1428 年）以后宝钞不行，金银又禁用，民间只得回到实物交易，而这也正意味着向贵金属白银的一种过渡。

（三）正统至成化时期（1436—1487 年）

此时是宝钞绝迹于民间流通的阶段，特点是白银逐渐成为实际主币，并向全国展开。

从契约来看，正统时期 54 件中，已没有一例以宝钞交易，可见宝钞已退出了民间交易。同时，白银交易在正统三年（1438 年）后大增，共 35 例，占总数的 64%，反映了这一时期白银活跃于民间流通的状况。但是，也应注意到，实物交易在此期间仍占有近 17% 的比例，说明当时处于白银货币化过渡之中的事实。景泰与天顺年间，民间以白银交易为主体，以白银论价并成交的交易，分别占契约总数的 90% 和近 94%，只残留了极个别的实物交易。至成化年间，90 件契约中，无一例外地使用白银进行交易，从而说明在民间交易中完全实现了货币白银化。成、弘时人陆容说："宝钞今惟官府行之，然一贯仅值银三厘，钱二文。民间得之，置之无用。"③ 从而印证了土地买卖契约所表明的，宝钞已完全退出了民

---

① 《明宣宗实录》卷四八，宣德三年十一月乙丑，第 1170—1171 页。
② 李若愚：《从明代的契约看明代的币制》（《中国经济史研究》1988 年第 4 期）一文，认为"宣德三年以后，宝钞在民间交易中已经绝迹"，应当说不确。
③ （明）陆容：《菽园杂记》卷一〇，中华书局 1985 年版，第 123 页。

间实际交易的状况。成化末年，丘濬《大学衍义补》已将白银在民间上升为主币的社会现象反映到朝廷。[①]

上述事实表明，尽管明王朝采取各种措施，确立宝钞的货币主体地位，但是最终没有能够制止白银对于宝钞的冲击。明朝发行宝钞既无钞本，又无限额，发行量大，回笼量少，兑换新旧钞的秩序混乱且价格悬殊，加之宝钞制作简陋，伪造方便，纸币充斥市场，大大超过了社会的实际需求量，造成通货膨胀，宝钞日益贬值。明代推行宝钞，禁用金银，但有金银与宝钞的比价，加之银在民间有广阔的市场，钞法却朝令夕改，缺乏连续性，加大了民间的不信任感，不能保证宝钞的信誉和价值。实际上，自成、弘以后，宝钞已失去货币的实际意义，民间支付所用主要是白银，宝钞不能流通，钞法也就形同具文了。

三　白银货币化：并非国家法令的结果

上文将 427 件徽州土地买卖契约文书做表，说明了在明初存在一个白银货币化的趋势，明代白银货币化是从民间开始，经历了自下而上再到自上而下的历程。那么，下面就来到了一个关键所在：来自民间的白银作为货币，是如何被官方认可的？也就是自下而上的白银货币化趋势何时发生了自上而下的展开？换言之，国家推行的通货目标与民间货币发展趋势是完全不同的，二者在什么时候开始调和呢？这里提出了一个交界点的问题，或者说作为转折标志的问题。

至今为人们所熟知的转折标志，是正统元年（1436 年）"金花银"的出现，英宗"弛用银之禁"，于是"朝野率皆用银"。这是一种传统的说法，主要根据是《明史·食货志》。为了分析方便起见，现将《明史·食货志》相关文字录于下：

> 至正统元年，副都御史周铨言："行在各卫官俸支米南京，道远费多，辄以米易货，贵买贱售，十不及一。朝廷虚糜廪禄，各官不得实惠。请于南畿、浙江、江西、湖广不通舟楫地，折收布、绢、白金，解京充俸。"江西巡抚赵新亦以为言，户部尚书黄福复条以请。帝以问行在户部尚书胡滢。滢对以太祖尝折纳税粮于陕西、浙江，民

① 丘濬：《大学衍义补》卷二七《铜楮之币》下，京华出版社 1999 年版，第 259 页。

以为便。遂仿其制，米麦一石，折银二钱五分。南畿、浙江、江西、湖广、福建、广东、广西米麦共四百余万石，折银百万余两，入内承运库，谓之金花银。其后概行于天下。自起运兑军外，粮四石收银一两解京，以为永例。诸方赋入折银，而仓廪之积渐少矣。

……

正统元年，改折漕粮，岁以百万为额，尽解内承运库，不复送南京。自给武臣俸禄外，皆为御用，所谓金花银也。

……

英宗即位，收赋有米麦折银之令，遂减诸纳钞者，而以米银钱当钞，弛用银之禁。朝野率皆用银，其小者乃用钱，惟折官俸用钞，钞壅不行。十三年复申禁令，阻钞者追一万贯，全家戍边。①

在时间上，这里两处用了"元年"，一处是"即位"，都是正统初年的范围；涉及三个问题："金花银""弛用银之禁"，以及"朝野率皆用银"。下面依次加以分析探讨。

首先是金花银的问题。② 仔细爬梳史料，可知正统元年（1436 年）不仅没有金花银的名目，而且金花银的定型也不在《明史》所云的正统初年。根据《明实录》正统元年八月的记载，正统时征收折粮银，即田赋折银，是这样开始的：

庚辰，命江南租税折收金帛。先是，都察院右副都御史周铨奏："行在各卫官员俸粮在南京者，差官支给，本为便利，但差来者将各官俸米贸易物货，贵卖贱酬，十不及一，朝廷虚费廪禄，各官不得实惠，请令该部会计岁禄之数，于浙江、江西、湖广、南直隶不通舟楫之处，各随土产折收布帛、白金，赴京充俸。"巡抚江西侍郎赵新亦言："江西属县有僻居深山不通舟楫者，岁输金帛于通津之处易米上

---

① 《明史》卷七八《食货志》二《赋役》，第 1895—1896 页，卷七九《食货志》三《仓库》，第 1927 页，卷八一《食货志》五《钱钞》，第 1964 页。

② 此方面，本文参考了日本学者的研究成果，主要有清水泰次 1935 年发表的《明代に於ける租税银纳の嚓逵》一文（《東洋学報》20 卷 3 期）、堀井一雄 1940 年发表的《金花银の展開》一文（《東洋史研究》五卷二号）、星斌夫 1975 年发表的《金花银考》一文（山形大学纪要〈人文科学〉九の一），在以上研究基础上，提出自己的看法。

纳南京，设遇米贵，其费不赀，今行在官员俸禄于南京支给，往返劳费，不得实用，请令江西属县量收布绢或白金销成锭，运赴京师，以准官员俸禄为便。"少保兼户部尚书黄福亦有是请。至是，行在户部复申前议。上曰："祖宗尝行之否？"尚书胡滢等对曰："太祖皇帝尝行于陕西，每钞二贯五百文折米一石，黄金一两折二十石，白金一两折四石，绢一匹折一石二斗，布一匹折一石，各随所产，民以为便。后又行于浙江，民亦便之。"上遂从所请，远近称便。然自是仓廪之积少矣。①

分析以上记述，可注意三点：第一，当时田赋折征中并非都是折银，还有绢布之折；第二，折征早在太祖时就曾行于陕西和浙江，英宗君臣不过是遵循而已；第三，这次折征的原因与以往不同，是俸米折银，并非常例。

此后，相关的记录如下：

（十月）少傅、兵部尚书兼华盖殿大学士杨士奇等言："北京军官俸米俱在南京，多是各卫差人代关，中有浮荡者荒淫费用，比至北京散还，各官十分之中，仅得一二，诚为未便。"上命行在户部会官评议合遣堂上官一员往南京专理军官俸给，同南京户部委官并监察御史会算清切，依时价粜卖物货，运赴北京。户部仍差给事中、监察御史依原粜之数给散，或照副都御史周铨等所言，将浙江、江西、湖广、南直隶、两广、福建起运税粮每米麦一石，折银二钱五分，煎销成锭，委官赍送赴京，依原收价直放支，候丰收粮贱之时，民有愿于南京纳本色者，听从其便，官员仍于南京关支。上曰：明年俸粮如前议，遣官浙江等处折收银解京。计可支一年即给散。然此皆一时权宜，不为常例。②

这里再次说明了各地税粮折银充作北京武臣俸粮，是一种权宜之计，而并非是常例。

---

① 《明英宗实录》卷二一，正统元年八月庚辰，第414—415页。
② 《明英宗实录》卷二三，正统元年十月辛巳，第466页。

　　显然以上两段文字，就是《明史》正统元年税粮折银的出处。但是，遍查《明英宗实录》，我们并没有发现正统初折粮银入内库、有岁额的记载，更不要说金花银的名称了。

　　关于税粮的折征，查王圻《续文献通考》卷四《田赋考》，是始自"洪武十八年，令两浙及京畿官田凡折收税粮，钞每五贯准米一石，绢每匹准米一石二斗，金每两准米十石，银每两准米二石，绵布每匹准米一石，苎布每匹准米七斗，夏税农桑丝每十八两准绢一匹重十八两。三十年更定：钞三贯五百文折米一石，金每两准米二十石，银每两准米四石，绵花一斤准米二斗。"至正统元年（1436 年），"令浙江、江西、湖广三布政司、直隶苏松等府县该起运南京粮米，愿纳折色者，折纳布绢、银两，广东、广西福建三布政司折色税粮布匹愿纳银两者，每米麦一石折银二钱五分，解京折给军官俸粮"。记载说明洪武中期以后，田赋折钞、银、实物早有定例，正统初米银折合率与以往相同，是一种沿袭，只是扩大了范围，而且是解京给予官俸。

　　有关"金花银"的明确记载，不见于正德《大明会典》。在万历《明会典》"京粮改解折色"条中，但云："（正统）二年，令各处解到秋粮折银赴部，出给长单关填勘合，送内府承运库收贮。"确切提到"金花银"一词，是在"内府库"条中：

　　　　各库所掌最大者金花银，即国初所折粮者，俱解南京，供武臣俸禄，而各边或有缓急，间或取足其中。正统元年，始自南京改解内库，岁以百万为额，后除折放武俸之外，皆为御用。[1]

　　我们注意到，这里记录的金花银与《明史》中是有差异的，一是始自国初折粮，即可追溯到洪武年间；二是正统元年的变化，是将这部分折粮银由南京改解内库。

　　刘若愚《酌中志》云："又浙江等处，每岁夏秋麦米共折银一百万有奇，即国初所谓折粮银，今所谓金花银是也。候解到京，由长安右门入，径进本库交收。"[2]清楚地说明了金花银入内库，是它与其他折粮银的根

---

①　《明会典》卷三〇《户部》十七《库藏》一，第 220 页。
②　（明）刘若愚：《酌中志》卷一六《内府衙门职掌》，北京古籍出版社 1994 年版。

本不同之处。金花银来历可以追溯到明初折粮银，它的名称却是后来才有的。

翻检《实录》中正统初年的事例，充分反映出明朝税粮折征为金花银，有一个逐渐形成定制的过程。正统二年（1437年），折征在江南呈现出如下状态：

（四月）巡抚南直隶行在工部侍郎周忱奏：北京军官俸粮命将浙江等处税粮折纳布绢、银两解应应用，缘已征米起运，而苏松常三府见贮粮一百一十二万七千八百四十六石已俟北京俸粮支用。今正当农时，民望粜卖接济，乞命官及时粜卖轻赍差人解京。从之。①

（五月）行在户部奏巡抚南直隶行在工部侍郎周忱移文言徽州府地产无丝，每年夏税绢于各处营买织纳，请每匹折银五钱解京，准折北京军职俸粮。上命姑从之，俟一年后仍旧例。②

（七月）副都御史周铨奏：南京府军后等卫仓收贮累年粮多……事下行在户部，言陆续空仓，宜如其请，俸粮宜令两月预给一次，三府粮有愿折银者送北京，愿纳米者赴南京。上从之。③

（十月），遣行在通政司右通政李畛往苏松常三府，将存留仓粮七十二万九千三百石有奇卖银，准折军官俸粮。④

记载表明属于轻赍，非是常例。仓贮粮多，批准卖银以给军官俸粮，但缴纳白银还是实物，是可选择的，而且数量上并无定额。

正统三年（1438年）四月，帝命粜广西、云南、四川、浙江陈积仓粮，多是不通舟楫之地，量存支用外，"其余悉依时价粜银送京库，折作军官俸粮"。值得注意的是，这里的折粮银是送京库，而不是内承运库。而京库银和金花银是有区别的，这从考古发现可以得到证明。查定陵发掘简报，当时银锭上大都注明是解京库银，金花银则是特别标明的。如孝靖后梓宫内靖153刻"万历三十五年常熟县金花银五十五两正张匠"，孝端

---

① 《明英宗实录》卷二九，正统二年四月辛未，第580页。
② 《明英宗实录》卷三〇，正统二年五月丁未，第602页。
③ 《明英宗实录》卷三二，正统二年七月壬寅，第632—633页。
④ 《明英宗实录》卷三五，正统二年十月壬午，第690页。

后梓宫内孝 130 刻"湖州府乌程县万历四十七年分京库银伍拾两"。[1] 送京库的银子不等于金花银，是很明显的。

综观正统之初年，重要的折征还有：七年（1442 年），南直隶各府州县夏税农桑绢匹愿纳折色者，每匹折银五钱，解京准作军官俸粮；广西布政司土官衙门不通河道去处，岁征粮米折收银两，通类解京。八年（1443 年），令广东、福建二布政司查勘各处仓粮，扣算常存本处官军俸粮三年，沿海卫所五年，余剩之数，每米一石折银二钱五分，解京发各边折给俸粮及籴粮备用。九年（1444 年），令广西各府州县税粮自正统十年以后，每岁以四万石折征银两解京，其余存留本处备用。十年（1445 年），令浙江严州府建德等县夏税农桑二绢，每匹折纳银六钱。

对上述史料进行分析，可以归纳出正统初年折粮银的如下特点：第一，当时折征银的折征原因不同，大多属于临时性质；第二，折征白银以自愿为原则，可以不交银而折交实物，因此不是强制性命令，也没有形成定额；第三，折征作为明朝的既定政策，正统初年遵循以往，轻赍范围有所扩大，但没有固定化；第四，折征有解京备军官俸粮的，也有发往各边的，去向并不一致。特别应提到的是，如上述正统九年的史料说明令广西正统十年以后每年以四万石折银解京，但是在正统十年七月，又可见到广西"粮储今后不必折银解京"之命。[2] 所有这些都说明，正统初并没有如《明史》所云，已经形成了定点定额的金花银的征收，也就是说并没有规范化，当时的折粮银与后来所称金花银是有区别的。[3]

实际上自明初至正统年间，税粮折银可以归纳为以下多种情况：

1. 交通不便的地方因运输问题的折银，属于轻赍的性质；

2. 逋赋和灾荒性折银；

3. 因仓贮关系（主要是粮多仓满）的折银；

4. 荒田的特殊性折银；

---

[1] 《定陵试掘简报（续）》，《考古》1959 年第 7 期。

[2] 《明英宗实录》卷一三一，正统十年七月辛巳，第 2605 页。

[3] 日本学者星斌夫经过详细考证，指出正统元年的折银令与金花银在理由和动机上是不同的，折粮银考虑的是军官俸禄，而金花银具有减轻农民田赋负担的意义，所以二者性质不同，是后来趋同的。参见星斌夫《金花银考》，《明清时代社会经济史の研究》，东京：国书刊行会 1989 年版。

5. 缺粮地区的折银。

可以说，《明史》中将正统初年不同的银的概念混淆在一起，一是折粮银，二是俸米折银，三是金花银。这三种银实际上相互关联，而又并不完全相同。折粮银始自明初；俸米折银是折粮银的一部分，始自正统；金花银的缘起可追溯到正统，是因为这部分折银中包括军官俸禄，在正统时解入了内承运库。后二者关系密切，都属于广义的折粮银。但金花银的名称不见于正统初年，且有一个逐渐形成定制的过程，《明史》作出了高度概括，没有显示出变化的层次。

至于金花银的称呼并非起自正统，又起自何时呢? 应该是成、弘时已有，当时人彭韶所撰周忱传记中，已使用了金花银的名称。[1] 因此，可以说正统初是金花银的启动时期，此后逐渐形成定制，而名称在成、弘时出现。

其次，是英宗"弛用银之禁"的问题。深入考察，正统初年的明朝仍在想方设法挽救宝钞。尽管正统时徽州土地买卖契约中已经不见宝钞踪迹，宝钞在实际生活中被民间弃之不用，但是统治者却并没有放弃对宝钞的挽救。正统元年（1436 年），户部尚书黄福上奏："今银一两当钞千余贯，钞法之坏，莫甚于此。宜量出官银，差官与南北二京各司府州人烟辏集处，照彼时值倒换旧钞，年终解京，俟旧钞既少，然后量出新钞换银解京。"[2] 到此时宝钞与银的比价，相对洪武年间宝钞初行之时，已经贬值千倍，钞法败坏到了极点，但是明朝上层却仍欲挽救宝钞。对于明朝而言，正统时并没有承认现实，改变政策，"弛用银之禁"没有朝廷明令，而且也不出自朝廷本义。可以使我们看得更清楚的是，英宗即位所颁诏书已明确表示："各处诸色课程，旧折收金银者，今后俱照例收钞。"下令："各处闸办金银、朱砂、铜铁等课，悉皆停罢，将坑冶封闭。"[3] 据《明会典》记载，英宗关于钞法的举措还有：正统三年，令京城内外菜地、果园税钞。六年，定两京塌房、车辆纳钞数。七年，规定在京都税、宣课二司收钞例。十三年，禁京城各处街市交易行使铜钱，阻坏钞法，其在外按

① 焦竑《国朝献征录》卷六○，彭韶《资政大夫工部尚书谥文襄周公忱传》，《明代传记丛刊·综录类 26 (112)》，上海书店 1987 年影印本，第 6 页。日本学者山根幸夫曾指出金花银的名称在正统元年并没有使用，当时称折粮银，至于普遍称金花银，是在嘉靖末年以降的事。见［日］和田清编《明史食货志译注》增订版，上卷，东洋文库刊本，第 150 页。
② 《明英宗实录》卷一五，正统元年三月戊子，第 293 页。
③ 《明英宗实录》卷一，宣德十年正月壬午，第 12 页。

察司并巡按御史,一体禁约,等等。^① 史料还说明,当时朝廷税收中有大量折钞的存在。在《明实录》中,正统三年八月、十月,以及四年六月、八年七月,都有当时钞法流通的记载。^② 至十一年,出现"各处钞价腾贵"现象。^③ 十三年更为了维护宝钞,不惜再次下令禁止铜钱交易,由此也可见更不可能有"弛用银之禁"。关于"弛用银之禁"的记载,不见于《明实录》,也不见于《明会典》,有日本学者指出,《明史》的"弛用银之禁",应是"弛用钱之禁"之误,^④ 是有一些道理的。

最后,是"朝野率皆用银"的问题。上述契约已经表明,正统时有不少实物交易存在。折银只是一方面,另一方面《实录》中有大量各地折布、折绢的记载,如正统三年(1438 年),有苏松常夏秋税粮折布的事例;^⑤ 五年(1440 年),山东、江西、福建、河南、南北直隶各府州县"解纳折银绢布","不堪者"令补纳;^⑥ 七年(1442 年),命江西、湖广、四川三布政司所属夏税内"折纳绵布三万匹"赴云南,^⑦ 这些都说明了实物折征的大量存在。因此,正统年间不过是向白银货币化的一个过渡阶段,而不是白银货币化的重要标志。正统年间赋税折银的趋向,无疑出于当时现实的需要,明显的是民间用银趋势影响统治上层,是在民间白银流通的驱动下出现的。当时勋臣武官的薪俸要到南京领取,非常不便,于是出现了俸帖这种商品,以银计价,"当米贱时,一两可买票米七八石"。^⑧ 俸禄于是转换成白银货币,但却是曲折实现的。正是官员对于白银的需求,导致了正统时折粮银的扩大,而部分折粮银的解入内承运库,也正说明了皇室本身对白银的需求。社会经济的发展,使贵金属白银作为一种稳定的等价交换物,开始逐步得到社会各阶层的青睐。

---

① 《明会典》卷三一《户部》十八《库藏》二《钞法》,万历朝重修本,中华书局 2007 年,第 225 页。
② 《明英宗实录》卷四五,正统三年八月戊午,第 868 页;卷四七,十月丁巳,第 910 页;卷五六,正统四年六月戊戌,第 1075 页;卷一〇六,正统八年七月壬午,第 2164 页。
③ 《明英宗实录》卷一四二,正统十一年六月癸丑,第 2816 页。
④ [日] 和田清主编:《明史食货志译注》(增订版),下卷,第 722 页,佐久间重男注,东洋文库刊本。
⑤ 《明英宗实录》卷四八,正统三年十一月乙巳,第 934 页。
⑥ 《明英宗实录》卷七四,正统五年十二月壬辰,第 1445 页。
⑦ 《明英宗实录》卷八九,正统七年二月癸巳,第 1781 页。
⑧ (明) 焦竑:《国朝献征录》卷六〇,彭韶《资政大夫工部尚书谥文襄周公忱传》,《明代传记丛刊·综录类 26(112)》,第 6 页。

总之，正统初年金花银名称尚未出现，而且没有规范化，存在一个逐渐形成定制的过程；正统初年没有"弛用银之禁"，也没有"朝野率皆用银"的发生，以正统初作为朝野广泛用银的标志不能成立。《明史·食货志》中以正统元年为标志，进行了高度概括，以致起了误导的作用，应予澄清。无论是在民间契约文书中，还是在文献记载中，都反映出在民间白银货币化趋势的冲击下，经历正统、景泰、天顺各朝，在成、弘以后，官方与民间的用银趋势相互吻合，自下而上的趋势与自上而下的展开并行，出现了"朝野率皆用银"的现象。重要的是，从对历史过程的考察来看，对此我们应该理解为民间趋势促动的结果，而不是国家法令推行的结果。

小　结

以上沿着民间与官方的两条线索进行论证考察，大致可以得到以下几点认识：

1. 自明初至成、弘年间，民间社会存在一种自下而上的白银货币化趋势，作为宝钞最强劲对立物的白银，最终不以统治者意志为转移，逐渐占据了主币的地位。

2. 明代白银货币化的进程，是由自下而上的趋势转而为自上而下全面铺开的，转折标志不在正统初，而在成、弘以后；主要是民间趋势促动的结果，而不是国家法令推行的结果。

3. 《明史·食货志》高度概括了正统初年以后的白银货币化过程，以致出现了误导，应予澄清。

4. 明初民间白银货币化的趋势，正是明代社会经济发展内在动力的客观体现。白银货币化过程是中国社会经济货币化的过程，也是市场萌发的过程，由此引发了晚明社会变迁，成为中国古代社会向近代社会转型的重要标志。

第四节　自上而下的官方认同：一系列制度变迁

一　白银货币化的趋势：何时得到官方认可

这里着意于白银货币化如何自下而上而又自上而下的发展过程，即在市场作用下，如何极大影响，并促使制度发生变迁，出现历史事实上的

"银法"的动态过程。

明初属于禁令之中的白银，是如何开始货币化的？作为宝钞的最强劲对立物的白银，只要朝廷法令稍稍松懈，就会在民间交易中立即抬头。见于文献中民间交易唯用金银的记载，表明白银的崛起是伴随宝钞的壅滞而出现的，说明了民间社会有一股强烈的趋势，即白银货币化的趋势。这一在市场中崛起的趋势最终冲破了明朝国家控制，由此不仅打乱并改变了明初建立的货币制度与一系列制度，而且改变了明朝所赖以建立的社会经济结构，乃至明代社会的整体结构。对于中国的传统社会来说，这是一个解构的过程。

明代白银的货币化，是一个长期的动态过程，情况异常复杂，充分显示出社会过渡和转型的特征。问题的关键：来自民间的白银作为货币，是如何被官方认可的，自下而上的白银货币化趋势何时发生了自上而下认可的全面展开？换言之，国家推行的通货目标与民间货币发展趋势是完全不同的，二者在什么时候开始调和呢？这里提出了一个交界点的问题。依据文献记载，大量事实说明，明朝成、弘以后，白银货币化自上而下全面铺开，带来社会经济货币化过程的急速发展，无论是从国家财政上，还是从社会各阶层人们日常生活上，即从国计与民生的角度来考察，这条轨迹都是清晰可见的。具体到社会实态，则呈现出纷繁复杂的态势，与社会诸因素变化相互作用，根本改变了整个社会结构和面貌。

下面首先就白银货币化与涉及国计的制度变迁进行考察。

二　白银货币化的进程：以国计为中心的概观

如上所述，赋税的折银并不始自正统，而赋税的货币化，也并不始自正统初国家法令向全国的推行。考诸历史事实，大规模的货币化是在成、弘以后在全国展开，表现在社会和制度的方方面面。因此，2002 年笔者结项的国家社科基金项目《晚明社会变迁：问题与研究》，已以成化为界将明朝分为前后期。考虑到成化正处于 15 世纪末，其后的弘治步入了 16 世纪，这无疑是一个节点。明朝从以钞为本，到"钱钞并行，祖宗定法"，直至唯银是用，白银货币化极大地扩展，迅速形成了从中央到地方政府赋役征收的货币化，而这更促使白银货币化加速进行，推进了整个社会经济的货币化。根据白银货币化过程的分析，可以认为明代一条鞭法的实行，既是白银货币化完成的标志，又是白银货币化的一个结果，货币化过程并非起源于朝廷向全国推行,一条鞭法反映出白银货币化所带来的深刻的制度改革和社会变革的影响和作用。换言之,白银货币化本身是社会进步的表现,在这里充分表现了出来。改革是以"从民便"开始,也主要以"民称便"结束,虽然任何改革都是有着颇多争议的,但这里的典型事例说明了来自民间社会的白银货币化的强大驱动力对社会历史的推动作用。明朝从实物征收转变到对货币税的依赖,从占有人身依附关系的徭役征发到向物的关系的税收的倾斜,是以下面货币化过程展开的。

（一）国家财政收入的货币化

1. 田赋货币化

国家依靠赋税和徭役存在。直至明代,中国自给自足农业经济为主的社会经济形态,使国家财政建立在田赋征收的基础上,明初制定实物征收的准则,是与当时社会经济发展水平相适应的。明朝财政建立在赋役制度的基础上,而赋役又是建立在户籍和里甲制度的基础上。明初,沿袭唐宋以来的两税法,按田亩征税,分为"夏税"和"秋粮"两次缴纳,征收以实物为主。所谓"国初因田制赋,税粮、草料,各有定额。每年户部先行会计,将实物数目,分派各司、府、州照数征收"。[1] 一般是夏税征麦,秋粮征米,用米麦缴纳称为本色,允许折合为金银、钞、布绢等物品缴纳,称为折色。明代土地分为官田和私田两种,官田是国有土地,主要包括屯田、草场、庄田、公田等,大部分租给农民耕种,数额庞大。从明初征课以米麦丝绢等实物交纳,到以白银折纳,是一个动态的发展过程。总的来说,明前期宣德、正统时的田赋缴纳货币,大多具有临时性。成、弘以后,各种田赋折银明显增多,形成一种赋税货币化的显著而不可逆的发展趋势。到晚明嘉靖、万历年间,伴随各地区一系列的赋役改革,白银货币化在全国展开,遍及大半个中国,白银逐渐在田赋收入中占据了主导地位,田赋的货币化可以说至此已基本完成。

追寻这一历史过程,明代白银货币化开始于江南,田赋折银逐渐增多,属于特殊情况的,有轻赍折银,这主要用于交通不便,运输困难的地方;有通赋折银,也就是由于地方灾害而折征银两。宣德末年,江南三府税粮变卖银两,是周忱改革江南重赋的一部分,成为正统以后逐步形成的

---

[1]　万历《明会典》卷二九《户部》十六《征收》,第216页。

金花银的起源。① 天下税粮草料，应解京库仓场的，都属于起运之例，以粮征派，谓之京粮。赋税的改折白银征收，经历了一个过程。直至成化初年，明朝虽仍在不断申令本色的征收，然而，白银货币已经破坏了原来的制度。文献所见"成化七年，令山东并北直隶司府，以后年分，起运在京内外仓场粮草，俱要照例征收本色解纳，不许折收轻赍银两。若地方僻远不便者，量为斟酌时价折收，于近京有收去处买纳，不许在京收买"②，这条史料清楚地说明了在成化初年，解京粮草中存在折银征收，并且是在京城购买上纳，以致朝廷特别下令禁止。税粮、草料正式转变为召商买纳，可见正德八年（1513 年）明朝批准"山东、河南并直隶各府州县解到税粮、草料价银，除光禄寺、酒醋面局、供用库等衙门，俱将原来价银转送，自行收买，不必拘定原批数目外，其余仓场俱收户部，令科道官估价召商上纳，照数支给"。③ 由成化时的不许征收折色银在京买纳，到正德初年各地京运纳银解京召商上纳得到准许，是京粮货币化的具体过程。

　　税粮中，米的折色在正统时，甚至更早在明初已经出现，④ 凡解运折色，正统以后逐渐增多，但当时不仅有折银，还有折为其他实物的情况。如正统九年（1444 年），"令山东等布政司，直隶大名等府，税粮折布，俱运赴永平、山海；江西等布政司，直隶苏、常等府州，税粮折银，运山海、辽东，籴买粮料"。⑤ 成化以后，则趋向归一折银。到弘治九年（1496 年），小麦也奏准折银了："南直隶各府州县运纳夏税小麦，免征本色，每石折银五钱，解送本部收贮。遇有官军人等该支小麦，每石折银四钱支给。"⑥

---

① 参见清水泰次 1935 年《明代に於ける租税银纳の裳逹》一文，《東洋学報》20 卷 3 期；堀井一雄 1940 年《金花银の展开》一文，《東洋史研究》五卷二号；星斌夫 1975 年《金花银考》一文，《山形大学纪要〈人文科学〉》九の一；万明《明代白银货币化的初步考察》，《中国经济史研究》2003 年第 2 期。
② 《明会典》卷二八《户部》一五《会计》四，第 206 页。
③ 《明会典》卷二八《户部》一五《会计》四，第 207 页。
④ 关于税粮的折征，查王圻《续文献通考》卷四《田赋考》，始自洪武十八年："令两浙及京畿官田凡折收税粮，钞每五贯准米一石，绢每匹准米一石二斗，金每两准米十石，银每两准米二石，绵布每匹准米一石，苎布每匹准米七斗，夏税农桑丝每十八两准绢一匹重十八两。三十年更定：钞三贯五百文折米一石，金每两准米二十石，银每两准米四石，绵花一斤准米二斗。"
⑤ 《明会典》卷二八《户部》一五《会计》四，第 208 页。
⑥ 《明会典》卷四二《户部》二九《南京户部》，第 297 页。

不仅是夏税秋粮的米麦，其他实物税收在成、弘以后也有了货币化的明显趋向。成化十年（1474 年），明朝下令浙江严州府建德等县夏税农桑二绢"每匹折纳六钱"。① 说明了赋税中的实物绢折银的现实。弘治七年（1494 年）直隶河间府上奏言岁征绢 889 匹，给各卫官均折俸之用，"每匹费银一两有余，至官军支出卖银，每匹不过五六钱"，于是请求折银征收。② 赋税中布匹实物的折银，也见于弘治年间："弘治十七年令苏州、松江、常州三府阔白绵布以十分为率，六分仍解本色，暂将四分每匹折银三钱五分，解部转发太仓收贮。如遇官员折俸及赏赐军冬衣不敷，照例定每匹给银二钱五分，自行买用，积余银两，候解边支用。"③

在市场作用的白银货币化趋势下，全国各地先后发生了田赋货币化。起运粮主要是供给京师、南京及边军；存留在地方的，主要供给地方官吏俸禄，以及宗室禄米。除了京运的漕粮不可或缺，需要运送地区有因仓库饱满折银，也有的地区是因不产粮食而允许折银，各地情况不同，折银却是统一趋向，成化以后，漕粮也开始部分折银。成化二十二年（1486 年），松江知府樊莹对民运漕粮实行改革，以往按照实物征收起运，运输费用以米易银开销，改为运输费用直接征收白银，免去转换的麻烦，由此，漕粮中也渗入了白银货币成分。弘治十三年（1500 年），明朝将漕粮耗米部分折银，因地区分为"三六轻赍""二六轻赍"和"一六轻赍"。轻赍银每石折银 5 钱。④ 当漕运官军与民间发生交兑关系时，"又有所谓'纲司话会'，此向来套名，盖收兑粮长与旗军私相授受，每米一石，出银二三分，以充酒饭之费。此府县虽知而不问者也"。⑤ 改为折银，一般确实有便民作用。弘治十五年（1502 年），户部奏会计山东、河南、北直隶解边折银"先年榆林每石不过二钱五分，宣府不过八钱五分"，改征本色，"每石用银至一两八九钱"，⑥ 于官于民都反而增加了负担。发展到嘉靖年间，"无岁不有灾伤，则无岁不有折兑。此其因灾

① 《明会典》卷二九《户部》一六《征收》，第 217 页。
② 《明孝宗实录》卷九一，弘治七年八月乙丑，第 1669 页。
③ （明）王圻：《续文献通考》卷四《田赋考·受纳税限》，现代出版社 1991 年版，第 48 页。
④ （明）孙承泽：《天府广记》卷一四《轻赍》，北京古籍出版社 1983 年版，第 175—176 页。
⑤ （明）顾炎武：《天下郡国利病书》，原编第六册《苏松》，《四部丛刊三编》本。
⑥ 《明孝宗实录》卷一九二，弘治十五年十月，第 3553 页。

伤而折兑者，常例也"。① 一方面明朝常有折银之令，另一方面实际运作时，征收纳银，粮先变银，再召商买粮，所以江南有的地方，才有"方收成日，粟米狼藉，不免贱粜"，出现典当粮食筹银上纳现象。②

关于金花银的派征，在江南原只派给官田，到正德四年（1509 年），浙江全省不分官田、民田，一律按粮派征，官、民田一体承税，形成了"每粮一石，验派本色米若干，折色银若干"。③ 在江南，嘉靖时欧阳铎以右副都御史巡抚应天十府，改革田赋，调整金花银派征原则，主旨也是用折银来调整不同科则田地的负担，进一步清理江南田赋积弊。④ 因此，从成化时开始到嘉靖时，江南各地相继实行了官、民田一则起科的改革，通过改革，拉平了官田与民田之间采取的不公平的派征赋额，此外，更为重要的是，直接导致了国有官田的私有化。对于所有权性质的改变，白银货币起了重要推动作用。

税收的货币化，也体现在官田向民田转变后的租佃关系上。如嘉靖十三年（1534 年），陕西镇守太监裁革，原有养廉地园圃、菜地、果树，总计"定税科粮"，令原佃军民承种。规定"附入实征册内，随民田征收，税粮折价，以备韩府禄米支用"。这里说明了 4 种变化：一是各种物料都以"粮"的名目入税；二是军民承种的官田向民田的转变；三是表明税粮是名目，实际是以折价白银为缴纳形态；四是王府禄米已由实物的粮食改变为货币白银。十四年（1535 年），明朝将通州新城晒米厂地召佃，"每亩定租银一钱二分"，是官田出租，收取租银的事例。⑤ 值得注意的是，即使在北方经济落后地区，如在甘州的荒地，万历初召人垦种，也收以租银了。⑥

成化初年，田赋货币化不仅在江南有明显发展，而且影响已经扩大到了更大范围，成化七年（1471 年）湖广安察司尚褫言："顷来凡遇征输，动辄折收银两。"⑦ 根据广东雷州里老的呈诉，弘治十四年以前已经不仅

---

① （明）唐顺之：《唐荆川文集》卷五《与李龙冈邑令书》。
② （明）赵用贤：《议平江南粮役疏》，《明经世文编》卷三九七，中华书局 1962 年影印本，第 4296 页。
③ （明）顾炎武：《天下郡国利病书》，原编第七册《常镇》。
④ 详见唐文基《明代赋役制度史》，中国社会科学出版社 1991 年版，第 165—175 页。
⑤ 《明会典》卷十七《户部》四《田土》，第 113 页。
⑥ 《明会典》卷十七《户部》四《田土》，第 113 页。
⑦ 《明宪宗实录》卷九三，成化七年七月己卯，第 1785 页。

是起运，而且存留地方府县各仓的税粮也已经兼收折色。① 在福建，正德十四年（1519 年）御史沈灼推行田赋改革，实行全省官米全部折色解京，民米俱存留各仓，不仅减轻了运输负担，而且根据官田赋重，折银按亩征收，并采取递减法，民田每石折银 5 钱，取得了"民称便"的效果。②

再看官田中的屯田。在景泰、天顺年间，已有以官银买牛给发屯田的事例。成化二十二年（1486 年），屯粮开始折银征收。③ 开中法崩坏，商屯败坏无遗，以银为媒介，明代边防供应体制发生了彻底改变，一改实物粮食的供应为市场购买，运送粮食变为年例银，由此北方米粮市场形成。与此同时，南方的军屯也发生了同样的进程。弘治二年（1489 年），"题准成都右等卫屯田每粮一石折银二钱六分，布政司贮库，听支军粮"。四年，"题准四川将管屯官舍占地退出，给无田军余耕种，照例征收本色，不许征银花销"。④ 所谓"不许征银花销"，明见当时四川屯田已经存在征银的事实。弘治八年，"奏准福建行都司所属建宁、延、邵三卫都司所属福州左等卫屯田每石征银二钱五分，解京济边"。这是朝廷明令军卫屯田折银征收，目的是起运解京。⑤ 至弘治十五年，京卫有地亩银的征收："京卫新增地亩，每粮一石，折银二钱，寻议轻减，每亩征银一分五厘。在京赴太仓，在外赴附近有司交纳，放支官军月粮。"⑥ 弘治十六年（1503 年），以民请，福建屯田子粒全部折银解京。⑦ 正德元年（1506 年）户部尚书韩文言及屯田折银征收日益增多："沿边屯田，废弛尤甚，禾黍之地，尽为草莽之区，以故仓储缺乏，输银日多。"⑧

折银的扩大，直接影响北方及各边。北边的京运年例，按《明会典》，始自正统十二年"令每岁运银十万两，于辽东籴买粮料"。同时令

① 万历《雷州府志》卷九《食货志》，日本藏中国罕见地方志丛刊本，书目文献出版社 1990 年版，第 262—264 页。
② 《天下郡国利病书》（五），《顾炎武全集》十六，上海古籍出版社 2011 年版，第 3052 页。
③ 《明宪宗实录》卷二八一，成化二十二年八月戊子，第 4745 页。
④ 《续文献通考》卷一五《田赋考·屯田下》，第 216 页。
⑤ 《明会典》卷一八《户部》五《屯田》，第 121 页。这类事例最早可以追溯到正统十年（1445 年）："福州左右中卫并延平卫屯田，准照民间秋粮事例，每石折银二钱五分，解京济边。"
⑥ 《明会典》卷十八《户部》五《屯田》，第 121 页。
⑦ 《明孝宗实录》卷二〇〇，弘治十六年六月癸亥，第 3724 页。
⑧ 《明武宗实录》卷一五，正德元年七月癸未，第 453 页。

"每岁运银十五万两，于宣府籴买粮料"。① 但实际是从成化二年（1466年）开始，正式形成了年例银，② 也就是每年自京输往各边的岁额开始制度化。成化九年（1473年），太原等府州县岁运边粮已经"止是轻赍银货买纳"。③ 弘治十五年（1502年），朝廷"令各边除库藏银两，有添注注销事例外，各该巡抚衙门，及有自行处置盐利、冠带、赃罚、纸米等项银两，就委各该守巡官管理出纳，附写卷簿，用印钤盖，只许军门赏功、修城、器械等用，不许别项花费，三年一次，差科道官查盘"。④ 这是弘治时各边均有银两存库备用，各边库存银已经制度化的证明。至正德年间，民运边粮也已全部折银。⑤

北方多皇庄及勋戚庄田。在弘治十六年（1503年）以前，各王府及内外勋戚庄田，已定例每亩有司征银三分解纳，有征五分，或出自收的。⑥ 正德十六年（1521年）世宗即位，差兵科给事中夏言、山西道监察御史樊继祖、户部主事张希尹等往顺天等府查勘，当时各项皇庄及勋戚庄田地土共20091928亩。⑦ 各宫庄征收的银两，称为子粒银。嘉靖二年（1523年），清核勋戚田土以及草场时，分为上、中、下三等征银，作出具体规定。八年（1529年），对于各勋戚、寺观田土，以征银不等，也分为上、中、中下、下四等征收。⑧

---

① 《明会典》卷二八《户部》一五《会计》四，第209页。
② 参见全汉昇《明代北边米粮价格的变动》，《中国经济史研究》（下），新北：稻乡出版社1991年版。
③ 《明宪宗实录》卷一一六，成化九年五月丙午，第2247页。
④ 《明会典》卷二八《户部》一五《会计》四，第209页。
⑤ 《明会典》卷二八《户部》一五《会计》四，第209页。
⑥ 《明孝宗实录》卷一九八，弘治十六年四月丁未，第3663页。
⑦ 当时夏言上疏将庄田来由和盘托出："各宫庄田，祖宗以来未之有也，惟天顺八年以顺义县安乐里板桥村太监曹吉祥抄没地一处拨为宫中庄田……今此查勘，又占过民田四十顷，见在共七十五顷。则宫闱庄田之始，而数年间侵占之数过于原额已十倍矣。举此一处，其他可知。"他指出，到武宗即位，一月之间建立了皇庄七处，"自此之后，设立渐多，而皇庄之名始著"。论及此，他颇有微词："祖宗以来，宫闱一切供用自有才规，顾可屈万乘之尊，下同匹夫，以侵田之业，辱宫壸之贵，杂于闾间，以争升斗之利，其何以示天下，训后世也哉。且皇之一字，加于帝后之上，为至尊莫大之称，今奸佞之徒假以侵夺民田，则名其庄曰皇庄，假之以罔市利，则名其店曰皇店。又其甚者，假以阻坏盐法，则以所取之盐名为皇盐，即此三言，足以传笑天下，遗讥后世。"并建议"榜示中外，尽削皇庄及各宫庄田之名，一洗四朝之弊，永垂百代之休"。见《续文献通考》卷一六《田赋考·官田》，第220页。
⑧ 《续文献通考》卷一六《田赋考·官田》，第220页。

北方荒田开垦，在弘治时也以承佃方式开始有征银现象。如陕西在弘治十年（1497 年）承佃荒田已定"每粮一石征五斗，或折征银二钱五分"，无人承佃的，"粮一石止征银五分"，"草一束征银二厘五毫"。①

明朝税粮是以粮食的"石"为基本计算单位。虽然自明朝初年就有折纳，但那属于轻赍或临时性的，这是以往历朝也常见的事例。折银在成、弘以后成为一种普遍的趋势，与"朝野率皆用银"的社会普遍用银状况是趋同的，时间是在成、弘以后。应当说在赋役改革折银至征银逐渐实行并推广于全国后，晚明国家田赋征收名义上仍以粮食为基本计算单位，但是实际上是以白银为计算单位，粮食折收白银缴纳。尽管对于一条鞭法的明确定义，自明代以来多有争议；尽管当时反对一条鞭法的大有人在，而根据文献记载来看，一条鞭法并无一个标志性的政令推行全国，因此在各地的实施情况复杂而多样。尽管如此，统一折银却是各地实行改革中一定包括的内容，农民对于国家所应尽的义务，是由白银货币来体现。对于各地货币税实行时间早晚不同，内容参差不一，则反映出了一种明显的过渡性。无论如何，与白银折纳并行的田赋改革，是实物税向货币税的转变，这也就是白银货币化的过程。

2. 徭役货币化

古代国家的建立与运行，赖有赋税之外，重要的还有徭役的征发。明初，沿袭宋元徭役制度。按照役法规定，16 岁以上，60 岁以下的男子，均要承担差役。王圻《续文献通考》卷二一《职役考》记载：明初因赋定役，每十年大造黄册，籍分军民匠灶，户分上中下三等，差役照册佥定。明代徭役主要分为两种：里甲、杂役，由于徭役不均，伴随着折银，均徭改革与历史相伴而行，出现了银差和力差，徭役出现货币化的明显趋势，与此同时，白银货币化逐步向全国推开，导致了劳役制度的全面解体。

东南各省里甲正役的改革，是与折银或者说赋役货币化同步进行的。顾起元《客座赘语》卷二《条鞭始末》："往周文襄巡抚时，以丁银不足支用，复唱劝借之说，以粮补丁，于是税粮之外，每石加征若干，以支供办，名里甲银。"这是按户摊入田粮，折银征收。而永乐迁都以后，由于

---

① 《明孝宗实录》卷一二八，弘治十年八月丁丑，第 2272 页。

官饷问题产生了皂隶之役折为柴薪银。成化时顺天府已经征银雇役，当时"京城九门原收车辆及驴骡马载货物钱钞，金点检钞夫役共四十四名。每名一季雇人用银十两，一年通计一千六七百两。其银俱于大小铺户征敛"。① 在京如此，在外也有成例，成化九年（1473 年）山东岁额夫役 20884 名，"人征价银三两"，共达 62652 两。② 弘治年间，随折银扩大发展，徭役改革也向深入发展，杂役改革，出现均徭法，形成了力差和银差。其中，力差起初是亲身服役，以后也逐渐发展到折银，于是几乎全部徭役都货币化了。顾炎武云："均徭为杂役，成、弘以前莫可改，正德后始定银差、力差之例。"③ 16 世纪初出现了银差。④ 弘治以前，南直隶凤阳等地均徭已将田亩作为审编对象，正德时松江出现按亩征收的均徭银，几乎同时，北方顺天、永平出现了地亩银。嘉靖时，山东有了门银之征，这都是为了缓和徭役不均的矛盾而出台的改革。此时均徭审编从成化时单一的人丁，扩大到了丁田，这种扩大改革的趋势，正是伴随白银货币的扩大化而发展的。各地改革名称不一，浙江称均平银，江西称公费银，福建称纲银，南直隶称直日银，等等。浙江均平银始于天顺时，福建纲银始于成、弘之间。顾炎武《天下郡国利病书》记载："成、弘年间，乃令见役里长，随其丁田，或钱输官，以供一年用度，谓之纲，一雇一年之用者，谓之徭。即出钱，则归之农，唯一里长在役。以奉追征勾摄。"⑤ 地方一切开支，几乎全由纲银囊括支付。正德元年（1506 年），各地"审派均徭，率有宽剩"，明廷令巡抚查核弘治改元以来的原编底簿，"取其银解部应用"。⑥

从成化十五年（1479 年）朝廷令各处差徭，户分九等，门分三甲，定输纳数目，不许隔年通征银两在官的规定，⑦ 可以了解到当时各地已经

① 《明宪宗实录》卷九五，成化七年九月壬辰，第 1827 页。
② 《明宪宗实录》卷一二一，成化九年十月乙亥，第 2342 页。
③ 《天下郡国利病书》，原编第二八册《广东》中。
④ 关于均徭的折银，日本学者山根幸夫（《明代徭役制度の展开》，东京女子大学学会 1966 年版）、岩見宏（《明代徭役制度の研究》，东京：同朋舍 1986 年版）、谷口規雄（《明代徭役制度史研究》，东京：同朋舍 1998 年版）等有专门深入的研究，本节撰写中参考了他们的研究成果。
⑤ 《天下郡国利病书》，原编第二六册《福建》。
⑥ 《明武宗实录》卷一五，正德元年七月丙戌，第 465 页。
⑦ 《明会典》卷二〇《户部》七《赋役》，第 133 页。

出现了差徭征发以银通征的情况。在地方社会改革现实推动下，弘治元年（1488 年），明朝做出了新的规定："令各处编审均徭，查照岁额差使，于该年均徭人户丁粮有力之家止编本等差役，不许分外加增余剩银两，贫难下户并逃亡之数，听其空闲，不许征银及额外滥设听差等项科差，违者听抚按等官纠察问罪。"[1] 针对改革参差不齐，均徭轻重不等，折银不等，各地实行也各有差异，明朝下令整理均徭法，"禁止额外滥设听差等项课差"。[2] 此时有的地方听差已经出现以银代役，如常州府江阴县"其出银听用，曰庆贺，曰祭祀，曰乡饮，曰科贡，曰恤政，曰公费，曰备用；其出人听调曰听差"。[3] 南方如此，北方也同样，山东济南府武定州"每年编"听差三百五十两"。[4] 保定府雄县在嘉靖时"听差余银五百余两"。[5] 嘉靖九年（1530 年）明朝规定：各地审编徭役，先查岁额差役若干，该用银若干，黄册实在丁粮除优免户外，应役丁粮若干，以所用役银，酌量每人一丁，田几亩，该出银若干，尽取分派，如有将银两入己者，按律问罪。[6] 很明显，徭役货币化开始规范化。根据日本学者的研究，发现均徭折银的过程在华北、华南和华中是完全不同的。华北在一条鞭法实行前曾经在非常广泛的范围内实行了与江南地区完全不同的门银和丁银制，于嘉靖十一、十二年（1532—1533 年）确立。[7] 在明代档案中，万历五年至九年（1577—1581 年）《辽东各卫所边堡官军下余丁舍丁等纳银名册》中，详细记载了军中余丁分为上上、上中、上下、中上、中中、中下、下上、下中、下下的等则，按照银差和力差分别纳银。[8]

在整个明朝财政全面折银的货币化倾向中，金花银的折纳是一个方面，而上供的物品也是一个重要方面。明初上供物料，是根据宫廷和政府的需要，向地方摊派的各种实物，是征派的性质。工部和内府所需的物

---

① 《续文献通考》卷二二《征榷考》，第 314 页。

② （明）陈仁锡：《皇明世法录》卷三九《赋役》，中国史学丛书本。

③ 嘉靖《江阴县志》卷五《食货记·徭役》，上海古籍出版社 2011 年版，第 109 页。

④ 嘉靖《武定州志》《赋役》七，天一阁藏明代地方志选刊本。

⑤ 嘉靖《雄乘》《田赋》四，天一阁藏明代地方志选刊本。

⑥ 《明会典》卷二〇《户部》七《赋役》，第 134 页。

⑦ 日本学者谷口规矩雄对此进行了深入研究，见《明代徭役制度史研究》第三章《一条鞭法的成立和展开》，同朋舍，1998 年。

⑧ 《明代辽东档案汇编》上，万历五年至九年《辽东各卫所边堡官军下余丁舍丁等纳银名册》，辽沈书社 1985 年版，第 73—109 页。

料，汇集存储于十库，"召买无几"。① 这种状况随时间推移发生了变化。日本学者岩井宏将上供物料的征收方法分为 5 种，指出向生产者征收物资的办法，由于流通经济的发展，买办的比重不断增加。② 折色日益增多，事例是"召商买办"。③ 嘉靖十年（1531 年），朝廷明确规定："今后各处起解京库物料，果系本地无产者，许于批文内明开某物若干，折征价银若干，到京召商上纳。如有余银，通融帮补，再有余剩，送太仓库交收，以备支用。"④ 即使是本色，晚明征银召商购买上纳也日渐增多。如隆庆元年（1567 年），朝廷题准河南、广东，以及北直隶各州县卫所共 93 处的该解荸麻，"自二年起照依原定数目，每麻一斤，征银一分八厘，各解该府，每年限十月内类解本部，以备买麻支用"。⑤ 上供物料由征派向召买转变，乃至成为一种用银负担的均徭项目。

实际上，明代各地的杂役包罗很广，有皂隶、弓兵、狱卒铺兵、馆夫、驿夫、水夫、车夫、轿夫、膳夫、门子等，还有许多临时性的，名目繁多，考诸史实，经历了大多在成、弘年间开始货币化的轨迹。具体来说，如夫役中的柴夫，是专门供应内府的，又分为砍柴夫和抬柴夫两种，砍柴夫在成化四年（1468 年）奏准每名一季收脚价银三两；抬柴夫在成化二十一年（1485 年）奏准每名一月征银一两二钱，弘治元年（1488年），每名一月征银一两四钱。⑥ 工程用夫役众，花费更多，如弘治年间河南黄河治理工程，岁起民夫 5 万，"每夫道里费征银一二两"，史载当时各地工役"先后用银，岂止数百万两"。⑦

均徭实行以后，加重了贫富不均，为了解决弊端，改革又向深入进行，出现了"十段册"，又名"十段锦"。实际上这一改革在成化初年已出现于福建邵武。⑧ 此后东南各地陆续展开。到嘉靖时，出现了征一法，

① （明）何士晋：《工部厂库须知》卷一一，玄览堂丛书续集本。
② 见［日］谷口规矩雄《明代徭役制度史研究》第一章《明代前期的徭役制度》。
③ 《明会典》卷二〇一，《工部》二十一《器用》载：嘉靖二年（1523 年）有令"山西、山东、陕西、河南原解成造上用并各宫物料，羊毛、皮、棉纱共八万四千张，照弘治间例，解银赴部召买"，第 1015 页。由此可知弘治年间已有成例。
④ 《明会典》卷三〇《户部》一七《库藏》一，第 222 页。
⑤ 《明会典》卷一九〇《工部》一〇《物料》，第 964 页。
⑥ 《续文献通考》卷二二《征榷考》，第 314 页。
⑦ 《明孝宗实录》卷一〇三，弘治八年八月丁丑，第 1893—1894 页。
⑧ 嘉靖《邵武府志》卷一二《名宦·盛颙传》，天一阁藏明代地方志选刊本。

这一改革趋向是将里甲、均徭归并，统一按照丁田征收，是一条鞭法的前奏。按照全部丁田数分摊全县徭役，统一征银。这样，里甲和徭役合一，赋役合一征收白银。根据学者的研究，如广东在嘉靖年间全部赋役项目用银计算，银子已成为几乎唯一的计税手段。①

东南的徭役折银最早普遍化，那么，在其他地区又如何呢？以四川为例，《四川重刊赋役书册》记载，万历年间四川布政司所属成、重等八府，嘉、眉等六州合属州县等衙门审编均徭、银力差及民快里甲公费夫马减存总目是：一均徭：银差实编银 99028.216381 两，力差实编银 90790.37 两；一民快：实编 26116 名，每名 7.2 两，共 188035.2 两；一里甲公费：实编银 28291.582 两；一里甲编夫：实编夫 7670 名，每名银 7.2 两，共银 55224 两；一里甲编马：实编马 3095 匹，每匹连草料、鞍辔、雨具、人夫 21.6 两，共银 66852 两。② 在那里，徭役完全货币化了。

役法的改革影响所及，是粮长制度的变化，对此，梁方仲先生已有深入研究，"直到嘉靖中年一条鞭法盛行以后"，"赋役项目纷纷改折为银两，自封投柜和官收官解的办法也普遍施行，政府对于粮长的需要更大为降低了。这时尽管粮长这名称还保留着，但它实际上已变成为徭役了；甚至还可以折银代役，并不须亲身充当"。③

值得注意，与役法相关的还有，手工业者即工匠的以银代役，这一变化也始于成化年间。成化二十一年（1485 年）奏准："轮班工匠有愿出银折，每名每月南匠出银九钱，免赴京，所斯类赍勘合，赴部批工，北匠出银六钱，到部随即批放，不愿者仍旧当班。"④ 根据内容，这明显是具有过渡性质的政策。到嘉靖年间，班匠一律以银代役出台，四十一年（1562 年）题准："行各司府，自本年春季为始，将该年班匠通行折价类解，不许私自赴部投当，仍备将各司府人匠总数查出，某州县额设若干名，以旧规四年一班，每班征银一两八钱，分义务（为）四年，每名每

---

① 刘志伟：《在国家与社会之间——明清广东里甲赋役制度研究》，中山大学出版社 1997 年版，第 10 页。
② 《四川重刊赋役书册·总目》，《北京图书馆古籍珍本丛刊》第 60 册，据明万历刻本影印，第 259 页。
③ 梁方仲：《明代粮长制度》，上海人民出版社 2001 年版，第 40 页。
④ 《明会典》卷一八九《工部》九《工匠》二，第 951 页。

年征银四钱五分，算计某州县每年该银若干，抚按官督各州县官，每年折完卖解，不许拖欠，没终造册类缴，分别已未完等第参究。"① 从此，劳役制转变成白银货币税，对于手工业者而言，国家的人身束缚被白银解脱了。工匠摆脱了劳役，获得了独立经营手工业的条件，对生产积极性提高，生产率增长应该说大有益处。以银代役，也促使官营手工业无可挽回地走向衰落，相应的，民营手工业蓬勃发展起来。例如，遵化铁冶厂是当时全国最大的官办铁厂，每年额办课铁 208000 斤，计价不过 2700 余两，而专设官吏军役等费用竟逾万金。于是万历九年（1581 年）工部题准：铁厂官军工匠"尽行裁革，将额征银两解部买铁支用。其柴薪、车辆等项银悉免金派，以苏民困"。② 明朝最大官营铁厂的倒闭，标志着官营冶铁业的彻底衰落。织造方面，成化二十年（1484 年）奏准："各司府设有织染衙门去处，不许另科价银，转往别处织买缎匹，因而侵克钱粮，违者从重究治。"③ 到嘉靖十四年（1535 年）刑科给事中王经奉命往苏杭督察缎匹事，还京条陈织造十二事，其中："一、戒挪移，各省织造银两，多出里甲丁田，并无碍官银。有司往往取充他用，致亏课额。宜会计一岁合用银若干，某郡县征派若干，应于某项取给，当官验收，转解司府给散机匠……一、严限期，织造银两宜令每岁六月终征完，七月中解府给散。"说明在嘉靖年间官营手工业的经营方式已经发生了重要变化，是先征派银两，然后发给机匠织造。此外，他还提到各州县有"不习织挑，皆佣他处工匠"，以及逋逃缎匹银两的现象。④ 表明了织造官手工业中以银雇匠的情况。

总之，成、弘以后，从中央到地方，从南方到北方，均徭改革此起彼伏，一浪高过一浪，并逐渐汇集成为一条鞭法，赋役归一，统一征银。这一过程与白银货币化的过程完全是重合的。在数额上，明后期一般讲各地的役银超过田赋银，大量转入地亩，成为货币税。将税入地的趋向，使工商业者免去负担，有利于工商业发展；农民、手工业者纳银于官，官府雇募，不仅使农民对国家的人身依附关系进一步削弱，劳动

---

① 《明会典》卷一八九《工部》九《工匠》二，第 952 页。
② 《明神宗实录》卷一一〇，万历九年三月甲戌，第 2109 页。
③ 《明会典》卷二〇一《工部》二一《织造》，第 1010 页。
④ 《明世宗实录》卷一七二，嘉靖十四年二月乙巳，第 3739—3740 页。

力商品化趋势日益加强，也促进农作物的商品化，有助于商品货币经济的扩大发展。随着朝廷财政的重点转移到土地上，徭役呈现逐步消亡的态势，这是社会的进步，而白银的扩大流通和普遍应用，无疑极大地促进了这一过程。

3. 盐课货币化

明朝的专卖收入，主要是盐和茶，为此，朝廷制定了开中法和茶马法，以保证政府收入。

先来看盐。明朝盐课，在成、弘以后逐渐成为朝廷财政最为重要的部分之一，值得注意的是，也正是在这一时期，盐课开始由实物向货币转变。成化年间，两浙盐课开始折银。成化十九年（1483 年），明朝下令两浙盐课浙西场分每正盐一引折银七钱，浙东场分每正盐一引折银五钱，解送太仓银库，候余盐支尽，仍纳本色。弘治元年（1488 年），有令两浙盐课折银，浙西场分每引原定七钱者减为六钱，浙东场分每引原定五钱者减为三钱五分，候盐法通，如旧征纳。[①] 由此可见，在弘治五年（1492 年）叶淇改革，废开中法之前，开中法实际已渐消亡于白银的折收之中，大规模改革不过是承认现状，使折银制度化而已。由此，"大小引目二百二十余万，解太仓银百万有奇"。[②] 到弘治年间，在全国重要的盐产区，两淮、两浙、长芦、福建、山东、海北等地，都已发生程度不同的折银。根据学者统计，其中，两浙折银已占地区盐课的 49.83%，也就是几乎达到了一半；折银率最高的福建，竟达到 54.95%，超过了半数；而在山东也达到了 47.24%，接近半数。[③] 发展到嘉靖年间，盐课基本上已折银。至万历年间，全部折银已成定制。李汝华曾言：

国家财赋所称盐法居半者，盖岁计所入止四百万，半属民赋，其半则取给于盐筴。两淮岁解六十八万有奇，长芦十八万，山东八万，两浙十五万，福建二万，广东二万，云南三万八千两有奇。除河南十二万及川、陕盐课，虽不解太仓，并其银数，实共该盐课银二百四十

① 《续文献通考》卷二四《征榷考·盐法中》，第 352 页。
② 《明会典》卷三二《户部》十九《课程》一《盐法》一，第 226 页。
③ 刘淼：《明代盐业经济研究》，汕头大学出版社 1996 年版，第 215 页。

余万两。①

由此，明后期盐课银的征收，成为国家财政的重要组成部分。

明初设立的户口盐钞制度，到成化年间，也已出现向白银货币的转变。成化六年（1470 年），明朝发布"今后不许折收银米"之令，这正是地方社会现实运作中折征白银的反映。弘治六年（1493 年）内府承运库金银告缺，廷臣集议，首倡天下户口食盐钱钞"今后每钞一贯，折征银三厘，钱七文，折银一分。当解京者，径入内帑；当存留者，留本处准官军俸粮"。当时一年解京数字大约有 223000 余两。② 弘治十六年（1503 年）更议准："各处解纳户口食盐钱钞，俱收价银解部，每钞五千贯，铜钱一万文，拟进内府交纳者，定与价银二十四两，在部交纳者十九两，著令铺户领出，收买钱钞上纳。扣算余银，收补别项钱粮。"③ 到嘉靖六年（1527 年），又有具体规定："诏各处起运京库户口盐钞，今后每钞一贯，折银一厘一毫四丝三忽。每钱七文，折银一分，计钞一块，共折银四两，经收大户人等，不得分外科敛，侵欺入己。"④ 至此，折银已完全制度化了。

值得注意的是，一般认为弘治时叶淇变法，开中法遂被破坏。实际上，在成化初年，随着白银的货币化，已经出现"每一千引卖银一百余，或其八十两，名曰'卖窝钱'"的事例，得到朝廷关注。⑤ 纳银逐渐代替纳粮，遂使明代盐政制度发生了重大改革，开中法遭到破坏并被放弃。

4. 茶课货币化

茶课方面，货币化确切地说，指的是白银化。洪武初定"官给茶引付产茶府、州、县。凡商人买茶，具数付官纳钱给引，方许出境货卖"。"凡买茶去处赴宣课司，依例三十分抽一分。"⑥ 初是商人纳钱给引，后钞法行，以钞给引。伴随宝钞的退出流通领域，根据史料，白银化也是始于

---

① （明）李汝华：《户部题行言法十议疏》，《明经世文编》卷四七四，第 5203 页。
② 《明孝宗实录》卷七四，弘治六年四月，第 1394 页。
③ 《明会典》卷四二《户部》二九《南京户部》，第 305 页。
④ 《明会典》卷四一《户部》二八《经费》二《官民户口盐钞》，第 291 页。
⑤ 《皇明条法事类纂》卷一八《成化四年二月二十四日太子少保户部尚书马等奏题整理盐法事》，日本古典研究会影印本。
⑥ 《明会典》卷三七《户部》二四《课程》六《茶课》，第 266 页。

成、弘年间。王圻比较详细地记载了折银的过程，特录于下：

> 成化三年，奏准西宁洮河茶马司积多余茶，年久湿烂，今后粗茶每百斤收银五钱，芽茶三十五斤亦量收五钱，无银收丝绢等项，俱解本省有司收候，以补收买茶课支用。五年，令陕西布政司将金粥等处茶课自成化六年为始仍收本色，其原折收银布，候丰年收买茶斤，送各茶马司收贮，一备易马。
>
> 成化十九年，奏准每岁运十万斤，今茶课本色一十五万八千八百五十九斤零，存彼处衙门听候支用。折色三十三万六千九百六十三斤，共征银四千七百二两八分，内三千一百五两五钱五分存本省赏番，实解陕西巡茶衙门易马银一千五百九十六两五钱三分。
>
> 弘治八年，令四川布政司将所属茶课俱自弘治二年为始，以后年份各拖欠该征之数俱减轻，每芽茶一斤征银一分五厘，叶茶一斤止征一分。①

《明会典》载，明前期实行过给运茶支盐事例，更多的是以茶易马事例。这一直延续到明后期。弘治十四年（1501 年），明朝"以榆林、环庆、固原粮饷缺乏，将洮河、西宁发买茶斤量开四五百万斤，召商上纳价银，类解边仓籴买粮料"②。说明茶课折银也用于边饷。

5. 关税货币化

关税是明朝商业税中最为重要的税收。主要是钞关，始设于宣德四年（1429 年）。明朝先后于运河沿岸、长江各口、江南水道要津设立钞关征税，钞关之设，顾名思义，是当时为了通行钞法，增加税收为目的。首先设立七所，后来陆续有增设。成化元年（1465 年）有所变化，令钱钞兼收。③ 随着白银的扩大流通，财政需求的增长，到弘治元年（1488 年），由于"库藏空虚"，明朝下令"除崇文门、上新河、张家湾司局照旧钱钞兼收外，其河西务等处捌钞关并临清、淮安、扬州、苏州、杭州、刘家

① 《续文献通考》卷二六《征榷考·榷茶》，第 374 页。
② 《明会典》卷三七《户部》二四《课程》六《茶课》，第 266 页。
③ 《明会典》卷三五《户部》二二《课程》四《钞关》，第 246 页。

隔、正阳镇柒税课司局照依彼中则例，俱折收银两"①。由此，各钞关税收大多改征银两。一般来说，宣德、正统年间是收钞的时期，成化时是钱钞兼收，是一个过渡时期，到弘治时则明确了折银征收，并迅速扩大白银征收范围。弘治六年（1494 年），"令各关照彼中则例每钞一贯折银三厘，每钱七文折银一分"。七年（1497 年），议准"今后九江府钞厂免收铜钱，只折收银两"。②

除了钞关之外，还有属于工部的工关税。明初于各交通要道设立抽分局，由工部管理，对过路客商贩运的竹木薪炭征税，收入归工部，以实物征收为主。到成化年间也发生了向货币税的转变。据《明实录》成化七年（1471 年）记载，成化初出现"工部抽分竹木变卖银两解部，以为营缮之费"的情况，"是年所得仅千余两"。这里看似是临时性的安排，然而却并非如此，"后续差者务多得为能，岁岁加益，至此万数"，说明自此以后成为正银已成常态。③ 以芜湖和杭州为例，"其初，岁征银一二千两，稍增至四五千两"，至成化二十一年（1485 年）芜湖已增至万余两，杭州增至 20000 余两。④ 隆庆元年（1567 年）杨时乔自刻《两浙南关榷事书》，记录了设立在杭州城南税课司征收的具体情况，清楚地反映出实物向白银的转变："先是，本厂初立，例取本色，解淮安清江、卫河二提举司造浅船。成化十六年因解户不便，奏始解折银。"⑤ 由此可见，改革和变化是始自民间要求，有着社会需求的基础。

除了属于商业通过税的钞关之外，商业税还有营业税，与杂税混杂在一起，名目繁多。白银货币化的时间大致也在成、弘年间。以临清为例，弘治十八年（1505 年）户部言："临清商税每年折银几三万两，而宣大边储告乏，请将今年及明年以后商税俱折银解边，予买粮草。"⑥

关于对外贸易关税，明初设市舶司，管理海外进贡和中外货物市易之事，交易以实物，或抽取实物。发展到嘉靖时"军需国库，半取于市

---

① （明）张学颜：《万历会计录》卷四二《钞关》，《北京图书馆古籍珍本丛刊》第 53 册，万历十年刻本，第 1327 页。
② 《续文献通考》卷二二《征榷考》。
③ 《明宪宗实录》卷八九，成化七年三月戊寅，第 1724 页。
④ 《明宪宗实录》卷二六三，成化二十一年三月己丑，第 4456 页。
⑤ （明）杨时乔：《两浙南关榷事书》，《北京图书馆古籍珍本丛刊》第 47 册，隆庆元年自刻本，第 797 页。
⑥ 《明武宗实录》卷六，弘治十八年十月乙卯，第 190 页。

舶"。隆庆元年（1567 年），福建巡抚涂泽民上疏请求开放海禁，得到允准。[1] 到隆庆五年（1571 年），明朝由计货征税改为丈抽法，以银缴纳。根据记载，漳州对商船所征商税始自隆庆六年（1572 年），出自知府罗青萧之请，是以船税代充钱粮。[2] 在澳门，"隆庆间始议抽银，檄委海防同知、市舶提举及香山正官三面往同丈量估验"。[3] 万历三年（1575 年）明朝制定增税则例，分为水饷、陆饷、加增饷征收，全部征银。[4] 这一转变对于外国白银的流入，具有重要的意义。有关对外贸易与税收，这里只是简略述及，详见下面具体章节。

（二）国家财政支出的货币化

财政收入货币化，相对应的必然是支出的货币化。明朝财政支出主要可以分为皇室、官僚、军队和政府开支几大部分，这里仅择要述于下。

1. 皇室方面

赋税中供给御用和军官俸禄的部分，即金花银，据《明会典》载："夏秋麦米共四百五万九百一十九石一斗一升二合，每石折银二钱五分，共折金花银一百一万二千七百二十九两七钱七分八厘一毫。"[5] 其中武臣俸禄不多，仅十余万两，其他都供御用。皇室费用，支出对象是皇室成员、妃嫔及宫人、太监等。史载宫中珍玩、奢侈品靡于英宗，继于宪宗、武宗，至世宗、神宗而达于顶点。上供采造费用支出日益增大，都要以银支付。实物部分的折色也逐渐扩大。弘治十五年（1502 年），王鏊曾记天下财赋与皇室岁用的关系：

今天下税粮三千六百三十二万一千余石，内三百二十万九千石折银八十一万四千余两，户口商税除折米外，并船钞料折银可得四十三万九千余两，各矿银课岁办一十五万一千余两，两淮浙盐场岁买折盐银常不下数万千两。如此岁用犹云不足，何也？祖宗时岁用颇省，以黄蜡一事计之，岁用不过三万斤，正统末四万斤，景泰、天顺间加至

① （明）张燮：《东西洋考》卷七《饷税考》，中华书局 1981 年版，第 89 页。
② 万历《漳州府志》卷五《商税》，清钞本。
③ 万历《广东通志》卷六九《番夷》，《稀见中国地方志丛刊》本。
④ 《东西洋考》卷七《饷税考》，第 89—98 页。
⑤ 《明会典》卷三〇《户部》一七《库藏》一，第 220 页。关于金花银的形成有一个过程，参见拙文《明代白银货币化的初步考察》，《中国经济史研究》2003 年第 2 期。

八万五千斤，成化十一年后，遂加至一十二万斤，其余可推也。①

值得注意的是，此时他已经按照白银来计算朝廷收入，而提到岁用时，仍以实物为例。

至于朝廷用于赏赐方面，还有大量支出，但这部分在明前期已有不少白银存在，而在明后期也仍大量使用宝钞和铜钱。孝宗时，登极赏赐，已由户部凑银，但数目不多。至正德元年（1506年）140余万两，皆出自户部。当时内府承造金册、无名赏赐、斋醮费用，都取于户部银，故户部尚书言"此银费所以日增也"。② 当年内库称"财用不充，事务繁剧"，大丧、即位、大婚诸类通计费金8520余两，费银533840余两，还有其他多项开销，总之是"视旧例岁用之外，加至五六倍矣"。③ 皇室的生活费用，部分出自光禄寺经费。光禄寺在明初仅费钱1800万文，钞400万贯，随着白银货币化，正德以后费银36万两，并一度达到40万两。④ 仅弘治十四年（1501年）光禄寺三次就欠行户银40000多两，借钞买银补，并督各府、州、县解银，还不能补及1/3。⑤

皇室或政府所用上供物品，在明初按照实物征收，具体到地方，是"悉城内外居民，因其里巷多少，编为排中，而以其所业所货注之籍"。凡遇各衙门有大典礼，"按籍给值役使"。后因"各行不便，乃议征行银"。方法是"征银在官"，遇到有事，召商买办。⑥ 弘治十八年（1505年）因岁办非地方土产，"劳费不堪"的问题，南京给事中戴铣上言，请有土产的地方纳本色，没有的通融酌量按价收银，赴京收买。⑦

宗室禄米成为明后期朝廷的沉重负担。根据《明会典》，成化元年（1465年）大同各郡王禄米已有"或不收本色，勒要银两"的事例，⑧ 当时尚属朝廷禁止之例。但说明在实际操作中，禄米勒银缴纳的事例已存在

① 王鏊：《守溪笔记》，《纪录汇编》本。
② 《明武宗实录》卷一五，正德元年七月癸未，第452页。
③ 《明武宗实录》卷一八，正德元年十月甲寅，第538—540页。
④ （明）赵用贤：《议平江南粮役疏》，《明经世文编》卷三九七，第4292页。
⑤ 《明孝宗实录》卷一七四，弘治十四年五月壬戌，第3180页。
⑥ （明）沈榜：《宛署杂记》卷一三《无字·铺行》，北京古籍出版社1980年版，第92页。
⑦ 《明武宗实录》卷五，弘治十八年九月甲申，第155页。
⑧ 《明会典》卷三八《户部》二五《廪禄》一，第273页。

于地方。此后，随着白银货币化趋势发展，禄米折银越来越多。

2. 官俸方面

官俸是国家主要开支之一。明初，官俸以实物粮食，即禄米支给，计算单位也唯有斗石。后来出现了米钞兼支，最终改以白银支付。其中，军官俸禄折银是最早的，在正统初就已开始。[①] 此后逐步发展，具体来说，在京军官的折俸银，由户部按季取数类奏，赴库关出，于午门里会同司礼监官及给事中、御史"唱名给散"。这部分折俸银由于军官数额的膨胀而不断增加。景泰六年（1455 年）一季支出 13000 余两，到弘治十四年（1501 年）一季支出 139090 余两，多出了 127000 两。[②]

在外军官的折色俸，弘治元年（1488 年）仍以钞支付。[③] 四年（1492 年）"令在京各卫经历等官，该支南京本色俸，每石折银七钱"。[④] 这是专对各卫经办文移官员以银支付本色俸的规定。十一年（1498 年）下令："各边官军俸粮，每遇春间米贵，支与本色；秋间收成，照时价支折银，其余月份银米间支，如或米贱，愿支银者，亦不许过支六个月。"[⑤]这一规定包括了军官和士兵，特点是本色米与白银兼支。实际上，官军月粮，在各地的支给不同，逐步货币化的趋势在成化年间显著。如成化七年（1471 年），曾令"贵州军粮开支，如粮不敷，折给银、布"；九年（1473 年），令"陕西、延绥、庆阳三卫在榆林整备者，月支本色米六斗，折色四斗，支银钱"。[⑥] 反映出边地的特殊情况。而王士翘《西关志》中的材料，则证明了嘉靖时北边军士月粮已经货币化的事实。[⑦]

文官俸禄在景泰时开始由实物折银支付。景泰元年（1450 年），令在京文职官该支南京俸，照在京武臣例折银，不愿者听。[⑧] 虽有自愿原则，但是开了在京文官本色俸折银的先例。到成化二十年（1484 年），"令五府六部等衙门官员三分、四分本色俸，每石暂折银七钱，以后如旧例"。这还属于在京文官本色俸折银的暂行规定。弘治元年（1488 年）有"五

---

① 《明会典》卷三九《户部》二六《廪禄》二，第 277 页。
② 《明孝宗实录》卷一九二，弘治十五年十月，第 3550 页。
③ 《明会典》卷三九《户部》二六《廪禄》二，第 280 页。
④ 《明会典》卷三九《户部》二六《廪禄》二，第 277—278 页。
⑤ 《明会典》卷三九《户部》二六《廪禄》二，第 280 页。
⑥ 《明会典》卷四一《户部》二八《经费》二《月粮》，第 287 页。
⑦ 见（明）王士翘《西关志》，有关军士月粮，详见下文。
⑧ 《明会典》卷三九《户部》二六《廪禄》二，第 277 页。

府六部等衙门官员本色俸仍折支银"之令，① 说明至此两京文武官员俸禄大部分均已折银的现实。那么，在外官员的俸禄折银又在何时呢？弘治十六年（1503 年），"令例应带俸差操的都指挥、指挥月支米三石，本色一石，折银二石；卫镇抚、正副千户月支米二石，本色一石，折银一石"②。前者的白银比例占其全部俸禄 2/3，后者则占到 1/2。值得注意的是，这是对于犯有错误的中下武官俸禄的折银办法，由此可以推及其他军官俸禄中的本折部分的比例，实际早已发生变化。

此外，公、侯、驸马等的俸禄，其中钞的部分，则是很早已经折为银两了。景泰七年（1456 年）有令："以太仓库折草银，准支公、侯、驸马、伯折色钞，每银一两，准钞七百贯。"这里是折色部分的钞改银。到弘治元年（1488 年），有"公、侯、驸马、伯本色禄米仍折支银"之令，说明此前本色禄米已改折银两，至此继承了下来。弘治十年，"令两京公、侯、驸马、伯本色禄米，自后每石折银七钱"，③ 已是制度化的规定。实际上，早在成化时，禄米折银已有事实，以山西闻喜为例，成化十六年（1480 年）岁输各王府并各镇国将军禄米竟"每一石勒折银三两"，导致百姓生活的困苦。④

3. 军费方面

明朝军国之务，莫重于九边，军国之需，莫大于边饷。明初军费由屯田收入支给，"一军之田，足以赡一军之用"，军屯之外，又行开中法，以充军费。成、弘以后，大量卫所屯田废弛，开中法败坏，军费改由国家支付货币，边饷"年例银"制度化，并日益增加，再加上募兵日多，军费开支巨大，成为户部太仓银的主要支出。

明末孙承泽曾概言：

国朝自洪、永以来，原无年例。年例自正统始。蓟、保、密、昌，原不称边，称边自嘉靖始。臣请缕析言之。宣府岁额不过五万两，今主客饷银不下二十九万有奇；大同原额亦止五万两，今不下四

---

① 《明会典》卷三九《户部》二六《廪禄》二，第 277 页。
② 《明会典》卷三九《户部》二六《廪禄》二，第 279 页。
③ 《明会典》卷三八《户部》二五《廪禄》一，第 275 页。
④ 《明宪宗实录》卷二一〇，成化十六年十二月庚午，第 3668 页。

十五万有奇；山西原额不过二万两，今不下二十六万六千有奇；辽东初不过一万两，嘉靖时增至二十万三千，今不下六十万有奇；蓟镇初不过一万五千两，嘉靖时增至七十三万两，今不下一百二十四万有奇；延绥初不过一十万两，今不下三十六万有奇。其在甘、固等镇，或增八九万、四五万，此眇少者也。总计弘、正间各边年例，大约四十三万而止，在嘉靖时二百七十余万，业已七倍。至今日（万历二十一年）则三百八十余万，且十倍之。竭九州之财力，而不足以供；括百年之蓄藏，而难乎其继。抚今追昔，能不寒心。①

根据全汉昇先生研究，年例银制度化始自成化以后。此前各边京运年例银数目不定。而正式成为岁额或年例，是自成化二年（1466 年）开始。自此至正德末年，即 1466—1521 年的半个多世纪里，年例银总额定例是 40 万两。嘉靖元年（1522 年）增至 59 万两，十八年（1539 年）以后几乎达到了 100 万两，再 10 年以后，即二十八年（1549 年）突破了 200 万两，到隆庆元年（1567 年）达到 280 多万两，万历年间则又上了一个台阶，万历十五年（1587 年）达 310 多万两，十八年达到 400 多万两，至三十六年则达到 490 多万两，接近 500 万两。② 根据以上的数据，明代北边的年例银在 140 多年间增长 12.5 倍。

晚明白银在北方军卫中全面渗透，以嘉靖时故关岁用一年为例，特录于下：

故关参将每年春秋教场开操祭旗，共银二两五钱，四次进。表笺共银三十一两，纸札银三十六两，柴烛银三十六两，通计共用银一百六两五钱，俱于真、神二卫均徭册造银两内支用。故关把总指挥，纸札银八两。管总指挥，纸札银三两。达滴崖口守口官，纸札银一两四钱四分。娘子关口守口官，纸札银一两四钱四分。泉水头口守口官，纸札银一两四钱四分。以上四口，俱在井陉县动支无碍官银买办领用。苇箔岭口守口官，纸札银两四钱四分。黄沙岭口守口官，纸札银

① （明）孙承泽：《春明梦余录》卷三五《户部》—《经费》，北京古籍出版社 1992 年版，第 574 页。
② 全汉昇：《明代北边米粮价格的变动》，《中国经济史研究》（下）。

一两四钱四分。泥凳子口守口官，纸札银一两四钱四分。以上二口，俱在赞皇县动支无碍官银买办领用。龙泉关把总指挥，纸札银八两。管总官，纸札银三两。青竿岭守口官，纸札银一两四钱四分。以上二口，俱在阜平县动支无碍官银买办领用。鹞子崖口管总官，纸札银三两。白草沟口守口官，纸札银一两四钱四分。以上二口，俱在平山县动支无碍官银买办领用。北黑山口守口官，纸札银一两四钱四分。桑园口守口官，纸札银一两四钱四分。以上二口，俱在灵寿县动支无碍官银买办领用。十八盘口管总官，纸札银三两。恶石口守口官，纸札银一两四钱四分。黄安岭口守口官，纸札银一两四钱四分。以上三口，俱在平山县动支无碍官银买办领用。①

同书各关岁用均记载以白银数额，再举倒马关岁用之例：

参将并插箭岭守备及中千户所三衙门进表笺银四十八两。参将四季造册送后府投下银八两。夜不收爪探传报摆拨银，共约计四十六两八钱。旧开一百四十六两，似大冒破，今以紫荆例之，减去一百两。

本关霜降后一日，祭杨六郎庙银二两五钱。插箭岭祭杨六郎庙银一两。本关惊蛰祭旗纛银二两五钱。本关并插箭岭军城教书束修银，一年共用银二十一两六钱。本关中所会计军士布花银二两。参将纸蜡银七十二两。把总纸札银六两。插箭岭守备纸札银十两。中千户所纸札银一十两。十百户纸札银八两。上城管总官纸札银一两二钱。中所合造火药银一十两。中所吏目祗候银二十四两。中所奏冬衣布花银三两。本关年终会奏图册银四两。参将奏缴晏乐银六两。本关霜降祭旗纛银三两。中所答应使客接递银二十五两。

以上共该用银三百一十四两六钱，以一年为则，均徭银一百九两，商税银约二百两，不足则补以赃罚银两，俱系本关中千户所收贮，支用有余，作正支销，其子粒变价及栗树银，俱备修理之用，别项不得动支，循环稽查。②

① （明）王士翘：《西关志·故关》卷三《岁用》，北京古籍出版社 1990 年版。
② 《西关志·倒马关》卷二《岁用》。

以上史料不仅说明了白银与北方边防军事卫所之间的密切关系，而且还揭示出军队供给方面与地方州县的白银货币供应的直接联系。

所谓年例银的开销越来越多，由此明初不存在的军费开支成为明朝财政的巨大负担。

4. 政府开支

明朝中央政府的开支和宫廷的支出往往是不能截然分开的。政府开支中，白银占据重要地位。现将弘治十八年（1505 年）五月至正德元年（1506 年）十月的政府与宫廷支出列表于下:①

项目编号	支出各项名称	支出银数（两）
1	诸边年例	约 984400
2	添送［济边］银	2774000（＋）
3	给赏征进京军	69600（＋）
4	给过盐米商人	250000（＋）
5	赏在京官军	724200（＋）
6	赏各边官军	693300（＋）
7	陕西赈济	200000
8	密云、居庸、紫荆、倒马等关召买粮草	128000（＋）
9	大婚礼	400000
10	买金送内库	26500（＋）
以上 10 项支出总数		6250000（＋）

不仅是中央，而且到弘治时，地方上每一布政司"该征银百万余两。而备用马价、抬柴夫役、京班及诸司官柴薪、皂隶、驿递马驴、船只，又该银数十万两。其他买办额料、织造缎匹借用之物，不在数中"。② 开支

---

① 引自全汉昇、李龙华《明代中叶后太仓岁出银两的研究》，《中国文化研究所学报》6 卷 1 期。原注：诸边年例银数系由支出总数减去各项支出计算而得。资料来源：《明武宗实录》卷一八，正德元年十月甲寅，第 538—540 页；《国朝典汇》第三册，《户部》一六《查理各项钱粮》。

② 《明孝宗实录》卷一○三，弘治八年八月丁丑，第 1893 页。

货币化日益加深，如辽阳税课司，在弘治年间日常支用事无具细，已经均以银计，请看下表：①

初二日	烛 10 对，柴 100 捆，炭 20 包，银 0.615 两
初六日	炭 15 包，银 0.12 两
初九日	烛 20 对，苏油 1 斤半，炭 20 包，银 0.505 两
十二日	柴 100 捆，银 0.3 两
十三日	炭 30 包，银 0.25 两
十八日	烛 20 对，炭 30 包，银 0.58 两
十九日	柴 100 捆，苏油 2 斤，银 0.33 两
二十二日	炭 30 包，银 0.25 两
二十四日	柴 100 捆，银 0.3 两
二十六日	炭 30 包，银 0.25 两
二十九日	烛 20 对，炭 30 包，银 0.58 两
十月初二—二十九日	面糊，银 0.05 两
一月买办油烛等件总计	4.131 两

值得注意的是，鬻贷是最早用银的途径之一。此外，水利工程、营造费用等开支巨大的工程，在晚明均是以银作为计算单位，其他还有文教支出，学校经费，科举经费，在成、弘以后随着白银货币化的趋向，到晚明也都大大增加了货币比例，乃至全面货币化了。在此不多赘述。

第五节　白银货币化的时空分布：澄清"钱粮"问题

一　白银货币化的时空分布

赋役的货币化，开端于宣德年间周忱在江南运用货币手段平衡赋役负

---

① 资料来源：《明代辽东档案汇编》上，弘治年间《辽阳税课司关于支用官银买送物件的申文》，第384—385页。

担的改革。在市场作用下，国家财政收支中白银比例日益增长。在明朝国库中，英宗正统七年（1442 年）设立的太仓库，是专门贮银的。其中，最早收藏的是草价银，据《明会典》载："正统七年置太仓库，添设户部主事一员专管，凡南直隶苏常等府解到草价银，赴部转送管库官处交收。"① 南京银库，则始建于弘治八年（1495 年）。当时南京户部用折俸、纸价等银，"修盖库藏一所，收贮银两"，每年委主事一员监督收放。在仓库管理上，弘治三年（1490 年）规定："各边仓库有盗粮四百石，草八千束，钱帛值银二百两以上者，不分文武官员、吏典斗库人等，斩首示众，不及前数者，本身并子孙永远充军。"② 其中以银为标准，作为量刑的尺度。到万历四年（1576 年），"添铸南京户部监督银库关防一颗。该部将在库银两，行委陪库郎中，接管主事，会同巡视科道官，公同秤盘，先尽大锭足一百万两，每二千两装盛一匣，收入库中，作为老库封贮，又满秤盘交代，其余并新收银两，听备支放，积有羡余，尽数报部，作正支销"③。

应该说明的是，户部掌管赋税和徭役银，还有钞关税、盐课、商税、番舶、门摊税、酒醋税、房地契税，等等。在财政上，六部除了户部以外，其他各部也都与银的收入有所关联，简单而言，如吏部有开纳银，礼部有赏赐以及香税、历日、度牒银，刑部有赃罚银，兵部有马差银，班军折银，皂隶折银，桩棚银，驿传银。工部有节慎库，建于嘉靖八年（1529 年）；在地方有竹木抽分场，征用物资，征发劳役，起初是征实物，成化七年（1471 年），明朝在浙江杭州、湖广荆州、南直隶芜湖设立抽分衙门，抽分竹木，变价解京，起初每岁千两，后至数万两，④ 直接参与货币税收。另外还有矿银，匠银，芦课银，四司料价。而光禄寺的物料，大都以银来交纳，或者以银购买。户部的太仓库应该说是存储白银的仓库之一，京库每年有大量白银流转，开销剩余的，储藏于太仓库。此外，宫廷有内承运库，是皇帝的私有财产；工部、太仆寺、光禄寺，以及南京户部都各有仓库储藏白银。如太仆寺存银，明朝初定在北方以马差代替田赋，

① 《明会典》卷三〇《户部》一七《库藏》一，第 222 页。
② 《明会典》卷二二《户部》九《仓庾》二，第 151 页。
③ 《明会典》卷四二《户部》二九《南京户部》，第 304 页。
④ 《春明梦余录》卷四六《工部》一《税科》，第 996 页。

主要有北直隶七府、山东三府、河南三府一县，从成化二年（1466 年）起，军马之役开始折银，"解银储北太仆寺，发各边买马及各边借支别用"①，太仆寺设立常盈库，专门储藏这些银两。地方省府州县虽然没有建立专门的银库，但是，在明后期白银货币普遍流通于社会的情况下，仓库中都有白银的储存与过往。由于总的数据难以取得，因此，实际上我们无法估计明朝财政中的整个货币流通和储藏量。所能估计的只有户部太仓库情况，但是不能认为明朝只有太仓库储存银两。

初建时，太仓库银两"专备兵荒及听征马匹、草价、军士冬衣布匹之用"，成、弘以后，太仓库成为明朝管理国家行政经费和军费开支的重要机构。弘治时，不仅礼、工二部从中借用"大量银子"，而且"内库亦多取应用"。② 随着明朝财政中白银比例的日益增加，至万历初年，明朝国家财政已经基本上逐渐完成了倚重于白银货币的结构性调整。太仓银的主要支出是庞大的军费，每年作为边储项下运往辽东、蓟州、密云、永平、昌平、宣府、易州、大同、山西、宁夏、延绥、固原、甘肃等地。明朝的银库与全国发生着直接关系，通过白银通货的流通，明朝国家财政与全国市场也紧密相连。

关于明代太仓库的岁入和支出情况，全汉昇和李龙华先生已有详细研究，③ 但主要依据的是《明实录》和张学颜《万历会计录》，惜未见刘斯洁《太仓考》。现以刘斯洁《太仓考》，将万历八年（1580 年）明朝太仓货币收入和各地所占份额列表于下。④

---

① 《春明梦余录》卷五三《太仆寺》，第 1093 页。

② 《明孝宗实录》卷一九八，弘治十六年四月丁未，第 3661 页。

③ 全汉昇、李龙华：《明中叶后太仓岁入银两的研究》，《中国文化研究所学报》5 卷 1 期，1972 年 12 月；《明代中叶后太仓岁入银两的研究》，《中国文化研究所学报》6 卷 1 期，1973 年 12 月。

④ 刘斯洁订正：《太仓考》卷九之二《岁入》，万历八年刻本。当然，太仓库不是唯一的明朝贮银机构，京城府每年收支银两数额巨大，支出剩下的，储藏于太仓库。重要的还有内承运库，是贮藏白银专供皇室开支的仓库，而工部、兵部等另有仓库，各地也都有仓库贮藏白银，以供地方政府行政和军费开支。因此，如果只计算户部银数，是不能对明朝财政货币化全面了解的。但是，毕竟户部太仓库是明朝白银最重要的贮藏机构，而且关于太仓库的资料比较而言最完全，所以在此列表说明。

万历八年太仓库分类岁入表：

岁入银两数（两）		岁入银两数（两）	
派剩麦米折银（两）	250285	丝绵税丝农桑绢折色银	92274.86
绵布苎布折银	38613	府部等衙门禄俸米折银	25908.2
马草折银	345614.24	京五草场草折银	60180.37
户口盐钞银	46897.09	蓟永昌密辽东五镇民运改解银	523802.53
各盐运司并各提举司余盐盐课税银	1001664	黄白蜡折银	68324.8
霸、大等马房子粒银	23439.57	备边地亩银	36141.35
崇文门宣课分司约解商税正余银	16662.13	张家湾宣课司约解商税正余银	2479.2
铜钱折银	18877.71	铜钱折银	2887.76
猪牙税银	2429		
河西务钞关约解商税正余银	14633.68	临清钞关约解商税正余银	44707.11
浒墅钞关约解商税正余银	17376.56	九江钞关约解商税正余银	10990.32
淮安钞关约解商税正余银	11414.63	扬州钞关约解商税正余银	9678.97
北新钞关约解商税正余银	36839.43	京卫屯牧地增银	16141.35
泰山香税银	20000	赃罚银	128617.5
富户银约解	3018.36	总计	2869898.72

表中显示，与张学颜《万历会计录》中所列万历六年（1578 年）的太仓收入有很大出入。盐税、商税、粮草税是太仓库主要来源，这一点没有大的出入；但上表中仅列有 25 项，比万历六年少了 2 项：各马房仓麦豆草折银 200738.11 两、神乐观麦米折银 1177.62 两。另外项目有所不同，如表中"富户银约解"仅 3018.36 两，而万历六年将富户银与商税、鱼课、历日、民壮、弓兵并屯折、改折、月粮等项相加，共 144292.79 两。还有上表中有蓟永昌密辽东五镇民运改解银，而万历六年加有易州，是六镇民运改解银，故比上表数目多出 330000 余两。其他项目万历六年也有一些数字略高，因此总数高于上表中八年的数字。

按《万历会计录》中万历六年数字，全汉昇、李龙华先生统计约 3676181.63 两。据《明实录》，万历七年（1579 年）初张居正等题奏："万历六年各项钱粮，一年总计不过四百三十余万，乃六年所入比之五年少十余万两，而所出比之五年乃多三十三万余两。"[①] 张居正所言"各项

钱粮"总计430余万，是包括太仓库所入的明朝财政收入的总数。由此也证明了太仓银库所储仅是明朝财政白银货币收入的一部分，而不是全部。以往一般认为明朝货币收入都在太仓银库的看法，是有问题的。

万历八年（1580年）太仓库岁入中各地区所占份额表：

行政区划	税目	银两（两）
顺天府	8 项	25192.566
永平府	3 项	267.54
保定府	7 项	25899.946
顺德府	6 项	12466.155
广平府	5 项	23498.03
大名府	4 项	60671.148
应天府	6 项	45532.02
安庆府	9 项	8355.7736
苏州府	9 项	80282.541
松江府	10 项	50918.802
常州府	12 项	52302.279
镇江府	7 项	5361.644
庐州府	10 项	15055.097
凤阳府	8 项	15757.640
淮安府	8 项	16446.754
扬州府	7 项	12787.47
徽州府	2 项	2950.943
宁国府	6 项	23152.076
池州府	5 项	6683.593
太平府	9 项	9499.487
广德州	5 项	9410.617
徐州	6 项	8169.715
滁州	6 项	1090.192
和州	6 项	1370.779
浙江布政司	9 项	142681.23
山东布政司	19 项	2040195.9
河南布政司	12 项	308665.72
江西布政司	11 项	126592.12
湖广布政司	7 项	65967
福建布政司	3 项	28313.6
山西布政司	1 项	676.9

续表

行政区划	税目	银两（两）
四川布政司	1 项	64
广东布政司	3 项	11900
广西布政司	1 项	1800
云南布政司	1 项	8000
京卫地亩银和屯地增银		16143.445
总 21 府 4 州 11 布政司，京卫	232 项，最多 19 项，最少 1 项	总计 3264122.7226

上表所见，有着明显的缺失，明朝十三布政使司中，缺少陕西和贵州，原因不明。表中各地数目和项目极不平衡，如四川仅 1 项，64 两；山西也仅 1 项，676.9 两；广东 3 项，也只 11900 两。但是，由各地数字统计，总额高于太仓库分类岁入表，应该说是比较合理的数字，以此比较万历六年的数字，减少了 41 万两。

太仓银库，有新老之别。万历初年，老库银两存储固定数额后，轻易不动用，以外库银两供支用。[①]崇祯十四年（1641 年），孙承泽巡视旧库，旧库应就是老库，这说明到明末朝廷已经动用老库银两，数目见下表：[②]

类别	额银（两）
浙江	215082.597
江西	111354.063
福建	125929.346
湖广	189112.620
河南	589289.936
山东	763536.460
山西	87171.532
陕西	39929.466
四川	139551.739
广东	109147.588

---

① 《明神宗实录》卷四六，万历四年正月丙午，第 1027 页。
② 孙承泽：《春明梦余录》卷三五《户部》一《赋役》，第 572 页。

类别	额银（两）
广西	28686.839
云南	23326.614
贵州	17625.749
南直	610328.925
北直	162172.163
集项	104993.095
各卫	309885.116
盐课	1027685.687
关税	313246.613
辽饷	9134880
练饷	7348800
剿饷	1800000
总计	23251736.148

综合上表，值得注意的是，太仓库收储白银在空间分布上覆盖全国。虽然由于社会经济发展不平衡，各地额银不均衡是可以理解的，而由库藏也反映出明朝财政征收比例分配不合理的状况。但总的说来，白银货币领域极大地扩展，全国大部分地区普遍流通使用了白银货币，与国家财政和税收体系的货币化有紧密的关联，应是没有疑义的。

晚明赋役货币化应该说是已经基本完成了。下面略举几个实例分析说明。

徽州《丝绢全书》卷四，万历四年（1576年）十月二十二日《本府磨算岁征申文》，将徽州每年赋税和杂派实物货币化的状况记载得相当清楚，特列于下：

> ……遵将本府每年额办南北两京部院起运存留本折麦米及本府岁办公费应征各项钱粮，俱出六县丁粮，通融磨算，岁该夏税官麦三千七百一十八石八斗零，每石征银二钱五分；民麦四万八千六十九石一斗零，每石征银三钱一分七厘；秋粮官米一万五千八百二十八石六斗零，每石征银二钱五分，民米一十万四千七百八十三石五斗，每石征

银四钱八分五厘，递年遵照会计派征，无容别议外，再查军需四司砖料丁田军徭军费六项钱粮，岁该银五万七千一百二十九两二钱零，查得本府丁米均匀扣算，一五丁准米一石，每丁一口，该派银七分七厘四毫五丝八忽，每民米一石，该派银三钱八分七厘二毫九丝一忽四微，及查户部扎派光禄司果品等银，甲丁库料银、南京供用库黄白蜡银，并礼工二部坐派各项料价，递年俱于军需银内帖行，六县总征解府逐项支解外，今奉御扎，钦依事理，将各项钱粮通融扣算：歙县岁该银一万五千九百二十二两三钱七分，休宁县岁该银一万四千三百六十一两四钱四分，婺源县岁该银一万一千五百八十五两四钱七分零，祁门县岁该银五千一百四十七两八钱三分，黟县岁该银四千一百六十五两七钱一分，绩溪县岁该银五千四百九十六两四钱一分，以今算数较之，而歙县往年每年已多纳银二千六百五十六两九钱六分，休宁县亦多纳银一千六百三十八两五钱九分，婺源县往年每年少纳银九一八九两四钱七厘，祁门县每年少纳银二一六两六钱三分，黟县每年少纳银一千二百六十二两二钱七分，绩溪县每年少纳银一千八百二十七两二钱四分，则歙县各项钱粮已抵过各县均平之数，所奏丝绢委在均平数外，原无抵补。但当时独派歙县，竟莫知其何因，故歙民称偏累之苦，而五县执二百年之规，迄无定论，本府未敢擅便，具由申禀，请乞上裁。万历四年十月二十二日申①

在赋税征收中，地方是以夏税秋粮原额为依据，然后分别折成白银征收，也因此原额中的不均现象相沿未改，呈现更加复杂的情况。但是，由此我们还是可以清楚地了解到所谓"税粮"，已经全部货币化的过程和事实。

如以地区分类，江南白银货币化出现最早，也是白银普及率最高的地区，赋税货币化过程进行顺利。但即使在北方，这一货币化的过程在晚明也同样完成了。

以万历年间宛平县为例，根据记载，宛平县："赋分二等，曰正赋，即起运存留正供，每年候府奉部扎，酌岁所急，多寡微有差；曰徭赋，即

---

① 徽州《丝绢全书》卷四《本府磨算岁征申文》，《北京图书馆古籍珍本丛刊》第60册，据明万历刻本影印，第513—514页。

各衙门人役杂费，奉例于地亩征派。"宛平县于万历二十年（1592 年），正赋中起运、存留银通共是 3668.75 两，其中夏税起运银 277.32 两，存留小麦银 91.86 两；秋粮起运银 422.99 两，存留粟米银 242.25 两；马草起运银 390.85 两，存留银 2033.53 两；盐钞起运银 104.96 两，存留银 104.96 两。徭赋中共工食银 3541.83 两，分计之，有各衙门共编银 2912.23 两，有本县应编银 625.60 两。值得注意的是，上述起运银两不过千余，但是需要送达 26—27 所仓库，多的百两以上，少的几十两，甚至 1—2 两。如"御马仓大麦银止五两，光禄寺赤豆银止十六两，京库农桑丝银止三两"，难怪令人发出"而亦零星派解，不亦烦乎"，而"数内如在京衙门解进太仓者，路途不远，照旧派办，以免纷更，犹可言也；若良乡县丰济仓小麦银二十三两，古北口小麦银三十余两，镇边城粟米银十五两，如此之类，银数不多，而乃使在京之民向外输纳，不亦劳乎"？的慨叹。① 这里说明了万历年间赋税货币化已经完成，而赋税的简化合并征解仍是一个大问题。

　　同时，宛平的事例说明，徭役的货币化也已呈完成形态。据载，宛平县役分二等，一是"实役"，"择定之有力者，金为正户，次为贴户，各照丁则银数，取足所定工食，而止编给由票，自行收讨"；二是"募役"，"查照定则征银，在官厅募役领给"。万历二十年（1592 年），全县实役共 1052 名，通共编银 3436.6 两，其中有园陵之役，内府之役，各衙门之役，本县之役；募役共 197 名，通共编银 1492.28 两，有在各衙门的，也有在本县的。② 无论是实役，还是募役，实质上都是以银代役，官府的纳银雇役。

　　明后期赋役合一，计亩征银的趋势，是一个全国统一的大趋势，"自条鞭法行，州县派征钱粮俱令花户自行纳柜，吏书排单，无所容其奸，法至善也"③。全国大多州县采取的是设立银柜，令民自行投柜的办法，以免吏员、书办等人从中贪污。但是具体实行过程却因各地区经济发展不平衡，显示出的情况和程度不尽相同。如果按区域划分，大致可分为四种类型：第一是东南沿海地区，这一区域有外来白银的直接输入；第二是江南

---

① 《宛署杂记》卷六《山字·徭赋》，第 48—50 页。
② 《宛署杂记》卷六《山字·力役》，第 50—51 页。
③ 《明神宗实录》卷五七六，万历四十六年十一月丁亥，第 10891 页。

地区，是社会经济发展，货币商品经济发展的地区；第三是北方，边饷制形成了大量白银北上，是主要由朝廷运作直接输送白银的地区；第四是边远地区，经济发展比较落后，但是国家赋役货币化，税收力役征银，属于制度改革的强制性方面，因之白银也逐渐向这些地区渗透，但由于货币白银少，造成了农民负担加重。

但是，即使是在社会经济发展水平较低的地区，明末时期赋役货币化也已成为一个普遍的社会现实。朱国寿《考成录略》，记录的是明末崇祯年间陕西西安府蒲城地方官考成事。"考成首以钱粮为重"，说明晚明"完钱粮"是地方官考核的第一项内容。而实际上所谓钱粮，只是白银的代名词。朱氏极为详尽地记录了崇祯四年（1631 年）蒲城税收的具体情况：蒲城 55 里，共派额粮 77557 石，其中辽饷、均徭、赡田、优免、赡盐应纳银 111574 两，以 12 个月分征，每月征银 9297.8 两，闰月按 13 个月征，每月该银 8582.6 两。并记录了这一年先后各任官员连续征解的数额：

去任知县何自崇祯四年正月初一日起至四月初三日止，共 3 个月，该征辽饷银 3648 两，如数征完，又借本年征完粮银 1759 两，共凑解辽饷银 5407 两，其该征均徭、赡田、优免、赡盐并禄粮存留银共 6079 两，全未征解。

署印华阴县县丞赵以醇自崇祯四年四月初四日起，至十一月初六日，7 个月时间，该征辽饷银 8512 两，只征银 8026 两，少征 486 两；该征赡田银 1148.7 两，只征 1000 两，少 148.7 两；该征均徭银 5867.4 两，只征 1166 两，少 4701.4 两；该征优免银 109.2 两，如数征收，又借本年征完粮银 93.8 两，共凑解优免原额 203 两；该征禄粮存留银 6920.6 两，只征银 4253 两，少 2667.6 两；该征赡盐银 138.7 两，全未征解。

新任知县朱自崇祯四年十一月初七到任，到十二月终止，连闰月共 3 个月，该征前官未完辽饷银 2374 两……

由此我们可以得知，地方官员的税收征解是滚动式的。知县上报中说："在丰年催科，从来拾分止完柒捌分，其西南两乡，肥瘠相半，民可聊生，钱粮拾常完之捌玖；其东乡与平等里，地薄人稀，钱粮拾常完之伍陆；其乡宜阳、下马等拾壹里，固地瘠人稀，更多山坡不毛之地，钱粮拾常完之肆伍，以致岁岁都成积逋。"① 这里清楚地说明了派征的"钱粮"，实际上征收的是白银。

《考成录略》中还详细记载了陕西泾阳县实行官收官解钱粮的情况，具体而言，是先按粮多寡，每几里总设一柜，用吏书几名，官给工食，载入规矩册内，又照新例每户给易知单一张，上开"丁粮数目、分派限次"，"令花户自封自投"，吏书"止照簿封单查收给票，看守银柜，不许经手钱粮"，并且每里只许见年里长 1 名，经催大户、收头尽行裁革。② 但从此后的申报中，我们可以见到仍有皂吏、催头上门催征，催头是总催，一里择一人，一里十甲，又有分催，"可谓家喻户晓，而粮无难完矣"。③ 这里再次清楚不过地表明，按照丁粮数目征派的"钱粮"投入"银柜"的过程。"钱粮"实际上既没有铜钱，也没有粮食，钱粮徒有名义。

在甘肃，现存明朝档案中，有一份嘉靖四十三年（1564 年）《嘉靖帝命甘肃巡抚雷稽古查盘各库钱粮敕谕》，特引录如下，说明即使是在西北地区，钱粮也均已白银货币化的情形：

> 自嘉靖三十七年起至四十二年止，吊取各该手放卷簿到官，逐一查盘。用见各库银两某年收过民屯折银事例、赃罚等银，并节年运分年例，额外修编、赏功、赈济、备荒等项正银各若干，秤出附余若干，奏留并派征等项及各司府协助等银各若干，某年月日支放过某项，主客官军折支若干，召买某处粮料、草束、商价若干，修筑某处城堡墩台工食若干，赈济某处军民银粮若干，见在未支若干；该仓场某年月日召买挖运粮料、开中盐引并民屯牛具等项，本色粮料、草束各若干，某年月日支放过某项，主客官军人丁各若干，见在正余各若干，会府钱粮原收若干，某年月日支过若干，见在若干，逐起分项核年顺月参伍磨对收放，总撒有无，通销明白，各照节年题准事例……自都、布、按以下悉听选委，总督、巡抚、管粮郎中、监督主事等官照旧不得干预，各边守巡、各路管粮通判等官

---

① （明）朱国寿：《考成录略·完钱粮》，《北京图书馆古籍珍本丛刊》第 60 册，据明崇祯刻本影印，第 23—25 页。
② 《考成录略·完钱粮》，第 31 页。
③ 《考成录略·完钱粮》，第 32 页。

尤当回避，以听查理合用。①

这里清楚地反映出地方库藏中"钱粮"具体收支皆是银的状态。

二　澄清"钱粮"问题

考诸历史事实，明代自成、弘以后，白银货币化趋势已经深刻地影响了明朝财政和税收趋向货币化，引发了明朝一系列制度的变化。晚明赋役归一，田赋唯征白银，徭役也唯以银代，财政和税收全面货币化，制度的重组和更新，或者说渐进式变迁发生。但是，值得注意的是，我们在《明实录》《明会典》《万历会计录》等官方文献记载中，看到的却是另一番情况：田赋始终是以实物粮食的"石"为单位出现；直至明末，赋税仍称"钱粮"，而不是银两。这里涉及明史研究中的一个重要问题，即明后期赋役名实不符现象。明末清初顾炎武曾指出："今民间输官之物皆用银，而犹谓之钱粮，盖承宋代之名，当时上下皆用钱也。"② 他说明"钱粮"之名，是因袭宋朝而来，而"钱粮"只是白银的代名词。比较以往的朝代，宋代赋税一般是征收实物，以铜钱来计算。明初则规定以粮食为单位计算，后期实物折银后，仍以粮食单位出现，再折算为白银征纳。也就是说，国家财政白银化虽为现实，但是，全国性的以银为单位计算的财政账目始终是不存在的，朝廷的赋税征收存在账面定额与实际征收不相符的现象，这种形实脱离的情形，为我们的研究设置了障碍。当我们探究深层次的原因，可以说这与白银逐渐在社会流通领域占据了主导地位，却从根本上不是国家的法定货币，与白银是逐渐得到官方事实上认可这一点有着直接关系。明初的赋税原额仍存不变，一切在这一基点上发展演变，明朝在表面上显示出的是对祖宗遗留制度的继承和延续，似乎没有做大的更改，但是制度记载的延续与现实中运作的脱节，反映出变化中的制度具有的二重性，一方面是变化着的主流，另一方面是延续的部分。如果只以明朝官方文献所载税额中的粮食比例，来看明朝的财政收支，就会被表面现象所迷惑，以致造成明代赋税征收仍以实物为主的误解。实际上，这一

---

① 中国第一历史档案馆、辽宁省档案馆编：《中国明朝档案总汇》第一册，广西师范大学出版社 2001 年版，第 145 页。
② 《日知录》卷一一《银》。

误解直接导致了在以往的研究中，只谈商品经济的发展，一直忽略货币经济这一极为重要的因素；同时也影响了我们对明朝赋役制度以及相关的一系列制度变化，乃至明代社会经济发展的理解和评价。在这里，官方文献记载中表面上制度的延续，掩盖了其实质性的巨大变化，揭开历史的表层，拨去官方记载的迷雾，呈现在我们面前的，正是明后期白银货币经济扩大发展的客观事实。

事实上，折银是明朝成、弘以后从地方到中央赋役改革的主题之一，一直是以民间社会呼唤改革为前提。当时奏疏中有大量的各地"从民便""民称便"的记录，伴随改革推向深入。如果没有社会基础，没有社会需求，折银趋势就不可能这样势不可当，白银货币化也不会如此迅速地推动制度发生一系列变迁。

晚明赋役全面走向货币化。赋役货币化过程大致经历了以下几个步骤：由折色—本色，由秋粮—夏税，由起运—存留，由输往京城—边关，由经济较发展地区—经济较落后地区。在全国各地区普遍推行货币税的过程中，农民生产的粮食必须变换成白银去缴纳租税，农产品大量走向市场，主要方式是农民先卖粮得银，自行投柜，官府再购粮上京或存留本地仓库；或输银到边，军队在当地购粮，以备粮饷；也有地方征银后运银上京，在京城附近购粮上纳的；而通过经商和发展家庭副业获得白银，籴买米麦上纳，是江南等地实物征收部分如漕粮和白粮的重要来源。无论是何种形式，明朝政府征收货币税，促使农民耕种所得的粮食经过市场转换成货币，极大地推进了货币商品经济的发展。

在白银货币取得巨大扩展的同时，明初设计建立的一系列制度相继发生了重要变化。赋役是明朝主要的收入来源，赋役改革与白银货币化扩展同步进行，反映了制度改革的强制性的一面。明后期，在不断变革中的明朝财政一直处于一种危机形态，几乎贯穿了大半个明朝历史。考诸历史事实可以发现，明朝的一系列制度改革，几乎无一例外地均与白银相关，也就是说白银货币化不仅波及国计民生方方面面，而且直接或间接引发了明朝一系列制度的崩坏：黄册制度破坏，户籍管理制度衰亡；乡村基层组织里甲性质发生变化，逐渐为保甲制所代替；粮长制被破坏，乡村社会分化加剧；军屯、商屯、民屯破坏；工匠制崩坏；开中制瓦解……几乎所有在明初形成的制度都连带发生了程度不同的崩坏和演变。就这一意义而言，明王朝统治的社会基础发生了重大改变，社会结构发生了重大变迁。

一般来说，以往我们探寻赋役改革的原因，不外乎是土地兼并，赋役沉重，农民逃亡，赋税流失。然而，却往往忽略了一个重要的事实，那就是白银货币化及其引发的国家财政和赋役的货币化。沿着白银货币化的趋向，有两条线索，与制度变迁共进，与社会变迁同步。以折银为形式，田赋由实物税收转变为货币税收，促使中国传统社会从人丁税向财产税转变加快进行，由此，传统国家赋役征派基本形式和财政税收结构发生了根本性变化。

明朝强烈变动中的财政和税收，是一个极为复杂的工程。黄仁宇先生的研究为我们揭示了明代税收中地区性的极大差异，同时向我们表明，即使是在现代条件下，要想将明后期税收做一个系统统计也是很困难的事情。但是，在对明朝"无能"做出批判性评论后，他还是做出了推测性的估计。根据他的估计，1600 年以前，明朝基本税额是粮食 2600 万石，他推断其中 80% "似乎已经"折银，田赋总值略高于 2100 万两白银。同时，又推断全国役银额可能约为 1000 万两白银，部分役摊入了田赋。因此，他认为整个来源于农业土地的总收入有 2500 万两白银，甚至接近于 3000 万两白银。[1] 但是，他对税收中白银的估计可能偏低。事实上，田赋已经折银缴纳，就是加派，也是征银；400 万石的粮食早已折银供给内库，成为金花银；漕粮初无定额，成化八年（1471 年）始定 400 万石。[2] 武宗即位之诏，许漕运粮米在正德元年（1506 年）折银十分之二，"以苏民困"。后又实行"下户税粮不及一石者，俱足折银；一石以上者，亦量其贫富，折银十五"[3]。隆庆以后，折银的比例不断提高，实际不足 400 万石，最低曾至 138 万多石。[4] 漕粮中的折银数目历年不等，甚至还有通行折银情况，如万历六年（1578 年），江南漕粮通行折银一年。[5] 十一年（1583 年）改折 150 万石，当时仓储充足，议折漕粮 1/3，暂准一年。[6] 十三年（1585 年）又行。按此计算，则只有 250 石征收实物，以保证京师供给。其中，附加的运输费用也是以白银计算的。总的来说，大致实物征收在总数的 10% 左右，即晚明约 90% 的实物税已经转变为货币税可能

① 《十六世纪明代中国之财政与税收》，第 226 页。
② （明）周之翰：《通粮厅志》卷九《艺文志》上，台湾学生书局影印本。
③ 《明武宗实录》卷七，弘治十八年十一月甲午，第 224 页。
④ （明）杨宏、谢纯：《漕运通志》卷七《漕数表》，四库全书存目丛书本。
⑤ 《明神宗实录》卷七六，万历六年六月己酉，第 1647 页。
⑥ 《明神宗实录》卷一四四，万历十一年十二月甲子，第 2685 页。

更为合适。其间，各地的转变过程异常复杂，情况不一，有的地方多有反复，但是，发展到明末，全国陆续改变为货币税收的趋势是不可逆转的。从历史的长时段来看，自唐代两税法以后出现的这一实物税向货币税、人丁税向财产税转变的历史趋势，到晚明已经基本完成。这无疑是中国史上划时代的变革。

如果没有充分考虑到这一转变，仍用明朝财政中表面上的粮食单位去计算明代田赋的货币化程度，只能得出错误的结论。

当然，明后期一切以银为价值尺度，所以也不能排除有的地方实际存在征收实物以银计的情况，另外社会经济发展不平衡，有的地区使用铜钱，有的地方还有以物易物现象，这都是正常的。但是一条主线是清楚的，钱粮统一征银是发展的主流，"朝野率皆用银"是明后期的客观事实，白银不仅完全合法化了，而且成为当时占主导优势地位的货币，并且堂而皇之地成为国家财政和税收的主体。与之相适应，一系列制度发生了重大的、带有根本性的变化，我们可以认为白银货币化是古代社会向近代社会转移的重要征象，以此为标志，清楚地表明了社会经济货币化在中国的发展历程，这正是中国早期近代化的历史进程。

在搞清楚明后期所征收的"钱粮"实际上大都是白银以后，一个重要问题就浮现了出来，伴随白银货币化，明朝制度改革加速进行，制度变迁已是题中之义。对明代货币经济的发展，我们应该有一个突破以往"规范"的重新认识。

总之，自明朝初年至成、弘年间，近120年间宝钞的推行和使用，经历了花开二度，一波三折的过程。实际上，自成、弘以后，宝钞已失去货币的意义，民间支付所用主要是白银，宝钞不能流通，钞法也就形同具文了。从某种意义上说，宝钞衰落的过程，也正是白银货币化进程的一部分。大致说来，洪武至建文，是宝钞的第一次起落；永乐至宣德，是宝钞的第二次起落，经过两个峰值以后，宝钞就悄然退出了民间交易流通领域，换句话说，至明朝成化年间，民间市场实现了白银货币化。①

---

① 考虑到中国地区发展不平衡的因素，当时实际还不可能在全国实现白银的货币化，一些地方以铜钱交易，而更多的地方仍以实物交易。白银货币化的实现，应该说是在明朝成、弘以后伴随国家财政的货币化而推向全国的，下面还要谈到。在这里，只是从契约出发概括总的发展趋势，因为徽州不是银产地，银的来源只能是来自民间原有储藏和现实交易之中，所以还是具有典型意义的。

明代白银货币化是从民间开始，正是这种自下而上的白银货币化的趋势，影响作用于明朝统治层，使统治层融入了这一趋势之中，利用货币手段进行改革，见下章。正统元年（1436 年），户部尚书黄福上奏："宝钞本与铜钱兼使，洪武间银一两当钞三五贯，今银一两当钞千余贯，钞法之坏，莫甚于此。宜量出官银，差官与南北二京各司府州人烟辏集处，照彼时值倒换旧钞，年终解京，俟旧钞既少，然后量出新钞换银解京。"① 当时宝钞已经贬值千倍，实际上已日益被民间弃之不用。对于明朝而言，就是一个承认现实问题。然而，值得注意的是，明朝却仍维护宝钞地位，所谓改变政策，只是以钞收银。那么，自下而上的白银货币化趋势何时发生了自上而下的展开？至今为人们所熟知的转折标志，是正统元年（1436年）"金花银"的出现，英宗"弛用银之禁"，于是"朝野率皆用银"。这是一种传统的说法，主要根据是《明史·食货志》。② 然而，经过考察，事实并非如此。正统初年金花银名称尚未出现，而且没有规范化，存在一个逐渐形成定制的过程；正统初年没有"弛用银之禁"，也没有"朝野率皆用银"的发生，因此以正统初作为朝野广泛用银的标志不能成立。《明史·食货志》中以正统元年为标志，进行了高度概括，起了误导的作用。无论是在民间契约文书中，还是在文献记载中，都反映出在民间白银货币化趋势的冲击下，经历正统、景泰、天顺各朝，在成、弘以后，官方与民间的用银趋势相互吻合，自下而上的趋势与自上而下的展开并行，出现了"朝野率皆用银"的现象。考察说明，白银与宝钞有一个此消彼长的过程，这一过程在民间基本完成于成、弘年间，此后开始了自下而上与自上而下线索的融汇统一，白银货币化在明朝得以实现。

从对历史过程的考察来看，对于白银货币化，我们应该理解为民间市场促动形成的结果，是市场经济的萌发，而不是国家法令推行的结果。明朝白银货币化经历了不同寻常的起源，再到国家认可的不同寻常的发展历程。进一步说，如果我们以成化为界划定明朝前后期，明前期国家与市场/社会在货币上的博弈，先以国家的败北告终。但是这里需要指出的是，在白银货币上，反映出国家与市场/社会不仅只有博弈的一面，还有协调

① 《明英宗实录》卷一五，正统元年三月戊子。
② 《明史》卷七八《食货志》二《赋役》、卷七九《食货志》三《仓库》、卷八一《食货志》五《钱钞》，中华书局 1974 年标点本。

合作的一面，至少在成化以后，国家与市场/社会达成了一种默契，白银自下而上与自上而下合流，两条线索融汇统合，说明国家与市场/社会开始了一种合作关系，共同推进了白银货币化过程，也即中国货币经济化——从传统农业经济向市场经济转型的过程。然而，钱即权也，货币垄断权的丧失，对于明朝是切肤之痛，国家虽然不得不承认白银的主币地位，但是明朝统治层始终存在对于白银的争议与质疑，对于白银财富的争夺更是从未停止，铸造铜钱和发行宝钞的建议和实践与明朝相始终，反映出有明一代充满了国家与市场/社会的博弈。

第三章　明代白银货币化与一系列赋役改革

第一节　明代赋役改革的长时段考察：并不始自一条鞭法

一　明代赋役改革起源与特征：折银—征银

对于明代白银货币化的考察，使我们进入一个全新的视角来看待明代的赋役改革。毋庸置疑，明代赋役改革以一条鞭法最为著名。中国学者对于一条鞭法的研究，以梁方仲先生贡献最大。早在20世纪30年代，他就开始进行系统而全面的探讨，形成了一个里程碑。日本学者对于明代赋役制度的研究，也可以追溯到"二战"前。从那时起，日本学者的中国史研究尤其关注明代徭役制度的变化，以细致的考证为特色，详细考察了徭役制度，特别是一条鞭法的实际状态。中外史学界的成果积累深厚，颇为可观，下面还将陆续征引。然而，就视角而言，中外学者以往的探讨基本上不出赋役制度的范畴，主要研究与评价了明代赋役改革与赋役制度在历史时期的地位和特点。

应该提出的是，明代赋役改革并不始自一条鞭法，如果从宣德五年（1430年）周忱改革算起，发展至嘉靖初年（1530年左右）出现一条鞭法，再到《明史》所载万历初年（1580年左右）向全国推行，整整经历了一个半世纪的时间。一条鞭法是此前明代一系列赋役改革的延伸与总结。"条鞭之法，总括一县之赋役，量地计丁，一概征银，官为分解，雇役应付。"① 这是明朝人的概括。这样一种概括，也可以视为对一条鞭法

---

① 《明神宗实录》卷二二〇，万历十八年二月戊子，台北："中研院"史语所校勘，1962年影印本，第4124页。下引实录均出此本，不另注。

之前赋役改革总趋向的概括。

从一条鞭法之前的赋役改革来看，虽然各地实行时间不一，内容也不尽相同，但是呈现出一个总的趋向，即朝着赋役合一和赋役折银的趋势转变，成为一条鞭法的前导。以往学界关注赋役改革，大多论定是土地兼并、赋役繁重、农民逃亡、国家对土地和人口失控等，引发了均平赋役征收、减轻农民负担的赋役改革，从而构成了对赋役改革的主流观点，这无疑是正确的。但是，这是明代赋役改革最主要的特征吗？赋役的均平和合并简化以减轻负担，是历史上数不清的赋役改革的一个共同特征。根据这个共同特征，有学者提出"黄宗羲定律"之说，揭示出事实上一条鞭法改革以后，也反复出现同样的问题，不断需要酝酿新的改革。[1] 这种认识已被学界所认可。因此，也可以说那不仅仅是明代赋役改革的主要特征。从主要特征的不可逆转性出发，那么，明代赋役改革不同于历朝历代的特征又是什么呢？我认为明代赋役改革的主要特征，或者说明代赋役改革的一个核心问题，是赋役折银，即赋役的白银化。这是与明代白银货币化密切联系在一起的。学术界以往的研究相对集中于均平赋役方面，对此未能给予充分重视。赋役一概征银，在中国历史上是亘古未有的变化，具有划时代的意义。

明代的赋役改革，大都与折银相联系，这是值得关注的现象。追溯以往，赋税折征并不特别，是历朝常有的举措。在唐代建中年间杨炎施行两税法的时候，已经开始采用折钱。由此看来，明代的折征似乎也没有什么特别之处。然而，我们说明代的折征又是特别的，就在于明代赋役折征的是贵金属白银，而且最终统一征收白银，这在历史上从未有过，这才是明朝赋役改革有别于历朝历代的根本特征。

这里尝试从明代白银货币化的全新视角透视明代赋役改革，并着意于阐释赋役改革使农民从纳粮当差到纳银不当差的历史意涵，兼及对农业、农村的深刻影响。

---

[1] 秦晖《农民"减赋"要防止"黄宗羲定律"的陷阱》一文指出："中国古代的赋役制度，总是将旧的苛捐杂税归并统一征收，以图减少加派之弊。但是改税后随统治者需求，又生出新的加派名目，每次赋役改革，就成为加征加派事实上的承认，简化征收，成为此后加征的起点，随加派日繁，又开始孕育下次的改革。"见《中国经济时报》2000 年 11 月 3 日。

二　明代白银货币化：一系列赋役改革推而广之的过程

明代赋役制度原则上沿袭唐代以来的两税法，明建国伊始，就建立起赋役黄册和鱼鳞图册等一整套颇为完备的制度，确保赋役的征收。明初，田赋征收主要有本色、折色两种。米麦为本色，"诸折纳税粮者，谓之折色"。折色指可用银、钞、钱、绢代输税粮。明初役法分为里甲与杂泛两类，里甲是正役。明代赋役改革如上所述，并不始自一条鞭法，发展至一条鞭法，已是此前一系列赋役改革的总结。值得关注的是，一条鞭法出现前的一系列赋役改革，几乎都包括有折银的内容，这无疑不是一种巧合，而是一种带有规律的现象。伴随一系列赋役改革的折银缴纳，明代白银货币化极大地扩展，逐渐普及全国。为了清楚地说明一系列赋役改革与白银货币化的关系，对于历次赋役改革相关折银的情况，现依据时间顺序，胪列如下。

（一）赋役改革的开端：轻赍折纳

明代赋役改革折纳，经历了从轻赍折钞、绢、布、金、银等物，最终归一到折银的过程。因此，我们有必要从明代赋役改革的开端进行细致的考察。一般而言，宣德年间周忱在江南实行的赋役改革，可以视为明代赋役改革的开端。

宣德五年（1430 年）九月，周忱作为工部右侍郎总督税粮，被派往南直隶苏松等府县。[①] 他"始至，召父老问通税故"，在了解当地重赋实际状况以后，针对江南赋重役繁，负担不均，拖欠税粮达数百万石的情况，开始进行赋役改革。"计减苏粮七十余万"，又奏请户部，要求将"松江官田依民田起科"。但遭到户部反对，认为此举"变乱成法"，不予批准。于是周忱创行"平米法"。他的"平米法"，主要有两方面的内容：一是"加耗"，即正粮每石加征"耗米"，将耗米并入正粮一并征收，对田赋加耗作了适当调整；二是折征，以改变征收方法来使官民田土和税户负担均平。主要方法是使科则重的田土缴纳负担较轻的折色，包括银、布等轻赍之类；而科则轻的田土则缴纳"重等本色"，以此将各种不等的科则加以均平。在这种折征办法之下，重赋官田负担得以减轻。因此，"平米法"的一个重要内容是"折征"，以不同的征收折纳办法使得农民田土

<hr />

① 《明宣宗实录》卷七〇，宣德五年九月丙午，第 1640 页。

和税户的负担较为均平。由此我们知道，缴纳本色重于折色，缴纳折色本身有均平的作用。

应该指出的是，洪武年间缴纳实际负担较轻的折色，如布、银等轻赍之类就已经存在了。早在洪武九年（1376 年），明太祖"令民以银、钞、钱、绢代输今年租税"，也就是准许各地用银、钞、钱、绢等物折合为米麦缴纳租税，目的是使交通不便的地方的税户便于缴纳，这应属于轻赍的范围。当时规定银一两，钱千文，钞一贯，可折米一石，麦减值十之二，棉布、苎布一匹折米六斗或麦七斗，麻布一匹折米四斗或麦五斗。[①] 还有通赋的折银征收，在明初也已形成定例。洪武三十年（1397 年），明太祖令户部："凡天下积年通赋，皆许随土地所便，折收绢、布、金、银等物，以免民转运之劳。尔百司一如朕命，毋怠。"[②] 值得注意的是，在轻赍中，并不以白银为主，而是银、钞、钱、绢等物平分秋色，更是"随土地所便"。宣德年间周忱巡抚江南时期的田赋折纳情况，应也是如此。

有学者引用明人顾起元所云："往周文襄公巡抚时，以丁银不足支用，复倡劝借之说，以粮补丁，于是税粮之外，每石加增若干以支供办，名'里甲银'。"[③] 由此看来，似乎周忱在江南的改革不仅涉及田赋，而且涉及役法。问题是所谓"里甲银"的征收，未见当时记载。实际上，周忱改革以"平米法"闻名。明人评述周忱改革时称："当时杂派太多，民不堪扰，乃将杂派名色尽于秋粮一并带追。谓之耗米"；[④] "宣德年间，周文襄巡抚南畿，……乃令凡民间户丁之差役，物料之科派，皆取诸余米"，[⑤] 都只是提到耗米，而无银。而研究者多征引明代后期史料中的记载，以为周忱的折征，是将原来按户征收的里甲费用，摊入田粮，折金花银征收，则更向前走了一步。然而，这些记载的问题是金花银之称当时并不存在，明显为后人所归纳，名称恐不足为凭。[⑥]

---

① 《明太祖实录》卷一〇五，洪武九年三月己丑，第 1756—1757 页。
② 《明太祖实录》卷二五五，洪武三〇年九月癸未，第 3682—3683 页。
③ （明）顾起元：《客座赘语》卷二《条鞭始末》，《北京图书馆古籍珍本丛刊》第 66 册，第 649 页。
④ （明）徐献忠：《复刘沂东加耗书》，《明经世文编》卷二六八，中华书局 1962 年影印本，第 2831 页。
⑤ （明）何塘：《均徭私议》，《明经世文编》卷一四四，第 1442 页。
⑥ 参见拙文《明代白银货币化的初步考察》，《中国经济史研究》2003 年第 2 期。见本书第一章第二、三节。

根据史籍记载，依时间胪列当时有关事实如下：

从宣德五年闰十二月直隶苏州府上奏中，我们得知明仁宗洪熙元年（1425 年）的折纳事例折的是钞。

宣德四年（1429 年）出于宽恤，令"折收钞及布绢"。[①] 由钞扩及了布和绢。

宣德六年（1431 年），周忱上奏松江府华亭、上海二县濒海地在洪武间秋粮折收绵布，永乐间纳米，"今远运艰难，乞仍折收绵布、黄豆"。[②] 折纳中除了绵布，还增添了黄豆。

宣德七年（1432 年）八月置苏州济农仓，"有旨命以官钞平籴储待，以备岁凶"。[③] 由此可见，当时官方是用钞"平籴"，并无白银之用。

发展到正统元年（1436 年），《明实录》记载了"命江南租税折收金帛"。[④] 这就是学者多所引用并认为是正统初征收金花银的重要证据。然而，仔细考察，折收的是"金帛"，"金"固然包括银在内，而"帛"的本义是丝织品的总称。此次折收的来历，在《实录》中叙述颇详：

"先是，都察院右副都御史周铨奏：'行在各卫官员俸粮在南京者，差官支给，本为便利。但差来者将各官俸米贸易物货，贵卖贱酬，十不及一。朝廷虚费廪禄，各官不得实惠。请令该部会计岁禄之数于浙江江西湖广南直隶不通舟楫之处，各随土产折收布、绢、白金，赴京充俸'。巡抚江西侍郎赵新亦言：'江西属县有僻居深山不通舟楫者，岁赍金帛于通津之处易米上纳，南京设遇米贵，其费不赀。今行在官员俸禄于南京支给，往返劳费，不得实用。请令江西属县量收布绢或白金类销成锭，运赴京师，以准官员俸禄为便'。少保兼户部尚书黄福亦有是请。"

从以上一段话来看，这并不是周忱赋役改革的组成部分，而是另外有因。况且前有周铨所奏："折收布、绢、白金"，后有赵新所言："量收布绢或白金类销成锭"，实际上都是将布、绢、银并列的。而当时少保兼户部尚书黄福的"亦有是请"，自然也应是并列布、绢、银的。就是当时劝说英宗实行折征的胡濙，所用的也是太祖洪武年间折征布、绢、金、银各

① 《明宣宗实录》卷七四，宣德五年闰十二月己亥，第 1721 页。
② 《明宣宗实录》卷七七，宣德六年三月戊辰，第 1785 页。
③ 《明宣宗实录》卷九四，宣德七年八月辛亥，第 2135 页。
④ 《明英宗实录》卷二一，正统元年八月庚辰，第 414 页。

色的事例。① 就此而言，金花银的说法，当时是根本不存在的。②

上述史料说明，周忱改革是明代一系列以折征为主线的赋役改革的开端。当时，明朝赋役折纳是如以往朝代一样由轻赍开始的，明代赋役折收货币，则是由折钞起，因为当时宝钞是国家的法定货币。周忱改革之时，赋役折征还处于钞、布、绢、银等并列时期，"平米法"中即使有折银，也仍带有一种临时性特征，是属于轻赍之类。这说明明初社会经济中的商品货币关系虽然有了一定程度的进展，形成了部分折银现象，但是赋役折银在当时还只是个别的，分散的现象。从性质上说，银在当时不是专门的折纳对象，改革也不是单纯以银两为征收目标。

（二）一系列赋役改革链：折银的普遍化

明代一条鞭法推行全国之前的各种赋役改革，如"均徭法""均平银""纲银""征一法""十段锦法""一串铃法""门银、丁银"等，名称不一而足。可是，无论名称如何，方式多种，其中都将折银征收作为最主要的一项改革内容，《明书》云："征一法、一条鞭、十段锦、纲银诸法，在所异名而同实。"③ 因此，我们认为赋役改革折银是明代白银货币化的一个主要形式，换言之，税收白银化是白银货币化的一个重要的实现过程。白银作为支付手段也就是货币基本手段的确立，正是经过了这样的历程才最终实现的。

1. 均徭法：力差与银差

均徭法是一种编审徭役的方法，是明代徭役的重要类别之一。根据梁方仲先生研究，它于正统初年由江西地方官柯暹首创，按察司佥事夏时推广于全省。④ 正统四年（1439 年），夏时上奏后户部曾下令"里甲除正役照赋役黄册应当外，又另编造《均徭文册》，查勘实在丁粮多寡，编排上中下户，量计杂泛重轻等第，佥定挨次轮当。一时上下称便"。⑤ 当时将杂泛中供应官府的各种差役另列编册，根据丁粮多少，编审户等，分上中下户，均派徭役。此法行之不久，即遭反对，一度中止。以后，广东、福

---

① 《明英宗实录》卷二一，正统元年八月庚辰，第 414—415 页。

② 参见万明《明代白银货币化的初步考察》，《中国经济史研究》2003 年第 2 期。

③ （明）傅维麟：《明书》卷六八《赋役志》，畿辅丛书本。

④ 梁方仲：《论明代里甲制和均徭法的关系》，《梁方仲经济史论文集》，中华书局 1989 年版。

⑤ 嘉靖《海宁县志》卷二《田赋志》，嘉靖刻本。

建、四川、陕西、南直隶等地相继推行，景泰以后逐渐推行于全国。江淮以北约于成化、弘治年间开始实行。后来均徭法与里甲、驿传、民壮一起，号称"四差"。其中的各种杂役，分为力差和银差两大类。力差，是亲身服役，银差，则是纳银由官府雇人当差。

均徭折银，就是银差的出现。最早研究这一问题的日本学者山根幸夫，指出《明史》记载的错误，首先提出初创均徭法时，并没有力差和银差的区别，银差出现于弘治末年到正德初年。他认为银差出现是社会政策，对小农来说更希望的是折银代役。^① 日本学者岩见宏对银差中全国共通项目皂隶、马夫、膳夫、斋夫的折银进行了细致地研究，提出了折银均于弘治前期完成的观点，并指出差役在更早的时候已存在折银现象。^② 实际上，早在宣德四年（1429 年），已出现"柴薪银"。^③ 据成化六年（1470 年）南京官员上奏："一禁夫役以节民财。谓应天府上元、江宁两县沿袭旧例，每年验丁出银，谓之上柜银，以为修理公廨以及往来迎送之费。"^④ 这里所说"旧例"，意思很明显，是已经规范化了的做法。逐渐地，规范化的例子越来越多，随着货币经济的发展，力差变为银差的项目也就越来越多。在广东地区，"均徭为杂役，成弘以前莫考，正德后始定银差、力差之例"。^⑤ 另据唐文基先生研究，至嘉靖年间，各地编纂的方志已反映出许多地方的力役和听差都已折成了银子。^⑥ 也就是说，无论名称是力差还是银差，在实际运作中一概归于折银征收。又据日本学者的最新研究，均徭折银的过程，在华北、华南和华中是完全不同的，如在华北称为均徭银的是门银、丁银，下面还将单独谈及。

2. 均平银

一般来说，均平银是针对里甲正役的改革，天顺时始行于浙江，又称

① ［日］山根幸夫《十五・十六世纪中国にぉける赋役劳働制の改革——均徭法を中心として》，《史学雑誌》六〇卷一一號，收入《明代徭役制度の展开》第二章第一节，东京女子大学会 1966 年版。
② 详见［日］岩见宏《银差の成立をめぐって——明代徭役の银纳化に关する一问题》，《明代徭役制度の研究》第 157—180 页，同朋舍 1986 年版。
③ 万历《明会典》卷一五七《兵部》四〇《皂隶》载："随从皂隶，不愿应当者，每名月柴薪银一两。"中华书局 1988 年版，第 808 页。
④ 《明宪宗实录》卷七九，成化六年五月丁酉，第 1545 页。
⑤ （明）顾炎武：《天下郡国利病书》卷一〇一《广东》五，光绪刊本。
⑥ 参见唐文基《明代赋役制度史》第 238—239 页，表 34 嘉靖年间各地主要均徭杂役折银价格表。

甲首银。均平银支应的对象，是原里甲供应的额办、坐办、杂派，上供物料与地方往来公费。景泰年间，均平银实行于江西，当时江西巡抚韩雍为了解决里甲负担不均，开始对原来由里甲承办的祭祀、乡饮等费用实行定额，凡现役里甲，按丁、田输银于官，由官府统一征收办理，以备一年之用，称"里甲均平银"，[①] 亦称公费银。为防止贪官污吏营私舞弊，侵渔中饱，韩雍规定每里出银 6 两，非全里者减半。正德年间，江西里甲均平银征派办法再次改革，其法是依照丁、粮来均派，一县通融计算。嘉靖初年，巡按盛应期在江西对里甲均平银的征收和支应办法又有改革。史称：将一府丁粮分作十年，如吉安府每年每石派银三钱五分，名曰里甲均平。[②] 这一改革里甲正役的编审范围突破了原有里甲的界限，具有摊丁入地的内涵，为后来一条鞭法开辟了道路。

《天下郡国利病书》记载广东"其法盖始于成化"。[③] 日本学者岩见宏综合研究广东公费问题，考察了均平银的成立过程，明确指出在纳银化之前曾被称为"均平钱"，并考察了嘉靖《广东通志》记载的均平银，分别为岁办、额办、杂办三项具体内容："一曰岁办，盖每岁必用之常也。二曰额办，盖二年三年或四年五年一用之数也。三曰杂办，盖取用无常，备予以待不时之需者也。"明确指出地方政府的经费，到后来也成了里甲的负担。[④] 纳银均平徭役的作用极为明显。

3. 白银法

成化二十二年（1486 年），松江知府樊莹创立"白银法"，主要针对当地民运漕粮的役法进行改革。

明初规定，每年的税粮由粮长率领里长、运粮人户，起运到交纳的仓场。但是，由于"仓场书手侵盗害人，虚文诡出，移新补陈"，以致"运夫耗折，称贷积累"。针对这些弊端，樊莹请求革除运夫，由粮长专门负责运输，"宽其纲用而优之"，重新制订的运输费用征收办法，具体来说是两个方面：第一，除了应纳的税粮征收本色外，"其余应变易者，尽征收白银"；第二，所征白银，"随时估商下，或准平米二石或二石五斗"。

---

① 嘉靖《东乡县志》上卷《户口 土产 贡赋 力役》，天一阁藏明代方志选刊本。
② 参见聂豹《双江聂先生文集》卷八《答东廓邹司成四首》第四，《四库全书存目丛书》本。
③ 《天下郡国利病书》卷九九《广东》三。
④ ［日］岩见宏：《明代徭役制度の研究》，同朋舍 1986 年版，第 135—155 页。

于是"部运者既关系切身，无敢浪费；掌支之人出入有限，无可蔽藏"。这样，竟使得"积年之弊十去八九"。①

当时的情形是分别于各县实行，各县有所不同："华亭县正粮一石，加耗米三斗二升，白银一钱五分；上海县正粮一石，加耗米三斗三升，白银二钱"。② 唐文基先生指出，白银法将一部分耗米折成白银征收，从而开了田赋运输附加税货币化的先河。③

4. 征一法

这一改革主要是嘉靖年间在江南地区实行。具体说来，是由应天巡抚欧阳铎于嘉靖十六年（1537 年）实行于南畿十府。由于当时制订的经赋册中，有"征一定其则"之说，故因此而得名。它由常州知府应檟建议，嘉定知县王仪力主推行。④ 虽然在推行时各地作法不尽相同，但主要有两个方面：一是重则田征轻赍，减耗米；轻则田征本色，增耗米，目的是以此方法拉平官民田科则。而此时征收的"轻赍"，就是白银。二是归并役目，部分里甲、均徭折银，摊丁入田亩征收。把里甲、均徭合并在一起，力役折银归入田亩征收，也就是在不损减赋役总额的基础上，把全县各项应征税项统一核算，然后按照田亩均分，统一征收。这一方法明显的是"赋役二途遂合而一"，统一征银，把赋役合一征银的进程推进了一步。

5. 纲银

纲银是福建地区的徭役折银改革，出现于成化、弘治之际，时称"纲银"，又称"纲派"。《天下郡国利病书》云："于是成、弘之间，乃令见役里长，随其丁田或钱输官，以供一年用度者，谓之纲；以雇一年役事之佣者，谓之徭。既出此钱，则归之农，雇一里长在役，以奉追征勾摄。"⑤ 这一改革是里甲正役的改革，原则是按照丁田征银于官，雇役应付。正德十五年（1520 年）御史沈灼建议实行的办法，是将一县的费用分为正役和杂役两纲，以人丁四成，粮额六成征收。⑥ 纲银之名，是由于整编简化归一征收，如网之有纲，所以得名。但是实际上，纲银征收的办

---

① 《天下郡国利病书》卷二一《江南》九。
② 乾隆《江南通志》卷一一四《职官志》，乾隆刻本。
③ 唐文基《明代赋役制度史》，第 152 页。
④ 《明史》卷二〇三《欧阳铎王仪传》，中华书局 1974 年版，第 5375 页。
⑤ 《天下郡国利病书》卷九二《福建》二。
⑥ 《天下郡国利病书》卷九五《福建》五。

法、范围的变化十分复杂。丁粮分派银两，总输于官，或说官府总征一年中里甲各类费用，按丁田编排于现年里甲。各地实行并不一致，可是，统一征银却是确定无疑的。隆庆年间，福建纲银也用十段册法摊派。由于纲银不包括上供物料的支应，沈灼又有"八分法"征银支应上供物料。日本学者山根幸夫对此进行了深入研究。①

6. 十段锦法

"十段锦法"又称"十段册法"，最初于成化年间出现于福建邵武，由邵武知府盛颙创行。"先是徭役多从里胥推举，奸弊万端，颙乃通扣一县丁田数为十甲，以一年丁粮应一年徭役，周十甲而复始，民甚便之"。②这种办法在邵武时行时废，改革的作法是通计一县丁田数为十甲，以一年丁粮应一年徭役，依次轮流应役。可见简化徭役，摊于田亩，统一征银，是构成此法的重要内容。日本学者小山正明的研究说明，在华中与华南改革以"十段法"施行，直接分摊到人丁和土地上。③ 在江南地区，开始试行"十段锦法"的是正德年间南直隶常州府同知马某，他于嘉靖十四年（1535 年）在武进县推行此法，具体是将田分为十段，造册应役。十七年（1538 年）常州府无锡县知县万虞恺推行武进县方法，建立丁粮十段册。④ 而嘉靖十六年（1537 年），李元阳任福建御史，在全闽行"十段法"。嘉靖末隆庆初，"十段锦法"已经普遍实行于江、浙、福建各地。推行十段锦法最著名的人物是庞尚鹏，他同样是推行一条鞭法最著名的人物。他于嘉靖四十年至隆庆元年（1561—1567 年）在浙江议行"十段锦"。梁方仲先生有专文就十段锦与均平银、一条鞭的关系及其与后来加派的联系，进行条分缕析的研究。⑤

7. 一串铃法

这是明代役银征收和解运方式的改革，于嘉靖末年、隆庆初年实行于北直隶和山东等地。主要内容是"伙收分解"，即按照役银一总征收，然

---

① ［日］山根幸夫：《丁料と綱銀——福建にぉける里甲の均平化》，《和田博士古稀記念東洋史論叢》，講談社 1961 年版。

② 嘉靖《邵武府志》卷一二《名宦》，《四库全书存目丛书》本。

③ ［日］小山正明：《明代の十段法について》（二），《千葉大学文理学布文化科学紀要》一〇辑，1968 年。

④ 康熙《无锡县志》卷一六《遗爱》一，康熙刻本。

⑤ 梁方仲《明代十段锦法》，《中国社会经济史集刊》7 卷 1 期，1944 年，收入《梁方仲经济史论文集》，中华书局 1989 年版。

后分别以原来名目存留和解运的原则实行。这项改革不如东南地区那样有系统性。根据《明穆宗实录》隆庆四年（1570 年）山东巡抚梁梦龙上奏："一正分收分解之规。言往者编金大户，分定仓口。近为一串铃法，总收分解。"[1]

　　8. 门银与丁银

　　门银与丁银是从均徭法发展变化而成，是作为杂役折银，在华北广泛实行的改革。门银以户，丁银是以丁为课税对象，分别按照从上上到下下的九等户则，征收税银，维持政府的费用。根据日本学者岩見宏研究，上供物料和地方公费的负担，在华北有一部分是以均徭的形式派征的，并按照九等户则编审，所以门银与丁银就是这样发展而来的。日本学者谷口规矩雄则深入考察了华北地区从九等法到门银、丁银，再到一条鞭法确立的徭役折银的整个过程。[2] 他的研究明确了九等法与门银、丁银的关系，并对门银、丁银与一条鞭法的直接联系作了深入探讨。

　　综上所述，通过对明代一条鞭法前一系列赋役改革的折银本事的简略叙述，一个明显的事实摆在我们面前，那就是这些赋役改革几乎无一例外地都具有折银的内容，而且贯彻的是赋役合一，统一折银的原则，说明折银是一系列赋役改革的一条主线；从时间上来看，大多数文献记载了改革始自成化以后。正是在一系列赋役改革折银的基础上，出现了一条鞭法。这绝不是偶然的巧合。换言之，一条鞭法的实行，始自地方一系列赋役改革，一条鞭法是这一系列赋役改革的延续和总结。

小　结

　　明代一系列的赋役改革经历了一个半世纪才发展到张居正改革，前后大小改革难以估计其数，所有这些改革的中心内容，可以归纳为两个重要方面：

　　第一，赋役合一，摊丁入亩。

　　第二，统一征银，官府雇役。

　　如果说第一项要到清代才完全实现，而晚明赋役所呈现出的错综复杂

---

① 《明穆宗实录》卷四八，隆庆四年八月丙午，第 1200—1201 页。
② 详见［日］谷口规矩雄《明代徭役制度史研究》第二章第五节和第三章第一节，第 70—91 页，同朋舍 1998 年版。

性充分说明了过渡状态；那么，第二项则是在明代逐渐实现了的。这是明代赋役改革不同以往历朝历代的鲜明特征。考虑到白银原本不是明朝法定货币，崛起于市场，赋役改革具有坚实的社会基础是毋庸置疑的。这里还想廓清的一点是，市场的作用是前提条件，市场与国家二者有着相辅相成的关系，体现在白银货币化的历史进程中。

赋役改革折银，需要有货币经济一定程度的发展条件。因此，我们有理由说明代白银货币化是形成赋役改革折银的必要前提，而且推动了赋役改革发展的进程，成为一条鞭法的前导；而以白银作为均平赋役重要手段进行的一系列改革，实际上正是白银货币化推而广之的过程。

明代白银货币化——赋役的白银化，赋役折银与明代白银货币化密切相关，是白银货币化的重要表现形式。进一步考察，明代赋役改革最重要的两项内容，也就是赋役合一与统一征银，二者之间的关系是互动的，也是相辅相成的。作为改革的题中之义，赋役合一构成统一征银的一个必要的前提条件，而赋役改革中的折银过程也就是明代白银货币化的历程。如果我们跳出赋役制度的框架，置于中国社会经济发展更广阔的视野来重新审视，白银崛起于民间，以地方一系列赋役改革折银的形式扩张于各地，为一条鞭法出现并扩展到全国奠定了基本前提。就此而言，改革是有社会经济基础的。明代白银货币化趋势推动了一系列赋役改革出现；以赋役改革的形式，经历一个半世纪，白银货币化基本奠定，接着迎来了新一轮的改革——清丈田亩全面折银，导致白银货币化的最终完成。这也正是中国社会经济货币化的重要里程，是中国从传统社会向近代社会转型的重要标志。[①]

赋役合一，统一征银，是明朝制度改革中最重要的内容，虽然前者由于情况复杂而各地实行多有曲折，后者却是以排山倒海之势实现了的客观现实。伴随白银货币化，赋役折银已成为不可逆转的趋势，具体说来，实物向货币的转换，可分为两种类型：一种是白银为赋役内容本身所要求交纳的，通过赋役改革，一条鞭法推行，白银在晚明成为赋役征收的主体；另一种是赋役内容本身要求的是实物，征收过程中也经历货币的转换，有

① 关于白银货币化是社会转型重要标志的观点，请参见笔者《白银货币化与中外变革》，《晚明社会变迁：问题与研究》第三章《白银货币化与中外变革》，商务印书馆 2005 年版。

着市场的参与，如征银召商买办、发放官银购买等。但即使是实物缴纳也少不了白银的介入，以弘治初年为例，交纳粮税到京、通各仓，内官"每石勒要分例银"，[①] 岁解折粮布匹，收入甲字库颇费周折，以致"揭借贿瞒，至费银八、九千两"，[②] 民运粮食或军需也往往如此。由此，我们可以理解民运边粮如征本色，反而负担加重几倍的情况。[③] 万历二十八年（1600 年）冯琦曾上言："当令沿海地方民间得以本色上纳钱粮。民以粮易钱，以钱易银；由县输郡，郡输省，省输京师，轮输之费已三矣。一旦有事，又从藩司发银到府到县籴买，无论徒劳牛马，徒费民力，收之纳粮之时，价省而得粮多；收之籴粮之时，价费而得粮少。又往返费时日，则何若即收本色而储之仓？夫纳本色，民所甚便也，若充军饷，亦以本色、折色相兼支给，军亦称便。则民不必贸粟纳粮，官不必分银籴谷，上下往返所省必多。"[④] 尽管有议论，但实际上以货币形式征收，还是有民间社会基础的。明末清初李中馥记载了这样一个典型事例：太原知府黄洺中认为土地产粮，征粮供给军队是正途，折银"在纳粮者有银尚可，无则必以粟易银。在领粮者有粟尚可，无则必以银易粟"。这样折色不仅使粮失实，而且造成了各种弊端。出于利民的动机，他变更了所辖地区 28 个州县的"征粮旧例"，也就是将征银改为征本色。实行的结果，是交收、解运、纳仓皆不便民，及粮食运至军中，军士又鼓噪不肯领受，终于在不得已中又载回易银，民间因此大扰，黄氏也为此丢官。[⑤]

第二节 明代浙江均平法考：赋役改革的个案分析

这里根据现藏于日本尊经阁的海内孤本《钦依两浙均平录》，以国家与社会互动为视角，对明代均平法改革内容与主旨展开个案分析与探讨。均平法主要是针对里甲正役三办，包括上供物料和地方官府公费的改革。这里指出当时明代里甲正役是一种以役的方式出现的贡、赋、役的混合

---

① 《明孝宗实录》卷一一三，弘治九年五月庚申，第 2055 页。
② 《明孝宗实录》卷一九八，弘治十六年四月丁未，第 3665 页。
③ 《明孝宗实录》卷一九二，弘治十五年十月，第 3548 页。
④ （明）冯琦：《东省防倭议》，《明经世文编》卷四四一，第 4834 页。
⑤ （明）李中馥：《原李耳载》卷上《粮征本色》，中华书局 1987 年版，第 114—115 页。

体，具有多元混杂的特质，因此将改革定位于赋役财政改革；统一征收均平银后，在役的层面，役以银代，官为雇役，国家劳役制走向衰亡，役部分转入了赋；在财政的层面，以实物派征和人力征调为主的财政结构发生了转变，形成了以白银货币收支为主要形态的新的地方财政体制；均平法改革是一条鞭法赋役统一征银的早期阶段，也是白银货币化的进程。这里指出三办中开销最大是地方官府公费；改革是以国家法令形式进行的制度变迁，有社会基础，以士大夫为中介，带有社会转型特征，表明了明代是现代货币财政的开端，也是现代货币财政管理的开端。

明代赋役改革的研究，是史学界长盛不衰的热点，但迄今鲜见有完整的原始档案文书留存于世。收藏于日本尊经阁文库的《钦依两浙均平录》（以下简称《均平录》），为海内孤本，明官撰，不分卷，12 册。其为嘉靖刻本，高 27cm，宽 17.2cm，半页十行二十二字，白口四周双边。此书是嘉靖四十五年（1566 年）庞尚鹏在浙江全省推行均平法改革的原始档案文书，是经皇帝批准，国家下颁的法令文书，是浙江均平法改革最基本的资料，也是迄今所见最为完整的赋役改革文书，具有不可替代的史料价值，弥足珍贵。①

20 世纪以来，明代赋役制度及其改革，备受中日史学界关注。产生了丰硕的研究成果②。以往的赋役改革研究主要集中在均徭法、一条鞭法方面。嘉靖四十五年庞尚鹏在浙江推行的均平法，虽不是明代首次以银定法的赋役改革，但是明代白银货币化大潮推动下以白银为核心的一系列重要赋役改革之一，迄今却尚未引起中日治史者的注意，一直鲜见专题研

---

① 《钦依两浙均平录》，收藏于日本前田侯家尊经阁，即日本尊经阁文库。中国社会科学院历史研究所 2012 年已将这一明代赋役改革的重要档案文书复印回归，用于研究。

② 具有代表性的著作主要有，［日］山根幸夫：《明代徭役制度的展开》，東京女大學會 1966 年版；［日］岩见宏：《明代徭役制度的研究》，同朋舍 1986 年版；［日］谷口规矩雄：《明代徭役制度史研究》，同朋舍 1998 年版；梁方仲自 1936 年以后写有《一条鞭法》《明代一条鞭法的争论》《释一条鞭法》《明代一条鞭法的论战》《明代一条鞭法年表》等论文，收入氏著《梁方仲文集》第 8 册，中华书局 2008 年版；唐文基：《明代赋役制度史》，中国社会科学出版社 1991 年版；刘志伟：《在国家与社会之间：明清广东地区里甲赋役制度与乡村社会》，中山大学出版社 1997 年版。最早探讨浙江均平法改革的论文，是［日］岩见宏《明の嘉靖前後に於ける賦役改革について》，《東洋史研究》10 卷 10 号，1949。他利用《天下郡国利病书》探讨了庞尚鹏改革包括均平与均徭，认为是杂泛差役变为一条鞭法的开端。因论文众多，恕不一一列举。

究。近年有学者对于浙江均平法进行细致研究，但遗憾没能利用《均平录》。① 依据《均平录》进行的专门研究鲜少，这与《均平录》的藏于日本尊经阁而人未知是大有关联的。②

一　《钦依两浙均平录》的基本内容

本文首先对《钦依两浙均平录》略作解题说明：

钦依，指皇上依准，说明《均平录》具有国家法令文书的性质。

两浙，是沿用唐代以来行政区划浙江东道、浙江西道旧称。明代指浙江布政使司，包括杭州府、嘉兴府、湖州府、严州府、金华府、衢州府、处州府、绍兴府、宁波府、台州府、温州府，共 11 府、1 州、75 县。

杭州府：仁和、钱塘、海宁、富阳、余杭、临安、新城、于潜、昌化 9 县。

嘉兴府：嘉兴、秀水、嘉善、崇德、桐乡、平湖、海盐，7 县。

湖州府：安吉州、归安、乌程、长兴、德清、武康、孝丰，1 州 6 县。

严州府：建德、桐庐、淳安、遂安、寿昌、分水，6 县。

金华府：金华、兰溪、东阳、义乌、永康、武义、浦江、汤溪，8 县。

衢州府：西安、龙游、常山、江山、开化，5 县。

处州府：丽水、青田、缙云、松阳、遂昌、龙泉、庆元、云和、宣平、景宁，10 县。

---

① 参见邓智华《庞尚鹏浙江均平法改革探析》，《江西师范大学学报》2007 年第 1 期。

② 《钦依两浙均平录》是尊经阁的珍藏之一。日本尊经阁文库是日本前田氏的私家图书馆，自 16 世纪中，前田氏为加贺藩主，第三、四代藩主前田利常和前田光高都喜好收藏图书与文物。16 世纪末，日本入侵朝鲜，大量中国书籍流散到日本国内，许多被前田氏购买收藏。《均平录》有可能即在此时被前田氏购进。到第五代藩主前田纲纪（1643—1724）时，对于中国图书文献的搜集，特别是珍本典籍的收罗更是不遗余力。前田纲纪编写了《桑华书志》，登录前田氏的家藏图书，"桑"指扶桑，即日本，"华"即中华。在《桑华书志》中，前田纲纪将他收集的图书称为"尊经阁藏书"。日本明治时期，前田氏的藏书之所定名为"尊经阁文库"。1926 年，前田氏设立了育德财团，1949 年前后，改称"前田育德会"，今天的前田育德会与尊经阁文库是同一块牌子。尊经阁文库藏书丰富，有日本图书 1.7 万多种，汉籍 1.19 万种，其他档案文书等文献 5600 种，汉籍以明代图书居多，颇多珍稀之本。参见乔志忠《日本尊经阁文库》，《中国典籍与文化》1995 年第 1 期。

绍兴府：山阴、会稽、萧山、诸暨、余姚、上虞、嵊县、新昌，8县。

宁波府：鄞县、慈谿、奉化、定海、象山，5县。

台州府：临海、黄岩、天台、仙居、宁海、太平，6县。

温州府：永嘉、瑞安、乐清、平阳、泰顺，5县。

《均平录》是均平法推行于浙江全省的官方法令文书。具体而言，《均平录》是在均平理念指导下，以均平银为核心，推行于浙江全省的里甲正役改革的记录。追溯名称均平的由来，均平赋役之思想，古已有之。《国语·景王铸大钱》载单穆公云："《夏书》有之曰：关石和钧，王府则有。"① 即赋税均平，王府的库藏才会充盈之意。西周时，设有均人一职，《周礼·地官司徒第二》云："均人掌均地政，均地守，均地职，均人民、牛马、车辇之力政。"② 其职责是：使地税合理，使山林川泽之税合理，使各种从业税合理，使对于人民、牛马、车辇的力役征调合理。《孟子·滕文公上》曰："夫仁政必自经界始。经界不正，井地不钧，谷禄不平。"③ 西魏北周的经国大法"六条诏书"中有"均赋役"一条，曰："国而无财，位不可守。是故，三五以来，皆有征税之法……夫平均者，不舍豪疆而征贫弱，不纵奸巧而困愚拙，此之谓均也。"④ 此后由于人口增长与耕地面积的矛盾加剧，兼并土地之风日炽，历朝面对贫富不均的社会现实，都会更多地关注赋役负担的均平问题。⑤《钦依两浙均平录》（以下简称《均平录》），如名称所示，是嘉靖四十五年浙江巡按庞尚鹏在浙江推行均平法改革，奏请皇帝批准，刊刻颁布的法令文书。需要指出的是，明代均平法与白银联系在一起，是不同于以往历朝历代的均平赋役改革之处。

本节将依据《均平录》第一手原始资料有关记载，结合其他文献资料，探讨浙江均平法改革的缘起、具体内容及其影响，兼及均平法与一条

---

① （春秋）左丘明：《国语》卷三《周语下》，齐鲁书社2005年版，第58页。

② 杨天宇：《周礼译注》，上海古籍出版社2004年版，第197页。

③ （战国）孟轲著，杜玉俭注译：《孟子》，广州出版社2001年版，第91页。

④ （唐）令狐德棻等：《周书》卷二三《苏绰传》，中华书局1974年版，第390页。

⑤ 陈明光：《"调均贫富"与"斟酌贫富"——从孔子的"患不均"到唐代的"均平"思想》一文指出，《唐大诏令集》卷一〇三——一〇四《按察上下》所收录的开元三年、十年、十二年、二十一年的《处分朝集使敕》，都一再要求地方刺史施政"徭赋必平"，载《历史研究》1999年第2期。

鞭法的关系，乃至地方财政改革的意义所在，以就教于方家。

二　《钦依两浙均平录》的缘起

庞尚鹏（1524—1580 年），字少南，号惺庵，广东南海人。嘉靖三十二年（1553 年）进士，任江西乐平知县，后升御史。[①] 嘉靖四十四年（1565 年）夏至四十五年五月，庞尚鹏任浙江巡按御史。到任以后，他"为政以爱民为本，而爱民以节用为先"，经过广泛深入的调查，认识到"积弊万端"，"惟里甲为甚"，他敏锐地认识到里甲赋役不均是当时社会集中出现的重要问题。根据郭棐为之所作《行状》，庞尚鹏于嘉靖四十四年夏到浙江任上，"不逾月，上里甲均平，悉著为令"。他在所上奏疏中指出：

> 如供给买办，支应私衙，馈使客礼仪，拨乡官夫皂，与夫公私燕会酒席下程，无一不取给焉。有一日用银三二十两者。甚有贪弊官员，计其日费不足常数，即令折乾入己；因而吏书等役亦各乘机诓索，诛求万状，在在有之。[②]

针对这种情况，庞尚鹏会同地方布政司、按察司各守巡道官员进行改革，办法是通行会计各府州县每年起运、存留和额办、杂办、坐办钱粮数目，量编银两总数，在丁田内一体派征，名曰均平银，以此支应每年地方行政开支。庞尚鹏巡历所至，"质之父老，万口同词，率多称便"，惟有官吏"多视为厉己而欲去其籍"。因此，庞尚鹏以为如不呈报皇帝，就不能成为国家法令，一体颁行："若非题奉钦依，著为成法，窃恐时异势殊，不无朝令而夕改矣。"于是他具疏题请，希望"著为成法"。奉圣旨："该部看了来说。钦此。"在户部尚书高燿等逐款开立前件复议后，[③] 题奉

---

① （清）张廷玉等：《明史》卷二二七《庞尚鹏传》，中华书局 1974 年版，第 5951 页。关于庞尚鹏的研究，参见邓智华《封疆大吏与社会变革：庞尚鹏及其时代 1524—1581》，兰州大学出版社 2007 年版。

② （明）庞尚鹏：《百可亭摘稿》卷一《节冗费定法守以苏里甲疏》，万历二十七年庞英山刻本，《四库全书存目丛书》集部第 129 册，齐鲁书社 1997 年影印本，第 111 页。

③ 此处原文"户部尚书高"，应为高燿，见《万历会计录》卷五《福建布政司田赋沿革事例》，《北京图书馆古籍珍本丛刊》史部·政书类，第 52 册，书目文献出版社 1986 年版，第 214 页。

圣旨云："依拟行。"《均平录》记载的一段话非常重要，说明了《均平录》诞生的细节：

> 题奉圣旨："依拟行。钦此。"钦遵拟合刊布。为此案行二道，照依案验内事理，即便会同将各府州县续议批允增损事宜，再行酌议明白，径自改正。及将各院节次批详由语一并增入，逐府类成书册，仍行校阅明白，一面行布政司，动支本院项下赃罚银两，集工备料，刊刷装订，题曰《钦依两浙均平录》，分发三司各道，并所属府州县各一体着实奉行，永为遵守。①

值得注意的是，《均平录》是以浙江布政司文书抄录庞尚鹏《节冗费定法守以苏里甲疏》开始的。但是查对原疏文，略有不同。除了将人称代词"臣"改为"本院"，"率多称便"改为"率皆称便"等外，在"其余催征出纳之法，供给祗应之规，俱有成议"之后，原疏有"已经篆刻成书，刊布通行"，庞尚鹏上疏，"将臣后开款目再加酌议"，希望批准"著为成法"。皇帝下圣旨让户部议处，经过户部复议，户部尚书高燿送呈，皇帝批准后刊行的，称为《钦依两浙均平录》。此录成为国家法令刊行，分发浙江三司各道并所属府州县"一体着实奉行，永为遵守"。这与庞尚鹏原本的设想是有出入的，庞氏曾经希望不仅在浙江一省推行，而且推广于全国各省，他在疏中云：

> 伏望皇上敕下该部，将臣后开款目再加酌议，若果有裨节爱，行臣通行按属司府州县卫所等衙门，各一体查照，永为遵守，庶乎节财用而事有划一之规，清弊源而民被爱养之惠矣。再照里甲之困，恐不独两浙为然，而均平事宜似可推之各省，如蒙俯赐通行，或亦生民之利也。②

明代以农立国，赋役制度的建立与实施，几乎完全建立在里甲制基础之上。明初，有里甲、杂泛之役，从里甲赋役的征派到杂泛差役的"因事编金"，都是通过里甲完成。自正统年间江西出现均徭法之后，明朝的徭役才形成《明史·食货志》中所谓的三大类：里甲、均徭、杂泛。史

---

① 《钦依两浙均平录》第1册，明刻本，第2页。
② （明）庞尚鹏：《百可亭摘稿》卷一《节冗费定法守以苏里甲疏》，第112页。

载，正统二年至四年（1437—1439 年），江西按察佥事夏时根据知州柯暹所撰《均徭册》，制定均徭法，"他省仿行之，役以稍平"。① 均平法出台以前，浙江已有役法改革的出现。张元忭《副都御史前巡按浙江监察御史庞公尚鹏生祠碑》载：

> 天顺间，朱御史英所疏行两役法，籍县民分为十年，而统于坊里之长。每一坊一里，长率十人。令民按丁若田，五年而率钱与长，为吏办公私费，坊主宴，里主馈，曰甲首钱。又五年而长率民诣县庭，审诸役，曰均徭。岁环递以为常，盖五年而一用民也，时颇称便。②

《名山藏·庞尚鹏传》中，也有几乎相同的记载：

> 浙江赋民，大抵皆本天顺年间御史朱英所疏两役法，籍县民分为十年，而统于坊里之长。每一坊一里，长率十人。令民按丁若田，五年而率钱与长，为吏办公私费，坊主宴，里主馈，曰甲首钱。又五年而长率民诣县廷，审诸役，曰均徭。岁环递以为常，盖五年而一用民也，时颇称便。③

上文说"两役法"为天顺年间御史朱英疏行。查《明实录》，景泰元年（1450 年）七月，巡按浙江监察御史朱英奏二事：

> 一、浙江处州等府盗贼未宁，所选官舍、军余、民壮操备征剿俱应支与口粮，以养锐气，俟其有功如例升赏。一、庆元县岁办课钞，今比洪武中分办之数增至十五倍，民力不堪，乞与减除。事下户部议，以官舍、军余、民壮宜月给粮二斗；庆元县课钞宜暂准如洪武中例，从之。④

---

① 《明史》卷七八《食货志》二，第 1905 页。
② （明）焦竑：《国朝献征录》卷五五《都察院》二，上海书店 1987 年版，第 2349 页。
③ （明）何乔远：《名山藏·臣林记》隆庆臣二《庞尚鹏》，江苏广陵古籍刻印社 1993 年版，第 5073 页。
④ 《明英宗实录》卷一九四，景泰元年七月辛亥，第 4081—4082 页。

其中并未载朱英在浙江任上有相关均徭的奏疏。经查，朱英于正统十二年（1447年）授浙江道监察御史，景泰三年（1452年）即调至广东布政司右参议。天顺六年（1462年），升广东布政司参政。成化元年（1465年）改调陕西布政司右参政。天顺年间，他是在广东布政司任官。① 《明史》记朱英"立均徭法，十岁一更，民称便"，也在他为广东右参议之后。② 这显然更加重了有关朱英在浙江改革事实的模糊不明。查万历《会稽县志》卷七《徭赋论》，有如下记载：

> 始正统间，御史朱英创为十年一役议，当时便之。今仅百余年，乃更之如反掌。③

此为朱英在浙江行均徭法实有其事的证明，时间上推至正统年间，正是朱英在浙江任官之时。

张、何二文都提到征收"甲首钱"，也都提到了均徭。张元忭的《碑记》中还有两役，即里甲、均徭重负不堪的记载，并云："今庞公易两役为条鞭，是出我水火，加之裀席"之句，明显是将两役与一条鞭法相对而言，所指是庞尚鹏奏行之前的里甲、均徭，忽略了庞尚鹏曾经疏言均平法推行全省之事。

庞尚鹏奏行均平法于两浙，在地方志中有明确记载。

嘉靖《山阴县志》：

> 右三办之银，每岁派征里甲。其额办、坐办，经数有定，自初制至今无改也，乃杂办数繁而费不经。坊都里甲岁输支应供亿烦苦，而坊长之撮办，尤号偏重。凡祀飨宾燕之礼与公私馈给，咸一时取盈焉。吏缘为奸，冒破无艺，滥尤极矣。嘉靖四十五年巡按御史庞尚鹏议均平里甲，每岁约为定费，量概县之丁，征银输官。坊都之长，惟催办公课，甲首放归于农。其有燕祀之费，执事者领银应办而已。正

---

① 《明英宗实录》卷二二一，"景泰三年闰九月戊子升……朱英为广东右参议"第4796页；《明英宗实录》卷三四四，"天顺六年九月丙辰升广东布政司右参议朱英为本司右参政"，第6967页。

② 《明史》卷一七八《朱英传》，第4740页。

③ 万历《会稽县志》卷七《徭赋论》，台北：成文出版社有限公司1983年版，第301页。

供之外，无扰于私家，损上裕下，民德其惠，奏请于朝，通行两浙。①

万历《新昌县志》：

> 右额办、坐办，经数有定，自初制至今无改也。惟杂办繁费出无经，里甲之供亿烦难。而坊长之撮办，尤号偏重。嘉靖四十五年巡按御史庞尚鹏始议均平里甲，每岁约为定费，将概县丁田通融均派，征银在官，凡诸公费，悉领银应办，坊里惟催偿而已。至万历四年，巡抚徐栻刊刻由帖，备载额征之银不可增损云。②

《天下郡国利病书》原编第二二册引《海盐县志·食货篇》曰：

> 泛差。尝读洪武令，甲凡十年编审，人户分上中下三等，大小杂泛差役，照所分等则点佥。所谓杂泛差役者，即今均平中额办、坐办、杂办各款，均徭中各衙门人役工食，众诸委琐之费，为两税中所不载者，自有此不得已之征索也……故事，里甲应各办之次年，即佥均徭，民颇病其数。天顺中，改为上下五年，名曰两役。其役之在各办者，里长敛钱从事，称甲首钱，提牌应承，计日而轮，无事则或不破一钱，事繁至立费千镒，既有此不均……嘉靖之四十四年，南海庞公尚鹏来巡浙土，洞晰两役为民大害，迺始总核一县各办所费及各役工食之数，一切照亩分派，随秋粮带征，分其银为二款，一曰均平银，一曰均徭银，岁入之官，听官自为买办，自为雇役。而里甲提牌轮办与力差之承应在官者，尽罢革焉。此杂泛差役改为一条鞭之始。

---

① 嘉靖《山阴县志》卷三。《日本藏中国罕见地方志丛刊续编》第 3 册，北图出版社 2003 年版，第 496—497 页。此本原题嘉靖刻本。经查清嘉庆《山阴县志》卷二十九《前志·旧志纪略》云"张公（天复）登嘉靖二十六年进士，官至云南副使，致仕家居，值杨公家相续修《县志》，公再执笔，增入近事甚多……今刻本尤称天复、柳文纂"。嘉庆《山阴县志》（四），台北：成文出版社有限公司 1983 年版，第 1212 页。同卷下有杨序（杨家相序），作于隆庆戊辰（隆庆二年，1568 年），以此，知此志实为隆庆刻本。
② 万历《新昌县志》卷六《三办总考》，《天一阁藏明代方志选刊》第 19 册，上海古籍书店 1981 年版，第 19 页。

民至今得保有田庐妇子者，皆庞公赐也。①

这里将里甲、均徭两役的改革分别征银说得很清楚。

但是在方志中，也有将均平法与一条鞭法混而为一的，如崇祯《嘉兴县志》：

> 长老每揾涕言：邑中倭时里民徭于官者，百亩千箱之家，不三四日，地无卓锥。胥六乡民蒋钊条议上请，蒙直指庞尚鹏痛念民艰，采古雇役之法，为征银募应，一之于条鞭。而后间闲得有宁字，我父老子弟所为世世输顶踵，以效畏垒者也。②

事实上，庞尚鹏到任前，浙江地方因应役法出现的弊病，改革尝试不断发生，如嘉靖二年（1523年），浦江县知县毛凤韶也曾尝试改革："为今之计，各项赋役，如均徭、如里甲、如不时坐派物料，一以田粮为准，而不拘里分，则赋役均而困苦苏矣"。③ 正是在地方改革已经酝酿成熟的情形下，嘉靖末庞尚鹏巡按浙江，将均平法推行于全省，审编丁田，将里甲承担的三办定额化、规范化，统一征收均平银，按照丁田均平科派。嘉靖四十五年，根据庞尚鹏即将离任时所上《均徭役以杜偏累以纾民困疏》称：

> 近该臣查得余姚、平湖二县原著有均徭役一条鞭法，凡岁编徭役俱于十甲内通融随粮带征，行之有年，事尤简便……官免编审之劳，民受均平之赐。④

这是庞氏在地方经验基础上推行均徭一条鞭法的开始。值得注意的

---

① （明）顾炎武：《天下郡国利病书》原编二二册，浙江下，第9—10页，上海涵芬楼景印昆山图书馆藏稿本。
② 崇祯《嘉兴县志》卷一〇《食货志·赋役》，《日本藏中国罕见地方志丛刊》第17册，据日本宫内省图书寮藏明崇祯十年刻本影印，北京图书馆出版社2002年版，第384页。
③ 嘉靖《浦江志略》卷五《贡赋》，《天一阁藏明代方志选刊》第19册，上海古籍书店1981年版，第10页。
④ （明）庞尚鹏：《百可亭摘稿》卷一《均徭役以杜偏累以纾民困疏》，第123页。

是，疏中将"均徭一条鞭"放在一起谈及，这说明均平法与均徭一条鞭法在浙江地方上的出现几乎是同步的。那么均平法与一条鞭法的关系是怎样的？上文顾炎武所引云："此杂泛差役改为一条鞭之始"，是将均平与均徭一条鞭归于一的记述。郭棐曾为庞氏作《行状》，也曾为之立传，记载："差巡按浙江，入境，首按墨吏与势家横逆者置于法。上里甲均平疏，立条鞭之法。"① 这里明确的是，里甲均平在前，条鞭在后。通过对《均平录》所载资料的分析，可知均平法不是一条鞭法，名称不一，内容也不完全一致。从庞疏顺序，可知庞氏在全省推行均平法在前，推行一条鞭法在后，时间距离很短。就此而言，在浙江全省实行均平法比一条鞭法先行一步。就内容而论，《明神宗实录》记"条鞭之法"："总括一县之赋役，量地计丁，一概征银，官为分解，雇役应付。"② 将《均平录》记录均平法内容与一条鞭法内容相对照，二者只是范围不同，均平法主要是里甲正役的改革，而一条鞭法是将所有赋役合并，在范围上更为宽泛。但重要的是，二者最基本的特征是共通的，统一征银的原则是完全一致的，即改革均是以白银作为通行的核算标准，又以白银作为为统一的征收对象。但是，如万历《新昌县志》笼统所云通征银在官差役，就称条鞭，③ 那么二者区别也就微乎其微了。

均平法不仅在浙江建立在已有改革基础上，在广东也有成功的先例。

在庞氏于浙江全面推行均平法之前，浙江湖州乌程人、巡按御史潘季驯曾经在广东推行均平里甲改革。《明世宗实录》记载：

> 御史潘季驯巡按广东，倡行均平里甲之议。其法，先计州县之冲僻，以为用之繁简，令民各随丁力输银于官，每遇供应过客及一切公费，官为发银，使吏胥老人承买，其里长止于在官勾摄公务，甲首悉放归农。广人便之。④

① 郭棐：《粤大记》卷十七《献征类·庞尚鹏传》，中山大学出版社 1998 年版，第 487 页。
② 《明神宗实录》卷二二〇，万历十八年二月戊子，第 4124 页。
③ 万历：《新昌县志》卷六《差徭》，《天一阁藏明代方志选刊》第 19 册，上海古籍书店 1981 年版，第 12 页。
④ 《明世宗实录》卷四九二，嘉靖四十年正月庚寅条记：潘氏上疏："请以其言行，通省如法遵守，年终籍记用银数目以闻。报可"（第 8181 页）。可见当时均平银在广东全省推行。

嘉靖三十八年（1559 年）广东实行均平银，收到了良好效果。潘季驯于次年上奏，于是有嘉靖四十年（1591 年）《明实录》中的记载。庞尚鹏是广东南海人，他知道自己的家乡曾推行均平银，而他在到浙江巡察时，很快发现浙江地方也早已有类似的改革，所以立即给予肯定和推广。为了使改革制度化，他上疏奏请，形成了单行法令法规文书，刊刻发行，因此才有今天《均平录》的传世。而遗憾的是，潘季驯在广东实行的均平银改革虽然也上奏了朝廷，并得到批准推行，但是如今却没有流传下来，仅见于《明实录》和地方志中的片段记载。日本学者岩见宏和中国学者刘志伟与都据此做过详细钩稽与研究，[①] 在此不再赘述。

三　明代里甲正役的内涵及其扩展

浙江均平法改革，主要是针对里甲正役的改革，做法是审编均平丁田，统一征银：

> 通计合用本年额、坐、杂三办一应银数共该若干，除官员、举监生员、吏承、军匠灶等项照例优免，并逃绝人户免编外，其余均平科派，折田为丁，每丁该银若干，某户该银若干，一岁应纳之数，尽在其内。完日将审派人户花名银两细数给示晓谕，以便输纳及造册缴道，以备查考。[②]

这次改革主要针对的是里甲需要负担的役目，即里甲三办（简称三办）：额办、坐办、杂办。三办是夏税秋粮以外里甲正役中的重要内容。因此，我们首先需要将里甲正役的内容加以梳理清楚，才可能确实了解改革的性质所在。

明初编制里甲黄册的直接目的之一，是以户为中心，征发佥派徭役。

[①] ［日］岩见宏著，栾成显译：《明代地方财政之一考察》，《日本学者研究中国史论著选译》第 6 卷，中华书局 1993 年版，第 141—158 页；刘志伟：《在国家与社会之间：明清广东地区里甲赋役制度与乡村社会》，第 125—134 页。一般来说，日本学者和刘志伟先生都认为上供物料和官府公费属于法外科敛，这样来看是有一定道理的。但是，《均平录》中将上供物料和官府公费各项归入里甲改革的内容，说明当时人已将其归属于里甲役也是明确的，即属于役的性质，并非新的税目。

[②] 《钦依两浙均平录》第一册，第 5 页。

换言之，明初徭役佥派，建立在里甲制基础之上。洪武十四年（1381 年）正月设立里甲制，编制赋役黄册：

> 是月命天下郡县编赋役黄册。其法以一百一十户为里，一里之中推丁粮多者十人为之长，余百户为十甲，甲凡十人，岁役里长一人，甲首十人，管摄一里之事。城中曰坊，近城曰厢，乡都曰里，凡十年一周，先后则各以丁粮多寡为次，每里编为一册，册之首总为一图，其里中鳏寡孤独不任役者，则带管于百一十户之外，而列于图后，名曰畸零。册成，为四本，一以进户部，其三则布政司、府、县各留其一焉。①

明代徭役是以里甲基层社会组织的形式来佥派，农民被编入里甲，接受国家劳役的役使。《大明律·户律》规定，里长、甲首应役人户的职责是"催征钱粮、勾摄公事"。②

里甲作为明代社会基层组织而建立，无论赋税系统还是徭役系统，均与之发生密不可分的关系。里甲正役最初只是负责"催征钱粮，勾摄公事"，这是里甲最基本的任务，"里甲正役"也因此得名，形成轮流到官府应役的制度。其后，上供物料和地方公费也逐渐要由值年里甲负责承办。里甲从单纯的力役之征演变为复杂的既要出力，又要出资的赋役混合体。明朝人云：

> 今制，每一里百户，立十长，长辖十户。轮年应役，十年而周，当年者谓之见役，轮当者谓之排年。凡其一里之中，一年之内，所有追征钱粮，勾摄公事，与夫祭祀鬼神，接应宾旅，官府有所征求，民间有所争斗，皆在见役者所司；惟清勾军匠，质证争讼，根究逃亡，挨究事由，则通用排年里长焉。③

---

① 《明太祖实录》卷一三五，洪武十四年正月，第 2143—2144 页。
② 怀效锋点校：《大明律》卷四，《户律》一《户役·禁革主保里长》，法律出版社 1999 年版，第 49 页。
③ 丘濬：《大学衍义补》卷三一《傅算之籍》，《治国平天下之要·制国用》（上册），京华出版社 1999 年版，第 403 页。

这段话说明至成化以后，里甲正役的负担除了"催征钱粮，勾摄公事"外，还有支应地方官府的各种活动的人力和物力需求，这些需求是由里甲中的里长和甲首共同完成的。日本学者岩见宏《明代地方财政之一考察》一文详细论证了上供物料和公费不在里长职能之内，作为里甲负担，大致是从明中叶开始，形成了地方性的惯例。① 而三办包括的上供物料和官府公费，成为里甲负担后，致使里甲不堪重负。

万历《明会典》云：

> 嘉靖六年，令巡抚等官查考各州县，有令现年里甲本等差役之外，轮流值日，分投供给米面、柴薪、油烛、菜蔬等项，及遇亲识往来，使客经过，任意摊派下程，陈设酒席，馈送土宜，添脚力者，拿问罢黜。若二司官纵容不举，抚、按官以罢软开报。②

法令之颁，说明至嘉靖初年，"里甲本等差役之外"的官府公费支应，仍是在朝廷禁革之例的。对于这一禁令，有学者认为在当时只能是徒具空文。但是，从法令颁发角度来看，正是因为违反常例者多，国家才有必要颁发法令禁止。

在《均平录》中，主要是针对里甲正役所承担的三办，进行了统一征银的均平改革。

明代三办，是征调方式的合称，指岁办、额办、杂办。三办名目繁多，内容包括上供物料与地方行政公费。仔细分析，岁办、额办、杂办原本是明代承继传统的一种贡纳制度。各地方向明朝皇室与中央无偿提供的物资，统称"上供物料"，在各地方志的《土贡》或《贡赋》部分多有记载。凡是皇家生活所需的各类消费品，各项工程和官手工业所需的"上供物料"，都要向民户征收，有额办、坐办之称。实际上包括"上供"和"物料"两大部分。不论"上供"还是"物料"，都是依据"任土作贡"的原则征收。物料名目，各地详略不一。皇室贡品称上供，是明代皇室的日用消费品，按"任土作供"原则，每年由产区进贡，按定额征

---

① ［日］岩见宏：《明代地方财政之一考察》，《日本学者研究中国史论著选译》第6卷。
② （明）申时行等：《明会典》卷二〇《户口》二《赋役》，中华书局1989年版，第133页。

解、造办，称为额办。因有定额，故名。名目繁琐，均由各县里甲轮流办纳。坐办，是指"额外坐派之供"和"不时坐派之供"，因事启用民力，没有定额数字，因所需而征所役，因所役而支所费。而杂办，则是地方官府的各项杂务差役和供应公费的总称。差役的征发是随着各级政府衙门的需要而变化的，因为没有额限，地方各衙门官吏可以任意勒索于民间。原来里甲"勾摄公事"只是根究逃亡，抓捕罪犯，而后发展为向皇室和各级官府提供上供物料和公费，这些都由应役里甲人户向里甲内民户摊派，征收后送交各级官府。

杂办涉及杂役，一般是指民户承当官府的劳役。在自然经济占统治地位的古代社会，官府所需劳务，是以向百姓征派徭役的办法得到满足。明初徭役在里甲正役以外，有杂泛，即杂役。官府需要某项劳务，就编立某项杂役。所以，明朝设置杂役项目的原则是"因事编金"，即出于一时需要编金。后经改革出现均徭，正役以外的差役，都包括在均徭之中。

在这里，我们有必要进一步追溯古代国家财政的来源。一般而言，国家财政具有赋与役两大系统，实际上，还应该关注贡的系统，这一系统直接反映了古代王朝国家的本质。可以说自古以来国家财政可以分为三大系统：贡、赋、役。

"贡"，《说文》："贡献，功也。"[1] 起源可追溯到夏代，语出自《尚书·禹贡》孔安国序之"禹别九州，随山浚川，任土作贡"。[2] "任土作贡"的贡，有献纳和租税二种含义，相传夏禹根据各地物产不同，规定不同的贡纳项目，其内容多为土产、珍宝、异物。秦汉以降，在租税制度逐步健全以后，上贡并未消失，而成为赋税之外，臣属或藩君向君主的进献。马端临《文献通考》作《土贡考》，《自序》云："汉唐以来，任土作贡，无代无之，著之令甲，犹曰当其租入。然叔季之世，务为苛横，往往租自租而贡自贡矣。至于珍禽奇兽，袤服异味，或荒淫之君降旨取索，或奸谄之臣希意创贡，往往有出于经常之外者。甚至指留官赋，阴增民输，而命之曰羡余，以供贡奉。上下相蒙，苟悦其名，而于百姓，则重困

---

① （东汉）许慎：《说文解字》六下，天津古籍出版社 1991 年版，第 130 页。
② （唐）孔颖达疏：《尚书正义》卷六《禹贡》，《十三经注疏》上册，中华书局 1980 年版，第 34 页。

矣。"① 作为献纳的贡，存在于历代，直至近代才逐渐取消。

"赋"，是古代国家的强制性征课形式。《尚书·禹贡》："厥赋惟上上错，厥田为中中。"② 赋在不同历史时期内涵有所不同。起初，赋指军赋、兵赋。后来，军赋逐渐改按田亩征收，于是有了"田赋"之征。《国语·鲁语下》："季康子欲以田赋。"③《吕氏春秋·乐成》："我有田畴，而子产赋之。"④ 从公元前3世纪的秦汉及于后世历代，凡以农田生产物为课征对象的，都统称为田赋，它成为历代王朝最重要的财政收入形式。

后世常将贡赋合称。唐代《贞观政要》曰：

> 贞观二年，太宗谓朝集使曰："任土作贡，布在前典，当州所产，则充庭实。比闻都督、刺史邀射声名，傲土所赋，或嫌其不善，迹境外求，更相仿效，遂以成俗，极为劳扰。宜改此弊，不得更然。"⑤

丘濬《大学衍义补》卷二二《制国用·贡赋之常》云：

> 国家之用度，皆取于民，而取名之大纲曰赋曰贡而已。二者之制在唐虞已有之。至夏后氏之世，始详焉。盖以禹未治水之前，地犹未平，物之生者未繁，田之辟者未尽。至是水土既平。始可以任土作贡，分田定税焉。九州各有赋有贡，凡赋，诸侯以供其国用者也。凡贡，诸侯以献于天子者也。大禹成功之后，条陈九州所有，以为定法。孔子删书，特载之于夏书之首，以示法天下，俾后世之有土有民者，取民之制，视此为准焉。凡外此而别为名目，如后世之进奉、和买、劝借之类，皆非中正之道，天下经常之制也。⑥

以上是将贡与赋的分别与合总的全面解释，我们从中可见明朝人对于

① （元）马端临：《文献通考·自序》，中华书局1986年版，上册，第5页。
② 曾运乾：《尚书正读》，中华书局1964年版，第52页。
③ （春秋）左丘明：《国语》卷五《鲁语下》，商务印书馆1935年版，第74页。
④ （战国）吕不韦：《吕氏春秋》卷一六，天津古籍出版社1991年版，第132页。
⑤ （唐）吴兢：《贞观政要》卷三三《论贡赋》，中州古籍出版社2008年版，第319页。
⑥ （明）丘濬：《大学衍义补》卷二二《制国用·贡赋之常》，上册，第209—210页。

贡与赋的认识，由此可见古代赋是供给国家的，贡是供给天子的，贡赋由此而来。万历《金华府志》云：

> 任土作贡，则壤成赋古之制也。自《禹贡》后，历代之法详矣。我国家贡赋，官有定制，民有常供，上下相安，余二百年未有之改也……国家之制，供御用曰岁进，供国用曰岁办。岁办之中，分类征银又有额办、坐办之差，二办国之大课，例不优免。官府公费曰杂办，杂办则官员、举监、生员人等优免俱有定例。①

这种认识，与西方的贡赋认识，有适相一致之处。孟德斯鸠在《论法的精神》中云：

> 这些税收曾被称为"贡赋"。它是经济税，而不是财政税。仅仅是私人贡金，而不是公有税赋。②

除了贡与赋，中国古代国家有役的系统，即徭役系统。徭役是古代国家政权强迫人民所从事的一种无偿的劳务活动，凡国家无偿征调各阶层人民所从事的劳务活动，皆称为徭役，包括力役和兵役两部分。徭役起源很早，《诗·王风》："君子于役，不知其期。"③ 指的是服兵役。《庄子·人间世》："上有大役，则支离以有常疾不受功。"④ 指的是劳役或力役。《周礼》规定各级地方官有征民服役的职责，《礼记·王制》中有关于周代征发徭役的规定。秦汉以降，力役或劳役泛指官府强制征发的一切无偿劳役，是历代国家政权对人民人身奴役的体现。秦汉有更卒、正卒、戍卒等役，以后历代徭役名目繁多。为了实现对广大劳动人民的人身奴役，必须尽可能多地控制编户齐民，并建立社会基层组织，达到确保徭役征调的目的。明代里甲黄册制度成为国家控制户口、征派徭役的有力工具。就此而言，明代里甲组织最重要的作用之一是征调徭役。

---

① 万历《金华府志》卷七《贡赋》，台湾学生书局 1965 年版，第 415—416 页。
② ［法］孟德斯鸠：《论法的精神》第 2 卷，陕西人民出版社 2001 年版，第 702 页。
③ 《诗经》，时代文艺出版社 2001 年版，第 54 页。
④ 《庄子》，山西古籍出版社 2001 年版，第 43 页。

明初，对"上供物料"的征收有所节制。明太祖实行轻徭薄赋政策。派办物料，原由各地布政司均摊给各县。后来方志中记载云：

> 岁供之目有三：一曰岁办之供，二曰额外坐派之供，三曰不时坐派之供。《旧志》云不知其始。大殿（抵）起于永乐迁都营造之时，有额办，有额外派办，每年皆六县里甲办纳。弘治十四年始有不时坐派城砖等项。嘉靖年间额外不时坐派数多繁重。[1]

上述说明永乐时迁都北京，大兴土木，上供物料派征增加，出现了"额办""额外派办"等名目，弘治时又有"不时坐派"。这种情形始自永乐，另有根据。永乐二十二年（1424 年）九月，仁宗曾言：

> 古者土赋随地所产，不强其所无。比年如丹漆石青之类，所司更不究物产之地，一概下郡县（征）之。郡县逼迫小民鸠敛金币，诣京师博易输纳，而商贩之徒乘时射利，物价腾踊数十倍。加有不肖官吏夤缘为奸，计民所费，朝廷得其千百之十一，其余悉肥下人。今宜切戒此弊，凡合用之物，必于出之地计直市之，若仍蹈故习，一概科派以毒民者，必诛不宥。[2]

皇室需求增加，地方公务变多，政事变繁，各类工程建造也比前代增多，徭役征发也就随之变得越来越繁重了。因此，改革便呼之即出了。

从《均平录》所见改革内容中，可以了解到改革前的所谓里甲正役，已经包括了贡、赋、役三种国家征派系统的内容。贡、赋、役掺杂在一起，形成了一种复杂的混合体。明朝的役已经包容了多元的特质。

四　均平法改革内容与主旨探析

均平法的出现，绝非偶然。明代自宣德年间开始发动赋役改革，发展到嘉靖年间在不断深化，当时由于中国的白银需求，私人贸易已走向海外，引领白银形成一股世界范围的热潮。在中国，前提是白银已拥有流通

---

① （明）顾炎武：《天下郡国利病书》原编第九册《凤宁徽》引《旧志》，第68页。
② 《明仁宗实录》卷二中，永乐二十二年九月壬午，第52页。

领域主币的地位，成为了赋役改革的核心和主旨，在促进赋役制度的改革和农民地位的变化上具有重大作用。均平法改革推行均平银，是嘉靖年间赋役改革大潮中的一个典型个案，其改革内容和改革主旨值得我们深入分析。

（一）改革内容分析

根据改革内容，这里将新款归纳为29项。① 原款涵盖不只一项内容的，采取分别列出。原款内容琐碎，文字冗长的，进行了简单归纳。在此特别将有关禁令与惩治部分单独列出，以便查考。下面分别列出并归纳分析。

1. 关于均平银的新款规定

表3—1　　　　　　　　　　关于均平银的新款规定

款目	内容	禁令与惩治
审编均平丁田	通计合用本年额、坐、杂三办一应银数共该若干，除官员、举监生员、吏承、军匠灶等项照例优免，并逃绝人户免编外，其余均平科派，折田为丁，每丁该银若干，某户该银若干，一岁应纳之数，尽在其内。完日将审派人户花名银两细数给示晓谕，以便输纳及造册缴道，以备查考。	再不许分毫重派，以滋别弊。
发放由帖	凡委官审编丁田，揭榜之后，即照式刊刻由帖。每里甲分给一纸，使各家喻户晓，知丁田银两数目，不致欺隐遗漏。	增减如有前弊，许诸人告首，即问作弊之罪，充赏首人。
投柜征收	各州县仍置空白薄三扇，每扇以百篇为率，送分守道用印，一扇发回本县收掌。仍置一大柜于公堂，但遇里甲执由帖赴纳均平银两，就令当堂投拒封锁，记簿存照。仍将由帖注纳银数目日期，掌印官亲批"完纳"贰字，给还备照，不得加取称头、火耗；一扇发领办吏，一扇发该房吏；大事先期一月，其余先一二日，照依原议给银买办。各登记支应数目，季终循去环来，缴该道查考，以防侵扣。	其收头及坊里班头名色，悉行革除。

───────────

① 以下所列内容均见《钦依两浙均平录》，不另注。

续表

款目	内容	禁令与惩治
征收时限	凡审编丁田之后,即坐委管粮官追征,勒限三个月以里完五分,半年以里尽数完纳。	如限中不完,及不亲赴该道报数,参提问罪、住俸,候完日开支。如里甲恃顽不纳,枷号究治。
起存分配	应起解者,给批解纳,责限获批缴照;应支销者,收贮县库听候支用。	
作为法令	议定规则,欲永为遵守。	若有复派里甲的,官以不职论,吏究赃重治。

根据表3—1,归纳分析如下:

第一,均平法采用审编均平丁田,统一征收均平银。其法是通计合用一年的额、坐、杂三办银数,原则上除了照例优免、免编以外的,都要均平科派。具体的办法是:折田为丁,每丁该银若干,某户该银若干。将一岁应纳之数,全部归总在内。

具体来说,均平银内容包括三部分:一是杭州等十一府州县额、坐、杂三办一应钱粮,开载原额并近年加增、起存等项;二是将本县一应支费逐款各开银数,备列于后;三是各照县分大小,酌量另派备用银两以给不虞之用。这里行通融之法,有意外之费在备用银中支用,虽说是考虑周到,但也为日后贪污舞弊留下了遗患。

第二,发放由帖。由官府揭榜张贴,颁行式样,刊刻由帖,对均平银的派征原则、输纳方式以及支应办法都作出规定。将由帖分给每一里甲,使家喻户晓丁田银两数目,不致欺隐遗漏。由帖相当于征税通知单。

每一州县分别编制由帖,帖上开明年份、应征、应派银数,送县缴纳,当堂投柜。即将由帖填注纳银数目、日期,由掌印官亲批"纳完"二字,用印钤盖,付还备照。再写明"并不许分外加取秤头火耗。里长在官勾摄,甲首悉放归农"。上面印有本县该派均平银数目,嘉靖四十年(1561年)分通县丁田共折丁数目,每丁派银数目。其下是一户人丁若干,丁田折丁若干,共派银若干。在开征均平银前颁给各花户,令其按期缴纳。录均平由帖如下:

均平由帖

县为节冗费、定法守、以苏里甲事。今遵奉题准均平事理，出给由帖，备开年分、应征、应派银数付照，仰速照依正数办完，送县交纳，当堂投柜。即将由帖填注纳银数目、日期，掌印官亲批"纳完"二字，用印钤盖，付还备照。并不许分外加取秤头火耗。里长在官勾摄，甲首悉放归农。毋违。须至出给者。

本县该派均平银千百拾两钱分厘

嘉靖四十　年分 通县丁田共折丁 千百拾　丁，每丁派银 钱分厘毫丝

一户　人丁　丁田折丁 丁

共派银

本年 月 日照数赴县纳完讫。

右给付　执照

嘉靖四十 年月日吏　承

县

以均平法颁发的"均平由帖"和一条鞭法颁发的"易知由单"相比较，便可知二者的不同。嘉靖万历间行一条鞭法后各地普遍施行的易知由单，始于明正德初，也称"由帖""由单"，是征收田赋发给粮户的通知单，在征收钱粮以前，按田地等级应收若干的数目，列单刊印，发给纳粮之人。单上列有本州县上中下则地亩、人丁、正杂、本折、钱粮和起运、存留各项，再开明各该户丁地等则和应纳税额。[①] 而均平由帖则只是涉及丁田折丁，按丁征银，是役的改革。

第三，投柜征收。准备官印簿册，置一大柜于公堂。根据规定，各户在缴纳均平银之前，可收到均平由帖，注明本户应纳数目，而后执帖赴县，自行投银于柜。里甲执由帖赴纳均平银两，当堂投拒封锁，记簿存照，在由帖上由掌印官亲批"完纳"后给还。强调增减如有前弊，许人告首。

第四，征收时限。限于三个月内完成五分，半年内尽数完纳。并规定如限中不完，官员提问、住俸；里甲恃顽不纳，枷号究治。

第五，均平银每年一体征完，分为两部分，一是起解的，二是存留支

---

① 详见梁方仲《易知由单的研究》，《岭南学报》第 11 卷第 2 期，1951 年。

销的，后者收贮县库，听候支用。

第六，作为法令。明确议定规则，永为遵守。若有复派里甲的，官以不职论，吏究赃重治。这说明《均平录》虽然在名称上没有条例、则例之名，但实际上如同条例、则例，其国家法令的性质是明显的。条款大多包含禁令与惩治部分，就是明证。

2. 关于官府公费的新款规定

表3—2　　　　　　　　　关于官府公费的新款规定

款目	内容	禁令与惩治
官府公费悉入均平银，一体派征	凡系一应供费，如下程、酒席之类，悉议入均平银内，一体派征。	仁、钱两县原设坊头等役、其余州县出入跟随，责令供给前项之费，通行禁革。
府县分工接待	今后凡系附府各县经过使客，只许府送下程，县送油烛柴炭。其余州县酌量径行。依照议定的三等字号票式，庶糜费可革，财用自节矣。	不得分外妄增。
下程票	刻定三样字号票式，如系"九卿堂上翰林科道等官"，用天字号下程票；"部属寺评中书行人、方面副总参游都司等官"用地字号下程票；"运府州县正官"，填给人字号下程票。	如遇使客经临，责令管理该吏照数买办，并具字号手本拜帖供送，以免下人扣减。
宴会规定	宴会议有规则，约计每席连品物柴烛等项，用银3.5钱。	其花段、看席、攒盒、戏子俱裁革。另刊书册通行。
夫马与物件，依数买办	仍令各置印信薄，发与吏役及夫马头收执；如某官经临，该送某号下程，该拨某则夫马，各照本县发出刊刻小票，依数买办拨送。随将用过银两，挨日登记，间有不收不用者，明白注扣还官，以备查核。其或上司取办物件，亦令承行该吏领银照依时值，两平易买送用。	不许给票指称官价，亏损铺行。

续表

款目	内容	禁令与惩治
夫马票	各州县将夫马应付规则刊印票文，预将各夫、马价逐一封贮。如遇火牌至日，掌印官就便填给票文，令夫马头雇觅。定规按照官员人等级别给以人夫与马匹数目，应付水陆使客。	其陆路人夫、马匹，照人照扛验发，若有扣减官价及擅增一夫、一马者，罪坐各役与该吏，仍追价还官。
夫马之征的灵活处理	各府州县有议征银在官，照差计日支给者；有计程远近支给者，有议征给一年工食与人夫并养马之家有余不足，听其走差答应者，有称州县偏僻，用马不多，照旧令粮里暂雇为便，不派均平者。	
雇用夫马工价收贮	夫马头只令雇觅夫马，工价由各掌印官酌定数目，先期包封，用印钤盖，在木箱中收贮，到期当面开封散给受雇之人。	以免落入夫马头和吏手中克扣。
雇船银	各县今后通计每年用雇船银若干，于均平内派征贮库。若取船应用，即照民间雇觅定价，一体算给。守巡道酌议定价，刊立板榜于埠头，晓谕通知。	不许出票差人，致有亏累小民不堪；若有用强取用，不照原价者，许不时赴院道禀告拿问。
过客铺陈	置备过客应用铺陈，除有驿递及不通往来处所外，其余州县都派入均平，酌量多寡置办，年久损坏，以预备杂用银两修补。	不许累及里甲。
分巡道供用	分巡道每三年一次整卷刷卷合用纸扎等供应、书手等工食，动支本道赃罚，不派入均平；如驻扎县无赃罚库的，许于所属州县查支解用。	
祭丁用费	除郡庠照旧用鹿外，各州县皆以羊代之，至于别项物件，有司较定官秤一把，临时委佐贰或首领验秤齐足，交与该学，以杜捐勒。	如该学纵生员、吏书人等故意刁难，事发师生戒饬，连吏书究赃重治。
乡饮酒礼	乡饮酒礼各府州县查照举行，毋容冒滥。	禁革举城士夫俱备席或折乾分送。

续表

款目	内容	禁令与惩治
在外各道官用	在外各守巡、兵备等道岁用纸扎、油烛、柴炭及士夫交际、下程酒席等项，动支该道项下赃罚，照数行府取发，驻扎县收候买办。其原编银数，仍旧派征，以备不足支用。若有余，即留充该县公费。	
府州县官用	各府州县等官日用纸扎、心红、油烛等项，俱议有定数，许支自理纸赎应用。该府州县掌印官计算每年府若干，州县若干，府官应支之数，派给各县均办，每季先查自理纸赎，如不足用，方许于此项下动用。	
上司按临	上司登岸出道扛抬卷箱，如兵备道有随捕团操兵供役，其余无者，俱该驿募夫答应。上司按临，扛抬水薪、敲椰、直宿等项，俱用听事民壮。如经临合送皂隶，经过停宿昼夜只拨一班。祭祀及办送下程宴席，俱拨民壮扛抬。	不得擅扰地方火夫及另支银雇募。
上司按临合用物件	上司按临并府州县官陈设酒席、乡饮等项，合用椅桌、台帷、磁器，通照坊里丁粮审派均平银两，在官估计合用物件，酌量置办。所置器皿，送县号记，贮存一处，给簿一扇，委吏掌管。役满交与下手。缺失赔偿，损坏即支轮年均平银修补。如考试、阅操等项合用椅桌、搭厂竹木、棚缆之类，也于均平银内支用。	不许借办铺行，致有亏损。
中火银	兵备道驻扎处所犒赏获功员役合用花红公费，俱动支原派兵饷钱粮应用，不派均平。其经临上司中火，有驿递者，驿递答应；无驿递者，该州县相度60里以上设中火，一二日之程设宿食，俱派定均平中火银支用。	

续表

款目	内容	禁令与惩治
各衙门打扫等项	各衙门打扫、铲草等项，俱用本衙门跟随皂、快及民壮等役。	不许擅用地方火夫，致妨生理。严刻榜谕禁革各府州县令地方火夫上宿守监及撮取短夫扛抬物件。虽坊里不许滥行拘役。
杂办款目保管	杂办款目颇多，必须分别包封，另箱收寄。如遇某项应用，即于原款包内动支。在原登记簿上明白注销，以备查考。	如或官迁吏满时，要申请守巡道清查后，方许离任。

根据表3—2，归纳分析如下：

第一，官府公费悉入均平银，一体派征。

第二，凡官方使客，府县分工接待，规定府送下程，县送油烛、柴炭。

第三，发放下程票，分为三等字号票式。接待来往使者、客人送行的费用和礼物，称为"下程"。《均平录》记载原来没有一定之规时："供应下程，苦于浩繁，若不著为成规，未免任意盈缩。"因此规定，查照各驿的见行则例，分别等级编定天、地、人三样字号刊印票据。并在买办以后，照刻三种拜帖，以便核实。下面以天字号为例：

下程票

县为节冗费、定法守以苏里甲事。本年

月日蒙　　经临今将遵奉题

准均平想程规则，填给天字号票，仰本役即便遵照后开数目办送施行，须至票者。

计开：

鹅二只　鸡二只　鸭二只

猪蹄二只　鱼四尾　京果四色

时果四色　米一斗　金酒一罈

　　　　青菜二盘　油烛十枝　柴四束
　　　　炭二篓
　　　　右票仰该吏　准此。
嘉靖四十年　月　　日给。
县
　　　　　　　　票限办完即缴。

　　第四，对于宴会，作出每席若干银两的具体规定。这是纠正"迩年侈靡相尚，困累已极"的情形而制定的新款。
　　第五，刊印发放夫马票。接待来往使者、客人，按照级别给予夫、马数目和工价。来自水路的发给人夫票，来自陆路的则给予马夫票，形成制度化管理。各票式列于下：

　　　　人夫票
　　　　县为节冗费、定法守以苏里甲事。本年
　　　月 日蒙　　　　　经临本县，由水路 至 县。今将遵奉题准均平夫马规则给票，仰本役若有克扣官价及擅增一夫者，罪坐夫头与该吏，仍追价还官不恕。须至票者。
　　　　计开：
　　　　　　人夫　名
　　　　　　右票仰夫头　准此。
嘉靖四十年 月　　日给。
县
　　　　　　　　票限办完即缴。

　　　　马夫票
　　　　县为节冗费、定法守以苏里甲事。本年
　　　月 日蒙　　　　　经临本县，由陆路至 县。今将遵奉题准均平夫马规则给票，仰本役即便遵照后开验实人扛数目拨定夫马应付。若有克扣官价及擅增一夫一马者，罪坐各役与该吏，仍追价还官不恕。须至票者。
　　　　计开：

　　轿 乘 夫　名、行 李　扛 夫　名

　　跟 随 人 役　名、马　匹

　　右票仰夫马头　准此。

嘉靖四十 年 月　　日给。

县

　　　　票限办完即缴。

　　第六，夫马与物件，依数买办支给。并明确为了适宜民情，各府州县可以灵活掌握人夫、马匹之征，规则不强行划一。这一点很重要，说明均平法推行是依据各地实际状况酌情处理，涉及地方官府财政管理的多样化：既有统一征银后，照差计日支给的；也有计程远近支给的，有听其走差的，还有地方偏僻，照旧粮里暂雇，不派均平的。如严平府，照旧递年里甲轮流差拨，有愿征银在官与无力办银，情愿服役的同时开具在府县项下。

　　第七，对于官方各种用费，进行了分级的详细规定。

　　第八，杂办款目繁多，实行专款专用，分别开支，统一管理。

　3. 关于里甲正役的里长甲首的新款规定

表3—3　　　　　　　　关于里甲正役的里长甲首的新款规定

款目	内容	禁令与惩治
庶务不役里长支值	每年各州县轮委各该实参及候缺吏役，以总理买办。立夫马头以总理夫马。仍量事势缓急，查拔民壮，帮同各役使用。其夫马头给工食，以酬其劳。	掌印官仍不时查理，若有扣减，即拿问招详。
均平银征收后的里长、甲首	其里长止令勾摄公务，甲首悉放归农。	往年里甲供应各衙日生下程，初则买办供送，后则算取折干，通行裁革，不许踵袭旧弊，自玷官常。分拨坊里赴本府各衙答应，尤为非法，守巡道不时稽查。

根据上表，归纳分析如下：

均平银征收后，其里长止令勾摄公务，甲首悉放归农。从《均平录》内容来看，需要"里长执由帖赴纳均平银两，当堂投拒封锁，记薄存照"，而往年里甲供应各衙日生下程，初则买办供送，后则算取折干，则通行裁革。换言之，均平法改革采取按照丁粮征收货币，作为地方上供物料与公费开支的办法，取代了原来甲首需要到衙门去听候差遣，即由甲首轮流到官府值日，供办公费，供应各种衙门不时之需的做法。衙门庶务不役里长轮流支值，每年各州县轮委及候缺吏役，以总理买办。立夫马头以总理夫马，夫马头由官府雇用。

更重要的是，均平法通行以后，里甲轮流应役的里长只担任"勾摄公事"的内容，解除了甲首的支应，使甲首归农，这是对于农户人身依附关系的解纽。有记载云：

> 国初所征于民者，大约简省。入正德、嘉靖来费冗事烦，时时议增额，则既十倍往昔矣。乃又岁简里长之殷饶者主征解，名丁田收头。身终岁为公家，有不得一问生产，本业颇诎。而间遇急需即数十百金，期咄诺办，办稍后辄被挞，盖一岁之间体有完肤者不数旬焉，可不谓沉痛乎……近南海庞公案浙，更定均平法，通计一岁经费，当得银几何，以均诸民；每丁当几何，□均平而输之，按款支销，每季以愿恪吏一人□□，尽屏诸里甲不用。自是民所出银，既无□□之苦，而身不系公所素职，耕桑亦得不废，所在□更生云。①

地方志中翔实地记录了改革前里甲服役之苦，和庞氏实行均平法后里甲无异于更生的情形，证明了改革确实"便于民"。

（二）改革主旨分析

1. 货币化

货币化是明代赋役改革的主要原则。货币化包括两个层面：一是以白银货币为核算单位，二是赋役征收模式向白银货币的转变。第一，从以白银为核算单位方面进行分析，在改革赋役中，基本上抛弃了实物和力役的

---

① 万历《杭州府志》卷三一《征役》，《明代方志选》四，台湾学生书局 1965 年版，第585 页。

标准，而是以白银货币作为核算标准，统一核算；第二，从赋役征收模式的转变进行分析，以银代役，统一征银，改革是对明初传统的纳粮当差模式的颠覆，由此以白银货币为主的财政收支体系建立起来。传统的"实物和力役模式"直接着眼于实物租税和劳动力的获得，依据的是"国家超经济强制"的逻辑；而"统一货币征收模式"则直接着眼于纳银不当差，官方收银雇役，以货币代替力役，农民从亲身服役的徭役制度中得到解脱，古代徭役制度走向衰亡。

在明代赋役改革模式中，改进国家赋役制度的起点在于货币化，主要是通过货币化过程，进行赋役制度的整体调整。赋役改革与白银货币化的进程是同步的，其内涵也是一致的。均平法采用"统一货币征收模式"，由"白银"替代"实物与力役"，处理了赋役的均平关系，在货币化上迈出了一大步。

2. 定额化

均平法明确规定审编均平丁田，通计合用本年额、坐、杂三办一应银数，均平科派，折田为丁，每丁该银若干，某户该银若干，一岁应纳之数，尽在其内。这种做法改变了原来的三办无法统一征派的问题，简化了繁杂的三办内容，合并归一，统一征银。三办的一体化，使得定额征收成为可能。

3. 预算化

此是让里甲投银于官设之柜，由官府直接征收，一概征收白银货币，统一支应官府公费，地方财政由此可以预算化，可视为地方财政全面货币化管理的开端，而一种新的地方财政体制由此成型。

值得注意的是，后两项正是依托第一项而实现的。

改革的启示是建立了地方政府财政的管理机制，打破了明朝初年的赋役征派模式，变革了原有财政结构和征收方式，建立了一种改革模式。其改变了以往上供物料和官府公费条块分割、纷繁复杂的局面，统一规划，使贡、赋、役形成有机结合、系统连贯的整体。均平法完善了地方政府财政管理，出现一种新的地方财政管理体制，通过统一征收均平银，完成了地方财政的统一管理，贡、赋、役管理一体化，地方财政体制日趋健全。

同时，在规定中增加一个灵活掌握的环节，即"量编备用银两，以给不虞之费"，这在当时是考虑为赋役从力役到货币提供一个良好的过渡，却也为官吏的营私舞弊留下了隐患。

需要说明的是，从以上《均平录》所载的内容来看，均平银是通行会计各府州县每年合用一应起存、额坐杂三办钱粮数目，仍量编备用银两以给不虞之费，俱于丁田内一体派征的改革。由此可以清楚地了解到，发展至嘉靖末年，明初的里甲正役"催征钱粮、勾摄公事"的基本职能，已经扩展到了上供物料和地方公费的承办。均平法主要是针对里甲正役的改革，均徭法主要是针对杂泛的改革，但是涉及官府支应，实际上里甲正役与杂泛徭役是没有绝对界限的。而且均平法中涉及的改革，包括贡、赋、役一体的徭役部分并入赋税，更是地方财政的改革。因此，笔者认为应统称为"赋役—财政改革"。

四　浙江各府州县三办的统一定额征收

《均平录》是现在已知明代浙江最完整的赋役改革资料。它详细记述了浙江各府州县的三办，即额办、坐办、杂办征收均平银的全面情况。现根据《均平录》记载，列表如表3—4。

表3—4　　　　　　　　　两浙各府均平银

府名	额办银（两）	坐办银（两）	杂办银（两）	三办总银数（两）
杭州府	3461.6822352	15423.1988383	22389.7618823	41274.6429558
嘉兴府	2503.5422937	18995.0313535	26090.6469722	47589.2260195
湖州府	2238.5248700	14379.1109131	14908.1791440	31525.8148641
严州府	2204.8228000	4659.7139875	8438.5937520	15303.1305395
金华府	2777.3981000	17644.0445410	16583.9285070	37005.3711481
衢州府	3511.9082000	9915.5094206	13182.9916390	22610.4092596
处州府	2815.9792500	11819.3105491	10534.4224094	25169.7122085
绍兴府	2373.4994150	17134.4629635	24549.9808430	44057.9432215
宁波府	2125.4000000	13788.0689621	15222.7374993	31136.2064614
台州府	2387.0482462	8109.0933575	13046.5298062	23541.6714099
温州府	2396.4100000	10971.8903002	7502.8485280	20871.1488282

其中，三办总数最高的是嘉兴府，达到47589余两。额办最高的是杭州府，达到3461余两。坐办最高的是嘉兴府，达到18995余两。杂办最高的也是嘉兴府，达到26090余两。三办中杂办数目是最多的，如嘉兴

府、杭州府，绍兴府、台州府、严州府，杂办都占总数一半以上。唯有温州府的坐办超出50%以上，而杂办仅占35%，是一个特例。（见图3—1）

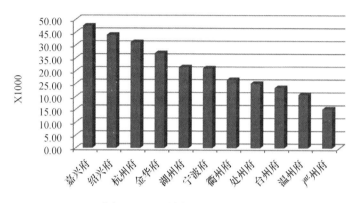

图3—1　两浙十一府三办排序

从两浙十一府三办总数的比例来看，十一府中，嘉兴府三办总数最高，占全省总数13.83%；第二是绍兴府，占12.80%；第三是杭州府，占12.00%；下面依序为：第四金华府，占10.75%；第五湖州府，占9.16%；第六宁波府，占9.05%；第七衢州府，占7.73%；第八处州府，占7.31%；第九台州府，占6.84%；第十温州府，占6.07%；最少的是严州府，仅占4.45%，不到总数最高的嘉兴府的1/3。

额办、坐办、杂办，称里甲三办，是夏税秋粮以外里甲正役中的重要内容。三办，在各府州县的名称和内容不尽相同。依据《均平录》，是因事按件罗列，有的一件项下含有多项内容，也就形成多笔银两。如杭州府杂办中"查议军民赋役以一征解以杜侵渔事"项下罗列有6笔银两数，是一个笼统名目，实际上其中包括了多种公费开销。杂办，就是官府公费。其项目之多，依据《均平录》，远超过前两项的总和。

继续追索，均平法的实行情况如何？嘉靖四十五年均平法推行于浙江全省，从万历《杭州府志》来看，对照《均平录》，到万历六年（1578年），经历12年，三办的变动不大，仅坐办额有所增加，其他额办和杂办均有减少，而三办总额也有减少。均平法改革应该说是颇见成效的。

表3—5 嘉靖末至万历初杭州府三办比较①

年代	额办银（两）	坐办银（两）	杂办银（两）	三办总银数（两）
1566 年	3461.6822	15423.1988	22389.7618	41274.6429
1578 年	2752.1281	16343.7243	17174.3176	36270.1700

　　下面让我们进入《均平录》所载各府三办细目，以杭州府为例，归纳如表3—6 至表3—8。

表3—6 额办事项与名目表

额办	事项	名目
1	供应笔料事	笔料银
2	成造事	铜丝铁线银
3	预备成造事预备成造事	猫紫竹料银
4	岁办皮张事	白硝麂皮料银
5	造解弓张行取军器以防不虞事	弓箭弦条银
6	预处胖袄以备赏赐事	胖袄银
7	并解药材事	药材银
8	荐新事	甘蔗银
9	农桑事	农桑绢银

表3—7 坐办事项与名目

坐办	事项	名目
1	查议军民赋役以一征解以杜侵渔事	水牛底皮等银
2	历日事	历日纸银，有闰加银
3	公务事	浅船料银
4	岁造段匹事	段匹银，有闰加银
5	节奉钦依成造上用紧急供应生活缺少填漆等匠、急缺严漆金箔等料事	漆木料银
6	急缺应用料银，乞预议裁额以便民情以济工用事	四司工料银

① 杭州府三办数字，根据万历《杭州府志》卷三一《征役》数字计算得出。

续表

坐办	事项	名目
7	预备供应事	果品银
8	供应牲口事	牲口银
9	会计年例钱粮事	蜡茶银
10	公务事	省城各衙门修理料银

表 3—8　　　　　　　　　杂办事项与名目

杂办	事项	名目
1	科举事	科举礼币、进士举人牌坊银
2	查议军民赋役以一征解以杜侵渔事	预备上司各衙门书手工食银、坐道工食有闰每名加银、军器路费银、龙袍解扛路费银、上司各衙门新官到任随衙下道家火祭祀诸羊并钦差衙门心红、纸扎、笔墨、油烛、柴炭、卓帷等银，修城民七料银
3	武举事	武举银
4	计处边宜以慎海防事	战船民六料银
5	织造事织造事	部运龙袍委官水手银
6	岁造段匹事	部解岁段委官水手银
7	清解纳以塞弊源事	倒换工部循环簿水手银
8	处置总部钱粮事	部运南北二京税粮银绢委官水手银
9	进用茶芽事	合用黄绢袋袱旗号篓扛路费银
10	祭祀事	本府并属县致祭文庙、启圣公、乡贤名宦祠、社稷山川、郡邑厉坛及应祀神祇猪羊祭品礼物银
11	乡饮酒礼事	本府并属县乡饮酒礼银
12	存恤孤老事	孤老布花、木柴银
13	庆贺事	拜贺万寿、冬至、正旦令节每年 3 次，又习仪 3 次合用香烛银
14	年例事	迎春、芒神、土牛、春花、春鞭、三牲酒席银，上司府县神桃符银

续表

杂办	事项	名目
15	供应事	三察院阅操合用犒赏花红、段绢、酒饼大约用银，三察院考试生员大约以 300 名为率，合用试卷、果饼并激赏一二等花红、纸扎、笔墨银，军门开操出巡、回省祭门祭庙安旗、并二察院出巡祭船、年终祭门猪羊三牲、香烛品物大约用银，三察院织造府两关二司各道年例、冬夏红纱苎丝卓帷银，恤刑按临合用心红、纸扎、油烛、柴炭银，吏书下程银，织造府每年驻扎合用心红、纸扎、油烛、柴炭银，织造府每年春秋二运袍服合用纸扎什物并糊窗纸面银，二司各道升迁进表起程合用祭船猪羊、香烛并送心红、纸扎、油烛、柴炭银，按察司公堂月送心红、笔墨、紫粉年银，三察院司道并府县朔望行香合用讲书纸扎、笔墨银，过往使客下程银，织造府等甲首工食银，上司按临并经过使客合用铺陈银
16	请乞详定规则以便海防事	总兵支应银
17	学政事	提学道岁考生员心红、纸扎、油烛、柴炭银，岁考生员激赏花红、纸扎、笔墨银，季考生员激赏花红、纸扎、笔墨银
18	岁贡事	岁贡生员旗匾花红酒礼银
19	乡试事	起送科举生员银、迎宴新举人银
20	会试事	起送会试举人银、贺新进士银
21	到任事	三察院织造府并二司各道本府正官，及升任官员合用银
22	军务事	各县操练军兵民壮犒赏银
23	朝觐事	府县应朝官员起程并复任祭门三牲酒果、香烛等银

续表

杂办	事项	名目
24	修理事	修理各衙门新官衙宇并海宁等 7 县分司公馆银，修理海宁、富阳两县城垣银，修筑余杭县西海洪高等处险塘椿木等银
25	公用事	上司并府县及查盘取用卷箱架杠锁索棕罩白牌等银，府县心红纸扎等银，各县见年里甲人户由帖纸扎银，上司并府县公宴乡饮酒席祭祀新官到任斋宿幕次置办合用什物使客轿乘等银，各衙门公宴酒席并祭祀供送下程等银，处决重囚每年合用银，各衙门到任并新年刑具及取用长枷方枷银，三察院两关织造二司各道元宵花灯银，三察院三司各道官厅每年冬季三个月炭火银，各衙门攒造贤否查盘招揭等册原设轮坊书手工食银
26	应付事	上司各衙门并经过使客及见任致仕养病科甲乡宦合用门皂银，人夫 917 名半工食不等银，马 266 匹草料马夫工食银，船只雇募并贴船米价银，上司并经过使客家眷在省起程合用抬轿人夫工食银
27	节冗费定法守以苏里甲事	预备杂用银，听各款目与凡开载未尽条件支用

杭州府额办、坐办、杂办的比例分别为 8.39%、37.37%、54.25%。

综合上述，以往一般认为皇室供用最为繁重，实际上并非如此。杂办将一府所有行政办公费用尽列其中，比较起来，三办中开销最大的是杂办，名目最多的也是杂办，也就是地方官府公费。

小　结

综上所述，《均平录》所载改革内容和规则，是现在已知明代江南最完整的赋役改革的资料。笔者认为，均平法的出现反映了当时社会经济的深刻转变，这一赋役财政改革是研究国家与社会互动关系的最佳观察点。

笔者从国家与社会互动角度考察，归纳出如下认识：

（1）均平法体现了国家的作用，社会的作用（包括市场的作用），国家与社会的互动作用，以及士大夫的中介作用。

（2）里甲正役包括上供物料和地方公费，其中并非如以往学界所认识的，上供皇帝的为大部分。从《均平录》表明的三办内容，说明皇帝所要的是小部分，大部分是地方政府公费。皇室开支与政府开支是分离的，由此也清晰可见。

（3）改革以国家法令形式颁布，是明代国家向社会推行改革的主要形式。

（4）士大夫在国家与社会互动中的作用，是将地方自下而上的改革诉求上呈国家认可的重要中介作用。

（5）古代以农立国，明初是典型的农业社会，而在农业经济基础上建立起一整套制度，至此发生了根本性的颠覆。白银的二重性充分体现了出来：一方面是破坏，这一方面以往讲得较多；另一方面是重建，地方财政由此初步成形，也就是地方财政体制由此建立起来。

整体来看，16 世纪，无论从中国，还是从世界来看，都处于大改革、大调整的时代，而史学界以往大凡谈及地方财政，一般都是采取中央与地方关系的角度，鲜见从国家与市场/社会互动的视角来研究。过去往往强调土地兼并，百姓不堪重负逃亡，这无疑是一个主要因素，但是却忽视了一个重要的背景因素，即嘉靖年间，由于白银形成社会流通领域主币这一社会现实，使得明初国家建立在自给自足农业经济基础上的以实物与力役为主要形态的财政体制已经与之不相适应。试想，全社会都在以白银交易，官方又何能例外？本书上述的研究中，已梳理了明代白银不同寻常的货币化过程及其与中外变革的密切关联，[1] 指出明代白银货币化，也即一系列赋役改革推而广之的过程。[2] 嘉靖初年，实际上的银本位制建立，交换中普遍地使用白银，成为以银纳税代役的前提条件。面对地方社会矛盾迭出，来自国家的因应是实行改革。我们看到，作

---

[1]　万明：《明代白银货币化与中外变革》，《晚明社会变迁：问题与研究》，商务印书馆 2005 年版，第 143—246 页，已分列于本书其他章节。

[2]　参见万明《白银货币化视角下的明代赋役改革》（上、下），《学术月刊》2007 年第 5—6 期。

为国家与地方中介的巡按御史，更多地投入了赋役改革之中。庞尚鹏的均平法改革，是一系列成功的赋役改革之一，通过上疏，他将地方社会问题和改革方案报告皇帝，得到允准，形成作为国家法令颁行的《均平录》，将均平银推行于浙江全省。具体说来，均平法通计各府州县的上供物料与官府行政公费，按折田为丁，一律以银征收，这样的一个过程，正是以白银货币化为标志的货币经济迅速扩展的过程。均平银的征收，使得白银货币在浙江全省地方财政中所占比重已相当可观，标志以实物征派和人力征调为主的财政结构发生了重大转变，形成了以白银货币收支为主要形态的新的地方财政体制。这一以国家法令形式进行的制度变迁，反映了社会经济结构的变动，也反映了地方财政结构的变化，具有社会转型的明显特征。

通过追溯古代国家财政的贡、赋、役三大系统渊源，我们确知里甲正役中主要的上供物料和地方政府公费，已包括了多种内涵，是一种以役的方式出现的贡、赋、役的混合体，具有多元混杂的特质。因此改革除了涉及役以外，还有贡与赋，更有地方财政体制改革的内涵，故应称为赋役—财政改革。但是，我们不能忽视三办毕竟出自役，其本质是役，在役的货币化以后，是役转入了赋。如果视为税种的异称，则是把性质混淆了。徭役，是一种力役的表现，是古代国家无偿征发百姓从事的劳务活动，是以国家对人民的超经济强制为手段，以农户人身依附关系和人身的不自由为其实现基础。唐文基先生曾明确指出：明显的超经济强制和古老的原始性是明代赋役制度的两个基本特征。[①] 在明代白银货币化加速发展的大背景下，均平法实行统一征收均平银后，废除甲首的力役，役以银代，官为雇役，完成了纳粮当差到纳银不当差的全过程，国家劳役制走向衰亡，转变为雇用制的趋向明显。

均平法改革预示劳役制度走向衰亡，这种徭役合并到赋税之中的走向，无疑是商品货币经济扩张的结果。换言之，赋役改革自宣德始，到嘉靖末长达一个多世纪，正是白银货币化推进的进程，其背后的推手是商品货币经济的发展，而改革的全面推行，也无疑将推动市场经济的进一步发展。

进一步探讨，明代赋役财政改革的模式是怎样的？均平法改革涉及多

---

① 　唐文基：《明代赋役制度史》"前言"，第1—2页。

层面的问题：王朝的治理模式、士大夫的作用、改革的运作机制等。改革应该说是有社会基础的，是自下而上发展的，中介是中央派出的巡按御史，如庞尚鹏、潘季驯均为巡按御史，即一批勇于任事的士大夫，他们了解到地方社会的民意与要求，将之反映到中央，随后国家以法令形式昭示了改革成功经验在地方社会的全面推行，通过立法形式以保障改革成果。由此看来，士大夫在国家与社会互动关系中的作用无疑是非常关键的，值得深入探讨。改革的更深层次则涉及整个国家的社会治理，即社会基层组织里甲制的演变，改变了黄册里甲制的国家掌控机制，至此商品货币经济已经瓦解了明代初年建立的一整套国家治理模式与运行机制，乡村社会发生了重大变迁，是国家与社会互动的结果。

在这里，笔者想再次强调的是，均平赋役是历史上数不清的赋役改革的共同特征，因此学界有"黄宗羲定律"的总结，[1] 而统一征银则是明代赋役改革不同于历朝历代改革的主要特征。《均平录》表明，均平法的核心，是审编丁田，折田为丁，"征银，官为支应"。征银不仅是征收方式的变化，而且是摊丁入亩的开始，更是货币财政的开端。明代出现白银货币化的新趋势，至嘉靖末年，白银已经全面渗透到明朝地方财政体制之中，地方财政体制发生了重大改变，按预算额数总征成为地方政府财政预算的前提，地方财政收支开始货币化、定额化、预算化，实行专款专用、专用专销，地方政府由此可以量入为出，统一安排支用，这意味着浙江地方财政新体制的出现，以及全面货币化管理的初步成型。在中国古代地方财政管理方面，这是一个重大转折，这一转折的意义虽迄今未见阐释，却是亘古未有的。从以实物征派和人力征调为主到以白银货币为主，笔者认为，明代财政体系从古代实物财政到近代货币财政的转型，是社会转型的重要标志之一。如果说梁方仲先生提出了明代是现代田赋制度的开端，那么明代财政，我们也可以表述为现代货币财政的开端、现代货币财政管理的开端，具有划时代的意义。

---

[1]　秦晖：《并税式改革与"黄宗羲定律"》，《农村合作经济经营管理》2002 年第 3 期。

附　录

一　两浙十一府额办、坐办、杂办比例图

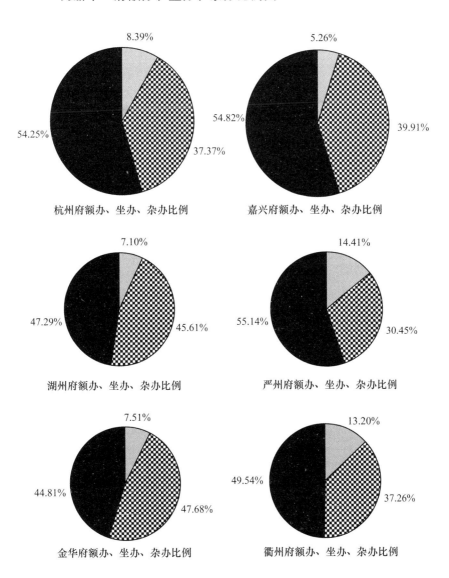

杭州府额办、坐办、杂办比例

嘉兴府额办、坐办、杂办比例

湖州府额办、坐办、杂办比例

严州府额办、坐办、杂办比例

金华府额办、坐办、杂办比例

衢州府额办、坐办、杂办比例

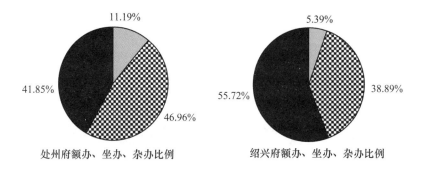

11.19%

5.39%

41.85%

46.96%

55.72%

38.89%

处州府额办、坐办、杂办比例

绍兴府额办、坐办、杂办比例

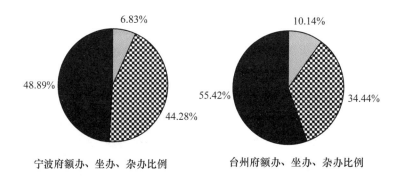

6.83%

10.14%

48.89%

44.28%

55.42%

34.44%

宁波府额办、坐办、杂办比例

台州府额办、坐办、杂办比例

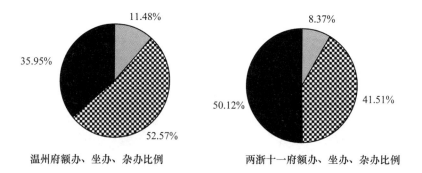

11.48%

8.37%

35.95%

52.57%

50.12%

41.51%

温州府额办、坐办、杂办比例

两浙十一府额办、坐办、杂办比例

二　两浙十一府额办、坐办、杂办、总办比例图

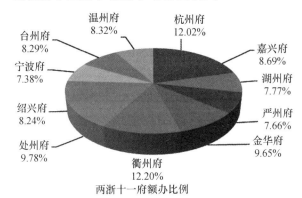

两浙十一府额办比例

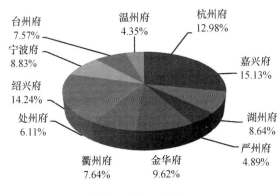

两浙十一府坐办比例

两浙十一府杂办比例

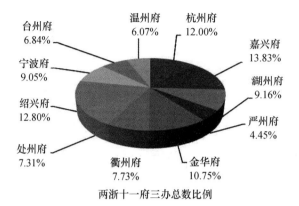

两浙十一府三办总数比例

三　两浙十一府额办、坐办、杂办、总办排序图

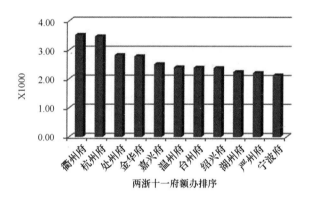

两浙十一府额办排序

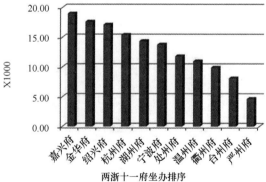

两浙十一府坐办排序

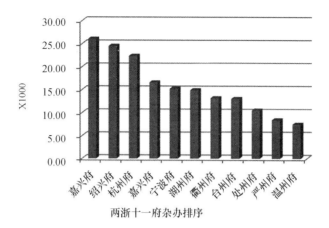

两浙十一府杂办排序

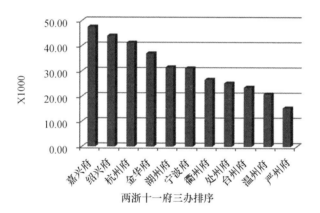

两浙十一府三办排序

四 两浙十一府均平银总体分布图

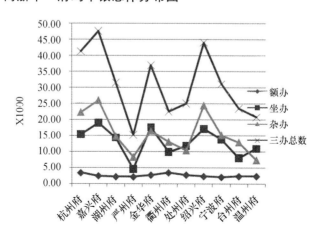

第三节 明代赋役改革模式及其特点探讨：
地方官群体的实践

明代赋役改革模式及其特点的探讨，在以往的明代赋役改革研究中，是付之阙如的。明代白银货币化的历史也就是一部明代改革史。明代的赋役改革是自下而上的发展过程，而不是如王安石改革那样自上而下的发展进程，是明代市场/社会与国家互动的结果。因此地方官成为改革的倡议者和运作者，县级官员首当其冲。本节重点论述海瑞通过地方赋役改革的实践，表达了符合公平也符合经济学的效益考量的财政原则，体现了改革具有社会治理的明显作用；并从县、府、省级改革及其官员群体出发，对明代赋役改革模式及其特点做出初步探讨。

翻阅明代历史文献，赋役改革，或者我们可以称为赋役—财政改革，几乎贯穿了大半个明朝时间段，以致我们将之称为一个大改革时代也不为过；另外，几乎贯穿整个改革过程，在改革中出现频率最高、对改革影响最深的是白银演进的过程，我们称为白银货币化的过程，它是中国货币经济化的进程，也是中国走向早期近代化的过程。我们知道，中国货币史权威彭信威先生在他的经典著作《中国货币史》中明确说："中国用银虽有很久的历史，但西汉及以前，只作工艺上的用途。西汉武帝时的白金弊，可能锡多于银，而且一年多便废了。东汉以后偶有用作支付工具的。自五代时起，使用渐多，金人曾铸承安宝货。然而一直到元末，白银还算不得十足的货币"，明代"白银才真正货币化"。[①] 但是他没有进行明代白银货币化过程的研究，这意味着白银货币化是一个没有得到明晰论证的概念。这也是我自 20 世纪末开始探讨明代白银货币化过程的缘由。这里我重申一下关于明代白银货币化的主要概念：其一，白银从贵重商品最终走向了完全的货币形态；其二，白银从非法货币到合法货币，再到整个社会流通领域主币；其三，白银形成国家财政统一计量单位和征收形态；其四，白银形成主币，明代中国建立起实际上的白银本位制；其五，白银成为世界货币，中国与世界经济体系接轨。这样一个过程大约发生在明代中国

---

① 彭信威：《中国货币史》（下），上海人民出版社 2007 年版，第 513—514 页。

14—16 世纪末的时间段。重要的是，货币化通过一系列改革完成，因此，明代白银货币化的历史也就是一部改革史。

追寻历史，白银从贵重商品最终走向了完全的货币形态，是在明代。然而，当我们翻开《大明会典》，明朝典章制度中唯见"钞法""钱法"，却没有"银法"，这说明白银原本不是明朝的法定货币，也就没有制度可言的历史事实。"礼失求诸于野"，对明代白银货币化的初步考察，是从所见洪武至成化年间 427 件徽州土地买卖契约文书入手的，从而我们发现了白银货币化并非国家法令的结果，是来自市场的萌发，经历了自下而上再与自上而下二者合流的发展历程。进一步考察，白银广泛铺开于全国，正是以赋役改革为形式，与一系列制度变迁并行，与整体社会变迁同步，更与全球化的开端紧密相联系。① 我们注意到，明代赋役改革的发展进程与白银货币化的发展进程是重叠在一起的，几乎所有明代有关赋役的改革都是如此，赋役改革与财政改革紧密联系，因此我们称为赋役—财政改革也不为过，都可以白银货币化为基本线索来追寻探讨。换言之，中国经济货币化，或者说货币经济化，不仅主导了明代中国赋役—财政改革的发展进程，也形成了改革与发展的基本脉络，并且代表了改革与发展的基本趋势，标志着中国传统国家与社会的近代转型，更重要的是，这一进程与当时全球化的进程、与全球走向近代化的进程是一致的，是与世界的发展总趋向相一致的。

明代赋役改革自下而上的发展过程，是明代社会与国家互动的结果。因此地方官成为改革的倡议者和运作者，县级官员首当其冲。这里应该说明的是，以往笔者将官方改革统归于自上而下的改革，是与民间相对而言的。事实上，官方赋役改革也存在一个自下而上的过程，首先并不是国家决策的过程，基本上经历了一个从县级自下而上的改革过程。

苏力的论文反驳了黄仁宇关于海瑞是一介"古怪的"书生文人的说法，也反驳了一些经济学家基于黄仁宇笔下的海瑞对中国历史的解说。② 本节基于相同的出发点，以海瑞在大改革时代的地方性实践为中心，论述

---

① 参见万明《明代白银货币化与制度变迁》，《暨南史学》第 2 辑，2003 年；《明代白银货币化：中国与世界连接的新视角》，《河北学刊》2004 年第 3 期；《白银货币化视野下的明代赋役改革》，《学术月刊》2007 年第 5—6 期。

② 苏力：《"海瑞定理"的经济学解读》，《中国社会科学》2006 年第 6 期。

海瑞通过地方赋役改革的实践，表达了符合公平也符合经济学的效益考量的财政原则。改革既是社会矛盾发展的产物，那么赋役改革的重点当然也就是如何去调节这些促使进行改革的各种社会矛盾，改革具有地方社会治理的明显作用。

迄今为止，中外学界对明代赋役制度及其改革的研究相当丰富，但是鲜见对改革模式的探讨。① 关于赋役改革的原因，一般归纳为土地兼并、赋役沉重、农民逃亡、里甲制解体。这无疑是每个地方官首先遇到的严峻的社会问题。将改革发展线索的勾画推至实践层面，应以县级地方性实践为基础，考察从地方到中央，延伸至整个地方财政体制乃至中央财政体系的改革，初步探讨明代赋役改革模式及其特点。

一　县级地方性实践：以海瑞淳安改革为例

海瑞的县级改革，在他任官浙江淳安时期。

明代海瑞是著名的清官，他自为官之日起直至逝世，共有 30 多年时间。这 30 多年里，他锐意改革，可以说在他为官之始，就已展开了改革活动，因此说他是一名改革家，也是不为过的。他是明代大改革时代改革家中颇具典型的一位。重要的是，在明代赋役改革的大潮中，海瑞并不是一个异类。他的改革的地方性实践，从某种意义上说，在当时颇具普遍性。

回到海瑞为官的那个时代语境，那处于明代国家与社会转型和全球化开端的特定历史时期，是一个大改革的时代。白银货币化来自市场的萌发，是国家与社会互动的结果，白银货币化进程与一系列改革重叠并行。一般来说，明代赋役改革有社会基础，反映了民间社会的诉求。明代赋役

---

① 中外学界关于明代赋役制度的研究已有丰硕成果，直接涉及赋役制度改革。中国最有代表性的研究是梁方仲先生有关一条鞭法的系列论著，已收入于《梁方仲文集》，中华书局 2008 年版；唐文基先生《明代赋役制度史》（中国社会科学出版社 1991 年版）是国内对于明代赋役制度进行系统研究的力作；刘志伟《在国家与社会之间：明清广东地区里甲赋役制度与乡村社会》（中山大学出版社 1997 年版）是对广东赋役制度演变与乡村社会变迁相结合的深入考察。日本学界聚焦於徭役制度的研究很多，出版了一系列颇见功力的研究成果，具有代表性的主要有：山根幸夫《明代徭役制度の展开》（東京女大學 1966 年版），岩見宏《明代徭役制度の研究》（东京：同朋舍 1986 年版），谷口规矩雄《明代徭役制度史研究》（东京：同朋舍 1998 年版），等等。这些专著都是在研究论文基础上撰写而成，具有相当的研究深度。但是大多没有特别关注赋役改革的模式问题。彭信威：《中国货币史》，上海人民出版社 2007 年版，第 514 页。

改革不同于历朝历代改革的特征是白银货币化。我们知道，在16世纪初，中国与世界接轨，体现在市场的连接，推动了白银货币化加速进行。白银形成社会流通领域的主币，中国白银经济由此开端，已基本成形，与此同时，白银成为嘉靖年间赋役—财政改革大潮的重要角色一点都不奇怪。到海瑞任官淳安的时代，即16世纪中叶，明代白银货币参与赋役改革的进程，已经有了100多年的历史，白银货币化与明代赋役改革如影随形，无论是赋还是役，都向着货币化发展趋向推进。主导改革的均平理念，均以白银货币来实现。海瑞所代表的县级官员，在改革中起了重要作用。

海瑞的改革，自他任福建延平府南平县教谕时已开始，他的《驿使议》，正是对于赋役之驿使的改革，可惜没有机会得到批准实施。

嘉靖二十八年（1550年）海瑞中举，初任福建南平县教谕。嘉靖三十七年（1558年）任浙江淳安知县。明代地方行政区划分为省、府、州、县几个等级，省下设府，府下设县。县是国家最低一级行政机构，设置的职官有：知县一人，正七品；县丞一人，正八品；主簿一人，正九品；典史一人，不入流。知县为职掌一县县政的主官。海瑞曾云："令萃百责，大抵刑教十之一、理财十之九，百职惟令。临财惟琐惟多。"① 县官职掌十之九在理财，顾名思义，理财也就是理钱粮，而钱粮的主要构成就是赋役。钱粮问题直接关系到县官的考成，也直接关系到县里的财政收入。在任3年多的淳安知县生涯，海瑞推行了一系列赋役改革，均平赋役，清丈田亩、兴利除弊，深得民心。在《淳安县政事序》中，他言道：

> 瑞自滨海入中州知淳安县事，初阅册籍，民之逃亡者过半，问之则日备困不能堪赋役，朴直不能胜奸强使之。而予之心恻然痛矣。剥民以媚人，多科而厚费使之，可为民忿、可为民慨之事日临于目，日闻于耳，而予不平之气愤然生矣。问识者以所处之方，则曰在今日不可能也，在今日又不可为也。宁可剥民，不可取怒於上；宁可薄下，不可不厚于过往，彼自为一说而不能当于予心也。尝欲自为一编，以纪钱粮、以节财费、以酌事使节，文昭国制日月之明，扩吾心体备万物之理，使淳得户晓焉。吏不能缘为奸弊，民得安业乐生，而予亦得

---

① （明）海瑞：《赠黄村赵先生升靖安大尹序》，《海瑞集》（下册），陈义钟编校，中华书局1962年版，第342页。

以常目在之，俨有师法。①

我们在上文中读到的是当时社会需要改革，呼吁改革，改革有着社会基础。海瑞在淳安的改革，是在总结赋役改革和地方治理经验基础上，汇总于他亲撰的《兴革条例》，其作于嘉靖四十一年（1562 年）五月，此时他已离开淳安知县任上，调往江西兴国任知县。

海瑞认为："知县知一县之事，一民不安其生，一事不的其理，皆知县之责。"②《兴革条例》之"兴革"，是"兴利""革弊"的意思，按照后来海瑞本人的解释："已废之事，而我举之，如水利，如均田，谓之兴利。吏胥作弊取钱，民俗奢靡淫荡，溺女火化，无妻游食，健讼喜斗，能禁止谓之革弊。"③ 条例，从性质来看属于行政法规，是地方政府依照政策和法令而制定并发布的、针对县政各个领域的具体事项而作出的、比较全面且具有长期效力的法规性公文。该条例按照县衙办事吏员六房，分为《吏属》《户属》《礼属》《兵属》《刑属》《工属》6 个部分，分别就六房的职掌和办事规则、里甲、赋役、礼仪、治安和管理等作了详尽规定，是一部全面反映县政改革的地方行政法规。

具体来说，海瑞的改革从县政开始，故列于县设吏、户、礼、兵、刑、工六房名目之下，首先是吏房。这里引述的目的不在于县政的全面改革，而是聚焦于赋役方面，凡涉里甲的部分均在文下画出：

吏属：
一、新官原各僚属有声报到，即差吏书门皂人役前往旧任原籍迎接，里甲中途供应。至日具花缎，盛设猪羊大席。钦奉颁行仪注……今已革去，一如仪注举行。
一、参谒。县百事统于府，旧例，小有故必参谒，必带里长供夫马百用，一费公事，二费财劳人。本县非甚不得已不离任至府。初到犹间于二钱五分内支用，近一切俱用本等柴薪银炊饭，船夫用皂隶小溪，起陆行则租马，随行吏书自备饭食，无丝毫侵用于民，心觉爽

① （明）海瑞：《淳安县政事序》，《海瑞集》（上册），第 37—38 页。
② （明）海瑞：《兴革条例》，《海瑞集》（上册），第 49 页。
③ （明）海瑞：《督抚条约》，《海瑞集》（上册），第 247 页。

然。已定各衙凡出俱自行供应夫用，本衙跟随皂快不许沾支应银，亦不许中途起乡夫。儒学原人役少，止夫而已，别无供应。一、朝觐。今人谓朝觐年为京官收租之年，故外官至期盛辇金帛以奉京官。上下相率而为利，所苦者小民而已。<u>旧例就三年里甲中科派一里一两，三八共二百四十两，中取七十二两馈本府，十二两馈府首领，六两馈府吏府上，或又取轿夫吹手民壮</u>……旧例悉行禁革。惟本府取轿夫则应之，似亦未属合义也。

一、吏农。两浙政议称吏农初参，<u>令里甲办花红酒果牌匾迎送。</u>淳安先无此例，只是役满领起送文日有花红送出。计费里甲银七八分。彼能守法奉公，三年无过，似亦可嘉，未与禁革。所革者吏书门皂顶头常例……

一、书手。书写吏胥职也。彼或不能，自募书手代之，亦其本分。旧例清理军匠丁田均徭派征钱粮等项，<u>皆令直日里长出办工食。</u>今已革去。独有大事造册用工多者，算字计该若干工与工食，小事不给。

一、纸笔。原吏房掌之。……近日文移繁，用纸甚多。本县于自理词讼内，取兼二分纸价给用，<u>不派里甲</u>……

一、原二院守巡道出巡并委官查盘，<u>县有馈送吏书银，出自里甲</u>，多十二两，少五六两，沿习成风，无一无之。今已革去。

一、<u>农民旧例上班</u>，今听回。遇有差遣，方票唤。挨次轮流，不论差之繁简久近，准其所遇。吏每房三人，亦似多了。今听其归。每房止有一人代理房事，呼唤有人到则止，不必本名人。盖听其归农归商，以图生业。

一、比较所以稽查未完，事不可已者……<u>年终册旧例，里甲出银付吏略府吏</u>，总计六房约有三十两之数。他如户房钱粮册，工清军匠册，刑审录，礼寺观，兵乡兵、民壮等册，皆有上房旧例，今盖革去。只如数给纸笔，如数给书写工食。往往生事拨回，然宁可有再造之费，不可开贿赂之门。①

在上述吏属的 9 项改革之中，从官员到任开始，几乎全部涉及里甲供

---

① （明）海瑞：《兴革条例》，《海瑞集》（上册），第39—48页。

应。我们知道，里甲本身是一种里甲正役，海瑞裁革里甲供应，让上班农民归农，吏员减员归农归商，这充分体现了海瑞并不"古怪"，他非常了解当时的社会弊病，并针对弊病采取了改革的措施：节流与减差。

明初官员的俸禄是以粮食等实物配给的，到了海瑞任官的时代，县里官员除俸禄已经货币化外，还产生了所谓"常例"，即俸禄之外的额外白银收入。海瑞在《兴革条例·吏属》中详细记录了县官衙署官吏所得常例，即官吏额外白银收入的名目与数额，并宣布全部革去。这部分收入值得关注，虽然不算是财政中的正常收入与支出，但是"羊毛出在羊身上"，实际上也在全县钱粮的范畴内，故不能说与"理钱粮"无关。下面是海瑞详列的知县每年常例部分，以见一斑：

> 知县每年常例夏绢银一百六十两。太府如数，受否在人。夏样绢八疋。太府如数，受否在人。
> 秋粮长银二十两。农桑样绢四疋。太府如数，受否在人。
> 折色粮银四两。清军匠每里银一两。
> 农桑绢银十两。审里甲丁田每里银一两。
> 盐粮长银十两。
> 直日里长初换天字下程一副外，白米一石或五斗，八十里皆然。审均徭每里银一两。
> 造黄册每里银二两。经过盐每一百引银一钱，每年约有五万引。太府如数，受否在人。住买盐一百引银一两，每年约有七千余引。催甲每里银一两。样漆一百筋，太府如数，受否在人。
> 俸米每石折银一两。柴薪马丁家火每一两收银二两。出外直日里长供应并店钱人情钞缎。起送农民罚纸二刀，纳银五钱。本府罚纸贰刀，纳银捌钱。吏拨缺罚纸四刀，纳银一两六钱。受否在人。收各项钱粮每一百两取五两。凡常例，今已革去。①

以上知县的常例银达 22 项之多，夏邦、黄阿明通过对这份知县常例清单中的 19 项估算，综算出这份知县常例清单总收入为白银 2665—2723

---

① （明）海瑞：《兴革条例》，《海瑞集》（上册），第48—49页。

两。起初知县岁俸按照规定只有 90 石，这笔额外收入是岁俸 100 多倍了。① 海瑞的改革将知县的常例革去，也将县丞、主簿、典史等官的常例皆革去。下面为了全面了解县吏的常例，故不计繁复，罗列如下：

县丞、主簿每年常例：

夏绢银八十两 府粮厅或八十，或一百二十，受否在人。

夏样绢四疋 府粮厅四疋，二府二疋，四府二疋，受否在人。

农桑样绢二疋 府粮厅二疋，受否在人。

农桑绢银五两。秋粮长银一十两。盐粮长银五两。经过盐每一百引七分 府管盐如数，受否在人。住卖盐每一百引五钱。管黄册每里银一两 府管册如数，受否在人。

样漆十斤 二府三府四府俱五十斤，受否在人。俸米每石折银一两。

柴薪 马丁家火 每一两收二两。

直日里长初换，下程白米比知县减三分之一，八十里皆然。凡经收

各项钱粮，每一百两取二两 系已衙征者方取……此只就各衙说，若代理知县某事，则又取其常例。

典史每年常例：出外里长供给并店钱人情纱绢书帕。火夫一人银一钱，每里一两，八十里八十两。柴薪 马丁家火 每一两收二两。里长初换日，送下程比县丞减去一半。

教谕训导每年常例：斋膳夫每一两加收一两，共二两。

阴阳官常例：阴阳生二十三人，每人银一钱。

医官常例：医生四名，每名银五钱。②

海瑞还详细记载了嘉靖间任浙江淳安知县时各房吏书每年的各项常例：

吏房顶头银十两。一两考吏银五钱。府吏银三两。

---

① 夏邦、黄阿明：《明代官场常例钱初探》，《史林》2008 年第 4 期。

② （明）海瑞：《兴革条例》，《海瑞集》（上册），第 50—52 页。

　　起送农民或银八钱或五钱。府吏三两，书手一两，同房吏书各三钱。

　　酒席银二两，众吏农分。府乡里酒席银一两二钱，仍整酒一席，用银七八钱。

　　起送吏农拨缺兵刑工银五两，户三两，礼一两或五钱，承发三两，铺长二两，架阁五钱三人分。府吏如数每人管二县。

　　新里长不报农民。银二钱。

　　户房顶头银五十两。里长应役时每里银三钱。

　　造黄册每里银五钱。草册府吏五两，管册厅吏二两。

　　粮长应役时每名银四钱。夏绢每里银三钱，三八共二十四两。三人分。

　　解绢时十二两，承行吏独取。库该房十八两，书手十两，投批五两，家属五两，粮厅吏书十五两。

　　农桑绢二两。三人分。府该房四两。

　　秋盐粮每一石银三厘。府每石五厘。

　　经过盐每一百引银二分。

　　住卖盐每一百引银三钱。

　　折色九百九十九石，每石银三厘。

　　凡征钱粮一百两，银一两。三人分。

　　均徭每银十两，银一钱。三人分。

　　礼房顶头银十五两。收茶芽每里银五分。

　　童生入学每人三钱。初考每人三分。

　　里长应役不报老人者银五分。

　　均徭每银十两，银一钱。

　　兵房顶头银五十两。均徭每两，银一钱。

　　民壮每名银一钱，共二十五两。三人分。

　　清军每里银五钱。直日里长每日银五分。

　　皂隶三十六名，每名银五钱。

　　刑房顶头银五十两。金总甲每里银三钱。

　　年终总甲每里平安银三钱。

　　工房顶头银五十两。直日里长每日银五分。

　　审里役丁田每里银五钱。清匠每里银五钱。

塘长每里银三钱共二十余两。

买漆每银一两取五分。均徭每十两取一钱。

凡征钱粮每一百两，银一两。

承发顶头银五十两。里长应役时每里银一钱。

审均徭丁田里甲银一钱。

词讼每状一纸或一分二分。

铺长顶头银五十两。铺兵七十二名，每名五钱。

架阁顶头银三两。审丁田里甲均徭每里银一钱。

黄册每里银五钱。

书手顶头或二两三两。门子顶头银四两。

皂隶顶头银五两。[①]

从记载可以看出，吏书的常例收入是五花八门的，但都与其职掌事务相关，重要的是，其中大部分来源是从里甲派征而来。除长年比较固定的以外，还有随事向下属人役收取的。如户房吏向解户索常例，兵房吏向皂隶索常例，巡检司吏索弓兵常例，驿吏索马头常例，皆习以为常。而海瑞的改革将六房吏每年的常例都革去了，主要目的是裁革隐性收入，从源头上杜绝额外派征。

海瑞将常例称为"俗弊，习成时套"。而且认为"其上焉者仅如顾募工人，糊口他人之室，挨得一日便计一日工而取其直，失设官初意，政无美政，有由然也"。他把取得常例的县属官吏比喻成雇工人的计日取值，认为县里从此就没有美政了，因此，他要革去常例。我们注意到，货币经济发展，市场化反映到官场，常例已成为"习成时套"，是基层官场的潜规则。在海瑞看来，常例额外收取白银，使得官吏都成为雇工人，县政由此败坏，因此海瑞要大刀阔斧地革除积弊。常例形成于何时，我们已不清楚，但是这种以白银货币形态出现的报酬形式，一定是出现在白银于明代社会流通领域占据主导地位以后。常例成为县财政里的隐性收入，是地方政府官吏个人所得，是县官与吏的额外收入，考其来源，实际上大多来自里役的摊派，因此与县里来自地方基层的财政也就有了密切联系。在现实生活中，既然白银变得如此重要，人们的观念也必将随之发生变化。海瑞

---

① （明）海瑞：《兴革条例》，《海瑞集》（上册），第54—56页。

生活在当时白银货币形成薪俸常例的社会现实中，对于常例白银的获取，将官吏比之于雇工人"计日取值"，是把官吏与国家关系转换为一种经济雇佣关系来思考、来表达的。

县早在春秋初期就已出现。战国时，县的设置已很普遍。县是国家基层行政机构，也是国家最基本的赋役征收单位、国家最基本的财政会计单位，还是国家最基本的财政物资运送单位。[①] 中国古代国家财政收入，是以赋税与劳役组成，合称为赋役。在地方行政机构中，县级对于国家财政担负着最重要的角色，县官的考成与赋税征收联系在一起。宣德五年（1430 年）规定："天下官员三六年考满者，所欠税粮立限追征。九年考满，任内钱粮完足，方许给由。"弘治十六年（1503 年）定："凡天下官员，三六年考满，务要司考府，府考州，州考县。但有钱粮未完者，不许给由。其给由到部，不系九年者，不许送户部考核。"[②] 力役之征，又称徭役，是国家对民间劳动力的无偿征用，明代大约可分为三种：里甲、均徭、杂泛。在白银货币化以后，各种徭役越来越多地为白银货币所替代，形成地方行政机构的财政收入，包括显性的和隐性的。此前，地方没有成形的财政体制，没有固定的财政经费，力役只能随征随用；力役转化为白银货币以后，地方行政机构才有了货币支撑，包括行政机构所有经费以及官吏的额外收入。因此赋役的货币化，是地方财政体制成型的前提条件。换言之，里甲的职责本是固定的，随着时间的推移，里甲负担不断增加。里甲对政府的供给是随事派征的，地方政府不能统一调配支用。在赋役折银以后，里甲供应货币化，使实物和劳役转化为地方政府统一预算灵活支配的货币收入具有了可能性，这是形成新的地方财政体制的前提。里甲正役改革对县政的意义即在于此。赋役结构的变化，深刻影响了县政。

海瑞最具特色的改革，出现在《兴革条例》的《户属》之中。海瑞记述了里甲正役货币化以后的体制现状与弊病，以及直接针对这方面的改革：

---

① 黄仁宇曾说："财政管理的指导方针为：县是一个基本的税粮征收单位，府是一个基本会计单位，省是一个中转运输单位。"《十六世纪明代中国之财政与税收》，生活·读书·新知三联书店 2001 年版，第 24 页。其说不确。

② （明）申时行等：《明会典》卷一二《吏部》十一，《在外司府州县官》，中华书局 1989 年版，第 72 页。

一、里长十年一役，事在催征钱粮，勾摄人犯，他非所与也。流弊至今，官府中百凡用度，一一责之。初年所用犹微，至今则日增一日，每丁多则出银四两，少亦三两。自本县到任以来，止科银二钱五分应用，百凡用度，尽出于是，用多日以用少日补之，不问阄分日期。淳安路通徽饶，无驿递防馆夫，无额定水夫旧规银两。近因倭变，此路通行，上者下者络绎不绝，是以支应为繁。然大抵应县中用度少，应上司用度多。若上司加意节省，不取水手长夫，不轻出应付牌票，文册纸张不必厚美，参谒迎送如法禁止，文移纸札一如两浙政议以日理词讼与二分纸价兼用，虽二分五厘，亦可足也。

旧例里长逐日在县应卯，违卯则罚。各里每照丁科应卯银每日或五分，或七八分，今已革去。每丁许取银三分，以偿其劳。朔望日查比钱粮词状牌票，余日听回干自己田里事……

旧例里甲照丁轮日应里役，一人轮几日……今定甲首户每丁止出银三分于里长户，里长户止许分管钱粮事务，不分日……自初春入役日斟酌本户人数多寡分派，多则分，少则兼。其人名下钱粮完，名下事务完则止。虽朔望日不必到县，本县亦止以各名下事责其人。

一、里长近日人多不乐为，以故应当里役品类劣恶，官府每每贱之……然细推所以，乃近日差赋繁，需求甚，上下相率为利致之……①

下面"均徭"项下，列有名称、人数与雇役白银价格：

本府永丰库库子一名，正银一十两。每两连耗四十两正。

本府预备仓斗级二名，每名正银七两二钱，每两连耗一十两正。如谷多，耗银不止此。

本府和丰仓斗级二名，每名正银七两二钱，每两连耗五两正。

耳房库库子一名，每名正银六两，每两连耗四两正。

库子职主库藏，旧例供冬夏桌帏供锡砚池，至晚送各衙油烛，今尽革去。止有客供一茶。

遇晚供堂上一照光烛。大事用烛多，以支应银给之，外无分毫用度……

---

① （明）海瑞：《兴革条例》，《海瑞集》（上册），第58—59页。

本府预备仓斗级二名，每名正银七两二钱，每两连耗三两正。如谷数少，耗银不用此数。

本府存留仓斗级一名，每名正银三两，每两连耗五两。

本府富户一十名，每名正银二两，每两连耗一两五钱。

本府革役巡盐应捕三名，每名正银一十两八钱，每两连耗一两三钱。①

海瑞对均徭看法的表述十分清楚：

> 均徭，徭而谓之均者，谓均平如一，不当偏有轻重也。然人家有贫富，户丁有多少，税有虚实。富者出百十两，虽或费力，亦有从来。贫人应正银，致变产、致典卖妻子有之。若不审其家之贫富，丁之多少，税之虚实，而徒曰均之云者，不可以谓之均也。均徭，富者宜当重差，当银差；贫者宜当轻差，当力差。渡夫铺兵，此最轻者，当以极贫并逃绝虚税人户，疑而未定未与除豁者当之。皂隶禁子等役，编在坊并邻县图分；铺兵渡夫，就各邻近图分编金。共户富家户下人，有贫而田少者，编以重差。不许照丁均役，仍照各贫富各田多少，贫者轻，富者重，田多者重，田少者轻，然后为均平也。②

均徭法的实行，以县为最基本的计算单位，主要内容是均平徭役。海瑞的改革，其主要目的也在于均平徭役，表达了既符合公平也符合经济学效益考量的财政原则。均平赋役，在历朝历代都出现过，但是直到发展到明代，才与白银货币化的过程重合为一，即改革以货币经济的逻辑展开，与具有的社会普遍性相联系。

为了纠正钱粮耗银多寡不一的问题，杜绝多收耗银的弊病，海瑞还专门发布了《定耗银告示》：

> 原本县各项钱粮耗银多寡不一，盖因各上司衙门兑银轻重不同也。然轻重不同，存乎其人。固有彼一时重，此一时轻者。小民秤纳钱粮与各里递，多是各项总兑。多寡不一，深山穷谷之民，易为收者

---

① （明）海瑞：《兴革条例》，《海瑞集》（上册），第60页。
② （明）海瑞：《兴革条例》，《海瑞集》（上册），第61页。

所骗矣。况因其轻重不同，朝更暮改，小民岂能遍知。里递户首因其不知而多收耗例，比比有之。今定自四十一年四月为始，凡各项钱粮尽是正数，外别加二分作耗，……盖二分耗，中数也。

他规定："通县诸邑钱粮，每一正银一两，只许加收二分银为耗"，目的是达到均平赋役不使小民吃亏。

从体例上来看，海瑞的《兴革条例》按照地方行政下属部门吏、户、礼、兵、刑、工六房，以其职责范围所属事项分别排列，涉及地方行政事务各个方面，层次分明，全面而具体。以上对海瑞的赋役—财政改革引述仅为部分，实际涉及里甲、均徭、杂役的改革内容繁多，他主要是查明六房积弊，将一切陋规革除，并雷厉风行地实行。所谓"郡县治，则天下安"，县域经济与财政的稳定和发展对于国家的稳定和发展起到非常重要的作用。后来的淳安知县郑应龄刊刻《淳安政事》，将《兴革条例》包括在内，作为县里施政的重要参考。海瑞的改革实践证明赋役改革中县级官员是重要角色，倡导改革与颁布地方法规推行于全县，以均平赋役，革除弊端，创新财政体制，缓解了社会危机，达到社会治理的作用。

赋役货币化的产生，说明一种新的地方财政体制已经逐渐形成，主要表现在以下两个方面：（1）赋与役合并，统一以白银作为计量单位；（2）钱粮统一以白银作为征收的对象，即征收形态。如此一来，赋役的界限越来越模糊，特别是以银代役，役转换为赋税，成为地方财政经费。赋役改革的制度化，是从赋役—财政制度变迁中逐渐演变的结果。这正是新旧体制发生重大变化的反映。重要的是，通过一系列地方改革，白银一步步确立了流通领域主币和地方财政主导的地位，促使新的地方财政体制成型。

嘉靖四十二年（1563年），海瑞任江西兴国知县。在兴国任上，他上条陈八事于南赣都御史吴尧山，又上吴尧山便宜六事。由于在任时间短，他的《兴国八议》属于建议，并没有实践。因此在这里从略。其后，海瑞在任官应天巡抚时推行一条鞭法于应天十府，是在他县级改革基础上的进一步改革。

二 省级地方性实践：以庞尚鹏两浙改革为例

根据日本尊经阁藏海内孤本《钦依两浙均平录》（以下简称《均平录》），海瑞在浙江淳安改革之后不久，嘉靖四十五年（1566 年）庞尚鹏在浙江开始全面推行均平法，这是明代白银货币化大潮推动下以白银为核心的一系列重要赋役改革之一。庞尚鹏，字少南，号惺庵，广东南海人。嘉靖三十二年（1553 年）进士，任江西乐平知县，后升御史。[①] 嘉靖四十四年（1565 年）夏至四十五年五月，庞尚鹏任浙江巡按御史。到任以后，他以"为政以爱民为本，而爱民以节用为先"，经过广泛深入的调查，认识到"积弊万端"，"惟里甲为甚"，敏锐地发觉里甲赋役不均是当时社会集中出现的重要问题。根据郭棐为之所作《行状》，庞尚鹏于嘉靖四十四年夏到浙江任上，"不逾月，上里甲均平，悉著为令"。巡按御史庞尚鹏得到朝廷首肯，颁布《均平录》，在全省全面推行均平法。关于此改革，请见上节关于《钦依两浙均平录》的分析。我们注意到，严州府包括建德、桐庐、淳安、遂安、寿昌、分水 6 县。其中的淳安，正是海瑞前此实行县级改革的县份。在海瑞的改革中，我们主要注意的是里甲正役改革。史学界以往一般认为皇室供用最为繁重，实际上并非如此。杂办将一府所有行政办公费用尽列其中。根据《均平录》，三办中开销最大的是杂办，名目最多的也是杂办，也就是官府公费。

杂办涉及杂役，一般是指民户承当官府的劳役。在自然经济占统治地位的古代社会，官府所需劳务，是以向百姓征派徭役的办法得到满足。徭役货币化以后，官府收银雇役，费用列于均平杂办项下，纳入统收分支的财政新体制之中。海瑞任官的淳安，属于严州府。在庞尚鹏《均平录》中严州府的额办、坐办、杂办比例如图 3—2。

再看海瑞曾经进行改革的淳安县，我们在《均平录》中得到以下数字：

---

① （清）张廷玉等：《明史》卷二二七《庞尚鹏传》，中华书局 1974 年版，第 5951 页。关于庞尚鹏的研究，参见邓智华《封疆大吏与社会变革：庞尚鹏及其时代（1524—1581）》，兰州大学出版社 2007 年版。

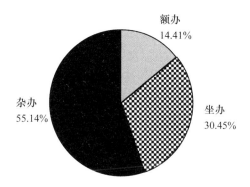

图3—2　严州府额办、坐办、杂办比例

表3—9　　　　　　　　　　　淳安县三办金额

淳安县三办	额办	坐办	杂办	合计
	788.69 两	1337.98 两	1107.26 两	3233.94 两

　　图3—2 与表3—9 的数字说明，在全省三办中杂办居首的情况下，严州府也不例外。但其中淳安县杂办却是一个例外，不是最高，而是位于坐办之后，成为特例。这种情况的发生，可以认为是与海瑞的比较彻底的赋役—财政改革有着直接关系。

三　地方财政体制形成：县、府、省级改革及其官员群体实践

　　赋役改革是明代地方财政体制机制创新的重要组成部分，是当时明朝财政乃至王朝治理危机亟须解决好的重要问题。下面对海瑞改革前后的一条鞭法改革的案例进行分析，从县级和省级两个维度归纳改革类型。县级维度指横向维度，包括县级赋役的改革，白银的全面渗透，促使地方财政收支结构一体化，产生县级财政体制机制和运作模式；省级维度即纵向维度，即在县级改革总结经验的基础上，建立起更大范围的省级财政体制机制和运作模式。同时，由于改革自下而上展开，上层缺乏从国家战略层面进行的整体思考和设计，改革必然显现出基层官员职能履行的种种困境。均平赋役，统一征银，是明代赋役改革的目标，以白银货币财政定位为目标是改革的重要发展趋势。海瑞等县级改革者聚焦于国家赋役征收的中心任务，县府地方官适应改革大局的改革经验探索，成为地方财政体制机制

创新的经验积累。地方基层官员的改革成为推动省级改革的有效途径，其中在海瑞等县级官员率先推行均平赋役等改革的基础上，御史庞尚鹏巡按浙江，总结经验上报朝廷，《钦依两浙均平录》的颁布和推行全省，展开的是全省地方性改革的推进。传统的地方财政体制难以适应当时以白银货币化为特征的市场经济发展要求，至此一个新的地方货币财政体制出现雏形，货币财政管理体制也亦步亦趋随之出现。① 笔者认为：明朝的赋役—财政改革，采取的是自下而上的地方探索、经验总结的渐进式改革路径，为最终张居正在全国范围内对于中央财政体系的突进式改革积累了宝贵经验。

（一）县级改革与官员群体

海瑞的改革在当时具有普遍意义，不只是县级官员改革的一个典型个案。嘉靖至隆庆年间改革进入了活跃期。下面我们依据梁方仲先生所作《明代一条鞭法年表》（下面简称《年表》），② 截取嘉靖至隆庆年间，也即海瑞实行改革前后、万历年间全国展开改革之前的时间段，考察县级官员参与一条鞭法改革的一般状况。

查阅《年表》，县级官员参与赋役改革事迹共 46 条。需要特别说明的是，表中没有包括不以条鞭或条编之称的其他改革。海瑞在淳安的改革，也因当时名称并不称一条鞭法而不载。根据海瑞《兴革条例》所载的改革原则，后来他在巡抚应天的一条鞭法改革，就是在淳安改革基础上的扩展，因此我们把海瑞的县级改革也计入了其中：

（1）嘉靖十三年（1534 年），南直隶宁国府旌德县知县甘澧。时条编来行，澧裁省厨传，宽减里甲诸费。

（2）嘉靖三十八年（1559 年）以后，浙江嘉兴府平湖县知县顾廷对创条鞭均役法。先是校田多寡以力差役民，民以田为仇，而贱售之。廷对创条鞭均徭均平法，总计而年征之，贮于官，以贴役者，力均而不病，上官初弗之许，反复陈利害十数条，始得如请。令下，民若更生。逾年，南海庞公尚鹏来按浙，以其法行各郡邑，所在称便。至今湖人田亩，皆曰顾公之惠也。

---

① 万明：《明代两浙均平法考》，《中国史研究》2013 年第 2 期。

② 梁方仲：《明代一条鞭法年表》，《明代赋役制度》，中华书局 2008 年版，第 180—204 页。下文各条纪事均见于此表，文有省略，补文中公元纪年缺失，资料来源不另注出。

（3）嘉靖四十一年（1562年）至四十四年（1565年），南直隶常州府武进县知县谢师严立征粮一条编法。

（4）嘉靖四十一年至四十四年，南直隶扬州府通州海门县行一条鞭法。

（5）嘉靖四十一年五月至四十四年五月，南直隶苏州府嘉定县，应天巡抚周如斗、知府蔡国熙定条鞭法。

（6）嘉靖四十二年（1563年），江西赣州府兴国县知县海瑞。时吉安南昌等府红站马船尽以一条鞭行之，瑞请南赣州、南安二府亦用此法，止征役银不编正户。

（7）嘉靖四十四年（1565年），广东广州府南海县知县詹仰庇创条鞭法。后浙抚（按庞公尚鹏）以其法奏请通行。

（8）嘉靖四十四年，浙江嘉兴府平湖县前知县顾廷对立条鞭法，法行浙中各郡邑，廷对去，他邑或稍更张，弊德滋，应宾一遵约束，邑人赖之。

（9）嘉靖四十四年，山东济南府武定州知州王鉴以诸赋多名色，头绪综杂，苦于征解，乃设为条编法。每岁计受征者几何，缓若急者几何，类为籍上之按籍以征，咸有资第。

（10）嘉靖四十四年以后，江西饶州府余干县知县郑继之纳银令自封兑，批委供拟，不假胥役……时条法新行，立则编派，轻重均适。

（11）嘉靖中，湖广黄州府麻城县知县陈子文征税粮，立条鞭法，民皆称便。

（12）嘉靖末，山东兖州府东平州汶上县知县赵可怀始以丁权地，立明编法，民得据历以出役钱。其里甲供倍，计岁会之需，赋入地亩，征其直于官，而代之以吏，民不知扰。

（13）嘉靖末（？）南直隶安庆府太湖县近奉例行条编法，令民户丁出银，不足，又计田准丁，悉输之官，以免役，而诸役尽官为召募。

（14）隆庆初，河南光州息县知县赵如宴省里甲，行均输，刊定条边法。

（15）隆庆元年（1567年）正月十九日，浙江绍兴府余姚县知县邓材乔始议行一条鞭法，至万历二十五年（1593年）知县马从龙申饬条鞭，核丁照顾。

（16）隆庆元年（一说在嘉靖四十四年），浙江绍兴府山阴县知县杨家相取宋人鼠尾输折法，名一条□，逐岁标示（税数）令民守数以输纳。

（17）隆庆二年（1568 年）浙江严州府遂安县知县周恪条编之法，自欧阳约庵（铎）公始议，庞公申明，于时有司玩习犹存，公锐意福民，其收贮以投柜法，里排催小民，民兑民封，以时总之，应贮应解各如制，无复粮长之难，且蠲革收头无所用。

（18）隆庆二年，江西南昌府进贤县。知县汤聘尹奉行刘光济条鞭法，定章程，以风属邑七十。

（19）隆庆二年四月十四日，绍兴府诸暨、会稽、山阴、萧山、上虞、新昌、嵊县七县，会稽县第五都里长郦宜试、诸暨县庶民周恭等 47 人连名呈请。

（20）隆庆三年（1569 年），南直隶应天府溧水县奏行一条鞭。

（21）隆庆三年，南直隶松江府华亭县。巡抚海瑞申行一条鞭法，然我郡犹有力差，至万历五年巡抚胡执礼始尽改银差。

（22）隆庆三年，南直隶徽州府歙县，巡抚海瑞奏行一条编例，岁用分为四款，曰岁办，额办，杂办，杂役。

（23）隆庆三年，南直隶徽州府休宁县，巡抚海瑞与上载略同。按条编役例，此时似与〔均平〕一名相通，故县志云："其〔均平〕法自抚院海奏行一条编例始"。

（24）隆庆三年，南直隶徽州府祁门县，巡抚都御史海瑞奏行一条鞭。

（25）隆庆三年，南直隶应天府上元县，巡抚都御史海瑞奏请清丈，官民田悉用扒平，粮差悉取一则，革现年之法为条编，维时一条鞭法已行于数省矣。

（26）隆庆三年，南直隶应天府江宁县，巡抚海瑞奏行一条鞭，时江左已行之数年矣。

（27）隆庆三年，南直隶应天府江浦县，巡抚都御史海瑞奏一条编法。又隆庆四年（1570 年）巡抚陈道基条鞭。

（28）隆庆四年（1570 年），南直隶徽州府绩溪县，巡抚都御史海瑞均徭里甲，照十段丁粮轮编，又有条编书册。

（29）隆庆四年，南直隶池州府青阳县，应天巡抚海瑞是年题奏将均徭里甲银、力二差俱作条编支解。至万历九年（1581）又加清查。

（30）隆庆四年，南直隶池州府铜陵县，巡抚海瑞会议条编，将田丁并为一则，编银当差，条鞭征解支给。

（31）隆庆四年，浙江金华义乌县，其法通计每岁夏税秋粮存留起运若干，里甲民力徭差诸费额若干，照数编次，开载各户由帖，立限征收，诸役钱皆官府自支拨。

（32）隆庆五年（1571年），南直隶扬州府江都县，知县赵三聘始行条编法，民甚便之，相与作歌谣词，号一条编，以咏歌其事。

（33）隆庆五年，南直隶庐州府合肥县知县胡时化，先是郡伯秀水张公（即张大忠）已定此法。

（34）隆庆五年，南直隶庐州府舒城县，知县徐成位奉例议行一条鞭法。

（35）隆庆五年，浙江严州府遂安县知县吴撝谦查飞诡以正籍，严条鞭以均惠。

（36）隆庆六年（1572年），南直隶常州府武进县，知县茹宗舜议行一条鞭法。

（37）隆庆六年，南直隶徐州沛县，知县徐始行条鞭。

（38）隆庆六年，浙江温州府永嘉县，知县伍士望奉文行，议将一应均平等项钱粮均为十段条鞭，派各里甲逐年出办。

（39）隆庆六年，南直隶徽州府祁门县，赋役始归条鞭。

（40）隆庆六年（1573年），南直隶凤阳府颍州、泰和县，巡抚王宗沐调集各道及各府州县正官议行条鞭之法。

（41）隆庆初，江西南安府南康县知县余世儒，条鞭法初行，人情观望，世儒独尽力蠲革一切弊征，为岭北诸邑倡。

（42）隆庆中，江西抚州府金谿县知县唐本尧，时条鞭法新行，他邑尚观望疑阻，本尧坚守之，分毫不扰。

（43）隆庆中，江西九江府德化县知县俞汝为改里甲为条鞭，分限纳银，人便之。

（44）隆庆中，江西临江府新淦县知县李乐，淦赋繁，申请条鞭划一，民便输纳。

（45）隆庆中，江西饶州府安仁县知县谢汝韶行条鞭法，刻锦江政略，民为立碑祀之。

（46）隆庆中，南直隶松江府上海县及清浦县，巡抚海瑞行苏州知府王仪一条鞭法，不分银力二差，征银在官，听支雇办，于是赋法有均徭里甲银，民称便焉。

根据《原表》，编制县级改革所在地区表如表3—10：

表3—10 　　　　　　　　　《原表》所见县级改革涉及地区

地区与数量	县名
南直隶27	宁国府旌德县，常州府武进县，扬州府通州海门县，安庆府太湖县，苏州府嘉定县、扬州府江都县、庐州府合肥县，庐州府舒城县，扬州府江都县，庐州府合肥县，常州府武进县，徐州沛县，应天府溧水县，松江府华亭县、徽州府歙县、徽州府祁门县、应天府上元县、应天府江宁县、应天府江浦县、徽州府绩溪县、池州府青阳县、池州府铜陵县、徽州府休宁县、徽州府祁门县、松江府上海县、松江府清浦县、凤阳府颍州泰和县
浙江15	嘉兴府平湖县，嘉兴府平湖县，绍兴府余姚县，绍兴府山阴县，严州府遂安县，严州府遂安县，绍兴府诸暨县、绍兴府会稽县、绍兴府山阴县、绍兴府萧山县、绍兴府上虞县、绍兴府新昌县、绍兴府嵊县，金华府义乌县，温州府永嘉县
江西9	赣州府兴国县，饶州府余干县，南昌府进贤县，南安府南康县，抚州府金谿县，九江府德化县，临江府新淦县，饶州府安仁县，南安府南康县
广东1	广州府南海县
山东2	兖州府东平州汶上县，济南府武定州
湖广1	黄州府麻城县
河南1	光州息县

根据以上县级改革事迹，我们了解到嘉靖至隆庆年间知县与县级官员参与赋役改革的大致情况，共56县进行了条鞭改革。其中以南直隶数量最多，与海瑞于隆庆三年巡抚应天，全面推行一条鞭法有直接的关系。第6条出自海瑞在兴国知县任上的《兴国八议》，属于建议，并未实施，特在此说明。

浙江嘉兴府平湖县、严州府遂安县、庐州府合肥县、徽州府祁门县各出现2次，一般是前后任知县推行改革的记录，印证了改革的连续性。由于《年表》的资料来源主要出自地方志，而各地方志没有普遍存留，记载不可避免存在漏载或滞后现象。而因改革名称不一列于《年表》的也不在少数。如《均平录》所载，两浙所有府县都推行了均平法，按照丁田统一征银，是一条鞭法的前奏，而《年表》没有辑入。就此而言，这里是一个很不完全的统计。

参与改革的县级官员 26 人（包括 1 名知州），其中有开创者，也有奉行者，列其姓名如下：甘澧、顾廷对、谢师严、海瑞、詹仰庇、应宾、赵可怀、郑继之、王鉴、陈子文、赵如宴、邓材乔、杨家相、周恪、汤聘尹、赵三聘、胡时化、徐成位、吴撝谦、茹宗舜、伍士望、余世儒、唐本尧、俞汝为、李乐、谢汝韶。

（二）府级改革与官员群体

从梁方仲先生《年表》中，我们还辑出了府级官员群体参与改革的 21 条记载：

（1）嘉靖十七年（1538 年），南直隶苏州府知府王仪请立法编签粮解，照田多寡为轻重，凡大小差役，总计其均徭数目，一条鞭征，充费雇办，役累悉除。

（2）嘉靖三十四年（1555 年）以前，山东济南府历城、长清二县，知府项守礼递年俱用一条边分派，唯章丘等廿六州县俱用三等分派，新泰、莱芜二县俱用四等派征。

（3）嘉靖三十八年（1559 年）广东潮州府知府冯，嘉靖三十六年江西按察佥事，改官潮州，行条鞭。

（4）嘉靖间，广东高州府同知李渭行一条鞭法，剂量多寡，官为主办，悉放民归耕。

（5）嘉靖三十八年（1559 年）以后至四十年（1561 年）以前，浙江处州府摄知府事推官张振之首举条鞭法，诘暴横，贵要敛手。

（6）嘉靖四十一年（1562 年）后，南直隶庐州府知府张大忠创行一条鞭新法，士民祠之。

（7）嘉靖四十五年（1566 年）闰十月十五日，批行湖广永州府一条边审编。

（8）嘉靖末年（1560—1567 年），南直隶安庆府桐城县知府陈于阶行一条鞭法，吏不扰民，当善事之。请檄行天下以为式。

（9）隆庆元年（1567 年），广东南雄府知府周思文遵行永平录，申准一条鞭，民便之。

（10）隆庆二年（1568 年），湖广常德府知府樊垣，先是郡苦徭赋，公创画一之议，省旧制十之五，即今所通行条鞭法也。

（11）隆庆二年，江西南安府行条鞭法，征收里甲银在官。

（12）隆庆三年（1569 年），江西建昌府奉行一条鞭法，赋根于粮，役根于赋，责民辨银，一切力差悉听官之支贸。

（13）隆庆四年（1570 年），南直隶常州府巡抚朱大器及苏松兵备道蔡国瑞。先是江西各郡行条编法，人皆称便，至是国瑞广询而力行之。

（14）隆庆五年（1571 年），南直隶宁国府宣城县府推官知县事王藻议以公用器皿约计费合若干，征银在公，咸备供应，秋毫不以扰民。坊人百年积弊一旦蠲洗。

（15）隆庆六年（1572 年）南直隶宁国府推官王藻遵台檄立一条鞭法，知府古藤王嘉宾趣而行之。

（16）隆庆中，江西九江府知府张应治议条鞭。

（17）隆庆中，江西瑞州府知府邓之屏以民苦徭役，取回九江协济，请行条鞭法。

（18）隆庆中，河南（府）通判左思明主国赋，时征派纷杂，思明倡为一条鞭，各省效之。

（19）隆庆中，浙江金华府知府韩邦宪立类编追征法，以杜混科烦催之弊。

（20）隆庆中年以后，河南南阳府知府姚体信议行类编法，类计而年征之，按即一条鞭。

（21）隆庆年间，南直隶松江府，巡抚海瑞将均徭均费等银，不分银力二差，俱以一条鞭征银在官，听候支解。

根据《年表》，编制府级改革所在地区如表3—11。

表3—11　　　　　　　　《年表》所见府级改革涉及地区

地区与数量	府名
南直隶6	苏州府、庐州府、安庆府、宁国府、松江府、常州府
山东1	济南府
广东3	潮州府、高州府、南雄府
浙江2	处州府、金华府
湖广1	常德府
江西4	南安府、建昌府、九江府、瑞州府
河南2	河南府、南阳府

总共 19 府，见载府级官员参与改革有姓名者 15 人：王仪、项守礼、李渭、张振之、张大忠、陈于阶、周思文、樊垣、王藻、王嘉宾、张应治、邓之屏、左思明、韩邦宪、姚体信。

（三）省级改革与官员群体及其与县府级改革的关系

从明初巡视地方的官员，到明后期的省级地方大员，巡抚对于赋役改革乃至一条鞭法的推行，一直是一个重要群体。明代赋役改革以宣德年间派遣巡抚到地方调查和解决地方问题开其端，宣德年间周忱巡抚江南，在苏州府一些州县进行局部改革。明人顾起元《客座赘语》云："以粮补丁……税粮之外，每石加征若干，以支供办，名里甲银。"[①]

在梁方仲先生的《年表》中，我们辑出有关省级改革的案例，归纳出以下特点：

第一，省级改革都与府县地方改革联系在一起。如"嘉靖四十一年（1562 年）五月至四十四年（1565 年）五月，南直隶苏州府嘉定县，应天巡抚周如斗、知府蔡国熙定条鞭法"。应天巡抚与知府共同制定条鞭法，落实是在南直隶苏州府嘉定县，因此嘉定县官员是实施改革者，只是县级官员姓名记载缺失而已。

第二，省级改革有继承性和连续性。如"隆庆二年（1568 年）十二月，江西省巡抚刘光济继巡抚周如斗议上一条鞭法，奏可，行之最久"；"隆庆初，云南按察使徐栻创行条鞭，积弊遂革，民甚戴之"，成为云南在万历以后实行条鞭法的先行者。又如"隆庆三年，南直隶松江府华亭县。巡抚海瑞申行一条鞭法，然我郡犹有力差，至万历五年巡抚胡执礼始尽改银差"。

第三，省级改革由府县官员参与共同制定规划，先行于县域试点，随后推行全省。如"隆庆二年至四年（1571 年），江西省巡抚刘光济召抚州同知包大耀、南昌府理张守约、吉安府理郑恭、广信府理孙济远、新建令王以修、庐陵令俞一贯、临川令蒋梦龙校计之。二年春定徭役条鞭法，秋九月成。明年春坊甲鞭法成。是年秋禁约铺行法成，始行于南昌、新建二县，三四年乃遍行江西 72 县"；又如"隆庆六年（1573 年）巡抚王宗沐调集各道及各府州县正官议行条鞭之法"，施行改革的地方在南直隶凤阳

---

① （明）顾起元：《客座赘语》卷二。

府颍州泰和县。①

　　第四，省级改革建立在县级改革成功经验的推广之上。如"隆庆二
年（1568 年）四月十四日浙江绍兴府诸暨、会稽、山阴、萧山、上虞、
新昌、嵊县七县"推行一条鞭法之事，先有会稽县第五都里长郦宜试、
诸暨县庶民周恭等 47 人连名呈请。这条史料充分说明地方赋役改革具有
社会基础。当时经批准依照余姚县立一条鞭法，下户部议，"转行各该司
府州县等衙门，著为成法……通行南直隶、江西、湖广、两广、云贵诸
省，照此类推，一体议行"。这是采取地方成功经验后在各省的推而
广之。

　　第五，巡抚在明后期已成为中央派驻一省地方大员，是改革的重要群
体。此外省级改革的又一个重要群体是巡按御史。一些中央派往各省的监
察官员，成为各省改革的代表人物，如巡按御史庞尚鹏、潘季驯等。

　　第六，省级改革有中央官员的直接参与。且不说一条鞭法最早奏言人
是御史傅汉臣，如嘉靖十三年（1534 年）闰二月至十四年（1535 年）吏
部左侍郎霍韬令各地编造赋役民册，巡按广东监察御史戴璟在广东造报
《赋役文册》，被谓为"一条鞭法之权舆"。又如大学士顾鼎臣上奏为南直
隶应天十府改革求旨，等等。

　　一般来说，经过了县级——府级——省级改革，最终，改革达到了中
央层面——张居正改革。张居正改革集中在国家财政方面，产生了《万
历会计录》和《清丈条例》，从此所谓一条鞭法水到渠成，在全国推行统
一征银，国家财政体系发生了重大变革，它意味着国家和社会的双重
转型。②

小　结

　　改革是加速国家与社会转型的动力，其本质是对不完善、不适用的制
度进行改良。明代赋役—财政改革原因是多方面的，主要取决于原赋役—
财政体制的弊端以及货币经济发展的客观趋势。本节立足于全球化背景，
在考察白银货币化过程的基础上，对明代赋役改革模式及其特点作出初步
探讨，简单归纳如下：

---

① 颍州泰和县，《年表》作颍川泰和县，据《明会典》卷十五《州县》一改，第 92 页。
② 参见万明《传统国家近代转型的开端：张居正改革新论》，《文史哲》2015 年第 1 期。

（一）明代赋役改革的四种模式

第一种是中央派员到地方社会调查，针对地方出现的问题，提出建议到中央，得到批准后实施。这一模式具有试点的性质，在小范围实行。

第二种是由县级地方官员提出规划与实施，发布地方法令法规，在地方范围试验改革，部分改革上报上级批准，缓慢渐进发展。

第三种是由中央派员到省级，调查、收集和总结地方改革经验，报中央批准，在全省各府推行改革，属于渐进式的快速发展阶段。

第四种是中央在各地改革的基础上，进行决策并采取大规模规划，在全国范围内推行改革，进入突进式的改革新阶段。

从赋役改革模式来看，基本上是县级—府级—省级改革，即从地方基层—区域—全国，采取地方探索、经验总结的渐进式改革路径，直至推向全国的突进式发展。经历此起彼伏，从小到大，成星火燎原之势。时间上自宣德年间开始，一个半世纪以后出现张居正改革，中央决策在全国铺开，这场改革是通过地方探索，总结成功经验、发挥示范效应的基础上进行的全面改革。

（二）明代赋役改革的特点：全面货币化

改革的重要特质是货币化，折银—征银是货币化发展的两个阶段，连续、渐进直至突进，具有地方创新、试点推广、经验总结和全面实施的改革阶段性特点。改革形成白银货币在地方与国家财政中的凸显，是中国货币经济化的历史进程，也即中国早期近代化的历史进程。

如果将宣德年间周忱在地方实施的一些措施看作明代赋役改革的开始，那么，周忱改革是第一种模式的改革，即官方发动的改革。嘉靖以后改革所以取得了较大的成功，原因很多，但第二种改革的出现和发展起着关键的作用。这种改革模式是来自社会基层的需求，如会稽县第五都里长郦宜试、诸暨县庶民周恭等47人连名呈请，就是证明。而各级地方基层政府官员很重要，在推动改革和发展中起了相当重要的作用。我们知道，明朝改革没有设立专门的改革机构，主要由基层官员来实现机制改革。改革其所以能够推进，基层县级官员群体的态度和选择成为很重要的因素。县级官员是履行改革的主要依靠力量，对法律法规以及制度执行、改革实施起到基本性的组织作用。在改革过程中，地方政府的职能和角色也有很大变化，有一定的自主权。如海瑞在淳安的改革，并没有都上报上级批准，有的上报得到了批准，如《量田申文》，向上级机关申请重新清丈土地并计算赋役负担，获得批准后，制定了《量田则例》。《海瑞集》中的一些《申文》《禀文》说明大多数报告了上级，上级没有干预改革，但是他不久就被调任，无疑会影响改革的效果。如果改革处于一种合理而不完全合法的状态，发展就会很慢。到庞尚鹏禀报中央，得到皇帝允准，就加快了改革的进程。

传统中国是以简单农业生产为经济基础的，发展到明代仍在发展。海瑞生活的时代正处于白银货币化的重要转折阶段，此前赋役制度是指土地上生产物和力役为主的财政体系，因此人们关心的是产出和力役的支取，赋役货币化，白银成为征收和支取的对象，财政不在乎实物和力役的取得，只需要白银货币。于是中央的起运目标是白银，地方的存留实际已经全部是白银。放眼明代中国赋役—财政改革的历史进程，可以发现，这一改革过程与白银货币化过程完全重叠在一起。发展到明代，传统中国财政体系处于改革之中，持续一个半世纪的一系列赋役改革，名称不一，均可纳入从地方财政体制的改革到中央财政体系的转型，重塑地方财政结构和体制机制的过程，是中国从实物经济向货币经济转型的需要。以海瑞为典型，站在制度变革基层的县级官员是改革的前锋，其上的府级官员和巡抚、巡按群体，遵照均平理念和规则，对于推行改革起了重要作用。从地方赋役与财政体制的改革，发展到张居正改革的国家财政体系全面转型，标志着改革理论与实践在更广阔的范围、更深入的层面上进入了一个新的阶段，即从渐进式向突进式的转变，也即明代中国从传统国家向近代国家的转型。

在白银货币化过程研究开始之时，我已提出这一过程是自民间社会自下而上出现，再到国家认可自上而下全面铺开的过程。这主要是指一开始白银不是国家合法货币，而白银货币化不是国家法令推行的结果。我认为，问题的关键不仅在于存在着白银货币化的国家与社会二者博弈的过程，更重要的在于二者之间的相互关系是一个互动关系，不能绝对化为一种完全对立关系，而是有博弈，也有协调合作的关系。从改革的角度来看，有一点更加清楚：这场改革不是国家决策自上而下发动和引导的改革，而主要是由地方官员依据社会治理需要自下而上进行的改革，正是在国家与社会互动的结合，产生了地方官员的改革群体，推动了改革进程的发展。

综上所述，明代赋役改革印证了明代中国正在实现从实物与力役为主导逐渐向以货币为主导的财政体系的转变，也就是中国传统国家与社会向近代国家与社会的转型。在全球化的大背景下，货币经济化即市场经济发展走向近代的总趋势是明确的，外部环境也意味着这种全球趋向性的发展是合理的。明代改革遵循了一条渐进式道路，但伴随着张居正中央财政改革突进式的推进，大量不确定、不平衡等不稳定因素叠加出现，最终导致了内外矛盾的尖锐和激化，明末一度打断了改革的进程，改朝换代就这样发生了。

第四节　白银货币化与"三农"之变：早期近代化的历史进程

一　赋役改革重要内容及其作用的重新审视

　　明代白银货币化为明代"三农"问题发展动态以及向近代的转型问题，提供了一个基本的观察视角。以赋役改革的折银为主要形式，白银货币化向各地扩散开来。白银货币化—赋役白银化，从此白银与农民发生了密切的联系。货币经济本是相对自然经济而言的不同经济形态，货币经济的发展，也即市场经济的发展，对自然经济的冲击是不言而喻的，对于农民、农业与农村，即历史上"三农"问题的影响极为深远，有必要进一步加以探讨和阐释。

　　对于明代赋役改革的研究，前贤关注的重点始终是在一条鞭法。虽然上述梳理明代赋役改革的整体脉络，证明明代赋役改革并非自一条鞭法开始，但赋役—财政改革是明代赋役史也是中国财政史上的重大改革，更是晚明社会变迁转型的枢纽，意义绝不仅仅在田赋制度上。明朝人对一条鞭法的概括："条鞭之法，总括一县之赋役，量地计丁，一概征银，官为分解，雇役应付。"① 从字面的意思来看，这里应该说包括了田赋和役法两方面的改革。② 一是将赋役合一，摊丁入地，一概征银，就是把役的部分摊入了地亩，加入了田赋之中，这样，赋中就有了役的成分，而无论是赋

---

① 《明神宗实录》卷二二〇，万历十八年二月戊子。
② 有的学者提出一条鞭法只涉及役法改革，这是不确切的。

还是役，都是征银，明代赋役货币化了；二是由政府统一征解，以白银雇役应付。无疑，以银雇役，涉及役法的重大改革，因此前贤评价一条鞭法的着眼点也更多的是放在此处。

在这里，我们有必要回顾学术史。梁方仲先生从 1936 年开始，发表了一系列论文研究一条鞭法①。20 世纪 50 年代，他在全面整理一条鞭法在各地推行的史料基础上，综合探讨了一条鞭法改革的社会经济意义：

> 第一，一条鞭法的实行多少减轻了无田的雇农与少田的贫农的力役负担，使得他们有较多时间去从事农业，此一举措对于生产力的解放不无相当的作用。可是这种制度不能不同时要求田多的地主与富农多少增加一点赋役上的负担，这不能不引起全国不分南北所有地主的共同反对。一条鞭法只是一种"改良主义"的财政改革，它无意也无力将社会改革的任务负担起来——更无从说到社会革命的任务了。因此一条鞭法最多只能暂时缓和封建制度解体的危机，却不能解决社会根本矛盾。
>
> 第二，主张实行一条鞭法的人们，尽管他们有了超阶级的主观愿望，希望减轻一点贫民的负担，但他们的最后目标还在维护封建社会秩序，他们只是想造成另一种封建形式，分配较为平均的小农经营制度，多数没有照顾到对于工商业的鼓励及其发展的政策。②

他指出一条鞭法"多少减轻了无田的雇农与少田的贫农的力役负担，使得他们有较多时间去从事农业"，因此有着解放生产力的作用；但他又指出改革具有局限性，只是财政改革，而不能担负社会改革的作用，认为"一条鞭法最多只能暂时缓和封建制度解体的危机，却不能解决社会根本矛盾"。实行改革的目的，是维护社会秩序，在政策上却只考虑"减轻一

---

① 梁方仲《一条鞭法》，《中国近代经济史研究集刊》4 卷 1 期，1936 年；《一条鞭法的争论》，天津《益世报》1936 年 9 月 13 日；《明代江西一条鞭法推行之经过》，《地方建设》2 卷 12 期，1941 年；《释一条鞭法》，《中国社会经济史集刊》7 卷 1 期，1944 年；《明代一条鞭法的论战》，《社会经济研究》1951 年第 1 期；《明代一条鞭法年表》，《岭南学报》1952 年第 1 期等。

② 《明代一条鞭法年表后记》，《岭南学报》12 卷 1 期，1952 年，收入《梁方仲经济史论文集》第 574—575 页，中华书局 1989 年版。

点贫民的负担"，而没有照顾工商业发展方面。这无疑是相当全面精到的论断。而在他的《明代粮长制度》的研究中，对于一条鞭法涉及的社会改革实际上已经有所阐述。^① 但是他的研究最终归结到制度史："现代田赋制度的开端。"

在前贤研究的基础上，笔者感到似乎还可以进一步阐释，特别是解放生产力作用本身所涵盖了的更为广阔的社会意义。

唐文基先生于 20 世纪八九十年代指出，明代赋役制度属于典型的封建课税制，具有明显的超经济强制和古老的原始性两个基本特征。并进一步说明："明代赋役制度超经济强制的特征，充分表现在里甲的超经济强制机能上。明朝通过里甲组织，把农民控制在户籍中，束缚于乡里，使他们失去变更职业和离乡外出的自由，被迫接受赋役剥削。"明确提出由于徭役折银和摊丁入地的改革，"使里甲失去了控制劳动人手的意义和职能，渐趋消亡，逐渐被以"缉拿奸盗"为主要职责的保甲制所代替"，这样的一个变化，"使秦汉以来维持一千多年的封建乡村政权基层组织的超经济强制机能趋于削弱，以至于消亡"，更特别指出"农民对官府的人身依附关系解脱了，对劳动力进入商品市场起着很大的促进作用"。这里已经涉及社会改革的重要内容。他还注意到明代赋役制度沿着三条轨迹演变：一是因解决官田重赋问题，导致国有土地私有化；二是因商品货币经济的推动，导致实物税和力役之征向货币税转化；三是赋役改革，导致封建乡村政权基层组织里甲性质发生变化。^②

以上三条轨迹的总结，是在大量研究基础上作出的，是非常准确的。可是，当我们从白银货币化的角度重新审视，可以认为，第二条轨迹涉及的商品货币经济的推动最为关键，而第一条轨迹与第三条轨迹实际上也可以说是其重要影响。理由是官田重赋的解决，依靠的是市场货币作用，它导致了国有土地所有权的变更；而乡村政权基层组织里甲性质的变化，也同样是赋役改革折银的结果。由此，笔者以为如果跳出纯粹赋役制度的框架，从白银货币化进程来透视，折银伴随的是土地所有权由公到私的变更和乡村政权基层组织制度的变迁，社会结构变迁的轨迹在这里也更加清晰。

---

① 详见梁方仲《明代粮长制度》第四章，上海人民出版社 1957 年版。
② 参见唐文基《明代赋役制度史》，中国社会科学出版社 1991 年版，第 2—3 页。

二 赋役改革既广阔又深刻的社会意义

在前贤研究的基础上，我认为明代赋役改革——白银货币化过程，具有更为广阔而深刻的社会意义，推动中国历史发展走向近代化的三大进程，这里让我们从"三农"展开论述。

进程一：从农民来看，赋役折银—农民从纳粮当差到纳银不当差—从身份到契约—农民与土地分离—雇工人和商帮群体形成—市场化进程。古代中国是一个农业立国的国家，农民是社会的主体。农民给国家交赋税、服徭役，为国家服务，天经地义。从纳粮当差到纳银不当差的过程，实际上就是从身份到契约的发展过程。[①] 农民与土地就此开始分离，开始了非农民化的过程。这样的过程最终导致了雇工人和商帮群体的形成，导致了劳动力市场形成，也就是今天我们所说的市场化进程，解放生产力作用本身涵盖了更为广阔的社会意义。

进程二：从农业来看，赋役折银—农业从单一到多元—经营权与所有权分离—农业商品化—商业化进程。农业开始了从单一到多元的发展过程。经营权和所有权开始分离，导致了农产品商业化。这一变化是不可避免的，因为农产品必须交给市场，农民通过交易才能够换取白银，再拿去纳税。当时很多士大夫提出，地本不产银，现在要征银，这不就是逼迫农民没有生路了吗？可是实际上这一过程正是农村、农业走向商业化的过程，一个走向市场经济发展的商业化过程。

进程三：从农村来看，赋役折银—农村从封闭、半封闭到开放—市镇兴起—城市化进程。农村从封闭、半封闭走向了开放。明初明太祖用户帖、黄册把农民都固定在土地上，农民如果出行的话，需要领取通行证，农村基本上是一种半封闭的状态。但是，在正统至成化年间的劳动力市场上，商帮开始兴起，另外市镇在晚明时期的发展非常迅速，远远超过了宋元时代。这就是中国早期近代城市化的进程

以上三大进程，总括起来是一个农民、农业、农村的大分化的过程，明王朝国家是一个农业大国，晚明社会所谓"天崩地解"就由此始。折银最关键的作用体现在第一个进程上，即直接推动了农民从纳粮当差到纳银不当差，推动农民与国家的关系从身份走向契约，这是社会的巨大进

---

① ［英］梅因：《古代法》，沈景一译，商务印书馆 1996 年版，第 97 页。

步。而农业经济向市场经济转化，打破了农村封闭、半封闭的自然经济状态，由此，农民、农业、农村都发生了巨大变化，货币化与市场化、商业化、城市化同步，晚明社会遂进入了一个变动不居的发展状态。

白银货币化实际上影响整个社会的变迁，推动中国走向早期近代化的发展进程。因此可以说明代是中国从传统社会向近代社会转型的开端。

还应该说明的是，第一，纳银不当差，即以银代役，这是赋役改革折银以后实现的一个总的征代原则，相对纳粮当差而言是一个重大的变革。虽然在社会经济转型的具体运行中出现有大量纳银仍派差的现象，情况复杂，但是明后期以银代役形成了一个不可逆转的大趋势，也是毋庸置疑的。第二，史学界对于上述第二、三个进程的研究，即晚明农业商品化和市镇兴起与繁荣方面的研究，成果极为丰硕，在这里如果展开论述，就必定要引用大量前贤成果和经过反复引用的典型史料，形成重复。为了尽量避免重复论述，因此下面集中于农民从纳粮当差到纳银不当差的方面展开，兼及农业商品化和乡村城镇化过程。

三 从纳粮当差到纳银不当差：从身份到契约的转变

明代赋役改革最主要的特征是"一概征银"。探讨征银的作用，制度史上的意义早已为前贤所指出，这是我国税收制度由实物税向货币税转变的一次重大改革，也是我国徭役制度由力役向货币替代转变的一次重大变革。进一步而言，以人为本，笔者认为最为关键的变革不是发生在制度上，而是体现在直接推动了农民从纳粮当差到纳银不当差，农民逐渐摆脱了土地的束缚而获得独立的自由雇工的身份。这一重大变革，无疑就是英国历史法学家亨利·梅因所谓从身份到契约的过程，也无疑就是马克思所说的从人的依附关系向物的依赖关系的转变，是社会的巨大进步，成为由传统社会向近代社会转变的重要标志，对社会经济、政治和思想文化都产生了极其深刻的影响。

英国历史法学家亨利·梅因在《古代法》中说："一切形式的身份都起源于古代属于'家族'所有的权力和特权……所有进步运动，到此处为止，是一个从身份到契约的运动。"[①] 他认为一切进步社会的运动，是一个从身份到契约的运动。虽然梅因讲的是古代家族，然而同样可以沿用

---

① ［英］梅因：《古代法》，沈景一译，第97页。

于中国传统社会王朝的家天下；梅因从法律史的角度深刻地指出了两千多年来西方社会的一个根本性转变，而以这一公式来观察，同样也可以认为是两千多年来中国社会的一个根本性转变。

马克思曾概括说，人类社会发展是一个自然历史过程，它将经历以自然经济为基础的，以商品市场经济为基础的和以产品经济为基础的三大形态。第一种形态主要是"人的依赖关系"，第二种形态是"以物的依赖性为基础的人的独立性"，第三种形态是"建立在个人全面发展和他们共同的社会生产能力成为他们的社会财富这一基础上的自由个性"。他指出"第二阶段为第三阶段创造条件。因此，家长制的，古代的（以及封建的）状态随着商业、货币、交换价值的发展而没落下去，现代社会则随着这些东西一道发展起来"。①

明代赋役改革有三大趋向，均成为不可逆转的进步趋向。第一，实物税转为货币税；第二，徭役以银代役；第三，人头税向财产税转化。三大趋向都与白银有着紧密联系。伴随赋役的白银化，白银的大量使用，赋课对象从人户向着田土转换，国家逐渐放松了对农民的人身控制，或者说大大解除了身份制的束缚。徭役由力役改为雇役，国家的强制征发改变为雇用，在农民与国家之间产生了赤裸裸的货币关系，标志着农民一定程度的解放。马克思所说的从人的依赖关系向物的依赖关系转变的过程，就这样发生了。马克思肯定劳动力成为商品是市场经济真正的起点，因而，这一过程启动了农业生产者与生产资料的分离过程，加速了农民非农化的过程。农民的分化，主要是两条出路，一是成为出卖劳动力的自由劳动者，二是成为经营工商业的商人或手工工场主，前者为雇工人，后者发展方向是资本家。就此而言，明代各地商帮的兴起，市镇的发展，城乡劳动力市场的出现，均与赋役改革有着千丝万缕的联系。

中国传统社会里，国家以农立国。国家的基本生产者是农民，赋役承担的主体也是广大的农民。农民作为编户齐民，为国家纳粮当差，天经地义；而农民所负担的赋税、徭役是国家赖以存在的主要源泉。因此，国家与农民之间是一种互相依存的关系。赋役制度作为国家财政的一个重要组成部分，反映的是国家凭借政治权力参与社会产品分配的一种特殊分配关系。历代君主及其国家主要通过行政手段向农民征取赋税和征发徭役，占

---

① 《马克思恩格斯全集》第46卷（上册），人民出版社1979年版，第104页。

有社会财富。为此，国家利用行政手段强制把农民束缚在土地上，征收赋税，令农民将土地上的收获缴纳国家；徭役的强制征发，则是对劳动力的直接占有。国家利用赋役拥有了大量社会财富，以维持国家的运转和社会秩序的稳定。

刘泽华等先生认为：在古代中国的社会分配中，封建国家采用赋税、徭役和土贡的形式，直接强占了人民大量的已经物化及尚未物化的劳动，而且这都是发生在这些劳动产品尚未进入社会流通领域之前。以这三种形式表现出来的分配方式，其基本属性不是经济的，而是政治的。并进一步指出：普遍存在的超经济强制，或者说人身支配，更能直接说明专制主义存在的依据。[1] 古代中国普遍存在的超经济强制，最主要的就是劳役制。在自然经济为主导形式的身份社会中，依附型的小农生产方式是社会的主要生产方式，规模狭小的自然经济决定了人们之间的互相依赖性，对土地的依附和对土地所有者的依附，以及对君权的依附，因而小农始终难以成为独立的个人主体。这样身份制度就达到了维护自然经济秩序的目的，而又强化和巩固了自然经济存在和发展的基础。

从总体上来讲，明代中国是一个以自给自足的自然经济为主体的传统农业社会，农民被束缚在各自的土地上，同外界很少联系，他们的活动层层束缚在狭小的范围，而无尽的义务却渗透到社会生活的各个领域。明初黄册制度的建立和完善，在自然经济基础上形成了农民对国家的依附关系，产生了依附性的身份地位。在这样一个以身份地位为基础的社会里，人们一旦从社会获得了某种身份，也就意味着他获得了与此身份相适应的权力。在这方面，王毓铨先生的研究有助于我们拓展思路。他围绕明代"户役"进行考察，剖析了纳粮与当差的关系，认为中国古代的税粮是一种"封建义务"，这种义务源于编户齐民对封建国家和君主的依附关系，因而他提出"纳粮也是当差"的论断。[2] 如果说他准确地阐述了明前期国家与农民的关系，那么，经过一系列赋役改革以后，农民为国家纳粮当差

---

① 刘泽华、汪茂和、王兰仲：《专制权力与中国社会》，天津古籍出版社 2005 年版，第 123、269 页。
② 王毓铨：《明朝徭役审编与土地》，《历史研究》1988 年第 1 期；《纳粮也是当差》，《史学史研究》1989 年第 1 期；《明朝的配户当差制》《中国史研究》1991 年第 1 期等。

的这种关系有没有发生变化呢？笔者认为发生了明显的变化。发展到明后期，一系列赋役改革导致的赋役货币化，使得农民与国家之间的依附关系得到松解，农民获得了更多迁徙的自由及择业的自由。更重要的是，农民与国家之间产生了雇佣的契约关系。从无偿劳役到缴纳白银免除劳役，成为政府或私人的雇用劳动者，这就是农民从身份到契约的发展过程。从某种意义上讲，农民从纳粮当差到纳银不当差，国家征银雇役，古代劳役制走向了消亡，出现了自由雇用制，这是农民人身解放的契机。农民不再被束缚在土地上，成为自由雇用者。伴随劳役制消亡过程的，必然是黄册制度的消亡，换言之，这是黄册制度消亡的合理解释。经济变革引起新的劳动形式的出现，并赋予了农民新的社会身份。农民缴纳白银，国家以银雇役，这使农民与国家的关系发生了本质的变化。

　　一般而言，身份是指人在社会上或法律上的地位。而契约则是双方或多方共同协议订立的有关买卖等关系的文书，是一种社会协议形式。契约的签订是自由意志的产物，至少在订立协定的形式上是自由和平等的。与自然经济基础上产生的身份制度相对应，契约关系是市场经济自由、平等原则的派生物。契约中的人人平等，正是与货币面前人人平等相联系的。从身份到契约是一个重要的转折点，它表现在社会关系上摆脱了人身依附关系，向着物的依赖关系转变。从身份到契约转变的过程，既是货币经济取代自然经济逐渐形成社会主导经济形式的过程，同时又是实现人的解放和自由发展的过程。

　　从传统社会自然经济的强制征发，到近代社会货币经济的自由雇用，前者主要依靠政治力量，而后者则更多地依靠市场这只看不见的手。白银货币化所体现的自由雇用的经济性，相对征发的政治性是明显不同的，劳役征发完全是政府行为，而货币化是市场调节机制起相当作用，于是，晚明"经济性的"与"非经济性的"调节机制并存。

　　还应说明的是，统一征银是货币经济取代实物税收和力役的直接或者说明显的结果，这一结果促成了古代赋役征收原则的陵替，也即从人户到田亩的征收。以往学界一般认为，从人户到田亩的征收是由于政府不能掌握人口，黄册制度逐渐消亡，所以转向了田亩。这无疑是将问题简单化了。在表象的背后，是劳役制的消亡，它成为从人头税到财产税的必要前提。国家与农民之间的身份束缚被大大松解了，由此产生的是"物的依赖关系"。同时，还有另一层意思也应予以阐释，即对田亩征税而不以人户为主征税，也正是国家对财产权的一种认可。这也可以说是从身份到契约转变的一个重要方面。双重意义的叠加，凸显的仍是从身份到契约的意义。

赋役改革遭到非难，最严重的莫过于不利务本之说。如当时反对一条鞭法的葛守礼所云：

> 尝总四民观之，士工商赖农以养，则皆农之蠹也。士犹曰修大人之事，若工商既资农矣，而其该应之差，又使农民代焉，何其不情如是？今夫工日可佣钱几分，终岁而应一二钱之差，既为王臣，有何不？可况富商大贾，列坐市肆，取利无算，而差役反不及焉，是岂可通乎？今科差于地者，不过日计地而差，则地多之富家无可逃。然此务本之人也，与其使富商大贾逐末者得便，宁使务本者稍宽，不犹愈乎？①

赋役改革遭到反对的主要原因之一，是赋役合一，以田亩承担徭役，统一征银，加重了土地的负担，以致产生了抑本务末，乃至弃本逐末的作用。考诸史实，改革推动了农业产品必须投放市场，从而促进了农业商品性生产，农民生活日益与市场相联系，从事工商业更为有利，从而为工商业发展创造了必要前提。商帮的崛起与城乡劳动力市场的出现，都说明了上述弃本逐末的变化是确凿的事实。

晚明市镇兴起，引起学界广泛关注。对于明清江南市镇是否是城市，学界有着不同看法。李伯重先生曾特别谈到这一问题，归纳了学界的认识：有些学者认为市镇是城市地区，有些认为是农村地区，还有些认为是城乡之间的过渡地区。他以为多数学者倾向于城乡之间过渡地区的看法。而在经过对市镇功能、结构和发展趋势的考察以后，他提出江南市镇大多数应该定位为城市地区。② 根据史料记载，在晚明城市集中了大量的劳动

① （明）葛守礼：《葛端肃公文集》卷三《宽农民以重根本疏》，《四库全书存目丛书》本。
② 李伯重《多视角看江南经济史（1250—1850）》，生活·读书·新知三联书店2003年版，第385—391页；倾向于城乡之间的过渡地区的主要有樊树志，著有《明清江南市镇探微》，复旦大学出版社1990年版；而赵冈则认为市镇是城市化的过渡阶段，明清市镇发展"不像一个过渡阶段"，他认为是农村的延伸，见所著《中国城市发展史论集》第165—167页。

力：如万历二十九年（1601 年）曹时聘言苏州"染坊罢而染工散者数千人，机户罢而织工散者数千人"。① 当时产生的是新型劳资关系："机户出资，机工出力，相依为命久矣"。② 雇用工人采取的是货币工资。再如王宗沐记载，晚明江西陶瓷业雇役画工，日给工银二分五厘，合每月七钱五分，每年九两；敲青工匠每日工银三分五厘，合每月一两，一年十二两。③ 这方面事例繁多，兹不备举。众多事例可以说明，城市是农民脱离原本生产环境以后最好的趋向。虽然明代以前就有雇用现象，但是晚明与商帮兴起、手工工场繁荣同步出现的大量雇工群体和形成的城市劳动力市场，是不同寻常的。

在农村，经营地主雇工的情况也有所发展，有大量记载可供参考。例如在江南："谭晓，邑东里人也，与兄照俱精心计。居乡湖田多洼芜，乡之民皆逃而渔，于是田之弃弗治者以万计。晓与照薄其值，买佣乡民百余人，给之食，凿其最洼者为池，余则围以高塍辟而耕。"④ 在江西："吾宁田旷人少，耕家多佣南丰人为长工。南丰人亦仰食于宁，除投充绅士家丁及生理久住宁者，每年佣工不下数百。"⑤ 在山东："照得东省贫民，穷无事事，皆雇工与人代为耕作，名曰雇工子。又曰做活路每当日出之事，皆荷锄立于集场，有田者见之，既雇觅而去。其无锄者，或原有锄而质当与人者，止袖手旁观。见无人雇觅，皆废然而返。"⑥ 一方以出卖劳动力为生，另一方购买他人的劳动力，类似这样的记载，在晚明史籍中保存有很多，兹不备引。正是由于计日受值的自由劳动者短工的大量存在，所以才有万历十六年（1588 年）在法律上的明确认定："官民之家，凡倩工作之人，立有文券，议有年限者，以雇工人论；止是短雇，受值不多者，以凡人论。"⑦

对于雇工人的身份问题，在资本主义萌芽的探讨中曾经引发过激烈的

---

① 《明神宗实录》卷三六一，万历二十九年七月丁未。
② 《明神宗实录》卷三六一，万历二十九年七月丁未。
③ （明）王宗沐：《江西省大志》卷七《陶书·召募工食》，线装书局 2003 年版。
④ 光绪《常昭合志稿》卷四八《轶闻》，中国地方志集成本。
⑤ （明）魏禧《魏叔子文集》卷七，道光刻本。
⑥ （明）李渔：《资治新书》二集，卷八，周栎园《劝施农器牌》，浙江古籍出版社 1991 年版。
⑦ 《明神宗实录》卷一九四，万历十六年正月庚戌；《明律集解附例》卷二〇《刑律斗殴》，台北：学生书局本。

争论。赵冈先生认为:"近人发表了无数篇的论文,研究明清法律对雇工的歧视。但是他们都忽略了最重要的一点,那就是整个明、清两朝,雇用劳动都是自由就雇的。我检查过这些论文所引述的各条雇用实例,不论曾否立契,都无法证明不是自愿就雇的。此项事实,产生两点重要意义,不容研究者忽视。第一,只要是自由就雇,议定年限,则由此而遭到的法律歧视,只是雇用条件的一部分,而非阶级的表征"。① 笔者同意他的看法,在晚明雇用市场上,是以自由就雇与自由辞雇为原则的,雇佣劳动者可以选择替换雇主。晚明劳动力市场的形成,有着两个重要来源:一方面,赋役折银,产生了农民脱离土地的非农化契机;另一方面,成化二十一年(1485 年)工匠出银可以免赴京当班,弘治十八年(1505 年)"有力者"征银,"无力者"上工;到嘉靖四十一年(1562 年)通行征银,一律以银代役,② 轮班制彻底取消。这意味着无论公私雇主,都从劳工市场取得劳动力,并支付工资。这无疑是从身份到契约转变的重要里程。

货币经济从某种意义上说,就是市场经济。从整个人类社会历史的发展来看,各个民族和国家都先后经历了由自然经济向货币经济的过渡,这绝不是一个偶然,是与社会生产力发展存在内在的联系。从身份到契约的转变作为一种广泛而又深刻的社会变迁,与传统社会向近代社会的嬗变有着密切的联系。传统社会以身份为特征,而近代社会以契约为特征。传统社会向近代社会转变意味着摆脱身份束缚,进入契约之中。可以认为,传统社会以身份为特征的等级制度被打破,以契约为标志,建立起新型社会关系的过程,在晚明已经启动。如果我们以人的解放程度作为社会进步最重要的标志之一,那么,明代可以说是一个关键时期。大多数学者言及晚明,必谈晚明人性解放的思想观念,实际上,这种思想观念的巨大变化,最根本的是来自经济变迁的现实存在。

四 关于明代赋役改革的若干新认识

明代赋役改革,无疑是明代社会经济史的一个核心问题。通过从白银货币化视角,比较全面地梳理赋役改革的发展线索,可以得出以下若干认识。

---

① 赵冈、陈钟毅:《中国经济制度史论》,新星出版社 2006 年版,第 245 页。
② 《明会典》卷一八九《工部》九《工匠》二,第 951—952 页。

第一，从赋役改革的主要特征来看。

明代白银货币化经历了自下而上至自上而下的发展历程。以往笔者的研究揭示了这一过程的大致面貌，提出白银货币化自民间崛起，不是国家法令颁行的结果。这里进一步考察了白银货币化的迅速发展，是以地方赋役改革折银为主要形式，由局部向全国铺开，形成了不可逆转的改革趋势。指出了明代赋役改革不同以往历朝历代赋役改革的特征，主要不是体现在赋役合一，摊丁入地的均平赋役上，而是体现在统一征银，即白银成为国家税收与徭役征代的对象，或者说以白银货币作为标准单位征收赋税和徭役。这在中国历史上是亘古未有的变化。这种与白银货币化密不可分的赋役征收方式的演变，使明代中国实现了从实物税到货币税的过渡，从劳役制向雇佣制的过渡，更是人的从身份到契约的转变，具有里程碑的意义。

进一步而言，明代白银货币化自民间的崛起，就决定了明代赋役改革不同于以往的特征。唐代两税法和宋代王安石变法都是由上及下的赋役改革，改革提出了征收货币的要求，却均未能持续下去。发展至明代，赋役改革有来自民间市场的白银货币化作为前导，具有比较坚实的社会基础，所以通过地方一系列赋役改革，最终导致一条鞭法推行全国，赋役白银化，顺理成章地确立了税收和徭役的货币化。这是中国社会经济货币化的重要进程，也是中国早期近代化的历史进程。

第二，从赋役改革的时间来看。

明代赋役改革自宣德年间开始，发展到万历初年所谓一条鞭法向全国铺开，经历了漫长的，长达一个半世纪的时间，可以称为一个过渡时期。在这个过渡期中，发生了一系列的赋役改革。以往学界更多地强调了一条鞭法，相对而言不免忽视了改革的整体发展线索。甚至忽略了中国古代财政体系的重大变革。大量历史资料说明，在一条鞭法于全国普遍实行之前，伴随着一系列赋役改革，白银已经基本奠定了流通领域主币的地位，由此中国走向了世界，更成为货币财政实行全国的基本前提条件。在学界以往的认识中，这一过程却是被颠倒了的，一般认为外银流入促使一条鞭法实施，白银才成为主要货币，社会才普遍用银。这不符合历史发展的本来面貌，实有予以澄清的必要。

明代的赋役改革，经历了这样一条路径：白银自民间市场崛起—地方赋役改革—中央财政改革。从地方赋役改革层面来看，大多改革的折银是在成化以后，也就是 15 世纪下半叶以后。这印证了以往笔者在研究中形成的白银货币化是从民间自下而上发展，到成化以后发生自上而下转折的看法。当然，经济的变化是很难划定确切年代的，所以这里也只是一个大致的时间范围。

第三，从赋役改革的作用来看。

明代赋役改革，是当时社会变革的一面镜子。一系列改革中无所不在的白银，映照出中国社会在经济上，由自然经济向商品货币经济转变，从农业经济向市场经济转变；在思想文化上，由封闭、落后、等级性向开放、自由、平等转变。一系列转变的重要表征，可以看作中国由传统社会向近代社会转变的重要标志。对"三农"问题乃至整个社会产生了深远影响，从身份到契约的转变，更是社会发展史上的巨大进步。

第四章　明代白银货币化与整体社会变迁

　　白银从贵重商品走向货币，从非法成为合法货币的货币化过程，是在明代完成的。白银的货币化是中国社会内生自发的变革过程，首先表现在民间社会市场中崛起的白银货币化，是市场经济的萌发，由此，标志中国传统经济向市场经济转型的启动。此后在市场作用扩大发展中，白银货币化得到了明朝官方事实上的认可，遂向全国展开。值得注意的是，这是一个自下而上转变为与自上而下合流的发展过程，并非是朝廷法令推行的结果。在成化年间，发生自下而上与自上而下合流的货币化发展历程，是市场"看不见的手"与国家"看得见的手"协调合作，共同将白银货币化推向全国，是国家干预与市场调节共同作用，将经济结构转型推向了全国。晚明白银成为流通领域的主币，在社会经济与生活中占据了重要地位，以至于我们将晚明称为白银时代也不为过。白银的货币化，一方面引发了明朝初年制定的各项制度的崩坏与演变，促成了国家一系列制度变迁的发生和发展；另一方面，正如马克思所说"货币不是东西，是一种社会关系"，① 随着贵金属白银成为社会上流通的主币，白银货币体系将社会各阶层无一例外地全部包容了进去，白银货币经济的极大发展，推动了人们的社会关系从对人的依附关系向对物的依赖关系转变，中国传统社会经济从自然经济向货币经济转变，即农业经济向市场经济转变，晚明社会出现了重要的变迁迹象，朝向近代化转型。事实上，白银这一久被遗忘的重要社会现象，是我们研究晚明社会变迁与转型的一把钥匙。但是，迄今为止，资本主义萌芽论和商品经济发展论使学术界长期没有足够注意到货币经济发展的问题，一般研究都是从商品经济出发，或者把商品经济和货币经济放在一起，而又往往一笔带过货币经济，很少有人留意白银在明代

---

　　① 《马克思恩格斯全集》第 4 卷，人民出版社 1958 年版，第 119 页。

不同寻常的货币化过程，更鲜见注意到货币经济是交换经济，其本质是市场经济，白银货币化即中国传统经济向市场经济的转型，经济转型对社会变迁与转型产生了重大影响。经济结构转型作为一种无形的巨大力量，以其特有的方式规定社会发展的趋势和方向。正是出于这样一种考虑，这里试图以白银货币化作为一个全新视角，重新诠释晚明社会变迁与转型的历史轨迹。

第一节　白银将社会各阶层卷入市场之中

明初，社会结构的上层是皇帝、勋戚贵族和官僚，下层是士、农、工、商，所谓四民。在管理上，明朝把百姓划分为军、民、匠、灶等户。其中，民户是社会结构的主要组成部分，实际上包括了自耕农、佃农和一般地主、商人。由于当时社会经济呈现自给自足自然经济为主的形态，总的来说，社会结构是以农民为主体的。这样一种相对稳定的等级结构，在成化、弘治以后，也就是白银货币化进程加速进行以后，出现了明显的变化。到晚明嘉靖年间，白银已经通过赋役征收与每家每户百姓发生了切切实实的关联。田赋徭役折银的逐渐增多，促使一般农民的日常生活与货币以及市场日益联系了起来。在田赋和徭役都折银征收的全社会货币经济化大潮中，自耕农必须将农业和家庭手工业产品和农副产品拿到市场去出卖，换取白银缴纳赋税，甚至典卖田宅以完赋税；佃农要把产品投入市场，才能获得货币去缴纳租粮。这在一开始就令当时人感到了困惑。成化七年（1471年），湖广按察司佥事尚褫言："顷来凡遇征输，动辄折收银两，然乡里小民何由得银？不免临时展转易换，以免逋责。"[1] 赋役征银，迫使原本自给自足的农民不可避免地卷入了货币经济之中，卷入了市场之中。

白银日益与每个小农家庭生活息息相关，在文献中的例征很多，在档案文书中也有表现。现存徽州文书中，《万历三十一年里长派使用银账》

---

[1] 《明宪宗实录》卷九三，成化七年七月己卯，台北："中研院"史语所校勘，1962年影印本，第1784页。《明实录》均引自此版本，不另注

如实记录了当时里长征派用银的情况，特录于下：①

> 三甲里长派使用银于后：
> 四分派银八两，
> 丁粮派银一十二两，
> 计三十七户，每户派银一钱。
> 共米二十石五斗五升九令九勺，
> 每米一斗派银四钱算，丁粮分法共派银二十两。

下面，银账按照各户分别记入，共计农户 40 户，一户内有分为 2—5 家不等，摊得份额的，农户各家所该银历历在数。如"吴有朋户"下，记有"米八斗三升五合，该银四钱三分四厘"，均是先记粮食数字，再记该银数字。共记有吴有朋户，吴仲莹户，吴承周户，占文户，吴爌户，吴垠户，吴承恩户，吴子正户，吴良户，吴希文户，吴埙户，吴用光户钰、镌、铭，贞烈祠户键、钰，吴富户，洪连户，吴善户，吴添光户，吴常亮户，吴容户，吴镜户，吴希亮户，吴老户在、安老、士清，吴加户，吴垒户至、钦，吴达户墟、至、培，吴志德户吴子善、吴子舆、吴老户，吴子谏户，吴烜户，吴应鳞户，吴应鲤户，吴慕德户，吴子通户，吴爕户，吴定户，吴永连户，吴域户域、非土、楷、墙，占文户囊、填、君锡、塔儿、四寿，吴春户，吴岩保户。账内有的户上记有"完"的字样，可见这是当时里长实际征派运作中的证物。

为了纳粮，实际上是纳银，农民不得不出卖土地，这种事例大量保存于文书之中，以下就是 1 例：

> 同户胡瑟，今为纳粮缺用银，今自情愿将前周字三百四十四号，土名四岔山，本身合得壹分捌厘，杉笛（苗）在上……今自情愿出卖与同户胡朱名下，三面议时值价银二两整。其银当日收足。其山今从出卖之后，一听买人自行管业投税为定。如有不明等事，尽是出卖人之（支）当，不及买人之事。所有来脚契文，乃是祖产，不在

---

① 王玉欣、周绍泉主编：《徽州千年契约文书》宋元明编，第八册，花山文艺出版社 1991 年版，第 1—22 页。

（再）缴付。今恐人心无凭，立此文契为用。　嘉靖拾五年二月二九
日立
胡瑟　契文（押）契
中见人　赵佃（押）①

　　特别应当引起我们注意的是，在白银货币化趋向明显、加速进程的同
时，根据吴承明先生的统计，1551—1600 年，徽州地价曾出现跌落半个
世纪的现象，跌幅高达 40%，他认为"这需寻求解释"。② 实际上，白银
货币的冲击可以说是最合理的解释之一。地价跌落与白银货币化过程加速
同时发生，不是偶然的。成、弘以后，人们缴纳赋税中的白银日益增多，
以银代役的出现，以及嘉靖以后一条鞭法提编、加派的实行，这种社会现
实，促使人们以粟帛为富的观念随之改变，而以货币白银为财富的观念形
成，观念转变反映在徽州商人的急剧增加上，也反映在了地价上。
　　事实上，除了缴纳赋税外，晚明人们的衣、食、住、行都与白银货币
联系着，白银普及全社会已经成为现实。在南方商品经济发达地区，晚明
市场交易无论大小，普遍以白银作为货币计价交易。以万历年间浙江张应
俞所撰《杜骗新书》为例，该书收集当时社会上形形色色的诈骗案例，
是一部难得的社会纪实文献。总共归纳为 24 类，83 篇。其中，有 74 篇
是关于使用白银买卖交易及欺骗的，占总数的 90%。涉及的地域包括北
京、南京、北直隶、南直隶、山东、山西、河南、浙江、湖广、江西、福
建、广东、四川、云南等地，几乎囊括了全国。唯一一例只见"钱"，不
见"银"的案例，是"换钱骗"，讲的是发生在福建建宁的钱桌，值得注
意的是，所谓"钱桌，"正是兑换银钱的处所。此外，书中同时使用银两
和铜钱的仅两见：一为 50 文吃茶钱，发生在北京；另一发生在浙江东阳，
是 2 文布施钱。以此两例而言，仅占书中货币流通的 2%。其中所记有关
白银的用途，包括了当时人们生活衣食住行的各个方面：有以银置田宅、
开店铺的大宗财产买卖交易，也有人们衣、食、住、行的日常花费，如买
猪、买油的饮食花费，买布、裁衣、绱鞋的衣着花费，乘船、乘轿的出行

---

① 张传玺主编：《中国历代契约会编考释》下，北京大学出版社 1995 年版，第 816—
817 页。

② 吴承明：《16 与 17 世纪的中国市场》，《中国的现代化：市场与社会》，生活·读书·新
知三联书店 2001 年版，第 212 页。

花费，更有人们为了提高身份地位的买进学、买举人，等等，不一而足，充分反映了白银货币流通联系了整个社会，关系到各个阶层人们的日常生活。由此可以断言，晚明白银绝非只用于大宗交易，而是已经渗透到人们社会生活的每个角落，与晚明人们的日常社会生活发生了不可避免的直接联系。①

以广东为例，货币在成化时为之一变，到嘉靖时白银在市场中占据完全优势：

> 交、广自隋以前全以金银为货，唐后始用钱。明朝天顺以前，钱法通行。成化元年、二年忽择钱过当，虽肉好丰厚者不用，以二折一，名挂索。逾一年乃复旧。嘉靖初年，钱法又忽不通，以二折一，犹成化元、二时也。乃变而用银，虽穷乡下皆然。凡五年，有司严绳之，犹不能尽通云。②

这段文献记载反映出广东从用钱到用银的全过程。在隋以前，广东是以金银为交换手段的，但金银不是作为货币，而是作为商品出现的。唐代以后钱通行起来，直到明朝天顺年间，钱都是流通领域货币的主角。这种情况发生变化是在成化年间，钱忽然在市场上不能很好地流通，钱法出现阻滞，这是银得以流通的先导，于是在嘉靖年间"变而用银"，银占据了全部市场，即使贫穷乡下也不例外，都使用白银交易，即使明朝官方严厉禁止也是枉然，白银就这样成为广东市场上占据压倒优势的货币。成化时开始转变，到嘉靖时奠定不可逆，这是明代白银货币化过程的一个典型范例。

南方经济比较发达，北方又如何呢？天子脚下的宛平县里，到万历年间"每民间有事，应与拘送，则有鞋脚钱；或已就拘执，两愿和息，则有酒饭钱；奉檄踪迹奸宄，未得而株连之，则有宽限钱；已的而墨覆之，则有买放钱；城内每家有灯油钱；买卖房契有画字钱；各巷搭盖披檐有隐

---

① 《杜骗新书》，全名《鼎刻江湖历览杜骗新书》，题浙江夔衷张应俞著。今存有万历间存仁堂刊本。此据中国古代珍稀本小说丛书本，春风文艺出版社1994年版。实际上，这部书不应列入小说类，而是晚明社会的一部纪实报道。

② 康熙《广州府志》卷九《物产志》，《北京图书馆古籍珍本丛刊》第39册，第123页。

报分例；相验有被犯法物；每初签及年终，置酒邀会，每家银三五分，则曰打网、曰秋风；催收房号，展转支吾，则曰那上攒下；送赂以分计者，则曰几厘；以钱计者，则曰几分；巧立名色，莫立刻枚举"。① 这里所说的"钱"，其内涵不说全部，也可以说绝大多数指的是银子。

还可以北直隶潞县的实例加以说明。王肯堂的《谳辞》，是作者于明末崇祯初年任北直隶潞县知县时的断案实录。② 潞县，在今河南，属于华北地区。根据初步统计，在王肯堂所记录的 304 则案例中，无论是刑事案件，还是民事案件，共计涉及货币、财产的有 165 例，超过了案件总数一半以上。涉及货币的案例，确切涉及白银的有 89 例，占总数的 30%；涉及铜钱的 40 例，占总数的 10%，使用比例不到白银的 1/2；其他还有许多关于买卖或财产、债务纠纷等没有具体提到货币种类的案例 36 例，按照以上的货币比例，可以推知一般是以白银为主。如此来看，在晚明北方民间的铜钱流通，比南方相对要多一些，究其原因，一是南北经济发展不平衡，二是晚明统治者一直希望掌握通货控制流通以摆脱危机，因此铸造钱币，强令民间通行使用。虽然如此，在北方流通领域中毕竟还是以用银为多数。

按照地区分类，即使是边远的、本来不用银的地区，如云南例用海贝，在万历年间也留下民间用银的实证，下面的借据可以说明：

> 立借银约人张瑚，系安宁州民，□新化州吏。为因缺用，情愿凭中力约，借到本州牧民赵□□名下松纹银壹两五钱，每月共行利巴伍索。其银限至本年三月终一并归还。如若缺少分纹，将月赴官理取。今恐人信难凭，立此借约存照。（押）
> 　实计借纹银壹两伍钱，每月共巴伍索，将号票一张作当。万历伍年贰月伍日立

> 借□约人　　张瑚（押）
中证代保人　　戴　　（押）③

---

① （明）沈榜：《宛署杂记》卷五《德字·街道》，第 42 页。
② （明）王肯堂《谳辞》十二卷，王肯堂为天启五年（1632 年）进士，除北直隶潞县知县。此书是他在任时的案牍。今存崇祯年间刊本，现据台北明代史籍汇刊影印本，学生书局 1970 年版。
③ 《中国历代契约会编考释》下，第 1065 页。

这里尤其应该注意到，如果借银不归还，"将月赴官理取"，说明了法律保护以银作为货币的财产权；而借据写有"将号票一纸作当"，其中"号票"值得进一步研究。

白银成为实际上的主币，为人们生活所必需的例子，举不胜举。成、弘以后，白银增值，民间高利贷盛行，《皇明条法事类纂》载：绍兴致仕乡官有"生放钱债，曾有一两而取八九两者"。① 也有取利不高的，如徽州商人程琐"终岁不过什一，细民称便"。②

在地产交易中，重要的是需向官府缴纳交易税。《大明令·户令》原定："凡买卖田宅头匹，务赴投税，除正课外，每契本一纸，纳工本铜钱四十文，余外不许多取。"③ 这种纳铜钱的情况在明后期发生变化，银代替了铜钱。如万历时休宁县给付的买田契尾，明称税契银两，"候作解部之数，各县遵行。其税契尾，须该府填号给发……并县用印"。④ 从现存契约看，崇祯八年（1635 年）后，房地等交易一律要用官印契纸，缴纳税银，照例"每两三分"。⑤

民间不仅买卖田地等大宗财产以银支付，如民事修造，也要以银均分，见弘治六年（1493 年）祁门县重修房屋合同：

> 九保住人江庭杰同弟庭富、庭相、江希胜、希旺，仕进共承有祖房壹片，因旧屋住歇年久，兄弟叔侄商议，均做均分，江庭杰、庭富、庭相叁人管业壹半，江希胜同弟希旺合得壹半，江仕进分数在内。造屋亦要照分均出银两，买料应办物件等项，务要依时先付银两纳众，无得推却。候监造屋宇完成，听从照分抽阄，各自装拆住歇。……今议之后，无许故违，如有此等，甘罚花银伍两入众公用……立此为照。⑥

---

① 《皇明条法事类纂》卷一三四《户部》"禁约公侯等官奏讨及强占军民田土例"。
② （明）汪道昆：《太函集》卷六一《明处士休宁程长公墓表》，《四库全书存目丛书》本。
③ （明）张卤：《皇明制书》卷一《大明令·户令·田宅契本》，日本古典研究会 1966 年影印本，《北京图书馆古籍珍本丛刊》第 46 册，第 8 页。
④ 《中国历代契约会编考释》下，第 890—891 页。
⑤ 《明清徽州社会经济资料丛编》第 2 集，中国社会科学出版社 1990 年版，第 559 页。
⑥ 《中国历代契约会编考释》下，第 1073 页。

民间合同中违约缴纳罚金，均是用银。这在现存徽州土地买卖文书中可以找到大量例证，兹不再胪列。

不仅是人们的衣、食、住、行日常生活，而且生老病死也要由银子来打点。在丧葬上，烧埋银始见于元律，[①]为明代所延续。《大明律·刑律·人命》规定过失杀人，依率收赎，给付被杀之家以为营葬；车马杀伤人致死者，追烧埋银一十两；窝弓杀伤人致死者，追烧埋银一十两；威迫人致死者，追烧埋银一十两。万历间《问刑条例》补充规定，应偿命的如遇赦，追银二十两；如贫穷的追一半。殴人致死，要给死者家属养赡费，殴人致残疾者，要给"埋葬银两"。[②]

成、弘以后，各种物价均用银表示已经十分明显，白银不仅取得了流通手段的职能，而且取得了价值尺度的职能，于是完全具备了货币的两种基本职能。白银货币扩大发展，带来的是市场的扩张。民户生活与白银产生日益增多的联系，也就是与市场发生了前所未有的联系。因此，市镇在成、弘以后的普遍兴起与白银也有着直接关系。明后期乡村集市发展，市镇蓬勃兴起；城镇市场繁荣，扩展为区域市场，而区域市场规模扩大，最终形成了全国性市场。[③]与市场扩大发展同时发生的是两大市场的形成：一方面，田赋折银，赋税货币化促进了粮食市场的形成；另一方面，赋役货币化，迫使更多农民脱离土地，加速了社会分工进行，农民进入城市，成为自由劳动者，城市劳动力市场形成。在市场上，一边是资本的积累，劳动的雇用，一边是失去生产资料的劳动力的出卖。如《西台漫记》所载晚明苏州市场状况：[④]

> 我吴市民，罔籍田业，大户张机为生，小户趁织为活。每晨起，小户百数人，嗷嗷相聚玄庙口，听大户呼纺，日取分金为饔飧计。大户一日之机不织则束手，小户一日不就人织则腹槁，两者相资为生

① 《元典章》四十二《刑部》卷四，凡误杀、戏杀、谋杀等皆征，中国广播电视出版社1998年影印本。

② 怀效峰点校：《大明律》附录舒化等《问刑条例》，法律出版社1999年版。

③ 许涤新、吴承明主编：《中国资本主义发展史》第一卷《中国资本主义的萌芽》中，把国内市场分为四种类型，即地方小市场（墟集贸易）、城市市场、区域市场、全国性市场（长距离贩运贸易），人民出版社1985年版，第680页。

④ （明）蒋以化：《西台漫记》卷四《纪葛贤事》，明万历刻本。

久矣。

万历十六年（1588 年）明朝"新题例"中，说明"只是短雇，受值不多者，以凡人论"。[①] 有学者认为这"不过是肯定事实，并没有多少新的意义"，[②] 但是，这却表明了一个事实，短工受雇于人，受法律保护，以劳动而"受值"。"值"在当时就是以银为价值的报酬。从文献记载看，成、弘以后各地徭役征收白银，以银雇工的事例，不胜枚举，国家法令予以法律上的认可。这对于新雇佣关系，即经济关系的确立是有意义的。晚明劳动力市场形成，不仅在江南城市存在，在北方也有同样的市场，如开封土街角有"短工市"。[③] 吕坤记万历时河南民间雇夫一名，"每月银二两，每岁实费银二十四两"。[④] 而实际各地短工工钱很不统一，即使是同时同地也存在差异。那么长工呢？据庄元臣《曼衍斋草》载："凡桑地二十亩，每年雇长工三人，每人工银二两二钱，共银六两二钱。每人算饭米二升，每月该饭米一石八斗……每季发银二两……四季共发八两。"[⑤] 这是江南的事例。《沈氏农书》言："长年一名，工银三两，吃米五石五斗，平价六两五钱，盘费一两，农具三钱，柴酒一两二钱，通十二两。"[⑥] 虽然工银不高，但确是以银计值的。

顾炎武早已指出："以民之求钱为不务本也，而况于银乎？"[⑦] 以农为本的自给自足自然经济社会，农民种地得粮，国家赋税要求缴纳白银，正是这种"输赋之金，必负米出易"的现实[⑧]，迫使人们有了必须"弃本逐末"与市场发生更多关联的必要性，不仅加速了农产品的商品化过程，也使大量农民走向了非农业化，或经商的道路。这是白银所代表的市场交换关系作用于整个社会的必然结果。税收折银以后，缴纳赋税之时，农民为了交税，不得不以低价出卖粮食，获得白银，于是纳税期粮食价格下降；当纳税期一过，粮食价格立即上涨，造成了农民生活的困难。如万历

---

① 《明律集解附例》卷二〇《刑律斗殴·奴婢殴家长》，台湾学生书局本。
② 《中国资本主义发展史》第一卷《中国资本主义的萌芽》，第 72 页。
③ （明）佚名著，孔宪易校注：《如梦录》，《街市记第六》，中州古籍出版社 1984 年版。
④ （明）吕坤：《去伪斋文集》卷三《与廉宪朱保素均河夫》。
⑤ （明）庄元臣：《蔓衍斋草》，《庄忠甫杂著》清初抄本。
⑥ （明）佚名：《沈氏农书》，清钱尔复订正本。
⑦ 顾炎武：《钱粮论》上，《亭林文集》卷一，清刻本。
⑧ （明）何乔远：《闽书》卷三八《风俗》，崇祯二年刻本。

四年（1576年），山东汶上县税收时，小麦价格从原来的每石0.52两白银下降到0.37两，而大麦由每石0.4两白银下降到了0.25两，并且在三个月才恢复到原来的价格。① 其间，农民家庭生活陷于困境的大有人在，离开土地的也所在多有。赋役货币化直接影响农民生活，这一过程使平静的乡村生活起了波澜。由于货币经济发展，社会贫富分化加剧，时人评论万历年间徽州歙县状况云：

> 姑论吾邑，千金之子比比皆是，上之而巨万矣，又上之而十万、百万矣。然而，千金则千万不能一也，巨万则万不能一也，十万、百万可知。乃若朝不谋夕者，则十而九矣。②

由于白银货币的普遍使用，财产在集中，贫富的差距拉开了。

传统社会的社会基础是农民。以往史学界认为，造成农民的非农民化，主要原因有三：一是由于土地兼并激烈，大量农民失去土地，被迫走上非农民化的道路；二是由于赋役负担加重，农民不堪重压，生活日益贫困，大量破产，走上非农民化的道路；三是高利贷的盘剥。实际上，我们不应低估赋役货币化的影响。赋役货币化使农民日益与市场加强联系，与土地分离趋势加速进行，使农民安土重迁的传统不得不被打破，不少人外出谋生，或者进入城市，出卖劳动力，成为手工业工人；或者从事小商小贩；或者冒险出洋谋生，等等。在市场的作用下，转行从事手工业和商业的人口增多，为市场发展创造了良好的条件。因此，除了土地兼并、赋役沉重，官吏贪酷、高利贷盘剥以外，白银货币化带来市场经济的极大发展，无疑也是促成农民脱离土地的重要因素之一。赋役货币化，极大地促进了农业商品化程度提高，以及农民非农民化的趋势。

农户之外，主要是军户。军士生活与白银的联系出现得很早。从他们生活所必需的食粮来看，成化五年（1469年）九月，户部言："其应给行粮，如湖广布政司每米一石，止折布一匹，值银二钱五分。每军行粮三石，才给银七钱五分，估以时价，值米八升。是故军士重困。"③ 由此说

---

① 万历《汶上县志》卷八，康熙五十六年刻本。
② 万历《歙志》卷一〇《货殖》，万历三十七年刻本。
③ 《明宪宗实录》卷七一，成化五年九月乙酉，第1389页。

明，当时华中军士行粮已经货币化了。银的使用，直接影响北方及各边。正统时已出现以银代粮输送北部边军的情况，但大多属于临时性。北边的京运年例，按《明会典》，始自正统十二年"令每岁运银十万两，于辽东籴买粮料。"同时"每岁运银十五万两，于宣府籴买粮料"。① 但根据全汉昇先生的研究，实际是从成化二年（1466 年）开始，正式形成了年例银。② 也就是每年自京输往各边的岁额开始制度化。成、弘以后，随着白银货币化加速，军士与白银的关系也日益紧密。嘉靖四年（1525 年），令"浙江沿海卫所仓粮本折中半兼收，间月支放，折色米每一石折银七钱，五钱给军余，二钱修船支用，不许扣除军士月粮"③。这是江南卫所的状况。考虑到北方是在天子脚下，经济发展不如南方，北方卫所月粮又如何呢？嘉靖时《西关志·紫荆关》载："考居庸关军士每岁月粮，本折相半，犹足以给，惟紫荆、倒马军粮俱无本色，止支折色银两。折价既轻，买米且难，此官军所以益贫困矣。"说明"军饷价银"当时"取给予太仓银库"。④ 这说明北方军士的月粮到此时也已经大部分货币化了。

　　关于月粮的具体发放，根据巡按直隶监察御史萧祥曜于嘉靖二十年（1541 年）七月所奏，以当时保定左卫操军为例："其月粮又有大小月之分，上半年为大月，每月五钱二分，下半年为小月，每月止给银三钱六分"。而当时守御紫荆总旗军告称："本年正月起至六月终止，上半年为大月，每月折色银六钱五分，尚不能度日，自七月起至十二月终止，下半年为小月，每月止给折色银四钱五分，即今灾伤，米价腾贵，每米一斗用银一钱五分，止买得米三斗，贫军家口不够食用，告乞可怜。"⑤ 这里足见白银对军士生活影响的程度。

　　以上可见南北军士月粮都已支银，而仓粮也俱折银了。明后期卫所制度崩溃，募兵成为军队的主体，国家需要负担巨额白银的军饷开支。弘治

---

① 《明会典》卷二八《户部》一五《会计》四，第 209 页。
② 参见全汉昇《明代北边米粮价格的变动》，《中国经济史研究》下，台北：稻乡出版社 1991 年版。
③ 《明会典》卷二二《户部》九《仓庚》二，第 151 页。
④ （明）王士翘：《西关志·紫荆关》卷四《官司》，北京古籍出版社 1990 年版，第 313 页。
⑤ 《西关志：紫荆关》卷六《章疏》，萧祥曜《荒旱重灾乞怜贫军增添月粮以救极苦疏》，第 353—354 页。

时，募兵的方式已经出现。① 此前的京运银数额是 480000 两，到弘治十三—十五年（1500—1502 年）有了大幅度的增加，边饷已达到了 4000000 两②。白银货币全面渗透到卫所，还可以下面的事例说明。根据明代档案记录，万历初年辽东卫所引入均徭法，将余丁、舍丁按照九等划分，分别银差和力差缴纳银两。③ 据台湾学者于志嘉的研究，南昌卫在万历十五年（1587 年）实行一条鞭法，以丁纳银，余丁分在城和屯田两类，值得注意的是，在城余丁按照"事产""贫富"划分等则，分别纳银；而屯田余丁虽不分等则，屯田子粒却也有纳银部分。④ 在白银货币化带来的货币经济化大潮中，军士的升迁可由白银助力，景泰年间实行的纳粟授职，在正德初年已由纳银所代替。⑤ 军中不仅有纳银冠带的，⑥ 在卫军士甚至发展到缴纳月钱"转货为商"或"执技为工"，⑦ 在明代档案中，万历年间出现了纳银军士名册。⑧ 这实际上是军士的以银代役。而地方上大量军户脱离原籍，改变了身份和地位的事例更是所在多有，在这种新情况下，卫所屯田的"卖公为私"，屯田逐渐私田化。屯军成为私家佃农，在明后期已是全国的普遍趋势。

手工业者，即工匠的以银代役，始于成化年间。成化二十一年（1485 年）奏准轮班工匠有愿出银者可代工役，当时南北工匠出银各不相同。⑨ 此后，雇役匠制逐步全面实行。到嘉靖四十一年（1562 年），一律以银代役，"班匠通行折价类解"，⑩ 从此，劳役制转变成白银货币税。

从某种意义上说，对于手工业者而言，国家的人身依附关系的束缚由白银解脱了，匠户有向自由雇佣劳动者过渡的趋势。工匠摆脱了劳役，成

① 《明孝宗实录》卷一八五，弘治十五年三月己亥，记募兵于陕西，第 3418 页。
② 《明孝宗实录》卷一九二，弘治十五年十月辛酉，第 3554 页。
③ 《明代辽东档案汇编》上，万历五—九年《辽东各卫所边堡官军下余丁舍丁等纳银名册》，第 73 页。
④ 于志嘉《明代江西卫所军役的演变》，台北："中研院"史语所集刊第 68 本第 1 分。
⑤ 《明武宗实录》卷三七，正德三年四月乙亥，第 877 页。
⑥ （明）冯复京：《军政事例》卷一，《正军纳例》，《北京图书馆古籍珍本丛刊》第 51 册，第 502 页。
⑦ 《明史》卷一七六《刘定之传》，第 4693 页。
⑧ 《明代辽东档案汇编》（上册），《万历三十七年铁岭游兵汛河懿路备御等营纳银军人名册》，第 126 页。
⑨ 《明会典》卷一八九《工部》九《工匠》二，第 951 页。
⑩ 《明会典》卷一八九《工部》九《工匠》二，第 952 页。

为独立的手工业者，获得了独立经营手工业的条件，对生产的积极性提高，生产率增长大有好处，这引发了民营手工业的快速发展。另一方面，以银代役，促使官营手工业无可挽回地走向衰落，相应地，民营手工业蓬勃发展起来。如景德镇的御器厂，正德时雇募工匠，嘉靖到万历时雇役匠已经及于各作，按日计件给值；而民窑发展迅速，嘉靖间"聚佣至万余人"，① 到万历时"每日不下数万人"。② 佣工身份发生程度不同的变化，意味着新因素的萌现。手工工场可以说已具有相当规模。

随着社会分工的极大发展，社会贫富分化的加剧，手工业者部分上升为手工工场场主，而大部分手工业者则加入了城市劳动力市场。生活在弘治至万历年间的李诩，曾论及此：

> 余邑有匠班银，匠户每名出银四钱五分，此定于国初，而户籍一成不变。夫银以匠名，为其有匠利而课之也。今其子孙不为匠者多矣，犹可责其办者，承祖户而力亦胜也。中间有绝户，有逃户，则里甲赔陪，出于无辜，有零丁，有乞丐，遇每岁追并，必至于尽命。何无一人以通变之法闻于为司牧者乎？排年十年一编审，可照例行也，核见在匠，作均派之，当无巷议者。岂谓四钱五分，所出甚细，而变易旧制其事甚难乎？……近年以一户之银而连三四人为沟中瘠者，盖闻且见之矣。③

这里说明了班匠银实际上成为课税的一种，即使子孙不为匠，也要缴纳，于是只有逃离故乡，这样却还会连累乡里。李诩所设问的确实反映了户籍旧制不变，劳役以银代的现实，也即变动中的制度规定与实际状况的脱离。

与国家财政白银化直接相关的，还有盐法的破坏，这使灶户脱离国家控制，成为手工业者。折银的结果，不仅促使灶丁脱离本业，而且私盐盛行，明朝盐政全面崩坏。这在明朝人奏疏中清楚地表露了出来：

---

① 《明世宗实录》卷二四〇，嘉靖十九年八月戊子，第4871页。
② （明）萧近高：《参内监疏》，光绪《江西通志》卷四九《舆地略》，光绪七年刻本。
③ （明）李诩：《戒庵老人漫笔》卷七《匠班银》，中华书局1982年版，第292页。

盐用丁煎，自仓盐改为折价，而每丁该纳盐二百零五斤者，改纳银二钱，故人俱游手而不事本业。①

折银，说明必须经过交换的渠道才能实现，灶户以煎盐为业，不征盐而征银，"盐非私鬻，何自得银哉？"②但是结合成、弘以后白银货币化的全过程来看，伴随白银货币化，这也是一种来自民间社会自发的趋势，在弘治、正德年间，史载：

> 又闻灶丁畏盐难纳，多愿纳银。近年，两浙盐课内将一半折银，民情稍便。

正是因为有这样的"民情"，所以才有官员呼吁"今后浙淮盐课，通令从便折银"。③对此，我们不仅应看作明朝盐政的败坏，而且是明朝盐政的改革。灶户自己将生产品拿到市场上去卖，或者经过商人之手，进入市场，这样可以提高灶户的生产积极性，"灶丁得煎鬻以自富"，而"国家得盐利自多"。明后期国家税收得自盐利的比例是仅次于田赋的大宗，而灶户则可以通过盐课折银摆脱社会身份的束缚。

与白银关系最为密切的，是商人阶层。他们的生活目标就是赢利，也就是赚得白银。关于明代后期商人阶层的崛起，即商帮形成，可以认为是始自成、弘以后，这与白银货币化的进程是相互吻合的。白银作为财产，成为社会财富的集中代表，成为贫富的标准，而由此将银引申为社会地位高低的标准也建立起来。各阶层都追逐白银，社会逐渐出现显著的变化，典型的如徽州，据万历时《歙志》记录，在社会变迁中曾出现明显的三个阶段变化层次，先是正德末、嘉靖初"出贾既多，土田不重，操资交椠，起落不常。能者方成，拙者已毁，东家已富，西家自贫，高下失均，缁铢共竞，互相凌夺，各自张皇"，于是"诈伪萌矣，讦争起矣，芬华染矣，靡汰臻矣"。继之嘉靖末、隆庆间"末富居多，本富尽少，富者愈富，贫者愈贫。起者独雄，落者辟易，资爱有属，产自无恒。贸易纷纭，

---

① 《续文献通考》卷二〇《征榷考》三。
② 正德元年国子监生沈淮《盐政疏》，嘉庆《两浙盐法志》卷二七《艺文》一。
③ （明）张萱：《西园闻见录》卷三五《盐法前》，燕京大学 1940 年铅印本。

诛求刻核，奸豪变乱，巨滑侵牟。于是，诈伪有鬼蜮矣，讦争有戈矛矣，芬华有波流矣，靡汰有丘壑矣"，进一步"富者百人而一，贫者十人而九。贫者既不能敌富，少者反可以制多。金令司天，钱神卓地，贪婪罔极，骨肉相残。受享于身，不堪暴殄，因人作报，靡有落毛。于是，鬼蜮则匿影矣，戈矛则连兵矣，波流则襄陵矣，丘壑则陆海矣"。① 首先，农耕社会出现经商增多的现象，资产向货币转移，也即向商业资本转移，同时土地价格低落，农耕社会发生了转折性变化；其次，是贫富分化加剧，市场变幻莫测，资本变动无常，产业无恒定，贫富距离进一步拉大；最后，白银货币至上，也即金钱至上的观念已经深入人们的内心，改变了人们的心态。人与人之间，即使在亲人之间也不例外，出现了一种与过去迥然不同的人际关系，即赤裸裸的金钱关系。在白银货币化的过程中，在货币经济化—市场化的过程中，金钱至上，人们的亲情让位于经济利益，于是，旧的价值观念失去意义，旧的道德标准苍白无力，旧的社会秩序荡然无存，旧的社会结构加速解体。这正是货币市场经济促使社会变迁、社会转型的生动一幕。加拿大学者卜正民（Timothy Brook）从《歙志》作者的表述出发，对晚明社会生活变化做出整体评价，他将上文"金令司天"，译为"the lord of silver"，准确地说明了白银在晚明社会商业化中的作用。②

　　上下求银，经商无疑成为谋生的极好出路，也成为人们，包括原来社会结构中所有阶层追逐白银的最佳选择。于是，与日益增多的社会各阶层人们卷入白银货币经济之中有着直接联系的，是一个专业商人阶层的兴起和发展壮大。晚明社会出现了十大商帮，几乎都是在明成化以后兴起的，③ 这就是一个有力的证明。重要的是，20 世纪 90 年代国家正式提出建立社会主义市场经济体制，吴承明先生采用希克斯（J. R. Hicks）《经济史理论》的观点，把实现市场经济作为经济现代化的标志，论证了从马克思到诺斯（D. C. North）都将工业化归之于"专业商人"的兴起和市场的扩大，引发生产方式的变革，商业革命导致工业革命，他将明代嘉

①　（明）张涛、谢陛：《（万历）歙志》卷五《风土》，黄山书社 2014 年版，第 99—100 页。
②　Timothy Brook, *the confusions of Pleasure Commerce and Culture in the Ming China*, Berkeley & Los Angeles & London：University of California Press, 1998, p. 238.
③　参见张海鹏主编《中国十大商帮》，黄山书社 1993 年版。

靖、万历时期徽商、晋商等大商帮的兴起和工场手工业发展，租佃、雇工制度变革，财政货币化与社会结构变迁和 17 世纪启蒙思潮等，均作为现代化因素进行综合考察。① 中外现代化理论都将"专业商人"兴起和市场扩大发展，作为重要的现代化因素。明代成化以后的商帮兴起，经验意义特殊，以此商人社会地位的提高也必然提上了日程。以往一般认为商品经济发展，引起社会风气变化，人们改变了对商人的观念，遂使商人的社会地位有所提高。然而，我们需要变换一个角度思考：货币经济与商品经济本身是紧密相连的，货币化就是市场化，现实社会生活中白银货币化，正是市场扩大发展的过程，也即市场经济发展的过程。货币化使得社会各阶层都卷入了白银经济—市场经济之中，人们日常生活日益依靠商品货币的市场交换，而经商可以获得白银，也就是获得社会财富，白银财富积累本身昭示了商人经济地位的优势和商人在社会生活中的胜出，这促使更多的人走上了经商的道路，这是符合内在逻辑的过程。

第二节　白银货币化与新的经济成分增长

晚明社会出现了许多新的因素，探索渊源，均与社会的白银货币化有着直接关系。白银作为一种新鲜事物出现，不仅在于它本身原来的不合法身份，而且在于它给社会带来的深刻后果。作为社会财富的标志，白银得到了全社会各阶层的青睐，明代以农业为主的自然经济，由于白银货币的缘故，掺入了大量货币经济，改变着原有的经济结构，在旧的经济结构的解构过程中，新的经济成分也在增长。顾炎武《天下郡国利病书》卷九三《福建》记载，晚明出现一田二主、一田三主制：

> 其受田之家，后又分为三主。……的田者坐食租税，于粮差概无所与，曰小税主。其得租者，但有租无田，曰大租主（民间卖田契券，大率计田若干田，岁带某户大租谷若干石而已）。民间仿效成习

---

① 吴承明：《传统经济·市场经济·现代化》，《中国经济史研究》1997 年第 2 期；《现代化与中国 16、17 世纪的现代化因素》，《中国经济史研究》1998 年第 4 期；《中国的现代化：市场与社会》，生活·读书·新知三联书店 2001 年版。

久之。租与税遂分为二，而佃户又以粪土银，私授受其间，而一田三主之名起焉，按佃户出力代耕，如佣雇取值，岂的称为田主哉？缘得田之家，见目前小利，得粪土银若干，名曰佃头银。田入佃手，其狡黠者，逋租负税，莫可谁何。业经转手，佃乃虎踞，故有久佃才业主之谣，皆一田三主之名，阶之为厉。

复杂的永佃权关系，见于晚明契约文书：

　　立佃约人李奇付，原佃得李三付田一备，坐落……先年得价银一两，佃与同春堂，递年交小租三秤。崇祯十四年十一月，是身凑价银二两六分，佃来耕种，交纳正租并同春堂小租。今因欠江三孙会银，将前田转佃与房东李名下为业，得受价银并酒食银二两八钱。其银、契当即两交明白，并无重复交易。不明等情，是身承当，不累受佃人之事。恐口无凭，立此佃为照。
　　崇祯十五年五月初二日

　　　　　　　　　　　　　　　　　　立佃约人　李奇付
　　　　　　　　　　　　　　　　　　依口代笔　谢元禄
　　其田共价银叁两六钱，外酒食贰两整。①

　　以上反映出商品货币经济发展条件下田底权与田面权的分离，以及人身依附关系的缓和。永佃权出现，说明了土地所有权与使用权的分离，也即土地所有权与经营权分离。佃农有了经营自由，可以提高经营效率，并可以出卖田面。值得注意的是，至晚明，不仅在江南等经济发达、租佃关系高度发展的地区普遍存在以上现象，有学者研究，即使在边远的云南土司地区的土地买卖中，也已经存在地价多元化和地权多层次的现象。地价分为"典价""活卖"价和"绝卖"价，只有"绝卖"后的土地，才拥有完整的地权。这种现象是土地私有权高度分化并分解为多层次的结果。而且最迟到永历年间，云南已逐渐变成了货币化的赋税。② 主佃关系随着

---

① 安徽省博物馆编《明清徽州社会经济资料丛编》第 1 集，《休宁县李奇付转佃田约》，中国社会科学出版社 1988 年版，第 424 页。
② 秦晖：《耕耘者言》，山东教育出版社 1999 年版，第 121、143 页。

佃农地位的提高，隶属关系向经济关系转化。

同时，白银货币化，还推动了佃权的货币化，押租制出现，加押减租，佃农以货币实力可以获得更多自由。[1] 农村土地经营中，也出现了越来越注意多种经营的倾向，种植桑、棉、麻、甘蔗等经济作物，品种多样，发展商品性农业在东南沿海地区已蔚然成风。农业经营方式也随之发生变化，雇工付给工钱，即货币。

因为缺乏白银使用，农民变卖田地和房屋，这种情况形成一种普遍现象，土地买卖趋于频繁，有大量契约文书为证，以下即是两例：

> 十八都王祐清，今无钱用度，自情愿将祖买守（受）得汪任才名目，经理山场一号，坐落……本位该山贰分，尽数立契出卖与同都叶庭祥名下为业，面议时值价银五钱二分整。在手足讫……成交之后，二家各无悔易（异）。如先悔者，甘罚契价一半入官公用，仍依此文为用。今恐人心无凭，立此文契为照者。　正德十五年三月初二日
>
> 　　　　　　　　　　　立契人　王祐清（押）契
> 　　　　　　　　　　　中人　王庭琳（押）
> 　　　　　　　　依口代书中人　王庭琥（押）[2]

> 卅一都立契人朱应武，今买卖缺本，自愿今将承祖父山地六处，坐落……今自情愿愿将六处山地骨并苗、竹、木尽行立契出卖与同宗人朱　名下为业，三面议作时值价纹银按两六钱整。其银、契当日两相交付明白……所有税粮，听到册年到本户起割，前去认纳，本家即无阻当。恐后无凭，立此卖契为照。　万历三十五年六月二十日
>
> 　　　　　　　　　　　立卖契人　朱应武（押）契
> 　　　　　　　　　　　中见叔　朱新盛（押）[3]

---

① 魏金玉：《明清时代农业中等级性雇佣劳动向非等级性雇佣劳动的过渡》，《明清时代的农业资本主义萌芽问题》，中国社会科学出版社1983年版。

② 《中国历代契约会编考释》下，第806—807页。

③ 《中国历代契约会编考释》下，第927—928页。

　　在乡村产生了不同以往的以农为生的经营地主，同时经营家庭手工业，追求"厚利"。如《补农书》的作者张履祥经过细致的生产成本估算，认为经营获利"优于田地租息"。① 这种经营理念无疑促进了专业化生产。

　　货币在社会内部的扩展，打破了原有的社会结构，很快形成了新的情况。不断增长的人口和业已有主的土地之间的比例失调，促使统治阶层走向社会的扩张，走向兼并土地和攫取财富之路，而这又使得更多的人无路可走，被迫走上了脱离土地的道路，形成了城市的人力资源。故当时人言昔日"人皆食力"，即耕于田野，"今人皆食人。田野之民，聚于市廛"。② 在城市中"机户出资，织工出力"，③ 雇佣关系向自由经济关系转变。

　　晚明工商业城镇蓬勃兴起，商人是城市生活中最活跃的群体。沈榜《宛署杂记》中，记录了万历年间北京铺行已达 132 行之多，典当等 100 种行业，显然由商人所经营的是多数；本小利微的 32 行，属于下层平民从事的行业。④ 此外，还有卖饼、卖菜、肩挑负贩的小商贩等。社会分工的细密由此可见。而更为重要的是大商人的崛起，即专业的商人群体——商帮的兴起。著名的徽、晋、闽、粤等商帮，都是在 15 世纪下半至 16 世纪这一历史阶段形成和发展起来的。⑤ 商帮的兴起，说明了资本的积累过程。

　　社会分工日益细密，由此出现了专业化生产，以佛山为例，是明后期兴起的四大镇之一，以手工业为主兴起的市镇。明末碑刻记载着"本堡食力贫民，皆业炉冶"。⑥ 天启二年（1622 年）发生有"炒铸七行工匠纠众鼓噪"的事件，说明明代自食其力的手工业者，有了为自身争取权利的意识。⑦ 罗一星的研究指出：明代佛山的炉户，均属于私营手工业。主

① （明）张履祥辑补：《补农书》下卷，《杨园先生全集》卷五〇，中华书局，第 1425 页。
② （明）何乔远：《名山藏·货殖记》，江苏广陵古籍刻印社 1993 年影印本，第 5917 页。
③ 《明神宗实录》卷三六一，万历二十九年七月丁未，第 6741 页。
④ 《宛署杂记》卷一三《铺行》，第 101 页。
⑤ 参见张海鹏、张海瀛《中国十大商帮》，黄山书社 1993 年版。
⑥ 崇祯八年《广州府南海县饬禁横敛以便公务事碑》，《佛山碑刻》第 13 页，转引自罗一星《明清佛山经济发展与社会变迁》第 55 页，广东人民出版社 1994 年版。
⑦ 乾隆《佛山忠义乡志》卷三《乡事志》，乾隆十八年刻本。

要的经营方式有两种，一是家庭小作坊，二是家族大作坊。[1] 佛山正是沿着家庭手工业发展起来的市镇，并在晚明取得了全国首屈一指的冶铁中心地位。佛山从偏僻乡村到繁华市镇、工商城市的建立，与货币商品经济发展是分不开的，是在原来乡村结构被打破，出现结构分化，家庭手工业有较大发展的情况下，才有可能出现。根据吴承明先生研究，即使按照比较严格的标准，晚明至少在苏、杭丝织业，佛山冶铁、铸造业，崇德榨油业，铅山造纸业中，已出现了工场手工业，他称为全新的生产形式。[2]

随着白银的货币化，市场经济因素渗透到人们社会生活之中，也改变了人与人之间的关系。

明代徐三省所集租赁文约格式，其中《租店约批格式》，说明了租赁关系的货币化：

> 某都某人，今租到某人名下某店房几间，开张。认定每年租银若干。或四季交纳，不致拖欠。凭此为照。[3]

《雇工人文约格式》，说明了雇佣关系的货币化：

> 立雇约人某都某人，今因生意无活，自情托中帮到某地某名下替身农工一年，议定工银若干。言约朝夕勤谨，照管田园，不懒惰。主家杂色器皿，不敢疏失。其银归按季支取，不致欠少。如有荒失，照数扣算……[4]

民间船运契约格式，是交通运输费用货币化的证明：

> 某处船户某人，今凭某人保委，将自己船只揽载客人货物，至某河下交卸，议脚银若干……[5]

---

[1]　罗一星：《明清佛山经济发展与社会变迁》，第57页。
[2]　吴承明：《中国的现代化：市场与社会》，第31页。
[3]　《中国历代契约会编考释》下，第1071页。
[4]　《中国历代契约会编考释》下，第1069页。
[5]　《中国历代契约会编考释》下，第1070页。

包工契约格式，反映了手工业中存在的订货包工关系：

> 立契约人某，今包到某人器用几件，用心作造。当日凭中面议：高若干，大若干，俱有旧式照样。该银多少，本银工价一应在内，务宜细察精巧。造完之日，价银依议交足，如有不安原样，悉随减价无说。恐后无凭，立此存照。①

晚明货币经济发展，即市场经济的发展，也表现在典商的发展上。民间经商增多，需要大量资本，除了自身积累之外，典当和高利贷是得到资金的途径。徽商多以此致富。史称："徽商开当，遍于江北"，据河南巡抚统计，万历三十五年（1607 年）仅河南就有 213 家当铺。② 在明末，徽商汪箕在京师开设典铺达数十处，家赀数百万。③ 本是军户的率东程氏，主要依靠经商致富，积累了大量资本，是典型的一例。根据栾成显先生对《崇祯二年休宁程虚宇立分书》的研究，程虚宇与诸弟或族兄合伙经营典当业，仅程虚宇本家典业资本就达 80000 余两，而率东程氏是一大宗族，像这样的子户家庭不下几十个，多在外经商，活动遍及大江南北，到明末，已成为藏镪百万的富商大贾。④

在民间，以赚钱为目的经商行为越来越多。为了经商谋利，贷本制在晚明民间商业活动中所在多有。据万历年间李乐的《见闻杂记》卷九记载，当时商人的资本十有六七是借来的。合伙更是常见的融资形式。现存明代契约文书中，合伙经营的例子很多，有伙山、伙店、伙资经商等多种形式。特点是共同出资，合伙经营，每年结算以白银分利，均分利益，但资本不动。下面是一份以银合资经商的合约：

> 立合约人某某等，窃见财从伴生，时在人为。是以两人商议，合本求财。当凭中见某各出本银若干为本，同心竭力，营谋生意。所获利钱，每年面算明白，量分家用，仍留资本以为渊源不竭之计。至于

---

① 《中国历代契约会编考释》下，第 1070 页。
② 《明神宗实录》卷四三四，万历三十五年六月丁酉，第 8200 页。
③ （明）计六奇：《明季北略》下卷二三《富户汪箕》，中华书局 1984 年版。
④ 栾成显：《明末典业徽商一例——〈崇祯二年休宁程虚宇立分书〉研究》，《徽州社会科学》1996 年第 3 期。

私己用度，各人自备，不许扯动此银，并乱帐目。故特歃血定盟，务宜一团和气，苦乐均受，慎毋执拘争怨，不得积私肥己。如犯此议者，神人共殛。今恐无凭，立此合约一样二纸，为后照用。①

有学者研究，合伙制不是起源于明代，但是比较普遍地走向股份化及对工商业运行发挥较大影响是在明代以后，尤其是 15—16 世纪以后。当时工商业中合伙制存在资本与资本的合伙和资本与劳动经营能力之间的两种合伙类型。②

成、弘以后，"朝野率皆用银"，市场上大小买卖都以银计算。官府的盐引、茶引成为具有潜在经济价值的有价证券流通于社会，可以买卖和转让。③ 这反映了货币经济的扩大发展。在晚明，出现了"会票"，更是值得关注的重要经济现象。范濂记载：

> 先是，苏克温听选，以父恩善文贞公，故客其门。时有里人马姓者，携资客于京，克温觇知之，往纳交，叙乡情甚密，其人已笃信克温。克温乘间绐之曰："闻君将以某日归，而孤身涉数千里，得无患盗乎？我当为君寄资徐氏官肆中，索会票若券者，持归示徐人，徐人必偿如数，是君以空囊而赍实资也，长途可帖然矣"。马姓乃深德克温，即以一百五十金投之，克温佯入徐肆，若为其人谋者，出持赝票示之曰："资在是矣"。其人亟持归，付徐人，徐人以为赝，不与。④

"会票"的使用，是信用票据的使用。在晚明以会票结账，假票不能兑现。王肯堂《嶲辞》中记载了一起涉及大宗货物交易，是用会票来结账产生的纠纷案：

> 王明德之以快役岳德化讼也，据云，手持假票吓诈银钱，盖不啻多矣。逐个付之人则有王会好。在讯鞠之日，首呼会好问之：银几

---

① 《中国历代契约会编考释》，第 1115 页。
② 刘秋根：《明代工商业中合伙制的类型》，《中国社会经济史研究》2001 年第 4 期。
③ 《续文献通考》卷二〇《征榷》三。
④ （明）范濂：《云间据目抄》卷三《记祥异》，笔记小说大观本。

何？钱几何？约于何日？交于几时？聚于何所？设端穷诘，纤悉必究。……夫德化奉批行关不称假票，至取原关阅之，并无明德姓名，德化何因敢索重货，明德又何恐而顿输厚资也，此之诬陷矣，俟燃犀乃能烛照哉。①

崇祯初年，陈子龙作《钞币论》，其中言：

今民间子钱家多用券，商贾轻赍往来则用会，此即前人用钞之初意也。岂有可以私行，反不可以公行者？②

这是明末民间社会广泛使用债券和流通会票的证明。信用票据在民间的大量使用，说明了金融在晚明的发展状况。

随着白银成为流通领域主币，明后期银铺发展，但一般认为仍然具有制作买卖金银首饰、器物的功能。新的经营货币兑换业务的金融机构钱铺，又称"钱店"或"钱肆"，于弘治年间出现。③ 明末，发展出现了钱庄。④ 值得注意的是，据《如梦录》记载，明末开封府属西，路南有"大倾销处，专做上纳元宝，大小成锭"。同书出现"倾销银铺""银铺""打银铺""打银店"几种与银相关的店铺名称。"倾销银铺"是一种专门过手大宗银两的银铺，具体业务还需要进一步研究，但是与一般具有制作买卖金银首饰、器物功能的银铺显然不同是肯定的。应该说到明末，白银货币的发展，已经使经营货币业务与经营制作首饰器物业务的银铺区别了开来，形成了专门的金融机构。

货币化推动了资本积累、消费和净出口，成为拉动社会经济增长的重要因素。在货币经济极大发展的刺激下，市场前所未有的扩大发展，原有社会结构解构过程发生，农业结构由于是旧的社会结构的基础，所以受到的冲击最大，手工业，尤其是商业得到了长足的发展。

---

① （明）王肯堂：《礜辞》卷一《王明德》。
② （明）王鎏：《钱币刍言·先正名言》，道光刊本。
③ （明）陆粲：《庚巳编》卷二《洞箫记》，中华书局1987年版，第15、16页。
④ 中国历史博物馆藏有《南都繁会图卷》，其中有两个"钱庄"市招，是迄今为止明末钱铺发展为钱庄的证据，引自叶世昌、潘连贵《中国古近代金融史》，复旦大学出版社2001年版，第118页。

第三节 全社会各阶层的市场商业行为

白银的广泛使用与工商业的繁荣发展，有着互为因果的关系。伴随白银货币化，农业经济的商品化倾向明显增加，促使手工业和商业发展繁荣。如果说以上的论述还只是说明社会各阶层被白银货币裹胁着进入了市场之中，那么商业性行为普遍出现在社会各阶层，则说明了在货币经济的大潮中，人们由不适应到适应，表明他们的社会行为由被动卷入变为了主动投入，在这一过程中，社会价值观念已经发生了重大改变。

皇店是皇帝私人开设的店铺，最早出现于正德年间。[①] 十三年（1518年），武宗到大同，夺都指挥关山、指挥杨俊宅，置店二所，改为酒肆。[②] 史载武宗时有太监"诱与以财利，创开各处皇店，榷敛商货"。[③] 武宗"尝游宝和店，……身衣估人衣，首戴瓜拉，自宝和至宝延凡六店，历与贸易，持簿算，喧询不相下"。[④] 充分说明了皇帝要与小民争利的不同以往的时代特征。皇店也由开始收取钱钞到折银。嘉靖十四年（1535年）题准："宝源、吉庆二店并福德等五店，钱钞俱中半折银，每钞一千贯折银四钱，每钱二千文折银二两八钱六分，每十二两倾成一锭，内宝源、吉庆二店按季解部；福德等五店按季解府，听候取用及太常寺、光禄寺支用。"到二十四年（1545年），"福德、宝源等七店，每货一般征银五两。"[⑤] 刘若愚记载："宝和等店，经管各处商客贩来杂货，一年所征之银，约数万两。"[⑥]

明初，禁止宗室经商。明后期，宗室开设的店铺很多，与民交易"习以为常"。《明史》记载"每于关津都会大张市肆"。[⑦] 正德时，湖广

---

① 经郑克晟先生研究，始建于正德八年（1513年），《明代政争探源》，紫禁城出版社2014年版，第327页。

② （明）吕毖：《明朝小史》卷一一《武宗纪》。

③ （明）王世贞：《弇山堂别集》卷九七《中官考》八，中华书局1985年版，第1846页。

④ （明）毛奇龄：《明武宗外纪》，《中国历史研究资料丛书》本。

⑤ 《续文献通考》卷二二《征榷考·征商》。

⑥ （明）刘若愚：《酌中志》卷一六《内府衙门职掌》，北京古籍出版社1994年版。

⑦ 《明史》卷一八一《李东阳传》，4821页。

荣王乞请店肆铺面一千五十八间。① 吕坤《去伪斋集》卷一载万历时：
"宗室士大夫之家，闲房虽数十处，开店召商；院子虽数百，家僮居佃
地。"福王的家产有马店、炭厂、竹厂等。② 周王府"造酒分给民家，重
取其息。又夺人第宅，以张酒肆"。③

官僚开店经商，追逐白银的事例也不胜枚举。在江南，"至正德间，
诸公竞营产谋利"。④ 徽州"虽士大夫之家，皆以商贾游于四方"。⑤ 在广
东，"嘉、隆以后，仕之归也，不问人品，第问怀金多寡为重轻，相与姗
笑为痴牧者，必其清白无长物也"。⑥ 在福建"多贾治生……若岁时无丰，
食饮被服报纸自通，虽贵宦巨室，间里耻之"。⑦ 在山西，"以商贩为业，
即士类不讳持筹"。⑧ 以嘉靖时严嵩、徐阶为例，严嵩委派家奴在南昌、
分宜、扬州等地广开店铺，"侵占民产，网夺商利"；⑨ 而徐阶在位，"多
蓄织妇，岁计所积，与市为贾"。⑩

货币在社会中作为财富象征确立，事实比思想家的倡导更为有力地促
进了拥有白银货币的商人社会地位的大大提高。作为流通领域的主导群
体，晚明"贾人几遍天下"。⑪ 一般地主"缩资而趋末"，贫民"货产而
就佣"。⑫ 以山东青州临朐为例，农耕社会在嘉靖时已经大有改观："山居
或拾山茧作绸……亦颇种棉花为布。西南乡以果树致饶益，多麦收者好造
曲，交易以为利。亦或养蜂收蜜。怀资者或辇其土之所有走江南，回易以
生殖。或贩鱼盐。其西南山社无业者，或伐木烧炭，烧石这灰，陶土为
器，负贩以给徭役。近社之贫者，大抵以菜为业，又或织苇若秫为席薄，
或遍荆为筐莒，以供衣食。饼师、酒户鳞次于市，鲜不勤生者。"⑬

---

① 《明武宗实录》卷四八，正德四年三月甲辰，第 1088 页。
② 《国榷》卷八二，中华书局 1958 年版。
③ 《明孝宗实录》卷一二〇，弘治九年十二月丁丑，第 2150 页。
④ （明）何良俊：《四友斋丛说》卷三四《正俗》，第 312 页。
⑤ （明）归有光：《震川先生集》卷一三《白庵程翁八十寿序》。
⑥ 万历《新会县志》卷二四《风俗》，万历三十七年刻本。
⑦ （明）张瀚：《松窗梦语》卷四《商贾纪》，中华书局 1985 年版，第 84 页。
⑧ （明）焦竑：《国朝献征录》卷五七，郭正域《大司马总督陕西三边魏确庵学曾墓志
铭》，上海书店 1987 年影印本。
⑨ 《明世宗实录》卷五四四，嘉靖四十四年三月辛酉，第 8790 页。
⑩ （明）于慎行：《谷山笔尘》卷四《相鉴》，中华书局 1984 年版，第 39 页。
⑪ 《松窗梦语》卷四《商贾记》，第 83 页。
⑫ 《明世宗实录》卷五四五，嘉靖四十四年四月丙戌，第 8803 页。
⑬ 嘉靖《临朐县志》卷一《风土志·民业》。

士农工商的社会地位不同，生活方式也不同，但是他们都被深深地卷入了白银货币经济之中，自觉或不自觉地产生了商业性行为，这在晚明是一个事实。不仅是朝廷和普通百姓有对白银的追求，文人雅士也不能免俗。如行文有了润笔银。历任正统、景泰、天顺、成化四朝的叶盛撰《水东日记》记："三五年前，翰林名人送行文一首，润笔银二三钱可求，事变后文价顿高，非五钱一两不敢请，迄今犹然，此莫可晓也。"① 而以卖文"治生"，也就是为生的，在明末开有专门的店铺，如开封的西湾桥南"代书铺"就是例证之一。②

寺院的经商现象，在成化时就已明显，成化八年（1472 年），宪宗为此"搅扰"还特别颁下敕令。③ 晚明，南京报恩寺"排牌贸易，而清修远寄之意都尽"。④ 承恩寺"游客贩卖，蜂屯蚁聚于其中，而佛教之木义刹竿荡然尽矣"。⑤ 在南方，徽州经商者大大增加，形成了著名商帮，万历时祁门"服田者十三，贾十七"。⑥ 在北方，河南通许县嘉靖时的职业结构是"士十之三，农十之七，工十之二，商十之三"。⑦ 工商比例相对成化以前的通邑皆是农士之家，业工仅一二来说，已经发生了显著变化。

海外贸易是得到白银的最佳途径，嘉靖年间，海阳市集上"居积最者惟绸绢，往往杂以造丝，又稀薄不可衣，而黠民以此昂其价于诸番，因而为患"。⑧ 这里说明不仅是精巧工艺的出现，而且丝绢是为了适应海外需要而生产，以高价外销。为了获得厚利，沿海"其民专驾多橹船只接济番货"，"追星趁月，习以为常"。⑨

货币的主要功能就在于流通，商业行为与市场的发展是紧密联系着的。在全社会上下对白银的追求中，商品流通加速进行，从乡村集市—城镇市场—区域市场—全国市场，市场得到了前所未有的扩大发展，一个全国性市场形成。由于国内市场方面，史学界已有丰硕研究成果，在此就不

---

① 叶盛：《水东日记》卷一《翰林文字润笔》，中华书局 1980 年版，第 3 页。

② （明）佚名著，孔宪易校注：《如梦录》，《街市记第六》，中州古籍出版社 1984 年版。

③ （明）葛寅亮：《金陵梵刹志》卷三一《本寺护敕》，中国佛寺志本。

④ （明）吴应箕：《留都见闻录》卷下《寺观》，清光绪铅印本。

⑤ （明）顾起元：《客座赘语》卷一〇《寺院》，第 802 页。

⑥ 万历《祁门县志》卷四《人事志·风俗》，万历刻本 1961 年影印本。

⑦ 嘉靖《通许县志》卷上《食货》，嘉靖二十四年刻本。

⑧ 嘉靖《潮州府志》卷二《建置志》，嘉靖二十六年刻本。

⑨ （明）霍与瑕：《上潘大巡广州事宜》，《明经世文编》卷三六八，第 3976 页。

展开论述了。

伴随白银的普及,争利不独在市,而且在朝。王文禄曾言:"财利者,民之心,义之私也。由今观之,贵亦求富而已。"① 伍袁萃说"利之可争者,不独在市,而且在朝,朝之共争者,不復在名,而惟在利"。② 李贽则更为概括,认为当时天下尽是市场化的交易:"以天下尽市道之交也。"③

出于对白银的需求,政治市场化,表现在朝廷卖官鬻爵,出售官衔,也由纳粟转变为纳银,同样经历了由实物向货币的转变。时称为"开纳事例",根据官员爵位高低规定纳银多少,商人可以经由此途径,改变身份和地位。成化时史载:"近年始有纳粟冠带之制,然止于荣其身而已,无有职任也。今幸门一开,趋者如市。"④ 弘治年间王錡《寓圃杂记》中对白银作用有生动记录,如《纳粟指挥》载:"朝廷所重者名爵,庶民所畏者县官。近年富儿入银得买指挥者,三品官也,县官岂能抑之?余偶入城,忽遇驺呵属路,金紫煊赫,与府僚分道而行。士夫见之,敛避不暇。因询于人,始知其为纳银指挥。虎而翼之,无甚于此。"⑤ 这里,表明再清楚不过地说明了因循旧称"纳粟",而实际内容已向"入银"过渡,有银便可改变社会地位,获得政治权力。又如《义官之滥》记:"近年补官之价甚廉,不分良贱,纳银四十两即得冠带,称'义官'。且任差遣,因缘为奸利。故皂隶、奴仆、乞丐、无赖之徒,皆轻资假贷以纳。凡借拟豪横之事,皆其所为。长洲一县,自成化十七年至弘治改元,纳者几三百人,可谓滥矣。"⑥ 这里,说明了无论原本属于何一等级的人,只要入银就可改变身份,进入官场,且予以实际任用,大批平民以银得官,无疑助长了官场中的逐利和贪污腐败。

嘉靖时,这种趋势越演越烈,"入钱多者,且得为大县令"。⑦ 奏疏中反映:"每一开选,则某官银若干,某官银若干;至于升迁也亦然,某缺

---

① (明)王文禄:《竹下寱言》卷二《良贤篇》,江苏古籍刻印社 1990 年影印本。
② (明)伍袁萃:《林居漫录·前集》卷一,《四库全书存目丛书》本。
③ (明)李贽:《续焚书》卷二《论汇·论交难》,中华书局 1975 年版,第 76 页。
④ 《明宪宗实录》卷二四七,成化十九年十二月甲申,第 4185 页。
⑤ (明)王錡:《寓圃杂记》卷一〇《纳粟指挥》,中华书局 1984 年版,第 79 页。
⑥ 《寓圃杂记》卷五《义官之滥》,第 40 页。
⑦ (明)袁袠:《世纬》卷下《惜爵》。

银若干，某缺银若干，群众相竞，则价值转增。"① 官爵进入了买卖市场，促使腐败加剧。嘉靖末，时人记载，"率以贿进，布列华要"。② 货币刺激了政治的市场化，也驱使统治者大肆掠夺，如万历二十四年（1596 年）万历帝派遣矿监税使四出，是最典型的一例。从万历二十五年至三十三年（1597—1605 年）大肆搜刮社会财富矿税银达几千万两，实际上如吏部尚书李戴疏中所言："大约以十分为率，入于内帑者一，克于中使者二，瓜分于参随者三，指骗于土棍者四，而地方之供应，岁时之馈遗，驿递之骚扰，与夫不才官吏借以为市者，皆不预焉。"③ 可见上上下下追逐白银的疯狂。这绝非万历皇帝的个人贪欲所能解释，下面还将具体论述。

第四节　白银货币化与社会观念的嬗变

社会转型是一种特殊的结构型变动，意味着经济结构的转换，同时也意味着社会结构的转换，是一种全面的结构性转型。在社会转型中，社会观念具有一种阶段性特征，经历了从一种传统观念过渡到早期近代社会观念的过程，这是中国早期近代化进程的重要内容。

一　传统价值观的嬗变

在白银货币化推动下，国家主导的一系列赋役改革发生，赋役货币化、传统农业经济向市场经济转变的历史现实，使得传统价值观也出现了嬗变。"厚末抑本"，成为明代中国市场经济发展的基本特征。何塘《均徭私论》云："若专指田土，则施于农民可矣，工商之家及放债居积者，皆不及矣。古人立法，厚本抑末，今人立法，厚末抑本，岂知治道者哉。"④ 他直接点出了明朝与古人的根本不同之处："古人立法，厚本抑末，今人立法，厚末抑本。"张居正财政改革，正是了解到"当嘉靖中

---

① （明）邹应龙：《贪横葑臣欺君蠹国疏》，《明经世文编》卷三二九，第 3523 页。
② （明）林烃：《林氏杂记摘录·时事记》，中国社会科学院历史研究所明史室编《明史资料丛刊》第五辑，江苏古籍出版社 1986 年版。
③ （明）文秉：《定陵注略》卷五，明季史料集珍本。
④ （清）顾炎武撰，黄坤校点：《天下郡国利病书》卷三，上海古籍出版社 2011 年版，第 1474 页。

年，商贾中位，货财上流，百姓嗷嗷，莫必其命"① 的国情。推进财政改革，促使从实物与力役向货币为主的财政体系转型，是顺应社会经济发展趋势而行。改革首先来自社会现实，来自观念的改变。

晚明社会观念出现了明显向商人倾斜的变化，唐顺之言："人庶仰贾而食，即阀阅家不惮为贾"，② 是很自然的。而"士与农商常相混"的社会现象出现，③ 也是合乎逻辑的发展。社会存在决定人们社会意识的变化，社会观念转变由现实出发。弘治十三年（1500 年）成书的《潮州府志》已称当时"士习浮夸，商竞刀锥，工趋淫巧"。④ 这是明后期社会风俗变化的一个缩影。关于各地社会风俗发生变化在地方志中有大量记述，相关研究也很多，这里不多赘述。值得注意的是，风俗和观念变迁，是伴随经济的发展、物质的繁荣而来的。白银货币化随着市场扩大发展加速进行，人们之间的社会关系向着经济关系转化，社会意识也必然发生了变化。关于商人及其精神，余英时先生的研究深入细微，在此不赘，应提到的是，他认为在晚明，传统的四民观已在实质上受到重要的修正，社会结构的最大变化发生在士商这两大阶层的升降分合上，当时社会已重新估量了商人阶层的社会价值。⑤ 这里想要补充的是，在白银货币实际效用的演示下，传统社会价值观的转换正是社会结构急剧转变的现实反映。

晚明社会上出现了大量"弃农就贾"与"弃儒就贾"现象，是商人阶层兴起的滥觞。陈宝良分析了"儒家'五常'与经商原则"，指出传统儒家伦理在明代发生了历史转向："凭智慧才略、诚信致富，从力农致富转向经商致富，这既是一种社会变动，更是一种观念变革。在此基础上，商人开始建立起属于自己的新的伦理。"⑥

白银完全打乱了平静的农耕社会，从事工商业的人多了起来，社会风气的变异就是这样自然而然发生了。与奢华风气同时出现的，是社会心态

---

① （明）张居正：《张太岳集·书牍》一二《答福建巡抚耿侗言致理安民》，中国书店 2019 年版，第 261 页。
② （明）唐顺之：《荆川先生文集》卷一五《程少君行状》，《四部丛刊》本。
③ （明）归有光：《震川先生集》卷一三《白庵程翁八十寿序》，《四部丛刊初编》本。
④ 嘉靖《潮州府志》卷八，嘉靖二十六年刻本。
⑤ 参见余英时《中国近世宗教伦理与商人精神》，《士与中国文化》，上海人民出版社 1987 年版，第 530、528、531 页。
⑥ 参见陈宝良《明代社会转型与文化变迁》，重庆出版社 2014 年版，第 240 页。

的改变，"心术之移于利也"，① 这种心理状态不仅改变了人际关系，而且这种希冀发财的心理，也就是致富的心理，还促使出现负面影响，如行为越轨，赌博成风，官府禁令不止。嘉靖三年（1524 年），潮阳县发生了一个"鸽变"事件。人们炒卖鸽子成风，荒疏了生业，甚至倾家荡产，乃至影响到社会秩序，发展到官府派人抓捕禁止的地步。时人分析云："此非物之能自为变也，人心使之变也。非人心之自为变也，货利之习趋之也。夫邯郸之市，居贸之贾，即微如刀锥，犹不遗余力求之；矧兹一物不崇朝而可致千金，虽佣夫贩妇，夫谁不争？岂其果能破家钓奇、事玩赏者？乃弃其产业，求一鸽而不顾，则所失者小而图者大也。卒之，禁厉而鸽死，习尚渐息，而失者已不可追矣。始知趋利之害，一至于此。"② 传统的农耕，把人们生生世世束缚在土地上，白银货币使这种宁静的社会生活被无情地打破了，安分守己的观念也随着被冲淡了，冒险追逐货利的观念出现，遂使赌博盛行。世道由此变态，社会由此变迁。

嘉靖年间，崇尚奢侈、货币拜物教的倾向，上下之分荡然无存的现象明显出现。这是人们在信仰上的演变。面对白银引发的社会变化，时人做出了各自的反应。朱载堉作《醒世词》的《黄莺儿·骂钱》，借孔圣人之口，痛骂金钱至上颠倒了的世道："孔圣人怒气冲，骂钱财，狗畜牲，朝廷王法被你弄，纲常伦理被你坏，杀人仗你不偿命，有理事儿你反覆，无理词讼赢上风。俱是你钱财当车，令吾门弟子受你压伏，忠良先才没你不用，财帛神当道，任你们胡行，公道事儿你灭净，思想起，把钱财刀剁、斧砍、油煎、笼蒸。"③ 揭示了从上到下拜倒在金钱脚下污浊的社会景象。这里所说的金钱，是白银的代名词。总之，现实生活中白银将每个人都与市场联系了起来，生活被打乱了，社会发生了重大变迁。伴随各阶层社会身份地位的变化，人们的心态也必然失去了原有的平衡，发生了巨大变化。值得注意的是，这是在明末思想家提出"工商皆本"思想之前就已经出现的社会存在，社会存在决定了社会思想的出现。

究其根本，由于白银货币化，整个社会从上到下都卷入了对白银的追求之中，官可以买得，学可以进得，僧道可以当得，徭役可以代得，有了

---

① （明）张萱：《西园闻见录》卷六《朋友》，燕京大学 1940 年铅印本。
② 隆庆《潮阳县志》卷二《县事纪》，天一阁藏明代地方志选刊本。
③ （明）朱载堉：《醒世词》，1935 年刊本。

罪过，也可以通过纳银，即纳赃赎银化得。银子强有力的实用价值远远超出了陈腐的本末说教，社会风尚焉得不大改、社会秩序焉得不大变？整个社会的价值观念、社会行为、社会心理发生了重大变化。人们对财富的概念转移，从对白银千方百计赤裸裸的追求上表现无遗。换言之，以田地为主的财富观被极大地陵替了，同时改变的是整个社会。晚明，白银所体现出的社会关系和社会整体心态变化，反映在官场上，官场腐败，海瑞曾云："乃知我辈出没于声色货利之场，不得不已；奔走于富贵利达之际，老死不休。蚁之附腥膻，蛾之投爝火，无以异也。视市井辈反为过之。"①反映在社会上，世态炎凉："凡是商人归家，外而宗族朋友，内而妻妾家属，且看你归得来的利息多少为轻重。得利多的，尽皆爱敬趋奉；得利少的，尽皆轻薄鄙笑。犹如读书求名的中与不中归来的光景一般。"② 白银使货币为财富的概念突出，利使私的欲念凸显，于是堂而皇之出现了对私欲的肯定。③

二　早期近代社会观念的出现

白银货币化对于社会观念的影响，不只有上述更多的负面，对于民间社会消费观念的改变，也是其重要影响之一。英国学者阿谢德在《欧洲和中国的物质文化：1400—1800》④ 一书中，提出 15 世纪以后促使物质文化产生巨变的主要动力，是心态的巨变，他称为"消费主义"的形成和发展。反观晚明，也有相同的消费观念变化。市场经济为明代中国带来百年繁荣，社会经济发展给平民带来了过去的奢侈品成为日常用品的变化，这在明代文献中存在大量记载，真实反映了社会消费观念的改变。如顾起元记嘉靖末年，"士大夫家不必言，至于百姓有三间客厅费千金者，

---

① 《海瑞集》下编《赠蒙生德范还遗金序》，中华书局 1962 年版，第 343 页。
② （明）凌濛初：《二刻拍案惊奇》卷三七《叠居奇程客得助　三救厄海神显灵》，人民文学出版社 1991 年版。
③ 日本学者沟口雄三指出李卓吾、黄宗羲等人的言论，是主张私的所有。"这是把传统上处于负面（minus）的概念'人欲''私'的坐标位来一百八十度的大转弯，使其处于正面（plus），这时期出现的这一变化，从儒家道统的多重的历史来看，这种惊人的坐标转位，可以说是根本的改变。"沟口雄三著，索介然、龚颖译：《中国前近代思想的演变》绪言，中华书局 1997 年版，第 10 页。
④ Adshead S. A. M, *Material Culture in Europe and China, 1400 – 1800: The Rise of Consumerism*, Macmillan, 1997.

金碧辉煌，高耸过倍，往往重檐兽脊如官衙然，园囿僭拟公侯"。① 又如范濂云家具的变化："细木家伙，如书棹禅椅之类，余少年曾不一见，民间止用银杏金漆方棹"，隆庆、万历以后"纨绔豪奢，又以椐木不足贵，凡床厨几棹，皆用花梨、瘿木、乌木、相思木与黄杨木，极其贵巧，动费万钱，亦俗之一靡也"。② 根据学者统计，明朝颁布"禁奢令"达 119 次之多，以成化（1465—1487）划界，此前仅 11 次，而其余百次以上都是成化以后颁布的。③ 这反映了白银货币化在官方正式认可并大规模推行赋役货币化之后，社会奢侈消费风气之盛，形成常态，而国家欲禁不能。陆楫提出奢侈消费有利于社会就业的看法，就是对当时社会现实的反映。他云："论治者类欲禁奢，以为财节则民可与富也。……吾未见奢之足以贫天下也。自一人言之，一人俭则一人或可免于贫；自一家言之，一家俭则一家或可免于贫。至于统计天下之势则不然。治天下者，欲使一家一人富乎，抑将欲均天下而富之乎？"④ 明后期以后消费观念的改变，与人们市场商业行为的增加、奢侈品成为日用品、奢侈品消费的平民化、等级身份界定模糊以及崇奢侈观念的出现等，都说明了在晚明社会风气具有不同寻常的重要历史意义。在市场机制作用下，市场的繁荣和士商在市场之间不断交互作用，文化向"物"的层面开掘，雅俗文化融合，改变了人们以往的消费观念，也促成了消费社会的形成。由此，说晚明中国是一个"消费社会"也不为过。⑤ 学界有关明代社会风气变迁的研究，大多是从商品经济发展来论述，涉及消费观念和文化观念的变化，已有大量论著，这里不再赘述。重要的是，社会风气变化，是社会变迁的表面现象，而这种影响社会整体变迁的现象，正是由市场经济转型的深层次原因所驱动，导致一系列制度的重大变化，这成为中国早期近代化历史进程的明显特征。

　　有关明代白银货币化与晚明社会变迁的关系，还有所谓启蒙思潮的重

① （明）顾起元：《客座赘语》卷五，中华书局 1987 年版，第 170 页。
② （明）范濂：《云间据目抄》卷二《记风俗》，收入《笔记小说大观》第 13 册，广陵古籍刻印社 1983 年版，第 111 页。
③ （明）林丽月：《明代禁奢令初探》，《台湾师范大学历史学报》1994 年第 22 期。
④ （明）陆楫：《蒹葭堂杂著摘抄》，《丛书集成新编》第 88 册，台北：新文丰出版公司 1985 年版，第 148 页。
⑤ 参见巫仁恕《品味奢华：晚明的消费社会与士大夫》，中华书局 2008 年版。

要内容。中国文化在思想上何时开始启蒙历程？这是一个重大的理论问题。不少学者围绕着界定出现于明清之际思想家的启蒙思想展开，特别是对于明末清初三大思想家黄宗羲、顾炎武、王夫之具有启蒙性质的批判君主专制的思想研究长久不衰。至 20 世纪 80 年代以后，已经不再限于明清之际的时间段来探讨中国近代启蒙思想的源头，而是从明代中叶（也就是笔者划分的明后期）开始探讨中国近代启蒙思想的源头，显然这是从明代思想文化角度探讨中国近代化的问题。史学界特别是文学界更是产生了大量关于晚明人性解放思潮的成果，在此不赘。

追根寻源，嘉靖初年国家认可白银定型为的流通领域主币，当时南倭北虏战事频仍，明朝出现了第一次大规模的财政危机，表现为白银货币供需矛盾一再上升。海上国际贸易迅速发展，直接引发了日本银矿的大开发，中国生产的大量商品输出海外，交换回来大量白银。由此，社会变迁发生，显现出种种早期近代化的特征。伴随国家一系列赋役改革的折银与征银，经济货币化的过程，为市场经济发展提供了巨大的空间与动力，推动了传统农业经济向近代市场经济转型，市场经济获得了前所未有的发展，成为中国早期近代化的必要过渡。非农化、城市化由此起步，农村人口流动向城市，市镇迅速兴起，这是农业社会走向衰落的开始。早期近代化带来了自由与动荡两大遗产，社会各界普遍出现价值观的嬗变，道德危机、制度危机，社会治安危机等随之出现，凸显了转型期的问题丛生。因此，在这一背景下，晚明出现了启蒙思潮或称人文思潮。

吴承明先生早已将 16—17 世纪的启蒙思潮列入了"现代化因素"，他曾专门论述："所谓启蒙思潮，指在传统社会向现代社会的转变过程中，提出传统所无而为后世所有的观点。前小节所论平等、博爱、私、欲、交易、工商皆本等观点均属之。"并认为"17 世纪，启蒙学者辈出"。[1] 余英时先生的《中国近世宗教伦理与商人精神》，探讨了传统中国宗教伦理对中国本土的商人群体精神层面的影响，认为明清商人已走近传统边缘，但没有能够突破传统。[2]

有学者接着侯外庐先生的"早期启蒙说"往下讲，汲取海内外学界关于中国资本主义萌芽和早期启蒙思想的研究成果，直接提出以 1581 年

---

① 吴承明：《经济史：历史观与方法论》，商务印书馆 2017 年版，第 156—193 页。

② 余英时：《士与中国文化》，上海人民出版社 1987 年版。

（万历九年）作为中国近代史开端的观点。① 实际上，清修《明史》以1581 年张居正推行一条鞭法为标志是不成立的，因为张居正从未推行一条鞭法的法令，这是清修《明史》的误导。

中外思想文化史学界称明代早期启蒙思潮或称人文思潮的研究，是从传统向现代转变的视角来认识晚明思想观念的变迁，已经形成大量的研究论著，虽争议存在，但研究已相当深入，恕在此不一一列举。

三　王阳明与中国早期近代化历史进程

明代王阳明是 16 世纪最伟大的思想家，五百年来，研究积累已极为深厚，主要集中在思想领域，不胜枚举。而谈社会观念的嬗变，不能不谈王阳明。但是迄今未见从社会变迁与社会观念演变之间关系对于王阳明的历史考察，笔者认为有必要从晚明社会变迁的实质，即明代中国早期近代化历史进程寻求启示，重新审视王阳明的历史地位及其影响，开拓王阳明的研究。经历成、弘大转折之后，进入正德年间，是明代中国的大动荡时期，也是政治、经济、军事、社会、文化重新洗牌重组的重要阶段，转型期亟须有思想改革的人物"入场"，在新旧交汇点上产生的王阳明心学，是中国早期近代化历程思想观念转型的典型范例。其知行合一理论构成中包含的时代精神，其内在逻辑的颠覆性，正是表现在启蒙人的独立性觉醒和开发人的自觉自律以达致社会自治理想模式上。也正是在这个意义上，王阳明走在中国早期近代化历史进程的前列，不仅是见证人，而且是引领者和推动者，成为转型期历史上最具代表性的伟大思想家和社会改革家。

（一）王学兴起的背景

本书第三章第四节"白银货币化与三农之变：早期近代化的历史进程"全面阐释赋役改革的社会意义，赋役折银是社会主体农民从身份到契约的过程，也正是马克思所说走向"以物的依赖性为基础的人的独立性"社会形态的过程。"人们的意识，随着人们的生活条件、人们的社会关系、人们的社会存在的改变而改变。"② 这是马克思唯物史观的基本原理。成化以后，崛起于市场的白银经历自下而上发展态势与自上而下的国

---

① 许苏民：《"内发原生"模式：中国近代史的开端实为明万历九年》，《河北学刊》2003 年第 2 期。

② 《共产党宣言》，《马克思恩格斯选集》第 1 卷，人民出版社 1995 年版，第 291 页。

家认可推行相结合，"看不见的手"与"看得见的手"共同推进白银货币化进程，也即赋役—财政货币化改革进程，引发传统旧制度崩解，社会大动荡，以激进和暴力的形式出现，正德年间铺天盖地的流民运动，正是这样一种表现形式，是明朝赋役改革的一个后果。

确切地说，赋役货币化最为关键的作用，是体现对于人的命运改变，即直接推动了农民从纳粮当差到纳银不当差，这改变了社会主体农民与国家的关系，是一个从身份到契约的过程。农民由此摆脱土地的束缚而获得相对独立的自由雇工身份。明代相当数量的流民在被抛出正常生活轨道，与劳动条件相分离后，转化为自由的以出卖劳动力为主的雇佣劳动者，反映了旧的制度解体的特征。而这恰恰是一把双刃剑，一方面，从农民来说，使农民与国家的关系从人身依赖关系向物的依赖关系转化，遂使农民得到了更多的人身自由或者说解放，也即人的独立性的发展；农民可以有多样性的选择，从事其他行业的工作，或迁移到城市而不是束缚在土地上，从而形成劳动力市场和商人群体，这是从身份到契约的转变过程，也是市场化的过程，推动了社会结构变迁转型；另一方面，明朝成化年间开始出现的流民运动并非偶然，重要的是，由此白银自下而上的发展与自上而下的推行相结合，表明市场与国家从博弈到调和，实际上国家认可市场深度嵌入了国家财政过程。明朝地方财政体制由此建立起来，赋役—财政改革进入新的发展阶段，农民的生产与生活则日益与市场连接起来，农产品货币化—市场化，改变了农民的命运，使得大量农民依靠传统的生产与生活方式无法继续生存，伴随土地兼并、政治腐败、赋役日益沉重、市场日益活跃，重重叠加，使得农民与土地的分离成为一种必然的发展趋势，从而打破了农村封闭、半封闭的自给自足发展状态，由此，农民、农业、农村都发生了巨大变化，货币化与市场化、商业化与城市化同步，社会遂进入了一个变动不居的早期近代化发展进程。到正德年间，大规模的全国性流民运动，是中国早期近代化进程引发社会结构变动的典型现象。据李洵先生的不完全统计，在当时全国的 6000 万在籍人口中，至少约有 600万人成为流民，10 个人之中就有 1 个人是流民。[①] 社会问题的严重性由此清晰呈现。

---

① 李洵：《试论明代的流民问题》，《社会科学辑刊》1980 年第 3 期。

（二）王学在早期近代化进程中应运而生

王阳明知行合一的思想与实践正是适应大变革时代应运而生。

让我们重新阅读马克思的经典论断。在马克思《资本论》第一手稿，即《1857—1858 年经济学手稿》的《货币章》中，马克思在分析货币在人类历史中的地位和作用时，发现了人类历史的三大社会形态。他指出："人的依赖关系（起初完全是自然发生的）是最初的社会形态，在这种形态下，人的生产能力只是在狭窄的范围内和孤立的地点上发展着；以物的依赖性为基础的人的独立性是第二大形态，在这种形态下，才形成普遍的社会物质变换，全面的关系，多方面的需求以及全面的能力的体系；建立在个人全面发展和他们其同的社会生产能力成为他们的社会财富这一基础的自由个性，是第三个阶段。"[①]

马克思概括，人类社会发展具有三大形态，即三个阶段。第一种形态主要是"人的依赖关系"阶段，第二阶段是"以物的依赖性为基础的人的独立性"阶段，晚明中国正处于转型或者说过渡阶段。王阳明承担了转型期的历史使命，心学的提出，使"以物的依赖性为基础的人的独立性"突显出来，形成早期近代社会转型的理论基础，而王阳明的社会改革模式，也正是建立在"以物的依赖性为基础的人的独立性"基础上的民间自治联合体的社会自治理想模式。

社会变迁伴随着社会观念的变迁，王阳明无疑是转型期大变革时代思想观念转型的代表人物，他提出的"良方"，是从人心的治理入手，从启蒙人的独立性觉醒开始，达致社会自治的终结，是一套从根本上更新人与社会关系的治理方案。从龙场悟道——个人的觉悟开始，到启蒙全社会人的独立性的觉醒，达到社会自治的目的，这是王阳明的心学历程，既是王阳明的治学之道，也是王阳明的治世之道。

（三）知行合一：王阳明在转型期的思考与因应

改革，指改变旧制度、旧事物。对旧有的生产关系、上层建筑做出调整。一般认为，改革是推动社会发展的强大动力。避免就思想论思想，聚焦王阳明在地方社会仕宦期间的知行合一，包括思想与实践，对于地方行政、经济、军事、社会乃至思想文化方面所进行的系列改革活动，更重要

---

① 马克思：《政治经济学批判（1857—1858）》，《马克思恩格斯全集》第 46 卷（上册），人民出版社 1979 年版，第 104 页。

的是发掘梳理重大转型期正嘉之际的改革发展轨迹，作为早期近代化进程的重要一环，可以弥补万历张居正改革之前改革进程的研究。

下面让我们从王阳明的系列改革：见证与推动赋役—财政改革的典型个案开始论述，相应配套是他的军事改革乃至社会改革，而他的思想改革则是贯穿始终的主线，与其他方面的系列改革有着紧密关联，知行合一形成一个整体，其治学之道与治世之道同样不可分割，这样才能把握王学的精髓。

1. 赋役—财政改革

在中国早期近代化历程中，赋役—财政改革具有特殊重要的意义。在以往的王阳明研究中，鲜见关注王阳明这方面的改革，而王阳明知行合一的改革历程，是明代赋役—财政改革从渐进到突进发展过程的重要组成部分。

（1）庐陵之例

王阳明的地方官经历，是在正德五年（1510 年）三月从庐陵知县开始的。到达庐陵，王阳明下车伊始，首先关注的就是里役问题，抓住了为民父母官的根本问题。明代的赋役改革，重点就在役法上。

王阳明到任后，了解到当地积弊以里甲负担的贡赋最为突出。他在庐陵仅半年时间，所做的最重要的事情，就是撰写了题为《庐陵县为乞蠲免以苏民困事》的公文①，要求免除镇守中官加给当地百姓的不合理贡赋。他查阅到正德四年（1509 年）十一月府里下发的一份公文，根据镇守江西等处太监王嵩②的钧牌，差吏员带银 100 两到县，催促庐陵县将全县里长和粮长召集前来，让他们收买葛纱上贡。庐陵当地本不产葛布，原先所派岁额中也并没有此项。王阳明了解到此加派遭到庐陵百姓的一致抵制，以致陈江等几位里长和粮长被拘押在县衙，被要求上缴葛布。而这激怒了数千百姓到县衙提出了停止加派的强烈要求。贡赋加派，成为官民矛盾，也即国家与社会冲突的一个焦点。

上报公文显示，王阳明对于内官加派之弊采取了明确抵制态度，最终

①　（明）王守仁：《王阳明全集》3《庐陵县公移》，红旗出版社，1996 年，第 1092—1093 页。

②　据查胡丹《明代宦官制度研究》附录三《明镇守内官年表》，当时江西镇守内官为王嵩。浙江大学出版社 2018 年版，第 427 页。

他的申报蠲免成功，贡赋买办方式不得不被迫调整。追寻上级同意蠲免的原因，不能忽视当时汹涌的流民运动的大背景，才使得中官不得不收手。

实际上，江西进贡始自明初。[①] 早在永乐年间岁办就已出现和买之弊。《明实录》永乐五年（1407年）载："今有岁办各色物料，里长所领官钱悉入己。名为和买，其实强取于民，万不偿一。若其土产尚可措办，况非土地所有，须多方征求，以致倾财破产者有之，凡若此者，非止一端。今后宜令有司除常赋外妄取民一钱者，以受财枉法论。其各色物料非土地所有，禁勿取。"[②] 发展到正德初年，伴随白银货币化发展的，是赋役—财政货币化的进程。在这一进程中，国家财政体系从以实物为主到以货币为主转型，货币财政不可避免地出现了，加速改变了传统贡赋"任土作贡"的实物进贡方式，贡赋折银，货币化的发展态势，有了市场的更多参与，旧的制度迅速瓦解。

王阳明在公文中反映，早在正德二年（1507年），当时江西镇守中官姚举[③]行文江西布政司，要求查实本省生产葛布的地区；凡生产葛布的县份，必须在葛布上市时采办，不生产葛布的县份，则按照地方大小出银两解送收买。在贡赋货币化进程中，庐陵因为是大县，所以奉派折银105两。按照当时的规定，百姓拒缴则由粮长代赔。正德三年、四年，陈江等粮长已经代缴了葛布的摊派银两；正德五年（1510年）则变本加厉，规定不仅缴纳105两白银，而且还要求催督买办葛布，百姓深恐成为定额。这实际上是附加税成为正税的过程。庐陵县当时岁办料杉、楠木、炭、牲口等项，旧额白银已达3498两，而正德五年增至10000多两，"比之原派，几于三倍"。此外，还有公差往来的接待费用等。陈江等人去年以来已经赔付70余两，"民产已穷，征求未息"，加上旱灾、疾疫，造成庐陵"比巷连村，多至阖门而死"，幸而生存的，为征求所迫，"弱者逃窜流离，强者群聚为盗，攻劫乡村，日无虚岁"。[④] 这里实际上已将官府的岁办、额办和加派形成的对于百姓的沉重负担揭示出来，更揭示了贡赋货币化加重了百姓负担，造成流民与盗贼问题根源的事实。因此，大规模的流

① 《明太祖实录》卷一六四，洪武十七年八月己卯。
② 《明太宗实录》卷六七，永乐五年五月甲子。
③ 据查胡丹《明代宦官制度研究》附录三《明镇守内官年表》，当时江西镇守内官为姚举，第427页。
④ 《庐陵县公移》，《王阳明全集》3，第1092—1093页。

民运动，是赋役货币化发展的"内生动力"驱动的"外在表现"，在这篇公文中已经突显出来。

从公文中，我们了解到庐陵的贡赋经历了从实物—银两的过程，又变成了银两＋实物的双重强制性征课，在这一贡赋货币化过程中，百姓的负担增加了3倍。当时贡赋是派征到县里，由粮长和里长来负责征收缴纳，缴纳的白银不足，需要粮长与里长赔纳白银，这不仅成为里甲之役的沉重负担，而且形成明朝初年粮长制度的变异。

王阳明一上任，首先就遭遇了贡赋货币化过程激发的官民冲突，贡赋越来越多地形成货币缴纳，不仅成为里甲之役的沉重负担，更成为官民冲突，社会动荡的重要因素，因此改革势在必行。王阳明如实上报庐陵的情况：不合理的贡赋派征，激发了庐陵的官民矛盾，理应有所改革。他的上报获得了蠲免加派的结果，在庐陵所谓"卧治六月而百务具理"，[1] 正是以此平息社会骚动，有效阻止了庐陵民众被逼铤而走险加入流民行列为基础的。

反对镇守中官的不合理贡赋加派，这是王阳明一贯的态度，后来《行吉安府禁止镇守贡献牌》[2] 是又一例证，这里就不展开论述了。

（2）南赣之例

长期以来，中外学界研究明代一条鞭法者多，对江西的赋役改革主要以隆万年间推行一条鞭法来论述，缺乏对于正德年间赋役改革的专门研究。一些学者注意到王阳明任南赣巡抚时期关注财政税收问题，实际上，他绝非仅仅简单地关注财政税收问题，而是财政问题是任官地方者必须处理与解决的首要问题。在《王阳明全集》中，有一篇《颁定里甲杂办》公移[3]，以往鲜见学者注目，而这篇公移却是王阳明主持里甲改革，参与赋役—财政改革进程的典型例证。

《颁定里甲杂办》开篇是据龙南县申称："先年里甲使用，俱系丁粮分派，照日应当，以致多寡不均。要将正德十六年里甲通行查审，除逃绝人丁外，将一年使用，春秋祭祀、军需岁报、使客夫马等项，俱于丁粮议处，每石出银若干，陆续称收贮库。推举老人，公同里长，使用注簿，倘

---

① 湛若水：《阳明先生墓志铭》，《王阳明全集》3，第1189页。
② 《王阳明全集》1，第343页。
③ 《王阳明全集》1，第233—234页。

有余剩，照多寡给还。"据王阳明查阅簿记，起先赣州府知府盛茂和同知夏克义议过赣县里长额办杂办，已批给岭北道再加酌议。接着这一公移录入了副使王度呈称："查算本县额办使用，该银三千七百三十一两七分二厘四毫九丝；原辖里长一百一十里，内除十里逃绝，止有一百里；十六年分每粮一石算一分，人丁二丁算一分，一年丁粮共该一千一百二十六分半，每分该出银三两三钱一分二厘一毫一丝一忽；合行该县印钤收银文簿一扇，将各都该办银两，分为二次查追贮库；又置文簿二扇，一写本县支出数目，一发支用人役注附；每月选有行止老人二名，公同直日里长，赴县支领；每月备具用过揭帖三本，一送都察院，一分巡道，一本府，各不时稽察，年终羡余，并听上司查处，以补无名征需，府县不得擅支。仍将各里该纳分数，刷印告谕，遍张乡村晓谕；如有官吏额外科派，及收银人役多取火耗秤头，并里甲恃顽不办，许各呈告，以凭拿问，呈乞照详。又经批仰照议即行该县永永查照，仍备刻告示，遍行晓谕；及多行刷印，颁给各里收照，以防后奸。"这里呈现的是当时里甲额办具体改革的全过程，突出的是全部征银，纳入地方官府财政的核算体系。

重要的是，王阳明指出：以上改革"看与本院新定则例相同，及照宁都等九县，及南安所属大庾等县事体民情，当不相远，合就通行查编。为此仰抄案回道，即便速行各县，俱查本院近定规则，各照丁粮多寡，派编银两，追收贮库，选委行止端实老人，公同该日里长支用，置簿稽察，刊榜晓谕，禁约事宜，悉照原议施行。敢有违犯者，就便拿问。呈详通取各县派定过缘由，类报查考"。

由此可见，县府申报的改革方案与王阳明"新定则例"相符合，而且与宁都九县以及南安府大庾等县的"事体民情"也近似，因此他决定"合就通行查编"，迅速颁行各县，"各照丁粮多寡，派编银两，追收贮库"。依据新颁则例，按照丁粮多寡，统一派编银两，这实际上正是一条编（一条鞭）的方法，不过当时并无此名；而"追收贮库"，也就是改变原来的民收民解为官收官解。值得注意的是，里甲正役中的"杂办"即地方各级官府的日常支用，名目繁多，其中"要将正德十六年里甲通行审查……将一年使用"之句，说明《颁定里甲杂办》是里甲之役的改革，是为了审编均平赋役而颁定的改革文书。考察其内容，与此前的均徭法改革有所关联，更是后来的一条鞭法的原则与方法的改革。嘉靖《江西通志》载：景泰年间，都察院右佥都御史巡抚江西的韩雍首行均徭法，"均徭者，均平里甲之力役，岁验册编役，役毕九年无扰。岁办者，里甲□银贮于官，有役则估直度支，择户领解，民皆便之"。① 均徭法、均平法都是一条鞭法之前赋役改革的名称，推行里甲均平法，最著名的是嘉靖年间庞尚鹏在两浙实行的均平法改革，有完整的档案文书保存在日本尊经阁。② 而在江西，从王阳明的公移中，我们发现早于嘉靖末庞尚鹏在两浙推行均平法之前的半个世纪以前，正德年间赣南就已经开始推行了里甲杂办的改革。王阳明在此前地方改革的基础上，调整里甲役不均之弊，颁布新的则例，从按里甲征派到按丁粮均派，将役部分摊入粮，以县为单位审编，派编银两贮库，并颁行各县，推动了江西里甲改革进一步向前发展，这是江西赋役－财政改革迈向新阶段的标志，成为嘉靖初年一条鞭法改革的先声。这清楚地印证了王阳明不仅是正德年间赋役改革的见证人，也是赋役—财政改革的大力推动者。同时进一步说明明代赋役改革的研究，绝不能仅从一条鞭法开始。王阳明遗存的档案公文不仅为了解江西赋役改革和地方财政实态提供了第一手资料，也为明代赋役—财政改革史留下了珍贵的证据，更为我们全面推进王阳明研究提供了一个崭新的视角。

还需要说明的是，明代赋役—财政改革的关键在于货币化。以往中外学界只关注定额是有问题的，定额是与货币化联系在一起的。随着白银货币化—市场化的发展过程，明代赋役制度在不断进行调整和改革之中，发生了很大变化，赋主要指田赋，即土地税；役则是力役，逐渐形成力差与银差，又发展为里甲、均徭、驿传和民壮，合称"四差"，发展趋势是越来越多地朝向征银代役，是劳役制消退，雇佣制展开的过程，这无疑是早期近代化的进程。据嘉靖《赣州府志》记载，赣州府里甲已全面形成货币化的额办：全府总 340 有半里，额办银 3845 余两；赣县 111 里，额办银 1056 余两……龙南五里，额办银 79 余两。而其中记载的庸调，即徭役，是以力差与银差分别记录的：全府银差每岁 4887 余两，力差则每岁 1822 人。赣县的银差每岁 897 余两，力差则每岁 385 人。龙南县的银差

---

① 嘉靖《江西通志》卷三《藩省·名宦》。邓智华指出："景泰年间，江西巡抚韩雍为了解决里甲负担不均的问题，开始对原来由里甲承办的祭祀、乡饮等费用实行定额，由官府统一征银办理，称'里甲均平银'，亦称'公费银'或'板榜月办'"，《明中叶江西地方财政体制的改革》，《中国社会经济史研究》2001 年第 1 期。

② 中国社会科学院历史所已经复印回国，并加以研究。参见笔者《明代浙江均平法考》，《中国史研究》2013 年第 2 期。

每岁 351 余两,力差则每岁 90 人。[1] 以上记载说明,江西南赣的赋役改革一直在进行之中。

(3)永新之例

王阳明在南赣期间,不仅有上述里甲改革,而且有清丈田亩以均平赋役的改革,这是后来万历年间张居正发布《清丈田亩条例》,全面展开清丈,在土地税上实现统一征银的财政体系改革的先声,是白银形成国家统一的财政核算单位与统一的财政征收形态重要的制度化历程。

《清理永新田粮》[2] 公移称:"据参议周文光呈,看得江西田粮之弊,极于永新,相传已非一日;今欲清理丈量,实亦救时切务,但恐奉行不至,未免反滋弊端,依议定委通判谈储,推官陈相,指挥高睿,会同该县知县翁玑设法丈量。该道仍要再加区画,曲尽物情,务仰各官秉公任事,正己格物,殚知竭虑,削弊除奸,必能一劳永逸,方可发谋举事。如其虚文塞责,则莫若熟思审处,以俟能者。事完之日,悉照该道会议造册,永永遵守施行。"

由于"江西田粮之弊,极于永新",地方的赋役改革以永新为试点展开清丈,这是将货币化税收最终落实到土地税的重要一步。王阳明要求"各官秉公任事,正己格物",从内心开发良知,达到削弊除奸的改革目的。

2. 军事改革

白银货币化开启了市场经济的上升阶段,冲击了原有的社会结构,成为正德年间大规模流民运动爆发的根本原因之一。王阳明的事功大半建立在面对社会危机的军事活动上,他推行人与饷双管齐下的军事改革,也与财政货币化,市场越来越多地嵌入了国家财政运作过程,突显军事行动与经济关系大有关联,具体则表现在王阳明军事改革采用了市场化的动员和市场化的军饷解决方案。

(1)首选民兵

南赣平乱,人是摆在王阳明面前第一个必须解决的问题。根据王阳明南赣巡抚时期公移,他的"弭盗安民"是从选拣民兵开始的。[3] 这份公移

---

[1] 嘉靖《赣州府志》卷四《里甲》《庸调》,嘉靖刻本。

[2] 《王阳明全集》1,第 240 页。

[3] 《选拣民兵》,《王阳明全集》1,第 153—154 页。

中云："莅任以来，甫及旬日，虽未偏历各属，且就赣州一府观之，财用耗竭，兵力脆寡，卫所军丁，止存故籍；府县机快，半应虚文；御寇之方，百无足恃，以此例彼，余亦可知。夫以羸卒而当强寇，犹驱群羊而攻猛虎，必有所不敢矣"。下面历数了以往调集土兵、狼兵、达兵"动逾数万"却不济事之弊端，话锋一转，云："事豫则立，人存政举"，提出要求四省各兵备官，在所属各县弩手、打手、机兵、捕快之中，挑选"骁勇绝群，胆力出众之士"，每县多则十几人，少则八九人，重要的是"务求魁杰异材，缺则悬赏召募"，在重赏之下，必有应募之人。"江西、福建两兵备道，各召五六百人；广东、湖广两兵备道，各召四五百人"。从中再选出众者，用为将官。又从卫所军官中挑选武艺出众、有实战经验者，对民兵进行正规训练，使其熟悉金鼓号令、进退步法，以及攻防之术。编练民兵是四省兵备道的责任，巡抚衙门时加督察。实际上，选拣民兵，打造一支有力的军事力量，为王阳明的军事成功奠定了重要基础。

明正德年间，各地军户大量逃亡，卫所制度趋于解体，无法承担维护社会秩序的职能，昭示着向募兵制转型势在必行，王阳明进行军制改革，组建一支新的军事队伍时，"悬赏召募"，转向货币化雇佣，即市场化动员起了重要作用。

正德十二年（1517年）五月，王阳明在平定战事告一段落，即着手改革军队组织架构，规定《兵符节制》[1]："习战之方，莫要于行伍；治众之法，莫先于分数；所据各兵既集，部曲行伍，合先预定。"改革内容如下：每二十五人编为一伍，伍有小甲。五十人为一队，队有总甲。二百人为一哨，哨有长、协哨二人。四百人为一营，营有官、有参谋二人。一千二百人为一阵，阵有偏将。二千四百人为一军，军有副将、偏将无定员，临阵而设。小甲于各伍之中选材力优者为之，总甲于小甲之中选材力优者为之，哨长于千百户义官之中，选材识优者为之。目的是："务使上下相维，大小相承，如身之使臂，臂之使指，自然举动齐一，治众如寡，庶几有制之兵矣。"

重要的是，王阳明将放下武器的"盗贼"称为"新民"，在致良知思想主导下，将新民编入军伍之中，组织成义兵，整合到新的军事组织之

---

① 《王阳明全集》1，第167页。

中。在《犒赏新民牌》①中，他以新民升授百长、总甲，"各给银牌，以酬其功：其兵众三百余人，皆能齐心协力，擒捕叛贼，俱合犒赏"。这是王阳明以人的独立性为导向的改革思路的呈现，也是他打造社会自治理想模式的一部分，这一点下面还将谈到。这支新编的民兵可称为"精兵"，在对四省山区平定中，起了骨干作用。《石城县志·营建志·兵防》载，王阳明在南赣分兵为四班，四季轮班，赴府团营上操。"每班以义官领之，其三班歇操者，留本邑守卫。未几，汰去机兵，以其佣直募新兵之任战者。"

在王阳明的公移中，《调取吉水县八九等都民兵牌》②，是王阳明调取吉水县各户义兵，随军进剿之牌；《预备水战牌》③是王阳明令福建布政使选募海沧打手一万名，动支官库银两，从厚给与衣装行粮之牌。《犒赏福建官军》④则反映了当时清查各兵来源，原系操练者，照旧在班操练，以备紧急调用。对于新增的招募者，"省令回还田里，各安生业，务为良善之民，共享太平之福"。王阳明在平乱之后，让民兵回归乡里，恢复社会生产与秩序。这里可以明确的是，王阳明的兵制改革实际上建立的是一种兵民合一的兵制。

王阳明颁布《征剿横水桶冈分委统哨牌》⑤，在军中明确有"安远县新民义官某某等名下打手八百名"。《牌行招抚官》⑥中将"新民廖成授以领哨义官，廖满、廖斌等各与巡捕老人名目，令其分统招出新民，编立排甲，听候调遣杀敌……就于横水新建县城内立屋居住分拨田土，令其照例纳粮当差"。当时考虑新民人等牛具田种尚未能备，特发商税银 100两，官为置买耕牛等分给各民，督促趁时耕种；有缺少食用的，并给以盐米。

正德十五年（1520 年）王阳明平定宁王之乱，紧急调动江西南赣等府库的"见贮不拘何项"钱粮 2/3 以供军饷。恐怕兵力不敷，又行牌

---

① 《王阳明全集》1，第 301 页。
② 《王阳明全集》1，第 204 页。
③ 《王阳明全集》1，第 204—205 页。
④ 《王阳明全集》1，第 214 页。
⑤ 《王阳明全集》1，第 176 页。
⑥ 《王阳明全集》1，第 184—185 页。

"即选父子乡兵在官操练，听将官钱支作口粮"。①《案行南安等十二府及奉新等县募兵策应》② 也是平乱募兵的公文。

嘉靖六年（1527 年）王阳明到广西平定思州、田州之乱，《行南韶二府招集民兵牌》③ 说明，当时平定主要依靠的仍然是招募民兵。

赣南军制的变化大致经历了由选派、召募到雇佣的过程。嘉靖年间，变化基本上制度化了，却又有变异。嘉靖《虔台续志》卷一《舆图纪》记录有府县民兵之数，云："编立民壮，初意本以征守，今则服役于官，以供迎送、代勾摄、递文移而已，徒有其名，而无其实。"但是如果只看到变化成为一种徭役，也并不全面，因为以银代役，徭役货币化，伴随着国家的财政收入重心由人丁转向土地，徭役负担以白银形式也部分转移到了田赋上，这是超经济强制的力役制消退，逐渐为国家赋税所替代的早期近代化过程。

（2）军饷筹办

有了兵，还要有饷，军饷是摆在王阳明面前的第二个必须解决的问题。王阳明的军饷筹办，走的是一条军饷越来越多依靠市场化税收解决的路径，这与当时白银货币化，国家财政货币化的发展大势是相符的。在平定广西思、田州之乱中，《批兴安县请发粮饷申》④ 公移已经明确记录兴安县申称"本县库内，并无军饷银两……合无请给发军饷银两下县"之说。可以说王阳明的军事成功，是从市场化的选人和寻求经费来源开始，改革了军事结构与军费资源获取途径的过程，他的改革是白银货币化、财政货币化推动全国各项制度变迁的一个缩影。

正德十二年（1517 年）正月，王阳明奉皇帝敕谕："江西、福建、广东、湖广各布政司地方交界去处，累有盗贼生发。因地连各境，事无统属，特命尔前去巡抚江西南安、赣州，福建汀州、漳州，广东南雄、韶州、惠州、潮州各府，及湖广彬州地方；安抚军民，修理城池，禁革奸弊，一应地方贼情，军马钱粮事宜，小则径自区画，大则奏清定夺。"⑤ 莅任巡抚之初的公移中，引人注目的是"召募犒赏等费，皆查各属商税

---

① 《开豁军前用过钱粮疏》，《王阳明全集》4，第 1470—1471 页。
② 《王阳明全集》1，第 201 页。
③ 《王阳明全集》1，第 311 页。
④ 《王阳明全集》1，第 321 页。
⑤ 《巡抚南赣钦奉敕谕通行各属》，《王阳明全集》1，第 151 页。

赃罚等银支给"。① 这将我们的视线引向了商税。王阳明军饷筹办的重点是在疏通盐法和保证商税上。

正德初年，白银货币化在全国铺开，是经济货币化的过程，军饷的货币化不可避免，盐税与商税是王阳明军饷的重要来源，下面的奏疏可为证明。正德十二年（1517 年）所上《议夹剿兵粮疏》②，名为"兵粮"，其中记载既有实物粮，也有货币银：兵 12000 余名，每名日给米 3 升，一日该米 370 余石；间日折支银 1.5 分，一日该银 180 余两；以 6 个月为率，约用米 33000 余石，用银 20000 余两，领哨、统兵、旗牌、等官，并使客合用禀国及赏功犒劳牛酒、银牌、花红、鱼、盐、火药等费，约用银 20000 余两。通前两项，约共用银 50000 两。南、赣二府税银两，集兵以来，日有所费，见存银只有 4000 余两。而且继续布政司并各府县别无蓄积，不得不商议将该解南京折粮银两，并一应纸米赃罚银两，照数借给应用。战后或抽商税，或开中盐引，奏请补还。

王阳明清楚地认识到商税是军饷筹集的关键，一方面平息流民运动耗资巨大：募兵、操练、犒赏等，无不劳民伤财；另一方面，他在地方兴学、设置新县等，也无不需要大量的白银。实际上，货币化－市场化影响已经完全渗透在军事活动的整个过程之中，在战后的犒赏中表现尤为突出。不仅在南赣，也在后来的湖广、广西③，以白银为犒赏主体广为推行。因此，他对于商业的保护和商人在四民中的平等地位的认识，并将这种平等的思想观念贯彻到改革实践中，也就很容易理解了。这不是因为他的思想更为开放，而是转型期社会现实的反映，他清醒地认识到如果没有商税，军事行动将难以运作，地方行政也难以展开。

盐税是当时商税中的主要税种之一，王阳明认识到"商税所入，诸货虽有，而取足于盐利独多"，因此，盐税是军饷的主要来源。为疏通盐法，他接连上了《疏通盐法疏》《再疏通盐法疏》两疏。

正德十二年（1517 年）上《疏通盐法疏》④ 称：早在正德六年（1511 年）江西已呈报十三府俱系两淮行盐地方，湖西、岭北二道存在滩

---

① 《选拣民兵》，《王阳明全集》1，第 153 页。
② 《王阳明全集》4，第 1349—1352 页。
③ 《行左江道犒赏湖兵牌》，《王阳明全集》1，第 327 页。《奖劳永保二司官舍土目牌》，《王阳明全集》1，第 330—331 页。
④ 《王阳明全集》4，第 1343—1346 页。

石险恶,淮盐因而不到,而商人往往越境私贩广盐,射利肥己。广盐销往江西,可以取得"官商两便,军饷充足"的效果。并称:"赣、南二府,闽、广喉襟,盗贼渊薮",即将采取军事行动,而军饷缺乏,计无所措,如仰给他省,则广东库藏渐竭;湖广称贷既多,皆自给不赡;如若不请发内帑,就要重科贫民,然而内帑以朝廷营建"力或不逮";贫民"则穷困已极,势难复征"。于是提出当时"奏准广盐许行南、赣二府发卖",不曾开载袁、临、吉三府,奏请"广盐得下袁、盐、吉三府地方发卖,立厂盘制,以助军饷。"如此征收盐税,公私两便,"庶亦所谓不加赋而财足,不扰民而事办"。因此,王阳明获准在正德十二年疏准之日起,至正德十三年(1518年)止,按照盐税抽收办法,获取军饷。

至正德十三年十月二十二日,户部批准的时限已到,王阳明上《再请疏通盐法疏》,[①]复述江西民苦于淮盐之难,以广盐为便的情况,并报地方呈称"查得南、赣地方两次用兵,中间商税实为军饷少助;然而商税之中,盐税实有三分之二"。盐税的重要性由此突显。他指出"故广盐行则商税集,而用资于军饷,赋省于贫民;广盐止则私贩兴,而弊滋于奸宄,利归于豪右",言道:"见今府库空虚,民穷财尽,将来粮饷绝无仰给。况此盐利一止,私贩复生,虽有禁约,势所难遏,与其利归于奸人,孰若有助于军国。合无转达,将前项盐税著为定例,许于袁、临、吉三府地方发卖;照旧抽税,以供军饷;每年终依期造报,余剩之数解部,转发光禄寺支用,以省加派小民。如此,则奸弊可革,军饷有赖,光禄寺供用亦得少资,诚所谓一举而数得矣。"因此他请求"开复广盐,著为定例;籍其税课,以预备军饷不时之急;积其羡余,以少助内府缺乏之需;实夹公私两便,内外兼资"。[②]当时王阳明已患病,却仍然忠于职守,再上疏请。

有学者认为:"南赣巡抚时期王阳明推行之盐法,照旧抽收盐税,既无新意,也不特别"。[③]实际上,这正是王阳明顺应转型期变革过程推进改革的轨迹,只有将他的一系列改革置于大转型时代综合观察,才能全面

---

① 王阳明:《再请疏通盐法疏》,《王阳明全集》4,第1410—1413页。

② 王阳明:《再请疏通盐法疏》,《王阳明全集》4,第1413页。

③ 黄国信:《王阳明巡抚南赣经费研究 ——以盐法为中心》,《盐业史研究》2009年第3期。

展现他在中国早期近代化历史进程中的地位与作用。

商税是军饷最重要的来源之一。赋役—财政货币化不断发展，所谓"钱粮"也越来越多地货币化。《行岭北道清查赣州钱粮牌》清楚表明，王阳明令将"正德十二年二月起至正德十五年九月终止，各项纸米、工价、赃罚、商税等项银两卷簿，逐一清查盘"。当时岭北守巡道并赣州府卫、所、县批准呈报的"囚犯、纸米、工价、赃罚等项，及官厂日逐收到商税银两，俱经该官府追收贮库，以备军饷"。①

正德十二年（1517 年）九月二十五日，王阳明上《议南赣商税疏》②云：据呈报，南安府造报册内梅亭抽分商税循环文簿记"某日共抽税银若干，不见开有某商人某货若干、抽银若干，中间不无任意抽报情弊，及看得一季总数，倍少于前"，"盖因抽分官员止是典史、仓官、义民等项，不惜名节，惟事贪污"。此项商税"一则苏大庾过山之夫，一则济南赣军饷之用"，也就是一方面是雇夫役之用，一方面是南赣军饷之用。再查赣州龟角尾集设立抽分厂，自正德六年十一月二十七日起至九年七月终止，共抽过商税银 42686 余两。当时本省战事"一应军饷，具仰给于此"。地方官商议，将南安之税移于龟角尾抽分。王阳明以为"看得南、赣二府商税，皆因给军饷、裕民力而设。折梅亭之税，名虽为夫役，而实以给军饷；龟角尾之税，事虽重军饷，而亦以裕民力，两税虽若二事，其实殊途同归"，因此他奏报：革去折梅亭之抽分，而总税于龟角尾，"则事体归一，奸弊自消，非但有资军饷，抑且便利客商"，并根据皇帝给他的"一应军马钱粮事宜，俱听便宜区画"的敕谕，令地方一体施行改革。

在《禁约榷商官吏》③ 中，王阳明指出"商人比诸农夫固为逐末，然其终岁弃离家室，辛苦道途，以营什一之利，良亦可悯！但因南、赣军资无所措备，未免加赋于民，不得已而为此，本亦宽恤贫民之意。奈何奉行官吏，不能防禁奸弊，以致牙行桥子之属，骚扰客商，求以宽民，反以困商，商独非吾民乎"？王阳明提到了因剿匪军资筹措，将大部分赋税摊在了商人身上，而牙行对客商坑蒙拐骗，还有桥子借关税之名盘查商船，擅自多收，一些官吏行为既侵害了客商利益，也损害了财政利益。在这种情

---

① 《王阳明全集》1，第 369 页。
② 《王阳明全集》4，第 1359—1360 页。
③ 《王阳明全集》1，第 192 页。

形下，他提出了具体管理方案："今后商税，遵照奏行事例抽收……其余杂货，俱照旧例三分抽一，若资本微细，柴炭鸡鸭之类，一概免抽"，严禁桥子人等假以查盘为名，侵凌骚扰客商，而商人也要从实开报。并令地方官府拟定抽分则例呈报来批。则例依据成案作为定例，王阳明将改革制度化，有力地维护了商人利益和商业秩序，也保证了军饷的来源。

平宁王时，王阳明颁发《告示在城官兵》①："本院仰仗朝廷威灵，调集两广并本省狼达汉土官兵二十余万，即日临城，亦无非因民之怨，惟首恶必问。告示至日，宗支郡王仪宾各闭门自保，商贾买卖如故，军民弃甲投戈，各归生理，无得惊疑"。战事即将发生，王阳明的公告中保护"商贾买卖如故"之文，显得异常突出。

在田州平乱以后，他宣布"仍许商课设于河下，薄取其税，以资给用。"② 严厉禁止违法私立抽分，巧取民利。

其实，军饷来源不仅是商税，依靠货币化的财政改革是多方面的。巡抚南赣，王阳明奉到皇帝敕谕："一应军马钱粮事宜，俱听便宜区画，以足军饷。钦此"。当时地方府县军卫罪犯，审有家道颇可者，不拘笞杖徒流，并杂犯死罪，各照做工年月，每日折收工价银一分，送府收贮，以备巡抚衙门军情缓急之用；虽有别项公务，不得擅支，仍要按季申报。但是实行不利，埋没侵渔银两甚众，遂致军饷无备。于是王阳明下令岭北等道与南赣二府卫所县："今后奉到问理等项笞、杖、徒、流杂犯、斩、绞罪，除有力纳米照旧外；其家道颇可者，俱要查照先行事例，折纳工价，俱收贮该府，以备本院军情缓急。"③ 在货币化—市场化大潮中，征收工价银贮于官库以备军饷，也是军饷的一个来源。

3. 社会改革

15 世纪后半叶，明代中国凭借本土自身的变革走向海外世界，引领了经济全球化的开端，这方面在别章论述。这里主要论述在明代中国国家与市场/社会的博弈中，王阳明处于新旧之间，传统与近代的交汇点上，他通过自我的觉悟，突出了人的独立性，进入了人生的一个新境界，开启了人性自我救赎的通路，这是转型期思想转型的重要选择。知行合一，有

---

① 《王阳明全集》1，第 209 页。
② 《行通判陈志敬查禁田州府私征商税牌》，《王阳明全集》1，第 325 页。
③ 《行岭北等道议处兵饷》，《王阳明全集》1，第 302 页。

志于社会改革的思想家不仅为明代社会改革带来新思潮，架起了精英与民众之间的一座精神桥梁，而且投身于时代的改革洪流之中，推出社会改革的全面规划。

（1）王阳明的"新民观"及其实践

这里所说王阳明的新民观，包括两大层面：第一层面，是思想层面，他适应社会发展产生的新思想——新四民观，即来自现实社会分工的新民观；第二层面，是实践层面，指他在南赣以及其他地方对投诚民众乃至地方社会广大民众的启蒙更新，构成社会改革的重要内容。

前面提到白银货币化影响的三农大分化，农民是社会主体，因此，三农的分化也就是社会大分化的开始，由此传统社会开始分崩离析。传统社会是一个农业社会，也是一个等级社会，全体成员被按照出身和职业划分成不同的等级，农民是承载整个社会的主要群体，等级社会具有极大的封闭性和保守性，需要农民安于土地以保证长治久安。然而，随着白银货币化与市场经济发展，社会内部的分化日趋严重，将农民固定在土地上越来越难以维持，整个社会呈现日益严重的动荡不定态势。

从宣德年间周忱开始，赋役改革已经开端，利用白银货币作为调节的重要手段，市场渗入了地方财政。由此，明朝一批官员投身改革，在一系列影响深远的赋役—财政改革中，白银货币化—财政货币化得到全面推进。这一中国早期近代化历史进程的推进，促使传统社会结构解体，一系列国家制度变迁与重构，明王朝深陷冲突与危机之中。正德年间发生的流民运动，是社会转型引发社会危机的集中表现，现实中社会矛盾冲突与动荡，是一场重大的灾难，但也是产生新思想与新制度的一片沃土。王阳明面对经济转型的社会分化大变局——大规模流民运动，提出的治理方案是全方位的，知行合一将改革思想传播与社会改革实践结合在一起，设计了一个新的社会秩序图景。

无独有偶，成化年间不仅是白银货币化得到官方认可自上而下推行的时间，而且是商帮兴起的时间段。商人在社会上的地位上升，成为引人瞩目的社会现象。此时王阳明产生了新的士农工商四民观念，不是空穴来风，而是社会转型现实的反映。他提出"四民同道"："古者四民异业而同道，其尽心焉，一也"，认为"士以修治，农以具养，工以利器，商以通货，其归要在于有益于生人之道，则一而已。士农以其尽心于修治具养者，而利器通货，犹其士与农也。工商以其尽心于利器通货者，而修治具养，犹其工与商也。故曰：四民异业而同道"。① 这是他顺应历史发展潮流，提出的"新四民说"，日本学者沟口雄三认为是对社会分工和价值观做了重新定位。② 在现实面前，王阳明认识到士农工商只是不同的社会分工，没有高低贵贱的区别，每一种职业都是人们获得生计的方式，从社会分工肯定士农工商无轻重本末之分，即肯定士农工商对社会的贡献是一致的，处于平等地位。学界一般认为，这就是对商人社会价值给予的明确肯定。特别的是，王阳明指出"治生亦讲学中事"，以为讲学也是治生的方式，而且是"首务"，不能废讲学而"徒启营利之心"；他认为"能于此处调停得心体无累，虽终日做买卖，不害其为圣为贤。何妨于学？学何贰于治生"？也就是他首先致力于"讲学"，是学圣贤之道，"调停得心体无累"，即使终日做买卖，也"不害其为圣为贤"。因此，学子经商也可成为圣贤。这是对商人的传统看法转变的新观念，为提高商人社会地位、扩大市场的影响提供了理论依据。王阳明以为应该摒弃传统"荣宦游而耻工贾"的偏见，大力提倡"四民异业而同道"的新经济伦理。

自龙场悟道——自我觉醒以后，王阳明开始启蒙全民的觉醒，强调"生人之道"即圣贤之道，每一种职业都可以成就圣贤之道，每个人都能够在社会分工中实现自身的人生价值，有成为圣贤的可能。他提出的"致良知"是改造社会的思想基础，使人人都可以成为圣贤，从人的发现到启蒙人的觉醒，为人的独立性的发展寻找出路，以此关注士农工商对社会的贡献，确定平民的社会价值。余英时关注士商的互动关系，认为"古者四民异业而同道，其尽心一焉"是以"托古的姿态"出现，却是"一个全新的命题"。③ 他认为社会上"士""商"关系的变化与力量对比的你消我长，最终导致了"新四民论"的建立。此前社会上四大阶层的人按地位排序为：士、农、工、商。士大夫为首，农民次之，手工业者再次，商人居末位。王阳明提出"四民异业而同道"的全新命题，新颖之处就在于肯定士、农、工、商在"道"的面前处于平等的地位，不复有高下之分。然而，只谈士商关系，不能抓住社会危机的根本性问题，流民运动本质上在于传统社会向近代社会转型，首先是从传统农业经济向市场

---

① 《节庵方公墓表》，《王阳明全集》3，第 1030—1031 页。
② ［日］沟口雄三：《中国前近代思想的演变》，中华书局 2005 年版，第 432 页。
③ 余英时：《士与中国文化》，人民出版社 2003 年版，第 456 页。

经济的转型。新四民观对于社会之全新意义是重新确定四民的社会身份地位，意味着社会关系的重组，成为中国特色的早期近代化进程的重要内涵。

再看实践层面。王阳明将新四民观，也即新民观全面贯彻到改革实践之中。一到南赣巡抚任上，就致力于肃清闽粤交界山区数十年之久的动乱问题，他提出的"良方"是致良知，认识到"破山中贼易，破心中贼难"，采取觉民传道的办法，教化民众。通过"破心中贼"求得现实社会问题的最佳解决。他发布《告谕新民》①，号召新民"尔等各安生理，父老教训子弟，头目人等抚缉下人，俱要勤尔农业，守尔门户，爱尔身命，保尔室家，孝顺尔父母，抚养尔子孙，无有为善而不蒙福，无有为恶而不受殃，毋以众暴寡，毋以强凌弱，尔等务兴礼义之习，永为良善之民。"而他"惟欲尔等小民安居乐业，共享太平"，意欲重塑一个以新民为自治基础的社会稳定秩序。

在《行龙川县抚谕新民》② 中：王阳明以牌将新民卢源、陈秀坚、谢凤胜等安插和平，"及拨田地耕种；并拘仇家当面开释，各安生理，毋相构害"，对于因闻广东征剿，发生和平居民因而惊扰不宁情形，王阳明"仍谕卢源、陈秀坚、谢凤胜等，各要严束手下甲众，各念死中得生之幸，悔罪畏法，保尔首领"。这是王阳明安置新民的举措，也是新民首领拥有"手下甲众"，成为地方主要居民，在地方社会具有一定地位的例证。在这种重构的社会基础之上，王阳明逐步展开转型期的理想社会模式。

正德十二年（1517 年）五月二十八日《添设清平县治疏》③ 表明，王阳明亲自调查，"今新抚之民，群聚于河头者二千有余，皆待此以息其反侧。若失今不图，众心一散，不可以复合"，认为这是战后安置新民的最佳时机。此后，从正德十二年（1517 年）闰十二月初二日《集横水桶冈捷音疏》，到闰十二月初五日《立崇义县治疏》证明，王阳明亲率诸军，捣毁横水、左溪、长流、桶冈、关田、鸡湖等处的流民巢穴，擒其首恶，地方为之底宁，使得上犹、大庚、南康三县之民"如获更生"，王阳

---

① 《王阳明全集》1，第 164 页。
② 《王阳明全集》1，第 194—195 页。
③ 《王阳明全集》4，第 1340—1341 页。

明俯顺民情，在三县适中之处，建立新的县治，并儒学巡司等衙门一体铨选官员，"变盗贼强梁之区为礼义冠裳之地"。

从正德十三年（1518 年）四月二十日《浰头捷音疏》，到五月初一日《添设和平县治疏》是又一例证，在征剿之后，立县治"以施政教而渐次化导之"，是王阳明"深思善后之图"的结果。筑城立县，招回投诚之人，复业居住，"将先年各处流来已成家业寓民，尽数查出，责令立籍，拨补绝户图眼，一体当差"。具体规定：其盖造衙门大小竹木，和平、浰头各山产，俱派本处人户采办，不用官钱：其余砖石灰瓦、匠作工食之费，查官库银两支给。令官员"清查浰头、岑冈等处田土，除良民产业被盗贼占耕者的照数给还原主外，有典与新民，得受价银者，量追价银一半入官，其田给还管业；其余田土，尽数归官卖价，以助筑修城池官廨"。

同年十月十五日，王阳明上《再议平和县治疏》①，其中特别提到建立新的县治，起于南靖县儒学生员张浩然等，以及清宁、河头社义民乡老曾敦五、林大俊等呈文，"要于河头地方添设县治，以控制贼巢；建立学校，以易风俗；改移小溪巡检司，以防御缓急"，后经地方官踏勘批准并上报添设县治，改移巡司衙门。此疏说明，当时设立新县，改革地方行政区划，是有深厚的民间社会基础的，义民乡老的作用突显了出来。②

正德十三年（1518 年）十月十一日《再议崇义县治疏》③ 表明，当时扎实地推进县治建设，全靠市场化的改革运作。据崇义县丞呈报："今先将县治并儒学起造将完，各分司等衙门料物皆备，亦皆陆续起造；但砖瓦灰泥等匠工食，应该估计，不若包工论价，庶使工程易完。已经督同备估，共该银一千零七十一两七钱九分四厘。请给钱粮支用。"包工论价之议，得到批准："合行赣州府将大征支剩银两照数支给应用。"具体运作是"查照里分粮数多寡，均派修筑，与夫城门城楼之费，一并估修"。考虑到县里甲自行修筑，不无延误，"必须顾倩泰和县上工数百"，先筑土

---

① 《王阳明全集》4，第 1407—1409 页。
② 义民是明前期实行捐粟授以冠带散职的制度，发展到明后期纳粟已转变为输银，每银一两，准作米若干。义民捐银纳谷，多寡不等，亦称义官。军职人员也有纳银冠带者。正德十年（1515 年）明朝对此有所规定，见《军政事例》卷一《军卫条例》，《北京图书馆古籍珍本丛刊》第 51 册，书目文献出版社 2003 年版，第 502 页。
③ 《王阳明全集》4，第 1403—1406 页。

城，再以砖来包砌。行文至此，已揭示出当时的工程是以征收工价的方式进行，"将城门、城楼、城墙筑砌砖石工食，共计估该银八千四十五两六钱七分二厘"，最后，工程是以大征变卖贼属牛马赃银、赃罚纸米价银、商税银合凑给发，以"丁粮通融分派，责委公正官员征收监督"。由此可见，正德年间江西地方工程已经全部以白银作为计算单位，纳入地方财政统一核算，统一包工估价，官收官解。从这里，我们清楚地看到白银作为主要交换手段，在南赣已形成流通领域的主导货币，并在地方赋役－财政改革中占据了极为重要的地位。这种财政货币化现象出现在嘉靖初年一条鞭法出现之前的正德年间，是 16 世纪开端中国早期近代化历程的典型例证。

几天以后，正德十三年（1518 年）十月十五日王阳明所上《再议平和县治疏》① 与《再议崇义县治疏》有异曲同工之妙。在正德十二年（1517 年）开始动工的新县治建设中，"俯顺民情，动支银两兴工外"，其分割都图、议估工价等，均与崇义县无异，充分说明新县的设置，是经济货币化改革过程，上述崇义县并非孤证。此疏更明确指出："新县所属，多系新民"，清楚地说明将新民安置在比较集中的城乡，赋予了新民以合法的身份，具有深刻而持久的影响。伴随着王阳明的致良知讲学，展开流民的安缉，设立新县和建立社学，授予招抚新民为领哨义官，令其分统招出新民，"编立牌甲"，在新建县城内立屋居住，分拨田土，令其照例纳粮当差。从流民到新民的转化，意味着获得一种身份的改变，完成了落籍定居，看上去是重新纳粮当差，而此时的"差"已经逐渐货币化，由官府征银雇差，平民可以纳银不当差。进一步说，由于货币化—市场化的作用，已经全面渗透到地方社会，全面进入并建构起明朝地方财政体制，设立新县，是城市化的进程，也正是中国早期近代化的进程之一。王阳明有关新县新民的改革——连设三个新县，一在江西，一在福建，一在广东，是开发民心，充分调动和利用了民众积极性，因此才大功告成。他不愧是一代心学大师，不仅拥有强大的自我之心；更重要的，是能够聚合众人之心，并以此推动社会的大改造，这是王阳明致良知理论发挥与实际运作的典型事例，成为转型期解决地方社会动乱的不二法门。

嘉靖七年（1528 年）二月，王阳明到广西平定思恩、田州之乱，兴

---

① 《王阳明全集》4，第 1407—1409 页。

学校，抚新民。从嘉靖七年（1528 年）七月初十日《八寨断藤峡捷音疏》①，到七月十二日《处置八寨断藤峡以图永安疏》②，是王阳明取得广西八寨、断藤峡战事成功，到改革八寨、断藤峡地方社会的各种处置安排的记录。王阳明雷厉风行地对战后地方社会做出安民改革，《得浔州府抚恤新民牌》③证明，"推选众所信服之人，立为头目，使其统领，毋令散乱，以渐化导"，与在南赣的做法完全是一脉相承的。与之配套的是《颁行社学教条》④。在广西平乱之后《告谕新民》⑤ 云："告谕各该地方十冬里老人等，今后各要守法安分，务以宁靖地方为心，不得乘机懈势，侵迫新旧投抚僮、瑶等人……"对于违犯之人，拿付军门，处以军法。这里是将新旧民一体告谕的，并非只指新投诚之人，而且包括少数民族在内。《批广西布按二司请建讲堂呈》⑥ 表明，王阳明一面平乱，一面讲学，不惜"动支军饷银两"，起盖讲堂，以成讲习之功，这是他一贯的启蒙民智达致安定社会的成功之道。

由此，重新审视王阳明的"新民观"，其内容实际上具有两个意涵：一个是现实中曾为"盗贼"的投诚之人，另一个是通过致良知，启蒙人的觉醒，使百姓均成为新民，后者的意义尤其广泛而重大，与王阳明的人人皆可成为圣贤是联系在一起的。在转型期旧的社会瓦解，新的社会有待建立的时候，王阳明启蒙人的独立性发展与自我救赎，新民说激发底层民众参与社会治理，成为社会转型实施变革的主体，为建立新的良性社会秩序做出贡献。

（2）社会自治理想模式：十家牌法与南赣乡约

地方社会自治方案是王阳明设计的早期近代化进程的实现路径，包括启蒙社会人的觉醒与基层社会自治化解社会矛盾，发挥人的主观能动性和基层社会的自治作用，形成早期近代化地方自治社会理想模式。治民先治心，王阳明的致良知对于推动明代基层社会自治发展起到积极作用，启蒙人的觉醒在建立良性社会秩序中发挥了重要作用，同时具有早期近代化的

---

① 《王阳明全集》4，第 1534—1544 页。

② 《王阳明全集》4，第 1545—1553 页。

③ 《王阳明全集》1，第 320—321 页。

④ 《王阳明全集》1，第 239 页。

⑤ 《王阳明全集》1，第 337 页。

⑥ 《王阳明全集》1，第 257 页。

意蕴。

在江西南赣期间，王阳明对于流民引起的社会动乱，进行了军事征剿和战后一系列社会改革实践。

首先，创制"十家牌法"。

早在庐陵任上，王阳明在《告谕庐陵父老子弟》中已经宣布："近与父老豪杰谋，居城郭者，十家为甲；在乡村者，村自为保。"① 这是他最早表述的基层社会自治化的思想与实践，并不限于乡村，而且涉及城市。告谕中有"今城中略以编定"，可见当时已经实施。

正德十一年（1516 年）十月，王阳明任南赣巡抚，次年（1517 年）正月创制十家牌法，发布《十家牌法告谕各府父老子弟》②，告之于百姓。以十家牌编定造册。此后他颁布有关"十家牌法"如《案行各分巡道督编十家牌》③ 等一系列文告，由城镇推广到乡村。《申谕十家牌法》④ 云："凡十家牌式，其法甚约，其治甚广。有司果能着实举行，不但盗贼可息，词讼可简，因是而修之，补其偏而救其弊，则赋役可均；因是而修之，连其伍而制其什，则外侮可御；因是而修之，警其薄而劝其厚，则风俗可淳；因是而修之，导以德而训以学，则礼乐可兴。凡有司之有高才远识者，亦不必更立法制，其于民情土俗，或有未备；但循此而润色修举之，则一邑之治真可以不劳而致。"

为了能够更好地补充和宣传推广十家牌法，王阳明从正德十二年（1517 年）至嘉靖七年（1528 年）间一再颁发有关十家牌法的告示。

十家牌法的提出，是王阳明对南赣地区走访调查民间社会后，改革社会基层组织的结果。所谓"十家牌"是一种地方社会自治的改革，组成新的社会基层组织，把城乡居民每十家编为一牌。每家各置一牌，上写各户人丁数目、籍贯、姓名、年貌行业等，每日轮一家负责；按牌维持治安，有可疑事即行报官查究办理，若隐匿不报，则十家连坐。他认为这不仅是最严密的地方行政管理措施，而且也是推行社会自治的重要保证，如果能够认真执行，即盗贼可息，风俗可淳，礼乐可兴。"及遇勾摄及差调

---

① 《王阳明全集》3，第 1090 页。
② 《王阳明全集》1，第 154—156 页。
③ 《王阳明全集》1，第 156—157 页。
④ 《王阳明全集》1，第 238 页。

等项，按册处分"，说明十牌法本身具有里甲之役改革的内容。

十家牌法的自治原则，与王阳明的军事改革也有关联。《批岭东道额编民壮呈》① 明言："看得本院自行十家牌式，若使有司果能着实举行，则处处皆兵，家家皆兵，人人皆兵，防守之备既密，则追捕之兵自可以渐减省，以节民财，以宽民力。"

王阳明于正德十五年（1520 年）正月推出《申谕十家牌立保长》，② 设立保甲与十家牌法配套而行，要求各乡各村推选出一位德才品行为民众信服的保长，遇有盗贼，保长统率各甲共同捕盗。王阳明的十家牌法和保甲法，在制度上健全了地方基层组织，有效地隔断了民众与盗贼的联系，切断了情报与物资来源，为征剿打下了基础，是王阳明社会自治规划的一部分。

约长之设，也构成地方自治管理的作用。《宽恤禁约》③ 云："乡落居民各自会推家道殷实、行止端庄一人，充为约长，二人副之将各人户编定排甲，自相巡警保守，各勉忠义，共勤国难。"

继之，《南赣乡约》④ 出台。

正德十五年（1520 年）出台的《南赣乡约》是王阳明在"十家牌法"基础上推行的新的社会改革方案。而基层社会乡约组织的设立，以社会公约的形式出现，是基层社会自治发展趋势的表现，也是王阳明致良知学说的社会政治实践。

《南赣乡约》总共 15 条，开宗明义："自今凡尔同约之民，皆宜孝尔父母，敬尔兄弟，教训尔子孙，和顺尔乡里；死丧相助，患难相恤；善相劝勉，恶相告诫；息讼罢争，讲信修睦。务为良善之民，共成仁厚之俗。"这与王阳明的讲学启蒙"良知"和培育"新民"不可分割，这正是《南赣乡约》所蕴含的具有根本性的社会自治的价值所在。王阳明启蒙个人的自觉自治以达致地方自治的模式，对社会基层治理产生了重要影响。

关于《南赣乡约》的意义，学界已有诸多研究。这里不想更多重复前贤的研究，简单而言，《乡约》首先是一种社会组织形式，是社会基层

① 《王阳明全集》1，第 266 页。
② 《王阳明全集》1，第 238—239 页。
③ 《王阳明全集》1，第 202 页。
④ 《王阳明全集》1，第 228—232 页。

组织形式的"自治"模式；第二，确定了启蒙人的独立性的重要性，致良知形成基层社会的道德和行为规范；第三，设计了一个合理的基层社会自治程序；第四，社会改革是依靠社会自治组织重塑良性社会秩序。王阳明在地方基层组织上，制定《乡约》，赋予了约长、约副、约正、约史、知约、约赞，以及保长、族长等地方精英以高度的自治权力；构筑社会共同体，发挥乡约的地方社会自我约束、自我管理的社会规范作用。社会变迁与社会治理构成社会发展进步的双向运动，王阳明在南赣地方推行的乡约，对推动明代基层社会自治发展起到了积极作用，也推动了明前期以教化职能为主的乡约向融合自治职能的综合性乡约转变，王学后人更转向民间广泛传播的过程。这是中国早期近代化的进程之一。

里甲制是明朝地方基层管理体制，当旧的国家地方基层管理体制里甲制遭遇困境，需要规划建立一种新的管理体制来替代，即重新建立一套新的基层社会组织系统以弥补不足。王阳明在治理赣南社会时推行的"十家牌法""乡约""兴社学"的思想与实践，促成了地方基层社会的自治化，反映了民众的实际需求，重视人的因素，维护农民的普遍利益，突出人的独立性与时代变化的对接，起到了有效调节社会秩序的作用，时效性明显。他所设计倡导的民间自我组织和自我管理的治理模式，是其社会理想与现实结合的一套新的基层社会自治体系。进一步说，王阳明致良知与转型期新的社会构建的关系，是一个个体与制度进行双向互动的过程，从而建立起一个新的互构型社会，这也就是鲍曼所说的"个体的自治与社会的自治如果到来的话，只能一起到来"。① 这是一种理性推动基层社会治理的近代转型过程。

结　语

伟大的思想产生于伟大的时代，大动荡的时代，需要大变革的思想。转型期孕育的王学，面临着社会危机带来的挑战，担负着时代价值重塑的重任。王阳明的知行合一，是思想与实践的双重探索和因应，也昭示了中国早期近代化历史进程的思想智慧与改革路径。

任何思想学说，都是历史发展进程的一种分析方法。传统经济向市场

---

① ［波兰］齐格蒙特·鲍曼：《定位政治》，李培元译，台北：韦伯文化事业出版社2002年版，第160页。

经济的转变过程，即中国早期近代化的过程。明代中国白银货币自市场崛起，市场空前扩大，市场交易空前频繁，国家赋役—财政货币化，农产品商品化，农民身份契约化，劳动力市场形成，商帮兴起，专业商人阶层出现，乡村城镇化等，这一切，标志着中国从传统国家与社会向近代国家与社会转型，即中国早期近代化历史进程的开启。伴随市场对社会的全面渗透展开，一系列经济、政治、军事、社会、文化制度也发生了相应变革；"天崩地解"的晚明社会既加速了旧的传统的没落，同时也催生了新的思想的诞生，这就是王阳明的心学。新旧思想的冲突随着历史的前行日益尖锐，王阳明的心学和程朱理学发生了尖锐的冲突，这方面研究者众多，不多赘述。重要的是，王阳明的思想与实践正是转型期思想与社会变革的代表。

对晚明启蒙与个性解放社会思潮研究，是学术界长期以来关注的焦点之一，而对晚明文化平民化及其个性解放思潮的评价，学界已有共识，产生了大量成果，但是，迄今尚无"从人的依附关系向物的依赖关系的人的独立性"发展，即中国早期近代化的进程来认识王阳明的历史地位与作用。启蒙是修复和更新自我，王阳明作为中国早期启蒙思想家，为后来的"五四"新文化运动所肯定，正是他的致良知学说崇尚自我，标注人的独立性价值："圣人气象何由认得？自己良知原与圣人一般，若体认得自己良知明白，即圣人气象不在圣人而在我矣"，①闪烁着启蒙的光辉。他从人心开始革新救世，在精英与平民百姓之间建立起一座桥梁，带动平民百姓一起思考人生，这无疑是一种思想启蒙，引领了人的独立性思潮兴起，是中国早期近代化思想体系的建构。

王阳明的思想，在中国古代思想史上具有里程碑的意义。他的思想的出现，与明代白银货币化，市场经济萌发，引发社会大动荡，中国进入从传统向近代的急速转型期紧密相联系。如果没有明代白银货币化，市场经济的萌发，开启了明代中国从传统社会向近代社会的转型——中国早期近代化历史进程，王阳明的思想也许仅仅具有儒学思想转折的意义，不能成为赋役改革—社会变革思想的先驱。从整体上认识王阳明，知行合一是他的思想与实践的统一，所呈现的特点可以从特殊的时代大变局背景中求得解释。传统社会以身份为特征，而近代社会以契约为特征。传统社会向近

---

① 《传习录》中，《王阳明全集》1，第61—62页。

代社会转变意味着农民摆脱身份束缚，进入契约之中；这是传统社会以身份为特征的等级制度被打破，以契约为标志建立起新型社会关系的过程，这一过程在明代已经启动。如果我们以人的超经济强制程度松解作为社会进步重要标志之一，那么，明代可以说是一个关键时期。言及晚明王阳明有关人性解放——人的独立性的思想观念，不能忽视这种思想观念的变化，最根本的是来自社会经济变迁的现实存在。

王阳明对当时经历的大转型造成的社会大动荡进行反思，坚定地将自己的新思想用于改革社会现实的实践之中，他提出"以人心为本"，从人的自身觉醒来解决社会动乱的根本思想与改革实践，获得了重大成功，社会影响力日益扩大。谈王阳明的思想与事功，不谈他的赋役改革及其社会改革，是不完整的。王阳明的人生具有双构性，一方面是思想，另一方面是事功，应该是一个整体，他自己就反复强调知行合一是他学说的核心，并在王门后学中得到继承和发展。重要的是，适应时代的要求，在理念和实践上的改革使之脱颖而出，走在了大变革时代的前列。面对社会危机的爆发——大规模流民运动，他不仅提出了启发新民的改革良药，并展开了一整套社会自治的理想图景，这正是中国早期近代化颇具特色的改革进程。就此而言，王阳明不仅是中国早期近代化历史进程的见证人，而且是中国早期近代化历史进程的引领者和推动者。这也正是他对于日本明治维新运动持续影响力的奥秘所在。

第五节　白银·性别与晚明社会变迁个案

在 2015 年第 22 届历史科学大学"全球视野下的中国"主旨会议上，我发言的题目是"白银货币化：明朝中国与全球的互动"。当时的评议人美国彭慕兰教授（Kenneth Pomeranz）提出的问题之一是"白银货币化对于性别关系的影响"。考察明代白银货币化的趋势与进程，是笔者一直追寻探讨的问题所在，至此，白银货币化研究的性别视角开始进入研究视野。我认为，明代白银货币化深刻影响了社会变迁、国家转型和全球化开端时期中国与全球互动的历史进程，是全球史的一部分；同样，晚明社会性别也经历了一个转变的过程。在这里，选取徐霞客家族作为个案，对于白银货币化影响下的晚明社会性别的重塑问题，作一初步探讨。之所以选中徐霞客家族，是因为通过明末徐霞客收集、刻石的徐氏家族《晴山堂石刻》（有搨本称《晴山堂法帖》，现存 76 块，94 件诗文、题跋与序传等士人名流墨迹，下面简称《石刻》）内容的还原式剖析，可以从实证层面揭示一个世家大族在晚明社会变迁中的重要变化——女性徐母作为纺织作坊经营者成为家族门户的主要支撑者，及其子——明末著名地理学家徐霞客不同凡响的游历人生的产生，并进一步揭示性别形象如何在当时男性士子话语中生成和得到评价。这一研究既有助于我们深入了解晚明社会转型中社会性别发生的变化，同时也为我们了解明末士人名流对于这种变化的认识提供了可靠的事实依据。这里尝试为探讨白银货币化的深刻影响，以及晚明社会转型研究提供一种拓宽途径的新思路。

一　明末"奇人"徐霞客及其时代

2017 年是徐霞客诞辰 430 周年。徐霞客（1587—1641 年），名弘祖，字振之，别号霞客，晚明南直隶江阴马镇人。400 年前，他从科举鼎盛的江南走向了广阔的大自然世界，他的人生追求与众不同，因此他与他的《游记》被当时人称作"千古奇人"和"千古奇书"。[1] 他持续 30 多年，遍及当时 14 个省区（今天 19 个省区）的足迹，开了中国科学考察自然之先河；他的《游记》是中华民族贡献给世界的一份珍贵的历史文化遗产。特别是他的旅行作为一种文化现象，不仅只有地理学的意义，也直接导致人们对自然产生新的认识，预示着文化的理性转变，可以视为晚明社会文化变迁的重要标志之一。

如何看待徐霞客的诞生及其时代？20 世纪初，梁启超在《中国近三百年学术史》中指出："盖以科学精神研治地理，一切皆以实测为基础，如霞客者真独有千古矣。"[2] 20 世纪 20 年代以来，丁文江、竺可桢、侯仁之等著名学者都曾撰文研究徐霞客与他的《游记》，迄今为止对此已经积累了丰硕的研究成果。侯仁之在《纪念作为时代先驱的地理学家徐霞客》中称："在我国科学发展史上的地理学家，最受现代学人的重视，因而不

---

[1]（清）钱谦益：《嘱毛子晋刻游记书》，徐弘祖著，朱惠荣校注《徐霞客游记校注》附录，云南人民出版社 1985 年版，第 1232 页。

[2] 梁启超：《中国近三百年学术史》，东方出版社 2004 年版，第 339 页。

断就其生平学行进行深入探讨并广为传布的，莫过于徐霞客（1586—
1641年)"。① 并认为新中国成立之后，除去对《徐霞客游记》的科学内
容继续有所阐述外，十分鲜明的特点是对《游记》产生的社会背景有所
说明。任美锷总结徐霞客的科学成就之后说："从中国古代地理学的发展
来说，过去的地理书籍偏重于疆域、沿革、风土、物产的记述，而对于自
然地理的现象，绝少涉及。到了徐霞客，则断然离开他的书斋，开辟了有
系统的观察自然、描述自然的新方向。这不能不说是十分可贵的，这和他
所处的时代——中国资本主义萌芽时期——的时代精神，是有着密切关系
的。"② 胡有萼撰文云："徐霞客出游奇迹和《游记》的问世，并非一种
孤立现象和历史偶然，而是同晚明社会大变更时代有着密切相关的联系。
《游记》所记载的旅途见闻描述当时的社会经济状况，也能同样说明我国
明代中叶以来，已经孕育着资本主义生产关系的萌芽。"③ 凡此已经说明
了关于徐霞客所处的晚明时代是一个历史大变革时代，在学术界已取得了
共识，以往学者大都是以"资本主义萌芽"来解释和展开讨论，产生了
大量研究成果，在这里恕不一一列举。

　　进入21世纪，面临着转换研究思路、拓宽研究途径的问题。1999年
笔者开始申报白银货币化与社会变迁相联系的研究课题，采用白银货币化
的新视角，重新审视晚明社会变迁，聚焦于中外变革的互动关系。④ 在主
编和作为第一作者的《晚明社会变迁：问题与研究·绪论》（2005年版）
中明确提出，晚明是中国发生重大转折的历史时期，与两个极为重要的历
史开端相联系：一是中国从传统社会向近代社会转型的开端；二是世界一
体化的开端。但在国家社科基金项目"晚明社会变迁研究"完成并出版
后，笔者没有再组织课题组继续研究，这是考虑到在社会变迁转型中，存
在"变"与"不变"，如果我们只研究"变"，则很可能使研究走偏。由
此个人研究聚焦于白银货币化过程的探讨，问题意识却始终是明代国家与
社会关系和中国与全球的互动关系。

---

①　侯仁之：《纪念作为时代先驱的地理学家徐霞客》，《地理学报》1982年第3期。
②　任美锷：《中国古代地理名著选读》（第一辑）《徐霞客游记·前言》。
③　胡有萼：《从〈徐霞客游记〉考察我国资本主义萌芽》，《徐霞客逝世三百六十周年纪念
文集1587—1641》，徐霞客逝世360周年纪念活动暨学术研讨会组委会，2001年。
④　参见万明主编《晚明社会变迁：问题与研究》，《绪论》与第四章《明代白银货币化与
中外变革》，商务印书馆2005年版。

　　研究徐霞客，对于当时整体社会环境不能不加以关注。以往我们的社会变迁史研究忽略了性别问题，理应补充纳入。社会性别，英文名 Gender，由美国人类学家盖尔·卢宾（Gayle Rubin）最早提出，主要是指自身所在的生存环境对其性别的认定，包括家人、朋友、周围群体、社会机构和法律机关的认定等，是生物基本的社会属性之一，主要体现在性别角色上，是一种文化构成物，是一种特定的社会构成。社会性别提出应从社会、文化的背景去理解性别的问题，突出了社会性，它是指不同社会中，政治、经济、文化等多种因素相互作用形成的对社会性别的建构，即不同的社会有不同的社会性别建构。1985 年，美国历史学家琼·斯科特（Joan Scott）在《社会性别：一个有效的历史分析的范畴》一文中，首次将社会性别范式运用到历史学研究领域，由此西方社会性别研究成为史学研究的重要领域，至 20 世纪 90 年代，西方这方面研究逐渐进入中国学者的视野，改变了中国学者妇女史研究的面貌。①

　　社会性别差异，是指男女两性承担社会角色的差异。两性在社会中承担许多角色，其中最主要的是丈夫和妻子、父亲和母亲的角色。社会角色是高度性别分化的，其内含非常复杂。一般来说，在丈夫和妻子角色的差异中，妻子的角色使女性发生的变化，比丈夫的角色使男性发生的变化要剧烈，女性更看重和依赖于婚姻和家庭。丈夫最基本的责任是家庭的经济支柱，被看作社会或家庭的栋梁，在家庭中处于主导地位。而女性只能生儿育女、操持家务，在婚姻中的具有从属性。父亲和母亲角色的差异也由在家庭中的地位展开，抚养孩子更多地被看作母亲的责任。美国学者凯特·米利特（Kate Millett）指出："对我们的两性关系的制度进行公正的调查后，我们发现，从历史上到现在，两性之间的状况，正如马克斯·韦伯说的那样，是一种支配与从属的关系。"② 但目前的研究已经表明，性别角色在社会化的过程中，男女两性所承担的主要社会角色的内含不是一成不变的，是会随着社会的发展而发生着变化。

　　将性别的视角运用到研究中，我们可以发现，在全球化开端、中国社会经济发生重大变动，引发晚明社会变迁成为一种新常态下，明末徐霞客

---

① 参见贺萧、王政《中国历史：社会性别分析的一个有用的范畴》，《社会科学》2008 年第 12 期。

② ［美］凯特·米利特著，宋文伟译：《性政治》，江苏人民出版社 2000 年版，第 33 页。

家族可视为社会转型时期社会性别变迁的典型一例。

二　徐霞客家族与《晴山堂石刻》

以徐霞客家族为个案，对于徐霞客家族进行性别解读和历史梳理，这里以《晴山堂石刻》（以下简称《石刻》）文本①作为切入点。《石刻》在江阴市马镇乡南旸歧村徐霞客故居晴山堂内，此堂建于天启四年（1624年），堂名取"四月清和雨乍晴，南山尚广转分明"之意，②是徐霞客为其母病愈而建，刻石因嵌于堂壁而得名。《石刻》共有76块，是徐霞客为庆祝母亲八十大寿汇集的明代263年间92位诗文书法大家用隶、楷、行、草书体，为徐霞客及其先世所题赠的94篇诗文墨迹，字迹秀丽，刻工精湛，在书法艺术上有很高价值。因此，迄今为止以书法界的研究为多。其内容极为丰富，主要是徐氏家族自明朝开始以来至明末的觞咏雅集活动聚集的名人诗文，是明朝士人社会交往的真实记录，为研究徐霞客家族，以及当时社会士人名流交往活动提供了极其宝贵的资料。这些诗文原本是纸本手卷，在徐霞客母亲逝世后，徐霞客请工匠刻于石上，镶嵌在晴山堂内。

雅集诗文相会是明朝文人时尚，继承于前朝，成为一种文化传统，贯穿有明一代近300年，《石刻》就是证明。徐霞客祖上是官宦土地世家大族，《石刻》中自明代开国后长达近200年的觞咏雅集，是这个家族社会文化地位的表征；在最后的阶段，即1621年以后，因徐霞客重新建构的家族社会文化关系网络而成型。

（一）对《晴山堂石刻》（94件）进行分期

（1）徐霞客祖辈的内容：从明朝开国（1368年）开始到正德十六年（1521年）截止，共52件石刻；

（2）1521—1620年是一个百年空白期；

（3）天启元年（1621年）以后的内容：均为徐霞客所集刻，以晴山堂为主，女性即徐母进入中心，以徐霞客请人为徐母所画《秋圃晨机图》为题，相关诗文等达34件之多，占据《石刻》的1/3以上，无一不是出

---

① 本处以《晴山堂法帖》（《石刻》的拓本碑帖集）作为引用文本，此本由薛仲良、吕锡生策划，上海古籍出版社1995年出版。

② （明）陈仁锡：《晴山堂记》，《晴山堂法帖》，第277页。

于士人名家之手。这些图文，是徐母80岁高龄的生存状态写照，也是明末男性士人话语中的女性形象，同时也包括对徐父与徐霞客的记述与评价，即是对于徐氏家族性别关系的全面记录。

（二）徐氏家族社会文化网络的构建

此《石刻》书法学界视为"与唐碑宋碣并重"，统计《石刻》中包括有明朝状元8人、首辅9人、尚书23人，国子监祭酒7人，其中著名书法名家31人。① 徐霞客将祖上的吟咏雅集活动继承下来，现《石刻》中保存天启元年（1621年）以后名人名士39人诗文墨迹，现依出版时的次序，列为表4—1：

表4—1　　　　　　　《石刻》所见明天启元年后的名人名士

姓名	出身简介	在《石刻》的名目
陈继儒	著名山人	寿江阴徐太君王孺人八十叙； 豫庵徐公配王孺人传； 李东阳撰文壁书徐一庵（颐）墓志铭跋
张大復	名士	秋圃晨机图记
张鲁唯	万历进士	书上记
李维桢	隆庆进士，官至礼部尚书	秋圃晨机图引
李流芳	举人，名士	书上引；并题晴山堂卷诗
何楷	天启进士，官至户部尚书	题秋圃晨机图诗
杨汝成	天启进士	题秋圃晨机图诗
姜逢元	万历进士，官至礼部尚书	题秋圃晨机图诗
米万钟	万历进士，书画名家	祝徐太君寿诗
张瑞图	万历进士，官至礼部尚书，入阁	观秋圃晨机图诗
张燮	举人，名士	题秋圃晨机图诗
李宓	名士	书上诗
曹学佺	万历进士，官至礼部尚书	题秋圃晨机图诗
黄克缵	万历进士，官至刑部尚书	题秋圃晨机图诗
林钎	万历进士，官至国子监祭酒、入阁	题秋圃晨机图诗
刘若宰	崇祯状元	题秋圃晨机图诗

① 汪小玲：《〈晴山堂法帖〉与徐氏家族"觞咏雅集"活动》，《中国书法》2016年第5期。

续表

姓名	出身简介	在《石刻》的名目
何乔远	万历进士，官至工部右侍郎	题秋圃晨机图诗；张侯名宦汇纪序
郑之玄	天启进士	题秋圃晨机图诗
文安之	天启进士，官至国子监祭酒	题秋圃晨机图诗
曾楚卿	万历进士，官至礼部尚书	题秋圃晨机图诗
高攀龙	万历进士，名士	题秋圃晨机图诗
文震孟	天启状元，文征明曾孙，官至礼部尚书，入阁	题秋圃晨机图诗；书陈继儒：豫庵徐公配王孺人传；跋黄道周赠徐霞客诗稿
沈应奎	举人，名士	题秋圃晨机图诗
孙慎行	万历进士，官至礼部尚书	书上诗
张育葵	崇祯进士	秋圃晨机图咏
谢德溥	天启进士，官至南京国子监祭酒	秋圃晨机为徐孺人赋并赠霞客北游
方拱乾	崇祯进士	题秋圃晨机图诗
朱大受	崇祯进士	题秋圃晨机图诗
黄景昉	天启进士，官至户部尚书，入阁	题徐仲子贤母传略
夏树芳	举人，名士	秋圃晨机赋
陈仁锡	天启进士，官至南京国子监祭酒	晴山堂记；李东阳撰文壁书徐一庵（颐）墓志铭跋；题徐霞客盘山之游记
范允临	万历进士	题晴山堂卷诗
董其昌	万历进士，官至礼部尚书	明故徐豫庵隐君暨配王孺人合葬墓志铭
周延儒	万历状元，官至礼部尚书，入阁	题豫庵徐翁像
蒋英	万历进士	徐母赞
王思任	万历进士，官至礼部尚书	徐氏三可传
黄道周	天启进士，官至礼部尚书，南明入阁	同徐振之泛舟洞庭即席分韵共赋；灯下依韵和徐振之；赠徐霞客诗
郑鄤	天启进士	黄石斋赠徐霞客诗稿跋
项煜	天启进士	黄石斋赠徐霞客诗稿跋

根据粗略统计，上表39人中，有3名状元，32名进士，4名举人，3名无功名者，均为名士。其中不乏高官：礼部尚书10名；刑部尚书1名，

户部尚书1名，工部右侍郎1名，国子监祭酒4名，入阁者达5名之多。名列东林的共有8名留下墨宝：高攀龙、孙慎行、文震孟、郑鄤、米万钟、姜逢元、黄道周、陈仁锡。此外东林名士缪昌期、钱谦益也与徐霞客有所交往。这些声名显赫的士人名流同徐霞客的交往，与徐霞客是江南世家子嗣有关，但更重要的是，与徐霞客的奇人奇志相关，这一点颇值得我们回味。

《石刻》为徐霞客及其先世所题赠的94篇诗文墨迹，内容极为丰富，是当时士人社会交往的真实写照。特别是通过其中社会名流士人对《秋圃晨机图》的题跋、诗文，以及对所撰徐霞客母王孺人传等资料的分析，可以揭示中国古代性别与社会变迁相互影响、相互建构的动态关系；揭示出明代白银货币化，中国与全球发生互动关系以后，经济货币化全面展开，对于江南世家大族生计的变化、特别是社会性别地位的变化，起了决定性作用，成为孕育杰出地理学家徐霞客诞生的前提条件。同时，笔者认为在市场化、商业化的社会大潮中，在家庭技艺转化为社会化、商业化技术过程中，伴随着女性在家族主导地位的出现，妇女发挥了主体积极作用，对于家族男性产生了重大影响，包含了价值观的重塑。而在社会变迁转型的明末男性精英人士又是如何看待这些变化的？如何评价这些变化的？均为下面着力考察的内容。

三 《晴山堂石刻》所见家族社会性别重构

今天，我们从游历四方的徐霞客，审视出当事人的时代关怀及其蕴含的更为深远的文化意义。但是，作为当事人本身，他不可能有我们从后向前看的"先知之明"，合乎逻辑的说明是他选择的人生行为，与他的前辈行为有所不同，与同时代人也有所不同，因此才被同时代的士人称为"奇人"。以往一般学界的评价，大多是着重于他出身于诗书传世的江南大族，却没有走科举道路，而是放浪形骸于山水之间，足迹遍布大半个中国；还几乎没有人从他的性别出发，讨论他规避了家庭的责任，选择从事自己心仪的事情，成就了"奇人"的生活路径。他的这种不同凡响的变化从何而来？应该与他的家族突破了模式化的传统社会性别角色说起，这一点我们可以在《晴山堂石刻》中找到答案的主要线索。

《石刻》堪称时代性最可靠的文本，迄今为止，对于《石刻》（拓本名《晴山堂法帖》），大多是从书法角度加以研究。我们可以通过分析

《石刻》文本中关于性别的种种角色定义，进而探讨社会性别观念参与了建构女性社会角色的方式与过程；解读《石刻》文本及其背后的性别权力关系，进而揭示女性在当时家族与社会的地位变迁，女性不再只是边缘人群。徐霞客家族就是一个典型例证。

就徐霞客家族而言，明代江南科举极为繁盛，影响了徐氏家族几代人。高祖徐经的科场案变故，使得这个世家曾备受打击。在徐霞客的父辈，已经开始绝迹科场。到徐霞客时，不仅选择了放弃科举，而且摆脱了羁绊，走向了自然的追求，可以说他是个离经叛道者。而他能够走向外部广阔世界，首先要有衣食足的家庭条件。

徐氏作为世家大族，广有田亩，富有义行，有敕书楼为证；[①] 诗书传世，筑有"万卷楼"。徐霞客高祖徐经的友人钱福在《万卷楼记》中云："兹楼也，储川岳之精，泄鬼神之秘，究古今之奥，焕斗牛之躔，知不可以金谷、平泉视也。"[②] 但是徐氏家族一直科举不顺利，祖上有捐资为官之例。先世徐颐为中书舍人，时人曾认为是"以财得官"。王琦《寓圃杂记》记载："正统间，江阴布衣徐颐、常熟上舍魏两家甚富，必数（欲）得一京职。其时朝廷尚重名爵，徐谋于中官王振，魏恳于当道大臣，所费不赀，徐尤甚焉，后皆得为中书舍人。不久徐以党人罪归，魏稍迁主事，京师称为'金中书''银主事'。"[③] 徐霞客高祖徐经之入科场案，友人文征明为之惋惜，曾慨叹"积货之嫌，足以扼其名位而已"。[④] 后世江阴人张之纯也云"因其家富而诬之也"。[⑤] 徐霞客高祖徐经在科场案后郁郁而亡，其妻杨氏为三子析产，徐洽分得田产 12597 亩，[⑥] 曾捐资入鸿胪序班，官至鸿胪寺主簿。[⑦] 值得我们注意的，是杨氏析产中的白银货币占有一定比例："一，贴洽起造房屋银四千两，补聘室茶礼银四百，共银四千

① 《晴山堂法帖》，第 72 页。

② 吕锡生主编：《徐霞客家传》，《徐霞客直系先世传述》，吉林文史出版社 1988 年版，第 21 页。

③ （明）王琦：《寓圃杂记》卷一〇，明钞本。李东阳为徐颐作墓志铭，记非"以党人罪归"，而是得疾告归。

④ （明）文征明：《〈贲感集〉序》，丁文江《徐霞客先生年谱》第 1 页，《徐霞客游记》下册《附录》，上海古籍出版社 1987 年版。

⑤ （明）张之纯：《晴山堂帖跋》，《晴山堂法帖》附录一，第 409 页。

⑥ 《民谱》卷五六《杨氏夫人手书分拨》，《徐霞客家传》，第 113 页。

⑦ 《徐霞客家传》第 22 页，《徐霞客直系先世传述》。

四百两，未曾付与，待后收大家租，易银付还。""一，贴沾起造房屋银四千两，补娶室银二千四百两，入学银七百五十两，共银七千一百五十两，未曾付与，待后收下大家租，易银付还。""所议贴补银两，待以后年分收下田租米麦，除办粮差食用外，共余米麦粜银补还洽、沾收领，满足之日，各照拨付。"① 这里说明土地析产外，给儿子徐洽、徐沾作为补贴的部分，都是以白银来交付的，而白银是田租米麦在粮差、食用以外的出卖所得。

　　徐家经历了著名的科场案以后，徐洽仍沉迷于科举，特地在江阴马镇南旸岐筑书屋，即胡庄书屋，让儿子衍芳（徐霞客祖父）终年读书其中，却也是累年不中。到徐霞客父徐有勉一代，兄弟六人分的田亩无多，"家已中落"。② 徐霞客母亲王氏自称"布衣妇"，需要"俭口损腹"，③ 也就是省吃俭用生活。徐霞客之父生前"不事纤啬"，"偶泛海出游"，主要靠其母"拮据修息"，使家业"蹶而复振"，"竟复旧观"。④ 如何"竟复旧观"的？天启四年（1624 年）徐母八十大寿。徐霞客请苏州张灵石、无锡陈伯符为母合作一幅《秋圃晨机图》，描绘了母亲王氏凌晨在豆棚藤蔓下勤劳纺织的情形，从此图与当时士人给予他母亲的"机抒一生修世业"的评价⑤，我们可以得到解释。其父死后，由他的母亲主持家务，带领婢女等织布不辍，其母云："今里媪之织者无数，而吾家特以精好闻。"⑥ "织者无数"点出了社会环境背景，而她家织布"特以精好闻"，士人诗文多有称赞赏之辞："其织布也，与缣讼价，缣反输其轻妙"，⑦ "拟赛齐纨卑蜀橦"，⑧ 赛过了山东细绢和四川木棉布；更重要的是，此布"持向吴门货吴侬"，⑨ 就是拿到市场上去出卖。不仅出卖，而且徐家布还在市场上享有"素丝见名门"的美誉⑩，远近知名："轻弱如蝉翼，市者辄能

① 《民谱》卷五六《杨氏夫人手书分拨》。《徐霞客家传》，第 117 页。
② （明）董其昌：《明故徐豫庵隐君暨配王孺人合葬墓志铭》，《晴山堂法帖》，第 305 页。
③ （明）王思任：《徐氏三可传》，《晴山堂法帖》，第 329 页。
④ （明）董其昌：《明故徐豫庵隐君暨配王孺人合葬墓志铭》，《晴山堂法帖》，第 305 页。
⑤ （明）文震孟：《题秋圃晨机图》，《晴山堂法帖》，第 238 页。
⑥ （明）董其昌：《明故徐豫庵隐君暨配王孺人合葬墓志铭》，《晴山堂法帖》，第 316 页。
⑦ （明）王思任：《徐三可传》，《晴山堂法帖》，第 333 页。
⑧ （明）何乔远：《题秋圃晨机图》，《晴山堂法帖》，第 222 页。
⑨ （明）何乔远：《题秋圃晨机图》，《晴山堂法帖》，第 222 页。
⑩ （明）刘若宰：《题秋圃晨机图》，《晴山堂法帖》，第 218 页。

辨识之。"① 在这里我们了解到名门以织布闻名，可见当时徐家已经以手工作坊作为家庭重要生活的来源之一；也了解到由于有了手工业作坊，所以徐家才有中兴，结束了分家之初"帡幪约口，始有（广下会）廪"②的状况，乃至遇到荒年，王氏还命徐霞客岁以数十石粮救济灾民。③ 至此，徐氏望族结束了连续四代的科场悲剧，完全摒弃了科举追逐，也正是在这一代，徐氏家族开始了不单靠田亩过活，而选择与以经营织布作坊为经济来源之一的生活方式有着紧密联系，这构成了晚明这一世家不同以往的重要变化。正是因为有了这一变化，徐霞客的抱负："丈夫当朝碧海而暮苍梧，乃以一隅自限耶"，④ 才能够得以实现。徐霞客走遍大半中国，主要因为他家有一个家庭手工织布作坊，由他的母亲带领家族妇女与婢女进行生产，除了田亩外，加上织布收入，才有财力提供徐霞客长年出门远游之资。此外，徐霞客出游有典卖田产的记录，更说明其家后来主要依靠其母经营的纺织作坊为主要生业。

　　将家族研究置入宏阔的时代背景中，可能更有收获。晚明白银与全球发生了互动关系，牵动了中国市场的全面勃兴；明末江南工商业发达。由此背景看徐霞客的思想意识渊源，主要是家庭经济来源的变化，引发了家庭性别关系的变化。徐氏家族经济来源的重构，是家族性别地位重构的逻辑出发点，并导致了家族价值观的重塑。

　　徐霞客出生在胡庄书屋，霞客族兄徐仲阳说霞客"性酷好奇书，客中见未见书，即囊无遗钱，亦解衣市之，自背负而归；今充栋盈箱，几比四库，半得之游地者"。⑤ 而徐霞客的人生选择却不仅是与书籍为伴，而是超越了书本，走上了与自然相伴的求知新路。这正是他为同时代人称"奇"之处。这种选择与晚明国家与社会转型有着千丝万缕的联系。具体说来，明末南直隶常州府江阴徐氏家族这一传统诗书传世的江南世家大族，在晚明发生了重大变迁：不仅在家族经济上从广拓田亩的世家大族，转变为以织布作坊为主的新型经营者，而且因家族经济转型，其母王孺人"久支门户"，徐氏家族的掌门人发生了性别的转换，从男主家族生计转

---

①　（明）陈继儒：《豫庵徐公及配王孺人传》，《晴山堂法帖》，第354页。
②　（明）陈继儒：《豫庵徐公及配王孺人传》，《晴山堂法帖》，第351页。
③　（明）陈继儒：《豫庵徐公及配王孺人传》，《晴山堂法帖》，第355页。
④　（明）陈函辉：《徐霞客墓志铭》，《徐霞客游记》（下册），第1191页。
⑤　（明）陈函辉：《徐霞客墓志铭》，《徐霞客游记》（下册），第1190页。

至女主家族生计。女性承担起养家的重担，男性可以自由的解脱家庭的羁绊，走向外面的自然世界。这种新的生活方式，显然是非传统的。而这种经济转型与家族权力地位的性别转换紧密相联系，也反映了当时社会财富由土地为主转向以白银货币为主的社会转型态势下，对于传统家族深刻的影响。

正如马克思所说："货币不是东西，是一种社会关系。"[①] 发展至晚明，随着贵金属白银成为社会上流通的主币，明代白银货币化伴随着赋役改革全面铺开，白银将社会各阶层无一例外地都卷入了市场之中，在社会经济与人们日常生活中占据了重要地位，以至于我们将晚明称为白银时代也不为过。白银货币的极大发展，日益与每个家庭的生活息息相关，推动了人们的社会关系从对人的依附关系向对物的依赖关系转变，中国传统社会从自然经济向货币经济转变，小农经济向市场经济转变。晚明社会出现了重要的变迁迹象，标志着中国与全球同步，正在走向近代社会。在这样的社会环境里，才可能诞生一个在明末被士人名流称为"奇人"，又被今天学界评价为"现代地理学先驱"的徐霞客。

有学者指出："从徐氏家族经济变迁转折点的分析可以看出。徐家经济的盛衰转折点是徐霞客的高祖徐经，正是从他开始家族经济及命运日渐衰变与萧条，最终沦为织布之家。"[②] 这是将徐氏家族经济变迁的实质性因素都归之于政治科场案。对此笔者不能赞同，仅从政治上是不能完全说明家族经济的衰落和变化的。家族经济变迁受到晚明社会经济，特别是货币经济的发展变化的影响更大。在白银货币化趋向明显、加速发展之时，根据吴承明先生统计，1551—1600 年，徽州地价曾出现跌落半个世纪的现象，跌幅高达 40%，他认为"这需寻求解释"。[③] 实际上，白银货币的冲击可以说是最合理的解释之一。地价跌落与白银货币化过程加速的同时发生，不是偶然的。白银在社会流通领域成为主币，田亩退居其次，这与白银货币化加速发展、白银成为社会财富象征有着密切关联。成、弘以后，人们缴纳赋税中的白银日益增多，以银代役逐渐增加，至嘉靖初年一

---

① 《马克思恩格斯全集》第 4 卷，人民出版社 1958 年版，第 119 页。
② 蒋明宏：《明代江南乡村经济变迁的个案研究——江阴徐霞客家族经济兴衰、分家析产及明末织布作坊诸问题探析》，《中国农史》2006 年第 4 期。
③ 吴承明：《16 与 17 世纪的中国市场》，《中国的现代化：市场与社会》，生活·读书·新知三联书店 2001 年版，第 212 页。

条鞭法开始实行，这种社会现实，使得晚明家庭越来越需要白银维持家庭开支，不仅购买日常生活用品等需要白银，而且更重要的是缴纳国家田赋与徭役都需要白银。土地不能直接提供白银货币，而来自土地的田赋与徭役却越来越多的以白银来征收，家庭手工业形成家庭的主要经济来源，成为顺理成章之事。

纺织业是明代最重要的手工业部门。明初开始推行强制性的植棉政策，从此棉花种植在全国范围得到了普及性的推广与发展，大面积的棉花种植为江南地区棉纺业商品性生产提供了丰富的原料。徐霞客的家乡江阴所在的江南地区，是明末商品货币经济最为发达的地区，也是全国家庭棉纺织业最发达的地区。万历初年张居正改革，核心是财政改革，张居正没有在全国推行一条鞭法的法令，但是有清丈全国田亩之令，土地清丈后按田亩征收税银，官府需要差役出银雇募，一条鞭法的赋役合一、统一征银水到渠成。白银货币对社会经济的繁荣起了重要推动作用。晚明手工业的繁荣发展，在江南并不是个别现象。有人记载："东南之利，莫大于罗绮绢纻，而三吴为最。""而今三吴之以机杼致富者尤众。"① 苏州地方官曹时聘奏疏中云："吴民生齿最烦，恒产绝少，家抒轴而户纂组，机户出资，机工出力，相依为命久矣。"② 南直隶一带"其民多仰机利，舍本逐末"，"故贾人几遍天下"。③ 晚明江南家庭以棉织布，以布易银，以银籴米，以米缴纳赋税，依靠家庭纺织谋生度日的家庭，比比皆是。如英国学者白馥兰所说，"纺织品生产在中国原本被看成是一个女性的生产领域"，④ 晚明江南棉纺织业发展，棉纺织深受商品货币经济的影响，拥有比丝绸更广阔的消费市场，有"衣被天下"之称，这主要是建立在家庭手工纺织业发展的基础上，主要生产者是妇女。"俗务纺织，不止乡落，虽城中亦然。里媪晨抱纱入市，易木棉以归。明旦复抱纱以出，无顷刻闲。织者率日成一匹，有通宵不寐者。田家收获，输官偿息外，未卒岁，室庐已空。其衣食全赖此。"⑤ 以上记载虽然说的是松江情形，但是用于

---

① （明）张瀚：《松窗梦语》卷四《商贾记》，中华书局1985年版，第85页。
② 《明神宗显皇帝实录》卷三六一，万历二十九年七月丁未，钞本。
③ 《松窗梦语》卷四《商贾记》，第83页。
④ ［英］白馥兰：《技术与性别：帝制中国晚期的权力经纬》，江湄、邓京力译，江苏人民出版社版，第141页。
⑤ 正德《松江府志》卷四《风俗》，明刊本。

南直隶常州府江阴也是切合的。据《阅世编》记载，江南地区纺织品市场发展繁荣，"官商巨贾，操重资而来市者，白银动以数万计，多或数十万两，少亦以万计"。[①] 经济货币化的浪潮席卷晚明社会，对江南地区传统农业为主的经济结构带来了极大冲击，导致江南地区传统经济结构发生改变。同时市场流通结构也发生了重要变化，商品从以剩余农产品为主，全面转向农家生产与生活资料等农产品和手工产品为主，促进了家庭手工业产品的商业化和市场化。徐母所云："今里媪之织者无数"当非虚语，妇女发挥的重要作用，正是在这一背景下出现的。在市场得到前所未有发展的同时，女性没有游离于发展的市场经济之外，在江南市场发展中，妇女的纺织经验丰富、技术熟练，担负了重要角色，这也为妇女在家庭中的角色变化奠定了基础，导致女性在家庭中的地位也发生了变化。换言之，在晚明这个特定的历史转型时期，江南棉纺织品生产对于性别行为模式的变化起了重要作用，这一点在徐氏家族中清楚地反映了出来。

事实上，除缴纳赋税外，晚明人们的衣、食、住、行都与白银货币紧密联系着，加剧了市场的发展，也促使人们以田亩粟帛为财富的观念随之改变，以白银货币为财富代表的观念逐步形成。如明人于慎行所述："吴人以织作为业，即士大夫家，多以纺绩求利，其俗勤啬好殖，以故富庶。"[②] 观念转变反映在江南市镇如雨后春笋般大量兴起、商业行为的急剧增加上，反映在地价上，更反映在人们家庭性别关系和行为规范的选择上。

追寻徐霞客的"奇"思想和"奇"行为从何而来？从《石刻》不难找到答案：徐霞客之母的远见卓识，对于徐霞客人生道路的选择有着重要影响。徐母出生于江南书香门第，[③] 她成为儿子不同凡响抱负的知音，并

---

①　（明）叶梦珠：《阅世编》卷七《食货》五，上海古籍出版社 1981 年版，第 157—158 页。

②　（明）于慎行：《谷山笔麈》卷四《相鉴》，中华书局 1984 年版，第 39 页。

③　（明）陈仁锡《王孺人墓志铭》记："城东王公，澄江右族，孺人父也"，《徐霞客游记》（下册），第 1264 页。近年江阴徐霞客研究会研究人员陈锡良发现，徐霞客母亲王氏的出生地，就在徐霞客镇璜塘东常村，离徐霞客故居南旸岐仅 5 里左右。新修《东常王氏西沙宗谱》记载璜塘东常村有位王诗，出身书香门第，耕读世家，字子删，号成东，生卒于嘉靖年间，妻子为华氏（无锡县人），有 5 个儿子。最终认定王诗就是王孺人的父亲，徐霞客的外祖父。见宋超、弃疾《徐霞客母亲身世浮出水面 徐母出生在璜塘东常村》，中国江苏网，2014 年 11 月 27 日。

对于徐霞客的人生选择是至关重要的人物，这不仅体现在她以经营家庭手工作坊支撑了家庭门户，提供给徐霞客以游资，而且承担了所有家务事，让徐霞客可以常年出游在外，无后顾之忧，走上了一条与众不同的具有远大志向的探求知识之路。董其昌记：当徐霞客束装待发，面露依恋之意时，其母"察其意，慰之曰：吾幸健，善饭足恃耳。男子生而射四方，远游得异书，见异人，正复不恶。无以我为念"，因此他称："故仲子足迹，几所谓州有九，游其八者，孺人成之也。"① 徐母曾亲制"远游冠"，鼓励儿子："志在四方，男子事也。即《语》称'游必有方'，不过稽远近，计岁月，往返如期，岂令儿以藩中雉、辕下驹坐困为?"② 一句"岂令儿以藩中雉、辕下驹坐困为"，不仅是徐母对"父母在，不远游"传统家庭伦理的背离，更是重塑了儿子的人生价值观，成就了儿子超越世俗的志趣和奇特的生活轨迹，促成了徐霞客自 22—55 岁 30 多年的游历半天下，被时人称为"奇人"，被后世称为"科学的拓荒者"的人生。

通过对《晴山堂石刻》的剖析，我们可以了解到在明代白银货币化，中国与全球发生互动关系以后，经济全球化与中国经济货币化接轨，对于江南世家大族生计的变化，特别是家族社会性别地位的变化，起了决定性作用，展现了明代中国社会性别与社会变迁相互影响、相互建构的动态关系，成为孕育杰出地理学家徐霞客诞生的重要前提条件。同时，在市场化、商业化社会大潮中，在家庭技艺转化为社会化、市场化技术过程中，伴随着女性在家族主导地位的出现，妇女发挥了主体积极作用，对于家族男性产生了重大影响，包含了价值观的重塑。

四　《晴山堂石刻》中的虚与实

社会性别是在对社会环境的反应中形成的，并在社会文化的变化中不断改变。性别与社会文化影响及价值观念传承相关，是一个人在社会中的身份。《石刻》的明末部分，主要是徐霞客为其母王孺人八十寿辰所征集的当时士人名流题跋、诗文等，是徐氏家族两性关系相互塑造的一个例证。社会性别关系是在历史中被不断叙述和塑造的，问题的关键在于家族的这种性别关系是如何被构建起来的。这里凸显了性别关系的经济本质，

---

① （明）董其昌：《明故徐豫庵隐君暨配王孺人合葬墓志铭》，《晴山堂法帖》，第 308 页。
② （明）陈函辉：《徐霞客墓志铭》，《徐霞客游记》（下册），第 1191 页。

在家族中，两性共同塑造了社会角色和权力结构，不可孤立割裂来看待。

　　每个时代的人们对待生活都有自己的选择与态度，改变着固有的思维定式。除了生存，还有社会文化需求。为了经济利益，诗书传世的世家大族，开始经营家庭手工业作坊，生产的产品投入市场，这是服从社会商业化需要作出的选择。以当时人的观念、思维方式去理解当时人的行为，《石刻》反映了明末语境中当事人的立意与行为，以及当时人给予的评说。《石刻》作为明末士人名流的集体记忆，反映了男性士人对于性别的观察视角，凸显出不可低估的史料价值。同时，分析《石刻》这一文本，具有虚与实的两面性，其文字书写也折射出了社会变迁与历史书写的吊诡，印证了在传统社会向近代社会的转型时期，社会发展错综复杂，包含多种面相和声音，其中既有新的近代因素，又有传统因素的存在。《石刻》中的性别描述，无疑是笼罩在男性精英士人话语下的生成物。通过对徐氏家族的还原式剖析，可以使我们重新省思文本与史实之间的关联，也有助于我们深入了解晚明社会性别变化的形成及其对于家庭成员的重大影响。下面具体钩沉《石刻》中所见，进一步分析其反映性别关系的丰富内涵。

　　（一）《石刻》中的徐母形象

　　陈继儒《寿江阴徐太君王孺人八十叙》记述了徐霞客的话："吾翁豫庵公捐宾客者二十年，独母王孺人久支门户，课夕以继日，缩入以待出……母无他好，好习田妇织，又好植篱豆……绿荫蔽日，辄移纬车坐其下"。[①] 说明在徐霞客的父亲死后二十年间，由他的母亲独自支撑门户，"课夕以继日，缩入以待出"。徐母勤俭持家，而谈及"母无他好，好习田妇织"，在今天看来，却是隐去了母亲以纺织苦心支撑家业的现实。可是徐霞客在外游历"不敢食酒噉肉，非特恐点山灵，要亦念母氏三十年辛勤饭蔬故也"，[②] 他是深知母亲"久支门户"的辛苦的。

　　诸多诗文是专门关于《秋圃晨机图》的，徐霞客曾遍请同邑名人为此图作序题诗，以后又广邀东南名士为之题诗，一并刻石存入"晴山堂"内。这幅图虽然现已不得见，但是从题名可以略知图像中徐母的形象：秋日晨起，豆圃架下、织机上的徐母，题诗中更有徐母形象的完整表述，特

---

① （明）陈继儒：《寿江阴徐太君王孺人八十叙》，《晴山堂法帖》，第150—151页。

② （明）陈继儒：《豫庵徐公配王孺人传》，《晴山堂法帖》，第355页。

摘记如下：

张大复《秋圃晨机图记》曰："母性恭俭，好率婢子鸣机杼……每晨光达于壁，杼声与书声相答响，母意大得。""母心怜振之负绝特之才，不能俯仰自樊于时，其于天地之穷际，则何不至焉。乃稍稍具粮糗，令振之周览名山大川，有以自广。曰：'凡圣人所为戒远游者，其子母之识力，不相信也。吾无汝虑，盍往乎？'振之则请受约，无下及约而返。如是者率以为常，凡二十年，而振之之双屐，遂遍天下。"①

李维桢《秋圃晨机图引》曰："则孺人之操家秉，与徐君之奉孺人，盖相与以有成焉。宜陈仲醇详叙之，而诸名公歌咏累累也"，"乃孺人自夫子豫庵公捐馆舍以后，内外家政，一切受成，处置井井，靡所不当；而性故好艺植、好纺绩……凌晨起，取纺车置篷下，豆实垂垂，机声轧轧，数十年如一日也。克勤克俭，是为家法。代夫以父其子，代妇以子其孙，代子以克其家"。评曰："是母是子，其相与以有成者，岂在世俗之间哉！"②

夏树芳《秋圃晨机图赋并序》云："王母徐太君《秋圃晨机图》，梁溪陈伯符写照，吴中张灵石布景。一时诸名公若李本宁、董玄宰、陈仲醇一一品题其上。仲子弘祖挟册自梧塍来，乞予为赋。予喜而为文以赠之。弘祖雅好游，海内佳山水，二十年来，足迹几遍天下，盖亦当世一奇男子也。"③

高攀龙《题秋圃晨机图》曰："吾闻东海有贤母，不以春园艺秋圃……白首晨兴课女工，勤俭为箴自千古。"④ 其中"杼声似写丸熊苦"句，引用了唐代柳仲郢母的贤母教子典故。

文震孟《题秋圃晨机图寿徐母王孺人》云："机杼一生修世业。"⑤

沈应奎题，孙慎行书："徐君有骨无人识，数行险峻穷神域，归来万里一庭秋，机中母发如积雪。"⑥

杨汝成《秋圃晨机为徐太君赋》曰："君家阿母凌晨起，纬车独纺秋

---

① 《晴山堂法帖》，第 169 页。
② 《晴山堂法帖》，第 183—187 页。
③ 《晴山堂法帖》，第 260—261 页。
④ 《晴山堂法帖》，第 233—235 页。
⑤ 《晴山堂法帖》，第 238 页。
⑥ 《晴山堂法帖》，第 240 页。

阴底。轧轧轻声露下鸣，万缕烟丝遽堪理。"①

张瑞图《观秋圃晨机图诗》云："所愿志四方，何必常绕膝""伟哉高堂人""千载彤史间，于焉庶俦匹。"②

综上可见，士人名流对于徐母的评价甚高，主要是从传统女性美德出发给予评价与夸赞的。徐母作为一位家庭纺织能手，世家大族的主母几十年如一日的清晨上织机，完全符合传统对于女性勤俭持家的行为规范，被士人名流誉为勤俭持家的美德代表，得到了赞颂。在时人评价中，充满了道德伦理的因素，却多少淡化了徐母作为生产者和经营者为家庭生计所付出的艰辛，消解了女性在市场化大潮中的身份价值。如果说徐家上代居寡的杨氏有析产的权力，到了王孺人一代，则已不仅是执掌家族内部事务的权力，而且是直接经营家庭手工作坊，与外部市场发生关联，并以此作为家庭生计主要来源之一，也就是养家的责任。这是时代赋予了女性以新的特质。徐母承担了家庭重担，包括将家庭中男性与女性所要承担的责任全部担承下来，儿子多年出游在外不归，母亲在家中久支门户，没有任何怨言，也没有丝毫的诉苦，传统女性美德在这里确实体现到了极致。

当士人在谈论徐母形象的时候，从表面上看，是完全按照一套传统意义来理解家族中的女性，并没有加入新的意涵，在此士人话语所生产的是传统的社会性别规范，在当时市场化语境下没有产生新的观念和规范。这些评价基于怎样的思维框架？即传统的"男耕女织"。"男耕女织"的模式，长期以来作为古代农家理想的经济结构。在传统农业社会中，"男耕女织"是最基本的社会分工方式。从南宋楼璹绘制《耕织图》开始，出现男耕女织形象的描绘。徐霞客请人绘制的《秋圃晨机图》是为了表明他对母亲八十大寿的孝心。吴承明指出："男耕女织是一种自然分工，即在生理基础上的分工"，"随着社会第一次大分工，原始的锄耕农业发展为传统的犁耕农业，同时有了纺织。从此，农业转入男子之手，开始了男耕女织，这种转变，也引起了原始社会由母权制向父权制过渡"。③ 李伯重对明清江南经济史的研究表明，传统"男耕女织"的生产分工模式虽早已不同程度地存在，但直至明中后期，江南地区农家男子脱离纺织而全

---

① 《晴山堂法帖》，第 195—196 页。
② 《晴山堂法帖》，第 205—206 页。
③ 吴承明：《论男耕女织》，《中国社会经济史论丛》第一辑，1981 年。

力耕作和妇女脱离劳作而趋向专门育蚕纺织的现象才日趋明显，即所谓有
"男耕女织"。① 这里我们需要进一步指出的是，明代出现的这种变化现
象，特别是"女织"，在当时已经发生了内涵的演变。由于商品货币经济
的发展，"女织"在晚明时代与以往的"男耕女织"已经迥然不同。以徐
霞客家族为例，徐母的"女织"行为，已不是传统男耕女织的家庭分工
可以解释，而完全是社会商品货币经济发展的产物。《周易·家人》云：
"女正位乎内，男正位乎外"②，是天经地义的规范，在中国古代男耕女织
的理想田园风景中，女织是妇女勤俭持家的典型风范，妇女的主要活动被
局限在家内。"男耕女织"的生产方式与中国古代社会以农立国，自然经
济占主导地位密切相关。因此"男耕女织"既是士人对太平社会的构想，
又描绘了农耕社会人们对美好生活的憧憬。发展到晚明，赋役制度的变化
反映了商品货币经济有了重大发展，赋税由实物课征转向白银货币课征，
徭役以银替代，形成明朝重要的财政体系转型进程，这无疑是走向近代的
趋向。这种变化，根本改变了小农家庭的耕织经济格局，对农本经济结构
产生了分解作用，对传统"男耕女织"形成了冲击，也使世家大族家庭
经济结构发生了变化。

　　在这里，我们见到从传统文化角度对于徐母亲自纺织持家"机杼理
一生"③的称颂，也看到士大夫依据传统作出的评价："白首晨兴课女工，
勤俭为箴自千古。"④ 而徐家明明是依靠徐霞客母亲织布撑掌门户，却有
对她"积得金钱供布施""无与民争利之嫌"⑤的颂扬。毫无疑问，在明
末士人眼中，看到的仍是徐母身上传统的妇女勤俭劳作美德，却难得在表
述中看到徐母晨织的背后，白银货币早已将江南社会宁静的田园生活打
破，徐母组织起家庭手工纺织作坊，从事商品生产，产品投入市场，完全
是为了赚取白银货币维持家庭生计，"贸布以易糈"，"持向吴门货吴侬"，
就是徐家需要将织布投入市场去换取口粮的最好说明。徐家织布作坊生产

---

① 李伯重：《从"夫妇并作"到"男耕女织"——明清江南农家妇女劳动问题探讨之一》，
　《中国经济史研究》1996 年第 3 期。
② （明）黄寿祺：《周易译注》卷五《家人卦第三十七》，上海古籍出版社 2007 年版，上
　册，第 214 页。
③ （明）方拱乾：《题秋圃晨机图》，《晴山堂法帖》，第 250 页。
④ （明）高攀龙：《题秋圃晨机图》，《晴山堂法帖》，第 235 页。
⑤ （明）黄克缵：《秋圃晨机为徐霞客母太孺人赋》，《晴山堂法帖》，第 212、213 页。

的商品要投放市场，而市场上充斥了商业竞争，徐家织布质量数一数二，在市场上有口皆碑，是取得了市场信任的产品，可视为徐家在市场竞争中的胜出，也充分证明了徐家日常生活主要依靠的正是徐母经营的手工业织布作坊。

我们从这些诗文中，唯见一派田园景观，距离残酷的手工业市场竞争现实似乎非常遥远。有学者认为徐母"与其说这是一种自觉的经济行为，还不如说这是一种勤劳俭朴的伦理道德行为"，[①] 我认为此说恰恰是为明末士人表面上的道德评价所误导了。

当然，我们不能只取其表，不明其里。林钎诗："延陵有贤母，殷殷勤作苦"，[②] 何楷诗："八旬霜鬓白如银，不向浓华老此身。四壁光余知恤纬，三冬蓄在岂忧贫。漫将古意存图画，聊与人间说苦辛"，[③] 写尽了徐母支撑家庭的辛苦。而《石刻》中明显揭示明末社会现实的，是黄克缵《秋圃晨机为徐霞客母太孺人赋》："方今海内民穷赋急，'大东小东，杼轴为空'。读秋圃晨机诗，又为世道一致慨云。"[④] 这里直接道出了当时社会"民穷赋急"的真实现实。事实上，自万历二十四年（1596 年）万历皇帝派出矿监税使四处掠夺白银；万历二十九年（1601 年），太监孙隆到苏州勒索机户，扬言每机加增税银 3 钱，引发机户罢织暴动；天启四年（1624 年）魏忠贤派出缇骑逮捕江南东林党六君子，其中就有《石刻》中的诗文作者高攀龙；苏州市民五义士带头起事反抗，后来助修五人墓的有《石刻》的诗文作者文震孟。江阴乡间早已不那么太平，从二十年前徐父被"盗贼"所逼的伤且死，已可得到充分的证明。

徐母经营的家庭手工织布作坊撑起了全家的生活，可以使儿子远游，从事自己心仪的事情，这是在晚明出现的新现象。我们知道，就是在 21 世纪的今天，也同样存在男性是一家之主，应该撑起家业的传统之说，两千多年来这一观念是普遍的性别认知。按照通常的观念，古代世家大族妇女不是应该在内宅活动吗？即使参与纺织工作，也不会是从事投放市场的生产。而在 17 世纪初，徐氏这一世家大族之例证明，晚明社会性别分工

---

① 蒋明宏：《明代江南乡村经济变迁的个案研究——江阴徐霞客家族经济兴衰、分家析产及明末织布作坊诸问题探析》，《中国农史》2006 年第 4 期。
② （明）林钎：《题秋圃晨机图》，《晴山堂法帖》，第 214 页。
③ 《晴山堂法帖》，第 189—190 页。
④ 《晴山堂法帖》，第 213 页。

及其观念的变迁，是一个不争的历史事实。当时士人对此变化的认知，已是见怪不怪，显然并没有那么"传统"，这不是变化又是什么可以解释？

美国彭慕兰教授曾全面探讨欧洲和东亚妇女的工作、家庭与经济发展，重点分析了欧洲和亚洲的不同性别在经济参与方面的灵活性，提出中国妇女担负着市场性生产和家用品生产的双重任务，而且她们的这一角色被看作是必不可少的。但他也指出：纺织品生产领域，妇女已经成为主力。但是，妇女在市场化的纺织品生产方面不断增加的影响并不意味着男性就退出了这一领域。实际上，男性把持着大多数不仅高级而且利润丰厚的奢侈品生产。[1] 在明人宋应星《天工开物》关于明末纺织业的部分所展示的内容，说明了男性在明代生产中突出的地位和作用。[2] 英国白馥兰教授认为，纺织技术这一原本属于妇女的家庭技艺，"到明代后期，所有的纺织业除了必要的生活用品，基本上变成了一种男性从事的职业"。[3] 这未免有些武断，但是她指出了家庭纺织业将随着生产专业化和社会化而面临逐渐被淘汰的趋势。我们不能因此忽略妇女在传统社会转型过渡时期的重要作用。徐母的例子说明，从性别、从家族、从社会，无论是身份、道德、还是经济实力上，明末女性都参与到主流社会之中，社会处于变迁之中，江南世家大族的经济生活发生了重要变化，家族中的性别角色也发生了转换。时代使徐母处于家庭的主导地位，她担当的是与男子同样的家族与社会责任，对她的肯定就是对主流社会价值取向的肯定。《石刻》提供了佐证，表明当时士人对于世家大族在社会中的经商行为，尤其是女性经商行为实际上的认可。另一方面，《石刻》的诗文和墨迹等征集，说明徐霞客的游历行为也得到了社会士人的认可，由此重构了家族的社会文化关系网络，其家族的社会地位也由此得到了维系，传统文化仍得到了传承。

（二）《石刻》中性别关系的评价

士人对于徐霞客及其家族的评价，可以说明士人对家族性别关系的认识。

---

① ［美］阿吉里、［日］滨下武志、［美］马克·塞尔登编著，马援译：《东亚的复兴：以500年、150年、50年为视角》第四章，社会科学文献出版社2006年版，第153—169页。

② （明）宋应星：《天工开物》，广东人民出版社1976年版，第95—96页。

③ ［英］白馥兰著，江湄、邓京力译：《技术与性别：帝制中国晚期的权力经纬》，第139页。

　　首先，就主流文化而言，当时读书人的出路是科举，徐霞客无疑是另类。根据《石刻》，徐霞客家中有万卷楼，从读万卷书到行万里路，先是"肆志玄览，尽发先世藏书，并鬻未见书"，随后是思考"山川面目，多为图经志籍所蒙"，于是"穷九州内外，探奇测幽，至废寝食"。① 他拥有这样的抱负："丈夫当朝碧海而暮苍梧，乃以一隅自限耶?"② 具有突破传统的勇气："放绝世务，喜游名山。"③ 徐霞客直言不讳并身体力行地将自己融汇于自然之中，成为中国理性求索人与自然和谐关系的第一人。著名英国科学史家李约瑟曾说："他的游记读来并不像是 17 世纪的学者所写的东西，倒像是一位 20 世纪的野外勘测家所写的考察记录。他不但在分析各种地貌上具有惊人的能力，而且能够很有系统地使用各种专门术语，如梯、坪等，这些专门术语扩大了普通术语的含义，对于每一种东西，他都用步或里把它的大小尺寸详细地标记出来，而不使用含糊的语句。"④ 徐霞客的人生选择是顺应自然，探求自然，这是一种新的生活方式，同时体现的是人的存在与价值的理想精神境界的新探索。从今天来看，徐霞客走向自然取得的考察成就，得益于他的重实地考察的科学方法。他每到一地之前，都要先根据文献、石刻等文字资料，弄清地理沿革的来龙去脉；到达一地，就向当地人请教，再经过实地勘查，获取确凿证据，认识客观事物。这种从自然现象运动及其相互联系中去把握事物本质特征的方法，反映了注重实际验证的近代科学的特征。

　　对于徐霞客的人生选择，当时人如何看待? 陈继儒说他"酷好异人异书"，"而不屑谒豪贵，博名高"。⑤ 陈仁锡云他"负奇骨，不与俗同"。⑥ 说明徐霞客放弃科举而走向自然，不仅有家庭的支持认可，也得到了不少社会士人名流的认可。钱谦益评价说："徐霞客千古奇人，《游记》乃千古奇书。"⑦ 黄道周云："真古今第一奇人也。"⑧ 夏树芳曰"盖

---

① （明）吴国华：《徐霞客圹志铭》，《徐霞客游记》（下册），第1188页。
② （明）陈函辉：《徐霞客墓志铭》，《徐霞客游记》（下册），第1191页。
③ （明）陈继儒：《寿江阴徐太君王孺人八十叙》，《晴山堂法帖》，第153—154页。
④ （明）李约瑟：《中国科学技术史》第5卷，科学出版社1976年版，第62页。
⑤ （明）陈继儒：《寿江阴徐太君王孺人八十叙》，《晴山堂法帖》，第164页。
⑥ （明）陈仁锡：《晴山堂记》，《晴山堂法帖》，第287页。
⑦ （明）钱谦益：《嘱毛子晋刻游记书》，《徐霞客游记》下册，第1186页。
⑧ （明）黄道周：《七言古一首赠徐霞客》，《徐霞客游记》下册，第1161页。

也当世一奇男子也"。① 陈继儒言："余欲列之《奇男子传》中者也。"②
文震孟说："即不能如仁兄五岳之游……尽可自我。"③ 黄道周感慨云：
"霞客兄翱翔以来，俯视吾辈，真鸡鹜之在庖俎矣。"④ 走向自然，他的特
立独行为士人所传颂；融于自然，更是在当时已为士人所称赞。当时大多
数士人称"奇"，但能够理解这一"奇"，不加以质疑与非难，并由于他
的"奇"思想和"奇"行为，获得了广泛赞誉。我们在《石刻》中看
到，一方面，士人以传统眼光评价母亲的纺织人生与勤俭持家；另一方
面，对于儿子特立独行的人生给予赞赏，这使我们对于传统社会向近代社
会过渡的多元包容有了新的认识。

　　陈继儒记载徐霞客能够实现他超脱世俗的志趣，与徐母的大力支持分
不开："往徐君放绝世务，喜游名山，游必咨母命而后出。"当徐霞客远
游归来时，王孺人笑迎曰："儿无恙。吾贸布以易糈，摘豆以佐酒，卯孙
从旁复诵句读以挑汝欢，吾母子尚复何求哉？""贸布以易糈，摘豆以佐
酒"，儿子远游归来，徐家卖布到市场购得粮食，自栽豆类下酒，好一
幅家庭的和睦生活图景，徐母以此而感到满足。而陈继儒对徐母"种豆
离离，弄杼轧轧"的夸赞是"犹有诗礼之遗意，公父文伯母之家风乎？"⑤
这里他引用的是《国语》中鲁国大夫公父文伯的故事：一日他退朝回家
看到母亲在家织布，云"我官至大夫，母亲还在家织布，传出去让人笑
话。"而其母说："不管儿子做多大的官，男耕女织，我做的是我的本
分"。毫无疑问，陈继儒依然以传统女性美德来称赞徐母，却也是有意或
无意地隐去了徐家八十老母以纺织苦撑家业的残酷现实。

　　陈仁锡《王孺人墓志铭》记述了徐霞客"访名山水半天下"，与"孺
人俭勤有卓识"的关联。特别提到《秋圃晨机图》的机上人，以及徐氏
母子间的理解情深：徐霞客为母罢游归家，母为他再出游，不顾八十高
龄，陪他同游句曲、荆溪。陈氏不禁感慨道："是年仲子始罢游，孺人始
偕游。罢游惧伤亲之心也，偕游惧伤子之心也。""自古奉其亲者多矣，
奉山水自徐仲子始。奉富贵而不受，古贤毋有闻矣；奉山水而受，从徐仲

---

①　（明）夏树芳：《秋圃晨机图赋》，《晴山堂法帖》，第 261 页。
②　（明）陈继儒：《寿江阴徐太君王孺人八十叙》，《晴山堂法帖》第 164 页。
③　（明）文震孟：《寄徐霞客书》，《徐霞客游记》下册，第 1183 页。
④　（明）黄道周：《狱中答霞客书》，《徐霞客游记》下册，第 1184 页。
⑤　（明）陈继儒：《寿江阴徐太君王孺人八十叙》，《晴山堂法帖》，第 158—159 页。

子之母始。山水品人物多矣，以是两高其母子，自余志王孺人始。"并盛赞王孺人："性整而治，束身布素而丰。于祀障墓碑，百岁后铭碣岿然，伸太华之掌，感仲子归言华岳也。除夕念饥，为停七箸，命出粟饱邻，然后食。其教仲子，类如此。"① 记述中一位对外慈善好施、对子关爱有加的妇女形象跃然纸上，同在的是一位孝敬母亲的儿子形象。

王思任的《徐氏三可传》更是将徐霞客父徐有勉、母王孺人与徐霞客放在一起加以评价赞誉。记述其父"寓园以自隐。或讽之仕，掉头不答也"，其谓子曰："读书好客，可以竟吾志，不愿而富贵也"；其母"弘祖有五岳之志，母为束装。戒之曰：第游名胜，归袖图一一示我。游未竟，我不啮指，去亡害"。其子："余邂逅徐仲子，一接谈而神与陆吾俱邈矣。"②

徐霞客出游，有其父的遗风，有其母的愿望，更是他自己超凡脱俗的选择。

从《石刻》看，在传统基础上士人建构的男女性别规范，在市场化大潮来临时，对于女性参与到社会和市场之中被赋予的意义，没有充分显示出来；按照传统的社会性别观念，女子排除在现实市场之外，而实际上徐氏家庭经济出现新状况，母亲作为手工作坊经营者的支持，是徐霞客出游不可或缺的条件。在这里仔细分析，徐氏家族却也朦胧地显示出一种新型的"男人以社会为主，女人以家庭为主"的社会性别规范，也就是社会是男性实现自我价值的空间。而家庭是女性实现自我价值的空间。表面上沿袭了传统社会性别规范对于男女社会空间的二元区分，但不再以男女之间在家庭内外的劳动分工为基础，而是具有了现代性意味，以个人情感满足和自我实现为基础。

特定时代产生特殊人物，徐霞客作为中国现代地理学的先驱，方豪先生曾就徐霞客与西洋教士的关系进行了初步研究，却没有找到存在直接接触的关系。③ 徐霞客产生在本土的土壤中，作为晚明社会文化变迁的标志

① 《民谱》卷五四《墓志铭》，《徐霞客家传》，第156页。
② （明）王思任：《徐氏三可传》，《晴山堂法帖》，第330—342页。
③ 见方豪《徐霞客与西洋教士关系的初步研究》一文，论及在明末清初来华的西方传教士并无一人与徐霞客谋面，也没有一人进入徐霞客的《游记》。但是，通过明末清初种种社会关系和文献，他说明："似不能不受西洋科学之影响，而与当时之西洋教士不能无间接之关系"，结论是："吾人今日初步研究所得，霞客与西洋教士之关系，虽只以间接者为限，然谓其有直接关系，亦颇可信也。"

性人物之一，可以说是传统的最后一位士人，也是新时代的第一位士人。进一步探讨，徐霞客的行为与全球化开端有关乎？无关乎？说有关，他的游历人生与其家依凭安身立命的家庭手工作坊产品投放市场交易紧密相连；说无关，则又与唯利是图的西方探险迥然不同，在一个处于传统向近现代转型的物欲横流的社会里，以求知与求利结合的探险者众多，而徐霞客却独辟蹊径，唯以求知为怀，何其难能可贵。

徐霞客其人其事虽奇，当时士人阶层并没有以其为非，说明晚明社会士人思想观念已发生了变化，无论是对于工商业经营，还是对科举之外多样士人行为的包容，都构成了观念发生了变化的例证。然而，我们还看到，即使是有着传奇人生的徐霞客，在生命的最后也曾发出过迷茫的声音，临终前说出"大丈夫当奋志勋名……奚以此区区者为"，又为长孙生辰喜逢五位翰林信函同日到来，题其小名为"五翰"，"谓是儿必能光大吾家"，[1] 表现出对于儿孙前途回归科举传统的微茫期盼。而《石刻》的收集刻石，更是对于家族文化传统的传承行为，这也许可以说明他最终还是无法完全超脱时代，可能就是前辈学者所探讨的徐霞客之后再无徐霞客的缘故之一吧。

从徐霞客家族的性别关系及其士人评价，我们可以清楚地看到当时人从传统中走来，开拓了未来，但仍不能摆脱传统，既突破了传统，又寓于传统之中的晚明社会文化变迁的真实轨迹。这是新旧思潮更替在特定阶段的应有之义。传统和近代不可截然两分，二者交融在一起，是晚明社会转型中性别文化变迁的特性。

明代白银货币化为社会变迁转型提供了前提，徐氏家族经济的变化，与明朝赋役—财政改革，白银成为国家法定的财政征收形态有着无法割裂的联系。到明末，白银货币化已经基本上完成，无论国家田赋还是徭役，都已经不再以实物和力役为主征收和负担，因此才可能产生家庭手工业成为主要家庭生计来源，而女性成为家庭生计主要担当者的性别身份转换。性别史强调女性作为主体创造了历史，将性别视角纳入晚明社会变迁转型的讨论范畴之中，可以使历史事实的阐释更富有张力。在晚明社会中，女性不再只是边缘人群，在家族中，女性拥有了主导地位，有了话语权，并影响了家族男性的人生选择，由此才产生了视"力耕奉母，践更徭役"为

---

① 缪诜：《廪彦范中公传》，载吕锡生主编《徐霞客家传》"第十九世·徐建极"，第238页。

"蹩蹩如笼鸟之触隅，每思飏去"① 的徐霞客，可以不走传统老路，成为"飏去"的"奇人"，体现了一种颠覆传统的近代理性文化追求。徐氏家族的个案，为我们从性别视角认识晚明社会变迁与转型，提供了可靠的事实依据。明代白银货币化，对于晚明江南家族性别地位、生活方式的变化，价值观的重塑，以及家族秩序的重新构建，均有深刻影响。而这一传统家族的变迁，是晚明社会变迁与近代转型的缩影，也是经济全球化历史的一部分。

以上考察，试图跳出既定的思维和研究模式，以白银货币化作为社会发生嬗变的一条重要线索，探讨货币经济发展与社会变迁的密切关系。由于货币经济与商品经济有着紧密联系，以往人们几乎是以商品经济作为描述空间的唯一框架，极大地忽略了货币经济，尤其是货币经济对于社会变迁的重要意义。历史记载给晚明社会发生的重大变化提供了详尽的证据，说明了这样一个事实：晚明上至皇家，下到小民，上上下下都求银，中央政府的运作依靠白银，地方政府的运作也依靠白银，社会各个阶层的生活都离不开白银，由此，人们日常生活与市场建立起了必不可少的、日益增多的联系，于是，整个社会开始商业化，或者说市场化了。这一白银货币化的过程，正是中国社会经济货币化的过程，是市场扩大发展的过程。在这样一场社会剧烈变动中，社会结构发生了解构与重构的双重历程。变革中的社会不可避免地呈现出混乱和失范，充分反映出了社会转型的过渡性质，并且付出了社会迅速发展所必然付出的代价。白银货币化引发的社会变迁，沿着社会财富重新配置这条线索，皇室费用日增，与民争利；民间民、军、匠、灶户脱籍或扩展了原来的生活空间；士农工商的四民分野发生变化，商人阶层崛起，士与商的界限逐渐模糊；社会分工扩大，贫富分化加剧，人们的社会身份地位发生变化，社会价值观念、社会生活方式，乃至社会原有结构都随白银货币化所标志的货币经济扩大发展而改变。换言之，随着社会经济的货币化进程，社会结构、社会关系、社会观念、社会心态、社会行为的变化纠合在一起，整个社会面貌发生了重大改观。

小结　探究晚明社会白银所具有的社会意义

首先，突出表现在财富资源的重新分配和社会各阶层身份地位变化上，这体现在下列事实中：白银货币化使所有的人在社会结构中的身份地

---

① 钱谦益：《高士霞客公传》，载吕锡生主编《徐霞客家传》"第十七世·徐弘祖"，第189页。

位与以往相比发生了微妙变化：皇帝与宗室贵族开店与民争利，反映出他们不再是国家所有财富权威拥有者的一面；官僚来自社会各阶层，尤其来自商人阶层的日益增多；农民通过以白银纳税代役，摆脱了与国家的人身依附关系，脱离土地或日常生活日益与市场连接起来；灶户脱离本行业，从事其他职业，或以劳动所得直接换取白银，改变了身份；军户也是如此，晚明大量军户从事其他职业，根本改变了身份地位的例子不胜枚举。社会分工的扩大发展，职业结构的变化，商人阶层的迅速崛起，商业在社会上的比重日益增加，士商界限模糊，人们可以凭借白银货币上升到统治上层。白银给各阶层带来了更多获得财富的机会，也给各阶层创造了改变生活方式和社会地位的条件，由此，阶级结构发生了变化，社会结构发生了变化。晚明社会几乎各个阶层都投入了市场交换之中，无论是情愿的还是不情愿的，都不可避免，整个社会呈现出白银时代的显著特性：对货币财富的倾力追求。

　　中国传统社会是一个等级社会，社会结构是以等级来排序，即等级制社会，身份是社会分层的首要标准，拥有政治身份和权力就可以拥有财富；近代社会则是一个与之不同的阶级社会，以财产为中心地位，根据人们获得财富的多少及其方式，确定人们在社会中的身份地位，拥有财富就可以拥有权力。嘉靖年间，整个社会已呈现出"不以分制，以财制"的时代特色，旧的等级制分解，这充分说明了晚明中国社会正沿着从传统向近代发展的路径前行，处于社会转型之中。

　　其次，在晚明社会中白银所具有的意义，突出表现在货币经济的发展引发了制度变迁和社会观念、社会行为、社会心态的变化，以及文化变迁上。社会变迁是一个社会互动的过程，制度结构和文化结构建立在全体社会成员共享的社会规范的基础上，白银成为货币基本形态，带来了新的因素和新的问题，社会由主要是农耕的比较单一的形态向多元形态发展变化，反映在人与人的社会关系上，是向经济关系的转变，确切地说，是由对人的依附关系向对物的依赖关系的转变。[①] 这正是从传统向近代的社会转型过程。在这一历史性的转折中，统治者不得不在经济结构变迁中作出制度

---

　　① 马克思曾经将人类社会形态归纳为"人的依赖关系""物的依赖关系"和"自由个性"三个发展阶段，详见《马克思恩格斯全集》第46卷（上），人民出版社1979年版，第104页。

调整，而当人们普遍进入货币为主导的社会关系时，人伦关系失去了往日的温馨，增添了新的色彩；乡村失去了旧日平静的秩序，滋生出多样的行为类型；城市由于工商业的兴盛，而喧嚣了起来。白银货币化推动了整个社会关系乃至社会结构的变化，一个与传统农耕社会迥然不同的新的社会凸显了出来。

在对成化、弘治年间以后的白银货币化过程进行了必要的考察之后，可以认为，中国古代社会向近代社会的转型始自晚明，社会转型最重要的标志之一是白银货币化，换言之，白银货币化的过程，即中国传统社会向近代社会的转型过程。具体来说，明代白银货币化过程，正是中国社会经济货币化趋势发展延续的结果。自唐代两税法实施以后，中国社会经济就已出现了经济货币化趋势，但是到宋代王安石变法，征钱仍不免失败，原因主要应归结为社会经济发展条件还不成熟。发展到明代，虽然农业生产力没有发生飞跃，但是，与当时社会生产力发展相适应。白银货币化崛起于宋朝，是市场经济的萌发，推动了资本积累、消费和净出口，成为拉动社会经济增长的重要因素。重要的是，在白银的背后，是市场这只看不见的手，是不同于前此传统市场的市场经济的萌发。明代白银货币化的过程，是市场与国家博弈胜出的结果，也是中国社会内部一个完整的自下而上转变为自上而下运行的变革过程，或者也可以说，自成、弘以后上下两条线索进入了交织并行，白银货币得到国家事实上的认可，货币化在全国铺开，晚明白银由非法到合法，更成为社会主币，货币经济发展进入了一个新阶段，由此市场作用扩大到前所未有的程度。货币化，在某种意义上说，与市场化同义，把白银货币化分析引入对经济社会结构转型的考察，即进行市场/社会与国家博弈过程的考察，是对传统国家制度一元化和国家与社会二分法的一个有益补充，可以使我们更清晰地看到经济社会结构不同层面的变动时序和具体的变动轨迹。通过白银货币化分析，在理论上把经济结构转变和社会近代化过程紧密地联系起来。明后期至明末，中国首次出现了银本位制，白银货币体系将整个社会各个阶层无一例外地全部包容了进去，在财富加速积累的过程中，社会结构也加速了分化，并逐步出现了中国历史上划时代的转变。白银货币化表明，伴随农业经济向着早期市场经济转型，中国社会发展出现了一个飞跃，引发了社会整体变迁，标志着社会的转型，以及近代的开启。在社会变迁与转型中，包括结构的转换、机制的转轨、利益的调整和观念的嬗变，在社会转型期，人们行为方式、生活方式、价值体系都发生了明显变化。我认为主要表现在6个层面上，一是货币形态层面，从贱金属铜钱向贵金属白银的货币形态转变；二是赋役制度层面，从实物和力役向货币税的税收制度转变；三是经济结构层面，从小农经济向市场经济结构转变；四是社会关系层面，从人的依附关系向物的关系转变；五是价值观念层面，从重农抑商到工商皆本的观念转变；六是社会结构层面，从传统社会向近代社会转变。白银货币化过程，是中国社会经济货币化的过程，也是中国市场经济萌发与经济转型的过程。鉴于此，晚明社会变迁带有根本性的社会转型性质，具有划时代的意义。

第六节　传统社会向近代多元社会转型特例

一　昙花一现的明代舟山双屿港

白银货币化过程，不仅从一开始就充满了国家与市场/社会的博弈，而且直接反映在国内诸多制度与社会变迁问题上。白银连接了中国市场与海外市场，就此出现了中国与西方的博弈，并关乎明朝的兴衰。下面以舟山双屿港作为中国早期近代化进程出现的新型国际化城市雏形特例进行考察，以阐释全球化开端时期晚明社会变迁的特殊内涵及其意义。

16世纪，全球化从海上拉开了帷幕，在世界格局发生重大变动、东西方大规模直接接触的时代到来时，白银货币化促发了海上贸易的发展和大规模的商品流通，是晚明中国社会经济发展中两个最为显著的特征。而正是在这一大背景下，浙江舟山出现了一个异类的新兴城市——双屿港城，它出现在一个中外关系历史的关节点上，是国家与市场/社会博弈过程的产物，也是白银货币化推进中国市场发展与社会转型的典型事例。

虽然双屿港城存在的时间不长，也就是二十几年，在历史上只是昙花一现，但就其重要性而言，它在中国城市史上的出现是史无前例的，在中外海上白银贸易发展中占有重要地位和作用，它的兴起与中国白银需求开辟海外市场联系在一起，舟山双屿变化是内外交汇形成的社会嬗变。处于全球化开端之时的明代海上贸易，伴随着中外私人海上贸易萌芽、成长、成熟和最终合法化，由官方海上朝贡贸易主导向民间私人海上贸易主导的转变过程，同时，也促成了特定历史条件下的以港兴市——国际走私贸易为主的双屿港城的诞生。

在明代中国的城市网络中，双屿城的出现是前所未有的——在中国大地出现了一个国际化城市雏形。在嘉靖初年的二十几年里，双屿脱颖而出，一度成为当时中国一大海上国际贸易港城。探讨这一港城兴起的历程，归根结底，是国家与市场/社会博弈和中国与西方博弈相叠加的产物。探讨可以深化我们对全球化开端时期海上贸易体系形成的认识，也可以深化我们对于白银货币化与整体社会变迁与近代转型的认识。

笔者在 20 世纪 90 年代开始中葡早期关系历史的研究，注意到当时中国学者大多仍采用较单一的抗倭与反海禁视角对双屿进行研究，基本上没有利用葡文资料；而以往对于中葡关系史的研究，又往往集中于葡萄牙人在华活动，没有特别关注日本朝贡使的终结与葡人居留地兴起之间的关系，也没有结合利用日本方面资料。于是笔者以新的视角和切入点撰写了《明代嘉靖年间的宁波港》一文，[①] 采用了 16 世纪葡萄牙文献中 Liampo 一词的广义。在这里所要论述的，是在以往基础上的延伸，主要探讨双屿这一葡萄牙人与中国民间海商兼海盗合力建立在中国本土最早的国际化城市聚落双屿，采用狭义的 Liampo 之义。[②]

（一）舟山双屿：新兴异类城市的兴起

按照今天的行政区划，双屿属于浙江舟山。舟山，源自海上舟船聚集之山，其名自明代彰显。舟山有地方志，也自明代始。更重要的是，原本名不见经传的舟山双屿，在 16 世纪全球化开端的时期，曾一度跃升为一

---

①　此文于 2001 年宁波海上丝绸之路学术研讨会上发表，刊于《海交史研究》2002 年第 2 期。

②　自 20 世纪 30 年代以来，Liampo 已经引起中外学界的关注。Liampo 无疑是宁波的译音，根据中外文献，方豪先生进行了详细考证，经四次修订，是研究宁波双屿的奠基之作，见方豪《16 世纪浙江国际贸易港 Liampo 考》，《方豪六十自订稿》，台北学生书局，1969 年。其后有关探讨集中双屿，主要有张增信《十六世纪前期葡萄牙人在中国沿海的贸易据点》，《中国海洋发展史论文集》第 2 集，台北，1996 年；汤开建《平托〈游记〉Liampo 纪事考实——兼谈〈甓余杂集〉中的佛郎机资料》，《澳门开埠初期史研究》，中华书局 1999 年版；施存龙《葡人私据浙东沿海 Liampo——双屿港古今地望考》，《中国边疆史地研究》2001 年第 2 期；王慕民《葡萄牙海商始达双屿时间考》，《宁波大学学报》1999 年第 3 期；廖大珂《葡萄牙人在浙江沿海的通商与冲突》，《南洋问题研究》2003 年第 2 期，等等。在这里提出 Liampo 一词有广义与狭义之分，详见万明《昙花一现之城：全球化开端时期的明代舟山双屿》，王欣主编《城市与中外民族文化交流》，陕西师范大学出版总社有限公司 2013 年版。

大国际自由贸易港,凸显出在海上贸易中的特殊地位和作用。

一般来说,城市的起源和发展大致分为两种类型:一类是按照计划建造的城市。这类城市大多是政治行政的需要,有计划地筑成;另一类是自然发展的城市。这类城市多因贸易发展而成。双屿城属于后者,是一个由于海上国际贸易需求而兴起的城镇。

15 世纪后半叶,即明代成化、弘治年间,商品货币经济发展迅速,社会内部涌动变革的潜流,白银货币化由自下而上到自上而下开始全面铺开的同时,也是郑和下西洋时代海外物品胡椒、苏木等在皇家府库枯竭之时。从那时开始,私人海上贸易蓬勃兴起,走向海外寻求白银。继之,16 世纪西方葡萄牙人扩张东来。在世界格局急剧变动之中,海上风云变幻,在全球化新的全球贸易体系酝酿中,双屿作为国际商港兴起,形成海上一个繁盛的贸易联结点,凸显了作为国际自由贸易港的历史地位。

关于当年双屿的地点所在,至今尚存争议,这里不想多议。而在双屿的称谓上,史载那里"东西两山对峙,南北俱有水口相通,亦有小山如门障蔽,中间空廓十余数,藏风聚气,巢穴颇宽"。[①] 在葡萄牙人平托《远游记》中以"双屿门"为标志,其中或称"村落",或称"城",并没有统一称谓,但记述最为详细。[②] 我认为称为"村落"偏小,故采用"城",即城市聚落之义,认为当时双屿是一个由海上贸易而兴起的新型市镇更合适些。

1. 官方与民间的海上贸易博弈:国家与市场/社会的博弈

在史学界过去的研究中,对涉及明代宁波港的中日勘合贸易以及倭寇问题,中、日学者已有较深入探讨,而对葡萄牙人在中国最早居留地双屿(Liampo)的史实考订,也早已由方豪先生根据中、葡史料对照完成。然而,将诸多事件和问题联系起来综合考察,跳出既定的思维,以更广阔的视野来看明代白银货币化引领嘉靖年间贸易格局变化,在沿海发展形成多元化海港,是社会变迁与转型的重要一页。这是一个基本思路。

明初,在宁波设立市舶司,掌管对外贸易。发展到明代成化、弘治年间,由于白银货币化的推力,民间私人海上贸易蓬勃兴起,发展势头越来

---

① 《篦余杂集》卷四《双屿填港工完事》。

② [葡]费尔南·门德斯·平托著,金国平译:《远游记》,葡萄牙航海大发现事业纪念委员会、澳门基金会、澳门文化司署、东方葡萄牙学会,1999 年。

越大，首当其冲的是中日贸易，直接促发了日本银矿的大开发。嘉靖年间，西方扩张东来，海上格局发生了新变化，异常地错综复杂。我们需要注意一系列重要事件。围绕宁波—双屿，嘉靖年间发生了诸多对外交往的重大事件，这些事件不仅标志着明朝对外贸易的不同阶段，体现了港口转变的种种方式，更表现为明朝官方与民间私人、中国与外国的博弈：使团，走私，国际交往，战争，等等。仔细考察，总的来说具有两条线索：一是官方朝贡贸易为主的海上贸易，从嘉靖二年（1523 年）日本争贡之役，到嘉靖十八年（1539 年）日本使团来华朝贡、二十六年（1547 年）日本最后一次策彦周良使团以 600 多人、4 艘船，未按贡期来华，停泊宁波海上，二十八年（1549 年）才得入京朝贡后回国，官方海外贸易难以为继，走到了尽头；一是海商海盗兴起，私人海外贸易蓬勃开展。自嘉靖初中葡冲突，明朝海外政策急剧逆转，广东闭关。① 此后葡萄牙人就来到闽浙一带海上，与当地私人海上贸易者相结合，进行贸易活动，进而入居双屿。嘉靖二十六年（1547 年）浙江巡抚朱纨厉行海禁，二十七年（1548 年）双屿之战，二十八年（1549 年）朱纨被罢，二十九年（1550年）朱纨仰药死，三十一年（1552 年）倭寇大炽。此前，嘉靖中叶两条线索交织，宁波—双屿在海上具有比以往更为重要的地位和作用。官方的线索从此衰落，民间的线索由于掺杂外来复杂因素，引发了激烈冲突而断裂，但是，双屿国际贸易港的兴起凸显于此间，却是一个不容忽视的客观历史事实。

如果我们进一步考察，就会发现在嘉靖初至中叶，双屿这一国际贸易港口曾一度跃升为中国第一大国际贸易商港，在海上丝绸之路的各个重要环节中，占有极为重要的地位和作用。为什么这么说呢？是因为当时参与双屿港国际贸易的，有中国人、日本人、葡萄牙人以及东南亚各国人等，也可以说包括亚洲人、欧洲人，非洲人等。所幸的是，关于这一历史时期的宁波—双屿港，我们至今还可以见到当时中外人士所记述的第一手资料，这些珍贵资料包括：时任浙江巡抚朱纨的《甓余杂记》，葡萄牙人平

---

① 关于明朝海外政策的急速逆转，出现于葡萄牙第一个使团失败以后，而不是一般认为的在嘉靖二年争贡之役以后，详见万明《明代中葡的第一次正式交往》，《中国史研究》1997 年第 2 期；万明《中国融入世界的步履——明与清前期海外政策比较研究》，社会科学文献出版社 2000 年版，第 177—201 页。

托的《远游记》，以及日本使节策良周彦的《初渡集》《再渡集》等。从中可以得知，当时这一商港，参与人种之多，规模之大，发展之快，曾是同时期的广州也不具备的；在西方扩张东来的大背景下，作为长江下游最为重要的国际贸易港，作为中国与日本、朝鲜、东南亚、欧洲远洋贸易的中心而繁荣起来，更为重要的是，作为重要的走私贸易中心，宁波—双屿集中体现了朝贡贸易的尾声，中外海上贸易中官方与民间激烈的矛盾冲突，反映了明代官方朝贡贸易行将终结与民间私人海上贸易蓬勃发展的历史命运。

2. 双屿港兴起于 16 世纪 20 年代中外民间海上丝银贸易

追溯双屿港兴起的历史，在明朝当时人郑若曾《筹海图编》、唐顺之《武编》中，记述"太仓往日本针路"，"日本往太仓针路"，都必经"双屿港"。① 说明当时双屿在海上的地位，既是地名，又是港名。

作为国际走私贸易港始于何时，长期以来在中外学术界颇多歧义。但是出使过日本的当时人郑舜功《日本一鉴·穷山话海》中的下面这段记载，是几乎所有学者都要征引的：

> 浙海私商，始自福建邓獠。初以罪系按察司狱，嘉靖丙戌，越狱遁下海，诱引番夷私市浙海双屿港，投托合澳之人卢黄四等，私通交易。嘉靖庚子，继之许一、许二、许三、许四，勾引佛朗机国夷人，络绎浙海，亦市双屿、大茅等港，自此东南衅门开矣。②

这段记载，是大多数学者以 1526 年作为双屿港兴起时间的主要依据。在时间上，嘉靖丙戌，是嘉靖五年（1526 年）；嘉靖庚子，是嘉靖十九年（1540 年）。值得注意的是，前面记述福建邓獠"诱引番夷"在双屿"私市"，结合当时葡萄牙人已被逐出广东的背景，诱引的"番夷"中，应包括葡萄牙人。后面则明确记载由许氏兄弟"勾引佛朗机国夷人"，络绎在双屿、大茅等港进行交易，这也是一个"东南衅门"大开的标识性事件。

明朝浙江巡抚、提督闽浙军务的朱纨，于嘉靖二十七年（1548 年）

① 《筹海图编》卷二上《使倭针经图说》；唐顺之．《武编》前集卷六，明刻本。
② （明）郑舜功：《日本一鉴穷河话海》卷六《海市》，1939 年据旧钞本影印本。

所撰《哨报夷船事》中，称外夷占据双屿"相传二十余年"，[1] 而另一上奏中则更为确定："海中地名大麦坑与双屿港两山对峙，番贼盘踞二十余年。"[2] 以此推论，双屿的兴起始于嘉靖初年，即 16 世纪 20 年代，是没有问题的。

在葡萄牙文献方面，葡萄牙人克路士云："开始到宁波（Liampo）作贸易"的时间，在西蒙·安德拉德出事，即嘉靖元年（1522 年）葡人被逐离广东之后。[3]

明人陈文辅比较详细地记载了 1521 年至 1522 年汪鋐在广东与葡萄牙人的战事：

> 正德改元，忽有不隶贡数，号为佛郎机者，与诸狡猾凑杂屯门、葵涌等处海澳，设立营寨，大造火铳，为攻战具，占据海岛，杀人抢船，势甚猖獗，虎视海隅，志在吞并，图形立石管辖……公赫然震怒，命将出师，亲临敌所，冒犯矢石，劬劳万状，至于运筹帷幄，决胜千里，召募海舟，指授方略，皆有成算。诸番舶大而难动，欲举必赖风帆，时南风急甚，公命刷贼散舟多载枯柴燥荻，灌以脂膏，因风纵火，舶及火舟，通被焚溺，合众鼓噪而登，遂大胜之，无孑遗。是役也，于正德辛巳出师，至嘉靖壬午凯还。[4]

最重要的是，以中葡文献互证，1521—1522 年，葡人西蒙·安德拉德在广东屯门与明朝官军发生冲突，随后发生中葡西草湾战事以后，欧洲第一位来华使臣受阻，葡人被逐出广东。[5] 这一重大外交事件的发展，殃及池鱼，影响了整个明朝朝贡贸易的正常进行，明廷下令："自今海外诸夷及期入贡者，抽分如例；或不赍勘合及非期而以货至者，皆绝之。"[6] "有司自是将安南、满剌加诸番舶尽行阻绝"，[7] 是"闭关"

---

① 《甓余杂集》卷二《哨报夷船事》。

② 《甓余杂集》卷二《瞭报海洋船只事》。

③ C. R. 博克全编注，何高济译：《十六世纪中国南部行纪》，中华书局 1990 年版，第 133 页。

④ 《都宪汪公遗爱祠记》，康熙《新安县志》卷一二《艺文志》，康熙刻本。

⑤ 参见万明《中葡两国的第一次正式交往》，《中国史研究》1997 年第 2 期。

⑥ 《明世宗实录》卷四，正德十六年七月己卯。第 208 页。

⑦ （明）黄佐：《黄泰泉先生全集》卷二〇，《奏疏》下《代巡抚通市舶疏》，康熙刻本。

的出台。葡萄牙人不甘心失去与中国的贸易机会，为了不放弃颇有价值的贸易，于是，也就是在 1522 年，在居于马六甲、暹罗、北大年的华人引导下，葡萄牙私商便避开广州，贸易船"从马六甲直接驶往浙江和福建"。① 史载："商舶乃西洋原贡诸番，载货舶广东之私澳，官税而贸易之。既而欲避抽税，省陆运，福人导之，改泊海仓、月港，浙人又导之，改泊双屿港。"②

正是在这样的机缘巧合下，葡人北上，到浙江和福建活功，得到当地中国人引导，与中国海商兼海盗结合，共同开辟了双屿港城。引导葡萄牙人到双屿的，主要是福建人和徽州人。郑若曾记载："双屿港之寇，金子老倡之，李光头以枭勇雄于海上，子老引为羽翼。迨金子老去，李光头独留，而许栋、王直则相继而兴者也。"③ 福建人一支，是以金子老、李光头为首的海商兼海盗集团；徽州人一支，是以许栋兄弟为首的海商兼海盗集团，二者合踪，后歙县人王直"推许二者为师"，④ 也活动于双屿一带。而此前王直已经到达日本，日本文献《南浦文集·铁炮记》记载在天文十二年（1543 年）八月，王直与葡萄牙人到种子岛，⑤ 由此开始进行与日本的走私贸易，而当时中国的白银在中国已是社会各阶层的需求，中日贸易的重心锁定是丝银贸易。

葡人加斯帕·达·克路士（Gaspar da Cruz）《中国志》记载，利益所趋，开始到 liampo 贸易的葡萄牙人，得到当地人的支持："他们很喜欢葡人，把粮食卖给葡人以便得到收入。在这些城镇中有一些跟葡人一起的中国商人，因为他们为人所知，葡人也以此受到较好的款待。通过他们的安排，当地商人把货物携来卖给葡人。和这些葡人一起的中国人就充当葡人

---

① J. M. Braga：*The western pioneers and their discovery of Macao*，Imprensa Nacional，Macau，1949，p. 65.

② 《筹海图编》卷一二下《开互市》，第 852—853 页。

③ 《筹海图编》卷八下《寇踪分合始末图谱》，第 570 页。

④ 许二即许栋。

⑤ 参见万明《中葡早期关系史》，社会科学文献出版社 2001 年版，第 54—55 页。英国学者博克舍据葡文史料指出："1542 年，搭乘一只福建船上的三个葡萄牙逃兵偶然发现了日本"，见 C. R. Boxer，*Fidalgos in the Far East*，1550 – 1770，The Hague：Martinus Nijhoff，1948，p. 2。金国平、吴志良有 1541 年到丰后之说：Nova Tradução de Teppōki（crónica da espingarda），*Review of Cuture*，2008，Vol. 27，pp. 7 – 20。此说未形成共识。

和当地商人的中间人，所以很快获得大利。"①

值得注意的是，获得的"大利"，根据中国本土的需求，应就是白银。

中外文献印证，1522 年，也就是嘉靖元年，是一个关键的、不可忽视的年份。可以确定的是，此时葡萄牙人在广东被明朝挫败后，私商从广东转向浙海，这一走向与双屿港兴起有着密切关联，1522 年可以作为双屿私人海上贸易港城形成的起点。无独有偶，嘉靖二年（1523 年）在宁波发生了日本贡使"争贡之役"，② 从此朝贡贸易严重受挫。

双屿成为中外私人海上贸易聚集之地，在嘉靖三年（1524 年）已见记载。郑若曾云：

> 自甲申岁凶，双屿货壅。日本贡使适至，海商遂败货以随售。倩倭以自防，官司禁之弗得。西洋船原归私澳，东洋船遍布海洋，而向之商舶，悉变而为寇舶矣。③

甲申年，即 1524 年，也就是嘉靖三年。

明人王文录云："商货之不通者，海寇之所以不息也；海寇之不息者，宜其数犯沿海及浙东西而循至内讧也。何也？自嘉靖乙酉傅宪副钥禁不通商始也。"④ 并指出双屿港"久为萑苻之薮"。嘉靖乙酉，是嘉靖四年（1525 年）。这段话也证明了"海寇"于嘉靖五年（1526 年）以前就已在浙江从事海上贸易活动，此类活动必然要与外商进行交易，故也可作为双屿港开启早于 1526 年的一个佐证。重要的是，日本石见银矿的发现就在 1526 年，这是一个重要事件。无独有偶，中日史料相合，就是在这个时间段，日本相继发现了大量的新银矿。如岛根县大森町的石见银矿于 1526 年开始开采，兵库县的生野银矿发现于 1542 年。此后，日本采用当时先进的"灰吹法"（即"银山银吹"法）分离矿渣，使白银产量获得

---

① 《十六世纪中国南部行纪》，第 132 页。
② 《筹海图编》卷五《浙江倭变记》，第 322 页。
③ 《筹海图编》卷一二下《开互市》，第 852 页。
④ 王文录：《策枢》卷一《通货》，明百陵学山本。

急剧上升。① 由此在日本全国出现了开发银矿的热潮。②

郑舜功《日本一鉴》曰：

> 嘉靖壬寅，宁波知府曹浩以通番船招致海寇，故每广捕接济通番之人。……明年……海道副使张一厚因许一、许二等通番致寇，延害地方，统兵捕之。许一、许二等敌杀得志，乃与佛郎机夷竟泊双屿。③

嘉靖壬寅，是嘉靖二十一年，1542 年；明年，即 1543 年，这里再度印证了上述郑舜功记载的 1540 年以后双屿中葡海商兼海盗势力的兴盛。对照葡文史料，平托《远游记》所述双屿主要是 1540—1541 年以后之事，可以互证。

明人之记载告诉我们，在 16 世纪 20—40 年代，海商兼海盗起初是"每岁夏季而来，望冬而去"而已，④ 其后发生了在双屿从"市"到"泊"的过程，即从原本私商交易之地—越冬之地—停泊聚居之地，这就是双屿城兴起的轨迹。

综上所述，锁住时间点极为重要。首先，嘉靖元年（1522 年）出现了浙海中外私人海上贸易的第一波浪潮；其后嘉靖五年（1526 年）开始的是第二波浪潮，而就在这一时间，日本银矿的发现与开采已经出现；这可以说是中国直接引发日本银矿大开发的关节点。第三波浪潮则是以嘉靖十九年（1540 年）为标志出现的，也是日本相继发现大量新银矿投入大开发的时间。需要提示的是，这三波浪潮与中国本土白银需求的推力有着密切关联，可以说没有白银的推力，就没有私人海外贸易的这三波浪潮，也就没有 16 世纪 40 年代——日本银矿的大开发。这可以作为中国引领了经济全球化开端的证明。因为当时日本流通的是铜钱，并没有白银货币的

---

① A. Kobata, "The Production and Uses of Gold and Silver in Sixteenth and Seventeenth Century Japan", *TheEcnomic History Review*, 1965, 18 (2): p. 248
② ［日］佐佐木银弥：《技术の传播と日本》；［日］荒野泰典等编：《アジアのなかの日本史Ⅵ文化と技术》，东京大学出版会，1993 年，第 50—51 页。
③ 《日本一鉴穷河话海》卷六《海市》。
④ 《筹海图编》卷一二下《开互市》，第 852 页。

需求，日本银矿的大开发是由于中国内部的白银需求直接促发的。① 这一观点已得到了日本货币史专家黑田明伸的肯定："可以认为石见银的需求在日本国内几乎没有，专门向中国出口。"②

双屿是闽商、徽商两大海商兼海盗集团为主，引入葡人和东南亚各国人、非洲人，以及日本人，开展繁盛的国际走私贸易的结果。双屿自1522年以来，经过二十几年的发展，中外民间海商以中葡海商为主体，在舟山双屿港展现了一幅全新的图景：一个新兴港城平地而起。

舟山双屿港的繁盛兴起，标志中国主动走向世界的初始阶段。在全球化开端之时，中国积极引领并参与了全球贸易体系的酝酿与形成。关注中国与全球历史发生重大变化的关联，以中国本土社会变迁与世界变革的历史潮流相融通为主要解释模式，可知舟山双屿港城的兴起并非偶然。明代自成、弘以来，白银货币化由自下而上发展到自上而下的全面铺开。嘉靖初年，16世纪20—40年代，伴随私人海上贸易的蓬勃发展，中国白银在市场流通中形成主币逐渐定型，白银渗透到整个社会，促使各阶层上上下下产生了对白银的需求。这一巨大的日益增长的白银需求，使当时国内白银储存量以及银矿开采量严重不足的矛盾凸显了出来，需求远过于供给，向海外的寻求成为必然。巨大的内需促发了走向海外的寻求，扩大的国际私人海上贸易引发了日本的银矿大开发，拉动了外银的流入。③ 中国海商和葡萄牙等外国海商结合形成大规模私人海上贸易活动，双屿港城应运而生，标志着明代中国海上贸易从官方朝贡贸易为主体向中外民间海上贸易为主体的重要转变，为明朝后期海外政策与海外贸易模式的转变作出了重要铺垫，更重要的是，中国内生原发型变革引领了经济全球化的开端。

（二）国际化：双屿城之早期近代特征

位于舟山南端，地图上静止的双屿，在16世纪初年历史上曾一度活跃兴起。以私商云集的国际海上贸易而闻名中外，连接了中国市场和国际市场。而这一以国际走私贸易为主，兴起于中国的一大海上贸易港，充分体现了16世纪全球化的发展态势，双屿具有的突出特征是国际化。

---

① 参见万明《明代白银货币化：中国与世界连接的新视角》，《河北学刊》2004年第2期。
② ［日］黑田明伸：《货币制度的世界史——解读"非对称性"》，何平译，中国人民大学出版社2003年版，第124页。
③ 参见万明《白银货币化与中外变革》，万明主编《晚明社会变迁：问题与研究》，商务印书馆2005年版，第143—246页。

1. 双屿城的城市架构

学界关于城市的定义极其繁多，一般而言对城市特征提出了一些描述性条件：一是集中，二是中心，三是有别于乡村聚落的高级聚落。关于双屿城的存在架构，由于中文资料大多阙如，只能主要利用葡文文献对之进行多元分析。

古代欧洲城市的格局非常简单，一座教堂、一个集市、一个法庭，外加一所市政厅，一座城市的主要规模就形成了。城市的延伸和扩大都是以此为中心而展开的。利用葡萄牙史料复原城市架构，葡萄牙人平托的对于双屿城的记述，最为详细：

> 来到了双屿门。谓门，实为两个相对的岛屿。距当时葡萄牙人的贸易点三里格远。那是葡萄牙人建立的在陆地上的村落，房屋踰千。有市政官、巡回法官、镇长和政府官员。那里的书记在公文的最后常常这样写道：本某，双屿城书记官，以我主国王的名义……给人的感觉是该城位于圣塔伦和里斯本之间某地。该城充满自信和骄傲。有些房屋的造价已高达三四千克鲁扎多。[1]

从城市结构和市政的发展来看，上述一段话说明，双屿城是仿照葡萄牙城市建立的，在管理上有市政厅、法官、镇长和政府官员。那里的书记自称"双屿城"书记官，说此地："给人的感觉是该城位于圣塔伦和里斯本之间某地。"也就是说在葡萄牙人看来，双屿形成的是一个典型的准葡萄牙城市。甚至有葡萄牙人认为，在双屿"如此之自由，以致除绞架和市标（polourinho）外，一无所缺"。[2]

平托记载：在双屿城，不仅有着宗教人士主持宗教仪式，而且形成了市政管理的官员，主持大型公共活动：

> 弥撒结束后，那双屿镇或称双屿城的四位主要官员走了上来。他

[1] ［葡］费尔南·门德斯·平托：《远游记》上，金国平译，葡萄牙航海大发现事业纪念澳门地区委员会、澳门基金会、澳门文化司署、东方葡萄牙学会，1999年，第192—193页。
[2]《十六世纪中国南部行纪》，第133页。

们分别是：马特乌斯·德·布里托，蓝萨罗特·佩雷伊拉，热罗尼莫·德·雷戈，特里斯唐·德·加。在共计千人左右葡萄牙人的簇拥下，他们把安东尼奥·德·法里亚带到了一所房屋前的大空场上。①

平托的记述中，还有一大段有关双屿城市架构的话，现录于下：

这村落中除了来来往往的船上人员外，有城防司令、王室大法官、法官、市政议员、死者及孤儿总管、度量衡及市场物价监察官、书记官、巡夜官、收税官及我们国中的各种各样的手艺人、四个公证官和六个法官。每个这样的职务需要花三千克鲁札多购买，有些价格更高。这里边三百人同葡萄牙妇女或混血女人结婚。有两所医院，一座仁慈堂。它们每年的费用高达三万克鲁札多。市政府的岁入为六千克鲁札多。一般通行的说法是，双屿比印度任何一个葡萄牙人的居留地都更加壮观富裕。在整个亚洲其规模也是最大的。当书记官们向满刺加提交申请书和公证官签署某些契约时都说"在此忠诚的伟城双屿，为我国王陛下服务"。②

这段话虽然存在对于双屿称谓的矛盾："村落""居留地""伟城"，但从"双屿比印度任何一个葡萄牙人的居留地都更加壮观富裕，在整个亚洲其规模也是最大的"的评价来看，这不仅是一个村落，联系下面将谈到的关于双屿的人口规模及其活动范围，可以认为双屿是葡萄牙人在中国最早的城市聚落。

2. 双屿城人口之构成

在城市研究中，人口是构成要素。双屿城人口构成复杂多元，充分显示了国际性。

关于双屿城的人口，平托《远游记》中如此论述："那里有许多来自满刺加、巽他、暹罗和北大年的葡萄牙人。他们习惯在那里越冬。"③明军捣毁时"当时那里还有三千多人，其中一千二百为葡萄牙人，余为其他

---

① 《远游记》上，第 202 页。
② 《远游记》下，第 699 页。
③ 《远游记》上，第 162 页。

各国人"。① "基督徒死亡人数达一万两千人，其中八百名葡萄牙人。"② 一些学者认为平托的说法带有夸张成分。根据明代文献记载，双屿有中国海商兼海盗群体的活动轨迹："徽州许二住双屿港，此海上宿寇最称强者"，③ "时有许栋者啸聚双屿港，兼冒二法，众至五六万"。④ 许栋等在双屿港召集海商"千余人"，"各造三桅大船，节年结伙，收买丝绵、绸缎、瓷器等货，并带军器，越往佛朗机、满咖喇等国，叛投彼处番王别㻞佛哩、内伐司别哩、西牟不得罗、西牟陀密罗等，加称许栋名号，领彼胡椒、苏木、象牙、香料等物，并大小铳、枪刀等器械"引带番夷到双屿贸易。⑤ 明人王世贞云："舶客许栋、王直辈挟万众双屿诸港，郡要缙绅利其互市，阴通之。"⑥ 双屿积聚的私商大群数千人，小群数百人，群据海岛。一至夏季，大海船多达数百艘，乘风破浪，蔽江而下；⑦ 甚至在嘉靖二十七年（1548 年）四月明军捣平双屿后，"浙海瞭报，贼船外洋往来一千二百九十余艘"。⑧ 由此可见，在海上有如此众多的中外私商船只来来往往。当时有船只被明朝官军擒获，记载"长九丈、阔二丈四尺，高深一丈七尺"，运载百人。⑨ 上述外洋 1290 余艘船只，估计其人数可达数万之多；结合朱纨在战后登岛巡视所云："双屿港既破，臣五月十七日渡海达观入港，登山凡逾三岭，直见东洋中有宽平古路，四十余日，寸草不生，贼徒占之久，入货往来之多，不言可见。"⑩ 也足证双屿贸易与市镇之繁荣。结合双屿人口构成复杂多元，以流动人口为主，平托说法还是有一定可信度的，夸张部分是死亡人数。

　　此时，舟山双屿不仅向东与日本贸易，往北与朝鲜交易，南通闽广，而且延伸到南海乃至太平洋、印度洋，远及欧洲。双屿成为国际商人大显身手的舞台，葡萄牙人是最早在那里开展贸易的外来群体之一。当时活跃

① 《远游记》下，第 699 页。
② 《远游记》下，第 700 页。
③ （明）万表：《玩鹿亭稿》卷五《海寇议》，万历刻本。
④ （明）徐师曾：《湖上集》卷一三《大明故湖广按察司副使沈公行状》，万历刻本。
⑤ 《甓余杂集》卷四《三报海洋捷事》。
⑥ （明）王世贞：《弇州史料》后集卷三《湖广按察副使沈（上启文下山）传》，万历四十二年刻本。
⑦ 《甓余杂集》卷三《海洋贼船出没事》。
⑧ 《甓余杂集》卷四《双屿填港工完事》。
⑨ 《甓余杂集》卷二《捷报擒获元凶荡平巢穴以靖海道事》。
⑩ 《甓余杂集》卷四《双屿填港工完事》。

于舟山海上的，不仅有中国沿海各地的海商，还有日本人、葡萄牙人，东南亚暹罗、彭亨、琉球、占城等国人，以及非洲人。这一点由朱纨派兵袭破双屿后，给朝廷的奏疏中排列的长长的名单所证明。[①] 重要的是，当时来自海内外、活跃于舟山海上的，早已不仅仅是明朝朝贡贸易所能限定的，这凸显了双屿港的国际性。

当时由于海上贸易得利丰厚，浙江缙绅在内的地方势要也参与了双屿的走私活动："有力者自出赀本，无力者转展称贷，有谋者诓领官银，无谋者质当人口，有势者扬旗出入，无势者投讬假借。双桅三桅，连樯往来，愚下之民，一叶之艇，送一瓜运一罇，率得厚利，驯致三尺童子亦知双屿之为衣食父母，远近同风。"[②] 总之，由于国际走私贸易的共同利益，葡萄牙人与中国海商兼海盗集团，乃至日本海商兼海寇已经结合在一起，双屿是中外私人海上贸易成规模的群体集结，是在中国最早形成的一大国际自由贸易港城。

3. 以国际海上贸易群体为主体的白银贸易

奠基在白银需求之上，双屿城以国际私人海上贸易为主体，在短时间内兴起，充分显示出 16 世纪初东亚海上国际市场的旺盛需求与经济全球化的发展趋势。

城市是在"市"的基础上兴起的，中外民间交换与交往频繁、固定地出现，使得人口的聚居成为可能。海上贸易的繁荣在双屿城的形成与发展中起了重要作用，双屿城在中国城市史上出现，是一种前所未有的异类城市——一种新兴海上贸易市镇型城市，完全不同于传统以行政区划形成的城市，也不同于同时期兴起于江南的工商业市镇。尽管明代（明清）市镇史研究已经产生了丰硕成果，[③] 但是迄今对于双屿这种新兴的、存在时间不长的、异类的雏形城市，尚鲜见关注。

明前期海上贸易以朝贡贸易为主体，以官方需要为主，如日本使团为了获取利润，最重要的进贡方物是刀剑，与民间交易关系不那么密切。伴

---

① 《甓余杂集》卷三《海洋贼船出没事》。

② 《甓余杂集》卷四《双屿填港工完事》。

③ 刘石吉：《明清时代江南市镇研究》，中国社会科学出版社 1987 年版；韩大成：《明代城市研究》，中国人民大学出版社 1991 年版；王卫平：《明清时期江南城市史研究：以苏州为中心》，人民出版社 1999 年版。［美］施坚雅主编、叶光庭等译：《中华帝国晚期的城市》，中华书局 2000 年版，等等。

随中国白银货币化的发展态势，成化以后民间私人海上贸易开始兴起，中外贸易商品结构发生了重大变化。一方面中国需要大量的白银，另一方面当时中国生产的商品远比欧洲要丰富得多，中国的丝绸、瓷器独步世界。16世纪20年代，双屿兴起，主要贸易内容是丝银与瓷银贸易，或者说这是一个以丝银—瓷银贸易而兴起的城市也不为过。在葡萄牙人到达日本种子岛以后，岛主就是以银子支付全部货款的，此后，葡人与日人的通商贸易"始告隆盛"。明人记载："日本商人惟以银置货，非若西番之载货交易也。"① 据当时来华的葡萄牙人平托所说，"据知情者讲，葡萄牙的买卖超过三百万金，其中大部分为日银。日本是两年前发现的，凡是运到那里的货物都可以获得三四倍的钱"。② 可见双屿城的进出口贸易额超过300万金，大部分是以日本白银交易。16世纪40年代初，由于葡萄牙人到达日本，随后给双屿城带来了"日本盛产白银，中国货可以在那里赚大钱"的消息，于是"当时一担生丝只有四十两白银，八天中竟然涨到了一百六十两。就是这样，还要千方百计才能购得，且质量不佳"。如一次清点货物，"除去给葡萄牙人那部分之外，还有价值在十三万日本纹银的货物。品种繁多，锦缎、丝绸、丝线、塔夫绸，麝香、细瓷"。③ 这样的记载，使得白银贸易的特性极大地彰显出来。双屿城毁后，葡人记载："据说，仅在白银、胡椒、檀香、荳蔻花、核桃及其他货物上就失了一百五十万金。"④

平托记载丝银贸易："两个人开始到岛上去收货。他们带着从主人手中借来的五六十个奴仆去收裰在树上晾晒的丝绸。此外，在两所大房子中，在很干燥的环境中还储藏着许多丝料，如前所述，总值达白银十万两，有一百多人的股份。一些股东在双屿，另外一些在满剌加。当时那批货物就是准备运到满剌加去的，这两批收回的货物价值也在十万克鲁扎多以上。"⑤ 而葡萄牙人"发现宁波售卖大量细瓷"，起初他们还以为是在宁波制造的，后来才知道江西景德镇是宁波大量细瓷的来源。⑥ 于是葡萄牙

① 《筹海图编》卷一二下《开互市》，第853页。
② 《远游记》下，第699页。
③ 《远游记》上，第178页。
④ 《远游记》下，第699、700页。
⑤ 《远游记》上，第177页。
⑥ 《十六世纪中国南部行纪》，第2页。

人在浙海也开展了大量瓷器贸易。朱纨捣平双屿以后，平托记述："据说，仅在白银、胡椒、檀香、荳蔻花、核桃及其他货物上就失了一百五十万金。"①

当时的双屿，以中葡海商为主，形成了新的国际海上贸易网络：双屿—日本—东南亚—印度洋—欧洲。新兴港口城市的经济功能突出，与此前只是"其外三韩、日本诸夷每入贡"的途径情况不同，更不是朝贡贸易时期单一对日本一国的港口可比。当时朝贡贸易已无法满足国际国内海上贸易日益增长的需求，私人海上贸易适逢其会，代之而起。"常年于南风汛发时月，运输海外胡椒、苏木、象牙、香料、刀剑、倭扇、黄铜、白银等来华进行贸易，在双屿港内停泊，习以为常"，而主要贸易中国货物生丝、瓷器、药材等出洋。伴随官方朝贡贸易向民间私人海上贸易的转变，作为16世纪初名副其实的国际私人海上贸易港，双屿海港性质国际化，海上贸易功能凸显，海上贸易航线拓展到包容跨洲、跨洋贸易，酝酿了晚明中国社会变迁和社会转型进程中海上贸易与港城出现的新格局。全球化早期的双屿城还是各种文明碰撞与交融的一个典型例证，城镇在早期近代化过程中被赋予丰富的文化内涵，显示出全球化的明显趋势。

进入16世纪以后，全球化开端，西方人扩张东来，最早是葡萄牙，接着是西班牙、荷兰、英国，在晚明相继来到了东方海上，他们采取亦商亦盗的贸易形式，展开对于海上资源的激烈争夺，从此东亚海上贸易竞争进入了白炽化。私人海上贸易的蜂起，在中国和葡萄牙乃至日本、东南亚各国都是共同存在的问题，海上的无政府状态，属于16世纪全球海上贸易体系初步形成过程中的发展常态。在全球化这种海上竞争局面初起之时，对于中国明朝朝贡贸易是挑战，对于明朝国家社会治理也是一个重大挑战。从国家治理的角度，明朝不能容许毫无秩序可言的海上活动在密近南京的地方出现，因此出兵平息。但是，双屿城的毁灭，却也不像有的学者认为的那样，是私人海上贸易的幻灭，它影响深远，对后来澳门开埠和隆庆开海都产生了极为重要的影响。

小　结

白银货币化推动晚明中国从海上与全球联系在一起，中国社会变迁与

---

① 《远游记》下，第699、700页。

全球化开端的历史密不可分，新型城镇——双屿港城的出现，充分证明了这一点，反映了社会变迁在嘉靖初年发生的深刻变化。

舟山双屿港的兴起并非偶然。明代嘉靖初年，白银货币化已经呈现出基本奠定白银为流通领域主币的态势，白银渗透到整个社会，促使各阶层上上下下产生了对白银的需求。旧的对外贸易模式——朝贡贸易不能满足需要，中外私人海上贸易蓬勃兴起，于是有舟山双屿港的凸显，标志着中国国内市场经济发展，并迅速向海外拓展，中国海商积极参与了全球市场体系最初的建构过程。从全球史的视野来看，在社会结构转型的"临界点"出现的双屿，是一个新兴的城市，也是一个新型的城市，而作为晚明出现的一种新型的城镇，双屿无疑也展示了一种近代性。这一城市虽然昙花一现，但是影响则是极为深远的，其后漳州月港和广东澳门，都可以在某种意义来说是双屿的延续。

二　郑氏海商集团崛起与海上秩序重建

吴承明先生认为："西方经济学中，对于研究中国经济史来说，最重要的是由传统经济向现代经济转变的理论，亦即现代化的理论，其中突出的理论问题是需求（市场）与供给（生产）的关系问题。"他引述马克思、恩格斯在《德意志意识形态》的"交往和生产力"一节中，把西欧的这种转变分为三个阶段：第一阶段始于 16 世纪"特殊的商人阶层的形成"，这指摆脱手工行会约束从事长距离贩运的商人，他们造成城市间生产分工，市场扩大，结果是工场手工业兴起。[1] 他还特别介绍了"J. R. 希克斯在他的《经济史理论》（1969 年）中认为世界经济发展的趋势是由习俗经济、命令经济向市场经济的转换，虽然各国悬殊，并有反复。他认为，在西欧，这种转换始于 16 世纪'专业商人'的出现。这种商人要求保护财产权和维护交易合同，而旧的制度无能为力，于是出现城邦制度，城邦和商业竞争导致殖民主义的扩张，出现世界市场。接着，进行了四个方面的'市场渗透'：适应新市场的法律、货币和信贷制度的建立；政府财政、税制和行政管理的改造；农村货币地租的普遍化和农产品的全部商品化；劳动方面自由劳动代替奴役性劳动，劳动力市场形成。而这一

---

[1]　吴承明：《经济史：历史观与方法论》，商务印书馆 2017 年版，第 286 页。

切导致了 18 世纪末的工业革命"。① 吴承明先生引述的经典论著，指引了我对晚明海商集团崛起的进一步探讨。

15—16 世纪，全球化从海上拉开了帷幕。在世界格局发生重大变动，东西方大规模直接接触的时代到来时，海上活动呈现出亦商亦盗的明显特征，战争与贸易交替进行，风云变幻，事件频发。无论官与民，晚明明朝人感受最紧迫的问题之一，是应对海上的变化。如果按照马克思所说"商业的突然扩大和新世界市场的形成"，可以视为世界范围的"商业革命"。② 中国商人早已步入了新世界——全球市场。

关于晚明的海上世界，中外学界已有诸多研究，取得了重大进展。特别是对于晚明私人海上贸易活动与西方的扩张东来，以往学界的研究已经取得了极为丰富的成果。③ 然而，对于晚明中国海上力量与秩序的整体研究，仍有探讨的空间。长期以来，很多研究者认为郑和下西洋停止后，由于海禁中断了中国海上力量的发展，到西方航海东来时，中国已落后于西方了。这种观点在社会上普遍流行，导致人们极大地忽视了晚明中国郑氏海商力量在 17 世纪曾称雄海上世界的历史事实。而形成上述观点的基础，就是没有将私人海上贸易置于中国海上力量之中。事实上，明代中国海上力量在历史上拥有重要的地位和影响，前有郑和，后有郑成功，二郑的海上功业，名垂千古。前者是明初官方海上力量的代表，后者则源自民间海上力量海商集团的崛起。海商经历了身份转换，中国海上力量则经历了重新整合，在与西方的海上博弈中胜出。

晚明中国从海上与全球联系在一起，中国社会变迁与经济全球化密不可分，以中国本土社会变迁与世界现实变革的历史潮流相融通为主要解释模式，考察晚明中国社会转型的轨迹与特点，不难看出，晚明中国最具时代意义和历史意义的发展之一，是专业商人——海商集团的崛起。

（一）身份转换：海商集团崛起

进入 16 世纪以后，西方的武装殖民者，最早是葡萄牙，接着是西班

---

① 吴承明：《经济史：历史观与方法论》，商务印书馆 2017 年版，第 287 页。

② ［德］马克思：《资本论》第 3 卷，人民出版社 1975 年版，第 372 页。

③ 林仁川：《明末清初私人海上贸易》（华东师大出版社 1987 年版）一书，全面系统地论述了私人海上贸易活动及其与西方扩张东来的关系，以及私人海上贸易的时代特点及其历史地位和影响，是一部代表作。有关海上贸易和郑成功的中外研究论著非常之多，在此恕不一一赘述。

牙、荷兰、英国，在晚明相继来到了东方海上，他们采取亦商亦盗的贸易形式，展开对于海上资源的激烈争夺，从此海上贸易竞争进入了白炽化。

嘉靖年间平息倭乱以后，明朝海外政策发生转变，意味着制度的变迁，开启了两种海外贸易模式：一是在福建漳州月港开海，允许中国商民出洋贸易；二是在广东澳门开埠，允许外商入华经营海上贸易。虽然经历了诸多曲折，但是，前者标志中国海商出洋贸易的合法化，从而孕育了海商集团迅速崛起；后者标志澳门作为中外贸易的窗口，葡萄牙人入居及其合法化，开辟了多条海上国际贸易航线。由于葡萄牙人的中转贸易必须依靠中国商人的合作，从而澳门海上贸易也成为中国海商崛起的又一途径，是中国引领并积极参与全球第一个经济贸易体系建构的见证。总之，制度变迁预示了晚明中国社会变迁和社会转型进程中海上贸易的新格局，晚明东矿西珍贸易商品结构的变化与明朝闽粤举措意味的海上贸易模式转变，为民间海商迅速崛起发展为中国社会海上力量的主体，提供了有利的契机。海商在社会转型、制度变迁的轨迹中崛起，在获得海上贸易合法化以后，更为迅速地发展壮大起来，是中国早期近代化历史进程的典型例证。

1. 郑氏海商集团的崛起

早在成、弘年间，民间私人海上贸易已经开始十分活跃。史载：

> 成、弘之际，豪门巨室间有乘巨舰贸易海外者。奸人阴开其利窦，而官人不得显收其利权。初亦渐享奇赢，久乃勾引为乱，至嘉靖而弊极矣。[①]

由于民间私人海上贸易的发展，隆庆之初位于福建南部沿海的漳州海澄，已形成了新兴的海上通商城市。"澄，水国也，农贾杂半，走洋如适市，朝夕之皆海供，酬酢之皆夷产。"在那里，"澄民习夷，什家而七"，[②]发生了靠海上贸易为生的人占据人口大多数的情形。正是因为有这样的基础，隆庆开海才最终选择了月港。史载，自隆庆改元，福建巡抚都御史涂泽民"请开海禁，准贩东西二洋"，东洋若吕宋、苏禄诸国，西洋则交

---

① 《东西洋考》卷七《饷税考》，第131页
② （明）高克正《折吕宋采金议》，《东西洋考》卷一一《吕宋》，第222页。

趾、占城、暹罗诸国。① 开海以后的情形是：

> 我穆庙时除贩夷之律，于是五方之贾，熙熙水国，跨艅艎，分市
> 东西路。其捆载珍奇，故异物不足述，而所贸金钱，岁无虑数十万，
> 公私并赖，其殆天子之南库也。……然则澄之舶政，岂非巡经国阜
> 财，固强边之最便者哉！②

开海使月港成为明朝"天子南库"的同时，重要的是实现了沿海商
民的出洋贸易合法化，在白银货币化的发展大趋势下，隆庆开海后，无论
明廷实行船引制还是饷税制，都是征收货币税，完成了关税从贡舶贸易的
实物抽分制到商舶贸易的征收货币制的转变，并逐步形成从设官建置到征
税则例等一套管理制度，从而使中国古代海上贸易管理向近代海关及其关
税过渡。

崇祯三年（1630 年）兵部尚书梁廷栋等云：万历末年，"海舶千计，
漳泉颇称富饶"。③ 后来"春夏东南风作，民之如海求衣食者，以十余万
计"，④ 可见出洋贸易的规模之大。随着海上贸易的加速发展，当时海上
贸易的主体民间海商集团迅速成长壮大起来。

海上贸易正常运行，制度变迁使得原本非法的私人海上贸易取得了合
法地位，福建海商得天独厚地获得了合法出洋贸易的权利，由此造就了闽
商在海上贸易中的优势，促使海商经营的海上贸易迅速发展，海商集团也
随之壮大起来。他们的活动足迹遍布各沿海地区，将中国市场与海外市场
联系起来。漳州月港、安海、中左所（今厦门）是晚明兴起于福建的三
个著名港口，港口状况印证了海商力量的迅速发展壮大。而福建海商集团
的崛起，以郑氏海商集团为代表。

明末郑氏海商集团的崛起，是一个值得注意的历史现象。在晚明中国
社会结构变迁和转型中，在世界融为一体的东西方海上贸易交汇中，内外
动因促使郑氏海商集团应运而生。然而，还有一点至关重要，以往却鲜见

---

① 《东西洋考》卷七《饷税考》，第 131、132 页。
② 《东西洋考》，周起元"序"，第 17 页。
③ 《崇祯长编》卷四一，崇祯三年十二月乙巳，《明实录》附录，台北："中研院"史语所
　校勘，1962 年影印本，第 2456 页。
④ 《崇祯长编》卷四一，崇祯三年十二月乙巳，第 2450 页。

提及，即这一海商集团的崛起既是制度变迁的产物，也是晚明政治变迁的结果。

隆庆万历以后，私人海上贸易已经蓬勃发展。漳州月港的海上贸易极为兴盛，周边的港口也活跃起来。泉州安海港是海上贸易的古港，安海古称安平，此时以民间海上贸易发达著称于世。《闽书》曰："安平一镇尽海头．经商行贾，力于徽歙，入海而贸夷，差强资用。"① 《安海志》记载：宋元以来"安海濒海山水之区，土田稀少，民业儒商"，在明代"商则襟带江湖，足迹遍天下，南海明珠，越裳翡翠，无所不有；文身之地，雕题之国，无所不至"。② 晚明"人户且十余万"，③ "则衣食四方者十家而七，故今两京、临清、苏杭间多徽州、安平之人"。④ 值得注意的是，明代以前，安海没有设置衙门专官管理，至万历三十五年（1607年）"钦设驻镇安海馆"，衙门置于石井书院。⑤ 这是晚明安海地位提升的证明，也说明明朝对安海的重视达到前所未有的程度。而安海正是郑氏海商集团创始人郑芝龙的家乡。

郑芝龙小名一官，号飞黄，泉州南安石井人，生于万历三十二年（1604年），成长在一个参与海上贸易的家族环境之中。郑芝龙参与海上贸易活动，是以澳门为起点的。郑芝龙的母舅黄程"行贾香山澳"，并经常来往于日本。天启元年（1621年），郑芝龙前往广东香山澳投靠黄程："一官年十八，性情荡逸，不喜读书；有臂力，好拳棒。潜住粤东香山澳寻母舅黄程。程见虽喜，但责其'当此年富，正宜潜心。无故远游，擅离父母'。一官诡答以'思慕甚殷，特候起居，非敢浪游'。于是"程留之"。⑥ 郑芝龙投靠母舅于澳门，是他从事海上贸易活动的开始。澳门的兴起，是中国商民与居澳葡萄牙人共同努力的结果。其中，福建海商的作

---

① （明）何乔远：《闽书》卷三八《风俗志》，第一册，福建人民出版社1994年版，第942页。
② （清）佚名《安海志》卷二《士风民俗》，《中国地方志集成·乡镇志》26，江苏古籍出版社1992年版，第515—516页。此志中有明朝时修旧《安海志》夹杂其中，如卷五《公署志》："我朝嘉靖末始筑安海城，院道委官守镇，仅居公馆，至万历间，钦设驻镇馆"，明显是来自明朝旧志。
③ （明）何乔远：《镜山全集》卷五二《杨郡承安平镇海汛碑》。
④ 《镜山全集》卷四八。
⑤ 《安海志》卷五《公署志·驻镇馆》，第541页。
⑥ （明）江日昇：《台湾外纪》卷一，台北：文化图书公司1972年版，第3页。

用是突出的。澳门妈阁庙神山第一亭横梁写有"明万历乙巳德字街众商建"的字样,是澳门四条大街之一德字街华商于万历三十三年(1605年)集资建立妈祖阁庙的明证;妈阁庙神山第一亭右刻有"崇祯己巳怀德二街重修"的文字,① 是澳门怀字、德字两条大街华商在崇祯二年(1629年)重修妈祖阁庙的明证,这些正是闽商在澳门据有重要势力的证明。根据陈支平先生对明末《郑氏族谱》的研究,郑氏家族从开基到明末仅繁衍了十一二代,阖族人口在明末亦不过数百人,而在族谱中明确记载死葬在广东、澳门的就有数十人之多。从记载中可以看出,明代后期郑氏家族族人到广东各地谋生最集中的地方是香山澳,共有十七人。② 郑芝龙早年到香山澳投靠舅父,在澳门接受天主教洗礼,教名为尼古拉斯·加斯巴尔德(Nicholas Gaspard)③,他在澳门学会了葡萄牙语,参与澳门与日本的得利丰厚的海上贸易,开始挖掘人生的第一桶金。天启三年(1623年),因黄程有一批生意,让郑芝龙随船到日本,于是郑芝龙的海上活动从此浮出水面。温睿临《南疆逸史》载:

> 郑芝龙,字飞黄,南安之石井人也。长躯伟貌,倜傥善权变。少随大贾李习贩日本……抚为义子,为娶日本长崎王族女为妻。芝龙既习游海岛,因募壮士攻剽海岛,积赀无算。④

江日昇《台湾外纪》记:

> 天启四年甲子六月,有福建漳州府海澄县人,姓颜名思奇,字振泉,年三十六,身体雄健,武艺精熟。因宦家欺凌,挥拳毙其仆。逃

---

① 谭世宝:《澳门妈祖阁庙的历史考古研究新发现》,《文化杂志》中文版第二九期,1996年。
② 陈支平:《从新发现的郑氏族谱看明末郑芝龙家族的海上活动及其与广东澳门的关系》,《明史研究》2007年。
③ [意] 白蒂(Patrizia Carioti)著,庄国土、苏子惺、聂德宁译:《远东国际舞台上的风云人物郑成功》,广西人民出版社1997年版,第18页。
④ 温睿临:《南疆逸史》卷五四《郑芝龙传》,中华书局1959年版,第422页。这里的李习,应即李旦。日本学者岩生成一有《日本侨寓华人甲必丹李旦考》,《东洋学报》23卷第9期。

日本，裁缝为生。居有年，积蓄颇裕，疏财仗义，远迩知名。①

　　上述记载中的李习，应为李旦，他是泉州人，在 16 世纪末到 17 世纪初曾为马尼拉华人社区的首领，是与西班牙人贸易的亦商亦盗的海上贸易集团首领，后定居于国际贸易的重要据点日本的平户。② 颜思齐在日本也是当时海商集团的一个重要首领，《靖海志》称为"主寨之首领"。③ 而郑芝龙在日本的早期贸易活动与他参与李旦、颜思齐海商集团有密切关系，因此，天启五年（1625 年）郑芝龙也才有可能在李旦和颜思齐死后继任为海商集团的首领，得到扩大发展的机遇。而郑芝龙成为首领以后，他准备利用早期在日本和台湾地区进行贸易活动的资源，扩大发展海商集团势力，回到福建沿海活动。

　　让我们来看一下明末的形势："说者咸谓东南海氛之炽，与西北之虏，中原之寇，称方今三大患焉。"④ 从国内看，东南海上占有当时明廷需要紧迫面对的三分天下；而东南海上的紧迫形势，还表现在国际关系上，即当时存在明朝人所谓"红夷"等海上侵扰的问题。为了表现当时海上的复杂面貌，这里列出一个简单的时间表：

　　天启二年（1622 年）四月，荷兰巴达维亚总督派遣司令官古尼李士·雷也山（Connelis Reijersen）率船袭击澳门，在明朝官军与葡人的合力下大败，撤退的荷兰人于七月驶至澎湖，并勾结海寇侵扰福建沿海。

　　天启三年（1623 年）明朝实施海禁，禁沿海商民不得私自与荷兰人贸易。

　　天启四年（1624 年）四月，福建巡抚南居益亲巡海上，会同漳泉道发兵澎湖，驱逐荷兰人。八月，荷兰人撤出澎湖，退往台湾。这一年，海商兼海盗首领颜思齐至台湾活动。

---

① （明）江日昇：《台湾外纪》卷一，第 4 页。
② 参见《远东国际舞台上的风云人物郑成功》中《李旦与郑芝龙：两位杰出的探险家》一节，第 18—23 页。
③ 日本学者岩生成一怀疑颜思齐的存在，他认为颜思齐即李旦。见《日本侨寓华人甲必丹李旦考》，《东祥学报》23 卷，第 9 期，但荷兰学者包乐史（L. Blusse）根据荷兰东印度公司的档案，认为是两人。白蒂则认为以目前研究状况看来，解决此问题尚为时过早，还应作更详细的探索。见《远东国际舞台上的风云人物郑成功》第 32 页注 14。
④ 《海寇刘香残稿》二，《明清史料》乙编，第八本，第 704 页。

天启五年（1625 年）颜思齐病死，部下推郑芝龙为首，荷兰人在台湾建筑普洛文希亚城（Provincia）。

天启六年（1626 年）四月，西班牙马尼拉总督费尔南多·德·席尔瓦（Fernando de Silva），派军队占据台湾鸡笼。

从以上时间表，我们可以看到郑芝龙海上集团开始成熟的年代，也正是明朝在海上遭遇西方挑战的时候。

在这样的海上背景下，天启末年兵部档案中，兵部尚书对于福建海上的状况作如下的描述：

> 若夫闽将之畏贼，甚于畏法；闽民之从贼，甚于从官。病疾入其膏肓，甜睡难于唤醒，臣不能翻从前之巢白，亦何以承向后之担负。且贼杀兵而不杀民，掠富民而小施于贫民，势甚张，人心风鹤。南风则走闽，北风则走粤，非两省会剿无以制其死命。[1]

郑芝龙于天启五年（1625 年）成为亦商亦盗的海商集团首领以后，次年（1626 年）三月在闽广沿海活动的记载，是他率部攻打漳浦旧镇，进泊金门、厦门，"竖旗招兵"，扩大队伍数千人，"所在勒富民助饷，谓之报水"，"惟不许掳妇女，焚房屋，颇与他贼异"。[2] 这里值得注意的是，当时他已显示出"颇与他贼异"的特点。

此后，天启七年（1627 年）六月，郑芝龙攻铜山、中左等地，大败明军，进入中左所。此时的郑芝龙仍然表现出他的与众不同之处："然芝龙故与他盗异，常念求抚，所过戢麾下禁侵掠。放还所获军将。每战胜，追奔，辄止兵。"[3]

地方官员已关注到他的与众不同，同安知县曹履泰云："今龙之为贼，又与杨禄异。假仁假义，所到地方，但令报水而未尝杀人。有彻贫

---

① 第一历史档案馆藏明代兵部档《兵部尚书王之臣为郑芝龙进攻铜山中左官兵御战失败事题行稿》天启七年七月，见《郑芝龙海上活动片段》上，《历史档案》1981 年第 4 期。
② （清）陈寿祺等：《重纂福建通志》卷二六七《明外纪》，华文书局股份有限公司，1968年，第 5076 页。
③ （清）邵廷寀：《东南纪事》卷一一《郑芝龙》，上海书店 1930 年版，第 282 页。

者，且以钱米与之。其行事更可虑耳。"①

海商集团很快人数剧增。回乡官员、同安董应举记述："芝龙之初起，也不过数十船耳，至丙寅（天启六年）而一百二十只，丁卯（天启七年）遂至七百，今（崇祯初年）并诸种贼计之，船且千矣。"②他对于福建海上表现出忧心忡忡："今福海贼亦无几，而海政不修，委民于贼，坐视其死，势且燎原矣。呜呼！戒之哉，毋使芝龙之祸复移之福海，拱手以听其糜烂而莫之救也。"③

对于福建海上复杂动荡的情形，朝堂之上的福建籍官员是很了解的。工科给事中颜继祖上疏言："至臣乡之于海寇，则战守并废，而剿抚两穷矣。"疏中对于亦商亦盗的"海贼"及其生存环境作了如下具体描述：

> 况贼首郑芝龙，生长于泉，凡我内地之虚实，了然于胸。加以岁月所招徕，金钱所诱饵，聚艇数百，聚徒数万，城社之鼠狐，甘为牙爪，郡县之刀笔，尽属腹心。乡绅有偶条陈，事未行而机先泄，官府才一告示，甲造谤而乙讹口，复以小惠济其大奸，礼贤而下士，劫富而施贫，来不拒而去不追。以故官不忧盗而忧民，民不畏官而畏贼，贼不任怨而任德。一人作贼，一家自喜无恙，一姓从贼，一方可保无虞。族属亲故，击揖相访，虚往皆得实归，恍若竟仕宦抽登者。然贼以舟为家，以家为寓，岁时伏猎，携白镪而还，醉饱逍遥，适来适去，无敢过而问焉。至于乌纱紫袍，骄乡党而无忌，携家接眷，张金鼓以为荣。白昼青天，通衢闹市，三五成群，声言报水，则闾里牵羊载酒，承筐束帛，惟恐后也。戏谑涯眦之怨，户婚田土之争，公然报复，焚其庐而没其产。甚至蟠炙之刑，酷于炮烙、枝解之毒，兼以凌迟。百姓闻风鹤而魂销，挈妻儿而露处，真耳目未经之奇变，而今古旷见之元凶也。④

---

① （清）曹履泰：《靖海纪略》卷一《答朱明景抚台》，此书写给福建巡抚朱一冯，作于朱一冯初到任之时。查曹履泰是"天启乙丑进士，知同安县"，因此他于天启五年（1625年）在任，而书中言"两年之内"，因此时间应在天启七年（1627年），见光绪《海盐县志》卷一五《曹履泰传》，台北：成文出版社1975年版。

② （明）董应举：《崇相集》卷四《米禁》，崇祯刻本。

③ （明）董应举：《崇相集》卷四《福海事》。

④ 第一历史档案馆藏明代兵部档《兵部尚书阎鸣春为备陈郑芝龙海上活动题行稿》，崇祯元年二月二十九日。见《郑芝龙海上活动片段》下，《历史档案》1982年第1期。

从官方来看，福建处于"战守并废""剿抚两穷"的状态。这种状态的解决，明显需要有转机的出现。

2. 身份的转换

郑氏海商集团崛起后，首先是以海寇面貌出现在官方记载之中。从海寇到明朝官员的身份转换，海商在政治领域营造了自己的地位，这是郑氏海商集团发展历程中的关键一步。

实际上，早在天启末年，福建地方官员已有招抚郑芝龙的举动，也就是所谓丙寅（天启六年，1626 年）招抚之议。彭孙贻曾记如下一段故事：

> 芝龙，泉州南安县石井巡司人也；或曰，漳州府之漳镇人。芝龙父绍祖为泉州库吏。蔡善继为泉州知府。府治后衙与库隔一街相望。芝龙时十岁，戏投石子，误中善继额，善继擒治之，见其姿容秀丽，笑曰："法当贵而封"。遂释之。[①]

谷应泰记述：

> 纵横海上，官兵莫能抗，始议招抚。以蔡善继尝有恩于芝龙，因量移泉州道，以书招之，芝龙感恩为约降。及善继受降之日，坐城门，令芝龙兄弟囚首自缚请命。芝龙素德善继，屈态下之，而芝龙一军皆哗，竟叛去。[②]

招抚失败后，总兵俞咨皋原主张抚，后改为剿，却都不成功，以致败逃。崇祯元年（1628 年）兵科给事中李鲁生题本云：

> 臣见臣同官颜继祖疏言，其乡海寇为害，流毒地方，皆总兵俞咨皋受贿通贼所致，不十日而抚臣疏至矣，科臣先见之明，盖亦知地方养痈之久，势所必至者。然贼已舍船登岸，略地攻城，而咨皋拱手以中左所授之，单骑宵遁。是逃也，是失陷城池也，律有明条，谁敢私

① （清）彭孙贻：《靖海志》卷一，中华书局 1958 年版，第 1 页。
② （清）谷应泰：《明史纪事本末》卷七六《郑芝龙受抚》，中华书局 1985 年版。

之。皇上既已著按臣提解来京正罪，足泄闽人之愤，而惩闽将之
后矣。①

当时朝堂之上一筹莫展：

闽南服之邦也，去都甚远，奏报难以碎至。贼发难在去年之冬，
而警报在今年之春，此时彼地不知作何光景？臣止见闽人之宦于朝而
偕计于公车者，无不相对愁叹，以为祸至之无日也。不忧有贼，而忧
无官，不忧无官，而忧无城邑②。

就在此时，新一轮招抚之议起，而且得到了新任福建巡抚熊文灿的切
实规划实施。史载，崇祯元年（1628 年）"六月，兵部议招海盗郑芝龙。
九月，郑芝龙降于巡抚熊文灿"。③ 这表明，于崇祯元年（1628 年）初仍
"猖獗海上"，被明朝官员称为"海寇""海贼"的郑芝龙，④ 在这年九
月，已经受抚于明朝。

关于郑芝龙接受招抚的过程，许多文献都有所记载，但是作为当时当
事人，即亲历者的同安知县曹履泰，他的《靖海纪略》收集了其任职期
间的文书信函，可以使我们了解更多的历史细节。曹履泰，字方城，浙江
海盐人，天启五年（1625 年）进士，任福建同安县知县 5 年，严保甲、
练乡兵，维护地方秩序。他记录了招抚郑芝龙的全过程，并亲身经历与郑
芝龙联兵战败蹂躏地方的海寇李魁奇、钟斌等。《靖海纪略》一书卷一至
三是公文信函，卷四是团练乡兵条约等文书，这些当时产生的文字记录，
具有地方档案的性质，有很高的史料价值。下面以此书为主，结合其他史
料，梳理郑氏身份的转换与明末海上秩序的重建过程。

当时，荷兰人曾参加明朝官方助剿活动，情况颇为复杂，海商集团与

---

① （清）谷应泰：《明史纪事本末》卷七六《郑芝龙受抚》，中华书局 1985 年版。
② 第一历史档案馆藏明代兵部档《兵部呈为兵科给事中李鲁生题谕选将募兵以速闽省兵机
事本》，崇祯元年二月二十四日。见《郑芝龙海上活动片段》下，《历史档案》1982 年
第 1 期。
③ （清）谷应泰：《明史纪事本末》卷七六《郑芝龙受抚》。
④ 《崇祯长编》卷五，崇祯元年春正月己丑，见《明实录》附录，台北："中研院"史
语所校勘，1962 年影印本。

荷兰人也有联系。① 至于吕宋西班牙人的助剿,似乎朱一冯曾经有意,但曹履泰说"吕宋助剿之船,来无可据"。② 所以我们暂时把西方因素放在一边。

郑芝龙在中左登岸,当时官方"兵船新旧,被焚被牵,无一存者",致使"全闽震动耳"。③ 曹氏书中言:"陈熙老招安之议,造福固非浅,然闻贼望甚高,何以结此局? 反复思之,真食不下咽,而寝不贴席,终未敢赞一词也。"④

根据这段记述,我们可以知道,起初曹履泰并不赞成招安之议。书中所说"陈熙老",应是指同安人陈如松。陈如松,万历壬子(1612 年)举人,曾任浙江萧山知县、太仓知州。天启甲子(1624 年)告老回乡。他的《莲山堂文集》中收有《议招抚郑芝龙檄文》一篇。据《莲山堂文集》书前丘复《明太仓知州同安陈公传》所记:"海寇郑芝龙屡败都督俞咨皋,逼近中左。知县曹履泰延公为文招之,邑赖以安。"⑤

陈如松《议招抚郑芝龙檄文》开篇云:"告尔海上诸君。事贵长计,业期久远。抗国威、毒民命而得久远令终者,未之前闻。"首先以远则方腊、杨么、宋光明,近则吴鹏、林凤、林道乾的前车之鉴打动郑芝龙,希望他不忘忠孝之心,为忠孝之事,自负英雄之才,为英雄之举。他指明忠孝之事,就是"劝谕诸众,解散归家,见其父母妻子,各营生理。清福共享,无犯顺之非,泯招抚之迹,吉祥善事,计之上也"。接着指出招抚之路:"如欲招抚,亦宜泊舟外岛,按众不动,徐以介使直陈本意。若何封赏,若何安顿,若何解散,以待我之处分。商略已定,然后举行,亦计之得也。"从下面"今圣神握阿,朝野清明,即以悍逆之魏阉,亦束手服药而毙。气运已转,真才亦将出现矣"的话语,可知此檄文作于崇祯皇帝即位以后。最后在檄文中,主要指责郑芝龙"集众蹂躏,毕竟同归于扰;自谓欲抚而局面布势又似不欲即抚"的模棱两可态度,让郑芝龙早自为计,另遣邑人登舟面议招抚之事。⑥

---

① 《靖海纪略》卷一《答朱抚台》,《台湾文献丛刊》第 116 册,第 7 页。
② 《靖海纪略》卷一《答朱抚台》,《台湾文献丛刊》第 116 册,第 9 页。
③ 《靖海纪略》卷一《上朱抚台》,《台湾文献丛刊》第 116 册,第 11 页。
④ 《靖海纪略》卷一《与黄东崖同年》,《台湾文献丛刊》第 116 册,第 13 页。
⑤ 《莲山堂文集》书前,丘复《明太仓知州同安陈公传》,商务印书馆 1918 年版。
⑥ 《莲山堂文集》下册,1918 年印本。

实际上，天启六年（1626年）十二月，郑芝龙泊于漳浦之白镇。福建巡抚朱一冯遣都司洪先春率舟师击之，大败。此时郑芝龙已有求抚之意："然芝龙故有求抚之意，欲微达我兵，乃舍先春不追；获卢游击，不杀；又自旧镇进至中左所，总兵俞咨皋战败，纵之归；中左人开城门求不杀，芝龙约束麾下，竟不侵扰。警报至泉州，知府王猷知其详，乃曰：芝龙不追、不杀、不焚、不掠，似有归命之意。今剿难猝灭，议或可行，不若遣人往谕退舟海外，仍许立功赎罪，有功之日，优以爵秩。兴泉道邓良知从之，遣人谕意。"①

在与前任同安知县李任明书中，曹履泰提到天启六年（1626年）春夏之间，当时福建巡抚是朱钦相，已有"议抚"之说，而总兵俞咨皋"助寇养乱"，曹氏则颇不同意，几乎被排挤。到天启七年（1627年）三月，"郑寇"入中左；七月，"寇入粤中"；九月，俞咨皋曾引"红夷"击之，而荷兰人战败而逃，郑芝龙"乘胜长驱"。当时"官兵船器，俱化为乌有。全闽为之震动。而泉中乡绅不得已而议抚"。②

在与乡宦黄元眉书中，曹履泰痛斥"自贪懦无耻之将，养成痈疽，一朝而溃，有言之可痛可涕者"，追述"郑寇"至中左时，团练乡兵曾经一呼而集，"杀贼无数"，遂使内地平安，然而沿海一带鞭长莫及，有航行北上之忧。于是"两台从郡中公议，不得不议抚"。③

综而述之，明朝末年对于海商兼海盗集团，实行的是剿与抚的传统两手策略。早在天启六年（1626年）朱钦相任福建巡抚之时，已有招抚之事，蔡善继招抚不成，朱钦相内擢，而新抚朱一冯未到任，于是剿抚之议因此搁置。④ 天启七年（1627年），郑芝龙在福建沿海大肆攻掠活动，震动全闽，招抚之议又起，这时已是朱一冯为巡抚时。如果说上次的招抚之议，主要是在地方官员层面，那么这次从曹氏记述来看，已是地方乡绅的意愿，而当时乡兵的踊跃，也说明有民意所在。此时郑芝龙有明确的求抚之意，故在崇祯元年（1628年）七月，新任巡抚熊文灿到任后，招抚得到具体实施。

① 《靖海志》卷一，中华书局1958年版，第2—3页。
② 《靖海纪略》卷一《与李任明》，《台湾文献丛刊》第116册，第22页。
③ 《靖海纪略》卷一《与乡宦黄元眉》，《台湾文献丛刊》第116册，第15—16页。
④ 《台湾外纪》卷二，第18页。

从《闽书》熊文灿《序》中，我们可以了解到新任福建巡抚的治理观：

> 今日疆场，固不专事西北，而兼在东南。闽冯山阻海，上郡接壤东粤，萑符所聚，潢池盗弄，往往见告；三山以南列郡，星罗于沧波浩淼之侧，昔患苦倭奴，近患苦红夷，而又土狭人调，谷食不赡，今且不忧卉服，而忧赤子。番钱内艳、粟货外流，洋船聊可资生，中左遂成扼要。又，谭中丞、戚少保所增设之寨游，战具岁久弊丛，几不可问。不佞谬膺简畀，入疆受事，山海剧贼，并肆披猖，赖圣天子钟鼓之灵，诸大夫帷谋之力，或焚巢悉就诛夷，或稽首归我戎索，或逆我颜行而橐街竿首，或剪彼凶狡而沉溺蛟宫。山海情形，亦稍稍有次第矣！乃伏莽之戎，走险之兽，无在无时不可窃发，则根本之图，善后之虑，惟二三良有司与师武臣是赖。计所以安阜之，使不必盗；教诲之，使不肯盗。无盗，则豫防御之，使不敢盗；有盗，则急起剪灭之，使不及盗。……或因剿而为抚，或借抚以用剿。①

其中"或因剿而为抚，或借抚以用剿"，是指将抚与剿结合兼施，达到灵活运用的境地。熊文灿招抚郑芝龙、剿灭李魁奇和钟斌，正是以此展开实践的。

按照《崇祯长编》的说法，郑芝龙受抚之初，并没有实授官职：

> 崇祯元年七月，纳海寇郑芝龙降。芝龙称兵海上颇禁淫杀，不攻城堡，不害败将，人多言其求抚之心颇真。至是抚臣以请。帝谕兵部曰：郑芝龙啸聚弄兵，情罪深重。据奏歛众乞降，缚送夥党陈芝经，输情悔罪，尚有可原……姑准抚臣朱一冯、按臣赵胤昌等奏，给与扎付，立功自赎。舟中胁从，尽令给散，海上渠魁，责令擒杀，俟果着有功绩，应否实授，奏请定夺。②

---

① （明）熊文灿：《闽书序》，何乔远《闽书》卷首，第一册，福建人民出版社 1994 年版，第 1—2 页。
② 《崇祯长编》卷一一，崇祯元年七月癸未。

《台湾外纪》则云："遂以义士'郑芝龙收郑一官'功题,委为海防游击。"①

曹履泰曾作书《谕郑芝龙》,谈及"尔果实心效用","岂不甚愿",对郑芝龙提出的"水操游击",说那不是抚按作得主的,劝谕其不要求之不得,就自泉州往兴化、福州,一路骚动,不但有害于无辜的百姓,也不利于他的一己功名。② 由此可见,在招抚问题上,曹履泰虽然并不是倡议者,但是对郑芝龙的招抚过程,他是切实参与的,此劝谕也可以说明当时招抚已定,而郑芝龙想要得到的官职没有得到,故在受抚之初存在波动。

谷应泰记述:崇祯之初,郑芝龙受抚以后"锐意行金","是以荐剡频上,爵秩屡赐,坐论海王,奄有数郡"。③ 这应该是后来发生的事情。其实,无论当时是否实授官职,明廷招抚郑芝龙成功,就意味着郑芝龙完成了身份的转换。

身份的转换,标志着明朝官方对于海商的认可和海商对于国家的认同,二者有了合作的基础。面对海上的无序,重建秩序成为官民共同的利益所在。

(二) 海上秩序的重建

从曹氏《靖海纪略》中看来,招抚郑芝龙成功,与剿灭曾是郑芝龙同伙、抚而又叛的李魁奇、钟斌等海盗集团有密切联系。

林仁川先生指出:"郑芝龙为了发展海上贸易,也想借助明朝政府的力量,消灭这些竞争对手,以达到垄断海上贸易的目的。因此,就乐于接受明政府的招抚。在这种互为利用的情况下,双方达成默契。"④ 这一论断无疑是正确的。而我们还应该看到明朝地方官员在危机时刻,实际上选择了抚与剿两种政策的兼施,借助郑芝龙海上力量,增强官方对于其他海寇的打击力度,官与民形成合作机制,同舟共济,铲除了海上不安定的因素,最终恢复了久违的海上秩序。

----

① 《台湾外纪》卷三,第31页。

② 《靖海纪略》卷一《谕郑芝龙》,其中有"莅同以来,以更四岁"之语,曹氏于天启五年（1625年）任同安知县,故知此文作于崇祯二年（1629年）,《台湾文献丛刊》第116册,第14页。

③ （清）谷应泰:《明史纪事本末》卷七六《郑芝龙受抚》,第10册,中华书局1985年版,第122页。

④ 林仁川《明末清初私人海上贸易》,第118页。

　　万历年间福建地方官绅对海上事宜已投入了前所未有的关注。《东西洋考》一书,作者张燮是应当时海澄县令陶镕之请而书写,后来又应漳州府督饷官王起宗之邀完成。此书在万历四十五年(1617年)由漳州地方官主持刻印出版。海澄和漳州的地方官员如此重视编辑出版这部书,本身已说明明朝地方官员对于海上事宜的重视程度,同时,也代表了地方官绅对于直接关乎民生的海上事宜的投入。

　　明末内忧外患的危机感,促使地方官绅对海盗态度发生转变。明末闽粤浙,也就是东南海上是一盘棋,官方苦于海上不宁。在明朝官方看来,以海寇面貌出现的郑芝龙受抚以后,就要负有维护海上安全和秩序的职责,而郑芝龙在受抚以后,随着身份的转换,他也确实为海上秩序的重建而奋力转战。

　　崇祯二年(1629年),闽人何乔远云:"夫芝龙归心于我,为我守护,万耳万目所共靓,而海上之民倚为捍御。"① 当时"中左隶于同安,去县城仅五十余里",② 同安知县曹履泰经历郑芝龙受抚前后的历史过程,《靖海纪略》一书中涉及他对郑芝龙态度的变化,值得我们关注。曹氏在郑芝龙受抚前,曾上书福建巡抚朱一冯,言及"贼势猖狂,援兵不至。职只有奉行钧令,严保甲、练乡兵、保守城池而已。库藏如洗,巧妇难炊。职劝谕乡绅监生及富民好义者,各捐资募勇士百余人以防守近澳,众皆乐从之"。③ 书中称"贼"而不名。郑芝龙受抚以后,为地方做了些好事,曹履泰记录:"今郑芝龙护送谷船,专以救我同民。"④ 这里已见称呼姓名,而不加贬义的"贼"。曹履泰曾云:"不肖每禀上台云:目前无他着,惟是用芝龙以攻贼,借芝龙以修备,两言便可包括海上之事。"⑤

　　我们不仅要注意地方官员对于郑芝龙的态度转变,还应注意到在郑芝龙维护地方、平定海盗的功绩背后,有朝廷政令在地方社会贯通并领头执行的角色——如曹履泰这样的地方官员的身影,也就是说,地方政府的

① (明)何乔远:《镜山全集》之《海上小议》,见傅衣凌、陈支平《明清社会经济史料杂抄》(续九),《中国社会经济史研究》1988年第2期。
② 《靖海纪略》卷三《上司李吴磊斋》,第53页。
③ (清)曹履泰:《靖海纪略》卷一《上朱抚台》,《台湾文献丛刊》本,人民日报出版社、台湾大通书局,第116册,第5页。
④ 《靖海纪略》卷一《定商人谷价告示》,《台湾文献丛刊》第116册,第22页。
⑤ 《靖海纪略》卷二《海上近事与黄东崖、燕同兰、丁哲初、林让菴》,第39页。

背景。

原本受抚的李魁奇在崇祯元年（1628 年）九月叛去，当时郑芝龙惊惶不定，一方面担忧新任巡抚熊文灿到来招抚有变，另一方面要担心其他海盗合伙夹攻，势孤力单，甚至性命难保。[①] 在这样的情形下，作为同安知县的曹氏，组织团练乡兵，为之募船、调集兵丁等，给了郑芝龙极大的支持。为了保守地方，即地方秩序的重建，曹履泰不遗余力，他发布《招回告示》：

> 为地方事，照得海盗横行，所在焚掠，今为剧贼，昔皆良民也。人非生而为盗，一念之差，便而失足。从正有路，要在挽回。今与尔诸民约：凡有子侄弟兄在海为非者，着父兄叔伯即去劝谕，归家改过，便是良民。本县乐与自新，既往之事，决不推究……本县一点爱民真心，从无虚伪……[②]

他还亲自参与组织团练乡兵，制订《团练乡兵条约》，以选壮丁、编家甲、别旗帜、精器械、贮粮食、谨瞭望、修栅隘、造金鼓、定赏罚、严约束为主要内容。[③]《海盐县志》载："同安无兵，履泰编刘五店等湾渔民为伍，曰渔兵，择社首许克俊为哨总领之，团结村落相应援。"[④] 团练乡兵来自地方基层民众，特别是由于海上不靖，渔民深受其害，因此渔民积极参与打击海盗的战事，由此可见当时海上秩序的重建，也是有社会基础的。曹履泰记述："查刘五店壮丁不及千，连结十三保之众，则有万人。团练之法，不让十八保。"[⑤] "协同官兵剿捕剧贼，不论中左、金门、料罗、澳头等处汛地，如遇寇警，俱要首尾相救，期于制敌。""贼到五通地方，乡兵聚集数千搏之，贼各负伤而去。职召彼处乡民，遍为奖劳，令富者给贫丁以器械，并助以饭食。贼至则合力追擒，人心无不乐从者。"[⑥]

---

① 《靖海纪略》卷一《上朱未孩道尊》，《台湾文献丛刊》第 116 册，第 23—24 页。
② 《靖海纪略》卷一《招回告示》，《台湾文献丛刊》第 116 册，第 8—9 页。
③ 《靖海纪略》卷四《团练乡兵条约》，第 63—65 页。
④ 光绪《海盐县志》卷一五《人物传》，清刻本。
⑤ 《靖海纪略》《上朱未孩道尊》。
⑥ 《靖海纪略》卷一《答朱抚台》，第 6 页。

"盖船户至今日，亦知遍海皆贼，藏舟无用，而人人有义愤矣。"①

实际上，当时招抚及其后的剿灭海盗活动，主要由地方政府组织并配合实施。曹氏记述："附近乡兵，约有二千余人，分为三十二社。职令其每社立一社首，每十人编为一甲，已亲往料理矣。"② 不仅有乡兵之助，在曹氏文书中也有"望台台吊南日寨船二十余只以助之"的记载。③

团练乡兵在恢复地方和海上秩序中发挥了重要作用，郑芝龙与明朝同安知县曹履泰联兵击败了李魁奇海盗集团势力。当时李魁奇有大小船百只，3000 多人。曹履泰记述："职令各乡总督率乡兵数千人，于要路堵杀，贼不敢登岸。"而"芝龙自刘五店而往石井，招募乡兵数百，借本县船五十余只，以为剿叛之计。初八日，芝龙对银二十两与刘五店澳长高大藩，要募乡兵五百名。职令大藩还伊银。答之曰：汝辈真能发愤剿贼，乡兵自当助一阵，何须银为？以是芝龙感激，舞思奋胆，气甚壮"。④

曹履泰亲往刘五店，"督发渔舟三十只，壮丁五百名，给以十日粮，协助芝龙出海，壮彼声势"。⑤ 于是"郑芝龙同刘五店渔兵六百余名，于镇海外洋与李魁奇大战，擒获贼船四十余只，犁沉八十余只，贼众溺死无数"，捷音飞报。⑥ 正是有曹氏这样的地方官员大力撑持，有官民合作的基础，给了郑芝龙以足够的胆略和底气，形成了海上武装劲旅，平定了海上。难得的是，曹氏为官"若宦舍萧然，原是书生故我"，他曾作书寄给亲人："他人做官带金银回来，我做官保全性命回来，便是铁汉。"⑦ 曹履泰与郑芝龙的合作，说明恢复海上秩序，是海商集团与地方政府的共同目的。改变了身份的郑芝龙和地方官员密切配合，组织发动民间武装力量，实现了海上秩序的重建。需要说明的是，如曹履泰这样力图恢复地方秩序、"由是商民皆赖之"⑧ 的地方官在当时不是个别的，崇祯年间先后致力于地方由乱到治的县官，见诸史册的有海澄知县刘斯㙹、上杭知县吴景灏、武平知县巢之梁、海澄知县余应桂、漳平知县高光映、永定知县徐承

---

① 《靖海纪略》卷一《答朱抚台》，第 8 页。
② 《靖海纪略》卷二《上蔡道尊》，第 35 页。
③ 《靖海纪略》卷二《上徐道尊》，第 37 页。
④ 《靖海纪略》卷一《上熊抚台》，《台湾文献丛刊》第 116 册，第 28 页。
⑤ 《靖海纪略》卷二《上徐鲁人道尊》，第 35 页。
⑥ 《靖海纪略》卷二《报熊抚台》，第 36 页。
⑦ 《靖海纪略》卷一《答项元海》，《台湾文献丛刊》第 116 册，第 30 页。
⑧ 民国《同安县志》卷三五《循吏传》，台北：成文出版社 1967 年版。

烈、龙岩知县邓藩锡、仙游知县赵德荣、宁阳知县陈良言、漳平知县张重任等人。① 这种情形说明，有学者认为明朝地方政府当时已失去了干预沿海海上活动的任何能力，未免有失实之嫌。一般而言，明朝末年的官场腐败众所周知，曹履泰提供了另一种形象，这提醒我们，社会的复杂性不能简单化地认识。

崇祯三年（1630年）十二月《福建巡抚熊残揭帖》中，提及董应举"率子弟招集惯海渔船，得七百余兵，大挫贼于盔山海中，擒其巨魁，焚沉贼船无算，贼因远遁"。② 至崇祯四年（1631年）二月，福建巡按罗元宾疏复兵科给事中马思理条议海寇未靖一疏，言及："闽中年来夷寇交讧，海滨之民，未得安居乐业。而原任工部侍郎董应举实心干济，加意绸缪，处湖海而分庙廊之忧，保桑梓而增省会之障，命其子南京前卫经历董名玮招练乡勇，联络渔兵，俾水陆之声势藉以壮观，因此巨魁授首，贼氛渐靖。福州一路幸安衽席，皆应举之功也。若郑芝龙已能为吾用命，无复往时要挟之状，驾驭操练，在臣与道臣，自应有以摄其气而柔其心，无容再议。"③ 这里所云，涉及归乡官员，也即乡绅在海上秩序重建中的重要作用。

招抚之初，熊文灿上报郑芝龙的行为，有"督抚檄之不来，惟日夜要挟请饷，又坐拥数十万金钱，不恤其属"之说。④ 显然，郑芝龙欲借助明朝政府的庇护与支持，不遗余力地扩大自己的势力。与此同时，明朝地方大员也切实给与了支持，熊文灿曾向户部请求存留赋税以供军饷。⑤ 曹氏记芝龙请饷，"大费商量"，"蒙台台发银二千两，殊有欢欣鼓舞之意矣"。⑥ 在官方的支持下，"六月，芝龙斩叛贼杨六、杨七于浯州港（浯州，金门别名）收其众。八月，裕采老掠闽安，文灿檄芝龙。龙追于南日，灭之"。⑦ 三年（1630年）二月，两广总督王尊德疏报称："闽贼李魁奇阳言就抚，而聚兵造船，肆毒无已，由闽及粤，其祸蔓延，福建抚彝

① 《福建通志》卷二六七《明外纪》，第5076—5079页。

② 《福建巡抚熊残揭帖》崇祯三年十二月初七日到，"中研院"史语所编《明清史料戊编》第一本，又《台湾文献丛刊》116册，《靖海纪略》附录，第81页。

③ 《崇祯长编》卷四三，崇祯四年二月丁卯。

④ 《福建巡抚熊残揭帖》。

⑤ （明）毕自严：《度支奏议》，《福建司》卷二，崇祯刻本。

⑥ 《靖海纪略》卷二《答熊抚台》，第41页。

⑦ 《台湾外纪》卷三，第33页。

守备郑芝龙亲督标兵，并新抚船只，在中左港合攻魁奇，就擒其党，斩溺无算。海氛肃清"。① 曹氏记："钟斌已叛李魁奇矣。职已密令郑芝龙收之。本县渔船及壮丁一一豫整，以待腊月望后便可举事。"② 此后，熊文灿诱钟斌到泉州，令郑芝龙设伏于大洋，钟斌败，"投海死"。③

崇祯初年重建海上秩序，包括两个重要方面：内平海盗与外逐"红夷"。晚明中国海上力量经历了由官方到民间，又从民间到官方的循环转化过程，重新整合后，不仅剿灭了海盗，而且在海上挫败了荷兰的侵扰。

《巴达维亚城日志》1632 年 5 月 3 日记载，当时有台湾安平的戎克船到达巴达维亚，报告总督说："在中国沿岸新发现海贼 Tan Glaew 者，据闻拥有六七十艘之戎克船，其大部分均为小船，彼因将海贼 Lapjihon 驱向南方，增加其兵力云。又云，该海贼 Tan Glaew 曾袭击厦门郊外，杀人焚舍，抢劫妇女，并将该港之最佳戎克船收用"。④ Tan Glaew，应即刘香。崇祯六年（1633 年）六月，新任荷兰台湾长官布德曼士（Hans Putmans）企图"使用武力以开始中国贸易"，袭击海盗 Tan Glaew，而猛烈进攻中国沿岸。⑤ 当时派出 7 艘战舰，而"为推行对于中国沿岸既定计划"，在 7 月 31 日又派遣了 1 艘。⑥ 荷兰船舰对郑芝龙和明朝官军发动袭击，击毁 20 多艘战船，使明军遭受沉重损失。福建巡抚邹维琏调集舟师，身任"五虎游击将军"的郑芝龙担任指挥官，在漳州海澄誓师出发，在澎湖的遭遇战中，焚毁荷船一艘，生擒荷将一名，溺死荷兵数百。10 月 22 日，荷兰船舰"被一官之戎克船一百五十艘所袭，相与交战中，受多数火船所攻击，以致也哈多船布吕格合分号及士罗德台克（Slooterdijck）号与荷兰人约计百人同时失踪"。⑦ 在郑芝龙率领下，在金门料罗湾打败荷兰人。经此一役，郑芝龙声势大振，荷兰人被迫放弃了以武力进攻强求贸易的企图。

福建巡抚邹维琏在奏捷书中称："此一举也，生擒夷酋一伪王、夷党

---

① 《崇祯长编》卷三一，崇祯三年二月丙子。
② 《靖海纪略》卷三《上熊抚台》，第 56 页。
③ 张廷玉等《明史》卷二六〇《熊文灿传》，中华书局 1974 年版，第 6734 页。
④ ［日］村上直次郎原译、郭辉中译：《巴达维亚城日记》第一册，台湾文献委员会印行，1988 年，第 79 页。
⑤ 《巴达维亚城日记》第一册，第 94 页。
⑥ 《巴达维亚城日记》第一册，第 94 页。
⑦ 《巴达维亚城日记》第一册，第 95 页。

数头目，烧沉夷众数千计，生擒夷众一百一十八名，馘斩夷级二十颗，烧夷甲板巨舰五只，夺夷甲板巨舰一只，击破夷贼小舟五十余只，……闽粤自有红夷以来，数十年间，此举创闻。"

在世界最重要也最具竞争性的海上场域之一，明末中国海上力量重新整合，官民合作，迎战了西方强有力的扩张侵扰行为，并取得了胜利。

至崇祯八年（1635 年），刘香海盗集团被剿灭在田尾洋，海患平息。明末档案有着这样的记述："主将郑芝龙英风惯日，豪气凌云，阵列风云变幻，胸蟠甲兵纵横，遇香魁于田尾洋，号令奋发"，"香势穷力促，纵火自焚，群鲵半口于燎焰，余孽多溺于洪波，此诚东南血战第一奇捷也"。①

从此以后，郑芝龙荡平了海上的各个海盗利益集团，取得了控海权，掌握了东西洋贸易网络，同时迫使荷兰人也不得不与郑氏达成海上航行与贸易的协议。郑芝龙成为东方海上世界的强权人物，以强大的武装力量和雄厚的资本在国际市场上与荷兰、日本以及东南亚各国的竞争中胜出。郑氏海上集团"独有南海之利"，表现在"芝龙幼习海，知海情。凡海盗皆故盟或出门下，自就抚后，海舶不得郑氏令旗，不能往来，每一舶例入三千金，岁入千万计，芝龙以此富敌国。自筑城于安平，海梢直通卧内，可舶船径达海，其守城兵自给饷，不取于官。旗帜鲜明，戈甲坚利，凡贼遁入海者，檄付芝龙，取之如寄，故八闽以郑氏为长城"。②

身份转换后的郑芝龙官运亨通，崇祯十二年（1639 年）六月，郑芝龙击败荷兰人于湄洲洋，升芝龙为副总兵。③"十三年秋八月，加福建参将郑芝龙署总兵。芝龙既俘刘香老，海氛颇息，又以海利交通朝贵，寝以大显"。④ 在南明弘光时升南安伯，劝进隆武，进平虏侯，后封为平国公。⑤ 郑氏家族"一门声势，赫奕东南"。至南明隆武朝，满朝需要倚仗郑芝龙海上集团，乃至"宰相半出门下"，其地位显赫，更非同一般，不可一世：

---

① 《海寇刘香残稿》，《明清史料》乙编，第七本，第 688 页。

② （清）邹漪：《明季遗闻》卷四，《福建两广》。顺治刻本。

③ 《福建通志》卷二六七，《明外纪》。

④ 《明史纪事本末》卷七六《郑芝龙受抚》。

⑤ （明）黄宗羲：《赐姓始末》，中华书局 1979 年版，第 2 页。

时内外文武济济，然兵饷战守机宜，俱郑芝龙为政。鸿逵、芝豹皆其弟也。故八闽以郑氏为长城。芝龙开府于福州，坐见九卿，入不揖、出不送。[①]

迎合当时政治气候，对于民间海商力量是剿是抚，明末突出了政策议题的主导作用。郑芝龙海商集团在海上能够获胜的重要原因之一，是借助地方政府官员的支持。地方官员乡绅当中尽管有很多人不满意郑芝龙，但是相比之下，他们更关心的是地方或乡梓的秩序问题。招抚郑芝龙，是一把双刃剑，一方面会带来海盗的平定，海上的安宁，另一方面海商的政治化，提高了海商群体在明朝政治中的重要性，也会增强海商利益集团谋取特殊权益。借助财富和武装力量，从对抗走向了合作的郑氏海商集团成功转换了身份，而明末官、商、民的合作，是海上秩序重建，并在与西方海上势力博弈中获胜的关键。总的来说，郑氏海商集团跻身于明朝政治，成为统治层中海商集团的政治首领和政治代言人，统一了东南海上，成为一支足以与荷兰相抗衡的力量，是明末社会结构变迁的重要组成部分。

经济是政治的基础，政治是经济的集中表现。明末郑氏海商集团的崛起，是财富与权力的结盟，作为一种社会政治现象，再次印证了经济与政治的密不可分。郑芝龙身份的转换，标志明朝官方对于民间海商的认可与海商国家意识的强化。晚明中国沿海出现反映海上贸易发展要求、代表海商利益的地方政治势力，在明末接受朝廷招抚后，这种带有海商利益代表性质的地方政治势力，参与到国家政治之中，从此海商集团在明末政治中占有一席之地，特别是在南明政治中显示了举足轻重的作用。沿海私人海上力量作为政治力量的出现，是明后期中国社会经济结构变迁、经济结构转型带来的政治新变化。换言之，这种政治现象的出现，说明晚明中国社会经济结构发生的变迁，到明末已经引发了政治结构的变化。如此看来，郑氏海商集团的崛起，不仅是经济贸易变迁的产物，而且是政治变迁的内容之一，是政治史的重要事件，也就是所谓的政治市场化的产物。

重要的是，中国海上力量的重新整合完成于晚明，国家与市场/社会

---

① 计六奇：《明季南略》卷七《郑芝龙议战守》，中华书局1984年版，第305页。

的海上博弈在明末基本上解决，政治变迁并非是民间对官方的替代，而是二者新的合作关系的形成。在国家的支持下，海商集团获取了合法性政治权力，在后来的国际交往中成为代表中国海上力量的势力。

从明朝天启年间算起，到清军攻下台湾终止，半个多世纪的时间里，郑氏海商集团雄踞海上。在全球化开端的时候，广泛发展的、超出国家界限的海上贸易发展趋势，是当时世界潮流发展的大势所趋。郑氏海商集团在世界大潮中与西方人博弈，乃至胜出，成为中国海上力量的代表，无论在国内政治，还是国际政治上，都发挥过重要作用和影响，不容低估。

小　结

以上是对晚明社会变迁与转型结合经济全球化进行的重新解读，郑氏海商集团崛起，经历了从亦商亦盗到明朝官员的身份转换过程，而晚明海上秩序则经历了由乱到治的曲折历程。中国海商集团崛起并整合海上力量，包括官、商、民三部分的通力合作，重建了海上秩序，击败了西方海上势力，构成时代的鲜明特征，反映出无论是在经济层面、社会层面，还是在政治层面，晚明中国都已经发生了重大变迁，并走向全球，进入与世界同步的近代趋向型发展历程，标志着中国传统社会向早期近代化的转型历程。

以往有关晚明社会变迁的研究中，政治变迁长期受到忽视，而传统社会向近代社会的过渡中，政治变迁是不可少的。由农本而重商，是当时世界发展的潮流，当海上贸易由于世界交往和联系的空前加强而前所未有的繁荣之际，也正是中国海商力量应运而生之时。官民合作的开端，表面上是以招抚这一传统形式出现，却已不是新瓶装旧酒，而是反映了新的政治势力从国家与社会互动关系中凸显出来。海商利益集团嵌入政权结构之中，由体制外到体制内，官民的通力合作，最终形成殊途同归的海上力量整合。国家与社会的互动作用于此表现得极为明显。

明末海商兼海盗的角色向官员身份的转换，确切地说，是向官商的转换，重塑了海商形象。这一角色转换发生在明末，并非偶然。海商在角色的转型中，角色冲突在所难免，成为多元角色的统一体，对于王朝兴衰成败的影响至关重要。在社会结构转型中，海商这一独具时代特色的社会群体的多重角色，值得我们特别关注。

重新审视晚明的海上世界，直至明末，明朝败在了陆上，并没有败在海上。17世纪是中国海上力量发展的黄金时期，晚明中国社会转型，与全球同步走向早期近代发展的趋向性极为明显。所谓传统农业文明与工业文明相碰撞的失败，发生在以后的时间段，是不争的历史事实。

国家社科基金
GUOJIA SHEKE JIJIN HOUQI ZIZHU XIANGMU
后期资助项目

明代中国白银货币化研究

中国早期近代化历史进程新论

下册

Research on the Monetization of
Silver in China in the Ming Dynasty:
A New Discussion on the Historical Process of
China's Early Modernization

万 明 著

中国社会科学出版社

目　　录

第五章　白银货币化与中国和全球的互动

由于白银货币化从市场崛起，在市场作用下，引发了社会上上下下对于白银货币巨大需求，历史来到了一个转折点。明成化、弘治年间（1465—1505 年），在自上而下的国家税收纳银向全国铺开的同时，东南沿海地区民间私人海外贸易已经冲破朝贡贸易与海禁的樊篱，极其迅速地发展起来，成为中国市场与全球市场连接的开端，成为中国引领构建全球化的开端，也就是中国与全球互动的开始。

第一节　白银需求：民间海外贸易蓬勃兴起

明成化、弘治年间（1465—1505 年）自上而下的国家税收纳银向全国铺开的同时，东南沿海地区民间私人海外贸易已经冲破朝贡贸易与海禁的樊篱，极其迅速地发展起来。"成、弘之际，豪门巨室间有乘巨船贸易海外者"①。广东市舶太监韦眷"纵党通番"，番禺知县高瑶"发其赃银巨万"②。当时广东"有力者则私通番船"已成为相当普遍的现象③。福建漳州"饶心计与健有力者，往往就海波为阡陌，倚帆樯为耒耜。凡捕鱼纬萧之徒，咸奔走焉。盖富家出赀，贫人以佣，输中华之产，骋彼远国，易其产物以归，博利可十倍，故民乐之"。随着民间私人海外贸易发展，荒野海滨兴起的漳州月港，在成、弘之际已享有"小苏杭"的盛

---

① （明）张燮：《东西洋考》卷七《饷税考》，中华书局 2000 年版，第 131 页。
② （明）焦竑：《国朝献征录》卷九九《广东布政司左布政使赠光禄卿谥恭愍陈公选传》。
③ （明）桂萼：《广东图序》，载《明经世文编》卷一八二《桂文襄公奏议》四，中华书局 1962 年影印本，第 1865 页。

誉①。以弘治时福建人口统计数字对照，我们也可看到反映，详见表 5—1。②

表 5—1　　　　　　　　　　　　福建人口统计对照

地 区	元 朝		明 朝	
	户 数	口 数	户 数	口 数
福州府	199694		94514	285265
建宁府	127254	506926	122142	393468
泉州府	89060	455545	41824	180813
漳州府	21695	101306	49254	317650
汀州府	41423	238127	43307	252871
延平府	89825	435869	63584	236325
邵武府	64127	248761	39644	132282
兴化府	67739	352534	31687	180006
福宁府			6200	18335

　　上表中漳州府户口在弘治时比较全省有了明显增长，这与民间私人海外贸易的活跃及新的贸易港口城镇的兴起有着密切联系，是不言而喻的。

　　明孝宗甫即位，当时掌国子监事礼部右侍郎丘濬"采集子史经传有益治国平天下者，附以己见，为百六十卷"③，名《大学衍义补》，上于孝宗。此书虽名为南宋真德秀的《大学衍义》的补编，却不同于"主于理"的《大学衍义》，而是"主乎事"④，专论经世致用之学，从中可以看到作者熠熠闪光的经济思想。丘濬在书中直接上言皇帝，不仅提出以白银为上币，而且提出了他对海外贸易政策的看法，显然代表了当时民间要求开放海禁、发展海外贸易的呼声。这是明初海外政策实施结果反馈到朝廷的一个例证。

　　面对当时工商业繁荣，私人海外贸易兴起等社会现实，丘濬一反传统

---

① 崇祯《海澄县志》卷一五《风俗》。
② 据弘治《八闽通志》卷二〇《食货·户口》，福宁州宋元属福州府，弘治四年刻本。
③ （明）何乔远：《名山藏·臣林记·弘治臣一》，江苏广陵古籍刻印社，1993 年，第 3996 页。
④ 《大学衍义补》上册《原序》，第 2 页。

重本抑末思想，提出农商同等重要以及商业与国家的重要关系。指出"食货者，生民之本也……以其所有易其所无，各求得其所欲而后退，则人无不足之用。民用既足，则国用有余矣"①。以"财者，人心所同欲也"，论证了民间从事商业活动的必然性，并提出允许私人求利和从事商业活动对整个社会有利，"而天下平矣"②的观点。

关于海外贸易，他言道："本朝市舶司之名虽沿其旧，而无抽分之法，唯于浙、闽、广三处置司，以待海外诸番之进贡者，盖用以怀柔远人，实无所利其入也。"实际指出了明前期已不同前朝，是有朝贡才有贸易，政治外交目的大于经济目的。接着话题一转："臣惟国家富有万国，故无待于海岛之利。然中国之物，自足其用，固无待于外夷，而外夷所用，则不可无中国物也。私通溢出之患，断不可绝。虽律有明禁，但利之所在，民不畏死。民犯法而罪之，罪之而又有犯者，乃因之以罪其应禁之官吏，如此则吾非徒无其利，而又有其害焉。"由此托出了私人海外贸易存在的必然性，认为如果非要坚持海禁，那么王朝将处于不得其利反受其害的境地。他还指出："窃以为当如前代互市之法，庶几置司之名与事相称。"③公开主张开放朝贡贸易以外的民间正常对外通商贸易。

丘濬还批驳了海外贸易招致边患的错误观点，指出考察前代，海外各国自古没有成为边患的，唯有日本一国，可以遵循祖训，不与它交通。并且进一步对开放民间海外贸易提出了具体建议：

> 倘以臣言为可尔，乞下有司详论以闻，然后制下滨海去处，有欲经贩者，俾其先期赴舶司告知，行下所司审勘，果无违碍，许其自陈自造，舶舟若干料数，收贩货物若干种数，往行某处等国，于何年月回还，并不敢私带违禁物件，及回之日，不致透漏。待其回帆，差官封检，抽分之余，方许变卖。如此，则岁计常赋之外，未必不得其助。④

---

① 《大学衍义补》卷二五《市籴之令》上册，第237页。
② 《大学衍义补》卷二〇《总论理财之道》上，上册，第200、202页。
③ 《大学衍义补》卷二五《市籴之令》上册，第242页。
④ 《大学衍义补》卷二五《市籴之令》上册，第243页。

他明确对朝廷建言开放海禁，允许民间私人出洋从事海外贸易，最重要的是国家赋税可得到裨益。

通过明初海外政策的反馈，可以得出这样的结论，历史是动态的发展过程。发展到成、弘之际，也就是明王朝统治百年以后，商品货币经济发展，私人海外贸易勃兴，在西方历史性冲击到来的前夜，中国社会内部自身已经孕育变化的潜流，成为中国走向海外的内生动力，也形成促使统治者修改海外政策的推动力。此时，明廷海外政策的调整趋势，是对市场经济发展大势下民间海外贸易既成事实的认可，反映了历史的必然性。同时，白银货币化所代表的社会变革的潜流，成为制约明王朝海外政策的重要因素。作为海外政策的制定者，此时明朝统治者面对白银需求的危机，已认识到国家面临民间私人海外贸易日益严重的挑战，准备改弦更张。

第二节　白银危机：明朝海外政策的总体调整

一　隆庆漳州开海

嘉靖初年，伴随白银在市场流通中形成主币成为事实，而本土矿藏不足，于是巨大的内需促发了走向海外的寻求，扩大的私人海上贸易直接引发了日本的银矿大开发。同时，也导致了嘉靖年间海上贸易争夺战以倭寇为形式的爆发。这场危机暴露了明朝官方应对海上危机的乏力，使得朝堂之上关于海上事宜的争议纷纭。

嘉靖朝末年倭乱的基本平息，为隆庆初海外政策的重大调整准备了条件。隆庆元年（1567 年）福建巡抚涂泽民上疏请求开放海禁，"准贩东、西二洋"，得到了朝廷允准[1]。于是，明朝海外政策经历了与西方及与日本冲突的曲折过程以后，终于向明朝早已昭示的趋向迈出了步伐。"一种连接东南亚的双针路贸易网络，即所谓东西洋网络，正式开创运行。"[2]

（一）开海原因探析

所谓隆庆开海，是指明朝宣布以福建漳州月港作为中国商民出海贸易

---

[1]　（明）张燮：《东西洋考》卷七《饷税考》，第 131 页。

[2]　［荷］包乐史著，庄国土等译：《巴达维亚华人与中荷贸易》，广西人民出版社 1997 年版，第 14 页。

港口，从而对明前期海外政策做出重大调整。

当时规定，民间商船可出海贸易，只是贸易的对象仍不包括日本。与此同时，隆庆元年（1567 年）九月，有令裁革宁波府市舶提举吏目之事①，《明会典》卷一五载"浙江等处承宣布政使司，旧有市舶提举司一，隆庆元年革"。说明浙江市舶在嘉靖时一直尚存在。

关于隆庆开放海禁的原因，过去探讨得不够充分。我们认为，应该看到明朝海外政策的调整，有一个动态的发展变化过程。

1. 由禁到开，是市场/社会与国家长期博弈的结果，而这是一个由量变到质变的过程。官方垄断海外贸易，违反经济规律，不可能长久，海外贸易由官方全面控制的官营贸易中逐渐解脱出来，向民间私营贸易为主转变，是一个必然的趋势。

2. 从政策本身发展趋向看，明朝前期，即明开国至正德初年的一百多年间，明朝海外政策定型于兹，完备于兹。郑和下西洋标志了明前期海外政策达于顶峰，但也给明廷政策带来了重大的反馈。在面临前所未有的西方历史性冲击的前夜，中国社会内部已经涌动变革潜流。王朝海外政策的变化趋向，即以政治为重心向以经济为重心的转变早已开始，开放中国商民出海贸易的政策本已指日可待。然而，这一趋势却为西方来到东方以及来自日本的干扰所打断。经历了倭乱，在朝贡贸易和海禁政策已难以为继的情况下，明廷海外政策经历了一波三折的过程，到隆庆终是大势所趋，完成了从政治为重心到经济为重心的转折，做出了重大调整。

3. 从国内外市场需求看，明前期发展到顶峰的朝贡贸易政策的反馈，已说明社会内部涌动变革的潜流。国内商品货币经济发展，市场经济萌发，一系列赋役—财政改革，促使白银货币化向全国铺开。发展至嘉靖初年，白银已经形成社会流通领域的主币，白银需求使市场扩大到海外成为必然，中国市场与世界市场连接起来，海内外市场需求不断扩大，白银的巨大需求拉动了海外白银的大量流入。明前期违背经济规律的海外政策失去了存在的基础，无法延续下去。在日益蓬勃发展的私人海外贸易的客观现实面前，明统治者不得不承认现实，作出政策的重大调整。

4. 统治者自前期政策反馈中吸取教训。嘉靖一朝海禁时开时禁，时

---

① 《明穆宗实录》卷一二，隆庆元年九月戊辰，台北："中研院"史语所校勘，1962 年影印本，第 335 页。《明实录》均引此版本，不另注。

紧时弛，最终统治层达成共识抗倭。然而一场开海、禁海之争，充分说明统治层中对海禁的难以为继已有一定的认识。有识之士已看到开海是大势所趋，私人海外贸易已是燎原之火，只能因势利导，以保利权在上。

5. 最重要的是，出于财政危机之考虑。嘉靖朝南倭北虏的困境，给明廷的财政造成危机。倭乱给东南沿海地区带来巨大灾难，"贼帆指向之处，无不残破"。东南沿海地区，本是财赋之区，倭乱造成巨大破坏，使许多繁华之地一片萧条，极大地影响了沿海地区人民的生产和生活。承平日久，明朝军伍凌乱，军备废弛，亟须重整旗鼓，调兵遣将，消弭倭乱，转饷半天下，军费开支成为朝廷的一项重大支出，加之赵文华等官员从中大肆敛刮民财，中饱私囊，使得国家财政更加困窘。于是国家额外提编、加派，增加赋税的措施出台，加重了人民的负担，也使得社会不安定因素上升。隆庆即位后，谕户部查内库太仓银出入数，户部尚书马森上奏：

> 太仓见存银一百三十万四千六百五十二两，岁支官军俸银该一百三十五万有奇，边饷二百三十六万有奇，……通计所出，须得银五百五十三万有奇，以今数抵算，仅足三月……今帑藏所积似此，可谓匮乏之极矣。平居无事，尚难支推，万一有不虞灾变，供费浩繁，计将安出？今日催征急矣，搜括穷矣，事例开矣，四方之民力竭矣，各处库藏空矣。势时至此，即鬼运神输，亦难为谋。①

在应付御倭战争的巨额开支已造成入不敷出、帑藏日少的财政绌乏情况下，开关征税，无疑是确保海外贸易利权在上，补充政府财政的一个最好的选择。

（二）制度变迁：设关管理

隆庆开海的具体地点，是在福建漳州月港。如前所述，月港是伴随民间海上贸易发展而兴起的港口，在成、弘之际已由私人海外贸易的汇集地，发展成为繁盛的港口城市。嘉靖初年，为了禁止私人海外贸易的发展，加强控制，嘉靖九年（1530年）巡抚都御史胡琏就提议把巡海道移驻漳州，在月港东北的海沧设置安边馆，任命各府通判一员轮流驻扎，半

---

① 《明穆宗实录》卷一五，隆庆元年十二月戊戌，第414—415页。

年一换①。嘉靖十六年（1547年），朱纨严行海禁，海道柯乔等人曾有月港地区设县之议，但没能实施。嘉靖三十年（1551年），海道柯乔在月港设立靖海馆，"以通判往来巡辑"②。嘉靖四十二年（1563年），福建巡抚谭纶"仍请设海防同知，颛理海上事，更靖海馆为海防馆"③，设立海防同知驻扎，对海上事务加强管理。

平定海盗叛乱后，地方官员再次提出了建县治理的建议，得到明廷允准。嘉靖四十四年（1565年），筹建县治"割龙溪一都至九都，及二十八都之五图，并漳浦二十三都之九图，凑立一县"④。隆庆元年（1567年）海澄县正式建立。同年，明廷允福建巡抚涂泽民之请，在月港开放海禁，准许中国商民出海贸易。从此，海防馆成为中国商民出海贸易的管理机构。万历年间，明廷将海防馆更名督饷馆⑤，至此，明朝征收海外贸易饷税的海关性质的机构才名实相符。

在那里，明朝对于海上事宜的管理主要是实行船引制和饷税制，设立专门管理商民出海从事海上贸易的机构督饷馆，主管官员是漳州府海防同知，主要负责商民往来贸易的饷税征收，也即税务。商民出海贸易，要到督饷馆登记，缴纳引税，由督饷馆颁给船引，也就是出海贸易的执照，从事合法海上贸易。万历年间，规定"商引填写限定器械、货物、姓名、年貌、户籍、住址，向往处所，回销限期，俱开载明白，商务务尽数填引，毋得遗漏"，督饷馆海防官员及各州县"仍置循环号薄二扇，照引开器械、货物、性名、年貌、户籍、住址、向往处所、限期，按日登记，贩番者每岁给引，回还，赍送查换，送院复查"。并对出洋贸易限定了时间："如西洋遥远，则就十一月、十二月发行，严限次年六月内回销。东洋稍近，多在春初驾往，严限五月内回销。"⑥

万历二十一年（1593年）改为各府任官轮流督饷务⑦。二十七年（1599年）矿监税使四出，太监高案入闽后专擅大权，督饷馆形同虚设。

---

① （明）何乔远：《闽书》卷三〇《方域志·漳州府》，崇祯二年刻本。

② 乾隆《海澄县志》卷一，乾隆二十七年刻本。

③ 《闽书》卷三〇《方域志·漳州府》。

④ 乾隆《海澄县志》卷一《舆地》。

⑤ 《东西洋考》卷七《饷税考》，第153页。

⑥ （明）许孚远：《敬和堂集》卷五《海禁条约》，明刻本。

⑦ 《东西洋考》卷七《饷税考》，第148页。

三十四年（1606 年）督饷馆重操税务以后，改由漳州府佐官每年一名轮流掌管，直至明末①。

督饷馆官员是明朝海外政策的直接实施者，漳州府月港督饷馆主要由漳州府地方官员充任，但不一定即海防同知，漳州府清军同知、督粮同知、督捕通判也常常是任官。

督饷馆是明廷设立的专门管理商民出海从事海外贸易的机构，其具体管理措施如下。

1. 船引制

商民出海贸易，要到督饷馆登记，由督饷馆海防官颁发给船引，也就是出海贸易的执照，才能合法从事海外贸易。船引需要缴纳引税，方可获得。初定东西洋每引税银 3 两，台湾的鸡笼、淡水由于路近，每引税银 1 两。后各增加一倍，是 6 两和 3 两。万历年间，规定"商引填写限定器械、货物、姓名、年号、户籍、住址，向往处所，回销限期"，督饷馆海防官员及各州县要将所发船引置簿留底，"按日登记，贩番者每岁给引，回还，赍送查换，送院复查"。如西洋遥远，则就十一月、十二月发行，严限次年六月内回销。东洋稍近，多在春初驾往，严限五月内回销②。

商船出港，督饷馆派人查验船引，以防夹带违禁货物出洋。商船回港时，船商要立即送引复查缴销。明朝后期东西二洋以文莱为界。万历十七年（1589 年），福建巡抚周寀对东西洋船引的数量、航行港口和船数都做了具体规定：

东洋 44 只

包括吕宋 16 只；屋同、沙瑶、玳瑁、宿务、文莱、南旺、大港、呐哗咭各 2 只；磨着失、笔架山、密雁、中邦、以宁、麻里吕、米六合、高药、武运、福河仑、岸塘、吕篷各 1 只。

西洋 44 只

包括下港、暹罗、旧港、交址各 4 只；柬埔寨、丁机宜、顺塔、占城各 3 只；马六甲、顺化各 2 只；大呢、乌丁礁林、新洲、哑齐、交留吧、思吉港、文林郎、彭亨、广南、吧哪、彭西、陆坤各 1 只。

---

① 乾隆《海澄县志》卷六《秩官》。

② （明）许孚远：《敬和堂集》卷五，见黄盛璋《明代后期船引之东南亚贸易港及其相关的中国商船、商侨诸研究》，《中国历史地理论丛》1993 年第 3 期。

总共是 88 只①。

以上文献记载说明，东洋方向主要是在今天的菲律宾群岛、加里曼丹岛一带，米六合是在马鲁古群岛。值得注意的是，虽然东洋没有包括日本贸易，即日本贸易仍然不合法，但当时中国与日本贸易由于白银需求，实际上大量存在，不少船只在出洋后转向东洋的日本。而当时的西洋方向，主要是在中南半岛、马来半岛、苏门答腊、爪哇一带，没有远涉印度洋。

万历二十一年（1593 年）福建巡抚许孚远又做了增加：

占陂、高趾州、篱木、高堤里邻、吉连单、柔佛、古宁邦、日隶、安丁、义里迟闷、苏禄、班隘各 1 引。于是再加以上 88 只，是 100 只。后"以私贩者多，增至百一十引矣"②。达到了"引船百余只，货物亿万计"。③ 至万历二十五年（1597 年），巡抚金学增又议增加引数："东西洋引及鸡笼、淡水、占婆、高址州等处共引一百一十七张，请再增二十张，"则此时已达 137 引。④ 到万历末年，"海舶千计，漳泉颇称富饶"⑤。实际上明末无船引的出海商船数量激增，远超出有船引的商船数目，尤其是开往当时禁止贸易的日本的商船数量更多，以致无法统计。

2. 饷税制

对海商的税收制度，采用了饷税制。征收分为三种：

（1）水饷

是针对商船征收的商税。根据船的大小宽狭，征收银两。

（2）陆饷

是针对货物征收的商税，根据商品货物的数量及其价值征收，征收对象是购买进口货物的铺商。万历三年（1575 年）陆饷定有税收则例，至十七年（1589 年）提督军门周详进行了调整，四十三年（1615 年），漳

---

① （明）许孚远：《敬和堂集》卷七《公移》，见黄盛璋文，《中国历史地理论丛》1993 年第 3 期。
② 《天下郡国利病书·福建·洋税考》，《四部丛刊三编》史部第 7 册，原编第 26 册，上海书店 1935 年版，第 100 页。
③ 许孚远：《敬和堂集·疏通海禁疏》，陈子龙等辑《明经世文编》卷四〇〇，中华书局1962 年版，第 5 册，第 4332 页。
④ 《明神宗实录》卷三一六，万历二十五年十一月庚戌，第 5899 页。
⑤ 《崇祯长编》卷四一，崇祯三年十二月乙巳，台北："中研院"史语所校勘，1962 年影印本，第 2456 页。

州府又根据朝廷量减各处税银的原则，重新制定则例。①

（3）加增饷

这种税收是专门为出洋到吕宋的商船所设商税，是一种白银附加税，征收对象是船主。由于当时西班牙殖民者占据菲律宾群岛，开辟了吕宋到墨西哥的航线，以墨西哥银元购买我国生丝等商货，因此至吕宋贸易的中国商船在归国时几乎不载货物，而是运回大量墨西哥银元，这样明朝商货进口税便减少了。有鉴于此，明朝特地规定加增饷，即每只自吕宋回国的商船，增加税银150两，到万历十八年（1590年）因海商负担过重而减为120两②。

晚明东洋商品发生了重大变化。与明初海上贸易商品相比较，最重要的区别，就在于明初没有白银的大量进口，而大规模的白银输入，是晚明海外贸易的特征。

更重要的是，隆庆开海后，无论明廷实行船引制还是饷税制，都是征收货币税，完成了关税从贡舶贸易的实物抽分制到商舶贸易的货币税制的转变，这是明代赋役—财政改革的重要组成部分，明朝逐步形成从设官建置到征税则例等一整套管理制度，从而开启了中国古代海外贸易管理向近代海关及其关税的转变。在中国传统社会晚期社会变革的潮涌中，国内商品货币经济发展和私人海外贸易发展互动作用的合力下，明王朝适应当时时势的需要，完成了以政治为重心向经济为重心的海外政策转换，对海外政策作出重大调整，而这一调整虽然具有很大局限性，但重要意义在于开放了对中国商民的海外贸易，这无疑对明后期国内商品货币经济和海外贸易的发展，以及沿海地区社会经济与人民生活的发展，都具有积极意义。

（三）月港与全球贸易个案：异军突起的青花瓷

16世纪下半叶，在景德镇青花瓷取得了中国瓷器主流地位，走向世界之时，在闽南诞生了另一个似乎不那么引人注目，但意义绝不亚于前者的青花瓷之乡漳州窑的崛起。进一步说来，迄今世界各地遗存的克拉克瓷，已经将16—17世纪漳州青花瓷的繁盛发展与世界传播的面纱揭开。在此之前名不见经传，几乎默默无闻的漳州窑，当全球化开端之时，生产出了青花瓷的外销新品种，异军突起，成为世界共享的文化资源，是

---

① 根据《东西洋考》卷七《饷税考》，第141—146页。
② 《东西洋考》卷七《饷税考》，第132页。

16—17世纪世界市场互动中的奇葩。之所以在这里强调漳州瓷器贸易，是从一个侧面反映出白银需求如何极大地推动了沿海地区外贸与社会经济格局的变化与发展，因为瓷器的外销直接关系到外银的输入，是中国商品在全球市场交换才获得大量白银的流入中国。

已有的考古发掘报告与遗存资料证明，平和、诏安、云宵、漳浦、南靖各县的大多数窑址生产品种以日用器为大宗，青花瓷不仅在漳州窑瓷器中数量最多，而且其装饰图案的题材和纹样也丰富而富于变化。特别是漳州窑生产的带有典型开光特征的克拉克瓷，也已经为中外瓷器专家所认同。为什么晚明漳州青花瓷会异军突起，在外销上几乎达到与景德镇并驾齐驱的地位？这方面已有学者做了不少探讨。一般认为，漳州窑的发展与明朝隆庆初年在漳州月港的开海密切相关，这是毋庸置疑的。但是，从全球化开端时期中国社会内部变革——白银货币化与世界格局变革紧密相联系的视角来看，漳州青花瓷的崛起作为文化现象，是晚明中国海洋文化——闽南文化非比寻常的爆发式发展与传播的典型例证。关于此仍有探讨的空间，下面将略加探讨。

荒野海滨兴起的漳州月港，在成、弘之际已享有"小苏杭"的盛誉[1]。上节以弘治时福建人口统计数字对照，我们也可看到反映月港的兴起影响到福建人口数字，请见表5—1。表明漳州府户口在弘治时比较全省有了明显增长，在其他各府均见人口锐减的情形下，漳州府竟然在人口上翻了两番。这与民间私人海外贸易的活跃及新的贸易港口城镇的兴起有着密切联系，是不言而喻的。

张燮论曰："市舶之设，始于唐、宋，大率夷人入市中国。中国而商于夷，未有今日之伙者也。"[2] 在大航海时代到来，明代中国与世界其他国家的海上经济交往活动日益频繁的大背景下，中国人的出洋贸易达到了又一个高潮，这个高潮改变了官方海上贸易为主体的形式，而以民间私人海上贸易为主体，引发的一个直接后果，就是闽南文化非比寻常的发展——漳州青花瓷的异军突起。

隆庆月港开海是明代海上贸易制度之一大变化，贸易模式从官方朝贡贸易为主向民间私人海上贸易为主转变，由此中国海商出洋贸易合法化，

---

① 崇祯《海澄县志》卷一五《风俗》。
② 《东西洋考》卷七《饷税考》，第153—154页。

正式加入了海上国际贸易的行列。以此为开端,漳州青花瓷的命运与港口的兴衰紧密联系在一起。

漳州月港海上贸易的范围,也就是青花瓷的出海口及其贸易范围。漳州海上贸易的航线,即东西洋"针路"。张燮在《舟师考》中叙述了"西洋针路"和"东洋针路"。据此可知,"东洋"与"西洋"的区分,基本依据在于贸易航线的划分。二洋针路中,西洋针路从漳州月港出发,最远达至马来群岛的地闷(今帝汶);东洋针路从太武山分道,经台湾、澎湖至菲律宾群岛,最远到东、西洋的交界文莱。

晚明中国出口商品结构主要是丝和瓷,它们都有了大幅度的增长,量的增加与全球化开端有着密切关系。除了量的增加,我们还应该注意到,产生了新的生力军,主要就表现在漳州窑青花瓷的异军突起。作为海外贸易诸多商品的一个主要部分,漳州青花瓷随着月港的扬帆通商,遍及东西洋各地乃至延伸到世界。

漳州窑异军突起,是月港开海的直接产物,毋庸置疑。不同于景德镇官窑和官搭民烧之窑,漳州窑完全是一支民间的生力军,而这里青花瓷多数专为外销而生产。鉴于景德镇窑址迄今没有发现大量克拉克瓷的遗存,我们也许可以作一个大胆的推测,即漳州就是克拉克瓷的发祥地。20 世纪 90 年代的考古发现与调查,已经证明平和窑是生产克拉克瓷的窑址。当年漳州平和窑遍地开花,直至穷乡僻壤,一县竟然出现上百窑址,可见青花瓷生产极为繁盛的景象。

万历元年(1573 年)《漳州府志》卷一《物产·货部》:"磁器出漳平、平和等县。"[①] 漳州窑青花瓷具有深厚的土壤,这不能不与明代白银货币化的总趋势相联系。明代白银货币化是市场的作用,而没有货币的流通,就不可能有活跃的市场。贵金属货币流通、循环,注入人们全部社会经济生活,使得市场前所未有地活跃起来。在白银货币化发展的强劲趋势下,赋役折银征收,从实物税到货币税,晚明财政体系全面转型,带来的是社会整体的变迁。从明代白银货币化的过程来印证,福建在嘉靖四十年(1562 年)平定倭寇,由战乱隆庆初年开海,此后赋役改革与财政的白银货币化并行。以平和县为例,万历《漳州府志》卷二八《平和县·土贡》记载:隆庆四年(1570 年)平和县人丁 6814 丁,内除优免 294 丁,实差

---

① 万历《漳州府志》卷一《物产·货部》,第28页。

人丁 6520 丁；民米 2633 余石，每丁石派银 7 分，该银 640 余两。岁办、额办、杂办各料有闰年该银 617 余两，无闰年该银 611 余两；剩银有闰年23 余两，无闰年 29 余两，解司备用。[①]

《平和县·财赋·税粮》记载：隆庆六年（1572 年）实征官民等米4072 余石，其中，官米 1349 余石，三斗以下每石派银 0.36 两，三斗以上每石派银 0.33 两，七斗每石派银 0.25 两，通共该银 487 余两；民米2633 余石，本色米已全部折价，每石征银 0.5 两，该银 658 余两，官民米折价银共 1146 余两。起运折色正价银 397 余两，折料正价银 16 余两，水脚银 6 余两。存留中也有折价米该银数目。[②]《盐粮》部分，则记载隆庆五年（1571 年）平和县实征男妇 11715 丁口，该银 182 余两。其中，分为解南京正银和解府银两部分。在隆庆四年（1570 年）实编纲银 655余两。其他驿传、机兵也无不以银代役。[③]

漳州山区农民进行瓷器烧造，可得货币收入，由此，漳州山区农业的非农化得以加速推进。如果说，漳州月港的开海，是明朝传统海外贸易模式转型的标志，那么漳州青花瓷的崛起，乃是明朝传统农业经济的异类，是对传统农业经济的挑战。因此，它的意义极其深远。

漳州青花瓷的崛起，主要依靠几个条件：一是当地"土瘠人稀，生理鲜少"；二是宋元以来积累了一定的瓷器烧造的经验；三是当地具有烧造瓷器的高岭土可供利用；四是依靠了山区溪流运输便利的优势，如平和生产的青花瓷可以通过溪水顺流，一天可达月港九龙江口；五是在江西籍官员主持下，借助从江西景德镇一带来的瓷器烧造工匠的传授；[④] 六是本地农民商品货币意识的加强，山区农民以瓷器烧造形式积极参与了海上贸易。其中，邻近从非法到合法的出海口是关键。以市场为取向的财政改革给漳州山区带来了巨大影响，而青花瓷的烧造为漳州山区发展开拓了广阔天地。从 16 世纪下半叶起，漳州月港开海，发展出一种开放型海洋经济，与此同时，漳州山区也经历着深刻的变迁，平和等县由单一的农业经济向

---

① 万历《漳州府志》卷二八《平和县·土贡》，《明代方志选》（三），台湾学生书局 1965年版，第 585 页。

② 万历《漳州府志》卷二八《平和县·土贡》，第 585—586 页。

③ 万历《漳州府志》卷二八《平和县·土贡》，第 587 页。

④ 从万历《漳州府志》所见，平和县自正德建县，其入"名宦"三人：罗干、王禄、姜遂初，皆出自江西。

海洋经济转型，可以说白银货币化推力下的赋役改革为青花瓷崛起，百年间以青花瓷为标志的闽南文化向外传播奠定了基础。

1644 年清朝取代了明朝，郑氏海商集团掌握着台、彭等地的控制权，进行大规模的海上贸易活动。清政府实行海禁与迁海，使中国青花瓷贸易进入了低潮，漳州窑随即迅速衰落。

小　结

漳州月港，形成中国商品输出海外，交换海外白银大量输入中国的重要港口，青花瓷是重要输出商品之一，是海外白银的重要交换商品。从漳州青花瓷发展的历程来看，大致可以分为三个时期。

第一是初创期，这一时期漳州窑青花瓷产生是内发型的，由于海上瓷银贸易的需求，生产以模仿景德镇产的青花瓷为主，大多数是模仿了景德镇青花瓷的器型和纹饰。

第二是发展期，进入创新阶段。从内发型向内外结合型转变，大量接受海外的定制，这一时期生产出了青花瓷新品种克拉克瓷，特点是大批量生产，产、供、销都依赖于国际市场。

第三是衰落期，由于明末市场衰败，清初的严厉禁海乃至迁海，使得依靠国际市场存活的漳州月港对外隔绝，无法生存，漳州窑从此衰落，闻名中外的克拉克瓷也从此销声匿迹。然而，漳州青花瓷是晚明中国海洋文化——闽南文化非比寻常的爆发式发展与传播的典型例证，也是中国在16—17 世纪，即全球化开端时期对于世界文明作出的贡献。

二　明代澳门开埠与全球白银之路①

16 世纪，海洋成为时代的主题，全球化从海上拉开了帷幕，一个整体世界从海上连接起来。在全球化开端时代，澳门史是经济全球化历史的重要组成部分。明代白银货币化，市场经济萌发，成就了澳门作为令人瞩目的以白银贸易为中心的全球经济体系的动力源泉和轴心所在，掀起了一场席卷全球的白银开发与流转的运动，推动白银形成世界货币，促使全球白银大量流入中国。中国商品是澳门兴起的支点，中国丝绸与瓷器等传播

---

① 此部分是在 2019 年 11 月国家文物局与澳门特别行政区政府社会文化司举办的"海上丝绸之路国际学术研讨会"上的发言，现加以整理补充。

到全球，标志着中国积极参与了经济全球化初步构建，显示出全球化时代大合流的历史发展态势。在全球史视野下探讨明代澳门兴起及其与古代海上丝绸之路延伸新样态——白银之路的关系，无疑对于世界文化遗产的认知，也大有裨益。

全球史是自20世纪90年代以来国际史学界新兴的、发展迅速并广为人们关注的研究领域。总的来说，以往学术界研究，主要是将澳门史置于政治范畴，在政治外交领域寻求澳门的定位。全球化与史学的最新发展，使得我们必须将澳门历史置于全球视野来重新进行整体的考量。16世纪全球化开端，在全球视野下，海上丝绸之路延伸的新样态——白银之路值得我们特别关注。[①] 明代澳门兴起繁荣与海上丝绸之路新样态——白银之路——第一个全球经济贸易体系构建密不可分，是全球史的重要篇章。

澳门是在明代兴起的中国对外贸易港口城市。2005年澳门历史城区进入世界文化遗产名录，古老的澳门历史城区，每一处都在讲述着自明代以来的历史故事，诉说着中西文化交流融合的历史脉络。我们还可以在更加广阔的空间，即全球的空间，认识澳门在16世纪全球化开端时期的历史地位与作用。

澳门妈祖阁中有一块"洋船石"，是澳门著名古迹之一。在妈阁庙进门右边，一块巨石上面刻有一艘古代海船，船的桅杆上挂着一面写有"利涉大川"的幡旗。此语出自《易经》六十四卦第十三卦"同人卦"："同人于野，亨。利涉大川，利君子贞。"[②] 在这里，"同人于野"，"同"是"会同""和同"之意，可以解释为以和同的精神，会合同人在范围广阔的旷野之上；"亨"是一切亨通，旷野引申为实现世界大同的理想。"利涉大川"，说明在大海上贸易利润丰厚，无往不利；"利君子贞"是有利于君子坚守正道。这块巨石无疑揭示了澳门以海上贸易而兴的重要特征，也是澳门贸易"华洋"共建共生的真实写照。

16—17世纪上半叶，在总量上日本白银产量的绝大部分和占美洲产

---

① 主要关于丝绸之路的中文著述是全汉昇先生的《略论新航路发现后的中国海外贸易》《略论新航路发现后的海上丝绸之路》《明清间中国丝绸的输出贸易及其影响》《明代中叶后澳门的海外贸易》和《明中叶后中日间的丝银贸易》，分别见《中国近代经济史论丛》，中华书局2011年版，第72—84、85—93、94—104、136—159、160—177页。但全汉昇先生没有提出全球史视野下的白银之路的概念。

② 《易经》，北京燕山出版社2001年版，第50页。

量一半的世界白银流入了中国。葡萄牙学者马加良斯·戈迪尼奥因此将中国形容为一个"吸泵",形象而具体地说明了中国吸纳了全球的白银。全球化开端之时,通过澳门,中国积极参与了全球第一个经济贸易体系的构建。但直至今天,我们对于 16 世纪全球化开端后海上丝绸之路扩展与延伸的新样态——白银之路的研究尚属薄弱,澳门兴起在其间发挥的重要枢纽作用也还有待阐发。西方学者丹尼斯·弗林和阿拉图罗·热拉尔德兹提出:全球贸易在 1571 年诞生。我们认为:如以中国活跃的白银国际贸易为起点,时间可以提前到 16 世纪 40 年代,那么是中国引领了经济全球化的诞生。①

澳门兴起于 16 世纪中叶,并非偶然。澳门开埠是明朝政策的产物,是明朝制度变迁的结果。明朝为什么会考虑开放澳门作为广州外港、对外贸易特区?明代澳门的兴起固然有多种因素,但白银贸易是首屈一指的因素。迄今为止,中外学界对澳门兴起的政治、军事与文化因素投入了相当大的关注,我在以往研究提出澳门开埠是明朝澳门政策的产物,也主要是从政治上论证澳门兴起与明朝主权在握,② 对于澳门与海上丝绸之路关系虽也有所涉及,但对澳门生存和发展具有决定意义的海上贸易,却主要集中于丝绸和瓷器,没有凸显贸易的核心因素白银。③ 这里旨在专门论证澳门兴起,主要依靠的是白银贸易;澳门繁荣,主要凭借的是全球白银贸易网络的构建,为海上丝绸之路再度辉煌——白银之路发展到鼎盛时期——一个全球经济贸易体系的诞生,即经济全球化开端,发挥了重要枢纽作用,作出了历史性贡献。

(一)澳门的兴起:白银需求与制度改革

对于澳门兴起的考察,不能就兴起论兴起,必须回溯到更早的时候:中国经济转型大背景——明代白银货币化。

16 世纪全球化前夜,中国发生了什么?

---

① 万明在第 22 届历史科学大会主旨会议"全球视野下的中国"上发表:*China's Silver Monetization: Ming China and Global Interactions*,Cambridge Scholars Publishing,2017。

② 万明:《明代澳门政策的确定》,《中西初识》(《中外关系史论丛》第 6 辑),1999 年;《试论明代澳门的治理形态》,《中国边疆史地研究》1999 年 2 期。

③ 万明:《明代澳门与海上丝绸之路》,《世界历史》1999 年第 6 期;《试论 16—17 世纪中叶澳门对海上丝绸之路的历史贡献》,《文化杂志》中文版第 43 期,2002 年夏季刊;《明代青花瓷西传的历程:以澳门贸易为中心》《海交史研究》2010 年第 2 期。

　　上述研究表明：明代白银崛起于市场，经历了不同寻常的从非法货币到合法货币的货币化进程，标志中国启动了从农业经济向市场经济的转型。发展到成、弘之际（1465—1505 年），是明代中国白银货币化由自下而上到与自上而下合流，主要以赋役折银方式向全国铺开的时候。无独有偶，这也正是郑和下西洋时代海外物品胡椒、苏木等在皇家府库枯竭之时。白银成为全社会需求的货币，而中国银矿出产不足，从那时开始，民间私人海上贸易蓬勃兴起。作为朝廷重臣的丘濬关注到社会流通领域中的白银凸显，提出了以白银为上币，建言开放海禁，发展对外贸易。这一切发生在 16 世纪西方扩张东来之前的历史时间段。

　　16 世纪海洋成为时代的主题：全球化开端，西方葡萄牙人东来，首先到达郑和七下西洋每次必到的印度古里（今印度喀拉拉邦卡利卡特），接着沿着郑和航线逆向到达郑和七下西洋每次必到的满剌加（今马来西亚马六甲），灭亡了满剌加王国，占据了马六甲海峡的咽喉之地，于是直面中国。

　　西方葡萄牙举国一致的海外扩张浪潮推动葡萄牙人来到东方，恰逢明代中国举国一致的白银需求，推动中国国内市场扩大发展，走向海外市场。明代白银货币化进程，也即明朝财政货币化进程，白银需求迫使明朝财政的危机越演越烈，制度变迁势在必行。正当此时，正德十二年（1517 年）葡使东来，中葡官方第一次正式交往失败，明朝在广东"闭关"，此后葡萄牙人与明朝私人海上贸易主体海寇兼海商集团合流从事走私贸易，开始侵扰中国沿海的过程。明朝在平息"海寇"侵扰过程中，经历了朝堂之上争议纷纭的阶段，最终广东地方政府在财政日益紧迫的压力下进行制度改革，首创建立了澳门贸易特区：1554 年允许葡萄牙人到广东进行正常贸易，1557 年允许葡萄牙人入居澳门经营海外贸易。中国商民和工匠"趋者如市"，澳门作为国际贸易重要港口城市应运而生。[1] 葡萄牙人入居澳，与其助剿地方海盗有着密切联系。[2] 海盗事件的频发，不

① 对于中葡第一次正式交往失败，发展至中葡冲突在华南，再到葡萄牙人入居澳门经过，明朝对澳门政策与治理形态，澳门成为中外交往的窗口，参见万明《中葡早期关系史》，社会科学文献出版社 2001 年版，第 24—169 页。
② 韩霖《守圉全书》卷三《委黎多报效始末疏》记云："迨至嘉靖三十六，历岁既久，广东抚按乡绅悉知多等心迹，因阿妈等贼窃踞香山县濠镜澳，出没海洋，乡村震恐，遂宣调多等捣贼巢穴，始准侨寓濠镜。"台北："中研院"傅斯年图书馆藏崇祯刊本。这里清楚地记载了嘉靖三十六葡人助剿澳门海盗而获得澳门居住权。参见汤开建、张照《明中后期澳门葡人帮助明朝剿除海盗史实再考》，《湖北大学学报》2005 年第 2 期。

仅具有军事与安全的意义，而且无疑需要大量财政的支出。

此时由于白银货币化在全国铺开的作用，财政货币化加速进行。至嘉靖初年，白银在流通领域的主导地位确立，海上贸易以民间海盗兼海商为主体走向东亚海域，直接促发了日本银矿的大开发，也使得海上贸易的无政府、无秩序达于历史上的顶点。让我们追溯一下下面的时间表：嘉靖二年（1523 年）宁波"争贡之役"发生，血流成河，朝贡贸易由此开始步入尾声；此后葡萄牙人在被逐出广东后与中国海商兼海盗合流在浙江舟山双屿建立居留地，嘉靖二十七年（1548 年）为明朝巡抚朱纨荡平，接着是朱纨下狱，中外摇手不敢言海禁；翌年，1549 年海商兼海盗王直等大肆劫掠浙江沿海，1550 年蒙古俺答南下逼京师，史称"庚戌之变"；"南倭北虏"，无疑促发了明朝此时出现严重的财政危机：1549 年明朝太仓库岁入银 212 万两，而岁出达 412 万两，一出一入相差近一半；1551 年太仓岁入 200 万两，岁出竟达 595 万两，差额几达岁入的两倍。[1] 由于"倭寇"骚扰主要集中于浙、直、闽、粤等沿海地区，明朝开始提编加派，于南直隶、山东、浙江、福建、广东等遭受倭患的沿海省份实行，派向丁地，预征银力二差，民壮、弓兵、里甲折银等，力图补充海防经费。1553 年王直纠集中日海盗兼海商大肆劫掠浙江沿海，所谓倭寇之患大炽。接着1554 年年底，明朝于次年提编预征三十五年各处民壮、弓兵和均徭折银，送军门充饷。[2] 在此倭患越演越烈，军事开支急剧增加，使得里甲承担的赋役更为沉重，"防倭御倭"局势紧张之时，葡萄牙人助剿广东海盗何亚八，1553—1554 年海盗汪柏与葡萄牙船长苏萨订立口头协议，允许葡萄牙人入广州贸易，其时"资贸易以饷兵"目的极为明显。1557 年葡萄牙人助剿澳门海盗，"始准侨寓蠔境"，广东地方政府允许葡萄牙人入居澳门。[3]

葡萄牙人于嘉靖三十六年（1557 年）入居澳门后，开展了活跃的海上中转贸易活动，由于贸易的关系，吸引了大量中国商民和工匠"趋者

---

① 全汉昇、李龙华：《明中叶后太仓岁入银两的研究》，《中国文化研究所学报》5 卷 1 期；《明中叶后太仓岁出银两的研究》，《中国文化研究所学报》6 卷 1 期。

② 《明世宗实录》卷四百十七，嘉靖三十三年十二月乙亥。钞本。

③ 详见万明 1999 年发表的系列论文《明朝对澳门政策的确定》《关于明代葡萄牙人入居澳门问题》《试论明代澳门的治理形态》（均收入万明《明代中外关系史探研》，天津古籍出版社 2019 年版）及专著《中葡早期关系史》，社会科学文献出版社 2001 年版。

如市"。① 这种情况引起了明廷关注。嘉靖四十三年（1564 年）庞尚鹏上疏，详细叙述了澳门地理状况，以及贸易兴起由来：

> 广州南有香山县，地当滨海，由雍陌至濠镜澳，计一日之程。有山对峙如台，曰南北台，即澳门也。州环大海，接于牂牁，曰石硖海，乃番夷市舶交易之所。往年夷人入贡，附至货物，照例抽盘。其余番货私赍货物者，守澳官验实申海道，闻于抚按衙门，始放入澳。候委官封籍，抽其十之二，乃听贸易焉。……每年夏秋间，夷舶乘而至，往止二三艘而止，近增至二十余艘，或倍增焉。往年俱泊浪白等澳，限隔海洋，水土甚恶，难于久驻。守澳官权令搭蓬栖息，迫舶出洋即撤去。近数年来始入濠镜澳，筑室以便交易，不逾年多至数百区。今殆千区以上。日与华人相接济，岁规厚利，所获不赀。故举国而来，负老携幼，更相接踵。今筑室又不知其几许，而夷众殆万人矣②。

庞疏向明朝奏报的主要内容是中外贸易促使澳门迅速兴起的重要事实。

这里需要说明的是，终明世澳门只是明朝允许葡人居留进行贸易的特殊侨民社区，而清代鸦片战争以后葡萄牙人才占据澳门为殖民地。隆庆至万历初年，广东官府对澳政策基本定型。

首先，隆庆初年，明朝海外政策大幅度调整，主要体现在福建漳州开放海禁，允许中国商民出海贸易。伴随这一调整趋势，广东对澳政策也基本定型。

隆庆三年（1569 年），工科给事中陈吾德上《条陈广中善从事宜疏》，其中曰：

> 满伽剌等国番商素号犷悍，往因饵其微利，遂开濠境诸澳以处之，致趋者如市，民夷杂居，祸起不测。今即不能尽绝，莫若禁民毋私通，而又严饬保甲之法以稽之。遇抽税时，第令交于澳上，毋令得

---

① 陈吾德《谢山存稿》卷一《条陈东粤疏》，嘉庆刻本。
② （明）庞尚鹏：《百可亭摘稿》卷一《陈末议以保海隅万世治安疏》，道光十二年刻本。

至省城，违者坐以法。①

此议经户、兵部复议，穆宗皇帝批准实行。自此，"禁私通，严保甲"成为明廷对澳政策的基本点，而澳门成为广州外港也由此开端。

万历初年，地租银的规范化，是广东官府在中央对澳政策基调已定情况下，作出的新动作，事实上成为对澳政策基本定型的标志之一。

明朝允许葡人居留澳门，加强管理和控制的政策，在有明一代没有改变，这一政策的实施，使澳门成为当时沟通东西方经济贸易的重要国际商埠。广东政府官员利用澳门设立贸易特区，引进外商经营海外贸易，从事白银商品的进出转口贸易，增加税收收入，充实财政收入，是制度改革的产物。澳门成为中国境内唯一允许外国人居留和贸易的特殊区域，正是在这一新格局下，澳门才不同于当时中国的其他港口城市，在中国对外贸易中发挥了特殊作用。这一重要地位主要体现在提供外银的输入，中国商品的输出海外，通过澳门，中国参与了经济全球化的历史进程。澳门这一重要商港，在葡萄牙人获准在广州进行一年两次的贸易之后，成为中国白银进口的重要来源，在中外商民的共同努力下，伴随着中国明朝政府的政策转变和制度转换，澳门兴起并以之为辐射中心建立了繁盛的连接全球的贸易网络，澳门贸易发展及其特性与全球市场体系的形成同步，推动了经济全球化历史进程的发展。

（二）澳门的繁荣：中国与全球白银之路的建构

明代澳门兴起繁荣的近百年历史（1557—1644 年），实质上也是明朝改革开放制度变迁的历史。明代中国从传统农业经济转向近代市场经济的过程，是一个货币经济增长的过程，增长的动力来源始于明代白银从市场自发崛起及其货币化进程。澳门贸易的兴起，具有中国市场经济萌发和市场繁荣的历史大背景。在市场经济发展的推动下，明朝采用的是渐进的制度变迁方式，把自下而上来自市场的调整与自上而下的制度变迁结合起来。从朝贡贸易体制向自由贸易体制转变，一个重要的关节点就在澳门兴起。从官方主导的朝贡贸易转向开放市场贸易，把对外开放与地方财政体制改革有机结合起来，澳门作为广州外港——中国著名港口城市的兴起，标志明代中国在改革中走向全球。中国白银经济伴随澳门兴起而步入通往

---

① 《明穆宗实录》卷三八，隆庆三年十月辛酉，第963页。

全球贸易的常态，主要得益于与市场经济相适应的制度改革及变迁。

经济转型推动了明后期对外政策的转变，意味着制度变迁，开启了新的海上贸易模式：一是在福建漳州月港开海，允许中国商民出洋贸易；二是在广东澳门开埠，引进外商入华经营海外贸易。

月港开海孕育了福建海商合法化及其集团的崛起，到万历末年，中国海商集团迅速成长壮大，成为 17 世纪西太平洋海上贸易的主体力量；澳门兴起开端于允许葡萄牙人到广东正常贸易，直至入居澳门，标志引进外商经营海上贸易合法化，形成一个贸易特区。值得注意的是，澳门形成广州外港——贸易特区，其兴起和发展自一开始，就是中国海商与居澳葡萄牙人共同努力的结果，中国商品是澳门对外贸易的支点，新的对外贸易模式的转变使一种新的全球贸易网络开创运行。澳门兴起以澳门为中轴，与海外建立多条国际贸易航线：澳门—果阿—欧洲；澳门—日本；澳门—马尼拉—美洲；澳门—东南亚。基于中国的特殊国情—白银货币化，澳门兴起作为海上国际贸易网络枢纽，推动海上丝绸之路极大地延伸—白银之路扩展到全球。

明朝为了开展海外贸易，推出了允居澳门的政策，将其作为扩大财源的手段。从白银货币化出发，则会发现由此而产生的诸多值得关注的经济现象和问题，其中澳门的兴起，在庞尚鹏疏中表述为"筑室以便交易"，在霍与暇议中更直接指出"贸易以饷"，明确希望通过这种方式，增加政府的财政收入。在嘉靖十四年（1535 年）戴璟的《广东通志初稿》的"嘉靖十三年会议粮价则例"中，全省各府县的米粮与军饷均以银计，可见广东财政货币化走在全国前列。[①] 制度改革特点是：其一，改变了朝贡贸易体制的则例；其二，以允居方式让纳税者葡萄牙人在澳门经营海上贸易。澳门由此形成一个庞大的全球经济贸易体系的中轴，反映了东西方对于海上贸易的合理诉求，澳门发生以及由此导致的白银需求和贸易模式的变化，加速了明代中国与全球白银贸易体系建构的互动关系，推动了明代国家与社会的转型。

这里有一个匡正旧说的问题。中外史界以往在谈到澳门海上贸易时，大多是只谈葡萄牙人建立并经营了以澳门为中心的多条国际贸易航线，即葡萄牙人开展了澳门国际贸易。与之相联系的是，认为自葡萄牙人东来，

---

① （明）戴璟：《（嘉靖）广东通志初稿》卷二三《田赋》，嘉靖刻本。

海上丝绸之路就发生了自东而西向自西而东的转向。置于全球史发展进程中来看，15世纪，人类大规模海洋活动帷幕揭开，世界性新航路的开通，代表了历史发展总的趋势，全球开始融为一体。以享誉世界的中国丝绸命名的海上丝绸之路，是中国古代与海外各国交往的海上纽带。葡萄牙人东来，中国明朝政府的政策转变，澳门以白银贸易而兴起，促使海上丝绸之路极大地扩展和延伸，形成了新样态——白银之路，与世界市场的初步形成同步发生，从而推动了全球融为一个整体的进程。

拓宽研究时空范围，传统的观点暴露了问题。从历史上看，在中世纪，中西经济关系本是不平衡的，中国先进，西方落后，至葡萄牙人东来，在中国与西方直接交往的开始时期，也并没有立即改变这一状况。不是自西方一东来，中国就落后了。中国明朝在当时是一个庞大的文明古国，当时的欧洲尚拿不出能够与东方抗衡的商品，中国传统的丝绸、瓷器等商品仍独步世界，仍旧在东西方交往中占有不可替代的重要地位，当时的海上丝绸之路，也不能简单地视为西方海外扩张的工具。中国在当时并没有落后于西方，也不是被动地纳入世界市场的。从亚洲国际贸易自古已经存在而言，葡萄牙人只是一个加入者。因此，丝路不存在转向的问题。通过澳门这一辐射地，海上白银之路得到了极大扩展，中国积极参与了世界第一个经济贸易体系的构建。

我们需要全面评价澳门的历史作用。由于澳门是中国领土，不同于葡萄牙人的殖民地，事实上，葡萄牙人的经营在澳门国际贸易中所起的中介作用，是重要和显而易见的，应予肯定。然而，主要以西欧的观点来解释历史已经过时，对澳门国际贸易及其历史地位应作整体评价，不能仅着墨于葡人的经营。澳门的兴起和发展、地位和作用都不能撇开它是在中国的坐标系上这一关节点，而孤立看待。内外动因促成澳门作为海上贸易港口城市的迅速兴起，但是内因是主导的因素，中国内部自发的经济转型，形成巨大的白银需求，促发了澳门兴起，推动中国走向全球。

（三）澳门的繁荣：海上白银之路扩展至全球

澳门是以国际贸易重要中转港的面貌出现的。葡萄牙人开展的国际贸易，是一种转运贸易，这已是国内外学界达到的共识。在东方，葡萄牙人建立了贸易网，转运贸易的重要支点之一是澳门。葡萄牙人进行的中介贸易，需要两个条件：一是输入海外的货物，二是输出中国的货物。前者要保证有中国的市场，后者则完全依靠中国的商品经济发展。事实上，葡人是凭借中国的商品和市场立足的，澳门的兴起及其贸易发展，具有明末中国白银经济和市场发展的历史大背景，而澳门国际贸易的支点是中国商品，是中国传统的丝和瓷等产品。16—17 世纪中叶，凭借广大中国腹地蓬勃发展的市场经济和活跃的国内市场，澳门作为明朝对外开放的一个视窗和广州的外港，很快发展成为一个国际贸易中心，从而使海上丝绸之路得到了空前发展，白银之路连接起了全球。

明后期，中国社会有对白银的巨大需求，但国内矿产资源明显不足，故从海外输入便成为白银的一个重要来源。作为中国商品输出的中心辐射地，以澳门为中心，开辟了多条国际贸易航线，连接了全球的市场网络，中国生丝和丝绸、瓷器等商品从澳门大量出口，经由果阿销往欧洲，通过长崎销往日本，也经马尼拉销往美洲西班牙殖民地，而中国商品换回的是大量白银，因此，我们可以将白银流动为媒介而形成的全球经济贸易网络称为白银之路。

1. 澳门—果阿—欧洲

以澳门为中心，开辟的多条国际贸易航线中，澳门—果阿—欧洲航线是重要的一条。作为广州的外港，澳门以中国商品和市场为依托迅速兴起，由此中欧贸易成为中外贸易的重要内容之一，而澳门也成为中欧贸易的中轴。澳门经果阿运往欧洲的商品，主要是中国的生丝、丝绸、瓷器、药材等，同时大量白银也通过这条线路流入中国。17 世纪初，葡萄牙人由里斯本经果阿运送了大量白银到中国。万历十三年至十九年（1585—1591 年）每年自果阿运到澳门的白银约 20 万两[①]。万历二十九年（1601 年）有 3 艘葡萄牙船自果阿来到广州，"舟各赍白金三十万，投税司纳税，听其入城与百姓交易"。[②] 据估算，自葡萄牙运银到果阿，大约升值 1/3，而如果经果阿运到中国购买货物，就可升值 70% 以上。[③] 为了获得巨额利润，葡人使白银大量流入中国，换取中国的商品，使中国在中欧贸易中长期处于顺差的有利地位，对明代中国社会经济发展起了促进作用。

---

① *The Greate ship from Amacon*, p. 7. 原文是 200000 克鲁扎多，鲁扎多是葡萄牙货币，1 克鲁扎多约等于 1 两白银。

② （明）王临亨：《粤剑编》卷 3《志外夷》，中华书局 1987 年版，第 91 页。

③ Bal Krishna, *Commercial Relations between India and England 1601 – 1757*, London, 1924, pp. 44 – 45.

2. 澳门—日本

日本是中国外来白银最早的来源地。

在与日本的贸易中，大量的中国生丝和丝织品换回的，主要是日本的白银。金国平与吴志良两位先生对葡萄牙人首次到达日本的时间进行了新的考察，最后通过两种日本方志的明确记载和对葡萄牙文所提供的日期所进行的推论，确定了葡萄牙人第一次到达日本的时间为 1541 年，地点是丰后。[①] 自 1541 年葡萄牙人到达日本丰后，葡萄牙人自此开始前往日本贸易，这种贸易航行几乎没有中断。直到 1639 年才因日本德川幕府锁国政策被迫停止。

根据统计，1580—1597 年，葡人从日本运出了 750 万—890 万两白银。[②] 1601 年，葡船从日本长崎运到澳门的日本白银，高达 100 万两。[③] 日本的白银运到澳门，成为进行循环贸易的资本，大部分投入了中国市场，以换取中国的生丝和丝织品等商品。如此周而复始，丝绸输出和白银输入，澳门—日本这条贸易航线赖以生存，澳门赖以兴盛，而中国国内商品经济和市场也赖以繁荣发展。

耶稣会巡视员神父范礼安（Alessamdro Vilignano）在 1589 年 7 月 28 日于澳门给耶稣会总会长信中云：“这一航海极为有利，经费交易可以获得超过 40000 杜卡多的收益，但如果不在规定的年份中进行航海，就会丧失这一权利，航海通常每年不缺的进行，它给澳门本市及其居民带来帮助，因为除了利用这一航海，由中国本港送往日本的商品中获得收益之外，澳门市没有固定资产与救济方法，这里的居民除了建于本港的房屋之外没有其他不动产，他们作为外国人居留在中国人的土地上，他们除了从这一贸易中获得利益之外一无所有，所以每年将自己的货物装上被赋予这一航海的上述贵族的船上。这一航海的开启已经超过了 40 年，没有一次不进行航海的。或者由于上述理由，不得不进行航海。”[④]

① Jin Guoping and Wu Zhiliang, "Nova Tradução de Teppōki (crónica da espingarda)", *Review of Culture*, 2008, Vol. 27, pp. 7 – 20.

② George Bryan Souza, *The Survival of Empire, Portuguese Trade and Society in China and the South China Sea*, 1630 – 1754, Cambridge: Cambridge University Press, 1986, p. 56.

③ *The Great Ship from Amacon*, p. 64.

④ 《耶稣会与日本》卷1，第 56 页。转引自戚印平《耶稣会士与晚明海上贸易》，社会科学文献出版社 2017 年版，第 184 页。

据此，由澳门前往日本的贸易航线，几乎就是澳门葡萄牙人赖以生存的生命线。澳门的生存主要依靠的是澳日贸易，即白银贸易，它是澳门居民最主要的收入来源。注意到这段话中称贸易的开启已经超过了40年，那么也就是说是从16世纪40年代开始，即葡萄牙人到达日本以后立即就开始了。

3. 澳门—马尼拉—美洲

美洲白银，是中国外银的第二个来源地。中国丝货输出到马尼拉，又立即被马尼拉大帆船运往美洲墨西哥的阿卡普尔科港。由此，在太平洋上形成了一个大三角国际贸易网络。通过这一网络，中国丝绸源源不断地运往美洲，传统的丝绸之路有了新的扩展。在丝绸、瓷器输出美洲的过程中，除了大量发自福建的中国商人商船外，澳门也是一个主要管道。

澳门船将大量中国丝绸、瓷器等货物运到马尼拉，换回的是大量西属美洲盛产的白银。早在1530年，西班牙人已在墨西哥的苏特庞克和朱姆帕戈（1530年）、萨卡特卡斯（约1540年）、瓜那华托（约1550年）、帕丘卡（1552年）、索姆博雷特（约1558年）、桑塔巴伐拉（1567年）、圣路易波托西（1592年），以及秘鲁的波尔戈（1538年）、波托西（1545年）、奥鲁洛（1606年）等地发现了银矿。[1] 因此，西属美洲当时可以用来交换中国丝绸的正是那里的白银。于是，大量美洲白银流入了中国。根据估计，1585年以前每年大约是30万比索，1586年50多万比索，1590年100万比索，1602年达200万比索。[2] 而在澳门与马尼拉贸易的兴盛时期，根据统计，自1620—1644年的24年间，澳门到达马尼拉的船总数是54艘，其中1627年一年多达6艘。[3] 到1630年，澳门运往马尼拉的货物大约价值是150万比索。[4]

沿着这条航线，中国的丝绸独步于太平洋上，因此，这条航线又称作"太平洋丝绸之路"，中国商品对世界市场的初步形成作出了独特的贡献。

4. 澳门—东南亚

16—17世纪中叶，当大西洋贸易明显呈下降趋势时，正是横跨太平

---

① 陆国俊、金计初主编《拉丁美洲资本主义发展》，人民出版社1997年版，第4页。

② E. H. Blair and J. Robertson, *Philippine Islands, 1493 – 1898*, Clifland：The Arthur H. Clark Co. , 1903 – 1909, Vol. 6, p. 269；Vol. 10, p. 179；Vol. 16, p. 178；Vol. 25, pp. 143 – 144.

③ *The Survival of Empire*, p. 75.

④ *The Manila Galleon*, p. 132.

洋的中国与菲律宾及美洲贸易，西太平洋中国与日本、中国与东南亚的贸易，构成了全球贸易市场中最为活跃的部分，[①] 而这些贸易活动是以中国丝绸、瓷器等产品为重要贸易品进行的。作为国际贸易中转港的澳门，成为中国丝绸、瓷器等商品的辐射地，促使海上丝绸之路极大拓展，中国以丝绸等商品在世界占有优势地位，对世界市场形成发展起了重要推动作用。

澳门到东南亚的航线也有少量白银的输入中国，在这里就不展开论述了。

澳门国际航线的开辟，海上丝绸之路的延伸，形成全球白银之路，是建立在中国明末市场经济和商品市场蓬勃发展的雄厚物质基础之上的。澳门国际贸易的发展，正是以中国腹地商品货币经济和市场的繁荣发展，以及中国社会内部的需求为依托。澳门成为远东国际贸易的一个中心辐射地，是明代中西遇合产生的迸发力，是中国与西方直接交流的结晶，其兴起和发展自一开始，就是中国商民与居澳葡萄牙人共同努力的结果。澳门作为广州国际贸易的重要门户，成为国际贸易的重要中转港，与生丝出口，白银进口的明代外贸模式紧密联系，与珠江三角洲商品经济迅速发展有着互动作用，更是中国参与全球第一个经济贸易体系建构的进程。

澳门是中国的领土，当时的澳门与葡萄牙东方的其他殖民地在性质上是不同的。葡萄牙人入居中国，作为中国皇帝的子民，在服从中国官府管辖的前提下从事海上贸易。没有中国的政策，没有中国人的参与，没有中国的商品，没有中国的广大市场及其需求，澳门就不可能兴起。而作为国际贸易中转港的澳门，其兴起和发展自一开始，就是中国商民与居澳葡萄牙人共同努力的结果。"唐商"在澳门贸易中占有一定的比重。

海上白银之路是古代海上丝绸之路的极大延伸新样态，白银之路扩展到全球，沿线的节点城市与地区现已有许多成为世界文化遗产。沿着扩展到全球的航线，在印度果阿，马来西亚马六甲，日本长崎、菲律宾马尼拉、越南会安、墨西哥瓜纳托城、玻利维亚波托西，葡萄牙里斯本、西班牙塞尔维亚等地，都产生了大量的世界文化遗产，也有至今还没有进入世界文化遗产的当年白银之路上著名的墨西哥阿卡普尔科，等等。现举白银之路世界文化遗产之例如下：

---

① 参见张铠《晚明中国市场与世界市场》，《中国史研究》1988 年第 3 期。

日本石见银山遗迹及其文化景观（Iwami Ginzan Silver Mine and its Cultural Landscape）。位于日本本州岛西南部岛根县，2007 年 7 月列入世界文化遗产的石见银山遗迹，是 16 世纪至 20 世纪开采和提炼白银的矿山遗址。现存有将银矿石运输至海岸的山道运输线，以及当时运输银矿的港口城镇 Tomogaura、Okidomari 和 Yunotsu。这里开采的大量白银，极大促进了 16 世纪至 17 世纪日本和全球经济的整体发展。

玻利维亚波多西城（City of Potosí），位于安第斯山脉赛罗里科山下，在全球化开端的时候，这里崛起了一座著名的白银矿业城市，现为玻利维亚波托西省首府。保存了大量 16 世纪建筑。1544 年，波多西被发现盛产白银，城市于 1545 年 4 月 10 日在波多西山脚下建立起来，大规模的白银开采立刻开展起来，很快第一批白银便被装船送往了西班牙。由此开始城镇人口也迅速增长，波多西迅速成为当时拉丁美洲乃至世界最大最富有的城市之一。1987 年 12 月列入世界文化遗产。

墨西哥瓜纳托历史名城及周围矿藏（Historic Town of Guanajuato and Adjacent Mines）在墨西哥瓜纳华托州，1988 年 12 月列入世界文化遗产。此城由西班牙人在 16 世纪初期建立，到 18 世纪时发展成为世界上最主要的银矿开采中心。这段历史从现存的"地下街"和"地狱之口"得到证实，"地狱之口"矿井深达 600 米。在矿山鼎盛时期那里建造了许多巴洛克风格和新古典主义风格的建筑，两座教堂——拉科姆帕尼阿教堂和拉巴伦宪阿教堂，被认为是中美洲和南美洲地区最漂亮的巴洛克式建筑。

小　结

如果没有全球化前夜明代中国的白银货币化，就没有澳门的兴起；没有经济全球化开端中国对外贸易制度改革，积极参与全球第一个经济贸易体系的建构，也就没有今天世界文化遗产的澳门历史城区。

葡萄牙人举国一致的海外扩张要求，促使葡萄牙人来到东方，促成了澳门的兴起，而更重要的是，如果没有中国本土举国一致的白银需求，也就没有澳门兴起与海上白银之路的出现。

从 1554 年到 1644 年的近百年间，是澳门兴起发展的黄金时期，澳门成为一个极为繁盛的国际化贸易港口城市。通过澳门，中国积极参与了全球经济贸易体系的建构。澳门的兴起在明代，澳门的黄金时代也在明代，不只是葡萄牙单方面经营海上贸易的功绩，明代澳门葡萄牙人是在中国广东政府管控下的一个葡萄牙侨民社区居住，开展全球贸易活动，明朝政府给葡人以税收优惠政策，建立了澳门贸易特区。

这场制度变迁是从传统朝贡贸易体制向近代市场贸易体制的转型，以官方朝贡贸易为主体向民间海商为主体转变，也是贸易以单一官方为主体向以多种经济组织并存转变，可以说明朝制度改革经历了从单一朝贡体制到允许私人海上贸易存在，再到中外合作并进的历程。澳门兴起是渐进式改革的重要组成部分，直至张居正财政改革，明朝才发生了突进式改革，澳门治理模式也才最后确定下来，使得白银国际贸易运行形成常态发展状况。

澳门跨越三大洲、三大洋的商业贸易网络的存在，便是澳门繁荣发展的原因。丝瓷与白银的交换体系已覆盖了整个全球，澳门成为西至印度洋穿越马六甲海峡再到太平洋乃至大西洋，跨全球白银贸易体系的一个重要的连接点。促使澳门兴起最直接的也是最至关重要的经济因素是中国的白银需求与国际贸易的白银流动。中国对白银的需求量产生的动力足以维持了整个澳门连接全球的贸易网络的运转，围绕着白银贸易，澳门连接的是一个全球的经济贸易体系。重要的是，澳门港口城市的兴起，将古代丝绸之路延伸的新样态——白银之路扩展到全球，中国积极参与了世界第一个经济贸易体系构建，为经济全球化开端作出了历史性贡献。在全球视野下探讨明代澳门在经济全球化开端时期兴起及其推动海上白银之路发展到鼎盛时期的历史地位与作用，可以为今天中国"一带一路"国家倡议与参与全球治理提供有益的启示。

第三节　白银货币化与日本、美洲银矿的开发

以明代白银货币化作为中国与世界连接的新视角，中国与全球发生了联系，成为全球史的一部分。

晚明时期，中国社会面临着重大变迁；同时，全球经济也正处于融为一体的进程中。明初，白银并非合法货币，由于中国社会内部发生的变化，白银货币化自市场崛起，自下而上到自上而下初步奠定，产生了巨大的社会需求，市场经济萌发，并以前所未有的发展趋势极大地扩展，到了嘉靖年间，这一货币化过程基本完成，白银确定了流通领域主币的地位，

整个社会产生了巨大的白银需求，不仅拉动了外银流入，而且推动了中国走向全球。

从时间和动因上看，中国的社会需求曾直接影响了日本和美洲银矿的开发，中国积极引领并参与了世界经济体系的初步建构，并为整体世界的出现作出了重要的历史性贡献。当全球逐渐形成一个整体世界之时，全球第一个经济体系不是西方创造出来的，而是世界各国共同创造的。

一　白银货币化与中国走向全球

一般来说，交换的基本推动力是供求关系，供求关系是交换的产物。以交换为媒介，一边是消费，一边是生产。法国学者布罗代尔说："贵金属将显示出经济生活逐级上升的趋势。"[1] 虽然明代社会经济发展不平衡，但由于白银自下而上在市场流通领域极大地扩展，逐渐成了市场中的主币。成化二十三年（1487 年），明孝宗即位后，丘濬上《大学衍义补》，其中对货币问题的专门论述，反映了当时人对货币现实的思考，折射出的是民间白银货币化的现实。丘濬提出，"以银为上币，钞为中币，钱为下币，以中下二币为公私通用之币，而一准上币以权之焉……宝钞、铜钱通行上下，而一权之以银"[2]。这说明，由于他看到了"朝野率皆用银"的趋势，故主张以银为上币，以银作为价值尺度，建立银本位制。这是符合当时货币流通现实的。其时，白银货币化在社会内部的膨胀，已促使国内出现了海外贸易和移民的热潮，使得货币和财产进一步活跃起来，唤起了人们新的更多的货币需求。长途贸易使国内统一市场逐步形成，并与海外市场连接起来，在这一点上，白银货币需求量的增加起了重要作用。

由于白银功能的扩大和流通的要求，社会对于白银的需求量也日益增长。在这种态势下，白银供给方面又如何呢？除了从历史上继承下来的社会原有白银储藏之外，白银的来源不外有二，一是国内的白银矿藏资源，二是海外贸易通过商品交换而得的外来资源。我们首先看一下国内矿产资源方面。

---

[1] ［法］费尔南·布罗代尔：《15 至 18 世纪的物质文明、经济和资本主义》（第 2 卷），生活·读书·新知三联书店 1993 年版，第 192 页。

[2] （明）丘濬著，林冠群、周逸夫校点：《大学衍义补》卷二七《铜楮之币》下，京华出版社 1999 年版，第 259 页。

　　明朝从开采银矿方面得到的收入，可以从《明实录》中找到比较完整的记录。自洪武二十三年（1390 年）至正德十五年（1520 年），除了个别年度以外，《明实录》中均载有每年的银课收入。虽然自成化二十三年到正德十五年的记录是将银课和金课合计的，但由于金课数量很少，只有几十两，所以银课是主要的。在全汉昇研究列表的基础上，为了分析方便，笔者试将所知各朝银课综合列表于下①：

表5—2　　　　　　　　　　　　明代各朝银课

各　朝	银课收入（两）
太祖朝	75070
太宗朝	4934898
仁宗朝	212864
宣宗朝	2308058
英宗朝	930833
宪宗朝	1424020
孝宗朝	983312
武宗朝	526720
总计	11395775

　　由表5—2 中可以看出，明太祖朝银课并不多，这主要缘于当时治国方针是厉行节俭，不事奢侈，没有大力开采，所以征课也较少；而明太宗朝与宣宗朝则是明朝银课收入最多的时期，宣德九年（1434 年）达327608 两，是永乐元年（1403 年）80185 两的 4 倍多，是洪武二十三年（1390 年）29830 余两的 11 倍稍低些。但值得注意的是，银课数字并非是直线上升的，而是有升有降的。明英宗朝以后，银课收入明显减少；明宪宗朝有所上升；自孝宗至武宗朝，又呈完全下降的趋势。这是从总体上而言的。如果具体来说，如弘治二年（1489 年），银数是宣德十年（1435

① （明）全汉昇：《中国经济史研究》（下册），台北：稻乡出版社 1991 年版，第602—610页。

年）以后最高的，但也不及宣德九年的一半。

据此可知，明朝每年平均的银课收入，大约在 10 万两左右；进入明后期，实际上已不足 10 万两。此外，还有一个重要的因素应该考虑进去，那就是实际银课征收中的陪纳现象。根据陆容的《菽园杂记》记载，浙江银课在洪武年间是岁办 2870 余两，到永乐时增至 77550 余两，为洪武年间的 27 倍多；宣德时再增至 87580 余两，即又增加了 1 万两。可是后来据镇守太监李德和兵部尚书孙原真上奏，实办银为 25790 余两，陪纳为 61780 余两。于是，正统年间缩减为 38930 余两，实际上这个数字也难达到；到了弘治二年，只办 10841 两①。这说明，征课数字高，并不等于开采量高；征课数字激增，实际开采量并没有激增，而是陪纳增多了。

明朝时的银矿，分布于湖广、贵州、河南、陕西、山东、北直隶、浙江、福建、四川、云南等多处，具体情况如宋应星所云：

> 凡银中国所出，浙江、福建，旧有矿场，国初或采或闭。江西饶、信、瑞三郡，有坑从未开。湖广则出辰州。贵州则出铜仁。河南则宜阳赵保山、永宁秋树坡、卢氏则高嘴儿、嵩县马槽山，与四川会川密勒山、甘肃大黄山等，皆称美矿。其他难以枚举。然生气有限，每逢开采数不足，则括派以赔偿。法不严则窃争而酿乱，故禁戒不得不苛。燕、齐诸道则地气寒，二石骨薄，不产金银。然合八省所生，不敌云南之半。故开矿煎银，唯滇中可永行也。凡云南银矿，楚雄、永昌、大理为最盛，曲靖、姚安次之，镇沅又次之②。

各矿时开时闭，没有全国范围的大规模开采，且开采数额不足时，就括派赔补。明孝宗朝已见云南银矿中四个矿场矿脉久绝、不得已岁征银皆出自矿夫口粮陪纳的记载③。由此可知《明实录》中所载的银课数字，也并非就是实际矿产量的征收额。明中后期，云南银矿已经成为最重要

---

① （明）陆容：《菽园杂记》卷一一，中华书局 1985 年版，第 138 页。
② （明）宋应星：《天工开物·五金·银》，江苏广陵古籍刻印社 1997 年版，第 354—355 页。
③ 《明孝宗实录》卷一六八，弘治十三年十一月壬戌，第 3050 页。

的银矿，但在弘治十五年（1502 年）时，明朝曾"令云南每年该征差发银八千八百九两五分，定为常例。自弘治十六年为始，每年折买金一千两……并余剩银两一同解部，转送承运库交纳"①，即云南的银课已有部分折为金，送交承运库；并且这部分银两成为云南的年例金保存了下去。弘治十七年（1504 年），云南的银课达到了 31900 余两②，这也是明朝在那一年全部银课的数额。因此，对云南银矿的开采数额也不能做过高的估计。

明世宗即位后，也就是自嘉靖年间开始《明实录》终止了对每年银课额的记载。于是，晚明银课的数字便没有了完整的记录。王士性曾记万历八年（1580 年）云南银课 5 万—6 万两③。以宋应星所云，占有全国银产量之半的云南银课尚且如此，那么，全国银课在最多时每年也不过 10万两或 12 万两，是可以推知的。这样的银课数字，表明了国内银矿开采的严重不足，无法满足国家和社会对白银日益增长的巨大需求。关于这一点，还可以由太仓银库的银出入量得到印证。

关于太仓银库银出入量，全汉昇和李龙华已有相当深入的研究。在他们研究基础上，笔者将嘉靖至万历初年太仓银岁出入数相互对照列表于下，以期借此得到更加清晰的认识：④

由表 5—3 可以看出，嘉靖以后，明朝太仓银库一直处于入不敷出的状态中，这反映了明朝财政的拮据。这种状态在隆庆五年（1571 年）有了根本的转变，出与入的数字于此年交合，因此值得特别注意。而这一年，恰恰是美洲白银大量输出开始的一年。是巧合，非巧合？下文还要谈到。

嘉（靖）隆（庆）之际，是钱与银的最后较量达到白炽化的时期。嘉靖年间，白银货币化基本上趋于定型。

①　《明会典》卷三七《户部·金银诸课》，中华书局 1988 年版，第 269 页。
②　《明孝宗实录》卷二一八，弘治十七年十一月戊子，第 4093 页。
③　王士性：《广志绎》卷一，中华书局 1981 年版，《方舆崖略》，第 3 页。
④　根据全汉昇、李龙华《明中叶后太仓岁入银两的研究》（《中国文化研究所学报》5 卷 1期）第一表、《明中叶后太仓岁出银两的研究》（《中国文化研究所学报》6 卷 1 期）第二表制作而成。资料来源：《明实录》《万历会计录》《皇明世法录》《明经世文编》。

表 5-3　　　　　　　嘉靖至万历初年太仓银岁出入数相互对照

年代	太仓银库岁入银（两）	太仓银库岁出银（两）
嘉靖七年（1528 年）	1300000	2410000（＋）
嘉靖二十七年（1548 年）及以前	2000000	（约）3470000
嘉靖二十八年（1549 年）	2125355	4122727
嘉靖三十年（1551 年）	2000000（＋）	5950000
嘉靖三十一年（1552 年）	2000000（＋）	5310000
嘉靖三十二年（1553 年）	2000000（＋）	5790000
嘉靖三十三年（1554 年）	2000000（＋）	4550000
嘉靖三十四年（1555 年）	2000000（＋）	4290000
嘉靖三十五年（1556 年）	2000000（＋）	3360000
嘉靖三十六年（1557 年）	2000000（＋）	3020000
嘉靖四十二年（1563 年）	2200000（＋）	3400000（＋）
嘉靖四十三年（1564 年）	2470000（＋）	3630000
嘉靖四十四年（1565 年）	2200000（＋）	3700000
隆庆元年（1567 年）	2014200（＋）	5530000（＋）
隆庆二年（1568 年）	2300000（＋）	4400000（＋）
隆庆三年（1569 年）	2300000（＋）	3790000
隆庆四年（1570 年）	2300000（＋）	3800000（＋）
隆庆五年（1571 年）	3100000（＋）	3200000（＋）
隆庆六年（1572 年）十二月至万历元年（1573 年）十一月	2819153（＋）	2837104（＋）
万历五年（1577 年）	4359400（＋）	3494200（＋）
万历六年（1578 年）	3559800（＋）	3888400（＋）
约万历九年（约 1581 年）	3704281（＋）	4424730（＋）

　　白银在社会现实中已经占据主币的地位。由于货币是控制社会经济的重要手段，垄断货币，可以取得财政利益，因此，历朝历代都将铸钱作为重要的"利权所在"，对铸币权加以垄断。明朝也何尝不想通过铸币来得到"利权"呢？但是，实际上直至此时，明朝一直不能掌握这一"利权"。于是，何良俊提出，两京、十三省以及六盐运司都开局铸钱："一局每日铸钱三万，易银得五十两，则终岁可得银一万八千两。总计二十一

局，每岁几有五十余万矣。"① 这里讲得非常清楚，铸钱的实际目的就在于得银。明朝财政已经走上货币化，也就是白银化的轨道。嘉靖初年，进行了钱法改革，铸"嘉靖通宝"，并规定只准使用好钱②。但是，事实却与统治者的愿望相背，造成了钱制的紊乱，也给市场带来严重干扰，导致"各闭钱市"的结果③，但这丝毫未能改变白银货币化的主流趋势。在这种情况下，高拱上疏言："臣愿陛下特降圣旨，行钱只听从民便，不许再为多议，徒乱小民耳目。如此则人心自定。人心既定，钱法自通，而买卖可行，斯各得以为朝夕矣。"④ 这是听任市场调节流通货币的主张。

嘉靖三十二年（1553年），曾拟铸从洪武至正德钱等九个年号钱1900万贯，工部铸十分之六，南工部铸十分之四，令"黄铜照例行户部买办"，以供铸钱之用。铸钱的工本费也是用银子来支付的，以上铸造，共需用工料银3282万多两白银，而户部太仓库只贮有153万多两银，供给京师、戍边尚嫌不足，由于一时无法筹措出这么多的银子，只能改为每年陆续铸造⑤。因为即使是铸钱，其原料在民间，也要用银来购买，需要听从市场价格的摆布。另一例子更可说明这一问题。嘉靖三十四年（1555年），兵科给事中殷正茂上言，鉴于财用不足，唯有铸钱"可助国计"，但是两京所铸钱用铜价格太高，"得不偿费"⑥。从这里我们可以了解到，明朝铸钱行不通，因为它最终还是要有银子才行。工料、物料都要以交换价值计算，这是白银货币化的结果，是白银在货币流通领域占有压倒优势后造成的。

嘉靖四十三年（1564年），私铸盛行，钱法阻滞，大学士徐阶上疏言铸钱五大害处：

> 户、工二部每年以二万八千两有用之银，投诸无用之地，一也；中奸猾之计，开私铸之门，二也；朝廷以此钱赏中外之人，彼受赏者得钱无用，不蒙皇上之恩，三也；官府以此钱给与民商，彼领受者有

① 《明经世文编》卷二〇四，中华书局1962年影印本，第2149页。
② 《明会典》卷三一《户部·库藏·钱法》，第225页。
③ 《明世宗实录》卷一九一，嘉靖十五年九月甲子，第4030页。
④ 《明经世文编》卷三〇一，中华书局影印本，1962年，第3168页。
⑤ 《明世宗实录》卷四〇五，嘉靖三十二年十二月乙亥，第7078页。
⑥ 《明世宗实录》卷四二一，嘉靖三十四年四月戊寅，第7297页。

亏抑之怨，四也；局中作弊之人，坐享其利，而朝廷之钱法，因之阻滞，禁治之令，因之不行，亏损国体，五也^①。

　　他的着眼点首先就是不能将有用之银投于无用之地。

　　隆庆元年（1567 年），明穆宗颁令："买卖货物，值银一钱以上者，银钱兼使；一钱以下者，止许用钱。"^② 由于明朝并无银法，翻检《大明会典》，散在各卷中的仅见"折银"的记载，所以这条法令的颁行，虽然其本义是朝廷对白银在流通领域的普遍行使采取的限制法令，但它却是明朝在白银货币化客观现实下明确"银钱兼使"的法令，非常重要。其重要性就在于，是明朝首次以法权形式肯定了白银是合法货币。不仅如此，它还可以说是用法权形式把白银作为主币的货币形态固定了下来。因此，也可视作明朝建立银本位货币体系的证明。

　　值得注意的是，颁布这一法令，正是在银荒的背景下出台的。白银的巨大需求造成了求大于供的局面出现，形成了银贵物贱，确切地说，发生了银荒。这一年年底，户部尚书马森奏称：太仓现存银 1304652 两，而岁支官俸银为 1350000 多两^③。这种入不敷出的状况，于隆庆初年的许多奏疏中清晰可见。谭纶上疏指出："夫天地间惟布帛菽粟为能年年生之，乃以其银之少而贵也，致使天下之农夫织女终岁勤动，弗获少休，每当催科竣急之时，以数石之粟、数匹之帛不能易一金。彼一农之耕，一岁能得粟几石？一女之织，一岁能得帛几匹？而其贱如此，求其无贫不可得也。民既贫矣，则逋负必多，逋负多矣，则府库必竭，乃必至之理也"，他提出了"重布帛菽粟而贱银"之说^④。靳学颜则明确说，"今天下之民愁居慑处，不胜其束湿之惨；司计者日夜忧烦，惶惶以匮乏为虑者，岂布帛五谷不足之谓哉？谓银两不足耳"。他以为，"夫银者，寒之不可衣，饥之不可食，又非衣食之所自出也，不过贸迁以通衣食之用尔"。疏中反映当时社会流通中状况实际上已是"用银而废钱"，"天下用钱者，曾不什一"，而朝廷久不铸钱，于是，"钱益废而银益独行"，造成"银贵则货益贱，而

---

① 《明经世文编》卷二四四，第 2552 页。
② 《明会典》卷三一《户部·库藏·钱法》，第 226 页。
③ 《明穆宗实录》卷一五，隆庆元年十二月戊戌，第 414 页。
④ 《明经世文编》卷三二二，第 3438 页。

折色之办益难"的局面①。至此，无论是朝廷法令，还是大臣奏疏，都反映了一个极明显的事实——银荒的出现。

伴随着白银货币化，明朝无可奈何地认可了白银货币化，并且确认了银本位货币体系的建立。此时，一方面，出现了国家财政上银库的入不敷出。另一方面，社会上从皇族到平民都有对于白银的需求，日益增加的全社会的商业性行为正说明了这一点。也就是说，无论从国计还是民生的角度，都存在对白银的大量需求。巨大的白银需求引起供给的紧张是可以想象的。交换的根本推动力来自供求关系，在国内白银开采和供应远远不能满足需求的情况下，在货币需求的强烈刺激下，人们将寻求的视野投向海外是很正常的。与此密切相关的是，货币需求促使私人海外贸易蓬勃兴起，以及明朝海外政策从政治层面向经济层面转换。因此，隆庆初年，明朝不仅以法权形式确立了白银的主币地位，而且相应的重要举措还有在福建漳州的开海和在广东澳门的开埠，也即对澳门政策的确立。关于这一问题，这里限于篇幅，不再展开。这里只想强调的是，明代白银货币化的初步或者说基本奠定，使中国产生了对于白银的巨大需求，当白银的海外来源无疑成为当时中国社会白银的重要来源时，中国市场的极大扩展、超出国界、走向海外世界就是一个必然的结果了。

二　白银货币化与日本、美洲银矿的开发

明代后期，中国社会有对白银的巨大需求，但国内矿产资源又明显不足，故从海外输入便成为白银的一个重要来源。而海外输入的白银主要有两个源头，一是日本，二是美洲。

第一，日本方面。这是中国外来白银最早的源头。值得注意的是，虽然日本出产的金银在16世纪中叶以前就有向外出口的记载，但那时是零散的、少量的。在与中国的朝贡贸易中，日本输出的货物主要是刀剑、扇子、屏风、硫黄等，并不以银为主②。这种情况的大转变是自16世纪40年代开始的。当时，来自中国福建漳州、泉州的商船和来自广东、浙江的船只不断航行到日本九州。他们的主要目的，不再是以往贸易中的那些以物易物，而是以物易银。关于这一点，不仅在中国史料中有中国船只前往

---

① 《明经世文编》卷二九九，第3145页。
② 正德《大明会典》，东京：汲古书院1989年版，《礼部·朝贡》。

日本贸易的大量记载，而且在朝鲜李朝文献中也有确切的记录。据《朝鲜李朝实录》记载，1544 年有中国船只在海上遭遇风暴，漂流到朝鲜忠清道黄竹岛，朝鲜方面问及因何事到来，"答曰：'以贸银事往日本，为风所漂而至此。'别无他言"①。这说明，中国商人前往日本以得到白银为主要目的的贸易活动已经开始。有需求就有开发和供给，与此同时，日本银矿的开发生产，也正是在这一时期得到了迅速发展。例如，日本兵库县生野银矿，在 1542 年投资开采，产量不断增加；到 16 世纪末，向丰臣秀吉缴纳的银课，达到了一年 1 万公斤。又如，岛根县石见银矿中仅一个矿坑，在 16 世纪末每年向德川家康缴纳的银课高达 1.2 万公斤；佐渡的银矿产量，据估计每年已经达到了 6 万—9 万公斤之间②。日本学者小叶田淳是研究日本金银贸易史的专家，他认为，日本金银矿山开发在 16 世纪中叶出现激增；从那时开始，到 17 世纪前半期的一百年里，是明治以前日本金银产额最多的时代，金银在那个时代出现了大增产，其中以银的增产最为显著。1596—1643 年的五十年间是最盛期，当时是日本的石见大森、但马生野、佐渡相川、羽后院内等银矿最繁荣的时期。他还指出，在 16 世纪后半叶日本的输出品中，白银据有独占的地位③。尤为值得注意的是，日本白银的大量开采和出口，是在 16 世纪 40 年代以后，也就是晚明嘉靖年间。这时正是中国白银货币化加剧进行，对白银的需求急速扩大，国内开采已经远远不能满足需要，而开始向海外寻求的时期。因此，日本银矿出产的突然急剧增长，应该说不是孤立存在的，是在中国巨大需求的刺激下促发的。而日本对中国丝与丝织品的巨大需求，则构成了银产量激增的日本方面的原因。就这样，在供求关系的作用下，日本成为以中国为轴心的世界白银贸易中的重要一翼。

无独有偶，欧洲的葡萄牙人在同一时间段也加入丝银贸易的行列中，于 1543 年首次到达日本。葡萄牙人是在被中国从广东驱逐后，又来到福

---

① 吴晗：《朝鲜李朝实录中的中国史料（上编）》卷二二，中华书局 1980 年版。

② George Sansom, *A History of Japan 1334 – 1615*, London, 1961, A. Kobata（［日］小叶田淳）："The Production and Uses of Glod and Silver in Sixteenth and Seventeenth – Century Japan", in Dennis Flynn and Arturo Giraldez eds. Metals and Monies in a Global Economy, Aldershot Variotum, 1997, p. 257、258.

③ ［日］小叶田淳：《金银贸易史の研究》，东京：法政大学出版局 1976 年版。

建和浙江活动，然后随中国的海盗王直同船到达日本①。由此，他们开始介入获利巨大的中日贸易，也就是丝银贸易。以宁波港为例，当时的港口职能正在发生从官方朝贡贸易向民间私人海上贸易的重要转变。民间海上贸易以日常用品为主，主要输出的贸易品是丝绸、棉布和瓷器等，又以丝绸为最重要；而输入的正是大量白银。根据当时来华的葡萄牙人平托记述，葡萄牙人"到岛上去收货。他们带着从主人手里借来的五六十个奴隶去收挂在树上晾晒的丝绸。此外，在两所大房子中，在很干燥的环境中储藏着许多丝料，如前所述，总值达白银十万两，有一百多人的股份。一些股东在双屿，另外一些在满剌加。当时那批货物就是准备运到满剌加去的。这两批收回的货物价值也在十万克鲁扎多以上"。后来葡萄牙人清点货物，除了以上部分外，"还有价值十三万日本纹银的货物，品种繁多，锦缎，丝绸，丝线，塔夫绸，麝香，细瓷"②。尤其值得注意的是，平托记述在16世纪40年代初，葡萄牙人到达日本，随后给双屿带来了"日本盛产白银，中国货可以在那里赚大钱"的消息，结果是"当时一担生丝只有四十两白银，八天中竟然涨到了一百六十两。就是这样，还要千方百计才能购得，且质量不佳"③。由此，一个极为明显的事实摆在了我们面前，私人海外贸易的蓬勃兴起，正是用中国的货物去换取日本的白银。同时也说明，嘉靖年间中外贸易的主要结构发生了转变，以奢侈品为主的贸易，已为中国商品出口换取外国白银进口为主所取代。

第二，美洲方面。谈到美洲白银，以往大多忽略了一个重要事实，那就是，西方探寻新航路的一个重要原因是对于黄金的需求而不是白银，或

---

①　据日本学者木宫泰彦研究，引用日本文献《南浦文集·铁炮记》记载，天文十二年（明嘉靖二十二年，1543年）八月，有三名葡萄牙人漂流到种子岛，船上有明朝儒生名叫五峰的在内。五峰即王直，日本人称他为"五峰船主"。又据《大曲记》载，"道可（日本平户领主松浦隆信）是福气和武功都很大的人，有个名叫五峰的从大唐来到平户津，住在现在的印山邸址修建的中国式房屋。他利用了五峰，于是大唐商船来往不绝，甚至南蛮的黑船也开始驶来平户津。大唐和南蛮的珍品年年充斥，因而京都、堺港等各地商人，云集此地，人们称作西都。"参见木宫泰彦《日中文化交流史》，商务印书馆1984年版。近年虽有金国平、吴志良提出葡萄牙人到日本是在1541年，但还没有取得共识。

②　［葡］费尔南·门德斯·平托著，金国平译：《远游记》上册，葡萄牙航海大发现事业纪念澳门地区委员会、澳门基金会、澳门文化司署、东方葡萄牙学会，1999年，第177、178页。

③　《远游记》下册，第408、409页。

者可以说，黄金是他们的首选。当 1492 年哥伦布航行出发时，他的目的是寻求财富，而在当时欧洲人眼里，财富首先是黄金，并不是白银。随着《马可波罗游记》在欧洲的广为流传，书中对东方的描述使哥伦布相信东方遍地都是黄金，于是他带着这本游记开始航行。在西班牙塞维利亚的纪念馆里，至今还保存着哥伦布阅读过的一本《马可波罗游记》，上面布满了小字批注，达数百条之多。因此，黄金是欧洲人踏上新发现土地时所追求的头一项重要东西[1]，当是没有疑义的。这一点也为以下的事实所证明，即在美洲发现和开发的早期，这条航线上运回欧洲的货物也首先是黄金。西班牙人在美洲到处寻找黄金来源，并开始在附近河流淘选黄金。1510 年左右，在圣多明各的淘金达到高峰时，波多黎各、巴拿马和古巴才开始生产；而到 1520 年左右，这里的生产才逐渐放慢。这以后，墨西哥和中美洲又开始生产。当那里进入顶峰时，秘鲁也开始了生产。麦克劳德认为，西班牙在美洲的黄金生产在 1550 年前一、二年达到最高水平。根据皮埃尔·肖努的统计，第一个周期运往西班牙的黄金为 25～30 吨，1540 年前墨西哥生产了 20 吨，而在这一周期结束前，秘鲁的产量可能与之相仿[2]。因此，我们可以知道，当时黄金的开采在规模上虽然不能与后来的白银相比，但是西班牙在美洲的主要矿产。尤为值得注意的是，从寻求黄金到白银的转换，也是从 16 世纪 40 年代以后开始的。从时间上来看，美洲著名银矿波托西是在 1545 年开始开采的，最初发展缓慢；萨卡特卡斯和瓜纳华托则分别在 1548 年和 1558 年开始开采，产量在 16 世纪逐渐增加，并且达到一个相当大的数量。而我们知道，美洲白银开采数量的激增，正是在阿卡普尔科和马尼拉建立起联系以后。西班牙人到达菲律宾的棉兰老和宿务等岛是在 16 世纪 60 年代。到达东方的西班牙人几乎立刻了解到中国商品对他们的意义，于是几乎立即开始了鼓励与中国海商的贸易。为此，西班牙舰队司令黎牙实比（Miguel Lopez de Legazpi）曾命令，舰队在海上遇到中国商船时要加以善待[3]，因为中国商人在贸易中只

---

① ［美］塞·埃·莫里森：《哥伦布传》上卷，商务印书馆 2014 年版，第 341—342、366 页。

② ［英］莱斯利·贝瑟尔主编：《剑桥拉丁美洲史》第 1 卷，经济管理出版社 1995 年版，第 347 页。

③ E. H. Blair and J. A. Robertson eds., *The Philippine Islands*, *1493 - 1898*, Vol. 2, Cleveland, 1903, p. 116.

要白银，与中国的贸易需要大量的白银才能进行。西班牙人需要交换中国的商品，却没有比白银更能吸引中国商人的商品。当时在欧洲，实际上也存在着同样的情况。如此说来，美洲白银在 16 世纪下半叶被大量开采出来，与对中国贸易的需求有着紧密联系。

此后，美洲白银源源不断地流向了中国。就渠道而言，存在着多条。美洲白银不仅从马尼拉流向中国，带动了整个东南亚贸易，也在运至塞维利亚后通过欧洲的途径运至印度果阿，再流入中国；更由后来到东方来的荷兰人、英国人直接运往中国，以换取中国的商品。即使是从美洲运到欧洲的白银，也辗转输入亚洲，大部分进入了中国。特帕斯克论述了美洲白银到达欧洲以后的系列活动，从中我们可以得到以下三条重要线索：

一是自西班牙—英国、法国、荷兰—波罗的海、摩尔曼斯克—斯堪的纳维亚、俄国—波斯—亚洲；

二是自西班牙经过陆路或海路—黎凡特—亚洲；

三是自葡萄牙、荷兰、英国—好望角航线—亚洲[①]。

就这样，美洲白银经由曲折的途径，在周游了世界之后，相当大的部分流入了亚洲，并又有相当大部分流入了中国。

以上的考察说明了一个事实，那就是，无论是日本银矿的开采，还是美洲银矿的开发，在时间上都与中国白银货币化产生的巨大白银需求、中国市场迅速扩张的时间相衔接，而流向也是清楚的。因此，可以得出这样的结论：中国白银货币化直接推动了日本银矿大开发和间接地推动了美洲银矿的大开发，中国积极引领并直接参与了全球第一个经济贸易体系的建构，为经济全球化的开启作出了历史性贡献。

第四节　东矿西珍：东西洋商品贸易结构变化

16 世纪，海洋成为时代的主题，一个整体的世界从海上连接了起来，海上活动成为最为令人瞩目的国际现象，历史上首次出现了空前规模的全球贸易，白银在全球流动，成为重要媒介。在这一时代背景下，晚明中国

---

① J. J. TePaske, "New World Silver, Castile, and the Philippines, 1590 – 1800" in Precious Metals in the Late Me 2 dieval and Early Modern Worlds, p. 433.

出现了张燮《东西洋考》一书。卷首萧基《小引》中，有这样一段话："其指南所至，风艢所屯，西产多珍，东产多矿。"① 由此，晚明海上贸易具有"东矿西珍"的特征，遂使晚明人海洋意识的重构跃然纸上。

一　东西洋概念及其变化的梳理

考察东矿西珍，首先要确认萧基所谓的"西产多珍，东产多矿"中的"西"与"东"的含义。这里的"西"与"东"，无疑是指西洋、东洋。因此，首先要确定明朝人海洋意识中对于西洋与东洋的概念。

中外学界聚焦于东西洋的分界，争议纷纭，莫衷一是。② 由于标准不同，分歧迭见。学界的争议孰是孰非？这只能从明朝人本身的海洋意识出发，以明朝人的认识为判断依据。在明朝人的观念中，大致可归纳为两种认识：一种是以苏门答腊以西海域为西洋，以东为东洋，这以明初马欢《瀛涯胜览》为代表③；另一种以文莱以西为西洋，以东为东洋，这以晚明张燮《东西洋考》为代表④。以上两种认识的形成，均出自明朝文献，那么问题的焦点就在于东西洋名称在不同时期确有不同的含义。

元朝《大德南海志》与《岛夷志略》中，已有小东洋、大东洋、小西洋和西洋的多种称谓，说明自元朝以来以东西洋名称出现并通行于世。到了明初，自永乐三年（1405 年）至宣德八年（1433 年）郑和七次下西洋，其出使次数之多，规模之大，航程之远，地域之广，影响之深，史无前例，史称"盛事"。明初郑和下西洋主要是航向西洋，随行者马欢所著

---

① （明）张燮：《东西洋考》卷首，萧基《小引》，中华书局 1981 年版，第 11 页。书成于万历四十五年（1617 年），前有萧基、周起元、王起宗三序。萧基，字大美，又字汝城，江西泰和人，万历四十一年（1613 年）进士，任漳州府推官。参见萧彦《掖垣人鉴》卷二六，李桢《东林党籍考·萧基列传第一百三十》，人民出版社 1957 年版，第 68 页。

② 主要论文有：［日］山本达郎《東西洋とり称呼の起源に就いこ》，《东洋学报》第二十一卷一号，1933 年；［日］宫崎市定《南洋を东西洋に分つ根据に就いこ》，《东洋史研究》第七卷四号，1942 年；洪建新《郑和航海前后东、西洋地域概念考》，《郑和下西洋论文集》第 1 集，人民交通出版社 1985 年版；沈福伟《郑和时代的东西洋考》，《郑和下西洋论文集》第 2 集，南京大学出版社 1985 年版；刘迎胜《东洋与西洋的由来》，陈佳荣《郑和航行时期的东西洋》，《走向海洋的中国人》，海潮出版社 1996 年版，等等。讨论重心均为东西洋的分界。

③ （明）马欢著，万明校注：《明钞本〈瀛涯胜览〉校注》，《南浡里国》，海洋出版社 2005 年版，第 50 页。

④ （明）张燮：《东西洋考》卷五《文莱》，第 102 页。

《瀛涯胜览》中明确记载，明朝人当时是以南浡里国为东西洋的分界，它位于今天的印度尼西亚苏门答腊岛西北的帽山，帽山以西被认为是西洋，也就是说今天的印度洋才被称为西洋，当年叫作"那没黎洋"。按照明初人眼里的这样一个划定，当时帽山以西是西洋，以东就是东洋。[①] 当时的苏门答腊岛也就是"东洋之尽处"。查《明实录》，永乐年间载有东洋冯嘉施兰和浡泥国、吕宋国使臣来朝之事。[②] 冯嘉施兰、吕宋位于今菲律宾群岛，浡泥则是位于今加里曼丹岛北部的古国。而当时人将朝鲜称为东洋朝鲜国，也见之于史载。[③] 由此可见，明朝初年人们是把东自朝鲜半岛，西至苏门答腊岛，其中包括今朝鲜、日本、菲律宾、印度尼西亚和马来半岛，以及中南半岛诸国，统称为东洋。

明初郑和七下西洋以后，正如明人黄省曾《西洋朝贡典录·自序》篇首所云："西洋之迹，著自郑和。"[④] 在下西洋影响下，东西洋概念很快就发生了变化。跟随郑和下西洋的马欢云"往西洋诸番"，费信载"历览西洋诸番之国"，而巩珍所著书名《西洋番国志》，顾名思义，是将下西洋所到国家和地区，包括占城、爪哇、旧港、马六甲乃至榜葛剌国、忽鲁谟厮国、天方国，一律列入了西洋诸番。换言之，他把下西洋所至诸国都列入了"西洋"界限以内，无疑极大地扩展了"西洋"的范围。此后，约作于正德十五年（1520 年）的黄省曾《西洋朝贡典录》更进一步，将"朝贡之国甚著者"全都列入了"西洋"的范围，编辑的 23 国，包括了广阔的区域，其中赫然列有东洋的浡泥国、苏禄国、琉球国。[⑤] 于是"西

---

① 《明钞本〈瀛涯胜览〉校注》第 50 页，《南浡里国》。值得注意的是，自郑和下西洋以后，西洋的概念就开始发生演变，参见万明《释"西洋"——郑和下西洋深远影响的探析》，《南洋问题研究》2004 年第 4 期。需要说明的是，虽然在晚明文献中形成了以文莱划界的东西洋主流认识，但在明末记载中仍见有用明初东洋概念的，如吕毖《明朝小史》卷一七《崇祯纪》中以爪哇为东洋："爪哇国古名阇婆自古城顺风二十昼夜可至。其国地广人稠甲兵为东洋诸番之雄"，即为一例。

② 《明太宗实录》卷五八："东洋冯嘉施兰土酋嘉马银等来朝，赐钞币有差"，永乐四年八月丁酉，第 848 页；卷八十二："赐浡泥国王麻那惹加那乃及于阗、东洋等处使臣"，永乐六年八月癸卯，第 1108 页；卷一一〇，赐"东洋冯加施兰、吕宋国"使臣，永乐八年十一月丁丑，第 1411 页。

③ 《明太宗实录》卷八九："浙江定海卫百户唐鉴等亦追至东洋朝鲜国义州界"，永乐七年三月壬申，第 1184 页。

④ （明）黄省曾著，谢方校注：《西洋朝贡典录·自序》，中华书局 1982 年版，第 5 页。

⑤ 参见《西洋朝贡典录》卷上《浡泥国第六》《苏禄国第七》《琉球国第九》，第 44—47、50—54 页。

洋"不仅极大地彰显，而且无疑前所未有地扩大到了包括东西洋，乃至海外各国之义了。笔者曾撰文《释"西洋"》，对于"西洋"一词作了专门考释，指出郑和下西洋产生了极为深远的影响，其后明朝人将郑和所到之处乃至极西之地都已概称为西洋。[①]显而易见的是，在明朝人的海洋意识中，西洋已包括了原来划分在东洋范围里的国家，西洋由此而凸显。

那么，改变这种观念，东洋彰显出来，又始自何时？这是我们研究明代中外关系应该弄清楚的问题。

在晚明人的海洋意识中，海上世界仍然划分为东西洋，而值得注意的是，发展到晚明，东西洋概念与明初已经完全不同。一般来说，今人对于晚明人东西洋分界概念的认识，是来自张燮《东西洋考》，其中记载："文莱，即婆罗国，东洋尽处，西洋所自起也"，[②]明确地说，晚明以文莱为东西洋的界限。就此而言，晚明的东西洋划分与此前确实已经发生了重大变化。

应该指出，不少学者以此就认为明初对东西洋的划分就是以文莱划界，或以明初概念来校正晚明概念，或以晚明概念来纠正明初概念，实际上都是没有弄清时空变化的因素，因而产生了对明人概念的误解。

值得注意的是，以往学界几乎形成一种固定的认识，即《东西洋考》中的东西洋就是晚明人海洋意识中的东西洋。那么，事实上是否就是如此呢？为了评价晚明人对东西洋的认识，我们必须对这部书中的三个问题细加考索：第一，《东西洋考》中的东西洋范围界定从何而来？第二，当时是否只有《东西洋考》中涉及的东西洋贸易？换言之，《东西洋考》中的东西洋划分及范围包括了当时全部海上贸易了吗？第三，《东西洋考》是一部什么性质的书？解答这三个问题的先决条件是细考《东西洋考》一书的内容。

《东西洋考》首列《西洋列国考》，次列《东洋列国考》，以下分为《外纪考》《饷税考》《税珰考》《舟师考》《艺文考》和《逸事考》。

《西洋列国考》中，列有15国：交趾、占城、暹罗、下港、柬埔寨、大泥、旧港、麻六甲、哑齐、彭亨、柔佛、丁机宜、思吉港、文郎马神、迟闷。附带所属之地9：清化、顺化、广南、新州、提夷、六坤、加留吧、

---

① 参见万明《释西洋：郑和下西洋深远影响的探析》，《南洋问题研究》2004 年第 4 期。
② 《东西洋考》卷五《文莱》，第 102 页。

吉兰丹、詹卑。

《东洋列国考》中，列有 7 国：吕宋、苏禄、猫里务、沙瑶、呐哔嘽、美洛居、文莱。附带所属之地 12：大港、南旺、玳瑁、中邦、吕蓬、磨荖央、以宁、屋党、朔雾、高药、网巾樵老。

总之，在《西洋列国考》和《东洋列国考》中综述了东西洋 43 个国家和地区。[①]

此外，在《外纪考》中列有"日本"和"红毛番"。日本列其物产有："金、银〔僧（上大下周）然曰：东奥州产黄金，西别岛出白银，以为贡赋〕"等。红毛番列其物产有："金、银钱、琥珀、玛瑙、玻璃、天鹅绒、琐服、哆啰嗹、刀"。[②] 云"商舶未有抵其地者。特暹罗、爪哇、渤尼之间与相互市"。[③]

再看书中的东西洋"针路"。张燮在《舟师考》中叙述了"西洋针路"和"东洋针路"。据此可知，"东洋"与"西洋"的区分，基本依据在于贸易航线的划分：西洋针路从漳州月港出发，最远至爪哇的地闷；东洋针路从太武山分道，经台湾、澎湖至菲律宾群岛，最远到东、西洋的交界文莱。据此，如果我们认为通过《东西洋考》的东西洋针路，就可以了解 16 世纪中外交通的概貌，是不确切的。

向达先生在《两种海道针经·序言》中指出：

> 明代以交趾、柬埔寨、暹罗以西今马来半岛、苏门答腊、爪哇、小巽他群岛，以至于印度、波斯、阿拉伯为西洋，今日本、菲律宾、加里曼丹、摩鹿加群岛为东洋。[④]

他所说的，是后世学者所解读的晚明整体东西洋的概念。这一概念与《东西洋考》中的概念有明显的不同。

进一步解读《东西洋考》，可以发现以往学界长期以来忽视了一个重要问题，即书中只是部分地反映了当时明朝人海洋意识中的东西洋概念，

① 《东西洋考》卷一至卷五，第 1—108 页。
② 《东西洋考·外纪考》，第 130 页。
③ 《东西洋考·外纪考》，第 130 页。
④ 向达整理：《两种海道针经·序言》，中华书局 1961 年版，第 7 页。

书中有关东西洋范围的认定，涉及的东西洋针路，都只是明朝官方开海限定与许可贸易的范围，并非就是晚明人海洋意识中对于东西洋的整体认识。对此，《东西洋考》的《凡例》中其实说得很清楚：

> 列国各立一传，如史体。其后附载山川、方物，如《一统志》体，以其为舶政而设，故交易终焉。①

又云：

> 集中所载，皆贾舶所之。若琉球、朝鲜，虽我天朝属国，然贾人所未尝往，亦不掇入。或曰日本、红夷，何以特书？书其梗贾舶者也。②

总之，"为舶政而设"，正是《东西洋考》记述列国的主要目的。

行文至此，我们可以从晚明人的语境中解析出当时人的海洋意识，即对东西洋的两种认识：一是来自《东西洋考》书中的内容部分；二是来自其书前萧基《小引》，至此，晚明东西洋的概念可以说出现了广义与狭义之分。

一种是狭义的东西洋，即"集中所载，皆贾舶所之"，是当时明朝官方设定的划分海上贸易区域的特定概念。这种东西洋概念是特定的，或者说是特殊所指。正如《东西洋考》中东西洋列国考与二洋针路所显示，明朝开海于福建漳州月港的东西洋贸易，并不包括位于东洋的日本、琉球、朝鲜和位于西洋的荷兰人所在的巴达维亚（今印度尼西亚雅加达）。这样的特定概念，明显不是明朝人对于东西洋的整体认识。

另一种是广义的东西洋，也就是萧基《小引》中所谓东矿西珍的东西洋，显示出当时海上贸易的整体特征，这显然超出了书中所记载的东西洋针路，完整地包括了东洋的日本和在西洋活动的荷兰人在亚洲所占据的地理范围，乃至可以说是广义的东西洋概念。

因此，张燮《东西洋考》中所述的东西洋，是明朝官方规定的海上

---

① 《东西洋考·凡例》，第20页。
② 《东西洋考·凡例》，第20页。

贸易区域的东西洋概念，即狭义的东西洋，或者也可以说是特定意义上的东西洋概念。而在其书前萧基《小引》中的东西洋，则可以理解为一种更为宽泛意义上的概念，即广义的东西洋概念。

特定的概念是一种出自制度规定的概念，实际上，晚明人海洋意识中的东西洋概念来自传统方位的划分和贸易地理格局的现实，晚明的东西洋概念经历了重构的过程。关于这一点，在当时人的海洋意识中，不可能完全游离于传统地理概念之外，也不可能不了解贸易地理格局的现实。《东西洋考》以日本为外纪，不在航海贸易范围之列，乃至又云琉球、朝鲜"贾人所未尝往"，这皆与当时的历史事实不符。日本位于东洋是没有问题的，由于倭寇的问题一直存在，所以当时明朝官方不允许与东洋的日本贸易，但日本出产白银，在嘉靖年间已经闻名遐迩，时有繁盛的对日私人海上贸易为证，下面还将述及。萧基《小引》中的"东产多矿"，应是包括了日本在内。至于琉球、朝鲜"贾人所未尝往"，也不过是因为二者不在漳州月港所规定的针路之列而已。

以时间上早于《东西洋考》的明抄本《顺风相送》①来看，《东西洋考》中所述的东西洋贸易范围也是有问题的。《顺风相送》中，具体记录了日本、琉球、吕宋、吉里地闷等东洋的往返针路，也记载了去印度洋的6条针路，只是对印度洋的针路记载较为简略。②此书可作为《东西洋考》一书所涉的东西洋概念，但并非是明朝人完整的东西洋认识的一个佐证。明代成、弘年间私人海上贸易兴起，超出国家允许的贸易范围是一个客观历史事实，而《东西洋考》是地方官授意下修撰的，反映出东西洋贸易由官方控制的部分。我们知道，自成、弘以后，官与商在海上是有激烈博弈的。月港开海是官商博弈的结果，当时私商盛行，官方并没有掌控全部海上贸易，开海只是以官方所能掌控的范围为主。这里反映出从官方与民间的角度看问题，是不相同的。

事实上，隆庆开海，正是明代海上贸易以官方为主体向以民间为主体

---

① 明抄本《顺风相送》，16世纪成书。但可认为始撰于永乐初年，是因为这一抄本依据的是永乐初年的古本。琉球人程顺则《指南广义》是一部1708年汇辑的航海专书，其中《针路条记》来自康熙癸亥年（康熙二十二年，1683年）册封使团传授的《航海针法》部分，其源头明确记载为明代永乐元年郑和等"前往东西二洋等处"，可为佐证。《指南广义》琉球大学仲原文库本，系海洋出版社刘义杰主编惠赐电子版，在此谨致谢忱。

② 向达整理：《两种海道针经》之甲种，第13—99页。

转型的重要标志，晚明海上贸易模式及其变化转型，深刻地影响了整个国家与社会。

历史事实是，当时的出洋船只远远超过了官方规定的数目。如万历五年（1577年）春，漳州海澄陈宾松的商船往交趾买卖，到顺化地方贸易，其时已有福建来航停泊的船只十三艘。其时距隆庆开海十年，即使寻至万历十七年（1589年）的规定，顺化也只有二艘，而此年则超多至十三艘。① 反映出的历史现实是，晚明无船引的出海商船数量激增，远远超出有船引的商船数目。原因是当时海上贸易的主体是民间海商，为海上贸易利润所趋，走私贸易仍然大量存在，故至崇祯初年有万历末"海舶千计"之说。②

需要说明的是，给予船引之地，是为官方允许贸易的区域，代表了开海以后中国商船在东西洋活动的地区及其主要贸易港口。东洋方向主要是在今天的菲律宾群岛、加里曼丹岛一带，只有米六合是在马鲁古群岛。而值得注意的是，虽然东洋没有包括日本贸易，即与日本的贸易当时仍然不合法，然而日本有白银矿产资源，当时中国有巨大的白银需求，中国与日本的海上贸易大量存在，直至明末。依据荷兰《巴达维亚城日记》记载，1623年9月从澳门有小船7艘，自中国有30—40艘前往日本，运送大量绢丝及绢制品，③ 还有不少自漳州出发的船只在出洋后转向东洋的日本。这样一个东洋贸易活动的主要区域，直接或间接与日本、美洲的白银矿产资源相联系。

既然《东西洋考》中的东西洋概念是明朝官方允许贸易的东西洋市场，以此与萧基所云"东矿西珍"的东西洋概念比较，最基本的区别显示了出来，即《东西洋考》的东西洋不包括矿源丰富的日本，而萧基所云的"东产多矿"应是包括了日本的。重要的是，日本与美洲的白银确实在晚明都大量流入了中国，但是有一点至关重要，就是日本白银输入在前，美洲白银流入在后，准贩东西洋，是隆庆开海的主要内容，这无疑是构成东西洋特定区域概念的主要原因。但是"东产多矿"，白银的流入中

① （明）侯继高：《全浙兵制》卷二，附录《近报倭警》，旧抄本。
② 《崇祯长编》卷41，崇祯三年十二月乙巳，《明实录》附录，台北："中研院"史语所1962年校勘影印本，第2456页。
③ ［日］村上直次郎原译，郭辉译：《巴达维亚城日记》第一册，台湾文献委员会印行，1989年再版，第23页。

国，却并不始自隆庆开海。这一点下面还将述及。

海上通商贸易的考量，是《东西洋考》的主要写作动机之一。谢方先生指出：此书是海外贸易"通商指南"性质的书，[①] 这无疑是很贴切的。但是，我们还要注意到，此书所涉的通商贸易，是特定的官方允许贸易的东西洋范围内的通商贸易。《东西洋考》先后应海澄县令陶镕、漳州府督饷别驾王起宗之请撰写完成，由漳州地方官主持刻印出版，表明这部书的地方官修的色彩浓厚。

无论如何，晚明人东西洋概念与明初相比发生了很大变化，不能将二者作同一认定。晚明东洋得到彰显，与郑和下西洋以后凸显的西洋平起平坐，呈现出与明初迥然不同的格局与面貌。《东西洋考》一书的出现，反映了晚明人的海洋意识中关于东西洋新概念的形成。新概念的形成，与海上国际新格局的形成有着直接的关系，与海上贸易地理格局的变化、晚明海上贸易政策调整、贸易模式和制度变迁均紧密相连。

二　传统东西洋商品结构的改变

从某种意义上说，东矿西珍即东西洋市的贸易结构。一般而言，贸易结构是指某一时期贸易的构成情况，主要指贸易中各种商品的构成情况，也称为商品贸易结构。晚明海上贸易以东西洋贸易区域的面貌出现，与晚明人的东西洋范围概念发生变化相联系，晚明海上贸易的商品结构发生了重大改变。还原到明朝人的内在视野去考察，从明初到晚明，贸易商品结构经历了一个变迁的过程。

明初海上贸易的商品，在马欢《瀛涯胜览》一书中有着详细记录。我们将明初马欢《瀛涯胜览》与晚明张燮《东西洋考》两书中记载的贸易商品进行比较，可以清楚地看出海上贸易商品结构的变迁，主要发生在晚明的东洋。

长期以来，物产作为商品，是商人们关注的焦点。郑和下西洋，当时西洋输入中国的商品，主要是香料和奇珍异兽，体现了远距离海上贸易的特性，就是奢侈品贸易。

在马欢书中记载郑和下西洋时代的海外交易实例中，海外物产进入交流的主要有以下品种：

---

① 谢方：《东西洋考·前言》，第4页。

犀角、象牙、伽蓝香、金子、宝石、红马厮肯的石、苏木、乌木、降真香、绵布、乳酪、玳瑁、肉豆蔻、鹤顶、荜拨、黄蜡、胡椒、野犀牛、珊瑚、锡、珍珠、香货、西洋布、花巾、海鱼、宝石与珍珠厢宝带、丝嵌手巾、织金方帕、龙涎香、椰子、乳香、血竭、芦荟、没药、安息香、苏合油、木鳖子、骆驼、猫睛石、各色雅姑、金珀、蔷薇露、沉香、檀香、俺八儿香、琥珀、狮子、麒麟、花福鹿、金钱豹、驼鸡、白鸠、金银生活、熟食、彩帛、书籍、金厢宝带、蛇角、荜布、姜黄布、布罗、布纱、沙塌儿、兜罗锦、绢、剌石、祖把碧，祖母喇，金刚钻、金珀珠、神珀、蜡珀、黑珀（番名撒白值）、美玉器皿、水晶器皿、十样锦剪绒花毯、各色棱幅、撒哈剌、毲罗、毲纱。①

以上总共是80种。其中，有些是一类商品的名称，如"金银生活"，故实际进入流通的单项商品还要更多。显然，以上进入商品交易的都是西洋各国的特殊产品，以珍奇为主要构成，其中包括了传统西域地区的各种珍奇特产。

综合而言，明初进口物品值得特别留意的有以下6类：

第一，香料药物类，主要有伽蓝香、降真香、沉香、檀香、俺八儿香、龙涎香、安息香、没药、肉豆蔻、胡椒、苏木等。②

第二，珍宝类，主要有犀角、象牙、珍珠、珊瑚等。

第三，珍禽兽类，主要有狮子、麒麟、花福鹿、金钱豹、驼鸡、白鸠等。

第四，工艺品类，主要有宝石与珍珠厢宝带、丝嵌手巾、织金方帕、西洋布、美玉器皿、水晶器皿、十样锦剪绒花毯、各色棱幅、撒哈剌、毲罗、毲纱等。

第五，矿产类，主要有金子、宝石、金刚钻、锡等。

第六，日用品类，主要有乳酪、海鱼等。

① 见（明）马欢著，万明校注《明钞本瀛涯胜览校注》诸国条。
② 参见《明钞本瀛涯胜览校注》，第77、10、45、20页。物品都是产自马欢亲身所到的西洋各国的土特产品。如乳香主要产自非洲和阿拉伯半岛，没药主要产自阿拉伯和东非索马里，安息香主要出自伊朗，见于该书阿丹国条；乌木原产自印度与马来半岛，马欢记载以占城国的"绝胜他国出者"，见于该书占城国条；胡椒原产南亚、东南亚，见于该书苏门答剌国条；热带地区产品檀香、肉豆蔻、荜拨，均见于该书爪哇国条，等等。以下各类均见于诸国条，不另注。

从这些类物资的进口，可以看到古代中外物资交流的连续性。

在马欢记载的海外交易实例中，中国进入交流的商品主要有以下品种：中国青磁盘碗、纻丝、绫绡、烧珠、麝香、花绢、铜钱、布帛、色绢、樟脑、锦绮等。

其中，以青花瓷器、丝绸、麝香、铜钱最为重要。除了麝香以外，其他都是中国特有的人工产品，深受海外各国人民的喜爱。以中国的手工业制品去换取西洋海外奇珍，这是传统海上贸易的商品结构。

晚明中国出口商品结构没有发生大的变化，如果说有变化的话，是量的增加，如丝和瓷都有更多的出口。以下主要比较进口商品结构方面。

在《东西洋考》一书中，万历十七年（1589 年）漳州月港税收调整时的交易商品，有以下品种：

胡椒、象牙、苏木（分为东洋、西洋）、檀香、奇楠香、犀角、沈香、没药、玳瑁、肉豆蔻、冰片、燕窝、鹤顶、荜拔、黄蜡、鹿皮、子绵、番被、孔雀尾、竹布、嘉文席、番藤席、大风子、阿片、交趾绢、槟榔、水藤、白藤、牛角、牛皮、藤黄、黑铅、番锡、番藤、乌木、紫檀、紫憬、珠母壳、番米、降真、白豆蔻、血竭、孩子茶、束香、乳香、木香、番金、丁香、鹦鹉螺、毕布、锁服、阿魏、芦荟、马钱、椰子、海菜、没石子、虎豹皮、龟筒、苏合油、安息香、鹿角、番纸、暹罗红纱、棕竹、沙鱼皮、螺蚆、獐皮、獭皮、尖尾螺、番泥瓶、丁香枝、明角、马尾、鹿脯、磺土、花草、油麻、黄丝、锦魟鱼皮、柑庶鸟、排草、钱铜。①

以上进口商品货物共 84 种。还有"先年不见开载"，《东西洋考》作为附记的商品：

哆罗嗹、番镜、番铜镜、红铜、烂铜、土丝布、粗丝布、西洋布、东京乌布、八丁荞、青花笔筒、青琉璃笔筒、白琉璃盏、琉璃瓶、莺哥、草席、漆、红花米、犀牛皮、马皮、蛇皮、猿皮、沙鱼翅、翠鸟皮、樟脑、虾米、火炬、棕竹枯、绿豆、黍仔、胖大子、石花，共 32 种。②

以上商品总共是 116 种。其中有一些是来自欧洲的商品，如哆罗嗹、番镜、番铜镜等，说明此时西方扩张东来，已增添了少量的欧洲商品。但

① 根据《东西洋考》卷七《饷税考》，第 141—143 页。
② 《东西洋考》卷七《饷税考》，第 146 页。

"先年不见开载"的新增商品中也有不少属于一般生活日用品，如草席、漆、虾米、绿豆等。值得注意的是有米、铜的进口。明朝开海以后，海上贸易的内容明显地反映了当时社会需求的实态，即民生日用类的增加。

将晚明商品结构与明初相比较，我们主要可以得出3点认识：

第一，晚明西洋商品的变化不大。从海上贸易的商品来看，胡椒、苏木、象牙、檀香、犀角、沉香、没药、玳瑁等西洋特产珍奇消费品并没有任何变化，虽然也有如冰片、燕窝等明初没有的一些新种类，但是显然也属于珍奇的范围。由此可知，与明初西洋官方贸易的商品比较，晚明西洋民间私人海上贸易中的商品品种没有太多的改变。明初西洋海上贸易具有的远距离奢侈品贸易性质，在晚明西洋商品输入上仍很明显，但增加的一般日常用品的商品输入，反映了中国市场对海上贸易的消费需求。

第二，晚明东洋商品结构发生了重大变化。与明初海上贸易商品结构相比较，最重要的区别，就在于明初没有白银的大量进口，而大规模的白银输入，是晚明东洋贸易的特征。以往在计算贸易额的时候，均不把白银计算在内，但当时的白银不但是货币，而且本身也是商品，其主要来源于日本与美洲的银矿的矿产输出，满足了中国市场的巨大需求。

第三，晚明的商品税，不再抽取实物，一律以税银征收。特别是加增饷税的征收，完全是考虑到"东矿多产"，即为东洋交易换取白银的特点而专设。

三　"东矿西珍"实态的考索

根据文献记载，晚明海上贸易之利，以东洋最富，就是以银为贵。关于这一点，在当时明朝人的海洋意识中，认识是相当清楚的。

明末何乔远《开洋海议》云：

> 佛郎机之地，本在西洋，吕宋不过海岛一浮沤耳，其民皆耕种为业，佛郎机夺其地开市于此，人遂名吕宋，而亦名东洋……此皆据今日吕宋、红夷二夷入我近地而论，此所谓东洋者也。此外尚有暹逻、柬埔寨、广南、顺化以及日本倭，所谓西洋也。暹逻出犀角、象牙、苏木、胡椒如加留巴，又出西国米、燕窝，他番所无。柬埔寨、广南、顺化亦出苏木、胡椒。日本国法所禁，无人敢通，然悉奸阑出物，私往交趾诸处，日本转手贩鬻，实则与中国贸易矣。而其国有银

名长锜，别无他物，我人得其长锜银以归，将至中国，则凿沉其舟，
负银而趋，而我给引被其混冒，我则不能周知。要之，总有利存焉。
而比者日本之人亦杂住台湾之中，以私贸易，我亦不能禁，此东洋之
大略也。①

　　这里不仅明确了东西洋在明末的划分，而且详细记述了东西洋特产，
值得注意的是，特别提及日本除了白银"别无他物"的特征。
　　何乔远《请开海事疏》中谈及"开洋之利"，细述东西洋贸易商品情
形，再次说明东西洋贸易的不同之处：

　　　　臣请言开洋之利，盖海外之夷，有大西洋，有东洋。大西洋则暹
逻、柬埔寨、顺化、哩摩诸国道，其国产苏木、胡椒、犀角、象齿、
沉檀、片脑诸货物，是皆我中国所需。东洋则吕宋，其夷佛郎机也。
其国有银山出银，夷人铸作银钱独盛。我中国人若往贩大西洋，则以
其所产货物相抵，若贩吕宋，则单是得其银钱而已。是两夷人者皆好
服用中国绫段杂缯，其土不蚕，惟藉中国之丝为用。湖丝到彼，亦自
能织精好段匹，錾凿如花如鳞，服之以为华好。是以中国湖丝百斤值
银百两者，至彼悉得价可二三百两。而江西之磁器，臣福建之糖品、
果品诸物，皆所嗜好。②

　　这里突出了与吕宋贸易中可以获得的银钱，实际上，这也就是通过吕
宋与美洲的丝银——瓷银贸易。
　　晚明泉州籍内阁大学士李廷机曾云：

　　　　而所通乃吕宋诸番，每以贱恶什物贸易其银钱，满载而归，往往
致富。而又有以彼为乐土而久留。③

---

① （明）何乔远：《镜山全集》之《开洋海议（崇祯三年在南都作）》，日本内阁文库藏明
崇祯刊本，第13—15页。由于《镜山全集》一书笔者未得见，此文所引诸条，幸得徐
晓望先生帮助，在此谨致谢忱。
② 《镜山全集》卷二三《请开海事疏》，第31—32页。
③ （明）李廷机：《李文节集》卷一四《报徐石楼》，《明人文集丛刊》本，台北：文海出
版社1970年版，第1304页。

这也是东洋海上贸易以中国商品交易银钱的例证。

清初人对晚明中国前往西洋船只折往东洋贸易的情形也有评述，王胜时说：

> 闻往时闽中巨室，皆擅海舶之利，西至欧罗巴，东至日本之吕宋、长岐，每一舶至，则钱货充牣。先朝禁通日本，然东之利倍蓰于西，海舶出海时，先向西洋行，行既远，乃复折而入东洋。嗜利走死，习以为常，以是富甲天下。①

明朝在漳州月港的加增饷征收，印证了海上贸易商品结构发生的变迁。《东西洋考》记载：

> 加增饷者，东洋吕宋，地无他产，夷人悉用银钱易货，故归船白银钱外，无他携来，即有货亦无几。故商人回澳，征水陆二饷外，属吕宋船者，每船更征银百五十两，谓之加征。后诸商苦难，万历十八年，量减至百二十两。②

加增饷是福建漳州月港专门为出洋到吕宋的商船所设商税，是一种附加税，征收对象是船主。由于当时西班牙人占据菲律宾群岛，开辟了吕宋到墨西哥的航线，以墨西哥银元购买中国生丝等商货，因此至吕宋贸易的中国海商在归国时几乎不载货物，而都是运回大量墨西哥银元，即大量白银。有鉴于此，明朝特地设置了加增饷。

历史事实证明，中外海商在东洋可以获得的最大利益，就是白银的获取。值得注意的是，晚明海上贸易东西洋新格局在明初郑和下西洋西洋凸显之后，转向东洋地位明显上升，出现了东洋的凸显，这是东洋贸易结构的变化使然。

再让我们从出洋船只的分配比例上看，虽然表面上明朝规定的东西洋出洋船只是对等分配的，似乎二者没有差别。然而，根据上文从《东西洋

---

① （明）王胜时：《漫游纪事》卷一《闽游》，江苏广陵古籍刻印社《笔记小说大观》本，第 17 册，第 5 页。
② 《东西洋考》卷七《饷税考》，第 132 页。

考》中所列东洋与西洋的国家数目，则显示出东西洋并不对等，西洋国家远比东洋国家多出一倍不止，即使加上所属地，在比例上西洋的国家也仍然多于东洋。这说明从出洋船只的制度安排上，显然东洋已经占有了上风。通过月港，中国商品大规模输出，换取大量白银输入中国，这种新的东西洋贸易结构变化，凸显了具有白银资源的东洋在海上贸易中的重要地位。

正是由于这个缘故，万历二十五年（1597 年），泉州人提出分贩东西洋，由泉州抽东洋饷税，漳州抽西洋饷税。史载："泉人以兵饷匮乏，泉观察议分漳贩西洋，泉贩东洋，各画陇无相搀越，欲于中左所设官抽饷，如漳例。"① 当时立即遭到漳州府的强烈反对，"力言其不可"，于是分贩之议不行。

特别值得注意的是，当隆庆初年明朝海外政策做出大幅度调整，在福建漳州开放海禁，允许中国商民出海贸易，伴随这一调整趋势，明朝在广东对澳门政策也基本定型，澳门拥有了广州外港的历史地位，促使澳门迅速成为远东重要的国际贸易中转港。② 澳门本身虽然不在东洋范围之内，但是众所周知的事实是，葡萄牙人经营的澳门贸易航线中最为活跃的是对日贸易航线，也就是说澳门海上贸易得利最为丰厚的是来自东洋贸易，并由此进入澳门的黄金时期。而澳门也参与马尼拉的美洲白银贸易，也就是葡萄牙人参与美洲白银运行相关的贸易活动。就此而言，应该说澳门在东洋贸易中也占有重要地位。③

晚明"东矿西珍"之说的出现，印证了东洋的凸显，对于海上贸易，这无疑是一个重大转折点。从某种意义上说，东矿西珍即当时东西洋市的主要商品贸易结构。西洋主要显示了传统贸易的连续性，虽然由于西方人东来出现了变化，但是相对东洋来说，西洋商品贸易结构的变化不大，反衬了东洋商品贸易结构变化巨大。概括而言，可以说 16 世纪是东洋凸显的时代，而东洋的凸显，得力于"东产多矿"，即白银的输入。总之，东洋是白银输入的最大渠道，这一点成为注定东洋凸显的关键因素。虽然太

---

① 《东西洋考》卷七《饷税考》，第 133 页。

② 关于葡萄牙人入居澳门，参见万明《明朝对澳门政策的确定》，《中西初识》（《中外关系史论丛》第 6 辑），1999 年；万明《中葡早期关系史》第四章《葡萄牙人入居澳门》，社会科学文献出版社 2001 年版，第 77—113 页。

③ 关于澳门葡萄牙人经营的海上贸易及其航线，参见万明《中国融入世界的步履：明与清前期海外政策比较研究》，第 281—282 页。

平洋航路接通的意义，对于全球贸易殊为重要，而日本银矿的大开发也是东洋凸显的重要因素，特别是日本白银的流入更早于美洲白银，因此是东洋凸显的首要因素。

商品结构发生的变化，主要是关系国计民生的贵金属白银的加入，它极大地改变了传统进口商品的性质。应该说明的是，其时输入中国的白银还不只是来自东洋方面，西洋商船也带来大量货币白银。海上贸易出口商品结构，可以反映出当时国家的经济技术发展水平、产业结构状况、资源情况以及在国际分工中的地位和对外竞争力，随着晚明商品货币经济的发展，海上贸易呈现多样化发展的趋势。进口以白银为主，是以中国出口产品交易得来，当时最重要的出口商品是丝绸、瓷器，反映了这一时期中国手工业的迅速发展态势。特别值得注意的是，此时丝绸在海外已经可以大量织造，中国的出口以生丝或半成品为主，而在中国产品中唯有瓷器在当时独步世界，以青花瓷为代表，出口比重急剧上升，数量巨大，乃至难以统计。生产青花瓷的窑场几乎遍及全国各地，就是最好的证明。①

商品结构的变化在一定程度上反映了晚明时期中国社会商品货币经济的发展状况。过去占进口比重最大的胡椒、苏木等香料和珍宝类，在晚明所占进口总值的比重相对减少，到万历年间，虽然仍有进口，但显然已经不是中国海上贸易的主流输入品，简言之，相对白银的输入，已经退居次要地位。总进口值比重发生变化，白银占据进口商品的首位，在历史上是史无前例的，反映了海上贸易领域和国际市场的不断扩大，这一时期中国商品货币经济确实有了较快的发展。由于西方一直没有办法以大宗产品来换取中国丝绸、瓷器等商品，只能采取以白银交易。因此，从某种意义上说，是中国的丝瓷在根本上改变了进出口贸易的基本格局和结构，促使大量白银流入中国。

进一步地说，16 世纪，海上贸易地理格局、贸易模式与商品结构都已经发生了明显的改观，由此而言，中国正在经历一场由商品货币经济引发的社会经济变迁，乃至国家的变迁。白银在海上贸易中不再是无足轻重

---

① 参见万明《明代青花瓷崛起的轨迹：从文明交流走向社会时尚》，《故宫博物院院刊》2008 年第 6 期；万明《万里同风：明代青花瓷崛起的历程》，发表于 2011 年 5 月香港城市大学中国文化中心、澳门民政总署、澳门艺术博物馆联合主办"逐波泛海：十六至十七世纪中国陶瓷外销与物质文明扩散国际学术研讨会"，已收入会议论文集；万明《明代青花瓷的展开：以时空为视点》，《历史研究》2012 年第 5 期。

的，确切地说，它是一系列互相关联的国家与社会变迁现象中首先应该引起注意的现象，它使得海上贸易迥然不同于过去。这一变化说明，发展到嘉、隆、万年间，中国海上贸易状况已经经历了所能达到的最高点，而此时与明初以盛大的下西洋为标志的官方为海上贸易主体不同，是以繁盛的私人海上贸易为主体的。

从商品货币经济发展的角度来看，东矿西珍反映了晚明海上贸易商品结构的变化，这一结构变化，在晚明海上贸易制度变迁的过程中出现，标志了东洋的凸显，与白银的巨大社会需求有着直接联系。货币流通是由商品流通引起的，货币流通的规模是由商品流通的规模和速度决定的。隆庆开海以后，民间私人海上贸易合法化，进入大规模迅速发展的阶段。月港鼎盛时期对外通商达 40 多个国家和地区，事实上据前所述，通商地区和国家的还不仅是官方记载的这些。从 16 世纪 40 年代嘉靖年间中国白银形成国内市场流通领域的主币以来，海上贸易的一般交换手段也随之发生了根本转变，白银在海上国际贸易中具有了主币的地位，形成了与世界货币的接轨。海上贸易商品交换所得主要是白银，白银既是商品，又是货币，东洋成为当时中国民间海上贸易获取白银资源的主要地区，在这一区域进行贸易活动的葡萄牙人、西班牙人、荷兰人等主要以白银购买中国商品，进行中转贸易，从而获利。而中国正是以自身的经济实力，以独步世界的丝瓷产品参与到波澜壮阔的全球化进程中。

四　"东矿西珍"背后的推力：中国市场与全球市场的接轨

《东西洋考》云：

> 市舶之设，始于唐宋，大率夷人入市中国，中国而商于夷，未有今日之伙者也。①

在当时人眼里，晚明海上贸易达到了史无前例之繁盛。东矿西珍，正是当时海上贸易发生历史性变化的概括，其出现并非偶然。

马克思和恩格斯指出，由于资本主义的向外扩张，使得各个国家和民族的"自给自足和闭关自守状态，被各民族的各方面的互相依赖所代

----

① 《东西洋考》卷七《饷税考》，第 153—154 页。

替"，从而使"一切国家的生产和消费都成为世界性的了"。[①]

我们知道，明初中国海上贸易的主要对象是西洋与东洋，下西洋使西洋凸显，主要是印度洋周边区域。晚明时期，处于全球化的开端时期，世界正在形成一个整体，联系世界主要大洲的国际贸易网络也正在形成。全球化（Globalization），也称经济全球化（Economic Globalization），指地理上分散于全球的经济活动开始综合和一体化的现象，是当代世界经济的重要特征之一。而世界经济日益成为紧密联系的一个整体，开端于16世纪，海上贸易的发展使世界联系在一起，各国和各地区对外联系的广度和深度都达到了空前的水平。在16世纪里，中国经历了从区域史到全球史的过程。探讨区域史与全球史的连接，白银是一个关键点。

道格拉斯·诺斯曾说：

> 历史是至关重要的。人们过去做出的决策决定现在可能的选择。要理解经济实绩随时间变化而显现出来的差异，就需要了解经济的演变。[②]

研究晚明史，有一个问题一直摆在我们面前：东洋航路早已开辟，但是在明初不如西洋发达，只是到了晚明才凸显出来。换言之，东洋为什么会在此时凸显？过去给予的解释，归纳起来，在内是由于福建地狭人稠，山多田少，对于海上贸易的需求巨大；在外是东洋诸国社会经济落后，可供贸易的物品匮乏，至明后期才发达起来。而大多数学者归之于西方东来的因素，特别是西班牙占据马尼拉及其太平洋航路的开辟。我们认为，中国福建区域局部的原因，东洋诸国的发展状况，加上西班牙人东来的因素，仅仅是这些还不够，还应看到中国社会整体变迁的大背景，也唯有如此，才能完整解释晚明海上贸易结构的变迁。关注东洋凸显，特别要关注东矿西珍出现的背后推力。

海上贸易的发展和大规模的商品货币流通，是晚明中国社会经济发展中两个最为显著的特征。晚明东西洋贸易呈现出非常不同的特征，是一个值得注意的国际经济现象。贸易商品结构的变化，是决定东西洋贸易不平

---

① 《马克思恩格斯选集》第1卷，人民出版社1975年版，第254—255页。
② ［美］道格拉斯·诺斯著，陈郁等译：《经济史中的结构与变迁》，上海三联书店1994年版，中译本序第1页。

衡的根本原因。重要的是，以东矿西珍为特征的海上贸易新格局形成的背后，蕴含着中国社会经济变迁的深层需求，与中国本土白银货币化的发展进程有着密不可分的联系。

仔细考察，东洋凸显背后的推力可以分为中国社会内部和中国社会外部两方面。中国社会内部的推力，主要体现在明代白银货币化，具有中国国内市场萌发的作用；而外部的推力则主要表现在外银的大量流入，是世界市场的作用。如果说只看到外银流入对于中国的影响，看不到中国本土的变革因素，那么就会是认识偏颇的，当然，重要的是二者之间存在互动关系。

学界一般认为，东西洋针路变化是时代和社会环境变化的结果，这是不错的。但是，以往纠结于航线变化，而没有关注变化背后的推力，是遗憾的。通过考察，海上贸易结构变化不是自然形成的历史过程，而是具有深厚的中国内部社会经济变迁的背景。我认为，从明代白银货币化来看晚明东西洋贸易商品结构变化的问题，可以迎刃而解：当时海外输入的白银主要有两个源头，一是日本，二是美洲，二者均是明代社会迫切需求的白银货币资源所在地，而当时日本的白银是通过中国海商和澳门葡萄牙人的贸易输入，美洲白银则主要是通过西班牙占据的吕宋输入中国的。这正是东矿西珍中"东矿"的由来，也是新的贸易地理格局生成的由来，更是全球化的由来。

为了更好地了解东矿西珍形成背后的推力，我们可以将西方到来的前后分为两个阶段来分析。明代白银货币化的基本奠定，不是出现在美洲白银到来以后，而是在美洲白银到来之前。我们有必要首先关注日本银矿的开发时间。2007 年列入《世界遗产名录》的日本石见银山遗址表明，石见银矿从 1526 年（明朝嘉靖五年）开始了 400 多年的开采历史，那里从日本战国时代后期到江户时代前期是日本最大的银矿山，17 世纪银产量占到世界银总产量的三分之一。石见银山的开发时期与日本经济史上的商业发展时期重叠，因此，那里冶炼加工的白银当时不仅作为货币在日本国内流通，而且支持着日本与葡萄牙、荷兰东印度公司以及中国商人之间的贸易往来。① 值得注意的是，石见银山的开发时期不仅与日本经济史上的

---

① 陈君勇、陆春燕：《领略自然和文化精粹 联合国教科文组织 2007 年新增世界遗产欣赏》，《科学生活》2007 年第 10 期。［日］村上直、江面龍雄、田中圭一《江戸幕府石見銀山史料》雄山閣，1979 年；《石見銀山：研究論文篇，年表・編年史料綱目篇》島根県教育委員会著，石見銀山歴史文献調査団編，思文閣出版，2002 年。

商业发展时期重叠，而且与中国私人海上贸易的发展史也是重叠的。与此同时，明代舟山双屿国际自由贸易港的兴起，是中日私人海上贸易繁盛的历史见证。根据中外文献，主要是明代朱纨《甓余杂记》和葡萄牙费尔南·门德斯·平托《远游记》的记载，舟山双屿在16世纪20年代开始一度活跃兴起，这一国际贸易中心港，以私商云集的私人海上贸易而闻名中外，连接了国内市场和国际市场。双屿在16世纪40年代积聚的私商大群数千人，小群数百人，群据海岛。一至夏季，大海船多达数百艘，乘风破浪，蔽江而下，多时甚至达到了1294艘。关注中国与世界历史发生重大变化的关联，以中国本土社会变迁与世界现实变革的历史潮流相融通为主要解释模式，舟山双屿港的兴起并非偶然。明代嘉靖初年，白银货币化已经基本奠定了白银为流通领域主币的态势，白银渗透到整个社会，促使各阶层上上下下产生了对白银的需求，出现了"司计者日夜忧烦，遑遑以匮乏为虑者，岂布帛、五谷不足之谓哉，谓银两不足耳。夫银者，寒之不可衣，饥之不可食，又非衣食之所自出也，不过贸迁以通衣食之用尔。而铜钱亦贸迁以通用，与银异质而通神者。犹云南不用钱，而用海巴。三者不同而致用则一焉。今独奈何用银而废钱？惟时天下之用钱者，曾不什一，而钱法一政久矣其不举矣。钱益废，则银益独行"。① 旧的对外贸易模式——朝贡贸易不能满足需要，中外私人海上贸易蓬勃兴起，于是有舟山双屿港的出现。它标志着中国国内市场发展，并迅速向海外拓展，中国海商实际上引领并积极参与了世界市场体系最初的建构过程即经济全球化开端的建构。②

根据《明实录》嘉靖二十五年（1546年）记载，"以往日本市易"为风所漂至朝鲜，被解送回国的"下海通番"福建人，即超过千人以上。③从时间上看，我们可以认为由于中国社会内部对于白银的巨大需求，促发了中国私人海上贸易的蓬勃兴起，直接刺激了日本银矿的大开发。日本出

① （明）靳学颜：《讲求财用疏选兵铸钱积谷》，陈子龙等《明经世文编》卷二九九《靳少宰奏疏》卷一，中华书局1962年版，第四册，第3145页。
② 参见万明《明代嘉靖年间的宁波港》，2001年"宁波港与海上丝绸之路"学术研讨会论文，刊于《海交史研究》2002年第2期；万明《全球化视野下的明代舟山双屿港》，提交2011年7月"舟山双屿港国际论坛"，经修订后，全文名《昙花一现之城：全球化开端时期的明代舟山双屿》，刊于《城市与中外民族文化交流》（《中外关系史论丛》第20辑），陕西师范大学出版总社有限公司，2013年。
③ 《明世宗实录》卷三二一，嘉靖二十六年三月乙卯，第5963页。

产白银的巅峰时期为 16 世纪中期至 17 世纪初，开采业兴盛时，仅生野和石见每年就上缴白银 1 万—2 万公斤。丰臣秀吉统治日本时，佐渡和石见的金银矿开采迅速。佐渡每年上缴白银 1 万贯左右，石见上缴 4 千—5 千贯。① 依据文献资料，我们认为中国的白银需求对于日本与美洲的白银大开发，有着直接或间接的影响和作用，中国本身通过白银货币化，主动走向了世界，与世界连接了起来。②

　　关于明代白银货币化趋势及其过程的实证研究，使我们确信明代中国白银经历了从非法货币到合法货币，乃至形成完全货币形态的历程。③ 值得特别注意的是，明代成、弘之际，是中国白银货币化自下而上到自上而下开始全面铺开的时候，同时也是郑和下西洋时代海外物品胡椒、苏木等在皇家府库枯竭之时。④ 从那时开始，民间私人海上贸易蓬勃发展的大趋势突破制度的障碍，极大地显现了出来。嘉靖初年，伴随白银在全国市场流通中形成主币成为事实，而本土矿藏储量严重不足，于是巨大的内需促发了走向海外的寻求，拉动了海外白银的大量流入。这时白银的主要来源是日本银矿，可以认为，中国扩大的私人海上贸易直接或间接地引发了日本的银矿大开发。即使是率先到达中国沿海的葡萄牙人也参与到其中，但他们毕竟不是海上贸易的主体。同时，繁盛的私人海上贸易也导致了嘉靖年间海上争夺战以倭寇为形式的爆发。这场危机暴露了明朝官方应对海上危机的乏力，使得朝堂之上关于海上事宜的争议纷纭。然而，也反映了中国内部经济结构的变动与贸易商品结构的变动紧密相连，晚明海上贸易商品结构的变化与明代白银货币化有着密不可分的关系。总之，16 世纪，无论在中国社会内部还是在外部世界，都突出了白银货币的特殊意义。明代白银货币化是一个中国社会内部经济结构变化的过程，而我们需要关注的是，中国经济转型变革与全球历史变革的大背景相互关联。

---

① ［日］岩生成一：《日本的历史》卷 14《锁国》，东京：中央公论社 1966 年版，第 159 页。

② 参见万明《明代白银货币化——中国与世界连接的新视角》，《河北学刊》2004 年第 3 期。

③ 参见万明《明代白银货币化与中外变革》，万明主编《晚明社会变迁：问题与研究》，商务印书馆，2005 年，第 143—246 页。

④ 参见万明《郑和下西洋终止相关史实考辨》，《暨南大学学报》2005 年第 6 期；万明《中国融入世界的步履：明、清前期海外政策比较研究》，故宫出版社 2014 年版，第 148—151 页。

在以往中外学者对白银流入中国数量的估计方面，作了大量研究，却往往忽略了西方人到达美洲首先追求的是黄金而不是白银，是以低估了中国本土社会经济变迁的影响与作用。这里需要关注白银输入的时间问题，不能忽略一个重要的时间差，那就是美洲白银的输入要晚于日本白银的输入30年。美洲白银是在西班牙人占据马尼拉以后，在万历二年（1574年）才开始大量开采运输的，而日本的银矿开发则是在明代嘉靖年间，也就是16世纪40年代已经开始兴盛起来，其间有着30年的时间差。这个时间差是重要的分界，由此我们可以区分白银流入中国的两个阶段，而不是笼统地看待两个来源。关注到这一点，并与明代白银货币化进程联系起来考察，可以作出如下分期：第一时期，是日本白银流入时期，开始于16世纪20年代，在16世纪40年代达到高潮。这一时期可以作为白银输入的起始期，日本白银对于嘉靖初年基本奠定白银作为流通领域主币以后的白银需求供应起了重要作用；第二时期，是美洲白银流入时期，开始于16世纪70年代，此后与日本来源的白银汇合，达到了外银输入中国的高潮期，外银对于中国持续稳定以白银作为流通领域主币起了重要作用，由此也对明朝赋役—财政改革，中国货币财政的开端起了重要作用。[①] 这里需要特别说明的是，明代中国赋役—财政改革标志中国国家与社会的转型，却不是外铄的。

总之，在全球化开端的大背景下，从市场发育、商品流通和货币经济发展三个方面考察晚明中国社会经济的发展轨迹与特点，不难看出，晚明中国经济最具时代意义和历史意义的发展之一，是白银货币化，也即中国社会经济向货币经济的转化过程。白银成为流通领域的主币，成为统一的货币计算单位，并且作为一种通用的结算方式用于国际贸易，这在中国历史上是史无前例的，在中国货币史上是一个划时代的变化。换言之，明代通过白银货币化这一划时代的变化，积极引领参与和推动了经济全球化进程出现。

与之相联系，社会变迁与转型相伴而行，商品货币经济的发展带来的影响是多方面的，所谓泥沙俱下，有正面的，也有负面的，晚明社会面貌光怪陆离，发生了重大改观。由此产生巨大的社会需求，促使全国市场迅

---

① 参见万明《明代财政体系转型——张居正改革的重新诠释》，《中国社会科学报》2012年7月4日；《新华文摘》2012年第18期。

速形成，扩大到世界范围，并推动中国主动地走向了世界。在全球市场初步形成过程中，外银通过繁盛的海上贸易流入中国，从而完全奠定了白银在全社会作为普遍流通主币的地位。白银货币化成为晚明国家与社会变迁与转型的重要标志，正因为它是中国社会变迁与世界变革的连接点。而原有国际贸易关系重组，海上贸易商品结构发生重大改变，是中外双重变迁的反映。概言之，晚明国家与社会的一切变化，包括当时明朝人海洋意识的重构，都是在内外交汇大变局下形成的。

小　结

这里可以归纳以下两点认识：

第一，万历年间修撰的《东西洋考》中的东西洋概念，是官方允许贸易的东西洋贸易范围的海域划分，并不是晚明人对于东西洋的完整认识，只是当时狭义的东西洋概念。书中东西洋针路的截取，也说明了这一点。其中主要是日本贸易的缺失，而日本是东矿西珍所谓"矿"的主要来源之一，且相对美洲白银，日本对中国来说是首先出现的白银资源，在西班牙人占据马尼拉，于万历二年（1574年）开展马尼拉—美洲的大帆船贸易以前，已是东洋贸易的重心所在，这说明早在16世纪20—40年代，贸易商品结构及其比重已经发生向东洋的倾斜，而当时的东洋却还没有美洲白银的出现。美洲白银的大量出现，是在西班牙人占据马尼拉的16世纪70年代以后，在这里有一个时间差。也正是在这样的背景下，遂使私人海上贸易与葡萄牙经营的对日贸易取得了巨大的商业利润，萧基《小引》基于晚明人对于东西洋的完整认识，所云"东矿西珍"，遂使东洋彰显出来，可以作为广义的东西洋概念。

第二，明代白银货币化是贸易商品结构演变，乃至晚明明朝人海洋意识中东西洋位置转换的背后推力。晚明与明初海上贸易商品结构比较，西洋变化不大，东洋变化重大，主要是东洋的矿产开发，导致大规模白银流入中国，从而在晚明海上贸易中凸显了东洋。从明初郑和下西洋后西洋的凸显，到晚明国际贸易商品结构变迁后东洋的凸显，这一变化呈现出海上贸易从西洋向东洋重心转变的态势。追寻晚明商品结构变化，东矿西珍出现背后的推力，根本原因在于中国国家与社会内部经济结构的变迁。通过考察东西洋两个贸易区域的维度关系，以及晚明与明初两个不同阶段的贸易商品的变化，印证了变化与明代白银货币化有着直接的关联，白银货币化显示出中国国家和社会变迁与世界变革的紧密联系。伴随白银货币化进程同步进行的是，晚明海上贸易进入前所未有的规模，与白银需求态势，也与中国商品大规模开发生产密切相连。需要强调的是，中国先有自身的白银货币化进程，才产生对于白银的强劲需求，紧接着依托自身商品的发展潜力，丝瓷等跨洋远播，吸引了大量外银的流入，遂使白银成为晚明流通领域主币的地位得以稳定延续。需要说明的是，白银货币化这一历史性变化，是不可逆转的，直至1935年，中国白银作为主币的地位才结束。

在16—17世纪全球化开端时期，世界格局发生重大变动，明朝人海洋意识的重构，国际贸易新的商品结构"东矿西珍"的形成，可以作为国际海上活动开始进入一个新的历史阶段、明代中国引领并参与了波澜壮阔的全球化进程的历史见证。

第五节　中国与全球互动：全球第一个经济体系的建构

白银是促使世界贸易诞生的重要因素。法国学者布罗代尔曾说："贵金属涉及全球，使我们登上交换的最高层。"[1] 与白银相联系，一边是生产，一边是交换。起因于白银需求的中国市场网络的延伸，其主要特征就是将世界各处的白银吸纳进来。与此同时，中国商品走向世界，市场扩大到了全球范围，促进了白银的全球性流动，中国积极参与了全球第一个经济贸易体系的建构。

一　白银需求与白银输入

作为当时世界上最大的经济体，中国以白银为主币，采取银本位制，促使白银成为世界货币，跨越了巨大的空间，形成了世界范围的货币流动形态。几乎绕地球一周的贸易结构，以白银为轴心建立了起来，换言之，围绕白银形成了一个世界贸易网络，或称世界经济体系的雏形。于是，在世界历史形成一个整体的过程中，第一个全球贸易体系出现了。对此，明

---

[1] ［法］费尔南·布罗代尔：《15至18世纪的物质文明、经济和资本主义》第2卷，生活·读书·新知三联书店1993年版，第192页。

代中国起了举足轻重的作用。与此同时，通过与世界的连接，中国社会的白银货币化最终奠定，整个社会加速走向货币经济化。

当中国市场与世界连接起来，世界市场的白银滚滚而来之时，它已成为正在变革之中的中国社会经济增长的助动力。白银货币量的增加，无疑提高了商品的产出和销售，加速了社会经济增长发展；同时，它也加剧了整个社会发生重大改观。法国学者布罗代尔曾经断言："贵金属的作用似乎从来没有像在 16 世纪那样重要，当时的人们毫不犹豫地把贵金属放在首位。"他引述一位威尼斯人的话说，金属不管是黄的还是白的，"都是每个政府的神经，决定政府的脉搏跳动，构成政府的精神和灵魂，赋予政府的存在与生命……它能主宰一切……有了它，也就有了一切，没有它，一切都会变得死气沉沉"①。就是在这样一个时代，中国社会的白银货币化，中国货币体系向贵金属白银的转换，意味着中国社会经济由自给自足的农业经济向货币经济转变，为建立一个世界经济体系准备了条件，促成了世界范围生产出现明显增长。

由于白银货币化，市场经济的萌发，中国成为当时世界上最大的经济体之一，是最大的白银需求国，直接影响了白银作为国际通用结算方式用于世界贸易。这种国际交换关系，一端联系的是中国商品，另一端联系的是白银，形成了市场网络的世界性链接。概言之，它以三条主干线，跨越三大洲，形成了三个大小不等的贸易圈，从而构建了一个世界贸易网络。这三条主干线是：

中国—东南亚—日本

中国—马尼拉—美洲

中国—果阿—欧洲

作为三条航线终端的日本、美洲和欧洲，均为输入中国白银的来源地。其中，日本和美洲是白银的出产地，而欧洲主要是美洲白银的中转地。建立在这种供求关系上的市场中，确立了白银的世界货币地位。伴随白银货币的极大发展，市场超越了国界，实现了世界性的扩展。中国白银货币化促使白银的世界货币职能得到了全面实现，于是，一个首先建立在白银世界性运动基础之上、以白银为国际贸易结算方式的世界经济体系雏

---

① ［法］费尔南·布罗代尔：《菲利普二世时代的地中海和地中海世界》上卷，商务印书馆 1998 年版，第 694 页。

形产生了。这正是经济全球化的开端。

中国白银货币化促使中国与世界联系起来，在中国与世界之间，建立了一种互动关系。为了对此有一个比较清楚的了解，以下笔者从白银需求与输入的关系来略作考察。

世界白银的流动与中国的关系，主要是中国商品和白银的交换关系。当时，世界上以白银作为支付手段的最大需求国是中国，不是西方。当西方走向世界寻求财富时，他们最早寻找的是黄金而不是白银。因此，世界两大银矿开采地的白银，最终大部分流入了中国。这一现象之所以出现，关键是因为中国存在着巨大的市场需求，而供求关系则是由价值规律所决定的。当时中国的银价较高，在中外金银比价上，中国的金银比价是 1：4，而在欧洲至少是 1：12[①]。在这一特定前提下，世界开采的白银大量流向了中国。关于中国的白银输入问题，中外学者从 20 世纪 30 年代始已作了大量可贵的探讨，其统计数据大多来自西方和日本的档案文献，估算也大多建立在这些文献的基础上。由于贸易情况错综复杂，造成数据庞杂，学者们的统计年代不一，统计数字歧出，以致莫衷一是。以下主要在以往研究基础上重新考察估算。为了论述清晰，这里统一采用吨为计算单位，年代则主要以外银大量开采和流入的 16 世纪 40 年代为起点，以 1644 年为终点。

二　白银输入中国的简单估算

第一，日本方面。16 世纪中叶以后，日本白银成为中国外来白银的重要来源。由此开始，日本的大量白银流入了中国。这里，主要依据日本学者的研究估算数字。

据岩生成一统计，在明嘉靖三十九年至万历二十八年（1560—1600 年）的四十年里，日本白银每年出口额是 33.75—48.75 吨；到 17 世纪初年，达到 130—160 吨，占世界银产量的 30%—40%[②]。山村弘造和神木哲男根据 16 世纪末在亚洲旅行的罗伯特·费舍所说，认为每年由葡萄牙商船运送到中国的日本白银有 60 万克鲁扎多，相当于 22.5 吨；而依据

[①] *The Philippine Islands*, *1493 – 1898*, Vol. 19, p. 5354, Francisco de Sand, "Relation of the Filipinas Island", June 7, 1976. pp. 53 – 54.

[②] Seiichi Iwao, "Japanese Foreign Trade in the Sixteenth and Seventeenth Century", *Acta Asiatica*, pp. 9 – 10.

17世纪20年代的记载，由葡萄牙运往中国的日本白银则更多，每年达到45—56.25吨。他们综合估计，在1560—1600年，平均每年由中日商船运输11.25吨，加上葡萄牙人运输的数额，总数达到1350—1950吨之间[1]；17世纪30年代末，在日本锁国政策有效实施的情况下，估计每年流向中国的日本白银是150—187.5吨，那一时期总的白银流出为1600—2000吨，或者更高，为6000—7500吨；并且粗估1560—1640年的80年间流向中国的白银总量为7350—9450吨之间[2]。

美国学者艾维泗不同意日本学者的估计，他引用小叶田淳的研究，认为在17世纪初通过日本人、中国人、葡萄牙人和荷兰人的船只，从日本每年出口白银达到150—187.5吨[3]。据里德估计，1601—1640年，东亚共得到约6000吨白银，平均每年150吨，其中4500吨是来自日本，而几乎所有的白银都流入了中国[4]。

综合以上学者的估算，考虑到日本白银输出始自16世纪40年代大量开采以后，因此将计算时间范围推前，在1540—1644年的一百年间，如果以平均每年75吨计算，那么，从日本流入的白银有7500吨左右。

第二，美洲方面。主要是通过两条渠道辗转输入，一是通过欧洲转输的渠道，二是通过太平洋转输的渠道。按照厄尔·汉米尔顿的经典著作中的统计，在1500—1650年这一个半世纪里，从美洲运到欧洲的白银约1.6万吨[5]。而根据沃德·巴雷特统计，1493—1600年世界银产量是2.3万吨，美洲产量就达1.7万吨，占全部世界银产量的74%[6]。他认为，美洲白银大

①　Kozo yamamura and Tetsuo Kamiki, "Silver Mines and Sung Coins—A Monetary History of Modern Japan in In2 ternational Perspective", in J. E. Richards, Durhamed, *Precious Metals in the labe Medieval and Eang Modern worlds*, N. C.: Carolina Academic Press, 1983, p. 351.

②　Kozo yamamura and Tetsuo Kamiki, "Silver Mines and Sung Coins—A Monetary History of Modern Japan in In2 ternational Perspective", in J. E. Richards, Durhamed, *Pre cious Metals in the labe Medieval and Eang Modern worlds*, N. C.: Carolina Academic Press, 1983, p. 352.

③　William S. Atwill, "International Bullion Flows and the Chinese Economy, circa 1530 – 1650", Past and Present, No. 95, 1982, p. 71.

④　A. Reid, *Southeast Asia in the Age of Commence, 1450 – 1680*, Vol. 2, New Haven: Yele University Press, 1993, p. 27.

⑤　Earl J. Hamilton, *American Treasure and the Price Revo2 lution in Spain*, Cambridge: Harvard University Press, 1934, p. 42.

⑥　Ward Barrett, "World Bullion Flows, 1450—1800", in JAmes D. Tracy ed., *The Rise of the Mechant Empires, Long Distance Trade in the Early Modern World, 1350 – 1750*, Cambridge: Cambridge University Press, 1990, p. 225.

约70%输入了欧洲，其中的40%又流到亚洲。而阿特曼从荷兰入手作出的估计，运入欧洲的美洲白银占有75%，其中高达60%以上转运到亚洲。贡德·弗兰克认为，如果采纳两种估算的平均数，那么，至少有一半而且越来越多的美洲白银被运到东方[①]。综合起来，美洲通过欧洲转手运到东方的白银大约有8000吨，除去流入印度和奥斯曼外，其中大部分流入了中国，估计约有5000吨。通过太平洋运到马尼拉，再转至中国的这条白银输入渠道，是美洲白银输入中国的主要渠道。据索萨的研究，美洲白银通过太平洋运到菲律宾的数额，在1590—1602年约为2010吨，1603—1636年约2400吨，1637—1644年约210吨，总共达到4620吨[②]。艾维泗指出，从阿卡普尔科运到马尼拉的白银，每年125吨，在1597年，也就是明万历二十五年，高达300吨[③]。以此来说，索萨的估计实际上还显得低了。而事实上，索萨的估算还应该上推20年，也就是自马尼拉大帆船贸易兴起的时候开始计算。在1563年采用水银分离纯银的方法后，波托西等银矿获得了全面开采，自此以后是美洲银矿开采激增的时期。自1571年马尼拉大帆船航线开通，以平均每年150吨来计算，这20年共运了3000吨白银。考虑到运至马尼拉的白银基本上都流入了中国，因此，综合起来，通过马尼拉一线输入中国的白银约7620吨。而这其中没有扣除运销费用[④]。

综合粗估结果，1570—1644年，美洲白银总共约有12620吨流入了中国。在总量上，肖努估计美洲白银最终有三分之一流入了中国，而谢和耐估计美洲白银的一半流入了中国。全汉昇认为，肖努的估计比较接近事实[⑤]。而通过以上的考察，笔者则认为谢和耐的估计可能更接近事实。以上根据各方

---

①　[德] 贡德·弗兰克：《白银资本——重视经济全球化中的东方》，中央编译出版社2000年版，第204页。

②　Deorge B. Souza, *the Survival of Empire*：*Portugese Trade and Society in China and the China Sea*, *1630 – 1754*, Cambridge University Press, 1986, pp. 84 – 85.

③　William S. Atwill, "International Bullion Flows and the Chinese Economy, circa 1530 – 1650", *Past and Present*, No. 95, 1982, p. 74.

④　另有钱江《1570—1760年中国与吕宋贸易的发展及贸易额的估算》（载《中国社会经济史研究》1986年第3期），从入马尼拉的中国船只数（包括中国大陆、澳门、台湾）入手，包括1570—1649年运回白银的数字估算。吴承明据之免去运销费用，进行了再估算（参见《中国的现代化：市场与社会》，第232页，生活·读书·新知三联书店2001年出版）。经换算以后，相当于约217吨。这一数字与上面的估计数字显然相差甚远。

⑤　全汉昇：《明清间美洲白银输入中国的估计》，台北"中研院"史语所集刊第66本，1995年版。

面数据进行的估算，属于粗估，没有扣除运输费用。由于白银贸易涉及面宽广，规模巨大，文献数据零散，何况当时走私严重是世界性问题，更增加了估算的整体难度，所以，实际上很难确切地估算出总额。但是，无论如何，有一点是可以证实的，那就是，在大量研究基础上作出的估算，证明了日本白银产量的绝大部分和占美洲产量一半的世界白银流入了中国，总数极为庞大。葡萄牙学者马加良斯·戈迪尼奥因此将中国形容为一个"吸泵"，形象而具体地说明了中国吸纳了全球的白银①。然而，这只是问题的一个方面，另一方面也是我们切不可忘记的，那就是，这么多的白银都是用中国商品交换而来的。因此，晚明社会经济的发展，特别是海外贸易的发展，过去显然低估了，应该给予重新研究和评价。在世界历史形成一个整体的历史进程中，中国白银货币化过程最终完成，中国的变革与世界的变革联系在一起，以白银为中心的贸易网络作为一种历史的存在，从整体上初步建构了全球经济体系。

小　结

明代是中国历史上货币发展最复杂、变动最大的时期。以贵金属白银为征象，明代中国与两个重要历史转折开端相联系，一是中国古代社会向近代社会转型的开端，二是世界经济一体化或称经济全球化的开端，这使得明代成为中国史上一个令人瞩目的重要时期。在社会生产力发展的基础上，白银由民间社会自发崛起，中国社会内部产生的这一白银货币化进程，形成了强劲的发展趋势，不仅完成了货币体系的转变，而且渗透到全社会，引发了社会巨变。值得注意的是，如西方史学家所揭示的，货币经济在西方的巨大进展归功于 15 世纪。1500 年以前，向君主缴纳的全部税款，以及向领主和教会缴纳的部分赋税，已采用了货币的形式②。无独有偶，中国白银货币化所标志的货币经济的巨大进展，货币经济化发生于明代。东西方货币经济的进展，也就是市场经济的启动，为世界形成一个整体历史创造了条件。

---

① Magalhaes Godinho, "Os Descobrimentos e a Economia Mundial", Vol. 1, *Lisboa*, 1963, pp. 432 – 465.

② [法] 费尔南·布罗代尔：《菲利普二世时代的地中海和地中海世界》上卷，商务印书馆 1998 年版，第 645 页。

16世纪40年代，即明朝嘉靖年间，白银货币化已经呈现出基本奠定的态势，白银渗透到整个社会，促使各阶层的上上下下产生了对白银的需求。这一日益增长的巨大的白银需求，使当时国内白银储存量以及银矿开采量严重不足的矛盾凸显了出来，需求远过于供给，白银价值增大，向海外的寻求成为必然。旧的对外贸易模式——朝贡贸易不能满足需要，私人海外贸易蓬勃兴起，明朝海外政策发生转变。市场极大地发展，在基本覆盖了全国以后，迅速向海外拓展。中国海外贸易的开展，直接刺激了日本银矿的发现和开发；与此同时，西方葡萄牙人东来，恰于16世纪40年代到达日本，他们立即发现中日间丝银贸易可以获得巨大利润，于是积极参与其间，开展了活跃的中介贸易，并将贸易范围扩大到欧洲；西班牙扩张到亚洲以后，也几乎立即发现了需要白银换取中国商品的事实，紧接着就出现了美洲银矿的疯狂开采和运输。这些事件的发生，似乎不能以时间的偶合来说明，而只能以中国需求推动了世界矿产的开发来解释。丹尼斯·弗莱恩和阿拉图罗·热拉尔德兹提出，世界贸易在1571年即明隆庆五年诞生[1]。笔者认为，如以上述活跃的白银贸易为起点，那么，世界贸易的时间应该提前到16世纪40年代，也就是中国对于白银产生大量需求并开始向海外寻求的时代，则更为贴切。正是从那时起，一个世界贸易网络开始形成，世界市场雏形已经开始运作；白银成为世界货币，在世界形成一个整体的历史进程中所起的重要的作用也已经显示出来。

晚明中国与全球有着重要的互动关系，全面影响了明代中国的兴衰，在以下的事实中明显表现出来。从本质而言，白银货币化是一种社会经济货币化的趋势，也即市场经济萌发的产物。随着国内市场的极大扩展，中国商品走向世界，国内市场与世界市场联系起来。在市场供求关系规律作用下，全球白银源源不断地流入中国。这一方面推动了晚明中国社会的重大变迁——由古代社会向近代社会的转型；另一方面，却也加速了转型期的社会动荡。在中国，国家与市场的博弈进入白炽化；在全球，国际市场的博弈也进入新的阶段。市场是只"看不见的手"，价格决定一切，随着市场的发展，白银的价格不可能恒定不变，必将缓慢地发生向生产成本的回落，在边际效应递减规律作用下，一场经济危机即通货危机迟早要到来。

---

① Dennis O. Flynn and Arturo Giraldez, "Born with a 'Silver Spoon': the Origin of World Trade in 1571", *Journal of World History*, Vol. 6, No. 2, 1995.

"美洲白银的光辉时代无疑在 17 世纪中叶结束了"①。17 世纪 30—40 年代，当这场危机到来时，由于统一的世界市场的连动作用，在欧洲猛烈爆发了所谓的"价格革命"，西班牙出现通货膨胀加剧，英国、法国、意大利等国家都不同程度地遭遇了冲击，出现了通货膨胀问题。关于这场由白银市场引发的世界危机，亚当·斯密总结说："从 1630 年至 1640 年，或 1636 年左右，美洲银矿发现对降低白银价值的效果似乎已经完结。白银价值相对于谷价价值的降低，从来没有达到过这种地步。"② 值得注意的是，几乎同时，在中国，由于白银价格大幅度跌落，明末崇祯年间发生了金银比价与欧洲拉平的现象，达到了 1：13③。社会出现了通货危机，银贱物贵，既缺少白银，米谷等实物也相当匮乏，市场一片萧条。而白银单位价值下跌，与以往比较，同样数量的小麦和劳务必须支付更多的白银才能取得，这使无论官方还是民间都迫切地需要更多的白银。但与此同时，美洲和日本银矿的开采量却在减少，影响流入量也在减少，无论国内还是世界，白银生产和流通都在缩减。于是，社会动荡加剧，内忧外患迭起的明王朝便在中外互动的作用下灭亡了④。此后，以三大思想家为代表，无一例外地都提出了废银论⑤。这说明，作为当时人，他们已经注意到了白银引发的严重社会问题。事实上，将晚明社会变迁与世界变革联系在一起看，明末中国社会危机的总爆发，与世界通货危机有着不可否认的联系。然而，比王朝衰亡更为重要的，还是中国以白银货币化为先导的从传统经济向市场经济的转变，也即中国从古代社会向早期近代社会的转型至此遭遇了首次挫折。这一问题重大，在下面第七章还将全面论及。

---

① 《菲利普二世时代的地中海和地中海世界》上卷，第 81 页。
② ［英］亚当·斯密：《国民财富的原因和性质的研究（上）》，陕西人民出版社 2001 年版，第 233 页。
③ （明）顾炎武：《日知录集释·黄金》，清道光十四年刊本。
④ 关于明王朝灭亡与白银的关系，以及中国与"17 世纪普遍危机"的关系，在西方史学界颇多争议，问题主要集中在 17 世纪中叶流入中国的白银是否有所减少。世界通货危机发生，必将引发世界范围的市场连锁反应，不过对于各国程度不同而已。中国是白银的最大受益国，必然会受到打击，不应讳言。但是要说明的是，这是明朝统治结束的重要原因之一。明朝是在社会急剧变化，经济、政治、军事、社会、文化激烈碰撞，以及自然灾害造成的多重危机中灭亡的，因此，任何单一的解释都是缺乏说服力的。
⑤ 参见黄宗羲《明夷待访录》卷二《财计》一，中华书局 1981 年出版；顾炎武《日知录》卷十一《以钱为赋》、《银》，《亭林文集》卷一《钱粮论》上，上海古籍出版社 1985 年影印本；王夫之《读通鉴论》卷二〇《唐太宗》，中华书局 1975 年出版。

三　全球白银经济体系建构的另一面：青花瓷的全球展开

明代白银货币化，推动中国商品走向全球，交换大量白银输入中国。展望全球贸易市场，中国商品主要是丝绸与瓷器为最大宗，而当时西方早已可以织造精要的丝绸，中国商品独步世界的是中国青花瓷。海上丝绸之路—瓷银之路由此向全球展开。中国青花瓷输出全球，交换白银输入中国，是中国参与全球第一个经济体系建构的典型例证。

关于青花瓷的研究，中外学界历来关注三个方面：一是器物本身的器型、纹饰、特征等，二是青花瓷遗存及其分期断代，三是外销及其影响。三者均已取得了丰硕的成果。[1] 但迄今鲜见将其置于人类文明史时空巨变背景下，对物质文明与经济社会文化变迁关系层面的综合性探讨。学界对全球瓷器贸易的聚焦点更是放在 17 世纪以后。[2] 实际上，青花瓷成为中

---

[1]　主要有陈万里《三件永乐年款的青花瓷器》(《故宫博物院院刊》1958 年第 1 期)、冯先铭《青花瓷器的起源和发展》(《故宫博物院院刊》1994 年第 2 期)、叶文程《中国古代外销瓷研究论文集》(紫禁城出版社 1988 年版)、哈里·加纳著、叶文程、罗立华译：《东方的青花瓷器》(上海人民美术出版社 1992 年版)、耿宝昌《明清瓷器鉴定》(紫禁城出版社 1993 年版)、胡雁溪编著《明代民窑青花瓷大观》(团结出版社 1993 年版)、江建新《谈景德镇明御厂故址出土的宣德瓷器》(《文物》1995 年第 12 期)、王健华《明初青花瓷发展的原因及特点》(《故宫博物院院刊》1998 年第 1 期)、栗建安《从水下考古的发现看福建古代瓷器的外销》(《海交史研究》2001 年第 2 期)、刘新园等《江西景德镇明清御窑遗址发掘简报》(《文物》2007 年第 5 期)、刘新园等《江西景德镇观音阁明代窑址发掘简报》(《文物》2009 年第 12 期)、刘洋《明代青花瓷的外销》(硕士学位论文 2005 年)。Regina Krahl and John Ayers, *Chinese ceramics in the Topkapi Saray Museum*, Istanbul, 3 Vols, London, 1986; Duncan Macintosh, *Chinese Blue and White porcelain*, London: Bamboo Pub. Ltd., 1986; John Esten ed., *Blue and White China: origins, western influrences*, Boston: Little, Borwn and Co., 1987; Nuno de Castro, *Chinese porcelain and the heraldry of the Empire*, Oporto, 1988; Maura. Rinaldi, *Kraak porcelain: a moment in the history of the trade*, London, Bamboo Pub. Ltd., 1989; Carswell John, *Blue and white: Chinese porcelain around the world*, London, British Museum pr., 2000.

[2]　16 世纪以前，瓷器在欧洲属于罕见的物品，参见 David Whitehouse, "Chinese Porcelain in Medieval Europe", *Medieval Archaeology* 16, 1973, pp. 63 – 78。研究 17 世纪以后瓷器的主要有：T. Volker, *Porcelain and the Dutch East India Company as Recorded in the Dagh – Registers of Batavia Castle, those of Hirado and Deshima and Other Contemporary Papers* 1602 – 1682, Leiden: Brill, 1954; C. J. A. Jorg, *Porcelain and the Dutch China Trade*, The Hague: Martinus Nijhoff, 1982；冯先铭、冯小琦《荷兰东印度公司与中国明清瓷器》(《江西文物》1990 年第 2 期)、李金明：《明清时期中国瓷器文化在欧洲的传播与影响》(《中国社会经济史研究》1999 年第 2 期)、吴建雍：《18 世纪的中国与世界：中外关系卷》(辽海出版社 1999 年版，第 276—296 页)，等等。

国瓷器主流或者说代表是在 16 世纪；早在 16 世纪初，葡萄牙人已率先开始青花瓷贸易，经历近一个世纪之后，17 世纪才有荷兰人的加入。这种认识的时间差使得青花瓷崛起与早期传播过程一直以来有如雾里看花。在 16 世纪全球化开端时期，万里同风的青花瓷现象不仅是一个引人注目的文化现象，而且是经济社会文化变化转型的表征之一。青花瓷成为世界瑰宝，与那场发生在 16 世纪的中国社会变迁和全球变革有着紧密联系。以青花瓷为例，说明明代白银货币化，中国市场与全球市场连接，中国以丝绸和瓷器交换大量白银流入中国，这一贸易模式产生了对于全球的重大影响。

（一）青花瓷的空间展开：从本土到全球

16 世纪是全球化的开端，明代青花瓷的展开作为典型个案，是全球史的一部分。从时间上看，青花瓷在中国形成瓷器主流是在 16 世纪，与明朝人审美观念、社会时尚转型以及经济、社会变迁紧密相连。这本来只有本土的意义，而由于葡萄牙人的东来，中西开始直接交往，呈现出了新的意义。这一新的意义是在中西发生了空间关系以后，人类的空间关系得到极大扩展下生发的。如果我们只是看到中国本土，那只是看到了第一空间，而没有看到更加广阔的空间，即全球的空间。

如果我们把目光放大到人类文明的宏大背景，寻求文明发展的轨迹，就会发现青花瓷展开的契机和过程，与 16 世纪中国与世界连接的时空巨变有着紧密联系。探讨晚明青花瓷的展开，需要关注一个关键的时空交会点：明代嘉靖年间（1522—1566 年），也就是 16 世纪上半叶。这一时期，货币、商品、贸易三股重要的历史脉络在特定的时空点交汇、互动，构成了中华文明的代表——青花瓷史无前例兴盛发展的基本前提条件，中国青花瓷由此展开，走向了全球。

1. 本土的空间

明代青花瓷的展开，首先是一个中国国内的问题。从唐末出现到元末烧制成熟，青花瓷一直并非中国瓷器的主流，"南青北白"的单色釉长期以来是中国传统瓷器的典型色彩。明代青花瓷崛起有着白银货币化的大背景，明代白银货币化是社会变迁的重要标志之一。以成化、弘治年间为界，白银从官方非法货币向事实上的合法货币过渡，白银货币化在整个社会全面铺开。随着白银货币化步伐的加快，白银渗透到社会的每一个角落，深入人们的日常生活中，使得市场前所未有地活跃起来。这一时期，商品经济的繁荣、商帮的形成、市镇的兴起，都可以从这里找到根据，并由此带来了一系列制度的变迁，同时也引发了社会整体的变迁。发展到嘉靖初年，这一货币化过程基本完成，白银成为流通领域主币，整个社会产生了巨大的白银需求，促使中国私人海上贸易蓬勃发展，与来到中国东南沿海的葡萄牙人一拍即合，吸收了大量外银流入，并直接或间接引发了日本与美洲白银的大开发。由此海上贸易扩大到前所未有的规模与范围，中国迅速与世界连接了起来。①

16世纪，一边是白银货币化，货币经济需求日益增长，引发了整个社会的急剧变化；一边是市场经济加速萌发，使得瓷业生产达到一个历史高峰，青花瓷由此得到了历史上前所未有的成长机遇。当时，中国出口的大宗商品，瓷器仅次于丝绸，而瓷器主要是青花瓷。可以说哪里有白银，哪里就有青花瓷，瓷银贸易应运而生，一个全球化市场初现端倪。那么探讨青花瓷以空间为范围的横向展开，首先要考察青花瓷在全国的分布，也就是全国市场的形成——从青花瓷在中国本土占据瓷器主流地位谈起。

考虑到目前青花瓷在各个博物馆的收藏情况，不能说明青花瓷在明代的地域分布情况；而在全国各地明代的墓葬中，普遍有青花瓷的出土，此外还有窖藏，而更重要的是窑址的瓷器出土，这些都使我们可以切实了解青花瓷的发展轨迹及其地域存在状况。所以这里选择全国各地发掘遗址和墓葬出土瓷器来考察明代青花瓷的地域分布，大致了解青花瓷在明代普及于全国的时间与状况。

以《中国出土瓷器全集》中有明一代出土的青花瓷列表制图加以考察②（见表5—3、图5—1）。可见，在全国各地选出的明代273件出土青花瓷精品中，宣德、嘉靖和万历朝是青花瓷精品最多产，也是消费最多的时期。这既印证了这三朝是青花瓷发展的高潮时期，也反映了青花瓷崛起的三个重要的关节点。

---

① 万明：《明代白银货币化：中国与世界连接的新视角》，《河北学刊》2004年第2期。
② 根据《中国出土瓷器全集》各卷册列表：1《北京》，2《天津辽宁吉林黑龙江》，3《河北》，4《内蒙古》，5《山西》，6《山东》，7《江苏上海》，8《安徽》，9《浙江》，10《广东广西海南四川重庆香港澳门台湾》，11《福建》，12《河南》，13《湖北湖南》，14《江西》，15《陕西》，16《甘肃青海宁夏新疆云南贵州西藏》，科学出版社2008年版。

表5—3　　　　　　　　　　各地出土明代青花瓷列表

	洪武	永乐	宣德	正统	景泰	天顺	成化	弘治	正德	嘉靖	隆庆	万历	天启	崇祯	朝代不确
北京	1	1	6		3	1	2	2	1	11	2	12			1
天津			1							1					2
吉林				2				4	2	4		3			1
河北														2	1
山西										1					
山东															3
江苏	1		2	5		1	3	2	1	1		1			17
上海															2
安徽										1		6			4
广东						1			3	1		1			
广西			2									3			
海南												2			
四川					2			2		12	1	6			4
香港															3
澳门												4			
台湾															3
福建												4			6
河南	1											2			3
湖北		2	5				1					1			1
江西	4	7	6	6	3		5	3	2	7		2	2		3
陕西												1			1
云南															21
贵州								1						2	1
西藏			1				1		1						
总计	7	10	23	13	8	3	12	14	10	39	3	48	2	4	77
															273

说明：

1. 表中以件为单位，青花瓷器一对的按照2件计算。

2. 没有完全确定朝代的青花瓷均置于备注栏，其中包括跨度在两朝之间的，如永乐—宣德，嘉靖—万历；也包括跨越几朝的，如宣德—成化，还有明早期、中期、晚期的，最多的是笼统注出"明代"的。值得注意的是，天启朝的数量少，是因大多标注天启—崇祯，或者是明末，朝代不能确定之故。

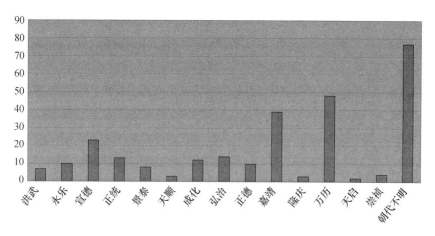

图5—1　明代各朝青花瓷出土数量统计

　　青花瓷形成主流在何时呢？依据图5—1，我们先看第一个高潮点宣德时。当时虽然青花瓷的烧造进入了黄金时期，但是从景德镇御窑的发掘报告来看，当时没有形成瓷器主流，[①] 尚停留在宫廷上层的偏好，大规模发展还要等到成化以后大量应用国内青料，才形成青花瓷发展的转折点。

　　接着，让我们停留在第二个高潮点嘉靖时。从文献记载来看，官方烧造瓷器在嘉靖年间供御开始以青花为主："十三年，青花白地赶龙珠外一秤金娃娃花盆三千二十，青花白地福寿康宁花钟（盅）一千八百，青花地里升降戏龙外凤穿花碟一千三百四十。"发展到二十年又有大幅度增加："白地青花里外满池娇花样碗一千三百，白地青花里外云鹤花碟六千七百，白地青花里外万岁藤外抢珠龙花茶钟（盅）一万九千三百。二十一年，青花白地灵芝捧八宝罐二百，碎器罐三百，青花白地八仙过海罐一百，青花白地孔雀牡丹罐三百，青花白地狮子滚绣球罐三百，青花白地转枝宝相花托八宝罐三百，青花白地满池娇鲭、鳇、鲤、鳜、水藻鱼罐二百，青花白地江下八俊罐一百，青花白地巴山出水飞狮罐一百，青花白地水火捧八卦罐一百，青花白地竹叶灵芝团云鹤穿花花样龙凤碗五百九十，青花白地转枝莲托八宝八吉祥一秤金娃娃花罐二百四十。"[②] 大量青花瓷

―――――――――――

① 刘新园等：《江西景德镇明清御窑遗址发掘简报》，《文物》2007年第5期。
② 乾隆《浮梁县志》卷五《物产志·陶政》，江西省图书馆油印本，第9页。

的供御，说明宫廷需求在此时已经全面转向。而嘉靖年间的大量遗存，也说明全国各地已经广泛应用青花瓷。

文献与遗存两相印证，证明我们有理由将青花瓷成为瓷器主流的时间定在嘉靖朝，也即 16 世纪初年以后。同时，还应看到青花瓷正是在本土形成主流的同时，迎来了走向全球的契机。

需要说明的是，在《中国出土瓷器全集》中没有青花瓷出土的地方，不能表明没有青花瓷的流传。按照《中国出土瓷器全集》中今天的行政区划排列来看，全国有辽宁、内蒙古、黑龙江、浙江、重庆、湖南、甘肃、青海、新疆没有青花瓷的出土。下面让我们对此范围略加分析。

首先以浙江为例，万历中期因制造青花瓷的回青料已用竭，所以当时以石子青为主要青料，而这一时期的石子青以浙江的出产最为上乘，称浙料，又称浙青，产于浙江绍兴、金华一带，其发色青翠。明代万历中期至清代，景德镇官窑青花器均采用此料。根据《明神宗实录》记载，江西矿税太监潘相上疏言："描画瓷器，须用土青，惟浙青为上，其余庐陵、永丰、玉山县所出土青，颜色浅淡，请变价以进，帝从之。"[①] 说明至迟在万历三十四年官窑已使用浙江青料。因此，我们难以想象在依靠浙江青料烧造青花瓷的时期，浙江没有青花瓷的烧造。果然，考古报告给我们提供了证据。有学者研究表明，明末清初象山、鄞县有两处青花窑址，产品以碗为大宗，也有盏和盘；宁波出土的随葬品以景德镇民窑产品为主，有小青花盖罐。[②] 这一例子充分说明浙江省瓷器精品没有编入青花瓷，不等于没有青花瓷出土。更重要的是，在文献记载中，嘉靖初年来华葡人的报导中，直接记述了葡人在入居澳门之前，曾在宁波进行瓷器贸易："另一省叫江西……瓷器只产于这个省。因它靠近宁波，在那里大量出售，又便宜又好，葡人遂认为瓷器是在宁波本城生产的。"[③] 1995 年宁波文物考古研究所对唐国宁寺东塔塔基进行发掘，在唐至元晚期的文物出土中，均未

---

① 《明神宗实录》卷四一九，万历三十四年三月乙亥，第 7927 页。

② 林士民、李军：《浙江宁波出土明代青花瓷器》，《中国古陶瓷研究》第 6 辑，紫禁城出版社 2000 年版，第 278 页。

③ ［英］C. R. 博克舍编注：《十六世纪中国南部行纪》，何高济译，中华书局 1990 年版，第 65 页。

见青花瓷，从明代地层始见青花瓷碗、盘，① 也是最佳证明。

辽宁有明代沉船的报道。在辽宁东沟县孤山镇大鹿岛发现两处明代沉船，出土青花瓷器近百件。其中一种碗，腹壁画人物操琴图，碗心画老翁垂钓图，碗底为行楷"大明成化年制"六字款。②

又如黑龙江省，在《中国出土瓷器全集》的地区概述中，已提到了在依兰、肇源、绥滨等地的明代墓葬中出土过青花瓷器。③

再以新疆为例。我们知道，在伊朗、土耳其，都保存了大量的明代青花瓷，穿越新疆的传统陆上丝绸之路在明代没有完全中断，只是在海路兴盛的背景下，退居了次要位置，万历《大明会典》的记录可以为我们解疑：

> 使臣进贡到京者，每人许买食茶五十斤，青花瓷器五十副，铜锡汤瓶五个，各色纱罗绫段各十五疋，绢三十疋，三梭绵布、夏布各三十疋，绵花三十斤，花毯二条，纸马三百张，颜料五斤，果品、沙糖、干姜各三十斤，药饵三十斤，乌梅三十斤，皂白矾十斤，不许过多。就馆中开市五日，除违禁之物并鞍辔刀箭外，其余段疋纱罗等项不系黄紫颜色龙凤花样者，许官民各色铺行人等持货入馆，两平交易。该城兵马司差人密切关防，及令通事管束，毋得纵容铺户、夷人在外私自交易。如有，将违禁等物及通事人等故违者，许各该委官体察，通行挈问。④

这里说明从陆路来华的使臣，每人可以购买"青花瓷器五十副"，而当时来自中亚的使团或以使团名义来华的人员众多，来往频繁，都是途经今天新疆地区。明夏言《南宫奏稿》记载嘉靖年间西域朝贡贸易之盛云：

---

① 宁波市文物考古研究所《浙江宁波唐国宁寺东塔遗址发掘报告》，《考古学报》1997 年第 1 期。
② 王连春：《辽宁大鹿岛发现明代沉船》，《中国文物报》1990 年 4 月 12 日第 1 版。
③ 陈雍等：《天津辽宁吉林黑龙江地区出土瓷器概述》Ⅲ—Ⅳ，《中国出土瓷器全集》2；又，黑龙江省文物管理局：《黑龙江考古五十年》，《新中国考古五十年》，文物出版社1999 年版。
④ 万历《大明会典》卷一一二《礼部七十》，中华书局 1989 年影印本，第 595 页。

若今次土鲁番则七十五王，天方国则二十七王，而近日续到则五十三王，并而数之，则为百五十六王矣。是前此来朝称王并未有如今次之甚，其所称王号，查与旧文并无相同。①

至今在伊朗、土耳其博物馆珍藏的大量明代青花瓷是最好的历史见证。②

在重庆三峡库区考古发掘中，2000年重庆万州区中坝子遗址发现有六朝至隋唐时期的青瓷器，以及明清时期的青花瓷。③ 另外根据学者对窖藏明代年号款青花瓷器的年代和窑口的考察，就目前公布的材料来看，在四川省北川、绵阳、三台、广安、南充、西充、营山、渠县、彭县、简阳、广元均有发现。④ 因此重庆明代青花瓷的发现是符合分布规律的。

青花瓷分布遍及全国的事实说明，在明代嘉靖朝以后，伴随晚明社会变迁急剧发展，人们的主流审美取向发生了由单色釉向彩色釉主体转化的趋向，对于青花瓷的社会普遍认同，说明晚明人的审美价值观念发生了重要变化。虽然青花瓷在元末烧造成熟，但是明初青花瓷并非是最符合中国人传统审美心理的瓷器品种，世人对于青花瓷有"俗甚"之说，《新增格古要论》的记载印证了至少到天顺年间，青花瓷还不能得到世人的普遍认同。⑤ 在考古遗址发掘报告中，也有与文献记载适相对应的情形。⑥ 发展到晚明，却已完全不同，让我们来看16世纪时人的评价，清楚可见的是从明初的青花五彩"俗甚"到晚明的"贵宣、成"，主要是贵青花，五彩尚在其次，已是众口一词。

田艺蘅云："大明永乐窑、宣德窑、成化窑皆纯白或回青、石青画

---

① 夏言：《南宫奏稿》卷四《夷情疏》，文渊阁四库全书本，第429册，第517页。

② J. A. Pope, *Chinese Porcelain from Ardebil Shrine*, Second Edition, Sotheby Parke Bernet, London and New Jersey, 1981；Regina Krahl and John Ayers, *Chinese ceramics in the Topkapi Saray Museum*, Istanbul, 3 Vols, London, 1986.

③ 邹后曦、杨晓刚报道，见柳定祥主编《中国三峡建设年鉴2001》，中国三峡建设年鉴社，2001年。

④ 何志国：《试论窖藏明代年号款青花瓷器的年代和窑口》，《四川文物》2000年第6期。

⑤ （明）曹昭撰，（明）王佐校增：《新增格古要论》卷7《古饶器》："有青色及五色花者且俗甚"。（中国书店1987年版，下册，第25页）曹昭《格古要论》成书于洪武二十年（1387年），王佐《新增格古要论》书成于天顺三年（1438年），此段没有新增文字，系据曹昭旧本。

⑥ 刘新园等：《江西景德镇明清御窑遗址发掘简报》，《文物》2007年第5期。

之。宣德之贵，今与汝敌，而永乐、成化亦以次重矣";①

　　王世贞云："窑器当重哥、汝。而十五年来忽重宣德，以至永乐、成化，价亦骤增十倍";②

　　张应文云："我朝宣庙窑器质料细厚……青花者用苏浡泥青图画龙凤花鸟虫鱼等形，深厚堆垛可爱，皆发古未有，为一代绝品，迥出龙泉、均州之上";③

　　王士性云："本朝以宣、成二窑为佳，宣窑以青花胜，成窑以五彩。宣窑之青，真苏浡泥青也；成窑时皆用尽，故成不及宣。宣窑五彩堆垛深厚，而成窑用色浅淡，颇成画意，故宣不及成。然二窑皆当时殿中画院人遣画也。世庙经醮坛戈亦为世珍。近则多造滥恶之物，惟以制度更变，新诡动人，大抵轻巧最长，古朴尽失，然此花白二瓷，他窑无是。遍国中以至海外夷方，凡舟车所到，无非饶器也。"④

　　适应外销市场需求，明代景德镇青花瓷大量生产和流行，逐步取代了单色釉瓷市场的份额，占据了瓷器的主流地位。嘉靖元年（1522 年）景德镇的人口已达 10.2 万人，⑤ 此后有"四时雷电镇"之称，⑥ 形成"工匠来八方，器成天下走"的局面。青花瓷器完全取代了青白单色釉瓷器，成为无论是官窑还是民窑的瓷器生产的主流产品，生产数量庞大，至今遗存众多。流行了千余年历史的龙泉青瓷、越窑青瓷及北方黑瓷、白瓷等单色釉瓷窑，或者不得不停止生产，或者转向了青花瓷的生产，而至万历时大批量生产。由海外市场所激发，东南沿海新的青花瓷窑址如雨后春笋般兴起，⑦ 形成了青花瓷遍及全国的实态。这种现象的出现，说明在急剧变迁的晚明社会，人们的观念已非传统的旧时观，求新求异在社会心理中得到普遍认同，以往认为单色瓷优雅，青花五彩"俗甚"的观念被彻底颠

---

① （明）田艺蘅：《留青日札》卷六《留留青》，下册，上海古籍出版社 1985 年版，第 1274—1275 页。
② （明）王世贞：《觚不觚录》，中华书局 1985 年影印本，第 17 页。
③ （明）张应文：《清秘藏》卷上，《美术丛书》初集第八辑，神州国光社 1936 年版，第 198—199 页。
④ （明）王士性：《广志绎》卷四《江南诸省》，中华书局 1981 年版，第 83—84 页。
⑤ 乾隆《浮梁县志》卷五上，江西省图书馆 1960 年油印本。
⑥ （明）王世懋：《二酉委谭摘录》，中华书局 1985 年影印本，第 14 页。
⑦ 特别是福建漳州窑，有大量的出口青花瓷，主要见福建省博物馆编：《漳州窑：福建漳州地区明清窑址调查发掘报告之一》，福建人民出版社 1997 年版。

覆，带有鲜明异文化因素的青花瓷成为人们喜爱的对象。这里呈现的正是传统社会文化转型的一幕，反映出社会文化由单一向多元转型的明显态势。值得注意的是，晚明中国市场导向明显，内部的顺时应变，直接参与了世界市场的建构，青花瓷大众品物质结构的形成与走向世界的大市场原理是适相吻合的。

2. 全球的空间

青花瓷的发展轨迹说明，在文明成长过程中，青花瓷完成了从地方向大一统国家的扩展，其成长不仅是自身的纵向繁衍，还在对域外的横向传播中显现出强大的生命力，中华文明得到了域外的认识和交融发展，内部因素起了决定性的推动作用。在内外市场环境的互动作用下，最终国际贸易发展成为繁盛的全球网络，青花瓷的展开，见证了世界进入一个全球化的时代。

置于全球史发展进程中看，16 世纪，人类大规模海洋活动的帷幕揭开，世界性新航路的开通，代表了全球融为一体的历史发展总趋势。与全国市场的初步形成同步，青花瓷器成为当时国际贸易经营的主要商品之一，数量之大，地区之广，贩运之多，都是前所未有的。16 世纪白银是促使全球贸易诞生的重要因素。布罗代尔曾说："贵金属涉及全球，使我们登上交换的最高层。"[1] 中国是当时世界上最大的经济体，也是最大的白银需求国，直接影响了白银作为国际通用结算方式用于全球贸易。这种国际交换关系，一端联系的是中国商品，另一端联系的是白银，形成了市场网络的全球性连接，由此青花瓷得以向全球传播。

日本学者三上次男《陶瓷之路》一书，通过陶瓷传播的考察，将中世纪东西方文化发展贯穿在一起，他认为"这是连接中世纪东西两个世界的一条很宽阔的陶瓷纽带，同时又是东西文化交流的一座桥梁"。[2] 将这一思路延伸，16 世纪发展到了近代的大门口，陶瓷这一"宽阔"的"纽带"，连接的已不仅是"东西两个世界"，而是一个整体的世界，一部全球史的开端。青花瓷是全球化的表征之一，青花瓷的全球性传播，是全

---

[1] [法] 费尔南·布罗代尔：《15 至 18 世纪的物质文明、经济和资本主义》第 2 卷，生活·读书·新知三联书店 1993 年版，第 192 页。

[2] [日] 三上次男著，李锡经、高喜美译：《陶瓷之路》，文物出版社 1984 年版，第 147 页。

球化开端时期的典型个案。

16 世纪国际市场交易的主要方式是以白银交换中国商品，这是新时期全球贸易体系建构的新特点之一。外销世界各地的瓷器主要是青花瓷，目前世界各地收藏和考古发现都充分证明了这一点。当时瓷器国际市场，主要有日本、朝鲜、菲律宾和美洲、东南亚、印度、西亚、非洲与欧洲。从传播范围来说，青花瓷达于亚、非、欧、美各地；就从事贸易的商船而言，包括中国船、葡萄牙船、西班牙船、荷兰船、日本船和东南亚各国船只。青花瓷从中国本土，从区域走向了世界，推动了全球融为整体的人类文明发展进程。

嘉靖年间，在时空激荡的大背景下，青花瓷生产进入一枝独秀的时代，工艺水平和制造规模达到了中国陶瓷史上的高峰。也正是在嘉靖年间，明朝平息倭乱以后，海外政策发生转变，意味着制度变迁，开启了两种海外贸易的新模式：一是在福建漳州月港开海，允许中国商民出洋贸易；二是在广东澳门开埠，允许外商入华经营海上贸易。虽然经历了诸多曲折，但是，前者标志中国海商出洋贸易的合法化，从而孕育了海商集团迅速崛起；后者标志引进外商经营海上贸易，澳门作为中外贸易的窗口。葡萄牙人入居及其合法化，开辟了多条海上国际贸易航线：澳门经果阿至里斯本；澳门至日本；澳门经马尼拉至墨西哥；澳门至东南亚。[1]

市场的发展与货币的刚性需求，成为青花瓷向全球展开的动力。《东西洋考》记载隆庆开海以后中国船只分别前往东西洋进行贸易，其中出口的主要商品之一是瓷器，在东洋方面，突出的是从吕宋（马尼拉）换回了白银。[2] 而葡萄牙商人也立即抓住日本盛产白银、中国开放的东西洋贸易中仍禁止与日本贸易的现实，从而开展了繁盛的对日贸易。

16 世纪开始，以青花瓷为代表的中国瓷器通过海路行销全世界，成为世界性的商品，这一时期外销瓷的数量难以统计。葡萄牙人一直独享着

---

[1]　参见万明《中国融入世界的步履：明与清前期海外政策比较研究》，社会科学文献出版社 2000 年版，第 281—282 页。

[2]　张燮：《东西洋考》卷七《饷税考》："加增饷者，东洋吕宋，地无他产，夷人悉用银钱易货，故归船自银钱外，无他携来，即有货亦无几，故商人回澳，征水陆二饷外，属吕宋船者，每船更追银百五十两，谓之加征。"中华书局 1981 年版，第 132 页。

直接向欧洲贩运瓷器的高额利润，其利润高达 100%—200%。① 依据海外考古发掘报告和遗存状况，在亚洲，青花瓷主要销往东亚、西亚和东南亚一带;② 而在东南亚国际贸易中，越南的东京、会安，柬埔寨的金边，暹罗的大城，马来亚的马六甲，爪哇的万丹，荷兰占据后的巴达维亚（今雅加达），都有活跃的青花瓷贸易市场。不仅景德镇窑，而且漳州窑瓷器在日本、越南、菲律宾、泰国、印尼、马来西亚等地都有大量发现。③ 东南亚各国出土的这一时期的明代青花瓷不胜枚举，有学者认为菲律宾"有种类多得惊人的十六世纪的青花瓷"。④ 重要的是，航线从菲律宾又延伸到了美洲。16 世纪 70 年代西班牙占据了菲律宾马尼拉，马尼拉成为中国瓷器销往南美的重要中转站，新开辟的从中国月港—马尼拉—阿卡普尔科（墨西哥）—利马（秘鲁）的航线，形成了著名的"马尼拉大帆船贸易"。随着这种环太平洋贸易的开展，中国商人将青花瓷运往马尼拉，青花瓷传入了美洲。舒尔茨说，新西班牙人称这种大帆船为"中国之船"（Nao de china）。⑤ 16—17 世纪葡萄牙、西班牙商船，名 Nao，意即大帆船，大的达到千吨以上，小的有几百吨。1574 年，两艘大帆船从马尼拉驶往墨西哥，其中载有棉织品 11300 匹，丝织品 712 匹和 22300 件瓷器。⑥由此可见，大帆船装载货物清单中，主要是产自中国的各种货物，并不是单一的丝绸，而在大帆船贸易开始之时，瓷器已经占有相当大的比例。更好的例证是著名的葡萄牙船"圣卡特琳娜号"。1603 年 2 月 25 日荷兰东印度公司劫掠了在柔佛口外的葡萄牙船"圣卡特琳娜号"，这艘船达到1500 吨，其中装载了约 10 万件青花瓷，这在中外陶瓷界无人不知，但是在同一艘船上，还装有 1200 大包中国生丝。根据文献记载，当驶回荷兰

①　C. R. Boxer, *The Great Ship from Amacon*: *Annals of Macao and the old Japan Trade*, 1550 – 1640, Lisboa: Centro de Estudos Historicos Ultramarinos, 1959, p. 181.

②　[美] 朱莉叶·艾莫森:《中国外销瓷的标志——青花瓷及其对亚洲的影响》,《南方文物》2000 年第 4 期; [日] 青柳洋子:《东南亚发掘的中国外销瓷器》,《南方文物》2000 年第 2 期。

③　[英] 甘淑美著，张玉洁译:《西班牙的漳州瓷贸易》,《福建文博》2010 年第 4 期。

④　J. M. 艾迪斯著，曹今予译:《在菲律宾出土的中国陶瓷》,《中国古外销陶瓷研究资料》第一辑, 1981 年。

⑤　William Lytle Schurz, *The Manila Galleon*, New York: E. P. Dutton, 1959, p. 32.

⑥　William Lytle Schurz, *The Manila Galleon*, p. 27.

阿姆斯特丹拍卖时，被整个欧洲的买主抢购一空，"共值 225 万多荷盾"。① 据称自此阿姆斯特丹加入了欧洲重要的丝贸易市场。这一事例说明，在丝绸贸易上葡萄牙船"圣卡特琳娜号"也是值得大书一笔的。这一例证给我们的启示是，以往在论述海上丝绸之路贸易的时候，研究者只谈丝绸，而在论及瓷器贸易的时候，研究者又只谈瓷器，明显的是忽视了一个基本状况，那就是古代海上贸易本身并没有将丝绸和瓷器等商品分得那么清楚，每艘船上所运输的商品都不是单一的，往往既有丝绸，又有瓷器，瓷器还往往由于质重而成为必有的压仓物。因此，我们谈海上贸易时特别应注意整体来看待，丝绸之路也就是陶瓷之路，至 16 世纪，称丝银之路或者瓷银之路可能更为恰当。

根据英国学者 C. R. 博克塞的研究，当时从澳门运出的瓷器，只有上等的才运往欧洲。② 张天泽则指出亚洲的市场："尽管找不到任何有关记载，我们仍可以有把握地说：葡萄牙人从中国出口的商品中，只有不大的一部分是运回到他们的祖国去消费的，因为他们完全可以在印度市场上把这些商品卖掉，有利可图。……葡萄牙人只要经营中国与南亚之间的贸易，便可赚取厚利。南亚的物产在中国的售价要比在当地市场上的售价高出好几倍，反过来也一样。"③ 从 1573 年起，大帆船定期地横跨太平洋，把中国青花瓷通过这一航线带到了西班牙殖民地墨西哥和秘鲁。在这场贸易中，秘鲁商人是用从安第斯矿上挖掘的大量白银来换取中国瓷器。墨西哥人曾记载："把中国的丝绸和瓷器与秘鲁的银做交易有很大的利润。"④ 可见当时美洲白银与中国瓷器的交换是双方都有利可图的双赢结果。在巴西，16 世纪初葡萄牙贵族家庭已有使用中国瓷器的。1599年玛利亚·贡萨尔维斯的家用器皿中，购自印度和马六甲的 3 件中国瓷器价值达 250 瑞斯。到 17 世纪时，在巴西上层社会家庭已广泛使用昂贵的中国瓷器，用于装饰房间，也充当赌注，甚至有时用来作为偿付现

---

① Kristof Glamann, *Dutch - Asiatic trade*, 1620 - 1740, Copenhagen: Danish Science pr., 1958, pp. 112 - 113.

② C. R. Boxer, *The Great Ship from Amacon: Annals of Macao and the old Japan Trade*, 1550 - 1640, pp. 181 - 182.

③ 张天泽著，姚楠、钱江译：《中葡早期通商史》，中华书局香港分局 1988 年版，第 66—67 页。

④ 向玉婷：《秘鲁收藏的中国外销瓷及其影响研究》，《收藏家》2009 年第 7 期。

金使用。在没收席尔瓦神父（Jose Cerrera da Silva）的货物时，查出其中瓷器达 300 余件之多。① 我们有理由认为，当时流行于巴西的中国瓷器主要是青花瓷。

长期以来，中外学界主要依据文献资料来研究世界贸易史，由于西方文献记载较多，所以造成西方话语的强势，实际上根据青花瓷的考古发掘和遗存，追溯青花瓷的踪迹，可以重建世界贸易史，不仅可以了解全球化开端时期全球贸易的状况，而且可以了解全球化开端时期人们交往的重要一面，也有助于破解西方话语的强势，恢复历史的本来面貌。沉船对于青花瓷贸易史的重建具有特殊意义，迄今发现的所有沉船都在当时的贸易航线上，显示了贸易的范围和青花瓷的分布。下面将海外各地发现的 16—17 世纪载有明代青花瓷的沉船列一简表：

表5—4　　　　　　海外所见 16—17 世纪青花瓷沉船

年代	沉船之地	船名与国籍
1544 年	南非海岸	葡萄牙"圣班多号"②
16 世纪前半叶	马来半岛东方海域	葡萄牙"宣德号"③
1552 年	南非海岸	葡萄牙"圣若奥号"④
1576 年	美国南加州海岸	西班牙"圣菲利普号"⑤
1588 年	爱尔兰水域	西班牙"特里尼达·巴伦西亚号"⑥
1595 年	美国加州德雷克湾	西班牙"圣奥古斯丁号"⑦
1600 年	菲律宾马尼拉湾	西班牙"圣迪亚哥号"⑧

① 罗荣渠：《中国与拉丁美洲的历史联系》，《北京大学学报》1986 年第 2 期。
② Laura Valerrie Esterhusizen, "History written in porcelain sherds – the San Joao and San Bento – two 16 th century portuguese shipwrecks", *TAOCI*, no. 2, 2001.
③ Sten Sjostrand, "The Xuande Wreck Ceramics", *Oriental Art*, XIII, 2, 1997.
④ Laura Valerrie Esterhusizen, "History written in porcelain sherds – the San Joao and San Bento – two 16 th century portuguese shipwrecks", *TAOCI*, no. 2, 2001.
⑤ ［英］甘淑美著，张玉洁译：《葡萄牙的漳州窑贸易》，《福建文博》2010 年第 3 期；《西班牙的漳州窑贸易》，《福建文博》2010 年第 4 期。
⑥ 吴春明：《环中国海沉船》，江西高校出版社 2003 年版，第 290 页。
⑦ ［美］C. R. 奎尔马兹著，郝镇华译：《从北美太平洋沿岸发掘的中国瓷器》，《中国古外销陶瓷研究资料》第三辑，1983 年。
⑧ Jean Paul Desroches and Albert Giordan ed., *The Treasure of San Diego*, Paris, AFAA and ELF, 1996.

续表

年代	沉船之地	船名与国籍
1606 年	马来西亚马六甲	荷兰"纳斯奥号"①
1609 年	西非几内亚湾洛佩斯角	荷兰"毛里求斯号"②
1613 年	大西洋圣赫勒那岛	荷兰"白狮号"③
1615 年	毛里求斯	荷兰"班达号"④
1625 年	马来西亚东海岸	葡萄牙"万历号"⑤
1630 年	南非普来腾贝格湾	葡萄牙"圣冈萨罗号"⑥

　　以上罗列的沉船并不完全，但是足以说明在亚洲、非洲、欧洲、美洲都存在着中国青花瓷的足迹。青花瓷输出的范围前所未有的广阔，青花瓷的市场扩大到了全球。当时不仅是景德镇的青花瓷外销，还有上述福建漳州窑等青花瓷器（被称为"汕头器"）的外销，令人信服地揭示：青花瓷走向全球，是通过贸易实现的。除了沉船，至今还有大量明代青花瓷器散见于亚、非、欧、美等许多国家和地区的大小博物馆和私人收藏之中，成为中华文明在全球文明史上拥有重要一席之地的历史见证，此不赘述。

　　需要说明的是，从人类文明发展史来看，丝绸是中国传统的大宗输出商品，但是在 16 世纪的国际市场上，欧洲与亚洲许多国家都已发展了自己的丝织业，并有外销，所以需求转向中国的原材料生丝，在中国当时输出的丝织品中，生丝已占有不小比例。就此而言，当时中国独步世界的商品是青花瓷。青花瓷不仅开创了中国瓷器发展的新纪元，而且开创了世界

---

① 《环中国海沉船》，第 319 页。

② 《环中国海沉船》，第 40—41 页。

③ C. L. van der Pijl – Ketel, *The Ceramic load of the Witte Leeuw*, Amsterdam：Rijks Museum，1982.

④ 黄时鉴先生在介绍 20 世纪 80 年代荷兰人哈契尔在南中国海打捞沉船时提到："在哈契尔以前，从 70 年代末起，已对两艘沉船进行打捞：一艘是'维特·利乌号'（Witte Leeuw），1613 年沉于圣海伦娜港（St. HeIena）；另一艘是'班达号'（Banda），1615 年沉于毛里求斯（Mauritius）海岸。"见《从海底射出的中国瓷器之光——哈契尔的两次打捞沉船业绩》，《东西交流论谭》，上海文艺出版社 1998 年版，第 477 页。前船一般译为"白狮号"。

⑤ ［英］甘淑美著，张玉洁译：《葡萄牙的漳州窑贸易》，《福建文博》2010 年第 3 期。

⑥ ［英］甘淑美著，张玉洁译：《葡萄牙的漳州窑贸易》，《福建文博》2010 年第 3 期。

文明交融的新纪元。文明交流往往是以物质的交流为先导，此时中国青花瓷作为中华文明的载体被大量运往世界几大洲，标志着中国风格的全球流行，也标志着多元文明交融的全球场景的出现。

（二）青花瓷的时间符号：纹章瓷与克拉克瓷

在进行了以上的空间考察后，让我们回到时间点，即 16 世纪。作为青花瓷的特殊品种，纹章瓷出现在 16 世纪上半叶，而克拉克瓷出现于 16 世纪下半叶。下面从纹章瓷与克拉克瓷的遗存入手，把视线投入青花瓷最早在欧洲的流传过程，即文明成长的一个典型例证。

青花瓷以时间为序的纵向发展，可见清晰地从特殊到一般，又从一般到特殊的发展历程。按照从特殊到一般的归纳法，青花瓷的出现，是中国与波斯、伊斯兰文明交融的产物，相对中国以青白瓷为主流的传统瓷器，青花瓷是一个带有外来因素的新品种，这一新品种在元末烧造成熟，到明代永乐、宣德时期一度达到了烧制高峰。但是，在青花瓷替代原来的主流瓷器青瓷与白瓷，形成普遍于全国的一般，即瓷器主流，则经历了百年以上的历程。这也正是文明成长的历程。而当明代青花瓷开始向世界展开时，首先是以中国生产的一种传统工艺品面貌出现在世界，并独步世界，成为中华文明的代表，享有世界盛誉。在走向世界的进程中，文明在互动中推陈出新，青花瓷发生了新变化，产出了特殊品种，这就是纹章瓷和克拉克瓷，是中西文明交融结出的果实。

依据时间顺序，这里要从葡萄牙人来到东方谈起。需要提到的是，谈到明代外销瓷，学界津津乐道的是荷兰人在 17 世纪初劫掠了葡萄牙船"圣卡特琳娜号"，将船上满载的 10 万件中国瓷器在欧洲拍卖，引起了轰动效应；却对早于此前近一个世纪葡萄牙人开中国瓷器西传之先河的事迹叙述不多，相关研究成果也要少得多。这方面应该对葡萄牙学者的研究给以特别关注。

葡萄牙档案里提到中国瓷器，最早的时间是在 1499 年。[1] 葡萄牙人达·伽马（Vasco da Gama）于 1498 年抵达印度卡利卡特，那里就是郑和七下西洋每次必到的古里。当地的国王赠给他"一个装有 50 袋麝香的瓷罐，六个像饮酒用的大口杯一样的大瓷碗……还有六个深腹的瓷壶，每个

---

① Maria Antonia Pinto de Matos, "They'd Portuguese Trade", *Oriental Art* XLV. 1, 1999, p. 22.

可以容纳 15 升水。"① 回国时，他带回了东方物产，并将一些瓷器呈献给唐·曼努埃尔一世国王（D. Manuel I, 1495—1521 年在位）。这说明早在 15 世纪末，葡萄牙人到达印度以后，就对中国瓷器产生了兴趣，并将瓷器带回葡萄牙，献给了国王。在 16 世纪初葡萄牙人占据了马六甲以后，最早于 1513 年到达中国海岸，② 葡萄牙人几乎立即开始采购中国瓷器，展开初期的瓷器贸易活动。现存有到达中国海岸的阿尔瓦雷斯定制的纹章瓷，可以见证这一点。从那时起，直到 1602 年荷兰东印度公司建立，并劫掠了葡船上的中国瓷器到阿姆斯特丹拍卖，参与到瓷器贸易中，经历了大约一个世纪的时间。在这段时间里，葡萄牙人先在广东、福建、浙江沿海地区从事大量走私贸易活动，后来发展到与中国官方谈判，开展合法的海上贸易，并于 16 世纪中叶取得明朝地方官员的允许入居澳门。③ 澳门文德泉主教《中葡贸易中的瓷器》一文，④ 对于葡萄牙的瓷器贸易有详细论述。他指出："一五五七年在澳门建立据点以前，葡国人在许多中国港口建立了贸易站：宁波、泉州、浪白澳及上川。""由于当时对瓷器的需求十分大，于是一五二二年里斯本港规定船的运货量的三分之一可以是瓷器，这意味着有大量的瓷器流入"，他说明从 1513 年至 1522 年瓷器贸易迅速增长的事实，也说明在葡萄牙人入居澳门之前，中葡瓷器贸易一直在进行。根据一份文献，他认为除了丝绸，是瓷器将葡国人吸引到了中国："这是一个庞大的国家。据说在此可以得到各种食物以及所有在西班牙可见到的水果。这里有许多金、银及其他各种金属矿藏，这里还盛产丝绸，可以织出许多精美的绸缎，还有漂亮的瓷器。"

依据海外青花瓷的遗存，明代外销青花瓷具有两种类型，一种是与国内流行造型和纹饰完全一样的制品，另一种则是为了外销的特殊需求而专门生产或定制的产品。以青花瓷发展史为主线，16 世纪明代青花瓷的展开，从时间上大致可以划分为三个阶段：中国传统青花瓷—纹章

---

① Gaspar Correa, *Lendas daíndia*, Rodrigo Joséde Lima Felner ed. Lisbon, 1858, v. 1, pp. 100 - 101.
② Luis Keil, *Jorge Alvares o Primeiro Portugues que fai a China* (1513), Instituto Cultural na Macau, 1990, p. 28.
③ 参见万明《明朝对澳门政策的确定》，《中西初识》（《中外关系史论丛》第六辑），大象出版社 1999 年版，第 1—15 页。
④ 文德泉：《中葡贸易中的瓷器》，吴志良主编《东西方文化交流国际学术研讨会论文选》，澳门基金会 1994 年版，第 207—215 页。

瓷—克拉克瓷。后面两个品种代表一种新的市场取向。如果说纹章瓷是
欧洲王室、贵族或宗教的权威的标志，是社会地位的标志，那么发展到
克拉克瓷的阶段，则表明大批量生产是为了满足社会各阶层，也就是进
入了青花瓷的平民化阶段。从贵重奢侈品—装饰陈列品—日常生活用
品，在青花瓷的这一展开过程中，世界市场初步形成了，社会变迁也同
步发生了。

　　葡萄牙人在 1511 年占据了马六甲以后，就与中国商人发生了直接联
系。作为欧洲的第一个使团，葡使来华是在正德十二年（1517 年）。时任
广东按察司金事署海道事的顾应祥，在他所著的《静虚斋惜阴录》中详
记使臣之事，其中明确记载"其通事乃江西浮梁人也"。[①] 而其后"许通
市"的海道副使汪柏，也是浮梁人，《浮梁县志》有传。[②] 这些事实说明
葡人来华和入居澳门前后，已有可能与江西景德镇发生某种程度的关联。
而葡人来华的主要目的是贸易，瓷器贸易在其中占有重要位置，江西景德
镇无疑成为澳门海上贸易发展的源泉。在葡人到来以后，景德镇诞生了新
的青花瓷外销品种：纹章瓷和克拉克瓷。

　　传统青花瓷与在中国遍及各地的青花瓷别无二致，首先外销的青花瓷
就是这种供给国内市场的青花瓷，这里就不再赘述。将青花瓷出现的新品
种纹章瓷、克拉克瓷联系在一起考虑，可以了解青花瓷的展开有一个叙事
结构。纹章瓷在中国本土基本没有发现，主要是定制外销，这种特殊的纹
章瓷代表着青花瓷的一个重要发展阶段，下面专门探讨一下。

　　1. 纹章瓷

　　纹章是欧洲古老的一种标志性图案，始于约 12 世纪的战场，为识别
全身盔甲的敌我，作战双方各自在所持盾牌上绘制纹章以示区别，后广泛
流行并被装饰于各类器物上，作为王室、贵族、军队、宗教团体及个人的
标志。在青花瓷器上绘上欧洲纹章，始于 16 世纪葡萄牙人的定制。中国
学者对于早期纹章瓷的研究几乎是空白的，其原因是历史文献的缺失，加

---

① （明）顾应祥：《静虚斋惜阴录》卷一二《杂论三》，明嘉靖刻本；万明：《明代中葡两
　　国的第一次正式交往》，《中国史研究》1997 年第 2 期。
② （明）郑舜功：《日本一鉴穷河话海》卷六，1939 年据旧钞本影印，下册，第 4 页；道
　　光《浮梁县志》卷一三《汪柏传》，道光三年刻本十二年补刻本，第 39—40 页。关于汪
　　柏涉及澳门史事，参见万明《中葡早期关系史》第 4 章《葡萄牙人入居澳门》，社会科
　　学文献出版社 2001 年版，第 77—92 页。

之中国本土实物的匮乏，以致对纹章瓷的研究一直是以清代以后的粉彩纹章瓷为主，这当然也与英国学者纹章瓷权威专著的关注点有关。但是，毕竟早期纹章瓷均为青花纹章瓷，这是由葡萄牙人首先定制生产的青花瓷谱系中的新品种。

英国学者莱斯特曾说："纹章一直都是位高权重者和家财万贯者的宠儿。作为一种血统标志的记录，纹章成了贵族象征系统中一个错综复杂的支系。然而纹章的使用权并非为贵族所独享，它还可作为宗教、城市和职业的标志。在大航海时期，使用纹章这一风尚经由航船，载往世界的每个角落，最终在各个国家中形成了不同样式的纹章。"①

葡萄牙历史学家认为："制作纹章这种时髦装饰"是在特定的历史背景下"从外国传入葡萄牙并流行起来的"。值得注意的是，正当这个时候葡萄牙发生了这样一幕场景："贵族恢复了自己的经济力量，随之也恢复了自己的社会地位……在新的经济中，贵族们成了首富，他们经常出入王宫，从国王那儿轻而易举地得到了俸禄、地租、官职和合伙经营海外贸易这种发财的便利条件"；② 从 1500 年起，在海外的"舰队队长"，不再是"过去在海上漂泊的老水手"，而是"争名夺利的大贵族"。③ 在葡萄牙，曾试图以纹章来区分阶层。葡萄牙国王唐·曼努埃尔一世国王（D. Manuel Ⅰ，1495—1521）规定纹章只给有头衔的人使用。而在 15 世纪早期，葡萄牙国王若奥一世就效仿西班牙任命了纹章主官，1495 年，葡萄牙纹章法规定纹章必须进行注册。④ 由此，我们了解到葡萄牙海外贵族阶层群体的形成，正是葡萄牙人来到东方与中国商人直接接触后不久就开始在瓷器贸易中定制纹章的背景。葡萄牙海外体制通过纹章来彰显那些佩戴者的显赫地位，也正因为如此，通过纹章图案明确身份和地位的愿望，在葡萄牙各个阶层中普遍存在着，葡萄牙贵族试图在一切事物上留下他们权威的印记。

中国纹章瓷未输入前，欧洲已有在陶器上绘制纹章的习俗。中国最早绘有欧洲王室的纹章瓷是葡萄牙人定制的，葡萄牙里斯本梅德罗斯与

---

① ［英］莱斯特著、王心洁译：《纹章插图百科》，汕头大学出版社 2009 年版，第 133 页。

② ［葡］J. H. 萨拉伊瓦著，李均报、王全礼译：《葡萄牙简史》，中国展望出版社 1988 年版，第 134 页。

③ ［葡］J. H. 萨拉伊瓦著，李均报、王全礼译：《葡萄牙简史》，第 139 页。

④ ［英］莱斯特著，王心洁译：《纹章插图百科》，第 204—205 页。

阿尔梅达基金会存有一件执壶，是最早的纹章瓷之一，上面绘有葡萄牙国王曼努埃尔一世的浑天仪徽章图案。[①] 这表明 16 世纪初葡人来华不久，就定制了带有鲜明西方特征的纹章瓷。纹章瓷绝大多数定制于中国景德镇。葡萄牙来华尚未建立正常贸易关系之时，已经开始了瓷器贸易，最早在马六甲向到那里去的中国商人定购，后来直接在中国在舟山双屿港、福建漳州等沿海地区活动，通过走私贸易定购；1557 年入居澳门以后，可以直接从广州定购。早期青花纹章瓷融汇了中、葡两国的装饰元素，成为景德镇青花瓷的一个新的分支，标志着青花瓷的一个新的发展阶段。

虽然依据葡萄牙学者迪亚士的纹章瓷专著，[②] 还不足以作量化分析，但是他所收集的世界各地遗存的纹章瓷，弥足珍贵，使我们可以探讨青花瓷社会功能并进行分类的初步研究。通过对于迪亚士书中纹章瓷器的比对，我们认为 16 世纪前半叶诞生的纹章瓷大致可分为几种类型：以曼奴埃尔浑天仪为第一种类型；葡萄牙王室纹章是第二种类型；基督或耶稣会标志是第三种类型；人名或徽章可以作为第四种类型；绘有铭文的为第五种类型；混合以上两项或三项的可以作为第六种类型。现略举例于下：

第一种类型：执壶（图 5—2），被认为是最早的中国纹章瓷，上面绘有逝世于 1521 年的葡萄牙国王曼奴埃尔一世的浑天仪图案。葡萄牙学者考订它的定制年代在明朝正德年间（1506—1521 年），现收藏于里斯本梅德罗斯和阿尔梅达基金会。[③]

第二种类型：水壶（图 5—3），无把，上绘有一倒置的葡萄牙王室纹章。现藏于纽约大都会艺术博物馆，年代也被认为是正德时期。[④]

第三种类型：水罐（图 5—4），上面绘有耶稣会的纹章标志，年代在万历 1610—1630 年，现藏于里斯本阿那斯达秀·冈萨尔维斯博物馆。[⑤]

---

① Jean – paul Desroches etc. , Clive E. Gilbert and Peter Inyhan trans. , *Chinese export porcelain from the museum of Anastacio Goncalves, Lisbon.* London：Philip Wilson, 1996, p. 26. 又参见文德泉《中葡贸易中的瓷器》；金国平、吴志良《流散于葡萄牙的中国瓷器》，《故宫博物院院刊》2006 年第 3 期。

② Pedro Dias, *Portuguese Heraldry in Ming Chinese Porcelain*, VOC Antiguidades, LDA, Porto, 2011. 承蒙葡萄牙迪亚士先生惠赠此书，谨此致谢。

③ *Portuguese Heraldry in Ming Chinese Porcelain*, p. 31.

④ *Portuguese Heraldry in Ming Chinese Porcelain*, p. 32.

⑤ *Portuguese Heraldry in Ming Chinese Porcelain*, p. 79.

图5—2　第一种
类型的纹章瓷

图5—3　第二种
类型的纹章瓷

图5—4　第三种
类型的纹章瓷

上述部分已分析了晚明中国青花瓷的社会功能，涉及明代人的审美观念与欣赏习惯，说明晚明相对明初已经发生了重大变化，青花瓷影响社会环境，同时也受社会环境的影响。这一点在欧洲葡萄牙也同样表现的非常清楚。纹章象征的是社会身份，代表了某种社会认同，传播的是社会身份感。16世纪青花纹章瓷上反映了迥然不同的文化彼此水乳交融的结合，如葡萄牙王室的印记，曼努埃尔一世的天浑仪、基督的十字架和耶稣会的标记，浑天仪作为葡萄牙曼奴埃尔一世国王的私人纹章，象征着葡萄牙国王的威望；葡萄牙王室的纹章，代表葡萄牙王国；而基督文字则标志基督的无所不在，是基督教权威的符号象征。在葡萄牙，所有这些都是"带有确立帝国威严的标志"。无疑，纹章瓷在这里反映的是政治意义，更明确地说，作为葡萄牙社会等级的一种直观的表现形式，青花瓷不仅反映了当时的政治、社会与文化的意义，而且本身就具有政治、社会、文化的多重意涵。这种种纹章，构成青花瓷上的西方标记，也印证了青花瓷的政治、社会、文化意义交织在一起。青花瓷的展开不仅遵循了经济的社会的规律，而且遵循了文明发展的逻辑。

2. 克拉克瓷

如果说16世纪初葡人来华不久，就定制了带有鲜明西方特征的纹章瓷，那么享誉欧美的克拉克瓷则出现在稍晚的16世纪下半叶。具体而言，是在大约16世纪70年代左右出现。

克拉克瓷是16世纪后半叶出现的典型的外销瓷品种，是明末清初景德镇民窑专为外销而烧制的新品种。葡萄牙人最早将这种瓷器运往欧洲。所谓"克拉克瓷",其来历是 1603 年荷兰人抢掠了葡船"圣凯瑟琳娜号",此船装载中国瓷器 10 万多件,① 这批瓷器被运往阿姆斯特丹拍卖,轰动了整个欧洲。克拉克瓷的名称,一般认为是来自葡萄牙船 Carrack 的译音,Kraak 是其荷兰文的拼法。当时,荷兰人对葡萄牙远航东方的货船称作"克拉克"(carrack),因而,在欧洲拍卖的这批中国瓷器被称为"克拉克瓷"。从此,克拉克瓷名扬世界。克拉克瓷在装饰上的特点是普遍带有多层次的开光,后来在陶瓷史上把 16 世纪末至 17 世纪生产的具有这类特点的外销青花瓷统称为克拉克瓷。克拉克瓷在澳门与欧洲有大量的发现,主要由江西景德镇、福建漳州平和、泉州德化等地生产。根据考古发现与学者研究,大量克拉克瓷器制作于晚明到清初。有学者以葡人在 1557 年入居澳门的时间,作为克拉克瓷的开始烧造时间,似乎证据不足,二者之间没有见到有直接联系的资料。

1995 年年初,在澳门岗顶原圣奥斯定修院的工地上,发现一口古井,内藏多件完整的瓷碟,而在工地的四周,有大量明末清初时期的出口瓷碎片,部分可复原度大。经专家鉴定,该批瓷片大部分是明万历年间(1573—1628 年)制成,属加槛瓷(或称克拉克瓷,KRAAK Porcelain)一类。② 这批克拉克瓷片,部分已修复,现藏澳门博物馆(图 5—5)。2011 年揭幕的澳门北湾瓷器展览,展示了大量在澳门北湾发现的青花瓷残片,是澳门作为 16 世纪青花瓷外销最早,也是最主要的西传源头的历史见证,其中,有大量克拉克瓷,主要是景德镇的产品。

图 5—5　澳门圣奥斯定修院遗址出土万历克拉克瓷

---

① T. Volker, *Porcelain and the Dutch East India Company*, Leiden, E. J. Brill, 1954, p. 22.
② 陈志亮:《陶瓷文物保存修复》上,《广东档案》2009 年第 5 期,第 25—26 页。

2003 年,"万历号"的残骸在离西马来西亚海岸 6 英里的水下被瑞典人史坦(Sten Sjestrand)发现。这艘沉船包括了 10 吨的破碎瓷器,完好的瓷器只有几千件。船上的瓷器以青花瓷器为主,而这些青花瓷器主要是"克拉克瓷",这表明欧洲应该是最终目的地。

关于克拉克瓷生产的起始时间,现在没有确切的证据,很难说是始于何时。在江西广昌万历元年(1573 年)墓葬出土的开光青花瓷盘,已被确认为在中国本土发现最早的克拉克瓷。[①] 而克拉克瓷研究专家里纳尔迪根据纹饰分析,将隆庆(1567—1572 年)年款的盘子定为克拉克瓷盘的前身,并据此认定克拉克瓷生产不会早于隆庆初。[②] 这种说法实际上说明,目前所发现的最早的生产是于隆庆时,不能完全排除隆庆以前没有。

值得注意的是,有学者称"克拉克瓷是我国首次外销到欧洲的青花瓷"的说法,是有问题的。综上所述,外销之前,青花瓷已在中国本土占据了主流地位,因此葡萄牙人开始的瓷器贸易,几乎没有选择,一定会是以青花瓷为主。在上川岛发现的瓷器碎片,反映出当时的瓷器还没有克拉克瓷的特征。[③] 由此可知,虽然葡萄牙人在 16 世纪初到达中国沿海活动之初,就开始了瓷器贸易,但在 16 世纪上半叶,还没有形成克拉克瓷这种新型的外销瓷。

世界众多国家的博物馆与私人都收藏有万历克拉克瓷,印证了发展到万历时,青花瓷名扬天下。大批量生产的克拉克瓷的传播,形成了全球市场效应。

在葡萄牙的桑托斯宫(Santos palace)有一个令人惊奇的"瓷器屋顶"(图 5—6),天花板上覆盖着 260 余件青花瓷盘,大多是由 16—17 世纪上半叶的克拉克瓷盘组成。自 1501 年起那里曾是葡萄牙国王的住所,1589 年以后属于兰卡斯特雷(Lancastre)家族所有。这个青花瓷装饰的屋顶是 17 世纪后二十五年建造的,上面的瓷器曾是国王曼努埃尔一世(Don Manuel Ⅰ)的收藏品。国王于 1521 年去世,作为收藏爱好者,兰卡斯特雷家族收藏了这些藏品。瓷器史专家约翰·卡斯维尔指出:"桑托斯

---

① 姚澄清、孙敬民、姚连红:《试谈广昌纪年墓出土的青花瓷盘》,《江西文物》1990 年第 2 期。
② Maura Rinaldi, *Kraak porcelain: a moment in the history of trade*, p. 61.
③ 黄薇、黄清华:《广东台山上川岛花碗坪遗址出土瓷器及相关问题》,《文物》2007 年第 5 期。

宫的收藏提供了一个从 16 世纪以后到达葡萄牙的令人惊奇的瓷器目录。"[1] 我们知道,有关 17 世纪克拉克瓷器的数据非常丰富,荷兰东印度公司保存的记录提供了克拉克瓷器贸易的详细信息。然而,有关 16 世纪克拉克瓷的文献资料不多,实物遗存是弥足珍贵的"档案"。

图 5—6　葡萄牙里斯本桑托斯宫的瓷器屋顶

事实上,葡萄牙人入居澳门前后,以明代青花瓷为主的瓷器贸易已经开端。1580 年,葡萄牙首都里斯本大街上已有 6 家出售中国瓷器的商店。当时,那是一条里斯本最时髦的新商贾大街(Rua Nova dos Mercadors)。这意味着早在 16 世纪 80 年代,也就是葡萄牙人将中国瓷器率先输入欧洲不到一个世纪的时间,在葡萄牙本土,青花瓷从上层社会奢侈品向平常百姓日常生活品的转换过程已在进行之中。

应该特别提到的是,在纹章瓷的阶段,当时的青花瓷在欧洲是只有贵族才消费得起的奢侈品;发展到克拉克瓷,标志青花瓷外销进入又一新的发展阶段,即大批量、成规模的生产阶段。这是与海外市场的需求挂钩的,有需求才有供给,青花瓷由此拥有了更大的市场。里斯本的阿纳斯塔

---

① John Carswell, *Blue and White*: *Chinese porcelain around the world*, British Museum Press, 2000, p. 129.

西奥·贡萨尔维斯博物馆，收藏有 379 件主要是 16—17 世纪的中国青花外销瓷，这些精美的瓷器是葡萄牙中西瓷器贸易和消费的历史见证。中国克拉克瓷器大批进入欧洲，在欧洲民间流传，乃至发生了取代其他质料与纹饰的器具，最终成为"全民餐具"，形成了整个社会的时尚。就此而言，如果说纹章瓷主要体现的是政治意义，克拉克瓷所主要体现的正是青花瓷的社会与文化意义。这与青花瓷在中国本土的发展进程是完全一致的。重要的是，欧洲餐桌上的"革命"就这样悄然开始了，而欧洲的中国风也由此开端。

重新认识中国本土知识的价值，使我们不能不关注青花瓷崛起的历程。明代青花瓷崛起为中外社会时尚，经历了三部曲：首先是在中国本土上层文化与世俗文化交融的完成，推动青花瓷形成中国瓷器的主流；其次是中国本土形成主流的青花瓷走向全球的过程；最后是中国青花瓷形成了中外文明会通的过程。具体来说，在中国本土：从"俗甚"到"贵宣、成"，完成了一个由俗到雅、雅俗共赏的过程；在葡萄牙社会：从纹章到日用，完成的是从奇到常、普遍认知的过程。这一过程此后在整个欧洲和世界重演，形成中外文明会通的过程，反映了全球文明成长的进程。[①]

（三）文明的成长：新技术与知识的融通

从历史上看，16 世纪是中西开始直接交往的世纪，随着中西直接交往发生的，是西传欧洲的享誉世界的瓷器交流。将青花瓷最早传入欧洲的，是 16 世纪率先到达中国的葡萄牙人。16 世纪以青花瓷为载体的中华文明传播到世界各地，出现在欧洲和美洲人们的餐桌上，替代了以往的银

---

① 16 世纪全球化开端时期，在中外文化交流过程中，青花瓷外销的影响不可估计过高。众所周知，18 世纪是"中国风"风靡了整个欧洲的世纪，中国瓷器文化对于欧洲乃至世界的影响进入一个新的高潮。需要说明的是，自 16 世纪，迄今学术界关注的主要是耶稣会士笔下的明代中国，毫无疑问，16 世纪的中国形象与耶稣会士的书写有着密切关联。然而，耶稣会士所描述的，是通过他们的观察所述说的感受，只有放到其论述产生的大环境中去考虑才有合理性。而中西物质文化的交流在 16 世纪中西直接接触中发生，葡萄牙人史无前例地将中国独步世界的商品瓷推向了世界，最早将青花瓷直接西传到欧洲，而欧洲人通过由葡萄牙人传入的精美青花瓷首先认识了中国。由此，青花瓷前所未有地扩大了销售范围。中国贸易物品直接传播到欧洲和世界各地，可以使那里的人们直接感观，没有中间层次，纯粹作为贸易品投入欧洲和世界市场，进入社会消费层，直接引发文明的交融，甚至经济与社会变迁。文明的成长，是在中西文明更大规模的时间与空间维度的扩展中实现的。在西方，瓷器和中国都以 China 表示，中国不仅被西方人称为"丝国"，也理所当然地被西方人称为"瓷国"的历史，可以说在 16 世纪正式开端了。

器、陶器和木器，这种事实本身就是史无前例的一场文明交流的革命。在
这一过程中，知识与技术的传递与融通汇聚于其中。

青花瓷是文明的载体和表达意义的符号。体现在器物上的，具有政
治、社会、文化的多元丰富内涵。例如在克拉克瓷上绘有的竹、梅，被赋
予了道德的含义，成为理想的符号和象征，与中国士人"高风亮节""刚
正不阿"等令人崇敬的道德理想和价值观有着联系；又如在克拉克瓷上
典型的鹿纹装饰，鹿是"禄"的谐音，寓意是"步步高升"，成为生活取
向的符号和象征。这些图案不仅在纹章瓷上，而且在克拉克瓷上多有表
现，传递的正是中国传统文化的信息。

迄今为止，中国学者普遍熟知青花瓷在日本、安南、暹罗的大量仿制
活动，也了解青花瓷传入欧洲后，促使意大利佛罗伦萨、荷兰德尔夫特等
地区大量仿造青花陶器的历程，更清楚地知道欧洲直至 1710 年德国迈森
成功研制出瓷器，那是在青花瓷外销欧洲近 200 年以后的事了。但是，对
于率先将青花瓷传入欧洲，开启了中国风的葡萄牙于 17 世纪初已产生了
青花彩陶规模生产的事实，却鲜少了解。

至今不能确定的是，克拉克瓷在葡萄牙首先仿造的确切时间。但根据
里贾纳·卡拉哈尔的研究，无论如何可能在 16 世纪末已经仿造出一种彩
陶器。因为有不可辩驳的证据表明，在 1619 年中国风格的瓷器仿造工业
已经建立在里斯本，而且已有充足数量的产品去满足国内外市场。他指
出，1622 年在马德里出版的巴普蒂斯塔·拉万尼亚的报告，关于 1619 年
菲利普三世访问里斯本。当时是西班牙和葡萄牙合并时期，菲利普三世也
是葡萄牙的国王。值国王访问之际，大量的拱门沿着里斯本的道路建立了
起来，其中之一是由陶工装饰的。拉万尼亚描述这个拱门绘有一个陶工，
他左手持一个陶轮，右手握一件在里斯本仿造的中国瓷器。靠近这个人物
的地方，写有这样一首短诗：

> 在这里，崇高的君主统治者，
> 给你们提供来自国外的艺术，
> 这是在卢西塔尼亚王国生产的，
> 也就是之前来自中国的贵重卖品。

在同一拱门上，另外一幅画显示出一个港口图景，那里正从印度回来

的一艘克拉克船上卸载东方瓷器；同时，本地生产的瓷器，拉万尼亚称作"我们的瓷器"，正装上外国船只，那些船只将装载这些瓷器驶往外国。[①]

依据里贾纳·卡拉哈尔的研究，葡萄牙仿制中国青花瓷的这个事实，已被在荷兰发掘的带有中国风格的葡萄牙彩陶碎片所证实。似乎已经没有疑问，整个 17 世纪，葡萄牙靠近或者就在里斯本的窑址中生产带有中国影响的彩陶。中国风格对于葡萄牙彩陶工业的影响，从 16 世纪末到 17 世纪四分之三的时间里一直持续着。

里贾纳·卡拉哈尔将葡萄牙仿制中国克拉克瓷的彩陶画风格分为 3 个阶段，第一阶段是在 17 世纪早期，首先是模仿中国克拉克瓷原件的图案制作（见图 5—7）。第二阶段是在 17 世纪中的第一个四分之一时，画风已是中国和葡萄牙装饰元素的混合物（见图 5—8），第三阶段是在 17 世纪下半叶，有了更多葡萄牙本土风格的图景（见图 5—9）。[②] 显然，从图片来看，笔者认为，第一阶段葡萄牙彩陶器与收藏于葡萄牙阿纳斯塔西奥·贡萨尔维斯博物馆的中国青花瓷器相比较，仿造关系清晰可见，在彩陶盘的中心，都是中国青花瓷常见的鹿纹；而第二阶段的彩陶器，里贾纳·卡拉哈尔认为有明显的中葡元素的融合，在笔者来看，已经有了更多的葡萄牙装饰因素，在盘的中心，出现的是西方纹章中常见的狮子，姿势是"单腿站立前跃式"，[③] 显示出纹章与克拉克瓷特征的交融；到了第三阶段，则凸显了葡萄牙风格。将这个阶段的彩陶器，与澳门博物馆藏澳门圣奥斯定修院遗址出土万历青花开光花果纹碗碗心的鸟类纹饰相比较，差异很大，可见葡萄牙人已经将仿造的中国瓷器图案本土化了。然而，尽管彩陶盘的中心图像已完全西方化，边沿图绘也与中国青花瓷传统纹饰大相径庭，但是整体仍保留着克拉克瓷的特征，即开光形式。

青花瓷大量输入葡萄牙，以蓝白釉彩和精美设计而大受欢迎。葡萄牙手工艺人开始模仿异国情调的花草、动物等来装饰陶器，并仿照青花瓷施以钴蓝色，对葡萄牙本土的陶瓷制作产生了重大影响。青花瓷不仅改变了那里人们的物质生活习惯，而且里斯本仿制陶器的成功，使得以往只有王

---

① Regina Krahl, *Chinese Ceramic in the Topkapi Saray Museum Istanbul*：*a complete cata-logue*. v. 2, London：sotheby's pub.，1986.，p. 216. 实际上，当时葡萄牙所谓仿造的瓷器，应为陶器。

② *Chinese Ceramic in the Topkapi Saray Museum Istanbul*：*a complete catalogue*. v. 2, p. 217.

③ ［英］斯蒂芬·莱斯特著，王心洁译：《纹章插图百科》，第 85 页。

图5—7 葡萄牙里斯本彩陶器

图5—8 葡萄牙里斯本彩陶器

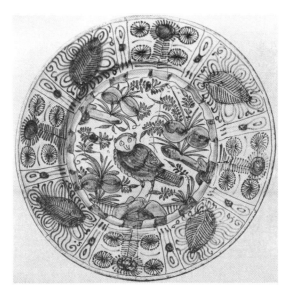

图5—9　葡萄牙里斯本彩陶器

室贵族上层社会才能拥有的青花瓷器，在经过陶瓷业大量仿制后，成为一般民众的日常用品。这些陶器外观上与中国青花瓷相近，但是价格低廉，使中国青花瓷的影响普及欧洲更多家庭。在葡萄牙学者迪亚士的纹章瓷专著中，收录了里斯本制造的两件纹章陶器，颇具典型。一件是盘，是典型的克拉克瓷开光装饰图案，绘有花卉和兔子，在底部写有"PAS"，说明是属于帕斯家庭；还有一件私人收藏的盘，上面绘满人物、兔子，在底部写有"ALBUQUERQUE"，即阿尔布克尔克。这两件完全仿造明代嘉、万年间青花瓷的青花陶器，是在荷兰阿姆斯特丹葡萄牙人和犹太人街区考古发掘中发现的，制作年代是在16世纪末17世纪初。[1] 重要的是，葡萄牙人在荷兰人之前近一个世纪已率先将中国青花瓷器传入欧洲，并且似乎也率先仿造了彩陶，17世纪初里斯本已经形成了规模生产，输出到其他地方，这是应该进一步加以探讨的。

　　商品生产求多求快和适应市场需求的规律，决定了葡萄牙在17世纪里仿制青花瓷的彩陶成规模的生产。虽然造型和装饰越来越西方化，但是表现出一种新的装饰风格，是源自中国青花瓷。于是，我们看到了主体是

---

① Pedro Dias, *Portuguese Heraldry in Ming Chinese Porcelain*, pp. 42–43.

中国式的中国、伊斯兰、西欧的装饰混合体。发展到此,青花瓷(陶)已具有多元的色彩,中华文明与印度的佛教文明、中亚、西亚的伊斯兰教文明、葡萄牙的基督教文明相互融合,尽显其上。从一系列受到互动影响的中国瓷器和葡萄牙陶器上,我们可以看到 16 世纪中欧直接贸易的深远意义。

上文依据出土数据,将青花瓷形成主流的时间定于嘉靖年间。葡萄牙人来华以后,开展了大量瓷器贸易活动,主要进行的是青花瓷的外销。于是,不仅中国景德镇外销瓷出现了创新品种纹章瓷和克拉克瓷,而且在葡萄牙里斯本出现了仿造的彩陶制品。陶瓷器是重塑中葡关系的重要实物,雄辩地说明早期中西关系的建立,不仅只是充满了战争的冲突,而且有文明的交融。葡萄牙里斯本的陶器是中葡陶瓷交流的结晶,构成欧洲中国风的起源之一,这是全球化开端时期中外文明交融会通的典型范例。

16 世纪以来,中国明代青花陶瓷艺术外销到世界各地,逐步为全球所认识。当时欧洲的陶瓷业相对落后,青花瓷一经输入,即为欧洲社会所青睐,不仅葡萄牙有仿造,而且在西班牙乃至其在美洲的殖民地也有仿造活动。根据学者研究,西班牙的塔拉维拉(Talavera)制陶受中国青花瓷的影响也很典型,塔拉维拉(Talavera)制陶业在一些款式和装饰艺术上直接吸收了明代青花瓷的艺术特点和造型。传教士在 1550—1560 年把塔拉维拉陶瓷制造技术引入墨西哥,并最先被普埃布拉(Puebla,现墨西哥中东部州)陶艺人所接受,其陶瓷产品不仅深受中世纪西班牙摩尔人的影响,在产品的装饰和色彩又受中国传统陶瓷对西班牙的影响,其色彩主要为白底,绿或蓝色装饰,用独具特色的自然风景以及鸟类、鹿、鸭子、兔等加以装饰,具有明显的明代青花瓷的特征。17 世纪是墨西哥制陶业的辉煌时期,具有青花特色的普埃布拉—塔拉维拉陶瓷广泛流传于世界各地。[①]

还需要提到的是,关于葡萄牙几乎随处可见的蓝白青花瓷砖。根据葡萄牙美术史家的研究,葡萄牙青花瓷砖艺术的来源有三:一是由阿拉伯人引入说,"在伊比利亚具有悠久传统";一是自西班牙输入说,"几乎大多数是从安达卢西亚输入的";有一是来自荷兰,"整个 17 世纪,大量的荷

---

① 王利荣:《墨西哥的陶瓷文化及特点》,《国外建材科技》2004 年第 3 期。

兰瓷砖画不断进入葡萄牙"。① 显然，对于中国青花瓷器直接输入的影响考虑不足。中国青花瓷在元末烧造成熟以后，明初青花瓷并没有形成瓷器生产的主流，到嘉靖以后形成主流。经历了本土普遍化以后的青花瓷，接着就是外传。在16—17世纪上半叶，几乎所有的外销瓷都是青花瓷。如果说葡萄牙青花瓷砖与这一时期大量进口中国青花瓷没有联系，则难以解释此前青花瓷砖为什么没有盛行，而独在此时如此盛行；再者这一时期的纹章瓷和克拉克瓷几乎全部是青花瓷，而这两种青花瓷新品种，前者由于葡萄牙人的定制而诞生，后者的大批量生产，首先出自葡萄牙的需求，就是名称也来自葡萄牙船只，足以说明青花瓷出现变异新品种，与葡萄牙有着直接关系；第三，17世纪荷兰代尔夫特成功仿制，生产出白釉蓝彩陶器，也是在葡萄牙率先输出青花瓷几乎一个世纪以后，荷兰参与了大规模青花瓷贸易的结果。更何况葡萄牙里斯本在17世纪初已经具有规模的生产了青花彩陶。实际上，葡萄牙学者的主要关注视角"航海发现的进程"的"反馈影响"，也涉及这一问题："至于那些保存下来的或是可以从神像画上考证出来的陶器，则首先表现出葡萄牙同非洲和中国的葡属领地所带来的影响。这种影响，经过瓦斯科·达·伽马到达印度之后，在葡萄牙十分流行，后来又在欧洲大部分地区十分流行。一些诸如容器与细嘴水壶之类的用品的制造增加了，家用的象牙器皿也增加了，中国的瓷器也增加了，航海发现的进程使得'反馈影响'日益普及。这表现在'瓷砖铺盖'地面以及成片的瓷砖贴面上。"② 明乎此，那么葡萄牙青花瓷砖的盛行，蓝白二色瓷砖画在葡萄牙17世纪末18世纪初长期占主导地位，在时间上与16世纪青花瓷风行全球的历史现象自然摆脱不了干系。当然这方面的研究还有待深入开展。

小　结

长期以来，西方学者在论述16世纪世界历史时，主要论述的是西方航海扩张的功绩，关于晚明中国则往往被贬为保守和落后的代称，这样的世界史，并不是历史的真实。古代中国拥有历史悠久而又连续不断的文明

---

① ［葡］玛利亚·米兰达等著，陈用仪、姚越秀译：《葡萄牙美术史》，中国文联出版公司，1997年，第62、114—115页。

② 《葡萄牙美术史》，第62页。

史，中华文明是人类文明史的重要组成部分。16 世纪，当全球化开端之时，中国白银货币化，中国市场与全球市场连接起来，中华文明并没有显现出弱势，更没有被排挤到边缘，而是为人类文明发展作出了卓越贡献。为了重拾文化自信，我们有必要重新审视那段中国积极参与全球化第一波的历史，复原历史的本来面貌。

以青花瓷的展开为例。16 世纪以后，从本土到全球，明代青花瓷是在时空巨变下展开的，为了交换大量中国需求的白银，16 世纪成为一个青花瓷符号流动的世界，青花瓷出现在欧洲和美洲乃至世界各地人们的家庭与餐桌上，这种事实本身就是一场文明交流的革命。青花瓷代表了一种全球化语境下的文明流播，知识的扩散、技术的转移蕴含在其中，不仅向全球展现了中国辉煌的制瓷技术，还展示了具有丰富内涵的中华文明。更重要的是，独步世界的中国青花瓷发展历程告诉我们，文明是怎样成长的，中西文明的相遇，不只具有血与火的洗礼和文明的冲突，也有着文明的融通与交织成长，从而构成了一部新的全球史。就此而言，明代前所未有扩大发展的海上贸易应该重新评价，明代前所未有扩大发展的制瓷业也应该重新审视。作为中国青花瓷展开的直接后果，后来欧洲陶瓷生产成为工业革命的一项规模庞大的产业，奠基于 16 世纪时空巨变下的那场史无前例的全球性文明交融，应该是不言而喻的。

四　作为全球史的云南海贝消亡[①]

云南使用海贝货币的历史悠久，至明代才发生了重大转折——海贝作为货币的消亡，这是中外史界已有的共识。

云南自古以来就不是封闭的，海贝是与海外交往的产物，就是最好的证明。早在春秋战国时代，贝币已经自海外来到云南，逐渐形成了云南持续两千多年的独特货币体系。即使元代在云南开设行省，大一统的钞币制度，也没有能撼动云南贝币延续千年的发展里程。因此，明代是云南货币发展史上一个极为重要的转折时期，到明末海贝才基本上终结了海贝的流通，归属于当时已形成的以白银为主导地位的大一统货币体系。这一云南货币史上的重大事件，长期以来引发了中外学界的诸多研究，考察贝币崩

---

①　此部分原发表于《澳门研究》2017 年第 3 期，第 115—133 页，原标题《明代白银货币化：云南海贝货币消亡的新视野》。

溃的过程，聚焦于铜钱日渐通行，直至替代了贝币；对于云南贝币发生与
发展及其意义，直至明末清初"废贝行钱"的原因，自 20 世纪 50 年代
以来的探讨不绝于缕，形成了大量研究成果。[①] 大多学者是以云南社会经
济发展作为考察对象，这无疑是一个重要因素，然而我们还必须面对另一
个问题，那就是即使发展到明代，也不能说云南社会经济发展就与中原地
区发展完全持平了，因此不能孤立地看待云南社会经济发展不发展，这不
是海贝货币在云南消亡的根本原因。研究这一问题，我们应该转变思维，
关注以往研究中被忽略的问题。第一，我们需要澄清真相，分清主次。云
南虽然是产银地区，但是海贝在明以前乃至明前期一直是主币，主币地位
的转换，发生于明代。明代白银货币化，确立了白银作为全国法定货币的
地位，建立了实际上的银本位制，清初建立了银铜双本位制，主币仍然是
白银。贝币的消亡，是为白银所替代，而不是为铜钱所替代。所以我们不
仅要关注明末清初"废贝行钱"，更应该关注白银与贝币的关系，这是一
个云南币制融入大一统货币体系的过程。第二，明代白银货币化有一个全
球化开端的大背景，贝币消亡于 17 世纪，也是在这一大背景下实现的。
任何重大事件的发生，都不是一蹴而就的，贝币的消亡，经历了两个阶
段，第一阶段是贝币首先丧失了主币的地位，为白银所替代；第二阶段才
是贝币丧失了辅币的地位，为铜钱所替代，完全消亡。如果仅以明代天启
年间以后作为贝币走向崩溃的开始[②]，或者仅看到李定国政权的"废贝行
钱"，则未免有些晚了。我们应聚焦于明代两百多年的贝币通行乃至消亡
的历史过程，进行长时段的考察。

　　明代中国最主要的时代特征之一是白银货币化，这一货币化过程，即
中国货币经济化过程，与全球化开端大背景下中国国家和社会的近代转型
紧密相联系，白银货币化伴随一系列赋役—财政改革推行全国，促使云南

---

　① 　主要有：方国瑜《云南用贝作货币的时代及贝的来源》，《云南社会科学》1981 年第 1
　　　期；李家瑞《古代云南用贝币的大概情形》，《历史研究》1956 年第 9 期；杨寿川《论
　　　明清之际云南"废贝行钱"的原因》，《历史研究》1980 年第 6 期；《云南用贝作货币的
　　　起始时代》，《思想战线》1981 年第 5 期；刘世旭《略论"西南丝绸之路"出土海贝与
　　　贝币》，《四川文物》1993 年第 5 期；林文勋《"贝币之路"及其在云南边疆史研究中的
　　　意义》，《中国边疆史地研究》2013 年第 1 期；彭信威《中国货币史》，上海人民出版社
　　　1965 年版；杨寿川编著《贝币研究》，云南大学出版社 1997 年版；等等。
　② 　张彬村：《十七世纪贝币崩溃的原因》，杨寿川编著《贝币研究》，云南大学出版社 1997
　　　年版，第 175 页。

呈现出贝币衰落向白银货币为主币转型的新趋势。下面就以云南大理为中心，试图将海贝的消亡纳入一个开放式框架之中，联系南方丝绸之路与海上丝绸之路的连接，印度洋贸易、明代中国赋役—财政改革，乃至中国与全球互动的全球史的视野，探究明代云南发生的白银和贝币互为消长，乃至贝币消亡的历史过程。

（一）云南的海贝货币溯源

海贝是海中有壳软体动物的总称，海𧵣是一种海贝类贝壳，古代用作货币。元代汪大渊《岛夷志略》作𧵣子，马尔代夫语作 boli，马来语作 bia，爪哇语作 beya，汉语"贝"与"𧵣"似源于海南语。古代暹罗、缅甸、孟加拉国及中国云南等地均作为货币使用。其主要产地在马尔代夫群岛。

根据考古报告，云南使用海贝的历史悠久，《汉书》记载汉代永昌郡有轲虫。[①] 以云南大理为例，大理地处洱海区域，是南方丝绸之路与海上丝绸之路上的一个重要连接点和一大中转枢纽，迄今这一地区发现最早的海贝，是出自剑川沙溪鳌凤山春秋至战国时的 155 号和 81 号墓，共有 47 枚。海贝多系磨背，出土时都位于墓葬者头部。1976 年在维修加固南诏晚期（唐开成年间）所建大理崇圣寺千寻塔时，清理了塔刹和基座，出土海贝 10 公斤以上，约 3800 枚。同时弘圣寺一塔，也发现海贝数十余枚，内有 3 枚特大，称为"海宝"。值得注意的是，在境内的大理、巍山、洱源、邓川、宾川和鹤庆等地，几乎所有唐宋以来的火葬墓中，都发现有海贝，数量在 1—10 枚不等。[②] 更早在 1941 年发掘的剑川河北村元代火葬墓也出土过贝。[③] 此外 50 年代初调查，在滇西的鹤氏、洱源、邓川、大理、卜关、宾川、巍山、楚雄等地的大理国（宋）至明代火葬墓中都有海贝随葬。[④]

《新唐书·南诏传》，是最早记录南诏国以贝为币的官方文献，云：

---

① 保山地处西南边陲，是古代"南丝路"出境前的一个重要集散地，东汉时称永昌。
② 云南博物馆文物工作队：《云南剑川铁凤山墓地发掘简报》，《文物》1986 年第 7 期。刘世旭《南方丝绸之路出土海贝与贝币浅论》，《中国钱币》1995 年第 1 期；田怀清：《从大理出土文物看蜀身毒道的开发》，《南方丝绸之路文化论》，云南民族出版社 1991 年版。
③ 万斯年：《云南剑川元代火葬墓之发掘》，《考古通讯》1957 年第 1 期。
④ 孙太初：《云南西部的火葬墓》，《考古通讯》1955 年第 4 期。

"以缯帛及贝市易。贝者大若指，十六枚为一觅。"① 元世祖忽必烈在云南正式建立行省，以赛典赤·瞻斯丁为首任行省长官。当时"云南民以贝代钱。是时初行钞法，民不便之"，赛典赤深谙云南海贝货币长期使用的特殊性，建议元朝在云南继续沿用海贝作为货币："云南贸易与中州不同，钞法实所未谙，莫若交会、贝子，公私通行，庶为民便"，此议得到了忽必烈的允准。② 元朝"许仍其俗"，没有在云南大力推行纸钞制度，并于至元十九年（1282年）九月做出规定："定云南赋税，用金为则，以贝子折纳，每金一钱，直贝子二十索。"③ 元朝赋税以金为则，折贝缴纳，这是在王朝财政体系中确立了海贝的法定地位。由此云南海贝作为货币使用，但并没有被纳入国家大一统货币体系之中。李京《云南志略》记述云南贝币的使用仍在延续："交易用贝子，俗呼为贝，以一为庄，四庄为手，四手为苗，五苗为索。"④

《马可波罗游记》记述了大理用贝作为货币："他们是用从海里捞取的一种白贝壳作为货币，亦可作为项饰。八十个贝壳等于一个银币的价值，或两个威尼斯银币。"⑤ 马可波罗印证了元代大理地区一带的海贝是来自印度："离开大理城（Yachi），西行十天，便到达哈剌章省（Karazan）的一个主要城市……居民也同样用贝壳作为货币。不过，这种贝壳不是本地出产，而是从印度进口的。"⑥ 说明大理地区的海贝是来自印度。并在记载"陀洛曼"时称："这里盛产黄金，数量很多。他们的货币，是使用来自印度的贝壳，作为通用的货币。这种货币，也通行于前面说过的交趾和阿木州两个省份"。⑦

（二）明代云南的海贝来源与传输渠道

1. 明初海上传递的信息：印度洋贸易的一部分。

海贝是自海外输入，这一点得到学界共识。元代马可·波罗明显提示

---

① 《新唐书》卷二二二上《南诏传》上。

② （明）宋濂等：《元史》卷九《世祖本纪》，中华书局1976年版，第177页。

③ 《元史》卷一二《世祖本纪》。

④ （元）李京：《云南志略·诸夷风俗》，方国瑜编：《云南史料丛刊》第3卷，云南大学出版社1998年版，第128页。

⑤ ［意］马可波罗口述，鲁思梯谦笔录，陈开俊等译：《马可波罗游记》，福建科学技术出版社1981年版，第145页。

⑥ 《马可波罗游记》第145—146页。

⑦ 《马可波罗游记》第158页。

海贝出自印度洋。那么至明代，发生了什么变化吗？明初郑和七下西洋，笔者考察明朝人下西洋的初衷，其西洋专指印度洋。明初七下印度洋，持续近 30 年，极大地扩展了海上丝绸之路，传递了准确的海贝贸易信息：当时印度洋贸易不以海贝为主币，而海贝贸易是印度洋贸易的一部分。

跟随郑和下西洋的马欢，归国后撰写了《瀛涯胜览》一书，记录了他亲历海外 20 国的见闻，其中提到海贝贸易的有 3 个国家。

首先，是出产国溜山国，马欢记载如下：

> 海𧵅彼人积采如山，奄烂内肉，转卖暹罗、榜葛剌国，当钱使用。①

这里表明位于印度洋上的溜山国是海贝的出产地，溜山国（Maldives），元代汪大渊《岛夷志略》称北溜，费信《星槎胜览》称溜洋国，皆指今印度洋中的马尔代夫。马尔代夫是印度洋上的群岛国家，共有大小珊瑚岛礁和浅滩 2000 多个，其中构成群岛的较大环礁有 21 个。梵语作 maladvipa，意为华鬘洲，说明其形状似鲜花缀成的花环。公元前 3 世纪即有人居住，从 12 世纪起成为伊斯兰教苏丹国。大量海贝由溜山国转卖到暹罗国和榜葛剌国，目的很明确，两国均是作为货币使用。

其次，是以海贝作为货币的暹罗国，记载如下：

> 海𧵅当钱使用，不拘金银物货，一应大小买卖皆有此物，论价交易，不使金银铜钱。②

暹罗（Siam）即今泰国。其地在 13 世纪中叶犹分为暹及罗斛两国，中国史籍记载元至正九年（1349 年）合并为一，称暹罗斛国。1350 年，乌通王将首都迁至阿瑜陀耶（Ayudhya，今曼谷北），意为"不可战胜之城"，从而建立了当时湄南河下游强大的阿瑜陀耶王朝。乌通王逝世后，素攀武里王族和阿瑜陀耶王族两个支系为了继承王位而发生多次争夺。明朝洪武十年（1377 年）素攀武里王子昭禄群膺（又译那空膺）到中国朝

---

① （明）马欢著，万明校注《明钞本瀛涯胜览校注》，海洋出版社 2005 年版，第 74 页。
② 《明钞本瀛涯胜览校注》，第 36 页。

贡，明太祖赐予"遢罗国王之印"，始称遢罗，以别于被称为遢罗斛的阿瑜陀耶王朝。1409 年，昭禄群膺夺取了阿瑜陀耶王位，中国史籍从此称阿瑜陀耶王朝为遢罗，再不使用罗斛、遢罗斛等称呼。当时遢罗是"一应大小买卖"皆以海贝交易。

最后，是以海贝作为货币的榜葛剌国，马欢记载如下：

> 国王以银铸钱，名曰倘加，每个重官秤三钱，径官尺一寸二分，底面有文，一应买卖皆以此钱论价。街市零用海𧵅，番名考黎，亦论个数交易。①

榜葛剌国（Bengal），宋代赵汝适《诸番志》称作鹏茄啰，元代《岛夷志略》称作朋加剌，《明实录》称作邦哈剌，《西洋朝贡典录》作彭加剌，皆孟加拉国语 Bengala 的对音，即今孟加拉国及印度西孟加拉一带，位于南亚次大陆东北部，恒河下流，是东西交通要冲之地。值得注意的是，榜葛剌国属印度古国，榜葛剌国当时实行的是银币为主，海贝为辅的货币制度，并非以海贝作为主币，认识到这一点很重要，下面还将提到。

这里还有必要对照一下郑和下西洋最初目的地印度古里国的货币使用情形，马欢记载如下：

> 王以六成金铸钱行使，名曰吧南，每个径面官寸三分八厘，面底有文，重官秤一分。又以银子为小钱，名答儿，每个约重三厘，零用此钱。②

古里（Calicut），元代来华伊本·巴图塔的《伊本·巴图塔游记》作 kalikut，《岛夷志略》作古里佛，《大明一统志》作西洋古里，皆指今印度南部西海岸卡拉拉邦的卡利卡特，又译科泽科德。马欢说明了一个明显的事实，即唐代印度使用贝币的状况，发展明初郑和下西洋时，已经发生了重大变化，位于印度东海岸东西方贸易中心集散地印度古里，在 15 世纪初已经不使用海贝作为货币，而是使用金银币进行贸易，而在榜葛剌，

---

① 《明钞本瀛涯胜览校注》，第 87 页。
② 《明钞本瀛涯胜览校注》，第 67 页。

则保留了海贝的辅币作用。

从马欢记载来看，当时的暹罗国是主要使用印度洋海贝作为货币进行贸易的国家。更值得注意的是，马欢揭示出暹罗的国际贸易直接与中国云南相关。《瀛涯胜览·暹罗国》云：

> 国之西北去二百余里，有一市镇名上水，可通云南后门。此处有番人五、六百家，诸色番货皆有卖者。红马厮肯的石亦有卖者，此石次于红雅姑石，明净如石榴子一般。中国宝船到暹罗，亦用小船去做买卖。[1]

那么"可通云南后门"的暹罗上水是在哪里？这是一个很关键的问题。

上水，元代《南海志》作"上水孤底"，在此省作上水。《元史》作"速古台"，一般认为 13 世纪中叶至 14 世纪中叶暹国都城，指今泰国的素可泰（Sukhothai），泰语"幸福自由"的意思，在泰国宋加洛府容末河（Yome River）畔。古代那里是云南与湄南盆地交通要站之一。关于上水，有学者做出了几种具体推测："彭世洛说"，"清迈汕赛说"，"室塞察那莱说"，"去大城百余公里说"，"清迈说"，"北榄坡说"，"素可泰境外说"等等，泰国学者黎道纲经过详细考证，认为是在今泰国猜纳府汕武里的古城。[2]

《郑和航海图》中绘有下缅甸各个沿海城市，像落坑（即仰光）、八都马（即马都八）、打歪（即土瓦）、答那思里（即丹那沙林）等。[3] 虽然是经过，但在推动当时海上丝绸之路极大扩展的情形下，郑和航海也会对沿途海上贸易产生促进作用。

2. 明代海贝贸易的通道：以云南大理为中心

了解了明代云南的海贝主要是来自印度洋之后，我们需要具体探讨云南通往海外的通道，即明代云南海贝传输的道路。笔者注意到，云南并不是全境都使用贝币，使用贝币的主要是滇西与滇南，以往鲜少有人提及这

---

[1]　《明钞本瀛涯胜览校注》，第 34 页。
[2]　黎道纲：《上水考》，《东南亚》1997 年第 3 期。
[3]　向达整理：《郑和航海图》，中华书局 1961 年版，第 54—55 页。

一区域性特征，而这一区域性特征，恰恰是和南方丝绸之路与海上丝绸之路之间的传输道路有着密不可分的关系。进一步说，这也涉及云南大理在整体视野丝绸之路上的地位问题。

众所周知，大理是南诏国的都城所在地，海贝的全面流通与主币地位的确立，以及佛教在云南的传播，都与南诏国历史时期有着密切联系。发展到明代，以古代丝绸之路作为广义的中外交往通道的意涵，也即从古代丝绸之路的整体视野来看，明代大理仍然是南方丝绸之路连接通往海外交通线的一大枢纽。以大理为中心，结合贝币在南方丝绸之路与海上丝绸之路上连接的点与线，对于云南发生的以白银货币和贝币为主角的互为消长的历史过程，视为当时全球性商品货币经济逐步发展扩张的结果，我们应将贝币消亡纳入一个全球史的视野之中，进行重新审视。

1 世纪中叶，哀牢王归降汉朝之后，经大理、永昌至缅甸的道路已经开通，永昌郡成为汉朝与西南诸国贸易的重要商埠。8 世纪中叶南诏强盛时期，势力达于缅甸中部。发展至明朝，大理作为南方丝绸之路上的重要节点，连接了两条云南出海的通道，即著名的贡道上路和贡道下路，是当时中外交往的重要通道。《滇志》记载《属夷》附有贡道，开篇云："自永昌出塞，南际大海"，道出了永昌通往海路的重要地理位置。

唐代南诏统治中心为洱海地区，往南至南海早已有通道。明代海贝传输的道路仍然存在，明初郑和七下印度洋，进一步疏通了印度洋与云南的通道。

屈小玲参考段渝先生主编《南方丝绸之路研究论集·交通篇》，[1] 全面梳理了南方丝绸之路自古以来的线路，我们从中可以了解大理在南方丝绸之路上格外重要的地位，现择出相关线路如下：[2]

（1）通往缅甸、印度的线路

西线灵官道（即牦牛道）。其走向如下：自成都西至邛崃南下，经名山—雅安—荥经—汉源—甘洛—越西—喜德—冕宁—西昌—德昌—米易—会理—攀枝花—云南永仁—大姚—大理。

东线五尺道。其走向如下：自成都沿岷江南下，经乐山—犍为—宜宾—五尺道—云南大关—贵州威宁—云南昭通—曲靖—昆明—楚雄—大理。

重要的是，西线与东线两道在大理汇为一途，西行至保山—腾冲—缅甸密支那（或从保山南下瑞丽进入缅甸八莫），再西行经印度东北阿萨姆至恒河平原，经巴基斯坦、阿富汗至中亚和西亚。此即历史上著名的"蜀身毒道"。

（2）通往越南的水陆兼程线路

西路步头道。由蜀入滇西部大理，沿红河至越南河内，由河内出海，此即沟通云南与中南半岛的最古老的一条水道。

（3）连通尼泊尔、印度的茶马古道线路

云南滇藏路。即普洱—大理—丽江—香格里拉—邦达—昌都—尼泊尔—印度。

这里想要补充的是明代的情形。明初奠定了西南地方治理的框架："多因元官授之，稍与约束，定征徭差发之法。渐为宣慰司者十一，为招讨司者一，为宣抚司者十，为安抚司者十九，为长官司者百七十有三。"[1] 明代云南陆路与海道连接，也即南方丝绸之路与海上丝绸之路的连接，有贡道上路和贡道下路，史载均可从大理出发。

贡道上路：自大理出发，通往永昌，由永昌，经屋床山，至潞江，过腾冲卫西南行，至南甸、千崖、陇川三宣抚司，陇川 10 日到猛密，2 日到宝井，又 10 日到洞吾，又 10 日到缅甸，又 10 日到摆古，即明朝所设古喇宣慰司所在地。摆古，即今缅甸南部沿海勃固地区。

贡道下路：从大理赵州驿道出发，至景东府，至者乐甸，那里是乐甸长官司地；行 1 日，到镇沅府，再行 2 日，到达车里宣慰司地界，在今天西双版纳、普洱县一带；行 2 日，至车里之普洱山，产茶之地；又行 2 日，至一养象之地，再行 4 日，才到达车里宣慰司，即今景洪，在九龙山下，邻九龙江，即澜沧江的末流。由此向西南行 8 日，到八百媳妇宣慰司，即八百大甸宣慰司，在今泰国清迈一带；向西可到摆古，今缅甸南部沿海勃固地区。[2]

---

① 《明史》卷七六《职官志》五，中华书局 1974 年版。

② （明）刘文征撰，古永继点校：《滇志》卷三〇，《羁縻志·属夷（附贡道）》，云南教育出版社 1991 年版，第 985—994 页。

值得注意的是这条道路的延伸线，即又向西南行 1 个月，到老挝宣慰司（今老挝琅勃拉邦），再西行 15—16 日，至西洋海岸，即缅甸摆古出海。

由此可知，实际上贡道下路不止一条道路，是陆海连接的重要通道，可通"至西洋海岸"，这一点非常重要，表明下道既可通泰国出海，还可通老挝出海。谢肇淛《滇略》卷四《俗略》云老挝也是云南海贝的来源之地：

> 海内贸易皆用银钱，而滇中独用贝，贝又用小者，产于闽、广，近则老挝等海中，不远数千里而捆致之，俗名曰贝巴。其用，以一枚为一桩，四桩为一手，四首为一缯，亦谓之苗，五缯为一卉，卉即索也。一索仅值银六厘耳，而市小物可得数十种，古其民便之。[1]

更重要的是，西洋在这里是指南海，即缅甸和泰国南部之海。明代海贝的来源，由此可以洞悉。

通过"贝巴"，云南与暹罗（今泰国清迈一带）发生了密切联系，那里是通往印度洋的出口。

特别值得关注的是，摆古在明人认识中处于"至西洋海岸"的范围之中。摆古，又称白古、白方（今缅甸勃固）。自唐代以来，那里就是中外交往的著名贸易之地。商道即贡道，自唐至明，那里一直是缅甸南部的贸易港。明代两条"贡道"都以之为终点，显示了其特殊重要的地位。根据万历年间明人朱震孟《西南夷风土记》的记载，明代"贡道"所及是一个繁盛的中外商业贸易中心区，是全球史的一部分，特录相关内容如下：

> 东通中国，南滨海，邻暹逻界；西抵西洋，大小古喇、赤发野人、小西天，去天竺佛国一间耳。
>
> 孟密、准古、缅甸、普干、普坎、得亚、洞吾、等温、白古、马高、江头，皆古城也，惟摆古乃莽酋新筑。然高者不过十余尺（丈），大不过三数里。惟缅甸、摆古、江头，差宏阔耳。普坎城中

---

① （明）谢肇淛：《滇略》卷四《俗略》，文渊阁《四库全书》本。

有武侯南征碑，缅人称为汉人地方。江头为门十二，东入者东出，西入者西出，南北如之。或出入不由故道者罚之。夹道有走廊三十里。至摆古等温城，每日中为市。市之周围亦有走廊三千余间，以避天雨。

鱼盐之利，贸易之便，莫如车里、摆古。缅甸治司，槟榔、木邦两江环带，水陆通达。

交易，或五日一市，十日一市。惟孟密一日一小市，五日一大市。盖其地多宝藏，商贾辐辏，故物价常平。

江头城外有大明街，闽、广、江、蜀居货游艺者数万，而三宣、六慰、被携者亦数万。

器用陶、瓦、铜、铁，尤善采漆画金。其工匠皆广人，与中国侔。漆器贮鲜肉数日，不作臭；铜器贮水，竟日不冷。江海舳舻，与中国同。摆古江中，莽应理借用金叶龙舟五十艘，中设金花宝座。目把所乘，皆木刻成象头、鱼头、马头、鸭头、鸡头等船，亦饰以金，同围鼍画甚华丽。部夷船亦如之，但不以金饰也。海水日潮者二，乘船载米谷货物者，随之进退。自古江船不可数，高者四五尺（丈），长至二十丈，大桅巨缆，周围走廊，常载铜、铁、瓷器往来，亦闽广海船也欤？

土产，孟密东产宝石、产金，南产银，北产铁，西产催生文石。芒市亦产宝石、产银。孟艮、孟琏亦产银。迤西产琥珀、产金、产阿魏、产白玉、碧玉。茶山产绿玉，干崖产黑玉，车里产贝。缅甸西洋出大布，而夷锦各夷皆出，惟古喇为胜。象牙诸司皆产，独老挝居多。

形胜惟蛮莫独擅。后拥蛮哈，前阻金沙，上通迤西、里麻、茶山，中通千崖、南甸、陇川、木邦、芒市，下通孟密、缅甸、八百、车里、摆古，诚为水陆交会要区，诸夷襟喉重地。[1]

以明代白银货币化作为云南海贝货币消亡的新视野，考察明代白银货币化与全球化开端背景下的云南海贝消亡。这里有必要重提本文开端的问

---

[1] （明）朱孟震：《西南夷风土记》，《丛书集成初编》，商务印书馆 1936 年版。"蛮莫"在今缅甸八莫附近地区。

题意识，自秦统一中国以后，汉唐宋的铜钱、元代的纸钞都没有能使贝币消亡，大理作为丝绸之路的枢纽，到明代仍然是枢纽，明初海贝的传输系统也是畅通的。有学者认为"元代白银在云南民间的使用已日渐频繁，因此对白银才会有大量需求。正是这种需求使得内地的白银源源不断地流入此地"，并认为元代白银已经成为云南主要货币。[①] 我认为，云南历史上早以有银矿著称，元代"金齿州"产金，有银之用，但只是局部现象，元代白银不是云南主要货币，是学界形成的共识。海贝最终在明末云南与全国乃至全球的互动下消亡，这与明代中国内部与外部环境的变革有着密不可分的关联，而这正是我们探究的出发点。

明代中国内部发生的变革，首先是白银货币化。明代白银货币化，以一种体制外的异端在市场崛起，在国家认可后，形成一种完全的货币形态，作为一般等价物，具备了价值尺度、流通手段、贮藏手段、支付手段、世界货币五种职能，促发了明朝财政体系乃至国家与社会的近代转型，与当时全球化的世界历史发展进程同步。云南是明代从地方到中央赋役—财政改革的一部分，也是全球化开端时期中国与全球发生互动关系的一部分。

（三）白银货币化：云南是全国赋役—财政改革的一部分

云南是产银之地，明代在云南的差发之征，也包括金银。但是云南贝币的消亡，最重要的莫过于明代中国白银时代开启，云南不可能置身世外；全国一盘棋，中央财政体系转型，云南是其中的一部分。赋税和徭役，本是王朝命脉所在，云南在元朝已成为大一统王朝行省之一，但没有纳入全国货币体系。明朝在云南实现大一统的一系列规划治理，白银货币化的过程，与国家和地方的赋役—财政改革重合在一起，奠定了主币合法地位的同时，从折银到征银，无疑从根本上冲击了云南独特的货币体系。

明初，在中央财政收入中，继承元代，是有海贝收入项目的。《元史·食货志》记载"酒课"，"云南行省贝二十万一千一百一十七索"。[②]到明朝初年，海贝之数有所增加：

> 洪武二十六年，户部是计岁天下钱粮金帛之数，凡粮储三千二百

---

① 李凤翔：《云南白银流通问题研究》，《中国钱币》2013 年第 6 期。
② 《元史》卷九四《食货志》。

七十八万九千八百余石，钞四百一十二万四千余锭，布帛五十一万二千二疋，金二百两银二万五千余两，余锦、茶、铅、铁、硝、矾、水银、朱砂诸物三百六十五万四千余斤，盐一百三十一万八千余引，海巴三十一万六十余索。①

永乐七年，是岁天下户九百六十三万七千二百六十一，口五千一百六十九万四千七百六十九。赋税粮三千一百万五千四百五十八石……课钞八百九十万五千五百七十二锭，金五十两，银二十七万二千二百六十两，铜二千五百四十三觔，铁八万四千三百三十八觔，铅二千七百四十一万六千四百八十八觔，朱砂二千八十两，海贝巴三十四万二千二百四十八索。②

终永乐世，海贝巴浮动在三十三万至三十四万索之间。

正是因为这样，明朝库中曾积累了大量海贝，也用于云南官员的官俸：

正统二年冬十月，行在户部奏云南系极边之地，官员俸除折钞外，宜给与海肥、布绢、段匹等物。今南京库有海贝数多，若本司缺支，宜令具奏，差人关支。从之。③

至成化十七年（1481 年），当时定云南户口商税等课钞法时，还因云南乏钞，折收海巴。"户部定拟十分为率，三分仍征本色，其七分以海巴，一索折钞一贯至三贯有差"。④

明代白银货币化自下而上崛起，到成化、弘治时期是一个重大转折时期，此时白银得到国家认可，从而自下而上与自上而下的发展过程汇合在一起，以赋役改革的形式迅速向全国扩展，在中央财政中的云南份额也无例外的必然发生了变化。下面让我们追寻白银货币化在云南的历史过程。

以《万历会计录》收载的《云南布政司田赋沿革事例》为例，我们可以了解中央财政在云南赋税征收中的货币情形，这里依年代顺序，列举

---

① 《明太祖高皇帝实录》卷二三〇，钞本。
② 《明太宗文皇帝实录》卷六七，钞本。
③ 《明英宗睿皇帝实录》卷三五，钞本。
④ 《明宪宗纯皇帝实录》卷二二二，成化十七年十二月癸亥。

如下，以便分析：

正德十二年，云南所属额办夏税：麦共八万二千五十九石六斗七升五合零，秋粮：米四十二万九千九百石九斗七升九合零。差发：金六十六两六钱七分，银八千五百九十九两九钱六厘七毫，海巴二十三万五千九百九十七索一十六手，米九千一百一十三石二斗五合。米折麦七十八石七斗五升；绅一十五匹，布一千七百段，钞六十锭，牛三十六只，折米一百二十八石；马八十五匹，折银六百九十四两。鱼课：米八千三十二石一斗，麦四千四百三十石九斗。商课：钞五十六万一千四百七十贯九百文，海巴二十九万四千四百四十六索，米六百三十六石六斗五升六合，小麦八百四十四石七斗六升九合，盐一万九千九百五斤八两，麻布五十二匹，段长一百五十二丈。酒课：钞八万三百六十四贯五百文，米七石二斗，盐五百一斤，麻布一百一十匹，段长一百九十九丈二尺。窑课：钞六千七百八十贯，房地租四千七百一十六贯二百文，海巴六百三十二索八手，稻谷二石三斗五升二合。果园课：钞二万八千四百三十一贯，米九石八斗七升；松子课：钞三百贯，海巴二千二百一十二索，米二百五十六石九斗三升三合。

由此可知，在16世纪初的明朝财政收入中，仍明确规定云南赋税征收中海巴具有一定比例，而且是作为货币征收的，但是我们注意到，此时海巴比例已经发生了变化，相对于明初海巴三十三万至三十四万的数目，已经有所减少，反映了海贝走向衰亡的一种过渡。而关于银，仅见差发银八千五百九十九两九钱六厘七毫，和马八十五匹折银六百九十四两，这是明初差发旧规的延续。

嘉靖十八年，本部题：据抚按会题，奉诏蠲免该省本年分钱粮三分。查照嘉靖十三年减免折补事规，军卫税粮每石折银四钱，有司税粮每石折银五钱，共减去银六万八千五百八十四两四钱零。查系岁用之数，合无将见贮均徭、柴马等项银一千二百四十八两，先与抵补。仍查自十六年六月起至本年六月止，收贮缺官、斋膳、柴马、赃罚纸赎等银，随宜处补不足，将工部近奏止开纳事例以文到日为始，仍行召纳补足，即奏停止。

上述史料表明，明朝官方文本中以"钱粮"称呼赋税，这并不奇怪，此前"钱粮"的称谓在明初已出现，问题是这里所谓的"钱"，已不代表铜钱，而是白银。考察嘉靖年间的征收"钱粮"实例，莫不如此，无论是"军卫税粮""有司税粮"，还是均徭、柴马、赃罚纸赎等项，均已经统一以白银计。这正是明朝财政全面转向货币化的进程。

明朝赋役由折银到征银，白银不但取得了官方合法的货币地位，而且在流通领域发展成为主要货币，更成为财政税收的主要征收形态。全国赋役改革折银，是由于王朝有大量白银的需求："太仓之粟，朝受而夕粜之，意在得银耳"①，云南自然不能例外，成为全国一盘棋中的一个棋子，进入了举国一致的白银货币化过程，也即财政货币化过程。

杨寿川曾提出：从贝币流通的具体过程来说，明代云南使用贝币经历了两个大的阶段：一是盛行阶段，时间大约是洪武初年至万历中期；二是衰落阶段，时间大约是万历末年至启、祯时期。② 他没有考察为什么到万历中期以后，海贝进入了衰落期？笔者认为这与张居正在全国土地清丈基础上赋役合一、统一征银的赋役——财政改革，有着极为密切的关系。

变化是有一个过程的，从中央的层面看，到了嘉靖年间，云南的差发仍然存在：

> （嘉靖）二十九年，巡抚顾应祥题：该省国初设立土官原无赋役，止将所属人户任役应差出办金银、米帛、牛马、海（巴）之类，岁有定额，谓之差发。后渐改设流官，增立里甲、均徭、税粮、驿站，而差发之征仍前不减。甚有人户故绝或地基典卖与人已十余辈，犹存初主之名，照数督并。其土官夷民又多恃顽，十无一完，独苦内地夷民，乞与除豁。本部复：令勘议，仍督催外地夷民上纳，不得独累内地。

上述顾应祥题本说明了差发的原委，在明初云南设立土官的地区，是没有赋役征收的，只有差发，而差发就是"止将所属人户任役应差出办金银、米帛、牛马、海（巴）之类，岁有定额"。后来随着明朝改土

---

① （明）顾炎武：《天下郡国利病书》卷二〇《江南》八。
② 杨寿川：《论明清之际云南"废贝行钱"的原因》，《历史研究》1980 年第 6 期。

归流，与内地一样，云南增立了里甲、均徭、税粮、驿站，但是差发仍然征收不辍。嘉靖二十九年，顾应祥请求除豁的题本，没有得到朝廷批准。

《万历会计录·云南布政司田赋沿革事例》的结尾按语中，将云南岁额的差发部分讲得更加清楚：

> 臣等谨按：云南岁额多系存□，故其赋易共□是差发之征。随地定等，其轻者输贝，则一贝为庄，四庄为手，四手为苗，五苗为索；其次输米麦、布币、马牛，其重输金。缘地用土官，俗难遽变，自流官改治，则有里甲、税粮、徭役之设，而差发如故，民称困焉。其敝也，贫民纳无地之粮，豪家享无粮之产，盖地远禁疏，故赋役不均较之中土尤甚。顷奉明旨，清丈田粮，包赔隐占之弊一扫而更之，即有差发何至重困哉？至若莽茜罕拔诸夷性习仇杀，惟当以不治治之，是在司土之臣与世守之臣均任其责耳。

这里谈及云南差发之征，首提海贝及其计量单位："随地定等，其轻者输贝，则一贝为庄，四庄为手，四手为苗，五苗为索。"此与元代李京《云南志略》所述的海巴单位如出一辄，显然是元代的延续。其次是输米麦、布币、马牛，最重的是输金。值得注意的是没有提及白银。接着谈到"缘地用土官，俗难遽变，自流官改治，则有里甲、税粮、徭役之设，而差发如故，民称困焉"。说明差发是随土官制度而来，改土归流以后，与中央安排的财政制度接轨，云南有了里甲、税粮、徭役之设，但是同时差发却没有去除。我们可以这样理解：海贝仍是差发的一项重要内容，在中央的层面看，属于地方存留，因此仍然存在着。万历《云南通志》记载差发"金六十六两，银八千四百三十一两"，花斑竹和马匹均已折银，海巴却仍然保存有"三十七万二千三百三十七索"。①

根据已有研究，《万历会计录》反映了万历初年云南田赋货币化的程度，虽然比例不高，但是说明云南与全国是同步的发展进程。云南省全年田赋折银 74350.40 两，其中起运折银 19671.30 两，存留折银 54679.10 两。起运量为 26.46%，存留量为 73.54%。已经标明折银标准的折银总

---

① 万历：《云南通志》卷六《赋役志》，中国文联出版社 2013 年版，第 353 页。

数为 19099.03 两，没有标明折银标准的折银总数为 55251.37 两；白银货币化程度为 25.69%。具体请见表 5—5[①]。

表 5—5　　　　　　　　　　　　云南田赋货币化比例

项目	共计折银（两）	已折银（两）	已折	未折银项目折银（两）	未折
麦	22496.29			22496.29	100.00%
米	31740.55			31740.55	100.00%
差发米	6091.67	6091.67	100.00%		
麦	47.25	47.25	100.00%		
金	500.03			500.03	100.00%
银	8487.13	8487.13	100.00%		
海巴	3264.12	3264.12	100.00%		
绵绸	4.50			4.50	100.00%
棉布	510.00			510.00	100.00%
水牛	35.00	35.00	100.00%		
黄牛	54.60	54.60	100.00%		
马	677.00	677.00	100.00%		
户口盐钞银	442.26	442.26	100.00%		
夏税	22496.29			22496.29	100.00%
秋粮	51854.11	19099.03	36.83%	32755.08	63.17%
田赋总计	74350.40	19099.03	25.69%	55251.37	74.31%

更重要的是，海巴已经全部折银，而且在全国各省田赋货币化比例中，云南货币化的比例高于四川、陕西、广西和贵州。

那么在地方财政层面又是什么状况呢？让我们具体从大理本地来考察。

---

① 万明、徐英凯：《明代万历会计录整理与研究》，第三册，中国社会科学出版社 2015 年版，第 2075—2076 页。

嘉靖《大理府志》虽然仅存二卷，但是所存目录中卷五《兵食志》已见"黑白窑银""余丁差银""局料银""孳牧马驹银"等税役的白银名目。

万历《云南通志》修纂者李元阳卒于万历八年（1580年），因此《云南通志》的记载时间相对《万历会计录》更早，反映的是当时地方层面的情形。它记载大理秋粮15630石，其中已有近一半折银，充分反映了一种过渡形态。①

《万历会计录》卷十三《云南布政司田赋》中，反映了在中央财政层面的云南大理府田赋折银情况。根据以统一的白银作为计量单位进行的统计研究，以大理赵州为例，万历年间夏税各项名目折合白银1344.58两，其中折银为850.45两，只占总数的14.66%；秋粮各项名目折合白银2057.19两，其中折银为609.55两，只占总数的13.14%。②

明朝规定云南田赋没有起运中央的份额，各府州县只有起运布政司的部分和存留地方的部分。田赋部分的白银货币化不突出，货币化主要表现在徭役部分，这也是与全国情况是一致的。云南差役折银始于景泰年间，"云南产银，民间用银贸易，视内地三倍；隶在官者免役纳银，亦三之，纳者不为病。"③ 而后均徭、十段锦、一条鞭法等一系列赋役改革，在云南也都无例外的有所体现。最重要的是张居正改革后在全国清丈土地，实行赋役合一、统一征银，改革席卷全国，云南省也不能免。

万历《云南通志》载：

> 各州县丁粮，不论多寡，皆分十段，每年编审一段，其有五年一徭者，亦分为五段，每年编审一段，此在州县官爱民真切，自知其妙。（里甲）各县丁粮，不论多寡，皆分十段，每年将合用银数计算明白，方将一段丁粮之数与合用银两打量，每丁石应出银若干，榜示晓谕，征收在库，官吏支销。④

---

① 万历《云南府志》卷六《赋役志》。
② 《明代万历会计录整理与研究》，第3册，第1700—1701页。
③ （清）张廷玉等：《明史》卷一六八《陈文传》，中华书局1974年版，第4521页。
④ （明）邹应龙修，李元阳纂，刘景毛等点校：万历《云南通志》，第546页。

《云南通志》卷六《赋役志》记载大理府田赋，仅提及本色、折色，单位仍是"石"；但记载了商税银、门摊银、酒课银、鱼课银、窑课银、地租银、契税银等税目的征银数字。并对于差发的银数和差发其他物品的折银数，都有详细的记载。值得注意的是，其中已无海贝巴的记录。特别是《民役·均徭》部分，记载"实在人丁"数字、"税粮"数字，接着是"共编银"的数字。《里甲》的记述是："各州县俱照十段征银在库，官吏支销，里甲归农。"① 这些记载说明，云南大理与中央赋役—财政的改革是同步的，并无二致。

天启《滇志》更为详细地记录了万历年间从十段锦到一条鞭法，云南赋役改革的具体过程：

> 通省州县，于税粮编银差，于人丁编力差，于人力二差编里甲公费。万历二年以后，改十段锦为一条鞭，三年一编，一年一征，收银力二差并里甲公费，共编银一十万七百三十四两一钱五分，官吏支销，里甲归农。万历十三年，定均徭、银力二差公费，共编银一十万二千一百二十八两五钱九分，亲身应役人丁三千二百五十名。万历二十四年，定赋役经制，实编银一十一万四千六十两五钱九毫零，后续加贴备金价、站赤、协济等项，共实征银一十二万七千四百二十一两八分九厘三毫四丝四忽六微四纤五尘。②

这里重要的是万历二十四年（1596 年）的"定赋役经制"，从十段锦到一条鞭，结果是不仅"实编银"，也"实征银"了，白银成为明朝正赋，确立了白银法定支付手段的地位，无疑也包括云南在内，这使得白银货币成为云南货币的主角，云南货币重大变化——主币从贝币向白银的转换就这样出现了。当然，这一转换是经历了一个过程的。

民间交易方面，由于纳税形态的转换，农产品经过市场的概率极大地提高了，促使用银遍及全社会。明代当时人从现实生活中的感受出发，指出："凡贸易金太贵而不便小用，且耗日多而产日少；米与钱贱

---

① 万历《云南通志》卷六《赋役志》，《大理丛书·方志篇》卷一，民族出版社 2007 年版，第 355—356 页。

② （明）刘文征撰，古永继点校：天启《滇志》，云南教育出版社 1991 年版，第 213 页。

而不便人用，钱近实而易伪易杂，米不能久，钞太虚亦复有沼烂；足以白金（银）之为币长也。"① 至嘉靖初年"钞久不行，钱已大蛮，益专用银矣。"②

在大理地区，明以来贝币一直作为主币通行于民间交易，嘉靖《大理府志·物产》中明确记载：

> 贝，出南海，甲虫也，贸易用贝而不用钱，俗以小贝四枚为一手，四手为一缗，五缗为一卉，与银同用，视银尤为简便。③

根据记载，也就在嘉靖年间，这种情况发生了悄然变化，当时大理贸易用贝不用钱，可已经出现了贝"与银同用"。更值得注意的是，大理在嘉靖年间出现的用银现象，如银桥之修筑，嘉靖二十三年（1544 年）由左所人王经父子"出银七十两作石桥九空"，后桥被水侵蚀，"又以二十两修"。④ 白银的使用在民间土地买卖契约文书中也有反映，学界引用最多的是嘉靖二十七年（1548 年），临安卫董千户下舍丁董一言，将其位于北门内正街楼房一所出卖给百户所军丁钟大用、钟大节名下，"凭中议作时价纹银贰拾肆两重，其银恐有杂色，不及银水，每两估时值海贝巴玖拾卉，共该贝巴贰仟壹佰陆拾卉整。"这里明确的是，在民间交易中，白银具备了价值尺度的基本职能，按照时价以白银议价，而以时值贝币价格进行交易，契约后面还注明"当时房银两相交付，明白了当"，呈现了市场上向白银货币的过渡形态。

在大理地区，鸡足山《敕赐悉檀寺碑记》中，"布政使司致仕右参政木于天启二年内具本"提到"万历四十六年三月，用银贰佰两，作巴叁万肆仟索，买到北胜州听袭土舍高世昌祖遗田壹区"，同碑记天启年间，僧道鉴遗与徒弟源妙，用银四两买到本山庆云庵僧会安田三段。《悉檀寺产权碑》记载丽江土知府木增"用价银二百五十两买到僧人洪时山场"，

---

① （明）王世贞：《弇州史料后集》卷三七《钞法》。
② 《明史·食货志·钱钞》。
③ （明）李元阳：《嘉靖大理府志》卷二《地理志》，大理白族自治州文化局 1983 年版，第 79 页。
④ 《嘉靖大理府志》卷二《地理志》，第 112 页。

建造悉檀禅寺。①

《寂光寺田产碑》不仅记载楚雄施主杨敬备价银买民田施舍入寂光寺之事，还具体记载了寂光寺田产由白银购买而来的实例："一施主刘禄、刘儒同买到耤村里杨太宗周严田一段，坐落东邑村，计五项，坵块不论，秋粮七升，价银十一两五钱，租六石"；"一僧人广明买到耤村里杨旺、陈九经田五项，计九坵，坐落秋曲，秋粮共四升，价银五两一钱，租二石"；"一僧人从起，买到官邑里杨汝德男杨岐弯田一段，坐落山曲村，共十九坵，计三项，秋粮四升，价银五两五钱，租二石六斗"。② 还有寺院捐献的功德钱，也有不少是白银，如寂光寺"贡士何沧溪施银三十两，善信杨宗□施银一百两"和宋公所捐的五十两等。③

崇祯十二年（1639 年）徐霞客至大理，在大理观音街子（三月街）所见"十三省物无不至，滇中诸彝物亦无不至"。④ 他到丽江，受到木增白银十两的馈赠，后来陪宴人用白银将木增给他的酬报绿绉纱换去，⑤ 都说明在明末云南交往中使用白银的情形。同时，徐霞客记载在腾越州（今腾冲）爬山时丢失了铜钱 30 文，不得不将绸裙卖了铜钱 200 余文以供使用。⑥ 这是明末云南使用铜钱的情形，也即在云南当时大数以银，小数用钱的日常生活真实场景。

到明末，顾炎武在《肇域志》中云："贝，俗呼贝巴，本南海甲虫，滇人皆用以代银。其数一颗为一粧、四粧为一钱、四钱为一苗、五苗为一索，九索折银一钱。凡市井贸易皆用之，甚便。"⑦ 虽然是用贝的记载，却提及"滇人皆用以代银"，记录了贝与银的比价，可见在明末云南，由于王朝导向，白银已确定为主币，虽然民间交易中贝币还存在惯性的使用，但是明末清初人以银作为货币的观念已经根深蒂固。

---

① 《云南省大理白族自治州碑文辑录附明清契文钞》，引自方慧《从金石文契看元明及清初云南使用贝币的情况》，杨寿川：《贝币研究》，第 128、138 页；《大理丛书·金石篇》卷四，中国社会科学出版社 1993 年版，第 15 页。
② 《寂光寺田产碑》，《大理丛书·金石篇》卷四，第 10—11 页。
③ 《寂光常住碑记》，《大理丛书·金石篇》卷三，第 134 页。
④ （明）徐弘祖著，朱惠荣等译注：《徐霞客游记全译》四，《滇游日记》八，贵州人民出版社 2008 年版，第 1619 页。
⑤ 《徐霞客游记全译》四，《滇游日记》八，第 1523—1524 页。
⑥ 《徐霞客游记全译》四，《滇游日记》八，第 1719 页。
⑦ （明）顾炎武：《肇域志》卷四十五，清钞本。

贵金属白银的流通，在明代云南经过二百年的曲折发展，最后终于排斥了延续两千多年的贝币，取而代之，成为流通领域中的主要货币。至此，明朝基本上实现了大一统货币的一体化，并为在清朝形成流通流域以银为主、以铜钱为辅的银钱并行货币制度，奠定了坚实的基础。

（四）白银货币化：云南是全球史的一部分

明代中国白银货币化，并不是一个孤立的事件。16 世纪，全球史开端，白银实现全球的运转，中国与全球产生了互动关系。云南从来不是封闭的世外桃源，贝币的消亡是云南卷入全球史的一个表征。

南诏时期贝币在流通中确立了主币地位，这是云南货币流通的重大事件，发展至明代，贝币消亡这一云南货币流通的重大转折发生了，它有着全球化的大背景。15 世纪末，葡萄牙人来到东方，接着是西班牙人、荷兰人，海上发生了重大变革，印度洋贸易很快就成为全球贸易。但是值得注意的是，16 世纪以后受西方东来，海贝贸易并没有停止。

葡萄牙人在 16 世纪初来到东方，作为葡萄牙第一任派往中国的大使，葡人托梅·皮雷斯（Tomè Pires）在到达中国之前，撰写了《东方志》一书（A suma Oriental de Tomé pires eo bivro de Francisco Rodrigues），记述了 16 世纪初他刚刚到达东方时，对印度、孟加拉以及东南亚地区货币流通的观察，现摘译如下①：

> **在孟加拉，**金子比在马六甲贵六分之一，银子则比在马六甲便宜五分之一，有时更便宜四分之一。银币叫作倘加特（tanqat），它有半两重，近六个打兰。这种银币在马六甲值 20 卡拉因（calains），在孟加拉值 7 个卡洪（cahon）。每个卡洪值 16 个朋（pon），每个朋值 80 个玛瑙贝（buzeos），1 个卡洪值 1280 个玛瑙贝，而一个倘加特值 8960 玛瑙贝，［按玛瑙贝的兑换率］448 个换 1 个卡拉因，这是他们买一只好鸡的价钱，由此你能知道可以用它们买什么东西。在孟加拉，玛瑙贝叫作考黎（cury）。
>
> 玛瑙贝在那里的价值及通货。玛瑙贝是奥里萨、全孟加拉国、阿

---

① ［葡］皮列士（Tomé Pires）：《东方志：从红海到中国》，何高济译，江苏教育出版社 2005 年版，第 74—79、82、84—85 页。皮列士，在此按照通行编译"皮雷斯"。由于此文涉及货币名称多，有待对照原文进行研究。

拉坎及白古国一个港口马塔班（Martaban）通行的钱币。孟加拉的玛瑙贝要大些，中间有一条黄纹，它们在全孟加拉通用，人们把它们当作金币来购买大宗商货；在奥里萨亦如此。它们在别的地方无效，只在这两处很受珍视。我们在谈白古和阿拉坎时将叙述那些地方的这些钱币。这些精选的［玛瑙贝］大量来自马尔代夫群岛。

阿拉坎国（Racao）。位于孟加拉和白古之间……它在海边有一个良港，白古人、孟加拉人和克林人在那儿做买卖，但没有大生意。港口叫作苗黄（Myohaung）……这些百姓把麝香和红宝石输往阿拉坎国的首府阿瓦（Ava）大城。从那里他们前往白古，从白古分散到孟加拉、纳辛加，再到巴昔和马六甲……玛瑙贝是这个国家的通货。这个国家的钱币是甘撒（caca）。

白古：它在海岸有三个港口、三个长官……最接近阿拉坎国土的港口是科斯明（Cosmin）与孟加拉和波努克林方面进行贸易。另一个是达光（Dagon），它是个大港，有一座大城和许多商人……船只在此港制造，因为那里有大量好木料。另一个港口在马塔班附近，马六甲百姓和巴昔的人都到那里去，它也是一个相当大的有商人的城市。

金银币。银币是圆形，印有暹罗的标记，因为它全来自那里。圆币叫作卡图纳（Caturna）。它的重量是 1 两半，相当于 2 盎司又 1/8；而在白古 1 夸脱（Quarto）值 4 个半维撒，但在马六甲这一边它值 1 个蒂马斯（timas）两，相等于 64 个卡拉因。金子在白古的价值和在马六甲的一样。大量的银子从白古输往孟加拉，那里它要值钱些。

小钱币。白古的小钱币是白色的小玛瑙贝。在马塔班，15000 小玛瑙贝通常值 1 个维撒，相当于 10 个卡拉因，当它们便宜时是 16000，贵时是 14000，一般是 15000，1 个卡拉因值 1500 小玛瑙贝。他们花 400 或 500 买一只鸡，类似的或东西价钱相同。如果［你是］在白古，上述玛瑙贝除在马塔班外不通用，而在阿拉坎它们通用。玛瑙贝来自马尔代夫群岛，那里人们制造大量的毛巾；也来自巴干加群岛和婆罗洲，人们把玛瑙贝运至马六甲，从这里到白古。

每年有一艘古吉拉特船到达白古马塔班和达光的港口，运来这些货物：铜、朱砂、水银、鸦片、布匹；同时装载大量当地廉价的虫漆——有时个维撒，有时 1 巴哈尔值 4 个维撒，有时 5 个、6 个或 7

个；还装载安息香、银子、［宝］石，然后返回。

暹罗国及其港口。暹罗的金银卡提相当于一个半马六甲卡提。玛瑙贝像白古的通货一样，在全国作为小钱使用。金银则用作大钱币。这种钱和我们谈到白古的相同。

在白古一侧，向马六甲方向的暹罗港口。最接近白古土地，靠近马塔班，是典那西邻（Tenasserim），然后是容克赛隆（Junkseylon），再后是董里（Torang）和吉打（Kedah），而吉打是属于吉打国的一个港口。

缅甸和夏果马国。缅甸国的领土在内陆，与白古和阿拉坎接境；在中国一侧，它与夏果马相邻；而夏果马既和缅甸，又和柬埔寨接境……他们能够从陆路经白古和暹罗把胡椒和檀香运到中国内陆，白古和暹罗的百姓则用船只和巴劳（Paraos）沿上述诸国的河流与缅甸进行贸易。

占婆。该国的钱币：中国的铜钱（caixas）作为零钱通用，贸易中则［使用］金银。占婆的金子比在马六甲的价值少 1/5，银子少1/6。

交趾支那国（Cauchy Chyna）……这个国家在占婆和中国之间……该国的钱币：他们用来购买食物的钱是中国来的铜钱，购买商品则用金银。①

以上葡萄牙人托梅·皮雷斯将 16 世纪初印度、孟加拉、暹罗、缅甸、越南以及当时各古国的货币流通状况做了比较详细的论述。从中，我们可以了解到以下三点基本事实：

（1）至此时，大部分国家都以金银为货币，海贝（中译本名玛瑙贝）"是奥里萨、全孟加拉国、阿拉坎及白古国一个港口马塔班（Martaban）通行的钱币"。但是，已经没有一个国家和地区是以海贝为主币。

（2）海贝主要来自马尔代夫群岛，即马欢所述"溜山国"。"也来自巴干加群岛和婆罗洲，人们把玛瑙贝运至马六甲，从这里到白古"。西方

---

① ［葡］皮列士（Tomé Pires）著，何高济译：《东方志：从红海到中国》，江苏教育出版社 2005 年版，第 74—79、82、84—85 页。皮列士，在此按照通行编译"皮雷斯"。由于此文涉及货币名称多，有待对照原文进行研究。

人航海东来，此时海贝也来自菲律宾群岛和婆罗洲，运到马六甲后，再输送到白古。

（3）白古（即勃固）在丝绸之路上具有重要地位。那里是从云南大理出发、南方丝绸之路与海上丝绸之路连接的一个重要节点，是当时海上丝绸之路繁盛的国际贸易集散地，与印度、孟加拉、暹罗、缅甸、越南、马六甲等都有密切的贸易联系。围绕白古，编织了一个贸易网络，这一贸易网络是当时正在形成的全球贸易体系的一部分。

16 世纪西方人东来，一个全球经济体系雏形正在建构之中，直至明朝灭亡，海外贝币的来源并没有断绝。马尔代夫群岛与孟加拉的贸易仍然存在，葡萄牙人积极参与了东方的海贝贸易。17 世纪初法国人弗朗索斯·弗拉在马尔代夫亲眼所见有"一艘来自柯钦的 400 吨的葡萄牙船在港口抛锚，这艘船满载大米，准备卸下以后装载海贝去孟加拉，那里很需要这些海贝"。[1] 而白古的贸易繁盛，也为朱孟震《西南夷风土记》所记载："江海舳舻，与中国同。摆古江中，莽应理借用金叶龙舟五十艘，中设金花宝座。目把所乘，皆木刻成象头、鱼头、马头、鸭头、鸡头等船，亦饰以金，同围篷画甚华丽。部夷船亦如之，但不以金饰也。海水日潮者二，乘船载米谷货物者，随之进退。自（白）古江船不可数，高者四五尺（丈），长至二十丈，大桅巨缆，周围走廊，常载铜、铁、瓷器往来，亦闽广海船也欤？"[2] 值得注意的是，从 15 世纪初马欢亲历榜葛剌（孟加拉国）的记载来看，当时孟加拉国并不存在以铜钱作为货币的事实，所以在 16—17 世纪之交的孟加拉国，也就完全不可能发生铜钱退出流通领域，为海贝所替代的问题，更不可能以此说明孟加拉国海贝贸易在当时的增长。[3]

根据英国哈威《缅甸史》记载，勃固是一个巨大的贸易中心，马都八、丹那沙林和勃生港同中国、印度、马六甲、马来群岛的贸易兴旺。[4] 霍尔则认为：勃固王国还没有使用铸币，有时以一种铅与铜的合金"千

---

① *The Voyaye of Francoies Pyraad of Laval to the East Indies，the Maldives，the Moluccasand Brazil.* Translated into English from the Third French Edition of 1619 and Edited，with Notes by Albert Gray，London，Printed for Hakluyt Society，Vol. 1，p78.

② （明）朱震孟：《西南夷风土记》，《丛书集成初编》，商务印书馆 1936 年版。

③ 参见张彬村《十七世纪贝币崩溃的原因》，杨寿川编著《贝币研究》，第 175 页。

④ ［英］哈威《缅甸史》，商务印书馆 1973 年版，第 86 页。

沙"作为交换媒介。①

明后期中国白银货币化加速进行，国内矿产不足，对于白银的巨大需求，促使中国私人海外贸易蓬勃发展，中国市场极大扩展，推动了中国走向海外寻求，同时极大地扩展了海上丝绸之路。中国在嘉靖初年即 16 世纪 20 年代白银形成流通领域主币之后，16 世纪 40 年代直接影响了日本银矿的大开发，其后也间接影响了美洲银矿的大开发。葡萄牙人到来之时，正值白银在全球的流动加快，他们立即投入了白银贸易，在将大量日本白银通过澳门输入中国的同时，也参与了美洲白银输入中国的贸易活动。西班牙人则在 16 世纪 70 年代到达菲律宾马尼拉以后，立即开始了亚洲—美洲—欧洲的大三角白银贸易。通过白银，中国与全球发生了互动关系，明代中国确立了银本位制，中国的白银时代诞生了，海上丝绸之路也得到了前所未有的扩展。由于白银一直是称量货币，明朝铸币权丧失殆尽，国家与市场、社会的博弈反映在明朝铸钱之举措上。

云南是产铜大省，嘉靖三十四年（1555 年）四月，兵科给事中殷正茂上言铸钱"可助国计"，明廷首次决定在云南铸钱。② 至嘉靖三十七年（1558 年），又有云南铸钱之事，结果是"费多入少"，但"帝仍执意给银铸钱如故"③。直至嘉靖四十四年（1565 年）才有罢铸之令。④万历四年（1576 年），巡抚云南御史郭庭梧言："滇中产铜，不行鼓铸，而反以重价购海贝巴，孰利孰害？"⑤于是铸局重开，但是"民间用贮如故，钱竟不行"，至万历八年（1580 年）不得不诏罢。天启六年（1626 年），云南巡抚闵洪学开始又一次铸钱，也不能说成功，否则也不会有崇祯年间再度铸钱之举。为了朝廷的利益，铸钱在云南屡败屡施，从明末大理邓川州的结局来看，仍很失败，这说明市场、社会与国家的博弈一直在进行，也说明了海贝的消亡不是一蹴而就的。

---

① ［英］霍尔：《东南亚史》，商务印书馆，1982 年，第 228 页。
② 《明世宗实录》卷四二一，嘉靖三十四年四月戊寅，钞本。当时所铸铜钱解往户部。（清）倪蜕著，李埏校注：《滇云历年传》（云南大学出版社 1992 年版）卷八，蜕按云："云南夙行海贝，钱钞俱无所用……今此开铸，解钱户部，是云南此时尚不用钱也"，第 398 页。当时所铸铜钱解往户部。
③ 《明世宗实录》卷四六一，嘉靖三十七年二月丙辰巡抚云南都御史王昺奏，云南额派三千三百一万二千一百文。
④ 《滇云历年传》卷八，第 406 页。
⑤ 《明神宗实录》卷四八，万历四年三月庚子，钞本。

崇祯十七年（1644 年），也就是明朝灭亡的那一年，大理《重修邓川州志》问世了。由此，我们可以了解到明末大理的货币行用状况。

> 滇俗用贝，今开钱局，将银撤去，贵至三百五十索一两。今民议关减，起幸口今新主纳谏，上台救民，义罢钱局，俾银价渐减，此就滇之灾第 [一] 义。[①]

由此可见，明朝铸钱，将银撤去产生了严重后果，贵至三百五十索一两。直至"义罢钱局"，才使银价渐减，平息了这场风波。值得注意的是，其时仍有以索为单位的海贝与银的比价，即可见海贝的踪迹。

再看《重修邓川州志》中的《大理府为申严银钱兼收之法》，特录于下：

> 奉抚院吴，炤得征输银以供起解之款，钱以充支放之款。当今逋欠之时，有等衙门只收银不收钱，若收钱再加耗至二三倍。若纸赎又加耗至四五倍，贪忍至极！今会同按院涂，通行全省，将起解征银，支放收巴，并将纸赎耗银只五分为率。若州县，径里赎耗，虽尽免可也。夫穷民不难于输正银，而难于纳零耗，况重耗乎？

这里大理府申明"银钱兼收"，表明征银与征钱，使用上是有分别的：征银是为了起解，送交布政司；而征钱是为了支放，也就是实际开支应用。结果问题仍然是出在钱上，发生官府只收银，不收钱，收钱出现重耗的问题，解决的办法是起解征银，支放征收海巴。起解征银行的通，支放钱却行不通，反而退回了海贝。

更值得我们注意的是，这部志书中，明显出现了"税粮银""麦银""米银""丁银"等名词，均为白银已经全面渗透到了云南基层地方社会的例证。明末海贝仍然作为货币使用，但与明朝前期相比，其流通领域缩小，流通量减少，正在逐步退出流通领域，或只能成为辅助性的流通手段。

历史事实说明，直至大西军入云南，铸大顺钱、兴朝钱，所谓明末清

---

① 《重修邓川州志》卷三《风景志·风俗》，洱源县志办公室翻印，1986 年，第 21 页。

初"废贝行钱",也不能完全终止海贝货币在民间的使用。史载:"孙可望亦铸伪兴朝钱,禁民用贝,违其令者刖劓之,卒未通行。"① 清初,作为明代赋役—财政改革的最大受惠者,吸取明朝的教训,大力开发云南铜矿,并引进日本铜矿生产的铜来铸钱,建立起白银为主、铜钱为辅的银铜双本位货币制度,从而稳定了政权。云南就此被纳入国家大一统货币体系之中。至此海贝的消亡,只是一个时间问题,云南从此不再具有独特的货币制度。文献记载海贝消亡,代之以铜钱,仅仅是辅币的替代,事实上,明代白银货币化,白银作为主币的地位已经奠定于明代。清初以万历年间田赋额度征收赋税,完全沿袭了明朝赋役—财政改革,顺治十四年(1657年)下令各地钱粮的征收,采取"银七钱三"的银钱兼收办法,没有了贝币的征收。② 田赋征收中,白银部分占主导地位,而所谓"钱三"的铜钱,是存留地方,不上缴中央的,甚至"皆纸上空文,未见有实在纳钱者"。③ 清代从"计亩征银",到后来"摊丁入亩",财政上从实物税向货币税的转变,是不可逆转的趋势。民间交易中,如上所述,明末大理地区大宗土地买卖交易以白银为货币,清初以白银为主币,以铜钱为辅币,建立起银铜双本位货币制度,大宗土地交易仍以白银为币进行交易,如鸡足山昙华寺在"顺康间,时事纷更,住持失人,因将业林常住展转相售,拖逋负欠增至百金,古制什物荡费罄尽"。④ 这里的"百金",应该不是铜钱,而是白银。这里提示我们,如果仍然被所谓"废贝行钱"所蒙蔽,还以为清代云南由于社会经济发展落后,就只是行钱,没有白银的流通,那就远离了云南货币使用的真实情况。

小　结

南方丝绸之路通向海上丝绸之路的两条重要道路,都以云南大理作为汇合出发点,因此,云南大理是连通南方陆上丝绸之路和海上丝绸之路的重要节点。从整体丝绸之路的视野来看,云南自古以来就处于一个开放的

---

① (清)倪蜕著,李埏校注:《滇云历年传》卷八,蜕按云:"今此开铸,解钱户部,是云南此时尚不用钱也",第398页。
② 《清文献通考》卷一三,浙江古籍出版社1988年版。
③ 《皇朝经世文编》卷二六,阿桂《论征兵筹饷疏》。
④ 《重修县华庵碑记》,《大理丛书·金石篇》卷四,中国社会科学出版社1993年版,第63页。

体系之中。

　　明后期，白银在国家财政体系中据有不可替代的国家法定货币地位，在社会流通领域中据有无可置疑的主币地位，在云南也不可能例外，一律缴纳赋税以银，海贝的主币地位不能维持，逐渐走向废止，是大势所趋。贝币的消亡，经历了两个阶段，第一阶段是贝币首先丧失了主币的地位，为白银所替代；第二阶段，才是丧失了辅币的地位，为铜钱所替代，至完全消亡。16 世纪，贝币失去了作为主要货币的功能，但它仍然作为云南货币存在；17 世纪中叶，贝币最终失去了货币的地位。清初确立了白银为主、铜钱为辅的货币制度，云南独特的海贝货币体系荡然无存。云南贝币的消亡，绝不仅是云南商品交换发展、贝币不能适应商品交换需要那么简单，也不仅是云南本土商品经济发展的必然结果，更不是 1648 年大西农民军"铸兴朝钱，禁民用贝"后，云南货币制度才逐步与中原统一，而是中国本土整体国家与社会转型与外部全球大变革背景下的产物。它与中外变革走向近代化的时代特征紧密联系在一起，既有明代中国国家财政体系转型的大背景，也有印度洋贸易转型，全球化开端的大背景。从本土看，白银货币化进程与赋役—财政改革进程，是同一的历史进程；从外部看，在全球化开端之时，明代中国白银货币化，与全球发生了互动关系，中国参与了全球第一个经济体系的建构，成为全球史的一部分，与全球走向近代化历史进程是趋同的。

　　云南贝币的消亡，是云南纳入整体中国史和全球史交互作用的一个典型事例。

第六章　白银货币化与传统国家的
　　　　近代转型

　　16 世纪的张居正改革，是中国历史上最著名的重大改革之一。改革以世界连成一个整体的全球化开端为历史大背景，与全球市场的初步形成、白银货币形成世界货币，即经济全球化有着密切的联系。改革是一个过程，不是一个事件，改革源自市场的萌发，以长达一个半世纪的赋役改革作为前期准备；改革没有推行一条鞭法的全国法令，《万历会计录》和《清丈条例》是张居正改革迄今遗存的两部重要文献；改革的核心是财政，改革重建的新财政体系，是从以实物和力役为主向以白银货币为主的财政体系的全面转型，是中国二千年财政体系的根本转型，标志了史无前例的中国传统赋役国家向近代赋税国家的转型。历史并非如既往所认识的，张居正改革人亡而政息了，相对王安石变法而言，张居正改革是成功的。

第一节　张居正改革的核心：财政改革

　　关于张居正改革，研究成果极为丰硕。迄今为止，肯定改革的是主流，然而，学界也一直存在质疑之声，有些学者认为张居正改革够不上改革的评价，他只是政治家，够不上改革家；更多的质疑来自认为他没有提出新的改革方案，认为一条鞭法是早已在嘉靖年间出现了的改革。于是有学者提出了"隆万改革"，① 还有学者主要从政治角度提出了"嘉

---

① 韦庆远：《张居正和明代中后期政局》，广东高等教育出版社 1999 年版，第 4 页。

隆万改革"。① 那么，在 16 世纪全球经济化开端的时候，中国发生了什么？16 世纪末万历初年究竟有没有一场改革？这场改革的意义何在？仅是以往嘉靖或隆庆改革的余脉，还是具有独特的作用？这些迄今都是有必要探讨的问题。历史事实说明，万历初年为了挽救明王朝面临的财政危机，张居正作为首辅，无疑是一位政治家，他的改革核心是财政，不遗余力地从行政到财政采取了一系列举措，试图重建明朝中央集权财政体系，那么，他要重建的是一个什么样的财政体系呢？这是以往没有探讨过的，却是一个关键问题，与关于张居正改革的评价紧密相连。

从更广阔的历史视角来看张居正改革，它有一个历史大背景，即世界连成一个整体的全球化开端的历史大背景。当然，从明代历史文献中，迄今我们看不到任何直接反映明代中国财政与全球化之间有具体关联的记述；在张居正本人的奏疏或文集中，也看不到任何直接关于 16 世纪全球市场与中国赋役—财政改革之间关联的记述；这类记述不仅从未出现在明朝的诏令文书中，全球贸易也从未完整出现在明人的文集中。尽管如此，但事实上，明代中国出现的经济变革，特别是张居正改革这一重大事件，与全球市场的初步形成，白银货币形成世界货币，即经济全球化有着千丝万缕的联系。如果我们仍然以政治史的框架描述张居正改革，就遮掩了改革的真实意义与价值。研究全球市场初建时期中国与世界的市场连接这种不容忽视的内在关联，认识白银货币化是中国与世界之间关键的连接点，并以此作为探寻张居正改革之全新的切入点，张居正改革尚有再探讨的空间。本章尝试重新审视这一历史特殊阶段的改革，阐释其未经发掘的重要意义，以期促进研究的深入，进而"重新全面认识明代历史"。

长达一个半世纪的赋役货币化改革，成为张居正改革的先声。张居正改革前，自嘉靖年间南倭北虏，朝廷已经出现财政危机，这一点在史学界已形成共识。明代赋役—财政改革与货币变革紧密联系在一起，密不可分。早在洪武末年，市场萌发带来的白银货币化自下而上的崛起就已开端，其后在国家层面，一方面力图维护宝钞地位，另一方面在宝钞的制度结构性缺失情况下，逐渐以赋役改革的形式，以白银货币手段来调节，达

---

① 田澍认为："明朝中后期的改革不是始于传统所认为的万历初年，而是始于嘉靖时期，因为永乐之后的正德、嘉靖之际出现了由大礼议而引起的明朝最彻底的一次人事更迭。"《嘉靖革新视野下的张居正》，《学术月刊》2012 年第 6 期。

到均平赋役以稳定统治的目的。国家与市场、社会的博弈由此开端。以往的考察证明，白银货币化是一个从上到下崛起于民间，再得到国家认可从上到下全面铺开的过程。到嘉靖初年以后，白银在流通领域越来越占据了主导地位，这种主导地位的取得，与改革的前导——赋役改革密切相关联。

明代赋役改革以一条鞭法最为著名，中外学者对于一条鞭法的研究，以梁方仲贡献最大。早在 20 世纪 30 年代，他就开始进行了系统而全面的探讨，形成了一个里程碑。其实，明代赋役改革并不始自一条鞭法，文献证明，在张居正改革之前，已发生了一系列赋役改革，经历了长达一个半世纪的时间，虽然名称不一，但经过笔者考察，无一例外地都把折银征收作为最主要的一项改革内容和改革手段。折银成为明代赋役改革的一条主线，从明宣宗宣德五年（1430 年）周忱改革算起，发展至明世宗嘉靖初年（1530 年左右）出现一条鞭法，再到一般所认识的明神宗万历初年（1580 年左右）张居正改革，整整经历了一个半世纪的时间。我们有理由认为，张居正改革是此前明代一系列赋役改革的延伸与总结，换言之，张居正改革具有长达一个半世纪的前期准备。

在这一个半世纪中，发生了一系列赋役改革，虽名称不一、实行时间不一，内容也不尽相同，但是明代的一系列赋役改革，大多与折银相联系，这是值得特别关注的现象。白银货币化与赋役改革是同一的过程，呈现出一个总的趋向，即朝着赋役合一和统一征银的趋向发展转变。这一发展转变过程具有更为广阔的社会意义。如果我们从"三农"出发考察，可以看到促进了中国历史发展的三个进程。

三个进程，总括起来是一个农民、农业、农村的"三农"大分化、国家与社会大重组的过程，表明晚明社会"天崩地解"就由此始。

追溯以往，赋税折征并不特别，是历朝常有的举措。在唐代建中年间杨炎施行两税法的时候，已经开始采用折钱。由此看来，明代的折征似乎也没有什么特别之处。然而，我们之所以说明代的折征又是特别的，就在于明代赋役折征的是贵金属白银，而且最终导向是统一以白银作为征收的计量单位，统一征收白银，这是中国历史上史无前例的。因此，笔者提出正是明代赋役改革统一折银到征银，才是明朝赋役改革有别于历朝历代的根本特征。这在中国历史上是亘古未有的变化，具有划时代的意义。

张居正改革的核心问题是财政。《中外财政史研究——惊心动魄的财政史（总报告）》称："翻开历史长卷，因财政危机引发的政治风波和经济巨变从来没有停止过，一个社会的发展、变革，往往是从财政改革起步的。每一次财政改革都是那样的波澜壮阔和惊心动魄，深深地影响着经济社会发展的格局和进程。"①

张居正改革的意义也即在于此，张居正改革的核心在财政，是一个半世纪赋役改革的延续，也是一个半世纪赋役改革由渐进到突进的拐点。明代的改革从总体上说，张居正之前的改革是局部的渐次推进的，发展到张居正"勇于任事"，表现在他一步到位的改革思想：清丈田粮，全面推进统一以白银作为财政计量单位，赋役合一、统一计银征税，从而重构了一个新的财政体系。这一改革意义是前所未有的，至此，发生了中国古代财政史上的重大变革也是中国古代货币史上的最大变革。因此，将张居正称为改革家，应该是名实相符的。

第二节　改革存世的重要文献：《万历会计录》与《清丈条例》

在梳理了明代白银货币化自下而上而又自上而下的发展过程，又考察了明代张居正改革前长达一个半世纪的地方赋役改革过程之后，我们合乎逻辑地进入国家层面财政改革的探讨。史学研究的基础在于史料，让我们回归文本去具体考察。

早在隆庆二年（1568 年），张居正就向隆庆皇帝上了《陈六事疏》，提出了六项改革的主张：一为"省议论"，二为"振纪纲"，三为"重诏令"，四为"核名实"，五为"固邦本"，六为"饬武备"。② 这是一个全面的改革规划。其中的"重诏令"，值得我们特别注意。万历初年，张居正改革的核心是财政，而他首先是从诏令，即国家法令贯彻执行的行政整顿开端的。考成法的实施，一般称为整肃吏治、提高官僚机构的行政效

---

① 财政部办公厅、财政部财政科学研究所课题组：《中外财政史研究——惊心动魄的财政史（总报告）》，2009 年。
② （明）张居正：《陈六事疏》，《张太岳集》卷三六，上海古籍出版社 1984 年版，第 454—459 页。

率，实际上也可视为张居正财政改革的前奏。

考成法的具体内容，可从张居正《请稽查章奏随事考成以修实政疏》中得知，列举如下：

> 请自今伊始，申明旧章。凡六部、都察院遇各章奏，或题奉明旨，或题奉钦依，转行各该衙门，俱先酌量道里远近，事情缓急，立定程期，置立文簿存照，每月终注销。除通行章奏不必查考者照常开具手本外，其有转行复勘，提问议处，催督查核等项，另造文册二本，备注紧关略节及原立程限，一本送科注销，一本送内阁查考。该科照册内前件，逐一附簿候查，下月陆续完销。每于上下半年缴本，类查簿内事件，有无违限未销。如有停阁稽迟，即开列具题候旨，下各衙门诘问，责令对状。次年春夏季终缴本，仍通查上半年未完，如有规避重情，指实参奏。秋冬二季，亦照此行。以明年仍复挨查，必俟完销乃已。若各该抚按官奏行事理，有稽迟延阁者，该部举之。各部院注销文册有容隐欺蔽者，科臣举之；六科缴本具奏有容隐欺蔽者，臣等举之。如此，月有考，岁有稽，不惟使名必中实，事可责成，而参验综核之法严，即建言立法亦将虑其终之罔效，而不敢不慎其始矣。致理之要，无逾于此。①

他在疏中重提以前在隆庆帝时上疏论便宜六事的"重诏令"一款。从总体来看，考成法中最重要的，是建立一种簿册制度，严格考核，全面整顿吏治，为朝廷政令的雷厉风行下达与全面贯彻作好准备和提供保障。在中国历史上，以皇帝为中心建立的帝国体制运作中，皇帝的"王言"——诏令是古代国家立法治国的基本形式，王朝依靠诏令的传达，实施对国家与社会的全面治理。明太祖自开国以来，就重建了明朝"以文书御天下"的政治体制。② 作为内阁首辅张居正深谙"以文书御天下"的治理模式，改革前行的是整顿国家治理的运行机制，旨在提高行政效率。下面所谈《万历会计录》的编纂，正与考成法施行同时，认识到这

---

① （明）张居正：《请稽查章奏随事考成以修实政疏》，《张太岳集》卷三八，第483页。
② 笔者曾以诏令为中心，考察明初政治过程实态，探讨明代政治体制的建构与重构，参见《明初政治新探——以诏令为中心》，《明史研究论丛》第九辑，故宫出版社2011年版。

一点极为重要。

　　关于张居正改革，长期以来存在一个重大研究误区，就是清修《明史》所谓张居正在全国推行一条鞭法。其实，清修《明史》肇端的普遍认为张居正推行一条鞭法之说，并没有史料依据。日本学者清水泰次早就对万历初年张居正推行一条鞭法提出了质疑，① 而一条鞭法相关资料的零散、缺失、矛盾和不成系统，也说明了这一点，这已为梁方仲先生卓越的研究所证明。更重要的是，即使张居正的文集中，我们也遍寻不到他将一条鞭法推行全国的言论和举措，这都说明万历初年并没有在全国推行一条鞭法的法令颁行。迄今我们所见到的，万历初年遗存于世的张居正改革重要文献只有两部，一是《万历会计录》，二是《清丈条例》。张居正执政期间的改革，目的主要是为挽救明王朝当时面临的财政危机，最终维持和巩固明王朝的统治。在这里，让我们回到本文开始的部分，提出的问题是，张居正不遗余力地试图重建中央集权财政体系，那么，他要重建或者说是重组的是一个什么样的财政体系呢？这是以往没有探讨过的，却是一个极为关键的问题，让我们从《万历会计录》和《清丈条例》出发来考察。

　　（一）《万历会计录》

　　16 世纪末，万历初年明代户部编纂的《万历会计录》（以下简称《会计录》），不仅是中国古代唯一一部存留于世的国家财政总册，而且是中国史上著名的改革之一——张居正改革的直接产物，是张居正改革的历史见证。

　　《会计录》四十三卷，约百万字。作为明代国家财政总册，主要是万历六年（1578 年）户部掌握的中央财政会计数字文册。《会计录》最初由户部尚书王国光与侍郎李幼滋等于隆庆六年（1572 年）七月编辑，万历四年（1576 年）二月进呈；万历六年（1578 年），由新任户部尚书张学颜主持再行订正，万历九年（1581 年）四月进呈，拟名《万历会计录》；其后重加磨算增订，计四十三卷，于万历十年（1582 年）二月进呈，经万历帝批准刊行，颁发全国，一体遵守。因此可以说万历初年产生的《会计录》，是张居正改革时代的直接产物，也是张居正改革的重要组成部分。

---

　　① ［日］清水泰次：《中国近世社会经济史》，东京：西野书店 1950 年版。

这一大型数据文献之所以具有特别的价值，不仅在于是 16 世纪末明代张居正改革期间所颁布，还具有更为重要的意义，那就是它是迄今存留于世的中国古代唯一的一部国家财政总册。[①] 根据我们的估算，《会计录》中包括有 4.5 万余经济数据，[②] 这使我们有可能对张居正改革历史时期的明代财政发展状态进行量的分析，这一条件在研究中国古代历朝历代财政时难以具备。因此，《会计录》对中国古代财政史的研究，特别是对中国古代财政改革的研究，具有十分重要的地位和意义。

在改革进入攻坚阶段，户部提供了一部详尽的财政会计总册，作为张居正治国理财的主计账簿，从而使决策者对当时财政的整体状况有所把握，为进一步改革提供了重要参考。《会计录》重新厘定全国上下各级行政区的收支，规范各边镇的粮饷数额，清点各库供应的数量，重订文武百官俸禄，以及盐、茶、钱，和钞关船料、商税等项的征收额度，经皇帝批准后，一体颁行，具有国家法令的重要作用。

下面我们主要从整理《会计录》的若干认识出发，重新审视和诠释张居正改革。

财政是了解古代帝国最基本特征的一把锁钥，是国家的经济基础。中国古代国家财政的主要来源是赋役。赋役指田赋、力役而言，田赋是土地税，除田赋外，国家还要征调纳税人为国家无偿劳动，称为力役。在中国古代，以农立国，田赋是帝国存在的基础，是国家财政收入最基本的来源。明初建立了一个基于自给自足自然经济基础上的以实物为主的中央集权财政体系。明初田赋几乎全部征收本色实物，实行两税法，夏税、秋粮分别以麦、米为主，其他农桑丝、绢、苎布、麻布、棉花绒、枣子等，税目繁多。根据梁方仲先生考察，洪武时田赋税目有 14 种，查弘治时夏税达到 24 种，秋粮达 17 种，到万历六年（1578 年），夏税达到 21 种，秋

[①] 需要说明的是，除了这部明朝万历初年的《会计录》，在近 300 年后的清代光绪元年（1875 年），才出现李希圣纂《光绪会计录》，仅有 3 卷；又光绪二十七年（1901 年）刘岳云编《光绪会计表》，也仅有 4 卷，二者均为个人所编，与《万历会计录》由户部编纂颁布全国一体遵行的国家财政总册，在性质和规模、内容上不能同日而语。

[②] 这里对于这部明代户部编纂的大型中央财政册籍，我们采用了财政总册的称谓，而没有采用预算书的说法。我们认为，财政学是现代国家财政活动的理论抽象，与古代国家财政具有相当的距离。运用财政学的理论方法，将明代财政置于"国家预算"架构中考察，是将现代财政学理论体系直接套用到古代财政史研究中，难免出现较大的偏差。

粮已达 31 种之多。① 实物财政体系以实物作为计量单位，财政收入以实物为征收形态，财政支出也均采取相应的实物方式，可以说，明初财政是中国传统社会典型的以实物为主的中央集权财政体系。

200 多年以后，万历初年，明朝户部编纂的《会计录》凸显出了巨大的变化。最重要的变化，就是白银在国家财政中的出现，并呈现越来越多的态势；田赋的原有税目，已不再都以实物为计量标准，也不是都以实物为征收形态了；更出现了以白银作为计量单位的部分总额数字。

《会计录》是依据全国各地呈报的财政报告编制而成，是 16 世纪70—80 年代明代国家户部掌控的中央财政实态记录，有大规模量的记载，给我们研究明代财政提供了极其宝贵的、不可替代的数据资料。重要的是，《会计录》卷一"天下各项钱粮见额岁入岁出"后，有一段极为关键的编纂者"按语"，现全文录于下：

> 臣等谨按：国家疆域尽四海，田赋户口踰于前代，载在《会典》者可考也。今额视先朝增者少，减者多，何哉？田没于兼并，赋诡于飞隐，户脱于投徒，承平既久，奸伪日滋，其势然也。顷荷明旨，清丈田粮，原额可冀渐复。但今每年所入本折各色通计壹千肆百陆拾壹万有奇，钱钞不与焉。所出除入内府者陆百万余，数莫可稽。他如俸禄、月粮、料草、商价、边饷等项，踰玖百叁拾壹万有奇，是一岁之入，不足供一岁之出。虽岁稔时康（廪）已称难继，况天灾流行，地方多虞，蠲赈逋欠，事出意外，又安能取盈也。怀已安已治之虑，清冗费冗食之源，去浮从约以复祖制，臣等深于朝廷有至望焉。②

根据这段文字我们了解到，至此，明代户部已经有以白银作为统一计量标准的部分会计总账，这一点从"但今每年所入本折各色通计壹千肆百陆拾壹万有奇，钱钞不与焉"，即"通计 1461 万有奇"而表露无遗。虽然这里没有出现"银"与"两"，根据《会计录》本身分析，"本"是本色实物，"折"在当时已多折以白银，因此我们认为这里应该是指白

---

① 《明会典》卷二四《税粮》——二，中华书局 1989 年版，第 161、168 页。
② 《万历会计录》卷一，万历十年刻本，《北京图书馆古籍珍本丛刊》52，书目文献出版社 1989 年版，上册，第 21—22 页。

银。主要考虑到两点：其一，按照当时白银货币化的情况，流通领域以白银为主币已经发生，所见方志和地方赋役册籍的记录，各地赋役改革都是以折银征银为手段，越来越多地以白银作为计量单位；中央财政除了白粮与其他一些地方特产外，也越来越多地朝向以白银作为主要收入，当然也就会以白银作为统一的计量标准。其二，所谓"通计"中的"计"，一定有一个计量标准，除了白银之外，当时不可能还有别的计量标准，既不可能是米麦布绢（单位无法统一），也不可能是铜钱（单位太小），当然更不可能是根本不值钱的宝钞了。如此以排除法，可以确定为白银而不是实物的加和，是以白银作为计量标准的部分总额。关键的是，这种新的计量标准的出现，是当时明朝人财政观念转变的历史见证。

那么，探讨促成这个重大转变的契机何在？梁方仲先生的学术视野至今深刻影响着研究的趋向，中外学者长期以来集中探讨的是明代一条鞭法，换言之，一条鞭法的研究始终长盛不衰。对一条鞭法的作用，学界早已形成了共识，主要是赋役合一，统一征银。[①] 早在嘉靖初年一条鞭法开始施行之时，御史傅汉臣就说明了一条鞭法无论是"粮"，还是"丁"，都以银审编的特征：

> 顷行一条编法，十甲丁粮，总于一里。各里丁粮，总于一州一县。各州县总于府，各府总于布政司。布政司通将一省丁粮，均派一省徭役，内量除优免之数，每粮一石，审银若干，每丁审银若干，斟酌繁简，通融科派，造定册籍，行令各府州县，永为遵守。[②]

《会计录》是为进一步深化改革而编纂的大型中央财政数据文献，《会计录》的性质及其反映出的改革折银——征银的反复过渡形态，为我们探讨财政的各种形态和实际数量，了解晚明国家与社会的全貌提供了绝佳例证。前文对于已经有较多表述，这里不拟重复论述。事实上，

---

① 以往明代财政史的研究，几乎所有论著和教科书都集中于一条鞭法的研究与认识上，以为赋役合一，统一征银是一条鞭法的主要内容。笔者认为赋役合一的趋势早已有之，均平赋役是历史上数不清的赋役改革的共同特征，但是统一征银，是史无前例的，是明代赋役改革不同于历朝历代改革的主要特征。见笔者《白银货币化视角下的明代赋役改革》上下，《学术月刊》2007 年第 5—6 期。

② 《明世宗实录》卷一二三，嘉靖十年三月己酉，第 2971 页。

在 16 世纪明代财政史中，一条鞭法不可谓不重要，但是从《会计录》来看，一条鞭法却并非张居正改革时期中央财政向全国重点推行的一项改革。《会计录》中大量数据资料证明，白银具有越来越多地占据中央集权财政的份额，即将形成中央财政主导地位的发展趋势。这种发展趋势与此前一个半世纪的赋役改革一脉相承，却并非是张居正改革的创新。张居正改革自有其不可替代的重要作用，这就是下面将论及的《清丈条例》向全国的颁行。之所以首先清丈，从一条鞭法"每粮一石，审银若干，每丁审银若干"，便可知条鞭编审的全面推行，重要前提就是清丈田粮。

上文已经提及，伴随白银货币化的进程，嘉靖初年白银奠定了在社会流通领域形成主币，并以赋役改革的形式迅速扩张，进入国家财政的层面。《会计录》显现出，明代财政从实物折银到征银的曲折反复过程，这无疑已将原有的以实物为主的财政结构破坏殆尽，使得国家财政状况异常的混乱无序。财政危机表明，对于原有财政体系需要一个改革与重组，张居正改革正是应对这样的挑战与危机而出现的，是在白银通货的盛行中应运而生的。

前此的研究证明，明初国家的货币制度——宝钞制度没有得到确立，市场经济萌发，白银货币化自下而上的强有力崛起，迫使国家认可，并自上而下的全面铺开，在经历一个半世纪的赋役改革之后，白银已经渗透于国家财政之中。白银的盛行于世，意味着明朝的货币垄断权丧失殆尽。白银货币化的重要意义即在于，它标志着君主垄断货币一统天下的结束。中国自春秋战国以后就开始了铸币的历史，造币权一直掌握在君主手里，此后一脉相传，由王朝代表的国家全面控制货币的铸造或发行，为此历朝历代都严禁民间私铸。到了明朝，由于白银的货币化，白银成为流通的主要货币，又由于白银是贵金属，取之于天然矿藏，在明朝处于秤量阶段，银矿出产有限，在白银货币化以后，国家将再也不能像以往那样，为所欲为地垄断控制货币，也就是垄断和控制所有社会资源。与此同时，国家与市场、社会的作用也存在一种此消彼长的过程。因此，白银货币化这一重大改变，不仅具有货币史上的重要意义，还意味着国家垄断货币权的丧失殆尽，更由此引发国家权力的削弱以及这种至关重要的削弱而导致的社会失控，几乎伴随明朝始终。①

　　关于张居正改革，遍检明代史籍，迄今所见作为国家法令颁布的文献，只有《会计录》和在全国推行清丈田粮的法令文书《清丈条例》。起初，我们对此不能理解，为什么始终不见向全国推行一条鞭法的法令？在《会计录》的全面系统整理与研究以后，才开始对此有了新的认识。一条鞭法是一种赋役征收方式的改革，主要内容是赋役合一、统一征银。在先前探讨赋役改革时，我们已认识到赋役合一的内容在一条鞭法出现前后都存在着，更有学者归纳出"黄宗羲定律"②，那么只有统一征银才是明代赋役改革相对历朝历代改革独有的特征。

　　联系到《会计录》中财政实态的披露，文献表明，实物折征银的过程曲折反复，新旧混杂，说明国家财政面临艰难转折。在《会计录》中，明显可见国家财政已出现以白银为计量单位的会计收支总账，财政二元结构业已形成，并具有全面转向白银货币的明显趋势；而我们计算所得的万历六年（1578 年）财政收支总额显示，当时财政状况收不抵支，有着150 多万两白银的赤字，印证了万历六年确实存在无可置疑的财政危机。③而从明代财政中白银收支不抵这一关节点来看，张居正财政改革的症结再清楚不过，增加白银货币收入已迫在眉睫。因此，我们的认识是，财政危机也必将促使明朝改革提速，将白银货币的增收提上日程。张居正改革正是在社会经济结构变化、国家财政迫切需要增加白银货币收入的前提下，面对白银货币化形成的重大冲击采取的有效回应，他试图重组中央集权财政体系，以确保帝国的正常运行。由此可见，明朝国家财政全面转向以白

---

① 参见万明《明代白银货币化与明朝兴衰》，《明史研究论丛》第六辑，黄山书社 2004 年版。

② 秦晖在《农民"减赋"要防止"黄宗羲定律"的陷阱》一文中指出："中国古代的赋役制度，总是将旧的苛捐杂税归入统一征收，以图减少加派之弊。但是改税后，随着统治者的需求，又生出新的加派名目，每次赋役改革，就成为加征加派事实上的承认，简化征收，成为此后加征的起点。随着加派日繁，又开始孕育下次的改革。"见《中国经济时报》2000 年 11 月 3 日。

③ 《会计录》中主要数字是万历六年（1578 年）的。赖建诚先生对于 1461 万有奇之数，明确提出"也不知如何折算成此数"，并说："依《会计录》的书写方式，大概不易计算出确切的盈亏额"，而赖先生"所得的结果，与《会计录》的结语相反"。以为"万历六年的银两收支，在中央政府（国库）方面是有盈余的"。见赖建诚《边镇粮饷》第 40—41 页。我们认为，当时已有以白银为计量标准的财政账目存在，赖先生与明朝人自己所说相反的结果，又如何是历史的事实？

银计税、征收白银，是一个合乎逻辑的选择。《会计录》是反映财政改革情况最可靠、最详备的文献资料。《会计录》表明，国家财政改革正在进行中，福建的清丈试点改革已经完成。

重要的是，白银货币在财政中的大量出现，突破了原有的实物为主的旧框架，形成制度更迭的一个重要面相，制度和理念的变迁均蕴含在其中，亦新亦旧的过渡状态表现明显，《会计录》恰可成为一个整体财政结构与制度变迁的绝好见证。改革正在进行之中，我们注意到财政紊乱的状况，制度败坏的表现，以及收支体系的混乱无序，形成各地举措不一，标准各异，而在实际运行中的多样性也是我们必须关注的，需要进一步研究。

（二）《清丈条例》

明朝户部没有掌握明代财政的全部收入，张居正在《请蠲积逋以安民生疏》中云：

> 昨查户部，自隆庆元年起，至万历七年止，各省直未完带征钱粮一百余万，兵、工二部马价、料价等项不与焉。①

在全国推行清丈田粮，实际上是计亩征银的奠基之举，没有这样一个改革基础的整体奠定，赋役合并、统一征银都将无的放矢。质言之，如果没有全国清丈田粮的坚实铺垫，也就无法彻底在全国通行统一征银。正是在全国清丈的基础上，不待法令推行，一条鞭法即可全面铺开。事实也正是如此。因此我们认为，以往由于梁方仲先生的卓越贡献，学界长期以来将张居正改革的认识集中在一条鞭法，是过分强调了一条鞭法的作用，与当时明朝人的认识有了距离。

张居正将清丈田粮推行全国，奠定了全国改革的根基，从此明朝改革在地域范围上从局部向全国广泛铺开，白银货币成为国家财政推行全国的赋税计税与征收的法定货币。更重要的是，张居正清丈标志明朝的经济改革由渐进式向突进式变化发展，为白银货币最终成为财政主体奠定了基础。张居正改革在全国推行的不是明文一条鞭法，而是清丈田粮条例，这

---

① （明）张居正：《张太岳集》卷四六《请蠲积逋以安民生疏》，上海古籍出版社 1984 年版，第 578 页。

就使明朝改革的走向清晰可见，即走向现代货币财政。换言之，清丈以后，一条鞭法水到渠成，白银货币化—财政白银化，中国古代以实物与力役为主的财政体系全面向以白银货币为主的货币财政转型，中国的货币财政正式开端。

张居正改革编纂《会计录》，并于万历八年（1580 年）向全国颁行《清丈条例》，下令在全国丈量土地，清查漏税的田产和追缴欠税，将均平赋役的改革原则推行于全国，为白银货币最终成为财政主体奠定了基础。《会计录》中记载了试点福建布政司在万历八年（1580 年）的田粮数字。[①] 追寻起源，福建的清丈是从万历六年（1578 年）十一月，"以福建田粮不均，偏累小民，令抚按著实清丈明白具奏"开始，[②] 这一年福建巡抚耿定向到任不久，就上疏建议在福建清丈，张居正曾复信：

> 丈田一事，揆之人情，必云不便，但此中未闻有阻议者，或有之，亦不敢闻于仆之耳。"苟利社稷，死生以之"，仆比来唯守此二言，虽以此蒙垢致怨，而于国家实为少裨。愿公之自信，而无畏于浮言也。[③]

张居正将"丈田"看得如此之重，引用先秦郑国子产"苟利社稷，死生以之"之句来明志。"生死以之"之典出自《左传·昭公四年》："郑子产作丘赋，国人谤之。"

其后福建左布政使劳堪被任命为右副都御史巡抚福建，奉旨稽核，履亩丈量。万历八年（1580 年）九月，福建清丈田粮事竣，劳堪上闻，"部复谓宜刊定成书，并造入黄册，使奸豪者不得变乱。上可其奏"。[④] 同年十一月，户部根据诏令，拟定《清丈条例》，作为法令颁行天下。这一条例在改革中具有重要地位，现录内容如下：

> 一明清丈之例。谓额失者丈，全者免。

---

① 《会计录》上册，卷五，第 195 页。
② 《明神宗实录》卷八一，万历六年十一月丙子，第 1732 页。
③ 《张太岳集》卷三一《答福建巡抚耿侗楚谈王霸之辨》，第 383 页。
④ 《明神宗实录》一〇四，万历八年九月庚辰，第 2031 页。

一议应委之官。以各布政使总领之，分守、兵备分领之，府、州、县官则专管本境。

一复坐派之额。谓田有官、民、屯数等，粮有上、中、下数则，宜逐一查勘，使不得诡混。

一复本征之粮。如民种屯地者，即纳屯粮，军种民地者，即纳民粮。

一严欺隐之律。有自首历年诡占，及开垦未报者，免罪。首报不实者，连坐。豪右隐占者，发遣重处。

一定清丈之期。

一行清丈磨算之法。

一处纸札供应之费。

明神宗批准举行："令各抚按官悉心查核，着实举行，毋得苟且了事，反滋劳扰。"①

由此，在全国各地揭开了清丈田粮的序幕。清丈之议，小民实被其惠，而不利豪宦之家。丈田的目的是清查隐田，不免触动勋贵、官宦、豪绅的利益，群起抵制。对此，张居正以坚定的信心开展清丈运动。他写信给山东巡抚云：

清丈事，实百年旷举，宜及仆在位，务为一了百当。若但草草了事，可惜此时徒为虚文耳。已嘱该部科，有违限者，俱不查参，使诸公得便宜从事。②

朝廷敕各该抚按：

丈田均粮，但有执违阻挠，不分宗室、官宦、军民，据法奏来重处。③

---

① 《明神宗实录》卷一〇六，万历八年十一月丙子，第 2050 页。
② 《张太岳集》卷三三《答山东巡抚何来山》，第 419 页。
③ 《明神宗实录》卷一一二，万历九年五月庚午，第 2141 页。

　　《清丈条例》八款颁行天下，是整顿财政的重大举措，当时规定了各级官员的职责及其完成期限。万历九年（1581 年）七月，河南获嘉知县张一心所报招垦人户田地俱抄写旧册，即以旧册数字报充清丈数字，被指为"虚文塞责，着降俸二级管事"。[1] 同年十二月，松江知府阎邦宁、池州知府郭四维、安庆知府叶梦雄、徽州掌印同知李好问"以清丈亩怠缓"，"各住俸，戴罪管事"[2]。

　　清丈田粮是财政改革统一征银的基本前提条件，难怪张居正对全国的土地清丈极为看重，不仅作为政令颁于全国推行，而且他本人对清丈意义有着明确阐释："此举实均天下大政"[3]，在《答山东巡抚何来山言均田粮核吏治》中云："清丈事，极其妥当，粮不增加，而轻重适均，将来国赋既易办纳，小民如获更生"，[4] 乃至重复先秦郑国子产"苟利社稷，死生以之"的话，表达改革的决心。[5] 这是一个改革家在重大决策中的选择。无疑，他当时已经清醒地认识到：清丈田粮是一条鞭法或其他一系列名称的赋役—财政改革的基础，没有清丈，赋役合并与统一征银都将失去根基，均平赋役也就无法实现。因此，张居正改革的核心是财政，而他的财政改革最重要的内容之一，不是在全国推行一条鞭法，而是在全国推行清丈田粮，从而完成了中国古代历史上最具规模和实效的全国土地调查。这次土地清丈影响深远，王业键先生曾评价：清帝"将万历年间的税额，特别是此时期编制的《赋役全书》，作为确定田赋和劳役的依据。因此，当时参照的原额就是万历年间官方统计中的面积"。[6]

　　学界一般认为"清丈田粮"的目的，是制止土地兼并，堵塞偷漏，保证田粮额度的完纳，"原额可渐复"。这是表层的意义，我们不应将问题简单化，还应该看到明代财政的"钱粮"主要出自田亩，但此时的"钱粮"实际已徒有其名，已经越来越多地经历了货币化，变成了白银的现实。张居正对此是心知肚明的。

　　重新认识张居正改革，我们应该看到在全国清丈土地的背后，不仅是

---

①　《明神宗实录》卷一一四，万历九年七月乙丑，第 2164 页。

②　《明神宗实录》卷一一九，万历九年十二月乙未，第 2224 页。

③　《张太岳集》卷三三《答江西巡抚王又池》，第 422 页。

④　《张太岳集》卷三三《答山东巡抚何来山言均田粮核吏治》，第 421 页。

⑤　《张太岳集》卷三一《答福建巡抚耿楚侗谈王霸之辨》，第 383 页。

⑥　［美］王业键：《清代田赋刍论》，人民出版社 2010 年版，第 29 页。

保证税粮原额的不失，消除贵族地主的土地兼并，而且应该看到举行全国清丈的奥秘，还表现在清丈背后统一的计亩征银上。正是在清丈推行全国的前提下，一条鞭法在全国才能够水到渠成，这样才有可能彻底改革原有的统一的实物财政体系，也就是以统一白银货币作为财政计量标准和财政收支主体，建立一种全新的中央集权货币财政体系。这是实施标准化管理的根本大计。以往认为的所谓万历九年（1581 年）全国推行一条鞭法，既无朝廷法令可见，又无张居正文集及其奏疏可以佐证。揆诸历史事实，揭示历史上被遮蔽的真实，在当时人们的日常生活之中，白银已经是司空见惯的流通货币，白银货币在财政上也已被安之若素，视为当然。司空见惯的事物往往遮蔽人们的眼睛，令人熟视无睹，当时人不必明言，后人要探明真况，就得深入历史的细部，回到历史发生的语境。《清丈条例》的全国颁布，使一条鞭法随之遍行。在此，我们可以切实认识到张居正作为杰出改革家的高瞻远瞩。

万历十年（1582 年）京畿、保定、蓟辽、山西、大同、宣府、应天、浙江、广东、广西、凤阳、淮安、山东、河南、湖广、四川、陕西，陆续上报清丈完成。次年，宁夏、甘肃、云南也告完成，至此，中国古代一次重大的清丈运动告竣。通过清丈奠定了赋役—财政改革的基础，全国十三布政司和南北直隶，以及大同、蓟州、宣府、辽东等边镇，共增地亩 1828542.73 顷，约占万历六年全国地亩总额 7013976 顷的 26%，说明万历清丈的结果是显著的。①

重要的是，通行丈量田亩这一全国性的国家决策，为财政进一步改革奠定了基础。如果我们只是看到清丈是为了均平赋役，充裕国家财政收入，那么显然是不够的。归根结底，张居正改革的目的是什么？学界一般认为是推行一条鞭法；而一条鞭法的意义，梁方仲先生称为"可以说是现代田赋制度的开始"。② 林丽月先生认为："清丈田亩与推行一条鞭法，俱为江陵当国期间经济改革的荦荦大端，对万历初年财政之整顿，贡献极大。"③ 进一步说，对于财政整顿的贡献，比田赋制度更为深广的是，清

①　参见张海瀛《张居正改革与山西清丈研究》，山西人民出版社 1993 年版，第 130 页。
②　梁方仲：《一条鞭法》，《梁方仲经济史论文集》，中华书局 1989 年版，第 36 页。
③　林丽月：《读〈明史纪事本末·江陵柄政〉——兼论明末清初几种张居正传的史论》，《台湾师范大学历史学报》第 24 期。

丈以后达成的统一计税征银的结果，遂使财政体系从实物税全面转向货币税，从而促成了中国古代财政体系的全面转型。就此而言，这是中国历史上亘古未有的一次财政大改革。

还应该提到的是，迄今为止徽州文书中存在大量散在的万历以降的明代税票。笔者曾根据所见徽州文书中的税票，对于明代税票的历史、税票名称的出现过程、税票出现的背景、税票的主要分类、基本内容、基本特点、主要功能作了初步考察，① 认为明代万历年间税票的出现及其多样性的特征，与明代张居正财政改革密不可分。税票首先是从杂税的契税发展而来，直至包括了财政赋税改革实行一条鞭法后赋役合一、统一征银的所有税收征收与纳税的凭证，是明代赋税征收交纳白银货币的真实见证，也是我们了解和研究明代财政赋税改革历史实态的第一手资料，值得进一步研究。

财政为庶政之母，就制度变革而言，在革故鼎新的过程中，财政变革显然是张居正改革的核心，而大力收集准确的财政数据可以视为改革的前提。如此看来，张居正的财政改革首先奠基于《会计录》，其次奠基于清丈田粮。重要的是，在全国清丈的基础上，旧有财政体系转轨，全面转向货币财政。

我们认为，历史上不存在万历九年（1581年）张居正向全国推行一条鞭法，清修《明史》的高度概括再次误导了后人。但《明史·张居正传》最后赞曰："张居正通识时变，勇于任事。神宗初政，起衰振堕，不可谓无干济才"，② 这段评价一语中的。"通识时变，勇于任事"，张居正"通识"的所谓"时变"，正是白银在社会流通领域已经占据主导地位的现实，前此一个半世纪改革量的积累已经达到一个临界点，他迈出了全面改革的关键一步——在清丈基础上推进国家财政的全面白银货币化，从而为白银货币最终形成财政主体奠定了坚实基础，也就是在明代中国促成了现代货币财政的开端。

---

① 参见万明《明代税票探微——以所见徽州文书为中心》，《明史研究论丛》第十辑，故宫出版社2012年版。
② （清）张廷玉等：《明史》卷二一三《张居正传》，中华书局1974年版，第5653页。

第三节　从《万历会计录》到《赋役全书》

通过系统整理《会计录》以窥测明代财政的全部结构，我们得以了解张居正力图摆脱财政困境、明朝人不得不如是之苦心孤诣。如果再来看清丈在全国推行的结果，便会更清楚张居正的目标与良苦用心所在，从而对于明代赋役—财政改革有一个整体性的认识。

考察现存明代《赋役全书》，最早为万历年间刊印，[①]是张居正改革后推而广之的产物。清丈之后，全国各地官方编纂的《赋役全书》定为制度，至明末遍及全国，基本上制度化了。张居正改革后，黄册制度已经弃置，明代赋税征收秩序的全面整顿，是通过重新编纂《赋役全书》来体现的。《赋役全书》是全国各地赋役税则和税收法规以及具体征收数额之汇编，作为征收赋税法律文书，起着规范和制约社会经济关系的作用，改变了明前期基层社会的赋役运作方式。在万历年间《赋役全书》中如此记载：

> 司有各府之总，府有各县之总，县照册以派单，民照单以纳银，纲举目张，条分缕析。外如鱼油课钞、商税麻铁、屯粮子粒，悉附于内，至详至备，一览了然，诚全书也。[②]

重要的是，其中已经全部规范为征银的序列，可以看到以实物为基准的标准不变，而在实物数后，一律是"该银"若干，也就是说，在全国各地官方财政册籍中，全部以白银作为财政的计量标准，也全部是以白银作为财政征收形态了。《会计录》中所显示的计量标准的混杂现象，在后

---

① （明）赵镗：《衢州府知府韩公邦宪墓志铭》，记韩邦宪在浙江衢州府知府任上的政绩："其大者则《两浙赋役全书》是也。"见焦竑《国朝献征录》卷八五，第3623页。查韩邦宪任衢州知府在任三年，于万历三年卒于任上，由此可见《赋役全书》在万历初已经出现，但是遍及全国应是清丈田粮以后。《明实录》关于《赋役全书》的最早记载，是在万历十三年（1585年），《明神宗实录》卷一六○，万历十三年四月丁未，第2930页。

② 《江西赋役全书》卷首《案照》，万历三十九年江西布政司刊本，台湾学生书局，1970年影印本，第2页。

来的《赋役全书》中一扫而光，成为清一色的白银计量和征收，形成了标准化的财政税收与管理。根据文献记载，到万历后期，即使一些地方仍不免有实物征收，但以白银作为统一的计量单位，是以排山倒海之势遍及全国的。

实际上，《赋役全书》是全国各级地方官吏汇总档案资料，编纂而成的一种官修赋役册籍。天启五年（1625 年）四月，户科给事中张士升题请：

> 请饬各省抚按与一二良有司，将《赋役全书》细加研核，何项为必不可已之需，何项为得已之派。即将可已者抵充派饷，而奸胥无所窦，钱谷亦得清楚矣。①

崇祯元年（1628 年）起毕自严任户部尚书，在任期间启动重新汇纂《赋役全书》之事。其《度支奏议》中有云："夫《赋役全书》，肇自条鞭法始，距今已四五十年矣。"崇祯二年（1629 年）正月有给事中等朝臣题议"通造《赋役全书》"事，由户部议请行文"各省直、抚按、司府将原刻成书刷印三部，解进磨勘，以防脱落差讹之弊"。毕自言《清赋开列条款备陈划一之规疏》述编纂之详，是清丈后全国都已通行编纂《赋役全书》的明证。由于当时各省直送到户部的《赋役全书》"规划不一""碍难汇编"，所以兵部主事周梦尹上题本"为赋役册式，既呈，专官督造"。毕自严申饬各地有八，其中，"钱粮之规宜明"云："某地系某则，应该粮米若干斗升，该科银几分几厘，须开载明白"；"新旧之粮额宜晰"云："省直钱粮既有则例，当以万历初年赋额为准，从前钱粮，每石纳银几钱几分，后于某年因某事每石增银几分；又于某年因某事又增银几分，合旧额共增若干"，都须明白记载。② 这充分证明了直至明末赋役以银计并征银的制度化是一个历史事实。

从《会计录》到《赋役全书》，明代财政正在进行脱胎换骨的转型，不仅是财政会计主体的转型，更是整个财政体系的转型。万历后期《赋

---

① 《明熹宗哲皇帝实录》卷五三，天启五年四月丁酉，明抄本。
② 毕自严：《度支奏议》陕西司卷二《清赋开列条款备陈划一之规疏》，上海古籍出版社据崇祯刻本影印，2008 年，第八册，第 619—621 页。

役全书》大量出现，《赋役全书》作为改革的产物，是在明代黄册制度败坏殆尽以后，国家确立的征收赋税的新依据，标志着明代以实物为主的中央集权财政体系已经历了从以实物为主向以白银货币为主的财政体系的全面转型，这是中国二千年前所未有的财政变革，具有划时代的意义。历史事实证明，这是张居正过世以后不过几十年的事情，不由得我们不为张居正改革的实效及其深远影响而赞叹。我们认为，历史并非如既往所认识的，张居正改革人亡而政息了，相对王安石变法而言，张居正改革是成功的。

清承明制，保留了这种财政册籍的编纂，也是张居正改革没有人亡政息的见证。清朝延续明朝的做法，以赋役全书为指导各省府州县赋税实际征收的直接依据。顺治初年，下令各省拟定《赋役全书》，订正旧籍。顺治十一年（1654年），下令自十二年"汇造全书"。至顺治十四年（1657年），户部裁定各直省《赋役全书》，顺治帝特下长篇谕旨，云：

> 兹特命尔部右侍郎王宏祚，将各直省每年额定征收起存总撒实数，编列成帙。详稽往牍，参酌时宜。凡有参差遗漏，悉行驳正。钱粮则例，俱照明万历年间。其天启、崇祯时加增，尽行蠲免。地丁则开原额若干，除荒若干，原额以明万历年刊书为准，除荒以覆奉俞旨为凭。地丁清核，次开实征，又次开起存。起运者，部寺仓口，种种分晰；存留者，款项细数，事事条明。至若九厘银，旧书未载者，今已增入。宗禄银，昔为存留者，今为起运。漕白二粮，确依旧额。运丁行月，必令均平。胖袄盔甲，昔解本色，今俱改折。南粮本折，昔留南用，今抵军需。官员经费，定有新规。会议裁冗，改归正项。本色绢布、颜料、银、硃、铜、锡、茶、蜡等项，已改折者，照督抚题定价值开列。解本色者，照刊定价值造入。每年督、抚再行确查，时值题明，填入易知单内，照数办解。更有昔未解而今宜增者，昔太冗而今宜裁者，俱细加清核，条贯井然。后有续增地亩钱粮，督、抚、按汇题造册报部，以凭稽核。纲举目张，汇成一编，名曰《赋役全书》。颁布天下，庶使小民遵兹令式，便于输将；官吏奉此章程，罔敢苛敛。为一代之良法，垂万世之成规。[1]

---

[1] 《清世祖实录》卷一一二，顺治十四年十月丙子，清抄本。

清朝对于"钱粮则例，俱照明万历年间"，即清初赋税征收额以明万历年间的赋役册籍，重要是《万历会计录》和《赋役全书》所载内容为基本依据，清廷在顺治年间完成了各直省的赋役改折，除漕粮和军米仍征本色外，其余一律折银征收。折色银占主要地位，[①] 以及沿袭明末《赋役全书》的编纂，均可视为张居正改革的继承与延续。

到康熙二十四年（1685 年），由于人口土田增长，若仍按旧规定征收，对国家财政收入不利。于是在康熙二十四年再次重修《赋役全书》，名曰：《简明赋役全书》。[②] 此后康熙五十一年（1712 年）清朝在赋役上实行"盛世滋丁，永不加赋"；雍正帝即位后，推行了"摊丁入亩"，还续有《赋役全书》重修之举。清修《赋役全书》具有特殊价值，标志明代改革的赓续与完成，更是张居正改革没有人亡政息的典型例证。关于明代白银货币化对于清朝建立的影响，将在下面余论部分具体论述。

第四节　明朝人以白银作为财政计量标准理念的形成

以白银作为财政计量标准，明朝人的财政会计理念有一个转变过程，这在中国财政史上也是一个划时代的变化。

中国古代会计的历史悠久，在西周时已设有专门核算官方财赋收支的官职——司会，并对财物收支采取了"月计岁会"的方法。西汉出现了名为"计簿"或"簿书"的账册。以后历朝历代都设有官吏管理赋税和财物的收支。宋代已编造"四柱清册"，通过"旧管、新收、开除、见在"四柱式结账，结算财产物资增减变化及其结果。这是中国传统财政会计发展的一个重要成就。宋代"赋税收入中有实物，有金银、钱币，这些，当时都有了固定的计量单位，实物量度单位与货币量度单位区别分明。宋代承袭了唐代官厅统计中的一种怪习惯，往往在大数的统计方面，把不同计量单位的东西混合在一起，后面依次摆列各自的计量单位，提供

---

① 参见何平《从李之芳〈赋役详稿〉看清代赋税征课额的构成》，《学术研究》1997 年第 6 期。
② 《清圣祖仁皇帝实录》卷一二〇，康熙二十四年三月癸亥，清抄本。

给人们一个大约内部明白，而外部难以分辨清楚的统计数额"。① 这是一
种具有局限性的统计记录方法，只能笼统地说明各类收支多少，只有发展
到以货币作为统一的计量标准，发挥货币的综合计算作用，才能全面系统
地了解财政的整体面貌，进而达到分析社会经济和管理社会经济的目的。
在 16 世纪 70—80 年代明朝户部编纂的财政会计总册中，开始采用以白银
为部分计量标准会计财政收支的总数，这应该说是中国古代财政会计理念
的一个重要发展。现代会计都是以货币为主要计量标准，进行经济管理活
动，也即经济的数字化管理。一般来说，会计的基本职能包括进行会计核
算和实施会计监督两个方面，是商品经济的产物。14、15 世纪，由于欧
洲资本主义商品货币经济的迅速发展，促进了会计的发展。其主要标志之
一就是利用货币计量进行价值核算，从而形成了现代会计的基本特征和发
展基石。16 世纪明代中国也已利用白银货币计量进行价值核算，开始走
向货币财政，这是中国古代财政史和会计史上划时代的变化。

　　我们认为，在晚明时代，中国还没有严格的现代意义上的预算制度。
《会计录》本身以数据为主，包含数据 4.5 万个，一个有着众多人口和广
大国土的帝国，没有统筹财力的通盘计划，没有相应的制度进行管理，是
不可能存在的。而我们不同意以现代国家预算来对明代财政进行简单类
比，更质疑将西方概念套用于中国本土的历史经验。

　　古代以实物为主要计量单位，是自然经济占主导地位的产物，这是东
西方共通的规律，延续了几千年之久。在中国古代的会计核算中，由以实
物计量单位为主，发展到以货币作为主要计量单位，经历了一个十分漫长
的历史发展过程。这一重大转折的发生，是在明代。商品货币经济的发
展，是推进会计计量标准变化的推力，到明代，中国的会计核算逐步进展
到以白银货币单位作为主要计量单位的阶段，说明了历史的进步。

　　明代财政改革，其显著特征表现在以下两个层次：明代财政收支从以
实物单位为计量标准到以白银货币单位为计量标准的变化，简言之，从
"石"到"两"，这是一；明代财政税收以征收实物为主到以货币为主的
征收形态的变化，这是二。二者有着密不可分的关系。基本财政单位的调
整，说明当时明朝人的会计理念已经从实物转向了货币，以白银货币为计
量标准的观念已经形成，这是一种理念的变迁。了解历史发展的来龙去脉

---

① 郭道扬：《中国会计史稿》（上），中国财政经济出版社 1982 年版，第 406 页。

是重要的，更重要的是当时人的理念"初始状态"以及"过程"是怎样的。仔细探究，出现的是一种以白银货币作为财政会计标准的观念，那么明代又是在何时，人们开始改用白银的"两"来进行财政会计的价值核算的呢？明代财政会计单位从粮食"石"变换为白银"两"的过程，正是始自没有明确总目标的"折银"，白银货币化过程与赋役改革过程重合在一起，以折银为手段实现均平赋役的过程。在这一过程中，白银货币渗透到明代地方乃至中央财政之中，财政计量单位的货币化也就在所难免了。从明初的国家实物会计理念的全面实施，到晚明国家货币会计理念的趋向开端走过了近 200 年的历程。

众所周知，明初朱元璋建立起一个以实物为主的中央集权财政体系，近 200 年后，《会计录》中出现了以白银货币作为部分计量单位的财政会计理念，这无疑是一个财政会计观念发生重大变化的标识。这一历史事实，说明了马克思关于簿记的经典论断"过程的控制和观念的总结"的正确。[1] 簿记也就是会计，会计职能是一种管理职能，在财政管理方面具有重要而不可替代的作用。《会计录》本身是明代中央财政会计总册，附有财政报告与分析，反映了明朝统治者对于国家资源控制与分配的职能，印证了马克思"过程的控制"的论断；同时《会计录》也可视为"观念的总结"的绝好注脚。明代以农立国，农业实物税收是国家财政收入的主要来源，在以粮食实物为基准的情形下，出现了以白银货币为部分的财政计量单位，以银计税，白银成为完纳赋税的主角之一，这是白银已形成全国流通领域本位货币的反映。

追寻明朝人的这一理念在何时形成，在这里让我们从语词谈起。明朝初年，在明朝人的财政会计理念中，主要是以实物粮食的"石"作为主导计量标准的，这种会计理念是如何演化为以银"两"为计量标准的呢？进一步说，几乎同步发生的是在财政收支上从实物征收逐渐向白银货币的实征过渡。翻检《会计录》各卷的《沿革事例》，统计所见与银相关的语词，出现以下结果："折银" 628 次，"征银" 154 次，"纳银" 39 次，"折纳银" 5 次，"折收银" 17 次，"金花银" 2 次，"该银" 177 次，而"银"的出现总达 3950 次。如此众多的"银"在《会计录》中以文字为主的《沿革事例》中出现，留下了明代财政改革、制度变迁中白银货币

---

① ［德］马克思：《资本论》第 2 卷，人民出版社 1975 年版，第 152 页。

化的清晰轨迹。在这里我们认识到：首先，是新会计理念的体现；其次，是提供了财政改革相关的聚焦点；最后，说明户部财政的运行实态与白银货币的密切关系。也可以这样说，明代财政改革实际上分为两步走：第一步，是实物折银——以银为计量单位，在这一层面，明朝人的财政会计理念发生了重大变化；第二步，是征银——以银为征收形态，在这一层面，明朝财政货币化，即明朝财政从实物财政向货币财政转型，也即明朝财政体系的全面转型。

然而，卷一以下的"十三司分理各省直的田粮岁额岁入岁出总数"，虽不乏折银的记载，却又都是以实物为计量单位的详细账目。那么，这又是怎么回事呢？需要对于这种状况作出解释。我们认为，首先是户部已经采用白银为部分计量标准来会计财政总数，这种类似于全面盘点的会计总数，已是以白银为计量单位之一，这说明从明朝以粮食实物的"石"到白银货币的"两"，明朝财政的计量标准已经发生了重大变化，换言之，明朝人的会计理念发生了重大变迁；然而，《会计录》是以各省直册报为基础的，国家赋税以田赋为主，财政收入主要出自田亩，各地征收虽然经历了折银—征银的变革过程，而各省直册报不可能脱离田亩粮食石的实物作为基本单位与额度，否则就会失去征收的基准。从《会计录》整体记录来看，呈现既有实物，又有折银、乃至征银的一种混杂形态，在从实物税向货币税的发展进程中，这种混杂形态，可以说是一种过渡形态。

完成财政从实物到货币为主的财政体系转型，需要有一个过渡。《会计录》则充分体现了这一过渡。

以白银货币化作为一条主线索，《会计录·沿革事例》再次印证了实物折银自成化、弘治以降向全国广泛铺开的过程。在这一过程中，折银的名称既繁，方法又异，其发生有着诸多的原因，如恤灾、通赋、减负、均平、轻赍、贮粟、宽民、便民等，不一而足。具体来看，我们归纳出以下明代财政 15 种折银的原因或者说是以银为手段来解决财政出现的问题：

(1) 不便输运地方的折银；

(2) 远近有别，远者折银；

(3) 灾伤减赋折银；

(4) 粮储颇足折银；

(5) 均平赋税折银；

（6）边储银秂需要折银；

（7）用于赈济折银；

（8）协济应用折银；

（9）粗重折纳折银；

（10）以苏民力折银；

（11）河水冲刷土地折银；

（12）银便调整折银；

（13）海运苦风折银；

（14）军饷不足折银；

（15）临时折纳折银。

　　初看之下，《会计录》中银子折来又折去，什么情况下折，什么情况下不折，让人摸不着头脑，也找不到规律。不仅折银存在多种情况，就是折银标准也是多元的，我们汇总《会计录》所见各地的折银标准，几乎没有一定的规律可循。根据统计，米的折银标准有 13 种之多，麦的折银标准也有 12 种之多；草的折银标准最多，让人眼花缭乱，高达 26 种之多；而马的折银标准也有 6 种。

　　这种庞杂多元的现象，起初深深迷惑了我们。继而，我们认识到《会计录》是 16 世纪国家财政的真实记录，凡此种种，都昭示了一点，即其正是改革正在进行中的历史见证，真实反映了改革的过渡形态。在改革之初，明朝中央并没有统一的，也没有完整的规划，就此而言，也再次印证了白银货币化不是明朝法令推行的结果，财政货币化是在改革中逐步形成，而白银货币化是财政货币化的一个起点，也是终点。应该承认，财政改革是顺应时势而变动的。从明前期的财政收支几乎全部为实物形态，到明后期的货币形态逐渐增多，反映了货币化发展的不可逆的大趋势，明代财政由此呈现出前后迥然不同的面貌。寻此踪迹，在《会计录·沿革事例》中，从关于"银"的使用上，也可以追寻到白银发展的历程：折色→折银→折纳银两→折收银→征银→实征银→该银若干。这一历程，真实展现了明代财政从实物税向货币税转变的基本特征以及发展演变的大势。

　　应该说明朝首先是在粮食生产充分，"粮储颇足"以后，折银才大行的，这一点说明改革建立在农业经济发展的基础上。折银的例子越来越多，折银即货币征收逐渐成了正宗，粮食等实物征收反而退居了其次。在明朝人的会计理念中，财政的实物计量单位"石""匹""束"逐渐转变为银两，与成、弘以后实物折银的增长是成正比的。白银货币化，白银在社会上大行其道，以白银货币作为计量单位的便利，使明朝人的观念中逐渐广泛接受了白银作为计量标准的既成事实。因此，《会计录》这部明代中央财政会计总册中，已有以银为计量单位的数字，即出现以白银来加入国家财政收入总额的现象应不足为奇，说明明朝财政以白银货币作为计量单位业付诸实施，明朝人财政会计观念的变迁也已蕴含其中了。而《会计录》中以实物为计量单位的记录仍然存在，体现了明代财政体系正在转型之中。

值得注意的是，明代财政的折银，大多是直接折银，但是也有与折麦、折米、折绢、折布等相混在一起，使得折变情况复杂，五花八门，白银与实物关系构成错综复杂，换算也极为庞杂多变。

由于《会计录》不能完整地体现长时段的过程，故我们按照时间顺序查阅了《明实录》，以考察与"会计"一词相联系事物的发展演变，了解明朝人对于货币量度的综合计算作用有了进一步的认识、运用范围比较以前越来越发展的过程。在正统年间，明朝人会计的是"粮数"[1] "物料"[2] "仓粮"[3]；到景泰年间，首见"米银"之称。[4] 乃至成化十年（1474 年），户部郎中李炯然奏："陕西顷有边事，日支粮草动以万数，皆出于民。有一家用银四五十两者，一县用银五六万两者。"[5] 这是《明实录》所见户部官员在会计理念上以银为计量单位，即以银为会计单位的首例。其后，随着成化年间田赋、军饷等大量折银，会计与"折粮银""太仓银""年例银"均发生了联系。至成化二十一年（1485 年），巡抚辽东左副都御史马文升应诏言十事，提及"计亩税银""量增商税"、钞关"船料俱收折银""折钞收银"、田税"量增折银分数""差官铸钱"、

---

① 《明英宗实录》卷八六，正统六年闰十一月丙子，第 1724 页；卷一〇九，正统八年十月癸巳，2204—2205 页。

② 《明英宗实录》卷一一五，正统九年四月辛卯，第 2321 页。

③ 《明英宗实录》卷一七五，正统十四年二月乙巳，第 3374 页。

④ 《明英宗实录》卷二二〇，景泰三年九月丁酉，第 4755 页。

⑤ 《明宪宗实录》卷一二五，成化十年二月戊辰，第 2387 页。

天下户口食盐钞"俱收折银","通计一年亦可得银百万余两"。① 这是以银为计量单位观念的完整表现。但同年巡抚大同左副都御史余子俊"会计二年内给过银、粮、料草及存留之数",② 说明当时会计仍有多元计量的事实。弘治年间,刑科给事中吴世忠奏"臣尝会计两将领兵在外,凡二十余日费银二千八百余两",③ 是明朝官员会计理念已出现完全货币化的典型例证。发展到正德元年(1506年),署内承运库事太监秦文奏内府财用不足,帝命集廷臣议处,户部臣言:"财货之在天下,如水行地中,其源不浚,其流必竭。若不能节俭,用度无经,而欲讲求足国之道,良亦艰矣。今以岁入正数言之,夏税、秋粮、马草、盐课折银,及云南闸办各钞关船料银两,通计仅一百五十余万两;以岁出正数言之,宣、大等六镇年例三十四万两,进库给军官俸粮共三十三万五千余两,至于内府成造宝册之类,其数不得与知,大约并前折俸不下五十万余两,通计用百余万两。然入每亏于原额,而出乃过于常数。"④ 至此,在户部官员的会计理念中,以统一的白银作为计量标准已经成型。当然,此后的明朝会计中仍有大量实物额的存在,而以统一的白银货币为计量标准的事例趋向于越来越多,是一个历史事实,直至我们在《会计录》卷一发现了以白银作为部分计量单位的明朝中央会计的财政收支总数。

需要说明的是,这种货币理念和实践的发展趋势在《会计录》中反映出来,绝非是一个简单的直线发展,而是充分表现出了曲折与反复。事实证明,当明代实物改折之初,明显带有权宜的性质,《会计录》各卷后的《沿革事例》多次出现由折色改回本色的事例,印证了改革是曲折而时常有反复的,改革在初期并没有规划,是明朝官方根据实际需要而作出的不断调整。

16世纪初,白银在整个社会流通领域占据主币地位,深刻地影响了明代财政的货币化进程。从《会计录》来看,晚明整个社会处于急剧变化与转型之中,在财政上表现突出,因此可以说财政变革是晚明社会转型最重要的标志之一。这一重大变化,是在中外互动变革大环境下出现的,

---

① 《明宪宗实录》卷二六二,成化二十一年二月壬申,第4442—4444页。
② 《明宪宗实录》卷二七三,成化二十一年十二月乙酉,第4599—4600页。
③ 《明孝宗实录》卷一四五,弘治十一年十二月壬寅,第2535页。
④ 《明武宗实录》卷一八,正德元年十月甲寅,第539页。

是国家与市场、社会互动的产物。通过对万历初年财政税收和分配的统计分析研究，以白银货币化为主线索，可见货币经济对于自给自足的农业经济已经形成广泛而深刻的破坏现象。

从《会计录》的整理出发，我们认为明代财政的白银货币化，与中国经济货币化同步，在社会流通领域白银货币已取得了主币地位的现实下，财政的改革势在必行，与此相对应的是，明朝人思想观念的更新。这完全不是朝廷法令下颁的结果，也不是国家政令推行的结果。16世纪明代财政改革，是财政货币化的改革，主要包括两个层面：一是以白银为计量标准，二是以白银形态为征收形态。这两个层面，都是财政货币化的表现形式，也即货币财政开端的表现形式。

探寻明朝人逐步舍弃实物为计量单位，以白银为计量单位的观念趋向形成，是银本位制在明代确立的历史现实反映，直接促成了明代财政目标的变异，但这是有一个过程的。这一过程伴随着白银货币化的发展阶段同步发生。

第五节　税票见证：财政全面货币化[*]

从税字来看，税，形声。本义是田赋，征收或缴纳赋税。《说文》："税，租也。从禾，兑声。"[①]《急就篇》注："敛财曰赋，敛谷曰税，田税曰租，皆所以供公家之用也。"[②] 今天的税票，大多是指印花税票，是仿自西方的税种。中国古代也有税票之称，是始自明代。

一　税收与凭证

税收是一个古老的经济范畴，它随着国家的产生而产生，经历了几千年的历史和不同的社会形态，与国家的存在直接相联系。税收是国家财政收入的最主要来源，是国家机器赖以存在并实现其职能的物质基础。马克思曾指出："赋税是政府机器的经济基础。"[③] 古代中国以农立国，所能取

* 本节为2011年8月安徽师大"纪念张海鹏先生延辰80周年暨徽学学术讨论会"而作。
① （汉）许慎：《说文解字》卷七上《禾部》，天津古籍出版社1991年版，第146页。
② （汉）史游：《急就篇》，中华书局1985年版，第241页。
③ 《马克思恩格斯选集》第3卷，人民出版社1972年版，第22页。

得的国家收入主要来源于农业税。二千多年来，农业税收是使中国古代大
一统国家得以延续的重要条件。

明代税收沿袭唐代两税法，主要有两大类，一是正赋，二是杂税，将
夏税秋粮，即两税定为正赋，而将工商矿税、契税等列入杂课，即杂税。
徽州文书中的明代税票属于赋税类文书，赋税征之于民，因此，今天才会
在民间发现大量的文书存世。根据存世徽州文书中的税票实物，明代税票
大致可以分为两类：一类是纳税后官方给予的纳税凭证；另一类是官方给
予的认定纳税额的征收凭证，后者是保证赋税征收的重要前提。据此，给
明代税票下定义，是指明代官方给予纳税人的征收与完纳赋税的票据凭
证。广义的税票应该包括所有税种的征收和纳税凭证。

一般认为，税票始于清代，这是不确的。税票的名称，在晚明万历年
间出现，[①] 在明代徽州文书中，有大量遗存。然而税票的研究，迄今主要
是清代税票的研究。[②] 相对徽州文书中大量存在的各种买卖土地、租佃土
地的赤契和白契研究而言，明朝官方赋税征收过程中产生的税票，长期以
来没有受到学界更广泛关注，虽也有少数文章提及，但主要是从土地交易
来探讨。即使是学者做过大量研究的契尾，[③] 关注的视角也主要是投向土

---

① 除了徽州文书中的遗存之外，税票在明代文献中也有记载。根据笔者所见，如申时行
　等：《明会典》卷三五，涉及的是万历七年（1579 年）钞关税票、万历八年（1580 年）
　淮安仓税票，中华书局 1989 年版；《明神宗实录》卷四二〇，涉及的是万历三十四年
　（1606 年）的马税票，台北："中研院"史语所校勘影印本 1962 年版；张学颜：《万历
　会计录》卷一，提到的是盐司税票，卷四十二提到的也是钞关税票，北京图书馆古籍珍
　本丛刊 52—53 册，书目文献出版社 1989 年版。因此，所见文书和文献可以说都证明了
　万历年间是明代税票名称出现的时间。而最重要的是来自徽州文书的当时税票实物，为
　文献所不载者，弥足珍贵。

② 主要有蒋瑜、王顺寿《清代前期土地税票的发现及初步研究》，《中国农史》1993 年第 1
　期，研究了《收税票》和《企业票》两类土地税票，认为前者是土地产权转移时同时
　转移纳税义务的凭证，后者是清丈土地时发给业主的产权凭证；卞利《清前期土地税契
　制度及投税过割办法研究——徽州休宁县土地税票剖析》，《安徽史学》1995 年 2 期，
　研究了安徽省图书馆发现的十余张有关清前期徽州府休宁县多种土地税票。

③ 这方面研究主要有周绍泉《田宅交易中的契尾试探》，《中国史研究》1987 年第 1 期；
　徐达《土地典卖税契制度考略》，《平准学刊》第四辑，上册，光明日报出版社 1989 年
　版；栾成显《明代土地买卖推收过割制度之演变》，《中国经济史研究》1997 年第 4 期；
　汪庆元《从徽州文书看明代税契制度的演变》，《徽学丛刊》第一辑，安徽省徽学学会，
　2003 年。概言之，明代近 300 年的实际税收实践中，产生了大量的征收与纳税凭证，如
　果不嫌过于宽泛的话，大量向官府缴纳交易税后盖有红色官印的地契，称作赤契的，也
　均可视为广义的纳税凭证的真迹。

地转移关系，而不是明朝的赋税征收。实际上，所谓契尾，不仅表明了土地关系的转移，转移的是纳税义务，更重要的是其本身就是明朝杂课之一种，即契税，在明朝财政税收中占有一席之地。因此，确切地说，契尾本是明朝官方给予的税收凭证，也就是税种之一。

税票，是明朝官方给予的征收与纳税的凭证。但是，这种在实际税收过程中产生的票据，在文献记载中却鲜少记载。涉及既少，又多语焉不详。于是，徽州存留于世的各种税票实物，遂成为我们了解明代赋税征收实态的弥足珍贵而不可替代的第一手资料。

近些年一直在进行《万历会计录》的整理工作，《万历会计录》是明代中央财政的总账册，其中包括大量财政税收的数据。这些数据是如何产生的？其背后赋税征收的实态是怎样的？这是一个需要探讨的问题。本文尝试从明代财政税收的新视角，对所见中国社会科学院历史所和安徽师范大学收藏的明代徽州文书中的税票，进行初步探讨，以粗浅不成熟的看法，见教于方家学者。

二　明代税票名称的出现

有明一代，田赋征收是地方官府主要职能之一。明朝初年，正赋征收由地方官府直接负责，同时，设立府、县一级税课司局，专门管理包括契税在内的工商杂税征收。关于明代专门税课机构的设置与职能，《明史》记载："税课司，府曰司，县曰局。大使一人，从九品，典税事。凡商贾、侩屠、杂市，皆有常征，以时榷而输其直于府若县。凡民间贸田宅，必操契券请印，乃得收户，则征其直百之三。"[1] 明初改"税务"为税课局。洪武九年（1376 年），徽州府税课司局六所，其中"闸办四所：在城、岩寺、休宁、婺源。随办二所：祁门、绩溪"。[2] 在城称税课司，其他各县均为税课局。

在明代徽州文书中，税课局的契税凭证，也就是一般称为契尾的税票，现有大量遗存。值得注意的是，后人在整理时根据内容冠以"税票"之称，其实文书中并不以此名之的有不少。实际上，明初的税契凭证没有

---

① （清）张廷玉等：《明史》卷七五《职官志》四，中华书局 1974 年版，第 1852 页。
② 弘治《徽州府志》卷三《食货》二《财赋》，《明代方志选》（一），台湾学生书局 1965 年版，第 99 页。

税票之称，也没有契尾之称，当时称为"文凭"。在中国社会科学院历史所（以下简称历史所）所藏文书中，明代此类凭证始自洪武朝，下面的《洪武二十四年祁门谢翊先买产税票》即是一例：

> 直隶徽州府祁门县税课局
> 今据西都谢翊先用价钱宝钞叁贯四佰收买到在城冯伯润名下山地为业，文契赴局印兑。
> 除已依例收税外，所有文凭，须至出给者。
> 契本未降。右付本人收执。准此。
> 洪武贰拾四年柒月 日　　攒典蔡斗生（押）
> 税课局（押）①

明初在府、县设置税课司局，管理税收。这是直接延续元朝的做法。历史所藏有元代《至大元年祁门谢良臣置产税票》：

> 徽州路总管府祁门县在城税使司
> 今据谢良臣赍到后项文契，计价中统钞柒拾柒两，赴□□税讫。本司照依口画验价钞例收税附历讫。所有公据合行出给照验者。
> 右付收执。准此。
> 至大元年十一月 日给
> 税使司②

至大元年，是1308年。比较元明文书可知，虽然元明税课管理机构名称有所变化，元代称税使司，明代称税课司，元代称"公据"，明初称"文凭"，但是税收凭证的内容基本没变，都是民间置产后由官方税课管理机构给予的纳税凭证。文书表明，元明土地买卖均须赴税务投税。在元朝，投税后由官方发给"公据"，也称为"契凭"，作为土地合法买卖纳税的凭证。刘和惠先生发现的元延祐二年（1315年）契凭，现藏于安徽

---

① 王钰欣、周绍泉主编：《徽州千年契约文书》宋元明编，卷一，花山文艺出版社1991年版，第32页。
② 《徽州千年契约文书》宋元明编，卷一，第8页。

省博物馆：

> 皇帝圣旨里徽州路祁门县务
> 今据李教谕赍文契壹纸，用价中统钞壹拾叁锭，买受汪子先夏山，次不及田，赴务投税讫。所有契凭，须至出给者。
> 右付本人收执。准此。
> 延祐二年七月 日①

一般而言，征收田宅交易契税的历史可以追溯到更远，始于东晋。至宋代，规定："人户典卖田产一年之外不即受税，系是违法。"② 出现官版契纸"契本"，随契纳税。元代税契后，发给纳税凭证，名为"公据"或"契凭"。栾成显先生研究土地买卖的推收过割制度时，注意到《名公书判清明集》一书载："在法：诸典卖田宅并须离业。又诸典卖田宅投印收税者，即当官推割，开收税租。必依此法，而后为典卖之正"，他列举了徽州文书遗存的南宋土地买卖契约文书，如《淳祐二年休宁李思聪等卖田山赤契》《宝祐三年祁门周文贵卖山地契》《景定元年祁门徐胜宗卖山地契》，以证明推收过割制度的实行，涉及南宋契税的征收。③ 我们注意到，南宋文书中提到的是"税钱"。

明朝建立以后，财政上实行中央集权制，以六部中的户部管理全国财政税收，省、府、州、县都负有赋税征收的职能。关于买卖土地契约的契税，上述洪武二十四年（1391 年）"文凭"是由祁门县税课局发给，其中写明"契本未降"，契本是由户部直接发给的契税凭证。安师大藏《明洪武二十八年二月十三日十四都谢士云买同都谢开先等名下山地契约》，即是徽州文书中遗存的唯一一件契本，已为学界广为引用：

> 户部检会到
> 律令内一款：诸典卖土地、头疋等项，赴务投税，除正课外，每

---

① 刘和惠：《元延祐二年契凭》，《文物》1987 年第 2 期。
② 《宋会要辑稿·食货》七〇之一三九至一四〇，中华书局 1957 年版。关于宋代契税的专门研究，见魏天安：《宋代的契税》，《中州学刊》2009 年第 5 期。
③ 栾成显：《明代土地买卖推收过割制度之演变》，《中国经济史研究》1997 年第 4 期。

契本一纸，纳工本铜钱四十文，余外不许多取，违者治罪。钦此。除钦遵外，议得凡诸人典卖田宅、头匹等项交易，立契了毕，随即赴务投税，依例验价，以三十分中取一。就给官降契本，每一本纳工本铜钱四十文。匿税者笞五十，价物一半没官；于没官物内，以十分为率，三分付告人充赏。如无官降契本，即同匿税。所有契本，须议出给者。

今据本州十西都谢士云等用价钞壹拾陆贯伍百文，买受同都谢开先等名下山地，除收正课外，契本工墨宝钞依例收足。

洪武贰拾捌年贰月十三日

户部①

查文书中提到的律令内一款，见于洪武元年（1368 年）颁发的《大明令·户令》，《大明令》曰："诸买卖土地头匹等项，赴务投税。除正课外，每契本一纸，纳工本铜钱四十文，余外不许多取。"②《大明律》中也有规定："凡典卖田宅不税契者，笞五十。仍追田宅价钱一半入官。不过割者，一亩至五亩，笞四十，每五亩加一等，罪止杖一百。其田入官。"③中国自战国以来，国家的财政来源主要来自农业税收。一般来说，税收的强制性是指税收是国家凭借政治权力，以法令的形式强制课征的，纳税者履行缴纳义务，按照税法的规定纳税，违反者要受到法律制裁。明代徽州文书中有不少开篇申明《大明律》或《大明令》的相关条款，具体体现了律令是税票签发的法律依据。

依据以上文书，可知当时买卖田宅、牲畜等需要缴纳两项税款，一是首先提到的契本工本铜钱四十文，二是投税所收正课交易额的三十分取一。此外，历史所还藏有《洪武二十八年祁门谢士云买产税票》，与户部所颁契本可以联系来看，是由祁门县税课局发给的纳税凭证。④此外，以上时间上早于此的《洪武二十四年祁门谢翊先买产税票》，已表明在明初地方税课局颁发的税契凭证中，已有"契本未降"之例。历史所藏《洪

---

① 周向华编：《安徽师范大学馆藏徽州文书》，安徽人民出版社 2009 年版，第 7 页。
② 张卤辑：《皇明制书》卷一，上册，东京：日本古典研究会 1966 年版，第 9 页。
③ 怀校锋点校：《大明律》第五《典卖田宅》，法律出版社 1999 年版，第 55—56 页。
④ 参见栾成显《明代黄册研究》，中国社会科学出版社 1998 年版，第 88—89 页。

武三十一年祁门方未买产税票》也有墨书"契本未降"四字，[1] 可见明初洪武年间的"契本未降"已非孤例。

明初的契税凭证称"文凭"，至宣德年间仍保持未改，以安师大所藏的宣德六年祁门税课局给发契税文凭为例，文书上见有"工本缺"字样，是契税正课与工本税分离之例：

　　　　直隶徽州府祁门县税课局，今据西都谢能静用价钞□壹阡捌佰贯收买到同都谢永辉家名下田地为业，文契赴局印兑。除依例收税外，所有文凭，须至出给者。
　　　　工本缺。右付本人收执。
　　　　宣德六年六月二十七日　　　攒典周张雯
　　　　税课局（押）[2]

将徽州文书中的税契文凭称作"契尾"，见于《弘治五年休宁黄士则买地税证》：

　　　　直隶徽州府休宁县税课局为民情事，今据二十三都黄士则用银贰两，买同都胡计祖塘池，见赴局投税印兑，契文依例纳课外，所有契尾，须至给者。
　　　　右付本人收执。准此。
　　　　弘治伍年正月十三日
　　　　局（押）　　　　　　　攒典　吴承
　　　　契本未降[3]

《嘉靖二十一年徽州府给付休宁县朔翰买田税契号纸》，说明税契在嘉靖年间冠以"号纸"名称发放：

　　　　今访得各县税契并无银两贮库，多是署印官员并该房吏典侵银入

① 《徽州千年契约文书》宋元明编，卷一，第37页。
② 《安徽师范大学馆藏徽州文书》，第32页。
③ 《徽州千年契约文书》宋元明编，卷一，第257页。

己，盗用印信，拟合议处。为此，本府出给年月印信号纸，发仰该县收贮。如遇买主税契，每两收银三分贮库；填入循环文簿，送府查考。故违者，依律究治。①

同样是休宁县，嘉靖四十一年（1562 年）由县衙架阁库吏库给发的契税凭证，又是一种形式，并不称作号纸：

休宁县架阁库吏库　等，今于与实收为税契事，今收到西南都二图契库张税银陆钱柒分五厘，收储在库。今出挂号半印给付买主备照。

嘉靖四十一年五月二十九日　　　　　　库吏　方福
库子　程佃
叶玄政
程延高②

显然，这是由于徽州的契税银没有收入府库，出现被各县官吏私吞的问题，在"号纸"出台后，又进一步采取措施，加强了对税契银的征收与管理。架阁库是县级官府设置的保管档案文书，即"贮籍册"的专门机构，参与契税的征收和颁发契税的实际工作，由其给发的契税凭证，称为"挂号半印给付"。

所见历史所藏《嘉靖四十一年绩溪县号纸》，说明税契在嘉靖末年冠以"号纸"名称发放，不只是徽州休宁一县：

直隶徽州府绩溪县为税契事，《大明律》内一款：凡典卖田宅不税契者，笞五十，仍追田宅价钱一半入官。不过割者，一亩至五亩笞四十，每五亩加一等罪，止杖一百，其田入官。钦此。钦遵外，卷查嘉靖四十年三月初七日奉府帖：为钱粮不敷，预为计处以裨国计事。抄奉钦差巡抚都御史方 札付，准户部咨前事，奉此案侯在□□□帖

---

①　张传玺主编：《中国历代契约会编考释》，北京大学出版社 1995 年版，第 819 页。

②　《徽州千年契约文书》宋元明编，卷二，第 310 页。

开，为申明税契以杜欺同、以实国课事。据黟县申详前辜，备仰本□官□□□帖文事理，即便刊刷契尾，责差该吏责送赴府发看，令人民照价纳税，其银数照依三十一年大造黄册征取。如契虽曾有印，查无契银贮库登薄者，俱不许过割，责令补纳银两，给予契尾，从新印发，务要严查。如有未纳税银在官，里书、算手私自过割者，从重坐赃论罪。买主田产照律入官，仍问罪发落。等因。奉此，拟合就行刊刷契尾，置立文薄，□成字号，送印发县。如遇人民报税遵奉帖牌内事理，查照叁拾壹年旧规，每银壹两，令出税银贰分，一契止粘连一尾，仍用县印钤盖，给付买主收执，候造册时里书验明，方许过割。

如有故违，依律究治。须至号纸者。

计开

一据图户头户丁 报税人 嘉靖年月内用银 买到 图 经理 号 土名 该税银右给付买主。 准此。

嘉靖肆拾壹年 月 承
县①

契税在隆庆年间也已采用投柜方法征收，纳税人在县衙值柜吏兑明后将税银投入柜中，存储于库。历史所藏《隆庆六年休宁汪廷税契号纸》可为一例。原文并无"税契号纸"之称，而由县值柜吏签发的完税票据，名为"挂号半印收票"：

休宁县值柜吏 今于 与实收为税契事，今收到拾贰都壹图汪廷契拾贰张，税银肆钱肆分陆厘壹毫整，兑明入柜储库。今出挂号半印收票给付买主备照。

隆庆陆年五月拾贰日　值柜吏余胜②

发展至万历年间，税票名称正式出现。以安师大藏《万历三十年七

---

① 《徽州千年契约文书》宋元明编，卷二，第331页。
② 《徽州千年契约文书》宋元明编，卷二，第491页。

月初三日歙县税票》为例，文书上印制的"税票"二字，很是醒目：

> 税 票
> 歙县十陆都壹图七甲里长为黄册赋役事，遵将官民田土开除于后：
> 计开
> 本甲下壹户吴自杰户丁吴自化出发字八百九十六号地税贰厘捌毫，土名郑村林。前项□号共计税　照单推入本都本图八甲下吴宗礼户内收税支解，须票为照。
> 万历三十年七月初三日　　里长吴 已讫（押印）①

严格地说，以上税票的内容是为保证黄册赋役征派的赋税推收票，也就是正赋征收额认定的票据凭证。

总之，徽州文书所见，从元朝的契凭，到明代的文凭、契本、契尾、税契号纸（号纸）、挂号半印收票，直至万历年间出现了税票名称。可以说税票首先是从杂税的契税发展而来，至万历年间，财政赋税改革，实行一条鞭法后，赋役合一、统一征银，成为囊括正赋和杂税在内的所有赋役征收与纳税的凭证名称。值得注意的是，当时税票名称并不统一，内容也不一，出现了多样性，这将在下文述及。

三　明代赋税征收系统及其调整

明代赋税征收系统的调整，是明代税票出现的背景之一。

明代正赋的征收，始终是地方政府的主要职能之一。此外，明初还在地方设置了专门管理赋税的机构税课司局，负责工商、契税等杂税的征收。据弘治《徽州府志》卷三《食货》二记载，徽州府洪武九年（1376年）设置税课局（司）六所，其中"闸办四所：在城、岩寺、休宁、婺源。随办二所：祁门、绩溪"。②　"闸办"指的是商贾过往之处的设卡收税，"随办"则是纳税人按照规定的"赴局投税"。当时税课局收税名目主要有商税、契税、门摊课、契本工墨等，但是实际上，税课司局建立不

---

① 《安徽师范大学馆藏徽州文书》，第98页。
② 弘治《徽州府志》卷三《食货》二《财赋》，第99页。

久，自洪武年间已开始裁减。《明实录》记载，洪武十三年（1380 年）
正月"吏部言：天下税课司局岁收课额米不及五百石者，凡三百六十有
四，宜罢之，从府、州、县征其课为便。从之"。① 这是一次大规模的裁
撤。后来各地税课司局裁减时间不一，但将职能最终归属于府州县地方政
府则是相同的。

弘治《徽州府志》记载：歙县税课局"成化十四年裁革，岩寺镇税
课局并入税课司带管"。并记在弘治年间，徽州府祁门县、绩溪县税课局
已由县里带管。② 查阅徽州文书，正统七年（1442 年）祁门谢能静买山
税票已由县衙发给。《正统七年祁门谢能静买山税票》：

> 直隶徽州府祁门县税课局，今据十西都谢能静用价布折钞壹佰
> 贯，买受到在城冯子永新名下山地为业，文契赴县印兑。除依例收税
> 外，所有□□，须至出给者。
> 工本缺。右付本人收执。
> 正统七年十一月初八 日　　典吏汪海承
> 县（押）
> 直日巡栏何□③

但是同府的休宁县税课局在嘉靖六年（1527 年）仍在履行职务，所
见历史所藏文书中，有其发给的税契凭证：

> 直隶徽州府休宁县税课局为公务事，检会到《大明律》壹款：
> 凡典卖田宅不税契者，笞五十，仍追田宅价钱一半入官。钦此，钦遵
> 外，今据本县都图于年月内用价买到都图内经理字号 土名，四至在
> 契，赴局验税验价明白，照例折收银钞类解外，所有契尾，须至出
> 给者。
> 右给付买主收照。准此。
> 嘉靖六年二月 日 攒典胡汾承

---

① 《明太祖实录》卷一二九，洪武十三年正月辛酉，第 2056 页。
② 弘治《徽州府志》卷三《食货》二《财赋》，第 103 页。
③ 《徽州千年契约文书》宋元明编，卷一，第 32 页。

局官崔（押）
嘉靖二年八月初历日重刊①

由此可见，即使是徽州一府之内，各县税课局也裁减不一。嘉靖《徽州府志》记载，休宁县"国朝建税课局，嘉靖初裁革"。② 万历《休宁县志》云：嘉靖十一年（1532 年）"革我县税务诸色课，均派于里甲办纳"。③ 所见历史所藏《嘉靖十三年休宁郑广买业税证》，适可证明休宁税课局的此项职能在嘉靖十三年（1534 年）已归县衙：

直隶徽州府休宁县为清查税银以备储蓄事，奉府帖，抄蒙巡按监察御史启批，据本府经历司呈，及奉钦差总理粮储及巡抚应天等府都察院右副都御使陈批，据本府申俱为前事，内开今后凡买民田地山塘者，每价银壹两，令出税银壹分伍厘，拾两出银壹钱伍分，收储在官，候秋成买稻上仓，等因。奉此检会到《大明律》内壹款：凡典卖田宅不税契者，笞五十，仍追田宅价钱一半入官。钦此，钦遵外，今据本县五都五图郑广于嘉靖十三年六月内，用价银陆两整，买到同都同图吴思保户内经理珠字号 土名 四至在契，赴县投税验价，照例征税买稻外，所有契尾粘连印钤，须至出给者。
右给付买主郑广 收执。准此。
嘉靖十三年十一月 日　典吏钱皋承
县（押）④

以上所见税票实物的考察，证明了明朝的税务征收，分为正赋与工商杂税两大类，依据类别，税收征收也划分为两大系统。明初首先在中央设置户部主管全国财政税收，在地方由省府州县地方政府主管正赋的征收，同时，延续前朝做法，设立税务专门管理机构税课司局主管工商杂税。也

① 《嘉靖六年休宁县空白税契凭证》，《徽州千年契约文书》宋元明编，卷二，第 40 页。
② 嘉靖《徽州府志》卷六《公署》，《北京图书馆古籍珍本丛刊》29 册，书目文献出版社 1998 年版，第 146 页。
③ 道光《休宁县志》卷五《食货》引万历《休宁县志》，江苏古籍出版社 1998 年版，第 104 页。
④ 《徽州千年契约文书》宋元明编，卷二，第 87 页。

就是说明初的制度安排，是开始由地方府州县管理正赋征收，由税课司局专门管理其他工商杂税，分工明晰，统属明确。洪武十三年（1381 年），明太祖朱元璋首先对课程征收不如额的税课司、局进行检查，将每年征收额米不及五百石的税课司局裁革，由府、县兼领征收。这是一个税课司局裁革的开端，标志税收征收系统产生变化，发展趋势则是将属于杂税中的契税归属于地方府、县行政机构。随着时间的推移，税课司局相继裁撤，工商杂税中的契税，由于与正赋征收有着密不可分的关系，则逐渐归地方行政系统负责。

四　赋役改革与税票分类的多样性

所见徽州文书中的晚明税票，具有名称与形态的多样性。税票出现及其多样性的特征，与明代赋役改革密不可分，可以说赋役改革是明代税票出现的背景之二。

明朝的赋役改革，在宣德年间已经开始。发展到万历年间，赋役改革加速进行，其间经历了 150 年，出现了重大变迁。[1] 改革中，出现了前所未有的多种税票，即纳税凭证或与赋税征收相关的官方票据。下面拟以所见徽州文书，对明代财政税收中产生并遗存下来的各种形式的税票略加钩稽，进行简单分类，借以探究明代财政税收运作的实态。需要加以说明的是，由于存在文书整理时的题名与文书原名不符的现象，故在此将徽州文书整理者原拟定的题名加书名号，而文书题名均见录于文书原件。

第一类，钱粮票类。

此类主要有"钱粮票"等几种。明朝正赋，也称钱粮，因此，钱粮票是缴纳正赋给予的税票。

历史所藏《万历三十三年休宁郑英钱粮票》：

　　　　钱 粮 票

休宁县为征收钱粮事，据五都四图一甲一户郑英上纳万历三十年分条编银叁两无钱无分无厘0毫，眼同验兑包封投柜，如有低色短缺查出，一并治罪不恕。

---

[1]　参见拙文《明代白银货币化视角下的赋役改革》（上、下），《学术月刊》2007 年第 5、6 期。

礼房地字一十九号

万历三十三年八月初三　　　日值柜（印章）

验银银匠①

安师大藏《明崇祯十六年四月初十休宁县钱粮税票》，票面并没有显示"钱粮票"字样，但是根据内容，是征收钱粮给发的编号票据，这件文书表明，完纳的钱粮是边饷：

日字二千一百十七号

休宁县为征收钱粮事，收到一都七图四甲里长汪春敬 人户 完崇祯十六年分边银贰两肆五分，给票附炤。

崇祯十六年四月初十日收

旁半印"甲合同完票"。②

安师大另藏有《明崇祯十四年四月十九日歙县纳户执炤》一件，内容与钱粮票相同。值得注意的是，这是民户在崇祯十四年（1641年）完纳的崇祯十五年（1642年）的"京边金花粮饷银"，徽州府歙县有守柜粮长签章发给的纳税凭证。

纳　户　执　炤

徽州府歙县为征收京饷钱粮事。据十八都二图七甲里长汪松政甲下纳户 完崇祯拾伍年分京边金花粮饷银玖两贰分五厘。自秤自封，眼同守柜登记下柜，出票附纳执炤。

崇祯十四年四月十九日 守柜粮长（印章）收

丁字一百六十七号

票旁"本县痛禁□□守柜粮长不得抑勒"。③

以上文书是明末崇祯年间的。根据《万历会计录》，嘉靖初年"纳户

---

① 《徽州千年契约文书》宋元明编，卷三，第337页。
② 《安徽师范大学馆藏徽州文书》，第135页。
③ 《安徽师范大学馆藏徽州文书》，第134页。

执照"已经存在，当时御史奏报朝廷批准，实行于征收四川边屯钱粮：

> 嘉靖二年，御史简霄条奏：查得四川边屯钱粮，止凭监收官开报，作弊多端。乞严行各边管粮副使参议，将各屯田务要通行查明，荒芜坍塌者应否召佃开除，耕种成熟者有无包占欺隐，备将田亩并承种官军姓名造册解廵抚处查考。以后拾年壹次清造，管粮道将各卫先立号簿，开写官某军某承□□分该粮若干，每分置由帖一张，发监收官照粮给票，付纳户执照，每月开报，以凭注销。本部复：准。①

明末陈龙正《幾亭外书》记载《户例十二条》，第五条是"完纳小票明载征额五"，明确提到"纳户执照前列各项银米，诚为了然"。② 说明完纳小票附给纳户执照，是当时赋税征收通行的做法。

此类税票，还有一种称为"收附"。下面安师大所藏《明崇祯十三年三月二十四日歙县收附纳税票》就是一例：

> 拾叁年分收附
> 　　歙县合符收十八都二图七甲纳户汪松政 上崇祯拾叁年分分粮银无两伍钱陆分伍厘正。
> 　　崇祯拾三年二月二十四日 粮长　经收丁字二千柒百四十七号给纳户。准此。③

第二类，收税票、割税票、推税票等，是官方为大造黄册印制的一种票证。一般而言，一出一进，是土地买卖交易发生以后，赋役转移的凭证，推收过割，其最终意义，是落实到正赋税粮，因此，也就是赋税征收额认定的凭证。收税票，由买方填写，是将所买田土税粮收入本户的票据；推税票或割税票，由卖方填写，是将所卖田土税粮推给买方的票据；县官府推收税票的印制和签发，主要是为了防止私自过割，以保证赋税的征收，是赋税征收额的认定凭证。都图印制给发的此类税票又称小票。

---

① （明）张学颜：《万历会计录》卷三八。
② （明）陈龙正：《幾亭外书》卷四，崇祯刻本。
③ 《安徽师范大学馆藏徽州文书》，第133页。

早在嘉靖年间，歙县就刊刻名为《地税单》，目的是推收税粮，保证正赋的征收。安师大藏《明嘉靖四十一年十二月二十八日歙县地税单》：

> 歙县十六都五图黄册里长吴永睦分将推除税产列于后
>
> 　　计开第六甲
>
> 一户吴正 户丁 除入本都一图吴鲁户内。
>
> 字 地 土名
>
> 赖字 本行下 田壹亩零叁厘 土名（立束）塘下。
>
> 字 山　土名
>
> 字 塘　土名　入讫。
>
> 嘉靖四十一年十二月二十八日 见管黄册吴文仪（押）总①

明代万历末年出现了二联割收税票。历史所藏《万历四十年祁门谢惟忠户买田割税收税票》，在同一文书上并列"割税票"与"收税票"：

> 　　割税票
>
> 祁门县为黄册事。据西都图一甲谢法明户户丁大纲、大贤、阿方，卖与西都图三甲谢帷忠户户丁孟莕，系 号，土名水大坞上前山三角蚯，田税壹亩伍分捌毫陆丝，已经纳税印契讫，合镇印票，给付本人，付该图册书，照票割税，推入本户，造册当差。票到，册书查明即割，如敢需索刁难，许鸣锣喊禀，断先拿重责枷号，仍计赃解究。无票不许混推，违者推人（并册书一体重处不贷）。
>
> 万历四十年十一月二十六日
>
> 县（押）
>
> 　　收税票
>
> 祁门县为黄册事。据西都图三甲谢帷忠户户丁孟鸳，买到西都图一甲谢法明户户丁谢大纲、大贤、阿方，系 号，土名水大坞上前山三角蚯，田税壹亩伍分捌毫陆丝，已经纳税印契讫，合填印票，给付本人，付该图册书，照票收入本户，造册当差。票到即收，如敢需索刁难，许鸣锣喊禀，断先拿重责枷号，仍计赃解究。无票不得混收，

---

① 《安徽师范大学馆藏徽州文书》，第74页。

违者收入并册书一体重处不贷。

　　万历四十年十一月二十六日

　　县（押）①

天启年间，为了稽查税契，以便推收税粮，休宁县不仅发给收税票，而且颁发了"正堂税票"。安师大藏《天启四年三月二十六日休宁县收税票》：

　　　　收　税　票

　　休宁县拾柒都册里书算遵奉县主爷爷为攒造黄册推收税粮事。据本图八甲詹德亨户丁　一收生　字　号地税壹亩叁分陆厘柒毫，土名杨梅山，系天启四年三月买到本都本图三甲詹惟衡户丁明铨。

　　麦　　　　　米

　　天启四年三月二十六日　　册里金大有

　　　　　　　　　　　书手　汪七

　　　　　　　　　　　算手汪文祥②

安师大藏《明天启三年五月初三日休宁县正堂税票》：

　　　　正堂税票

　　休宁县为稽查税契以便推收事。照得民间买卖田产，须于十年编审之际当官推收，敷罗奉法明开者固多，而贿通私推者不无，今后凡遇推收，俱赴正堂，投递税状，各给印票一张，执送本图册里，收验明白，即与推收，不得留难。如无票私推，查出一体重治不贷。须票。

　　计开

　　五都三图甲胡廷淦收到本都本图胡世清购地价柒拾捌两伍钱整，已上过税银贰两叁钱伍分伍厘整。

　　天启三年五月初三日　　总海字一百六十二号③

---

① 《徽州千年契约文书》宋元明编，卷三，第430页。

② 《安徽师范大学馆藏徽州文书》，第119页。

③ 《安徽师范大学馆藏徽州文书》，第116页。

总之，私下交易而不在官府办理纳税过割手续，不具有法律效力。历史所藏《天启五年十二月休宁程应佳卖田赤契》中"其税粮遵奉新例，随即推入买主户内办纳粮差"的记录，说明到明末天启年间，已经打破了十年大造之期推税的惯例，遵行的是新的事例，随时可以推税。显然，这主要为了保证赋税的征收。

明末，也有直接称为"收地税票"的。安师大藏《崇祯十七年七月收地税票》：

收 地 税 票

拾叁都壹图遵奉县主明示，对册验契查明。据本都本图四甲汪兴户户丁 一收羽字叁千肆百拾壹号号土名百岁坊，计地税玖厘正，于九年 月 买本都贰图拾甲孙和户。

麦　　　米

崇祯拾七年七月 日　册里倪尚义

契尾　　号　　书 汪度

价银　税银　算 金斗瑞①

与收税票、割税票内容类似，也是为了保证赋税征收的票据，还有除票和吊票。除票见于安师大藏《明嘉靖二十一年二月歙县除票》：

除 票

歙县为赋役黄册事。除外今给印信小票发仰里长转散人户，照契填写除税，以凭查对造册施行。须至票者。

计开

十六都一图□□□□下□□田贰亩〇四厘陆毫五丝，□□都二图吴宗祠户内户丁名下，明白执票除税是实。

（从略）

嘉靖贰拾壹年二月　日给□（押）②

---

① 《安徽师范大学馆藏徽州文书》，第137页。

② 《安徽师范大学馆藏徽州文书》，第70页。

吊票，见于安师大藏《明崇祯九年十二月二十八日歙县吊票》：

吊 票

歙县陆都贰图拾甲册吴□□，今据本图拾甲下一户吴汝成 卖过
计开

发字乙千八百七十贰号，地七厘叁毫， 土名潘西塘汪林克。

发字乙千八百七十七号，地贰分九厘叁毫，土名同。

发字乙千八百八十号， 地柒分八厘四毫，土名同。

发字贰千令贰十叁号， 地贰分七厘九毫，土名同。

余白推入本都本图九甲吴宗祠名下支解，吊票为证。

嘉靖玖年十贰月廿八日 见管册事吴□正（押）①

安师大所藏同类的还有名曰"吊帖"的，见《明天启四年七月初八日吊帖》。②

历史所藏《万历四十一年祁门毕禄税契尾》，是由兵备道刊发的，③内容强调了消除当时积弊。而历史所藏《天启三年休宁程国器买田契尾》开篇明义："直隶徽州府为查理契税以厘奸弊事，照奉部文改用府印契尾。自万历四十八年正月为始，如无府尾者不许过割推收。"④

第三类，万历土地清丈以后，缴纳赋税额的田税票、归户票。

万历初年，土地清丈在全国普遍推行，在徽州文书中遗存了当时清丈以后，发给的田税小票。所见安师大藏《明万历十年七月十七日歙县田税》：

十三都贰图遵奉县示将丈过本图翔字号旧地山塘各户分数填□小票给付业人领去亲供，该图归户存证。

翔字贰千肆百贰拾号 土名 里墩下田积贰百伍拾叁步零伍厘肆毫，应拟上则，计田税壹亩肆分玖厘壹毫。十三都乙都乙图乙甲吴稷

---

① 《安徽师范大学馆藏徽州文书》，第131页。
② 《安徽师范大学馆藏徽州文书》，第120页。
③ 《徽州千年契约文书》宋元明编，卷三，第440页。
④ 《徽州千年契约文书》宋元明编，卷四，第99页。

明户丁　业。

　　万历拾年十月十七日　图正汪文川　　票①

土地清丈后，有一种当时称为"清税归户票"的票据：

清 税 归 户 票

　　捌都壹图奉县明示丈过田地山塘照号步积，给发小票，业人亲领。计税归入该图亲供，以革奸弊，票证。八都四图二甲见业金（王复）户丁，珍字一百四十二号，土名清水塘，拟　则　积　山 计税贰厘。

　　万历拾年七月二十三日　图正吴珠　　②

类似的还有"分亩归户票"：

分 亩 归 户 票

　　贰拾玖都捌图奉本县明示，丈过田地山塘每号照丈积步，依则清查，分亩给发小票。业人亲领前付该图亲供归户票照。

　　计开

　　丈过二十九都十二图一甲黄榜户丁，土名古林上村，难字三千三百二十一号中则地分基新路计积十五步，计税陆厘。

　　万历拾年七月 日　公图正黄槐　　票③

　　此类有关赋税征收的票据，名称很多，还有名为《纬税票》、《归户纬税票》、名为《字号》的亲供归户票、《分税归户票》、《推收照会票》等，均为安师大所藏，④ 恕在此不一一列举。

　　第四类，新增杂税税票。

①《安徽师范大学馆藏徽州文书》，第86页。
②《安徽师范大学馆藏徽州文书》，第87页。
③《安徽师范大学馆藏徽州文书》，第89页。
④《安徽师范大学馆藏徽州文书》，第86、88、89、91、97页。

将晚明徽州文书中所见新增杂税的税票略加钩稽，主要有以下几种：

(1) 赃罚银小票

历史所藏《万历五年徽州府庆积库付郑维明、郑维英小票》，名为小票，内容是徽州府庆积库给予犯人的缴纳赎罪银的凭证。

小 票

徽州府庆积库奉府帖为指官嚇骗事。仰收后开银数贮库，合给收十四号小票付照，候完日缴总出库收附卷，须票。

按院项下计实收过郑维明低米银拾贰钱伍分、郑维英低米银壹钱贰分伍厘。

万历伍年拾月拾四日 库吏程與可　票①

明后期赃罚银，包括两部分，一为没官银（盗贼追赃、官员抄家等），二为赎罪银，其中赎罪银是按照法律规定，犯人缴纳一定的银两（明初交钞），可获从轻发落乃至释放。赎罪银，作为赃罚银的一种，一般包括在杂税之中。明代后期赃罚银属于增加的杂税，占据地方财政的较大份额。

(2) 矿税票

安师大藏有《万历三十年七月初三休宁县矿税票》：

矿 税 票

休宁县为征收矿税银两事，本府帖文照奉院道案验详验，本府包采银两缘由，奉此尊经照则，派数示谕上约去后，今据本县五都四图郑英上纳三十年分矿税银玖两捌钱陆分陆厘六毫六丝０忽四微，合行给票渺付照，其银眼同验兑足色投柜。如有低假短少查出，一并究治不恕。须至票者。

矿字五十八号

万历三十年七月初三日给

都 图 里长等经收 银匠②

---

① 《徽州千年契约文书》宋元明编，卷三，第40页。

② 《安徽师范大学馆藏徽州文书》，第97页。

矿税是杂税中的重要组成部分，尤其在晚明白银货币化促使赋役全面货币化以后，对于矿税的需求急剧增加，万历年间矿监税使四出，主要是财政上存在对于白银的大量需求。这里的矿税票，说明休宁当时征收矿税银两，按照府级帖文，采取府一级包采制，而由县级政府负责，采取了与正赋同样的投柜方法，由基层都图里长经收给票。

（3）徭役银票

历史所藏《万历七年祁门县付黄富小票》，是差户缴纳徭役银后，由县衙兵房给予差户的凭证小票。这件文书证明了徭役银的征收，系由县里负责，由县兵房发给完纳小票。值得注意的是，这份文书云"除外票给本役前去后"，又有"年分徭银"。

小　票

祁门县为均徭事，除外票给本役前去后，开差户如数收领万历八年分徭银，完日销算，毋违，须票。

计开

三四都二图差户黄富徭银陆两贰钱。

右印县抄汪时旺同　该里准此。

万历七年十月十三日　兵房行

县（押）

限　完　销①

明后期赋役改革，其中重要的是徭役改革，简言之，徭役征派从原来以"丁"为对象，转向"丁""田"相兼的征派方式，纳户是由纳粮当差到纳银不当差。起初改革的重要内容是均徭，将徭役分为力差和银差，最后无论是银差，还是力差，都以缴纳银两，以银代役，再由县衙以银雇役。但是改革以后，日久弊生，许多地方出现了既有差役又有徭银的状况。

（4）匠班银税票

明初实行班匠制，成化年间已经开始有愿意缴纳银两的就可以以银代役，到嘉靖四十年，实行全面的班匠银制，缴纳银两，以银代役，官为雇役。班匠银也由县里征收管理，刻印编号的收附票据，具体由地方粮长经

---

① 《徽州千年契约文书》宋元明编，卷三，第58页。

收发给。

安师大藏"班字""匠字"的班匠银税票，说明为了管理便利，形成了一种编号税票。《明万历三十年九月二十三歙县班字第九百五十号税票》：

班字第九百五十号

直隶徽州府歙县为征收万历二十六年分匠班事，粮长杨绍祖今收到东关都四图十甲洪相保户送纳该年班银无两肆钱五分捌厘乙毛，收附存照。

万历三十年九月二十三 粮长杨绍祖（印章）给

县①

《天启三年七月十七日歙县匠班银税票》：

匠字柒〇三号

歙县为征收匠班事，今收到东关都四图十甲洪相保送纳天启元年匠班银无两肆钱五分捌厘，收附存照。

天启三年七月十七日 胡允乾

县②

晚明，由于财政对于白银的巨大需求，明朝杂税有急剧增加的趋势。除了部分存留外，税契、赃罚、关税银两需要照数解部，接济边饷是其主要功用。契尾的票据有从兵备道颁发的，就是例证。③ 而万历二十年（1592 年）南京户科给事中郝世科的上奏说明，各地事例不同，契价也有所不同，但当时主要是起运，转解户部后作为备边之用。

天下各府州县，每遇壬年（即大造之年）开局推收造册，民间有置买田地事产等项，例应过割入户。有司拘其文契，不论升合毫

---

① 《安徽师范大学馆藏徽州文书》，第 99 页。
② 《安徽师范大学馆藏徽州文书》，第 117 页。
③ 《万历二十五年歙县汪氏买产契尾》，《徽州千年契约文书》宋元明编，卷三，第 286 页。

厘，片纸只字，俱尽数到官，仍查其契内所载价值多少，在各省直事例不同，有契价一两而税银三分者，有税银四五分者。纳银上官后，各以印信契尾给之。其所收税契银两，随其申报上司，截数起解府司，转解户部，听备边之用。此税契之大略然也。①

第五类，税收条编由票。

这是明代赋役改革，实行一条鞭法的实物见证，是实行一条鞭法后出现的赋税征收通知票。

徽州文书中保存着万历年间徽州一条鞭法具体实施的原始资料，万历初年全面推行一条鞭法，颁示印制条编由票，注明会计派征麦、米、丝等征银数字，"给由票填注各户应纳银数，散给小民，照数输纳"。由票填写户主姓名、所在都图甲、属籍、成丁口数、应纳官民麦、丝、米数，税粮和条编总银数。历史所藏《万历十六年歙县税收条编由票》即为一例：

歙县税收条编由票

　　直隶徽州府歙县为给由票以便输纳事，遵奉府帖申允会计派征万历拾伍年分税：麦每石征银叁钱壹分贰厘捌毫陆丝一忽陆征叁尘，扣银叁厘玖丝玖征陆尘；米每石征银肆钱壹分壹厘叁毫壹丝陆忽壹征叁尘，扣银肆厘壹毫叁忽伍征玖尘；丝每壹两征银伍厘，扣银叁毫肆丝伍忽柒征柒尘捌渺叁漠。拾陆年条编：有免员役每丁止纳物料银壹分贰厘壹毫陆尘，扣银柒丝玖忽叁征捌渺。（米）每石止纳物料银陆分伍毫叁征，扣银叁毫玖丝陆忽伍征肆口；无免人户每丁总纳物料、徭费银柒分壹厘柒毫玖忽玖尘陆渺，扣银捌丝柒忽伍征陆尘贰渺，总纳物料徭费银叁钱伍分捌厘伍毫肆丝伍忽肆征捌尘，扣银肆毫叁丝柒忽捌征壹尘。奉此。给由票填注各户应纳银数，散给小民，照数输纳。如有派征不合官则，许令告究。须至由票者。

　　计开

　　一户吴正宗系十七都二图四甲民籍，成丁一口，官民麦二斗七升四合八勺，丝一两二钱一分三厘四毫，官民米八斗八升三合，税粮共该银四钱九分六厘五毫，条编共该银三钱八分八厘八毫。

①　（明）赵官等：《后湖志》卷一〇《事例》七，嘉靖刻本。

　　右给付纳户。

　　万历拾陆年贰月（县印）　　　日 户给

　　县（押）　　　　　　　　　　　　承行吏□正□

　　　　　　　　　　　　　　　　　算派书汪文晓①

　　据熊尚文《赋役成规》记录，明末另置由票，由府刊刻成书，将由
票一并转行各州县翻刊分发里递，遍给小民，仍出示于各城市、乡村张
挂，务使家喻户晓，各识所减、所征之数。② 这是晚明至明末各地较为普
遍通行的税收征收方式。

　　关于万历年间徽州府的实行条编后的具体征收状况，据汪庆元先生介
绍，安徽省博物馆藏古之贤《新安蠹状》一书，是古氏于万历十四
（1586 年）至十六年（1588 年）任徽州知府时的文件汇编。其中《行六
县永定征收便民厘弊》涉及当时徽州府钱粮征收中粮长与税收的细节，
可与徽州文书相互印证，故在此全录于下：

　　　　为永定征收之法以便民厘弊事。照得六县征粮立法不一，难以稽
　　查，非所以定章程而示画一也。今集群议、访舆情逐款开列于后，仰
　　县官吏查照遵行。务要上下称便，彼此画一，永为定规，以便查盘。
　　先具不违，依准呈府查考。

　　　　计开

　　　　一、加添粮长以均劳逸。粮长十年一轮，除革空役外，若止用一
　　正二朞，则空闲者甚多，人情不平。今议各里收各里，就于本里中不
　　分里长甲首，止拣丁粮向上者管收本里十甲之粮。又于内拣选殷实上
　　户方金解户，不分税粮、条编，俱用粮长酌量难易金解，余剩之人帮
　　贴。庶人众则征收不累，本里则银数不多，勿得违错。

　　　　一、公金点以服人心。徽民之富不系田粮，有富逾钜万而田粮反
　　少。又有奸猾之民，田粮本多而花分子户，其粮长皆不及金也。又有
　　势豪大户，假以无干生员冒认丁粮，干嘱缠绕，而软熟有司，曲徇人
　　情。以致上户未必金，金者未必上户，人心不服，实由于此。以后掌

　　① 《徽州千年契约文书》宋元明编，卷三，第 200 页。
　　② （明）熊尚文：《赋役成规》，万历四十三年刻本。

印官务要严拒请托，查并花分；如果殷实，田粮虽少，亦要佥点。庶
粮长悦服，而本官之风采可概见矣。勉之。

一、预发由票以杜科敛。乡村小民不知官则，被里长揽收多科。
又粮长通同书手违则多派，希图分侵。今后务要总撒相合，毋许毫忽
增减，每户预给一张，须要简明；仍将派过官则印刷一张，并派粮吏
书结状报府案候稽查。

一、议革吏农以从民便。访得吏农收银加索秤头，比之粮长害人
尤甚。且派征承行，其职在吏，又委收银，恐生弊端。内吏农前程不
过二十两十五两而止。今委收解，及至遗累，以后禁革，如再营求收
解者，坐赃究罪不恕。

一、禁革加耗以平秤兑。访得粮长私用大等，正数外勒要加耗，
每两少则三四分，多至六七分，假报羡余，以图肥己。其实先侵入
己，方才入柜，是民受其害，官被其污，而利实归于粮长也。掌印官
止因避嫌，任其私家秤收，通不查考，愈纵其贪，民何赖焉？今后须
要当堂秤收，公同纳户入柜，粮长止于守柜上簿，拆封之日，如验有
短少，仍将纳户问罪倍追。纵有羡余，听凭正官明白作正支销，或就
中津贴解户，俱无不可，何避嫌之有。

一、禁革使用以苏困累。钱粮为身家之累，人人畏避，加以衙门
使用，愈加困惫，故有当一介粮长而遂败其家者，良可悯也。访得管
粮官有比较贽见礼，吏书有常例见面钱，关领勘合，转文倒解本府，
吏书又馈送扇烛，求索常例，及解官房水马匹俱派于粮长，种种凤弊
不可缕悉。今后掌印官须要严革凤弊，申府挐究，毋事姑恤，则粮长
自乐于应役矣。

一、实征并比较共一簿。实征前件下听纳户亲自注簿，比较限下
听粮长亲自打墩，此簿收完，缴户房案候查盘。

一、半印票即流水簿。粮长逐日填给，每五十张一钉，用尽请
印，此簿给粮长存照。①

历史所藏《万历三十九年休宁县催征程晟税粮条编》，列有十限，分

---

① 汪庆元：《徽学研究要籍叙录》，《徽学》第二卷，安徽大学出版社2002年版，第357—
358页。

限完纳，依次催征，与滚单相同。[①] 将之与明末文献，陈龙正《几亭外书》中的《户例十二条》第四条"比征匀分十限四"，[②] 相互印证，可证明晚明推行一条鞭法以后，分限完纳的方式通行各地。

此外，历史所藏的《天启二年歙县派征钱粮易知由单》，[③] 是关于明代赋税改革的历史见证。易知由单是明代最早采用的。所谓易知由单，是官方用来催促纳税人纳税的一种通知单，其出现与赋役改革紧密相连。易知由单在明代正德初年已出现，伴随一条鞭法的出现，自嘉靖以后已在一条鞭法实行地区盛行，万历年间全国普遍进行土地清丈，通行一条鞭法，易知由单也在全国普及开来，后为清代所沿袭。梁方仲先生早已对于这类由单做过专门研究，[④] 故在此不再全文录述。

从所见徽州文书中的税票来看，税票之名，始自明代万历年间。依此而言，税票是晚明出现的新名词，与晚明赋役改革紧密相联系，是晚明出现的新现象。这个新现象所依存的，是财政税收的变革，可以说明代白银货币化—财政赋役货币化是税票出现的背景之三。

综上所述，一般由官方印制颁发的明代税票，大致可以分为以下几类：

（1）正赋的征收完纳凭证。

（2）杂税的认定赋税征收额的凭证。

（3）土地清丈后认定征收额的凭证。

（4）新增杂税种类并入正赋征收系统，统一征银的征收完纳凭证。

（5）实行一条鞭法改革后的条编征收凭证。

根据税票实物，我们了解到晚明地方赋税征收的流程可简列如下：

由官府发给民户易知由单、条编由票→县设木柜，令民户自封投柜→都图里长、粮长经收给票→县库→起运或存留。

以上流程所见，晚明税收是由税票（单）起，由税票终。

归纳以上所引徽州文书，其中明代官方签发机构包括：税课司、户部、府、县、还有兵备道等；而其中赋税经收人的名称多样：有攒典、库

---

① 《徽州千年契约文书》宋元明编，卷三，第 420 页。

② （明）陈龙正：《几亭外书》卷四，崇祯刻本。

③ 《徽州千年契约文书》宋元明编，卷四，第 420 页。

④ 梁方仲：《易知由单的研究》，《岭南学报》第 11 卷第 2 期，1951 年。

吏、库子、值柜吏、典史、直日巡栏、日值柜、验银银匠、银匠、守柜粮长、粮长、里长、见管黄册、见管册事、册里、书手、算手、图正、公图正、都图里长、兵房、承行吏、算派书，等等。事实上，由经收人印行的税票，也具有多种多样的特征。

从徽州文书中所见税票看明代财政赋税征收，根据税票信息与分类，我们可以了解明代赋税征收方式、征收运作流程，征收人员和签发机构等。税票真实地反映了明代赋税征收完纳以及改革的实态，弥足珍贵。

小　结

以上根据所见徽州文书中的税票，对于明代税票的历史、税票名称的出现过程、税票出现的背景、税票的主要分类、基本内容、基本特点、主要功能作了初步考察，徽州文书中遗存的税票，是明代赋税征收缴纳白银的真实反映，是我们了解和研究明代财政赋税改革历史实态的第一手资料，与存世明代文献相互印证，可以认为税票之称，是始自明代，确切地说是始自晚明万历年间，即张居正财政改革以后。财政体系全面向以白银货币为主转型，是白银货币化的完成形态——财政货币化的产物，不是到清代才出现的。在明代赋税征收过程中，税票构成了主要文书之一。晚明出现大量税票，名称、形态和内容，均具有多样性，但基本功能是保障了赋税征收的有序进行；同时，税票与明代赋役改革紧密相联系，具有中国从赋役国家向赋税国家转型的鲜明的时代特征。

税票的定义，明代税收分为两大类，两税是正赋，工商、契税为杂税。根据所见徽州文书，明代税票也可分为两大类，一类是纳税人纳税后，官方给予的纳税凭证，另一类是官方给予纳税人（户）的认定纳税额的征收凭证，所谓"令人民照价纳税"的凭据。后者保证正赋征收的重要前提。据此，税票可以定义为明代官方印制的给予纳税人的赋税征收与完纳的票据凭证。

根据所见徽州文书中的税票实物，梳理税票名称出现的来龙去脉，可以说经历了一个过程，大致可以简列如下：元公凭、契凭→明文凭、契本→契尾→税契号纸（号纸）→挂号半印给付→挂号半印收票→税票。

税票首先是从杂税的契税发展而来，直至包括了财政赋税改革实行一条鞭法后赋役合一、统一征银的所有税收征收与纳税的凭证。

税票，是明代国家征之于民时所使用的赋税凭证，应该包括所有税种的征收与纳税凭证。晚明，无论正赋，还是杂税，在税务征收过程中产生的重要税收凭证，都归于了票据形态，以保证税收的顺利进行。

以往学界对于徽州文书中税票的分类，主要是划分到土地文书类。[①]实际上，根据名称，税票主要应属于赋税类文书。梳理税票名称的产生过程，徽州文书中大量存世的所谓契尾，不仅表明了土地关系的转移，而且其本身就是明代杂税之一种，即契税。确切地说，契税是明代官方给予的纳税凭证，同时，也是缴纳正赋的纳税额的认定凭证，因此，在税收上具有双重功能，在明代财政税收中占有不可替代的一席之地。重要的是，从国家财政税收的视角来看，存在着两种权利，一种是财产权利，也就是土地所有者权利的认定；另一种是国家的权力。依据这种权利把私人占有一部分产品变为国家所有，这就是税收。国家运用税收参与分配，意味着政治权力凌驾于所有权之上，因此任何形式的抗税行为都构成违法行为，征税权力是国家强制权力最明显的表现。

明朝税收有两大系统，一是正赋，二是杂税，税收机构也分为两大系统，一是中央至地方行政管理系统，二是专门的税收管理系统。税收的大部分是以正赋，也即土地收益为核心，这决定了管理正赋的行政系统占有主导地位。从徽州文书中的税票看明朝的税务征收过程，首先设置的专门管理机构和地方行政机构两个系统，互不统属，说明明朝的正赋与工商杂税一开始是分工明晰，统属明确的。后来杂税中的契税从专门管理系统分离出来，逐渐归属于地方行政系统负责，正是因为其与赋税征收与完纳的重要关系。明后期形成由专门管理机构主管商税，其他杂税主要归地方府县直接管理的格局。

对晚明赋役改革的研究，以往更多地关注赋税征收过程中册籍的变化，其实，税票的出现是晚明赋税征收的新现象，通过所见徽州文书赋税类文书的税票，可知晚明形成了税票制度。

明代赋税征收是地方府县级政府的主要职能之一。地方基层的赋税征收是支撑整个国家庞大财政赋税征收的基础，也是明代整个国家机器运转

---

① 主要参见周绍泉《徽州文书与徽学》，《历史研究》2000 年第 1 期；王钰欣等编《徽州文书类目》，黄山书社，2000 年；姚邦藻主编《徽州学概论》，中国社会科学出版社 2000 年版；严桂夫、王国键《徽州文书档案》，安徽人民出版社 2005 年版；徐国利《当代中国的徽州文书研究》，《史学月刊》2005 年第 2 期；翁礼华《古代土地变更和纳税关系转移凭征》，《中国财税文化专刊》2009 年第 1 期。

的基础。明代赋税征收体制具有自身发展的特点。明初实行粮长制，以粮长督催赋税，粮长在赋税征收中起了关键作用，已为梁方仲先生所深刻剖析。[1] 后来粮长制度败坏，改为"以里甲催办"，里长负有"催征钱粮，勾摄公事"之责。晚明对征收环节进行改革，实行纳户自行投柜缴纳的制度，简化了征收手续。嘉靖《石埭县志》记载了征收钱粮的具体方法：

> 轮推一人值柜一季，户粮经承同值柜对足所纳银数多寡，先填流水簿，次填串票后，用小封套包银投入柜内。值柜之人不任催粮，逐日同经承在柜上收管四都钱粮，晚间在库房看守歇宿，此收粮之法也。[2]

万历四十六年（1618 年）河南道御史房壮丽云：

> 自条鞭法行，州县派征钱粮俱令花户自行纳柜，里书、排年无所容其奸，法至善也。[3]

唐文基先生认为："这种纳户自行封银交纳，号称'柜银'制度，它简化了征收手续，不仅可以避免里胥在征纳时敲诈勒索和贪污个饱，也基本解除了里长甲首催征赋役职责，从而使里甲与徭役完全分离。"[4] 嘉靖《徽州府志》卷八《食货志》记载"岁役之目有八"：其中"二曰里甲值月之役，三曰新定粮长之役"，关于里甲之役，云"知府何东序议，各州县分设都图，排立里长，专一催办勾稽"；而关于新定粮长之役：则云"粮长先年每区额编一正二副，不论粮之多寡，甘苦不均。巡抚周公议于均徭内编金，未果。知府何东序行县酌议，不拘名数，以粮为主，通融编金……粮长主粮收银，众轻易举之良法也"。[5] 由此可见，无论里甲，还是粮长，都是"役"名。

从徽州文书中的税票来看，明后期赋税改革以后，在征收过程中，纳户投柜是由里长或粮长经收给票，因此里长或粮长仍然在征收中起着重要

① 梁方仲：《明代粮长制度》，上海人民出版社 1957 年版。
② 嘉靖《石埭县志》卷四，康熙十四年本。
③ 《明神宗实录》卷五七六，万历四十六年一月丁亥，第 10891 页。
④ 唐文基：《明代赋役制度史》，中国社会科学出版社 1991 年版，第 336 页。
⑤ 嘉靖《徽州府志》卷八《食货志》，第 196、203—204 页。

作用。特别是在所见税票中，粮长发给的税票例证不少，说明粮长的作用并非像以往所认识的那样在明末消亡了，粮长在明后期赋役改革中的作用，涉及赋税征收与基层社会组织的变动关系，值得进一步研究。

徽州文书中的税票显示，在赋役改革实行一条鞭法以后，虽然环节简化，但是无论正赋，还是杂税，以及徭役，均合并摊入土地的趋势明显，统一征收白银，由地方基层都图里长、粮长经收，是所谓的官收官解。这些都是一条鞭法的主要内容，而税票实物所印证的，正是中国古代赋役制度的重大变迁。①

据清代王庆云所说，清代赋税征收主要有四，其中易知由单延续明代之外，截票"列地丁实数，按月分为十限，完则截之；其票钤印中分，官民各执其半，即串票也"，滚单"分为十限，依次滚催"，② 也同样是源自明代，清沿明制的传承关系于此彰显出来。

进一步说，对于所见徽州文书中税票的初步探讨，发展到晚明，明代税种增多，正赋与杂税、正赋与徭役的合并，统一征收白银货币，均尽显其中。从古代税收发展来看，杂税，特别是工商税越来越受到重视是一个发展趋势，由于商品货币经济的迅速发展，杂税在税收上的地位越来越重要，其中主要是商税有了迅速增长的趋势。与之相联系的是，国家财政上从实物税向货币税过渡，明代成为一个重要转折点。当然，杂税扩大征收的趋势，有商品货币经济发展的背景，同时也有明朝财政，主要是统治阶层的扩大需求。晚明税收名色增多，税额不减，只有加重的趋势。

总之，长期以来，学者们的关注点是在赋税册籍，而徽州文书大量税票的遗存，是赋役改革过程中赋税征收实态的真实反映。这些实物凭证，可以切实推进我们对于明代赋税征收以及晚明赋役改革的认识。这里仅以所见徽州文书中的税票进行初步考察，是为探微。

---

① 参见万明《白银货币化与中外变革》第二节，《晚明社会变迁：问题与研究》第三章，商务印书馆，2005 年，第 148—186 页。根据笔者以往的研究，徽州文书中土地交易在成化年间已经全部白银化，参见拙文《明代白银货币化的初步考察》，《中国经济史研究》2003 年第 2 期。

② （清）王庆云：《石渠余纪》卷三，《纪赋册粮票》，北京古籍出版社 1985 年版，第 112—113 页。

附录　徽州文书中的税票

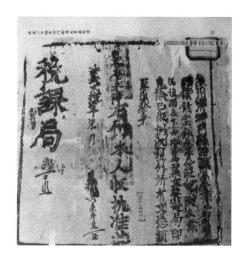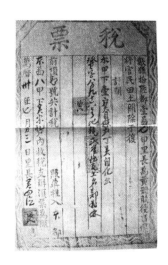

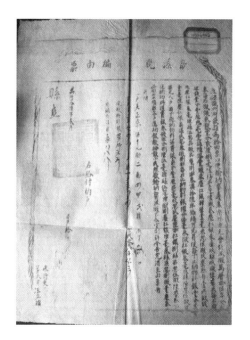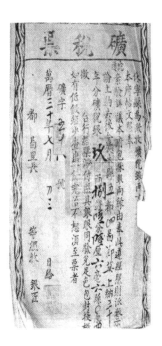

第六节　传统赋役国家向近代赋税国家的转型

笔者尝试将《万历会计录》的所有数据，无论是实物还是折银，都以白银作为统一的计量单位，进行了全面系统的统计，得出了以下的认识：明代白银货币化完成于财政货币化。

一　财政收支结构及其分析

财政凭借政治权力强制参与社会产品的分配，将一部分社会产品集中到国家手中，表现为财政收入的过程。又通过政府的活动为社会提供包括国防行政管理在内的公共产品，以满足社会共同的需要，表现为财政支出的过程。财政收入与财政支出的结合形成了完整的财政分配。

一个完整的财政分配过程包括财政收入和财政支出两个方面。财政收入是国家为了保证实现国家职能的需要，通过税收等渠道集中的国家收入；财政支出则是为满足国家执行职能需要而作出的支出。财政收支结构是财政收入和支出的相互联系及其数量关系，国家财政收支结构的现状及其变化，表明了国家重点职能以及变化趋势。

（一）财政收入方面

全国财政收入统计，主要分为田赋、盐课、钞关、杂课 4 项。财政收入结构，是指各类财政收入占总收入的比重。明朝以农立国，收入中占最大比重的是田赋，即田赋是国家最主要的财政收入。根据以白银作为统一的计量单位统计，全国财政收入共计银 18100167.73 两，其中田赋 16197189.70 两，是最多的一项，占全部收入总数的 89.49%，接近总数的 90%。盐课其次，占 6.47%，钞关占 2.22%，杂课占 1.82%。

在十五个省直田赋中，四川、广东、广西、云南及贵州五省的项目全无折银标准，即使是在其他十省直中，也只有少部分田赋项目有折银标准，其中给出折银标准最多的河南、北直隶、江西三省直，有折银标准的田赋项目也不过 2/3 左右。为此在对《会计录》中田赋的数字材料进行开发性初级处理的基础上，我们首次将数理统计多元分析中的系统聚类分析模型应用于史学研究领域，将十五个省直作为样本，按照它们在田赋水平上的紧密程度进行分类，以同一类中已知省直的实物折银标准的加权平均值，作为未知省直的相同实物的折银标准，由此确定各省直田赋项目的折银标准。① 同时，我们也利用了《会计录》本身所记载的某些实物的价格，如卷三十的《内库供应·商价会估备考》，卷三十六的《仓场·商价会估备考》等，对其他未折银实物的折银标准作了选择确定，然后以统一的白银为计量单位，将全国田赋折银，进而得到 16 世纪全国各省直田赋占全国田赋总数的百分比。

从十五省直田赋水平来看，以白银所表示的全国田赋总计，货币化比例占据 36.57%，而如果不含我们对于山东省的估算部分，也仅达到 37.42%，不到 40%。除宝钞外，田赋数量由多到少的排列顺序如下：南直隶 20.41%、山东 17.55%、山西 13.08%、陕西 9.34%、河南 9.21%、浙江 7.09%、北直隶 6.40%、江西 5.15%、湖广 4.75%、四川 2.01%、广东 2.01%、福建 1.76%、广西 0.70%、云南 0.46%、贵州 0.09%。

从省一级田赋水平来看，以白银所表示的田赋计，除宝钞外，田赋数

---

① Xu Yingkai, Chen Qiuhua, "Application of Cluster Analysis in National Land Tax Structure Analysis in the Sixteenth Century", *Comprehensive Evaluation of Economy and Society with Statistical Science*, Sydney: Aussino Academic Publishing House, 2009.

量最多的前三位省直为南直隶、山东、山西，占全国田赋的 51.40%。而排在最后的云南与贵州两省田赋仅占全国田赋的 0.56%。

起运是田赋划归中央的部分。各省直田赋的起运总量占田赋总量的 68.59%，而存留总量占田赋总量的 31.41%。我们认为，存留部分是划归地方政府的部分，这部分在《会计录》中往往是实物，实际上，在地方的存留则往往因一条鞭法改革而大量折银征收，只不过在中央财政账面上不显示而已。

各省直起运量由多到少的排列顺序如下：陕西 98.71%；江西 85.75%；四川 84.28%；南直隶 79.29%；河南 75.18%；北直隶 70.48%；浙江 70.18%；山东 68.17%；湖广 43.87%；山西 39.13%；广东 36.47%；福建 33.81%；云南 26.46%；广西与贵州为 0。

就单独的省直来看，田赋起运量最多的是陕西、江西和四川，其起运量分别占该省田赋总量的 98.71%、85.75%、84.28%。起运量占该省田赋总量一半以上的省直有 8 个，从多到少依次排列为：陕西、江西、四川、南直隶、河南、北直隶、浙江和山东。只有广西、贵州的起运量是 0。

田赋存留量最多的是山西、山东、南直隶三省直，其总存留量占了全国存留量的 57.77%。存留量最少的是四川、陕西和贵州，其存留量的总和是全国田赋存留量的 1.73%。

从各省直下辖的府州一级来看，每省田赋总量排在前三位的分别是：

浙江省：嘉兴、湖州、绍兴；江西省：南昌、吉安、抚州；湖广省：广信、承天、建昌；福建省：建宁、福州、泉州；山东省：济南、青州、兖州；山西省：平阳、太原、潞安；河南省：开封、河南、怀庆；陕西省：西安、延安、凤翔；四川省：重庆、成都、叙州；广东省：广州、潮州、肇庆；广西省：桂林、梧州、柳州；云南省：云南、大理、临安；贵州省：贵州宣慰使司、贵阳、安顺州；北直隶：大名、真定、顺天；南直隶：苏州、松江、常州。

盐课，是次于田赋的第二项主要收入，占全部收入总数的 6.47%。需要说明的是，全国盐课统计中，由于原书陕西灵州盐课司，广东、海北盐课二提举司以及四川盐课提举司的全部内容残缺，故我们仅以两淮等六盐运司及云南黑、白、安宁、五井盐课四提举司的数据进行统计。盐课共计银 1168638.13 两，遇闰共计银 1171619.73 两。以闰年计，其中起运太仓银库白银最多的盐运司依次为两淮、两浙和长芦盐运司，其起运数分别占总数的 61.53%、14.36%、12.31%，合计占总数的 88.19%。但是征银最多的盐运司与起运太仓银库白银最多的盐运司并不完全一致，征银数排在前三位的盐运司分别为两淮、河东与两浙，长芦盐运司排在第四位。而河东盐运司项下含有宣府镇银、大同代府禄粮银、山西布政司抵补民粮银合计 194150.56 两，这部分白银并不运往太仓银库。

钞关，收入占全部财政收入总数的 2.22%。全国七个钞关共计征银402308.96 两，其中实征银 243186.00 两，宝钞与铜钱折银 159122.96 两，白银货币化比例为 60.45%。征银最多的前三个钞关为临清、浒墅、北新钞关。临清占 39.72%，其他依次是浒墅钞关占 16.16%，北新钞关占11.92%，淮安钞关占 10.01%，河西务钞关占 9.64%，九江钞关占6.89%，扬州钞关占 5.67%。货币化程度由高到低分别为：河西务钞关81.44%，北新钞关 76.76%，浒墅钞关 61.66%，扬州钞关 56.58%，淮安钞关 56.36%，九江钞关 55.23%，临清钞关 52.45%。七钞关的货币化程度均超过了 50%。

宝钞征收最多的钞关是临清、浒墅与淮安钞关，这三个钞关征收的宝钞占宝钞总数的 73.57%。

铜钱征收最多的钞关是临清、浒墅与九江钞关，这三个钞关征收的铜钱占铜钱总数的 73.35%。

杂课，根据统计，全国各省直的杂课，占全部收入总数的 1.82%。《会计录》中所记录的各地杂课，有"额征"，也有"岁征"，均在表中标出。对于杂课，《会计录》中并没有给出折银标准，故此对于宝钞和铜钱两项，分别记录。其中浙江、河南、广西、贵州四省只征宝钞，没有征银的记录；北直隶银、钞、钱都征；其他各省直只征银。征银最多的前三个省直为北直隶、湖广与广东，这三地征银数占总数的 60.35%，紧随其后的是南直隶，占总数的 24.39%。至于其他省的征银数均低于总数 13%。

（二）财政支出方面

全国财政支出统计，包含了边镇粮饷、宗藩禄粮、官员俸禄、营卫官军俸粮以及内府供用 5 项。财政支出结构是指财政支出总额中各类支出的组合以及各类支出在支出总额中所占的比重，也称"财政支出构成"。简单来说，财政支出结构是各类财政支出占总支出的比重。根据统计结果，就全国来看，总支出白银 18544545. 37 两，其中边镇粮饷占 44. 58%，宗藩禄粮占 29. 76%，官员俸禄占 0. 63%，营卫官军俸粮占 14. 02%，内府供用占 11. 01%。最大的支出是边镇粮饷，几乎占有半数的比重，如果加上营卫官军俸粮，军事开支高达 58. 6%。

边镇粮饷支出统计数字，这里将《会计录》中十三镇的军费支出全部用白银表示，共计 8267512. 78 两，其中排在前三位的是宣府镇、大同镇与延绥镇，分别占总数的 15. 81%、15. 36% 与 9. 29%，三镇合计占总数的 40. 45%。其他依次为：山西镇占 8. 57%，辽东镇占 8. 38%，甘肃镇占 7. 61%，蓟州镇占 7. 14%，固原镇占 6. 68%，密云镇占 6. 52%，易州镇占 4. 65%，永平镇占 3. 92%，宁夏镇占 3. 71%，昌平镇占 2. 37%。

内府供用统计（仅为与户部职掌有关的收入），包含了内承运库等十四司、库、监、局以及光禄寺，将光禄寺的数据放在内府供用项目中，主要是考虑到光禄寺的收入也是服务于皇室的，放在一起可使表格的排列不至于太零散。这些司、库、监、局、寺均有实物与白银收入。按照白银收入多少，排在前三位的是内承运库、光禄寺、甲字库。其中内承运库一库就占了全部总数的 57. 64%，光禄寺占 11. 75%，甲字库占 9. 29%，这三库合计占了总数的 78. 68%。各库收入的货币化程度也大小不同，其中丁字库、内官监、司苑局和惜薪司的货币化程度是 100%，宝钞司、内承运库的货币化程度分别为 99. 74% 与 99. 05%，这十四司、库、监、局以及光禄寺平均的货币化程度为 78. 51%。承运库、丙字库、尚膳监货币化率为零，广惠库与天财库则只有宝钞与铜钱。

财政支出结构中，军饷居首位。奢华的皇室费用为数巨大，却不尽在户部的管理之中。

二 财政收支总量的认识

财政收入是反映一个国家综合经济实力的重要指标。衡量一国政府在一个财政年度内所拥有的财政收入的规模，是通过年度财政收入的总量，以货币形式表示。万历初年财政发展的历程极其复杂，内容也极其丰富。呈献在读者面前的这一成果，只是试图通过整理《会计录》，以统计表格形式将当时的财政实态勾勒出的一个大致轮廓。16 世纪末明代财政的基本特征在《会计录》中充分展现了出来，明代财政改革的货币化发展趋向是极为明显的。

根据《会计录》卷一按语所云，万历六年财政会计本折通计 1461
万，① 由此我们了解到，当时明代财政已经有以白银为部分计量单位的
会计总账，这是一个值得注意的关键历史事实。而我们依据《会计录》
全书记载的户部掌握的财政收支账目，包括各省直至府州县，以及其他
杂税等的具体数据，以白银作为统一的计量单位，计算出明代财政收入
总额共计白银 18100167.73 两，计算出的财政支出总额折合白银
18544545.37 两。

我们的计算工作会有误差出现，主要由以下原因造成：其一，原书所
记录的收入有本折各色，其中本色的折银标准并未全部明言，我们至今无
法知晓明朝人是如何计算的，我们将全部实物折银的标准会与之有不相符
之处。其二，原书卷六全部遗失，我们是通过聚类分析推测计算出山东全
省具体数据的，会产生误差。其三，《会计录》记载每年所入本折各色通
计有"钱钞不与"，其他还有"数莫可稽"，我们则力图对其中部分钱钞
和所有实物都进行了白银货币折算。其四，有些数据存在重复计算，而又
无法将其剥离，例如《会计录》卷三二《宗藩禄粮》的数据，与各省田
赋的"存留"数据存在着交集。其五，由于原书没有告知所有物品的折
银标准，我们所使用的某些物品的折银标准，是加权平均值，折算本身会
有一定的误差。

最终，根据统计，我们计算出晚明全国财政收入总额共计白银
18100167.73 两，全国财政支出总额共计白银 18544545.37 两的结果。这
样一看，明显收不抵支，两者相差 444377.60 两。其中，实银的收入为
7589182.91 两，实银的支出为 9163098.67 两，在实银收支上有高达
1573915.76 两的赤字。因此，我们的结论是：16 世纪 70—80 年代，当时
明代国家财政明显处于危机之中。建立在细致地对《会计录》所载各项
细目的货币化统计之上，这一结论与《会计录》编纂人所云万历六年收
不抵支的结论是完全相同的。

财政收入规模是指财政收入的总体水平，它是衡量国家财力的重要指
标。明代财政收入规模体现出两种发展倾向：一是呈不断扩大之势，二是
由于财政支出的同时扩张，入不敷出的局面日益严重，其收入规模又相对
显绌。将田赋征收定额化，这就决定了财政收入不可能有快速发展，但是

---

① 《会计录》卷一，上册，第22页。

定额化只是制度化规范而已，实际上加派与加征在明末频繁出现，不断加重了税负，也是历史事实。总之，在整个明代，农业税一直是国家财政收入的重要来源，农业经济是财政收入的基础，但是我们不可以因为工商业税没有增长迅速，就贬低明代财政改革向全面货币化发展的事实及其意义。

三　财政收支货币化比例的统计分析

根据列表统计结果，财政收支货币化比例如下：

全国田赋货币化比例统计。在宝钞数量极少，故不计的情况下，全国田赋货币化程度排在前三位的是河南71%、北直隶70.21%与江西63%三省直。其余各省直田赋的货币化程度均低于50%，最低的三个省份是陕西、广西和贵州。而由于山东省田赋数据缺失，根据本篇第八章《聚类分析方法在十六世纪全国田赋结构分析中的应用》所做的分析，山东与南直隶是为一类，故此将南直隶的货币化比例应用于山东省，并按此比例估算山东的夏税、秋粮及田赋总数的货币化数据，得出全国十五省直田赋货币化程度平均为36.57%。

需要特别说明，由于山东省的田赋数据是估算出来的，为此我们又排除了山东省的数据，仅就其他十四省直作出丙表282。显示当不计山东省田赋数据时，其他十四省直货币化程度的平均值为37.42%。

对于田赋总数而言，丙表281中的货币化比例36.57%与丙表282中的货币化比例37.42%，非常接近，仅差0.85%。从夏税、秋粮两个分项看，其货币化比例也仅差2.01%与1.20%。由此可见，用南直隶的数据替代已经遗失的山东省的数据，是基本合理的。

杂课货币化比例。湖广为93.76%，北直隶为66.47%，而浙江、河南、广西、贵州四省杂课的货币化比例为零，其余九省直杂课的货币化比例为100%。全国十五省直合计为76.75%。

内库供用货币化比例。丁字库、内官监、司苑局和惜薪司的白银货币化程度为100%，宝钞司为99.74%，内承运库为99.05%，光禄寺为75.51%，供用库为68.80%，甲字库为37.47%，酒醋面局为33.62%，其余均为零。全部内库供用的货币化比例平均为78.51%。

全国财政收入货币化比例，分为五栏：田赋、盐课、钞关、杂课和总数。田赋的货币化比例为36.57%，盐课的货币化比例为100%，钞关的货币化比例为 60.45%，杂课的货币化比例为 76.53%。全国财政收入平均货币化比例为 41.93%。

全国财政支出货币化比例，分为六栏：边镇粮饷、宗藩禄粮、官员俸禄、营卫官军俸粮、内府供用和总数。边镇粮饷的货币化比例为 82.01%，宗藩禄粮的货币化比例为 1.70%，官员俸禄的货币化比例为 41.67%，内府供用的货币化比例为 71.57%。全国财政支出平均货币化比例为 49.41%。从这里我们看到，宗藩禄粮的货币化比例非常低，只有 1.70%，而在我们的河南田赋个案研究中，说明藩王禄粮在地方田赋之中已经全部货币化了，由于《会计录》中的地方存留部分均体现为实物，故影响到总的货币化比例偏低。

财政收支平衡，是指年度财政收入与财政支出在总量上的平衡，平衡即收支时做到收支相抵。依据《会计录》所统计的全国财政货币化比例，可见全国财政支出货币化比例超过了全国财政收入的货币化比例，全国财政实银收入为 7589182.91 两，而实银支出为 9163098.67 两，在收支上有高达 1573915.76 两的赤字。

统一计算以后，我们得出 16 世纪末明朝财政总收入的货币化比例达到 41.93%，财政总支出的货币化比例已达到 49.41%。由此看来，朝廷增加白银货币收入迫在眉睫，改革必须加速进行。

还需要说明的是，《会计录》中关于万历六年（1578 年）皇帝大婚、潘季驯治河大工等巨大开销均不见记载。[1] 这里的原因是，一般而言，《会计录》仅载户部日常收支，大工主要由工部负责，故在户部账目之外。明朝宫廷财政收入主要有三个来源：其一取自掌握的大内库藏——内承运库，其中金花银为大项收入；其二取自宫廷的田庄、店铺——皇庄、皇店；其三直接取自地方州县，称上供、采造。此外宫中不时出现向户部掌管的财政部分要求调配的情形。而仅从户部掌握的国家主体财政资源来看，即使是日常的收支，当时也存在收不抵支的状况，这也正是张居正所忧虑之处，说明了明朝财政危机是一个毫无疑问的历史事实。因此可以说

---

[1] 据《万历起居注》万历六年六月二十九日记载，潘季驯修治河工是将江南漕粮通行改折一年，"其正粮折银解部外，其折耗、轻赍及运军行粮等项，俱令接济河工"的结果。见南炳文、吴彦玲辑校《辑校万历起居注》，天津古籍出版社 2010 年版，第一册，第237 页。

白银是当时明朝财政中的第一要务也不过分。

四　《万历会计录》田赋货币化个案分析

(一) 河南之例①

16 世纪是世界历史发生重大转折的时期。同样，晚明中国也发生了令人瞩目的变化，成为中国传统社会向近代社会转型和中国走向世界的开端。根据我们已有的研究，明代白银从非法到合法的白银货币化过程，经历了从民间自下而上崛起，再到官方认可自上而下推行全国的历程。伴随一系列赋役改革，白银货币化在各地铺开，白银形成社会流通领域主币，货币化趋势席卷中国社会，与制度变迁、社会变迁同步，并深刻影响了明朝兴衰。历史事实证明，中国走向近代，走向世界，是有内部强大驱动力的。沿着一条白银货币化—市场扩大发展—与世界连接的道路，中国以社会自身发展需求为依托，市场扩大到世界范围，推动了日本与美洲白银矿产的大开发，拉动了外银大量流入中国，由此中国积极参与了世界第一个经济体系，也即世界市场的建构，并深刻地影响了全球化开端时期的历史进程。

以成、弘为界，划分明朝前后期。明后期，白银货币化在国家与社会互动中迅速发展。沿着这一学术理路，在对白银货币化与赋役改革的关系作了初步梳理以后，接下来我们面临的就是财政改革的问题。财政是以国家为主体的经济活动、社会活动和分配活动，毋庸置疑，对经济、政治、军事、文化乃至整个社会均有着深刻而复杂的影响与作用。事实上，归根结底，赋役折银的广泛推行，与财政的货币化是同一过程。明后期财政改革，主要体现在国家财政从实物经济向货币经济的转变，这无疑是中国社会经济货币化的进程，也是中国社会进步的重要指征。而对晚明货币经济在财政领域的发展进行探讨，可以深化我们对晚明这一重要的中国社会转型时期的认识。

众所周知，明朝万历初年，经历了张居正改革，全国清丈土地和一条鞭法的推行，是中国古代社会发展史上一个关键时期。万历四年至万历九年 (1576—1581 年)，由户部尚书张学颜主持编订成帙、十年 (1582 年)

---

① 此部分与徐英凯合作。

刊刻的《万历会计录》①（下面简称《会计录》）四十三卷，是迄今为止保存下来中国古代最早的，也是唯一的一部国家财政会计总账册，其内容备载了当时全国包括十三布政司和两直隶的田赋原额、见额、岁入、岁出总数；各边镇饷额；内库和各库各监局物料额、商价、光禄寺物料供应、宗藩禄粮、官员俸禄、营卫俸粮、漕运、仓场、屯田、盐法、茶法、钞关、商税和杂课等，史料价值之高不言而喻。当时《会计录》首先刊刻一部进呈御览，另一部送史馆采录，其后陆续颁行省直边镇，要求一体遵守，是一部具有国家经济财会法规性质的明代财务账籍，为我们研究晚明财政的变化，深入探寻白银货币化的发展历程，提供了有利条件。

《会计录》长达四十三卷，根据初步统计，大约包含 4.5 万以上数据。中国古代史研究最缺乏的就是系统的数据，明代为我们留下了《会计录》这样一部难得的系统而完整的国家财政数据，弥足珍贵，但是至今没有得到充分发掘利用。探寻缘由，一来由于篇幅大，内容多；二来全部是庞杂的数据；三是属于海内孤本，在以往没有计算机条件，只能凭个人之力在图书馆抄录的情形下难以全面掌握。对明代户口、田地及田赋、一条鞭法等研究作出杰出贡献的梁方仲先生，他的《中国历代户口、田地、田赋统计》② 一书，是数量资料收集统计方面的奠基性研究成果。其中明代各表，主要根据《明实录》《明会典》和大量地方志等资料组成，只有乙表 56 是根据《会计录》作的《明万历六年分区起运存留米麦数及其百分比》表，以实物额数（石）为计算单位。由于书中专门收集户口、田地、田赋方面数据，计算单位以实物形态出现，白银货币化的问题没有成为关注的重点。黄仁宇（Ray Huang）20 世纪 70 年代撰写了《十六世纪明代中国之财政与税收》③，虽然他关注的时间与主题均与《会计录》密切相关，但可惜的是，他主要利用了《明实录》、《明会典》、《明史》、地方志等数据，而将《会计录》置于参考文献的"其他的明代和清初的数据"中，书中仅利用了《会计录》中的 5 个具体数据，这不能不说是

---

① （明）张学颜等：《万历会计录》，万历十年刻本，《北京图书馆珍本丛刊》第 52—53 册，书目文献出版社 1989 年版。
② 梁方仲：《中国历代户口、田地、田赋统计》，上海人民出版社 1980 年版。
③ ［美］黄仁宇（Ray Huang）：《十六世纪明代中国之财政与税收》（*Taxation and Governmental Finance in Sixteenth Century Ming China*），英文版 1974 年；阿风等译，生活・读书・新知三联书店 2001 年版。

基本史料的缺陷。关于明代赋役制度的研究，日本学者的研究成果甚丰，清水泰次、山根幸夫、岩见宏、谷口规矩雄等学者发表了一系列有价值的论述①，内容涵盖了明代财政的诸多方面，但是，同样都没有利用《会计录》对明代财政的货币化问题进行专门研究。

以往史学界一般认为，明代财政是以实物为主，主要表现在田赋征收是以实物米麦为主，终明世没有改变。事实是否就是如此？我们认为，发展到明代后期，货币经济极大发展，在白银货币化大势所趋下，一系列的地方赋役改革全面铺开，势必导致国家的财政改革和田赋征收的变化。但是这一变化究竟有多大？达到了什么程度？尚待我们去探讨。

事实上，中国社会经济发展到明代后期，白银货币不仅进入了赋税领域，而且逐渐成为各种赋税征派所采用的统一的预算和支付手段。这样一来，各种赋税具有了统一的计算标准，这是中国历史上前所未有的，具有划时代的意义。换言之，明代白银货币化，贵金属白银作为统一的计算单位，可以作为一种普遍适用于所有项目的标准化计算手段，也为我们进行定量分析与研究提供了有利条件，使我们可以利用《会计录》中的系统数据，对于明代财政结构以及货币化程度作出估算与研究。

田赋是国家财政的核心，也最能够反映出国家财政的性质。因此，在这里选取从河南布政司田赋入手。② 需要说明的是，这是首次利用《会计录》数据，结合其他明代史籍数据，以定性与定量分析相结合进行研究的一个尝试。

1. 河南田赋结构的分析

河南田赋是全国田赋的一个组成部分。明代田赋制度原则上沿袭唐代以来的两税法。根据洪武年间《诸司职掌》记载，明初规定田赋为夏秋

---

① 日本学者对于明代赋役制度的研究成果很多，如清水泰次《明代に于ける租税银纳の发达》，《东洋学报》20卷3期，1935年；山根幸夫《明代徭役制度の展开》，东京：东京女大学会1966年版；岩见宏《银差の成立をめぐって——明代徭役の银纳化に关する一问题》，《明代徭役制度の研究》，东京：同朋舍1986年版；谷口规矩雄《明代徭役制度史研究》，东京：同朋舍1998年版；等等。聚焦于徭役折银的较多，采用的是制度史研究的视角。

② 选取河南的考虑有两点：一是在明代它是一个仅次于湖广田地数额的第二农业大省；二是它是一个北方农业大省，对于白银货币化与财政改革也许更具有典型意义。需要说明的是，《会计录》中记载河南包括9府108州县，是万历初年河南实际上的行政区划，不同于一般采用的《明史·地理志》记载的河南8府102县。

两税，夏税征收曰米麦，曰钱钞，曰绢；秋粮征收，曰米，曰钱钞，曰绢①。

明人黄暐《蓬窗类纪》云：

今之夏秋二税，即古所谓粟米之征，唐之所谓租；农桑丝绢即古所谓布缕之征，唐之所谓调。②

梁方仲先生对于明代田赋素有研究，他概括如下：

所谓田赋可以有广狭两义之分。从广义说来，凡随同田赋正项缴纳的税物，亦未尝不可以归入田赋之中。故一切附加的杂项（不管长久的或暂时的）都可当作田赋的一部分看待。但从狭义说来，只有对一般田地所赋的标准品物，才算是真正的田赋……狭义的田赋，在明代为米麦两项。麦是在夏天，米是在秋天收的，故叫麦作夏税，米作秋粮。③

明代田赋的征收，主要有本色、折色两种。米麦称作本色，各种折纳称作折色。据《明太祖实录》载，洪武九年（1376 年）明太祖"令民以银、钞、钱、绢代输今年租税"，即准许各地用银、钞、钱、绢等物折合为米麦交纳租税。当时规定，银一两，钱千文，钞一贯，可折米一石，麦减值十之二，棉布、苎布一匹折米六斗或麦七斗，麻布一匹折米四斗或麦五斗。④ 由此可知，银、钱、钞、绢、布均仅为代输之物，其价值以米麦为标准，是以米、麦为本色，银、钱、钞、绢、布为折色。洪武十八年（1385 年）有令两浙及京畿官田折收税粮。⑤ 洪武三十年（1399 年），明太祖令户部："凡天下积年逋赋，皆许随土地所便，折收绢、布、金、银

① 《诸司职掌》卷三《户部·税粮》，《皇明制书》上卷，东京：日本古典研究会 1966 年影印本。万历《明会典》卷二十四《会计》一《税粮》一，中华书局 1989 年影印本。
② （明）黄暐：《蓬窗类纪·赋役纪》，涵芬楼秘籍本。
③ 梁方仲：《明代"两税"税目》，《梁方仲经济史论文集》，中华书局 1989 年版。
④ 《明太祖实录》卷一〇五，洪武九年三月己丑。
⑤ （明）王圻：《续文献通考》卷四《田赋考》，现代出版社 1991 年影印本。

等物，以免民转运之劳。尔百司一如朕命，毋怠。"① 当时天下田赋征收可任各地土产所宜，折收绢、布、金、银等物。从时间上可见，尽管洪武年间已开始有折收之令，但是绢、布、金、银等物的折收，往往是暂时性的。田赋夏税、秋粮以本色为主征收，奠定于明初。

发展到万历初年，在经历了一系列地方赋役改革以后，明代财政中最重要的部分田赋的实态是怎样的？带着这个问题，我们选取了河南作为切入点，作为我们对《会计录》各省直田赋数据全面进行初步整理与研究的开始。《会计录》卷八，记载了河南布政司田赋状况。② 河南田赋征收项目十分复杂，经过整理，大致归纳如下：

夏税：计分为小麦（包括起运麦、存留麦），税丝（包括起运丝、工部织染局丝、存留丝），绢（全部用于起运），大致是麦、丝、绢三大类。

秋粮：计分为米（包括起运米、存留米）、枣子易米（全部用于存留）、粟米（全部用于起运）、豆类与杂粮（全部用于起运）、地亩棉花绒（全部用于起运）、草（包括起运草、存留草）、户口盐钞银（包括起运银、存留银）、遇闰加银（全部用于存留）等，主要是米、草、户口盐钞银三大类。③

面对繁杂的田赋征收项目，我们排除了以往统计田赋时采取的以实物简单相加并罗列的方法，采用白银为统一的计算单位，对河南田赋数据进行了初步整理。我们的步骤是：将所有《会计录》田赋征收项目中折银的实物部分做了货币额计算，得出货币化部分的货币额；再以《会计录》中标明的银价，采取加权平均值计算出价格，以此计算出没有折银的实物部分的货币额；将货币化部分与实物部分的货币额相加，得出田赋总额数字；最后，我们再分别将货币部分和实物部分进行了分割，得出各自的比

---

① 《明太祖实录》卷二五五，洪武三〇年九月癸未。

② 《万历会计录》卷八《河南布政司田赋》，记载了河南布政司的田赋状况，包含原额、见额全部资料。首先是以原额列出了洪武年间、弘治年间的数额，然后列出见额，即万历六年（1578 年）的田赋数据。见额项目繁多，折变不常。仅夏税麦的起运部分就有30 项之多，往往有一种实物折为另一种实物后，再加以折银，非常烦琐。我们经过细致归纳整理和计算，列出表格。凡本文所用河南布政司田赋的大量资料，出自《会计录》此卷的，不另加注。

③ 万历《明会典》卷二五《税粮》二记载，夏税为小麦、税丝、农桑丝折绢三类，秋粮为米、枣子易米、地亩棉花绒三类。实际上枣子易米数量不大，而地亩棉花绒仅 342 斤而已。

例。通过初步整理和计算以后，我们得以认识万历六年（1578 年）田赋中的夏税结构和秋粮结构，以及河南田赋结构的一个完整面貌。参见表6—1 至表6—3。[①]

表6—1　　　　　　　　　　河南省田赋·夏税结构（银/两）

田赋	数额	%	起运	%	存留	%
夏税总计	401946.74	100.00%	227299.24	56.55%	174647.50	43.45%
小麦	381462.34	100.00%				
起运麦			207145.10	54.30%		
存留麦					174317.24	45.70%
税丝	13410.40	100.00%				
起运丝			9910.60	73.90%		
工部织染局丝			3169.54	23.63%		
存留丝					330.26	2.46%
农桑丝折绢	7074.10	100.00%	7074.10	100.00%		

表6—2　　　　　　　　　　河南省田赋·秋粮结构（银/两）

田赋	数额	%	起运	%	存留	%
秋粮总计	1088890.32	100.00%	901538.95	82.79%	187351.36	17.21%
米	951062.69	100.00%				
起运米			777396.68	81.74%		
存留米					173666.01	18.26%
枣子易米	7950.71	100.00%			7950.71	100.00%
地亩棉花绒	21.89	100.00%	21.89	100.00%		
草	111391.30	100.00%				
起运草			106961.66	96.02%		
存留草					4429.64	3.98%
户口盐钞银	17031.58	100.00%				
起运银			7775.86	45.66%		
存留银					9255.71	54.34%
遇闰加银	1432.15	100.00%	1432.15	100.00%		

[①]　需要说明的是，《会计录》中税收数字多达小数点后 10 位以上。在这里无论是实物（石），还是白银（两），我们的计算数据一般保留到小数点后两位。

表6—3   河南省田赋结构（银/两）

田赋	数额	%	起运	%	存留	%
田赋总计	1490837.06	100.00	1128838.19	75.72	361998.86	24.28

综合表6—1至表6—3，以白银为统一计算单位，我们计算出河南田赋总计1490837.06两白银，其中起运1128838.19两，存留361998.86两，起运京师等输出明显多于留在本地的存留。田赋收入中，夏税401946.74两，秋粮1088890.32两，显然是秋粮重于夏税。为了进一步了解河南田赋的总体结构，下面就夏税和秋粮依次进行具体分析。

（1）河南夏税收入分析

小麦是夏税的主体，其中包括以绵布、豌豆、大麦准折为小麦的项目，其他的项目主要有丝和绢。丝是对于种桑的地所课的税，而绢原本是丝的折色，即丝所折纳的物品，故称为农桑丝折绢。《会计录》卷八关于夏税的数据共64个，可以说明其繁杂的程度，以下据此进行归纳分析。

A. 夏税麦

根据《会计录》卷八，河南省田赋夏税项下的记载，小麦所占数额最大，全省实征麦617322.84石，包括起运和存留两部分。

a. 起运部分

起运部分包括30项，共计341722.45石，有以下几种情况：

1）已经注明起运目的地的小麦共有17项，共计小麦217452.4石；这17项都已经标明了折银标准，共计折银156442.4两；

2）另有11项起运物料已经注明了折算为小麦，并且标明了原物料的折银标准，共计折小麦90470.05石，折银25902.7两；

3）另有2项为起运原物料准小麦抵斗，也已经标明了原物料的折银标准，共计折小麦33800石，折银24800两。

以上三部分，共计30项，累计起运小麦341722.45石，共折银207145.1两。

b. 存留部分

存留小麦275600.38石，原账目中没有注明价格。因此我们根据已经标明的起运小麦的价格，计算其加权平均值 $\sum_{i=1}^{30} x_i p_i$ 为0.6325两/石。

以此数值计算原账目中没有注明价格的存留小麦275600.38石，则其折银共计：

275600.38×0.6325＝174317.24（两）。

以上全省夏税小麦617322.84石，起运与存留合计共折银381462.34两。① 其中，起运部分已经全部折银，占夏税小麦总数54.30%；存留部分从账目上看，没有折银标准，故以实物计，占夏税小麦总数45.70%。

B. 夏税丝

根据《会计录》卷八，河南省田赋夏税项下的记载，全省实征丝＝起运京库丝＋工部织染局丝＋存留丝，共计352901.54两。

起运京库丝（折绢）与工部织染局丝项下，原书均已注明折银价格；计丝322795.76两，共计银13080.04两；而存留丝项下没有给予折银价格。我们按照起运京库丝与工部织染局丝的价格，其加权平均值为0.01097两/每丝1两。算得存留丝共折银330.26两。

因此得到夏税丝352901.54两，共折银13410.3两。

我们以夏税丝总数为100%，起运京库丝占总数73.90%，起运工部织染局丝占23.63%，存留丝仅占2.46%。故夏税丝可以说已基本征收货币，实物部分已寥寥无几。

C. 夏税农桑丝折绢

根据《会计录》卷八，河南省田赋夏税项下的记载，农桑丝折绢已经给出折银价格，全省夏税农桑丝折绢9963匹，共折银7074.10两。

D. 夏税综述

河南全省夏税共该银401946.74两。其中全部起运部分，原已注明折银，共计227299.24两；原书中未标明价格的，为存留部分，依据上述加权平均值计算，共折银174647.5两。

经过统一计算，我们得到河南全省夏税中，起运量为56.55%，存留量为43.45%。基于财政的夏税征收中起运部分已经全部折银，所以夏税征收总税额中，可以认为货币税已经超过了实物税的比例。

---

① 我们以小麦价格的加权平均值0.6325两/石，计算全省实征麦总量617322.84石，得到全省夏税小麦折银共计390456.7两。又以小麦价格的加权平均值0.6325两/石，计算存留小麦的折银数后，再加上原书给出的起运小麦的折银数，得到的全省夏税小麦折银381462.34两的计算结果，误差仅为2%。

（2）河南秋粮收入分析

米是秋粮的主体，其他有粟米、枣子易米、豆类与杂粮、地亩棉花绒、草和户口盐钞银。按照数量划分，主要是米、草、户口盐钞银三大类。相对夏税而言，秋粮项目更加繁杂，《会计录》卷八包括的秋粮数据达 102 个之多，以下据此进行归纳分析。

A. 秋粮米

根据《会计录》卷八，河南省田赋秋粮项下的记载，全省实征米1763437.11 石。米是秋粮的最大项目，其中包括起运和存留两部分。

a. 起运部分

包括 40 个项目，共计米 650565.11 石，有以下几种情况：

1）已经注明起运目的地，并且给出价格的米共有 6 项，计米232841.21 石，共计折银 163542.99 两；

2）已经注明起运目的地，但是没有给出价格的米共有 1 项，共计米200000 石；

3）另有 31 项起运的物料已经注明折算为米，并且标明了原物料的折银标准，共计折米 191909.65 石，折银 64512.94 两；

4）有 2 项起运的物料已经注明折算为米，但是没有标明原物料的折银标准，共计折米 25814.25 石。

以上 1）—4）共包括 40 个项目，共计米 650565.11 石，其中对于已经给出价格的 1）、3）而言，账面共折银 228055.93 两。

我们根据已经标明的起运米价格，计算其加权平均值 $\sum_{i=1}^{31} x_i p_i$ 为0.2963 两/石。

以此数值计算原账目中未标明价格的 3 项起运米 225814.25 石，则其折银共计 225814.25 × 0.2963 = 66908.76（两）。

5）秋粮粟米

根据《会计录》卷八，河南省田赋秋粮项下记载，共 35 项起运粟米（含细粟米 1 项），共计 461768.49 石，均已给出价格，价银不等。我们计算粟米价格加权平均值为：0.90635 两/石，共计折银 418524.59 两。

6）秋粮豆类与杂粮

根据《会计录》卷八，河南省田赋秋粮项下记载，豆类与杂粮共计42 项。其价格的处理如下：

其中 40 项共计 64987.44 石，已经给出价格，共计折银 59230.66 两。

另有 2 项未给出价格，但标明了起运目的地，其中 1 项为起运供用库芝麻 2400 石，依照《会计录》卷三十《内库供应》所载"商价时估"中供用库芝麻价格 1.64 两/石计价，折银 3936 两；另 1 项为起运坝上仓黑豆 926 石，依照本卷坝上东、南、北三仓黑豆价格 0.8 两/石计价，折银 740.8 两；共计折银 4676.8 两。

这 42 项全部为起运物料，共计折银 63907.46 两。

加和后，总计起运米 1177321.65 石，共折银 777396.68 两。

b. 存留部分

存留米没有注明价格，总计 586115.46 石。

我们以上述加权平均值 $\sum_{i=1}^{31} x_i p_i$ 为 0.2963 两/石，计算原账目存留米 586115.46 石，则其折银共计 586115.46 × 0.2963 = 173666.01（两）。

由此，我们得到秋粮米共计 1763437.11 石，折银 951062.69 两。其中，起运占秋粮米总数 81.74%，存留占秋粮米总数 18.26%。

B. 秋粮枣子易米

根据《会计录》河南省田赋秋粮项下记载，有枣子易米一项。此项是对于种枣的地而课的税，原来规定缴纳实物枣子，改为纳米，共计 26833.32 石，则其折银共计 26833.32 × 0.2963 = 7950.71 两。此部分列于存留项下。

C. 秋粮地亩棉花绒

根据《会计录》河南省田赋秋粮项下记载，共 342.4 斤。这是对于种植棉花的田地所课的税，数量很少，按其加权平均值每斤折银 0.064 两计，共计折银 21.89 两。

D. 秋粮草

根据《会计录》卷八，河南省田赋秋粮项下记载，共计秋粮草 27 项。其中包括起运与存留两部分。

起运草 26 项，共计 2203825 束，均已给出价格，共计折银 106961.66 两。

存留草 1 项，计 77713 束，未标明价格，我们采用起运草价格的加权平均值 0.057 两/束为折银标准，计算存留草共折银 4429.64 两。

27 项共计草 2281538 束，总计折银 111391.3 两。起运草已经全部折银，比例达到全部秋粮草总数的 96.02%，而存留草的比例只有总数的 3.98%。

E. 户口盐钞银

根据《会计录》河南省田赋秋粮项下记载，户口盐钞银共计 17031.58 两，分为起运和存留两部分。起运部分 7775.86 两，占总数 45.66%；存留部分 9255.71 两，占总数 54.34%。另有遇闰加银 1 项，1432.15 两，列于起运部分。

F. 秋粮综述

河南全省秋粮共该银 1088890.32 两。其中起运折银 901538.95 两；存留折银 187351.36 两。由此，我们得到河南全省秋粮中，起运量为 82.79%，存留量为 17.21%。因此，可以说比较夏税的话，秋粮的起运量比重更大，虽然起运部分并未全部折银征收，但是秋粮的货币比例也高过实物，下面还将继续探讨。

（3）全省田赋结构综论

为了清楚了解河南田赋总体结构，我们根据《会计录》记载的田赋细目，作总的田赋项目分布图如图 6—1。

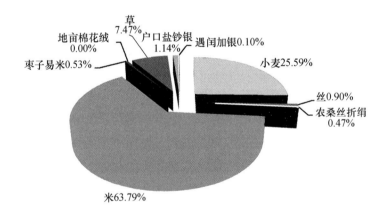

图6—1　河南田赋项目分布

综合以上对于河南夏税、秋粮两类收入的具体分析，我们可以得出对河南全省田赋结构的总体认识：

第一，总观河南田赋结构分布，其中米是最大的项目，如果将所有米类总计，高达全部田赋收入的 63.79%。再依次是小麦占 25.59%，草的比例占 7.47%，税丝和户口盐钞银都各仅占 1% 左右，遇闰加银占 0.1%，农桑丝折绢占 0.47%。至于地亩棉花绒，因数目太少而无法显示比例。

第二，河南省田土全年田赋折银 1490837.06 两，其中起运折银 1128838.19 两，存留折银 361998.86 两。总计起运量为 75.72%，存留量为 24.28%。起运和存留，可以说是当时中央与地方财政的划分。明显的是，在中央与地方财政的分配关系上，中央财政获得了绝大部分的田赋收入。由此来看，明代中央集权仍然具有相当的力度。

2. 河南田赋的货币化分析

（1）明初河南田赋无货币成分

明初田赋征收中，原有货币一项内容，但是因为数量极少，甚至被后世略而不计。从税目来看，万历《明会典》所载，有洪武、弘治、万历三个时间段的两税税目，原额洪武年间见有米麦、钱钞、绢三项，而弘治年间夏税和秋粮项下的税目多至二三十种，万历年间的名目更是有增无减。① 在《会计录》河南田赋的记载中，首列原额洪武年间资料，其夏税和秋粮均不见"钱钞"一项。由于注明了是"诸司职掌数"，所以我们查阅了《诸司职掌》一书，却见其中"钱钞"赫然在目。② 由此可见，洪武时田赋中确实是有钱钞一项的，征收的是当时的法定货币宝钞。以往由于明初洪武年间规定夏税秋粮的征收以米麦为主，所以大多学者也就没有注意这一细节，一般认为明初财政一概是征收实物，没有包括货币的因素，这是不准确的，应该澄清。

根据文献记载，明初田赋中的钱钞数额不多。《明会典》记载了洪武时夏税输"钱钞"的，只有浙江、江西、福建三布政司，秋粮输钱钞的只有苏州府、松江府和扬州府；弘治时夏税秋粮输钞的地方有所增加，有浙江、江西、湖广、福建、广西布政司，以及大名府、苏州府、松江府、常州府、扬州府、池州府。③ 所谓"钱钞"，实际上只有钞，名目有"钞""山租钞""赁钞""租钞""税钞" 5 种。最多的夏税"租钞"，总计 32000 多锭，而最少的秋粮"赁钞"，仅 175 贯余。由此来看，明初田赋中包括少量钱钞，并不影响我们对于明初以来田赋征收以米麦为主，称

① 万历《明会典》卷二四《会计》一《税粮》一。
② 《诸司职掌》卷三《户部·税粮》。
③ 万历《明会典》卷二四《会计》一《税粮》一。

为实物经济的认识。需要说明的是，文献还证明，明初田赋征收以米麦实物为主，虽然也实行折征，但折征也仍以实物为主。具体到河南田赋，是一向没有钱钞征收的。

（2）河南田赋的白银货币化

随着社会经济发展，一条鞭法出现以前，从宣德以后算起，至万历初年，已出现一系列地方赋役改革，时间达一个半世纪之久，这些赋役改革，几乎都包括有折银的内容，这无疑不是一种巧合，而是一种带有规律的现象。正是伴随一系列地方赋役改革的折银缴纳，明代白银货币化极大地扩展，逐渐普及全国，在社会流通领域形成了主币的地位。因此白银日益渗透到国家财政之中，是一个必然的发展历程。但是，白银货币到底在明代后期财政中的地位如何？这一前贤没有具体考察过的问题，正是我们所要考察的问题所在。

根据《会计录》卷八记载，下面以河南布政司田赋为例，我们尝试对于明代田赋的货币化程度进行了初步的计算分析，先列表6—4于下，再依次略加分析。

表6—4　　　　　　　　　河南田赋货币比例表

项目	共计折银（两）	已折银（两）	已折（%）	未折银项目折银（两）	未折（%）
小麦	381462.34	207145.10	54.30%	174317.24	45.70%
税丝	13410.30	13080.04	97.54%	330.26	2.46%
农桑丝绢	7074.10	7074.10	100.00%		
米	951062.69	710487.98	74.70%	240574.77	25.30%
枣子易米	7950.71			7950.71	100.00%
地亩棉花绒	21.89			21.89	100.00%
草	111391.30	106961.66	96.02%	4429.64	3.98%
户口盐钞银	17031.58	17031.58	100.00%		
遇闰加银	1432.15	1432.15	100.00%		
夏税	401946.74	227299.24	56.55%	174647.50	43.45%
秋粮	1088890.32	835913.37	76.77%	252977.01	23.23%
田赋总计	1490837.06	1063212.61	71.32%	427624.51	28.68%

由表6—4可见，分项税目中，由于起运小麦、起运丝、农桑丝绢、粟米、豆类与杂粮、户口盐钞已经注明了折银，因此我们将其全部折银计算。以最大项目米麦为例，小麦共计折银381462.34两，占总数的54.30%，而

秋粮米共计折银 951062.69 两，折银占总数的 74.70%，加上草的高达 96.02% 的折银数额，秋粮的货币化比重已上升到总数的 76.77%。

需要说明的是，我们采用的折银标准有三种情况：第一，根据原账目已经给出的价格；第二，根据《会计录》卷三〇《商价时估》的同类物品价格；第三，根据已给的该类物品价格及其数量，计算出的该项物品价格的加权平均值。

经过计算，河南夏税共计 401946.74 两，已折银项目折银 227299.24 两，未折银项目折银 174647.5 两，折银率为 56.55%。没有折银征收的实物部分，占总数的 43.45%。

河南秋粮共计 1088890.32 两，其中已折银项目折银 835913.37 两，未折银项目折银 252977.01 两，折银率为 76.77%。没有折银征收的实物部分，占总数的 23.23%。赋税中秋粮数量大于夏税，其货币化比例也相对高于夏税。

最后，让我们看河南田赋的整体：总计 1490837.06 两，其中已折银项目共折银 1063212.61 两，未折银项目共折银 427624.51 两，折银率为 71.32%。没有折银征收的实物部分，占总数的 28.68%。

上述可见，河南田赋的货币化比例已经超过了半数，居于主导地位。为了清楚地表现这样一个结果，请见图 6—2。

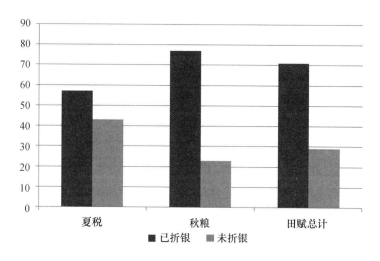

图 6—2　河南田赋货币化分布（%）

(3) 河南田赋白银货币化探析

显而易见，根据《会计录》账目记载，万历初年，河南田赋中折银征收的部分已经超过了实物部分。当然，这只是一个方面；而另一个方面，实物部分仍然保持着相当的比例，这主要表现在存留部分。从河南田赋来看，存留部分远小于起运部分，而从以上分析中，我们已经得知存留部分有相对更多的实物，因此存留部分小，也就意味着实物部分也小于货币部分。这里应该说明的是，存留于地方的这部分田赋征收，事实上在以后经过一条鞭法改革广泛而更加深化的实施以后，在地方具体运作时相当部分也已折银征收了，历史正是朝着财政货币化这一趋势发展的。这方面在另文中曾经述及，在此不再赘述。

将以上田赋以白银计算列表后，我们来到一个关键的问题：即《会计录》是地方巡抚造册上报的官方统计数字，那么账目中的折银是否只是一个统一的计算单位，而不是征收的实际内容呢？关于这一点，我们认为，赋税收入是维持国家政权存在并发挥职能的经济基础，直接关系到王朝兴衰，所以在当时得到朝廷的极大重视。《明实录》记载，《会计录》先是由户部尚书王国光"辑部中前后条例编纂成书"，此后神宗又命户部"再加订证"。[1] 于是，户部尚书张学颜督率司属"备将前集复行参校《大明会典》，次考历年条例，次查本部册籍，补其缺遗，厘其讹误"，二年后才完成进呈；经皇帝御览后，"陆续印刷，颁行省直、边镇，一体遵守"。[2] 由此可见，其中田赋资料不是官方的表面账目，而是有一定实际依据的，古代官方的统计数字虽然具有局限性，但是毕竟是当时户部根据地方巡抚申报的统计数字所造报，是当时国家掌握的全国赋税状况，国家财政作为一种经济法规颁行全国。这些数据具有不可替代的史料价值。

根据梁方仲先生所作《明代一条鞭法年表》[3]，说明一条鞭法开始施行于嘉靖初年，至嘉靖末年已经在南方推广，此后万历元年到二十年是一条鞭法发展最为迅速的时期，至万历二十年以前已经推行全国了。关于河南一条鞭法的施行，根据地方志记载是在万历元年以后。唐文基先生曾征

---

① 《明神宗实录》卷一一一，万历九年四月乙卯。
② 《万历会计录》卷一，张学颜进呈题本。
③ 梁方仲：《明代一条鞭法年表》，《梁方仲经济史论文集》，中华书局 1988 年版。

引民国《获嘉县志》记载，说明豫北获嘉县于嘉靖年间实行过包括赋役两方面内容改革的一条鞭法：

> 嘉靖间，总括州县赋役，量地计丁，丁粮毕输于官，……名曰一条鞭法。①

唐文基先生说："如果这一记载是真实的话，那么，获嘉县实行赋役合并，摊丁入地的内容较为深刻，而且一条鞭法的时间也是较早的。但是，考之万历、康熙、乾隆三种《获嘉县志》，均无与上述内容近似的记载"。② 我们认为，虽然上述文献记载晚出，但还是有可信度的。虽然至今前贤所引和我们所见的河南方志中，记载一条鞭法实行的时间，大都在万历元年以后，例如：汝宁府信阳州罗山县③、南阳府邓州新野县④、汝宁府汝阳县⑤在万历元年（1573年）；汝宁府新蔡县⑥在万历三年（1575年）以前，开封府杞县⑦在万历六年（1578年），开封府中牟县⑧、扶沟县⑨在万历十二年（1584年），等等，但是，今见嘉靖刻本《河南赋役总会文册》（以下简称《文册》）卷一《税粮》已经明确记载：

> 派征钱粮。查得本省所属州县，该征起运夏税京库、大同等八仓，并税丝农桑折京库绢共拾仓；秋粮兑军马营等壹拾伍仓米、豆并宣府等柒仓草共贰拾贰仓口，各价银不等，俱作一条鞭。夏税连丝，秋粮连草。其布匹并存留亲王、郡王府、县儒学麦米及硝碱、抛荒、河塌等粮，另项分派征解，致有奸弊。议拟自嘉靖贰拾肆年

---

① 民国《获嘉县志》卷五《赋役》，1934年本。
② 唐文基：《明代赋役制度史》，中国社会科学出版社1991年版，第309页。
③ 万历《罗山县志》卷一《田赋》，《日本藏中国罕见地方志丛刊》本，据万历十一年（1583年）刻本影印。书目文献出版社1992年版。
④ 乾隆《新野县志》卷六《赋役》，《中国方志丛书》本，据乾隆十九年（1754年）刊本影印。台北成文出版社1976年版。
⑤ 万历《汝南志》卷四《食货志》，万历刻本。
⑥ 万历《新蔡县志》卷三《田赋》，万历刻本。
⑦ 乾隆《杞县志》卷七《田赋》，清刻本。
⑧ 天启《中牟县志》卷二《志政》，卷五《志文》下，天启刻本。
⑨ 光绪《扶沟县志》卷六《赋役》，《中国方志丛书》本，据光绪十九年（1893年）刊本影印。

以后，各州县除额派存留亲王麦米及郡王粳米、府州县学原系本色者，与纳抛荒、硝碱、河塌等项粮布，俱各照旧另派外，其余起运京边腹里并存留匹折银者，俱作一条鞭征收。行令各属州县掌印官，分派各户于由帖内明开某户原该粮若干，本色若干，各注写某大户收，限某日完纳，各花户俱自行上柜交纳。不许催头人等揽收。①

上述"各价银不等，俱作一条鞭"，说明河南布政司于嘉靖年间已经实施一条鞭法，起运上述各仓实物，均已折银的历史事实。而"自行上柜交纳"，也是各地实行一条鞭法的典型做法。

《文册》十卷，今存一卷，即税粮。《文册》卷首载河南布政司"为定规则以一政令事"呈文河南巡抚，详刊《文册》的产生缘起。河南布政司呈文经巡抚批复，由左、右布政使"遵将赋役总会册内各项事宜逐一检阅"后，经巡按河南监察御史批"依拟刊行，分发各属遵行缴除遵奉外，今将赋役事宜逐一开载，刊印发行本省大小衙门一体遵守施行，须至册者"。由此可以推知，这一《文册》是河南布政司编辑上报全省赋役状况的原始文册，具有法令的性质，弥足珍贵。巡抚批文"须查明裁定，删繁举要，使可遵守，传之永久"，可见对于赋役文册的重视。考其刊布时间，见册中提及的至迟时间是在嘉靖二十四年（1545 年），而对于与刊布此册相关的"钦差巡抚河南地方都察院副都御史张""左布政使纪""右布政使丘""巡按监察御史张"等官员姓氏，逐一考察，"钦差巡抚河南地方都察院副都御史张"即张纲，他于嘉靖二十六年九月，由河南左布政使升为都察院副都御史，巡抚河南，二十七年十二月由巡抚山东右金都御史彭黯接任；"左布政使纪"为纪常，他于同年以河南布政司右布政使升为左布政使；"右布政使丘"即丘茂中，他于同年以河南布政司右参政升为右布政使；而"巡按监察御史张"即张坪，史载他于嘉靖二十七年九月因事被调外任，而二十八年与纪常同时免官。据此，可以推知，此

---

① 《河南赋役总会文册》卷一《税粮》，《北京图书馆珍本丛刊》第 60 册，据嘉靖刻本影印，书目文献出版社 1998 年版。

文册刊布于嘉靖二十六年九月至二十七年九月之间。[①] 重要的是，根据这一具有档册性质的文册内容，我们可以确切了解到嘉靖末年河南已行一条鞭法的历史事实。

当时以钦差巡抚河南地方都察院副都御史张纲为首的地方官员，为了保证赋役的征收，刊刻发行了《文册》，让全省遵守施行。从目录来看，卷一税粮，其目二十有三，开篇是"征收税粮起存本折规则"。上文所录，即为其中一段文字。一般而言，一条鞭法所包含的田赋改革，是田赋不分起运、存留，京粮、边镇，不分仓口，统一征纳，然后由官府分别解派。《文册》表明，"起运夏税京库、大同等八仓，并税丝农桑折京库绢共拾仓；秋粮兑军马营等壹拾伍仓米、豆并宣府等柒仓草共贰拾贰仓口"，在嘉靖末年，无论是夏税麦、税丝、农桑折京库绢，还是秋粮米、豆、草"价银不等"，都说明了均已折银，而且"起运京边腹里并存留布匹折银者，俱作一条鞭征收"，这是地方官的明文规定，无疑是经过改革后征收白银货币的实态。由此看来，上述多部方志中的记载均有滞后现象，或者所载是在嘉靖改革以后进一步推行的记录，也未可知。但这里暴露了方志不是第一手数据，且记载零散的缺陷，凸显了原始资料发掘的重要。《文册》反映了河南赋役改革的具体运行情形，也印证了《会计录》这一国家财政账目是根据各省巡抚一级上报文册汇总编纂的，不应说是表面账目，而应视为地方赋役改革进行中的直接产物。

以上《文册》记录的是河南嘉靖末年的情况。这里还可以补充的一点是，宁波天一阁现存一部万历五年（1577 年）刊刻的《催征钱粮降罚事例》，在时间上它更接近于《会计录》。虽为福建布政司所刊，但明确说明了是户部奉圣旨刊布，并以万历四年（1576 年）时任户部尚书殷正茂的"申明旧例严查催征怠玩官员以警人心以裨国储事"题本为开端，充分说明了明朝当时对于"钱粮"即税收的异常重视。殷正茂是进呈《会计录》的张学颜的前任。事例明确规定："如见年应征拖欠过于一分，而完不及九分者，将司、府、州、县掌印管粮官通行分别住俸降罚，虽升任行取，不容假贷"，由各司、府造册，"逐名咨送到吏部，照例降黜"。

---

① 《明世宗实录》卷三二七，嘉靖二十六年九月己巳；卷三四〇，嘉靖二十七年九月丙申；卷三四三，嘉靖二十七年十二月乙卯。雍正《河南通志》卷三十一《职官》二，《四库全书》本。其中"张纲"作"张綱"，误。

《事例》提醒我们关注万历初年张居正改革，推行考成法的大背景。为保证赋税征收，明朝不仅把催征钱粮作为官员考成则例，而且把钱粮完纳情况作为对官吏升转、降罚的标准。作为万历初年官员政务考核的重要法规之一，法规的基础就建立在各省册报数额之上，《会计录》的记载也清楚地反映出国家会计建立在同样的基础上。因此，我们认为当时的册报应是比较可信的，反映的是当时国家掌握的全国赋税状况，其中的货币化记载，表明了明代财政的变化实态，即由单一实物结构向实物与货币二元结构转变的历程。

3. 河南田赋变化的启示

《明会典》卷二九《户部》十六《征收》记述："国初因田制赋，税粮、草料各有定额。每年户部先行会计，将实征数目分派各司府州，照数征收。"依据《会计录》河南田赋的数据数据分析，一个历史事实清楚地摆在我们面前：发展到万历初年，明代财政已经发生了令人瞩目的变化。第一，在国家财政收支的田赋部分，货币比重的大量存在；第二，在个别省份财政主体田赋中，白银货币已居于主导地位。

具体来说，《会计录》河南田赋的数字，使我们清楚地看到了田赋发生的变化。总的变化趋势是田赋中实物转换为白银货币的部分基本稳定并呈增长态势，而实物部分呈缩小态势。换言之，明代财政收支方面的变化，主要不是表现在实物方面，变化最大的是折银缴纳方面，反映了货币化的趋势。从货币与实物的比例变化，我们可以更深刻地认识到货币在明朝后期财政中地位之重要。这些数字的变化也表明，白银货币正在取代实物在明朝财政中的重要地位，使整个财政结构发生了重大变化。

那么，为什么会发生这样的变化？我们认为，在众多影响财政的因素中，货币经济是最为直接的并且起着决定性作用的因素。以往，学术界在探讨明代社会经济史的时候，有两种主要倾向，一是关注农业生产的发展，如农田亩产量、农业工具变化、农产品的商品化等，由此得出结论，为明代社会发展定性，认为明代社会发展迟缓；二是关注商品经济的发展，如城镇、商帮、地方市场、全国市场等非农业生产的扩大，因此得出结论，认为中国资本主义萌芽产生于明代，晚明社会发展迅速。实际上，两方面都忽略了货币经济。货币经济与商品经济有着紧密联系，但不是一回事。

当然，变化发生的根本原因还在于社会生产力的发展，促使商品货币经济迅速发展。白银货币化的趋势不可阻挡，伴随一系列地方赋役改革，中央财政改革也不可避免。万历初年，在河南这一北方农业大省的田赋征收中，明显出现了财政主要支柱米麦的收入减少的现象，田赋中的折纳形态最终落在了白银上，纳银不仅成为法定形态，而且在田赋这一财政的核心部分，白银货币超过了实物米麦的比例，这无疑是白银货币化迅速扩大发展的结果，是货币经济发展的重要指征。

明后期国家财政从实物税向货币税的转变，可以说是适应商品经济和货币经济的发展而产生的，在中国财政史乃至中国社会发展史上具有划时代的意义。

在中国历史上，历来是以农立国，国家依靠赋税与徭役存在，财政以农业生产为基础，以田赋为核心，财政收支的主要来源是土地上的生产品如米麦等实物，因此国家财政是以实物为主的财政。明朝建立以后继承两税法，正是建立了这样一种以田赋为核心的实物财政体系。值得注意的是，《会计录》中只有田赋记载，没有徭役记载，这是与上述地方赋役文册完全不同之处。一开始，我们对此大惑不解，继而明白了其中缘由。明初的徭役是力役征发，所以不入财政收支账目，而万历初年的财政总账目仍不列徭役，是不需要单列。因为一条鞭法就是赋役合一，统一征银，在地方不能不有徭役折银的具体账目，到中央却可省去此项。发展到万历初年以后，一条鞭法迅速推行于全国。明朝人将一条鞭法概括为："条鞭之法，总括一县之赋役，量地计丁，一概征银，官为分解，雇役应付。"[1]从字面的意思来看，这里应该说包括了田赋和役法两方面的改革。赋役合一，摊丁入地，一概征银，就是把役的部分摊入了地亩，加入了田赋之中。于是，此时的田赋相对以往，具有了更重要的内涵。随着一条鞭法的广泛推行，在国家财政中赋役合一，普遍折银征收，这无疑只是一个时间问题。

从以上河南田赋的个案分析，说明了16世纪70年代明朝财政改革，田赋以征收实物为主转变为以征收白银货币为主，是白银货币化，即货币经济发展的明显标志。这也证明了财政改革正在悄然进行，并且具有明显的过渡特征。这主要表现在两个方面：

第一，河南田赋包括了实物与货币两大部分，构成了财政的二元结

---

[1]　《明神宗实录》卷二二〇，万历十八年二月戊子。

构。由原本单一的财政结构转变为实物与货币共存的二元财政结构，是田赋白银化的结果，也是明代财政由实物税向货币税转变中的过渡形态。

第二，从表面上看，当时账目上维持着明初订立的田赋实物征收的项目和数额，增长的实物项目的整齐排列，似乎告诉我们仍旧保持着规范化的田赋制度；也正因为如此，大多学者为这一表面现象所蒙蔽，一般认为明代赋役制度仍以实物为主，终明世没有改变。然而，在表层之下的深层结构，却已经发生了重大变化。河南田赋实物的大部分已经折银征收，白银在田赋收入中已占据了主导地位，印证了在中央财政制度的层面已经确认了地方一系列赋役改革的结果。于是，明朝财政形成了一方面表面仍然保存实物征收形态，另一方面实际上大部分以货币形态征收这样一种财政结构。这种财政结构使明朝财政必将越来越深地卷入货币经济之中，并导致国家财政对货币越来越重的依赖。而这种结构具有明显的过渡特征，主要表现在形式上仍然保持一种旧的财政体制，而在实质上已经具有一种新的内核。

那么，财政的这种变化的性质又是什么呢？梁方仲先生曾说："从公元十六世纪，我国明代嘉靖万历间开始施行的一条鞭法，为田赋史上一绝大枢纽。它的设立，可以说是现代田赋制度的开始。"[1] 吴承明先生对于明清市场经济的研究卓有建树。根据他的看法，明代财政货币化是16—17世纪中国经济的现代化因素。[2] 他们引导我们认识到财政的变化是与中国走向近代/现代社会密切相关的。

从明代社会经济的发展过程来看，货币经济的发展及其对于古代国家体制基础的侵蚀，是极为明显的。明初，国家宝钞体系不能最终确立，白银崛起于民间，其由非法到合法的发展过程，与明朝财政出现危机并逐渐加剧的过程是同步的。赋役折银，是白银货币化的实现过程，明后期全社会以白银作为主要的流通手段和支付手段已成定局，货币经济迅速发展并逐步侵蚀、瓦解着自给自足的农业经济结构，明朝财政越来越深地卷入货币经济之中，这无疑将动摇传统社会国家财政赖以存在的基础。

进一步来说，在河南财政收支中，货币部分已占到了田赋总额的

---

[1] 梁方仲：《一条鞭法》，《梁方仲经济史论文集》，第36页。

[2] 吴承明：《中国的现代化：市场与社会》，生活·读书·新知三联书店2001年版，第32—34页。

65%，这个数字表明白银货币已经取代实物占据了主导地位，实物赋税向着货币赋税的转变已经明显出现。其意义就在于，明朝财政的基础与其说是建立在自给自足的农业经济之上，不如说已经逐步过渡到以发达的商品货币经济为财政的根本前提了。当折银形成了田赋总额以实物为主向货币为主的转换时，随之发生了性质的改变。田赋一向是传统社会国家财政的核心，田赋性质的改变，意味着财政性质的改变，更意味着社会的转型。因为，以自给自足小农经济为主的传统农业社会，是以实物财政为特征的；而货币财政是与商品货币经济相对发达的近代社会联系在一起的。

有学者认为，明中期后，商品经济有相当的发展，但反映到明廷的财政收入上，却和以往朝代相差不大。根据是万历六年田赋占总数的十分之九，工商税不过占十分之一，以后减额时还不到十分之一。[①] 我们认为，这是从根本上忽略了明后期田赋实物名目下的货币实态。明朝的财政收入和以往朝代相比，发生了带有根本性的变化，主要反映在财政的核心田赋发生了货币化的重要变化，它是中国国家与社会转型的重要标识之一。

小　结

以上我们尝试对《会计录》中河南田赋的大量数据进行了初步整理与研究，突破了以往由于计算单位不统一，不能得出财政田赋全貌的局限，采用白银作为统一计算单位，重新探讨了万历初年河南田赋中的夏税结构和秋粮结构，以及河南全省田赋结构的完整面貌，并进而探求了其中的白银货币比例。研究结果表明，在万历初年，也就是所谓的全国清丈田土、一条鞭法推行全国之前，在河南财政核心田赋中，不仅已包含了大量白银货币的内容，而且在河南田赋中，白银货币已代替实物占据了主要地位，从而揭示了16世纪70年代货币经济在中国财政史上取得了前所未有的支配地位的历史事实。虽然河南仅为一例，但是河南为北方一农业大省，其发生的变化应该说具有典型意义。需要说明的是，这是我们对《会计录》进行初步整理和研究之一，以后我们将继续对其他十二省和两直隶的数据数据进行整理和研究，以期对16世纪明代财政整体有一个重

---

① 袁良义：《清一条鞭法》，北京大学出版社1995年版，第75页。

新认识。

中国古代社会以农立国，国家财政历来建立在以实物为主的农业经济基础之上，以田赋为核心。二千多年以来，田赋是正税，正税以征收实物米麦为主，天经地义。随着时间的推移，发展到明代，白银货币化的趋势明显出现，至万历初年，伴随长达一个半世纪的地方赋役改革，白银货币化迅速扩展，白银形成社会流通领域的主币，同时也为在明朝财政中日益重要的地位奠定了基础。从河南田赋的考察我们不难看出，万历初年财政已具有变革的特征，改变了明初以来田赋征收以实物为主体的结构，形成了一种新的财政结构：实物与货币并存的二元结构。这种新的结构，是适应社会经济变动现实而出现的，具有明显的过渡阶段特点：表面上没有脱离明初额定的以实物经济为基础的田赋架构，而在实际上，却已暗度陈仓，发生了向货币经济转换的巨大变化。这种表里不一的现象，正是社会转型时期的典型例证。

（二）浙江之例

沿着白银货币化这一学术理路，在对白银货币化与赋役改革的关系作了初步梳理以后，接下来我们面临的就是财政改革的问题。财政是以国家为主体的经济活动、社会活动和分配活动，毋庸置疑，对经济、政治、军事、文化乃至整个社会均有着深刻而复杂的影响与作用。事实上，归根结底，赋役折银的广泛推行，与财政的货币化是统一的过程。明后期财政改革，主要体现在国家财政从实物经济向货币经济的转变，即明代财政体系的转型，这无疑是中国社会经济货币化的进程，也是中国国家与社会进步的重要指征。而对晚明货币经济在财政领域的发展进行探讨，可以深化我们对晚明这一重要的中国国家与社会转型时期的认识。

1. 浙江田赋结构的分析

浙江田赋是全国田赋的一个组成部分。明代田赋制度原则上沿袭唐代以来的两税法。根据洪武年间《诸司职掌》记载，明初规定田赋为夏秋两税，夏税征收曰米麦，曰钱钞，曰绢；秋粮征收，曰米，曰钱钞，曰绢①。

发展到万历初年，在经历了一系列地方赋役改革以后，明代财政中最

---

① 《诸司职掌》卷三《户部·税粮》，《皇明制书》上卷，东京：日本古典研究会 1966 年影印本。万历《明会典》卷二十四《会计》一《税粮》一，中华书局 1989 年影印本。

重要部分之田赋的实态是怎样的？带着这个问题，我们选取了浙江作为切入点，作为我们对《会计录》各省直田赋数据数据全面进行初步整理与研究的继续。《会计录》卷二，记载了浙江布政司田赋状况。①浙江田赋征收项目十分复杂，经过整理，大致归纳如下：

夏税：计分为小麦（包括起运麦、存留麦），丝绢（包括丝绵并荒丝、农桑丝折绢、农桑零丝、小绢、帛帛绢），还有租钞，大致是麦、丝绢、租钞三大类。

秋粮：计分为米（包括起运米、存留米）、租丝、租绢、租布、租钞（以上全部存留），马草（包括起运草、存留草）、户口盐钞银（包括起运银、存留银）、遇闰加银（全部用于存留）等，主要是米、草、户口盐钞银三大类。②

面对繁杂的田赋征收项目，我们排除了以往统计田赋时采取的以实物简单相加并罗列的方法，采用白银为统一的计算单位，对浙江田赋数据进行了初步整理。我们的步骤是：将所有《会计录》田赋征收项目中折银的实物部分作了货币额计算，得出货币化部分的货币额；再以《会计录》中标明的银价，采取加权平均值计算出价格，以此计算出没有折银的实物部分的货币额；将货币化部分与实物部分的货币额相加，得出田赋总额数字；最后，我们再分别将货币部分和实物部分进行了分割，得出各自的比例。通过初步整理和计算以后，我们得以认识万历六年（1578 年）田赋中的夏税结构和秋粮结构，以及浙江田赋结构的一个完整面貌。参见表6—5 至表 6—7。③

---

① 《会计录》卷二《浙江布政司田赋》，记载了浙江布政司的田赋状况，包含原额、见额全部资料。首先是以原额列出了洪武年间、弘治年间的数额，然后列出见额，即万历六年（1578 年）的田赋数据。见额项目繁多，折变不常。仅夏税麦的起运部分就有 30 项之多，往往有一种实物折为另一种实物后，再加以折银，非常烦琐。我们经过细致归纳整理和计算，列出表格。下面凡本文所用浙江布政司田赋的大量资料，均出自《会计录》卷二《浙江布政司田赋》，第 75—111 页，不另加注。

② （明）申时行等：《明会典》卷二五《税粮》二记载，秋粮缺少马草、户口盐钞银。第 169 页。

③ 需要说明的是，《会计录》中税收数字多达小数点后 7 位、8 位以上。在这里无论是实物（石），还是白银（两），我们的计算数据一般保留到小数点后两位。

表 6—5　　　　　　　　浙江省田赋·夏税结构（两/银）

田赋	数额	%	起运	%	存留	%
夏税总计	157809.81	100.00%	115337.45	73.09%	42472.36	26.91%
小麦	46838.30	100.00%	20000.00	42.70%	26838.30	57.30%
丝绵并荒丝	108456.36	100.00%	92881.15	85.64%	15575.21	14.36%
农桑丝折绢	2456.30	100.00%	2456.30	100.00%		
农桑零丝	55.35	100.00%			55.35	100.00%
原额小绢	2.80	100.00%			2.80	100.00%
帑帛绢	0.70	100.00%			0.70	100.00%
租钞（锭）	32588.00	100.00%			32588.00	100.00%

表 6—6　　　　　　　　浙江省田赋·秋粮结构（两/银）

田赋	数额	%	起运	%	存留	%
秋粮总计	990604.41	100.00%	690573.69	69.71%	300030.72	30.29%
米	961707.64	100.00%	665517.18	69.20%	296190.46	30.80%
租丝	177.34	100.00%			177.34	100.00%
租绢	41.30	100.00%			41.30	100.00%
租（分鹿）麻布	0.40	100.00%			0.40	100.00%
租苎布	1.40	100.00%			1.40	100.00%
租钞（锭）	18779.00	100.00%			18779.00	100.00%
草	26234.73	100.00%	23779.50	90.64%	2455.23	9.36%
户口盐钞银	2317.76	100.00%	1153.17	49.75%	1164.59	50.25%
遇闰加银	123.84	100.00%	123.84	100.00%		

表 6—7　　　　　　　　浙江省田赋结构（两/银）

田赋	数额	%	起运	%	存留	%
总计	1148414.23	100.00%	805911.14	70.18%	342503.08	29.82%

　　综合表 6—5 至表 6—7，以白银为统一计算单位，我们计算出浙江田赋总计 1148414.23 两白银，其中起运 805911.14 两，存留 342503.08 两，

起运京师等输出明显多于留在本地的存留。田赋收入中，夏税 157809.81 两，秋粮 990604.41 两，显然是秋粮重于夏税，而秋粮以米为主。为了进一步解析浙江田赋的总体结构，下面就夏税和秋粮依次进行具体分析。

（1）浙江夏税收入分析

根据《会计录》卷二《浙江布政司田赋》，关于浙江省田赋夏税的记载，共有七项，分别为小麦、丝绵并荒丝、农桑丝折绢、租钞、农桑零丝、小绢、帑帛绢。

A. 夏税小麦

全省实征小麦 152863.73 石，包括起运和存留两部分。

a. 起运部分

起运部分为起运京库麦，共计 80000 石，已经标明了折银标准为每石 0.25 两，共折银 20000 两。

b. 存留部分

存留小麦 72863.73 石，原账目中没有注明价格。根据聚类分析的结论，浙江是为单独一类；按照最小距离原则，以及地域相近原则，可与南直隶归为一类；因此其价格采用：南直隶麦的加权平均值每石 0.3683 两计，共折银 26838.30 两。

以上全省小麦全省 152863.73 石，起运与存留合计共折银 46838.30 两。其中，起运部分已经全部折银，占夏税小麦总数 42.70%；存留部分从账目上看，没有折银标准，故以实物计，占夏税小麦总数 57.30%。

B. 夏税丝绵并荒丝

根据《会计录》卷二，浙江省田赋夏税项下的记载，全省实征丝 = 起运京库丝绵 + 合罗丝 + 串伍细丝 + 荒丝 + 上白绵 + 中白绵 + 南京库串伍丝 + 南京库荒丝 + 南京库中白绵 + 存留丝绵，共计 2715047.04 两。

内起运京库丝绵 1962144.85 两，该项折绢 98107 匹，其中折色绢 742 匹，已经标明每匹折银 0.7 两，折银 519.4 两；本色绢 97365 匹，仍按每匹折银 0.7 两计，折银 68155.5 两，共计折银 68674.9 两。由此推算起运京库丝绵的价格为银 0.035 两/每丝绵两。

内起运京库合罗丝 8000 两，没有注明折银标准，其折银标准为：《会计录》卷八《河南布政司·工部织染局》① 丝的折银标准 0.08 两/两（这

是《会计录》中唯一注明税丝的折银标准），共计折银 640 两。

内起运京库串伍细丝 40000 两，其折银标准同上；共计折银 3200 两。

内起运京库荒丝 170000 两，其折银标准同上；共计折银 13600 两。

内起运京库上白绵 750 斤，其折银标准为：《会计录》卷三十《内库供应·商价会估备考》所载甲字库项下，有上白棉每斤折银 0.88 两的记载，按此标准计算，共折银 660 两。

内起运京库中白绵 5625 斤，其中折色 371 斤，已经标明每斤折银 0.5 两，折银 185.5 两，本色 5254 斤，没有折银标准，今仍按每斤 0.5 两计，折银 2627 两，共计折银 2812.5 两。

由以上分析可以得到浙江省田赋夏税丝绵并荒丝项下，起运京库部分共计折银 89587.4 两。

内起运南京库串伍丝 20000 两，其折银标准为：《会计录》卷八《河南布政司·工部织染局》丝的折银标准 0.08 两/两；共计折银 1600 两。

内起运南京库荒丝 20000 两，其折银标准同上；共计折银 1600 两。

内起运南京库中白绵 187.5 斤，已经注明了折银标准 0.5 两/斤。共计折银 93.75 两。

由以上分析可以得到浙江省田赋夏税丝绵并荒丝项下，起运南京库部分共计折银 3293.75 两。

由此，浙江省起运丝绵共计折银 92881.15 两。存留丝绵 389902.19 两，该项没有注明折银标准，采用起运京库丝绵价格的加权平均值：0.0399 两/两，共计折银 15575.21 两。

丝绵并荒丝共计折银 108456.36 两。其中起运折银 92881.15 两，存留折银 15575.21 两；起运量为 85.64%，存留量为 14.36%。

C. 夏税农桑丝折绢

该项起运南京库，共计 3509 匹，其中折色 1754.5 匹，已经标明每匹折银 0.7 两，共折银 1228.15 两；本色 1754.5 匹，未标明折银标准，仍按每匹折银 0.7 两，共折银 1228.15 两，共计折银 2456.3 两。

D. 夏税租钞

该项存留，共计 32588 锭。

E. 夏税农桑零丝

该项存留，共计 691.89 两，折银标准为：《会计录》卷八《河南布政司·工部织染局》丝的折银标准 0.08 两/两；共计折银 55.35 两。

F. 夏税原额小绢

该项存留，共计 4 匹，按本省绢的价格 0.7 两/匹计算，共计折银 2.8 两。

G. 夏税帑帛绢

该项存留，共计 1 匹，按本省绢的价格 0.7 两/匹计算，共计折银 0.7 两。

H. 夏税综述

浙江全省夏税共该银 157809.81 两。而其中起运物料共该银 115337.45 两；存留物料共该银 42472.36 两。由此得到浙江省全省夏税中，起运量为 73.09%，存留量为 26.91%。已经标明折银标准的折银总数为 22026.8 两，没有标明折银标准的折银总数为 135783.02 两；白银货币化程度为 13.96%。

（2）浙江秋粮收入分析

根据《会计录》卷二《浙江布政司田赋》，关于浙江省田赋秋粮的记载，共有七项，分别为米、租钞、租丝、租绢、租（左分右鹿）麻布、租苎布、草。

A. 秋粮米

全省实征米 2369764.04 石。

a. 起运部分

包括 11 个项目，共计 1615739.47 石。

其中

在起运米项下有三种情形：

1）已经起运京库米、南京各卫仓米、改兑徐州广运仓本色米、永福仓本色米、派剩米已经标明折银标准，共计折银 369020.25 两；

2）未折银，也未折成其他物料的起运兑军米 1 项，共计米 600000 石，其折银标准采用本省米的加权平均值 0.3928 两/石，共计折银 235680 两；

3）供用等库白熟粳米及糯米共 5 项，没有折银标准，但均折成糙粳米，共计糙粳米 76175 石，使用全国糙粳米价格的加权平均值 0.7983844 两/石，由此这 5 项共计折银 60816.93 两。

起运米共折银 665517.18 两。

存留米 754024.56 石，按起运米价格的加权平均值 0.3928 两/石计，共折银 296190.46 两。

在原账目中起运米数总值与各分项的起运米值不合，各分项值之和为1615658.46石。总值比各分项值之和多81.01石，而在原账目中南京各卫仓米内水兑折色米项下似缺失数据，今以81.01石补入。

由此得到秋粮米共计折银961707.64两。

由此得到浙江省全省秋粮米中，起运量为69.20%，存留量为30.80%。已经标明折银标准的折银总数为369020.25两，没有标明折银标准的折银总数为592687.39两；白银货币化程度为38.37%。

B. 秋粮租钞

此项存留，共计18779锭。

C. 秋粮租丝

此项存留，共计2216.75两，折银标准依据《会计录》卷八《河南布政司·工部织染局》丝的折银标准0.08两/两；共折银177.34两。

D. 秋粮租绢

此项存留，共计59匹，已经标明了折银标准0.7两/匹，共折银41.3两。

E. 秋粮租（左分右鹿）麻布

此项存留，共计2匹，折银标准依据《会计录》卷三十《内库供应·商价会估备考》[1]中苎布的价格0.2两/匹；共折银0.4两。

F. 秋粮租苎布

此项存留，共计7匹，折银标准依据《会计录》卷三十《内库供应·商价会估备考》中苎布的价格0.2两/匹；共折银1.4两。

以上四项共计折银220.44两。

G. 秋粮草

根据《会计录》卷二《浙江布政司田赋》，浙江省田赋秋粮项下的记载，实征草874491包，其中起运草792650包，存留草81841包。

起运草分为起运京库与南京定场两项，其中起运京库草600000包，已经标明折银标准为每包0.03两，共折银18000两；而起运南京定场草与存留草没有折银标准，这两项计草274491包，以每包0.03两为折银标准，共计折银8234.73两。全部草折银26234.73两。

由此得到浙江省全省秋粮草中，起运量为90.64%，存留量为

① 《会计录》卷三〇《内库供应·商价会估备考》，第1005页。

9.36%。已经标明折银标准的折银总数为 18000 两，没有标明折银标准的折银总数为 8234.73 两；白银货币化程度为 68.61%。

H. 户口盐钞银

根据《会计录》浙江省田赋秋粮项下记载，户口盐钞银共计 2317.76 两，分为起运和存留两部分。起运部分 1153.17 两，占总数 49.75%；存留部分 1164.59 两，占总数 50.25%。另有遇闰加银 1 项，123.84 两，列于起运部分。

I. 秋粮综述

浙江全省秋粮共该银 990604.41 两。而其中起运折银 690573.69 两；存留折银 300030.72 两。

由此我们得到浙江全省秋粮中，起运量为 69.71%，存留量为 30.29%。已经标明折银标准的折银总数为 389503.15 两，没有标明折银标准的折银总数为 601101.26 两；白银货币化程度为 39.32%。

（3）浙江全省田赋结构综论

为了清楚了解浙江田赋总体结构，我们根据《会计录》记载的田赋细目，作浙江总的田赋项目分布如图 6—3。

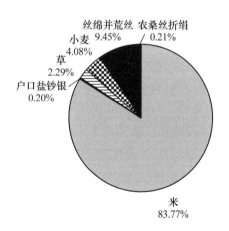

图6—3 浙江田赋项目分布

综合以上对于浙江夏税、秋粮两类收入的具体分析，我们可以得出对浙江全省田赋结构的总体认识：总观浙江田赋结构分布，其中米是最大的项目，如果将所有米类总计，高达全部田赋收入的83.77%。再依次是丝绵并荒丝占9.45，小麦占4.08%，草的比例占2.29%，户口盐钞银仅占0.20%左右，其余各项目就更少了。

2. 浙江田赋的货币化分析

（1）明初浙江田赋的货币成分

明初田赋征收中，原有货币一项内容，但是因为数量极少，甚至被后世略而不计。从税目来看，万历《明会典》所载，有洪武、弘治、万历三个时间段的两税实征夏税、秋粮总数税目，原额洪武年间见有米麦、钱钞、绢三项，而弘治年间夏税和秋粮项下的税目多至二十多种，万历年间的名目更是有增无减，秋粮达到31种之多。[①] 在《会计录》浙江田赋的记载中，首列原额洪武年间资料，其夏税和秋粮均见"钱钞"一项。由于注明了是"诸司职掌数"，所以我们查阅了《诸司职掌》一书，也见其中"钱钞"赫然在目。[②] 由此可见，洪武时田赋中确实是有钱钞一项的，征收的是当时的法定货币宝钞。以往由于明初洪武年间规定夏税秋粮的征收以米麦为主，所以大多学者也就没有注意这一细节，一般认为明初财政一概是征收实物，没有包括货币的因素，这是不准确的，应该澄清。

根据文献记载，明初田赋中的钱钞数额不多。万历《明会典》记载了洪武时夏税输"钱钞"的，只有浙江、江西、福建三布政司，秋粮输钱钞的只有苏州府、松江府和扬州府；弘治时夏税秋粮输钞的地方有所增加，有浙江、江西、湖广、福建、广西布政司，以及大名府、苏州府、松江府、常州府、扬州府、池州府。[③] 所谓"钱钞"，实际上只有钞，名目有"钞""山租钞""赁钞""租钞""税钞"5种。

《会计录》中具体到浙江，洪武二十六年（1393年）浙江夏税"钱钞"，总计20690锭，而秋粮"钱钞"很少，只有86锭；弘治十五年（1502年）浙江夏税中"租钞"32553锭余，秋粮中"租钞"18740锭余；至万历六年（1578年），浙江夏税中"租钞"32588锭余，注明比弘治增35锭余，用于存留，秋粮中"租钞"18779锭余，注明比弘治增38

① 《明会典》卷二四《会计》一《税粮》一，卷二五《会计》二《税粮》二，第157、161、168—169页。

② 《诸司职掌》卷三《户部·税粮》，张卤校订：《皇明制书》，东京：日本古典研究会1967年影印本，第243页。

③ 《明会典》卷二四《会计》一《税粮》一，第161—167页。

锭余，用于存留。由此来看，明初田赋中包括少量钱钞，并不影响我们对于明初以来田赋征收以米麦为主，称为实物经济的认识。

（2）浙江田赋的白银货币化

随着社会经济发展，一条鞭法出现以前，从宣德以后算起，至万历初年，已出现一系列地方赋役改革，时间达一个半世纪之久，这些赋役改革，几乎都包括有折银的内容，这无疑不是一种巧合，而是一种带有规律的现象。正是伴随一系列地方赋役改革的折银缴纳，明代白银货币化极大地扩展，逐渐普及全国，在社会流通领域形成了主币的地位。因此白银日益渗透到国家财政之中，是一个必然的发展历程。但是，白银货币到底在明代后期财政中的地位如何？这一前贤没有具体考察过的问题，正是我们所要考察的问题所在。

根据《会计录》卷二记载，下面以浙江布政司田赋为例，我们尝试对于明代田赋的货币化程度进行了计算分析，先列表6—8于下，再依次略加分析。

表6—8　　　　　　　　浙江田赋货币比例表（两/银）

项目	共计折银	已折银	%	未折银项目折银	%
小麦	46838.30	20000.00	42.70	26838.30	57.30
丝绵并荒丝	108456.36	798.65	0.74	107657.71	99.26
绢	2456.30	1228.15	50.00	1228.15	50.00
农桑零丝	55.35			55.35	100.00
原额小绢	2.80			2.80	100.00
帑帛绢	0.70			0.70	100.00
米	961707.64	369020.25	38.37	592687.39	61.63
租丝	177.34			177.34	100.00
租绢	41.30	41.30	100.00		
租（分鹿）麻布	0.40			0.40	100.00
租苎布	1.40			1.40	100.00
草	26234.73	18000.00	68.61	8234.73	31.39
户口盐钞银	2317.76	2317.76	100.00		
遇闰加银	123.84	123.84	100.00		
夏税	157809.81	22026.80	13.96	135783.02	86.04
秋粮	990604.41	389503.15	39.32	601101.26	60.68
田赋总计	1148414.23	411529.95	35.83	736884.28	64.17

经过计算，浙江夏税共计 157809.81 两，已折银项目折银 22026.80 两，未折银项目折银 135783.02 两，折银率为 13.96%。没有折银征收的实物部分，占总数的 86.04%。

浙江秋粮共计 990604.41 两，其中已折银项目折银 389503.15 两，未折银项目折银 601101.26 两，折银率为 39.32%。没有折银征收的实物部分，占总数的 60.68%。赋税中秋粮数量大于夏税，其货币化比例也相对高于夏税。

最后，让我们看浙江田赋的整体：浙江省全年田赋总计 1148414.23 两，其中起运折银 805911.14 两，存留折银 342503.08 两。起运量为 70.18%，存留量为 29.82%。其中已经标明折银标准的已折银项目共折银总数为 411529.95 两，没有标明折银标准的未折银项目折银总数为 736884.28 两；白银货币化程度为 35.83%。没有折银征收的实物部分，占总数的 64.17%。为了清楚地表现这样一个结果，请见图6—4。

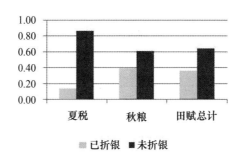

图6—4 浙江田赋货币化分布（％）

上述可见，一般认为货币经济发展活跃的江南大省浙江，田赋的货币化比例只有 35.83%，而根据上文我们所作的河南个案，中原农业大省河南的田赋货币化比例却已经超过了半数以上，占据 71.32% 的比例，居于主导地位。于是一个问题摆在我们面前：这种现象应该如何解释？

（3）浙江田赋白银货币化程度低的原因探析

依据《会计录》各省田赋的数据分析，一个历史事实清楚地摆在我们面前：发展到万历初年，明代财政已经发生了令人瞩目的变化。第一，在国家财政收支的田赋部分，货币比重的大量存在；第二，在个别省份财政主体田赋中，白银货币已居于主导地位。但是，《会计录》记载，万历初年，浙江田赋中实物征收的部分占 64.17%，大于折银征收的部分 35.83%，这一结果的出现，令人感到困惑，以致浙江的个案研究一直在推迟完成中。

我们在整理考察中发现，各省直田赋的一般规律是起运部分的货币化比例高，而存留部分有相对更多的实物，因此存留部分小，也就意味着实物部分也小于货币部分。具体到浙江，却出现了较大差异。浙江的个案表现出与一般规律的不同，主要就表现在起运部分的货币化比例小。

经考察，在《会计录》中浙江田赋的货币化比例低，问题是出在起运上，让我们首先来看全国田赋的起运部分货币化率的比较表（见表6—9）。

表6—9　　　　　全国田赋货币化率与田赋中起运
部分货币化率的比较表（不含山东省）

项目	浙江	江西	湖广	福建	山西	河南
田赋货币化率（%）	35.83	62.58	31.94	37.85	31.50	71.32
田赋中起运部分的货币化率（%）	50.91	78.90	65.05	95.42	92.00	80.60

陕西	四川	广东	广西	云南	贵州	北直隶	南直隶	全国总计
1.29	4.89	36.89	1.25	25.69	0.04	70.21	32.56	37.42
0.00	0.00	82.28	0.00	100.00	0.00	98.61	40.46	52.96

这里有必要将浙江的起运单独列表，并将未折银的实物——折银列出，以便分析。

表6—10　　　　　　　　浙江田赋起运

夏税：　　　　　　　　　　　　　　　　　　　　　　　　　　（两/银）

全部起运量	已折银	未折银
115337.45	22026.8	93310.65
	19.10%	80.90%

未折银的起运物料

项目	折银（两）
起运京库丝绵折绢	68155.50
合罗丝	640.00
串伍细丝	3200.00
荒丝	13600.00
上白绵	660.00
中白绵	2627.00
南京库串伍丝	1600.00
荒丝（两）	1600.00
农桑丝折绢（匹）（起运南京库）	1228.15
合计	93310.65

秋粮　　　　　　　　　　　　　　　　　　　　　　　　　　　　**（两/银）**

全部起运量	已折银	未折银
690573.69	388297.26	302276.42
	56.23%	43.77%

未折银的起运物料

项目	折银（两）
兑军米（石）	235680.00
供用库白熟粳米（石）（本色）	28103.13
酒醋面局白熟糯米（石）（本色）	5488.89
光禄寺白熟粳米（石）（本色）	16686.23
光禄寺白熟糯米（石）（本色）	7464.89
南京供用库本色白熟粳米（石）	3073.78
南京定场草（包）	5779.50
合计	302276.42

由表6—10可见，浙江除去运往北京的白粮、本色丝绵、本色绢，以及运往南京的本色白粮与本色草之外，浙江田赋起运的货币化率为100.00%。

对于浙江田赋起运部分折银率之所以较低的原因，我们认为：该省有大量的本色白粮与本色丝绵。其中起运米共折银665517.18两，未折银占44.55%；各种起运丝绵共折银92881.15两，其中只0.86%已折银，而高达99.14%未折银。起运中有大量实物的存在，这显然与浙江的产品为朝廷特需特供直接相关。

可以作为辅证的是，南直隶田赋起运部分的折银率低的问题。[1] 其之所以较低的原因，我们认为，是有大量的本色白粮与运至京库的本色物料。例如应天府田赋起运项下，只有漕运兑军米、淮安仓改兑米、派剩改拨淮安府仓米、派剩改拨安庆府仓米四项白粮，没有折银标准。除去这些白粮，起运货币化率为100%。可见浙江与南直隶属于同一类型，货币化率之所以低，是由于朝廷的特殊需要，只能提供地方特产，这部分实物具有不可替代性，不能货币化。

更有力地说明，来自嘉靖四十五年（1566年）庞尚鹏在浙江全省推行均平法改革的档案文书，这是经皇帝批准国家下颁推行浙江全省的国家法令文书，是对于浙江均平法改革最基本的资料，也是迄今所见最为完整的赋役改革文书，具有不可替代的史料价值。[2]

根据梁方仲先生所作《明代一条鞭法年表》[3]，说明一条鞭法开始施行于嘉靖初年，至嘉靖末年已经在南方推广，此后万历元年到二十年是一条鞭法发展最为迅速的时期，至万历二十年以前已经推行到全国。具体到浙江，一条鞭法的施行，乃至略早的赋役改革——均平法改革，可见嘉靖末年已有浙江全省通计以白银征收的赋役改革册籍。

研究表明，均平法主要是针对里甲正役三办，包括上供物料和地方官府公费的改革。当时明代里甲正役是一种以役的方式出现的贡、赋、役的混合体，具有多元混杂的特质，因此将改革定位于赋役财政改革；统一征

---

[1] 《会计录》卷一六《南直隶田赋》，第585—663页。

[2] 《钦依两浙均平录》，收藏于日本前田侯家尊经阁，即日本尊经阁文库。中国社会科学院历史研究所现已将这一明代赋役改革的重要档案文书复印回归，用于研究。

[3] 梁方仲：《明代一条鞭法年表》，《梁方仲经济史论文集》，中华书局1988年版。

收均平银后，在役的层面，役以银代，官为雇役，国家劳役制走向衰亡，役部分转入了赋；在财政的层面，以实物派征和人力征调为主的财政结构发生了转变，形成了以白银货币收支为主要形态的新的地方财政体制；均平法改革是一条鞭法赋役统一征银的早期阶段，也是白银货币化的进程。这一改革表明明代是现代货币财政的开端，也是现代货币财政管理的开端。

《均平录》，是现在已知明代浙江最完整的赋役改革资料，它详细记述了浙江各府州县统一以白银为计算单位，以白银为统一的征收形态的赋役——财政改革实态。现根据《均平录》记载，将浙江各府三办，即额办、坐办、杂办征收均平银的全面情况，列表如表6—11。

表6—11　　　　　　　　　　两浙各府均平银列表　　　　　　　单位：银两

府名	额办银	坐办银	杂办银	三办总银数
杭州府	3461.6822352	15423.1988383	22389.7618823	41274.6429558
嘉兴府	2503.5422937	18995.0313535	26090.6469722	47589.2260195
湖州府	2238.5248700	14379.1109131	14908.1791440	31525.8148641
严州府	2204.8228000	4659.7139875	8438.5937520	15303.1305395
金华府	2777.3981000	17644.0445410	16583.9285070	37005.3711481
衢州府	3511.9082000	9915.5094206	13182.9916390	22610.4092596
处州府	2815.9792500	11819.3105491	10534.4224094	25169.7122085
绍兴府	2373.4994150	17134.4629635	24549.9808430	44057.9432215
宁波府	2125.4000000	13788.0689621	15222.7374993	31136.2064614
台州府	2387.0482462	8109.0933575	13046.5298062	23541.6714099
温州府	2396.4100000	10971.8903002	7502.8485280	20871.1488282

均平银的征收，是通计一府本年额、坐、杂三办一应银数共该若干，将审派人户花名银两细数揭榜并发放由帖到户，使各家喻户晓，随后按期到县投柜征收。这种浙江均平法的具体运作，使得白银货币在浙江全省地方财政中所占比重已相当可观，标志着以实物征派和人力征调为主的财政结构发生了重大转变，形成了以白银货币收支为主要形态的新的地方财政体制。

重要的是，均平法的具体运作方式，印证了浙江地方赋役——财政货币化的程度已经相当高的历史事实。也可从一个侧面说明《会计录》中田赋的实态，即仅仅在表面账面上仍然保存着实物征收数字，而随改革深入早已货币化的历史事实。

更能说明问题的是，从《会计录》看，福建布政司的试点清丈才完成，一般来说，在清丈田粮全面推行以后，一条鞭法水到渠成，全国各地官方普遍编纂的《赋役全书》，至明末基本上遍及全国，而清承明制，保留了这种重要财政册籍的编纂。而实际上，犹如浙江在嘉靖末已经开始实行一条鞭法，走在全国前列，浙江编纂的《两浙赋役全书》也是后来各省编纂《赋役全书》的样板。查《两浙赋役全书》，是韩邦宪于隆庆六年（1572年）至万历三年（1575年）在浙江衢州府知府任上的政绩，其中"司有各府之总，府有各县之总，县照册以派单，民照单以纳银，纲举目张，条分缕析，外如鱼油课钞、商税麻铁、屯粮子粒，悉附于内，至详至备，一览了然，诚全书也"。① 至今存世的万历三十九年编辑的《江西赋役全书》，就是完全按照《两浙赋役录》编纂而成。这里可以证明浙江地方赋役早已全部货币化了。

小　结

以上我们尝试对《会计录》中浙江田赋的大量数据进行了初步整理与研究，突破了以往由于计算单位不统一，不能得出财政田赋全貌的局限，采用白银作为统一计算单位，重新探讨了万历初年浙江田赋中的夏税结构和秋粮结构，以及浙江全省田赋结构的完整面貌，并进而探求了其中的白银货币比例。研究结果表明，在万历初年，也就是所谓的全国清丈田土、一条鞭法推行全国之前，在浙江财政核心田赋中，已包含了大量白银货币的内容。但是，显示的奇怪之处是，在浙江田赋的货币化比例小于河南。在河南田赋中，白银货币已代替实物占据了主要地位，而在浙江这一江南大省，在浙江财政收入中，货币部分仅占田赋总额的 35.83%，这个数字表明白银货币没有在浙江田赋中取代实物占据主导地位。这一个案研究，给我们的启示是：在《会计录》实物比例高的背后，我们不能忽略地方赋役实物名目下的货币实态。浙江为商品货币经济发展的江南大省，其数字的变化应该说也具有典型意义，证明事实上地方上的起运由于中央的需要，不能全部货币化，但是这不等于在地方的具体征收运作中也没有

---

① 《江西赋役全书》卷首《案照》，万历三十九年江西布政司刊本，台湾学生书局，1970年影印本，第2页。

货币化,而《会计录》中的地方存留部分即使已经全部折银了,但在国家财政总册中也没有体现出来。就此而言,我们依据《会计录》所作的财政货币化比例统计,实际上是相对偏低的。

(三) 山西之例①

16 世纪,晚明中国之财政与税收发生了以白银货币化为主要内容的变革,万历十年(1582 年)刊刻的《万历会计录》记录了这一变革的成果。其中田赋征收的起运存留和折银情况,为我们了解明代万历时期及之前的财政结构和演进,探讨财政视角下的田赋折银以及白银货币化的发展历程提供了丰富资料。我们可以使用货币计量的方法,即用白银作为统一的计算单位而摒弃以往采取的以实物简单加总罗列的方法,对晚明财政结构和白银货币化程度进行梳理。本文通过对山西布政司万历六年的田赋资料整理计算,初步探讨了晚明中央与地方之间的财政结构及白银货币化程度不断加深的趋势,指出这一趋势与国内、国际经济发展的一致性,这个过程是漫长的,艰难的,也是不可阻挡的。

16 世纪中后期,中国社会发生了令人瞩目的社会变迁。其中,在经济方面实行的"量地计丁,一概征银"的一条鞭法,即白银货币化下的赋役折银,结束了我国长达两千年的实物税制而实行货币税制,推动了粮食市场和劳动力市场的形成和发展,进而推动了商品经济的发展和社会转型。同时在国际贸易领域,晚明中国通过白银参与世界经济活动,进而与整个世界互动。以白银为统一计量单位的财政货币化,在中国财政史、赋役制度史和货币史上不啻是浓墨重彩的篇章。

明代的赋役折银,从宣德五年(1430 年)周忱改革算起,发展至嘉靖初年(约 1530 年左右)出现"一条鞭法",再到万历初年(1580 年左右)向全国推行,经历了约一个半世纪的时间。② 与白银货币化的赋役改革相适应,以白银作为主要计量单位,编制统一的国家财政总账,便提到当政者的意识日程。万历九年(1581 年),反映这一改革成果的《万历会计录》③(下面简称《会计录》)四十三卷,由户部尚书张学颜主持定稿,

---

① 此部分与侯官响合作。
② 万明:《白银货币化视角下的赋役改革》(上),《学术月刊》2007 年第 5 期,第 124 页。
③ (明)张学颜:《万历会计录》,《北京图书馆古籍珍本丛刊》第 52、53 册,书目文献出版社 1989 年版,下同。

次年刊刻。《会计录》对全国各项财政收支款项作了全面记载。卷一记录全国洪武、弘治旧额，万历六年（1578 年）现额岁入岁初总数；卷之二至卷之一十六，分省叙述了十三布政司和南北两直隶及各府、州、县田赋数额及沿革脉络；卷之一十七至卷之二十九，记载九边十三镇边镇粮饷；卷之三十至卷之四十三，分类记载内库供应、光禄寺供应、宗藩禄粮、屯田、盐法、茶法、钞关、杂课的具体收支情况。

尤其值得注意的是《会计录》中田赋的起运存留和折银情况，为我们了解明代万历时期及万历以前的财政结构和财政状况、探讨财政视角下的田赋折银以及白银货币化的发展历程提供了有利条件。我们可以使用货币计量的方法，即用白银作为统一的计算单位，摒弃以往采取的以实物简单加总罗列的方法，对晚明财政结构和白银货币化程度进行梳理。因为不同的实物有不同的计量单位，同一种实物在不同的时间、地点其价值也不相同。货币计量是现代财政和现代会计核算的基本前提，《会计录》所体现的历史价值不仅在于它是迄今为止保存下来的中国古代唯一的国家财政会计总册，还在于它所蕴含的价值信息能够提供以货币计量明代财政收支的标准，进而获得探讨明代经济发展实态的可能。

无疑，《会计录》是研究明代财政、赋税、货币等方面社会经济史的宝藏。而今人对《会计录》的利用和研究，还比较鲜见。已故梁方仲先生对《会计录》只作过简单介绍[1]。黄仁宇先生的《十六世纪明代中国之财政与税收》[2] 只提到《会计录》中的 5 个数据，而《会计录》所含数字信息则有 10 万条之巨。台湾学者赖建诚教授通过分析《会计录》中的边镇粮饷数据，得出明朝灭亡在于边防经费增加引致的财政危机的结论。[3] 以上诸贤对《会计录》赋税折银以及中央与地方财政关系、以及各布政司、府州县的财政状况均未作深入探讨。日本学者清水泰次、山根幸夫、岩见宏、谷口规矩雄等人对中国明代赋役制度研究颇深，但也未涉及财政货币化问题。

① 梁方仲：《评介〈万历会计录〉》，载《梁方仲经济史论文集补编》，中州古籍出版社 1984 年版，第 233 页。
② ［美］黄仁宇著，阿风等译：《十六世纪明代中国之财政与税收》，生活·读书·新知三联书店 2001 年版。
③ 赖建诚：《边镇粮饷：明代中后期的边防经费与国家财政危机》，台北：联经出版社 2008 年版。

万明与徐英凯较早注意到《会计录》所涵盖的大量的赋税折银信息，于 2008 年提交了论文《明代白银货币化再探》[1]，首次以白银为统一计量单位，以《会计录》河南田赋资料分析为中心，对明代的财政货币化问题进行了深入而有意义的探讨。我们面对《会计录》中浩瀚而又繁杂的涉及国家财政各个层面的数字，考虑的是如何以统一的货币单位，来重现明帝国国家财政机器的运转，以便从新的视角揭示社会发展的趋势。所谓财政货币化问题仍有继续探讨的必要。

在明代北方五省中，山西布政司颇具代表性，诸前贤对明代山西的财政赋役制度研究亦多有建树。日本学者寺田隆信在其专著《山西商人研究》中专设一节，对民运粮纳银的原因及条件进行探讨，指出民运粮的折纳，尤其是折银问题，在"从民便"的同时，也是政府为了解决边防经费累年拖欠的财政问题不得已而为之的，但边镇粮饷折银的稳定是以边塞地方的粮食市场的稳定为前提条件的。[2] 张海瀛先生的专著《张居正改革与山西万历清丈研究》，利用罕见的山西万历清丈记录，对一条鞭法推广前的基础工作——土地清丈进行了深入研究，但对财政白银化问题着墨甚少。对明代田赋折银作深入探讨的是李三谋先生，他于 20 世纪 90 年代先后发表论文，[3] 集中阐发全国尤其是山西农业货币税推行的原因及其过程，但未用统一的白银为货币单位，也未利用《会计录》资料。

鉴于上述原因，本部分拟以《会计录》山西布政司田赋资料为中心，结合其他明代史籍资料，采用白银为统一的货币单位，尝试对山西的田赋结构和白银货币化程度进行粗略分析，以求教于各位方家。

1. 山西布政司田赋折银背景分析

（1）明代山西布政司概况

山西布政司位于华北平原和黄土高原的结合地带，"内迫京畿，外控夷狄，实西北重地。"[4]《山西通志》亦云："山西近畿临边，等于右辅，

---

[1] 参见万明、徐英凯：《明代白银货币化再探——以〈万历会计录〉河南田赋资料为中心》，中国史学会（日本）、台北"中研院"、台湾政治大学、《新史学》杂志社《"基调与变奏"7—20 世纪的中国》第二卷，2008 年 7 月，第 105—127 页。

[2] ［日］寺田隆信：《山西商人研究》，山西人民出版社 1986 年版，第 25—41 页。

[3] 参见李三谋《明代农业税的推行问题》，《中国经济史研究》1995 年第 4 期；李三谋、方配贤：《明万历以前山西农业货币税的推行问题》，载《中国经济史研究》1999 年第 1 期。

[4] 《明宪宗实录》卷二二八，成化十八年六月甲寅。

所以经国用而裕军实者又甚周也。"① 其东、西两侧为山地，中部和南部地势平缓。由于高原和山地占全省面积的72%，且"近边苦寒"，因而可耕地很少。但是在人口方面，山西却是明代北方人口最稠密者。

据《明一统志》载，明初山西布政司领有太原、平阳、大同三府，泽、潞、汾、沁、辽五州，置山西都指挥使司，山西行都指挥使司②③。其中太原府为省会，亦是晋王封地；大同府为山西行都司所在地，亦是代王分封之地；潞安是沈王封地。山西行都司即九边十三镇中的大同镇，另外山西镇在山西布政司辖内，宣府镇临近山西。对于山西南北社会经济状况，时人称：

> 河以北为山西，古冀都邑地，故禹贡不言贡。自昔饶林竹、纑絘、玉石，今有鱼盐枣柿之利。所辖四郡，以太原为省会而平阳为富饶。大同、潞安，倚边寒薄，地狭人稠，欲商勤俭，然多玩好事末。独蒲坂一州，富庶尤甚，商贾争趋。④
>
> 太原以北岗陵丘阜，硗薄难耕，乡民惟以垦种上岭下坂，汗牛痛仆，仰无待命，无平地沃土之饶，无水旱灌溉之益，无舟车鱼米之利，兼拙于远营，终岁不出里门，甘食蔬粝，亦势使之然。⑤

而太原以南，虽田土肥沃，但地狭人稠，"本地所出之粟，不足供居民之用，必仰给予河南、陕西二省"。⑥ 尽管如此，在北直隶、陕西、山西、山东、河南等北方五省甚至全国各布政中，山西布政司田赋征收额是比较高的，见表6—12。

---

① 光绪《山西通志》卷五八《田赋》略一，中华书局1990年版，第4415页。
② （明）李贤：《明一统志》卷一九，第1193—1194页。
③ 《明史》卷四一《地理志》载，万历十年（1582年），山西布政领有太原、平阳、大同、潞安（嘉靖八年升为府）四府，汾州、沁州、泽州、辽州四州。万历二十三年（1595）年，汾州升为府。
④ （明）张翰：《松窗梦语》卷四《商贾记》，中华书局1995年版，第82页。
⑤ （明）康基田：《晋乘蒐略》卷二，转引自张正明等《明清晋商资料选编》，山西人民出版社1989年版，第23页。
⑥ （明）孙嘉淦：《孙文定公奏疏》卷三《请开采楚省疏》，转引自张正明《晋商兴衰史》，山西古籍出版社1995年版，第7页。

表6—12　　明洪武、弘治、万历三朝北方五省及南直隶田赋征收额①

布政司	征收米麦（石）			每亩平均征收米麦数（升）		
	洪武二十六年 （1393年）	弘治十五年 （1502年）	万历六年 （1578年）	洪武二十六年 （1393年）	弘治十五年 （1502年）	万历六年 （1578年）
山西	2800937.00	2274023.00	2314802.00	6.69	5.82	6.29
北直隶	1170520.00	601631.00	598628.00	2.01	3.23	1.22
陕西	1913164.00	1920058.00	1735690.00	6.07	7.40	5.93
山东	2578917.00	2851127.00	2850937.00	5.32	5.31	5.40
河南	2198909.00	2387777.00	2380760.00	1.52	5.74.	3.21
南直隶	7234820.00	5942255.00	6011861.00	5.70	7.33	7.77

从表6—12中数字可以看出，山西在洪武二十六年（1393年），田赋总额仅次于南直隶，居北方诸省之冠，弘治十五年（1502年）、万历六年（1578年），则少于北方的山东、河南两省；然而从每亩平均征收米麦数来看，山西均远超山东、河南。

再看山西所辖之太原县，洪武二十四年（1391年），全县夏税秋粮合计3223315升，田土483067亩，每亩平均征收米麦为6.67升；嘉靖二十七年（1548年），全县夏税、秋粮合计3162881升，田土477989亩，每亩平均征收米麦为6.62升。②嘉靖二十七年的曲沃县，平地亩征8升，坡地亩征6升，水地则亩征1斗7合，③由此可见明代山西的田赋负担之重。

"概其土之所有不能给半，岁之食不能得，不得不贸迁有无，取给他乡"④，为了生存，山西人口大量外流，弃农逐末成为农村流动人口的主要出路和就业选择。大多数外流人口生活艰难，"离父母、妻子而为商为贾者岂得已哉？资身无策，糊口是谋耳。"⑤ 只有少部分"逐于末作，走

---

① 梁方仲：《中国历代户口、田地、田赋统计》乙表36，中华书局2008年版，第483页。
② 根据《天一阁藏明代方志选刊》本嘉靖《太原县志》卷一《田赋》有关数字计算。
③ 嘉靖《曲沃县志》卷一《贡赋志》。
④ （明）康基田：《晋乘蒐略》卷二，转引自张正明等主编《明清晋商资料选编》，山西人民出版社1989年版。
⑤ 嘉靖《曲沃县志》卷一《贡赋志》。

利如娄"①，通过纳粟开中制，经营粮食和食盐，成就了名满天下的晋商群体。

（2）山西布政司田赋折纳沿革

唐宋已降，中国经济发展的重心南移已完成。明代北方经济发展水平落后于南方，也是不争的事实。北方白银货币化的程度亦复如是，不仅低于江南诸省，而且沿革缓慢。正统时南方各地通过征收金花银，使货币税在田赋中的比重大为增加；成化至嘉靖年间为适应商品经济发展而进行的各种赋役改革，"摊丁入地"，折银征收，逐步使赋役征收白银制度化，而同时期北方诸省田赋折银主要是政府为了足额完成征收边镇粮饷的需要，当然也有"从民便"的因素。总体而言，正统前后，北方地区货币田赋仍然是偶发的、个别的②；嘉隆时期，北方受战争与和平条件的影响较大，田赋存留和折征变化大，货币田赋内容仍没有实质性改变。

就山西布政司而言，《明实录》《明会典》《会计录》等明史典籍记载了宣德元年至嘉靖三十二年全省田赋折银的沿革事例。由于其直接供应宣府、大同、山西三镇粮饷，受到边防军事活动影响较大的缘故，其折银力度居于北方诸省前列。

宣德元年（1426年），山西监察御史于谦见大同"其地霜蚤，田薄收，当输边者，多折赍银。"③ 此为山西，也是北方诸省折银的最早记录。

正统四年（1438年），巡抚大同、宣府右金都御使卢睿上奏：

> 山西上年拨送折粮银一十万两，每银一两，准粮四石。今宣府米价腾贵，请每银一粮，准银二石五斗。从之。④

五年（1440年），解送大同粮每石折银5钱。⑤

---

① 万历《汾州府志》卷二《风俗》。
② 唐文基：《明代赋役制度史》，中国社会科学出版社1991年版，第185页。
③ （明）倪岳：《少保兵部尚书于公神道碑铭》，（明）徐纮：《明名臣琬琰续录》卷六，《四库全书》第四五三册，上海古籍出版社版，第344页。
④ 《明英宗实录》卷六一，正统四年十一月乙巳，台北："中研院"史语所校印本，第1159页。
⑤ 《明英宗实录》卷六五，正统五年三月乙巳，台北："中研院"史语所校印本，第1238页。

八年（1443年），"山西民运，本色米麦豆共四十一万八千八百六十石五斗，折色一十五万石，每石折银二钱五分，共银三万七千五百两。"①

天顺二年（1458年），山西秋粮折收一十万石，每石折银2钱5分。②

成化十三年（1477年），李敏以右副都御史巡抚山西，《明史》记载：

> 见山东、河南转饷至者，道远耗费，乃会计岁支外，悉令输银。民轻赍易达，而将士以其赢治军装，交便之。至是指成化二十三年李敏任户部尚书时，并请畿辅、山西、陕西州县岁输粮各边者，每粮一石折银一两，以十九输边，依时值折军饷，有余则召籴以以备军兴。帝从之。自是北方、夏秋二税皆折银。③

成化二十三年（1487年），山西京库折银米共77000石。④

弘治二年（1489年），"准太原迤北与大同州县，该纳大同、宣府税粮，俱纳本色；太原迤南与平阳等处，仍照例折银。"⑤

弘治六年（1493年），《会计录》卷七记载：

> 准山西腹里起运宣大税粮，太原府迤北、迤南所属，并汾州、平遥、介休、孝义等县，可通车者，悉从民便，征运本色，草束照旧征银。其平阳府泽、潞、辽、沁四州所属，转输颇艰，减征价银，每米麦一石，折银七钱；豆一石，折银五钱；草一束，折银四分。

正德十年（1515年），九边镇之一的山西镇"民运改征折色，每粮一石折银一两，岁征三十余万两"。⑥

---

① 《万历会计录》下卷二四，第850页上。
② 《明英宗实录》卷二八八，天顺二年闰二月己卯，台北："中研院"史语所校印本，第6172页。
③ （清）张廷玉：《明史》卷一八五《李敏传》，第4894页。
④ 《明孝宗实录》卷八，成化二十三年十二月癸巳，台北："中研院"史语所校印本，第181页。
⑤ 《万历会计录》（上）卷七《田赋沿革事例》，第254页上。
⑥ 《万历会计录》下卷二四《山西镇额饷沿革事例》，第884页上。

嘉靖五年（1526 年），巡抚山西右副都御使江潮建议，将各王府禄粮，夏税按每石六钱，秋粮按每石八钱折银征收，但在支放时每石折银五钱，"搏其余数，以补不敷"。① 通过征收田赋和支出禄米之间折银的差价，以解决"宗室繁衍，禄米日增，岁征不足用"的财政亏空。

嘉靖二十三年（1544 年），户部"议准山西大同、平阳等府税粮。征银多寡不均，今后止征银一两，其不系代府禄粮州县，每石量加银一二分，以补原额不敷之数。"②

嘉靖二十七年（1548 年），御史程轼题：

> 大同所属半为沙漠，旧额禄米九万三千四百三十五石，比因王族蕃衍加至，每石征银一两一钱六分。查得平阳等府，泽、辽等州亦该禄米三万四千二百四十二石，每石多者不过九钱六分，少者七钱六分，是内郡膏腴之地反轻，而边徼反重矣，乞要均派。③

同年，山西平阳、太原二府，泽、沁、汾三州"自本年为始，金拨大户，一条鞭征收银两，解布政司收贮，听补王府禄米灾免不敷之用"。④ 这是山西折征银两第一次和一条鞭法联系起来。

三十二年（1553 年），户部批复：

> 准代、岢二州，原派本色米豆一千四百四十二石，俱征本色；汾州、阳曲等州县，该七万九千五百五十八石，姑准折征。⑤

从以上田赋沿革事例，可以看到山西布政司田赋折银主要存在两种情形：一是输往大同镇、宣府镇的边粮，"岁征本色，民不堪命。合将三百里以内地方，坐征本色，若果输运较难，将折色分数，免加脚价，其余弯

---

① 《明世宗实录》卷六八，嘉靖五年九月辛庚戌，台北："中研院"史语所校印本，第1566 页。
② （明）申时行等修：《明会典》卷二九，户部一六《征收》，第216 页。
③ 《万历会计录》上卷七《田赋沿革事例》，第254 页下。
④ 《万历会计录》上卷七《田赋沿革事例》，第255 页上，另见万历《明会典》卷二九户部一六《征收》，第218 页。
⑤ 《万历会计录》下卷二四《山西镇额饷沿革事例》，第885 页下。

远州县，俱折银一两，脚价二钱。"① 这是因"道远耗费""运输颇艰"
而折银；一是供应王府的禄米折银，但主要是起运边镇的税粮征银，存留
地方的田赋则较少折征，并且是否折征，或临时起意，或因时而变，并无
规律可循。如正统十年（1445 年），"大同蓄积粮多，恐致陈腐。除官军
支用外，乞将今岁山西拨纳秋粮四十万石准收本色二十万石，余半收银
货，用备易籴新粮，以抵蓄积。从之。"② 又如弘治十年（1497 年），"将
大同府原派宣府税粮三万四百石，改归大同，以便输纳本色。"③ 再如嘉
靖三十三年（1552 年），"将山西民运，附近该镇三百里者，不拘分数，
多派本色。太原、汾、沁、潞、辽俱纳本色，平阳等处窎远地方，增派脚
价。……大同税粮，因山西该省岁荒，暂行折征，此后务要渐复本色。"④
另外，折银标准亦颇随意，每石从 2 钱 5 分到一两一钱六分不等。可以
说，此时山西的田赋折银仍然是为满足边防的需要。市场由于发育缓慢，
对折银影响不大。

那么万历六年（1578 年）的江南诸省，此时明廷官员刘光济在江西、
庞尚鹏在浙江、海瑞在应天府正大力推广赋役折银一条鞭法，山西的田赋
结构及其货币化程度是怎样的？下面就此试作分析。

2. 山西布政司田赋结构分析

早在先秦时期，中国财政"有粟米之征，有力役之征，有布缕之征。
粟米取于田上，即租法也，力役取于人力，即庸法也，布缕取于园宅，即
调法也"。⑤ 国家对土地征收实物，按人力科派力役。在传统农业社会，
这种国家财政以实物为征收内容的运行状况一直持续到明代前期。明人顾
清云：

> 今之夏秋二税，即古所谓粟米之征，唐之所谓租；农桑丝绢，即
> 古所谓布缕之征，唐之所谓调。租出于田，调出于家，庸以身计，不

---

① 《万历会计录》下卷二四《大同镇额饷沿革事例》，第 853 页上。
② 《明英宗实录》卷一三六，正统十年十二月甲寅，台北："中研院"史语所校印本，第 2703 页。
③ 《万历会计录》下卷二四《大同镇额饷沿革事例》，第 852 页上。
④ 《万历会计录》下卷二四《大同镇额饷沿革事例》，第 852 页下。
⑤ （明）何柏斋：《何柏斋集》卷一《均徭私议·均徭》，《明经世文编》第二册卷一四四，中华书局影印本，第 1442 页。

相侵越者也。①

明初的田赋征收沿用唐代的两税法，依照田产的多少分夏秋两次征收。对此，丘濬认为：

> 土地万世而不变，丁口有时而盛衰。定税以丁，稽考为难，定税以亩，检核为易。我朝稽古定制，以天下之垦田，定天下之赋税，因其地宜，立为等则，征之以夏者谓之税，征之以秋者谓之粮。②

不过，明代的夏税秋粮从开国之初就不全是征收米麦，《明史·食货志》根据《明会典》记载洪武时"夏税曰米麦，曰钱钞，曰绢；秋粮曰米，曰钱钞，曰绢"③，计有米、麦、钱钞、绢四种，以后逐步增加，弘治有四十一项，万历有五十二种。

通常夏季征收不能超过八月，秋季不能超过次年二月，以征收实物为主，兼以钞、钱、金、银、绢、布。用麦米交纳称为本色；用金、银、钱、钞、布、绢等物品折换交纳，称为折色。《诸司职掌》记载折绢、折钱钞的情况：

> 凡民间一应桑株，各照彼处官司原定则例起科丝绵等物，其丝绵，每岁照例折绢，俱以十八两为则，折绢一匹。所司差人类解到部札付承运库收纳，以备赏赐支用。其树株果价等项并皆照例征收钱钞。④

"省直银粮，名色虽不一，大约田赋、均徭二项，不离起解、存留两款。"⑤ 明代各地的田赋可分为两类；其一，起运；其二，存留。所谓起运，就是运到中央政府或其他省的府、州、县或各边镇、都司、卫所等军

---

① （明）顾清：《傍秋亭杂记》卷上，转引自谢国桢选编《明代社会经济史料选编》校勘本（下），福建人民出版社2004版，第262页。
② （明）丘濬：《大学衍义补》卷二二《贡赋之常》，京华出版社1999年版，第214页。另参见孙承泽《春明梦余录》卷三五《户部一》，570页。
③ （清）张廷玉：《明史》卷七八《食货二》，第1894页。
④ 《诸司职掌》（上）户民科《农桑》，台北："中央"图书馆校勘本，第171页。
⑤ （清）孙承泽：《春明梦余录》卷三五《户部一》，北京古籍出版社1992年版，第581页。

事区域的部分。存留就是留供本地开销的部分。存留的用途，因各地繁简充僻微有多寡的不同，有些特别支出，如供给本地蕃府亲王岁禄之用。①

《会计录》卷七，记载了山西布政司田赋状况，主要包括夏税、秋粮两项。夏税分为小麦（包括阔白绵布折麦，分起运麦和存留麦）、农桑丝折绢（全部起运京库）、零丝三类；秋粮分为米（包括阔白绵布、棉花绒折米，分起运米和存留米）、马草（包括起运草和存留草）和户口盐钞银（包括遇闰加银，全部存留）。

上述项目中起运麦、米、阔白绵布、农桑丝折绢以及马草都标明了折银标准。运用货币计量的方法，首先可以将《会计录》卷七田赋征收项目中折银的实物部分折成统一的白银，得出货币化部分的货币额；再以《会计录》中标明的银价，采取加权平均法计算出折银价格，由此得出没有折银标准的实物部分的货币额。在计算中，注意了田赋征收过程中中央财政和地方财政的划分（即起运和存留额），以及货币化部分和实物部分各自的比例。首先得到山西田赋的总体结构。参见表6—13。

表6—13 万历六年山西省田赋分布（两/银）

田赋	数额	%	起运	%	存留	%
总计	2118341.95	100.00%	828835.62	39.13%	1289506.33	60.87%
夏税总计	422771.01	100.00%	83025.70	19.64%	339745.31	80.36%
小麦	419365.51	100.00%	79686.00	19.00%	339679.51	81.00%
农桑丝折绢	3339.70	100.00%	3339.70	100.00%		
零丝	65.80	100.00%			65.80	100.00%
秋粮总计	1695570.94	100.00%	745809.92	43.99%	949761.02	56.01%
粟米	1471743.52	100.00%	550170.00	37.38%	921573.52	62.62%
马草	198459.75	100.00%	195639.92	98.58%	2819.84	1.42%
户口盐钞银	23306.05	100.00%			23306.05	100.00%
遇闰加银	2061.62	100.00%			2061.62	100.00%

① 梁方仲：《田赋史上起运存留的划分与道路远近的关系》，《梁方仲经济史论文集》，中华书局1989年版，第208页。

万历六年（1578 年）山西田赋总计为 2118341.95 两白银。从田赋构成来看，夏税 422771.01 两，占田赋总额的 19.96%，秋粮 1695570.94 两，占田赋总额的 80.04%；从财政构成来看，起运 828835.62 两，占赋税总额的 39.13%，存留 1289506.33 两，占赋税总额的 60.87%。下面具体分析夏税、秋粮的构成。

（1）山西夏税收入分析

根据《会计录》卷七，山西田赋夏税项下记载，夏税共有四项，分别为小麦、阔白棉布、农桑丝折绢、零丝。而其中的阔白棉布已折成小麦，并计入小麦的总数中。

A. 小麦

小麦作为田赋正项，构成夏税的主要部分，万历六年山西实征小麦 591951.31 石，包括起运和存留部分。

a. 起运部分

起运部分实征小麦 112480 石，主要用于边镇粮饷。

内起运宣府镇龙门广盈等仓、怀来广阜仓、宣德等仓、新兴仓、广昌仓、万全广盈等仓、广积仓、永宁等仓、新开口堡仓、怀来广备仓小麦，已经标明了折银标准为 1.2 两/石，共计折银 19806 两。

内起运万全万亿库阔白棉布 6000 匹，已经标明了折银标准为 0.3 两/匹；并且注明折小麦 7200 石（已经计入起运小麦的总数中），相当于小麦折银标准为 0.25 两/石；共计折银 1800 两。

内起运大同镇大有仓、平虏卫平虏仓、石井坪堡仓、偏头关保德仓、宁武关万亿库、雁门关广济仓、代州边储仓小麦项下，已经注明：前项各仓附近三百里者，本色四分，折色六分；五百里者，本色三分，折色七分，其折色俱免征脚价；如系五百里之外者，俱每石折银 1 两，外加脚价银 0.2 两。由此无法说明有多少是三百里、五百里内外者，故均采用 1 两/石，外加脚价银 0.2 两计算；共计折银 45330 两。

内起运银亿库阔白棉布 42500 匹，已经标明了折银标准为 0.3 两/匹；并且注明折小麦 51000 石（已经计入起运小麦的总数中），相当于小麦折银标准为 0.25 两/石；共计折银 12750 两。

以上全部起运小麦共折银 79686 两。

b. 存留部分

存留小麦 479471.31 石，因《会计录》未注明折银价格，可按起运小麦价格的加权平均值每石 0.7084 两/石计，共折银两 339679.51 两。

总计起运和存留，山西全省实征小麦合计 591951.31 石，折银 419365.51 两。

B. 农桑丝折绢

该项目原应征收农桑丝，现改为征收折色，共计 4771 匹，全部起运京库，其中折色 967 匹，已经标明了折银标准每匹 0.7 两，折银 676.9 两；本色 3804 匹，仍按每匹 0.7 两的折银标准，折银 2662.8 两；共计折银 3339.7 两。

C. 零丝

该项目为存留，共计 51.41 斤，折合 822.55 两。①

综上所述，山西省夏税共该银 422771.01 两，其中起运物料共该银 83025.7 两；存留物料共该银 339745.31 两。由此得到山西全省夏税起运量为 19.64%，存留量为 80.36%。

(2) 山西布政司秋粮收支情况分析

根据《万历会计录》卷七，关于山西省田赋秋粮的记载，共有三项，分别为粟米、马草、户口盐钞银和遇闰加银。其中，粟米是正项，马草和户口盐钞银及遇闰加银是杂项。

A. 粟米

全省实征米 1722851.38 石，包括起运和存留部分。

a. 起运部分

起运米 640350 石，主要包括以下几项：

全部起运米，账目中原注明：前项各仓附近三百里者，本色四分，折色六分；五百里者，本色三分，折色七分，其折色俱免征脚价；如系五百里之外者，俱每石折银 1 两，外加脚价银 0.2 两。由此无法说明有多少是三百里、五百里内外者，故均采用 1 两/石，外加脚价银 0.2 两计算，共计折银 465120 两。

内起运万全万亿库阔白棉布 102500 匹，已经标明了折银标准为 0.3 两/匹；并且注明折米 102500 石（已经计入起运米的总数中），相当于小麦折银标准为 0.3 两/石；共计折银 30750 两。

---

① 其折银标准依据：《万历会计录》上卷八《田赋·河南布政司·夏税·工部织染局丝》，第 259 页。

内起运大同银亿库阔白棉布 140000 匹，已经标明了折银标准为 0.3 两/匹；并且注明折米 140000 石，（已经计入起运米的总数中）相当于小麦折银标准为 0.3 两/石；共计折银 42000 两。

内起运万全万亿库棉花绒，未标明折银标准，但是已经标明折米 2250 石，今依据本省起运米价格 1.2 两/石计，共计折银 2700 两。

内起运大同银亿库棉花绒，未标明折银标准，但是已经标明折米 8000 石，今依据本省起运米价格 1.2 两/石计，共计折银 9600 两。

以上合计全省起运米共折银 550170 两。

b. 存留部分

存留米 1082501.38 石，今按起运米价格的加权平均值每石 0.851337035 两计，共折银两 921573.52 两；

合计起运和存留部分，全省实征米合计折银 1471743.52 两。

从表 2 可知：山西省秋粮米中，起运量为 37.38%，存留量为 62.62%。

B. 马草

全省实征草 3602991 束，其中起运草 3544850 束。

账目内所有起运草均未给出折银标准，但是在聚落堡草场草项目后注明：前项草束照旧例征收每价银 1 两，外加脚价银 0.2 两，故可以认为这部分草已经折银，而其余草按未折银计；草的价格依据系统聚类分析方法[1]所得结论 2,[2] 应取陕西草价格的加权平均值，但是陕西没有草的价格，故根据最小距离原则，选取河南草价格的加权平均值 0.0485 两/束。由此起运草共折银 195639.92 两；

存留草 58141 束，未注明折银标准，今按河南草价格的加权平均值计，共折银 2819.84 两，全省草合计折银 198459.75 两。

由此得到山西省秋粮中，草的起运量为 98.58%，存留量为 1.42%。

C. 户口盐钞银

山西省各府、县的户口盐钞银，以及遇闰加银，均未标明存留，但依

---

[1] 系统聚类法是聚类分析中用得最多的方法。首先将 m 个样本看成 m 类，计算 m 个样本两两间的距离，合并距离最近的两类为一个新类，得到 $m-1$ 类，再从中找出最接近的两类加以合并变成 $m-2$ 类，如此下去，最后所有的样本全在一类。上述过程可以画出聚类图，从图上很容易决定分多少类，每类各有什么样本。

[2] 万明、徐英凯：《明代〈万历会计录〉整理与研究》，中国社会科学出版社 2015 年版，第 2099—2102 页，结论 2 陕西省的田赋折银标准由山西省的折银标准确定。

据山西各府田赋记录，山西省的户口盐钞银全部存留，其中户口盐钞银23306.54 两，遇闰加银 2061.63 两。

综上所述，山西省秋粮共该银 1695570.94 两。而其中全部起运物料折银 745809.92 两；全部存留物料，折银 949761.02 两。山西省秋粮中，起运量为 43.99%，存留量为 56.01%。

（3）山西布政司万历六年田赋结构分析

根据上述夏税、秋粮两项的分析，可知山西省全年田赋折银2118341.95 两，其中起运折银 828835.62 两，存留折银 1289506.33 两。夏税起运粮仅占 20%，秋粮起运粮上升至 44%，全年夏税秋粮起运量为39.13%，存留量为 60.87%（具体财政结构见图6—5）。这与某些研究人员所认为的明代中央集权高度强化，作为中央财政的起运与作为地方财政的存留八二分成比例相差甚远。[1]

考察明代田赋的结构，起运与存留并没有统一的比例。富庶的江南地区，"天下财赋，东南居其半"，起运远大于存留。[2] 如苏州府宣德四年起运粮 2164000 余石，存留粮仅有 377500 石，起运与存留的比例分别为87.6% 和 12.4%。[3] 贫瘠的边远地区，其赋税并不能满足本省需求。如万历六年广西、云南、贵州三布政司，夏税、秋粮俱存留本省备用。[4]

梁方仲先生认为：江西、浙江、河南数省，因为与两京距离较近，并且交通便利，地富民庶，其缴纳的田赋最多，反之，如四川、广东、山西等省，起运的百分比最低。[5]

山西布政司"近边苦寒"，地狭人稠，如前所述每亩赋税额居北方五省之冠。

---

① 财政部财科所 2005 年研究报告认为，明代中央政府与地方政府的财力分配，由于受高度集中的财政体制的影响，大约 80% 的赋税收入归中央政府支配，20% 的赋税留归地方，参见赵云旗《中国历史上中央与地方官俸发放原则》，http://www.crifs.org.cn crifs/html/default/caizhengshihua/_ history/138，2005 年 5 月 20 日。
② 《明神宗实录》卷一七六，万历十四年七月己酉，第 3245 页。
③ 唐文基：《明代赋役制度史》，中国社会科学出版社 1991 年版，第 64 页。
④ 参见《会计录》卷一二广西，第 427 页；卷一三云南，第 444 页；卷一四贵州，第460—461 页田赋的相关记载。
⑤ 梁方仲：《田赋史上起运存留的划分与道路远近的关系》，《梁方仲经济史论文集》，中华书局 1989 年版，第 217 页。

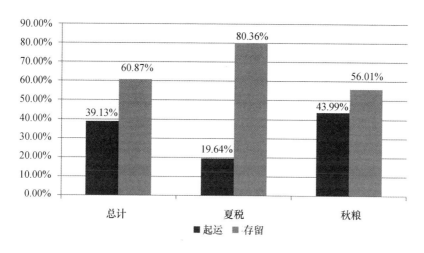

图6—5　山西布政司万历六年财政结构

山西一省，地当中原之脊，山冈居半，民俗尚俭，率重本业。然以四府四州之民，供三藩三镇之赋，百司岁用，又复丛焉，其繁重可知矣。①

曾任山西按察使的吕坤指出："山西钱粮，非王禄则军饷。"② 根据前述起运和存留的定义，输入大同、宣府、山西三镇之赋，应列入起运范畴，起运数量与边境战事关系甚大。成化十八年（1482年），巡抚山西右副都御使何乔新在上书中对此有很好的阐释：

山西所属夏税秋粮计二百二十七万三千一百六十七石。洪武、永乐间，自存留外，仅输给大同各卫并雁门、偏头二关。正统末年，虏寇犯边，乃以太原等府、泽潞等州税粮输之宣府。成化二年，官军欲捣河套，乃以各税粮输之榆林。自此存留数少。③

---

① 《会计录》卷七《田赋沿革事例》，第256页上。
② （明）吕坤：《吕新吾先生文集》卷三《停止砂锅潞绸疏》，《明经世文编》第三册卷四一五，中华书局1962年影印本，第4502页。
③ 《明宪宗实录》卷二二八，成化十八年六月甲寅，第3907页。

三藩之赋指的是从存留粮中支付的晋王、代王、沈王的禄米,由于生齿日繁,宗禄支出恶性膨胀。① 嘉靖八年(1529 年)六月,副总裁詹事霍韬重修《会典》时上书曰:

> 洪武初年,山西惟封晋府一王,岁支禄米一万石。今增郡王、镇辅、奉国将军、中尉而下共二千八百五十一位矣,岁支禄米八十七万石,则加八十七倍矣。臣考山西额田,初年四十一万顷,弘治十五年存额三十八万顷,减额者三万顷矣。禄米则由一万石增而八十七万石,额田则由四十一万顷减而三十八万顷,此山西额数也。举山西而推之,天下可知也。②

时任户部尚书梁材亦深有同感:

> 王府禄米,查得洪武年间,如山西初封晋府一王,岁支禄米一万石,今增郡王、镇辅、奉国将军、中尉、郡县等主君,并仪宾等至1851 位员,共岁支禄米八十七万二千三百六石零。③

《明世宗实录》卷一六七记载嘉靖十三年(1534 年)九月,户科都给事中管怀礼在上书中言及宗禄问题:

> 及查天下粮额岁率不给,如山西晋、代、沈三府岁用禄粮九十五万六千有奇,而岁派不过八十四万二千余石,即此一省,天下可知!

从嘉靖八年到十三年,仅仅五年的时间,山西宗藩的岁用禄粮就由872306 石增加至 956000 余石,较原来禄粮数增加了 10%。

嘉靖四十一年(1562 年),御史林润奏曰:

---

① 傅衣凌主编,杨国桢、陈支平著:《中国历史》一三《明史》,人民出版社 2006 年版,第 170 页。
② (明)霍韬:《霍敏文公文集》卷三《修书陈言疏》,《明经世文编》第三册卷一八七,中华书局 1962 年影印本,第 1921 页。
③ (明)梁材:《梁端肃公奏议》卷二《会议王禄军粮及内府收纳疏》,《明经世文编》第二册卷一〇三,中华书局 1962 年影印本,第 921 页。

天下财赋，岁供京师米四百万石，而各藩禄岁至八百五十三万石。山西、河南存留米二百三十六万三千石，而宗室禄米五百四万石。既无灾伤赦免，岁输亦不足供禄米之半。年复一年，愈加蕃衍，势穷弊极，将何以支？此可见国家养给各藩之竭蹶也。①

查万历《明会典》卷二四和《会计录》卷七可知，洪武二十六年（1393 年）山西布政司夏税秋粮为 2800937 石，弘治十五年为 2274022 石（1502 年），万历六年（1578 年）为 2314802 石，田赋收入不增反降，而供给三藩的禄粮却由洪武初年占田赋岁入的 0.36%，变为弘治时期的 40%。

不仅如此，如前所述，供给山西境内除大同、山西两边镇外的军饷，则由当地存留粮额度内支用。存留各地的粮储，应以足供本处卫所官军俸粮为原则。对此，《诸司职掌》明确记载如下：

　　凡所在有司，仓廪储积粮斛，除存留彼处卫所三年官军俸粮外，务要会计周岁关支数目，分豁见在若干，不敷若干，余剩若干，每岁开报合干上司，转达本部，定夺施行。仍将次年实在粮米及该收该用之数，一体分豁旧管、新收、开除、实在上报。②

另外万历六年三镇之赋除宣府、大同镇粮饷从起运粮支付外，另从存留麦中拨付山西镇所辖偏头、雁门、宁武三关各仓 35860.70 石，从存留米中拨付三关 84017.20 石。③ 并且存留粮内，还需预备不时之需。如"景泰三年，将太原府仓存留粮内，摘拨粮二十万石，运送大同。正统十年，于大同所属州县存留夏税内，摘拨豌豆六万石，运赴本镇应用"。④

如果考虑上述因素，则万历六年山西田赋起运和存留的比例应属正常，这与明代中央集权力度的强弱没有太大关系。为进一步直观地了解山西田赋总体结构，根据《会计录》卷七记载的田赋细目制作的田赋结构

① （清）张廷玉：《明史》卷一一六《列传》四，第 3568 页；又见赵翼《廿二史札记》卷三二《明分封宗藩之制》。
② 《诸司职掌》（上）户民科《会计·粮储》，台北："中央"图书馆校勘本，第 171 页。
③ 《会计录》上卷七《山西布政司田赋沿革事例》，第 185 页上。
④ 《会计录》下卷二四《大同镇额饷沿革事例》，第 853 页。

如图6—6、图6—7。

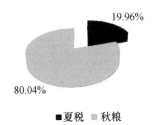

19.96%

80.04%

■夏税　秋粮

图6—6　万历六年山西布政司田赋总体结构

如图6—6所示，山西田赋夏税占近20%，秋粮占近80%。夏税中，小麦在图6—7中显示占田赋总额的20%，农桑丝折绢和零丝因数额太小，在图中无法显示。秋粮中，图6—7显示，粟米占田赋总额的70%，小麦占20%，马草占9%，户口盐钞银和遇闰加银仅占1%。

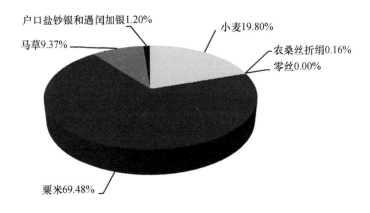

户口盐钞银和遇闰加银1.20%

马草9.37%

小麦19.80%

农桑丝折绢0.16%

零丝0.00%

粟米69.48%

图6—7　山西布政司田赋细目结构

明代田赋夏季征收的小麦和秋季征收的粟米为田赋正项，遍及全国，构成田赋的主要部分，故梁方仲有"狭义的田赋，在明代为麦米两项"之说。[①] 北方诸省田地所产品种比南方少，其田赋麦米成分则更大。就山

① 梁方仲：《明代"两税"税目》，《梁方仲经济史论文集》，中华书局1989年版，第26页。

西而言，万历六年小麦、粟米占田赋总额的近 90%，反映了上述特点。农桑丝折绢（绢是折纳的物品，即折色），几遍全国，万历六年仅川、云、贵、两广、延庆州、保安州及太平府没有输纳。但就山西而言，因非主要产区，征收数额甚少。

"夏税为轻，秋粮为重"，[1] 不论税率还是税额，明代两税，秋粮远重于夏税。《无锡县志》"田赋"云：

> 桑丝绵绢，后俱并入秋粮夏麦内征收，最后则惟存秋粮米一项，而不复又夏麦名色矣。

山西所征户口盐钞、起运马草都混入了秋粮。其中户口盐钞银和遇闰加银占 1%，马草由于供应边镇的原因，征收量较大，占 9%。

3. 山西布政司田赋货币化分析

在自然经济占统治地位的传统社会中，田赋制度建立在实物财政的基础之上。早在先秦时期，中国财政"有粟米之征，有力役之征，有布缕之征。粟米取于田上，即租法也，力役取于人力，即庸法也，布缕取于园宅，即调法也。"[2] 国家对土地征收实物，按人力科派力役。在传统农业社会，这种国家财政以米麦等实物为征收内容的运行状况一直持续到明代前期。所以明人顾清云：

> 今之夏秋二税，即古所谓粟米之征，唐之所谓租；农桑丝绢，即古所谓布缕之征，唐之所谓调。租出于田，调出于家，庸以身计，不相侵越者也。[3]

然而，征收实物并不能满足政府的需求，于是就有了田赋征收"本色"与"折色"的设计。洪武九年（1376 年）四月明太祖令户部："天

---

① 万历《华阴县志》卷四。

② （明）何柏斋：《何柏斋集》卷一，《均徭私议·均徭》，《明经世文编》第二册卷一四四，中华书局影印本，第 1442 页。

③ （明）顾清：《傍秋亭杂记》卷上，转引自转引自谢国桢选编《明代社会经济史料选编》校勘本（下），福建人民出版社 2004 年版，第 262 页。

下郡县税粮，除诏免外，余处令民以银、钞、钱、绢代输今年税粮。"①
《续文献通考》载：

> 令两浙及京畿官田凡折收税粮，钞每五贯准米一石，绢每匹准米
> 一石二斗，金每两准米十石，银每两准米二石，绵布每匹准米一石，
> 苎布每匹准米七斗，夏税农桑丝每十八两准绢一匹重十八两。②

此为洪武十八年（1385 年）事。洪武三十年（1397 年）又有了逋赋
折银的征收记录："凡各处积年逋赋，皆许随土地所便，折收布、绢、棉花
及金银等物，……银一两折二石。"③ 逋赋折合是用轻便价高的物品折换
实物田赋，被称为"轻赍"，并不是一种经常性的行为。

从明初征课以米麦丝绢等实物缴纳，到用白银折纳，是一个动态的发
展过程，其间充满了矛盾和争议。反对折色，主张赋税征收本色的代表人
物丘濬曾说：

> 粟生于地非一日所能致，钱出于人力，可旬月间而办也。自古识
> 治体者，恒重粟而轻钱，盖以钱可无而粟不可无故地。后世以钱物代
> 租赋，可谓失轻重之宜，违缓急之序矣。故为国家长久计者，宁以菽
> 粟当钱物，使其腐于仓庾之中，不肯以钱物当菽粟，恐一旦天为之
> 灾，地无所出，金银布帛不可以充饥，坐而待毙也。④

在倡导折色者中，成化时湖广按察司金事尚褫反对折银而主张折钞，
其理由是：

> 凡钱粮均储年项，洪武宣德间，应本色者征本色，应折色者征钱
> 钞。顷来凡遇征输，动辄折收银两。然乡间小民何由得银？不免临时
> 展转易换，以免逋负。有司收纳，既重其权衡以多取。及其交纳，又

---

① 《明太祖实录》卷一〇五，洪武九年四月丁亥，第1756页。
② （明）王圻：《续文献通考》卷四《田赋考》，现代出版社1991年版，第63页。
③ 《明太祖实录》卷二五五，洪武三十年九月癸未，第3682页。
④ （明）丘濬：《大学衍义补》卷二二《贡赋之常》，京华出版社1999年版，第290页。

杂铜以为伪。民既受其害，而官又受其弊。臣请自今凡本色折收之例，一遵旧典。①

总的来说，明宣德、正统年之前的田赋折银，大多是属于临时性的。宣德末年，周忱改革江南税粮变卖银两，成为正统以后逐渐形成的金花银的起源。成弘以后，各种田赋折银明显增多。到嘉隆万年间，随着一系列的赋役改革和一条鞭法在全国各地的展开，从而使白银在田赋收入中占居了主导地位，可以说，田赋的白银货币化至此基本完成。

根据梁方仲先生的研究，一条鞭法初施行于嘉靖初年，至嘉靖末年转趋积极，在万历二十年以前在全国通行。一条鞭法推广至全国前的一系列赋役改革，虽同称一条鞭，但内容不一。明人于慎行云：

> 条编者，一切之名，而非一定之名也。粮不分廒口，总收类解，亦谓之条编；差不分户则，以丁为准，亦谓之条编；粮差合而为一，皆出于地，亦谓之条编；地不分上下，一体出银，此地之条编。其名虽同，而其实不相盖也。敝邑所谓条编者，税粮不分廒口，总收起解；差役则除去三等就则，止照地编排；丁不论贫富，每丁出银若干；地不分厚薄，每亩出银若干；上柜征收，招募应役，而里甲之银附焉。此敝邑条编之略也。②

张居正向全国推行的一条鞭法，工科右给事中曲迁概括为：

> 条编之法，总括一县之赋役，量地计丁，一概征银，官为分解，雇役应付。③

这是比较中肯全面的总结。

就山西布政司而言，将万历六年田赋折银计算整理，可以得到山西田

---

①　《明宪宗实录》卷九三，成化七年秋己卯，第1785页。
②　（明）于慎行：《谷城山馆文集》卷三四，《与抚台宋公论赋役书》，转引自唐文基《明代赋役制度史》，中国社会科学出版社，第293页。
③　《明神宗实录》卷二二〇，万历十八年二月戊子，第4124页。

赋货币化比例，见表6—14。

表6—14　　　　　　　　万历六年山西省田赋货币化比例

项目	共计折银（两）	已折银（两）	已折	未折银项目折银（两）	未折
小麦	419365.51	79686.00	19.00%	339679.51	81.00%
农桑丝折绢	3339.70	676.90	20.27%	2662.80	79.73%
零丝	65.80			65.80	100.00%
粟米	1471743.52	537870.00	36.55%	933873.52	63.45%
马草	198459.75	142290.16	71.70%	56169.60	28.30%
户口盐钞银	23306.05	23306.05	100.00%		
遇闰加银	2061.62	2061.62	100.00%		
夏税	422771.01	80362.90	19.01%	342408.11	80.99%
秋粮	1695570.94	586952.70	34.62%	1108618.24	65.38%
田赋总计	2118341.95	667315.60	31.50%	1451026.35	68.50%

　　从表6—14可看出：夏税已经标明折银标准的折银总数为80362.9两，没有标明折银标准的为342408.11两，白银货币化程度为19.01%。

　　秋粮中，粟米已经标明折银标准的折银总数为537870两，没有标明折银标准的是933873.52两，白银货币化程度为36.55%。马草已经标明折银标准的折银总数为142290.16两，没有标明折银标准的为56169.60两，白银货币化程度为71.70%。两者合计计算，秋粮已经标明折银标准的折银总数为586952.70两，没有标明折银标准的折银总数为1108618.24两；白银货币化程度为34.62%。

　　将夏税、秋粮加总计算，已经标明折银标准的折银总数为667315.60两，没有标明折银标准的1451026.35两，白银货币化程度为31.50%，实物征收额为68%。该比例与起运存留39%与61%之比似有较高依存度。为直观显示夏税秋粮货币化程度，绘制柱状图如图6—8。

　　考虑到明代山西人从事商业贸易的人数众多，并形成了闻名天下的晋商群体，这个比率似乎与山西商人在全国的地位很不相称。众所周知，山西商人和徽州商人是明代后期商界的两大巨子，他们以雄厚的财力称名于时，明人谢肇淛曾形象地写道：

> 富室之称雄者，江南则推新安，江北则推山右，新安大贾鱼盐为
> 业，藏银有至百万者，其他二、三十万则中贾耳，山右或盐或丝或转
> 贩或窖粟，其富甚于新安。①

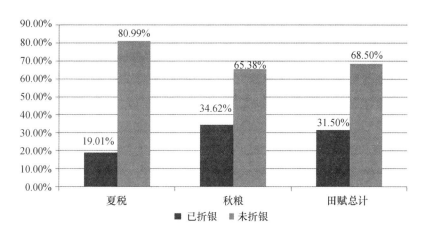

图6—8　山西布政司万历六年货币化程度

冯梦龙在三言中，有大量的使用银两的情节，其中描述山西平阳府洪洞县商人沈洪"拿有整万的银子，来北京贩马"，② 尤其给人留下深刻印象。

然而，晋商的商业活动只是民间交易而已，江南"民间交易惟用金银"与地方官员推行赋役折银改革相得益彰，而在江北则未必行得通，原因在于明代南北气候、土质、亩产以及经济发展水平存在很大差异，官民对赋役折银的认识也大相径庭。对此，顾炎武有中肯的评论：

> 江南土地肥饶，以田为富，故赋役一出于田，赋重而役轻，以轻
> 丽重，且捐妄费，安得不利！齐鲁土瘠而少产，其富在末，故赋主田

---

① （明）谢肇淛：《五杂俎》卷四《地部二》，上海书店出版社2001年版，第74页。
② （明）冯梦龙：《警世通言》卷二四《玉堂春落难逢夫》，"中国古代小说名著插图典藏系列"，人民文学出版社1956年版，第342页。

而役主户，赋轻而役重，以轻带重，田不足供，安得不困！①

山西比之山东，尤为土瘠少产，更是富在商业。主政北方诸省的地方官员，在万历之前，鲜有赋役折银改革之举。即使有此举动，也很难推广开来。梁方仲认为，推行一条鞭法最有功绩的人物都来自国际贸易较盛，有大量银元输入的南方沿海各省，如蔡克廉、潘季驯、周如斗、刘光济、王宗沐、庞尚鹏和海瑞。而反对一条鞭法的多是北方人，如葛守礼、于慎行。嘉靖、隆庆时期的王宗沐，先后在任江西提学副使、山东左布政使时，推行一条鞭的赋役折银改革。其在江西的改革虽不甚顺利，但最终在隆庆时期刘光济主政江西时即获得全面成功，而王在山东的改革则以失败告终。对此，明人黄景昉总结如下：

一条鞭赋法，议始于庞尚鹏，远迩称便。而葛端肃乃极非之，诋为宽富累贫，徒滋吏弊。览《于东阿笔尘》，亦言条鞭即唐两税法，以资产为宗，不以丁身为本，其弊至商宽农困，岂南北俗殊耶？抑或奉行之过。②

上文提到的葛端肃即隆庆时户部尚书葛守礼，于东阿即万历时礼部尚书于慎行。

不仅如此，明代南方诸省白银货币化程度高于北方诸省，与其多银矿和得外贸之先白银大量涌入亦有很大关系。隆庆之前，银矿的开采主要集中在云南、浙江、福建、四川等省。其中尤以云南产量最大，宋应星《天工开物》卷下云："合八省所生，不敌云南之半。"白银虽然很早就成为货币，但其属性多囿于贮藏，流通媒介作用并未取得应有地位，明代中后期美洲白银大量流入中国后，加之政府在税收中征收白银的政策，致使白银在大额交易和政府财政上起着纸币和铜钱无法取代的作用。南方诸省赋役的普遍折银，反过来促进了商品经济的发展。隆庆开关之后，对外贸

① （明）顾炎武：《天下郡国利病书》第七册《常镇》，转引自唐文基《明代赋役制度史》，中国社会科学出版社，第314页。
② （明）黄景昉：《国史唯疑》卷九，转引自谢国桢选编《明代社会经济史料选编》校勘本（下），福建人民出版社2004年版，第281页。

易量猛增，大量的贸易顺差使得原产日本、美洲白银输入中国。梁方仲先生估计，自万历元年至崇祯十七年（1573—1644 年），葡萄牙、西班牙、日本等国由于同中国贸易输入的银元，至少在一亿元以上。[①] 吴承明先生谨慎估计，16 世纪后叶和 17 世纪前叶流入白银近 1.5 亿两。[②] 南方诸省银矿的开采更兼海外银元的大量输入，为赋役折银的改革提供了成熟的条件。如广东"银多从番舶而来"，广东赋役得以普遍折银。[③]

更有甚者，山西布政司在田赋折银过程中，不能像江南征收金花银地区那样得到折纳金花银的好处，反而存在着损害百姓利益的情况。在通常情况下，明代粮食市场的市价高于税粮的折银价，市场粮价越高，如果金花银折粮价不变，或变动后折价银低于市价，纳税者实际负担就会减轻。[④] 成化十六年，山西行省市场粮价 1 石仅值银三四钱，但闻喜县百姓"岁输阳曲、灵丘、怀仁、山阴四王府并各镇国等将军禄米，每一石勒银三两"。[⑤] 这必将桎梏田赋折银的推广和百姓缴纳银两的积极性，以致户部"令自成化十七年为始，悉依旧例收纳，不许折银及倍收巧取"。[⑥]

尽管如此，万历六年山西全省的田赋白银货币化程度毕竟已达到 32%，这与嘉靖之前山西田赋折银的偶发性、随意性相比，显然有了进步。应该指出的是，此时，除了田赋以外，山西对其他各种徭役、商税、杂泛普遍征收银两或纳银代役，白银已越来越深地介入社会生活的各个方面。

4. 万历清丈：山西田赋折银改革的继续

明代嘉靖至万历初年，整个国家和社会都发生了深刻变化。从财政经济的角度看，一方面，商品经济的发展推动了以田赋折银为核心的货币赋税的发展；另一方面，边镇粮饷耗费巨大，皇室贵族的奢侈消费恶性膨胀，土地兼并严重，政府财政入不敷出，以至于社会矛盾空前激化，统治危机加剧。这是张居正在全国进行清丈土地和推广一条鞭法改革的经济原

① 梁方仲：《明代粮长制度》，上海人民出版社 1957 年版，第 127 页。
② 吴承明：《现代化与中国十六、十七世纪的现代化因素》，《中国经济史研究》1998 年第 4 期，第 7 页。
③ 刘志伟：《在国家与社会之间——明清广东地区里甲赋役制度与乡村社会》，中国人民大学出版社 2010 年版，第 112 页。
④ 唐文基：《明代赋役制度史》，中国社会科学出版社 1991 年版，第 196—197 页。
⑤ 《明宪宗实录》卷二一〇，成化十六年十二月庚午，第 3668 页。
⑥ 《明宪宗实录》卷二一〇，成化十六年十二月庚午，第 3669 页。

因，目的是"民不加赋而国用饶"。

此阶段，山西白银货币化程度虽不算高，商品经济却有了长足发展，城市繁荣，百姓竞奢。就连"九边如大同，其繁华富庶不下江南，其妇女之美丽，什物之精好，皆边塞之所无者"。① 又如平阳府之曲沃县，"其齐民服饰恣所好美，僭侈无度，男子冠巾丝履，女子珠翠金饰，但有财尽能索矣"。② 这是一方面，另一方面三镇三藩之赋，已成为广大人民的沉重负担。《会计录》卷七云：

> 今边饷日广，宗室日蕃，一切供亿自民输外，则仰给于河东之盐课，不足岁发内帑百余万，以充边储费用孔殷，后将难继。近议修屯政，纾民力，诚为良策。若当事诸臣实心干理，持之有终，核荒占、抚流移、宽征敛，行之数年，即未能如国初之旧，三晋之民亦庶乎其息肩有期矣。③

可见，户部认为"核荒占、抚流移、宽征敛，纾民力"亦是解决山西财政矛盾之良策。

由于前述经济发展方面的原因，更由于改革人物的缺乏，山西的赋役折银改革在万历八年（1580 年）之前一直裹步不前，史籍上也鲜有记载。而在南方，江西、浙江、南直隶实行一条鞭法的同时，即嘉靖末年至隆庆三四年，福建和两广在万历清丈前也已实行；张居正执政时期，整顿吏治，抑制豪强、编查户口、清丈田地与一条鞭法相互配合，河南、山东、湖广、北直隶推行了一条鞭法；万历十五—十七年，贵州、云南、四川、陕西、山西及甘、肃二州卫相继在清丈的基础上普行条鞭法。山西终于赶上了最后的班车。

如果说江西、浙江和南直隶是赋役改革的先驱，则福建则是万历清丈的试点。《会计录》卷五云：

> 福建田赋自京库折银之外，余皆存留，以待岁用，民鲜称疲。自

---

① （明）谢肇淛：《五杂俎》卷四《地部二》，上海书店出版社 2001 年版，第 80 页。
② 万历《沃史》卷一三《风俗考》。
③ 《会计录》卷七《山西田赋沿革事例》，第 256 页上。

嘉靖中，海夷山寇骚动，兵食不足，始议加征折粮，括寺田，又于常赋之外，计丁计粮，量行加派，今山海宁谧，而兵饷不减，闽人何时可息肩耶？①

万历六年（1578 年）十一月，张居正坚定了清丈的决心。"以福建田粮不均，偏累小民，命抚按着实清丈。"②

福州府"万历七年正月，丈量官民田土"。方法是"履亩丈量，均匀摊补，其亩视田高下为差，其则以县原额为定，截长补短，彼此适均"。③

万历八年九月，"巡抚劳勘题：清丈过田土，均摊补足过浮粮造册到部。"④ 至此，福建清丈完毕。"苟利社稷，生死以之"，福建清丈的成功，坚定了张居正在全国范围进行清丈的决心。

山西清丈是在万历九年（1581 年）正月开始进行的，其与福建清丈相比有很大不同。首先，山西地亩和税粮的管辖，隶属于三个不同的系统，即由户部统一管理的布政司系统（行政系统）、由后军都督府统领的山西都司及山西行都司（驻大同）系统（军事系统）、王府系统。其次，山西清丈是分两大块进行的，大同府并所属州县，山西行都司并所属卫、所及代王府庄田的清丈，由贾应元主持；大同府外的清丈和山西都司的清丈由辛应乾负责。由于行政系统、军事系统、王府系统互不隶属，关系错综复杂，因而清丈困难远比行政关系单一的福建要多。

"丈田之法，地则缘垆丈量，税则计亩均分"，⑤ 丈田以清丈隐田、均平赋税为目的，有利于普通劳动者，必然引起勋贵、官宦、豪绅等既得利益者的反抗。在山西布政司清丈过程中，饶阳王府、潞成王府、大同代王府先后群起闹事，最终受到明廷官员的果断处置。

万历十年（1582 年）正月，贾应元主持的大同府及山西行都司清丈事竣。丈后民地为 31539 顷 79 亩，屯地 47811 顷 4 亩，官民屯地及实征粮"比

---

① 《会计录》卷五，第 215 页下。
② 《明神宗实录》卷八一，万历六年十一月，第 1732 页。
③ 万历《福州府志》卷七五《时事》，卷七《食货》。
④ 《会计录》卷五，第 215 页下。
⑤ （明）顾炎武：《天下郡国利病书》原编第一五册，《山东》上，转引自唐文基《明代赋役制度史》，中国社会科学出版社，第 321 页。

旧各增三分之一",[1] 则新增土地将至少增加（31539 + 47811）/3 = 26450
顷。同年二月，贾应元主持的山西布政司（大同府除外）及山西都司清
丈圆满结束，山西布政司新增地亩88546 顷52 亩2 分,[2] 山西都司新增丈
地共3533 顷34 亩7 分。[3]

　　山西布政司清丈完成后撰写的《山西丈地文册》（下面简称文册）五
册，157000 余字，是山西清丈总结和记录。万历清丈遍及全国十三布政
司、两直隶，而把全省清丈记录并保存下来的却很罕见。《文册》为研究
山西万历清丈、地亩和税粮管辖系统以及山西都司卫所提供了第一手资
料。同时，《文册》也是山西布政司进行田赋征收的依据和进行一条鞭法
赋役折银改革的逻辑起点。

　　而上述各系统清丈新增地亩数字即出自《文册》。按照《文册》记
录，我们可计算山西清丈新增地亩至少为 26450 + 88546 + 3533 = 118529
顷。学术界常把《明神宗实录》卷 122 记载的清丈结果 5100 余顷，作为
山西万历清丈后全省新增地亩数额，无疑是天壤之悬殊，这是应当澄
清的。

　　山西万历清丈完成后，布政司所辖地亩增加88546 余顷，而税粮总
额，依然不变，既减轻了纳粮税亩的负担，也保证了政府的财政收入。万
历清丈是山西赋役折银改革的继续。从此，山西布政司一条鞭法改革明显
加快了步伐。

　　在抚臣沈子木主持下，"万历十六年，山西行一条鞭法，将每岁额征
税粮、马草酌定银数，分限征收，以省纷纷头绪，致滋里书飞洒之奸。"[4]
这表明山西赋役折银终于在国家财政制度层面上的确立。从宣德元年
（1426 年）大同"输边折银"始，到万历十六年（1588 年）山西举省
"行一条鞭法"，时间已经过去了 163 年。如前所述，从全国来看，明代
赋役折银改革也持续了一个半世纪。可见在由传统社会向近代社会转变之
艰难。

　　此后，在万历清丈，普行一条鞭法全面征银的前提条件下，山西各地

---

① 张海瀛:《张居正改革与万历山西清丈研究》，山西人民出版社 1993 年版，第 202 页。
② 张海瀛:《张居正改革与万历山西清丈研究》，山西人民出版社 1993 年版，第 215 页。
③ 张海瀛:《张居正改革与万历山西清丈研究》，山西人民出版社 1993 年版，第 314 页。
④ 《明神宗实录》卷二〇〇，万历十六年闰六月乙未，第 3755 页。

在数年内行条鞭法，进行白银货币化改革。下面从地方志中撷取几例如下：

保德州"万历十九年行一条鞭法……共征银四百二十九两三钱二分七厘五毫，俱解本府。"①

万历二十一年，太原府榆次县知县卢传元"奉例条鞭"。②

同年太谷县"夏税麦八千四百余石，秋税米一万九千五百余石，俱作一条鞭派征"。③

万历二十四年（1596年），绛州稷山县"大吏檄用条鞭法起征"④。

同年，大同巡抚梅如桢"定编徭行条鞭法"。⑤

大同应州"今日摹十岁者编制，而通为一，名条编"。⑥

大同府浑源州"一条鞭通共夏秋马草脚价伞菜俸廪银募马共征银若干两"。⑦

万历清丈后，一条鞭法在全国普遍推广，每年赋税的总征银量达一千五百万两以上。⑧ 吴承明先生认为万历中期，包括地方财政，田赋已有40%—50%纳银，货币化成为不可逆之趋势，这时的货币化已非如宋以前之纳钱钞，而是白银化，我国确立贵金属本位，实在16世纪。⑨

崇祯年间，白银在货币领域的统治地位更加稳固。《春明梦余录》作者孙承泽说：

今天下自京师达四方，无虑皆用白银，乃国家经赋，专以收花文银为主，而银遂踞其极重之势，一切中外公私咸取给焉。⑩

① 康熙《保德州志》卷四《田赋》。
② 万历《榆次县志》卷三《赋役志》。
③ 《忻州志》第一册《户赋》，万历二十四年刻本。
④ 《嘉庆一统志》卷一五六《绛州二·名宦》。
⑤ （清）谈迁：《国榷》卷七七，中华书局1958年版，第4771页。
⑥ 《应州志》卷三《食货志》，万历二十七年刻本。
⑦ 《浑源州志》卷一《食货志·田赋》，万历三十九年刻本。
⑧ 傅衣凌主编，杨国桢、陈支平著：《明史新编》，人民出版社2006年版，第245—246页。
⑨ 吴承明：《现代化与中国十六、十七世纪的现代化因素》，中国经济史研究1998年第4期，第7页。
⑩ （明）孙承泽：《春明梦余录》卷三八《户部尚书侯恂条陈鼓铸事宜》，北京古籍出版社，第666页。

康熙《保德州志》概括了山西白银货币化的过程："弘治以前，征力不征银""万历元年以后，银力兼征"" 万历十七年以后，征银不征力"。在明代，白银从非法货币到法定货币，赋税从征收实物到普遍征收银两，标志着中国传统社会的转型。

制度经济学认为，制度的演进和制度的效率取决于单位交易费用的降低，某种货币的单位交易给人们带来了便利，或曰费用低，货币制度本身就会发生变化。赋役折银征收冲击了传统的社会经济关系，白银作为贵金属货币，能够保证货币制度的长期稳定，松弛了自给自足的小农经济的束缚和封建生产、交换关系的桎梏，推动了市场经济的发展。同时，白银货币化完成后，国家不能左右货币的比价和取舍，也无法像印造纸币那样轻易把社会财富据为己有。更为重要的是白银货币化促使中国与世界联系起来，在中国与世界之间，建立了一种互动关系。[1] 银元成为中国通货，造成了中国对银元的大量需求，也使中国商品具有国际性，使中国成为世界市场的一个组成部分。

小　结

明代一条鞭法的实行，既是白银货币化完成的标志，又是白银货币化的一个结果。[2] 以上通过《会计录》卷七山西田赋资料的整理，结合其他史籍资料，采用货币计价的现代核算方法，统一以白银作为核算单位，对万历六年山西田赋结构和白银货币化程度进行了初步分析，可以初步得到如下结论：

第一，财政是国家的命脉，田赋是传统社会财政的主要来源，田赋折银是我国从传统社会向现代社会过渡的重要标志之一。明代的田赋从明初征米麦丝绢等实物，到部分用白银折纳，最后到完全用白银折纳，是一个从实物税到货币税的发展过程。这个过程是漫长的、艰难的，但也是不可阻挡的。

第二，万历六年山西布政司田赋起运、存留比例为31%、69%。一方面，万历时期边境处于和平时期，所需粮饷较战事频仍时大为减少，另一方面由于供应本地官吏俸禄，境内卫所军饷，尤其是宗藩岁禄不降反增

---

① 万明：《明代白银货币化：中国与世界连接的新视角》，《河北学刊》2004 年第 3 期。
② 万明：《晚明社会变迁——问题与研究》，商务印书馆 2005 年版，第 148 页。

等原因，田赋存留比例超过三分之二，是比较正常的。

第三，万历六年山西布政司白银货币化程度为 32%，尽管白银货币尚未占据主要地位，综合各种因素考量，这个比例是正常的。在中国北方这个"近边苦寒"、地狭人稠的省份，从宣德元年到万历十六年，白银货币化因素在逐渐增多，程度在不断增强，虽然缓慢甚或停滞，却与整个国家的发展同步，直至完成其历史使命。

（四）山东之例①

由于历史的原因，《万历会计录》（以下简称《会计录》）卷六的全部缺失，使得《会计录》中除了卷之一中保存了山东布政司田赋岁额数据外，山东省全部田赋数据都已经遗失，这不能不说是《会计录》的最大的缺憾。本文试图根据《会计录》《明会典》及《嘉靖山东通志》的记载，在应用统计学中系统聚类分析与线性回归方法的基础上，以白银作为统一的计量标准，对万历初年山东布政司的田赋数据进行整理、分析和补遗，以便《会计录》在经济史、明代晚期国家经济、财政结构等研究中的应用。

《会计录》所收集的田赋方面的数据，其计算单位是以实物形态出现，没有统一的计量标准。而仅仅以实物单位作为计量单位，就只能做单项的对比分析，很难对田赋结构的整体状况进行综合、深入的分析研究。

明代晚期货币经济极大发展，在白银货币化趋势下，一系列的地方赋役改革全面铺开，白银货币不仅进入了赋税领域，而且逐渐成为各种赋税征派所采用的统一的预算和支付手段，这导致了国家的财政改革和田赋征收的变化②。当然，货币化的程度究竟有多大？尚待我们去探讨。然而这并不妨碍我们以白银作为统一的计量标准对于田赋水平与结构进行分析与研究③。

由于万历年间正是国家财政由实物税制向货币税制过渡的时期，因此《会计录》中不可能，也没有给出所有田赋物料的折银标准。这对于欲以

---

① 此部分与徐英凯合作。
② 万明：《晚明社会变迁：问题与研究》第三章《白银货币化与中外变革》，商务印书馆 2005 年版，第 143—246 页。
③ 万明、徐英凯：《明代白银货币化再探：以〈万历会计录〉河南田赋资料分析为中心》，《"基调与变奏"7—20 世纪的中国》，中国史学会（日本）、"中研院"、台湾政治大学、《新史学》杂志社 2008 年 7 月·第二卷，第 105—127 页。

白银作为统一的计量标准，进而讨论田赋的结构带来很大的困难。

　　徐英凯在对《会计录》中的田赋数字材料进行开发性初级处理的基础上，利用统计学中的系统聚类分析方法，依据田赋水平对十五个省直进行了分类，得到了山东与南直隶为一类的结论①，同时依据《会计录》《明会典》《嘉靖山东通志》的记载，结合应用统计学理论中系统聚类和线性回归方法，对万历初年山东布政司的田赋数据进行整理、分析，由此对《会计录》所遗失的山东省及其所辖六府、十五州、八十九县的田赋数据进行研究与补遗，并且在以白银为统一计量标准的基础上，给出万历初年山东省省、府、县三级的田赋结构。

　　1. 山东省田赋数据以及所辖六府田赋数据的补遗

　　《会计录》卷之一中保存了山东布政司田赋的岁额，但是《会计录》没有山东省田赋以及所辖六府田赋数据，同时也没有田赋中各个项目的折银标准。万历《明会典》卷二十五、卷二十六、卷二十七，分别给出了万历六年山东布政司田赋的岁额数、田赋的起运数以及山东漕运米数，对于个别的田赋项目，《明会典》还给出了折银的价格。对比分析这两部历史典籍所载数据，对于研究山东田赋的分布是有帮助的。

　　首先，将《会计录》与《明会典》所给出的数值进行分类对比，我们可以看到，除去个别笔误外，这两组数据所包含的内容是一致的。将这两组数据结合起来，在校对两组数据所记载的各项田赋的总数后，从各项田赋的总数中减去《明会典》所载的各项田赋的起运数，就得到了山东省一级田赋的总额、起运及存留的全部数据。根据应用系统聚类分析方法，得到的山东与南直隶为一类的结论，应用南直隶田赋某些项目的折银标准，以及《明会典》所载的山东省某些田赋项目的折银标准，即可确定山东省各项田赋的折银标准，进而将山东布政司项下的田赋全部折银。

　　在将山东省的田赋全部折银后，在白银这一统一的计量标准下，补遗了《会计录》所缺失的山东省省一级的田赋数据（表6—15）。

---

　　① 万明、徐英凯：《明代〈万历会计录〉整理与研究》，中国社会科学出版社2015年版，第三篇第八章十六《聚类分析方法在十六世纪全国田赋结构分析中的应用》，第2099—2102页。

表6—15　　　　　　　　山东省田赋起运与存留分布表　　　　（单位：两）

	总数	%	起运	%	存留	%
田赋总计	2841244.83	100.00%	1936879.63	68.00%	904365.20	32.00%
夏税总计	763176.55	100.00%	551094.39	72.00%	212082.16	28.00%
麦	721531.56	100.00%	512671.00	71.00%	208860.56	29.00%
丝绵折绢	15697.25	100.00%	15595.27	99.00%	101.98	10.00%
农桑丝折绢	23246.67	100.00%	22828.12	98.00%	418.55	20.00%
本色丝	26.10	100.00%			26.10	100.00%
税丝	2674.97	100.00%			2674.97	100.00%
秋粮总计	2078068.28	100.00%	1385785.24	67.00%	692283.04	33.00%
米	1888399.84	100.00%	1224229.21	65.00%	664170.63	35.00%
牛租米	15.83	100.00%	15.83	100.00%		
地亩棉花绒	3146.98	100.00%	3146.98	100.00%		
草	141335.10	100.00%	139722.45	99.00%	1612.65	10.00%
户口盐钞银	45170.53	100.00%	18670.77	41.00%	26499.76	59.00%

接下来的问题是，对于山东布政司所辖各府的田赋数据的分析与补遗。

山东省共辖济南、兖州、东昌、青州、登州、莱州六府[①]。在《嘉靖山东通志》卷八[②]中，也较为详尽的记载有嘉靖五年（1526年）山东布政司所辖济南等六府的田赋数据。

那么能不能直接用《嘉靖山东通志》记载的嘉靖五年（1526年）山东布政司所辖济南等六府的田赋数据，补充并替代《万历会计录》所缺失的山东布政司所辖各府的田赋数据呢？这是行不通的。

首先，《嘉靖山东通志》没有任何田赋项目折银标准的记载，这就使得我们不能在白银——这一统一的计量标准下讨论山东布政司所辖济南等六府的田赋结构；其次，自嘉靖五年到万历六年有五十年左右的时间间隔，即使在不折银的条件下，以其记载的田赋数据补充万历六年山东各府的田赋数据也是不合理的；最后，《嘉靖山东通志》所载田赋的项目与《会计录》和《明会典》的田赋项目亦有所不同。

---

① 《明会典》卷一五《户部二》，中华书局1989年版。
② 《天一阁藏明代方志选刊续编》，第五十一册，第515页。

　　虽然有以上三个不利因素,但是《嘉靖山东通志》毕竟与《会计录》的成书时间只相差五十年左右,这在中国发展与变革都十分缓慢的农业经济社会条件下,并不是一个很长的时期。同时《嘉靖山东通志》所载的主要田赋项目与《会计录》和《明会典》的田赋项目基本吻合。由此可见,只要方法选择适当,它仍然可以作为《会计录》山东田赋数据补遗的重要资料。

　　为了补遗万历初年山东布政司所辖六府的田赋数据,我们首先确定《嘉靖山东通志》中所记载的山东各府各项田赋占全省相应各项田赋的百分比,再将万历六年全省各项田赋的折银数,按此百分比分配到各府对应的田赋项目下,就得到了以白银作为计量标准的山东六府的田赋数据,并且以此田赋数据作为万历初年山东布政司所辖济南等六府的田赋数据估计值。

　　此外,针对《嘉靖山东通志》所载的山东各府各项田赋项目,与《会计录》及《明会典》所载的山东各项田赋项目并不完全一致的问题,我们做如下的处理:一、在《嘉靖山东通志》中没有"户口盐钞银"一项,只有"盐钞",我们将盐钞在全省田赋中所占的百分比数据用在《会计录》中"户口盐钞银"项目上。二、《嘉靖山东通志》中所记载的"药物""皮张""禽畜""杂色翎""杂料价银""课钞"与"大引盐"这七个项目在《会计录》中找不到对应的内容,故略去不计①。虽然被略去的几项在整个田赋中所占的比率不是很大,却仍然会不可避免的造成误差。但是由于我们所要补遗的对象是《会计录》,因此对于《会计录》所没有的内容可以不予考虑。由此而产生的误差,对于我们的最后结论影响不大。三、其余项目均可在《会计录》中找到相应的项目。

　　最后,再将其与前面所确定的山东省一级的田赋数据结合起来,在白银这一统一的计量标准下,就得到了山东布政司省一级与其所辖六府府一

---

　　①　此处药物:岁办杂药八千六百六十一斤九两九钱;皮张:獐鹿羊狐等皮二万五千八百四十八张;禽畜:獐鹿天鹅鹧鸪雁兔野鸡三百四只,肥猪一千一百六十口,羯羊一千三百六十六只,祭猪三十口,羊□十四只,鹅一千七百只,鸡二千九百只;翎毛:杂色翎三万二千六百八十根;杂料:价银二万四千一百六十七两;课钞:一百一十七万一千六百九十九锭四贯九百八十三文。永利等十九场盐课司岁办本折色大引盐共一十四万五千六百一十四引六斤有畸。

级的田赋数据（表6—16）。

表6—16　　　　　　山东布政司所辖六府田赋结构分布表　　　　　（单位：两）

	全省总数	%	济南府	%	兖州府	%	东昌府	%
夏税总计	763176.55	100.00%	230549.42	30.21%	123706.03	16.21%	83607.99	10.96%
起运	551094.39		167201.96		91674.18		60981.29	
存留	212082.16		63347.47		32031.84		22626.69	
秋粮总计	2078068.28	100.00%	619258.24	29.80%	335083.86	16.12%	232797.68	11.20%
起运	1385785.24		413746.255		225293.45		156955.97	
存留	692283.04		205512		109790.42		75841.71	
全年总计	2841244.83	100.00%	849807.66	29.91%	458789.89	16.15%	316405.67	11.14%
起运	1936879.63		580948.21		316967.63		217937.26	
存留	904365.2		268859.46		141822.26		98468.4	

	青州府	%	登州府	%	莱州府	%
夏税总计	177041.64	23.20%	63154.77	82.80%	85114.38	11.15%
起运	129453.69		46335.02		62176.33	
存留	47587.96		16819.76		22938.05	
秋粮总计	486804.18	23.43%	171600.31	82.60%	232508.5	11.19%
起运	325020		113798.85		154272.05	
存留	161784.18		57801.46		78236.46	
全年总计	663845.82	23.36%	234755.08	82.60%	317622.88	11.18%
起运	454473.69		160133.87		216448.37	
存留	209372.14		74621.22		101174.5	

2. 山东省属县一级田赋数据的补遗

山东布政司所辖六府共领十五州、八十九县，共计104个县级单位，即济南府（领四州、二十六县），兖州府（领四州、二十三县），东昌府（领三州、十五县），青州府（领一州、十三县），登州府（领一州、七县），莱州府（领二州、五县），《会计录》中这部分数据完全缺失。不仅如此，《会计录》中除了"积谷"外，没有任何一个田赋项目包含有这全部 104 个县的内容。

为此我们在对全国十五省直田赋数据聚类分析的基础上，对南直隶与山东的田赋与积谷进行再次聚类分析，得到效果较好的聚类结果如下（表6—17）。

表 6—17

类别	聚类结果
1	苏州府、松江府（南直隶），济南府、青州府（山东省）
2	常州府、滁州、和州（南直隶），莱州府（山东省）
3	应天府、镇江府、淮安府（南直隶），登州府（山东省）
4	凤阳府、扬州府（南直隶），兖州府、东昌府（山东省）

根据上述分析结果，按田赋为因变量，积谷为预测变量，对于以上四类分别进行线性回归分析，在显著性水平 $\alpha = 0.01$ 下，模型回归效果显著（表6—18）。

表 6—18

序号	府别	回归方程	显著性
1	济南府	田赋 = 16.114 ×积谷	$\alpha = 0.01$
2	青州府	田赋 = 58.954 ×积谷	$\alpha = 0.01$
3	莱州府	田赋 = 51.825 ×积谷	$\alpha = 0.01$
4	登州府	田赋 = 39.252 ×积谷	$\alpha = 0.01$
5	兖州府	田赋 = 11.622 ×积谷	$\alpha = 0.01$
6	东昌府	田赋 = 11.622 ×积谷	$\alpha = 0.01$

由此在白银这一统一的计量标准下，预测出山东省所辖 104 个县田赋数据的估计值（表6—19）。

表6—19 　　　　　　山东所辖六府一百四县田赋数据分布表 　　　　　单位：两

序号	府县	田赋估计值	序号	府县	田赋估计值	序号	府县	田赋估计值	序号	府县	田赋估计值
	济南府	883031.14	28	利津县	16567.19	53	黄县	26167.92	80	东阿县	15472.45
1	历城县	41417.97	29	霑化县	16567.19	54	福山县	17445.28	81	平阴州	10999.94
2	章丘县	49701.57	30	蒲台县	24850.78	55	栖霞县	17445.28	82	阳谷县	19340.57
3	邹平县	33134.38		青州府	748712.07	56	招远县	26167.92	83	寿张县	12571.37
4	淄川县	33134.38	31	益都县	95988.73	57	莱阳县	65419.81	84	沂州	18131.78
5	长山县	33134.38	32	临淄县	44794.74	58	宁海州	34890.56	85	郯城县	14505.43
6	新城县	16567.19	33	博兴县	44794.74	59	文登县	26167.92	86	费县	14505.43
7	齐河县	18223.91	34	高苑县	38395.49		兖州府	452327.47		东昌府	303333.68
8	齐东县	33134.38	35	乐安县	44794.74	60	滋阳县	15472.45	87	聊城县	16919.01
9	济阳县	24850.78	36	寿光县	95988.73	61	曲阜县	9428.52	88	堂邑县	12085.01
10	禹城县	41417.97	37	昌乐县	44794.74	62	宁阳县	19340.57	89	博平县	12085.01
11	临邑县	24850.78	38	临朐县	95988.73	63	邹县	19340.57	90	荏平县	16919.01
12	长清县	33134.38	39	安丘县	38395.49	64	泗水县	9428.52	91	清平县	12085.01
13	肥城县	24850.78	40	诸城县	44794.74	65	滕县	18131.78	92	莘县	12085.01
14	青城县	24850.78	41	蒙阴州	38395.49	66	峄县	14505.43	93	冠县	19336.01
15	陵县	24850.78	42	莒州	44794.74	67	金乡县	10999.94	94	临清州	20544.52
16	泰安县	41417.97	43	沂水县	38395.49	68	鱼台县	10999.94	95	丘县	19336.01
17	新泰县	11597.03	44	日照县	38395.49	69	单县	24175.71	96	馆陶县	19336.01
18	莱芜县	24850.78		莱州府	302349.46	70	城武县	19340.57	97	高唐州	20544.52
19	德州	33134.38	45	掖县	37778.67	71	曹州	30219.63	98	恩县	20544.52
20	德平县	24850.78	46	平度州	61923.38	72	曹县	24175.71	99	夏津县	24170.01
21	平原县	33134.38	47	潍县	39160.08	73	定陶县	15714.20	100	武城县	15710.51
22	武定州	41417.97	48	昌邑县	42343.34	74	济宁州	21153.75	101	濮州	24170.01
23	阳信县	41417.97	49	胶州	42343.34	75	嘉祥县	9428.52	102	范县	12085.01
24	海丰县	16567.19	50	高密县	40061.00	76	巨野县	16922.99	103	观城县	9668.00
25	乐陵县	33134.38	51	即墨县	38739.65	77	郓城县	19340.57	104	朝城县	15710.51
26	商河县	33134.38		登州府	235511.31	78	东平州	19340.57			
27	滨州	33134.38	52	蓬莱县	21806.60	79	汶上县	19340.57			

小　结

至此我们已经在白银这一统一的计量标准下，给出了山东省、府二级的田赋数据和县一级田赋数据的估计值。

最后，对于使用线性回归方法所确定的县一级田赋数据的估计值进行检验，即将山东六府下辖各县的田赋估计值按所属府治加和，得到六府田赋的估计值，将此值与表6—19所给出的山东六府的田赋值进行对比。由以下的回归效果分析表可见，除了青州府的误差百分比为12.78%外，其余五府的误差百分比均小于5%。误差百分很小。同时模型的拟合度 R^2 较高，回归效果较为理想（表6—20）。

因此，使用线性回归方法所计算出的山东省县一级田赋数据的估计值，来对山东省所辖一百零四县田赋数据进行补遗是可行的。

表6—20　　　　　　　　　　回归效果分析表

序号	府别	积谷	田赋实际值	田赋估计值	田赋误差	误差%	模型	估计值的标准误差
1	济南府	54800.00	849807.66	883031.14	33223.48	3.91	线性	136248.00
	青州府	12700.00	663845.82	748712.07	84866.25	12.78	线性	45219.74
2	莱州府	5834.00	317622.88	302349.46	15273.42	4.81	线性	43869.43
3	登州府	6000.00	234755.08	235511.31	756.23	0.32	线性	10101.82
4	兖州府	38920.00	458789.89	452327.47	6462.42	1.41	线性	15539.95
	东昌府	26100.00	316405.67	303333.68	13071.99	4.13	线性	15539.95

为了使山东省县一级的田赋数据更加完整，在对山东省县一级田赋数据补遗的基础上，再以每个府田赋起运、存留在全府田赋总数中所占的百分比，作为该府下辖县的田赋起运、存留在该县田赋总数中所占的百分比，在白银这一统一的计量标准下，来估算该府所属各县田赋起运、存留的田赋值（表6—21）。

表6—21 山东布政司所辖一百零四县田赋数据起运、存留分布表

	银（两）					
	起运	%	存留	%	总计	%
济南府	603640.09	68.36%	279391.05	31.64%	883031.14	100.00%
历城县	28313.32	68.36%	13104.65	31.64%	41417.97	100.00%
章丘县	33975.99	68.36%	15725.58	31.64%	49701.57	100.00%
邹平县	22650.66	68.36%	10483.72	31.64%	33134.38	100.00%
淄川县	22650.66	68.36%	10483.72	31.64%	33134.38	100.00%
长山县	22650.66	68.36%	10483.72	31.64%	33134.38	100.00%
新城县	11325.33	68.36%	5241.86	31.64%	16567.19	100.00%
齐河县	12457.86	68.36%	5766.05	31.64%	18223.91	100.00%
齐东县	22650.66	68.36%	10483.72	31.64%	33134.38	100.00%
济阳县	16987.99	68.36%	7862.79	31.64%	24850.78	100.00%
禹城县	28313.32	68.36%	13104.65	31.64%	41417.97	100.00%
临邑县	16987.99	68.36%	7862.79	31.64%	24850.78	100.00%
长清县	22650.66	68.36%	10483.72	31.64%	33134.38	100.00%
肥城县	16987.99	68.36%	7862.79	31.64%	24850.78	100.00%
青城县	16987.99	68.36%	7862.79	31.64%	24850.78	100.00%
陵县	16987.99	68.36%	7862.79	31.64%	24850.78	100.00%
泰安县	28313.32	68.36%	13104.65	31.64%	41417.97	100.00%
新泰县	7927.73	68.36%	3669.3	31.64%	11597.03	100.00%
莱芜县	16987.99	68.36%	7862.79	31.64%	24850.78	100.00%
德州	22650.66	68.36%	10483.72	31.64%	33134.38	100.00%
德平县	16987.99	68.36%	7862.79	31.64%	24850.78	100.00%
平原县	22650.66	68.36%	10483.72	31.64%	33134.38	100.00%
武定州	28313.32	68.36%	13104.65	31.64%	41417.97	100.00%
阳信县	28313.32	68.36%	13104.65	31.64%	41417.97	100.00%
海丰县	11325.33	68.36%	5241.86	31.64%	16567.19	100.00%
乐陵县	22650.66	68.36%	10483.72	31.64%	33134.38	100.00%
商河县	22650.66	68.36%	10483.72	31.64%	33134.38	100.00%
滨州	22650.66	68.36%	10483.72	31.64%	33134.38	100.00%
利津县	11325.33	68.36%	5241.86	31.64%	16567.19	100.00%
霑化县	11325.33	68.36%	5241.86	31.64%	16567.19	100.00%

	银（两）					
	起运	%	存留	%	总计	%
蒲台县	16987.99	68.36%	7862.79	31.64%	24850.78	100.00%
兖州府	312513.05	69.09%	139814.42	30.91%	452327.47	100.00%
滋阳县	10689.92	69.09%	4782.53	30.91%	15472.45	100.00%
曲阜县	6514.16	69.09%	2914.36	30.91%	9428.52	100.00%
宁阳县	13362.4	69.09%	5978.17	30.91%	19340.57	100.00%
邹县	13362.4	69.09%	5978.17	30.91%	19340.57	100.00%
泗水县	6514.16	69.09%	2914.36	30.91%	9428.52	100.00%
滕县	12527.25	69.09%	5604.53	30.91%	18131.78	100.00%
峄县	10021.8	69.09%	4483.63	30.91%	14505.43	100.00%
金乡县	7599.86	69.09%	3400.08	30.91%	10999.94	100.00%
鱼台县	7599.86	69.09%	3400.08	30.91%	10999.94	100.00%
单县	16703	69.09%	7472.71	30.91%	24175.71	100.00%
城武县	13362.4	69.09%	5978.17	30.91%	19340.57	100.00%
曹州	20878.74	69.09%	9340.89	30.91%	30219.63	100.00%
曹县	16703	69.09%	7472.71	30.91%	24175.71	100.00%
定陶县	10856.94	69.09%	4857.26	30.91%	15714.2	100.00%
济宁州	14615.13	69.09%	6538.62	30.91%	21153.75	100.00%
嘉祥县	6514.16	69.09%	2914.36	30.91%	9428.52	100.00%
巨野县	11692.09	69.09%	5230.9	30.91%	16922.99	100.00%
郓城县	13362.4	69.09%	5978.17	30.91%	19340.57	100.00%
东平州	13362.4	69.09%	5978.17	30.91%	19340.57	100.00%
汶上县	13362.4	69.09%	5978.17	30.91%	19340.57	100.00%
东阿县	10689.92	69.09%	4782.53	30.91%	15472.45	100.00%
平阴州	7599.86	69.09%	3400.08	30.91%	10999.94	100.00%
阳谷县	13362.4	69.09%	5978.17	30.91%	19340.57	100.00%
寿张县	8685.56	69.09%	3885.81	30.91%	12571.37	100.00%
沂州	12527.25	69.09%	5604.53	30.91%	18131.78	100.00%
郯城县	10021.8	69.09%	4483.63	30.91%	14505.43	100.00%
费县	10021.8	69.09%	4483.63	30.91%	14505.43	100.00%
东昌府	208936.24	68.88%	94397.44	31.12%	303333.68	100.00%

续表

	银（两）					
	起运	%	存留	%	总计	%
聊城县	11653.81	68.88%	5265.2	31.12%	16919.01	100.00%
堂邑县	8324.15	68.88%	3760.86	31.12%	12085.01	100.00%
博平县	8324.15	68.88%	3760.86	31.12%	12085.01	100.00%
茌平县	11653.81	68.88%	5265.2	31.12%	16919.01	100.00%
清平县	8324.15	68.88%	3760.86	31.12%	12085.01	100.00%
莘县	8324.15	68.88%	3760.86	31.12%	12085.01	100.00%
冠县	13318.64	68.88%	6017.37	31.12%	19336.01	100.00%
临清州	14151.07	68.88%	6393.45	31.12%	20544.52	100.00%
丘县	13318.64	68.88%	6017.37	31.12%	19336.01	100.00%
馆陶县	13318.64	68.88%	6017.37	31.12%	19336.01	100.00%
高唐州	14151.07	68.88%	6393.45	31.12%	20544.52	100.00%
恩县	14151.07	68.88%	6393.45	31.12%	20544.52	100.00%
夏津县	16648.3	68.88%	7521.71	31.12%	24170.01	100.00%
武城县	10821.4	68.88%	4889.11	31.12%	15710.51	100.00%
濮州	16648.3	68.88%	7521.71	31.12%	24170.01	100.00%
范县	8324.15	68.88%	3760.86	31.12%	12085.01	100.00%
观城县	6659.32	68.88%	3008.68	31.12%	9668	100.00%
朝城县	10821.4	68.88%	4889.11	31.12%	15710.51	100.00%
青州府	512568.28	68.46%	236143.79	31.54%	748712.07	100.00%
益都县	65713.88	68.46%	30274.85	31.54%	95988.73	100.00%
临淄县	30666.48	68.46%	14128.26	31.54%	44794.74	100.00%
博兴县	30666.48	68.46%	14128.26	31.54%	44794.74	100.00%
高苑县	26285.55	68.46%	12109.94	31.54%	38395.49	100.00%
乐安县	30666.48	68.46%	14128.26	31.54%	44794.74	100.00%
寿光县	65713.88	68.46%	30274.85	31.54%	95988.73	100.00%
昌乐县	30666.48	68.46%	14128.26	31.54%	44794.74	100.00%
临朐县	65713.88	68.46%	30274.85	31.54%	95988.73	100.00%
安丘县	26285.55	68.46%	12109.94	31.54%	38395.49	100.00%
诸城县	30666.48	68.46%	14128.26	31.54%	44794.74	100.00%
蒙阴州	26285.55	68.46%	12109.94	31.54%	38395.49	100.00%

续表

	银（两）					
	起运	%	存留	%	总计	%
莒州	30666.48	68.46%	14128.26	31.54%	44794.74	100.00%
沂水县	26285.55	68.46%	12109.94	31.54%	38395.49	100.00%
日照县	26285.55	68.46%	12109.94	31.54%	38395.49	100.00%
登州府	160642.26	68.21%	74869.05	31.79%	235511.31	100.00%
蓬莱县	14874.28	68.21%	6932.32	31.79%	21806.6	100.00%
黄县	17849.14	68.21%	8318.78	31.79%	26167.92	100.00%
福山县	11899.43	68.21%	5545.85	31.79%	17445.28	100.00%
栖霞县	11899.43	68.21%	5545.85	31.79%	17445.28	100.00%
招远县	17849.14	68.21%	8318.78	31.79%	26167.92	100.00%
莱阳县	44622.85	68.21%	20796.96	31.79%	65419.81	100.00%
宁海州	23798.85	68.21%	11091.71	31.79%	34890.56	100.00%
文登县	17849.14	68.21%	8318.78	31.79%	26167.92	100.00%
莱州府	206051.16	68.15%	96298.3	31.85%	302349.46	100.00%
掖县	25746.16	68.15%	12032.51	31.85%	37778.67	100.00%
平度州	42200.78	68.15%	19722.6	31.85%	61923.38	100.00%
潍县	26687.59	68.15%	12472.49	31.85%	39160.08	100.00%
昌邑县	28856.99	68.15%	13486.35	31.85%	42343.34	100.00%
胶州	28856.99	68.15%	13486.35	31.85%	42343.34	100.00%
高密县	27301.57	68.15%	12759.43	31.85%	40061	100.00%
即墨县	26401.07	68.15%	12338.58	31.85%	38739.65	100.00%

　　至此，我们已经以白银作为统一的计量标准，将万历初年山东省省、府、县三级田赋数据全部补遗。

五　张居正财政改革与明代国家和社会转型

　　20世纪末，西方新财政史的兴起，论证了财政这种经济行为或经济现象的一个重要特点，就是与政治的关系最为紧密，将欧洲历史按照财政史进行了重新分期。[1] 当前，关于中国经济改革、社会转型和全球化的研

---

① 陆连超：《新财政史：解读欧洲历史的新视角》，《天津师范大学学报》2008年第4期。

究已经形成社会科学研究的前沿热点，受到中外学者普遍关注。著名经济史家熊彼特认为："从国家财政入手的这种研究方法，在用于研究社会转折点时，效果尤为显著。"[①] 有西方学者甚至认为："每个社会问题，实际上还有每个经济问题，说到底都是财政问题。"[②] 与之相联系，财政改革历来是惊心动魄的，财政部《中外财政史研究——惊心动魄的财政史（总报告）》称："翻开历史长卷，因财政危机引发的政治风波和经济巨变从来没有停止过，一个社会的发展、变革，往往是从财政改革起步的。每一次财政改革都是那样的波澜壮阔和惊心动魄，深深地影响着经济社会发展的格局和进程。"[③] 在当前全面深化改革的社会现实下，处于社会转型、制度变迁、世界剧变关键时期的 16 世纪明代财政史，尤其值得我们特别关注，从全球化视野做出理性的思考和诠释，进而探索中国历史发展进程独具的特色，无疑具有重要学术价值和现实意义。

财政是国家经济的命脉，与国家具有共生的关系。然而长期以来，与其他断代财政史比较，明代财政史研究是相对薄弱和滞后的，对于明代财政史研究整体上的不足，对于明代财政问题缺乏准确、系统的把握，以致在 20 世纪末被学者称为"明代财政史研究的'世纪遗憾'"。迄今为止，以明代财政为名的只有一部专著和一部通史性著作（陈光焱《中国财政通史·明代卷》）出版。一部专著即美国学者黄仁宇（Ray Huang）《十六世纪明代中国之财政与税收》。此书初版于 1974 年，试图全面论述 16 世纪明代财政与税收问题。但遗憾的是，作者基本上忽略了存留于世的国家财政会计总册《万历会计录》，只引用了该书 5 个数据，而该书拥有 4.5 万数据，这构成了其书最大的缺陷——基本史料的缺陷。由此产生对 16 世纪明代财政史乃至明史的大量曲解和误读，需要在全面系统整理《万历会计录》的实证研究基础上加以澄清。

《万历会计录》是一部什么样的历史文献呢？《万历会计录》（以下简称《会计录》）四十三卷，全书约百万字，包括 4.5 万以上数据，是在各省直呈报档案簿册和条例、事例基础上编制而成的一部明代财政大型数据

①　Schumpter Joseph Alois, "The crisis of the tax state", *International Economies*, No. 4, 1954.

②　［美］丹尼尔·贝尔：《资本主义文化矛盾》，赵一凡、蒲隆、任晓晋译，生活·读书·新知三联书店 1989 年版，第 287 页。

③　财政部办公厅、财政部财政科学研究所课题组：《中外财政史研究——惊心动魄的财政史（总报告）》，《经济研究参考》2009 年第 40 期。

文献。这部《会计录》产生于明朝万历初年，即 16 世纪七八十年代，是张居正改革攻坚阶段的直接产物。不仅如此，这部文献在中国古代史上还具有更为重要的地位和意义，它是迄今存留于世的中国古代唯一一部国家财政会计总册，是当时明代户部掌控的明代中央财政主体的会计现状报告及其分析，编纂目的主要是改革需要所作的财政总册。其内容备载明朝户部掌控的国家财政的方方面面，其数据主要是万历六年（1578 年）户部掌握的明朝中央财政会计数据，也有少量其他年代数据。

　　带着在 16 世纪全球化开端的时候，中国发生了什么的问题意识，进入明代白银研究，换言之，就是 16 世纪外银为什么会大量流入中国，中国究竟发生了什么？沿着白银货币化的学术理路继续深化，进入了白银货币化与明代赋役改革，乃至中央财政的白银货币化研究，必须把这部中国古代留存下来的唯一一部大型数据文献整理出来，才能推进研究。

　　笔者试图突破以往财政史研究的框架，从中国国家与社会转型和全球化开端的高度来看待晚明财政，全面吸收已有的研究成果，以白银货币化为主要线索，重新审视晚明财政史。根据以往的研究，明代白银货币化经历了从民间自下而上崛起，再到官方认可自上而下推行全国的历程，与中国从传统社会向近代社会转型的开端和全球化的开端紧密相联系，中国内部对白银货币的巨大需求，拉动了外银大规模流入中国，中国由此走向了世界。作为学术理路的延伸，对《会计录》这部珍贵的大型数据资料进行全面系统的整理，摸索新的研究模式，从白银货币化的视角，透视明代赋役—财政改革，以白银作为统一的计量单位，考察晚明财政体系的整体结构与白银货币化的比例，探究晚明财政改革的实态及其发展趋势。

　　在以往明代财政从实物税向货币税转变的认识基础上，通过对《会计录》的整理与研究，我们认为，这部大型数据文献是张居正改革的产物，充分证明了马克思经典论断"过程的控制和观念的总结"的正确。《会计录》清楚地反映出 16 世纪七八十年代明代财政改革具有两个层面：一是以白银作为统一的财政计量单位，二是以白银作为统一的赋税征收形态。文献表明，当时处于从实物财政向货币财政转变的过渡形态，因此我们应该从理论上对张居正改革进行重新诠释。既然张居正主政期间不存在向全国推行一条鞭法，《会计录》所见已有福建清丈试点的成功，那么正是在编纂《会计录》全国财政册报的基础上，在了解全国财政实态的情况下，张居正于万历八年向全国颁行《清丈条例》，为白银最终成为财政主体奠定了坚实基础。根据研究，16 世纪末明朝国家财政已出现以白银为计量单位的会计收支总账，财政二元结构业已形成，并具有全面转向白银货币的明显态势。我们计算所得的万历六年财政收支总额显示，当时财政收不抵支，已有 150 多万两白银的赤字。因此可以认为，当时财政危机确实存在，而财政危机也必将促使明朝财政改革提速，将白银货币的增收提上日程，这正是明代财政体系的整体转型过程。事实上，全国清丈土地完成，一条鞭法水到渠成，以银计税，统一征银，明代财政体系走向全面的货币财政。以往由于梁方仲先生的卓越研究，使得明代财政史研究过度集中在一条鞭法上，忽略了财政体系整体转变的研究。而一条鞭法从来没有在全国的法令推行，这其实也早已为梁先生对一条鞭法的细致梳理所证明。事实上，至万历初年张居正改革，此前已经历了一个半世纪的赋役改革，换言之，张居正改革有着一个半世纪的前期准备，其间一系列改革大多与白银密切相关。白银货币化大势所趋之下，到万历后期即使一些地方仍不免有实物征收，但各地编纂的《赋役全书》显示，以白银作为统一的财政计量单位，是以排山倒海之势推及全国的。就此而言，以白银为主的财政体系转型到明末已基本完成。虽然世间已无张居正，但是 16 世纪财政改革是成功的。也正因为如此，清初才能完整沿袭万历年间的改革成果，并进一步完成"摊丁入亩"的改革。

根据研究表明，明代是一个大变革的时代，16 世纪张居正改革的核心是财政问题，在白银货币化的强劲发展趋势下，张居正"通识时变"。改革标志中国古代传统以实物和力役为主的财政体系向新的以白银货币为主的货币财政体系的转型，具有划时代的意义。16 世纪明代财政从实物向货币的全面转型，确切地说，是中国古代建立在自给自足自然经济基础上的以实物和力役为主的财政体系，向商品货币经济发展的白银经济基础上的以货币为主的财政体系转型。我们知道，现代财政是货币财政，那么，明代财政体系的转型就意味着现代货币财政的开端，进一步说来，也就是中国古代传统赋役国家向近代赋税国家转型的开端。这是中国古代二千年亘古未有的划时代巨变。这些认识在此前晚明社会变迁与转型认识的基础上，向前推进了一步，即认为晚明不仅出现了社会的转型，而且出现了国家的转型。从社会转型到国家转型，或者说国家与社会的转型，突破了以往的研究范式，开拓了新的研究领域和新的学术增长点。

晚明中国已进入一个新的国家与社会转型时期，转型的主体是国家与社会结构,转型的标志是:从自给自足的农业经济向白银经济转型,这是中国经济货币化的历史进程;中国从农业社会向商业社会转型;从乡村社会向城镇社会转型;从封闭半封闭社会向开放社会转型,这是中国从传统社会向近代社会转型的历史进程;从传统赋役国家向近代赋税国家转型,这是中国从传统国家向近代国家转型的历史进程。现代国家财政是货币财政,明代财政体系的货币转型,无疑是朝向现代历史走向的,因此我们认为明代是中国从传统社会向近代社会转型的开端,也是中国从古代国家向近代国家转型的开端。

重要的是,社会转型与国家转型是并行不悖的。财政是经济的重要组成部分,而明代财政体系的转型,却绝非只具有单一的经济结构变动的意义,必须关注的是,社会经济结构转换与国家治理体制转型的同步进行。从白银货币化到整体财政体系转型的研究,笔者认识到明代是一个大改革的时代,经过一系列赋役改革——渐进式改革,最终汇合为突进式的张居正改革,成功得益于三方面:一是顺乎民意,改革从根本上说反映了农民的实际诉求;二是坚持了古代均平的原则;三是顺应了历史潮流,调整政策,从赋役到赋税,超经济的强制力量逐步减少,显现出走向近代国家的明显趋向。

财政是理解社会和国家变化的关键,是变化的重要指标,是一种观察和理解国家与社会的最佳视点,可以令人更加全面地重新审视明代中国的国家变化与转型。值得注意的是,明朝以农立国,财政的主要来源是田赋。我们的统计数据说明,16 世纪末明代财政有近 90% 是来自田赋。赋税是国家与社会互动最关键的纽带,赋税白银化更促使国家重新构造财政制度乃至国家治理模式。20 世纪八九十年代,明史研究室老主任王毓铨先生陆续发表了《明朝徭役的审编与土地》《纳粮也是当差》《明朝的配户当差制》《户役田述略》等系列文章,比较系统地论证了其明代土地归国家所有,编民不具备土地所有权,不存在土地私有制的观点。对土地所有制形式的讨论,牵涉对中国古代社会整个经济结构和体制特征的认识,因此这也是他对于明初国家治理模式的定性认识。笔者以往注意到,一方面明朝大规模行用白银是一个重要的社会现象;另一方面翻开明代史籍,有关典章制度的记载中,唯见"钞法"和"钱法",并不见"银法",说明了白银不是明朝的法定货币,也就没有制度可言。考察证明,从洪武末年已肇端的白银货币化,是在民间社会突破国家禁用金银交易的禁令，由非法到合法，经历了由民间社会自发崛起、自下而上发展，再到国家自上而下全面铺开的过程，不是国家法令推行的结果，而是市场萌发的结果。伴随一系列赋役改革，自上而下全面铺开的白银货币化发展趋势，印证了明代白银货币化经历了社会与国家的双重启动，是国家与社会互动的结果，其内涵绝不仅是赋役制度或者田赋制度的变化，而是意味着旧的社会经济结构的变化与国家治理模式的深刻变化。

从王毓铨先生提出国有土地所有制的"纳粮当差"系列研究，到根据白银货币化研究提出的来自市场的"纳银不当差"，表明晚明社会结构已经发生了重大变化，连带整个国家基础构建也发生了变化，这就是社会基础组织里甲制发生了转变。我们知道，明初国家与社会结构以里甲制为基础，而里甲不仅仅是简单的社会基层组织，还应特别注意到"里甲"又称"里甲正役"，其本质特性是国家法定的徭役。赋役制度是中国历代王朝为巩固国家政权而向人民征课财物、调用劳动力的制度。赋役中的徭役，即国家征发劳役，是中国古代财政的重要组成部分，也是国家治理社会的基本方式之一。明初建立的徭役制度，最主要的就是里甲正役。随着白银货币化迅速推进，"纳银不当差"，政府以银雇役，意味着劳役向赋税的归并，国家与编户齐民的关系发生了深刻变化；同时也意味着国家权力运作机制、控制社会的方式及其与地方社会的关系模式、国家治理结构与地方行政模式也随之发生了深刻的变化。在转型时期，以往的国家治理与社会整合方式已不再适应现实的要求，而新的治理机制尚未完全建立起来，新旧两种治理机制、秩序规范并存交替局面，由此而产生的各种矛盾和冲突表现得异常激烈。而国家与社会均处于深刻变化之中，具有极大的过渡性和不稳定性，明朝就是在诸多综合因素的纠结作用下走向灭亡的。

在白银货币化历史潮流的推动下，晚明国家与社会转型，中国与全球连接互动，形成了晚明中国最为鲜明的时代特征。通过明代白银货币化过程的全面考察，白银货币化在明代形成。进一步说来，当16世纪全球化开端之时，明代白银形成社会流通领域的主币，并成为国家财政的主体，标志着明代中国白银经济或者说白银时代的形成，中国走向了世界的趋同。但是我们还应该注意到，白银作为称量货币，在国内矿产资源不足、外银大量流入的状况下，白银货币经济极大地扩展，遂使国家丧失了对货币的绝对控制和垄断权，从此中国进入一种自由银制度。[①]　而以自由银作为主币，直至 1935 年才退出中国历史舞台，中国的白银经济存在了近500 年，自由银制度存在了近 500 年，对中国历史进程产生过极为重大的影响和作用，无疑成为中国独特的发展道路、独特的国情的重要组成部分。自由银和国家与社会的互动关系，尤其值得我们加大力度进行深入研究，这对我们构建具有中国本土特色的中国史理论，将大有裨益。

16 世纪张居正改革是一个过程，不是一个事件，改革源自市场的萌发，以长达一个半世纪的赋役改革作为这场改革的前期准备。张居正改革后以白银货币为主导的财政体系的建立，具有中国古代二千年国家财政体系重建的意义，从以实物和力役为主导，走向白银货币为主的财政体系的转型，表明了国家的转型。现代财政是货币财政，向货币为主的财政体系转型，无疑是国家转型走向近代的历程。晚明国家与社会对于白银的需求，不是简单的皇帝与官僚的贪欲可以简单解释的，时值经济全球化开端，国内外市场的扩大发展与运作，国家与市场的双重启动，由此产生的巨大的白银货币需求，推动了明朝改革从渐进到突进。事实上，全国清丈土地完成，一条鞭法水到渠成，明朝新的财政体系出现端倪，标志的是明代中国从古代赋役国家向近代赋税国家的转型。

以往中外学界的研究过度集中在一条鞭法上，极大地忽略了对于明代财政体系整体性的研究，更没有关注张居正改革对于明朝财政体系转型的重大意义。黄仁宇先生认为，明朝财政与税收始终是在 "洪武型财政" 的旧框架内，以西方国家发展为参照系来理解中国历史的发展，从西方的经验出发，曲解了明代历史。[②]　明代以农立国是基本国情，晚明中国经历了从实物为主的财政体系向货币为主的财政体系的转变，这一巨变对于晚明社会引发了巨大波动。明初建立在分散的小农经济基础上高度集中的中央财政管理体系，随着白银货币化而彻底颠覆。白银的巨大需求，导致财政旧体系的瓦解和经济管理秩序的混乱。为了适应国家对于白银货币的巨大需求，向货币税转变的要求极为迫切，张居正所面临的问题，是财政危机，也是货币危机，是如何重建货币征收为主的新的中央集权财政体系，而这是一种全方位的重建，包括社会基层组织里甲制的改革等，从某种意

---

① 自由银制度，笔者得到中国社会科学院金融所周子衡先生启示，在此深致谢忱。

② 笔者对黄仁宇先生关于明代财政误解的评析，将有专文发表，在此不赘。

义上说，白银货币化发展进入全面推进的新阶段，既是国家转型与社会转型相互交叉重叠的过程，又是国家与市场、社会博弈与互动的过程。转型的国家表现在国家与社会的关系上，是总体性社会的不断弱化和解体，并由此产生了重建的问题。

中国传统社会大一统帝国以农立国，农业经济是国家的命脉，长期以来，传统中华帝国正赋都是采用实物税，这是古代社会经济发展基础所决定的。二千年的古代财政税收，国家都是规定以米麦、绢麻等实物形态为主来缴纳的。在自给自足的农业经济条件下，作为连接生产与消费的中间环节的分配，只能是实物形态的使用价值的分配，从而用于缴纳税收的形态也只能是以实物为主。货币起初只限于用来缴纳各种次要的杂税。古代实物税是商品货币经济不发达的产物，国家直接掌握实物形态的社会产品，在一定程度上方便社会供给，但不便于税收的缴纳和征收管理。而实物形式的赋税建立在稳定的自给自足农业经济的基础上，反过来又维护着这种古老的生产方式，只有在商品货币经济发展达到一定水平和规模时，实物税才会逐渐被货币税所代替。这种转化的进程，取决于商品货币经济总的发展状况，如果不具备转化的客观条件，人为地以货币税取代实物税，则往往会归于失败。唐代两税法规定了以资产为宗、以铜钱为计量单位的纳税原则，但是事实上商品货币经济没有发展到相应水平，唐代两税中的田税仍征实物，只是户税一度可收钱。[①] 宋代有征钱和征银的现象发生，但王安石变法的青苗法征钱仍不免失败，征银更不可能全面铺开，[②]这是因为实行货币税的条件仍然不成熟的缘故，当时的社会经济发展尚未达到足以支持改革成功的条件。历史事实表明，在一定社会经济条件下，以实物形式缴纳赋税有着历史的必然性。

从古代赋役国家到赋税国家，是中国走向近代化的历史发展走向。财政是政治与经济的枢纽，财政转型既是张居正改革的成果，本身也是推动国家转型的重要过程。《会计录》清楚表明，明代中国要走新路却难以摆脱对过去的路径依赖。财政过程反映了不同财政主体间，即农业经济与货

---

① 李志贤：《杨炎及其两税法研究》，中国社会科学出版社 2002 年版，第358—359、367页。

② 参见汪圣铎《两宋货币史》下，社会科学文献出版社 2003 年版，第849、853 页；《两宋财政史》上，中华书局 1995 年版，第64、199 页。

币经济间的竞争与消长，进而对社会经济的长期发展产生激励或抑制作用。财政改革是对于财政主体进行调整的集中体现，财政职能随着经济发展阶段与社会经济结构的变化而变化。在中外变革的历史大环境下，走向逐步建立以白银货币为主的新的财政体系，这正是张居正改革的功绩。在中国财政史上，自明朝始，实物税大量为货币税所代替。明代白银货币化，白银在明代成为完全形态的货币，并逐步形成社会流通领域的主币，与世界市场接轨，货币税的基础前提正式奠定了下来。财政上统一以银计税，并统一征银，这是中国古代历朝历代前所未有的重大变革，具有划时代的意义。具体来说，明前期中央财政体系的基本特征，是以实物税收为主，是建立在农业经济基础上的财政体系，财政的岁出岁入，虽有数字可据，但因金、帛、银、钱、粮米、柴草等单位各不相同，既有数字无法汇总；或简单相加，既不合理，也不科学；加以各部分割，各有财源及支付项目，互不一致，无从统计。值得注意的是，这基本上是明代以前历朝历代的财政会计特征，明朝只是沿袭而已。以白银货币作为财政计量单位，并作为统一的征收形态，是在明代史无前例开端的。从货币形态来看，铜钱在历史上从未成为统一的赋役征收形态，元代纸钞也没有成为统一的征收形态，直至明代中国出现了强劲的白银货币化趋势，以及张居正大刀阔斧的财政改革。至此，明代张居正改革具有的财政体系重大转型意义得到阐释，进一步说来，也揭示了中国古代赋役国家向近代赋税国家的转型，即国家的转型重大意义。以往的转型研究，一般仅关注了社会变迁与转型的层面，关于张居正改革的研究，使我们推进到国家转型的层面。就此而言，张居正改革是重大的，也是成功的，虽然世间已无张居正，但 16 世纪末明朝财政改革是成功的，也正因此清初才能完整沿袭万历年间的改革成果。但成也萧何，败也萧何，明代财政体系从实物为主向货币为主的转型到明末已基本完成，由于货币经济的冲击，农业经济遭受重创，旧有财政体系的根本基础动摇，在重大改革行进中激发了社会一系列矛盾与冲突，结合多种综合因素的爆发导致了明朝灭亡。

赋税是国家统治的经济基础。明代改革不是突如其来的，而是一种渐进式的发展过程。关于明代赋役—财政改革模式、类型及其特点的探讨，在以往关于明代改革的研究中，是付之阙如的。明代的赋役改革是自下而上的发展过程，而不是如王安石的改革那样自上而下的发展过程，是明代社会与国家互动的结果。我们可以将明代经济改革按照渐进阶段和突进阶段两个阶段来划分，明代白银货币化是一种不可逆转的经济发展趋势，以张居正改革为标志，改革进入了突进阶段，是将改革推向深化和广度的关键之举。通过清丈在全国的推行，使白银成为统一的国家赋税征收标准，白银前所未有地取得了国家合法性的认证。改革使白银的法律地位明确，可视为白银货币化进程的基本结束，也是中国白银经济的开端。明代中国的白银经济于此奠基，白银作为中国主币不可逆转地在中国社会行用了长达近 500 年之久，形成事实上的银本位，一直持续到 1935 年才终结，是国家转型——中国近代化历史发展进程所呈现的独特的发展道路，对于中国社会发展进程的影响可谓既深且巨，值得我们深入研究。

由于白银货币不是由国家以某种形式向农民直接提供的，所以征收货币本身就意味着农产品的商品化；更由于白银货币处于称量形态，不是由国家铸币，国家需要依靠从社会收取白银货币来购买所需要的各种物资，于是，国家从商品流通的创始者、管理者，转化为依赖于社会、市场的需求者。这正是明代国家不同寻常的变迁过程，也即传统国家向近代转型的开端。传统向近代转型，二者不是截然二分的，从传统向近代的转型发生在传统之中，我们认为晚明国家财政体系的转型，是中国传统国家向近代国家转型的重大标志之一。

白银货币在财政领域的流动性加速，货币需求结构发生了很大变动，生产要素的货币化进程加速，徽州文书中的交易，土地、房屋、商业资产等均大规模变为可交易品，农产品以货币为媒介在市场上大量交易，导致中国白银货币需求不断升高，通过海外贸易，以中国丝绸、瓷器等商品的输出，更促使大量外银流入中国。由此，白银颠覆了明前期缴纳税粮采用的里甲催征、粮户上纳、粮长解送、州县监收的民收民解，和以黄册作为税粮征收缴纳的依据的传统，导致国家治理模式的调整与重建。

财政是国家经济的命脉，与国家具有共生的关系。张居正改革改变了中国二千年传统财政体系，改革前以实物和力役为主，改革后以白银货币为主，财政体系的转型，是传统中国走向近代国家的历程，无疑是中国近代化的历程。

经济改革的最初动因是经济结构的不适应和管理体制的缺乏效率，因此，张居正改革从管理体制的行政效率抓起，考成法的实施说明首先推行的是行政改革。整理册籍是主要内容，行政改革之后，便是改革的核心——财政改革，王国光等就是在改革大背景下编纂了《万历会计录》。

张居正改革与白银货币化重叠，改革首先体现在货币体系的变革，随后是财政体系的转型，这都可以纳入经济货币化的进程。鉴于 16 世纪是经济全球化的开端，明代中国形成的经济转轨是全球经济趋同的过程。可以说在张居正改革之前，持续一个半世纪的赋役改革，是渐进式改革的过程，发展至张居正改革，是从渐进改变为突进，形成震荡式转轨。在全国清丈田粮的基础上，明代财政开始在全国统一以白银作为计量单位，也以白银作为统一的征收形态，这意味着明初建立的以实物征收与力役征发为主的财政体系，朝向以白银为主的财政体系急剧转型。白银货币化对经济的影响巨大，在漫长转轨过程中出现的制度及政策，对于中国的经济发展具有正负两面的长期效应，由此建立了白银为主币的货币体系，中国的白银经济自此开端，一直持续至 1935 年，长达近 500 年之久。以白银为主导的货币体系的确立和以货币为主导的财政体系的建立是紧密相连的，表明国家与社会的转型是同步的。

明代是一个大变革的时代，其中最重要的改革是张居正改革。历史发展到了 16 世纪七八十年代，从明朝财政来看，改革没有设立专门机构，户部的规模也没有明显扩大，但是，基本制度发生变更的基石已经奠定，这种基本的制度变迁瓦解了明朝前期的财政体系，也瓦解了明朝前期的社会基层组织结构，乃至明前期国家对整个社会的治理机制。

归纳起来，对于张居正改革需要重新诠释，这一改革有一个半世纪赋役改革的前期准备，有坚实的社会基础，有理念变迁的先行。张居正改革表明明代改革进入了突进阶段，其内涵绝不仅是赋役制度或者田赋制度的变化，而是意味着旧的社会经济结构与国家治理模式的深刻变化；改革标志古代财政体系向现代货币财政体系的转型，重要的是，财政是国家的命脉，财政体系的转型意味着国家的转型。《会计录》印证了国家财政体系转型的过渡形态；清丈田粮是推行改革——财政体系转型的根基；从《会计录》到《赋役全书》，见证了财政体系转型的艰难与成功。

以往对于白银的探索主要是一种静态研究，白银货币化研究把白银与社会变迁全过程联系起来，在白银货币化过程中考察社会结构的变动与社会转型。在此基础上继续探讨，有了新的突破，白银货币化——中国经济货币化，深刻地影响了中国历史发展的进程。财政体系的转型，将研究推进到国家的转型。笔者的认识也从以往晚明社会变迁向近代社会转型，更推进了一步，提出晚明是中国古代赋役国家向近代赋税国家转型开端的观点。无论是国家的转型，还是社会的转型，转型是中国早期近代化过程中的一个过渡性阶段。

16世纪末张居正改革得益于三方面条件：一是顺乎民心，以民为便，具有社会基础；二是坚持贯彻了传统均平原则；三是顺应了历史发展的大趋势。关于张居正财政改革及其意义，可以归纳为下面五点：

第一，改革明确了白银货币在国家财政中的重要而不可替代的地位，不仅形成了以白银为计量标准的国家财政总体估算，而且出现了实物与白银货币的二元财政结构，并显示出以白银货币为财政收支主体，从实物税向货币税全面转变的财政发展总趋势。

第二，通过清丈田粮，一条鞭法统一征银的具体操作得以在全国实现，奠基并构成财政整体性框架的重建——新的财政体系雏形已现。

第三，最终奠定了明代中国银本位的事实，也就是最终奠定了白银经济在中国的地位，这一白银货币经济化，是中国从传统农业经济向市场经济的转型，即中国近代化历史进程，影响深远，一直持续到1935年，白银才退出历史舞台，中国的白银时代长达近500年。

第四，由此明代中国在财政上开始清除历史上存留的原始性，古代徭役制度走向衰亡和变异。

第五，明代中国开启了现代的货币财政，也开启了现代货币财政管理体制。

小　结

传统国家与现代国家是一对相对的概念。近代与现代，在英文中词出同源，即 Modern 一词。社会从传统向近代转型，与之对应的是，国家从传统赋役国家向近代赋税国家转型。这里所指的近代国家，不是现代西方民族国家的含义，而是特指从赋役向赋税，即实物税和力役向货币税的转型，财政体系的转型意味着国家的转型。我们认为，在自给自足农业经济条件下，传统国家财政分配主要采取力役和实物形式，而近代国家财政则建立在相对发达的商品货币经济的基础上，税收是近代国家主要的财政收入。具体来说，古代经济是农业经济，传统国家财政依靠田赋的征收与徭役的征发，形成以实物与力役为主的财政体系，发展到明代，发生了从实物与力役为主的财政体系向以白银货币为主的财政体系的转型，特别是古代徭役制度走向衰亡，可以判定是传统走向近代的历史趋势。因此，笔者认为近代赋税国家是区别于传统中国建立在自给自足农业经济基础上、以实物征收和力役征发为主的国家形态，表现为建立在商品货币经济基础上以货币税收为主的国家形态。进一步说，晚明中国从赋役向赋税，从实物经济向白银经济的转换，是中国经济货币化的进程，也就是中国从传统国家走向近代国家的早期近代化历史进程。

但从另一角度来看，财政改革不仅带来巨大的正面效应，还存在很大的负面效应，也应重视和研究。改革的过程从根本上说是利益格局调整的过程，使利益差距拉大的同时伴随着各种利益摩擦和冲突。与此同时，在结构转型时期，各种结构性要素都处于变化之中，具有极大的流动性、过渡性和不稳定性。就此而言，改革成败利弊相因而成，明末形成的综合性危机中，财政白银货币化——体系转型的步伐是否迈得过快了，形成了统治危机中的重要因素之一，直接影响明朝灭亡，也需要进一步加以研究。

历史事实说明，白银货币化是国家与社会的双重启动，在中国国家与社会结构的转型过程中，国家与社会表现为两种不同的推动力量，国家与社会直接影响作用于明代财政体系的转型，财政从属于国家和社会经济的发展而发展变化。白银作为国家赋税征收形态以后，国家由此可以弥补垄断铸币的缺失，以及货币供应的被动状态。中央财政体系的基本特征，相对明初已经迥然不同，出现了向货币经济基础上的货币税收为主的财政体系的转换，这无疑是中国古代财政史乃至中国史上划时代的变化。赋役征收的货币化，农民的赋税徭役负担，原则上转化为货币形态，意味着明代国家财政体系的根本性转变。重要的是，实物税是一定历史条件下的产物，它没有货币税所具备的有利于财政统一结算、方便缴纳和避免运途损耗等优点，所以，在商品货币经济发展基础上，在白银货币化进程之中，货币税代替实物税，促使明代财政体系全面转型，这是一种历史发展的进步趋势。

晚明中国进入了一个由市场经济发展启动的大动荡、大转折、大变革时代。危机与转型是时代赋予的特征，张居正改革前面临的危机不仅是财政危机，也是统治危机；张居正改革后转型的不仅是国家财政体系，而且是中国传统国家向近代国家的转型。处于时代拐点的张居正改革的意义正在于此，而我们则面临一个重新全面认识明代国家与社会向早期近代化转型的历史进程。重要的是，中外变革是相互连接的，明代中国通过本土内生自发型变革引领并融入了世界早期近代化的大合流，也即全球化的历史进程。

第七章　白银货币化与国家和市场/社会的博弈

明代白银货币化过程及其影响研究，是独辟蹊径，着眼于主流商品经济研究之外的货币经济，在官私第一手资料整理与研究的基础上，提出明代中国经历了本土内生原发的重大变革：中国近代化历史发展进程，这一中国早期近代化历程，源自白银货币化过程。白银来自民间社会市场，不在国家体制内，是市场/社会与国家博弈的产物，是市场经济的萌发，推动中国市场与全球市场连接，中国与全球发生互动关系。由此，中国成为经济全球化的一部分，引领并积极参与了经济全球化的第一波——全球第一个经济贸易体系的建构；在内外变革互动下，明代中国开启了传统国家与社会向早期近代国家与社会的转型。[1] 对此，林甘泉先生特别指出：应对国家与社会两种转型之间关系作出论证，指示我将研究进一步引向深入。[2] 对此问题的深入考察，有必要首先梳理一下明代国家与市场/社会的博弈视域下的明代货币发展历程，这一历程充满了市场/社会与国家的博弈，归根结底，可以说是市场/社会与国家博弈的历程。

---

[1] 参见笔者在第22届历史科学大会"全球视野下的中国"主题会议上，发表的"白银货币化：明朝中国与全球的互动"一文："The Monetization of Silver in China：Ming China and Its GlobalInteractions"，in *China's Development from a Global Perspective*，María Dolores Elizalde and Wang Jianlang ed.，Cambridge Scholars Publishing，2017；《明代白银货币化的总体视野：一个研究论纲》，《学术研究》2017 年第 5 期；《明代白银货币化研究 20 年——学术历程的梳理》，《中国经济史研究》2019 年第 6 期；《全球史视野下的明代白银货币化》，《光明日报》2020 年 8 月 3 日。

[2] 万明、徐英凯：《明代〈万历会计录〉整理与研究》，林甘泉《序》，中国社会科学出版社 2015 年版，第 4 页。在第 22 届历史科学大会主题会议上，评议人美国彭慕兰教授提出了"白银货币化对清朝影响"问题，将在第八章记述。

第一节　市场与国家：白银·宝钞·铜钱较量概观[①]

明代（1368—1644 年）有国 276 年，自太祖至武宗 11 朝，铸造铜钱很少。洪武初以铜钱为法定货币，洪武八年（1375 年）正式颁行大明宝钞，恢复与重建了统一的纸币流通制度，罢各局铸钱。永乐、宣德两朝虽有铸币，仅用于赏赐使臣和对外交易。铸币少，固然有铜矿匮乏的缘故，但是最主要的，还是明初将纸币发行完全作为一种获取财政收入的低成本手段，重蹈元朝的覆辙而滥发宝钞，又没有准备金，因此宝钞的发行不久就引起了通货膨胀。其不可避免的结果，是百姓不得不将白银作为唯一可靠的价值储备，白银在市场崛起，市场的选择最终导致明朝也不得不被迫收入和储蓄白银，以改善其在货币和财政上的尴尬处境。也就是说自 14 世纪末开始，明朝的宝钞货币发行，已经开始遭到了来自市场的质疑。前章由 427 件徽州土地买卖契约文书出发的研究，证明白银的交易使用，在洪武末年已经开始。从市场崛起的白银，不仅是货币经济的萌发，而且是市场经济的萌发。有明一代，始终存在市场与国家的博弈，白银与宝钞、铜钱的较量。下面分为两个阶段论述。

一　明初至正德年间

在市场作用下，自宣德年间开始，已经出现以折银为推行赋役改革的重要举措[②]，周忱在江南地方的赋役改革，利用折银进行，也就是利用货币作为有效手段来均衡赋役的不平衡现象，这实际上已是纳入了市场的作用。同时表明的是，国家实际上没有能力禁止白银流通，也不得不开始采用白银来作支付手段。首先是在民间的流通，然后白银开始渗透到官方运作中，这是符合内在逻辑的发展顺序。那么，白银为什么在明代能够形成广泛而深入的流通呢？不能说是明初的生产有飞跃式的发展，白银的市场崛起主要应归结于法定货币宝钞的贬值，说明明朝货币制度不能稳定建

[①]　此节简述明代货币之间关系。
[②]　日本学者森正夫论述了周忱改革以银、布代纳部分税粮的折征，参见《明代江南土地制度研究》，江苏人民出版社 2014 年版，第 211—220 页。

立，在民间市场上人们需要一种稳定的信用货币，于是白银在市场上应运而生。

从铸钱用铜及其来源看，明朝初年，早已出现铜荒现象。洪武时期，全国仅置钱炉 320 余座，铸额最高的洪武五年亦仅铸钱 22.2 万贯[1]。永乐、宣德时，年铸额约 10 万贯。洪武时以金银及铜与外蕃贸易，凡外蕃入贡者，赏赐用钞。但外蕃贵铜而贱钞，铜钱通过私人秘密外流者不少。永乐时采取怀柔政策，屡以巨量铜钱颁赐入贡外蕃，渐成惯例；而以后东南沿海各地都有铜钱外流。一般来说，由于铜材的匮乏，洪武、永乐，宣德年间虽曾铸钱，但铸钱不多；为了推行纸币，铸钱存于国库，并不发行，或者只颁赐给外国使节。宣德以后，五十年间完全没有铸钱。黄阿明提出明前期有一个救钞运动，大致可以分为两个阶段：永乐、洪熙时期为第一阶段，宣德时期为第二阶段，但是不论采取何种政策措施，救钞运动主要是围绕着增税扩税课钞这一核心主旨展开的。[2] 我们且不说是否存在一个"运动"，而实际上明朝救钞远不只是"增税课钞"。自永乐时起，为了挽救宝钞危机。以郑和下西洋带回和当时朝贡贸易的大量胡椒、苏木作为官员军士人等的折赏折俸，持续了半个多世纪，直至成化时库藏告竭为止。这是挽救宝钞货币危机的重要举措之一，影响深远。[3]

英宗初年，并非如清修《明史》所概括的，当时没有"弛用银之禁"的法令，也并无"朝野率皆用银"的现象呈现。朝廷仍然在力挺宝钞，所以不仅没有铸钱，反而有禁止行钱之令。在京文武官员俸禄折支方面，正统元年（1436 年）也是"上半年关与钞锭，下半年关与胡椒、苏木"。[4] 这证明了当时仍然处于郑和下西洋后以海外胡椒、苏木解救钞法危机的时期。而随着市场上用银之势的发展，在市场的促动下，白银开始渗透到官方运作中，包括建库储银，折粮银、柴薪银的出现，见本书第一章第三节。还是在市场作用下，官员俸禄货币化见于景泰年间。景泰三年（1452 年）京官俸给照时价给银，500 贯钞给银一两，这是朝廷公认宝钞

---

① 《明太祖实录》卷七七，洪武五年十二月，台北："中研院"史语所校勘，1962 年影印本，第 1419 页。所引《明实录》均为此版本，不另注。

② 黄阿明：《明代前期的救钞运动及其影响》，《江汉论坛》2012 年第 2 期。

③ 万明：《中国融入世界的步履：明与清前期海外政策比较研究》，故宫出版社 2014 年修订版，第 146—155 页。

④ 徐英凯：《明代〈万历会计录〉整理与研究》第一篇，第 709 页。

对白银跌成五百分之一。①

宣德年间，国家推行钞关制度，设置钞关，最主要目的是应对宝钞危机。钞关起初的征课客体全部都征以本色钞，即"照钞法例监收船料钞"，至成化元年（1465 年），征税客体已开始改为"钱钞中半兼收"，②其后改为折银。成、弘年间，在国家财政收支上，全面转向以银为主，于成化十六年（1480 年），在苏、杭、九江等钞关实行"每钞二贯折银一分"；③成化二十三年（1487 年），原来的征钞项目已是"一切征银"④。弘治元年（1488 年），规定除少数钞关外，其余钞关和户口食盐钞都改折银征纳，"每钞一贯，折收银三厘；每钱七文，折收银一分。"⑤这里的"折收银"说明不仅是折成白银计算，而且是征收白银上解。丘濬的上奏说明，在成化年间已出现白银形成流通领域主币局面。成、弘以后官方对于白银显然呈现默许状态，成化二十一年（1485 年），实行"班匠银"制度，大大加速了税收征银的进程。至弘治元年，各税课司、局逐步将商税折银征收，规定征银或钱钞兼收。弘治五年（1492 年），叶淇变法，改开中纳粮为纳银。自下而上的发展态势与自上而下的发展态势合流，是市场"看不见的手"与国家"看得见的手"共同协调，将白银货币化迅速推向全国。这里我们应该摒除国家与社会二分法，这是二者之间不只有博弈而也有协调的一个典型事例。

作为充当一般等价物的特殊商品的货币，"随着商品流通的扩展，货币——财富的随时可用的绝对社会形式的权力也日益增大。"⑥ 在社会上货币成为财富的化身，谁占有了货币就等于占有了价值和财富，它是作为市场上物品交换的媒介而存在的，成为权势阶层极力追逐的财富。不在国家体制内的白银货币不同寻常的崛起于市场，在市场作用下，明代中国建立起实际上的银本位货币体系，而国家没有"银法"，市场/社会与国家的博弈始终存在，王朝力图建立兼用铜钱的货币制度，却一再受挫，并影

---

① 彭信威：《中国货币史》，上海人民出版社 1958 年版，第 464 页。

② （明）徐溥等：正德《大明会典》卷三二《户部》十七《金科·库藏一》，《课程·事例·船料钞》，[日] 汲古书院 1989 年版，第 347 页；（明）申时行等：万历《明会典》卷三五《户部》二十二《课程》四《钞关》，中华书局 1989 年版，第 1246 页。

③ 《明宪宗实录》卷一九九，成化十六年正月庚戌，第 3500 页。

④ 《明孝宗实录》卷六，成化二十三年十一月庚子，第 103 页。

⑤ 《明孝宗实录》卷一一，弘治元年乙月辛丑，第 241 页。

⑥ 《马克思恩格斯全集》第 23 卷，人民出版社 1975 年版，第 151 页。

响了社会经济的发展。

随着市场经济发展，商品流通交换时，用作中介体的白银货币需求量空前增大。钞法不行，势要之家利用市场差价的套利活动就不可避免地会出现。成化十三年（1477 年）正月，大兴左卫指挥使周广奏："近年钞法不行，每钞千贯止值银四五钱。在京势要殷富之家，往往在于各布政司、府、州、县公行嘱托，每钞千贯征银五两，其利十倍。乞行禁约。"① 明宪宗下令严禁，却是令行不止。"各处地方收受盐钞，最为亏官损民，有势要贪利之人，收买收堪钞贯一千贯，有值银二两以上者，有值银一两以上者，亦有不堪收受者，装运各处地方交通官吏"，"然后摊分里甲，坐派人户，每一千贯有勒作五两者，有勒作六两者，其大州县等价动以万讨（计），小州县亦不下三五千两，小民被其利害，朝廷不得实用，钞法不得疏通"。② 明孝宗甫即位，监生杨玺上奏："国初，钞法凡商税、户口折赎，皆与铜钱兼行。近来一切征银，钞之在官而散于民者一贯不能值钱一文，而征于官者一贯乃收银二分五厘，乞令仍遵旧制钱钞兼行，不许别征银货等物。"③ 揭示出市场上一贯不能值钱一文，而朝廷却收银二分五厘的现象。至弘治元年（1488 年），规定各钞关、税课司及天下户口食盐钞贯的折银，每钞一贯折收银三厘，每钱七文折收银一分，倾泻成锭。④

弘治九年（1496 年），"尚书周经会议题：准将直隶苏松常三府秋粮起运南京，该支公侯驸马伯，并府部院寺等衙门官员俸禄粮米，每石折银七钱，起解两京户部，交纳支给"。⑤ 而上述成化、弘治时期的钞关折银，引发了问题，在未改折征银之前，除凤阳、金沙洲等个别钞关之税用于专门用途外，绝大多数钞关所征之钱钞税都是解入内府库藏，以供御前赏赐和内府买办之用；而折银以后，就要纳入太仓库，削减了内库的收入，因此皇室财政与国家财政的矛盾凸显出来。弘治末又开始了铸钱，可以注意到的是，这是在丘濬将市场流通领域白银形成主要通货状况上达朝廷，建议以银为上币以后，朝廷才恢复的铸币。当时宝钞流通已名存实亡，而明

① （明）徐学聚：《国朝典汇》卷九四《户部》八《钞法》，书目文献出版社 1996 年版。
② （明）戴金：《皇明条法事类纂》卷一三《户部类·各钞关税课司钱钞折银则例》，东京：古典研究会 1967 年版。
③ （明）王圻：《续文献通考》卷一八《钱币考》，第 258 页。
④ （明）戴金：《皇明条法事类纂》卷一三，《户部类·各钞关税课司钱钞折银则例》。
⑤ 万明、徐英凯：《明代〈万历会计录〉整理与研究》（一），第 709 页。

朝出现几乎半个世纪铸钱的间歇，当时没有什么货币能够阻挡白银流通，也即市场经济的发展，也就是没有任何货币可以有效地阻挡白银成为明代中国货币的主体、经济的中枢。

弘治年间，弘治十六年至十八年（1503—1505 年）计划年铸钱 25 万贯以上，但实际铸钱不过 5 万贯上下。[①] 弘治年间所铸钱不多，民间多以洪武钱及历代旧钱行用。顾起元云："正、嘉中，民间用古钱，其后怪滥之极，至剪铁叶锡片伪为之，后乃稍稍厌弃，而更用'开元通宝'钱。"[②] 正德朝官吏的俸给，已是十分之九给白银，十分之一给铜钱，而终正德朝没有铸钱，白银作为货币大行其道，是财富的主要代表。如宦官刘瑾大肆索取贿赂，聚敛了大量财富，最后抄家时，高岱《鸿猷录》记云："金十四万锭又五万七千八百两；银元宝五百锭又一百五十八万三千六百两；宝石两斗；金甲二；金钩三千；金银汤鼎五百；蟒衣四百七十袭；牙牌两椟；穿宫牌五百；衮龙袍四；金龙盔甲三十；玉印一；玉琴一；玉带四千一百六十束；他物称是。"[③] 并无铜钱之载。

二　嘉靖年间至明末

明朝世宗至思宗六朝，嘉靖、隆庆、万历、泰昌、天启、崇祯，历朝都有铸钱，说明国家与市场/社会的博弈始终存在。由于银矿资源的制约，明代国家以有限能力范围内铸造的制钱，难以满足市场需求。国家制钱不足，更使得私铸泛滥，最终失去控制。

正如马克思所言，"随着商品交换日益突破地方的限制，从而商品价值日益发展成为一般人类劳动的化身，货币形式也就日益转到那些天然适于执行一般等价物这种社会职能的商品身上，即转到贵金属身上"。[④] 嘉靖（1522—1566 年）初年，白银发展为流通领域普遍行用的主要货币，市场内生自发的经济运行过程凸显，白银流通得到朝廷事实上许可而定型，白银使得纸币和铜钱都黯然失色。明朝的财政基础由实物税和强制劳役逐渐转向了白银形式的土地税，而且税收权力从中央分散到地方，促使

---

① 史松霖主编，上海市钱币学会编：《钱币学纲要》，上海古籍出版社 1995 年版。
② （明）顾起元：《客座赘语》卷四《铸钱》，中华书局 1997 年版。
③ （明）高岱：《鸿猷录》卷一二《刘瑾之变》，上海古籍出版社 1992 年版，第 270 页。
④ ［德］马克思：《资本论》第 1 卷，人民出版社 1975 年版，第 107 页。

地方财政体制形成，发生了重大变化。事实上，来自市场的白银成为基准货币，明廷被动地将白银接纳为合法货币，意味着明朝货币垄断权丧失殆尽。加之王朝本无"银法"，即没有规则和制度来管理白银的获得、铸造和分配。为了弥补财政赤字，朝廷铸钱取利成为必要手段，国家与市场/社会的博弈于此越演越烈，从广泛设局和增炉加铸，发展到明末的大规模滥铸，崇祯钱成为中国古代货币史上种类、版式最复杂的一种钱币。

明代嘉靖以前，各朝铸钱额都很有限。嘉靖年间每年铸量也不多，仅略过于永、宣时期的10万贯。但是由于嘉靖在位时间长，铸钱时间长达39年，即嘉靖六年—四十五年（1527—1566年），所以嘉靖钱存世量明显多过以往。值得注意的是，此时朝廷制钱无论如何已经不可能与市场上流通的白银主币抗衡，白银形成流通领域主币的地位已无可撼动。加之当时"南倭北虏"战事频仍，明朝财政的巨大需求更推动赋役改革—财政改革的力度不得不一再加大，以加速白银的获取，在市场作用下，提编加派的出现，是白银货币化—财政货币化的必然发展途径。同时，明朝上上下下的白银巨大需求也促使海外贸易发展到高潮期。从西方来到东方的葡萄牙人以及东南亚等国家与地区的人们与中国海商兼海盗会集，民间海上贸易繁盛发展，直接影响了原本一直受到中国钱币影响，并广泛行用铜钱的日本发生了银矿的大开发局面，由此日本白银大量流入中国，成为全球白银贸易的起点。

明代白银的形式，以锭为主。普通以五十两一锭，以下又分为若干种小锭。[1] 银锭上刻有文字，大锭上铸有地名、重量和银匠姓名；小锭上有时不铸重量，有时也铸年号。彭信威先生认为"银锭可以说是中国的银币"，因为它实际上已具备了"铸币"的各种标志。[2]

明前期一直奉行钞法，铸钱少，不能敷用，因此造成私钱充斥，这是国家与市场/社会博弈的又一个主要方面。这方面的研究积累已多，在此不多赘述。特别应该引起注意的是：明代铸钱较少，在流通的铜钱中，明钱仅占一小部分，大部分是唐宋钱。如嘉靖年间巡视五城御史阎邻等言：

① 《明会典》卷三五《户部》二十二《课程》四："嘉靖十四年……每二十两倾成一锭"；又："四十一年……每五十两煎成锭，转解太仓，以备文武官员折俸等项支用。"第256—257页。
② 彭信威：《中国货币史》，第454页。

"国朝所用钱币有二，首曰制钱，祖宗列圣及皇上所铸，如洪武、永乐、嘉靖等通宝是也。次曰旧钱，历代所铸，如开元、祥符、太平、淳化等钱是也。百六十年来二钱并用，民咸利之。"① 民间私铸的钱，也不一定是私铸明钱，而是往往私铸唐宋钱。② 由此可见，市场上需要稳定的货币，而国家不能建立稳定的货币制度，失去信用，货币的混乱局面，才给市场上流通白银带来了无限发展的契机。

嘉靖六年（1527 年）"钱法大坏"，上谕户部曰："迩来盐法、钱法大坏矣……钱法之坏由于私铸者多，官不为禁。朕又闻京师市中所用俱出私铸，前代旧钱及我朝通宝俱阻格不行。"而户部回奏钱法方面："一遵用制钱，言国朝所造洪武、永乐、宣德、弘治诸钱不见通行，以在官收贮，不发民间，流布未广故也。乞令内府司钥库查核其数，散为官军折色俸粮，仍谕各监局官吏及司府州县，自今解纳钱钞及户口盐粮、船料、商税之类，俱兼收国朝通宝转输出入，民间贸易一体遵行，则令行自上，而钱法流通矣"。③ 户部的回奏说明除了禁私铸以外，朝廷财政不能兼收兼支铜钱，是钱法阻滞的极为重要因素。

嘉靖年间，市场/社会与国家的博弈格外激烈，表现在官铸与私铸的争夺。嘉靖八年（1529 年），由于私贩铜钱猖獗，朝廷下达禁令，"当时奸党私相结约，各闭钱市，以致物价翔踊，其禁遂弛"。④ 由此可见市场/社会与国家之间的博弈的异常激烈。至嘉靖十五年，发生"迩者京师之钱轻制薄小，触手可碎，字文虽存，而点画莫办，甚则不用铜而用铅铁，不以铸而以剪裁，粗具肉好即名曰钱，每三百文才直银一钱耳，作之者无忌，用之者不疑，而制钱旧钱返为壅遏"的现象，因此有臣子上言："夫利权之操在主上，今奸民顾得而牟之，又诡异乖戾，无复钱制，恐非盛世所宜有也。"⑤ 明朝因为不能拥有货币垄断权，对于市场的管控变得非常被动。"钱市"是货币兑换的市场，"关闭钱市"，严重影响货币流通，导致物价上涨，可见市场的重要作用。

明朝嘉靖年间铸钱，一度急于推行国家制钱，曾令税课司抽分等厂专

---

① 《明世宗实录》卷一九一，嘉靖十五年九月甲子，第 4029—4030 页。
② 《皇朝名臣经济录》卷二四《铜楮之币一》，丘濬奏疏。
③ 《明世宗实录》卷八三，嘉靖六年十二月丙辰，第 1853—1854 页。
④ 《明世宗实录》卷一九一，嘉靖十五年九月甲子，第 4030 页。
⑤ 《明世宗实录》卷一九一，嘉靖十五年九月甲子，第 4030 页。

收嘉靖钱，反而造成了钱币不通的状况。《明世宗实录》记载，大学士严嵩云："臣闻近日民间无钱行使，盖因去岁禁止铅锡薄钱，止许用嘉靖及本朝制钱，税课司抽分等厂专收嘉靖钱，别钱不收，以致钱不通。昨蒙钦命工部铸钱，甚好，但一时不克济用。闻内库积贮嘉靖钱及本朝制钱甚多，其前代杂字旧钱大板儿等项，年久亦恐湮烂。合无敕下该库，查发百十千万，令该部给与在京文武官员及各军士，折支俸粮，亦可省数十万之银。如此则钱自流通，而民称便矣。"①

至于嘉靖三十二年（1553 年）曾补铸洪武到正德九个年号的钱，每一个年号补铸一百万锭，嘉靖钱补铸一千万锭之说，彭信威先生认为是一个疑案。以为补铸的事最多是一种拟议，而且数目上可能还有错误。② 其实，《明实录》中大学士严嵩的上言，已经说明补铸没有实现的事实："户、工二部称铸钱一千九百万锭，合用工料银三千二百八十二万七百七十两有奇。而户部太仓库贮银止有一百五十三万六千两，已自不敷京边岁用之数。工部节慎库贮银止十万两。尽数以铸钱，尚不足十分之一。但行之各省，又恐扰民。况今时值灾荒，为之尤难。"③

严嵩提到户、工二部称铸钱 1900 万锭，需要工料白银达 3282 万余两，而当时户部太仓库银只有 150 余万两，还不足应付京边岁用，不能用来铸钱；工部节慎库银只有 10 万两，这样的实际状况是户部和工部的库银全部 160 余万两全部用来铸钱，还不到所需的工料银 1/10。由于工料银不足供应，所以铸钱势必紧缩，铸钱 1900 万锭的规划，完全不能实现。总之，最终还是白银的不足，制约了嘉靖朝铸钱。

嘉靖三十四年（1555 年）"兵科给事中殷正茂言，今财用不足，惟铸钱一事可助国计。但两京所铸以铜价大高，得不价（偿）费。可探云南铜"④。由此也可见，两京铸钱需要依赖民间铜材的购买，更首先需要大量的白银，白银与铸钱形成了一个悖论。

宝钞和铜钱是明朝法定流通货币，但是到世宗嘉靖十四年（1535 年），宝钞 1000 贯才能折银 4 钱，白银对宝钞涨了 2500 倍，而当时铜钱

① 《明世宗实录》卷四〇四，嘉靖三十二年十一月丁巳，第 7067—7068 页。
② 彭信威：《中国货币史》，第 438 页。
③ 《明世宗实录》卷四〇五，嘉靖三十二年十二月乙亥，第 7078 页。
④ 《明世宗实录》卷四二一，嘉靖三十四年四月戊寅，第 7297 页。

1000 文折银 1.43 两，所以钞 1000 贯，只值铜钱约 280 文。铜钱对宝钞涨了 3570 倍。嘉靖四十五年（1566 年）要 5000 贯才折得白银 1 两①。由此可知，货币领域早已经是白银的一统天下，市场在与国家的博弈中胜出，明代中国已经形成了实际上的银本位货币体系，即形成了一个白银时代。

　　由于原本不是明朝货币制度的白银，在市场上不仅形成了流通领域主币，而且形成国家财政不可或缺的主要征收形态，明代地方财政起解中央的银两本来没有一定形制。嘉靖八年（1529 年）户部尚书李瓒奏言："各处解到库银，率多细碎，易起盗端。乞行各府州县，今后务将成锭起解，并记年月及官吏、银匠姓名。"得到世宗批准。② 有学者认为银两制度由此形成，实际上不妥，这是在财政上规定征解白银的倾锭刻铭方式，并不是关于白银的货币法令。③ 而且此项规定也并没有被统一实行，可见后文。

　　嘉靖时，官铸钱多恶劣，是使得私铸更加不能禁止的原因，而国家与市场的博弈，更造成了白银货币在流通领域与财政领域的主导地位的稳固。明朝工部宝源局为了节约铜料，降低铸钱成本，减少工序，致使制钱铜量极大降低，民间曾戏谓曰"一条棍"。④ 其后私铸更多，恶钱泛滥。嘉靖四十三年（1564 年），发生了北京市场爆发的铺户罢市，徐阶上疏批评"钱法大坏"，⑤ 促使朝廷不得不进一步放弃以铜钱作为朝廷一切支出的通货，国家停止大规模铸钱，使铜钱正式降为白银的辅币。嘉靖四十四年（1565 年）五月，在罢云南铸钱的同时，户部称："京师用钱无穷，而宣课司所收有限，遂使奸民乘机阻挠。钱多则滥恶相欺，钱少则增值罔利，故禁愈烦而钱愈滞。自今准折，宜从民便，不必定其文数。宣课司收税，各衙门折俸，宜俱用银。"⑥ 宝源局停止铸钱，云南也停铸，此后无论门摊税项，官员俸禄，一概用银；应支给钱的全都给银，税课一体征银

---

① 彭信威：《中国货币史》，第 464 页。

② 《明世宗实录》卷九八，嘉靖八年八月二月壬辰，第 2320 页。

③ 曾有认为这是中国正式用银本位之始，叶世昌、潘连贵认为这规定属于财政制度而非货币制度。见《中国古近代金融史》，复旦大学出版社 2001 年版，第 102 页注 1。

④ （明）谈迁：《枣林杂俎》，《智集·钱炉》，中华书局 2006 年版。

⑤ （明）徐阶：《世经堂集》卷三，《四库全书存目丛书》，集部，第 79 册，齐鲁书社 1997 年版。

⑥ 《明世宗实录》卷五四六，嘉靖四十三年五月戊午，第 8819—8820 页。

而不征钱，国家财政由此更加专一征收白银。上面述及一系列赋役折银在此前早已向全国铺开，嘉靖年间南倭北虏战事频仍，财政需求加大而迫使明朝不得不加速扩展折银与征银，以解救财政危机，而这正是王朝国家与市场博弈此消彼长的过程。明朝对于市场的失控，导致钱法也必然越来越乱，实际上，嘉靖以后国家在整顿货币市场失效的情况下，不得不放弃采取积极措施维护法定货币铜钱，承认市场中流通的低质劣钱的合法存在，也更加奠定了白银在流通领域和财政领域的主导地位。国家铸币的失败，说明王朝在与市场的博弈中失败，于是不得不对于市场和货币采取了放任的态度。

因此，白银需求无疑是隆庆元年（1567 年）福建漳州开海的重要因素，可以说没有之一。由此，很快中国海商就直接参与建构了西班牙1571 年占据马尼拉以后，以之为中心形成的亚洲、美洲、欧洲的大三角贸易，即全球第一个经济贸易体系的建构。白银为媒介联系起全球贸易网络，由此白银不仅从日本，而且自美洲和欧洲大量流入中国。与此同时，隆庆初年，兵部侍郎谭纶提出整顿钱法，要贱银用钱，针对当时赋役征银已很普遍的现象，他指出"每当催科峻急之时，以数石之粟、数匹之帛不能易一金"之况，造成"民既贫矣，则逋负必多，逋负多矣，则府库必竭"。他主张增加铸钱，同时赋役征银的增加收钱，使百姓"以行钱为便。"[①] 实际上，在当时白银货币化—财政货币化的大势下，他的观点缺乏实效性。紧接其后，靳学颜提出与谭纶异曲同工的主张：反对用银而废钱，建议铸钱以使银钱兼用。他直接提出："夫银者，而铜钱亦贸迁以通用……今独奈何用银而废钱？"[②] 他不能理解为何白银独行天下，认为"钱者，权也"，朝廷应该铸钱以掌握货币权，但他却没有考虑到货币权的失去，已是在市场作用下的无可奈何花落去。

在现实面前，隆庆元年（1567 年）明穆宗颁令：凡买卖货物，值银一钱以上者，银钱兼使；一钱以下只许用钱。这是在白银货币化客观现实下颁布的明确法令，是明朝正式以法权形式肯定白银为合法货币，且用法权形式把白银作为主币的货币形态固定下来。同时，证明了明朝事实上确

---

① （明）谭纶：《谭襄敏公奏议》卷七《恳切圣明讲求大经大法以足国用以图安攘以建久安长治疏》，《明经世文编》卷三二二，题名《论理财疏》，有所删节。

② （明）靳学颜：《讲求财用疏》，《明经世文编》卷二九九。

认了银本位货币体系的存在。隆庆四年至六年（1570—1572 年）铸有隆庆通宝，但是钱法仍然不通。大学士高拱提出采取自由放任态度："至于钱法，不通已久，乃是指点多端，事体不一所致。盖小民日求升合，觅数钱以渡朝夕，必是钱法有一定之说，乃可彼此通行。而乃旦更暮改，迄无定议。小民见得如此，恐今日得钱，而明日不用，将必至于饿死。是以愈变更愈纷乱，愈禁约愈惊惶，铺面不敢开，买卖不得行，而嗷嗷为甚。臣惟钱法之行，当从民便。"① 他指出了钱法混乱，朝令夕改，使得百姓无所适从，影响了市场交易正常进行，破坏了市场秩序，主张放任市场调节。

万历十年（1582 年）六月，又有工科给事中傅来鹏、御史顾尔行条议银库四事，其中有州县起解银两上刻官吏、银匠姓名一说，② 可见此前嘉靖八年（1529 年）"成锭起解"的倾锭刻铭规定，在各州县没有全面实行，所以才会被重新提出。此后伴随张居正改革财政货币化向全国普遍推行，这种"成锭起解"形成制度化。近年"江口沉银"的大量银锭出水，可作为历史见证。③ 各省解京银两铸成马蹄形银锭，每锭一般重五十两，形制不同于元代的元宝，其特点是厚度增加，束腰处变宽，两端上翘，形成双翅。④

明代白银是称量货币，要看成色，称重量。正是由于明朝白银来自市场，属于自由银，没有国家制度的渊源，因此形成了多种白银种类名称：纹银、花银、雪花银、细丝、松纹、足纹等。《格古要论》云："金花银第一，细花松纹第二（九七八），粗丝松纹第三，两头丝曰粗丝第四（俱八五），细丝松纹脸白光第五（九七）。"又曰："足色成锭者面有金花，次者绿花，又次者黑花，故谓之花银、蜂窝，中有倒滴而光泽，火烧色不改者；又次之松纹、假金花，以密陀僧为之；若面有黑斑而不光泽者必有黑铅在内，有八成色，谓之狗蚤班；九成色者，火烧后，死白，边灰色，谓之吹松纹；雪白者有九六成色。""金花银是足色，直砍到底，两头有

---

① （明）高拱：《议处商钱法以苏京邑民困疏》，《明经世文编》，中华书局 1962 年版，第 3168 页。

② 《明神宗实录》卷一二五，万历十年六月丙午，第 2333 页。

③ 详见本书本章第四节"白银货币化与李自成、张献忠政权"。

④ 马飞海总主编：《中国历代货币大系》第 5 卷《元明货币》，上海人民出版社 2009 年版，第 21 页。

丝者曰粗丝，亦好。有八五成色，脸欠白，一头有丝，明白而无锅者；又次之有八成色，四五条线丝者。但七八成者，砍得二三分即断。又有印丝者，只五六成色，最低擦得甘草黄，但泻锭子只要有丝、面平而无锅者好。好者出炉白，次者灰色，又次者出炉便黑，和铅多者，一砍即碎，俗曰湿。有五六成色，擦则不红，和铜多者，砍则难断，一烧即红；至低者烧红打得粉碎。"① 纹银是足银之称，雪花银形容其白，细丝指银锭中细纹。民间还有很多种白银名称，充分说明了王朝国家对于白银货币的失控状态。万历年间张应俞《江湖奇闻杜骗新书》，在十四类《假银骗》的《冒州接着漂白》后，有抄自他书的银锭成色名称和解释：

> 松纹，与细丝一样，其皆足色也。
>
> 摇丝，色未甚足。银泄入鏪，以手摇勤而成丝也，曰摇丝。
>
> 水丝，又名曰乾丝，自七成、八成、九成，九五止，通名曰水丝。
>
> 画丝，即水丝。泄出而无丝，以铁锥画丝于其上，曰画丝。
>
> 吹丝，即九程（成）水丝。银一入鏪，口含吹筒即吹之以成丝也，曰吹丝。
>
> 吸丝，以湿纸盖其鏪上，中取一孔，以银徒孔泄下，吸以成其丝也，曰吸丝。今人以铁箔盖于鏪上，亦中取一孔，银从孔泄下，亦吸以成丝也。盖吸丝自七成起，九五止。九五者，亦看得足色也。②

南京周晖所见银之造假，是破坏市场秩序的现象："最不可伪者，金也。二十年来，金丝有银心者，金箔有银里者。工人日巧一日，物价日贱一日，人情日薄一日，可慨也夫。"③ 松江李绍文所云更是触目惊心："昔年典当中当出者，分文皆纹银。今亦有不足色者，且用层色搭头矣。细丝之外，巧立名色，有吃敝、青丝、水丝、水工、茶花、橘汁、披白、飞白、紫盖、火盖、串盖、紫搭、三针、钓铜、钓铁、掺砂、掺铜、竹叶煎

---

① （明）曹昭著，（明）王佐增补：《新增格古要论》上，卷六《银后增》，中国书店1987年版。

② （明）张应俞：《江湖奇闻杜骗新书》十四类《假银骗》，山西古籍出版社2003年版。

③ （明）周晖：《金陵琐事》卷四《金丝·金箔》，南京出版社2007年版。

饼、吹灰煎饼，虽不足色，勉强可用。近日有以药煮铜，名曰兑头，俨然细丝，而下炉即化为乌有。"① 市场上银的种类、成色五花八门，无疑是货币失控的表现，其给造假创造了条件，更使得市场秩序混乱不堪。

重要的是，白银货币化，是国家体制外的非制度产物，明代不同寻常的货币化过程，是市场经济转型的重要标志，使得国家措手不及，一时市场弊端层出不穷，无法应对，更无力规范化，属于失控状态。万历初年张居正改革，白银确定为财政征收的主体形态，更使得白银货币的主币地位无可动摇。

为了应对市场，万历亲政以后，为了汲取民间社会白银财富，不断增设钱炉，大量铸钱，仅南京一地，南京工部宝源局钱炉在 30 多年间，从 60 扩张到 600；仅万历三十一年（1603 年）一年，就增炉 350 座，超过洪武时全国钱炉 320 余炉的总额。御史李云鹄以南京事指出："岂知炉一增则反为炉所困，今据告炉增至六百座矣，银七分五厘易钱百文矣（甚且商贾畏行钱，不敢入京矣）夫多炉多利，炉可加增也，今炉多钱滞，官民不交病乎壅阏？若此奈何？犹泄泄然不为之所也，故炉之当减。不但如近日钱止行之京，不行之外，为都人之大蠹，即如工本之费不赀，只缘钱多而贱，出之遂致利不偿费，国何益焉？则持筹之谓何？而臣所谓钱法之大壅者以此。"② 广铸制钱，又缺乏铜本，造成制钱质量进一步下降，这更加刺激了民间私铸的活跃，导致流通中的钱币数量急增，币值大跌，铜价暴涨，造成民间拒绝用钱，国家没有铸利可获，也就不得不减少铸炉。而原本官方铸币的工匠和官吏改而从事私铸，这是私钱大兴的缘起。明朝铸钱长期受到私铸的困扰。万历十八年（1590 年），当时铸钱"随行随壅"的情况，实际上是由于"公私不相流布"，即"如官给之民则银钱并用，如民输之官则尽去其钱"③ 造成。其时财政全面导向白银货币化，统一征银，银钱并用不可能实现。更重要的是，铸钱所需铜材，依赖民间供应。万历二十六年（1598 年），郝敬提出《钱法议》，主张铸大钱，曾谓："二百余年来，钱法不修。天下废铜在民间为供具什器者，不知几千万亿。其处于各处名山者，豪姓大贾负贩以擅厚利，又不知几千万亿。"

---

① （明）李绍文：《云间杂识》卷六，上海市修志局 1936 年版。
② （明）胡我琨：《钱通》卷二引，《文渊阁四库全书》，台北：商务印书馆 1983 年版。
③ 《明神宗实录》卷二二四，万历十八年六月丁酉，第 4172 页。

又谓："今云南、陕西、四川、广东各省有铜矿，为奸商专擅。"① 郝敬也曾疏请修举钱法："每银一钱除工费外净铸钱七十一文，照成议以五十文支用，则余钱二十一文值银四分，如照银七钱三兼支，则岁出百万，可增银四十万两"。② 但只是纸上谈兵，没有实现的可能。铸钱必须用铜，而召商买铜，为"奸棍侵欺"，仍然因国家与市场/社会的博弈激烈，国家无法主导平衡。至万历二十四年（1596 年）明神宗内官税收体制出台，矿监税使遍布全国，专以攫取民间社会白银为目的，造成百姓深受其害，市场一片萧条，可见下文。

关于明朝钱法混乱，造成病商的结果，万历年间国子监祭酒刘应秋曾全面分析了问题所在："今之所最蠹财而害民，无如铸钱一节。言者虽纷纷，迄未有竟其根株者，乃弊原则在数更而屡变也。本朝洪武四年，始开局造钱，未几旋罢。中间正统、天顺、成化、正德，皆格不铸。独嘉靖铸钱最多，十九年已有所得不偿所费之诏。后又更造洪武至正德年号，各百万锭，费且不赀，国用亦坐以空。然世庙在位久，至末年钱始通行。其旧钱及洪武、永乐、宣德、弘治诸钱及皆废矣。未几易以隆庆，又未几易以万历，每一更易之际，列肆兑钱者资本一日消尽，往往吞声自尽。而小小市贩辈，皆亏折其母钱，传相惊疑。虽官府日有囊头拳栲之罚，迄不得行。奸民又乘间造为飞语，或曰不用火漆，或曰不用金背，或曰嘉靖、隆庆、万历兼行，小民既无所主，而先积钱之家，出其所蓄贱售以偿十一。钱百文，重铜十二两，所易银不过一、三分而已。乘北之缺，自南而载以往；乘南之缺，自北而载以来。又乃私自鼓铸，轻其铢两，杂以铅锡，故贱其值，以乱真者。而小民耳目益无所凭，钱法迄壅不行坐此。"③ 顾起元所见所云当是当时实情："所铸之钱既多，而行钱止于都城之内，久则钱益多而其直反贱。"④

明末财政危机，银荒频现，更形成了钱局遍天下的局面，这说明市场/社会与国家的博弈发展到了最后的关头。但是全国铜矿产量不足，就是产铜最多的云南产铜也一直不旺，所以明代铸钱所需铜料大都来自回收

---

① （清）孙承泽：《春明梦余录》卷四十七，引郝敬《钱法议》。
② 《明神宗实录》卷五四〇，万历四十三年十二月壬子，第 10267—10268 页。
③ （明）刘应秋：《刘文节公集》卷一，《与大司徒石东泉书》，《明经世文编》六，第 4716 页。
④ （明）顾起元：《客座赘语》，卷四《铸钱》。

古钱与铜器。天启、崇祯年间，包括地方府、院、军镇都参与铸钱，所铸
之钱滥恶不可避免，年铸额也无法统计，工部官员认为今日"正钱多之
患"。① 天启三年"南都钱法大坏"，南京御史游凤翔云"咎在工部司官
尚书张辅之"。② 实际上，天启二年（1622 年）下令铸钱减重，三年后，
把铜钱成色减至铜铅各半；有些地方甚至铜止二、三，铅砂七、八，百文
不到一寸长，掷地便碎，民间拒用。③ 官铸恶钱牟利的恶果，更加刺激了
私铸愈禁愈多，国家对于银钱比价，也只好听之随市涨落。崇祯时
（1628—1644 年），明朝内忧外患交迫，财政全面崩溃。官私恶钱名目繁
多，有胖头、歪脖、尖脚、煞儿、大眼贼、短命鬼等。一两白银可换
5000—6000 文，④ 币制大乱，国家打算加铸铜钱以牟取暴利的欲望越来越
强烈。自天启二年至崇祯四年（1622—1631 年），铸钱成本为银 12.400
余两，铸利却高达 107.080 两，获利约 10 倍。其中，还没有包括官吏贪
污中饱私囊的部分。铜钱"贱已极矣"，⑤ 有学者概括：崇祯元年（1628
年）铸"崇祯通宝，分小平、折二、当五、当十等四类，约有 100 多种。
钱文混杂，制作、形状、大小、轻重、厚薄及成色，千变万化，滥恶淆
杂。从钱币之乱，也可以反映出明朝末年的危急状况。⑥ 更重要的是，货
币直接影响物价变动，市场秩序的崩坏。

　　至明末，为了缓解极度窘迫的财政危机，本来早已名存实亡的钞币，
也一再被提出以解救困境。孙承泽记载崇祯十六年（1643 年）"桐城生员
蒋臣言钞法可行，且云：岁造三千万贯，一贯直一金，岁可得金三千万
两"。⑦ 这里的"金"，实际上是指"银"，也就是蒋臣说造 3000 贯钞，
可以得到 3000 万两白银，他估计当时全国的白银约有 2.5 亿两，主张连
续发行五年，刚好把这批白银全部收归国库。此事《崇祯实录》记载于
崇祯十六年六月，户部尚书倪元璐举荐为户部司务的蒋臣"其言钞法曰
经费之条，银钱钞三分用之，纳银卖钞者以九钱七分为一金，民间不过

① （明）王圻：《续文献通考》卷一一《钱币考》五，工部侍郎张慎言疏语。
② 《明熹宗实录》卷四一，天启三年十一月丁丑，第 2143 页。
③ 千家驹、郭彦岗：《中国货币史纲要》，上海人民出版社 1986 年版，第 73 页。
④ 《明书》卷八一《食货志》："崇祯中，内帑大竭，命各镇有兵马处，皆开炉鼓铸，以资
　军饷，而钱式不一，盗铸孔繁。来年每银一两，易钱五六千文。"
⑤ 《启祯纪闻录》卷七，北京图书馆出版社 2005 年版。
⑥ 《中国货币史纲要》，上海人民出版社 1986 年版，第 74 页。
⑦ （清）孙承泽《春明梦余录》卷三八《户部》四《宝钞局》。

用，以违法论。不出五年，天下之金钱尽归内帑矣"。① 他的话说得再明显不过了，行钞就是要以此攫取民间社会的白银财富。当时户部赞成此议，帝下令设内宝钞局造钞，并招募商人发卖。《崇祯实录》云："九月甲寅，作新钞"。户部尚书倪元璐上言："内发钞式，命臣详议钞法。度一岁有五十（按：估计为"千"之误）万之入，筹国长计，孰便于斯。或以久废乍复，人则骇之。"② 大学士蒋德璟很清醒，云："百姓虽愚，谁肯以一金买一纸？"果然，结果是"京商骚然，绸缎各铺皆卷箧而去"。③ 当时造钞需要材料，需要出银招商采买，帝命工部发银，可工部上奏库藏已经告罄。④ 对于崇祯帝的一意孤行，蒋德璟上言算了一笔账："如造钞必须工匠，而匠则多未学习。计正匠一千名，每（名）月米一石，银三两；雇工一千五百名，每名月银三两三钱。计每月费米千石，银七千九百五十两，措处甚艰"。⑤ 御史白抱一也力谏："当此库藏匮竭之际，先费二三十万金钱造此不能通行之钞，未收难必之利，先费见在之金，何若留此金钱济目前急需之为得计乎？"⑥ 事实上，当时明朝已经危在旦夕，根本不具备造钞的条件。同时也要铸钱，钞一贯合钱千文。至崇祯十七年（1644 年）二月，崇祯帝在现实面前不得不承认失败，下令"停钞法"。⑦

崇祯九年（1636 年），江西分宜教谕宋应星在《野议·民财议》中云："夫财者，天生地宜而人功运旋而出者也……财之为言，乃通指百货，非专言阿堵（指银）也。今天下何尝少白金哉！所少者，田之五谷，山林之木，墙下之桑，洿池之鱼耳。有饶数物者于此，白镪、黄金可以疾呼而至，腰缠箧盛而来贸者，必相踵也。"⑧ 他提出的"财"不仅是白银，独具慧眼地指出了问题所在：当时缺的不仅是白银，而只有社会生产的发展和市场上的百货充盈，才可能得到大量白银。

明末钱澄之《钱钞议》将明朝货币的失败完全归罪于白银，云："然吾观宋元以及国初，钞虽屡滞，犹能设法以行。至于今，则严刑峻法万万

---

① （清）佚名《明怀宗端皇帝实录》卷一六，崇祯十六年六月戊辰，钞本。
② 《明怀宗端皇帝实录》卷一六，崇祯十六年九月甲寅，钞本。
③ （清）孙承泽：《春明梦余录》卷三八《户部》四《宝钞局》。
④ （清）计六奇：《明季北略》卷一九《捣钱造钞》。
⑤ （清）孙承泽：《春明梦余录》卷三八《户部》四《宝钞局》。
⑥ （清）孙承泽：《春明梦余录》卷三八《户部》四《宝钞局》。
⑦ 《明怀宗端皇帝实录》卷一七，崇祯十七年二月丁卯。
⑧ （明）宋应星：《野议·民财议》。

不能行者，亡他，则以往代不以白金，而今专以为币也。"① 他道出了明末白银货币体系独占鳌头，铜钱和钞币都无法与之并行的现实。黄宗羲的废金银论，列举了明代钱法不行的六大弊端，和向铜钱回归的七大好处，是此前一直存在的废银论的集大成之论。②

第二节　权力与利益：16 世纪国家与
市场/社会博弈的白炽化

17 世纪早期，在全球市场上可以观察到一般性经济下滑现象。这次衰退的规模与时间在各国存在差异，但是可以认为它是自 16 世纪经济全球化开端以来一次严重的全球性衰退。中国的衰退自 1596 年左右已经开始，至 1644 年明朝覆没，持续时间约半个世纪。衰退的爆发是明神宗财政治理新形态——内官税收体制出台，以君主专制强力干预市场，国家与市场/社会博弈白炽化，造成市场严重破坏，成为阻滞国家与社会转型主要原因；而市场的衰败与 17 世纪全球危机白银供应链断裂有所关联，成为促发王朝鼎革诸多综合因素的枢纽。

这里尝试将国内与国际两点并一线，以白银货币化为分析基点，采用综合而连贯的整体观察角度——国家与市场/社会之间关系的角度，突破旧的制度史和政治史研究框架，重点探讨白银货币化引发明朝财政货币化全面展开以后的历史演变进程，将市场/社会与国家的博弈过程凸显出来，探究明朝与全球互动的内在发展逻辑，为明清鼎革提供一种新的分析理路，解读时代的历史语境，还原鼎革之际历史的本来面貌，钩沉全球化开端扑朔迷离的中国与全球互动的历史发展进程，以期对鼎革时代与 17 世纪危机的关系形成更为清晰的认识，并解答林甘泉先生的问题于一二。

一　明神宗财政治理新形态：内官税收体制的形成

财政改革是惊心动魄的。建立在传统农业经济基础上的王朝国家，向市场经济导向的赋税国家转型，意味着自古以来无偿征发全国劳动力的权

① （明）钱澄之：《钱钞议》，《田间文集》卷七，黄山书社 1998 年版，第 136 页。
② （明）黄宗羲：《明夷待访录》，中华书局 1985 年版。

力丧失殆尽。当徭役转变为有偿雇佣，就绝非仅仅是田赋制度和徭役制度的改变，而是整个利益分配的大变局，由此形成了前所未有的财政压力，导致国家治理模式面临全面转型。正是在这一转型的大背景下，进一步激发了国家与市场/社会博弈的白炽化，不仅左右了明朝财政的进程，而且与全球变局相连接，彰显了明朝的国运兴衰。

在国家财政转型至关重要的特殊时期，迫切需要国家出台新的财政治理政策，将财政改革推向全国并规范制度化。而就在这一关键时期，国家财政治理也确实发生了重大变化，这就是明神宗向全国派出的矿监税使。

在学界以往的研究中，对于矿监税使的研究相当丰硕，[①] 但是具有理论深度的探讨颇感缺乏。对此，需要重新进行概念界定与综合探讨。

明神宗于万历二十四年（1596 年）派出矿监税使，是明朝推行财政货币化以后，明朝首次出现的财政治理大变动、大改组，标志着明神宗财政治理新形态——内官税收体制的形成。此前，明朝国家财政与皇室财政一直没有清晰的界限，内官税收体制的建立，形成了以内官掌管全国财政税收事务的体制，是明后期一次重大财政治理变化，也是皇室财政与国家财政的一次大分割。这个体制的形成和明神宗追求可支配财政收入最大化——皇室财政的扩张，大规模攫取社会财富直接相关，紧紧伴随着国家与市场/社会博弈的历史过程而出现。

第一个矿监之派出，发生在万历二十四年（1596 年），事出有因。三月九日，"火发坤宁宫，延及乾清宫，一时俱烬"[②]。六月，有"府军前卫千户仲春等奏开采以济大工，"明神宗"差户部、锦衣卫官各一员，押同原奏官赴彼开采"。[③] 七月，落实为"差承运库太监王虎同户部郎中戴绍科、锦衣卫金书张恩忠，于真保蓟永等处开采样沙进览。"[④] 当月，有京师诓骗棍徒事记入《万历起居注》，内阁大学士赵志皋等题奏：棍徒凌荣等设局诡称可办考中书，骗人银两。云"照得走空棍徒京师甚多，屡奉

① 参见方兴《明代万历年间"矿监税使"研究的现状与问题》（《江汉论坛》2014 年第 2 期），对于矿监税使派出及废止的原因、矿监税使的活动及产生的影响、矿监税使所引起的"市民运动"及其性质、对矿监税使的综合研究四个方面，进行了全面归纳梳理，指出"综合来看，对这一问题迄今尚无全面研究的成果问世，也仍然存在着诸多问题需要梳理"。关于此问题可参考方兴系列论文，恕在此不一一列举。

② 《明神宗实录》卷二九五，万历二十四年三月乙亥，第 5482 页。

③ 《明神宗实录》卷二九八，万历二十四年六月乙卯、乙丑，第 5586、5591 页。

④ 《明神宗实录》卷二九九，万历二十四年七月乙酉，第 5606 页。

明旨缉拿，不啻三令五申，而犹然纵行，罔知畏戢"，中书是内阁属下，中书可贿人，"其为清朝政体之累大矣"。① 走空，是拆白、行骗之意。由此可见，当时京师北京"走空棍徒"甚多的社会生态环境。正是在这种生态环境中，大量采矿"原奏民"产生，构成万历皇帝以内官介入开矿收税的社会基础，上下取得白银财富的欲望结合，启动大批矿监派出开采，乃至全国无矿不开，接着是税使的派出。一开始，开采有外廷官员参与，但不久就全部归内廷宦官执掌，由此，以"助大工"为由，派出的矿监税使迅速布满了全国，除了贵州省之外，全国 14 个省直在派遣之列，在事实上重塑了明朝财税体制。

大学士沈一贯对于矿监税使的定性，一语中的，是"变法征利"：

> 变法征利何等大事，而乃随奏随准，星火促行。不令阁部议拟，不许科道封驳，不伤于太易乎？理财之法，不可偏委一人，祖宗定制，钱粮互相觉察，故弊源清而蠹窦塞。今独使一人专敕行事，惟意所为，凭恃宠灵，擅作威福。以势凌抚按，使不敢一问其出入；以刑劫有司，使不得一加调停。②

他进一步揭示了内官衙门属于创设，及其带来的严重社会经济问题：

> 臣惟中使衙门皆系创设，并无旧绪可因。又系特遣，不比泛常差使，大约中使一员，其管家司房岂下十人，在外直堂官吏书手须二三十人，门厨皂隶更夫等役，复当二三十人，快手、巡栏之类二三十人，略计其数，已百人矣。至于分遣官员，岂下十人，此十人者，各须百人之役，则千人矣；凡此千人，皆欲养其父母妻子僮仆，每家但以十口为率，则万人矣。每人日给须银一钱，万人日给须银一千，一年须四十余万矣。是创设一中贵衙门，而每岁费官银四十余万，及其所进才得数万，此不亦空费者多，而实得者少，徒养游手之人以竭官

---

① （明）南炳文、吴彦玲：《辑校万历起居注》三，万历二十四年七月二十一日，天津古籍出版社 2010 年版，第 1425 页。

② （明）沈一贯：《敬事草》卷四《谏变法征利揭帖》，《续修四库全书·史部·诏令奏议类》第 479 册，上海古籍出版社 2002 年版，第 235 页。

私之储，而敛百姓之怨乎。计今所遣已二十处，岁当糜天下八百万。①

概括而言，内官衙门属于创设，超出了明朝省直 15 个行政区划，史无前例的变乱了"祖宗定制"是"变法"，目的是"征利"，即争利；内官衙门官员及其下属家小仆役人口叠加统计，可达"万人"，"岁糜八百万"，形成了一个新的庞大的管理和消费群体，变乱了此前明朝财政管理体制。

内官税收体制建立以后，接管了原有从中央到地方的财政税收体制，税收的随意性破坏了原有的财政税收规则，影响了财政收支结构，重塑了财政税收的定制。原有的财政定额，我们可以到《万历会计录》中去寻找。万历九年（1581 年）四月户部尚书张学颜进呈《万历会计录》时云：

> 至于司农计务，申徵尤详。创立考成之规，酌定降罚之例，清积逋，阅边饷，减徭役，浚河漕，汰冗员，禁驰驿。迩命儒臣重辑《会典》，又命臣等通行天下清丈田粮，革豪右隐占，苏小户包赔，故吏皆奉法，民不加赋，正供所输，太仓有九年之积。自国初至今，未有积贮如是充裕者。②

巡抚梅国桢对国家征税定制讲得十分具体：

> 国家榷税通商原有定制，在各省直四通八达之衢，商贩辐辏之地，则设有部臣监督各钞关税务；在各府则设有税课司征收税银，法至详备，原无渗漏不征之地。二项所征税银，系钞关者则尽数解部济边；系腹里府分，大都以十之二三留充本地公用，其余十之七八皆解部济边；系边方府分，则径留济边公用，免行解部。总之税银多为济

---

① 《敬事草》卷四《谏变法征利揭帖》，第 236 页。
② （明）张学颜《进呈题本》，见万明、徐英凯《明代〈万历会计录〉整理与研究》（一），中国社会科学出版社 2015 年版，第 101 页。其中"正供所输，太仓有九年之积"，所指主要是太仓白银之积。

边而设，即在腹里者尚且解部转发，其在边郡者又焉有不留边用，而可以征收内解者。此国家征税定制，二百年来未之有改也。①

虽然梅氏所云税银之征并作明初定制，但内官税收体制出台，则完全变乱了原有的财政税收定制，改变了原有的整体税收机制，故被称为"变法征利"，是确定无疑的。

一般来说，"变法"指对国家法令制度做重大的变革。在全国建立内官税收衙门，形成了明朝财政治理新形态——内官税收体制。这一体制，有专门设置的衙门，有专门的诏旨，有皇上专门授予的关防，在皇帝的直接授命下，内官正式拥有了财政税收管理的权限，内官衙门凌驾于地方官府之上，拥有特权，承担征收矿税和其他杂税，向内廷进奉白银的职能，从而改变了此前从中央到地方的财政治理体制，乃至各级官员行使的财政税收管理权限。体制的总原则是由内官主管全国开矿和增税的财政税收事务，以攫取民间社会的白银财富为目的，形成覆盖全社会密集的税收网络，以最大限度地为皇室财政攫取民间社会白银财富展开，其实质是基于政治权力的一次财政再分配，这正是国家与市场/社会博弈白炽化的表现。

进一步说来，内官税收体制的建立，是明朝财政史的分水岭。至此，明朝财政双轨制，即国家财政与皇室财政的分野正式形成，开启了皇室财政与国家财政二分化下的国家财政治理。追根溯源，这一体制直接来自明朝国家体制结构性的特征：君主专制，及其衍生的内外双轨官制。内官税收体制的形成，真实地表明了明朝君主专制权力居于支配地位，最终决策财政治理的走向，强化君主专制的财政新形态，也是强化政治权力干预市场的财政治理演变过程。

二　内官税收体制的发展与演变

自万历二十四年（1596 年）至万历四十八年（1620 年）明神宗死，遗诏停止矿榷税，撤回监税宦官，长达 24 年的内官税收体制才宣告结束。内官税收体制的兴衰过程，是明朝皇室财政从国家财政剥离出来，到皇室

---

① （明）梅国桢：《再请罢榷税疏》，（明）陈子龙等：《明经世文编》卷四五二，中华书局 1962 年版，第 4972 页。

财政与国家财政二元分税的过程，更是国家与市场/社会博弈白炽化的过程。鉴于这一过程长达明神宗48年统治的一半时间，即24年，而此后明朝也就存在了24年就寿终正寝了，因此可以说这一财政治理新形态与明朝国运兴衰紧密联系在一起。

内官税收体制自建立以后，大体经历了两个发展阶段。

（一）皇室财政大规模扩张阶段：1596—1605年

清修《明史》云："至二十年，宁夏用兵，费帑金二百余万。其冬，朝鲜用兵，首尾八年，费帑金七百余万。二十七年，播州用兵，又费帑金二三百万。三大征踵接，国用大匮。而二十四年，乾清、坤宁两宫灾。二十五年，皇极、建极、中极三殿灾。营建乏资，计臣束手，矿税由此大兴矣。"[1] 在这里，清朝史官只看到明朝财政匮乏导致矿税兴起的表面现象，却遮蔽了矿监税使攫取的白银并没有进入王朝国家财政的真相。自万历二十四年（1596年）矿监派出，至万历三十三年（1605年）的10年间，遍布全国的矿监四出勘查搜刮，所征收的矿税银两全部进奉内库，"祗充皇上私藏，而未曾锱铢佐国"，[2] 是典型的皇室财政扩张。白银数据无情地揭示了明神宗所谓"助大工"是一个借口；而他所谓"不派小民"，更是一种虚伪的托词。

万历二十六年（1598年）十月，直隶巡按御史秦懋义查阅邸报，万历二十四年起至此两年之中，解进矿银之数如下：北直隶40000余两，每年20000两；山东24000余两，每年10000两；河南20000两，每年8000—9000两；山西20000两，每年8000—9000两；浙江2000两，每年800—900两；总计106000余两。以此为据，他提出了定额制。[3] 至此，进入皇室财政内库的矿银形成了定额。

万历二十七年（1599年）以后，因开矿"得不偿失"，矿税合并，矿监兼税使，采取地方包税方式征收。各地无论有无开采到矿银，都必须按照定额上缴，"矿砂无利"，就"散民间而坐数纳银"，分摊于地方州县百姓身上，民不能支，就"括库银而充矿代解"[4]，也就是说侵夺地方税

① （清）张廷玉等：《明史》卷三〇五《陈增传》，中华书局1974年版，第7805页。
② 《明神宗实录》卷三五九，万历二十九年五月辛丑，第6702页。
③ 《明神宗实录》卷三二七，万历二十六年十月丙寅，第6059页。
④ （明）吕坤：《去伪斋文集》卷一《忧危疏》。王国轩、王秀梅整理：《吕坤全集》上，中华书局2008年版，第10页。

收储库之银。

下面《万历三十年七月初三休宁县矿税票》，是征收矿税的历史见证：

矿 税 票

休宁县为征收矿税银两事，本府帖文照奉院道案验详验，本府包采银两缘由，奉此尊经照则，派数示谕上约去后，今据本县五都四图郑英上纳三十年分矿税银玖两捌钱陆分陆厘六毫六丝零忽四微，合行给票渺付照，其银眼同验兑足色投柜。如有低假短少查出，一并究治不恕。须至票者。

矿字五十八号

万历三十年七月初三日给

都 图 里长等经收 银匠①

以上税票说明，在农业经济向早期市场经济急剧转型过程中，货币财政出现，以白银作为征收实态。矿税是杂税的重要组成部分，在白银货币化促使赋役全面货币化以后，对于白银的需求急剧增加。万历年间矿监税使四出，主要是皇室存在对于白银的大量需求。这一矿税票，说明休宁当时征收矿税银两，不是按照府级帖文，采取府一级包采制，而由县级政府负责，采取了与正赋同样的投入银柜的征收方式，由基层都图里长经收给票。

那么，在皇室财政大规模扩张阶段，到底攫取了多少社会白银量呢？《明史》记载："自二十五年至三十三年，诸珰所进矿税银几及三百万两，群小藉势诛索，不啻倍蓰。"② 显然，近300万两只是一个虚数，不足为据。

明人文秉《定陵注略·内库进奉》，记载了万历二十五年（1597年）至三十四年（1606年）矿监税使向内库进奉银两数字，包括其他黄金、珍珠等物品。学者据此统计，10年之中，不计金量，总共进奉内库569万余两白银，平均每年进奉近57万两白银。而又据《明神宗

---

① 周向华编：《安徽师范大学馆藏徽州文书》，安徽人民出版社2009年版，第97页。

② 《明史》卷八一《食货志》五，第1972页。

实录》与《定陵注略》相比较，实际数字更是上述白银进奉数字的3倍，统一估算为每年白银171万两。[1] 据此，10年间进奉内库白银达1710万两，这足以说明皇室财政的大幅度扩张。每年171万两，超过每年解进内库的金花银数额，而金花银并不全都归属于皇室开支，还有武官俸禄等在内。

这里需要说明三点：

第一，一开始名义为矿银，后来却早已不单纯是矿税，而是包括了其他多种类型的税银，举例《万历邸钞》三十三年十一月载："仪真税监暨禄进银内库，进税银一万余两，初每年四万两，今准二万余两；盐税初每十年十五万两，今准三年征四万五千两；又税银三万两，公费银一千八百两；又东省矿银四万三千余两，船料银一万七千余两。"[2]

第二，万历三十三年十二月以后，根据明神宗诏令，三十四年已是皇室财政与国家财政分税，一半入皇室财政内库，一半入国家财政户、工二部的开始一年，但仍然有不少于往年的白银进奉内库。

第三，以上进奉内库的白银数目，并非矿监税使实际上搜刮的总额。这明显表现在两方面：一是还有水晶、珍珠、纱罗、红青、宝石、人参、貂皮、琥珀等实物，不计其数，未计在其内；二是即使自万历二十五年到三十三年进奉内库的白银数字，也并非矿监税使搜刮社会财富的全部。经内官及其亲随棍徒贪污瓜分的白银数额，远远大于进奉内库的数额。大量的社会财富白银，就这样大批流失并消耗在内官及其随从的贪污中饱之中。

请看外廷官员奏疏中胪列的数据：

万历二十六年（1598年）九月，益都知县吴宗尧上奏"陛下所得十一，而增私橐十九"。[3]

万历二十七年（1599年）四月，大学士赵志皋疏"所得进上者什之一二，暗入私橐者什之八九"。[4]

---

① 参见南炳文、汤纲《明史》下册，根据文秉《定陵注略》卷四《内府进奉》《明神宗实录》各卷统计，上海人民出版社2014年版，第738—742页。

② 《万历邸钞》中，万历三十三年乙巳卷，江苏广陵古籍刻印社1991年版，第1345页。

③ （清）谷应泰：《明史纪事本末》卷六十五《矿税之弊》，中华书局1977年版，第1009页。

④ 《明神宗实录》卷三三三，万历二十七年四月癸丑，第6156页。

万历二十八年（1600 年）正月，山西巡按赵文炳疏中揭示，矿监税使及其爪牙"此辈竞攫如肉入饿虎之吻，民输十倍，无一二入官者"。①

万历二十九年（1601 年）五月，吏部尚书李戴等疏指出："大略以十分为率，入于内帑者一，尅于中使者二，瓜分于参随者三，指骗于土棍者四。"②

地方实例则更加具体：

万历三十年（1602 年）七月，广东巡按御史李时华上疏，揭发广东税监李凤征解藏私：起解用 60 艘船每船载货 50 抬，共 3000 抬；另有 40 木桶，每桶白银 8000 两，共银 32 万两；还有白银若干以兑换黄金之用。但李凤进奉皇帝的数目，只有 300 抬，正是"解十进一"的实例。③

万历三十一年（1603 年）十月，山西巡抚白希绣疏云："山西每年额解正税银四万五千二百两余，俱已尽数解纳，乃税监孙朝止进银一万五千八百两，余银侵匿不进，假称拖欠。"④ 这是税监克扣近 2/3 的税银的事例。

万历三十三年（1605 年）十二月，山东巡抚黄克缵上疏统计，税监马堂从万历二十七年三月至三十三年十一月的近 7 年时间里，每年征税 25 万余两，总计 180 万两左右，但"一岁所进，仅七万八千两，其余悉归私囊"。⑤ 揭发马堂抽税 7 年，入私囊税银达 130 万两，是解进内库约 1/3，而矿监税使所得约 2/3 之例。

综上所述，如果我们以解进内库 1710 万两为基数，如果按照税收中只有 1/3 比例解入内库计算，那么 10 年间搜刮的民间社会白银数额达 5130 万两；如果按照上述明朝外廷官员奏疏所云的 1/10 解进内库的比例计算，10 年间搜刮的民间社会白银数额最多可达 17100 万两；而实际上，在定额之外的矿监税使及其亲随棍徒的非法收入，无法确知统计。

---

① 《明神宗实录》卷三四三，万历二十八年正月庚戌，第 6358 页。
② 《明神宗实录》卷三五九，万历二十九年五月丁未，第 6707—6708 页。
③ 《明神宗实录》卷三七四，万历三十年七月癸未，第 7035 页。
④ （明）文秉：《定陵注略》卷四《内库进奉》，北京大学图书馆藏影印本 1985 年版，第 680 页。
⑤ （明）黄克缵：《数马集》卷三《参临清税监欺隐税银疏》，商务印书馆 2019 年版，第 79—81 页。

　　社会上积累的白银是有数的，内官税收体制获取的白银全部纳入皇室财政，"方今内帑收贮无虚岁，无虚时，无虚月，无虚日"，全国已是"矿不必洞，而税不必商，凡民肌髓髑髅，丘陇阡陌皆称矿砂，而官及四民皆列市贩，向所为军国正供，尽竭于此，而正供必不能输"①。后果是直接冲击和侵夺了国家财政的常规收入，对于国家正赋、军饷、钞关、盐税等影响其巨。下面举三例说明：

　　万历二十七年（1599 年）十一月，根据现存档案，海盖道为海州盐税不足年例军饷事，给巡按山东监察御史的呈文，充分说明税使高淮在辽东的重复征税，完全侵害了辽东正常盐税和年例军饷银的征收。呈文云：地方与高淮委官"平半均收，一年止该银一千二百五十两。今经历郭辅庆止抽收税银三百五十余两，尚不足年例军饷"。②

　　万历二十八年（1600 年）七月，广西巡抚杨芳上奏："顷皇上念经费浩大，内帑匮乏，榷税之使，偏及域中。即广西弹丸远服，亦复定以四万之税"。指称榷臣沈永寿至，冬春两季尽收各府商税，却只有15200 两，而沈永寿必欲取足 2 万，将兵饷、盐税又凑了 4780 余两，才够 2 万之数。他指出"前榷臣所征商税盐利，皆兵饷经费额内正数"。③

　　万历三十年（1602 年）户部尚书赵世卿奏陈备查崇文门、河西务、临清、九江、浒墅钞关、扬州、北新关、淮安等钞关情况，云：《万历会计录》载，原额每年本折约共征银 325500 万余两，于万历二十五年（1597 年）增银 82000 两，成为定额，共 407500 余两。到二十九年（1601 年），各关解到本折约征银只有 266800 余两，减少了 136700 两，原因是"税使征敛，以致商少"。④

　　矿税派发地方官府征收，采取包税方式，影响的不仅是国家财政，更直接关系到百姓生计。胡忻《民力已竭包矿难堪疏》清楚地揭示了地方"包税之苦"：不仅府州县拖欠"奉有严旨勒限追完类进矣"，不及额，"辄令百姓包纳。始于村落，渐及城市，后又派之丁粮，迄于今无人不

---

① 《明神宗实录》卷三五四，万历二十八年十二月庚辰，第 6620 页。"丘陇"据《校勘记》改。

② 辽宁省档案馆，辽宁社会科学院历史研究所编：《明代辽东档案汇编》下，辽沈书社 1985 年版，第 663 页。

③ 《明神宗实录》三四九，万历二十八年七月戊申，第 6528 页。

④ 《明神宗实录》卷三七六，万历三十年九月丙子，第 7072—7073 页。

包，无地不包，犹拖欠若斯之多也"。结果是"民不堪命，不逃则死耳"。① 这里说明包税在地方，无论乡村还是城市，都已是人人不得幸免。

（二）皇室财政与国家财政形成分税制阶段：1605—1620 年

内官财政税收体制的建立与发展，形成了皇室财政与国家财政的一个分与合的过程。万历三十三年（1605 年）十二月，以天象示警，明神宗下达了停止开矿的谕旨，在矿监派出 10 年以后，明神宗谕户、工二部："其各省直税课，俱着本处有司照旧征解。税监一半，并土产解进内库，以济进赐供应之用；一半解送该部，以助各项工费之资，有余以济京边之用。"② 这开启了皇室财政与国家财政的分税制阶段，改变了内官税收全部归于皇室财政的非常规赋税收入，划分一半归于国家财政。但事实上，其后没有都如此执行，直到万历四十八年（1620 年）明神宗去世，税监一直存在，并仍有主持地方税收的情况。

根据《皇明修文备史》记载，万历三十年（1602 年）至三十五年（1607 年）的太仓库收支状况如表 7—1：③

表 7—1　　　　　　万历三十年至三十五年太仓库收支状况　　　（单位：银两）

年代	收入	支出	亏损
万历三十年	5073705.848	6228314.056	1154608.208
万历三十一年	4714963.398	6250355.011	1535391.613
万历三十二年	5018864.366	6167054.231	1148189.865
万历三十三年	5132107.761	5903989.188	771881.427
万历三十四年	5052638.658	5936416.685	883778.027
万历三十五年	5029378.097	5414850.227	385472.130

① （明）胡忻：《欲焚草》卷一，清康熙四十二年胡恒升刻本。
② 《明神宗实录》卷四一六，万历三十三年十二月壬寅，第7814页。
③ （明）顾炎武辑：《皇明修文备史·太仓考·国计疏》，户部尚书赵谨《题为时势孔艰积储愈匮，敷陈历年出入要览以襄国计事》，《北京图书馆藏古籍珍本丛刊》第8册，书目文献出版社1995年版，第231—234页。

以上数字显示，内官税收在一半归还了国家财政后，国家财政亏损数额明显有所下降。

如果我们采纳上述统一估算，每年白银 171 万两为税收增长额度（未计入矿监税使及爪牙大量侵吞部分），那么在皇室财政与国家财政分税阶段的 14 年中，共计白银 2404 万两，各自可分得 1202 万两，而皇室财政的珠宝等进奉还不在其列。重要的是，原本由内官广泛而随意开发进奉内库的财源，即任意增加的原定额税课之外的非常规税收，至此全部进入了王朝正赋征收，形成了常规税收，即财政新定额。因此，从本质上说这场明朝财政赋税白银货币数量惊人的大增长，是财政税收体制与税收结构的重大变化。

统而计之，明朝攫取了大量社会白银财富。按照我先前根据外国学者白银数字研究基础上的平均估算结果：日本 1540—1644 年，每年输入白银 75 吨；美洲 1571—1644 年，每年输入白银 150 吨①为基数计算，二者相加每年 225 吨，10 年 2250 吨，总共 6075 万两。而明朝 10 年中进奉内库 1710 万两，加上分税阶段 14 年的 2404 万两，高达 4114 万两白银，可以得出外国输入白银绝大部分已经进入明朝的结论。进一步统计，如果我们按照上述明朝外廷官员奏疏所云 1/10 解进内库的比例计算，10 年间搜刮的民间社会白银数额最多可达 17100 万两；而如果按照税收中只有 1/3 比例解入了内库计算，那么 10 年间搜刮的民间社会白银数额达 5130 万两。这一数字与笔者先前统计的日本、美洲两大来源白银输入的总数字（时间包括 1540—1644 年）相近，说明海外输入白银与国内民间社会存银大都已经尽入明朝縠中。

三　内官税收体制建立的严重后果

明神宗财政治理新形态的出现及其危害，实质上是国家与市场/社会博弈白炽化的结果。从整体来看，这是对张居正财政改革的一种逆转。张居正改革的基础，建立在市场机制更多地嵌入国家财政税收层面，并发挥市场与国家共同的调节作用，目的是富国强兵；而财政货币化加速进行，无疑激发了明神宗攫取白银财富的欲望，内官体制掌控税收的集权方案出台，采用暴力方式掠夺社会财富，集中全国财力到皇室家私型财政。由此

---

① 参见万明《明代白银货币化：中国与世界连接的新视角》，《河北学刊》2004 年第 3 期。

造成了市场的全面衰退，也就是社会经济的大衰败，从根本上开启了明朝灭亡的序幕。

（一）市场大浩劫

这场"矿税之祸"，是一场横征暴敛，造成了市场大浩劫。为了解决向货币转型中的财政危机，对于城乡增加课税，本无可厚非，但内官税收体制建立后，凭借至高无上的皇权，非常规增税无度，"不论地有与无，有包矿包税之苦；不论民愿与否，有派矿派税之苦。指其屋而挟之曰：彼有矿，则家立破矣。指其货而吓之曰：彼漏税，则橐立倾矣。"① 开启了一种前所未有竭泽而渔的财税征收模式。

万历二十六年（1598 年）四月，河南巡抚姚思仁进《开采图说》云："河雒之民，溺河缢树、刎颈断指之状，皇上目不得而见也；鬻妻卖子、哀号痛苦之声，皇上耳不得而闻也。"② 袁宗道云："《开采图说》，一语一泪，一字一血。"③

万历二十七年（1599 年）四月，大学士赵志皋疏云："不论矿之有无，遍行开采，致使富户包赔，即小民亦科派，而怨声载道矣。不论税之规则，横行邀截，致使商本消折，即负戴亦需索，而物价腾贵矣。"④

同年，冯琦上疏揭示："近来天下赋税之额，比二十年以前十增其四。天下殷实之户，比二十年以前十减其五。东征西讨，萧然苦兵。自矿使出而百姓之苦更甚于兵，税使出而百姓之苦更甚于矿。"⑤

（二）社会大动荡

矿监税使横征暴敛的又一严重后果，是社会危机的爆发。同时期全国发生大量抗税事件，即激发的城市民变、兵变乃至官变事件，具有结构上的联系。

① （明）冯琦：《为灾旱异常备陈民间疾苦愿乞圣明亟图拯救以收人心以答天戒疏》，《明经世文编》卷四四〇，第 4818 页。
② 《明神宗实录》卷三二一，万历二十六年四月丁卯，第 5969 页。
③ （明）袁宗道著，孟祥荣笺校《袁宗道集笺校》卷十六《答姚侍御》，河北人民出版社 2003 年版，第 283 页。
④ 《明神宗实录》卷三三三，万历二十七年四月癸丑，第 6155 页。
⑤ （明）冯琦：《为灾异叠见时事可虞恳乞圣明谨天戒悯人穷以保万世治安疏》，《明经世文编》卷四四〇，第 4814 页。

表7—2　　　　　　　　　　　全国民变表①

省名	民变	省名	民变
北京	1	湖北	9
陕西	4	江西	6
山西	3	南直隶	5
北直隶	1	广东	4
山东	3	福建	4
辽东	3	云南	4
合计	15	合计	32

　　根据学者不完全统计，在矿监税使持续的24年间，总共发生民变47次，平均每年发生近2次。（见表7—3）

　　临清之例。万历二十七年（1599年），税监马堂在临清的恶行使"中家以上破者大半，近远罢市"，激起了临清民变。②

　　湖广之例。税使陈奉在湖广激起多起民变。万历二十七年（1599年）商民数千人鼓噪，聚众反抗。万历二十八年（1600年），市民千余，集抚按衙门控诉其罪行，民情激愤。万历二十九年（1601年），湖广按察佥事冯应京参奏陈奉十大罪，陈奉反诬冯应京违抗皇命。神宗下令逮捕冯应京，激起了更大规模的民变，武昌数万人包围陈奉公署，发生激烈冲突，愤怒的民众将其爪牙六人投入长江。③

　　苏州之例。万历二十九年（1600年）爆发的苏州"织佣之变"，是典型的城市民众为生存所作的抗争。织造太监孙隆在苏州兼管税务，在"苏城各门，门各立税，只鸡束菜，咸不得免"。④ 还特别对织机征税，被逼失业的2000多名织工发起暴动。当时葛贤组织群众向税监衙门进发，声势浩大的民众吓得孙隆逃到了杭州。⑤

　　福建之例。万历二十七年（1599年），税监高寀到福建，"居闽十余

---

① （韩）吴金成：《宦官与无赖：反"矿税使"民变的再检讨：兼答巫仁恕先生承天府民变的认识》，田澍等主编《第十一届明史国际学术讨论会论文集》，天津古籍出版社2007年版，第111页。

② （明）文秉：《定陵注略》卷五；《明神宗实录》卷三三七。

③ 《纪事本末》卷六五《矿税之弊》。

④ （明）文秉：《定陵注略》卷五。

⑤ （明）沈瓒：《近世丛残·葛贤打税》，见《明清珍本小说集》（一）。

年，广肆毒害"，"市民间货物，多不给价，民往索取，皆遭鞭笞"。督海澄市舶司，将原征税银 6000 两，增至 30000 两。将原归漳州地方军饷的税银，自此全部解送皇帝内库。漳州开放民间海外贸易所得，真正成为"天子南库"。他私造盐引，"伪者十六七，商人破产，吞声切齿，自经的有朱家相、洪士雅等多人；勒索海商，每值东西洋船归，私寄数十，归索十倍，稍不如意，则诬为漏税；一物相混，动费千金，拷掠之毒，怒尽骨髓；私遣人丁，四出越贩，动经年岁，搜求珍宝，伪国用以入私囊"。甚至"令奸商沈秀等往贩和兰，勾引红夷，诈韦麻郎银三万两，许以澎湖通市，引红夷内侵，杀戮商渔，潜窥内地"。① 万历四十一年（1613 年），官民结成同盟的福州民变，时任福州推官的周顺昌公开出面，支持地方铺行匠作诸色人等向税监高寀告讨久欠价银的斗争，时"军民十万为拥，肩摩袂接，道不得行"。② 最后明神宗不得不撤回高寀。

　　辽东之例。辽东税监高淮带领家丁爪牙数百人，从广宁前屯卫起，经辽阳、镇江、金州。复州、海州、盖州一带大小城堡，尽行搜刮，辽东"闾阎一空"。万历二十六年（1598 年）巡抚李植上《请罢辽左开采疏》揭示："原先辽阳城有四十七家，其家皆有数千之产，为淮搜索已尽，非死而徙，非徙而贫，无一家如故矣。"③ 更严重的是，边防日弛，为建州女真在东北崛起创造了条件。万历三十六年（1608 年）更激发了辽东锦州军民的大暴动。

　　万历年间发生的民变，是当时国家与市场/社会矛盾激化的结果，与明神宗采取的财政治理新形态，派出矿监税使攫取民间社会财富有着直接联系。民变是社会下层民众以直接诉诸行动的方式，具有自发性和分散性，大体可以概括为以抗税，即反抗矿监税使横征暴敛为主要内容。

　　明神宗内官税收体制的出现及其横征暴敛的税收模式，引发了全国各地市民的激烈反抗。此起彼伏的民变，无疑动摇了明朝统治。明末清初时人惊呼："当斯时，瓦解土崩，民流政散，其不亡者幸耳！"④

---

① 《明经世文编》徐学聚疏。
② （明）周顺昌：《周忠介公烬余集》卷一《福州高踏纪事》；（明）文秉：《定陵注略》卷五《军民激变》。
③ 《明经世文编》卷四二五。
④ 《明史纪事本末》卷六五，《矿税之弊》。

学界一般认为，民变属于市民运动。① 市民是新兴市场经济的代表，市民运动，主要产生于城镇市场集中之地，参加这一运动的社会身份与职业特征大多与市镇相关，包括市镇及附近乡村的商人、工匠、作坊主、乡绅和地方官吏，还有边境地区军士"兵变"，汇成一股运动洪流。巫仁恕从社会群体的视角审视，指出"在明代以前，中国民众反乱的主角几乎都是农民，至明代后期，都市居民反抗政府的情形才大量出现，史书上泛称为'民变'"。② 他揭示出这种城市居民的民变，是前朝没有出现的社会现象。我认为，这凸显了明代市场经济发展引发社会转型，激发市场/社会与国家博弈白炽化的时代特征。

（三）从根本上造成了经济衰退与民生维艰

户部尚书赵世卿奏疏详述了当时典型的市场惨状："在河西务关，则称税使征敛，以致商少。如先年布店计一百六十余名，今止三十余家矣。在临清关，则称往年夥商三十八人，皆为沿途税使抽罚折本，独存两人矣。又称临清向来段店三十二座，今闭门二十一家；布店七十三座，今闭门四十五家；杂货店今闭门四十一家。辽左布商绝无矣。在淮安关，则称河南一带货物，多为仪真、徐州税监差人挨捉，商畏缩不来矣。"③ 税监无疑使得商人遭致重创，导致市场的衰退。

市场的衰退，也直接影响了手工业者的生存。巡抚应天右都御史曹时聘上疏云："吴中之转贩日稀，机户之机张日减"，"臣所睹记，染房罢而染工散者数千人，机房罢而机工散者又数千人"。④ 而漕督李三才更奏称："矿税烦兴，万民失业。"⑤

御史叶永盛在奏疏中详述江浙市场破坏，商民俱困状况："官兵搜刮所谓隐税，一买一卖，无物不税，无处不税，自是县无宁村，村无宁家，内外骚动，贫富并扰，流毒播虐，宁有纪极，此开辟以来所未有之暴也！"⑥ 高攀龙言："加派之害以岁计，商税之害以日计。商税非困商也，

① 虽然关于"市民"一词仍有争议，但是民变以城镇居民为主，也是一个不争的事实。
② 巫仁恕：《明清城市民变研究：传统中国城市群众集体行动之分析》，台湾大学历史学研究所，1996年，博士论文提要。
③ 《明神宗实录》卷三七六，万历三十年九月丙子，第7073页。
④ 《明神宗实录》卷三六一，万历二十九年七月丁未，第6742页。
⑤ 《明神宗实录》卷三四八，万历二十八年六月丁丑，第6493页。
⑥ （明）叶永盛：《玉城奏疏》，清嘉庆刻刊本。

困民也。"① 顾宪成揭言矿监税使在无锡，使"市货"之人"往往只剩得一空手"的惨景。② 沈鲤言之切切："臣窃观天下之势，如沸鼎同煎，无一片安乐之地，贫富尽倾，农商交困，流离转徙，卖子抛妻，哭泣道涂，萧条巷陌。"③

梅国桢更言及影响边地军士生存与守卫问题："今抽税之令一下，商贾闻风惊遁，不敢赴边，而贫军衣食何从置办，无乃断绝其生理，趋而之逃，以空行伍，弃边疆以资敌乎？"④

由于"天下赋税之额比二十年前，十增其四"，其结果使得"天下殷实之户比二十年以前，十减其五"。⑤ 时人指出，内官掠夺的结果，使上、中、下各等富户均已贫穷。⑥ 市场萧条，商人破产，手工业者失业，民穷财尽。市场经济的全面衰退，构成社会动荡的根本原因。

明代白银货币化推动社会快速变迁，成化以后商帮崛起，市镇风生水起，市场经济繁荣发展，全国性市场形成，中国市场与全球市场连接起来，民间商人作为商业资本而流转的白银货币数量不断增大，社会财富积累日多，这是明神宗派出矿监税使，建立内官税收体制，最大限度地攫取社会财富，使自己的利益最大化的内在逻辑。明代中国百年繁荣（15 世纪末至 16 世纪末），也就是市场经济的百年繁荣，葬送在明神宗釜底抽薪的财政治理新形态——内官税收体制出台，国家与市场/社会的博弈达致白炽化之时。市场的萧条，直接影响人民生产与生活，造成社会的动荡，开启了王朝鼎革的进程。

① （明）高攀龙：《高子遗书》卷七《罢商税揭》，《文渊阁四库全书》第 1292 册，台北：台湾商务印书馆 1982 年版，第 461 页。
② （明）顾宪成：《泾皋藏稿》卷四《柬浒墅榷关使者》，《文渊阁四库全书》第 1292 册，第 39 页。
③ 《明神宗实录》卷三七六，万历三十年九月丁卯，第 7063—7064 页。
④ （明）梅国桢：《再请罢榷税疏》，（明）陈子龙等：《明经世文编》卷四五二，第 4973 页。
⑤ 《明神宗实录》卷三四〇，万历二十七年十月壬寅，第 6317 页。
⑥ 《明神宗实录》卷三〇九，万历二十五年四月辛酉，第 5780 页。

第三节　危机与博弈：17 世纪上半叶
全球变局与王朝覆没

　　全球化起源于人类全球性的财富追求与市场扩张，晚明中国是经济全球化的一部分。从 20 世纪 50 年代以来，围绕白银问题与 17 世纪全球危机，形成中外学界前沿问题与研究热点，经久不衰。①

　　在 17 世纪上半叶这个人类历史的节点上，公元 1644 年中国出现了四个王朝纪年：即明朝崇祯十七年，李自成大顺朝永昌元年，张献忠大西朝大顺元年，清朝顺治元年。先后四个王朝，北京三易其主，出现一系列天翻地覆的鼎革现象。对此，中外学界产生了大量的研究成果，不胜枚举。相对而言，长期以来中国学界主要聚焦于王朝更迭的政治史，对于明朝覆

---

　　① 霍布斯鲍姆 1954 年提出"17 世纪危机"的史学命题。危机显现在白银问题上，西班牙的价格革命是欧洲危机的代表，西方学者对此形成了厚重的研究成果，并从欧洲扩展到亚洲，产生了 1965 年《1560—1660 年的欧洲危机》（*Trevor Aston ed*），1978 年《17 世纪普遍性危机》（*Geoffrey Parker and Leslie M. Smith ed.*）两部论文集，2008 年《美国历史评论》第 113 卷 4 期设有"17 世纪危机专栏"。董建中主编《清史译丛》第十一辑专辑《中国与十七世纪危机》（商务印书馆 2013 年版）选译了发表时间在 1973—2008 年的有关中国研究 13 篇文章，其中涉及中国明清鼎革的论文，争论焦点在于 17 世纪上半白银输入是增加还是下降，征引数据歧出，观点莫衷一是。贡德·弗兰克（Andre Gunder Frank），*Reorient：The Global Economy in the Asian Age*，California University Press，中文版《白银资本——重视经济全球化中的东方》于 2000 年中央编译出版社出版，此书主要是理论建构，有关中国的实证研究不足。其后主要有 Jan de Vries，"The economic crisis of the seventeeth century after fifty years"，*Journal of Interdisciplinary History*，Volume 40，Number 2，Autumn 2009，pp. 151 – 194. Geoffrey Parker，*Global Crisis：War，Climate Change and Catastrophe in the Seventeenth Century*. New Haven：Yale University Press，2013. 可见，危机概念一直在继续它的影响力，与关注全球历史的历史学家对话。最新论著主要转向环境和气候变化、自然灾害与疾病等方面。2004 年万明发表《明代白银货币化与明朝兴衰》，论述了明代白银与王朝兴衰的关系（《明史研究论丛》第六辑）；2017 年由澳门基金会与中国中外关系史学会"中国历史上的白银问题"国际学术研讨会在澳门召开，关于明清研究提出了大力发掘多语种第一手白银数字资料以促进形成共识的建议，见万明《"中国历史上的白银问题"国际学术研讨会总结》，《中国钱币》2017 年第 3 期。有关的西方最新成果是 Dennis O. Flynn，"Fifteenth – Century European Silver and Chinese End – Markets"，*Italien als Vorbild? Ökonomische und kulturelle Verflechtungeneuropäischer Metropolen am Vorabend der，ersten Globalisierung*（1300 –1600），Druck：Gutenberg Beuys Feindruckerei GmbH，Langenhagen，2019.

没与全球化开端紧密相联系的历史进程，即处于转型期的明朝①与 17 世纪危机关联度的综合实证研究，尚不够充分，从白银货币化视角出发，值得我们进一步思考与研究。对此，林甘泉先生曾特别指出：应对国家与社会两种转型之间关系做出论证，指示我将研究进一步引向深入。②

所谓 17 世纪危机，迄今学界存在争议。一般认为，到 1640 年，西班牙的市场价格革命已经达到顶峰，是 17 世纪危机的标志之一。从全球市场上观察，虽然规模与时间在各国存在差异，但是一个不争的事实是，17 世纪上半叶是 16 世纪全球化开端以来最严重的全球性"大衰退"。"大衰退"所指是市场经济活动在一段时间内大幅减少，人为灾害与自然灾害造成市场的全面衰败，乃至崩溃。在中国，则明显可见经济下滑崩溃的现象。我认为，中国市场的大衰退自 16 世纪末开始启动期，从万历二十四年（1596 年）直到崇祯十七年（1644 年）明朝灭亡，仍没有结束，持续时间远在半个世纪以上，到清朝康熙年间才逐渐缓和。追踪市场大衰退爆发的原因，是国内与国际因素的合力形成：国内市场/社会与国家的博弈白炽化，加之气候、灾荒、瘟疫等综合因素，市场经济进入收缩阶段，向近代转型受阻；国际上则因全球经济贸易体系发生大变局，国际市场竞争白炽化，造成海外白银供应链的断裂，无疑是雪上加霜，促发了王朝鼎革的进程。

一　明末银荒与财政困境

明末财政的困境，可以归结于银荒危机。由于铜钱早已是"内无关给，外无征收"，③"自大江以南，强半用银。即北地，唯民间贸易，而官帑出纳仍用银。则钱之所行无几耳"。④ 长期以来明朝虽有铸钱，但私铸

---

① 参见万明在第 22 届历史科学大会"全球视野下的中国"主题会议上，发表的"白银货币化：明朝中国与全球的互动"一文："The Monetization of Silver in China: Ming China and Its Global Interactions", in *China's Development from a Global Perspective*, María Dolores Elizalde and Wang Jianlang ed., Cambridge Scholars Publishing, 2017.《明代白银货币化的总体视野：一个研究论纲》，《学术研究》2017 年第 5 期；《明代白银货币化研究 20 年——学术历程的梳理》，《中国经济史研究》2019 年第 6 期。

② 万明、徐英凯《明代〈万历会计录〉整理与研究》，林甘泉《序》，中国社会科学出版社 2015 年版，第 4 页。

③ 《明武宗实录》卷八三，正德七年正月庚午，第 1804 页。

④ （清）孙承泽：《春明梦余录》卷四七《宝源局》，北京古籍出版社 1992 年版，第 1009—1010 页。

无法控制，钱法混乱，"有司承行钱之令，出则无虑不普发于民，而纳则不肯收一文，是自贱之也"，因此民间"每至聚市而哗，而钱遂不可行矣"①。在市场作用下，形成了实际银本位货币体系，财政全面货币化，也就是唯有白银成为财政的货币基础。在国内白银矿产匮乏，白银市场供求失衡，必然引发王朝的疯狂聚敛，市场/社会与国家之间博弈的白炽化，加之全球市场竞争发生大变局，导致中国历史上首次严重银荒出现于明清鼎革之际，王朝更迭与此具有紧密关联。②

（一）"追赃"：内官税收原则的存续

明神宗死后，王朝所余的 24 年间，表面上内官税收体制已不存在，而实际上内官对于财政税收的干预远没有结束，以内官介入财政税收已形成明朝统治者的既定思维和运作机制。如天启七年（1627 年）正月"给山海太监纪用辽东宁远等处清军查饷关防"，"命铸给总督太仓银库、节慎库涂文辅……各内臣关防"，③ 说明皇帝赋予内官对于辽东军饷和户、工两部库藏管理的权力，权力直接来自君主，使得内官明显凌驾在户部与工部管理权力之上。崇祯四年（1631 年），皇帝命内臣张彝宪"总理户工二部钱粮"，次年发生工部右侍郎高弘图疏奏张彝宪在公座俨然临部臣上，最终导致高氏"遂引疾求去，不允，疏七上，削籍"的事件。④

明末为了攫取民间社会财富，对于市场的打击和商人的迫害，也业已形成明朝既定的掠夺社会财富主要模式。"追赃"形成明末王朝政治干预经济的重要政策，勒索社会财富行之有效的手段，商人与工商业者，还包括支持他们的官员的私人财产得不到任何保障。天启年间内官魏忠贤秉政，全面控制朝政，对社会财富的掠夺，对商人的打击一直在延续，天启年间黄山大狱及其激发的民变，是一个典型事例。

天启七年（1627 年）徽州歙县发生的市民暴动，发端于魏忠贤及其

① （清）孙承泽：《春明梦余录》卷三八《户部尚书侯恂条陈鼓铸事宜》，第 673 页。
② 明末勋戚藩王，内外官僚储藏白银数量巨大，已为李自成入京后的"追饷"，和张献忠"江口沉银"的考古发掘所充分证明，明末没有闭银之说是站不住脚的，而明末国家财政危机是客观存在。关于明末财政全面货币化的情形，可参见万明《"江口沉银"所见明朝与大西朝的货币财政——基于明代白银货币化的分析》，《中华文化论坛》2020 年第 4 期。
③ 《明熹宗实录》卷八〇，天启七年正月戊寅，第 3876—3877 页。
④ （清）佚名《明怀宗端皇帝实录》卷四，崇祯四年九月乙未；卷五，崇祯五年三月辛丑。钞本。

爪牙操纵的徽商吴养春案，即所谓的黄山大狱，将富甲江南的徽商吴养春及其子等人下镇抚司狱，最终形成"赀尽而命亦尽，人亡而家愈破"的结局。① 大狱构成后，魏忠贤又派爪牙专敕驻歙查追吴养春赃银 60 余万，② 强行勒索通邑富户科派，限期缴纳。大狱牵连徽州数百家富户，使得徽州商帮严重受挫，导致了万余民众杀捕快、烧公署的"徽州民变"。对于市场的摧残，对于商人的迫害，引发的是民心向背的重大问题，显示的是政治统治危机。市场衰败与天灾人祸荒并行，同年三月陕西澄县农民起义；八月崇祯帝即位，明朝进入最后的多事之秋。

（二）"三饷加派"：竭泽而渔的货币税收

自万历四十六年（1618 年）与后金的对峙战争，产生了辽饷加派开始，至启、祯两朝，完全进入了战时财政状态，当时"天下自京师达四方，无虑皆用白银，乃国家经赋，专以收花文钱为主，而银遂踞其极重之势，一切中外公私咸取给焉"。③ 王朝以增加税收以解银荒，别无他法。除辽饷外，加派了剿饷与练饷，是为三饷加派。孙承泽于崇祯十四年（1641 年）查旧库账册，将当时征收饷银数目与旧账做比对后，指出旧饷统计额数不过 496 余万两，加辽饷有 913 万余两之多，又加练饷 734 万余两，还没有加入剿饷和军前私派，"视原额旧饷不啻三四倍矣"。饷额数字总计 2143 万余两，再加上剿饷 180 万两，总计高达23251736.148 两。④

明末财政赋税大致形成正赋和兵饷两大类，据崇祯十六年户部尚书倪元璐召对时云：军兴以来有辽饷，新饷，练饷。"一兵兼食三饷，民兼供三饷，名项纷然"，请著为令："凡征民粮，悉去边饷、新饷、练饷之名，止开正赋、兵饷二项。"⑤ 根据他的统计，当时正赋因屡屡加派，已达

① 许承尧：《歙事闲谭》，黄山书社 2001 年版，第 433 页。参见刘和惠《明季徽州市民暴动与黄山大狱案》，《安徽史学》1985 年第 3 期；陶明选、李勇：《程演生〈天启黄山大狱记〉述评》，《安徽师范大学学报》2000 年第 3 期。

② 《明熹宗实录》卷七六，天启六年九月壬申，第 3664 页。

③ （清）孙承泽：《春明梦余录》卷三八《户部尚书侯恂条陈鼓铸事宜》，第 666 页。

④ （清）孙承泽：《春明梦余录》卷三五《户部》一，其中提及剿饷 180 万未计入。加此统计总数，见万明《明代白银货币化与制度变迁》，《暨南史学》第 2 辑，2003 年。剿饷数目，李清记为 280 万，《三垣笔记》附识上，中华书局，第 176 页。

⑤ （明）倪元璐：《倪文贞奏疏》卷七《并饷裁饷疏》，《文渊阁四库全书》第 1297 册，第 278 页。

2100 多万两，正赋外的军饷达 1584 万余两。[1] 这也就是御史郝晋所云："自古有一年而括二千万以输京师，又括京师二千万以输边者乎?"[2] 值得注意的是，正赋军饷之外，各地方屡屡加增的杂税还不在其列。由此可以推测，当时明朝每年赋税额度已达 4000 万两以上。

黄宗羲在《明夷待访录·田制》论三饷之害[3]，提及倪氏三饷并入两税，而没有揭示明朝财政税收的根本变化是赋役合一后，增加各项杂税全都并入正赋，而条鞭之外又有条鞭，也形成了常态。明清鼎革之际的废银论正是由此而生。[4]

（三）财政定额：不能实现的常态

明末正赋与军饷数额巨大，以国家会计额数为准，不考察实际征收数字，不能得出确切的税收数字。大量文献记载证明，实际拖欠或者说逋赋形成常态。万历四十六年（1618 年）六月，户部尚书李汝华云："乃各省直所欠京边，自三十二、三年起至今不下六百万，又极亏之数矣。此太仓所以匮极而边饷拖欠数多也。"[5] 崇祯四年（1631 年）三月，户部尚书毕自严奏称："各省直自天启七年起至崇祯三年止，额该太仓京边银共 589 万多两，已完过银 546 万多两……未完银 52 万多两。"[6] 崇祯五年（1632 年）巡视太仓银库给事中李世祺等察劾金花银完欠题本，言崇祯元年至四年"拖欠数多"。[7] 崇祯六年（1633 年）正月，"总理户工二部钱粮"的内官张彝宪言"天下逋赋至一千七百余万，请遣科道官督征。帝大怒，

① （明）倪元璐：《倪文贞奏疏》卷八《覆奏并饷疏》，《文渊阁四库全书》第 1297 册，第 292 页。万历年间军饷例银数大幅度上涨，万历十五年达 315 万左右，是弘治初的 8 倍；至万历三十六年增至近 500 余万两，至明末则军饷整体膨胀为与正赋平行相等的财政负担。

② 《明史》卷七八《食货志》二，第 1904 页。

③ （明）黄宗羲《明夷待访录》，梁溪图书馆 1928 年版，第 36 页。

④ 明末清初三大进步思想家皆为废银论者，见万明《白银货币化与中外变革》，万明主编《晚明社会变迁：问题与研究》，第 143 页。参见黄宗羲《明夷待访录》卷二《财计》一，中华书局 1981 年版；顾炎武《日知录》卷一一《以钱为赋》《银》，《亭林文集》卷一《钱粮论》上，上海古籍出版社 1985 年影印本；王夫之《读通鉴论》卷二〇《唐太宗》，中华书局 1975 年版。

⑤ 《明神宗实录》卷五七一，万历四十六年六月戊寅，第 10777 页。

⑥ （明）毕自严：《度支奏议·堂稿》卷一七《题崇祯四年觐参京边完欠疏》，《度支奏议》第二册，上海古籍出版社 2008 年版，第 93 页。

⑦ 崇祯五年十二月二十八日，中国第一历史档案馆、辽宁省档案馆编《中国明朝档案总汇》八〇，广西师大出版社 2001 年版，第 550—552 页。

责抚按回奏。给事中范淑泰言：民贫盗起，逋赋难以督追"。① 由此可见，明末虽然派有定额，但是拖欠数多，存在不能征收到位的严重问题。

至崇祯末年，赋税征收的逋欠数目巨大，白银入不敷出，数目相距悬殊。崇祯十七年（1644 年）正月，户部尚书倪元璐统计云：正赋、兵饷，除蠲免银 4291300 两，又拨剿饷银 2392400 两，又题留瑞藩兵饷，并拨买米豆铜改征兑销等银 942400 两，只完解部银 1174800 两，共未完银 7875200 两。关税、盐课、仓助是财政税收的重要项目，共完过 689400 两，而未完达到 2654400 两。这几项额定总岁入共 2001.99 万两。② 由此可见，当年户部赋税的实际征收率仅达 9.3%。倪元璐明言："臣部之应付京边者，惟恃外解。今饷银解到八万余两，而京边之索饷者，不啻数百万。"③ 数目反差巨大，更有战乱运输不继的问题，这种现象说明明末财政税收体制已全面崩溃，无法支撑王朝的存续。

《明崇祯十四年四月十九日歙县纳户执炤》一件，是明末征收白银货币税的证明。值得注意的是，这是歙县民户在崇祯十四年（1641 年）完纳的崇祯十五年（1642 年）的"京边金花粮饷银"，是徽州府歙县守柜粮长签章发给的纳税凭证，也是崇祯末年财政不得不寅吃卯粮的铁证。

　　　　　　　　　　纳 户 执 炤

　　徽州府歙县为征收京饷钱粮事。据十八都二图七甲里长汪松政甲下纳户 完崇祯拾伍年分京边金花粮饷银玖两贰分五厘。自秤自封，眼同守柜登记下柜，出票附纳执炤。

　　崇祯十四年四月十九日 守柜粮长（印章）收

　　丁字一百六十七号

　　票旁"本县痛禁□□守柜粮长不得抑勒"。④

① 陈鹤《明纪》卷五三《庄烈纪》二，清同治十年江苏书局刻本。《中国明朝档案总汇》八三，有崇祯六年正月二十八日总理户工二部事务太监张彝宪为察算工程钱粮等事题本，第371—372 页。
② （明）倪元璐：《倪文贞奏疏》卷一一《阁部最要事宜疏》，《文渊阁四库全书》第 1297 册，第 314 页。
③ （明）倪元璐：《倪文贞奏疏》卷一一《阁部最要事宜疏》，第 314 页。
④ 《安徽师范大学馆藏徽州文书》，第 134 页。

晚明财政货币化大变局，造成财政税收乱象。下面是山东禹城之例：

> 赋役之烦，明季为甚。户部项下则有夏税、秋粮、马草、盐钞、民兵、九厘、宗禄、花绒、铺垫；礼部项下，则有光禄寺粟米；兵部项下，则有京班、皂隶、柴薪、滴珠，及太仆寺马价、种马、草料；工部项下，则有料价、砖料、木柴、藤麻、胖衣、柴夫各色银两。而分征于各邑者，则有狐狸皮、角弓、水胶、苍术等名色。[①]

这里出自多门的税收项目多达 26 种。如此情境，确实造成了民众的深重灾难。

总之，最后的 24 年，明朝处于风雨飘摇中，皇族宗室的财富积累仍在不断增长，而北边军饷更是有增无减。明朝财政不断增加的货币需求，遭遇的是日益收缩的货币供应量，市场萧条，经济衰退，进入流通的货币缩减，成为财政危机的重要因素。这是货币危机，是财政危机，同时也是社会危机，更是政治统治危机。

二　王朝覆没之际的白银存量

明末白银问题，事实上成为明朝财政的中心问题，也是王朝存续的核心问题。以往学界关于明末白银存量的估计与分析，存在重大缺失：首先，主要从外银流入量和明朝银课量估计白银存量，没有考虑到明朝财政体系转型，以白银为税收主导形态，因此财政税收是白银存量的重要内容；其次，仅考察官方会计的额银数字，而没有考察实际库藏银两数字，由此得出银库银两的增长，与实际库银存量不能相符。受到丹尼斯·弗林最新研究强调库存需求的启发，[②] 我认为应该考察明神宗后期以降国家库存白银的状况，这是白银存量不可或缺的部分。明末财政货币化，从中央集权到分权，乃至地方各府州县均有银库。财政的白银库存地，主要包括户部太仓库、工部节慎库、兵部太仆寺库，还有内承运库。下面从这四库

---

① 嘉庆《禹城县志》卷五《食货志·田赋》，嘉庆十三年刻本，第 4 页。

② Dennis O. Flynn, "Fifteenth – Century European Silver and Chinese End – Markets", *Italien als Vorbild? Ökonomische und kulturelle Verflechtungeneuropäischer Metropolen am Vorabend der, ersten Globalisierung* (1300 – 1600), Druck：Gutenberg Beuys Feindruckerei GmbH, Langenhagen, 2019.

的库存状况来考析。

　　1. 户部太仓库。① 万历二十七年（1599 年）十月，山东道御史李柄奏疏："环视库房，一空如洗，所仅存者老库二百万耳。"② 二十九年（1601 年）四月，户部上言："今查太仓银库仅有银一千九百两"。③ 三十年（1602 年）三月，户部尚书赵世卿云库存银 65 万两。④ 三十二年（1604 年）九月，报"近访得老库之积，今止存五十万"⑤。三十三年（1605 年）老库"不过三十万，外库不及数千"⑥，太仓"无竟夕之储"的状况已经凸显。⑦ 三十四年（1606 年）三月，仓场总督游应乾言："帑庾盈缩关国运盛衰，今外库随到随发，略无存留。而老库除十八万九千之外，又毫无余积，其诎如此"。⑧ 至三十七年（1609 年），只有"老库八万"⑨。九边年例银是太仓最大宗的支出，至四十四年七月，"九边按年缺饷，总计五百余万"⑩。四十六年（1618 年）五月，总督仓场户部尚书张问达奏言："以银库言之，老库银仅八万八千余两，外库随到随支，绝无四五万两贮过十数日者"。⑪ 随到随支形成太仓库的常态，而欠饷也形成了常态。明神宗去世后，太仓库已无存银的状况凸显出来：天启元年（1621 年）十月，御史谢文锦上奏：查万历四十八年（1620 年）额解至天启元年九月，共解十三镇事例约 190 万余两，尚欠 253 万余两，他感慨"以正额如此之少，逋欠如此之多，何以应各镇之求，而稍留存积于该库

---

①　关于户部太仓库，可参见苏新红《明代太仓库研究》（博士学位论文，东北师范大学，2009），在全汉昇、李龙华《明代中叶后太仓岁出银两的研究》与《明中叶后太仓岁入银两的研究》两文（《中国文化研究所学报》香港中文大学，1972 年 5 卷 1 期，1973 年 6 卷 1 期）基础上，所列《明代太仓库岁入、岁出及库存银额表》。由于史料记载纷乱，没有统计崇祯末年库存数字，故太仓库存尚可进一步考察。

②　《神庙留中奏疏汇要》"户部类"卷一，中华书局 2013 年版，第 2 册，第 419 页。

③　《明神宗实录》卷三五八，万历二十九年四月丙子，第 6680 页。

④　（明）赵世卿：《司农奏议》卷六，《请帑济边疏》，《续修四库全书》第 480 册，第 237 页。

⑤　《明神宗实录》卷四〇〇，万历三十二年九月壬申，第 7509 页。

⑥　《明神宗实录》卷四一五，万历三十三年十一月丁亥，第 7798 页。

⑦　《明神宗实录》卷四一五，万历三十三年十一月庚子，第 7811 页。

⑧　《明神宗实录》卷四一九，万历三十四年三月丁亥，第 7933 页。

⑨　《明神宗实录》卷四五八，万历三十七年五月庚子，第 8646 页。

⑩　《明神宗实录》卷五四七，万历四十四年七月乙未，第 10372 页。

⑪　《明神宗实录》卷五七〇，万历四十六年五月辛亥，第 10747 页。

也"。① 天启六年（1626 年）十一月，户部云：老库一项，天启三年（1623 年）查盘实在银 82484 两，加原寄库无碍官银 27185.55 两、刑部追解陪老库银 4780 两，共银 114444.55 两，是老库存银实数，而"本年三月曾经借发新饷八万两，遂使库藏如洗"。② 至天启七年（1627 年），仅太仓旧库累计通欠九边军饷达 780 万两白银。③ 崇祯三年（1630 年）十月，经户部尚书毕自严整顿统计，旧库存银 25 万两。④ 崇祯十七年（1644 年）正月，帝令倪元璐措饷百万，当时户部"留贮不满二千，公奏外解未至，道路阻梗"。⑤ 三月城破前夕，户部侍郎吴履中奏称，库中存银仅余 8 万两，请给九边，但帝为加强京师守备，拒绝拨饷。⑥ 时人刘尚友记"然国计实窘极，户部核算海内应解京银两岁二千万，现在到部者仅二百万。朝廷至刮内库金帛，悉准俸银给发武士，其困可知。故援师之征，望其即赴，又若畏其即赴，诚虑夫饷之不足以供也"。⑦据上文可知，所谓到部 10% 的 200 万，也并非实情。

2. 工部节慎库。万历二十八年（1600 年）二月，工部尚书杨一魁疏云："见今贮节慎库者，合四司止七、八万两，而浩大未竟之工程，急切应需之造办，监局年例之钱粮，又若库房、若城垣、若坟工，种种并集，一时之费约用八十余万两，即罄竭积贮，未当十分之一。"⑧ 三十三年（1605 年）十一月，大学士朱赓上疏云："两宫经始，节慎库尚百十万金，今罄然无分毫之蓄。"⑨ 由此可见，万历二十四年乾清、坤宁二宫灾后兴工时，节慎库尚有 110 万两白银存储，而至二十八年已不到 1/10。至崇祯十七年（1644 年）三月十五日，掌管节慎库工部员外郎赵士锦记：新库中只有 2300 余两，老库储物，"只千余金"。库中老卒忆万历年时老库满，另置新库又满，至两廊都贮足，而"今不及四千金"。⑩

① 《明熹宗实录》卷十五，天启元年十月壬申，第 741 页。
② 《明熹宗实录》卷七八，天启六年十一月丁丑，第 3754 页。
③ 《明熹宗实录》卷八六，天启七年七月辛巳，第 4163 页。
④ （明）毕自严：《度支奏议·堂稿》卷一〇，《库贮将竭忧危无计疏》，《续修四库全书》第 483 册，第 414 页。
⑤ （清）邵廷采：《思复堂文集》卷二《传》，浙江古籍出版社 1987 年版，第 89 页。
⑥ 《崇祯实录》卷一七，崇祯十七年三月丙申，钞本。
⑦ （明）刘尚友：《定思小纪》，《甲申核真略》附，浙江古籍出版社 1985 年版，第 67 页。
⑧ 《明神宗实录》卷三四四，万历二十八年二月甲申，第 6400 页。
⑨ 《明神宗实录》卷四一五，万历三十三年十一月丁亥，第 7798 页。
⑩ （明）赵士锦：《甲申纪事》，《甲申纪事（外三种）》，中华书局 1959 年版，第 7 页。

3. 兵部常盈库。万历三十年（1602 年）九月，太仆寺署印少卿连标上疏，指出嘉、隆年间，太仆寺库存银多达 1000 万两，"迩来国家多事，借讨纷纷，户、工二部动去八百七十余万，见存库者仅一百万有奇"①，是太仆寺存银只有先前的 1/10 了。三十五年（1607 年）八月，太仆寺少卿李思孝疏云："今老库见存者二十七万耳。而东西两库每年所解，仅可以供各边年例之用，况重以各边功次赏赉，亦取于此。皇上以囧寺之乏，宁复减于计部也乎！"② 至四十五年（1617 年）十一月，兵部左侍郎崔景荣云：老库 400 万之积，"仅余八万"。③ 天启七年（1627 年）二月，太仆寺卿洪瞻祖云：查万历十八年起至今，"户部三十二借"放银 1299 万余两，"工部十借"放银 187540 两，光禄寺、顺天府各借一次共放银 40000 两，"近奉本部另札三王之国该放脚价、修船银一万八千两，而囧库四朝之积皆尽矣。"④

4. 内承运库。万历后期搜刮大量白银进入内库，而皇室花销巨大，当国库空虚时，大臣也多请出内帑以应急。明神宗死后，内府十库中存量充足的实物被改征白银解纳户部，接济边饷。⑤ 天启初年，熹宗多次动用内库白银以济边饷，至天启六年（1626 年）"内府积贮，年来给发将二千万"。接着因王恭厂大爆炸，又"特发御前银一万两赈恤"。⑥ 内库往往没有清单，随发随用。崇祯八年（1635 年）二月，内承运库太监周礼言："崇祯六年、七年省直金花银共逋八十九万。"⑦ 崇祯十六年（1643 年）九月，帝"发帑金四十万买米"。⑧ 至崇祯十七年（1644 年），正月初一阁臣并云："库藏久虚，外饷不至，一切边费，刻不可缓，所恃者皇上内帑耳。"崇祯帝"默然良久曰：'今日内帑难以告先生'。语毕，潸然泪下"。⑨ 是内帑已空，皇室财政已到山穷水尽地步。又有记载："正月有外解来，才度过二月"，崇祯召见吴襄时云："但内库止有七万金，搜一切

① 《明神宗实录》卷三七六，万历三十年九月己卯，第 7074 页。
② 《明神宗实录》卷四三七，万历三十五年八月癸酉，第 8271 页。
③ 《明神宗实录》卷五六三，万历四十五年十一月癸亥，第 10609 页。
④ 《明熹宗实录》卷八一，天启七年二月丁卯，第 3965 页。
⑤ 《明光宗实录》卷三，泰昌元年丙午，第 54—60 页。
⑥ 《明熹宗实录》卷七二，天启六年六月壬申、戊寅，第 3468、3478 页。
⑦ 《明史纪事本末》卷七二《崇祯治乱》，中华书局 1977 年版，第 1185 页。
⑧ （明）李清：《三垣笔记》附识中，中华书局 1982 年版，第 216 页。
⑨ 钱軹：《甲申传信录》卷一《睿谟遗憾》，神州国光社 1946 年版，第 7 页。

金银什物补凑，得二三十万耳。"[1] 三月，因无银可用，集百官共议，"最后依省限额：浙江六千，山东四千，先后共二十万"。[2] 这笔白银实际上是画饼充饥，业已不可能运至京师。李自成攻克北京前十几天，帝令勋戚大珰助饷，戚臣周奎不得已奏捐万金，向皇后求助 5000 两，还藏匿 2000 两；太监曹化淳、王永祚"助至三万、五万"；王之心最富，"仅献万金"，唯太康伯张国纪输二万。[3] 可见内库捉襟见肘，而白银财富藏于勋戚内官之家不肯捐出的状况。当月，"帝谕发御前银六万两，分给蓟督三万两，密云、中协各一万两，昌镇一万两，山西镇监视谢文举一万两，随带前去，给散宁武兵丁，以彰朝廷恤军至意"。[4] 三月十六日，李自成围北京，内官督京军老弱匆忙上城防守，当时已有四个月未发饷银，仅成德、孙承泽等人各捐出衣服簪饰至城上。三月十八日，在王朝覆没的前一天，崇祯帝在罪己诏中宣布加派新旧饷项全部停止。[5] 当时已无饷，也已无人守城。

以上考察说明，明末各库存银贮藏已空。自明神宗亲政以后，明朝即开启了竭泽而渔的搜刮社会财富态势，但是搜刮的白银很快便被挥霍一空，库藏处于枯竭状态。如果认为明末宫中尚藏有大量白银，从逻辑上推理，也难以令人置信。限于篇幅，此问题将另文处理。

三　全球变局与海外白银供应链的断裂

17 世纪全球性危机，在历史上是现实存在的，是危机，也是变局。论及全球危机与中国关系，西方学者最具代表性的是阿谢德和艾维泗。阿谢德（S. A. M. Adshead）首先将中国研究引入 17 世纪危机，指出 17 世纪普遍危机概念有二，一是指经济危机，二是指政治动荡，他认为经济衰退是这一世纪中期政治革命的重要原因，关注明朝政治"派系倾轧的白热化"，以为"使政治紧张气氛派系斗争升级，这是中国对墨西哥和秘鲁的

---

① （清）吴伟业：《绥寇纪略》补遗上，商务印书馆 1937 年版，第 312 页。
② 《崇祯实录》卷一七，崇祯十七年三月乙未，钞本。
③ （清）计六奇：《明季北略》卷二〇《初十征戚珰助饷》，中华书局 1984 年版，下册，第 445—446 页。
④ 佚名：《崇祯长编》卷二，崇祯十七年三月癸巳，神州国光社 1947 年版，第 111 页。
⑤ （明）杨士聪：《甲申核真略》，浙江古籍出版社 1985 年版，第 13 页。

节奏作出的反应"。① 这种以政治派别斗争与美洲白银货币直接联系的认识未免牵强。艾维泗（William S. Atwill）的系列论文首先揭示了国际白银流通与中国经济变化的密切联系，也揭示了中国乃至东亚与 17 世纪普遍性危机的关系，在 20 世纪初，他的研究重点已转至气候变化对于晚明经济的负面影响，但仍撰文驳斥持明末白银流入上升观点的矛盾之处，为中国与 17 世纪危机问题作出了奠基性贡献。②

我认为，长期以来中外学者先行的研究忽略了一个关键问题：即中国市场/社会与国家博弈与全球市场的博弈。经济危机与政治危机紧密相连，是 17 世纪全球危机不可分割的一个问题的两面，而表现在各国的共性是市场/社会与国家的博弈。中国没有例外。

明朝始终没有建立起有信用的货币制度，相对历朝历代，出现了重大的制度性缺陷。市场促发建立事实上的银本位制，这样也就发生了在国内银矿匮乏情况下，内生货币无法解决市场需求，势必导致白银被当作商品大量引入国内，以支撑庞大王朝与社会对通货的需求，也使得货币税收支撑王朝存续的作用凸显出来。这无形中增加了对外来白银来源的依赖性。当国家财政体系处于急剧转型期，统治者谋求利益最大化，国家与市场/社会的博弈必然走向白炽化。明清鼎革之际，一边是中国内部的市场/社会与国家的博弈，一边是外部国际市场各国之间的博弈战，内外合力深刻影响了转型期中国王朝鼎革的历史进程。

明代中国外来白银的主要来源，一是日本，二是美洲，三是欧洲等其他地方。③ 当全球市场竞争态势越演越烈，经济贸易格局发生重大变化，外部危机与中国内部危机自然而然产生了必然关联。

（一）美洲白银来源的危机

隆庆初明朝开放漳州月港，主要获取美洲白银之地是吕宋（今菲律

---

① [英] 阿谢德：《17 世纪中国的普遍性危机》，董建中主编：《清史译丛》第十一辑，《中国与十七世纪危机》，商务印书馆 2013 年版，第 38—39、45 页。

② William S. Atwill, "Noteson Silver, Foreign Trade, and the Late Ming Economiy." *Ch'ing - shih wen - ti*, Vol. 8, No. 3, 1977, pp. 1 - 33; "International Bullion Flows and the Chinese Economy, circa 1530 - 1650", *Past and Present*, No. 95, 1982, pp. 68 - 90; "A Seventeeth - century 'General Crisis' in East Asia?", *Modern Asia Studies*, Vol. 24, No. 4, 1990, pp661 - 682. "Another Look at Selver Imports into China, ca. 1635 - 1644", *Journal of World History*, Vol. 16, No. 4, Dec. 2005, pp. 467 - 489.

③ 参见笔者《明代白银货币化——中国与世界连接的新视角》，《河北学刊》2004 年第 3 期。

宾）。明人何乔远云："东洋则吕宋，其夷佛郎机也。其国有银山出银，夷人铸作银钱独盛。我中国人若往贩大西洋，则以其所产货物相抵，若贩吕宋，则单是得其银钱而已。"① 所云佛郎机，指西班牙人。西班牙人于隆庆五年（1571 年）占据马尼拉以后，为了获得中国商品，开展了繁盛的亚洲—美洲—欧洲大三角白银贸易。

对于中国与马尼拉的贸易，学者征引数据往往是 5—10 年的平均数，不利于具体分析。法国学者肖努的研究提供了 1577—1644 年中国商船到达马尼拉的统计数据，② 从中我们可以发现，中国商船数额一般稳定在 20 多艘，最高时达到 50 艘。为了说明全球经济贸易网络形成以后，中国与全球市场的互动关系，避免仅关注数字的增降，下面我们对进入 17 世纪中国商船明显下降的 6 个时间节点，结合发生变化的背景略加追寻：

万历三十二年（1604 年）只有 13 艘；

万历三十七年（1609 年）只有 4 艘；

崇祯元年（1628 年）只有 9 艘；

崇祯二年（1629 年）只有 2 艘；

崇祯十三年（1640 年），只有 7 艘；

崇祯十七年（1644 年）只有 8 艘。

1604 年，可以追溯到此前国内矿监税使搜刮白银风潮，波及海外的"机易山事件"。这一事件，发端于万历三十年（1602 年）七月，"顷者福建土商张嶷等，串同羽林左卫百户阎应隆具奏，海澄县界外机易山土产金银，欲自备船只人工资本前往贸易淘取，岁进金十万两，银三十万两。"③ 张嶷的身份是"福建土商"，他所说吕宋岛甲米地的机易山，华人称为"加溢"。④ 1571 年西班牙人占据马尼拉，从事亚洲—美洲—欧洲的大三角白银贸易，获利巨大，以致张嶷误以为那里"土产金银"。而明神宗听信阎应隆、张嶷的妄言，于万历三十一年（1603 年）令福建巡抚派遣海澄县县丞王时和、百户干一成偕同张嶷前往"勘金"，西方记载税监

① （明）何乔远：《镜山全集》卷二三《请开海事疏》，福建人民出版社 2015 年版，第 675 页。

② Pierre Chaunu, *Les Philipines et le Pacifique des Lberiques*, XVI, XVII, XVII ISiecles, Paris: S. E. V. P. E. N., 1960, pp. 148 - 160.

③ （明）赵世卿：《九卿机易山开采疏》，《明经世文编》卷四一一，第 4458 页。

④ （明）张燮：《东西洋考》卷五《吕宋》，中华书局 1981 年版，第 94 页。

高寀前往马尼拉，属于误载。① 此行引起西班牙总督阿库尼亚（Bravo de Acuna）的猜忌，导致西班牙人屠杀华人 25000 余人。因此 1604 年仅有 13 艘中国商船到达马尼拉，而西班牙人征收的中国货物进口税减少了 4 万比索，② 此外，这一年荷兰韦麻郎率军前往澎湖求市失败，屡次侵扰中国沿海，致使"海运不通，米粟翔贵，百货腾涌，人民艰窘死亡，无可输纳钱粮"，③ 也是一个重要因素。

1609 年，这一年，西班牙国王菲利普三世被迫与荷兰签订《十二年停战协定》，在事实上承认了荷兰的独立；位于日本平户的荷兰商馆落成，标志日本与荷兰确立了正式通商关系。而日本萨摩藩发兵入琉球，执中山王尚宁，大掠而去。中国福建各地连降大雨，山洪暴发，特大洪灾"溺死者无算"，"坏田产不胜计"，④ 也是影响贸易的重要因素。

1628 年，是崇祯元年，这一年三月，福建巡按御史赵荫昌请"禁洋舡下海，下所司议"⑤。源起于天启末年海寇猖獗，海上劫掠频繁，导致明朝海禁出台，也影响次年 1629 年贸易船数的下降。

1640 年，是受到 1639 年西班牙人再次屠杀马尼拉华人 2 万多人的影响。起因于廉价中国丝织品输入墨西哥，造成墨西哥丝织业倒闭，西属殖民地经济走向萧条，影响了马尼拉财政逐渐枯竭。于是西班牙人大幅度增税，勒令华人缴纳苛重商税，并逼迫做苦工，引起华人反抗，失败后被大屠杀。⑥

1644 年，这一年李自成进入北京，明朝灭亡。此前崇祯十六年（1643 年）郑芝龙升任福建总兵，史载"独有南海之利，商舶出入诸国

---

①　Geronimo de Salazar y Salcedo，"Three Chinese Mandarines at Manila"，Blair，E. H. and XRobertson，J. A. eds.：*The Philippine Island*，1493 – 1898，Celveland，1903 – 1909，Vol. XⅡ，pp. 83 – 97.

②　E. H. Blair and J. H. Robertson，*The Philippine Islands*，*1493 – 1898*，Cleve – land：The Arthur H. Clark Co.，1903，Vol. 13，D. 223.

③　（明）何乔远：《镜山全集》卷二四《海上小议》，第 686 页。

④　（清）陈寿祺：《重纂福建通志》卷二七一《杂录灾异》，光绪二十年刻本。

⑤　《崇祯长编》卷七，崇祯元年三月，台北："中研院"史语所影印本，第 319 页。

⑥　Blair and robertson，*The philippine Islands*，Vol. 29：pp. 201 – 207，208 – 258；H de la Costa，*The Jesuits in thePhilippines*，*1581 – 1768*，Cambridge，Mass：Harvard University Press，1961，pp. 389 – 392.

者，得芝龙符令乃行"，① 明朝国家财政的进项尽归海商集团。而美洲矿产减产的影响，是贸易衰退的主要原因。

值得注意的是，17世纪白银供应链的断裂，与荷兰崛起为"海上马车夫"有着直接关联。荷兰人成为首先来到东方的葡萄牙和西班牙人强有力的对手和竞争者，掀起了这一时期复杂的国际海上贸易争夺战。1619年，荷兰人建立了在东方的商业中心港口城市——巴达维亚（今印尼雅加达），开始与西班牙及葡萄牙人竞争中国市场。② 明人称荷兰人为"红夷"，记载"红夷无所得利，又劫夺我货于海中矣"。③

与此同时，在17世纪40年代，从墨西哥流入马尼拉的白银，已经减少了近一半，见下面的数字（以千克计）：④

时间（年）	国家数量	私人数量	总计
1631—1640	93882	89716	183598
1641—1650	56408	44980	101388

而根据法国学者肖努收集的数据统计，1641—1645年马尼拉港口货物进港税锐减至22075比索，其中中国货物进港税18599.4比索，几乎是最高时的一半。⑤ 据载，刚进入17世纪时，1600—1604年离开美洲的船只还有55艘，而到1640—1650年则减至25艘，即减少了一半还多。⑥

1639年，西班牙人在马尼拉大规模屠杀华人，导致福建与马尼拉贸易陷于停顿；1640年葡萄牙脱离西班牙统治独立，澳门与西班牙之间的贸易基本上中断；1641年，荷兰人攻占葡萄牙人占据的马六甲，从而彻底改变了16世纪经济全球化开端的全球经济贸易体系大格局。当然，最重要的是美洲殖民地白银生产的下降，"美洲白银的光辉时代无疑在17

---

① （清）邵廷采：《东南纪事》卷一一《郑芝龙》，《台湾文献丛刊》第九十六种，1961年，第131页。

② 程绍刚译注：《荷兰人在福尔摩沙（1624—1662）》，台北：联经出版事业公司2000年版，第2页。

③ 《镜山全集》卷二四《开洋海议》，第688页。

④ ［美］桑贾伊·苏布拉马尼亚姆著，何吉贤译：《葡萄牙帝国在亚洲：1500—1700年政治和经济史》，纪念葡萄牙发现事业澳门地区委员会，1997年，第126页。

⑤ 张铠《中国与西班牙关系史》，五洲传播出版社2013年版，第103页。

⑥ D. Maland, *Europe in the sixteeth century*, London：Macmilian，1973，pp. 199 - 200.

世纪中叶结束了"①。当这场危机到来时，由于统一的全球市场的连动作用，在欧洲猛烈爆发了所谓的"价格革命"，西班牙出现通货膨胀加剧，英国、法国、意大利等国家都不同程度地遭遇了冲击，出现了通货膨胀问题。亚当·斯密总结说："从 1630 年至 1640 年，或 1636 年左右，美洲银矿发现对降低白银价值的效果似乎已经完结。白银价值相对于谷价价值的降低，从来没有达到过这种地步。"② 晚明中国与全球有着重要的互动关系，在市场供求关系规律作用下，中国发生了通货紧缩，白银输入中国的紧缺，是使得明朝在财政困境中越陷越深，终至灭亡的重要因素。

（二）日本白银来源的危机

日本学者中岛乐章称 16—17 世纪东亚海域是"交易与纷争的时代"，非常贴切。③ 17 世纪开始，得到特许的日本"朱印船"贸易发展，形成对于澳门—日本贸易的竞争关系，使得澳门贸易利润下降。自 1634 年起，日本幕府实行限制日本人直接参与海外贸易与航行政策，并最终在 1635—1636 年禁止了"朱印船"贸易。④ 按此发展削减了日本本土对于贸易的竞争力，宗教冲突与日本社会矛盾的交织，导致澳门与日本贸易的彻底恶化。1637—1638 年的岛原（shimabzra）起义被德川幕府镇压以后，1639 年为了消除天主教势力，德川幕府开始实施"锁国政策"，禁止日本与西方国家通商，驱逐在日本的传教士出境，并禁止外商到日本贸易，仅准许中国商人和荷兰人在长崎港从事贸易，因此澳门葡萄牙人和传教士进行的繁盛了半个多世纪的中日贸易面临被完全禁止。尽管当时九州商人已经投给澳门贸易大量的白银，⑤ 但日本幕府终结了葡萄牙人与日本的贸易。1640 年，葡萄牙使团赴日请求重开贸易，使团只有 13 人幸免于难，共有 61 名成员被日本处决，⑥ 这使得葡萄牙人经营的澳门—日本贸易航

---

① ［法］费尔南·布罗代尔：《菲利普二世时代的地中海和地中海世界》上卷，商务印书馆 1998 年版，第 781 页。
② ［英］亚当·斯密著，杨敬年译《国民财富的原因和性质的研究》（上），陕西人民出版社 2001 年版，第 233 页。
③ ［日］中岛乐章编：《南蛮·红毛·唐人——十六·十七世纪の東アジア海域》序論，京都：思文阁出版，2013 年，第 3 页。
④ 参见 ［日］岩生成一新版《朱印船貿易史の研究》，东京：吉川弘文馆 1985 年版。
⑤ C. R. Boxer：*Fidalgos in the Far East*，1550–1770，Martinus Nijhoff，The Hague，p. 121.
⑥ C. R. Boxer：*The Great Ship from Amacon：Anmals of Macao and the Old Japan Trade.* Lisboa，Centro de Estudos Historicos Ultramarinos，1963，p. 165.

线被切断。1640 年澳门到达长崎的船只有 1 艘,[1] 这意味着白银输入中国的一条重要路径被阻断了。虽然这一年有到日本长崎贸易的中国商船骤增的报道,[2] 但是深入了解,这些中国商船都不是可以给王朝纳税的海商船只。根据日本学者的研究,崇祯十二年至十七年(1639—1644 年),在澳门葡萄牙人失去对日贸易后,郑芝龙海商集团组织的福建海上贸易,占有前往长崎贸易的中国商船 70% 之多。[3] 这些海上贸易的利润,基本上与明朝财政没有了干系。

(三)欧洲白银来源的危机

当 17 世纪全球危机来临时,全球统一市场出现了瓦解,新的国际贸易竞争出现,原有的全球经济贸易体系出现了大变局。欧洲内部正在发生三十年战争,即 1618 年至 1648 年,欧洲各国之间爆发一次大规模的国际战争。此次战争一开始是神圣罗马帝国的内战,后来欧洲其他国家因为受到利益与争霸的诱惑,纷纷加入其中,最终演变为全欧洲的大战,令参战各国都元气大伤,到 1648 年 10 月才达成停战协议,终结战争。由于战争频仍,欧洲各国对于货币的需求大增。据 Artur Attman 统计,1550 年,西属美洲白银产量 300 万银元,运到欧洲为 300 万银元,从欧洲运到东方的是 200 万—300 万银元;而 1600 年美洲产银 1100 万—1400 万元,运到欧洲 1000 万元,运到东方的只有 440 万元。[4] 由此数量可知,大量美洲白银从欧洲中转的渠道也已被阻滞减去大半,更何况流入东方的不只是中国。

欧洲三十年战争期间,西班牙屡战屡败,荷兰得到了海上霸主地位。17 世纪 30 年代开始,荷兰人在海上与葡萄牙人的冲突迭起,荷兰人于1638—1644 年封锁果阿,并且延及葡萄牙人的美洲殖民地"新卢西塔尼亚"。据载,在 1629—1639 年,葡萄牙在与荷兰的冲突中损失了 6000 名男子,160 艘船只,而被荷兰缴获的战利品达 7500000 歇拉芬(xerafins)。

---

① George Bryan Souza, *The Survival of Empire: Portuguese Trade and Society in China and the South China Sea 1630 – 1754*, Cambridge Univ. Press, 1986, p. 75.

② [日] 大庭修著,徐世虹译:《江户时代中日秘话》,中华书局 1997 年版,第 18 页。这时的中国商船是海商船只。

③ [日] 岩生成一:《关于近世日支贸易数量的考察》,《史学杂志》1953 年第 11 期。

④ Artur Attman, *America Bullionin the European World Trade*, *1600 – 1800*, Goteborg, 1986, p. 33.

1641 年，在马六甲、科伦坡等葡萄牙人定居点的围城战役中，葡萄牙人遭致了惨败。① 1640 年，马六甲被荷兰人夺取，意味着葡萄牙人经营的里斯本—果阿—澳门航线的断裂。这无疑直接影响了澳门葡萄牙人经营的全球白银贸易网络，特别是从欧洲到亚洲的贸易网络。由于荷兰的竞争，果阿的贸易收入急速下降，从 1600 年的 270 万克鲁扎多降至 1635 年的 140 万克鲁扎多，② 可以说几乎下降了一半。这说明在失去了日本贸易的同时，葡萄牙人从欧洲转输白银到中国的路径也遭遇了挫折。

至此，全球主要的三条海外白银输入中国的渠道，均已几乎被切断。

在中国王朝鼎革的历史进程中，中外市场的互动关系至关重要。17 世纪全球经济贸易体系大变局，外来白银输入中国的渠道受阻，为明朝的覆没加上了最后一根稻草。

小　结

16—17 世纪经济全球化开端，当追求白银成为一种世界性现象，原有的传统国家政治和经济体系几乎同时被市场冲击而濒于崩溃，这是一场具有空间与时间共性的全球大变革。白银存量和货币供给量，可作为经济发展趋势的基本变量。考察明代，我们不能脱离全球化大背景下国家与市场、社会的博弈去认识。

明代白银从民间市场崛起，是市场/社会与国家博弈胜出的产物，代表早期市场经济的萌发，在市场作用下，经济增长具有显著的货币化、市场化特征，而市场的增长，货币经济发展是主要推手。当白银形成社会流通领域主币，导致社会发生巨变，并推动国家一系列制度变迁。巨大的白银需求将中国市场与全球市场连接起来，中国积极参与了经济全球化的第一波，引领了明代中国市场经济发展的百年繁荣（自 15 世纪后半期到 16 世纪后半期），和前所未有的明代中国国家与社会向早期近代转型期的启动；张居正改革后，白银货币化进入发展的最后一个阶段——财政货币化阶段，白银形成国家财政税收的主导形态。在国家与社会向近代的急剧转型中，明神宗内官税收体制出台，国家与市场/社会博弈的白炽化，以君

---

① C. R. Boxer, *Portuguese and Dutch Colonial Rivalry 1641 – 1661*, 1958, pp. 10 – 13.

② M. N. Pearson, *The New Cambridge History of India*, Cambridge University Press, Vol. 1, p. 142.

主专制强力干预市场，竭泽而渔地攫取全社会积累的白银财富，由此进入市场经济衰败期，形成国家与社会转型期的拐点——百年繁荣的结束期。17 世纪中国市场衰败过程与 17 世纪全球危机过程几乎同时发生，因此王朝的鼎革，绝不只是国内单方面危机可以解释。新的解释是市场/社会与国家白炽化的结局是市场的全面衰败，最终外部市场供应链的断裂，证明了中国内部危机与 17 世纪全球危机相契合，成为王朝鼎革综合因素的枢纽。

晚明中国"变"与"不变"纠结在一起，与英国比较，核心问题是国家政治体制没有发生根本改变，明末上层建筑对于经济基础的反作用凸显。就此而言，可以说中国国家与社会转型暂时分道扬镳了，中国与全球的近代化转型也一时分道扬镳了，反映了中国国家与社会的近代转型道路是曲折的。

第四节 白银货币化与李自成、张献忠政权

一 白银货币化与李自成政权

崇祯十七年（1644 年）是历史上的甲申年。这一年北京城里"新桃换旧符"，三月至五月，如走马灯般地更换了三个政权。最为引人注目的是，推翻了明王朝的李自成农民军建立的大顺政权，如摧枯拉朽而来，如风卷落叶而去，仅在北京存在了 40 天。郭沫若先生于 60 年前撰写了著名的《甲申三百年祭》，专门论述这支起义军从胜利到失败的历史经验教训，至今仍有重要影响。这里主要想考察一下大顺政权在北京的日子里究竟主要做了些什么？为什么会出现这样的举措？以及与之紧密相关的是，政权失败为何如此迅速？下文将从白银货币化—市场经济转型引领时代与社会变革的角度来思考和探讨。

（一）李自成在京日程所见主要活动

李自成农民军是在明崇祯十七年（1644 年，甲申年）三月十九日进入北京，四月二十九日撤离的，算起来大顺政权在北京只有 40 天时间，其中包括出征山海关的 14 天。如果我们减去这 14 天，实际上李自成在京仅有 26 天时间。那么，这 26 天里农民政权主要做了些什么呢？历史事实说明，他们大部分时间是用来进行追赃助饷活动。

自三月二十三日至四月初八，共 15 天，占了大顺政权在京时间 26 天的一半多。三月十九日进入北京后，大顺政权发布命令，让明朝文武官员于第二天一早，也就是三月二十日前去报到，随后就押在军营中。当时在京的明朝官员有两三千人。3 天后，三月二十三日，由刘宗敏和牛金星按照姓名册唱名，挑选录用人员，对明朝官员进行了甄别，点用 96 人。其余明朝勋戚、官僚等 800 多人，分别送到刘宗敏、李过等大将营里，进行拷讯追赃。在李自成"有罪者杀，贪鄙多赃者刑"① 的指令下，大顺政权在北京开始全面的追赃活动。一般来说，大顺政权对三品以上的明朝大官不予录用，都发到各营追赃助饷。这一活动一直进行到四月初八那天，由李自成亲自下令停止，除了勋戚和大官僚 32 人之外，释放了所有人员。据载，"刘宗敏进考索银一千万两。李岩、李牟刑宽，所进不及其半，以己所有补入之，人皆称焉。其所得金大约侯家十之三，宦寺十分三，百官十之二，商贾十之二，共七千万两"。又曰："宫中久已如洗，怀宗减膳，布衣，酒卮器具之金银者尽充军饷，内帑无数万之藏，贼淫刑所得，扬言获之大内，识者恨之。"②

大顺政权在北京 26 天的其余 11 天，比较短暂，又有间隔，分别在刚入京和出征山海关前后。从时间上看，入京就是筹划追赃助饷的开始；而自四月初八追赃基本结束，初十以后山海关急报迭至，谣言纷起；李自成等匆忙准备，于四月十三日启行，二十六日败回北京；二十九日李自成在武英殿即皇帝位，旋即撤离北京。这些时间是在诸事丛集，琐碎繁忙的情况下度过的。

总之，大顺政权在北京期间的活动主要有：稳定社会秩序；清理明朝中央机构和官员；开科取士；筹备即位典礼；接见城郊耆老；招降山海关一带明朝武官和出征山海关；等等。由上述时间排比来看，持续时间最久，也是大顺政权在京最重要的举措之一，应该说是追赃助饷。

需要说明的是，作为农民军政权的一项主要政策，追赃助饷不是在大顺政权进入北京以后才开始的，也不是结束在北京。即使在北京基本结束以后，政权所在各地仍然在普遍推行。

---

① （明）钱穆农：《甲申传信录》卷四，神州国光社 1946 年版，第 56 页。
② （明）彭孙贻：《平寇志》卷一〇，上海古籍出版社 1984 年版，第 237 页。

（二）明宫藏银说再辨析与追赃助饷

1. 重新审视明宫藏银之说

迄今为止，明宫是否有大量白银储藏，由于记载歧出，因此学界争议纷纭，莫衷一是。[①] 上面已就明朝末年库存做了较全面梳理，提出以往的存量研究完全没有考察明末财政研究全面货币化的问题，很有局限。以上考察说明，明末各库存银贮藏已空。自明神宗亲政以后，明朝即开启了竭泽而渔的搜刮社会财富态势，但是搜刮的白银很快便被挥霍一空，库藏处于枯竭状态。如果认为明末宫中尚藏有大量白银，从逻辑上推理，也难以令人置信。

下面对明清鼎革之际时人与后人记述及其几种说法再加考析。

（1）内库"三千七百万两"之说，见于明朝翰林院左谕德杨士聪《甲申核真略》：

"内库有镇库锭，皆五百两为一锭，镌有永乐年字。每驮二锭，无物包裹，黄白溢目。其寻常元宝则搭包贮焉。按：贼入大内，括各库银共三千七百万，金若干万。其在户部者，外解不及四十万，捐助二十万而已。此城陷后存银之大较也"。[②]

《甲申核真略》之记述，是杨士聪在李自成入京后到作者出京前的见闻，所谓"称核真者，以坊刻之讹，故加核也"。[③] 其中以按语方式对当时坊刻与传闻不实之处加以辩白，是其记述特征。杨氏在此正是将"括各库银共三千七百万"置于按语之下，显然不属于亲见，只是听之传闻，而当其记载之时，业已留有存疑余地。

（2）内库"三千余万两"之说，见于明朝工部员外郎赵士锦《甲申纪事》：

---

① 主要有蒿峰《明宫藏银之谜》（《故宫博物院院刊》1991 年第 3 期）作出梳理；郭沫若《甲申三百年祭》中根据一些资料断定明亡时皇宫中存有大量金银。姚雪垠认为是"误信了宫中藏银的传说，"当时宫中不会有大量藏银（姚雪垠：《评〈甲申三百年祭〉》，《文汇月刊》1981 年第 2 期）；顾诚认为郭沫若的说法可靠，明亡时宫中藏有相当多银两。（顾诚：《如何评价〈甲申三百年祭〉》，《中国史研究》1981 年第 4 期。）近年李宝臣《甲申之变的白银情结——大顺追赃与崇祯内帑解析》（王岗主编《北京历史文化研究》人民出版社 2013 年版）；李宝臣《甲申之变白银神话》（《北京观察》2016 年第 6 期），认为明宫已没有白银，称为"白银神话"。
② 《甲申核真略》，浙江古籍出版社 1985 年版，第 34 页。
③ 《甲申核真略·序》，第 7 页。

"贼载往陕西银锭上有万历年字号，闻自万历八年以后，解内库银尚未动也。银尚存三千余万两，金一百五十万两"。① 而正是赵士锦也记载了前事："予监督节慎库时，为甲申三月十五日，与主事缪沅交盘，库中止银二千三百余两，又钱作八百，国家之贫至此，可发一笑。自正月至三月，日以坐饷为令，或论省坐派，或官坐派，无虚日。至三月十八日始发帑金二万，赏守城军士，银未及发而城破矣。"② 显然，他所亲见的是工部节慎库藏只有 2300 余两的亏空之状，而基本上同时的是坐派无虚日，此与内库存银"自万历八年以后，解内库银尚未动"之言，实相矛盾，揆之万历后期以来的大量文献，令人难以置信。

（3）宫中"七千余万两"之说，见于曾为官户部的史惇《恸余杂记》。值得注意的是，他记大顺军"括宫中得银七千余万驼载而去"后，自带辨析："天下闻而惑之，以为先帝宫中有藏金如许，足支数年。而顾以二百四十万练饷之加，失天下心，致成瓦解。即甚昏愚亦不至此。"并举例以证："吴暄山曰，吾尝司计，请发内帑，上令近前密谕曰，内库无有矣，遂堕泪。"③ 吴暄山即吴履中，崇祯时为户部侍郎，史惇曾官于户部，此段记载应该属实；而对于"括宫中得金银七千余万两"，他提出是"厂监内臣聚敛私蓄耳"。

（4）"金银共十七库，库各数万"之说，见于士人刘尚友《定思小纪》："二十四、五日间，贼忽忽为行计，括城驴骡驼马以万计。罄宫中所有，载之而西。或云金银共十七库，库各数万。珍宝玩器缎匹俱露积廷阶，累日夜取之不能尽也。"④ 这里"或云"，本身就是不确知的表述方式。

众所周知，所谓第一手资料，应是当时亲历者的记述。从上述明宫藏银的几种记述史料来看，有一点很清楚，即都不是亲历者的记录，即便是甲申之变时其身在北京，也都不在宫内，更不是李自成解银的当事人，因此，他们的记载只能是来自传闻，不仅失实且自相抵牾，难以为据。

（5）宫中无银之说，见明朝世袭锦衣卫佥事王世德记："熹宗在位七

① （明）赵士锦：《甲申纪事》（外三种），中华书局 1959 年版，第 17 页。
② （明）赵士锦：《甲申纪事》（外三种），第 7 页。
③ （明）史惇：《恸余杂记·东厂》，《甲申纪事》（外三种），第 76 页。
④ （明）刘尚友：《定思小纪》，《甲申核真略》（外二种），浙江古籍出版社 1985 年版，第 73 页。

年，神宗四十余年蓄积扫地无余。兵兴以来，帑藏悬罄，尝将所铸银甏银盎镈鼎重器输银作局倾销充饷。故饷银多有'银作局'三字者，此人所共见也，空乏可知。廷臣动请内帑，夫内帑唯承运库耳。钱粮解承运库者二，一曰金花，一曰轻赍，金花银所以供后妃金花、宦官宫妾赏赉。轻赍银所以为勋戚及京卫武臣俸禄，随进随出，非如唐德宗私库聚而不散者。然而发之屡屡矣，安有余费。野史谓城破时尚有大内积金十余库，不知十余库何名？承运库外有甲字等十库贮方物也……城破时惟车裕库珍宝存耳，乌有所谓十余库基金者。而纷纷谓上好聚敛，内帑不轻发，其不冤哉？"[1] 王世德官锦衣卫，出入禁中，有了解一些内情的身份，所辩各库无银具有一定可信性。

再看史家之记：

史家毛奇龄载："余宫中内帑、金银器具以及鼎耳门环钿丝装嵌，剔剥殆遍，不及十万。"[2] 这里所记载的是宫中所有金银器皿，细至门环的"剔剥殆遍"搜求，也不到 10 万两白银。

史家计六奇则谓库银数目不可信："贼拘银匠数百人，凡所掠金银，俱倾成大砖，以骡马骆驼驮往陕西。旧有镇库金，积年不用者，三千七百万锭，锭皆五百两，镌有'永乐'字，每驮二锭，不用包裹。"其后引谈迁语曰："三千七百万锭，损其奇零，即可两年加派，乃今日考成，明日搜括，海内骚然，而扃钥如故，岂先帝未睹遗籍耶？不胜追慨矣。"以往先行研究不查，忽略了接着是计氏的质疑之声："予谓果有如此多金，须骡马一千八百五十万方可载之，即循环交负，亦非计月可毕，则知斯言未可信也。"[3]

史家谈迁的记载在有无之间：云四月"贼尽运金宝以入秦，驰骡马千计，括各库金三千七百万有奇。制将军罗戴恩以万骑护之而西。初户部外解不及四十万，捐助立十万有奇。而大内旧藏黄金四十余窖，内监皆畏先帝，不以闻"。却又曰："所掠输共七千万。大约勋戚宦寺十之三，百官商贾十之二。先帝减膳撤悬，布衣蔬食，铜锡器具尽归军输，城破之

---

① （明）王世德：《崇祯遗录》，清钞本。

② （清）毛奇龄：《后鉴录》，《毛奇龄全集》第 32 册，学苑出版社 2015 年版，第 261 页。

③ （清）计六奇：《明季北略》卷二〇《十六癸酉载金入秦》，中华书局 1984 年版，第 488 页。所引谈迁之语与《国榷》卷一〇一，崇祯十七年四月癸酉（古籍出版社 1958 年版）所载有所出入（见下），但大意相同。

日，内帑无数万金。贼淫掠既富，扬言皆得之大内，识者恨之。"前后采用不同的记法，也可以说是对内库大量存银保留了自身的看法。

（6）宫中窖藏之说。此说以内官所藏，崇祯帝不知为特征。明末清初时人宋起凤记云："崇祯末，以外饷告匮，廷臣数奏请发内帑，上曾命中贵李公讳明臣者为一检其籍。按验之，他宝物价皆不资，独黄金一万余两、白金数万两已耳。"这是内帑已无的记载。同书却又记云："闯盘距禁中，库物大半失毁。独从旧库地坎中发掘黄白大锭无算，每锭重三四百金，辇归西安。自京门达潼关千余里，日夜不绝道路。叹谓崇祯天子蓄如许物，奈何数称饷绌耶。而不知此重物悉祖宗时所遗，历代相传，掌籍者湮失，故册随不能具举。此亦气数使然，非可力致也。"① 值得注意的是，上述史悖之载也是此意。

这种明朝内库窖藏白银之说，学界大多引用《清实录》，云出自康熙帝之口，似乎言之凿凿，与清朝的白银继承有直接关系。查《清实录》，见有相关的两条史料：

康熙五十二年闰五月，康熙帝云："明代万历年间于养心殿后窖金二百万金。我朝大兵至京，流寇挈金而逃。因追兵甚迫，弃之黄河。大抵明代帑金，流寇之难，三分已失其一。"②

康熙五十三年六月，康熙帝又云："又万历年间太监奏库内积银二百万两有余，应入大内，遂尽收养心殿后掘窖埋藏。后欲取用，已无有矣。所以我朝耆旧常言，明代蓄积徒资太监侵盗耳。"③

分析上述史料，可以明确地说，明宫内窖藏白银并非清朝入宫后所得，康熙帝所云，也是听之传闻，因此不足以为据。

至此，明宫中存银与藏银，相关记载均为耳听传闻，没有目睹，以致白银数目传说不一，无法确知。但从清朝康熙皇帝之言，也可以推知清朝没有确切得到明宫之银。

万历后期以降，战事不断，花费浩繁，年年拮据，不可能再有余银供窖藏。所谓明宫养心殿后窖藏200万两，为内官私藏，数额巨大，令人难以置信，而大顺军当时运载西去的白银数量也属于拟测。在这种情况下，

① （清）宋起凤：《稗说》卷四《内库》，清钞本。
② 《清圣祖仁皇帝实录》卷二五五，康熙五十二年闰五月乙卯，钞本。
③ 《清圣祖仁皇帝实录》卷二五九，康熙五十二年六月丙子。

我认为，万历以来至明末明朝财政库藏存储实态可以采信，明末宫中已没有大量存银，也就是说清朝没有直接从明朝继承到大量白银。

2. 追赃助饷及其影响

以上分析了王朝鼎革之际六种关于明末宫中有无白银存储的说法。第七种说法就是 7000 万两白银为李自成追赃拷饷所得之说，现置于这里加以探讨。

1644 年李自成进入北京，根据以上分析，李自成在宫中所得白银"三千七百万""七千万两"之说，显然不能依据，那么白银无论是"三千七百万"，还是"七千万两"，都是一个巨大的数目，税收不可能短时间聚集如此多的白银，这些多是来自追赃拷饷之说，大致可以坐实。据时人钱稗农分析："闯投宫，而大内黄金止十七万银止十三万。皆因魏珰与客氏偷空至此。闯见之，大为骇异，甚失所望。计登极时赏赐不敷，夹官搜银之令，由是酷矣。"[1] 当败走时，大顺军从北京运出的金银数量相当庞大，直至顺治二年（1645 年）正月清豫亲王多铎占领西安时，曾获大顺军弃城时的黄金 84000 余两、白银 1537500 余两，[2] 可为佐证。

历史上，追赃助饷不是什么鲜为人知的历史事实，但是，其意义却至今没有得到全面阐释。在当时，无论是作为进入北京后的大顺政权日常工作，还是作为政权在北京日程的规划安排，都可以看出追赃助饷是农民政权的基本活动之一，也是衡量其政权的最重要的特征之一。

归根结底，追赃助饷成为大顺农民政权的鲜明特色。而这一特色的形成，与时代背景紧密相连。明代白银货币化，白银成为社会主要财富的代表。明末皇族勋戚、贪官污吏利用政治上的特权，搜刮和积聚巨额的社会财富，农民政权的追赃，是对非法聚敛社会财富的明朝腐败政治的荡涤。

"赃"，是在财物被非法取得时，才具有的性质。在古代刑法中，"货财之利谓之赃"[3]。"追赃"，是对违法犯罪所得财物，予以追缴的一种法律规定。对此，唐律中已有相当详细的处罚规定。大顺农民军认为明朝"言卿相所有，非盗上则剥下，皆赃也"[4]。这说明农民政权对于他们非法

① （明）钱稗农：《甲申传信录》卷六，第 115 页。
② 《清世祖实录》卷一六，顺治二年五月乙酉，钞本。
③ （唐）房玄龄等：《晋书》卷三〇《刑法志》，中华书局 1996 年版，第 928 页。
④ 戴笠：《怀陵流寇始终录》卷一八，辽沈书社 1993 年版，第 334 页。

获得的财富，判定具有违法性，采取了追缴非法所得赃款、赃物的政策，是以政权强制力追缴赃物上缴国库的性质，具有合理性。而追赃与助饷紧密联系在一起，使我们对农民军为什么追赃可以有进一步的认识：庞大军费开支的需要。

农民军追缴的对象，主要是明朝皇室勋戚和贪官污吏，而他们追拷的"赃""饷"，则首先是白银货币。这里应该说明，随着农民军的扩大发展和建立政权以后，政府与军费开支需求也日益增大，财政收入成为重大问题。早在西安时，农民政权就开始实行追赃助饷的政策，主要是让地方乡绅们输饷助军，此后推行于农民军所到之地。发展到北京，追赃助饷的规模最大，影响也最大。根据记载，大顺政权对在京各官，无论用与不用，都要派饷。当时按照官级大小，对追比银两数目"赃数"作出了具体规定：内阁官员十万两；部院、京堂和锦衣卫掌印七万，科道五万，吏部二万，翰林一万，部曹数千，"勋戚无限数，人财并没"。[①] 也就是对明朝勋戚的追拷则不限数，直至财产追尽为止

追拷中，仅刘宗敏一处同时就在押拷问数百人。一方面，株连同乡、亲戚、朋友等人，在所难免，甚至涉及"典肆市贾"，连累到"菜佣卖浆之家"，以致史料记载说严重到"里巷罢市"；另一方面，富商也是追赃的对象，如徽商在京人数多，一般都有白银资产积累，故"掠之尤酷"，死者达千人之多。后来李自成发现"滥及无辜"，反映强烈，下令停止追赃与此有关。但是，刘宗敏却认为："但畏军变，不畏民变。"那么，农民军为什么如此不顾一切地追赃？还是刘宗敏一语道出了其中的原委："军兴日费万金，若不强取，安从给办。"[②] 至此我们可以恍然大悟，归根结底，大顺政权的财政基础就是建立在追赃助饷之上。

至于追赃助饷的影响，也不可谓不重大，甚至直接关系到了政权的生死存亡。从农民军一进一出北京城的场景，可以看出鲜明的对照。进京时，市民各持香立门，门上尽贴"顺民"，大书"永昌元年，顺天王万万岁"；撤出时，城中百姓用物横塞在胡同口，以飞石瓦片投向农民军，有"大呼杀贼"的，也有从小巷突然出击的。农民军从北京的败退，非同小可，以致一败涂地，覆水难收，如果仅以山海关之战来说明，缺乏足够的

---

① 《怀陵流寇始终录》卷一八，第335页。

② 《平寇志》卷一〇，第228页。

说服力。山海关之战不过起了推波助澜的作用而已，悲剧的发生，恐怕还
应该考虑到追赃助饷扩大化，严重失去民心的因素。

（三）追赃助饷：农民军观念如何变化？

如上所述，追赃助饷是大顺政权广泛推行的既定政策，成为政权的鲜
明特色。值得关注的是，农民要求打破贫富不均，他们的矛头所向是明朝
腐败政治中的非法获得，政策的重心则明显不在土地，而是在白银货币
上。这里提示我们，应该从时代变化的角度来认识。事实上，大顺政权在
北京时间有限，追赃助饷作为政权重要的财政来源，主要是获取白银货
币，显示出农民政权的财政来源是由货币为主组成，折射出的是晚明社会
经济货币化的重要时代特征，反映了农民军价值观念的变化。

根据大量历史文献记载，明代前后期呈现出迥然不同的面貌，说明社
会发生了重大变迁，而变迁最重要的指征之一，是白银货币化。随着贵金
属白银在市场崛起，由非法货币发展成为合法货币，并且形成社会流通领
域中的主币，这一货币化进程的迅速推进，使货币商品经济得到了前所未
有的扩大发展。正如马克思所说："货币不是东西，是一种社会关系。"①。
白银货币的扩展，将社会各阶层无一例外地全部包容进了市场，这应视为
中国社会经济货币化的过程，也就是市场经济发展的重要进程。它推动了
人们的社会关系从对人的依附关系向对物的依赖关系转变，传统社会小农
经济向市场经济转变，传统社会向近代转型由此开端。

白银货币化，即整个社会经济货币化的进程加速进行。晚明，一方
面，货币化的社会经济保持着它的进展速度；另一方面，它也无法脱离与
社会现实的冲突矛盾。我们看到，当农民军政权一味追赃获得白银作为财
政基础的时候，似乎他们别无选择。因为一方面要解决庞大的军费和政府
开支，那么另一方面农民军提出的"三年免征"，也就不可能形成正规的
税收制度。对农民军攻下北京以后，是否得到了明朝宫中窖藏的白银，史
学界是有争议的。实际上，农民军并没有得到明朝内库白银的储积，这从
他们大规模追赃助饷活动的展开，也可以得到部分的说明。换言之，由于
明朝末年确实已山穷水尽，宫中并无窖藏白银之事，所以才有大顺政权追
赃助饷的急迫出台。然而，也正是这种对于货币的急切追求，导致了大顺
农民政权不幸而步明朝后尘，无法稳定政权的基础，最终遭遇了灭顶之

---

① 《马克思恩格斯全集》第 4 卷，人民出版社 1958 年版，第 119 页。

灾。对大顺政权在北京 40 天主要活动的探讨，有助于我们找到农民军失败的答案。农民军将日常政务重点放在追赃助饷上，无异于走向了明朝灭亡的老路。

（四）步明朝后尘的教训

先来看追赃。此前，有明一代的赎刑已经相当发达，起初是应职役来赎罪，到成化、弘治以后，白银货币化加速推进，除了真犯死罪以外，都可以纳银代刑了，也就是说纳银成为主要赎罪条例的内容。在具体实行上，赃罚银成为明朝财政的重要来源之一。在地方上，以十分为率，八分归中央，二分归地方。对"赃"的追收，遂成为明朝一大利源，财政的一大补充。

再来看助饷。劝捐助饷也是明末财政上常见的事例，无论在朝廷，还是在地方都大量存在着。明末勋戚官僚的贪污腐化，已经是普遍的现象。他们利用政治上的特权，"居官有同贸易"，财富尽入私家。与此同时，朝廷国库空虚，军饷的筹措成为朝廷的重大负担，议兵议饷是朝中日常讨论的问题。朝廷早就想到了让勋戚和官员、乡绅们出银的筹集办法，可是每一提出，就会遭到抵制。如崇祯十年（1637 年），崇祯皇帝一次召见大臣时，提到前一年他曾经下令让勋戚之家捐助，而勋戚之家"至今抗拒"，因此，他指责"全无急公体国之心"。此外，明末还对各省籍官员实行摊派，如江南 8000 两、江北 4000 两，浙江 6000 两等，就是陕西也要出 4000 两。对于地方乡绅的不捐助，崇祯皇帝除表示不满外，却也无可奈何。还有一个可以进一步说明明朝派捐助饷的事例，崇祯十七年（1644 年），农民军入京前一个月，当明朝面临覆没之时，崇祯皇帝又提出让勋戚大臣捐银救急，他要求周后之父嘉定伯周奎拿出白银 12 万两，然而，周奎最终只肯出了 3000 两。北京守城士兵饥疲不堪，明朝尽朝廷所有，只发出白银 4500 两，每兵仅发银 5 钱，以致官兵倒卧城头，"鞭一人起，一人复卧"，根本无法抵抗农民军的攻势。

晚明，白银货币成为社会财富的集中代表，它不像粮食，便于资产积累，不类铜钱，可以轻便移动。白银成为流通货币后，无形中使贪污更为便利了，所以晚明的贪污问题比之历朝历代，显得尤为突出，这也可以说是一个因素。王朝财政货币化，赋役货币化，军饷也货币化，到处都是要银子。官员考选"惟论钱粮"，"各边将士视米豆如泥沙，止欲金钱而已"，这里所谓的"钱粮""金钱"，主要都是白银。即使是田连阡陌的皇族王庄，也是从土地上索取白银货币。于是，首当其冲的是农民。明朝末年加紧加派和催饷，一时辽饷、剿饷、练饷、加增饷，各种名目的饷，沉重地压在了农民身上。朝廷需要银子，地方政府也需要银子，军队更需要银子，那么承担赋税的老百姓呢？他们的生活也就这样与白银货币，也就是与市场紧密联系在一起了。

在晚明社会经济货币化历史大潮中，不仅越来越多的农民被抛离了土地，而且即使是在穷乡僻壤，农民生活也已经日益与货币和市场联系在一起，这成为历史的事实。货币商品经济—市场经济的扩大发展，对农民产生了深刻触动和影响，更导致了观念的变化。就明末这一场景中的李自成个人而言，对他如何参加起义，存在几种说法，但是仔细考察，其中最关键的导因可以说与白银货币相关：比如他本是明朝驿站雇佣的驿卒，明末为了节省银两以给军饷，裁撤驿站，才使他失业归乡；在乡里遭遇饥荒，生活所迫，走投无路，他向乡绅艾同知借贷，无力偿还，被艾同知告到县衙，荷枷于烈日之中。这种苦难经历迫使他义无反顾地投身于农民军。又如李自成领导的农民军，除了基本成分是破产农民外，也有不少小手工业者、小商贩、矿工以及星、相、卜、医等人员参加，在农民军进入河南后，有大批"矿徒"加入，他们与商品货币经济都有一定的联系。再从李自成建立的大顺政权来说，追赃助饷的推行，反映了社会转型中农民军价值观念的变迁，代表了农民军自身对社会财富资源重新分配的要求和态度，具有鲜明的时代特征。

李自成曾提出"三年免征"，"均田免粮"的口号，当时李岩教儿童传歌"迎闯王，不纳粮"之谣，[1] 但是由于战事倥偬，实际上并没有兑现。攻入北京后，李自成首先不是急于征收赋税，而是推行"追赃助饷"，拷掠在京的明朝勋贵官员以获得大量白银，而且不仅是所有的勋贵官绅，还包括富商，都被追逼到对立面，无疑增强了敌对势力的集合力，使自己陷入了政治上的孤立，这也是李自成失败的重要原因之一。[2] 大顺朝追赃拷饷对象是勋戚、宦官、百官、商贾，值得注意的是，"又拿京城富商居民极刑追逼"，"各铺有同乡株连者，有无辜牵扯者，货物立尽。民不堪命，一时罢市。"[3] 特别是除去贵戚和宦官外，官与商的追赃比例

① （清）吴伟业：《绥寇纪略》卷九，上海古籍出版社1992年版，第231页。
② 万明：《对甲申年李自成大顺政权在北京的思考》，《文史知识》2004年第8期。
③ 懒道人：《剿闯小史》第五回，钞本。

相同，在清算明朝官员贪污罪行的同时，对于商人财富大量搜刮，"富室摧残几尽"。① 更不仅如此，还殃及平民。刘宗敏、李过等大索京官，"未几，株连乡戚知交，典肆市贾，搜索寄顿，逮及菜佣、卖酱家、僧房、饭肆。"② 大顺朝规定："凡输纳者，现银加二，首饰十不当一，珠玉玩好，一概掷弃，衣服极新者，准价钱许。大缎匹不及两，纱罗减之。前门商铺，凡有乡亲株连，无不搜括立尽，如蝗喃集野，草木为空。"③ "破城不满廿日，米价已腾贵三倍。"④ "富贾平民多就擒缚，榜掠殆尽，薪米皆入军。城中饥死者甚众。"⑤ 与此同时，大顺军士各身怀重资，"掳括腰缠，多者千余金，最少者亦不下三四百金，人人有富足还乡之心，无勇往赴战之气，临敌必至怯亡，平日渐将溃散，知其必灭者⑥ 对于白银的聚敛，在北京上演到极致，其聚敛后果无疑对市场起了进一步破坏的作用，也对于大顺军的纪律与士气起了极坏的影响。

无疑，这是一个发生历史巨变的时代，在这个历史关头，农民军作出了自己的抉择，无论我们今天夸赞其保持革命性也好，还是指责其政策的失误也罢，历史事实却无情地证明了这一抉择带有转型期时代的深刻烙印。

正是在晚明社会经济货币化特定的历史场景中，从某种意义上说，农民军成也白银，败也白银。大顺政权在没收和追赃助饷的基础上，得到了7000万两以上白银，但是也迅速消失在历史舞台上。农民不是新的生产力代表，不具有完成社会形态更替的历史任务的能力，已为历史所显现。在追赃助饷之上，大顺政权既不可能建立坚实的财政基础，也不可能建立稳定的社会秩序，在北京酿出了一幕历史悲剧，而清朝遂成为这一结果最大的受益者。

二　白银货币化与张献忠政权

（一）张献忠为什么会有大量白银沉于江口？

2015 年年底以来，多家报刊以四川江口考古新发现为题，对张献忠江

---

① 《大同总兵姜瓖条陈》，《明清史料》丙编，第五本，国家图书馆出版社 2008 年版，第 401 页。
② （明）彭孙贻：《平寇志》卷一〇，第 228 页。
③ （明）陈济生：《再生纪略》，《昭代丛书·丁集补》，清末刻本。
④ （明）计六奇：《明季南略》卷一，中华书局 1984 年版，第 37 页。
⑤ 《甲申传信录》卷四，第 56 页。
⑥ 《明季南略》卷一，第 37 页。

口镇沉银作了大规模报道，进一步坐实了张献忠江口沉银事件，掀起了探索沉银之谜又一波热度。进入 21 世纪，曾是"五朵金花"之一的农民战争史研究明显降温，对于张献忠的研究，聚焦政治史、军事史角度的研究成果锐减，但是有一个例外，那就是视点转移到 300 多年来传说纷纭的江口沉银之谜上。张献忠，陕西定边人，号敬轩，曾为延安府捕快，在延绥镇从军，崇祯三年（1630 年）以米脂十八寨起义，自称"八大王"。史载其人"黄面长身虎额"，因此"人号黄虎"。崇祯十七年（1644 年），也就是李自成攻入北京、明朝灭亡的那一年，张献忠在经历 14 年（1630—1644）转战之后，十月十六日在成都称帝，国名大西，改元大顺，正式建立了大西政权。据清《彭山县志》记载，顺治三年（1646 年）张献忠迫于政局不利，打算撤离成都，由于旱路已被清军封锁，只好改道水路出川。从成都启程，沿锦江行至彭山县江口时，遭到明参将杨展伏击，几乎全军覆灭。在江口镇的这场决战中，张献忠许多载满金银的木船沉没在江口，由此张献忠沉银江口的传说流传甚广，几百年来在彭山江口镇，歌谣"石龙对石虎，金银万万五，谁人识得破，买到成都府"一直传诵。2005 年 4 月 20 日彭山县引水工程在江口镇河道内施工过程中，发现了 7 件明代银锭①。至此，张献忠江口沉银之说不仅有民间传说、史料记载，也有了实物证据。目前，随着 2015 年考古新发掘的进一步展开，我们相信张献忠江口沉银之谜将不再是谜。以新材料研究新问题是重要学术取向，问题是张献忠为什么会有大量白银沉于江口？

　　江口所沉的这些税银，有一个宏大的历史背景。学界论及明末农民战争爆发的主要原因，有明朝政治腐败、土地集中、赋税加派、灾荒频发等等，但是迄今鲜少关注到明代白银货币化的问题。追寻历史，白银从贵重商品最终走向了完全的货币形态，即货币化，是在明代。大规模行用白银，是明代一个重要的社会现象，发展到晚明，白银作为主要货币，在社会经济生活中起了重要作用。白银货币不仅是社会财富的象征，而且成为政权赖以存在的基础。白银货币化，农业经济向市场经济的转型，促发了国家与社会的近代转型。晚明最突出的问题就是政治腐败，皇族勋戚、贪官污吏利用政治上的特权，大肆搜刮和积聚巨额的白银财富，皇室、勋戚

---

① 方明、吴天文：《彭山江口镇岷江河道出土明代银锭——兼论张献忠江口沉银》，《四川文物》2006 年第 4 期。

和官僚豪绅的私有土地——皇庄和庄田急剧膨胀，"庄田侵夺民业，与国相终。"明宗室的人数大约以三十年翻一番酌几何级数增加，明后期数以万计的龙子龙孙的禄米，成为国家财政和地方开支的严重问题。藩王宗室的禄米和赐予的庄田，大多通过加派赋税来实现，庄田遍布地区成为社会矛盾突出的地区。追踪张献忠白银的来源，他建立政权，军饷等费用取之于没收官府、宗室和官绅所得，打击明朝藩王宗室是一条重要线索。清军入关后，大顺三年（1646 年）九月，迫于形势，张献忠率众 50 万退出成都，准备移师陕西。十一月七日，张献忠在西充凤凰坡与清军战，中箭身亡。此后江口沉银传说广为流传，直至 21 世纪为考古发现所证实，而留给我们的是国家与社会转型与农民军政权历史命运的沉重话题。

（二）"江口沉银"所见明朝与大西朝的货币财政

"江口沉银"考古新发现明朝与大西朝所铸银锭，均为赋役征收货币的实物，是明朝与大西朝实行货币财政的历史见证，也是明代白银货币化完成的典型例证。从明代白银货币化视角重新审视，"江口沉银"的佐证，足以证实文献研究基础上得出的古代两千年财政体系转型的观点可以成立。张居正改革以后统一征银，并得到了普遍执行，在中国首次出现了货币财政，这些实物资料更揭示了明朝的货币财政已为张献忠大西朝所沿袭。在 16 世纪经济全球化开端时期，中国货币财政的出现，对于历史发展进程具有重大而深刻的影响：明朝白银赋税加派频仍，构成王朝覆亡的重要因素之一；同样，重蹈明朝故辙的张献忠不遗余力征掠白银，也是造成大西朝失败的主要因素之一。

四川彭山"江口沉银"是近年重大考古新发现，在沉银传说及其历史史实、银锭铭文考察方面，已有不少研究成果。[①] 本文试图从明代白银货币化的视角，重新审视"江口沉银"，明晰基本概念，并进一步解读其重要历史信息和学术研究价值。在中国古代财政史上，实物与力役为主具

---

① 关于沉银的主要成果有：方明、吴天文：《彭山江口镇岷江河道出土明代银锭——兼论张献忠江口沉银》，《四川文物》2006 年第 4 期；万明：《张献忠为什么会有大量白银沉于江口》，《中国史研究动态》2016 年第 4 期；杨君：《"张献忠沉银"银锭初考》，《澳门研究》2017 年第 3 期；刘志岩等：《四川眉山市彭山区江口明末战场遗址 2017 年 II T1066 发掘简报》，《四川文物》2018 年第 5 期；张彦、姚刚：《"江口沉银"遗址发掘后对张献忠研究的几点思考》，《中华文化论坛》2018 年第 12 期；邓前程：《彭山"江口沉银"考古发掘的学术价值探讨》，《中华文化论坛》2019 年第 4 期。

有普遍性与延续性，到明代发生了重大变革。大风起于青萍之末，明初国家禁用金银交易，非法货币白银崛起于市场，使市场经济萌发，引领了货币化进程——一系列地方赋役—财政改革，最终完成于国家财政货币化，中国首次出现货币财政。万历初年的《万历会计录》，已明确显示"折银"到"征银"的大势所趋，张居正改革在清丈田亩基础上，推行赋役统一征银，表明明朝国家财政体系从实物与力役为主向以白银货币为主全面转型，标志着明代中国从传统赋役国家向近代赋税国家的转型。"江口沉银"正是明代中国从传统到近代重大转型的历史见证。下面依据《江口沉银：四川彭山江口古战场遗址考古成果》（国家博物馆考古成果展览）所展示的，从万历二十六年（1598年）到大顺二年（1645年）的大约40年间，考古发现有铭文的银锭45件，其中明朝银锭33件，大西朝银锭12件，分别加以简略分析与诠释，最后归纳粗浅认识，以见教于方家。

1. 明朝银锭：铭文及其简释[①]

湖广衡州府耒阳县征完万历二十六年分艮（银）太仓银伍拾两，万历二十六年五月。

按：太仓库，明朝储存银两的仓库，隶属于户部。正统七年（1442年）户部设太仓库，所派各直省麦米的剩余部分，以及十库中绵丝、绢丝、绢布及马草、盐课、关税等折征的银两，均纳入太仓库。此外，凡籍没家财、变卖田产、追收店钱、援例捐纳的钱财也都纳入太仓库。太仓库也储存粮食，但是由于主要储存银两，因此又称为"太仓银库"。

征完万历二十七年分都水司正银壹百两正，万历二十七年四月□日，武冈州知州应楠，吏何添继，银匠王文青。

按：武冈州属湖广宝庆府。都水司为明代工部四司之一都水清吏司的简称，在白银货币化过程中，中央财政分化，不仅户部有货币财政收入，

[①] 王春法主编：《江口沉银：四川彭山江口古战场遗址考古成果》，北京时代华文书局2018年版，第140—202页。其中有的银锭因地区归并，故打乱了原书排列次序，特此说明。此书承李飞先生惠赠，在此深致谢忱。

工部也有货币财政收入，这里就是湖广武冈州征收上缴工部都水司的税银。

> 巴陵县征完三十二年庶人口粮艮（银）五十两正，万历三十六年六月□日，知县林，艮（银）匠孙福。

按：巴陵县属湖广岳州府。亲藩不法，被废为庶人，国除。如辽王是朱元璋第十五子辽简王朱植的后人，初封广宁，"靖难"后改封湖广荆州，被废辽王称辽庶人。隆庆初年，巡按湖广御史郜光先劾他十三大罪，朝廷命官前往勘问，辽王"淫虐僭拟"属实。穆宗念为宗亲，免其死罪，废为庶人，禁锢凤阳高墙。而即使是废为庶人，明朝万历七年礼部会议，准宗藩条例："一议得罪宗庶人与高墙家属释放者，俱例给口粮七十二石"。[1] 此银锭表明，所谓"口粮"，在万历后期已经形成正式赋税——"庶人口粮银"。

> 蒲圻县征完天启六年南粮改折艮（银）五十两正，银匠郑彭芳。

按：蒲圻县属湖广武昌府。根据文献记载：天启五年八月南京户部为南粮改派移文核实，湖广司查，"该省南粮改折，系万历四十六、八两年奉有明旨，照钦定额数，每年折银一十三万两，并无耗脚加派。其余四十五年、四十七年、天启元年起至今止，俱系本色，并无改折"。[2] 故此南粮改派属于特例。

> 巴陵县征完崇祯□年分轻赍银伍十两。

按：明代漕粮之一种，为随漕征收之一种税费。明朝漕粮在由民运改为军运后，令百姓在缴纳正项漕粮的同时，加征耗米，除部分为随船给运

---

① 万明、徐英凯：《明代〈万历会计录〉整理与研究》（一），中国社会科学出版社 2015 年版，第 690 页。
② （明）区大相、区大伦撰，刘正刚整理：《区太史诗文集》（外二种），齐鲁书社 2017 年版，第 636 页。

外，余米折银，称轻赍银。① 各司府州县每年随正粮一并征完。

　　　　石门县征完辽饷伍拾两。

　　按：石门县属湖广岳州府。明朝正式加派，起于万历四十六年（1618 年）的辽饷加派，规定全国田地每亩加征辽饷 3.5 厘，前后三次，每亩计加征 9 厘。此银锭年代缺失。

　　　　通城县征完五年本府秋粮艮（银）五十两，知县朱宗让。

　　按：通城县属湖广武昌府。明朝两税有夏税与秋粮，田赋统一征银以后，此即秋粮征银。此五年待考，查清《通城县志》："明季知县朱宗让于天启四年在任有传。"② 因此，此银锭应为天启五年之征。

　　　　武昌县征完本年分庶人口粮银伍拾两。崇祯四年十月□日，掌县事杨，艮（银）匠孟车。

　　按：武昌县属湖广武昌府。庶人口粮银的名目，已见上巴陵县征税。

　　　　麻城县崇祯九年太仓银伍拾两，艮（银）匠张示。

　　按：麻城县属湖广黄州府。太仓银已见上耒阳县征税。

　　　　黄冈县银伍拾两正。

　　按：黄冈县属湖广黄州府。县征税银，时间缺失。

　　　　沅陵县征完解司裁充兵饷银五十两，崇祯十年八月□日，银匠姜

---

①　（明）申时行等：《明会典》卷二七《户部》十四《漕运·脚耗轻赍》，中华书局 1989 年版，第 199—200 页。

②　《通城县志》卷六《循良传》，顺治九年刻，康熙十一年增刻本。

国太。

按：沅陵县属湖广辰州府。解司裁充兵饷银，崇祯年间命有司裁减一切浮费，以充兵饷。银解运到省里，即布政使司。

京山县十五年，主粮助饷肆拾两。

按：京山县属湖广承天府。助饷，是为筹措镇压经费而增设的名目。崇祯八年，湖广巡抚卢象升首倡湖广等五省乡官及有田之家出"助饷银"，助饷银征派对象分乡官、非乡官两类，因粮输饷，以税粮高低定助饷多少，故又有因粮之称。每亩田赋银 1 两，加征 1 钱，是以助饷为名的加派。此银锭时间可断为崇祯十五年。

景陵县拾一年饷伍拾两，知县吴。

按：景陵县属湖广承天府。此为县征军饷银，时间上应为崇祯十一年。

桂阳州饷，崇祯拾伍年，伍拾两。

按：桂阳州属湖广衡州府。此州征军饷银。

衡阳县征完崇祯十五年分轻赍艮（银）伍十两，艮（银）匠刘永。

按：衡阳县属湖广衡州府。轻赍银见上巴陵县。

益阳县义助银伍拾两。

按：益阳县属湖广长沙府。义助银是明末一种名义上的捐助，实际上的加派。时间上可推测为崇祯年间。

湘潭县运粮官军行月银五十两。

　　按：湘潭县属湖广长沙府。行月二粮，是运粮官军行粮和月粮的合称。根据明朝制定的《月粮则例》，以月支米为单位支放。官军每月所发的军饷称月粮，出征时加给的粮食称行粮。万历初年"京营官军食粮则例"，显示"外卫班军春秋二班"的行粮已折银。[1] 明后期军制发生重大改变，由卫所制改为募兵制，至明末月行粮均给以银两，并形成了税收的名目。此银锭年代缺失。

　　　鄱县征完崇祯六年分马舡银伍拾两。

　　按：鄱县属江西饶州府。马舡，始自洪武年间诏湖广岳州等府造马舡运送马匹以达京师，以民夫运送。永乐迁都北京后，专以运送官物。嘉靖十二年（1533 年）奏准：马舡原派水夫，湖广等处每名每年征工食银三两五钱，料价银一两五分；江西照安庆府例，工食银五两，料价以两，宁国府工食银六两，料价银一两。[2] 征收的马舡银，包括运夫和料价，是一并入秋粮派征，征收货币税。

　　　赣州府十四年分宗禄五十两，银匠肖良。

　　按：赣州府属江西布政司。宗禄银，是岁供藩王的银两，宗室所领俸禄。明代实行分封制，嫡长子继承皇位，余子分封为王。洪武九年（1376 年）二月开始分封，皇子封亲王，下天子一等。亲王嫡长子立为王世子。诸子封郡王。郡王嫡长子为郡王世子，郡王诸子授镇国将军（三品），孙授辅国将军（四品），曾孙授奉国将军（五品），玄孙授镇国中尉（六品），五世孙授辅国中尉（七品），六世孙以下皆为奉国中尉（八品）。亲王年长建藩就国，称藩王。明初定诸王岁禄，均以粮计，名禄米。洪武二十八年（1395 年）更定禄米标准是：亲王岁给禄米万石，郡王二千石，镇国将军一千石，辅国将军八百石，奉国将军六百石，镇国中尉四百石，

---

①　万明、徐英凯：《明代〈万历会计录〉整理与研究》（一），中国社会科学出版社 2015 年版，第 760 页。

②　（明）申时行等：《明会典》卷二〇〇《工部》二〇《河渠·马船》，第 1002 页；《明会典》卷一五八《兵部》四一《南京兵部·车驾清吏司》，第 813 页。

辅国中尉三百石，奉国中尉二百石；公主及驸马二千石，郡主及仪宾八百石，县主及仪宾六百石，郡君及仪宾四百石，县君及仪宾三百石，乡君及仪宾二百石。[①] 规定"凡亲王每岁合得粮储，皆在十月终一次尽数支拨……又令亲王钱粮，就于王所封国内府分照依所定则例期限放支"。[②] 宗室子弟"其生也请名，其长也请婚，禄之终身，丧葬予费，亲亲之谊笃矣"。[③] 包括郡王的护卫及仪卫人役、乐户的"俸饷"也"皆支于官"。伴随白银货币化的铺开，禄米先是"折银"，再到"征银"，形成了宗禄银的税名，成为货币税收。此银锭年代有所缺失，仅见"十四年"，万历初年张居正改革以后征银普遍展开，故此银锭也可推测为万历十四年，但为张献忠所得，更可能为崇祯十四年。

　　　　武宁县解改编抵禄银伍拾两。

　　按：武宁县属江西南昌府。据《王国典礼》记载："嘉靖十一年题准：王府缺欠禄米，行抚按官通查三司府州县，问追过徒工粮价，并将充发仪从，不必滥收银，在官通融处补，如再不敷，于该司府动支无碍官钱赃罚纸米，并商税地租等项补给。遇灾蠲免，于成熟地方量为拨补，或查存留之数辏支。"[④] 武宁县解送的是经过改编补抵的宗禄银。此银锭年代缺失。

　　　　庐陵县银伍拾两，李。

　　按：庐陵县属江西吉安府。庐陵县银税，年代缺失。

　　　　清江县五年扣除力夫伍拾两。

　　按：清江县属江西临江府。力夫，指充作劳力及杂差使的人，地方政

---

① 《明太祖实录》卷二四二，洪武二十八年十月庚寅，第3517页。
② （明）朱勤美：《王国典礼》卷三《禄米》，明刻增修本。
③ （清）张廷玉等：《明史》卷一一六《诸王传》，中华书局1974年版，第3557页。
④ （明）朱勤美：《王国典礼》卷三《禄米》。

府杂役改为征银雇募，力夫银的征收，反映赋役合一，役的入税。

> 四川十四年四司戥（银）伍十两，抚臣廖大亨，司臣侯安国，解官唐皋，按臣陈良谟。戥（银）匠郭一元。

按：四司银，应指工部四司征收的税种。查《四川通志》，廖大亨为崇祯中任四川巡抚，[①] 可知银锭上的十四年，应是崇祯十四年（1641年）。

> 四川十四年行税戥（银）伍拾两，抚臣廖大亨，司臣侯安国，解官唐皋，承差丘起龙，按臣陈良谟。戥（银）匠郭应。

按：行税银，是向行商所征的税种。廖大亨为崇祯中任四川巡抚见上，可知银锭上的十四年，应是崇祯十四年（1641年）。

> 四川十六年地亩戥（银）伍拾两。抚臣陈世奇，司臣张有□，解官杨光裕，按臣刘之勃，承差石文光，戥（银）匠郭元。

按：万历四十六年（1618年）为筹集抵御后金入侵的军费，明朝在田赋上加派9厘地亩银，称辽饷，是加派地亩赋税银，并入田赋正项征收，是明末三饷加派之始。查《四川通志》，陈世奇为崇祯中任四川巡抚，[②] 可知此银锭上的十六年，应是崇祯十六年。

> 邛州知州李新禄，经承赵胡，银匠王应弟。

按：邛州属四川布政司。此银锭为50两，上无錾刻税种，也无时间与重量。

---

① （清）常明、杨芳灿等纂修：《四川通志》卷一〇〇《职官志》二《题名》，巴蜀书社1984年版，第5册，第3146页。
② （清）常明、杨芳灿等纂修：《四川通志》卷一〇〇《职官志》二《题名》，第5册，第3146页。

宾州倾解叁年赡田银伍拾两，匠关。

按：宾州属广西柳州府。明朝定有宗室赡田银，是加派以补宗禄，由地方政府征收交与王府。崇祯时户部尚书毕自严《度支奏议》记载："累朝封建锡有赡田，殊恩出自常禄之外，多寡从无一定之规。今惠桂两王抵国经年，赡田开报，远不及额。楚中诸臣议搜括，则楚封独多，悉索殆尽；言加派则□困已极，剥削难堪，"[1] 又有"查惠桂二藩赡田俱坐派各省州县"之语[2]，说明赡田银不仅在藩王封地征收，而且是在各省以赡田之例而行坐派。此银锭的三年，推测是崇祯三年。

贺县解六年赡租银伍拾两正，贺县银匠杨明。

按：贺县属广西平乐府。赡田的派生，有赡租银。崇祯时毕自严《度支奏议》载"覆惠王奏催赡田并请协济租课疏"，恳乞皇上再颁严敕，"一面先解租银，一面搜括实田，以资赡养"。[3] 此银锭上的六年，推测是崇祯六年。

桂平县起解税契银五拾两，经征官李廷植，艮（银）匠邓英。

按：桂平县属广西浔州府。税契是国家财政的一项税收，起源于东晋，是对买卖奴婢、马、牛、土地、房屋出立的契约课征，称为"输估"，宋朝称"印契钱"。洪武二年（1369 年）规定："凡买卖田宅头皮，赴务投税。正课外，每契本一纸，纳工本铜钱 40 文，余外不取多取。"[4] 可见明初本来征收铜钱，后来在白银货币化进程中，逐渐为征收白银所替代。此银锭年代缺失。

兴安县解饷艮（银）。

---

① （明）毕自严：《度支奏议·湖广司》卷一，崇祯刻本。
② （明）毕自严：《度支奏议·新饷司》卷二十九。
③ （明）毕自严：《度支奏议·湖广司》卷二。
④ （明）申时行等：《明会典》卷三《户部·商税》，中华书局 1989 年版，第 255 页。

按：兴安县属广西桂林府。饷银，是军饷银。此银锭上年代缺失，也没有重量记载，但是是五十两银锭。

云南布政使司解崇祯拾肆年分，新饷襟项银伍拾两，差官李光先，银匠高士俊。

按：辽饷亦称新饷，始征于万历四十六年（1618 年），主要用于辽东军事防御。到四十八年止，按亩征收，一度征及榷关、行盐及其他杂项银两。史载，光宗元年九月"户部尚书李汝华请立新饷司，理辽饷五百余万，而以本部原任王事鹿善继董其事。上从之"。[①] 崇祯二年（1629 年），又以军饷不足为由，再次加派，计增 165 万两。每年征收的辽饷高达 680 万两。崇祯十年（1637 年）明朝为筹措军费，有剿饷出台，一年为期每亩加征米 6 石，每石折银 8 钱，以后又亩加银 1 分 4 厘，先后共加派剿饷 330 万两。崇祯十二年（1639 年）为增练兵对付农民军，每亩加练饷银一分，共得剿练饷银 730 万辆。三饷加派合计约 2000 万两。此外还有助饷，义饷等加派，合并又称新饷。崇祯时户部尚书毕自严《度支奏议》有《新饷司》三十六卷，并附有奏报新饷出入大数疑一卷。

河南省偃师县秋粮银，天启伍年银伍拾两。

按：秋粮银见上通城县。

电白县解饷银伍拾两，匠陈让。

按：电白县属广东高州府。饷银即军饷银，此银锭上不得缺失。
综上，共计 33 件银锭，银锭铭文内容并非整齐划一，简单归纳有如下特征：
（1）地域范围：包括湖广、四川、两广、江西、河南、云南 6 省。以湖广为最多，达 16 件；江西 5 件；四川 4 件；广西 4 件；云南、河南、广东各 1 件。

---

① 《明光宗实录》，光宗元年九月甲午，钞本。

（2）银锭年代：包括万历、天启、崇祯时期的，最早是万历二十六年（1598 年）、最晚是崇祯十六年（1643 年）。其中万历年间 3 件，天启年间 3 件，以 10 件年代缺失，经考，大多是崇祯年间的。

（3）税名。明朝银锭没有成色名称，只有税名[①]，包括太仓银、饷银、秋粮银、新饷襟项银、赡田银、赡租银、庶人口粮银、轻赍银、辽饷、解饷、运粮官军行月银、义助银、行税银、地亩银、税契银、四司银、扣除力夫银、宗禄银、改编抵禄银、马舡银、州饷、县饷、主粮助饷、司裁充兵饷银、南粮改折银，名目五花八门，共 25 种税收名称。其中"饷银"最多，指军饷，明末大都属于加派。

（4）文字多寡不一，排列也不一，横竖都有。最典型的是四川十四年、十六年的铭文，上面横排，下面竖排，并不规整。

（5）异体字的使用。明朝人用异体字"㫔"代"银"，可见于湖广、广西、四川的 11 件将银写作"㫔"。"㫔"是"银"的异体字，也是"银"的代用字，是当时通行文字的真实记录。值得注意的是，在明朝人的用法中，"㫔"与"银"是异体字，应该是同音的。[②]

（6）重量，基本上是五十两一锭，[③] 有 2 件铭文上无重量，但实际重量是 50 两的；也有 2 件是例外，一件 100 两，还有一件 40 两。

以上"江口沉银"中明朝银锭的年代，是从万历二十六年（1598 年）到崇祯十六年（1643 年）所铸，长达 40 年间明代白银货币化完成的典型例证。银锭 11 件上，有"征完××银"的铭文，"征完"二字，清楚地说明了明朝赋税征收的是白银，已经不是实物折银的过渡阶段，而是直接派征白银货币税的货币财政。银锭铭文体现了明朝赋役合一、统一征银、官收官解的货币税收特征，重要的是，从这些银锭，我们可以确切了

① 周祥：《上海博物馆新获银锭考——兼论宋元时期银锭的断代》（《上海博物馆集刊》2002 年第 9 期），通过银锭铭文见到的南宋白银成色名称有花银、真花银、肥花银、渗银、细渗银、真光银和十分银七种。比较一下，明代银锭铭文在这一点上有很大不同。

② 杨匡和：《泰州学派王艮读音不可为银——与方志远先生商榷》（《泰州学术》2016 年期），从语音学、文字学角度，指出方志远先生根据王阳明为弟子王艮改名"银"为"艮"的史料，提出王艮的"艮"字的读音应为"银"的观点在学术上是不成立的。这里的银锭铭文说明，在明朝人的书写中，所用"㫔""银"是异体字，也可以说"㫔"是"银"的简体字，那么在明朝这两字的读音自然可以是相同的。

③ 刘志岩等：《四川眉山市彭山区江口明末战场遗址 IIT1066 发掘简报》（四川文物 2018 年第 5 期）注：以明代的五十两为标准，五十两及以上定义为大银锭。据明代衡制，一两约等于今 37 克。

解到货币税收在明末得到了切实实行，完全不是神话。史界以往在明代财政史上一直关注定额化问题，而实际上晚明从实物税收转化为货币税收，制度改革运行中情况千变万化，极为繁杂，不断地加派激化了社会矛盾，成为加速明王朝覆亡的原因之一。

2. 大西朝银锭：铭文及其简释[①]

　　　　西朝眉州大顺元年分大粮银伍十两正，艮（银）陈启荣。

　　按：眉州属四川布政司。大粮银之征，源自明朝。《明实录》天启三年二月，兵部职方司员外郎孙学诗上言班军事，云"计每年本部大粮银九万一十七百五十余两"。[②] 天启六年八月，又见兵部尚书冯嘉会言："凤阳等十六卫所应解春班大粮银二万九千两。"[③] 上述会计大粮银是明代班军专门税收之一种，大西政权沿袭了明朝税种名称和征收货币税。

　　　　灌县征完元年分粮银伍拾两，艮（银）匠陈举。

　　按：灌县属四川成都府。粮银，应是正赋税银。

　　　　西朝成都府绵竹县知县□□□，元年征银伍十两，户吏杨崇圣，银匠梁启登。

　　按：征银，是货币税收。

　　　　元年崇庆州解大粮银伍拾两，银匠李坚。

　　按：崇庆州属四川成都府。大粮银，见上眉州。

---

① 王春法主编：《江口沉银：四川彭山江口古战场遗址考古成果》，北京时代华文书局2018年版，第52—74页。
② 《明熹宗实录》卷二十六，天启三年二月戊辰，钞本。
③ 《明熹宗实录》卷七〇，天启六年八月辛亥。

德阳县解完大顺贰年军饷银伍拾两，银匠雷刘太。

按：德阳县属四川成都府。军饷征银。

汉州征完大顺二年分军饷银伍拾两，户吏王应祥，银匠沈成仁。

按：汉州属四川成都府。军饷征银。

简州征完大顺贰年分边仓银伍拾两，有门，经承章成玉，银匠李翟祥。

按：简州属四川成都府。边仓银，大西朝此税的推行，缺乏其他相关文献说明。在明朝仓储系统中，设置"边仓"以储边粮供给，明代四川周边存在大量的驻军边镇，需要从内地运输粮食到边镇解纳。明代成弘以后行开中法，开中法折银是明朝盐政重大变革，后边地纳粮换引，逐步改为纳银换引，"边仓"由粮向银发生了货币化转变。因此，虽然明朝文献未见边仓银之名，但是成为大西朝税收之一种，应是与货币化有所关联。

井研县申解大顺二年分□井盐课银伍拾两正，艮（银）匠肖廷贵。

按：井研县属四川成都府。申解即解送，井研县有盐井之利，井指盐井，研是精美之意。历史上汉朝置井研镇，隋朝置井研县。盐课，明朝弘治时以本色改折银，正德年间计引定银课之额。[1] 明朝已开征盐课货币税，大西朝此税渊源有自。

罗江县征完大顺贰年分边仓银伍拾两正，有门，银匠李刘王，经收章范董。

---

① 万历《四川总志》卷一九《盐法》："弘治十七年灶丁杨南清奏将盐课本色改征银两，罢先年召商引目不行。"万历刻本。

按：罗江县属四川成都府。边仓银见上简州。

潼川府太安县征完大顺二年分条艮（银）五十两一定（锭），艮（银）匠高德十。

按：潼川府太安县属四川布政司，大西政权改潼川州为潼川府。条银，是一条鞭税的简称，在明朝已经形成一种税收称谓。朱燮元《督蜀疏草》有《举劾四川有司疏》："一本官征收大粮条银，重取火耗，每银一两外加一钱。"① 大西朝明显是沿袭明朝征收一条鞭税。

西朝温江县知县董荣，吏胡连，艮（银）匠李英。

按：温江县属四川成都府。此银锭上的錾刻没有说明具体税种，也没有年代与重量，但是是五十两银锭。

西朝双流县，艮（银）匠黄杨。

按：双流县属四川成都府。此银锭上的錾刻没有说明具体税种，也没有年代与重量，但是是五十两银锭。

综上，共有大西政权银锭12件，很明显，大西政权的赋税征收银两，即货币税，不仅在铭文格式上，而且在税名税种上也呈现了对明朝赋税的继承性。银锭铭文内容并非都整齐划一，归纳起来有如下特征：

（1）地域范围：除了眉州、潼川府2例外，都在成都府范围内。

（2）银锭年代：只有大顺元年、二年的，与大西政权存续时间一致。

（3）税名：与明朝银锭相同，只有税名，没有成色。包括大粮银、粮银、边仓银、军饷银、井盐课银、条银6种，均为明朝税名的沿袭。

（4）文字多寡不一，排列也不一，横竖都有。

（5）用异体字，与明朝银锭铭文相同，"艮"与"银"通用。

（6）重量：全部为五十两一锭。

综上，其中5件有"征完××银"字样，1件是"征银"，足以证明

---

① （明）朱燮元：《督蜀疏草》卷一二，清康熙五十九年朱人龙刻本。

大西朝财政上实行货币税的征收。其中 3 件有"解"的字样，说明地方官的财政职能，与明朝财政同样，是官收官解。大西朝银锭铭文与明朝银锭铭文具有共同特征，说明大西朝货币财政是明朝货币财政的沿袭。

（三）考古与文献：基于白银货币化的分析

1. 江口沉银：明朝货币财政的历史见证

上述明朝银锭，最早的是万历二十六年（1598 年），最晚的是崇祯十六年（1643 年），时间跨度上大约 40 年，从铭文可知，均为明朝赋税银两。这些银锭实物的发现，具有很高的学术价值。根据"江口沉银"银锭铭文，银锭的定义是税银，是明朝直接征收白银货币赋税的铁证。大多数铭文上錾刻有"征完×××银"字样，"征完"二字表明，明朝以银为征收形态的赋税征纳完毕，"××银"则是以银命名的各种税名，这确切反映出万历以后白银货币以国家财政税收的法定形式得到确立，在全国征收白银货币税并制度化。大量沉银银锭发现的意义，也正是在印证货币财政这一点。

关于张献忠沉银，以往集中在传说与文献考证上。考古文物的大量发掘，为深入研究提供了绝佳条件。鉴于目前已有对于银锭铭文的初步考察，仍出现田赋折银的解释，我们认为存在着一个带有根本性的认识误区，即货币财政概念模糊的问题。因此，我们需要对银锭的定义、内涵等作出合理的界定，以厘清概念的问题，并对银锭整体历史背景与事件发生机理进行深层次探讨。

田赋是明朝财政的主要来源，明初明太祖"即位之初，定赋役法，一以黄册为准，册有丁有田，丁有役，田有租，租曰夏税，曰秋粮，凡二等，夏税无过八月，秋粮无过明年二月"[①]，但是这一切都被来自市场的白银打乱了。概念是反映事物的本质属性和特征的问题，如果我们从白银货币化—财政货币化过程出发考察，明初禁止金银交易，非法货币白银崛起于市场，后得到官方认可，形成社会流通领域的主币，再到国家财政的赋税主体，经历了一个漫长的货币化过程，整个过程经历了由实物财政向货币财政过渡阶段的"折银"，再到实现明朝财政的终极目标"征银"的完整过程。"折银"与"征银"是两个概念，货币化并非是一步到位的，主要经历了两个阶段：第一个是"折银"的阶段，是实物改折银的征收；

---

① （清）张廷玉等：《明史》卷七八《食货志》二，中华书局 1974 年版，第 1893 页。

第二个是"征银"的阶段，也就是直接征收白银，最终"征银"形成了财政货币化，即货币财政。因此，我们看到上述明朝银锭中，只有一例"南粮改折银"提到"折银"，这是明朝根据需要保留的漕粮改折，属于一种特例。"江口沉银"印证了晚明白银不仅成为最基本的财政税收单位，而且名副其实地成了全国推行的税收形态，明代白银货币化不可逆转地完成于财政货币化，是一个客观历史事实。

值得注意的是，明朝从未正式宣布以白银为官方法定货币，查阅明代典章制度中也根本没有"银法"。迄今为止，大多学者仍然相信清修《明史》的记载，以英宗正统元年为"弛用银之禁"，"朝野率皆用银"的开始。实际上，查阅大量官私文书，英宗正统初年不仅没有"弛用银之禁"的法令，而且一直在力保宝钞，更没有"朝野率皆用银"的现象发生，所谓折收的"金花银"，也是多种实物折色之一种，而非专一折银；更何况其名称也是在后来才出现。① 关于折色，在历朝历代财政中都存在，明初洪武年间已经出现，特点就是以多种实物相折，不仅只是白银一种。那么货币化的强劲趋势在何时才出现？官私文书记载可以证明，成化年间才是一个关键的拐点，来自市场自下而上的潮流与自上而下的默许推行相汇合，明朝开始大规模赋役改革——折银推向全国。这与白银已成为社会财富的代表形态密切相关，以致朝廷重臣丘濬上奏有以白银为上币之议。② 与此同时，上上下下的白银需求，促使私人海外贸易蓬勃发展，中国市场与海外市场连接起来，导致海外白银流入中国，推动了白银货币化进程，也即从实物税向货币税的转变过程。

笔者前此对《万历会计录》整理与研究③表明，张居正改革的核心是财政改革，在地方一系列赋役改革推动下，《万历会计录》中已经出现了实物与白银的二元结构。我们的统计分析结果是：万历初年明朝财政在实银收支上，有高达1573915.76两的赤字，因此，认为16世纪80年代明朝国家财政明显处于危机之中，这无疑必将促使改革加速向以白银货币为主的财政体系转型。随后，笔者利用《万历会计录》与《赋役全书》等

① 万明：《明代白银货币化的初步考察》，《中国经济史研究》2003年第2期。
② 万明：《白银货币化与中外变革》，万明主编：《晚明社会变迁：问题与研究》，商务印书馆2005年版，第217页。
③ 下面理论观点请参见《明代〈万历会计录〉整理与研究》（一），《绪论》。

文献资料，论证明朝实现了从实物税到货币税的财政体系转型，是中国古代货币财政的开端，也就是古代赋役国家向近代赋税国家的转型，但是研究一直停留在文献层面上。这次考古文物的大量发掘令人惊喜，为明代白银货币化研究提供了重要的实物资料，是新发现的"原始史料"，这些历史上直接留存下来的史料，可以弥补文献的缺陷，充分显现其自身弥足珍贵的学术价值，成为明代白银货币化—财政货币化—财政结构变革—财政体系转型的历史见证。更重要的是，以此为证，可以确知张居正改革以后，明朝推行了史无前例地以征收白银货币为主的货币财政，这是中国古代货币财政的开端。

　　以往学界的关注点聚集在一条鞭法，忽略了整体财政体系的转型才是问题的关键。晚明白银成为统一的财政计量标准和统一的征税形态，这是划时代的变革。白银在国家财政上的法定主导地位得到确立，货币财政破天荒地出现了。有货币财政，就需要有货币财政管理，因此，这也是中国古代货币财政管理的开端。征收货币税成为各级政府官员管理职能的重中之重，同时改变了明初财政体系的民收民解，形成官收官解，这一点在明朝沉银银锭铭文上，也充分体现了出来。我们看到在 7 件银锭铭文上，有"解"的字样。"征"与"解"都成为地方各级官吏的职责，货币财政带来的是国家治理模式的变化，这是不言而喻的。官员考选"惟论钱粮"①，即地方官首以"钱粮为重"，"完钱粮"成为地方官考核的第一项内容。当时所谓"钱粮"，只不过是白银的代名词。明朝当时采取在全国州县官府设立银柜，令民自行投柜的办法，以免吏员、书办等人从中贪污，但是具体实行过程却因各地区经济发展不平衡，显示出的情况和程度不尽相同。如果按区域划分，大致可分为四种类型：第一是东南沿海地区，这一区域有外来白银的直接输入的地区；第二是江南地区，是社会经济发展，货币商品经济发展的地区；第三是北方，边饷制年例银形成了大量白银北上，主要由朝廷运作直接输送白银的地区；第四是边远地区，经济发展比较落后，但是国家赋役货币化，田赋税收与力役征银，属于制度改革的强制性方面，因之白银也逐渐向这些地区渗透展开，但由于货币白银少，造成了农民负担的日益加重。但是，晚明即使是在社会经济发展水平较低的地区，赋役货币化也已成为一个普遍的社会现实。

---

① （明）李清：《三垣笔记》附识卷中，清钞本。

　　"江口沉银"的银锭，是明朝货币财政的历史见证，可以宗禄银为例。一直以来史界谈及宗禄，大多仍然引用明初规定的禄米之数，而极大地忽略了成化以后明代白银货币化在官方需求下，以赋役折银的方式向全国迅速铺开，此后粮食等实物和力役逐渐以白银货币所代替，万历以后普遍征银，宗室禄米也不例外。《万历会计录·宗藩禄粮沿革事例》记载成化十六年户部尚书陈钺提出"原系本城大府收者，仍照旧收支。俱不许故违事例，多折银两……。"① 可见当时已有折银发生。《明世宗实录》载，嘉靖八年（1529 年）议定："荆、襄、辽、寿等王府禄米，宜如楚府则例，一体折银解纳。亲王每石折银七钱六分三厘，郡王每石七钱，将军、中尉、郡主、夫人、仪宾每石五钱。"② 也可见此前楚王禄米已经完全货币化，形成了则例。在江西，地方志中明确记载："亲王禄米岁一万石，内本色米二千石，折色八千石，每石折银一两。嘉靖二十年复议本色米一并改折……各府庶□及例后庶人共二百五十五位，寨妇八位，春季该支本色禄粮银一千八十四两三钱五分，通计岁该银四千三百三十七两四钱……。"③ 这里的"该支本色禄粮银""通计岁该银"的数字背后，是地方宗禄银税目的形成和全面推行银税的征收。依据《万历会计录》卷三二《宗藩禄粮》的数据进行统计，在万历初年户部的中央财政支出中，宗藩禄粮所占比例达到 29.76%，而统计显示宗藩禄粮货币化比例只有1.70%，在我们的河南田赋个案研究中，却说明藩王宗禄在地方田赋之中已经全部货币化了。造成这个中央与地方巨大误差的原因，我们认为是《万历会计录》的地方存留部分均体现为实物，故影响中央户部总的货币化比例偏低。④ 这也说明在从实物税到货币税的过渡阶段，我们应该特别关注地方具体运作实态，而货币财政开端，正是明朝地方财政体制形成的过程。

　　终明之世，明代白银货币化浪潮席卷全国，明朝财政形成清一色的白银核算与征收。考古发现"江口沉银"，如此多白银积聚在四川，确切地说为中国本土货币财政的开端，以及从古代赋役国家向近代赋税国家转型

---

① 《明代〈万历会计录〉整理与研究》（一），第 687 页。
② 《明世宗实录》卷一〇七，嘉靖八年十一月辛酉。钞本。事也见（明）范钦《嘉靖事例》，明刻本。
③ （明）王宗沐：《江西省大志》卷三《藩书》，万历二十五年刻本。
④ 《明代〈万历会计录〉整理与研究》（一），第 35—37 页。

的理论，提供了充足的基础资料。

2. 江口沉银：大西朝货币财政的历史见证

"江口沉银"研究，关联张献忠政权存亡的问题，是张献忠大西政权研究的重要课题。从以上大西朝银锭铭文简释，以及特征归纳，证实了张献忠大西政权不仅实施了"打粮"政策，而且沿袭了明朝征收白银货币的财政税收制度。这些沉银，产生于特定的明朝货币财政背景下，也是大西朝实行货币财政的历史见证。

江口沉银的发现，有利于解决原来有待厘清的相关若干问题：

（1）银锭概念与来源问题。征银，即征收白银货币赋税。这些银锭铭文上錾刻有重要信息，"××银"是各种税收的名目，如"粮银""饷银""轻赍银""义助银""禄银""税契银""行税银"等等。而"征完"是征收白银货币税的铁证。上文已经澄清了"折银""征银"的概念，不再赘述。"江口沉银"考古发现以来，沉银中明朝税收银锭的大量获取，大多学者认为是农民军攻占城池，获取于各地官府仓库和明朝藩王府邸的储藏。如崇祯十四年（1641年）二月，杨嗣昌欲将张献忠军困于四川的围剿失败，张献忠部攻占襄阳，处死襄王朱翊铭。在襄阳王府正殿，下令清点杨嗣昌积存在襄阳的饷金，籍没襄王府全部财产，"发银十五万以赈饥民"①，就是最好的例证。然而，许多学者认为银锭是大西军行军路线所得，却不尽然。我们查看地图，银锭所涉地区，并非都在张献忠所经行军路线上，除了湖广、四川、江西、广西等省，还有云南大西军未到过地区的。如果追寻那些银锭来源，就要谈到明朝杨嗣昌及其围剿计划了。明末"三饷加派"中有两饷与杨嗣昌有关。崇祯十年（1637年），明朝以兵部尚书杨嗣昌总理"剿""抚"农民军，杨嗣昌提出了"四正六隅十面网"之策，奏请增兵12万，并聚集各省的税银，允诺三个月之内平定农民军，于是形成了著名的"剿饷"280万；后来为了镇压农民军，又加派白银730万两，名为"练饷"。它们与先前抵御后金的"辽饷"（1618年开始征收），统称为"三饷"，成为百姓的沉重负担，是导致了王朝灭亡的重要因素。因此，沉银来源不仅是张献忠行军路线上获取的，而且有不少是明朝动用各地银税用于集中围剿农民军，也可以说大多是为筹措镇压起义的军费而加派的税银。

---

① （清）孙承泽：《山书》卷一四，清钞本。

（2）大西政权的财政问题。这方面的研究，以往由于缺乏资料而鲜少涉及。"江口沉银"大西朝银锭揭示了被尘埋了几百年的历史真相，补充了有关张献忠大西朝财政的重要史实。虽然大西政权存在时间短暂，但是大西政权明显沿袭了明朝财政制度，沿袭了明朝的货币财政。利用"江口沉银"研究历史，我们真切地体会到"编纂史料"和"原始史料"的不同。以张献忠的"钱粮三年免征"为例，那是张氏在长沙时发布檄文中的明确记载。根据文献记载，我们以往只知道张献忠有"钱粮三年免征"的财政政策。崇祯十六年（1643年）五月，张献忠攻克武昌，称大西王。活捉楚王，"尽取宫中金银各百万，辇载数百车不尽"。① 下令发楚邸金赈饥民，薪、黄二十一州县悉附。离开武昌以后，张献忠向南进攻，一路发展迅速，明宗室吉王与惠王逃到衡州（衡阳），张献忠追至衡州，吉王和惠王逃往广西，张在衡州分兵为三：一路以永州（今零陵）攻湘南，一路进攻广西全州，一路东进攻打江西袁州（今宜春）。五月回到长沙，在长沙发布了一个重要檄文。这就是著名的宣布"钱粮三年免征"的檄文，文曰："孤提天兵临长沙，一日之内两府三州归顺……所属州县士民照常乐业，钱粮三年免征。军民人等，各宜投册归顺，庶免屠戮。天兵临城，玉石俱焚，毋遗后悔。"② 需要说明的是，当时所谓"钱粮"，上文已经提及，早已是白银的代名词。张献忠的"钱粮三年免征"成为起义军宣传的一个有力口号，当时获得了很好的社会效果，在地方产生了很大影响。史载"流贼犯楚，实由人心惑于三年免征，一人不杀之伪示也"。③ 因此农民军扩大了发展，所向披靡。但是第二年张献忠就入川，在成都建立大西政权，即帝位，年号大顺。江口沉银中大西朝的税收银锭，确切地证明了"钱粮三年免征"只是一个空洞的口号，是建立政权之前一种暂时性政策，在时间上没有全面实行的余地。大西政权建立以后，自大顺元年就开始征收的白银赋税实物，消解了他在湖南、四川等地先后实行过"钱粮三年免征"政策的认识，也可以纠正以往认为张献忠政权只有钱粮免征，没有建立财税制度，影响政权不稳的认识。④ 因此，

---

① （清）彭孙贻：《平寇志》卷七，康熙刻本。
② （清）谈迁：《国榷》卷九九，中华书局1958年版。
③ （清）彭孙贻：《平寇志》卷八。
④ 万明：《张献忠为什么会有大量白银沉于江口》，《中国史研究动态》2016年第5期。

"江口沉银"银锭实物的发现,为研究注入了新的活力。从银锭铭文所记,我们可以确实了解到张献忠在建立政权以后,就开始了征税,而实行"钱粮三年免征"的说法,显然与史事不符。

银锭铭文说明,大西朝财政是明朝财政的沿袭。如果没有银锭的留存,我们就无法认清这段明末大西政权短暂的财政史。以大西朝银锭所见"条银"征收为例。明朝一条鞭是一种税收改革的方法,初名条编,后"编"也用为"鞭",或"边",是一种简化或称并税的方法,其出现是白银货币化促发一系列赋役改革的结果。晚明条编已形成一种专门税名而出现,此有文献记载为证:"自一条鞭法行,地租与丁银故未合也,其时增辽饷,所谓九厘饷,是辽饷与条编相并行,故世谓之条辽,又谓之条饷。自丁银摊入地租,而麂皮班匠优免皆同,于是粮户又谓之摊,而凡诸租赋皆合于一。则一条鞭法后之又一条鞭也。"① 发展到后来,"条外有条,鞭外有鞭",被后世称为"黄宗羲定律"。② 进一步说来,张献忠政权铸造的银锭,说明大西政权建立后立即沿袭了明朝赋税制度,采取了以银为税收形态,以银为财政主体,是将最有价值的财富大量集中在自己手中,充分反映了历史的延续性,而不是农民起义推翻旧王朝的断裂性。大西政权的制度依赖,反映了其政权性质必然是又一个王朝的建立,而不会将中国引向其他发展趋向。

(3) 明末农民起义军被称为流寇的问题。学界认为"流寇主义"的作战方式,是明末农民战争的显著特征。流寇主义,即流动性,不能建立根据地,因此没有稳固的基地,这与明朝初年朱元璋形成鲜明的对照,为什么会如此?在这里,从白银货币化视角出发,应该提出时代特征的问题,农民军的这一特征与有明一代社会经济结构变化有着紧密联系。"大军未动,粮草先行",在明末成为过去式,掌握了白银货币,可以所向披靡,极大地便利了军事行动的速度。这也影响所谓"流寇问题"的重新认识。明代白银货币化崛起于市场,是市场经济扩大发展的历史过程,明朝很快开始了从农业经济向市场经济的转变,晚明中国不仅建立起了全国市场,区域市场,并与全球市场相连接,带来了商帮兴起,劳动力市场形

---

① 道光《宝庆府志》卷八四《书户》,清刻本。
② 秦晖:《"黄宗羲定律"与税费改革的体制化基础:历史的经验与现实的选择》,《税务研究》2003 年第 7 期。

成，农民非农化，农业商品化，农村城市化等一系列的社会变迁。因此，社会流动性扩大发展，是一种必然的社会变动趋势，大量流民产生，社会的不确定或者说不稳定性，也就如影随形般地出现了。明末农民战争是在明代发生经济结构—社会结构变化之后，与历朝历代的农民战争有所不同。如果我们以元末与明末农民起义做比较，明末张献忠起义与元末朱元璋的起义，所走的路径是完全不同的。朱元璋建立政权是在农业经济基础上，首先建立根据地，保证农业生产恢复与发展，在根基稳定情况下建立起明王朝。但是明末张献忠遭遇的社会生态环境已经发生了重大变化，参加起义的人，身份上很多已经不是农民，而是流民或游民，以致清修《明史》将张献忠称为"流寇"，并不是偶然的，这也是时代赋予的特征。

从史实来看，张献忠从崇祯三年（1630 年）率领陕西米脂起义，至顺治三年（1646 年）战亡于四川西充凤凰山，十七年间，转战于陕、晋、川、豫、鄂、湘、皖、赣数省，五次进出四川，长期处于流动作战之中。崇祯十六年（1644 年），张献忠占据武昌，称王才两月，就放弃了武昌。继取长沙后，又不及百天即撤离。入川以后，据文献记载："饥则聚掠，饱则弃余，已因之粮，不知积蓄，地生之利，未闻屯种"① 他数十万大军统治的地域狭小，基本上是在成都附近十余县。发掘的考古沉银也基本上反映了这一状况。当时的社会财富主要代表物无疑是白银，张献忠采取没收官府官库白银和藩王地主的财产，征税以白银为主体，以"打粮""助饷"来筹集军饷，文献记载："献贼每五日十日一发人采粮，如一人不回营，领人管队小剥皮，同伴俱斩。"② "饬各州郡籍境内富民大贾，勒输万金，少亦数千金。"③ 将地方乡绅阶层乃至平民百姓都推向了对立面，造成社会生产的破坏，人心的动荡。成也萧何败也萧何，张献忠大量积累了白银财富，使得他的军队扩大发展得到保证，并且也开始建立了政权的财税制度，却因为战时只顾积蓄白银，极为忽视了农业生产而遭遇了失败。在一个政权建立之初，必须迅速稳定社会秩序，进行正常的生产与生活，而张献忠却适得其反，仍然主要通过打粮积累白银财富，充实财政，供应军饷。因此他的政权从战时转变到日常一直不能平稳实现，最后纵有白银

① （清）谈迁：《国榷》卷九八，第 5937 页。
② （清）欧阳直：《蜀警录》，见何锐等校点《张献忠剿四川实录》，第 190 页。
③ （清）刘景伯：《蜀龟鉴》卷三，清刻本。

却买不到粮食，可能成为大西政权的致命问题。四川素称天府之国，产粮大区，在万历初年中央户部财政会计总册《万历会计录》中，根据我们的统计，四川田赋起运量达到 84.28%，而货币化比例极低，只有2.01%①。但是几乎同时的四川省《四川重刊赋役书册》，揭示的却是全面以银代役，地方官府公费已全部以银核算与征收。② 此后明朝财政改革，全面推行货币财政，加之战乱，府库粮食空虚，导致社会动荡。任乃强先生在《张献忠屠蜀辨》一文中，提出了一种见解，认为缺粮导致张献忠的大肆杀戮，③ 养不了就大开杀戒，失去理性。在白银已经形成社会财富代表的背景下，新的农民政权不能立即着手恢复和发展农业生产，没有建立根据地的意识，而是一味搜刮白银，造成农业生产更为凋蔽的结果，产生饥荒也是完全可能的。

（4）大西政权失败原因的问题。大西政权不稳来自三方面军事压力：一是明军，二是地方武装，三是清军。其实自张献忠建立政权以后，治理问题就提了出来。以往对于张献忠失败的原因探讨，主要聚焦在张献忠的屠蜀问题，④ 对于大西政权经济政策关注不足。张献忠在成都称帝，建立农民政权，国号"大西"，改元"大顺"，置东阁、五府、六部官员，创制新历，开科取士，并铸造了"大顺通宝"铜钱。⑤ 铸钱是"取藩府所蓄古鼎玩器、寺院铜像，熔液为钱，其文曰：'大顺通宝'。"⑥ 大顺通宝的铸造，在明末实际上的银本位情况下，是否流通还不清楚，更何况即使流通也范围很小，时间很短。但是大西政权铸造的银锭，却是大西朝财税收入以银为主的铁证。顾诚先生指出，在成都期间，张献忠及数十万大西军将士和大西政权官吏的开支，仍主要依靠没收官库和"打粮"来解决。⑦大西政权存在仅两年时间，在这两年短暂时间里，张献忠严控白银财富，部下若"私藏金银一两，斩全家；私藏十两，本人剥皮，斩全家"。⑧ 如

① 《明代〈万历会计录〉整理与研究·绪论》（一），第 34 页。
② 《四川重刊赋役书册》，万历刻本。
③ 任乃强：《张献忠屠蜀辨》，社会科学丛刊编辑部：《张献忠在四川》，四川人民出版社1981 年版。
④ 马芸芸：《略述 60 年来的张献忠研究》，《中华文化论坛》2010 年第 4 期。
⑤ 刘敏：《大西政权铸币考》，《四川金融》1998 年第 2 期。
⑥ （清）徐鼒：《小腆纪年附考》卷八，中华书局 1957 年版，第 286 页。
⑦ （清）顾诚：《明末农民战争史》，中国社会科学出版社 1984 年版，第 307 页。
⑧ （清）刘景伯：《蜀龟鉴》卷三，清刻本。

大量沉银所揭示的，张献忠建立起了货币赋税制度，完全沿袭明朝的货币财政，征收的是白银货币税，务以搜刮民财——白银财富为目的，实行对富户"追赃助饷"的政策，"罚饷银皆以万计，少亦数千"，甚至从平民百姓获取了大量白银财富。所谓张献忠坚持了农民革命的政策和措施，必然要遭到地主阶级的顽强反抗的说法，在大量银锭发现以后，不攻自破。事实上张献忠采取了与明朝一致的货币税收，并且有暴力的"打粮"举措，这决定了其结果是悲剧性的，不仅不足以养活军队和政权，而且必然尽失民心，又怎么可能在四川建立起稳定的政权？文献记载："成都百里外，耰锄白梃，皆与贼为难，群起而杀贼所置郡县官吏。"[①] "贼威令所行，不过近省州县，号令不千里矣。献忠自知不厌人望，终无所成，且久贼之无归也，思挟多金、泛吴越、易姓名、效陶朱之游。于是括府库民兵之银，载盈百艘，顺流而东"[②]。得民心者得天下，这成为张献忠失败的根本原因之一。在顺治三年（1646 年）张献忠拟撤离四川时，其准备带走的"所聚金银"竟"载以千余艘"，"以千余人运之江干，三月始毕"。[③] 现在大量考古实物证实了大西政权的这一历史事实，而更重要的是揭示了以往文献研究中没有触及货币税收的问题。以此我们可以推测：张献忠在四川站不住脚，除了当时军事情势紧张，不能顾及生产以外，他在四川主要沿袭了明朝货币财政，大肆搜刮民间财富，特别是他的财富不仅来自明朝藩王宗室和地方官绅，而且来自四川平民百姓。由此看来，张献忠与明朝没有区别，不得民心，因此他的政权存在不会长久。

在这里，我们不能责怪张献忠积累了那么多白银财富，大西军荡涤了旧的社会结构，将官库以及藩王宗室收藏的大量白银收归己有，作为他的政权的经济基础，他以为有了白银就可以拥有一切，但是他却错了！为什么会这样？他重蹈了明朝末年的覆辙，造成军队食粮无法得到保证，并尽失了民心，可以说张献忠大西朝的失败，这是主要因素之一。

---

① （清）蔡毓荣、张德地等修：《四川总志》卷二六《贼盗·张献忠》，康熙刻本。
② （清）杨鸿基：《蜀难纪实》，见《富须县志》卷五《乡贤》下，光绪重刻本。
③ （清）沈荀蔚：《蜀难叙略》，何锐等校点：《张献忠剿四川实录》，巴蜀书社 2002 年版，第 107 页。

小 结

"江口沉银"考古及大量出土文物,不仅为研究张献忠部农民军及大西政权历史提供了新的实物证据,更是明朝与大西朝货币财政的历史见证。关于明代中国从赋役国家向赋税国家转型的理论,是从本土第一手文献资料中提炼出的转型理论,"江口沉银"的发现,为此理论提供了充足的实物基础资料。

17世纪处于前所未有的全球大变局中,中国成为全球史的重要组成部分。在这历史转换之时,张献忠作为明末农民战争的重要一支,在四川成都建立大西政权,国号大顺。这一政权只存在了两年多,就寿终正寝了。但是这一政权积累的大量财富,近年以"江口沉银"的考古发现浮出了水面。虽然考古工作仍在进行,现在我们还无法知道白银发掘的总数,但根据目前已发掘的"江口沉银",已使我们切实了解到当时大西政权积聚的白银惊人,也足以证明明朝张居正财政改革以后,统一征银是在全国普遍实行了的财政政策和制度,中国货币财政由此开端;而且"江口沉银"更揭示了以往鲜见知晓的历史真相:即明末农民战争中产生的新政权大西朝,同样以白银征收赋税,完全沿袭了明朝实行货币财政。

明代白银货币化,完成于财政货币化。白银作为国家与社会财富的代表,被明王朝确定为赋税核算单位和征收形态,从而改变了两千年历朝历代以实物和力役为主的传统财政体系,转向以白银货币为主的近代财政体系,开启了传统赋役国家向近代赋税国家的转型。江口沉银表明,在16世纪经济全球化开端时期,中国货币财政的出现,对于历史发展进程具有重大而深刻的影响:明朝白银赋税加派频仍,构成王朝覆亡的重要因素之一;明末农民战争是对聚敛白银财富的明朝腐败政治的荡涤,但是重蹈明朝覆辙的张献忠不遗余力征掠白银,是造成大西朝失败的主要因素之一。

第八章 余论：明代白银货币化
对于清朝建立的影响

在 2015 年第 22 届历史科学大会"全球视野下的中国"主题会议上，我发表"白银货币化：明朝中国与全球的互动"一文，[①] 评议人美国彭慕兰教授提出了"白银货币化对清朝影响"的问题，这正是本文探讨的缘起。鉴于有关明清鼎革方面的研究不胜枚举，学界往往聚焦政治史或文化史，在经济上主要关注一条鞭法与清朝的联系，对于白银货币化与清朝的关系，没有先行的研究。下面从白银货币化—财政货币化切入，探讨清朝稳固政权的治理经验与教训。我认为，清朝建立，首先面临的不是所谓"新清史"讨论的焦点"民族""文化"问题，而是政权生存问题，而财政是政权建立的重要经济基础，没有之一。鉴于笔者在以往研究中提出明代开启了传统中国从赋役国家向赋税国家的近代转型观点，因此本章循此考察白银货币化对于清朝的影响，换言之，清朝究竟继承了明朝什么？清承明制的基本内涵是什么？明代白银货币化开启的中国走向近代的历史进程，在明清鼎革之际是断裂了，还是在延续？下面略作探讨。

从全球史视野出发，在空间上是全球范围，在时间上聚焦于与 17 世纪全球危机相同时间段的明清鼎革，中国是 17 世纪全球危机的一部分。在这一历史时期，中外变革同时发生，国内国际不是"两张皮"，而是相互纠结在一起的中外变革与近代转型的历史进程。在这一进程中，中国经历了四个政权的轮番出现——明朝、李自成大顺朝、张献忠大西朝，直至清朝建立了稳固的政权。

[①] Wan Ming, "The Monetization of Silver in China: Ming China and Its Global Interactions", in *China's Development from a Global Perspective*, María Dolores Elizalde and Wang Jianlang ed., Cambridge Scholars Publishing, 2017.

　　白银货币化，显现的是时代特征，为明清鼎革提供了崭新的整体性思维，即中外联通的分析与研究视角。明代白银货币化源起于市场，是市场/社会与国家博弈胜出的产物，是早期市场经济的萌发，中国由此以内生原发性变革走向海外，将中国市场与全球市场连接起来，① 中国积极参与了 16 世纪经济全球化开端的建构，带来了市场经济发展的百年繁荣。重要的是，张居正顺时应势，改革核心是财政，推动白银货币化完成于财政货币化，在市场"看不见的手"与国家"看得见的手"协同运作下，推动传统财政体系从实物与力役为主到白银货币为主的近代财政体系转型，标志着中国与全球化趋同的传统国家与社会向早期近代转型的启动。从西方新财政史的角度来看，西方国家经历了从领地国家到税收国家的近现代转型，国家和社会治理模式发生了重大变化；在明代中国国家与社会的近代趋向型转型中，经历了从传统赋役国家向近代赋税国家的转型，国家与社会治理模式也发生了重大变化。财政货币化，传统财政体系史无前例地向以白银货币为主急剧转型，激发了王朝财政（包括皇室财政与国家财政）对于白银货币需求的日益增长。明神宗亲政以后，财政治理新形态——内官税收体制出台，国家与市场/社会的博弈白炽化，皇权强力干预市场，市场由此全面衰退，而国家也由此一蹶不振，迅速走向衰亡。无独有偶，置于世界银产量下降的 17 世纪全球危机，以及国际贸易竞争战加剧的背景下考察，17 世纪中国市场衰退成为 17 世纪全球危机的一部分，国内外危机合力形成诸多明朝灭亡综合因素的枢纽，促使中国回归传统王朝循环型道路，回归传统君主专制中央集权政治体制，这决定了继承明朝建立的是又一个王朝国家。

　　让我们回到明清鼎革之际的时代主题：国家与市场/社会的博弈。我认为，17 世纪全球危机是一个现实存在，中国是全球危机的一个组成部分。中国市场的大衰退自 16 世纪末开始启动起，从万历二十四年（1596年）直到崇祯十七年（1644 年）明朝灭亡，仍没有结束，持续时间远在半个世纪以上，至清朝康熙年间，即 17 世纪结束才逐渐缓和与消解，其间充满了国家与市场/社会的博弈，而在博弈中，有回归，也有重建。

---

① 参见万明《明代白银货币化：中国与世界连接的新视角》，《河北学刊》2004 年第 2 期。

第一节　博弈中的回归

明清鼎革之际，探讨清朝如何能够成功地接受明朝的历史遗产，吸取其治理经验和衰败教训，在 17 世纪全球危机中如何起承转合的曲折历程，这里有一个我们需要厘清而且绕不过去的问题，即清朝建立，首先面临的不是"新清史"讨论的所谓焦点"民族""文化"问题，而是政权生存问题。财政是政权建立的重要经济基础，没有之一。探讨白银货币化之初，翻开《大明会典》发现没有"银法"，因此我开始从民间契约文书追寻白银不同寻常的货币化过程，[①] 而翻开清朝典制文献《清朝文献通考》，映入眼帘的首先是"田赋考"和"钱币考"，[②] 这并非是清人的独创，而是沿袭马端临《文献通考》体例"二十四门以田赋为首"，可见历代王朝对于田赋的重视非同一般。清朝对于传统田赋与钱币的重视，来自历朝历代的统治传统，这促使我思考：清朝是如何从恢复传统入手，通过田赋与钱币的治理重整天下的？"赋税是政府机构的经济基础"[③]，清入关以后，面临的是一片萧条的市场和民穷财匮的社会，恢复财政治理成为王朝亟待解决的首要问题。清朝之所以能够避免明朝和李自成、张献忠政权败亡的覆辙，渡过了开国的危机，并在开国后延续二百多年统治，"田赋"确实是王朝至关重要的命脉。我们知道，1644 年连续发生一系列事件：三月明亡，四月李自成在北京即帝位，随后撤离北京；五月清多尔衮入北京，七月即宣布取消明朝正额外一切加派；九月，清世祖顺治帝入北京，十月重申以《万历会计录》原额征税，废除明朝末年加派赋税，确切表明继承明朝中央集权财政定赋原则，整顿明后期财政从集权到分权的纷乱局面，稳定田赋，以达到稳固政权的目的。清承明制，这无疑是一种传统的回归。

一　清初谕旨的表述

清朝入关后，对于"钱粮征派"的依据，表述有三种：一是"前期

---

① 万明：《明代白银货币化的初步考察》，《中国经济史研究》2003 年第 2 期。
② 《清朝文献通考》，首列《田赋考》，次列《钱币考》，浙江古籍出版社 1988 年版。
③ 《马克思恩格斯选集》第 3 卷，人民出版社 1972 年版，第 22 页。

会计录原额",二是"万历四十八年则例",三是"万历年间则例",均可证明清朝吸取明朝和张献忠、李自成政权的失败教训,解决新王朝税收无所依据,陷于混乱的局面,首先明确了清承明制,回归传统,但剔除明末弊政,比较理性地把田赋税收提上了规范化日程。下面依序将继承明朝旧制的表述简略罗列于此,以为证明:

顺治元年(1644年)清朝入关后,秋七月,摄政王谕军民人等令旨云:"至于前朝弊政,厉民最甚者,莫加派辽饷。以致民穷盗起,而复加剿饷。再为各边抽练,而复加练饷,惟此三饷,数倍正供苦累小民,剥脂刮髓,远者二十余年,近者十余年,天下嗷嗷,朝不及夕。"① 十月初一,顺治帝入京,颁布即位诏云:"地亩钱粮俱照前朝会计录原额,自顺治元年五月初一日起按亩征解,凡加派辽饷、新饷、练饷、召买等项,悉行蠲免。其大兵经过地方,仍免正粮一半;归顺地方不系大兵经过者,免三分之一。就今年一年正额通算。""各省起存拖欠本折钱粮,自顺治元年五月初一日以前,凡未经征收者,尽行蠲免。"② 这里明确规定"地亩钱粮俱照前朝会计录原额,自顺治元年五月初一日起按亩征解",所说的"前朝会计录",应是确指《万历会计录》。

顺治二年(1645年)六月,清朝颁布恩例,重申各项赋税银"俱照前朝会计录原额征解":"河南、江北、江南等处人丁地亩钱粮及关津税银,各运司盐课,自顺治二年六月初一日起,俱照前朝会计录原额征解。官吏加耗重收或分外科敛者,治以重罪。凡各派辽饷、剿饷、练饷、召买等项,永行蠲免。即正项钱粮以前拖欠在民者,亦尽行蠲免。"③

顺治三年(1646年)四月,顺治皇帝颁诏于户部,清理明末弊政,将拟定《赋役全书》作为中央集权财政税收的基础。诏云:"国计民生首重财赋,明季私征滥派,民不聊生",故特遣学士冯铨前往户部,与公英俄尔岱查核内外钱粮:"在京各衙门钱粮款项数目,原额若干,现今作何收支销算;在外各直省钱粮,明季加派三项,蠲免若干,现在田土民间实种若干,应实征、起解、存留若干,在内责成各该管衙门,在外责成抚按,严核详稽,拟定《赋役全书》,进朕亲览,颁行天下。务期积弊一

① 《清世祖章皇帝实录》卷六,顺治元年七月辛丑,钞本。
② 《清世祖章皇帝实录》卷九,顺治元年十月甲子。
③ 《清世祖章皇帝实录》卷一七,顺治二年六月己卯。

清,民生永久,称朕加惠元元至意。"①　由此,明末没有条件编制完成的旨在全国强化中央集权财政税收的《赋役全书》,在清朝政权尚未稳定的情况下,就已经开始推动实施了。

此后,顺治四年(1647年)的两道谕旨,不同于以前,规定"俱照前朝万历四十八年则例征收",②　"通照前朝万历四十八年则例征收"③,这里出现了一个"万历四十八年则例",曾经困扰了许多研究者。万历四十八年(1620年),是万历皇帝在位的最后一年,查阅明代文献,并无一个"万历四十八年则例",这就说明这个时间点的采用,是清朝确定继承万历年间税收则例,并决定清除此后天启、崇祯年间加派弊政的一个选择。

顺治五年(1648年)十一月,在表述上又有变化。顺治帝宣布"派征钱粮,俱照万历年间则例,其天启、崇祯年间加增,尽行蠲免④。云通行已久,如有违犯重处。这里仅提"俱照万历年间则例",并于其后顺治十一年六月,顺治十四年三月,顺治十七年正月,总共三次重申"俱照万历年间则例",这不仅可以证实上述关于明朝并无一个成文的万历四十八年则例的推测,而且也更加确认清朝"派征钱粮"所依凭的万历则例是截止于万历年间,不包括其后的天启、崇祯加派。万历年间与后金的战事,导致辽饷的出现,包括万历四十六年(1618年)、四十七年(1619年)、四十八年(1620年)亩加九厘,通计全国加征520万两白银。清朝依据万历年间则例,实际上是继承了辽饷加派,形成了清朝的九厘税收。周远廉先生认为这是"为了不激起民愤,不背负继承明代'辽饷'弊政的骂名,所以,第四、五、六道恩诏,干脆取消了'辽饷''剿饷''练饷'的名词,只写照万历四十八年则例征收"。⑤　这种看法是颇有道理的。顺治六年(1649年)七月十五日,巡按江西监察御史王志佐题本是辽饷征收的证明,特录于下:

案查明季万历四十八年间,江西布政司奉文每田一亩加派辽饷银

---

① 《清世祖章皇帝实录》卷二五,顺治三年四月壬寅。
② 《清世祖章皇帝实录》卷三○,顺治四年二月癸未。
③ 《清世祖章皇帝实录》卷三三,顺治四年七月甲子。
④ 《清世祖章皇帝实录》卷四一,顺治五年十一月。
⑤ 周远廉:《清朝兴亡史》第2卷,北京燕山出版社2016年版,第65页。

九厘，共该银三十六万一千三十六两一钱四分四厘。至崇祯年间又加练新二饷，内多取给抽扣裁节脏罚税契等银，至顺治三年归附之后，据布政司通行造册奏报，谓此三饷俱在蠲免之列矣。后奉部文，通行省道，内开派征钱粮照万历年间则例，其天启、崇祯年加增尽行蠲免。盖以前项辽饷在万历年间加派，故复照旧派征耳。①

顺治十一年（1654 年）六月二十九日，钦差总督湖广等处地方军务监理粮饷兵部尚书兼右副都御史祖泽远的题奏，也即湖广征派辽饷的又一证明：

> 以上民藩田共加九厘辽饷，除六千三百四十八两零另议外，实得银五十二万五千一百二十两零一钱三分八厘八毫，未免与部数有差。但楚当冰火之余，册籍无存，民多穷苦，既经详请前来，不得不据以上闻，冀皇恩于万一也。②

至顺治十四年（1657 年），清朝刊定《赋役全书》，帝谕户部：“钱粮则例，俱照明万历年间，其天启崇祯时加增，尽行蠲免。地丁则开原额若干，除荒若干，原额以明万历年刊书为准……至若九厘银，旧书未载者，今已增入。”③

综上所述，清朝正是在继承明朝万历年间旧制基础上，建立了王朝财政税收制度，以此稳定了政权。

二　清初继承的《万历会计录》《赋役全书》内涵辨析

早在顺治元年（1644 年）十一月，山东道监察御史宁承勋奏言：“赋役之定制未颁，官民无所遵守。祈敕部于《赋役全书》外无艺之征，尽

---

① 故宫博物院明清档案部编：《清代档案史料丛编》第 1 辑，中华书局 1978 年版，第 152 页。

② 故宫博物院明清档案部编：《清代档案史料丛编》第 1 辑，中华书局 1978 年版，第 158 页。

③ 《清世祖章皇帝实录》卷一一二，顺治十四年十月丙子。关于清初不仅辽饷，还有其他明末加派的征收，参见陈锋《清初“轻徭薄赋”政策考论》，《武汉大学学报》1999 年第 2 期；何平《从李之芳〈赋役详稿〉看清代赋税征课额的构成》，《学术研究》1997 年第 6 期。

行裁革。如恩诏内有全免者，有半免者，有免三分之一者，着定书册，刊布海内，令州县有司遵照规条，户给易知由单，庶愚民尽晓而永遵良规矣"。① 当时此奏下户部议。可见清帝甫入关，已经有人提出依据《赋役全书》与赋役定制的问题。

《清文献通考》卷一《田赋考》云：

> 凡任土定赋之规，多仍明旧，而其随意损益者，皆因时度地而酌协于中。世祖初并宇内，即除明季加派私增之弊，订定《赋役全书》，颁行天下。②

这里表明，田赋征派"多仍明旧"之后，是"订定《赋役全书》，颁行天下"。顺治十一年（1672 年）户部条奏："《赋役全书》关乎一代之制度，各省利弊。查考旧籍，贵详尽无遗。创立新规，期简明易晓。请敕臣部右侍郎，将旧贮《全书》作速订正"。③ 由此可知，顺治朝编制的《赋役全书》，是在明朝旧籍基础上订正而成，其继承性不言而喻。更明确的表述是，康熙《大清会典》将顺治三年（1646 年）以后编制的《赋役全书》称为"订正全书"。④ 更说明清朝中央集权财政体制建立以此为基点，将全国赋役税收纳入了常规化的轨道。

值得注意的是，时任山西道监察御使张懋熺奏云：

> 前朝有《赋役全书》、《会计录》二书，通行天下，汇藏户部，财赋出入之数纤悉备具。今府县之籍存、去不可考，户部所藏者，现在虽经兵火，未闻焚毁，但取其册，一加披阅，条款原明。除三饷之滥加者一笔勾注外，其原额、起解、存留一定之规，无容增减，则数

---

① 《清世祖章皇帝实录》卷一一，顺治元年十一月庚戌。
② 《清朝文献通考》卷一《田赋》一，考 4855。
③ 《清世祖章皇帝实录》卷八三，顺治十一年四月，第 2142 页。
④ 康熙《大清会典》卷二四《户部·赋役》（凤凰出版社 2016 年版）。日本学者高鸿航在《清代的赋役全书》（《东方学报》京都第 72 册，2000 年）一文，提出《赋役全书》至顺治二年六月已奉命编成。陈锋先生则认为当时极有可能是指初步议定了《赋役全书》的编造原则，认为顺治三年（1646 年）奉旨编撰《赋役全书》，当年即有一个修订的本子编成。见陈锋《清代财政政策与货币政策研究》第 2 版，武汉大学出版社 2013 年版，第 150 页。

已清十之八九矣。其余微有不同者，不过因革损益之间、通融参差之数耳。如昔有九边之饷，而今无也，昔有京营之饷，而今无也，昔有宗禄之费，而今无也，昔有帽靴之赐、器皿之造，而今无也。此问之在内该衙门而可知者也。如屯卫之租，昔属之军而今属之有司也，圈拨之地，或以他县抵补，或虚悬竟未抵补也，荒熟地亩之不同也，蠲免分数之不一也，此问之在外各督抚按而可知者也。①

清朝入关后几乎立即宣布遵行明朝《会计录》财政税收定额，明朝万历年间的会计录只有一部，即《万历会计录》，按照其中定例额度征收赋税，随后，在明末户部尚书毕自严规划编制的《赋役全书》基础上，②编制订正《赋役全书》，重建中央集权财政税收的坚实基础。顺治十四年（1675年）清朝颁布《赋役全书》云：

纲举目张，汇成一编，名曰《赋役全书》，颁布天下，庶使小民遵兹令式，便于输将；官吏奉此章程，罔敢苛敛。为一代之良法，垂万世之成规。③

因此，如果说清朝首先是以承袭明朝赋税定制而稳定了政权，也不为过。以往学界主要集中于清初赋役政策与制度，尤其是清朝一条鞭法改革，研究已经相当深入。④但是，清朝所承袭的明朝赋税定制之内涵的重要变化，却往往被不经意的忽略了：明代财政改革的关节点在于从赋役制向赋税制的转变，是制度转型，也是财政体系转型，更是国家从赋役国家向赋税国家转型，这是中国早期近代化进程的重要内容。

----

① （清）张懋熺：《请定经制以清积蠹疏》，《皇清奏议》卷二，凤凰出版社2018年版，第35页。
② 关于晚明毕自严编纂《赋役全书》及其意义，参见李华彦《财之时者：户部尚书毕自严与晚明财税（1628—1633年）》，花木兰文化出版社2012年版，第161—164页。
③ 《清世祖章皇帝实录》卷一一二，顺治十四年十月丙子。
④ 主要研究成果有：徐士圭：《中国田赋史略》，商务印书馆1935年版；陈登原：《中国田赋史》，商务印书馆1936年版；马大英、江士杰、刘国明、王延超：《田赋史》下（《田赋会要》第3编），正中书局1944年版；陈支平：《清代赋役制度演变新探》，厦门大学出版社1988年版；袁良义：《清一条鞭法》，北京大学出版社1995年版。何平：《清代赋税政策研究》，中国社会科学出版社1998年版。陈锋：《清代财政政策与货币政策研究》，武汉大学出版社2008年版。

下面让我们从文本的解读开始分析。这里的关键问题,当时张懋熺没有察觉,而且他的上奏中还将《赋役全书》与《会计录》的次序颠倒了。根据上述清初一系列谕旨,清朝是依循明朝《会计录》《赋役全书》的线索,建立起中央集权财政税收管理制度的。因此,我们有必要追溯《会计录》(即《万历会计录》)和《赋役全书》的由来及其内涵。以往我们对于《万历会计录》的整理与研究证明,张居正审时度势的财政改革,基本点有二:一是以白银作为统一的财政会计计算单位;二是以白银作为统一的税收形态;形成了走向货币财政的两个统一。明代中国遂发生了传统财政体系以实物和力役为主向以货币为主的近代转型;至《赋役全书》在全国落实,是中国近代货币财政的开端,也是中国近代货币财政管理的开端,标志着中国从传统赋役国家向近代赋税国家的转型。① 《会计录》是张居正改革的直接产物,经皇帝批准后,一体颁行,具有国家法令赋税定制的重要意义,这一点已由清初谕旨表述的格外清楚;而《赋役全书》是张居正改革以后明朝地方财政体制管理开始运作的产物,开创了具有较长期执行效力的法规性税收册籍。从共时性来看,二者均为明朝财政改革的产物,看似无涉,却是内蕴相通;从历时性来看,《会计录》与《赋役全书》不是同时出现,而是先后有序。虽然《会计录》之前曾有个别地方编纂《赋役全书》,但是没有形成统一规划,从留存于世的册籍来看,主要是在《会计录》之后由地方编制而成,② 崇祯初户部尚书毕自严有编制全国《赋役全书》的规划,是欲将赋役改革制度化的努力,却没有实现的条件。关键的是,《会计录》和《赋役全书》是明朝财政改革不同层面和不同层次的体现:不同层面反映在一是中央册籍,一是地方册籍;不同层次则反映在后者是前者的后续发展,显示出明朝财政改革推进的不同阶段,后者是明朝财政货币化的制度化过程,印证了明代白银货币化,晚明中国开始出现从中央到地方的大规模货币财政,这是一个史无前例的历史事实。

---

① 参见万明、徐英凯《明代〈万历会计录〉整理与研究》,万明《绪论》,中国社会科学出版社 2015 年版。万明《明代白银货币化的总体视野:一个研究论纲》,《学术研究》2017 年第 5 期。

② 现在保存下来的明朝《赋役全书》,所见主要有:万历三十九年(1600 年)《江西赋役全书》;万历四十八年(1620 年)《苏州府赋役全书》;泰昌元年(1620 年)《徽州府赋役全书》。

明代《会计录》是一部中央户部的财政会计总册，是综合财务报告，是国家治理的基础和重要支柱。《赋役全书》统计各地赋役数额，作为征收赋税的依据。在明代中央户部财政会计总册《会计录》中，只有赋而没有役，以田赋为主，但显示了实物与货币二元结构，体现了改革的过渡阶段形态。① 顾名思义，《赋役全书》是赋与役的汇编，由地方各省直官方编纂，这一地方财政册籍的出现，是张居正改革进入货币化突进发展阶段的标志。在明朝地方编制的《赋役全书》中，已形成以白银作为统一的财政会计核算单位，更以白银作为统一税收形态的记录，既包括赋也包括役，体现了赋役合一，统一征银原则，在实物与力役名目下，均以"该银若干"统一记录，从而形成了财政货币化的标准化表述。重要的是，白银货币化完成于财政货币化，推动形成了明初原本不存在的地方财政体制及其编制地方财政管理册籍的职能。在《赋役全书》中，原本不在国家会计核算管理范围之内的徭役，其作为国家征发的超经济强制本质特征被白银货币消解了，赋役合一，统一征银，以银核算，也以银征收，货币税收纳入地方财政体制运作，以银代役，收银雇役形成地方财政经费运作的新常态，这也就是编制《赋役全书》的由来。值得注意的是，国家从随意征发力役到征银雇役，从赋役到赋税，这是一个划时代的重大变化，反映了明朝财政体系的货币化转型，从整体上启动了中国从传统不需要而且也不可能实现统一财政会计核算管理的赋役国家，朝向以白银货币进行财政会计核算管理的近代赋税国家的转变。明朝从折银到征银，财政体系结构货币化，市场机制由此嵌入国家财政过程，给王朝财政管理提出了新的要求，并推动财政治理模式的转型。货币财政的开端，带来货币财政管理的开端，地方财政体制的形成及其管理运作，编制《赋役全书》就是一个典型例证。就此而言，《赋役全书》是明朝财政改革深化，将货币财政大规模推向全国的历史见证。② 清初人特别看重《会计录》《赋役

---

① 万明、徐英凯《明代〈万历会计录〉整理研究》（中国社会科学出版社 2015 年版）在全面系统整理的基础上，根据《会计录》中的数据，对于 16 世纪明代财政体系及其发生的变化、国家财政收支从实物税向货币税的转变究竟达到了什么程度、国家财政的总量规模、结构、货币化比例等问题，进行了研究。以白银统一计算以后，我们得出 16 世纪末明朝财政总收入的货币化比例达到 41.93%，财政总支出的货币化比例已达到 49.41%。由此看来，朝廷增加白银货币税收入迫在眉睫，改革必须加速进行。上书《绪论》，第 37 页。

② 参见万明《传统国家近代转型的开端：张居正改革新论》，《文史哲》2015 年第 1 期。

全书》,启示我们在明代还远不足以反映出来的《会计录》《赋役全书》的特殊地位,其特殊地位是在清朝被充分显示了出来。重要的是,这表明清朝急于"照着做",清承明制,从继承《万历会计录》,再到编制订正全国《赋役全书》,在继承明朝财政税收定额的同时,也就全面继承了明朝财政货币化改革的结果,最重要的是,清初中央集权财政制度的重建,是依据明代万历年间赋税定额和订正明朝《赋役全书》,进一步将赋役整编形成赋税,《赋役全书》形成的赋税征收基本原则制度化,并具有相对稳定性,[①] 直至乾隆以后,才被《奏销册》所完全替代。这意味着清朝中央集权财政税收制度的全面建立,正是建立在继承了明朝财政改革的货币化趋势,即从赋役向赋税的转型取向,归根结底是沿袭了明朝开端的向近代赋税国家转型的早期近代化历史进程。

清朝的选择无异于告诉我们,具有市场嵌入特色的"传统"并未随着明王朝的灭亡而结束,改革仍在延续,转型也仍然在延续。明清历史发展的连续性清晰可见。

清朝继承明朝改革传统,重整赋税的结果,保证了清朝财政货币化收入的逐年增长。从财政收入结构来看,主要包括田赋(地丁)、盐课、关税和杂赋四大项。有学者统计清代前期财政收入比重变化:

顺治九年(1652 年)总额 2428 万两,地丁银 2126 万两,占 87%;盐课银 212 万两,占 9%;关税银 100 万两,占 4%。

道光二十一年(1840 年)总额 4125 万两,地丁银 2943 万两,占71%;盐课银 747 万两,占 18%;关税银 435 万两,占 11%。[②]

从《清朝文献通考·田赋考》记载的田赋数字来看:[③]

顺治十八年(1661 年)银 21576006 两,粮 6479465 石;

康熙二十四年(1685 年)银 24449724 两,粮 4331131 石;

雍正二年(1724 年)银 26362541 两,粮 4731400 石。

---

① 关于清初除了辽饷外的加派,请参考陈锋《清初"轻徭薄赋"政策考论》,《武汉大学学报》1999 年第 2 期;何平《论清代赋役制度的定额化特点》,《北京社会科学》1997年第 2 期。

② 参见何本方《清代户部诸关初探》,《南开学报》1983 年第 3 期;彭泽益《清代财政管理体制与收支结构》,《中国社会科学院研究生院学报》1990 年第 2 期。何平《从李之芳〈赋役详稿〉看清代赋税征课额的构成》,《学术研究》1997 年第 6 期。

③ 根据《清朝文献通考》卷一、二、三《田赋考》统计。

　　无论是财政收入分类统计，还是田赋收入统计，均显示出以货币为主的财政统一核算单位和以白银货币为主的财政结构已经确立，并稳步上升。这正说明清沿明制不是表面文章，而是一种切实的继承关系。①

　　由此路径，清初建立起卓有成效的财政赋税制度，中央集权程度远远超过明朝。在君主专制政治体制下，清朝财政治理重建以户部为中枢，全国统一的中央集权统收统支财政体制，户部依照定例管理国家财政，定期向皇帝奏报。同时以内务府掌管皇家事务，即掌管皇室财政，户部与内务府分别管理内外财政事务，从而建立与健全了中央集权赋税体制。

　　然而，清初建立中央集权财政治理的过程是曲折的，国家与市场／社会的博弈始终存在。为了镇压抗清力量，对外贸易的基本停顿，也成为清初财政相当拮据的主要原因之一。张玉书《纪顺治年间钱粮数目》记载，在顺治八年、九年（1651—1652 年），户部每年赤字达 875000 余两，十三年（1656 年）以后．上升到 400 万两。② 顺治十七年（1660 年）户部银库仅有 16 万多两白银。由此可见，清初户部财政窘迫的程度。根据清朝档案《军机大臣遵旨查明康雍乾年间户部银库存银数目奏片》，可知户部银库实在存银数额：康熙六年（1667 年）实在银仅为 248 万余两，十一年（1672 年）增为 1809 万余两，十二年更增至 2135 万余两，康熙十六、十七年（1677 年、1678 年）处于低谷，是因为三藩之乱影响而下降至 530 万余两，更至 333 万余两，至康熙二十五年（1686 年），则增长到 2605 万余两，康熙三十年（1691 年）高达 3184 万余两，至三十三年（1694 年）更达到 4100 万两以上，在康熙此后的大多数年代中，基本上维持在这个数额上。③ 货币财政为清朝消解危机和政权稳定奠定了坚实的基础。

三　破解困局：清朝推进货币化财政改革到新的阶段

　　相对明朝，货币财政的奠定，清朝依凭的是进一步的改革举措：摊丁

---

① 申斌对清初田赋科则又变回实物与白银并列的科则形式进行了细致探讨。指出田赋运作方式，即官府采取向百姓征银，交付里长或差役买本色送仓上纳的做法，并未因王朝鼎革而改变。清初的改变是中央集权强化，赋役全书记载重点从州县实征转向入仓入库，新科则从用于实征的税率变为册籍上的派征率。见《清初田赋科则中本色米复归的新解释——兼论明清赋役全书性质的转变》，《中国经济史研究》2019 年第 1 期。
② 张玉书：《文贞公集》卷七，光绪刻本。
③ 吕坚：《康雍乾户部银库历年存银数》，《历史档案》1984 年第 4 期，第 19—21 页。

入亩,表明清朝对于明朝不仅"照着做",而且"接着做",将明朝开端的赋役合一,统一征银,也即货币化赋税改革推进到了一个新的阶段。

清朝田赋一如既往,主要内容是"地丁钱粮"。地是出自田亩的田赋,而丁则是丁银,地丁银是沿袭明朝赋役均征收白银的改革而形成。关于人丁,顺治元年(1644 年),御史卫周祚上疏:"请亟行编审之法,使丁地税粮得符实数。"① 五年(1648 年),户部以"清朝定鼎,臣部久行文编审,尚多未报",下令将州县人丁,查照旧例,逐一细加编审,即将"州县人丁、查照旧例,凡六十以上,即以年老开除,十六以上,即以成丁入册,逐一细加编审。某里某甲原额人丁若干,死绝逃亡若干。在册旧丁若干,新收壮丁人册若干,征收规则具各仍旧,岁该丁银若干,备造清册送部。如有匿丁壮捏报逃亡者,依律治罪"。当时对人丁编审标准、册籍登载内容、隐匿壮丁的处理方法等都作了详细规定。这一年,清朝大多数地区都进行了新政权建立以来的第一次人丁编审。② 顺治十一年(1654年),规定三年编审:"逐里逐甲,查审均平,详载原额、新增、开除、实在四柱,每名征银若干,造册报部。"③ 一般认为,清修《明史》概括张居正将一条鞭法推行全国,影响广泛,但是实际上张居正从未颁布将一条鞭法推行全国的法令,④ 因此全国各地实行的赋役整编合一,统一征收白银的情况各异,具体到役银并入田赋,在许多地方实行不一,是缺乏统一政令的最好证明。至清代建立君主专制中央集权政治体制,随之建立中央集权财政治理体制,改变了明朝伴随白银货币化完成形态——财政货币化出现的从集权到分权的纷乱局面,通过《赋役全书》的编制,全面整顿全国地方财政税收体制,推行大一统治理颇见成效。康熙年间宣布"滋生人丁,永不加赋",到雍正年间"摊丁入亩",货币财政纳入制度化管理,大一统王朝国家对于市场的管控以及货币化赋税管理制度的形成与完善,也达到了一个新的阶段。事实上,清朝政权的稳定实有赖于此。

---

① 《清朝通志》卷八三《食货略三》,商务印书馆 1935 年影印版,第 7241 页。
② 《顺治朝题本户口类》,顺治十年十月蔡士英奏编审人丁事档案,转引自聂红琴《清代户籍制度初探》,载周育民、侯鹏编,《晚清国家与社会关系论例》,上海社会科学院出版社 2014 年版,第 3 页。
③ 《钦定大清会典事例》卷一五七《户部·户口·编审》,《续修四库全书》史部第 800 册,第 545 页。
④ 万明:《传统国家近代转型的开端:张居正改革新论》,《文史哲》2015 年第 1 期。

　　按田亩征税和按人户派役，"有田则有赋，有丁则有役"，是中国历代王朝长期采用的征课办法。赋役是王朝财政收入的主要来源。明朝通过一系列赋役—财政改革，田赋与徭役合并征银，役银不由户丁分派，而由地亩承担，开启了废除徭役和人头税的货币财政重大改革，但是直至明亡，仍然在进行时，新的货币财政管理还没有制度化。清朝继续了明朝的这项改革，进入 18 世纪以后，康熙五十一年（1712 年），宣布以康熙五十年的全国人丁数作为定额，不再增减。康熙五十一年（1712 年）二月二十七日，康熙皇帝颁发谕旨：

　　　　今海宇承平已久，户口日繁，若按见在人丁加征钱粮；实有不可。人丁虽增，地亩并未加广。应令直省督抚，将见今钱粮册内有名丁数勿增勿减，永为定额。其自后所生人丁，不必征收钱粮。编审时，止将增出实数察明，另造清册题报。①

　　这就是所谓的"滋生人丁，永不加赋"。人丁数和丁银额的固定，为雍正时推行摊丁入亩的改革准备了条件。雍正二年（1724 年）开始的摊丁入亩改革，将人丁银并入田赋，地丁合一，这一改革进行了半个多世纪，到乾隆十八年（1753 年）才在全国基本上完成。如果说从 15 世纪初年宣德年间周忱改革算起，明朝以白银货币化开端的赋役改革——这一不同于历朝历代赋役改革特征的改变了两千年财政体系的改革，② 是中国改革走向早期近代化进程的第一波，那么这一改革在清朝继续下去，并于18 世纪中叶最后完成，总时间长达 3 个多世纪。摊丁入亩于雍正后在全国推行，遵循的是明朝启动的从赋役到赋税演变的发展态势，却不是一般认为的是"中国古代赋役制度不断发展演变水到渠成的结果"，而应该是明代白银货币化，中国从农业经济向市场经济转型引领的，古代赋役制向赋税制转变的结果，是与全球化开端近代化转型合流的中国早期近代化历史发展进程。

　　由此可知，清初改革有其深刻的渊源及其意义，即明朝赋役制向赋税制改革的延续，是中国从传统赋役国家向近代赋税国家转型的延续。以往

---

① 《清圣祖仁皇帝实录》卷二四九，康熙五十一年二月壬午。
② 万明：《白银货币化视角下的赋役改革》（上、下），《学术月刊》2007 年第 5、6 期。

单层面强调一条鞭法的继续,极大地忽视了划时代的早期近代化发展大趋向的背景。清初,户部的收入还是主要来自田赋,这一点相对明朝没有改变,但是继承的是从传统实物和力役为主转变为以白银货币为主的财政体系,这是货币化的结果,也即货币经济—市场经济发展的结果,是经济转型的结果。其总的发展趋势与明朝改革一致,是以银代役,按田(粮)派征,逐渐将丁役摊入田赋之中,从而实现"丁银—户役"向土地的转变,达致赋役合一,统一征银(由于清朝建立起银铜复本位的货币制度,因此部分赋税以铜钱形态出现,下面还将提及)。财政货币化这一重大变革在明朝灭亡时还没有实现管理制度化,各地实行不一,清朝建立以后大力推行,最终实现"摊丁入亩",人丁编审与派征赋役之间从此脱离了关系,赋役的征派也不再依据人丁编审的结果,于是赋役达到了真正的合一,统一征收货币最终落实到土地上。这是货币财政制度化的历史过程,也是中国从赋役国家向赋税国家转型的早期近代化历史过程。

无独有偶,在康熙元年(1662年)被誉为英国古典政治经济学之父的配第(William Petty)撰写了著名的《赋税论》,全名《关于税收与捐献的论文》,其中提到赋税加重的第二个原因是:"政府强迫国民必须在一定时期内以货币形式缴纳税款,而不允许他们在实物收获的季节以实物的形式缴纳税款"。[1] 由此看来,中国与英国在同一时间段,遇到的曾经是相同的问题。

货币化是反映一个历史时期自然经济解体、市场经济发展程度的尺度。从明至清前期,货币化改革在不断深化,使得国家赋税制度臻于完善,赋税总额定额化,调整财政收支结构,并长期处于相对稳定状态,表现出税制统一数字化管理的鲜明特点,这是历史的进步,证明了货币财政是中国财政数字化管理的开端,保证了国家正常运转。更重要的是,表明中国传统社会历时长达3个多世纪之久、艰难曲折的赋役—财政改革,从赋役制向赋税制转变,即中国从传统赋役国家向近代赋税国家转型进入了新的发展阶段。鸦片战争前的清朝可以视为中国早期近代化历史进程的一个阶段,这正是明代白银货币化带来的经济和政治影响,并启示我们:断代史不是断裂的,中外变革不是分隔的,肇始于明代中国的近代化历史进程是曲折的,但在清前期从未停顿。

---

[1]　[英]威廉·配第著,邱霞、原磊译:《赋税论》,华夏出版社2017年版,第7页。

第二节　博弈中的重建

一　"钱法"的建立

明代白银货币化，从赋役向赋税的转变，焦点是在货币上；清朝博弈中的重建，主要体现在清朝"钱法"的建立。顺治年间（1644—1661年），处于明清鼎革之际，战事频仍，军费骤长，立足未稳，时局动荡。清朝财政极端困难："方今创立之始，大工崇兴，百姓复业，又值三空四尽之时，不无乏用。"① 当时巨额的军费开支，主要来自白银为主的"钱粮"："因钱粮数目过大，以致民穷财尽，所得之处亦枯矣。钱粮不足，饥兵力穷，功岂能成？"② 解救清初财政的极端困难处境，无疑成为清朝的当务之急。明清鼎革之际，清帝入主明宫，却得不到白银遗产，见于前章；因此，留给清朝当时的选择，事实上只有大力发展铸造铜钱一途。清初的决策是将铸币重新提上日程，具有必然性，这一审时度势的务实决定，反映了新王朝建立新的货币制度的特殊需求。

实际上，导致清朝政权稳定的诸因素中，成功地建立银钱并行的复本位货币制度极为突出。清朝对于钱币的重视程度远超明朝，自清代建立起全国性政权开始，就立即进行铸钱活动。《清朝文献通考·钱币考》云："我朝银钱兼用，实为上下通行之币"，"银与钱相为表里，以钱辅银，亦以银权钱，二者不容畸重"。③ 说明清朝建立的是银钱兼行的双本位货币制度。有学者认为"清军入关后，基本沿用明代货币制度，即银铜平行本位制，银钱兼用，大数用银，小数用钱，只是白银的地位愈发重要了。清政府基本奉行以银为本的政策，国家财政收支始终以银两为结算单位"。④ 上述说法是有问题的，首先，明朝从无银法，到默认白银为主币，再到以白银作为税收主要形态，一直是民间市场形成的非制度或非体制内

---

① 顺治元年七月，户部侍郎邓长春启本，《清代档案史料丛编》第 13 辑，中华书局 1990 年版，第 77 页。

② 顺治十年八月，户部尚书车克等奏，《清初内国史院满文档案译编》（下），光明日报出版社 1989 年版，第 271—272 页。

③ 《清文献通考》卷一三《钱币考》一，考 4965，卷一六《钱币考》四，考 5002。

④ 黄天华：《中国财政制度史》第 4 卷，上海人民出版社 2017 年版，第 2285 页。

货币体系占据主导地位,明朝从未建立银铜平行本位货币制度,更何来清朝的"沿用"?其次,称在清朝"白银的地位愈发重要了",实际上明朝白银货币化,已形成事实上的白银本位制,清初又如何"地位愈发重要"?再次,说"清政府基本奉行以银为本的政策",这与上述"银铜平行本位制"是相矛盾的。上述所云中只有"国家财政收支始终以银两为结算单位",是清承明制的历史事实。在清代确实建立起了银铜平行本位制度,清后期包世巨云:"今法为币者,惟银与钱,小民计工受值皆以钱,而商贾转输百货皆以银。"[①]何平研究指出:"清承明制,在货币制度的选择上,逐渐形成了货币主体上的"大数用银,小数用钱"的双层货币结构。但由于在这两种货币形式之外,民间自发地创造出自律的货币形式(如会票之类),实际承担着经济生活中特定领域和特定时空的货币职能,所以,清代的货币结构仅仅从货币形态上而言,应当称作多元的复合的货币结构"。[②]我赞同"双层货币结构"这种看法,并认为以此清初才真正阻止了白银货币主体的独大,而逐渐形成了"大数用银,小数用钱"的银钱复本位货币制度结构,这是清初货币制度选择重建的结果,也是清朝财政治理的重要方面,彰显了清朝通过铸造制钱奠定了货币制度,同时也对稳定政局具有特殊重要作用和积极意义。日本学者上田裕之著《清朝支配与货币政策——清代前期制钱供给政策的展开》一书,[③]是系统研究清前期制钱供给的一部力作,梳理和论证了清朝在130年间从主要用白银状态向银钱并用状态转换的全过程,是一部颇见功力的专著。

铸钱是由国家政权掌握的重要的经济杠杆。顺治元年(1644年),清朝在中央设立宝泉和宝源两局,前者归户部管理,后者归工部管理,不相统属,各省可以随时奏准设局铸钱。这是清廷调控货币的重要举措。清朝鼓铸钱数,例于户、工二部按年奏报。根据文献记载:

> 国初京局铸钱尚无一定额数。顺治元年以后,每年自数万串递加,铸至数十万串不等。十五年以后以制钱改重,故铸额中减。十七

---

① (清)包世臣:《庚辰杂著》二《安吴四种》卷二六。
② 何平:《清代前期多元复合货币结构下的困惑与对策》,《清史研究》2016年第3期。
③ [日]上田裕之:《清朝支配与货币政策清代前期制钱供给政策的展开》,东京:汲古书院2009年版,第35—327页。

年以后，数复加增。宝泉局岁铸钱二十八万余串，宝源局岁铸钱十八万余串。康熙初年两局钱数又稍减，二十三年以后分定夘数。嗣后铜铅办解有迟速，故铸夘有增减，局钱仍复盈缩随时。大抵宝泉局每年为二十八九万余串，或二十三万余串不等；宝源局每年为十七万余串，或十二万余串不等；五十年以后，两局夘数铜觔递经增定。①

　　据学者统计，实录所载清朝铸钱，始自顺治元年（1644 年），每年铸造统计如下（单位：文）：顺治元年（1644 年）71663900，二年（1645 年）443751760；三年（1646 年）624823960；四年（1647 年）1333384794；五年（1648 年）1449494200；六年（1649 年）1096910000；七年（1650 年）1682424510；八年（1651 年）2430509050；九年（1652 年）2097632850；十年（1653 年）2521663740。② 在 10 年间，铸钱基本上呈现一个稳步上升的趋势。当时战乱未息，社会动荡，自顺治元年五月到年底时候，已铸出71663900 文铜钱；而自顺治元年至五年，铸钱数目一直直线上升，二年铸成 443751760 文，比元年增加约 6 倍；三年为 624823960 文，是元年的8 倍多；四年更上升为 1333384794 文，已经接近 19 倍；五年达到1449494200 文，竟达元年的 20 倍。韦庆远先生认为"此说明，不论公帑私用，各方面都迫切需用钱文"。③ 进一步说，这是清朝应对 17 世纪白银危机卓有成效的选择，也是国家与市场/社会博弈成功之举措。银钱复本位货币制度的建立，可视为清朝中央集权财政治理国家掌控货币，也即掌控市场的历程，产生三个结果：一是缓解了白银供给的不足；二是铜钱形成民间市场日常支付的主要手段，平稳了物价；三是防止了全球危机对中国影响进一步深化。然而，还应该说明的是，有清一代铜钱始终不能替代白银的市场流通主币和国家税收主要形态的地位，明代白银货币化形成的不可逆发展趋势，在清朝没有根本改变，中国一直不能完全摆脱对贵金属白银的依赖，直至 20 世纪 30 年代以后中国受到国际金本位的影响，白银才退出货币流通领域。这也正是市场/社会与国家长期博弈的结果。

---

　　① 《清朝文献通考》卷一四《钱币考》二，考4980。

　　② 彭信威：《中国货币史》下册，群联出版社 1954 年版，第 533—534 页。

　　③ 韦庆远：《顺治朝铸钱及其存世的问题》，云南大学历史系编：《纪念李埏教授从事学术活动五十周年史学论文集》，云南大学出版社 1992 年版，第 313 页。

二　中外铜源的开辟

铸钱需要铜矿产的开发与治理。清初一开始就致力于从国内外来源获取大量的铜材,从顺治二年(1645 年)开始,朝廷下令京师崇文门、直隶天津关、山东临清关、江苏龙江关、西新关、浒墅关、淮安关、扬州关、安徽芜湖关、凤阳关、浙江北新关、南新关、江西湖口关、赣关、湖北荆州关、广东太平桥关,共 16 关差办铜材。[1] 各关动支税额银以办铜,大多解往户部宝源局。同年,下令"凡商贾有挟重资愿航海市铜者,官给符为信,听其出洋,往市于东南、日本诸夷。舟回司关者,按时值收之,以供官用。有余,则任其售于市肆,以便民用"。[2] 事实上,清初铸钱的铜源主要依靠国内供给。一般认为,由于海禁迁界,海外白银货币输入受阻,造成市场一片萧条。对此中外学者均有论述,日本学者岸本美绪有专文论述"康熙萧条",主要指对外贸易停顿,引发白银危机。[3] 因此,大多数学者没有关注铜源问题。铜钱的铸造需要大量的铜,当时国内的主要铜矿产是在云南,而滇铜产量远远不能满足铸币需求。何况当时除了铸币,铜还广泛应用于铸枪等军事用途。而且滇铜地处西南边陲,交通不便,运输维艰。此时日本铜矿凸显,海上运输方便。因此,在清朝初年大量进口日本铜矿的铜。康熙二十二年(1683)开放海禁,设立海关,不仅有白银的流通,而且"洋铜即已流通内地"。[4] 从此,大部分取之外洋的洋铜,几乎都来自日本。无独有偶,明清鼎革之际中国国内的需求与当时日本矿产开发金银不足,辅以铜矿开发出口的状况一拍即合。

当时日本不断发现不少新的铜矿,同时,从朝鲜和中国引进了先进的冶炼技术,使日本铜业有了进一步发展。日本著名的住友集团就是在 16 世纪靠经营铜矿起家,在 1690 年开始采掘日本第一大铜山——别子铜山之后,迅速发展起来的。当时,一驮铜在日本可换丝 2 斤,在中国可换丝 8 至 10 斤,铜丝交易获利极高,商人有着很大的积极性。由此,大量的日本铜输入中国,日本成为 17 世纪晚期的主要供应商,为清朝提供了铸

---

① 《清朝文献通考》卷一四《钱币考》二,考 4976。
② 《清朝文献通考》卷一六《钱币考》四,考 4999。
③ [日]岸本美绪:《康熙萧条与清代前期的地方市场》,沈欣译,《清史译丛》第 11 辑《中国与十七世纪危机》,商务印书馆 2013 年版。
④ 《清朝文献通考》卷一七《钱币考》五,考 5011。

钱洋铜的主要来源。据日本学者统计，在 17 世纪最后的一些年，每年平均从日本进口 350 万—400 万斤铜，至 18 世纪后半叶有所减少。请见表 8—1：

表 8—1　　　　　　　　　　日本铜产输入中国数量表①

年代	日本铜输入（斤）	每年平均输入（斤）
1684—1690	24739111	3534163
1691—1700	41203039	4120303
1761—1770	17405358	1740535
1771—1780	15247219	1524721
1781—1790	16023768	1602376
1791—1795	5748300	1 149660

事实上，康熙初年，清朝进口日本铜已经开始。在日本购买"倭铜"的贸易，从根本上解决铜料的问题，是在康熙朝实现的。请见表 8—2：②

表 8—2　　　　　　　　清朝康熙年间进口日本铜料情况

公元（年）	清	日	输入额（斤）
1664	康熙三年	宽文四年	283800
1665	康熙四年	宽文五年	343700
1666	康熙五年	宽文六年	526400
1667	康熙六年	宽文六年	748200
1672	康熙十一年	宽永十二年	1158100
1673	康熙十二年	延宝元年	1096650
1674	康熙十三年	延宝二年	1032600
1675	康熙十四年	延宝三年	1935400

日本进口铜原料，在康熙十一年（1672 年），得到了大幅增长，达致 1000 斤以上，3 年以后，接近了 2000 斤。中国市场与海外市场的连接，

---

①　［日］山脇悌二郎：《長崎の唐人貿易》，东京：吉川弘文館 1964 年版，第 219—220 页。

②　参见［日］岩生成一《关于近世日中贸易数量的考察》，《史学杂志》第 62 编第 11 号。

为建立银铜复本位制货币体制，为王朝成功掌控市场物价，以及社会经济逐渐复苏，奠定了重要前提与基础。

此后，康熙三十八年（1699 年），令芜湖、浒墅、湖口、淮安、北新、扬州六关铜归内务府商人承办。① 这是京局仰给于洋铜的开始，由此建立了官商办铜制度。"国朝以采买紫铜铸钱之故，由内务府招徕官商……初只一商，乃先帑后铜，每石发价银十六两二钱，继而有巨力者呈府，乃请先铜后帑。且减价为十二三两四钱"。遂二商并列，一曰官局，一曰民局。② 对于外来市场进口铜的掌控权，直接掌握在清廷内务府，保证了清朝在中央集权主导下，确立银铜双本位货币制度，建立起国家支配货币体制。

清朝成功地大量铸钱，是清朝平衡明代白银货币化以后白银货币失控局面的根本举措。就此意义而言，这也是王朝国家重新获得丧失的货币掌控权的关键措施。以此为基础，建立银铜双本位货币体制，在全国成功地推行银钱并用的双本位货币制度，意味着将明朝如脱缰野马般的白银失控局面部分扳回，从根本上改变了王朝国家不能掌控主导货币作用的状况。清朝国家铸造的制钱形成民间主要流通货币，百姓日常使用的是国家制钱，而白银是国家财政计算单位和税收征收形态，清朝真正实现了日本学者黑田明伸研究所表述的，在市场层次不同从而存在服务于不同层次市场的货币体系的状况。③ 这与明朝白银形成流通领域主币，几乎无可替代的官方民间主导局面已经完全不同了。

经历了明清鼎革，在市场/社会与国家的博弈中，清朝建立银铜复本位货币制度，运用国家权力主导调控银钱关系，实际上是国家主导调节与市场的关系。在生产方面，根据市场上银钱比价的波动，不断增加或减少铸币的数量，从而控制流通中总的货币量；在流通方面，通过增加铜钱的投放量来平衡银钱比价。清朝采取随着市场的变化而变化的政策策略，审时度势管控市场调节，保障货币稳定以及王朝货币流通体制的运行。需要说明的是，清朝建立起银钱双本位货币制度，其意义重大，是 18 世纪清朝大一统中央集权政治体制做到的。有学者以 18 世纪的清朝质疑 16 世纪

---

① 《清朝文献通考》卷一四《钱币考》二，考 4976。
② 道光《苏州府志》卷一七《钱法》，道光四年刻本。
③ ［日］黑田明伸：《货币制度的世界史》，何平译，中国人民大学出版社 2007 年版。

的明朝历史，是以清准明的时代倒置。实际上，经济规律是任何统治者无法根本改变的，在清朝，白银仍然是主币的货币体系不可逆，态势无法根本改变，受到国内银矿储藏量少的制约，清朝也依然没有铸造统一的银币，而以称量货币流通的白银，具有自由银性质，其数量变化和流向，直接受到国内外市场的影响，因此国家调控白银货币的能力仍然有限。正因为如此，清朝实际上发挥了中央集权大一统国家治理控制力优势，力图垄断铸币权，通过调整制钱数量和使用范围，调节市场比价，让制钱发挥最大作用，达到王朝调控市场上货币的效果，为王朝财政从赋役制向赋税制的平稳过渡创造了有利条件。

三 钱法通行与赋税制度安排

上述说明，国家与市场的博弈焦点在货币上，而白银货币来自市场，是市场经济的萌发，清朝将主要精力放在建立银铜双本位货币制上，着意于钱法，是极有眼光的选择，而立钱法，就要行钱法，这又是一个关键的决策点。清初任源祥《制钱议》云：

> 钱法有二：曰铸，曰行。铸钱之法，不惜铜，不爱工，古人言之，今人固无以易之。行钱之法，则惟曰钱粮纳钱。此古人所不待言而不言，今人屡言之而未能行之者也。古者赋出于田，曰粮，其折征而纳以铜钱，故谓之钱粮。钱粮纳钱，其来已久，有不必见之于议论者。自明季以来，钱粮课程，尽数纳银不纳钱，钱于是铸而不行。故顺治中有钱粮纳钱之议，有银七钱三之令，如是，则钱可以行矣，而钱卒不行。何也？钱三准存留，不准起运，则钱粮终不纳钱也。银七钱三，非不载在编册，以示必行，然皆纸上空文，未见有实在纳钱者，从好不从令也。是故钱之行必自钱粮始，钱粮纳钱必自起运始。①

他记述了清朝银钱不能并行纳税的症结所在，是国家财政税收一以征银的现实。继之，又云：

---

① （清）贺长龄、魏源等编：《清经世文编》中卷五三《户政》二八《钱币》下，中华书局 1992 年版，第 1321—1322 页。

　　钱之为物,寒不可衣,饥不可食。但制之上,阳以大一统之名号,阴以操天下之轻重,故曰权也……今不以钱为通宝,而以银为通宝,岂以其更便于持赍而行远耶? 不知银之为物,民不能生之,君不能制之,徒使豪滑得以擅其奸,贪墨得以营其私,利权倒持,非国之福也。①

　　在这里他已经将国家与白银、制钱的关系讲得非常透彻:白银具有"君不能制之"的特性,而只有钱是可以"制之上"的。对照明朝时期,他所说的这一套道理,早已为诸多明朝士大夫所论及,问题是明朝却始终没有办法解决,直至清代仍然是难题。

　　清朝以铸造铜钱为首选,大量铸币之后,就是钱币的通行问题,这与清朝的赋税制度安排有着紧密联系。清朝采取调剂制钱流通的惯用办法是搭收搭放。

　　首先是搭放。顺治十二年(1655 年),户部议:"制钱日广,请于每年二月八月以局钱半成配给官俸及兵饷。其直省兵饷等项亦合以制钱按成搭放。"搭放,形成清代财政用语。"凡兵丁之口粮、饷银,或其他俸饷,可以搭配发放,谓之搭放。例如:八旗兵丁俸米,例以梗米、梭米、粟米分成搭放;八旗兵丁饷银,可以适当搭放制钱。另外,亦可以将某项收入之款,或某地区收纳之粮,留于某地,归入应发俸饷内支放,亦称之搭放。例如:盛京银库每年支放俸饷及各处工程等扣留平余银,除开支外,均归入公项,搭放俸饷。"② 康熙六十一年(1722 年),户部议:"八旗给发月饷,暂以银钱各半搭放。俟钱价稍平,即行停止。"③ 关于搭放方面,变更很多,清代俸禄的支给形态,虽说是"银米兼支",但主要是以支给白银为主,也主要以白银作为俸禄衡定的标准。④ 清初建立白银、制钱并

①　(清) 贺长龄、魏源等编:《清经世文编》中卷五三《户政》二八《钱币》下,第 1321—1322 页。

②　李鹏年等编著:《清代六部成语词典》,天津人民出版社 1990 年版,第 121 页。

③　《清文献通考》卷一四《钱币考》,考 4980。杨端六编著:《清代货币金融史稿》,生活·读书·新知三联书店 1962 年版,第 197 页。

④　黄惠贤、陈锋《中国俸禄制度史》云:"俸禄支给形态,清代的俸禄虽说是'银米兼支',但主要以支银为主,既克服了明朝俸禄折色带来的诸多弊端,又避免了在银、钱双本位制下由银、钱比价的波动而导致官员利益受损,使官员能够获得实际俸禄标准的收入。也可以认为,清代俸禄主要以货币银两为支给形态,已标示出传统俸禄制度向现代薪金制度的转型",武汉大学出版社 2012 年修订版,第 482 页。

用的双本位制，国家调整与市场关系，掌控市场银钱比价，规定：银1两合制钱1000文。但在市场上，这个比价不可能长期保持不变，比价必然伴随市场波动而变化。清朝以银钱搭放，稳定钱价，以达到整合与稳定市场秩序的目的。

其次是搭收。依据《清朝文献通考》，顺治十四年（1657年），户部议："直省征纳钱粮，多系收银。见今钱多壅滞，应上下流通。请合银钱并收，以银七钱三为准。银则尽数起解，其钱充存留之用，永为定例。"①这就是朝廷下令民间可以"银七钱三"比例，向地方政府缴纳田赋之令。此令清初已经制定，但在执行上往往有名无实，因为这一命令有着附加规定，即占三成田赋的铜钱是存留给地方，而中央所要的仍然是占七成田赋的白银，显然是不合理的。两年后，顺治十六年（1659年），户科给事中王启祚已有反馈，揭示出地方官员并没有按照中央规定的田赋折收制钱：

> 乃迩来银不加贱，钱不加贵，而钱法未见疏通者，则以银七钱三之法甚善，而有司未之实行者，以于有司不便耳。既无戥头之折，即无羡余之入，以储私囊；则携取不便，以敬上官，则馈纳维艰，所以由单则照例分派，而收时则不用钱而用银，是名虽银一两派钱一千，而其实钱一千仍收银一两也，与不派钱无异矣，甚有巧于立法，自设钱桌数张，每钱一文，必得银二厘，然后换给，若非官桌所发之钱则不收，是纳钱一千，用钱四千，较之用银反一倍而二倍矣，孰若不派钱之为愈也，银七钱三之法，至此不几穷乎？是欲以疏通而及而雍滞，此所以钱日赋而银腾，欲宝源之流行无碍也，不可得矣。②

正如奏折中所云，虽然税收通知"由单"注明"银七钱三"的缴纳办法，但地方官员却是依旧收银；对缴纳铜钱的税户，地方官要求他们缴纳的铜钱必须是从官府兑换而来，也就是税户必须以银换钱，这样经过一番周折，所费反而更多。王启祚还揭露了地方官吏收纳白银以"火耗"作为附加税的弊病。这里问题出自制钱的市场价值低，中央拒绝回收制钱，

---

① 《清文献通考》卷一三《钱币考》，考4968。
② 《清经世文编》卷二六《户政》一，王启祚《足民裕国》二《事疏》，中华书局1992年版，第658页。

地方自然也出于同样理由而拒绝制钱。由此说明清朝国家与市场/社会的博弈始终存在，而关于银钱的博弈也反映在中央和地方的关系上。

蒲松龄晚年出贡，有《辨银七钱三呈乞孔老师》的呈文，说明康熙年间地方实行"银七钱三"的真实状况。特录于下:

> 窃照银七钱三之例，当其行时，官以此征粮，即以此支发。迨后，银益贵，官恶其害已，遂废而不行。至今四十余年，官不复收，因亦不复发。纵间有发时，或发制钱，或照市价，亦未有以小钱一百仅值银四分有零，而抵银一钱者。俞老父师乍履淄境，习俗未谙，该房妄造往例。诸生中四十以下者，并不知银七钱三是何典故，因而骇疑。犹之今日设有执钱投柜者，则官吏之叱骂所不免矣。无论巍然人上者，增此数金，不益富；即贫如生等，损此数星，亦不益贫。宁屑较算锱铢，自丧品节? 但该房之蒙蔽，不可不明。恳乞老师，据呈转牒，代为剖析。以召杜之清苦，远摄淄篆，即每人各损些须，以助行李，实惬本怀。但求后此给发，不必听该房妄造之名目，俾成定例，永坏旧规矣。①

另外他在《无题》中也云:"四十年来，并钱流水而无之。如有以钱投柜者，不惟官怒收，役亦笑之矣"的现状。②

清朝银七钱三的征收令确实存在，但是执行结果一直不太理想。至乾隆年间，这一问题仍然存在。《清实录》记载发生于乾隆十六年（1751年）的事例:

> 户部议覆云南巡抚爱必达奏称:滇省地丁一概以银征解，而奏销时又以银七钱三捏报，请嗣后一以银数造册，再一钱以下之小户，及大户一钱以下之尾欠，并折欠短封，请照放饷例，每银一分收钱十二文，其五厘以下者，每银一厘收钱一文，易银支解。如情愿完银者听。倘地方官以该省钱价之贱，勒收银两及重戥浮收，即行参处。应如所请。从之。③

---

① 盛伟编:《蒲松龄全集》第 2 册，《聊斋文集》，学林出版社 1998 年版，第 235—236 页。
② 林小军:《新见蒲松龄的〈聊斋呈稿〉》，《文献》1980 年第 3 期。
③ 《清高宗纯皇帝实录》卷三九八，乾隆十六年九月丙寅，钞本。

迄至道光二十五年（1845年），银价高涨，御史刘良驹《请饬定银钱划一章程疏》云："窃维银价之昂，未有甚于今日者，京中纹银每两，易制钱几及二千文，外省则每两易制钱二千二三百文不等，其势日增加，尚无底止"。疏中道出了财政税收仍然是以银为主，制钱不能代替的个中奥秘：

> 窃考唐宋以前，中国数千年上下通行之宝惟钱耳。明初用银犹为厉禁，至中叶始定税粮折纳白金之令。相沿至今，民间输官之物皆用银，而犹谓之钱粮，是其明证。若银七钱三，银尽数起解，钱只充留支，是起运皆银，留支安肯收钱耶？此今日一体纳银所由来也。①

他再一次提出重视制钱，规定银钱比价，用钱作为官府收支，扩大钱的使用范围，解决银贵钱贱的问题。其后，奉上谕：

> 穆彰阿等奏遵旨会议御史刘良驹条奏银钱画一章程一折，银钱并重，本系制用常经，果能随时酌核，不使轻重相悬，裕国便民，两有裨益，未可辄称窒碍，不思设法变通。着该督抚等各就地方情形详细体察，悉心妥议具奏。务使法立可以推行，不致滋弊，毋得任听属员巧为推诿，稍存畏难苟安之见，仅以一奏塞责。②

随后李星沅上《筹议搭放银钱章程折子》奏为银钱轻重不均，酌议搭放章程，以资补救。③

清朝继承明朝，进入的是一个白银时代，财政货币化是明朝遗留的历史遗产。为了重新获得明朝丧失殆尽的货币垄断权，清朝不遗余力地建立了银两与制钱并用的货币制度。由此，清初规定"每十文准银一分，永著为令"④，力图掌控白银与铜钱的固定比价，以国家法令来确定银钱之间的比价。彭信威《中国货币史》认为："清朝政府的政策，既是极力维

---

① 《皇朝经世文续编》卷五八《户政·钱币》，刘良驹《请饬定银钱划一章程疏》，清光绪刊本。
② 《清宣宗成皇帝实录》卷四二六，道光二十六年二月丁亥，钞本。
③ （清）李星沅撰，王继平校点：《李星沅集》一，岳麓书社2013年版，第244页。
④ 《清朝文献通考》卷一三《钱币》一，考4967。

持银钱间的比价,而实际上在清初的百多年间,白银一两所换得的制钱的数目自七八百文到八九百文。"大体上说来,清初的百多年间,钱价比价稳定。铜钱虽每年铸造,但因铜的供给有限,不能大量增加,全国每年铸造数目,平均大概有三十万万文,赶不上人口的增加,所以铜钱多少有一点紧缩的现象"。[①] 杨端六《清代货币金融史稿》中归纳:"从顺治元年到嘉庆十二年(1644—1807 年)一百六十四年间,在封建王朝统治之下,表现出相当的长期稳定。制钱的重量,从一钱到一钱四分,而以一钱二分为久,银钱比价虽不能完全稳定在一千文之上,而始终动摇于一千文上下,幅度不很大。"[②] 货币史专家采用一种高度概括的论述,自然会与历史事实存在较大差距。事实上,市场上的银钱比价变化无常,波动难以控制。王宏斌全面系统地考察了有清一代的银钱比价:顺治与康熙初年的"银贵钱贱"(1644—1681 年),康熙中期银价暴跌(1674—1690 年),康熙后期银价再度上涨(1690—1705 年),康熙晚期到乾隆中期银价的再度下跌(1706—1770 年),乾隆中后期银价第三次上升(1771—1797 年);嘉庆初年银价有一次暴跌(1797—1805 年),嘉庆道光时期的银钱比价波动(1805—1853 年);咸丰同治年间银价暴跌(1853—1866 年),同治中后期银价增昂情况(1866—1874 年),光绪时期银价下落与币制改革(1875—1905 年),直至光宣之际银价增昂与制钱制度的终结(1905—1911 年)。他认为:"实际上,清代前一百年的银钱比价波动同晚清一百年一样,始终处在上涨与下跌的激烈变化之中。即使某一时期银钱比价表面看来相又稳定,而实际上是金属价格与货币质量和重量改变和作用的结果。"[③]

道光、咸丰时人陈崀《拟贵钱贱银疏》云:"银贵钱贱,至今日为已极已。臣窃见十余年来,中外臣工为此筹画者,不下百余奏,部臣皆以窒碍难行,议驳"。他议及当时有疏:"一曰,改银征钱,一曰,请停铜运鼓铸。改银征钱,意在减银之用,以杀其势,其说得之。至若请停铜运鼓铸,则意在缩钱之数,以昂其直,盖有断断不可者"。于是循环考述三代未有用银,当世全面用银状况:"试思今之世,其岁入也,地丁以银,关

① 彭信威:《中国货币史》,上海人民出版社 1958 年版,第 570—571 页。
② 杨端六《清代货币金融史稿》,生活·读书·新知三群书店 1962 年版,第 192 页。
③ 王宏斌《清代价值尺度货币比价研究》,生活·读书·新知三联书店 2015 年版,第 7 页。

税以银，盐芦课以银，田房杂税以银，岁捐、封典、贡监及品官职衔以银，现开大捐与捐输又以银。其岁出也，满汉兵饷以银，职官廉俸以银，两河岁修以银，廪饩与各衙役食以银，而且朝廷之赏赉、宗室之禄糈亦以银。国家大计一以银为出入，而钱不与焉。总计今天下大局，银之数只有其三，钱之数乃有其七；而银之用已有其八，钱之用则仅有其二。以有限之银，而供无限之用，其势必不给，势不给，无怪乎其日贵也。"他的建议又进入了循环："请以民输于官者尽改征钱，如地丁、杂税是也。商贾输于官者，银钱各半，如关税、盐芦课是也。富豪大族输于官者，钱三银七，如常捐，与现在大捐，及各捐输是也。而其出也，亦以是为差，如兵役需钱不需银，其兵饷、役食与廪饩，则请尽放钱也。河工需银，亦需钱，其两河岁修则请银钱各半，兼放也。职官需银多，而需钱少，其文武各官廉俸，则请以银七钱三搭放也。推之朝廷之赏赉、宗室之禄糈，亦可以用钱。由是则铜禁不可不严，铜矿宜开，鼓铸亦宜广也。去岁言官请禁铜，已蒙俞允，先试于京师矣，请即雷厉风行，颁诫天下，有犯者惩。"[1] 其疏不异老生常谈，却真实反映了有清一代一直存在银钱的博弈，国家与市场的博弈，即深寓其中。邓亦兵从清朝货币政策出发，得出结论是清代货币流通量以市场调节为主，以政府调控为辅，从时间上说，清代前期政府的干预手段强硬一些，嘉道时期减弱，逐渐被国际市场所左右。[2] 这是有道理的论断。

第三节　中国早期近代化历史进程的赓续[3]

明清鼎革的历史，是市场与国家、社会互动的历史，也是中国与全球互动的历史。明代中国处于近代转型期，全球也处于近代转型期。转型期的特色，就是新旧混杂，纠结在一起。历史上所有的转型都不可能是一蹴而就的，因此新旧制度的纠结与市场与国家的殊死博弈也是在意料之外，

---

① 陈崀，曾毅等点校：《小桃溪馆文钞》，四川大学出版社 2018 年版，第 246—247 页。
② 邓亦兵：《清代前期政府的货币政策——以京师为中心》，《北京社会科学》2001 年第 2 期。
③ 此部分原发表于《中国社会科学报》2021 年 5 月 31 日。

情理之中，合乎历史发展的逻辑过程的。

财政对国家和社会的历史转型演进过程具有决定性的影响。西方国家财政在从中世纪到近代转型过程中，具有重要作用。熊彼特认为："税收不仅有助于国家的诞生，也有助于它的发展"。[1] 税收不但有助于现代国家的诞生，更是现代国家发展的推动力量。他所指是中世纪晚期西欧从家财型国家转向了税收国家。在此基础上，刘守刚从财政类型进行分析，认为"从西欧历史来看，现代国家的成长过程，实际上伴随着财政从家财型向税收型的转型；而从'财政社会学'的观点来看，家财型财政向税收型财政的转型，也推动了从传统国家向现代国家的转型"。[2]

在探讨明代白银货币化过程及其影响的研究中，根据中国历史发展过程，我提出中国从传统赋役国家向赋税国家转型的新观点，并认为中国的早期近代化转型在明末遭遇了挫折，马克思所说上层建筑对于经济基础的反作用，在明末充分表现出来，万历亲政以后的财政治理新形态内官税收体制出台，显示出明末中国社会仍然缺乏对于皇权的制衡力量，也就无从建立起对皇权进行强有力制衡的现代政治制度。因此，在明朝灭亡以后，在中国必然建立起一个新的王朝国家。李自成尝试了，张献忠也尝试了，均以失败告终，而清朝则以回归与重建成功地完成了新旧王朝的鼎革。

在这里，马克思经济基础对于上层建筑的根本作用启示我们：统治者选择财政税收方式，必然受到当时社会和经济状况的制约。我认为，明代白银货币化源自市场的萌发，启动了中国传统农业经济向市场经济的转型，引领全球化开端中国国家与社会的近代转型，白银货币化过程，就是中国早期近代转型的历史进程。值得注意的是，明代开启的转型处于过渡期，是进行时，而非完成时。

从白银货币化切入，探讨对清朝的影响，这是一个讨论明清鼎革的新视角，应该说影响是多方面的，但是最主要的表现在两个方面：回归与重建，即聚焦于历朝历代王朝国家典制田赋与钱币出发。由此我们可以清楚地了解到清朝的建立是一种回归：清承明制，成为清朝"正统性"与

---

[1] Joseph A Schumpet, "The Crisis of Tax State", in *International economical Papers*, New York: Macmilan, 1958, p. 4,

[2] 刘守刚:《国家成长的财政逻辑：近现代中国财政转型与政治发展》，天津人民出版社2009 年版，第 10 页。

"合法性"的必然选择，中国传统君主专制中央集权政治体制的传承存续，关乎政权生死存亡问题，与民族文化无涉，却与历代传统紧密相关。清初回归历代王朝建立的农业经济基础上的君主专制中央集权政治体制，及其建立在自给自足农业经济基础上的财政制度；然而，认真辨析回归文本的内涵，清朝的回归的已是从农业经济向市场经济转型的明朝财政从赋役向赋税演变基础上的回归，就此而言，清朝重建的也必然不是一个完整的传统农业经济，而是一个过渡阶段的经济转型形态。从市场经济发展的不完整性出发，明清之际传统过渡的二元经济——农业经济和市场经济并存，形成一个二元经济结构——农业经济与市场经济处于一个并存过渡期，而清朝审时度势的制度选择，就建立在这样一个基本前提之上。我们看到清朝建立了从赋役制向赋税制继续前行的二元财政制度，同时建立了银钱双本位的二元货币制度，这充分证明了清初延续了明朝开始启动的经济转型过程，也即传统向近代转型的历史进程，因此，中国的近代转型并没有断裂，而在延续发展之中。存在即选择，清朝的选择是在当时国情发展的框架内做出的合理选择，并且没有脱离全球近代化的历史进程。在经过明末短暂的分流之后，清代中国仍然参与在全球近代化大合流之中，在对内对外事务中，极大地发挥了传统大一统君主专制中央集权政治体制的优势，在市场与国家的博弈中强调了国家主导，平衡市场比价以掌控市场，使得中国在全球市场中仍然占据重要地位。

"市场经济"概念来自西方经济学，产生于资本主义经济充分发展的19世纪末、20世纪初。这里提到的市场经济，是特指早期近代市场经济，或称早期市场经济。与早期市场经济对称的是传统自然经济，自然经济的产品不是为了交换，或者说主要不是为了交换，而是为了满足生产者本身需要而生产的经济。早期市场经济的产品则是为市场交换而生产，交换的媒介是货币。明代张居正改革，全面推行货币税收，农民必须将农产品带到市场上去卖掉，换回白银以缴纳赋税。物物交换是传统自然经济，货币经济是使用货币进行交换的经济。交换是在市场上完成的，从这个意义上说，货币经济就是市场经济。明代白银货币化的发展过程，突出了货币化——市场化现象和市场的重要作用，因此这里称为向市场经济的转型。

至此我们必须修正以前的认识。白银货币化不仅在于提供了一个新的历史解释体系，更重要的是一个解读转型期历史的切入点。通过这个切入点，明清鼎革的历史映射到传统财政体系的变迁之中，以财政体系的近代转型特点定义历史时期，拓展思路，提出明代中国从传统赋役国家向近代赋税国家转型，这一国家与社会转型论，是以向市场经济转型为引导的划时代的近代转型。

可以认为，推进财政与货币结构的调整和改革，建立和健全中央集权财政与货币制度，是清朝稳定政权的不二法门。清代继续赋役货币化改革，符合张居正财政改革两个基本点：一是白银作为统一的财政会计计量单位，一是以白银作为财政税收的征收形态。同时建立银钱双本位制以调控市场。从白银货币的失控到稳定货币到双本位，君主专制中央集权货币体制和财政体制重建，回归与重建形成两条主线，相辅相成，改革进程沿着这两条主线在不断深化，结果是实现赋役制向赋税制的平稳过渡，改革在延续，没有断裂。重建国家权威，建立平稳发展的双轨制度，是一种合理的平衡理念。转型的新旧双重性，决定了清朝的实用理念，一方面拓展和延伸了货币化改革，另一方面力图管控市场，在市场与国家的博弈中取得国家主导的协调发展。清朝统治者对于物价关注和管控，是国家与市场/社会博弈和协调的产物。清代货币财政和双本位货币制度的建立，一环扣一环，成为支撑清朝建立的稳定基石。

从逻辑上对明清财政改革进行贯通性研究，我认为对于清朝的评价不应纠缠在民族文化上，而忽视了清朝"正统性"再认识：清朝继承和延续的主题或者说内核究竟是什么？随着晚明的国家与社会剧变和中国与全球的接轨，清初中国也在发生着深刻的变化。其深刻改变了财政体系的旧有形态，实现了治理模式转换，开启了新情境下中央集权财政系统的重建。《赋役全书》实为传统赋役国家向现代赋税国家过渡的标志性成果，既宣告了赋役制度的终结，也标志着现代赋税管理的新开端。这更清楚地说明了国家与社会的近代转型仍在进行中。就此而言，回答林甘泉先生提出的国家与社会转型二者之间的关系，[①] 我认为在清朝二者没有完全分道扬镳。

进一步说，明清鼎革研究是中国史研究的一个重要领域，产生了大量的研究成果，关于财政史研究，长期以来主流研究是从财政制度或称体制出发的研究，这与大一统国家统治或称治理模式密不可分。实际上，形成

---

① 万明、徐英凯:《明代〈万历会计录〉整理与研究》,《林甘泉序:发掘式创新性整理与研究的硕果》,第4页。

了主流研究范式。白银货币化研究尝试突破以往制度史框架，即大一统统治或治理模式的研究范式，从白银自市场崛起，是市场经济的萌发，相继迭起的自下而上的市场经济萌发和自上而下的制度变迁相结合，也是对于"国家与社会"的二元分析范式的突破，论述在改革进程中的中国和经济全球化开端的变革紧密联系在一起，探讨中国走向近代历史进程的丰富性和复杂性。与传统政治史和制度史的视角不同，白银货币化研究在分析市场/社会与国家的关系时，加入市场与国家的关系和中国与全球关系，更加注重全球化互动的作用。白银货币化是探讨市场/社会与国家关系的关键因素，货币化即市场化，引导明代中国发生国家与社会向近代的转型，向市场经济的转型迅速发展，导致国家/市场与社会博弈的白炽化，这是解释明朝衰亡的深层次原因。围绕财政货币化改革，即市场在国家财政改革中的作用问题，限定在明清鼎革之际特定的财政领域和范围，探讨中国特色的近代转型发历程，有着重要的意义。

随着一系列财政税收制度改革的实施，传统赋役体系逐步向近代赋税体系嬗变，在管理体制、征收制度等方面呈现出复杂面相。明代由于白银货币化影响，传统财政集权制向财政分权制转变，地方财政体制逐步形成。清朝的财政演进为大势所趋，继承了从传统赋役体系向赋税体系的转型，首先确立了中央集权政治与财政体制，户部为全国财政税收的主体地位。应对17世纪全球危机，白银货币财政的困难重重。中国的近代转型过程反映出国家与市场/社会与中国与全球多种关系的交织博弈，国家财政与货币、市场、社会的联系，既深受传统中央集权王朝制度依赖路径的影响，也深受经济转型期财政货币化改革发展的影响。发覆新意，有裨于深刻理解中国历史上近代化发展历程的曲折性和复杂性。

一般而言，货币最主要的职能，即记账单位和交易媒介，在明朝财政货币化过程中，得到了充分体现。白银货币化，作为记账单位，明朝财政改革以白银作为统一的会计计量单位，是财政货币化的典型标志；而作为交易媒介，也由于明朝财政改革以白银作为统一的赋税征收形态，而极大地发挥交易职能，市场经济成功地嵌入了国家财政体系之中。于是，白银彻底打乱了原有的旧的国家财政体制，而使得明朝措手不及，旧的制度破坏了，新的制度没有建立起来，充分显示了转型过渡期的鲜明特征。国家先是失去对于货币市场的控制，接着是在国家与市场/社会的博弈白炽化时，以皇帝权力强行干预市场，造成市场的全面衰退，明朝也在中外危机中灭亡了。清朝建立,仍然处于 17 世纪全球危机之中的新王朝,亲眼所见明朝由于失控而竭泽而渔的货币税收,导致最后崩溃的教训,能否成功规避白银货币带来的危机? 这成为清朝建立回归与重建的起点。

还原明清鼎革之际的历史,聚焦国家与市场/社会的博弈和协调发展,白银形成国家财政所依存的税收主体,这一从实物和力役为主向白银为主的财政体系转换,成为市场经济凸显的一个标志,具有中国划时代变革和不可逆的近代发展趋向的意义。财政体系货币化,是向货币意向的市场经济转型作用的结果。转型期的市场本身具有多层次性,也具有多种货币存在的土壤,问题在于国家如何控制市场中的货币。清朝成功地利用大一统中央集权统治优势,重新确立了国家铸币权,意味着重新获得货币的部分垄断权。这是明朝人所一直向往而不能企及的掌控货币的权力。虽然作为称量货币的白银,在清朝一直保持自由银的多样化特性,但是,清朝确立了王朝赋役到赋税的财政转型,符合转型过渡期国情二元经济的银钱双本位货币制度,保证了王朝的财政基础之稳定,也就保证了王朝统治的稳定。

中国明清鼎革之际,在经济全球化第一波中,“死的没有拖住活的”,从明清鼎革的中国本土发现传统中国的早期近代化历史进程,无关“民族”“文化”。清承明制,清朝重建了君主专制中央集权政治体制,继承了传统,也承继了变革,中国国家与社会的早期近代转型过程并没有断裂,仍然在延续;中国与全球近代化发展大合流的趋向,也没有发生分流。以往的认识,应该得到修正。

结论　中国近代化历史进程起源与两阶段论

　　通过实证研究，打破迄今西方是全球化起源的主流研究范式，我们需要真正破除西方中心论，不能无视人类社会发展的历史规律，空泛地以西方理论为基准套用在中国历史发展进程上。通过独辟蹊径，从明代白银货币化出发，综合探讨中国历史独特发展道路的实证研究，我认为明代中国最具时代意义和历史意义的发展，是中国早期近代化历史进程的开启，而中国早期近代化进程，是中国独特的历史发展道路。下面是几点简短的结论：

　　一、明代白银货币化定位：是中国早期近代化历史进程的起源，中国独特的早期近代化历史进程。突破传统与近代截然两分的思维与研究范式，探寻二者的历史接合点，应是在明代；无独有偶，探讨中国与全球化的接合点，也是在明代。聚焦于国家、市场、社会关系，和中国与全球关系的考察，概括对于明代白银货币化过程和影响的研究历程，白银货币化之为"化"，主要意味着是一个过程或者进程。实证研究证明：明代白银货币化是中国早期近代化历史进程的起源，其起源的原动力是市场，它是市场经济萌发的产物。此时的市场经济，我们也可称为早期近代化市场经济，与此前的市场经济相区别，由此开端，内生原发型的中国早期近代化历史进程成为全球近现代化历史进程的一部分。

　　二、从全球史领会时代特征：中国早期近代化历史进程应分为两个阶段，对应全球近现代化历史进程的两大波潮流。突破西方中心论，何以全球化？追寻全球化的起源，全球化也是一个进程，全球化开端不是西方单向主导的，是全球人类共同建构的。而中国在时间上走在前列，起了引领推动作用。无论如何强调全球化进程的政治与文化方面，我们都无法否认全球化首先是经济全球化，全球人类迈向近现代化是这一进程的总趋势。依据全球人类从传统走向近现代化历程的历史规律，与全球化的两大波市场化、工业化潮流相对应，中国近代化历史进程应划分为两个阶段——早期近代化阶段和近代化阶段。在第一个阶段，是中国早期近代化阶段，自明代白银货币化起源，中国积极主动引领并推动了经济全球化开端全球第一个经济体系的建构，即经济全球化开端的建构过程，为促成全球化第一波作出了重要的历史性贡献；到 1840 年以后进入第二个阶段——近代化阶段，中国才被动地纳入了西方工业革命后主导的全球第二个经济体系，那已是全球化的第二波。

三、回顾中国历史走过的道路，白银形成完全的货币形态是在明代。由此明代中国形成一个白银时代，影响近 500 年，直至 1935 年中国在国际压力下废除银本位制。白银货币化即经济货币化过程，经济货币化是任何国家和地区从传统走向近代不可逾越的阶段。从中国本土经验出发，揭示明代被遮蔽的这一段历史，可以概括为一个过程：货币化—市场化；一个趋向：近代化；双重使命：走向近代化，走向全球化。明代白银货币化开启了中国国家与社会向早期近代的转型，是经济转型引领了国家与社会转型，这里的国家转型是在大量实证研究基础上得出的特定意义的中国从传统赋役国家向近代赋税国家的转型，是中国独特的早期近代化历史进程。明清鼎革，中国早期近代化历程没有断裂，仍然在延续，直至 1840 年，中国早期近代化历史进程才结束。

四、明代白银货币化开启了中国早期近代化历史进程，近代化是一次全方位、多领域的历史变迁。全球化首先是经济全球化，时代最重要的主题是经济体系的转型，中国社会经济货币化，传统经济向市场经济转型，引领了社会与国家的早期近代转型历程：一系列制度变迁，包括赋役改革——财政改革对整体社会变迁的启动作用；中国市场与全球市场连接的推动作用；"三农"之变与早期近代化发展的深化作用；以及国家强力干预市场经济与国内外经济危机叠加，导致王朝鼎革的持续作用。明代中国早期近代化不断走向成熟，历经 2 个半世纪的变迁，达致财政货币化，成为中国早期近代化的重要历程。更重要的是，明代中国早期近代化历史进程，为全球近代化历史发展进程，贡献了中国独特的历史道路发展模式与经验教训。

五、从总体来看，白银货币化具有重要意义。它的出现，是中国社会内部蕴藏社会转型趋向的产物；它的奠定，是转型变革中的中国与正在形成中的全球化相联系的产物，也即中国与全球互动关系的产物。这里所要强调的是，由于中国社会内部发生的变化，白银货币化初步奠定，产生了巨大的社会需求，市场经济萌发并以前所未有的发展趋势极大地扩展，中国由此主动走向了全球，而不是如既往所认识的，是西方东来导致中国被动地与世界衔接起来。当全球化开端之时，一个全球经济体系不是西方独力创造的，明代中国曾以本土自发原生型变革，积极引领和推动了全球经济体系的初步建构，为整体世界——全球化即世界早期近代的出现，作出了重要的历史性贡献。就此而言，明代白银货币化意味着中国国家与社会的近代转型和全球化新时代的到来，在中国史乃至全球史上具有划时代的意义。

六、应该特别强调的是，在明代白银货币化背后，中国内生原发型变革的驱动力来自市场，是市场经济的萌发，形成明代中国早期近代化历史进程的启动。鉴于今天中国走向社会主义市场经济，历史证明了市场经济并不必然导向资本主义，中国早期近代化也不必然与资本主义画等号；因此，我们不应以西方历史经验提炼的理论套用于中国历史，而应该大力发掘中外第一手历史与考古文物资料，在切实的实证研究基础上，夯实中国独特的历史发展进程的每一步，总结中国历史发展的经验与教训，从中提炼中国本土的理论，切实增强中国的国际话语权。

中国独特的早期近代化历史进程，不应被遮蔽或遗忘，过程的实证研究和本土的理论探索，需要进一步深入探讨与研究。

附录1　弗兰克《白银资本——重视经济全球化中的东方》评述①

　　鉴于弗兰克《白银资本——重视经济全球化中的东方》一书，对于中国白银问题的论述，对于学术界具有广泛影响，因此，下面专门加以评述。

　　21世纪是经济全球化的时代。进入新世纪前后，"经济全球化"或"全球化"，是人们使用最频繁的语汇之一，相关的学术探讨，毋庸置疑地已成为当今的学术前沿。原书名 ReOrient：The Global Economy in the A-sian Age，美国加州大学出版社1998年出版。如果直译的话，原书名可译为："重新面向东方：亚洲时代的全球经济"，而刘北城先生的中译本名为《白银资本——重视经济全球化中的东方》（以下简称《白银资本》）。显然，译者对于书名做了改动。为此，"译者后记"中特别谈到了这一问题。当时，对于书名的翻译存在不同意见：一种看法认为："白银资本也许更能凸显本书最有价值的部分"，另一种看法则是："白银资本似不足以概括全书的观点"。② 概言之，这种改动，应该说是有道理的，原因是此书直接向西方——欧洲中心论挑战，其核心观点是在西方工业革命前，早已存在以亚洲为中心的全球经济；中国的出口商品使世界白银流向中国，1500—1800年的中国经济是全球经济形成的中心；欧洲最终在19世纪成为全球经济新的中心，是因为欧洲征服了拉丁美洲并占有其贵金属，特别是白银，这才使欧洲获得进入以亚洲为中心的全球经济的机会，使欧

---

① 此评述部分原载万明《明代中外关系史论稿》，中国社会科学出版社2011年版，第758—764页。

② ［德］贡德·弗兰克著，刘北城译：《白银资本——重视经济全球化中的东方》，中央编译出版社2000年版，第508页。

洲有可能站在亚洲的肩膀上。因此，经济全球化视野中的白银问题，无疑是作者搭建一个新的世界体系理论架构的基石。

正如美国学者王国斌在此书《前言》所指出的："《白银资本》是一部极具挑战性的重要著作。它对 1500 年以来世界各地之间的经济联系作了一个气势恢宏的论述。与学术界多数人的通常看法不同，在他的分析中，中国在工业革命前的经济史中占据着极其突出和积极的地位。"不仅如此，作者还具有强烈的时代感，认为当代西方的中心地位行将结束，此前亚洲占中心地位的模式正在重建。因此，该书的出版引起了中外史学界的广泛关注，在西方，于出版次年就得到了美国世界历史学会图书奖头奖，从而在西方史学界掀起了批判欧洲中心论的新一轮热潮；在中国，也出现了轰动效应，一时书评如潮，更引发了热烈的讨论。

《白银资本》这部著作具有重大理论意义，主要表现在以宏观的视野批判了西方——欧洲中心论，所谈白银问题，是搭建新的世界体系理论架构的基石，构建了一个新的世界体系论。关于新的世界体系论的构建，让我们首先从沃勒斯坦的世界体系论谈起。

美国社会学家沃勒斯坦（Immanuel Wallerstein）以马克思主义、宏观经济理论、系统论为指导，采用法国年鉴学派的历史分析方法和素材，对 16 世纪以来的资本主义发展史进行了深入研究，提出了世界体系论。这一理论将整个世界看作一个统一的整体，分析整体的发展规律，并从整体发展过程中审视作为部分的国家与社会的发展现象。沃氏认为，在 16 世纪以前，"世界性体系"表现为一些"世界性帝国"，如罗马帝国、中华帝国等，这些"世界性帝国"有单一的政治中心，但没有"世界性经济"，即使有点儿也不稳定。到 16 世纪，随着资本主义生产方式的发展，才形成了"世界性经济体系"。他提出"资本主义的世界经济是世界范围的劳动分工为基础而建立的"，并把世界分为中心区域、半边缘区域和边缘区域，各自承担特定的经济角色。认为"世界经济体正是建立在下述的居高临下地位之上，即当时存在三大不同区域，每个区域确实有不同的劳动控制方式，如果情况不是这样的话，就不可能确保剩余产品流入西欧，以保障其资本主义制度的生存"。[①] 世界体系论的特点是用体系的观

---

① ［美］伊曼纽尔·沃勒斯坦著，尤来寅等译：《现代世界体系》（Immanuel Wallerstein: *The Modern Worde - System* I），第一卷，第 99 页，高等教育出版社 1997 年版。

点看待整个世界及其各个部分的发展和变化，采用一体化的研究方法研究社会体系。这一世界体系，是建立在以欧洲为中心基础上的"世界性经济体系"。

20 世纪 70 年代以后，西方学者已展开对欧洲中心论的批判，沃勒斯坦的世界体系论遭到多方面的质疑。其中，柯文的《在中国发现历史——中国中心观在美国兴起》一书，明确主张不从西方着手研究中国历史，提出了"中国中心观"，此书于 20 世纪 80 年代末有中译本出版，深刻影响了中西史学界。[①] 弗兰克在反对欧洲中心论的学者中，是突出的一位，他先是以依附理论，此后又从全球经济史出发，成为著名的加州学派学者之一。在《白银资本》的"前言"中，他宣布在这部著作中，用一种"全球学"的视野来颠覆欧洲中心论的历史学和社会理论，从一种涵盖世界的全球视野来考察近代早期的经济史。他成功地扭转了以往通常认识的"现代世界体系"，并为我们展现了 1400—1800 年近代早期世界经济的全景。

在《白银资本》一书中的白银问题，主要集中在书中第 2 章"全球贸易的旋转木马（1400—1800 年）"、第 3 章"货币周游世界，推动世界旋转"和第 5 章"横向整合的宏观历史"中，其中所谈的白银，可以认为是此前中外学者（主要是西方学者）白银研究的一个简要概括。下面依次将书中相关论点简述于下。[②]

首先，在第 2 章中，弗兰克既不是从白银货币的角度出发，也不是从亚洲出发考察的。他从全球贸易出发，认为这种贸易活动是从美洲开始，然后围绕着地球向东方展开。当时货币清偿结算的方式是贵金属，以白银货币为主，主要是流向东方。他的目的是观察 1400 年前后到 1800 年前后存在着一种什么样的近代早期世界经济的劳动分工，以及这种分工是如何扩展和变化的。他着重说明了中国在世界经济中的生产和出口的领先地位，和中国作为世界白银生产终极"秘窖"的地位和作用。在此，他以一些西方学者关于明代经济与社会，尤其是白银问题研究为基础，将观点推向了极致："当时的全球经济可能有若干个'中心'，但是如果说在整

---

① ［美］柯文著，林同济译：《在中国发现历史——中国中心观在美国兴起》，中华书局 1989 年版。

② 以下论点见于《白银资本——重视经济全球化中的东方》一书各章节的，不另加注。

个体系中有哪一个中心支配着其他中心，那就是中国（而不是欧洲！）这个中心"。他认为"整个世界经济秩序当时名副其实的是以中国为中心的。哥伦布以及在他之后直到亚当·斯密的许多欧洲人都清楚这一点。只是到了 19 世纪，欧洲人才根据新的欧洲中心论观念名副其实地'改写'了这一历史"。在这里，弗兰克得出了世界经济秩序以中国为中心的结论。很明显，他的"中国中心观"来自一些西方学者的研究，他直接引用了卜正民（中译本译作布鲁克）对于明朝经济与社会的研究，肖努海上贸易的观点，丹尼斯·弗林对于白银流向的研究，以及弗林和吉拉尔德兹认为"应该在世界白银贸易中给中国保留一个中心位置"和把白银看作全球贸易兴起的一个关键性动力的观点。

其次，在第 3 章中，弗兰克进一步考察了欧洲人供应的美洲金银如何流向亚洲，尤其是中国，以及这种流动如何影响了整个世界经济，并提出了白银货币推动世界转动的观点。他认为自远古时期就有了一个非洲—欧亚范围的金银市场。哥伦布等西方的航海活动，又使加勒比海地区的黄金加入这个市场中。16 世纪 40 年代在秘鲁（今玻利维亚）的波托西和墨西哥的萨卡特卡斯先后发现了银矿，由此美洲白银开始投入这个市场。这些新增的白银对世界经济产生了深远的影响，在这里，他谈到著名的跨越欧洲、亚洲和美洲三大洲的所谓大三角贸易，也就是一般认为当时形成的世界市场或世界经济体系。他谈到了为什么白银远抵亚洲的原因，是欧洲人在亚洲市场上没有别的什么东西可以出售，这主要是由于他们本国的生产不具有竞争能力。在这里，他的论述主要根据亚当·斯密《国富论》中第 64 页的对于"过去四个世纪的银价变动"等研究，以及杨联昇关于金银比价、全汉昇关于美洲白银流入中国专题论文中的金银比价及其与西班牙价格的比较。亚当·斯密的《国富论》在经济史上享有盛名，而杨联昇与全汉昇的研究成果，至今业已成为白银研究的经典论著。

正如弗兰克所说，货币的世界存量流动及其扩展变化，是自亚历山大·冯·洪堡和汉密尔顿以来的一个热门话题。他直言不讳："人们对此作了许多估算和修正，将来可能还会不断地重新估算。我们在这里不可能对这些估算加以评述，更不可能再作新的估算"。因此，他在书中广泛征引了学者们关于白银所作的各种估算数字，包括美洲和日本的生产与供应量。根据学者们的研究估算，从 1493 年到 1800 年，全世界的 85% 的白银和 70% 的黄金出自美洲。肖努曾经估计，美洲白银的 1/3 最终流入中国。

魏斐德引证，可能有一半美洲白银最终流入中国。而据弗林和吉拉尔德兹估算，日本出口到中国的白银数量在高峰时期达到 3/10 到 4/10。最后，弗兰克综合有关白银生产和转移的各种估算，指出即使按照最保守的估算，"中国也占有了世界白银产量的 1/4 到 1/3"。重要的是，"这个份额依然高于欧洲、西亚、南亚和东南亚分别占有的份额，更不用说非洲和中亚占有的份额了"。

就这样，以上述考察为基础，他提出了与世界体系论的现代世界围绕欧洲产生和发展完全不同的理论：在现代早期历史的大部分时间里，处于中心地位的不是欧洲，而是亚洲，是欧洲被吸收在一个早已存在的以亚洲为中心的世界体系之中，而不是相反。他阐述中国在 1500—1800 年是整个世界经济秩序的中心，认为白银导致了全世界的商业扩张。至于在亚洲，尤其在中国，为什么会有来自世界的货币？他只是简单述及"货币支撑和制造着有效的需求，而这种需求刺激着供给。更多的需求只会刺激更多的供给"。总之，在全球发展中，货币扮演了一个重要角色，周游世界各地，推动着了世界转动，大量地供应着血液，润滑着农业和工商业的运转机制。

最后，在第 5 章中，弗兰克提出并阐释一种"横向整合的宏观世界历史"。在这一章里涉及白银的部分，主要是关于有没有一个 17 世纪白银危机的问题。他征引了两种完全不同的观点，一种认为西属美洲和日本的白银生产和出口的衰减促成了明朝的衰亡，以艾维泗（中译本译阿特维尔）为主要代表，认为白银在经济中起了越来越重要的作用，秘鲁、墨西哥和日本白银生产的波动、马德里和江户的保护主义情绪、海盗活动和海难，这一切都使中国的对外贸易关系变得极不稳定，而白银波动恰好与侵袭中国和东亚其他地区的恶劣天气及洪灾、旱灾、歉收等重合，造成了特别严重的后果。另一种观点则认为不存在白银生产和转移衰减的问题，明朝面临的问题完全归因于内部因素，而不能归因于国际白银运动的波动。弗兰克进行总结，直接指出后者反驳前者的论点似乎没有被提供的数据所证明。换言之，他倾向于前一种观点，但认为国际白银运动在后来仍然在发展。在 1800 年以前，亚洲的发展速度比欧洲更快，总量更大，而且一直保持着领先于欧洲的经济优势。通过比较，他认定对亚洲的贬低是没有事实依据的，并对以往认为亚洲传统社会是静止的、停滞的社会提出了总体的质疑。

综上所述，《白银资本》除了新的宏观理论框架之外，所说的白银问题众所周知，其中的阐述并不新鲜。相对而言，《白银资本》是一部带有强烈论辩色彩的理论著作，弗兰克的立论依靠的是其他学者的研究，缺乏自身的实证研究，这是他的理论体系弱点产生的主要原因。显然，弗兰克关于世界经济联系的基本观点是十分简单的：欧洲人渴望获得中国的手工业品、加工后的农产品、丝绸、陶瓷和茶叶，但是没有任何可以向中国出售的手工业品或农产品。而中国似乎对白银有一种无限渴求，吸收了大量的白银。弗兰克有一个假定，就是 16—18 世纪白银流入中国之后，在市场流通领域中必定产生了广泛影响。至于影响如何，他没有做具体探讨。经验证据的贫乏和统计数据的不完备，使他的理论没有多大说服力。

虽然《白银资本》中译本的问世带来了白银问题的关注热潮，但是，中国学者对于明代白银问题的研究却并不是始自这部西方著作。况且《白银资本》中研究的论点是以中国为中心，但是论述的出发点却不是中国，其中关于中国部分的实证研究和分析明显不足，尤其缺乏对中国社会内部白银货币变化过程及其与世界市场连接的实证研究。进一步说，虽然中文译者将书名改成《白银资本》，但是原作者却并不是从白银开始论证的，更不是从货币本身出发来论证的，他甚至完全没有注意到明代中国的白银有着不同寻常的货币化过程。因此，白银问题研究实际上面临着转换研究范式、深化研究途径的问题，凸显了实证研究的意义。而我的白银货币化研究起步于《白银资本》中译本问世以前，研究的主旨正是对于本土白银货币化的实证研究。

总之，《白银资本》不是研究白银问题的专著。然而，《白银资本》对以欧洲为中心的世界体系的质疑，凸显了白银问题。更重要的是，在白银问题的背后，凸显的正是 1500 年以后的中国社会发展还是停滞这一重大的理论问题。就此而言，白银研究所具有的学术价值和现实意义，是不言而喻的。

附录 2　白银与万历援朝之战^①

　　万历援朝御倭之战，是全球化开端时代东亚史上首次大规模国际战争。明代白银货币化是全球史的一部分，张居正改革之后，明廷财政与白银密不可分，明朝财政体系处于由实物和力役为主向白银货币为主的急剧转型之中，却突如其来地遭遇了一场不在本土进行的对外战争，这一战争是对明廷财政的极大挑战。这里尝试以白银货币为中心，剖析战争财政问题，从战争发展过程考察明廷财政的战争投入实态，揭示这场战争明廷财政的白银投入粗估达到 2000 万两以上，对这场战争取得最终胜利起到了决定性作用。

一　白银与战争的起源

　　万历援朝御倭之战，朝鲜称为壬辰、丁酉之战，日本称之为文禄、庆长之役。在时间上，这场战争是全球化开端时期东亚史上首次大规模的国际战争；在空间上，这场战争是东亚历史大变局的标志。更重要的是，这场战争在诸多方面凸显了时代的过渡特征。中国、韩国、日本学者对这场战争皆已做了大量研究，然而对与战争密切相关的明朝财政投入及白银的作用，迄今鲜见有所揭示。明代中国出现白银货币化，上上下下产生对白银的巨大需求，而国内银矿资源不足，于是私人海外贸易蓬勃兴起，走向海外，惟求白银，直接引发了日本银矿的大开发。^② 当时，来自中国福建漳州、泉州和广东、浙江的船只到日本的主要目的，就是获取白银。这在

① 此部分是 2017 年笔者参加韩国"关于抗倭援朝国防研讨会"提交的论文，以《万历援朝之战时期明廷财政问题》为题刊于《古代文明》2018 年第 3 期。
② 参见万明《明代白银货币化：中国与世界的连接》，《河北学刊》2004 年第 2 期；《明代白银货币化的总体视野：一个研究论纲》，《学术研究》2017 年第 5 期。

中国史料和朝鲜王朝文献中都有确切记载。同一时期，葡萄牙人也积极投入到白银贸易之中。日本金银矿开采，则在 16 世纪 40 年代到 17 世纪上半叶突飞猛进。兵库县生野银矿在 1542 年投资开采，产量不断增加，到 16 世纪末，向丰臣秀吉缴纳的银课达到每年 1 万公斤。岛根县石见银矿中仅一个矿坑在 16 世纪末向德川家康缴纳的银课高达每年 1.2 万公斤。佐渡的银矿产量，据估计已达到每年 6 万至 9 万公斤之间。[①] 日本研究金银贸易史的专家小叶田淳认为，从 16 世纪中叶开始到 17 世纪前半期的一百年，是明治以前日本金银产额最多的时代，白银是 16 世纪后半叶日本输出品中有独占地位的产品。[②] 有日本学者指出：日本银矿的开采数量激增对海上国际贸易产生了巨大影响。由于倭寇海盗对中国沿海的侵扰，日本不能与中国进行直接港口贸易，只能通过他国获取中国商品，日本和葡萄牙、荷兰、英国之间的贸易，实际上是日本的白银和中国的商品如生丝之间的交易。甚至有学者认为：16 世纪中期以后的一个世纪里，日本流入中国的白银开始超过墨西哥而占据了更为重要的地位。[③] 实际上，日本流入中国的白银与稍晚来自美洲的白银，成为中国白银货币化进程中巨大白银需求的两个重要来源。白银在 16 世纪连接起了一个国际贸易的全球网络，[④] 全球化开端就这样出现了。

伴随银矿的大开发和工商业的发展，白银开始在日本作为货币流通，乃至被用作战争经费及付给大名的报酬而大量使用。大名们向丰臣秀吉的进献，无疑构成了丰臣秀吉统一和稳定日本本土，并拥有经济实力进行对外扩张战争的经济基础。与此同时，白银贸易也使得东亚海上从此失去了平静，战事迭起。丰臣秀吉发兵侵略朝鲜，朝鲜独自抗战乏力，明代中国援朝势在必行。万历援朝之战正是 16 世纪全球化开端时期发生的一场牵

---

① George Sansom, *A History of Japan 1334 - 1615*, London, Cresset Press, 1961, p. 257. A. Kobata（小叶田淳），"The Production and Uses of Gold and Silver in Sixteenth and Seventeenth - Century Japan", in Dennis Flynn and Arturo Giraldez eds.: *Metals and Monies in an Emerging Global Economy*, Aldershot, Hampshire, Great Britain; Brookfield, Vt.: Variorum, 1997, p. 58.

② ［日］小叶田淳：《金银贸易史の研究》，东京：法政大学出版局 1976 年版，第 1、36 页。

③ ［日］大久保隆著，于放译：《从日本货币史来看金银开采及其对货币的影响》，《中国钱币》1999 年第 2 期。

④ 关于全球贸易方面的研究很多，以［德］贡德·弗兰克著，刘北城译《白银资本——重视经济全球化中的东方》（中央编译出版社 2000 年版）为代表，在此恕不一一列举。

涉东亚三国的大规模国际战争，因而明朝财政所应对的也就是一场全球化大转型时代的国际军事突发事件。

战争时期，明朝正处于中国古代向近代发展转型的重要时期。从财政角度说，从古代以实物和劳役为主向近代以货币为主转型；从军事角度说，从世兵制向募兵制过渡转型，以白银雇用军队，形成巨大的财政开支；从兵器角度说，从冷兵器向热兵器转变，火器大量用于战争，增加了战争的技术含量和财政对于武器装备的投入。在这一大转型时代的战争中，不仅调兵遣将需要白银，技术含量高的火器等制造需要白银，其他军事物资包括粮食、马匹、草料、车辆、船只等，也大多需要首先筹集白银招商或采集，白银在战争经费中占主导地位。战争之初，明朝原打算支付白银到朝鲜购买粮食以供应军队，但当时朝鲜商品货币经济未达到与中国相当的程度，并非用白银即可置办一切，因此只能运输实物粮草、马匹、军械供应军队。这从表面上看似乎决定了这场战争中军饷的实物为主特征，但如深入考察可知，明朝在张居正改革之后，白银已经全面渗透到整个国家与社会，所有财政支出无不与白银货币发生关联。所以，存世明代文献中关于这场战争的经费，几乎都是以白银作为计算单位记载的，凸显出白银担当支付巨额军费的重要角色，也清楚地反映出明朝人的财政理念已经发生变化。这正是笔者采用以白银为中心考察这场战争期间明廷财政实态的缘故。

明朝人就曾以白银为单位对这场战争的经费做出估计，但由于明廷财政处于转型之中，头绪纷纭，总体估算难度极大，数字始终莫衷一是。而国内外关于这场战争的研究，长期以来忽视了白银这一重要历史事实，对这场战争的明廷财政投入主要聚焦在粮草实物上，[1] 缺乏对白银货币估算的整体研究。这里从白银货币化切入，采用以白银为中心的新视角，在绵长的历史发展脉络中重新审视万历援朝之战的明廷财政运行，以期形成较为完整的新认识。

---

[1]　主要有陈尚胜：《壬辰御倭战争初期粮草问题初探》，《社会科学辑刊》2012 年第 4 期；董建民：《壬辰御倭战争后期（1597—1598）明军粮饷问题研究》（硕士学位论文，山东大学，2016 年），对于战争粮草问题进行了比较深入的探讨，后者涉及粮饷的折色部分。

二　战争第一阶段的明廷财政调度

这场战争的第一阶段（1592—1593 年），朝鲜称为壬辰倭乱，其后是一个和谈中间期，然后是第二阶段（1597—1598 年），朝鲜称为丁酉倭乱。和谈期虽然也有财政支出，但除了留守朝鲜军队外，均不是直接的战争经费支出，因此这里按照战争第一、第二两个阶段的发展进程，依次探讨明廷财政支出的实态。

万历二十年（1592 年）五月，明朝收到朝鲜战报，"朝鲜国王咨称倭船数百直犯釜"，明神宗即诏"辽东、山东沿海省直督抚道镇等官，严加整练防御，无致疏虞"。① 六月初二，"令辽东抚、镇发精兵二枝，应援朝鲜。仍发银二万，解赴彼国犒军；赐国王大红纻丝二表里慰劳之；仍发年例银二十万给辽镇备用。"② 这是正式的应援参战了。首先给朝鲜犒军银 2 万，并促发辽东镇年例银 20 万，是明朝财政投入的开始。所谓"精兵二枝"，即游击史儒和副总兵祖承训的先锋部队 3000 人，这是明朝最早的战争兵员投入。

六月二十四日，明朝参将郭梦征带明神宗赐银 2 万两到达义州，明朝大军未到，犒军银已到。而此时援军未到，朝鲜宣祖就已在担心粮饷问题了："天兵在越边，告急在必来。不忧天兵之不来，所患者粮饷。粮饷既备，则天兵趁即出来矣。"甚至明言："予不忧兵少，但忧饷。"③

六月，明朝战备已经全面开始：天津截留支用漕粮 6 万、7 万石，并尽数留用海船 400 余只；山东从保甲军余中简选壮丁，户部准留民屯屯粮银 4 万并事例班价给饷；皇帝准宣、大两镇选兵 16000 人，以备倭警。特别是"咨户部，议发帑银数十万，差大臣一员，就近督理粮饷"，④ 截留漕粮，准备海船，拣选壮丁，屯粮银给饷，军镇选兵，议发户部银数十万，添设专官督理粮饷。人力、物力、财力均在调配之中。

八月，明朝任命宋应昌经略朝鲜、蓟辽等处军务，是援朝战争最高统

---

① 《明神宗显皇帝实录》卷二四八，万历二十年五月己巳，钞本，爱如生数字古籍丛书，下同。
② 《明神宗显皇帝实录》卷二四九，万历二十年六月庚寅。
③ ［朝鲜王朝］《宣祖实录》卷二八，宣祖二十五年七月辛酉。東京：學習院東洋文化研究所刊。
④ 《明神宗显皇帝实录》卷二四九，万历二十年六月甲午、丙午、戊申。

帅。他甫上任，即请马价银 20 万，聘请工匠制造火器、盔甲弓箭等军事器械，令天津、永平、辽东沿海各道募兵设防，统计月粮、马料等本折之数，限日上报；从浙江调集海船到天津运输粮饷、军械；督令沿海各分守道官以及山东巡抚负责从地方采购粮食，运至辽东集中；令辽东管粮郎中王应霖，准备集中囤放 10 万大兵半年所需粮饷。① 这是一整套备战方略的出台。很快他申请的马价银 20 余万得到了批准。马价银由太仆寺掌管，在马政货币化过程中，太仆寺从掌管马匹到收储白银，具有了明初所没有的财政职能，兵部常盈库主要依靠太仆寺马价银的收入。由此可见，从战争一开始，明朝就动用了户部、兵部的人力、物力和财力，并调动了天津、永平、辽东沿海各道与山东，乃至浙江沿海的海船。募兵设防，统计月粮、马料本折等数上报，恰恰说明兵员需要招募，也就需要白银的支付；粮食需要采购，即用白银货币购买；聘请工匠制造火器等军械物品，还有调集海船运输等，也都需要白银投入。宋应昌《檄天津永平宁前等六道》中，述及 20 万马价银的具体分配方案：5000 两给中军官杨元，随军应用；其余 195000 两，发天津道 35000 两，密云道 40000 两，永平、蓟州、宁前、东宁道各 30000 两，"听候本部应用。"②

十一月初，宋应昌向兵部尚书石星报告军饷事宜：

> 台下虑兵集而饷难继，此正不佞前揭陈其艰难之状者。幸近日严督各司道多方料理，似有次第。据辽镇王郎中报称，备倭粮草计十万兵马可足两月之支，又将御房本色留贮九万石以待防倭之用，且目下又征二十一年屯粮、盐粮矣。荆分守籴完三万石，冯分巡籴完一万五千石，并海盖、宁前二道俱见行召买，务足三万石者。他如发银五万两，令山东籴粮贮之登、莱，听取天津佥运输至辽阳应用者，又在外矣。总计征倭兵马不满四万，通常计算可足一年有余。保镇新募之兵不得不急征耳。盖兵家原无定形，饷不足则计饷；若足，则计兵。③

---

① 宋应昌：《经略复国要编》卷一，《移本部咨》《檄天津永平辽东等六道》；卷二，《檄辽东粮储王郎中》，民国景明万历刻本，爱如生中国基本古籍库电子版，下同。
② （明）宋应昌：《经略复国要编》卷二《檄天津永平宁前等六道》。
③ （明）宋应昌：《经略复国要编》卷三《报石司马书》。

很明显，一边是集中兵力，一边是集中粮饷。无论是粮，是人，还是运输工具，都需要动用白银货币去获得。粮食主要是用马价银在山东以及辽东等地采购。征调的永平、浙江、山西、宣大、延绥等地精兵前往辽东集结，同时粮饷由运河经天津直接运至辽东卸载。此外由于辽东地方"累岁兵荒，刍饷腾贵"，还动用了泰山香税银和登莱府库银5万两，依时价在山东购买粮食，集中贮存，以便海运；陆上预买粟米3万石、料草15000石，用发买的牛骡陆续驮运至辽阳；又发临德二仓10万石米粮运辽。宋应昌檄文通知海州等五分守、分巡道，要求各道以银500两"委官买牛，并赁取牛车"；"如牛少银多，即便买骡；如骡不足，方行买驴；合用料草，酌量留银买用。"还通知海盖道，用官银募雇海船50只以及梢水人役等以搬运粮饷，限三日内到官，船脚银优厚支给。以地方官银募雇海船之外，也动用官银雇征商船运载。① 这里表明，自张居正改革之后，明朝财政体系从以实物和力役为主向白银货币为主转型，财政运作机制也必将随变化趋势而趋向调整，白银在国家范围的广泛流通已产生深刻影响。财政运作主体是政府，而白银货币的大量投入涵盖了市场与商人，因此决策由朝廷做出，筹资机制却不仅有政府投入，还有市场的参与，运行机制背后隐藏有市场规律，有政府供给，还有市场供给。

下面是经略宋应昌记载的关支官军行粮的填注号单，其中既有实物，也有白银：

> 一为稽考行粮事。照得本部调到防海御倭官军马匹，每日应该关支行粮料草，俱要查照号单依式填注。
> 计开：　某营将官下千把总等见在听调委官　实支旧管　月　日军员名驮马匹　新收官员军名马匹　开除员　军　名马匹　实在　月　日官军员名驮马匹
> 计支：　仓本折色一日　一日支廪给米五升　　副参　廪粮银一钱游都一日支廪给米三升　廪给银八分　千总一日支廪给米三升　廪给银五分　把总一日支米一升五合　盐菜银三分　日支折色　总给银五分管贴队军丁一日支料荳三升　草一束　马　匹　各项如有不支　填一无字。

---

① （明）宋应昌：《经略复国要编》卷二《议题海防兵饷海运临德仓粮疏》《移山东抚院咨》《檄海盖宁前开原分巡分守五道》；卷三《檄分巡宁海海盖三道》《檄海盖道》。

年月日 支放官某人 对同官某人①

明朝官兵均有饷银，征倭官兵当然也不例外。依照明朝旧例，"将官五升，千把总三升，管贴队军丁一升五合；马每匹日支料三升，草一束，沿途挨程关支，无容别议外，其将官日支廪粮银一钱，千总每员日支廪给银八分，把总每员日支廪粮银五分，管贴队军丁每名日支盐菜银三分。"此次征倭南北官兵"每名每日给银五分，如有驮马，日给银二分"，由于各地价格不一，形成各军有愿支本色，有愿支折色不等的情况，于是户部明文"听彼自买"。②

万历二十年九月，宋应昌与朝鲜定："我师如风雨，朝济江而夕破贼必矣，顾师行粮从，江以西则我给饷，江以东则尔给饷，饷必给五万人，必支三月。"③ 行粮是指军队行军途中或在外执行任务时加发的粮饷。明朝这方面的"饷"包括白银；朝鲜方面的"饷"则仅见粮食实物统计。据朝鲜备边司云：

> 天兵共计四万八千五名，将领、中军、千、把总，不在数内。一日粮，每一名一升五合。马二万六千七百匹，将领等官之马，不在数内，每一匹日给料豆三升。以此计之，则四万八千五百八十五名之粮，一日约七百二十石，二个月则为四万三千七百三十石。马二万六千七百匹之料，一日约用豆八百一石，二个月豆四万八千六十余石矣。本国与上国升斗石有大小多少之差，上国以十升为一斗，十斗为一石。本国则以十五斗为一石。上国米一升五合，准我国米二升七合；豆三升约准十五升四合矣。④

关于明朝兵力的调遣集结，早在进行。万历二十年十月，兵部得知日军欲犯义州，已令吴惟忠统领南兵、火器手各 3000 人，"限五日内往辽"，另兵丁 10000 人，"克日赴义州"，蓟、保两镇各选精兵 5000，宣、

---

① （明）宋应昌：《经略复国要编》卷四《檄蓟辽等七道及艾主事》。
② （明）宋应昌：《经略复国要编》卷二《檄分巡辽海道》。
③ （明）诸葛元声：《两朝平攘录》，载吴丰培主编《壬辰之役史料汇辑》下册，全国图书馆文献缩微复制中心，1990 年，第 51—52 页。
④ ［朝鲜王朝］《宣祖实录》卷三一，宣祖二十五年十月壬子。

大两镇各 8000，马、步相半，择将统领，"文到五日往辽东，听经略调遣。"并且下令"四川巡抚速催刘綎兵马，星夜前来"。① 当时刘綎兵之外，调动的兵力已是 42000 人。

宋应昌于十一月十三日上报朝廷《议处海防战守事宜疏》云：从各地调集御倭兵马 73800 名，并准备用于 50000 兵马开支两月的粮饷，从登、莱等处籴买粮豆供给调用，备有沙兵领沙船分置辽东、登莱各海口以便运输或海战。这 73800 名军兵，就是战争第一阶段明朝拟征调的兵力数额。谈迁《国榷》记载十二月，"大发兵东援朝鲜，经略宋应昌、左都督李如松，誓师七万人，渡大同江。"② 其记载"誓师七万人"，可是渡江的却没有那么多。

根据宋应昌十二月十二日奏疏，明军的具体组成如下：③

中军杨元 10639 名。杨绍先部 339 名；王承恩部 500 名；葛逢夏部 1300 名；梁心部 2500 名；任自强部 50 名；戚金部 1000 名。

左军李如柏 10632 名。李宁部 1189 名；章接部 2500 名；李如梅部 843 名；李芳春部 1000 名；骆尚志部 600 名；方时辉部 1000 名；王问部 1000 名；周弘莫部 2500 名。

右军张世爵 10626 名。刘崇正部 1534 名；祖承训部 700 名；孙守廉部 702 名；查大受部 590 名；吴惟忠部 300 名；钱世桢部 1000 名；赵文明部 2100 名；谷燧部 1000 名。

加上后续步兵 2800 名，明军总兵力为 34697 名，号称 4 万大军。

当时明朝兵部征调兵马数目，是以马步兵各半为原则。④ 因此，战争第一阶段以骑兵和步兵战为特色。

上述朝鲜备边司所云明军 48005 名，是朝鲜方面掌握的明朝援朝人员数字，应该是比较准确的。而在朝鲜战场上，明军经战事减员，不足 4 万，后来成为宋应昌主张议和的一个砝码。⑤ 中朝两方面均证明了实际明

---

① 《明神宗显皇帝实录》卷二五三，万历二十年十月壬辰。
② （明）谈迁：《国榷》卷七六，万历二十年十二月壬子，中华书局 1958 年版，第 4690 页。
③ （明）宋应昌：《经略复国要编》卷四《报进兵日期疏》。
④ （明）宋应昌：《经略复国要编》卷四《檄李提督》。
⑤ 《明神宗显皇帝实录》卷二六四，万历二十一年九月壬戌。宋应昌上言："继而倭奴并建集王京，据报实有二十余万，我兵不满四万。转战之后，士马瘦劳，强弱众寡，原不相当。"

朝援朝兵力没有最初拟调的 7 万那么多。

十二月，明廷以李如松为东征提督，"特发帑金十万犒慰，并重悬赏格。"① 这里的犒军银，是给明朝出征大军的犒赏，也是明朝自战争开始投入的第四笔犒赏银。此前第一笔是战争始发给朝鲜的 20000 两白银，见前述；第二笔赏银是四月发马价银 3000 两给御史梅国桢，督率李如松沿途犒赏；② 第三笔是十月因朝鲜战报获捷给予的 3000 两。③ 至此，明廷已发出 306000 两投入战争的犒军白银。

万历二十一年（1593 年）二月十六日，宋应昌上《议乞增兵益饷进取王京疏》，谈及军兵数字，特别提及了日军 20 万，当时明军不满 3 万军兵。述及具体情况："止有已到兵丁三万八千五百三十七员名，名分隶三营副将，且内多疲弱，不堪临阵；所选精锐不过二万，攻克平壤，阵亡官军七百九十六员名，阵伤一千四百九十二员名，见在战兵不多。"④

疏中明确记录了万历二十年 40 万马价银的分发与用途，下面列表说明：

白银/两	分发处所	用途
5 万	山东海防道	籴买粮料
15 万	密云、天津、蓟州、永平、宁前、辽海六道	置办粮草及打造军火器械、火箭、铅铁炮弹、硝黄，并明火、毒火、飞火等药，及买牛骡车辆，并转运脚价
20 万	军前应用	1. 内发三万两与李提督，临阵动支 2. 余给发召募各项家丁安家粮料，并标下大小将领文武等员役廪粮、工食、犒赏之费

从表中万历二十年明廷所发马价银的花费情况可知，投入的白银货币大致是国内、国外各一半，白银具有多元的功用：籴买粮料、置办粮草及打造军火器械、买牛骡车辆、转运脚价、召募家丁、文武等员役廪粮、工食、犒赏之费、军功赏银、优恤等等，不一而足。实际上，40 万两白银

①　（清）谷应泰：《明史纪事本末》卷六二，《援朝鲜》，中华书局 1977 年版，第 964 页。

②　《明神宗显皇帝实录》卷二四七，万历二十年四月甲寅。

③　《明神宗显皇帝实录》卷二五三，万历二十年十月己酉。

④　（明）宋应昌：《经略复国要编》卷六《议乞增兵益饷进取王京疏》。

中，一半是作为购买粮草、打造军器和运输工具及运输费用，即用在备战物资上，只有 20 万两到达了朝鲜战场。

宋应昌上疏的主要目的是：题请明廷再增加马价银 20 万，用于增援军，以及赏功、优恤和买粮：

> 今虽尚有余剩，若尽赏平壤等处功级，则军前别无措处，而应援之兵倘如所请，则又当酌量多寡，预行备办刍粮。是今日兵与饷所当亟为议处者，乞垂念血战军功，再发马价银二十万两，先将平壤等处斩获首级军士愿赏者，照例每颗给银五十两，阵亡、阵伤者即行优恤，其余听候买粮及攻取王京赏功支用，如此庶足以张军威而奋士气。①

经略宋应昌题请增添兵马，兵部议以"南兵备登莱者"往援。神宗敕谕东征将士："已令所司亟发银十五万两，赍赴军前，从宜犒赏优恤。"同时，"一面行山东等处召商粜粟，方舟而下；一面行浙江等处征兵选将，分道而前。务使尔等财力有余，得以实心战守。"② 可见明廷又发银 15 万两，用于朝鲜战场的犒军、山东招商采粮、浙江征兵调将。

碧蹄馆战役后，和议风起，至四月战事基本停止，开始了直至万历二十五年（1597 年）爆发第二次战争阶段的近四年和谈时期。十二月，明军在经略宋应昌、提督李如松率领下绝大部分回国，经反复议后，仅留少数兵力留驻朝鲜。这部分军兵照例给与行粮料草和饷银，下面还将提及。

一般认为，粮草不济，是战争第一阶段转向和谈的原因之一。宋应昌在万历二十一年二月十六日《移朝鲜国王咨》云："王国军粮告匮，中国粮料又转运不前，致使兵顿开城，士多枵腹。"③ 而朝鲜方面认为，宋应昌在平壤大捷之后，筹集粮草不力，致使前方粮饷不济。④ 至此，虽然转输不顺，朝鲜战场军饷吃紧，但还不能说明朝财政已经不支，财政危机是在战争第二阶段才出现的。需要说明的是，即使是和谈阶段，明朝财政也

---

① （明）宋应昌：《经略复国要编》卷六《议乞增兵溢饷进取王京疏》。
② 《明神宗显皇帝实录》卷二五七，万历二十一年二月甲寅。
③ （明）宋应昌：《经略复国要编》卷六《移朝鲜国王咨》。
④ ［朝鲜王朝］《宣祖实录》卷三五，宣祖二十六年二月戊戌。

是要有支出的，首先是兵员的留朝，还有派出使团去日本谈判等，和谈代表沈惟敬手下的军士也是由军饷开支的，这在战争第二阶段经略邢玠的奏疏中清晰可见。①

战争第一阶段，据钱粮通判王君荣账册所载，明朝财政取自兵部常盈库的马价银有55万，到战事结束，共用了488940余两，还剩61468余两；宋应昌手下刘黄裳、袁黄监收过银35000余两，查无虚冒。② 这些余银最后也留在了朝鲜。朝鲜《宋经略书》专门记有王通判君荣，万历二十年随经略出来，专管各营饷银，"多减尅干没"之事。③

万历二十一年八月，明朝准备从朝鲜撤军时，经略宋应昌与朝鲜商议明军留守问题，并上《议朝鲜防守要害并善后事宜疏》。他提出从长酌议应留官兵16000名，其余大兵俱次第撤回各镇以防内地。规定不论南北军，每名月给月粮银1.5两，行粮盐菜银1.5两，衣鞋银0.3两，犒赏银0.3两，共3.6两。将领以及千把总等官廪银，各于原支数目外量加一倍；如有马匹应支草料干银，俱照见行事例。并述及起初他打算前项钱粮俱都由朝鲜出办，与朝鲜商议的结果是朝鲜因倭摽掠，以致困疲，更何况"该国风俗止用粟布，并不行使银钱，故所积无几"。于是他建议朝鲜"开矿取利"。但朝鲜方面认为开矿费力而所获不多，难以指望。因此宋应昌又议留守官兵应支行、月粮银、盐菜银，照旧于永平府、辽东和各镇支给，饷银、马价不足的，由户、兵二部处发。而各兵月给衣犒银6钱，以及日用本色粮料，不在前项之内的，由朝鲜措办，得到了朝鲜国王同意。④

最终，明朝没有派遣官兵16000人留守，而是以刘綎所率川兵5000

---

① （明）邢玠：《经略御倭奏议》卷六《请勘钱粮疏》，青岛出版社2010年版，第139—140页。

② 《明神宗实录》卷二七四，万历二十二年六月乙亥。

③ ［朝鲜］佚名《宋经略书》，一册，无页码，现藏于韩国首尔大学奎章阁，图书番号1039。其书是明军援朝文武将士69人事迹列传。作者佚名，出版地不明，著书时间不确定，仅从其中"陈御史效"记载陈效"祠在铸字洞上，仓卒只构一间。邻人尽取材瓦，只今但留墙壁，未知牌位落在何所"之语，可推知是在战后有些年了，姑存待考。参见万明《朝堂与战事之间：明朝万历援朝之战官将群体的初步考察》，《烟台大学学报》2017年第3期。

④ （明）宋应昌：《经略复国要编》卷一〇《移朝鲜国王咨》、《议朝鲜防守要害并善后事宜疏》。

人作为留守。查万历二十三年（1595 年）刘綎已被任命为临洮总兵官，[①]
则他实际留戍朝鲜两年。如果按照每名每月 3.6 两计算，5000 人 24 个月
总计饷银 43200 两，这里还没有把将领以及千把总等官的廪银，以及马匹
应支草料银估算在内。[②] 宋应昌详细记录了当时明朝犒赏银的发放情况：

> 今念尔辈从征劳苦，将及一年，兹当撤归，特加犒赏，以示优
> 恤。议定将领俱照先次过江宴赏事例，军士每名给衣鞋银一两，饭食
> 银三钱。其关西将士路经广宁，俱听该道动支马价给散；其在辽镇
> 者，俱各回营听该道查明转解本管兵道给散。故示。[③]

其中将节次给赏过官军家丁银两、牛酒、食盐、兀喇达靴，各自数目
详细开示于后。现特撮要如下：

头次钦赏银 10 万两，2 万两留天津道，2 万两留蓟州道，赏防海官
军；6 万两到辽阳，解至李提督（如松）军前，寄发义州。至万历二十一
年二月内，由经略手下赞画发放过官军银 351123 两，王通判给放官军共
银 8939.9 两，剩银 15948.1 两。阵亡官 9 员，指挥 2 员，每员银 10 两；
千总 2 员，每员银 8 两，内杨虎路远，加银 2 两；把总 2 员，每员 6 两，
百总 3 员，每员 5 两。军丁 1232 名，每名银 3 两。川将刘綎官军 50 名，
虽系后到，但起身在先，程途万里，隆冬在路辛苦，应与大军一体给赏，
共享银 5152 两。辽东游击高贞所统官军，虽系续调，久住外国，相应量
给一半，共享银 566 两，还有补赏宋大斌等统领辽东续到，并被伤详允未
领银 1804 两。见在剩银 4665.1 两，银少军多，零星难散，所以剩银解发
刘綎部，以犒赏留守官兵 15000 名之用。

二月，一次犒师以励勇敢事，动支马价银 2100 两，牛 210 只，又用
银 100 两买盐 20 万斤，三协官军每协银 700 两、牛 70 只。千总每员折酒
银 2 钱，把总每员折酒银 1 钱，管贴队军丁每名折酒银 5 分，牛肉、食盐

---

① （明）谈迁：《国榷》卷七七，万历二十三年八月乙巳，第 4757 页。
② 王亮认为明军第一次驻军朝鲜，从万历二十一年九月至二十五年二月，共计 40 个月。
以明朝留兵 16000 名为恒数，按照每人每月 3 两月粮饷计算，这段时间内，明朝应负担
192 万两白银。参看王亮《壬辰倭乱与明人抗倭援朝》，硕士学位论文，内蒙古师范大
学，2011 年，第 39 页。他的计算是对的，可惜没有搞清楚人数与时间。
③ （明）宋应昌：《经略复国要编》卷一〇《示谕》。

尽数俵散。同月，还曾动官银易买兀喇达靴，由李提督禀称"各军涉历山险屡经血战，泥水浸湿，鞋袜敝坏，跣足不堪"，故"牌行守巡海盖三道分买"，解到李提督处 33659 双给赏。

五月，一次犒劳官军事，李提督就近借动马价银 2400 两，分别解牛 260 只至李提督军前，照依前次折酒数目犒赏三协并刘綎官军。

七月，一次犒师以励勇敢事，发银 1 万两，给赏扼守全罗追剿倭奴官军。一解到银 10 万两，内钦赏三协官军，发银 41000 两，官军家丁俱照前次数目听三协将官分给；刘綎营官军共发银 5270 两。一官军功次，每倭级一颗赏银 50 两。平壤城 1285 颗，城外 362 颗，开城 165 颗，碧蹄 167 颗，活倭 6 名，共享银 99250 余两。

此外，宋应昌还专门有《奏缴支存马价册籍疏》《奏缴钦赏册籍疏》，[①] 均为战后整理财政簿册基础上的财政支出报告，限于篇幅，这里不再分别列表了。前者是对明廷兵部投入的马价银 65 万两，钦赏银 10 万两另册开报外，其余 55 万两在各地各部门的分配花费和剩余情况，用银名目一一在册。后者是对前者提及的钦赏银 10 万两的另外开报。虽然有剩余银两，实际根据上述所引，马价银发出后的剩余没有回收。值得注意的是，这里仅给出了兵部马价银的数字，户部投入的数字不在其列。

如果依据当时明朝给军月饷"户七兵三出办"的规定比例，则户部所出应更多。

万历二十一年，户部尚书杨俊民疏查九边军饷，其中云：嘉靖以前九边年例银止 100 万有奇，至隆庆初年 280 余万，至万历二十年，增至 343 万，比隆庆时又增 60 余万。万历二十一年又有增加。其中，辽东镇"该镇主客年例旧额"经万历六年加添，也就是 311278 两，到万历二十一年则"发过年例并征倭银 738400 余两，比旧多费银 427100 余两"，[②] 应该说这比旧多费银即是征倭银 42 余万两。疏中云：当时永平镇，又增海防兵 3000 人，岁增饷 5.4 万；万历二十年战事起后，天津新募海防兵 3000，月饷每人 1 两；力士 500 人，月饷每人 1.5 两，不到一年，就花费太仓银 59950 余两；而又调遣浙直南兵，岁费月饷行粮 20 余万，这些均与东征

① （明）宋应昌：《经略复国要编》卷一三。
② （明）杨俊民：《边饷渐增供亿难继酌以图治安疏》，载（明）陈子龙辑《明经世文编》卷三八九，中华书局，1962 年，第 4205 页。

战事投入有关的军饷，粗估达到了31.4万以上，加上辽东的42万，增加的岁费即达73.4万两。还有万历二十一年易州镇也增出108900两，疏中明言："盖因倭警召募兵勇、预备料草、阅视简练，总兵游击等官各带标营奇兵往来天津，禀给行粮，月费数千余两。"73.4万两加108900两，已达842900两。而且这里还仅是户部尚书杨俊民查核九边的数字，并不是战事第一阶段户部投入的全面统计。仅以此数字加上兵部的65万，总计约155万两白银。需要说明的是，限于资料，这是一个非常不完整的数字。

迟至万历二十二年（1594年）九月初一，明廷对东征将士大加赏赐，为战争第一阶段画上了句号。《明实录》记载："兵部叙覆东征功，上命升宋应昌为右都御史、李如松太子太保，加给禄米一百石，各赏银币。其文武吏士升赏有差，石星赐蟒，并赏杨俊民银币。"① 这些赏赐白银，按例出自皇帝内库。

三　战争第二阶段及善后期间的明朝财政调度

万历二十五年（1597年）正月，和议失败，丰臣秀吉再度起兵，战争进入了第二阶段。二月，明廷已有备战集议，决心应援朝鲜。朝堂上有云："议援必议调兵，议兵必议运饷，议兵饷必议设官。"廷议援兵于宣大、蓟辽挑选7000名；浙江招募3700余名，令督臣即于本镇募用，以省劳费；省直水兵陆续调发，行、月二粮折色，取给中国本色折办；朝鲜设海防司道一员，专管防倭事务；择历练知兵者速往朝鲜，料理该国兵食策应成守事宜；并择一骁将领辽镇西兵3000名，同往朝鲜。神宗下旨：

> 今倭情可疑，朝鲜告急。兵食将吏等，既经多官集议，宣大、蓟辽备兵俱照数挑选。增募调发应用各省直水兵，行彼处斟酌议处。粮饷折色，户兵二部处给。本色令朝鲜备办。海防司道官及备倭总兵官，吏兵二部推用，游击以下，听督抚坐名咨请。管粮官，吏部速行选补。其战守救援缓急进止，俱听督抚总兵相机行事，不许纵敌贻患，亦不许轻动损威。沿海地方，该部严行防守，毋致疏虞，勿以虚

---

① 《明神宗皇帝实录》卷二七七，万历二十二年九月丙子。

文搪塞，及怠缓误事，违者，科道官参治。①

起初，明朝征兵并不顺利。三月，明朝任命蓟辽总督邢玠为经略，统率明军援朝御倭。邢玠甫上任，就上疏选调兵马，督运粮饷。当时的情况是，督臣孙矿所征南北官兵只有 19000 余名，不及战争第一阶段经略宋应昌往援兵马的 1/3。②

五月，明朝发太仆寺马价银 257000 两，"以备水陆各兵三月粮饷及防倭官兵犒赏"。③ 五月下旬，邢玠到达辽阳，上报军情，选调明军 38000人，命陆续抵达朝鲜。由于首批明军只有总兵麻贵部 17000 名，邢玠疏请募兵四川、浙江，并调蓟、辽、宣、大、山、陕兵力援朝。④

七月，日军进攻南原、全州，明军失利。九月，稷山一战，明军获胜，日军退守釜山一带沿海，于是邢玠上奏增派水军援朝，凸显了战争第二阶段水战上升为主的特征。明廷起陈璘为副总兵，统领广东营兵 5000人赴朝鲜。⑤

十一月，经略邢玠上奏："以倭夷通据釜山，拟调兵马十万，于今冬进剿。"计算来年调兵 10 万，需要粮饷 80 万石，10 万石取办朝鲜，70 万石派到山东、辽东、天津。⑥

此后至万历二十六年（1598 年）正月，明、朝联军在邢玠的统率下，兵分三路，会战于蔚山：

左协军：明将李如梅部 12000 人、朝鲜忠清道兵使李时言部 4000 人；右协军：明将李芳春部 11600 人、朝鲜庆尚道左兵使郑起龙部 3300 人；中协军：明将高策部 11700 人，朝鲜庆尚道右兵使成允门部 5200 人。经理朝鲜军务杨镐、总兵麻贵分别统率左、右协。⑦

以上所见蔚山会战合计兵力 48200 人，明军共 35700 人，朝军

---

① 《明神宗显皇帝实录》卷三〇七，万历二十五年二月壬申。
② 《明神宗显皇帝实录》卷三〇八，万历二十五年三月己未。
③ 《明神宗显皇帝实录》卷三一〇，万历二十五年五月丙申。
④ （明）茅瑞征：《万历三大征考·倭下》，《续修四库全书》，史部第 436 册，上海古籍出版社 2002 年版，第 21 页。
⑤ 《明神宗显皇帝实录》卷三一四，万历二十五年九月丁酉。
⑥ 《明神宗显皇帝实录》卷三一六，万历二十五年十一月壬寅。
⑦ 杨昭全、何彤梅：《中国—朝鲜·韩国关系史》下册，天津人民出版社 2001 年版，第 489—490 页。

12500 人。

蔚山战役失利，明朝联军与日军进入对峙阶段。邢玠急忙上疏朝廷增调水军，明廷派都督陈璘率广兵、邓子龙率浙、直兵共 13000 余名水兵赴朝；刘綎率川兵、董一元率北方各镇兵各 1 万名陆军，也抵朝鲜。总计明军在 7 万以上。

值得注意的是，就在万历二十六年正月，明廷发生了多起有关军饷之事：明廷以"东征又以捷闻，诏赍总督抚镇诸臣邢玠、杨镐、麻贵等白金有差，并发太仆寺马价银五万两犒将士"；① 兵部请发太仆寺常盈库草料166200 余，解赴通州给发川兵安家银，每名 5 两，"并解蓟辽总督军前支用。报可；"② 特别需要注意的是，此时太仆寺言兵部寺库情况已到极限："历查先年寺库聚积四百余万，自东西一役之兴，一切军饷取足兵部，该部必取诸寺库，于是支发若流，迄今于东封竣事费三百万，所存者止百余万矣。使从此积贮不支，犹可待用。乃自东征议起，今日解发朝鲜，明日解发天津，今日支饷川兵，明日支饷广兵，多者二十余万，少者不下数万，俱出年例之外，各边年例又不少减，于是百余万之积俱空。马价不足，借支草料；草料不足，借支子粒；而所存者不过子粒、桩棚等银十余万而已。虽有旧库一区加隆以来，封识惟谨，即使春运尽完，不过十余万金，仅供年例耳。矧本寺寄养马之额，当岁足二万匹；今岁取折色，则本色派征甚少，而东征调兑尤多，通计不满万匹，是本色亦消耗极矣。"章下兵部后，"于常盈库内姑借五十万两，另收新库，以备急用。"③ 同月，兵部复朝鲜监军御史陈效条上八议，其中根据战事的持续发展，陈效提出"宜多调船兵，设奇以待"，更提出"东征兵饷，岁费八十余万，脱或倭不即平，其何能继，宜开赎罪、援纳、通商之利，以裕接济"。④ 无论是犒军、军兵安家、以及各项军务，白银的开销数目极大，为此陈效提出了为战争经费开源之法："赎罪、援纳、通商。"

上述陈效提出为战争经费开源之法："赎罪、援纳、通商"，其实明朝战时财政来源早已多元化，主要采取的各种举措如下。

---

① 《明神宗显皇帝实录》卷三一八，万历二十六年正月癸卯。
② 《明神宗显皇帝实录》卷三一八，万历二十六年正月己亥。
③ 《明神宗显皇帝实录》卷三一八，万历二十六年正月丙申。
④ 《明神宗显皇帝实录》卷三一八，万历二十六年正月戊戌。

援例上纳之例：万历二十四年（1596 年）五月，户部题："辽镇一隅，购银有限，经费不足，合将见行事例款内摘其便于广纳者，行该镇抚无拘土著及各省流寓、随任经商人等，该镇告纳，并附近北直水平、蓟州、山东登、莱等府米谷饶裕处，照依后开各项银数，自运米豆等粮，径赴辽东管粮衙门，告投分拨各缺粮仓口上纳，其载运脚价，在山东登、莱等府航海者，递减脚价，其山海管关立事听该部札付，凡遇运纳人员到被验实放行，每月终将放过人役姓名、其所运粮石开送管粮司官，亡紧催纳，以杜奸人影冒，及出关玩法之弊。报可。"①

动用地方财政开支：万历二十五年五月，户部言："辽东所积米豆及朝鲜见报粮数止十二余万石，恐经用不足。请行山东公帑三万金委官买籴，运至登、莱海口，令淮船运至旅顺，辽航运至朝鲜；又借临、德二仓米各二万，运至登、莱转运。"得旨："事关军机，不许延误。"②

召商增盐引税收：万历二十五年九月，户部奏："辽镇岁额淮盐六万三千九百二引二十斤，每引官价五钱，召商中纳。万历二十二年议加四万四百三十三引八十斤，二十四年复停增引。今议照旧开中，海盐各开一万五千引，召商上纳本色，以备御倭之用。报可。"③

召募海商运输：万历二十五年九月，经略邢玠请借发临、德仓米及召买粮石，并于天津堆放。"募沿海商吴淞、淮浙等船兼搭接运，以登、莱籴运价涌后时，不若天津至旅顺止隔一帆也。部复从之。"④

调拨辽东镇年例银与辽阳垦植：万历二十六年二月，户部言："东师大集，需饷甚急。山东、天津、辽东岁运各二十四万石；山东、天津则海运，辽东则水陆并运。今饷臣张养蒙欲就近和籴短盘，更为省便，宜许该镇于部发年例银内动借三万两，差官赍赴宽奠、金复、辽阳、广宁、永平一带平籴，要在委任得人，无侵蚀，无抑勒，使不至困运以病民。"又言，鸭绿江边辽阳兵备道辖地沃饶，宜设法招垦，及时朽种，秋天收获就便平籴，以资转运，并优叙督星垦有功者。还规定为运输可以扣留解京银为运费。⑤

① 《明神宗显皇帝实录》卷二九七，万历二十四年五月壬午。
② 《明神宗显皇帝实录》卷三一〇，万历二十五年五月己巳。
③ 《明神宗显皇帝实录》卷三一四，万历二十五年九月丁未。
④ 《明神宗显皇帝实录》卷三一四，万历二十五年九月己酉。
⑤ 《明神宗显皇帝实录》卷三一九，万历二十六年二月庚午。

卖官鬻爵与铸钱，都是明廷财政开源的重要措施。万历二十四年，万历皇帝诏令吏部开鬻爵事例。① 至二十七年（1598 年）四月宝源局开始铸钱。②

增加赋税。军费负担出自财政，财政出自赋税。万历二十七年十月，吏部等衙门尚书李戴等言：“臣观天下赋税之额，比二十年以前十增其四，天下殷实之户，比二十年以前十减其五，东征西讨，萧然苦兵。”③

中江开市。此事由朝鲜方面提议，得到辽东副总兵佟养正等的首肯：“近因屡奴侵犯朝鲜，于西岸奉明筑建墩台，仍隔鸭绿一带。今彼国近遭兵荒，时值匮乏，似当相时制宜，以赡其用。合无于中江贡道处所，筑一上圈，或准一月一市，或准半月一市，稍待彼国兵息年丰，即行停止”；“朝鲜原属藩国，有无自当相通，即其城破民残，尚发兵征响，以恤其患。岂可闭籴历禁，以重其危。彼此贸易，吾人亦有利焉。”④ 尽管当时朝鲜商品货币经济不发达，处于实物交易阶段，但是开市可使明朝得到关税之利，无疑也推动了朝鲜商品货币经济的发展。

以银易布，在朝鲜换取米谷。万历二十六年十二月，明朝先用一万两银子在林青地区交易青布，再到朝鲜换购米粮。在庆尚道贸易米粮之例：

青布二千二十匹，每一匹折大米六斗，大米八百八石；漂蓝布一千四可千匹，每一匹折大米四斗，大米王百七十六石；蓝平机布一育二十匹，每一匹折大米四斗，大米互千二石；白平机布二千匹，每一匹折大米王斗五升，大米四育六十六石千斗。共通大米一千六百八千二石十斗。⑤

战争期间，为满足朝鲜军事物资硝黄、筋角的需求，明廷还曾动用太仆寺银 2000 两，给朝鲜使臣自行购买运回，折为宴享之例。⑥

关于粮饷之事，明廷设户部督理东征粮饷侍郎张养蒙专门负责。万历二十六年八月，张养蒙条陈饷务五事，其中“东征兵调运米七十万石，银百十万两”，将各处额运粮饷至义州交卸实数，纳入考成法，即官员的

① （明）谈迁：《国榷》卷七七，万历二十四年六月辛巳，第 4774 页。
② （明）谈迁：《国榷》卷七八，万历二十七年四月庚申，第 4833 页。
③ 《明神宗显皇帝实录》卷三四〇，万历二十七年十月壬寅。
④ ［朝鲜王朝］《光海君日记》卷一一四，光海君九年四月辛丑。
⑤ ［朝鲜王朝］《宣祖实录》卷九八，宣祖三十一年三月壬子。
⑥ 《明神宗显皇帝实录》卷三〇八，万历二十五年三月戊申。

考核制度，"岁终总考，不及额者题参。"①

需要说明的是，万历二十四年（1596 年）万历帝开始的派遣矿监税使四出，所入是在皇家内库，并没有投入战争。矿监税使反而使得明廷财政的正常税收受到严重影响，也就使明廷财政对于战争的投入受到干扰。后来在万历三十四年（1606 年）年撤矿留税时，才出现分成给户部、工部的问题。

万历二十六年（1598 年）九月，明、朝联军在明朝经略邢玠统率下，分兵 4 路会战：②

东路军：明总兵麻贵率 24000 人，朝鲜平安、江原及庆尚左道军 5500 余人；

中路军：明将董一元所部 13500 名，朝鲜京浅、黄海、庆尚道军 2300 人；

西路军：明将刘綖所部 13600 人、朝鲜全罗、忠清道军 10000 余人；

水军：明都督陈璘所部 13200 人，朝鲜全罗、忠清道水军 7300 余人。

明、朝联军 4 路总兵力达 89400 人，明军 64300 人，朝鲜军 25100 人。

起初战争进展并不顺利。直至十一月，在朝鲜南海露梁海战中，明、朝水军合作取得了决定性胜利，成为战争结束的标志。

战争胜利以后，面临的是明军撤归，留守朝鲜军兵的战争善后之事。

万历二十七年（1599 年）五月，经略邢玠条陈东征善后事宜十事，其中一是议留兵 34100 人，马 3000 匹；一是定月粮，官兵盐菜及新造唬炮，每年共该银 918960 余两；各文武公费廪银，尚候酌议。此外还有定本色，合用米豆分派辽东、天津、山东等处，另有每年米豆 130000 万石，候朝鲜收成之后，再议停运。③

其后，户科左给事中李应策上疏驳善后十议，主要即针对留兵 3 万余。户、兵二部会议，提出"数年疲耗，今姑息肩，尤宜内固根本，不当更为繁费。查得朝鲜当壬辰倭患之始，请不过一万，此时倭正在平壤

---

① 《明神宗显皇帝实录》卷三二五，万历二十六年八月戊辰。
② 台湾三军大学编：《中国历代战争史》第 14 册，军事译文出版社 1983 年版，第 444—445 页。其中引朝柳成龙《惩毖录》卷二，第 65 页；并引日《日本战史·朝鲜役》第 395 页，以为此后两国补充兵力，达 14 万人。此说应不确，没有中国史料的印证。
③ 《明神宗显皇帝实录》卷三三五，万历二十七年五月壬戌。

也。及癸巳倭败之后，留兵不过五千，此时候未去釜山也。盖该国兵荒之后，不独苦倭之扰，而亦苦我之扰。故前后请留止于如此。臣等以为今日善后之事。仍当与彼国商之"。①

实际上，明朝此时已经出现财政危机。与此战争同时或前后发生了大大小小的战事：西北哱拜、西南杨应龙之乱，与此战合称为"万历三大征"；还有东北与西北的战事，西南更有缅甸的入侵。自万历二十四年，万历帝以宫殿灾需修筑，派遣矿监税使四出，怨声载道，促发了民变，也影响了正常财政税收。战争耗资巨大，财政吃紧，库藏枯竭，户部尚书杨俊民筹划维艰，死于任上。兵科都给事中侯先春云："请言其近，大司农匮乏极矣。九边粮饷未给者不知凡几，各镇请饷之疏且累累至。"② 当时万历皇帝云："留兵非难，处饷为难。该国若能供给，多留亦所不惜；必资朝廷，只可量助，还行与该国君臣奏访定夺。"③

九月，以重阳令节，明神宗以东征功成，赏赐文武诸臣，凡与战争相关的官员，赉银各有差。④ 但是其时战后遗留问题还远没有处理完毕。

十月，朝鲜国王李昖请留水兵8000名，以资戍守。⑤ 他早就明确表示过："大兵来，则唯要银子，难可接济矣。"⑥ 这应是朝鲜不愿明军留守人员过多的原因之一。

其时兵部言，东征以来借用兵部银227000余两，"今渡江之兵挨程请饷，朝夕待哺，乞勅户部亟为接济，勿致推诿。"⑦ 同月，户部主事俞维宇解银12万往永平，给散东征回兵。这说明，不仅是留守朝鲜的官兵需要饷银，就是东征归来的官军也需要银两安置。

此后明朝决定留戍朝鲜官兵16000人，而粮饷问题，又触及了两国实物与白银的不同观念：

> 今该国屡称凋敝之后全赖米豆以生，则视米豆不啻重；水陆兵将

① 《明神宗显皇帝实录》卷三三五，万历二十七年五月丙子。
② 《明神宗显皇帝实录》卷三四九，万历二十八年七月戊午。
③ 《明神宗显皇帝实录》卷三三七，万历二十七年七月辛酉。
④ 《明神宗显皇帝实录》卷三三九，万历二十七年九月乙卯。
⑤ 《明神宗显皇帝实录》卷三四二，万历二十七年十月戊子。
⑥ ［朝鲜王朝］《宣祖实录》卷八六，宣祖三十年三月甲辰。
⑦ 《明神宗显皇帝实录》卷三四二，万历二十七年十月戊子。

呈称，不愿米豆，惟求折色，则视米豆不啻轻。查得留戍官兵一万六千，其饷业奉钦依，本色俱听该国自备，折色天朝量助三分之一。先经本部发银十万，已足量助之数，即如各兵全给折色，不过再发七万余止耳。伏乞命下太仓银库，即于济边等银内动支六万两，并先题发关外银八万两，刻期兑发，听留戍官兵二十七、八两年分粮饷支用。其王京各仓米豆十万石，每石作价六钱，酌量搭放；义州仓米豆九万余石，乞勑辽抚悉心计处，或发辽左备饷，或折价银协济，务期实用，不致狼戾。上俱允之。①

总之，尽管在战争第二阶段，明廷财政危机已经凸显出来，但是明廷还是支撑下来，直至取得了战争的最后胜利。

四　明廷战争经费的粗估

中朝联军打败了侵略者，取得了这场东亚大规模国际战争的最终胜利。就战争的胜败结局看，无不与国家的经济实力相关联。经济最终影响和决定着战争的胜败，也深深地影响着东亚格局的调整。战争中的军费保障，是决定战争胜败的关键因素之一。中朝联军获得战争最后胜利，明朝筹措到大量军费，与经过张居正改革，为战争储备了比较雄厚的经济实力有关，也与战时明廷财政的军费筹措渠道呈现出多元化趋势有直接关联。海外流入中国的大量白银，成为最后赢得这场战争的保证。

军费增加使国家财政面临巨大的压力，在明朝张居正改革之后，明朝财政体系在从实物与力役为主向白银货币为主转型的前提下，白银货币广泛介入军事过程，战时财政被分为实物与货币两个层面。货币虽然不是军事战斗力的要素，但是战时财政的第一推动力。

任何历史条件下的军事财政都是一个广泛的综合性体系。战争严重威胁着明王朝的国境安全，不仅是境外的战场，而且国内的防御都需要军费投入。朝鲜战争具有国际战争性质，战事空前激烈，规模前所未有，长期而规模浩大的战争使军事费用激增。浩繁的战争费用很快就将明廷储积的财富消耗殆尽，进行到第7年，发生了财源枯竭，财政出现了危机。礼部尚书等甚至云及："自东事军兴，畿辅齐鲁之民，岁加饷银数十万，椎骨

---

① 《明神宗显皇帝实录》卷三四四，万历二十八年二月戊寅。

剥髓，剜肉医疮。即奉诏停征，有司尚有不奉行者，百姓之苦极矣。"①

　　根据对于《万历会计录》的研究，在万历十年（1582 年）前，边镇粮饷已达 800 多万两白银，占明廷财政支出的 44.58% ，② 当时的军饷已经急速向货币化发展，各边镇依靠明廷发给年例银。以辽东镇为例，根据统计，白银已占到 87.98% ，成为军饷的绝大部分。③ 援朝战争属于意外临时事件，更极大地增加了明廷财政对于军费的开支。

　　援朝之战具体花费了多少？自明代起，一直众说纷纭，莫衷一是。

　　以明朝调兵征兵到撤兵计，第一次援朝自万历二十年五月—二十二年十二月，整个过程约经历 31 个月，明朝战中统计兵力大约 40000 人，根据朝鲜方面所报数字是 48000 人；第二次援朝自万历二十五年二月—二十七年十二月，整个过程约经历 34 个月，明朝投入兵力大约 80000 人；由于各部兵马抵达朝鲜参战时间不同，从中国调发的路程远近也不相同，因此时间上难以简单划一，也就很难确切统计整体军饷，计算出明朝财政的实际投入总数。

　　户部尚书杨俊民在万历二十一年的《边饷渐增供亿难继酌长策以图治安疏》中云："去岁太仓收过各项银四百七十二万三千两有奇，放过各项银三百九十九万九千七百两有奇，而边饷十居其八，且多额外之需。臣不胜私忧过计。"疏中明确记述户部负担的九边军饷数字：在嘉靖以前的年例银约 100 万两白银，隆庆初年升到约 280 万，到万历二十一年，已上涨到了 343 万。④ 援朝之战在万历二十年爆发，明廷开始挪借年例银、九边增兵，疏中数字明显包括了援朝之战的投入。而杨疏还提醒我们，边镇军饷不仅只有年例银，还需包括"折色、民运、盐引等银"，即年例银之外，还有不少边镇的经费折银，疏中没有举出具体数字。上文仅粗估战事第一阶段户部在九边与天津的投入，加上兵部的投入，共计约 155 万两。

　　据王德完《稽财用匮竭之源酌营造缓急之务以光圣德以济时用疏》记载："帑竭藏空大殊于昔者，"主要是"意外之警，不时之需"，以致造

---

① （明）邢玠：《经略御倭奏议》卷一〇《会议东师撤留疏》，第 212 页。
② 万明、徐英凯：《明代〈万历会计录〉整理与研究》，中国社会科学出版社 2015 年版，第 3 册，第 2123 页。
③ 万明、徐英凯：《明代〈万历会计录〉整理与研究》，第 3 册，第 1823 页。
④ （明）杨俊民：《边饷渐增供亿难继酌长策以图治安疏》，载（明）陈子龙辑《明经世文编》卷三八九，第 4205 页。

成"盖各边年例爱给军需,据部题二十七、八年春夏已题无可发者"的严重问题。疏中举例:

> 如宁夏用兵甫数阅月,约费饷银一百八十七万八千余两;朝鲜用兵首尾七年,约费饷银五百八十二万二千余两,又地亩米豆援兵等饷约费银二百余万两;平播之师未及暮年,约费饷银一百二十一万六千余两,连川中凑办共约二百万三千余两。①

将5822000余两,加上200余万两,总计是7822000余万,由此可知,这里是明朝援朝之战780余万两之说的滥觞。查王德完此疏于万历二十八年(1600年)上,时任工科给事中。②万历三十年(1602年),此疏为王圻《续文献通考》收入《国用考》。③谈迁《国榷》记载的战争费银也应出于此疏。

又曹于忭《遵例盘库敬报空虚之状仰乞圣鉴亟图长策以济国用疏》:

> 一岁之出,浮于一岁之入,甚至入以二百余万,出以六百余万,既竭力搜括苦心那凑,亦焉能继夫晏安无事不可狃也。意外之虞,世所常有也。今时何时,亦多隐忧之秋也。先年宁夏之役,费饷银凡二百万;倭之役费饷银七百八十余万,播州之役费饷银二百余万……目睹府库空虚已极。④

疏上于万历三十三年(1605年),曹氏时任刑科左给事中。此中的780余万之数,应也是来自王疏。

清修《明史·朝鲜传》所云不得其详:"自倭乱朝鲜七载,丧师数十

---

① (明)王德完:《稽财用匮竭之源酌营造缓急之务以光圣德以济时用疏》,载(明)陈子龙辑《明经世文编》卷四四四,第4884页。
② (明)吴亮辑:《万历疏钞》卷二五《财计类》,《续修四库全书》,史部第469册,上海古籍出版社2002年版,第134页。
③ (明)王圻:《续文献通考》卷三六《国用考》,《续修四库全书》,史部第762册,上海古籍出版社2002年版,第392页。
④ (明)曹于忭:《遵例盘库敬报空虚之状仰乞圣鉴亟图长策以济国用疏》,载陈子龙辑《明经世文编》卷四一二,第4468页。

万，糜饷数百万，中朝与属国迄无胜算，至关白死而祸始息。"① 其中
"丧师数十万"言过其实，一般认为是清初采用了明丁应泰诬告奏疏中
语，而且"糜饷数百万"也过于笼统。同样的记述："丧师数十万，糜饷
数百万"，也见于《明史·日本传》。② 谷应泰《明史纪事本末》与《明
史》的记述一致："七年之间，丧师十余万，糜金数千镒。"③《明史·王
德完传》则采纳王疏所云："近岁宁夏用兵，费百八十余万；朝鲜之役，
七百八十余万；播州之役，二百余万。"④

　　朝鲜《再造藩邦志》记载："是役也。征浙、陕、湖、川、贵、云缅
南北兵，通二十二万一千五百余人。费粮银约五百八十三万二千余两。交
易米豆银又费三百万两。实用本色银米数十万石。"⑤ 这里所云费粮银和
交易米豆银相加是 8832000 余两，还没有包括计算"本色银米数十万
石"。

　　综上所述，自明至清，东征花费饷银 780 余万几成定论，迄今可以
确认其数字来源于明朝王德完疏。但是我们必须对王德完的统计数字加
以质疑，显然这一数字偏低。理由如下：第一，其疏所撰时间距援朝之
战结束不久，明军在万历二十七年年底才大撤兵，大规模归国已至万历
二十八年初，因此王氏的统计数字应该没有包括完整的战争善后经费在
内；第二，更重要的是，此疏是从户部太仓库出发的单一统计，没有包
括兵部太仆寺、工部等饷银的其他重要来源。如上所述，明廷投入战争
的第一笔大数目银子就是马价银 10 万两。太仆寺隶属兵部，其马价银
两，原系专备京、边买马支用。自明神宗开始，"钦赏银"开始大量转
由兵部常盈库支出。

　　值得注意的是，明人诸葛元声《两朝平攘录》云："大司农计度支，
自二十五年邢经略出关至万历二十八年归，凡用饷银八百万两。火药、器

　① （清）张廷玉等：《明史》卷三二〇《朝鲜传》，中华书局 1974 年版，第 8299 页。

　② （清）张廷玉等：《明史》卷三二二《日本传》，第 8358 页。

　③ （清）谷应泰：《明史纪事本末》卷六二《援朝鲜》，第 980 页。

　④ （清）张廷玉等：《明史》卷二三五《王德完传》，第 6132 页。

　⑤ ［朝鲜］申炅编《再造藩邦志》，载中国社会科学院历史研究所文化史研究室编《域外所
　　见中国古史研究资料备编·朝鲜汉籍篇·类传史编史·三》，人民出版社、西南师范大
　　学出版社 2013 年版，第 376 页。

械、马匹不与焉。"① 这里统计的仅是援朝之战第二阶段就花费 800 余万两,而且火药、器械、马匹还没有包括在内。更没有包括善后留守军士的经费。台湾三军大学编《中国历代战争史》采纳了诸葛元声之说:"明援朝作战之经费,数字极为浩大,即饷银一项,约在千万两以上,以后役为例,已在七百八十万(明史)至八百万之间。"②

关于战争善后经费,查邢玠《东征善后事宜》,当时议留兵 34100人,马匹 3000,定月饷"官兵盐菜及新造唬船",每年共计银 918960 余两,这里还没有把"文武公费廪银"和实物米豆 130000 石计算在内。③实际上,战争结束后,明朝派总兵官李承勋率 16000 军队驻防朝鲜,直到万历二十九年(1601 年)五月才撤回,根据是同月有令李承勋镇守贵州之命。④ 而据明朝侯先春的估算,留守朝鲜戍兵 16000 人,每年该饷银480000 余两。⑤ 这是按照军士每年每名 30 两计算,还完全没有包括军官在内,显然数字太低。而从万历二十七年十二月明朝大规模撤军算起,至万历二十九年五月,约有 18 个月的时间,那么起码也有 520000 余两的支出。

从明朝国家财政体系来看,组织提供战争军费的主要是户部与兵部。万历二十一年七月,据当时总督仓场户部右侍郎的报告,所出多于所入达95.3 万。⑥ 户部不可能独力承担军费。随着赋役—财政改革,兵部、工部、吏部、礼部、刑部都具有了明初所没有的财政职能,马政由养马到征银,兵部太仆寺遂具有了重要的财政职能,因此马价银为这场战争提供了大量饷银。根据太仆寺少卿李思孝疏:"稽之往牒,在嘉隆间旧库积至一

---

① (明)诸葛元声:《两朝平攘录》,载吴丰培主编《壬辰之役史料汇辑》下册,第 187页。诸葛元声,号味水外史,浙江会稽人。商濬以"继锦堂"之号刻有《两朝平攘录》一书,在万历三十四年所作序中说:"余乡诸葛先生,淹贯古今,独数奇不偶,且与燕阳先大人同藉谊交欢,时时相与抵掌国家大礼、大戎一切典故,洒洒若悬河靡有弹也。"商濬之父商为正,号燕阳,在朝官大理寺左少卿,"明习世务",见陶望龄《歇庵集·大理寺左少卿燕阳商公墓志铭》,又《大理寺左少卿燕阳商公行状》,台北:伟文图书出版社有限公司 1976 年版。诸葛元声一生并未入仕,除《两朝平攘录》五卷之外,还有《三朝平攘录》(加嘉靖朝)六卷、《滇史》十四卷,今存世。生平著述详见裴喆《明曲家诸葛味水考》,《南京师范大学文学院学报》2010 年第 3 期。
② 台湾三军大学编:《中国历代战争史》,第 14 册,第 478 页。
③ 《明神宗显皇帝实录》卷三三五,万历二十七年五月壬戌。
④ 《明神宗显皇帝实录》卷三五九,万历二十九年五月戊戌。
⑤ 《明神宗显皇帝实录》卷三四九,万历二十八年七月戊午。
⑥ 《明神宗显皇帝实录》卷二六二,万历二十一年七月丁卯。

千余万，盛矣。迨万历十八年，西征哱列（拜），借一百六十万；东征倭，借五百六十余万。"① 据此，则这场战争向兵部借银高达 560 余万两。如果将上述户部的 780 余万，加上兵部的 560 余万，总共是 1340 余万两。根据邢玠之疏，在战事第二阶段 "备倭之银续发八万两，不足两月之用"。② 以此为依据，那么战事第二阶段的军费开支以 34 个月，每月 4 万计，就是 1340 万。与上述数字正好吻合。加上留守经费 520000 余两，约达到 1400 万两，加上上述战事第一阶段户、兵部的不完全统计 155 万，已达约 1600 万两。需要说明的是，即使是和谈阶段，沈惟敬在接近 3 年的 "东封" 活动中，其所带兵的盐菜银、草料银等，仅以几月计，也达 3000 余两白银。③ 而和谈阶段的费用这里完全没有计入。

李光涛先生《朝鲜壬辰倭祸史料·序》认为："七年对垒，两次出兵，凡十六万六千七百余人，费饷银一千七百余万。"④ 在这里他提出了 1700 余万之说，但是同时，他并没有给出统计来源与步骤，兵员人数似乎也有过多之嫌。

根据我们对《万历会计录》的研究，以白银作为统一计量单位统计万历初年（16 世纪 80 年代）全国财政收入，共计是 18100167 余两白银。这场战争规模浩大，历时 7 年，仅是户部与兵部的投入不完全统计，已高达 1340 余万两白银，善后经费以 60 万两计，总共已有 1400 万两白银，加上第一阶段的不完全统计 155 万，已达约 1600 万，更不要说还需加上工部的投入，以及各地地方财政为之所付出的地方库藏纷繁叠出的白银数字。因此，我基本上同意李光涛先生提出的 1700 余万两白银数字，可是认为还过少。

总之，明廷财政对这场战争能够取得最终胜利，起到了决定性作用。关于明廷财政的投入，自明代以来已出现了许多不同认识，成为这场战争研究争议的焦点之一。这场战争明廷征兵半天下：募集南直隶、

---

① 《明神宗显皇帝实录》卷四三七，万历三十五年八月癸酉。
② （明）邢玠：《经略御倭奏议》卷二《酌定海运疏》，第 36 页。
③ （明）邢玠：《经略御倭奏议》卷六《请勘钱粮疏》，第 140—141 页。
④ 李光涛：《朝鲜壬辰倭祸史料·序》第 1 册，台北："中研院" 史语所 1970 年版，第 1—2 页。这部史料共 5 册，主要编辑朝鲜《宣祖实录》等朝鲜史料；查其专著《朝鲜壬辰倭祸研究》，也完全没有涉及战争的明朝财政投入，只是对于战争经过加以研究。

南直隶、辽东、山东、山西、陕西、浙江、福建、广东、湖南以及各个边镇的兵力；转饷半天下，明廷财政投入的军饷，以白银为主，数量巨大。

按照现代军事学的概念，对外战争经费，包括军队供给费、武器装备费、交通运输费、战争善后费4部分。上述数字实际上基本没有包括武器装备费和交通运输费，更没有包括全国转饷半天下，各个地方所付出的实物、劳役等部分。邢玠云："臣先见钱粮户七兵三，备倭、马价、赏功等项，出纳头绪繁多。"① 下面以辽阳道之例作为一个缩影。如邢玠之疏所云："东征大事，其命脉全在辽阳"，"朝鲜之军火、器械、兵马、钱粮"，无巨无细，都由此道办理督发；粮饷虽有山东、天津运输，自秋至冬，朝鲜4万、5万官军支给，强半由此道经营。他特别提及"其挽运也"："买骡马，倩车牛，处草料，计工食，均劳役，审贫富，置鞍置袋，计入计出纷纷，千头万绪，衙门如市"；"其打造也"："料物、夫匠、廪粮、工食、指授、考核、催督、般运，经数番乃成"；"其发兵也"："审年貌，注腰牌，造册籍，处应付，补器械，每次兵过衙门，通为武场，一切簿书期会，昼夜无休"。② 邢玠奏疏中在朝鲜还有"屯田、设站、造船、筑城等各项事宜"，他提及的"造船银"，即兵、工二部各出一半。③ 因此，如果我们将工部投入费用、地方出物资和明军在朝鲜的开支，事无巨细都包括进来，特别是在冷兵器向热兵器的转型期，武器装备费是一大宗开销，并要增加交通运输费用等，如此总计起来，我认为粗估将达到2000万两以上。

这里还必须提到的是，孙文良先生《明代"援朝逐倭"探微》一文中，根据明朝将领千万里后裔所辑《思庵实记》，统计出明朝援朝兵员与粮饷等项，为研究者广泛引用。其总计明朝出动兵员234000人，米540000石，金534000两，银159000两，帛398920段。从金与银两项来看，这一记载就已无法令人相信，因为明朝以白银为货币，投入的黄金不可能比白银还多；此外千万里并非高级将领，从中朝双方大量官方记载均无此人可知，他不可能全面掌握明朝军兵与粮饷数字。因此今后应该慎用

① （明）邢玠：《经略御倭奏议》卷九《请查东征钱粮疏》，第172页。
② （明）邢玠：《经略御倭奏议》卷四《留用辽阳守道疏》，第75页。
③ （明）邢玠：《经略御倭奏议》卷一〇《题造船银疏》，第203页。

这一迄今被广为征引的资料。

关于此战明廷财政投入的人力、物力与财力，这里提出明廷投入2000万两以上，仅是一个初步考察的粗估数字，对于零星散乱的中外文献记载进行全面综合考察，有待今后进一步深入研究。

主要参考文献

一　古籍文献

《中国明朝档案总汇》，广西师范大学出版社 2001 年版。

《明代辽东档案汇编》，辽沈书社 1985 年版。

《明太祖实录》，台北："中研院"历史语言研究所校勘，1962 年影印本。

《明太宗实录》，台北："中研院"历史语言研究所校勘，1962 年影印本。

《明宣宗实录》，台北："中研院"历史语言研究所校勘，1962 年影印本。

《明英宗实录》，台北："中研院"历史语言研究所校勘，1962 年影印本。

《明宪宗实录》，台北："中研院"历史语言研究所校勘，1962 年影印本。

《明孝宗实录》，台北："中研院"历史语言研究所校勘，1962 年影印本。

《明武宗实录》，台北："中研院"历史语言研究所校勘，1962 年影印本。

《明世宗实录》，台北："中研院"历史语言研究所校勘，1962 年影印本。

《明穆宗实录》，台北："中研院"历史语言研究所校勘，1962 年影印本。

《明神宗实录》，台北："中研院"历史语言研究所校勘，1962 年影印本。

《明光宗实录》，台北："中研院"历史语言研究所校勘，1962 年影印本。

《明熹宗实录》，台北："中研院"历史语言研究所校勘，1962 年影印本。

《崇祯实录》，台北："中研院"历史语言研究所校勘，1962 年影印本。

《崇祯长编》，台北："中研院"历史语言研究所校勘，1962 年影印本。

《明太祖御制文集》，明内府本，台湾学生书局，1965 年影印本。

《明朝开国文献》（一—四），台湾学生书局，1966 年影印本。

《皇明诏令》，明刻本。

《江西赋役全书》，台湾学生书局，1970 年影印本。

《河南赋役总会文册》，书目文献出版社 1988 年影印本。

《四川重刊赋役全书》，书目文献出版社 2000 年影印本。

《大明律》，怀效锋点校，法律出版社 1999 年版。

《明清史料》乙编，商务印书馆 1936 年版。

《明清史料》丁编，商务印书馆 1951 年版。

《明清史料》己编，中华书局 1987 年影印本。

《明清史料》庚编，中华书局 1987 年影印本。

《明清史料》（内阁大库档案），台北："中研院"历史语言研究所刊本。

《朝鲜李朝实录》，东京：日本学习院东洋文化研究所 1953 年版。

《明清历科进士题名碑录》，台北：华文书局，1969 年据美国夏威夷大学藏清光绪三十年（1904 年）本《国朝历科题名碑录初集》影印。

《天一阁藏明代政书珍本丛刊》54 种，22 册，线装书局 2010 年影印本。

《江南简明赋役全书》，书目文献出版社 2001 年影印本。

《清朝文献通考》，浙江古籍出版社 1988 年版。

《清世祖实录》，中华书局 1985 年影印本。

《清圣祖实录》，中华书局 1985 年影印本。

安徽省博物馆编：《明清徽州社会经济资料丛编》第一集，中国社会科学出版社 1988 年版。

毕自严：《度支奏议》，崇祯刻本。

采九德：《倭变事略》，上海书店根据神州国光社 1951 年版影印本。

曹昭著，王佐增补：《新增格古要论》，北京中国书店 1987 年版。

查继佐：《罪惟录》，浙江古籍出版社 1986 年。

常明、杨芳灿等纂修：《四川通志》，巴蜀书社 1984 年。

陈九德：《皇明名臣经济录》，嘉靖刻本。

陈仁锡：《皇明世法录》，台北：中国史学丛书影印崇祯刻本。

陈寿祺：《重纂福建通志》，光绪二十年（1894 年）刻本。

陈懿典：《陈学士先生初集》，万历刻本。

成化《广州志》，成化九年刻本。

程春宇：《士商类要》，杨正泰《明代驿站考》，上海古籍出版社 1989 年版。

陈子龙等：《明经世文编》，中华书局 1962 年影印本。

崇祯《海澄县志》，崇祯二年刻本。

戴金编：《皇明条法事类纂》，东京：日本古典研究会 1966 年版。

戴璟：《广东通志初稿》，嘉靖十四年刻本。

戴笠：《流寇长编》，书目文献出版社据涵芬楼“礼邸旧藏”抄本影印，1991 年。

邓士诚：《国朝典故》，北京大学出版社 1993 年版。

董其昌：《神庙留中奏疏汇要》，《续修四库全书》本，上海古籍出版社 1996 年版。

董应举：《崇相集》，崇祯刻本。

范濂：《云间据目抄》，江苏广陵古籍刻印社 1995 年版。

范钦：《嘉靖事例》，明钞本。

冯应京缉：《明经世实用编》，《四库全书存目丛书》本。

福建师范大学历史系编：《明清福建经济契约文书选辑》，人民出版社 1997 年版。

傅维鳞：《明书》，丛书集成初编本，商务印书馆 1936 年版。

高岱：《鸿猷录》，上海古籍出版社 1992 年版。

高拱：《高文襄公集》，《四库全书存目丛书》影印万历刻本。

高攀龙：《高子遗书》，崇祯五年刻本。

顾公燮：《丹午笔记》，江苏古籍出版社 1999 年版。

顾起元:《客座赘语》,中华书局 1987 年版。

顾宪成:《泾皋藏稿》,明末顾氏刻本。

顾炎武:《顾亭林诗文集》,中华书局 1985 年版。

顾炎武:《天下郡国利病书》,四部丛刊本。

顾炎武:《肇域志》,清钞本。

顾炎武著,黄汝成集释:《日知录集释》,花山文艺出版社 1990 年版。

顾应祥:《静虚斋惜阴录》,明嘉靖刻本。

归有光:《震川先生集》,四部丛刊初编本。

郭成伟、田涛点校:《明清公牍秘本五种》,中国政法大学出版社 1999 年版。

海瑞:《海瑞集》,中华书局 1981 年版。

何良俊:《四友斋丛说》,中华书局 1959 年版。

何孟春:《何文简疏议》,文渊阁四库全书本。

何乔远:《镜山全集》,福建人民出版社 2015 年版。

何乔远:《闽书》,福建人民出版社 1995 年版。

何乔远:《名山藏》,江苏广陵古籍刻印社 1993 年影印本。

何士晋:《工部厂库须知》,《北京图书馆古籍珍本丛刊》本,书目文献出版社 1999 年版。

贺长龄等:《清经世文编》,中华书局 1992 年版。

弘治:《徽州府志》,《明代方志选》,台湾学生书局 1965 年版。

胡我琨:《钱通》,《文渊阁四库全书》,台北:商务印书馆 1983 年版。

黄景昉:《国史唯疑》,上海古籍出版社 2002 年版。

黄克缵:《数马集》,四库禁毁丛刊本。

黄省曾著,谢方校注:《西洋朝贡典录》,中华书局 1982 年版。

黄盛曾:《吴风录》,广陵书社 2004 年版。

黄衷:《海语》,《岭南丛书》本。

黄仲昭:《八闽通志》,福建人民出版社 2006 年版。

黄宗羲:《明文海》,上海古籍出版社 1994 年版。

黄宗羲:《明夷待访录》,中华书局 1981 年版。

黄佐:《广东通志》,嘉靖四十年刻本。

霍韬：《渭崖文集》，万历四年霍与瑕刻本。

计六奇：《明季南略》，中华书局 1984 年版。

嘉靖《浙江通志》，台北：成文出版社 1983 年版。

嘉靖《徽州府志》，《北京图书馆古籍珍本丛刊》本，书目文献出版社 1998 年版。

嘉靖《山东通志》，《天一阁藏明代方志选刊续编》本，上海书店 1990 年影印本。

焦竑：《国朝献征录》，台湾学生书局 1965 年影印本。

康熙《大清会典》，凤凰出版社 2016 年版。

康熙《平和县志》，上海书店出版社 2000 年版。

孔贞运：《皇明诏制》，上海古籍出版社 1994 年版。

李邦华：《李忠肃先生集》，清乾隆刻本。

李东阳等：《正德大明会典》，东京：汲古书院，1989 年影印本。

李京：《云南志略·诸夷风俗》，《云南史料丛刊》，云南大学出版社 1998 年版。

李清：《三垣笔记》，中华书局 1999 年版。

李廷机：《李文节集》，明人文集丛刊本，台北：文海出版社 1970 年版。

李逊之：《三朝野记》，神州国光社 1947 年版。

李中馥：《原李耳载》，中华书局 1997 年版。

林希元：《林次崖先生文集》，乾隆刻本。

刘定之：《刘文安公文集》，四库禁毁书丛刊本。

刘景伯：《蜀龟鉴》，清刻本。

刘若愚：《酌中志》，北京古籍出版社 1994 年版。

刘斯洁等：《太仓考》，北京图书馆出版社 1999 年影印本。

刘文征：《滇志》，云南教育出版社 1991 年版。

刘宗周：《刘蕺山先生奏疏》，清刊本。

陆容：《菽园杂记》，中华书局 1985 年版。

吕坤：《去伪斋文集》，《四库全书存目丛书》影印康熙刻本。

况钟：《况太守集》，江苏人民出版社 1983 年版。

马欢著，万明校注：《明钞本瀛涯胜览校注》，海洋出版社 2005 年版。

马欢著，万明校注：《明本瀛涯胜览校注》，广东人民出版社 2018 年版。

茅瑞征：《万历三大征考》，《续修四库全书》影印明刻本。

茅元仪：《武备志》，天启刻本。

南炳文、吴彦玲辑校：《辑校万历起居注》，天津古籍出版社 2010 年版。

倪元璐：《倪文贞奏疏》，《文渊阁四库全书》本。

潘季驯：《潘司空奏议》，《文渊阁四库全书》本。

庞尚鹏：《百可亭摘稿》，《四库全书存目丛书》本，齐鲁书社 1995 年版。

彭孙贻：《平寇志》，康熙刻本。

钱一本：《万历邸钞》，台湾正中书局据嘉业堂藏手抄本影印 1969 年版。

乾隆《浮梁县志》，江西省图书馆油印本。

乾隆《海澄县志》，乾隆二十七年刻本。

乾隆《吴江县志》，乾隆十二年刻本。

丘濬：《大学衍义补》（上、中、下），京华出版社 1999 年版。

瞿九思：《万历武功录》，《续修四库全书》影印明刻本。

邵廷采：《东南纪事》，《台湾文献丛刊》第九十六种，1961 年。

申时行：《纶扉简牍》，万历刻本。

申时行等：《明会典》，中华书局 1989 年影印本。

沈榜：《宛署杂记》，北京古籍出版社 1980 年版。

沈德符：《万历野获编》，中华书局 1959 年版。

沈荀蔚：《蜀难叙略》，何锐等校点《张献忠剿四川实录》，巴蜀书社 2002 年版。

盛伟编：《蒲松龄全集》，学林出版社 1998 年版。

史鉴：《西村集》，《四库明人文集丛刊》本，1991 年。

舒化等辑：《问刑条例》，法律出版社 1999 年版。

宋濂等：《元史》，中华书局 1976 年版。

宋祁、欧阳修等：《新唐书》，中华书局 1975 年版。

宋应昌：《经略复国要编》，民国景明万历刻本。

宋应星：《天工开物》，江苏广陵古籍刻印社 1997 年版。

孙承泽：《春明梦余录》，北京古籍出版社 1992 年版。

孙承泽：《山书》，清钞本。

孙承泽：《天府广记》，北京古籍出版社 1983 年版。

谈迁：《国榷》，中华书局 1958 年版。

谈迁：《枣林杂俎》，中华书局 2006 年版。

唐甄：《潜书》，中华书局 1984 年版。

田生金：《徽州赋役全书》，台湾学生书局 1970 年影印本。

田艺衡：《留青日札》，上海古籍出版社 1982 年版。

脱脱等：《宋史》，中华书局 1974 年版。

万表：《皇明名臣经济录》，书目文献出版社 1994 年版。

万历《歙志》，万历刻本。

万历《四川总志》，万历刻本。

万历《漳州府志》，《明代方志选》（三），台湾学生书局 1965 年版。

王夫之《读通鉴论》，中华书局 1975 年版。

王临亨：《粤剑编》，中华书局 1987 年版。

王圻：《续文献通考》，现代出版社 1991 年影印本。

王胜时：《漫游纪事》，江苏广陵古籍刻印社《笔记小说大观》本。

王士性：《广志绎》，中华书局 1981 年版。

王世懋：《二酉委谭摘录》，中华书局 1985 年影印本。

王世贞：《觚不觚录》，中华书局 1985 年影印本。

王世贞：《嘉靖以来首辅传》，丛书集成本。

王世贞：《弇山堂别集》，中华书局 1985 年版。

王世贞：《弇州四部稿》，万历刻本。

王锡爵：《王文肃公全集》，《四库全书存目丛书》影印万历刻本。

王玉欣、周绍泉主编：《徽州千年契约文书·宋元明编》，花山文艺
出版社 1991 年版。

温纯：《温恭毅集》，文渊阁四库全书本。

文秉：《定陵注略》，北京大学图书馆藏抄本。

吴亮：《万历疏钞》，《续修四库全书》影印明刻本。

吴亮辑：《万历疏钞》北京大学出版社 1993 年版。

吴伟业：《绥寇纪略》，上海古籍出版社 1992 年版。

夏言：《南宫奏稿》，《文渊阁四库全书》本。

夏元吉：《泊菴先生文集》，清初刻本。

香港中文大学历史系编：《山东经会录》，齐鲁书社 2018 年版。

谢杰：《虔台倭纂》，《北京图书馆古籍珍本丛刊》据万历刻本影印。

谢肇淛：《五杂组》，上海书店 2002 年版。

谢肇淛：《滇略》，《文渊阁四库全书》本。

邢玠：《经略御倭奏议》，青岛出版社 2010 年版。

徐光启：《徐光启集》，王重民辑，上海古籍出版社 1984 年版。

徐弘祖著，朱惠荣等译注：《徐霞客游记全译》，贵州人民出版社 2008 年版。

徐鼒：《小腆纪年附考》，中华书局 1957 年版。

徐松辑：《宋会要辑稿》，中华书局 1957 年版。

徐学聚：《国朝典汇》，明刻本。

徐学谟：《世庙识余录》，《北京图书馆古籍珍本丛刊》本。

许孚远：《敬和堂集》，万历刻本。

严从简：《殊域周咨录》，中华书局 1993 年版。

严嵩：《钤山堂集》，嘉靖二十四年刻增修本。

杨士聪：《甲申核真略》，浙江古籍出版社 1985 年版。

杨士奇：《东里集》，文渊阁四库全书补配文津阁四库全书本。

杨嗣昌：《杨嗣昌集》，岳麓书社 2005 年版。

杨嗣昌：《杨文弱先生集》，清初刻本。

杨廷和：《杨文忠三录》，《文渊阁四库全书》本。

杨一凡、王若时编：《明清珍稀食货立法资料辑存》十册，社会科学文献出版社 2020 年版。

叶梦珠：《阅世编》上海古籍出版社 1981 年版。

叶权：《贤博编》，中华书局 1997 年版。

叶盛：《水东日记》，中华书局 1980 年版。

叶向高：《苍霞草》，《福建丛书》本。

叶向高：《纶扉奏草》，《续修四库全书》影印明刻本。

佚名：《启祯纪闻录》，北京图书馆出版社 2005 年版。

佚名：《天水冰山录》，上海书店 1982 年版。

印光任等：《澳门纪略》，《昭代丛书》本。

余华瑞：《岩镇志草》，乾隆刻本。

余继登：《典故纪闻》，中华书局 1981 年版。

袁黄：《宝坻政书》，《北京图书馆古籍珍本丛刊》本，书目文献出版社 1993 年版。

翟善等编：《诸司职掌》，《续修四库全书》本，上海古籍出版社 2002 年版。

张传玺主编：《中国历代契约会编考释》，北京大学出版社 1995 年版。

张瀚：《松窗梦语》，中华书局 1985 年版。

张居正：《张太岳集》，上海古籍出版社 1984 年版。

张卤校订：《皇明制书》，日本古典研究会 1966 年影印本。

张履祥：《杨园先生全集》，中华书局 2003 年版。

张廷玉等：《明史》，中华书局 1974 年版。

张伟仁主编：《明清档案》，台北："中研院"历史语言研究所 1986—1994 年版。

张燮：《东西洋考》，中华书局 1960 年版。

张萱：《西园闻见录》，哈佛燕京学社 1940 年石印本。

张学颜等：《万历会计录》，万历十年刻本，《北京图书馆古籍珍本丛刊》本，书目文献出版社 1989 年影印本。

张应文：《清秘藏》，《美术丛书》初集第八辑，神州国光社 1936 年版。

张应俞：《杜骗新书》，百花文艺出版社 1992 年版。

章潢：《图书编》，《文渊阁四库全书》本。

赵士锦：《甲申纪事》，中华书局 1959 年版。

赵世卿：《司农奏议》，《续修四库全书》本，上海古籍出版社 2002 年版。

赵志皋：《内阁奏题稿》，清顺治刻本。

郑若曾：《筹海图编》，中华书局 2007 年版。

郑若曾：《郑开阳杂著》，《文渊阁四库全书》本。

郑舜功：《日本一鉴穷河话海》，旧抄本。

郑晓：《今言》，中华书局 1997 年版。

中国社会科学院历史研究所徽州文契整理组：《明清徽州社会经济资料丛编》第二集，中国社会科学出版社 1990 年版。

周晖：《金陵琐事》，上海古籍出版社 1985 年版。

周叙：《石溪集》，《北京图书馆古籍珍本丛刊》本，书目文献出版社 1994 年版。

朱国寿：《考成录略》，《北京图书馆古籍珍本丛刊》本，书目文献出版社 1994 年版。

朱国祯：《涌幢小品》，中华书局 1981 年版。

朱国祯：《皇明史概》，江苏广陵古籍刻印社 1992 年版。

朱勤美：《王国典礼》，明刻增修本。

朱纨：《甓余杂集》，《四库全书存目丛书》本，齐鲁书社 1996 年版。

朱燮元：《督蜀疏草》，清康熙五十九年朱人龙刻本。

朱孟震：《西南夷风土记》，《丛书集成初编》本，商务印书馆 1936 年版。

诸葛元声：《两朝平攘录》，吴丰培主编：《壬辰之役史料汇辑》下册，全国图书馆文献缩微复制中心，1990 年。

二　中文论著（含译著）

吉田虎雄著、周伯棣译：《中国货币史纲》，中华书局 1934 年版。

E. E. 里奇（E. E. Rich），C. H. 威尔逊（C. H. Wilson）主编，高德步等译：《剑桥欧洲经济史》第 5 卷《近代早期的欧洲经济组织》，经济科学出版社 2002 年版。

J. H. 萨拉伊瓦著，李均报、王全礼译：《葡萄牙简史》，中国展望出版社 1988 年版。

阿里玛扎海里著，耿昇译：《丝绸之路：中国—波斯文化交流史》，中华书局 1993 年版。

安格斯·麦迪森著，伍晓鹰等译：《世界经济千年史》，北京大学出版社 2003 年版。

安田朴著，耿昇译：《中国文化西传欧洲》，商务印书馆 2000 年版。

岸本美绪著，刘迪瑞译：《清代中国的物价与经济变动》，社会科学文献出版社 2004 年版。

奥克塔维奥·吉尔·法雷斯著，宋海译：《西班牙货币史》，中国金融出版社 2019 年版。

包乐史著，庄国土等译：《巴达维亚华人与中荷贸易》，广西人民出版社 1997 年版。

鲍彦邦：《明代漕运研究》，暨南大学出版社 1995 年版。

边俊杰：《明代财政制度变迁》，经济管理出版社 2011 年版。

滨下武志著，朱荫贵等译：《近代中国的国际契机——朝贡贸易体系与近代亚洲贸易圈》，中国社会科学出版社 1999 年版。

布罗代尔著，顾良、施康强译：《15 至 18 世纪的物质文明、经济和资本主义》第 1、2、3 卷，生活·读书·新知三联书店 1993 年版。

曹树基：《中国人口史》第四卷"明时期"、第五卷"清时期"，复旦大学出版社 2001 年版。

查尔斯·P. 金德尔伯格、罗伯特·Z. 阿利伯：《疯狂、惊恐和崩溃：金融危机史》，中国金融出版社 2011 年版。

查尔斯·金德尔伯格：《西欧金融史》，中国金融出版社 2005 年版。

常乃德：《中国财政制度史》，世界书局 1930 年版。

陈宝良：《明代社会转型与文化变迁》，重庆出版社 2014 年版。

陈登原：《中国田赋史》，商务印书馆 1936 年版。

陈锋：《清代财政政策与货币政策研究》，武汉大学出版社 2008 年版。

陈共编著：《财政学》，中国人民大学出版社 2009 年版。

陈其焱：《中国财政通史·明代卷》，中国财经出版社 2006 年版。

陈曦文：《英国 16 世纪经济变革与政策研究》，首都师范大学出版社 1995 年版。

陈秀夔：《中国财政史》，正中书局 1983 年版。

陈翊林：《张居正评传》，中华书局 1937 年版。

陈支平：《清代赋役制度演变新探》，厦门大学出版社 1988 年版。

陈支平主编：《相聚休休亭——傅衣凌教授诞辰 100 周年纪念文集》，厦门大学出版社 2011 年版。

陈支平、万明主编：《明朝在中国史上的地位》，天津古籍出版社 2011 年版。

程滨遗等：《田赋史》上册，马大英等：《田赋史》下册，正中书局 1934 年版。

程利英：《明代北直隶财政研：以万历时期为中心》，中国社会科学出版社 2009 年版。

程绍刚译注：《荷兰人在福尔摩沙（1624～1662）》，台北：联经出版事业公司 2000 年版。

崔瑞德、牟复礼编，杨品泉等译：《剑桥中国明代史：1368—1644》，中国社会科学出版社 2006 年版。

大庭修著，徐世虹译《江户时代中日秘话》，中华书局 1997 年版。

道格拉斯·C. 诺斯：《制度、制度变迁与经济绩效》，上海人民出版社 2008 年版。

道格拉斯·诺斯著，厉以宁译，《经济史上的结构和变革》，商务印书馆 2005 年版。

德·希·珀金斯著，宋海文等译：《中国农业的发展 1368—1968》，上海译文出版社 1984 年版。

董建中主编：《清史译丛》第十一辑《中国与十七世纪危机》，商务印书馆 2013 年版。

杜恂诚：《金融制度变迁史的中外比较》，上海社会科学院出版社 2004 年版。

樊树志：《明清江南市镇探微》，复旦大学出版社 1990 年版。

樊树志：《晚明史》，复旦大学出版社 2003 年版。

范金民：《明清江南商业的发展》，南京大学出版社 1998 年版。

范金民：《国计民生：明清社会经济研究》，福建人民出版社 2008 年版。

方志远：《明代国家权力结构及运行机制》，科学出版社 2008 年版。

费尔南·布罗代尔：《15 世纪至 18 世纪的物质文明、经济和资本主义》（三册），生活·读书·新知三联书店 1992 年版。

费尔南·布罗代尔：《菲利普二世时代的地中海和地中海世界》，商务印书馆 1998 年版。

费尔南·门德斯·平托著，金国平译：《远游记》上册，葡萄牙航海大发现事业纪念澳门地区委员会，澳门基金会，澳门文化司署，东方葡萄牙学会，1999 年。

费正清著，中国社会科学院历史研究所编译室译：《剑桥中国晚清史1800—1911》（上卷），中国社会科学出版社 1985 年版。

千家驹，郭彦岗：《中国货币史纲要》，上海人民出版社 1986 年版。

弗里德曼：《美国货币史（1867—1960）》，北京大学出版社 2009

年版。

福建省博物馆编：《漳州窑：福建漳州地区明清窑址调查发掘报告之一》，福建人民出版社 1997 年版。

付志宇编著：《中国财政史》，对外经济贸易大学出版社 2011 年版。

复旦大学历史系编：《明清以来江南城市发展与文化交流》，复旦大学出版社 2011 年版。

傅衣凌：《明清时代商人及商业资本》，人民出版社 1956 年版。

傅衣凌：《明代江南市民经济试探》，上海人民出版社 1957 年版。

傅衣凌：《明清农村社会经济》，人民出版社 1972 年版。

傅衣凌：《明清社会经济变迁论》，人民出版社 1989 年版。

傅衣凌：《明清社会经济史论文集》，人民出版社 1982 年版。

贡德·弗兰克著、刘北成译：《白银资本：重视经济全球化中的东方》，中央编译出版社 2000 年版。

顾诚：《明末农民战争史》，中国社会科学出版社 1984 年版。

顾銮斋：《中西中古税制比较研究》，社会科学文献出版社 2016 年版。

郭道扬编著：《中国会计史稿》（下），中国财经出版社 1988 年版。

哈耶克《货币的非国家化》，新星出版社 2007 年版。

韩大成：《明代城市研究》，中国人民大学出版社 1991 年版。

何炳棣：《中国古今土地数字的考释和评价》，中国社会科学出版社 1988 年版。

何朝晖：《明代县政研究》，北京大学出版社 2006 年版。

何芳川、万明：《古代中西文化交流》，山东教育出版社 1991 年版。

何平：《清代赋税政策研究 1644—1840 年》，故宫出版社 2012 年版。

何平：《传统中国的货币与财政》，人民出版社 2019 年版。

黑田明伸著，何平译：《货币制度的世界史》，中国人民大学出版社 2007 年版。

侯官响：《明代苏州府赋税研究》，中国社会科学出版社 2019 年版。

胡寄窗：《中国经济思想史》，上海财经大学出版社 1998 年版。

胡健颖、冯泰：《实用统计学》，北京大学出版社 1996 年版。

胡钧：《中国财政史讲义》，商务印书馆 1920 年版。

黄阿明：《明代货币白银化与国家制度变革研究》，江苏广陵书社

2016 年版。

黄惠贤、陈锋主编：《中国俸禄制度史》，武汉大学出版社 2012 年修订版。

黄惠贤、陈锋主编：《中国俸禄制度史》，武汉大学出版社 1996 年版。

黄鉴辉：《中国典当业史》，山西经济出版社 2006 年版。

黄冕堂：《中国历代物价问题考述》，齐鲁书社 2008 年版。

黄仁宇：《〈万历十五年〉和我的"大"历史观》，《万历十五年》，中华书局 1982 年版。

黄仁宇：《赫逊河畔谈中国历史》，生活·读书·新知三联书店 1997 年版。

黄仁宇：《明代的漕运》，新星出版社 2005 年版。

黄仁宇：《万历十五年》，生活·读书·新知三联书店 1997 年版。

黄仁宇著，阿风等译：《十六世纪明代中国之财政与税收》，生活·读书·新知三联书店 2001 年版。

黄仁宇著，张逸安译：《黄河青山：黄仁宇回忆录》，生活·读书·新知三联书店 2001 年版。

黄天华编著：《中国财政史纲》，上海财经大学出版社 1999 年版。

霍尔：《东南亚史》，商务印书馆 1982 年版。

加藤繁：《唐宋时代金银之研究》，台北：新文丰出版公司 1974 年版。

加藤繁：《唐宋时代金银之研究——以金银之货币机能为中心》，中华书局 2006 年版。

贾康、史卫、刘翠微：《中国财政思想史》，立信会计出版社 2018 年版。

贾康：《中国财政制度史》，立信会计出版社 2019 年版。

金国平：《西力东渐：中葡早期接触追昔》，澳门基金会，2000 年。

金国平，吴志良：《东西望洋》，澳门成人教育学会 2002 年版。

金国平、吴志良：《早期澳门史论》，广东人民出版社 2007 年版。

金国平：《澳门学 探赜与汇知》，广东人民出版社 2018 年版。

姜守鹏：《明清社会经济结构》，东北师大出版社 1992 年版。

蒋中一：《数理经济学的基本方法》，商务印书馆 2003 年版。

卡尔·马克思：《资本论》（1—3卷），人民出版社1975年版。

凯恩斯：《就业、利息和货币通论》，商务印书馆1999年版。

莱斯利·贝瑟尔主编：《剑桥拉丁美洲史》第1卷，经济管理出版社1995年版。

赖惠敏：《明代南直隶赋役制度的研究》，台湾大学出版委员会1983年版。

赖建诚：《边镇粮饷：明代中后期的边防经费与国家财政危机，1531—1602》，浙江大学出版社2010年版。

李伯重：《江南的早期工业化（1550—1850年）》，社会科学文献出版社2000年版。

李伯重：《多视角看江南经济史（1250—1850）》，生活·读书·新知三联书店2003年版。

李伯重：《火枪与账簿——早期经济全球化时代的中国与东亚世界》，生活·读书·新知三联书店2017年版。

李德甫：《明代人口与经济发展》，中国社会科学出版社2008年版。

李光涛：《朝鲜壬辰倭祸史料》，台北："中研院"历史语言研究所1970年版。

李华彦：《财之时者：户部尚书毕自严与晚明财税（1628—1633年）》，花木兰文化出版社2012年版。

李剑农：《宋元明经济史稿》，生活·读书·新知三联书店1959年版。

李龙潜：《明清经济史》，广东高等教育出版社1988年版。

李三谋：《明清财经史新探》，山西经济出版社1990年版。

李炜光：《中国财政史述论稿》，中国财政经济出版社2000年版。

李文治：《晚明民变》，中华书局1948年版。

李志贤：《杨炎及其两税法研究》，中国社会科学出版社2002年版。

厉以宁：《资本主义的起源——比较经济史研究》，商务印书馆2004年版。

梁方仲：《梁方仲经济史论文集》，中华书局1989年版。

梁方仲：《梁方仲经济史论文集补编》，中州古籍出版社1984年版。

梁方仲：《梁方仲文集》，中华书局2008年版。

梁方仲：《明代粮长制度》，上海人民出版社1957年版。

梁方仲：《中国历代户口、田地、田赋统计》，上海人民出版社1980

年版。

梁方仲:《明代银课考》,《梁方仲经济史论文集》,中华书局 1989年版。

林仁川:《明末清初私人海上贸易》,华东师大出版社 1987 年版。

刘秉麟:《中国财政小史》,商务印书馆 1933 年版。

刘俊文主编,栾成显、南炳文译:《日本学者研究中国史论著选译》(第六卷,明清),中华书局 1993 年版。

刘石吉:《明清时代江南市镇研究》,中国社会科学出版社 1987年版。

刘守刚:《国家成长的财政逻辑:近现代中国财政转型与政治发展》,天津人民出版社 2009 年版。

刘守刚编著:《中国财政史十六讲》,复旦大学出版社 2017 年版。

刘逖:《前近代中国总量经济研究(1600—1840)——兼论安格斯·麦迪森对明清 GDP 的估算》。

刘志伟:《在国家与社会之间——明清广东里甲赋役制度研究》,中山大学出版社 1997 年。

龙登高:《中国传统市场发展史》,人民出版社 1997 年版。

龙登高:《中国传统地权制度及其变迁》,中国社会科学出版社 2018年版。

陆国俊、金计初主编:《拉丁美洲资本主义发展》,人民出版社 1997年版。

栾成显:《明代黄册研究》,中国社会科学出版社 1998 年版。

罗德里克·费拉德:《计量史学方法导论》,上海译文出版社 1991年版。

罗荣渠:《现代化新论》,北京大学出版社 1993 年版。

马德斌:《中国经济史的大分流与现代化》,浙江大学出版社 2020年版。

马飞海总主编:《中国历代货币大系 12 钱币学与货币文化》,上海人民出版社 2016 年版。

马可·波罗口述,鲁思梯谦笔录,陈开俊等译:《马可波罗游记》,福建科学技术出版社 1981 年版。

马克思、恩格斯:《马克思恩格斯全集》,人民出版社 1979 年版。

马克斯·韦伯：《经济与社会》，商务印书馆 1998 年版。

马克垚：《中西封建社会比较研究》，上海学林出版社 1997 年版。

马利齐奥·维琴齐尼著，龚春雷译：《货币史：便利的交换体系》，四川人民出版社 2002 年版。

孟森：《明清史讲义》，中华书局 1981 年版。

米尔顿·弗雷德曼著，安佳译：《货币的祸害——货币史片段》商务印书馆 2006 年版。

牟复礼、崔瑞德编，张书生等译：《剑桥中国明代史（1368—1644年）》，中国社会科学出版社 1992 年版。

木宫泰彦著，胡锡年译：《日中文化交流史》，商务印书馆 1984 年版。

南炳文、汤纲：《明史》（下），上海人民出版社 1991 年版。

南炳文：《辉煌、曲折与启示：20 世纪中国明史研究回顾》，天津人民出版社 2001 年版。

倪蜕著，李埏校注：《滇云历年传》，云南大学出版社 1992 年版。

彭凯翔：《清代以来的粮价——历史学的解释与再解释》，上海人民出版社 2006 年版。

彭慕兰著，史建云译：《大分流：欧洲、中国及现代世界经济的发展》，江苏人民出版社 2003 年版。

彭信威：《中国货币史》，上海人民出版社 1958 年版、2007 年版。

戚印平：《耶稣会士与晚明海上贸易》，社会科学文献出版社 2017 年版。

秦佩珩：《明代经济史述论丛初稿》，河南人民出版社 1959 年版。

丘光明：《中国历代度量衡》，科学出版社 1992 年版。

邱永志：《"白银时代"的落地：明代货币白银化与银钱并行格局的形成》，社会科学文献出版社 2018 年版。

全汉昇：《中国经济史论丛》（上、下册），台北：稻乡出版社 1991 年版。

全汉昇：《中国经济史研究》，中华书局 2011 年版。

让·里瓦尔著，任婉筠、任驰译：《货币史》，商务印书馆 2001 年版。

萨缪尔森：《经济学》，第十八版，人民邮电出版社 2003 年版。

塞·埃·莫里森：《哥伦布传》，陈太先等译，商务印书馆 2014 年版。

三上次男著，李锡经、高喜美译：《陶瓷之路》，文物出版社 1984 年版。

桑贾伊·苏布拉马尼亚姆著，何吉贤译：《葡萄牙帝国在亚洲 (1500—1700 政治和经济史）》，澳门：纪念葡萄牙发现事业澳门地区委员会，1997 年。

史志宏：《清代户部银库收支和库存统计》，福建人民出版社 2009 年版。

斯塔夫里阿诺斯著，吴象婴、梁赤民译：《全球通史》，上海社会科学院出版社 1988 年版、1992 年版。

寺田隆信著，张正明等译：《山西商人研究》，山西人民出版社 1986 年版。

孙文学主编：《中国财政史》，东北财经大学出版社 1997 年版。

孙翊刚主编：《简明中国财政史》，中国财政经济出版社 1988 年版。

谭其骧：《中国历史地图集》，地图出版社 1982 年版。

谭文熙：《中国物价史》，湖北人民出版社 1994 年版。

汤纲、南炳文：《明史》（上），上海人民出版社 1985 年版。

唐文基：《明代赋役制度史》，中国社会科学出版社 1991 年版。

唐文基主编：《16—18 世纪中国商业革命》，社会科学文献出版社 2008 年版。

田昌五、漆侠先生主编：《中国封建社会经济史》（明清卷），齐鲁书社 1994 年版。

田澍：《嘉靖革新研究》，中国社会科学出版社 2002 年版。

田澍等主编：《第十一届明史国际学术讨论会论文集》，天津古籍出版社 2007 年版。

万国鼎：《中国田赋史》，正中书局 1933 年版。

万明：《明太祖本传》，辽宁古籍出版社 1996 年版。

万明：《中国融入世界的步履：明与清前期海外政策比较研究》，社会科学文献出版社 2000 年版。

万明：《中葡早期关系史》，社会科学文献出版社 2001 年版。

万明：《明代中外关系史论稿》，中国社会科学出版社 2011 年版。

万明、徐英凯：《明代〈万历会计录〉整理与研究》，中国社会科学出版社 2015 年版。

万明主编：《晚明社会变迁：问题与研究》，商务印书馆 2016 年版。

万明主编：《明史研究论丛》第八辑，紫禁城出版社 2010 年版。

万明主编：《明史研究论丛》第九辑，紫禁城出版社 2011 年版。

万明主编：《明史研究论丛》第十辑，故宫出版社 2012 年版。

万明主编：《明史研究论丛》第十一辑，故宫出版社 2013 年版。

万明主编：《明史研究论丛》第十二辑，中国广播电视出版社 2014 年版。

万明主编：《明史研究论丛》第十三辑，中国广播电视出版社 2014 年版。

汪敬虞：《中国资本主义的发展与不发展：中国近代经济史中心线索问题研究》，中国财政经济出版社 2002 年版。

汪圣铎：《两宋财政史》（上、下），中华书局 1995 年版。

王春法主编：《江口沉银：四川彭山江口古战场遗址考古成果》，北京时代华文书局 2018 年版。

王国斌著，李伯重、连玲玲译：《转变的中国——历史变迁与欧洲经验的局限》，江苏人民出版社 1998 年版。

王国斌、罗森塔尔著，周琳译：《大分流之外——中国和欧洲经济变迁的政治》，江苏人民出版社 2018 年版。

王曙光主编：《财政学》，科学出版社 2010 年版。

王天有：《明代国家机构研究》，北京大学出版社 1992 年版。

王文成：《宋代白银货币化研究》，云南大学出版社 2001 年版。

王业健：《清代田赋刍论（1750—1911）》，人民出版社 2008 年版。

王钰欣、周绍泉主编：《徽州千年契约文书》宋元明编，花山文艺出版社 1991 年版。

王毓铨主编：《中国经济通史·明代经济卷》，经济日报出版社 2000 年版。

王梓坤：《概率论基础及其应用》，科学出版社 1976 年版。

威廉·H. 格林：《经济计量分析》，中国社会科学出版社 1998 年版。

韦庆远：《张居正和明代中后期政局》，广东高等教育出版社 1999 年版。

文物出版社编：《新中国考古五十年》，文物出版社 1999 年版。

巫仁恕：《品味奢华：晚明的消费社会与士大夫》，中华书局 2008 年版。

吴承洛：《中国度量衡史》，商务印书馆 1998 年版。

吴承明：《经济史：历史观与方法论》，上海财经大学出版社 2006 年版。

吴承明：《市场·近代化·经济史论》，云南大学出版社 1996 年版。

吴承明：《中国的现代化：市场与社会》，生活·读书·新知三联书店 2001 年版。

吴承明：《中国资本主义与国内市场》，中国社会科学出版社 1985 年版。

吴春明：《环中国海沉船》，江西高校出版社 2003 年版。

吴缉华：《明代社会经济史论丛：睿斋论史存稿》，台湾学生书局，1970 年版。

吴建华：《明代江南人口社会史研究》，群言出版社 2005 年版。

吴金成：《宦官与无赖：反"矿税使"民变的再检讨：兼答巫仁恕先生承天府民变的认识》，吴兆莘：《中国税制史》，商务印书馆 1937 年版。

吴志良：《澳门政治发展史》，上海社会科学院出版社 1999 年版。

吴志良等主编：《澳门史新编》1—4 册，澳门基金会，2008 年。

伍丹戈：《明代土地制度和赋役制度的发展》，福建人民出版社 1982 年版。

西美尔：《货币哲学》，陈戎女等译，华夏出版社 2018 年版。

向达整理：《两种海道针经》，中华书局 1961 年版。

向达整理：《郑和航海图》，中华书局 1961 年版。

项观奇编：《历史计量研究法》，山东教育出版社 1987 年版。

萧清：《中国古代货币史》，人民出版社 1984 年版。

萧清：《中国古代货币思想史》，人民出版社 1987 年版。

许承尧：《歙事闲谭》，黄山书社 2001 年版。

许涤新、吴承明主编：《中国资本主义发展史》，人民出版社 1985 年版。

徐继明：《中国早期外国银币图鉴》，浙江大学出版社 1997 年版。

徐瑾：《白银帝国：一部新的中国货币史》，中信出版社 2017 年版。

徐士圭：《中国田赋史略》，商务印书馆 1935 年版。

徐式庄：《中国财政史略》，商务印书馆 1926 年版。

许檀：《明清时期山东商品经济的发展》，中国社会科学出版社 1998 年版。

亚当·斯密著，杨敬年译：《国民财富的原因和性质的研究》，陕西人民出版社 2001 年版。

亚当·斯密著，郭大力、王亚南译：《国富论》，生活·读书·新知三联书店 2009 年版。

严中平编著：《清代云南铜政考》，中华书局 1948 年版。

杨联陞：《中国货币与信贷简史》，河北教育出版社 1996 年版。

杨寿川编著：《贝币研究》，云南大学出版社 1997 年版。

杨昭全、何彤梅：《中国—朝鲜·韩国关系史》下册，天津人民出版社 2001 年版。

杨志濂：《中国财政史辑要》，大公图书馆 1936 年版。

姚朔民主编：《中国货币通史》第二卷，湖南人民出版社，2018 年。

叶世昌：《中国货币理论史》，中国金融出版社 1986 年版。

叶振鹏：《20 世纪中国财政史研究概要》，湖南人民出版社 2005 年版。

伊曼纽尔·沃勒斯坦著，尤来寅等译：《现代世界体系》，高等教育出版社 1998 年版。

约翰·F. 乔恩，李广乾译：《货币史：从公元 800 年起》，商务印书馆 2002 年版。

约翰·肯尼斯·加尔布雷恩：《货币简史》，上海财经大学出版社 2010 年版。

约翰·罗：《论货币与贸易》，商务印书馆 1997 年版。

约瑟夫·熊彼特著，朱泱等译：《经济分析史》第一、二、三卷，商务印书馆 1991 年版、1992 年版、1994 年版。

张柏主编：《中国出土瓷器全集》，科学出版社 2008 年版。

张传玺主编：《中国历代契约会编考释》（下），北京大学出版社 1995 年版。

张海鹏、张海瀛：《中国十大商帮》，黄山书社 1993 年版。

张海英：《明清江南商品流通与市场体系》，华东师范大学出版社

2002 年版。

张海瀛：《张居正改革与山西万历清丈》，山西人民出版社 1993
年版。

张海瀛：《张居正改革与万历山西清丈研究》，山西人民出版社 1993
年版。

张家骧：《中国货币思想史》，湖北人民出版社 1998 年版。

张铠：《中国与西班牙关系史》，五洲传播出版社 2013 年版。

张天泽著，姚楠、钱江译：《中葡早期通商史》，中华书局香港分局
1988 年版。

张显清、林金树主编：《明代政治史》，广西师范大学出版社 2003
年版。

张显清主编：《明代后期社会转型研究》，中国社会科学出版社 2008
年版。

赵轶峰：《明代的变迁》，生活·读书·新知三联书店 2008 年版。

赵轶峰、万明主编：《世界大变迁视角下的明代中国》，吉林人民出
版社 2012 年版。

赵轶峰：《明清帝制农商社会研究 初编》，科学出版社 2017 年版。

郑学檬：《中国赋役制度史》，厦门大学出版社 1994 年版。

中央财政金融学院财政教研室编：《中国财政简史》，中国财政经济
出版社 1978 年版。

周伯棣编著：《中国财政史》，上海人民出版社 1981 年版。

周卫荣：《中国古代钱币合金成分研究》，中华书局 2004 年版。

朱东润：《张居正大传》，湖北人民出版社 1957 年版。

三　论文

阿谢德撰，唐博译：《17 世纪中国的普遍性危机》，《清史译丛》第
十一辑《中国与十七世纪危机》，第 37—52 页。

艾维泗撰，董建中译：《1530—1650 年前后国际白银流通与中国经
济》，《清史译丛》第十一辑《中国与十七世纪危机》，第 78—104 页。

艾维泗撰，袁飞译：《1635—1644 年前后白银输入中国的再考察》，
《清史译丛》第十一辑《中国与十七世纪危机》，第 155—179 页。

岸本美绪著，沈欣译：《康熙萧条与清代前期的地方市场》，清史译

丛第十一辑《中国与十七世纪危机》，商务印书馆 2013 年版，第 105—124 页。

岸本美绪：《晚明的白银北流问题》，《中国经济史研究》2020 年第 1 期。

博克瑟：《郑芝龙（尼古拉·一官）兴衰记》，《中国史研究动态》1984 年第 3 期。

卜永坚：《商业里甲制——探讨 1617 年两淮盐政之"纲法"》，《中国社会经济史研究》2002 年第 2 期。

卜永坚：《盐引·公债·资本市场：以十五、十六世纪两淮盐政为中心》，《历史研究》2010 年第 4 期。

财政部办公厅、财政部财政科学研究所课题组：《中外财政史研究——惊心动魄的财政史（总报告）》，《经济研究参考》2009 年第 40 期。

曹钦白：《洪武型财政的历史剖面——介绍美籍华人黄仁宇的〈十六世纪明代中国之财政与税收〉，《税收与社会》2002 年第 4 期。

晁中辰：《明后期白银的大量内流及其影响》，《史学月刊》1993 年第 1 期。

陈昆：《宝钞崩坏、白银需求与海外白银流入——对明代白银货币化的考察》，《南京审计学院学报》8 卷 2 期，2011 年。

陈春声、刘志伟：《贡赋、市场与物质生活——试论十八世纪美洲白银输入与中国社会变迁之关系》，《清华大学学报》2010 年 5 期。

陈锋：《20 世纪的清代财政史研究》，《史学月刊》2004 年第 1 期。

陈锋：《晚清财政预算的酝酿与实施》，《江汉论坛》2009 年第 1 期。

陈锋：《明清时代的"统计银两化"与"银钱兼权"》，《中国经济史研究》2019 年第 6 期。

陈昆、杨小玲：《论明代白银货币化的社会影响》，《社会科学家》2012 年第 9 期。

陈明光：《20 世纪中国古代财政史评述》，《中国史研究动态》2002 年第 12 期。

大久保隆著，于放译：《从日本货币史来看金银开采及其对货币的影响》，《中国钱币》1999 年第 2 期。

戴博荣：《明代的田赋制度与垦荒政策》，《现代史学》2 卷 3 期，

1935 年。

邓亦兵:《清代前期政府的货币政策》,《北京社会科学》2001 年第 2 期。

董郁奎:《明中叶的财政危机与浙江的赋税制度改革》,《浙江学刊》2000 年第 4 期。

渡边信一郎、宫泽知之、足立启二:《日本关于前近代社会经济史的研究》,《中国经济史研究》1987 年第 2 期。

范金民:《商帮探源述流》,《浙江学刊》2006 年第 2 期。

方明、吴天文:《彭山江口镇岷江河道出土明代银锭——兼论张献忠江口沉银》,《四川文物》2006 年第 4 期。

方兴:《明代万历年间"矿监税使"研究的现状与问题》,《江汉论坛》2014 年第 2 期。

方兴:《明代万历年间"矿监税使"的阶段性考察》,《江汉论坛》2016 年第 3 期。

方国瑜:《云南用贝作货币的时代及贝的来源》,《云南社会科学》1981 年第 1 期。

傅镜冰:《明清两代外银输入中国考》,《中行月刊》1933 年第 3 期。

傅礼初撰,董建中译:《整体史:早期近代的平行现象与相互联系(1500—1800)》,《清史译丛》第十一辑《中国与十七世纪危机》,第 4—36 页。

傅衣凌:《明代前期徽州土地买卖契约中的通货》,《社会科学战线》1980 年第 3 期

傅衣凌:《中国传统社会:多元的结构》,《中国社会经济史研究》1988 年第 3 期。

高寿仙:《建构中国本位的历史发展体系——读赵轶峰〈明清帝制农商社会研究(初编)〉》,《史学月刊》2018 年第 3 期。

高寿仙:《晚明户部的财政经制与实际收支——对〈万历会计录〉收支数字的说明与评估》,《史学集刊》2018 年第 4 期。

高寿仙:《晚明工部的财政收支及存在问题——对〈工部厂库须知〉财政数据整理与分析》,《北京联合大学学报》2018 年第 3 期。

高王凌:《关于明代的田赋改征》,《中国史研究》1986 年第 3 期。

管汉晖、李稻葵:《明代 GDP 及结构试探》,《经济学》(季刊)2010

年第 9 期。

韩大成：《明代的官店与皇店》，《故宫博物院院刊》1985 年第 4 期。

韩琦：《美洲白银与早期中国经济的发展》，《历史教学问题》2005 年第 2 期。

蒿峰：《明宫藏银之谜》，《故宫博物院院刊》1991 年第 3 期。

何平：《世界货币视野中明代白银货币地位的确立及其意义》，《中国经济史研究》2016 年第 6 期。

何平：《"白银时代"的多维透视与明末的"废银论"》，《中国钱币》2020 年第 4 期。

黑田明伸：《中国货币史上的用银转变：切片、称重、入账的白银》，《中国经济史研究》2020 年第 1 期。

黄阿明：《明代赋税征银中的负面问题》，《史林》2007 年第 6 期。

黄阿明：《明代前期的救钞运动及其影响》，《江汉论坛》2012 年第 2 期。

黄阿明：《明代中后期的伪银流通与国家应对》，《浙江社会科学》2010 年第 1 期。

黄仁宇：《为什么称为大历史》，《读书》1994 年第 11 期。

黄壮钊：《明代白银货币的滥觞》，《中山大学研究生学刊》第 30 卷 4 期，2009 年。

姜晓萍：《明代的商税与管理》，《西南师范大学学报》1994 年第 4 期。

杰弗里·帕克撰，董建中译：《17 世纪全球危机的再思考》，《清史译丛》第十一辑。

金国平、吴志良：《流散于葡萄牙的中国瓷器》，《故宫博物院院刊》2006 年第 3 期。

金荣国：《中国古代货币制度对朝鲜、日本古代货币制度的影响》，《延边大学学报》2000 年第 2 期。

赖建诚：《〈万历会计录〉初探》，《汉学研究》第 12 卷 2 期，1994 年。

李伯重：《历史上的经济革命与经济史的研究方法》，《中国社会科学》2001 年第 6 期。

李凤翔：《云南白银流通问题研究》，《中国钱币》2013 年第 6 期。

李龙潜：《试论明代社会经济发展的特点》，《中国社会经济史研究》2001 年第 4 期。

李龙潜：《也评黄仁宇著〈十六世纪明代中国之财政与税收〉》，《明清论丛》第九辑。

李龙潜：《明代钞关制度述评——明代商税研究之一》，《明史研究》1994 年。

李龙潜：《明代税课司、局和商税的征收——明代商税研究之二》，《中国经济史研究》1997 年第 4 期。

李隆生：《明末白银存量的估计》，《中国钱币》2005 年第 1 期。

李庆：《晚明中国与西属菲律宾的贸易规模及历史走向——基于"货物税"（almojarifazgo）文献的数据分析》，《中国史研究》2018 年第 4 期。

李若愚：《从明代的契约看明代的币制》，《中国经济史研究》1988 年第 4 期。

李宪堂：《白银在明清经济中生发的双重效应——兼评弗兰克与彭慕兰的"全球经济观"编造出的新神话》，《河北学刊》2005 年第 3 期。

李小萍：《试论明代的田赋折银和折粮银锭》，《中国钱币》2009 年第 3 期。

梁方仲：《近代田赋史中的一种奇异制度及其原因》，《史地周刊》1935 年第 23 期。

梁方仲：《明代"两税"税目》，《中国近代经济史研究集刊》3 卷 1 期，1936 年。

梁方仲：《明代国际贸易和银的输出入》，《中国社会史辑刊》1939 年第 11 期。

梁方仲：《明代户口田地及田赋统计》，《中国近代经济史研究集刊》3 卷 1 期，1936 年。

梁方仲：《明代粮长制度》，《益世报·史学》1935 年 5 月 28 日；又载《中国社会经济史集刊》7 卷 2 期，1944 年。

梁方仲：《明代田赋初制定额之年代小考》，《清华周刊》1933 年第 3、4 期。

梁方仲：《明代一条鞭法年表》，《岭南学报》1952 年第 1 期。

梁方仲：《评介〈万历会计录〉》，《中国近代经济史研究集刊》1935 年第 2 期。

梁方仲：《一条鞭法》，《中国近代经济史研究集刊》1936 年第 1 期。

梁方仲：《一条鞭法的名称》，《中央日报》1936 年 4 月 23 日。

梁方仲：《一条鞭法的争论》，《益世报·史学》1936 年 9 月 13 日。

梁森泰：《明代"九边"饷中的折银与粮草市场》，《中国社会经济史研究》1996 年第 3 期。

林枫：《明代中后期的市舶税》，《中国社会经济史研究》2001 年第 2 期。

林枫：《明代中后期的盐税》，《中国经济史研究》2000 年第 2 期。

林枫：《明代中后期商业发展水平的再认识》，《中国社会经济史研究》2003 年第 4 期。

林枫：《试析明万历前期的营业税》，《厦门大学学报》2000 年第 3 期。

林枫：《万历矿监税使原因再探》，《中国经济史研究》2002 年第 1 期。

林丽月：《明代禁奢令初探》，《台湾师范大学历史学报》第 22 期，1994 年。

林丽月：《〈蒹葭堂稿〉与陆楫"反禁奢"思想之传术》，陈国栋、罗彤华主编《经济脉动》，中国大百科全书出版社 2005 年版。

林延清：《论明朝财政监督体制》，《江南大学学报》2004 年第 1 期。

刘翠溶：《财富的基础中国的货币与货币政策 1000—1700 年》，《新史学》第九卷第三期 1998 年 9 月。

刘光临：《明代通货问题研究——对明代货币经济规模和结构的初步估计》，《中国经济史研究》2011 年第 1 期。

刘光临：《银进钱出与明代流通体制》，《河北大学学报》2011 年第 2 期。

刘和惠：《明季徽州市民暴动与黄山大狱案》，《安徽史学》1985 年第 3 期。

刘军：《明清时期白银流入量分析》，《东北财经大学学报》2009 年第 11 期。

刘利平：《赋役折银与明代中后期太仆寺的财政收入》，《故宫博物院院刊》2010 年第 3 期。

刘利平：《明代户部财政决策权新探》，《史学月刊》2009 年第 7 期。

刘利平：《论明代中后期的太仆寺的财政支出》，《中国经济史研究》2013 年第 3 期。

刘秋根：《明清民国时期典当业的资金来源及资本构成分析》，《河北大学学报》1999 年 4 期。

刘秋根、柴英坤：《明清的钱铺、钱庄与银号》，《石家庄学院学报》2010 年第 3 期。

刘秋根、谢秀丽：《明清民间商业信用票据化的初步发展》，《中国钱币》2006 年第 1 期。

刘逖：《1600—1840 年中国国内生产总值的估算》，《经济研究》2009 年第 10 期

刘新园等：《江西景德镇明清御窑遗址发掘简报》，《文物》2007 年第 5 期。

刘志玲：《解读黄仁宇的技术、道德与数目字管理》，《武汉交通管理干部学院学报》第 2 卷。

刘志岩等：《四川眉山市彭山区江口明末战场遗址 2017 年 II T1066 发掘简报》，《四川文物》2018 年第 5 期。

陆连超：《新财政史：解读欧洲历史的新视角》，《天津师范大学学报》2008 年第 4 期。

吕坚：《康雍乾户部银库历年存银数》，《历史档案》1984 年第 4 期。

马金生、李宏：《中国大陆"计量史学"现状的本土化反思》，《广播电视大学学报》2009 年第 2 期。

马芸芸：《略述 60 年来的张献忠研究》，《中华文化论坛》2010 年第 4 期。

梅新育：《略论明代对外贸易与银本位、货币财政制度》，《学术研究》1999 年第 2 期。

倪来恩、夏维中：《外国白银与明帝国的崩溃——关于明末外国白银的输入及其作用的重新检讨》，《中国社会经济史研究》1990 年第 3 期。

钱江：《十六世纪—十八世纪国际间白银流动及其输入中国之考察》，《南洋问题研究》1988 年第 2 期。

彭凯翔：《货币化与多元化：白银挑动下的明清货币"复调"》，《中国经济史研究》2019 年第 6 期。

乔晓金：《明代钞币初探》，《中国钱币》1983 年第 2 期。

秦晖：《农民"减赋"要防止"黄宗羲定律"的陷阱》，《中国经济时报》2000 年 11 月 3 日。

秦佩珩：《明代赋役制度考释》，《郑州大学学报》1983 年第 3 期。

清水泰次著，张锡纶译：《明初田赋考》，《食货》4 卷 2 期，1936 年。

邱永志：《基准转移、结构嵌入与信用离散——近世货币变迁中的白银问题》，《中国经济史研究》2020 年第 1 期。

全汉昇：《宋明间白银购买力的变动及其原因》，香港新亚研究所《新亚学报》八卷一期，1967 年。

全汉昇、李龙华：《明中叶后太仓岁入银两的研究》《明代中叶后太仓岁出银两的研究》，香港中文大学《中国文化研究所学报》5 卷 1 期，1972 年；《中国文化研究所学报》6 卷 1 期，1973 年。

全汉昇：《明代的银课与银产额》，《中国经济史论丛》，新亚，1991 年。

全汉昇：《明季中国与菲律宾的贸易》，《中国经济史论丛》，新亚，1991 年。

全汉昇：《明清间美洲白银的输入中国》，《中国经济史论丛》，新亚，1991 年。

全汉昇：《明清间美洲白银输入中国的估计》，《中国近代经济史论丛》，稻禾出版社 1996 年版。

全汉昇：《明中叶后中日间的丝银贸易》，《中国近代经济史论丛》，稻禾出版社 1996 年版。

全汉昇：《再论明清间美洲白银的输入中国》，《陶希圣先生八秩荣庆论文集》，食货出版社 1979 年版。

全汉昇：《略论新航路发现后的中国海外贸易》《略论新航路发现后的海上丝绸之路》《明清间中国丝绸的输出贸易及其影响》《明代中叶后澳门的海外贸易》和《明中叶后中日间的丝银贸易》，《中国近代经济史论丛》，中华书局 2011 年版。

任均尚：《明朝货币政策研究》，《西南师范大学学报》2003 年第 5 期。

任乃强：《张献忠屠蜀辨》，社会科学丛刊编辑部《张献忠在四川》，四川人民出版社 1981 年版。

沈伯俊：《文学史料的归纳与解读——元代至明初小说和戏曲中白银的使用》，文艺研究，2005 年第 1 期。

石坚平：《明代中后期中菲贸易发展中的若干问题探析》，《东南亚南亚研究》2010 年第 2 期。

史五一：《试析明后期财政危机的根源》，《安徽师范大学学报》2002 年第 5 期。

苏新红：《从太仓库岁入类项看明代财政制度的变迁》，《东北师大学报》2013 年 1 期。

苏新红：《明代"太仓库"称谓考》，《东北师范大学学报》2011 年第 1 期。

苏新红：《张居正当国时期的中央财政制度改革——以太仓库为核心》，《古代文明》2013 年第 1 期。

孙强：《晚明经营性赊买赊卖初论》，社会科学在线，2006 年第 4 期。

汤象龙：《中国近代经济史研究集刊发刊词》，《中国近代经济史研究集刊》第一卷第一期，1932 年。

唐文基：《论明朝的宝钞政策》，福建论坛，2000 年第 1 期。

陶明选、李勇：《程演生〈天启黄山大狱记〉述评》，《安徽师范大学学报》2000 年第 3 期。

田口宏二郎：《畿辅矿税初探——帝室财政、户部财政、州县财政》，《中国社会经济史研究》2002 年第 1 期。

田澍：《嘉靖革新视野下的张居正》，《学术月刊》2012 年第 6 期。

万明：《昙花一现之城：全球化开端时期的明代舟山双屿》，《城市与中外民族文化交流》（《中外关系史论丛》第 20 辑），陕西师大出版总社有限公司，2013 年。

万明、徐英凯：《明代白银货币化再探——以〈万历会计录〉河南田赋资料为中心》，中国史学会（日本）、台北"中研院"、台湾政治大学、《新史学》杂志社《"基调与变奏"7—20 世纪的中国》第二卷，2008 年 7 月。

万明：《16 世纪明代财政史的重新检讨——评黄仁宇〈十六世纪明代中国之财政与税收〉》，《史学月刊》2014 年第 10 期。

万明：《朝堂与战事之间：明朝万历援朝之战官将群体的初步考察》，《烟台大学学报》2017 年第 3 期。

万明：《传统国家近代转型的开端：张居正改革新论》，《文史哲》2015 年第 1 期。

万明：《关于明代白银货币化的思考》《中国社会科学院院报》2004 年 5 月 18 日。

万明：《关于明代国家与社会的思考》，《天津社会科学》2012 年第 6 期。

万明：《明初政治新探——以诏令为中心》，《明史研究论丛》第九辑，2011 年。

万明：《明代澳门与海上丝绸之路》，《世界历史》1999 年第 6 期。

万明：《明代澳门政策的确定》，《中西初识》（《中外关系史论丛》第 6 辑）1999 年第 3 期。

万明：《明代白银货币化：中国与世界连接的新视角》，《河北学刊》2004 年第 2 期。

万明：《明代白银货币化的初步考察》，《中国经济史研究》2003 年第 2 期。

万明：《明代白银货币化视角下的赋役改革》（上、下），《学术月刊》2007 年第 5、6 期。

万明：《明代白银货币化与明朝兴衰》，《明史研究论丛》第六辑，黄山书社 2004 年版。

万明：《明代白银货币化与制度变迁》，《暨南史学》第二辑，2003 年版。

万明：《明代财政的转型——以〈万历会计录〉浙江田赋为中心的探析》，《明史研究论丛》第十二辑，2014 年。

万明：《明代财政国库管理述论》，《现代国库理论与实践》，经济科学出版社 2013 年版。

万明：《明代财政体系的转型——张居正改革的重新诠释》，《中国社会科学报》2012 年 7 月 4 日。

万明：《明代赋役改革新证——〈钦依两浙均平录〉解读之一》，《明史研究论丛》第十一辑。

万明：《明代嘉靖年间的宁波港》，《海交史研究》2002 年第 2 期。

万明：《明代两浙均平法考》，《中国史研究》2013 年第 2 期。

万明：《明代青花瓷的展开：以时空为视点》，《历史研究》2012 年第 5 期。

万明：《明代青花瓷崛起的轨迹：从文明交流走向社会时尚》，《故宫博物院院刊》2008 年第 6 期。

万明：《明代青花瓷西传的历程：以澳门贸易为中心》，《海交史研究》2010 年第 2 期。

万明：《明代税票探微——以所见徽州文书为中心》，《明史研究论丛》第十辑，2012 年版。

万明：《明代珍稀文书的回归：〈钦依两浙均平录〉》，《中国社会科学报》2012 年 4 月 25 日。

万明：《明令新探》，杨一凡主编：《中国法律基本形式研究》，社会科学文献出版社 2011 年版。

万明：《试论 16—17 世纪中叶澳门对海上丝绸之路的历史贡献》，（澳门）《文化杂志》中文版第 43 期，2002 年夏季刊。

万明：《试论明代澳门的治理形态》，《中国边疆史地研究》1999 年第 2 期。

万明：《释西洋：郑和下西洋深远影响的探析》，《南洋问题研究》2004 年第 4 期。

万明：《晚明社会变迁：研究视角的转换》，《中国文化研究》2004 年春之卷。

万明：《晚明史研究七十年之回眸与再认识》，《学术月刊》2006 年第 10 期。

万明：《万里同风：明代青花瓷崛起的历程》，《逐波泛海：十六至十七世纪中国陶瓷外销与物质文明扩散》，2013 年。

万明：《张献忠为什么会有大量白银沉于江口》，《中国史研究动态》2016 年第 4 期。

万明：1999 年发表的系列论文《明朝对澳门政策的确定》，《关于明代葡萄牙人入居澳门问题》，《试论明代澳门的治理形态》（均收入万明《明代中外关系史探研》，天津古籍出版社 2019 年版）。

万明：《白银货币化：明朝中国与全球的互动》，《部级领导干部历史文化讲座》，中央文献音像出版社 2015 年版。

万明：《明代白银货币化研究 20 年——学术历程的梳理》，《中国经济史研究》2019 年第 6 期。

万明：《"隐蔽"变化中的明代中国与世界》，《光明日报》2020年6月24日。

万明：《全球史视野下的明代白银货币化》，《光明日报》2020年8月3日。

万斯年：《云南剑川元代火葬墓之发掘》，《考古通讯》1957年第1期。

万志英撰，王敬雅译：《中国17世纪货币危机的神话与现实》，《清史译丛》第十一辑《中国与十七世纪危机》，第125—154页。

王国斌：《18世纪以来中国财政变迁及相关问题》，《史林》2006年第2期。

王家范：《明清易代的偶然性与必然性》，《史林》2005年第1期。

王文成：《金朝时期的白银货币化与货币白银化》，《思想战线》2016年第6期。

王文成：《明朝洪武八年1375钞法与元末明初金银钱钞》，《中国经济史研究》2020年第4期。

王兴亚：《明初河南耕地面积辨正》，《河南大学学报》1987年第4期。

王宇博、俞荣生：《计量史学研究评述》，《江苏教育学院学报》1996年第1期。

王玉祥：《明代私铸述论》，《中国社会经济史研究》2002年第4期。

王玉祥：《明代钞法述论》，《甘肃社会科学》1997年第5期。

王裕巽：《明代钱法变迁史》，《文史哲》1996年第3期。

王裕巽：《明代白银国内开采与国外流入数额试考》，《中国钱币》1998年第3期。

王裕巽：《明代金银钱分类综论》，《中国钱币》2003年第4期。

王裕巽：《试论明中后期的私铸与物价》，《中国钱币》2001年第3期。

王毓铨：《户役田述略》，《明史研究》，黄山书社1991年版。

王毓铨：《明朝的配户当差制》，《中国史研究》1991年第1期。

王毓铨：《明朝田地赤契与赋役黄册》，《中国经济史研究》1991年第1期。

王毓铨：《明朝徭役编审与土地》，《历史研究》1988年第1期。

王毓铨：《纳粮也是当差》，《史学史研究》1989 年第 1 期。

韦庆远：《顺治朝铸钱及其存世的问题》，云南大学历史系编《纪念李埏教授从事学术活动五十周年史学论文集》，云南大学出版社，1992 年。

魏斐德撰，唐博译：《中国与十七世纪危机》，《清史译丛》第十一辑。

巫仁恕：《明清城市民变研究：传统中国城市群众集体行动之分析》，台北：台湾大学历史学研究所，1996 年，博士论文提要。

吴承明：《现代化与中国十六、十七世纪的现代化因素》，《中国经济史研究》1998 年第 4 期。

吴承明：《16 与 17 世纪的中国市场》，《货殖：商业与市场研究》第一辑，1995 年。

吴晗：《记大明通行宝钞》，《读史札记》，生活·读书·新知三联书店 1957 年版。

吴慧：《明清（前期）财政结构性变化的计量分析》，《中国社会经济史研究》1990 年第 3 期。

伍丹戈：《明代中叶的赋税改革和社会矛盾》，《社会科学战线》1979 年第 4 期。

肖立军：《明代财政制度中的起运与存留》，《南开学报》1997 年第 4 期。

邢铁：《中国古代专制集权体制下的财政预算和决算》，《中国经济史研究》1996 年第 4 期。

徐泓：《明代后期的盐政改革与商专卖制度的建立》，《台大历史学系学报》1977 年第 4 期。

徐泓：《明代前期的食盐生产组织》，《台大文史哲学报》1975 年第 24 期。

徐泓：《明代中期食盐运销制度的变迁》，《台大历史学系学报》1975 年第 2 期。

徐泓：《明代社会风气的变迁：以江、浙地区为例》，《第二届国际汉学会议论文集·明清近代史组》，1989 年。

徐泓：《明代后期华北商品经济的发展与社会风气的变迁》，《第二次中国近代经济史会议论文集》，1989 年。

徐蜀：《明代重要经济文献〈万历会计录〉》，《文献》1989 年第 4 期。

徐英凯、朱勇华：《聚类分析和回归分析：明代万历初年山东田赋数据的补充》，*Applied Social Science*，Volume IV，Information Engineering Research Institute，USA，2011.

许檀：《明清时期城乡市场网络体系的形成及意义》，《中国社会科学》2000 年第 3 期。

薛国中：《世界白银与中国经济：16—18 世纪中国在世界经济体系中的地位》，《中国政法大学学报》2007 年第 1 期。

严艳：《浅谈明代白银与铜钱的比价问题》，《南方文物》2006 年第 4 期。

燕红忠：《本位与信用：近代中国白银货币制度及其变革》，《中国经济史研究》2019 年第 6 期。

杨君：《“张献忠沉银”银锭初考》，《澳门研究》2017 年第 3 期。

杨寿川：《论明清之际云南“废贝行钱”的原因》，《历史研究》1980 年第 6 期。

杨一凡：《明代中后期重要条例版本略述》，《法学研究》1994 年第 3 期。

姚遂：《中西古代金融思想比较初探》，《中央财经学院学报》1995 年第 3 期。

叶世昌：《元代的信用和信用机构》，《河北学刊》1997 年第 3 期。

袁良义：《从明一条鞭法到清一条鞭法》，《中国社会科学院研究生院学报》1993 年第 3 期。

张海英：《明中叶以后“士商渗透”的制度环境——以政府的政策变化为视角》，《中国经济史研究》2005 年第 4 期。

张铠：《晚明中国市场与世界市场》，《中国史研究》1988 年第 3 期。

张民服等：《明代国家会计运作方法》，《中州学刊》1998 年第 4 期。

张诗波：《明代“私铸钱”与国家的应对措施》，《北方论丛》2007 年第 5 期。

张永理：《黄仁宇大历史观析论》，《江西社会科学》2001 年第 10 期。

赵其芳：《明代之赋役制度》，《中国经济》3 卷 3 期，1935 年。

赵善轩、李新华：《重评"大明宝钞"》，《江西师范大学学报》2005年第1期。

赵轶峰：《试论明代货币制度的演变及其历史影响》，《东北师大学报》1985年第4期。

赵轶峰：《试论明末财政危机的历史根源及其时代特征》，《中国史研究》1986年第4期。

赵轶峰：《明代中国历史趋势：帝制农商社会》，《东北师大学报》2007年第1期。

赵轶峰：《明代白银货币称量形态对国家——社会关系的含义》，《史学月刊》2014年第7期。赵毅、丁亮：《从银、力差的变迁看明代均徭法的演化路径——以浙江地区为例》，《社会科学辑刊》2013年第4期。

赵毅、丁亮：《明代上供物料的增长趋势与办纳方式的变迁——以浙江为中心》，《中国经济史研究》2015年第1期。

庄国土：《16—18世纪白银流入中国数量估算》，《中国钱币》1995年第3期。

四　硕博学位论文

董建民：《壬辰御倭战争后期（1597—1598）明军粮饷问题研究》，硕士学位论文，山东大学，2016年。

戴建兵：《白银与近代中国经济（1890—1935）》，博士学位论文，复旦大学，2003年。

范文强：《明代货币流通领域的"经济法"研究》，硕士学位论文，广西师大，2012年。

后智刚：《外国白银内流中国问题探讨（16—19世纪中叶）》，博士学位论文，复旦大学，2009年。

胡小磊：《海外白银流入与明朝后期统治危机关系的研究》，硕士学位论文，中央财经大学，2014年。

丁亮：《明代浙江地方财政结构变迁研究》，博士学位论文，东北师范大学，2014年。

黄阿明：《明代货币与货币流通》，博士学位论文，华东师范大学，2008年。

刘利平：《明代户部与中央财政管理体系研究》，博士学位论文，中国人民大学，2008 年。

刘婷婷：《明朝白银与经济增长关系的实证研究》，硕士学位论文，
山东大学，2016 年。

马良：《明清时期白银货币泛化研究（16—19 世纪中叶）》，博士学
位论文，辽宁大学，2013 年。

罗春林：《晚明货币白银化批判思想研究》，硕士学位论文，东北师
范大学，2013 年。

邱永志：《从明代白银的流动看中国与世界的互动》，硕士学位论文，
云南大学，2012 年。

申斌：《赋役全书的形成——明清中央集权财政体制的预算基础》，
博士学位论文，北京大学，2018 年。

苏新红：《明代太仓库研究》，博士学位论文，东北师范大学，
2009 年。

孙良玉：《试论明代的白银货币化》，硕士学位论文，郑州大学，
2006 年。

王欢：《明代白银货币化的过程与动因考察》，硕士学位论文，东北
师范大学，2006 年。

吴慧华：《明代江西县级财政研究》，硕士学位论文，江西师范大学，
2010 年。

徐永辰：《明代白银货币化的制度分析》，硕士学位论文，西南财经
大学，2015 年。

袁逸尘：《白银货币对明朝国民经济的影响——基于数量分析结果》，
硕士学位论文，山东大学，2016 年。

曾美芳：《晚明户部的战时财政运作——以己巳之变为中心》，博士
学位论文，台中暨南国际大学，2013 年。

张继梅：《明代财政监督研究》，博士学位论文，南开大学，2008 年。

五　外文文献

Abu–Lughod, Janet L, *Before European Hegemony：The World–System A.D. 1250–1350.* New York：Oxford University Press, 1989.

Albert, Michel, *Capitalism against Capitalism.* London：Whurr, 1993.

Albuquerque, Luis de. *Os descobrimentos Portuguese.* Lisboa,

Alfa, 1986.

Alfred Conrad and John Meyer, "The Economics of Slavery in the Ante-bellum South," *Journal of Political Economy*, vol. 66, no. 2, Apr. 1958.

Artur Attman, *America Bultionin the European World Trade*, 1600 – 1800, Goteborg, 1986.

Axford, Barrie, *The Global System: Economis, Politics and Culture*. Cambridge Polity, 1995.

A. Kobata, "The Production and Uses of Gold and Silver in Sixteenth and Seventeenth – Century Japan", in Dennis Flynn and Arturo Giraldez eds. : *Metals and Monies in an Emerging Global Economy*, Aldershot, Hampshire, Great Britain ; Brookfield, Vt. : Variorum, 1997.

A. Reid, *Southeast Asia in the Age of Commence, 1450 – 1680* , Vol. 2, New Haven, Yele UniversityPress, 1993.

Bal Krishna: *Commercial Relations between India and England* 1601 – 1757, London, 1924.

Barrett. Ward, "Word Bullion Flows, 1450 – 1800. " In James Tracy, ed. , *The Risk of Merchant Empires*. New York: Cambridge University Press, 1990.

Barros, Joao de. *Terceira decada da Asia*. Lisboa, Joao de Baviera, 1563.

Blair E. H. and Robertson, J. A. eds. *The Philippine islands* 1493 – 1803. Cleveland, Ohio, the A. H. Clark company, 1903 – 1909.

Boxer, C. R. , *Portuguese military expeditions in aid of the Ming against the Manchus*, 1621 – 1647. Tiehsia Monthly, 7: 1, 1938.

Boxer C. R. , *Portuguese and Dutch Colonial Rivalry* 1641 – 1661, 1958.

Boxer, C. R. , *The great ship from Amacon: annals of Macao and the old Japan trade*, 1555 – 1640. Lisboa, Contro de Estudos Historicos Ultramanos, 1959.

Boxer, C. R. ed. , and trans. *Seventeeth century Macau in contempoaray documentes and illustrations*. Hong Kong 1984.

Chaudhuri. K. N, Trade and Civilization in the Indian Ocean: An Economic History from the Risk of Islam to 1750. Cambridge: Cambridge University Press, 1985.

Boxer C. R. , *Fidalgos in the Far East*, 1550 – 1770, Martinus Nijhoff, The Hague, p. 121.

Braga, J. M. , *The western pioneers and their discovery of Macao.* Macao, 1949.

Campbell, Wm. , *Formosa under the Dutch.* London, 1903.

Carswell John, *Blue and white: Chinese porcelain around the world*, London, British Museum pr. , 2000.

Cartas dos Cativos de Cantao: Cristovao Viera e Vasco Calvo (1524). Macau, 1992.

Cortesao, Armando ed. , *The Suma Oriental of Tome Pires.* London, Hakluyt Society, 1944.

Cremer, D. ed. , *Macao city of commerce and culture.* Hong Kong, 1987.

Fairbank, John K. , *Trade and Diplomacy on the China Coast*, *the opening of the treaty ports*, 1842 – 1854. Cambridge, Harvard University Press, 1954.

Farmer, Edward L. , *Early Ming government: the evolution of dual Capitals.* Cambridge, Mass. , Harvard East Asian Research Center, 1976.

Dennis O. , Flynn and Arturo Giraldez, "Born with a Silver Spoon: the Origin of World Trade in 1571", *Journalof World History*, Vol. 6, No. 2, 1995.

Dennis Flynn and Arturo Giraldez eds. , *Metals and Monies in an Emerging Global Economy*, Aldershot, Hampshire, Great Britain ; Brookfield, Vt. : Variorum, 1997.

Dennis O. Flynn, "Fifteenth – Century European Silver and Chinese End – Markets", Italien als Vorbild? Ökonomische und kulturelle Verflechtungeneurop-äischer Metropolen am Vorabend der, ersten Globalisierung (1300 – 1600), Druck: Gutenberg Beuys Feindruckerei GmbH, Langenhagen, 2019.

D. Maland, *Europe in the sixteeth century*, London: Macmilian, 1973.

E. H. Blair and J. H. Robertson, *The Philippine Islands*, *1493 – 1898*, *Cleve – land*, The Arthur H. Clark Co. , 1903.

Earl J. Hamilton: *American Treasure and the Price Revolution in Spain*, Cambridge, Harvard University Press, 1934.

Farmer, Edward L. , *Comparative history of civilization in Asia*. Boulder, Colo, Westview Press, 1986.

Gaspar Correa, *Lendas daíndia*, Rodrigo Joséde Lima Felner ed. Lisbon, 1858.

Geoffrey Parker, *Global Crisis*: *War, Climate Change and Catastrophe in the Seventeenth Century*, New Haven, Yale University Press, 2013.

George Bryan Souza, *The Survival of Empire*: *Portuguese Trade and Society in China and the South China Sea*1630 – 1754, Cambridge Univ. Press, 1986.

George Sansom, *A History of Japan*1334 – 1615, London, 1961.

H de la Costa, The Jesuits in the Philippines, 1581 – 1768. Cambridge, Mass: Harvard University Press, 1961.

Ho Ping – ti. Studies on the population of China, 1368 – 1953. Cambridge, Mass. Harvard University Press. 1959.

Hyma, Albert, *A history of the Dutch in the Far East*. Michigan, 1953.

Jack C. Plano and Roy Olton: *The International Relations Dictionary*, Santa Barbara, 1982.

Jan de Vries, "The economic crisis of the seventeeth century after fifty years", *Journal of Interdisciplinary History*, Volume 40, Number 2, Autumn 2009.

J. A. Pope, *Chinese Porcelain from Ardebil Shrine*, Second Edition, Sotheby Parke Bernet, London and New Jersey, 1981.

J. E. Richards, Durhamed, *Precious Metals in the labe Medieval and Eang Modern worlds*, N. C. : Carolina Academic Press, 1983.

Jin Guo Ping and Wu Zhiliang, "Nova Tradução de Teppōki (crónica da espingarda)", *Review of Culture*, 2008.

J. J. TePaske, "New World Silver, Castile, and the Philip – pines, 1590 – 1800" in *Precious Metals in the Late Me – dieval and Early Modern Worlds*. N. C. : Carolina Academic Press, 1983.

John Carswell, *Blue and White*: *Chinese porcelain around the world*, British Museum Press, 2000.

Joseph A Schumpet, "The Crisis of Tax State", in *International economical*

Papers, New York：: Macmilan, 1958.

Kozo yamamura and Tetsuo Kamiki, "Silver Mines and Sung Coins – A Monetary History of Modern Japan in International Perspective", in J. E. Richards, Durhamed：*Precious Metals in the labe Medieval and Eang Modern worlds*. N. C. ：Carolina Academic Press, 1983.

Lach, Donald F. , *Asia in the making of Europe*. Chicago, University of Chicago Press, 1965.

Laura Valerrie Esterhusizen, "History written in porcelain sherds – the San Joao and San Bento – two 16th century portuguese shipwrecks", *TAOCI*, no. 2, 2001.

Lien – sheng Yang, *Money and Credit in China*, *A Short History*, Harvard University Press, Cambridge, Massachusetts, 1952.

Luis Keil：*Jorge Alvares o Primeiro Portugues que fai a China* (1513), Instituto Cultural na Macau, 1990.

Magalhaes Godinho, Os Descobrimentos e a EconomiaMundial, Vol. 1, Lisboa, 1963.

Maria Antonia Pinto de Matos, "They' d Portuguese Trade", *Oriental Art* XLV. 1, 1999, p. 22.

Maura Rinaldi, *Kraak porcelain – a moment in the history of trade. Kraak porcelain*：London：Bamboo Pub. Ltd. , 1989.

Mi Chu Wiens, Changes in the fiscal and rural contral systems in the four-teenth and fifteenth centuries, *Ming Studies*, No. 3, Fall, 1976.

——Social changes and fiscal reform in the fifteenth century, *Ming Studies*, No. 26, Fall, 1988.

Pinto, Fernao Mendes. *Peregrinacao*. Cosmoplis, Editora, 1930.

Pierre Chaunu, *Les Philipines et le Pacifique des Lberiques*, XVI, XVII, XVIII ISiecles, Paris：S. E. V. P. E. N. , 1960.

Pearson M. N. , *The New Cambridge History of India*, Cambridge University Press, Vol. 1.

Pedro Dias, *Portuguese Heraldry in Ming Chinese Porcelain*, VOC Antiguidades, LDA, Porto, 2011.

Ray Huang, *Taxation and Governmental Finance in Sixteenth – Century*

Ming China, New York, N. Y. , Cambridge Univ. Pr. , 1974.

Regina Krahl and John Ayers, *Chinese ceramics in the Topkapi Saray Museum*, Istanbul, 3Vols, London, 1986.

Richard Bonney, *The Rise of the Fiscal State in Europe c.* 1200 – 1815. Oxford: Oxford University Press, 1999.

Richard von Glahn, *Fountain of Fortune: Money and Monetary Policy in China, 1000 – 1700*, University of California Press, Berkeley, Los Angeles, London, 1996.

Schurz, William Lytle, *The Manila Galleon*, New York: E. P. Dutton, 1959.

Seiichi Iwao, "Japanese Foreign Trade in the Sixteenth and Seventeenth Century", *Acta Asiatica*.

Souza, G. B. , *The survival of empire.* Cambridge University Press, 1986.

Spence, J. D. and Wills Jr. J. E. ed. , *From Ming to Ching: conquest, region, and continuity in seventeenth century China.* New Haven and London, Yale University Press, 1979.

Ssu—yu Teng and J. K. Fairbank (eds), *China's Response to the West: A Documentary Survey*, 1839 – 1923. Cambridge, Harvard University Press, 1954.

Sten Sjostrand, "The Xuande Wreck Ceramics", *Oriental Art*, XIIII, 2, 1997.

Swanson, Bruce. Eighth voyage of the dragon, Annapolis. Md. Naval Institute pr. , 1982.

T. Volker, *Porcelain and the Dutch East India Company*, Leiden, E. J. Brill, 1954.

Wan Ming, "The Monetization of Silver in China: Ming China and Its GlobalInteractions", in China's Development from a Global Perspective, María Dolores Elizalde and Wang Jianlang ed. , Cambridge Scholars Publishing, 2017.

Ward Barrett, "World Bullion Flows, 1450 – 1800", in James D. Tracy ed. : *The Rise of the Mechant Empires, Long Distance Trade in the Early Modern World*, 1350 – 1750, Cambridge, Cambridge University Press, 1990.

William S. Atwill, "Noteson Silver, Foreign Trade, and the Late Ming Economiy. " Ch' ing – shih wen – ti, Vol. 8, No. 3, 1977.

—— "International Bullion Flows and the Chinese Economy, circa 1530 –

1650", *Past and Present*, No. 95, 1982.

—— "Ming Observations on the 'Seventeeth – Century Crisis' in China and Japan", *Journal of AsianStudies*, Vol. 45, 1986.

—— "A Seventeeth – century 'General Crisis' in East Asia?", *Modern Asia Studies*, Vol. 24, No. 4, 1990.

—— "Another Look at Selver Imports into China, ca. 1635 – 1644", *Journal of World History*, Vol. 16, No. 4, Dec. 2005.

Wills, Jr. J. E., *Pepper, guns and parlays.* Cambridge, 1974.

Xu Yingkai, Chen Qiuhua, "Application of Cluster Analysis in National Land Tax Structure Analysis in the Sixteenth Century", *Comprehensive Evaluation of Economy and Society with Statistical Science*, Aussino Academic Publishing House Sydney Australia, 2009.

Yule, Henry ed. and trans. *Cathay and the way thither.* London, Hakluyt Society, 4v., 1913 – 1916.

百赖弘：《明清社会經濟史研究》，东京研文出版社，1980 年。

濱島敦俊：《圍繞均田均役法の實施》，《東洋史研究》33 卷 3 号，1974 年。

川胜守：《明清江南市镇社会史研究》，东京：汲古书院，1999 年版。

川胜守：《中国封建国家の支配构造——明清赋役制度史の研究》，东京大学出版会 1980 年版。

川胜守：《中国封建国家の支配構造》，东京大学出版会，1980 年。

村上直、江面龍雄、田中圭一：《江戸幕府石見銀山史料》，雄山閣，1979 年。

島根県教育委員会著；《石見銀山：年表・編年史料綱目篇》，石見銀山歴史文献調査団編，思文閣，2002 年。

谷口規矩雄：《明代徭役制度史研究》，京都：同朋舍 1998 年版。

和田清編：《明史食货志译注》2 册，东京：汲古书院 1996 年补订版。

堀井一雄：《金花銀の展开》，《东洋史研究》5 卷 2 号，1940 年。

栗林宣夫：《一条鞭法の形成について》，《清水博士追悼纪念明代史论丛》，东京：大安株式会社，1962 年。

榎一雄:《西欧文明とアジア》,東京平凡社 1991 年版。

清水泰次:《明代に於ける租税銀納の嫩達》,《東洋學報》20 卷 3 期,1935 年。

清水泰次:《中国近世社会経濟史》,东京:西野書店 1950 年版。

瑞溪周凤:《善邻国宝记》,国书刊行会,1975 年。

森正夫:《明中叶江南租税征收制度改革》,《明清时代的政治和社会》,京都大学人文科学研究所 1983 年版。

森正夫:《宣德—成化时期苏州府的徭役赋课》,《名古屋大学東洋史研究报告》13,1988 年。

山根幸夫:《明清華北定期市の研究》,东京:汲古书院 1995 年版。

山根幸夫:《明代徭役制度の展開》,东京女子大学会 1966 年版。

山脇悌二郎:《長崎の唐人貿易》,东京:吉川弘文館,1964 年版。

市古尚三:《明代货币史考》,日本东京凤书房,1977 年。

田中健夫:《倭寇と勘合貿易》,东京至文堂,1966 年。

西嶋定生:《西嶋定生东アジア史论集》第 3 卷,《东アジア世界と册封体制》,岩波书店,2002 年。

小野和子:《東林黨と張居正——考成法を中心に—》,《明清时代の社会と文化》,京都大学人文社会科学研究所,1983 年。

小葉田淳:《中世日支通交史の研究》,东京刀江书院,1969 年版。

小葉田淳:《金銀貿易史の研究》,東京:法政大学出版局,1976 年。

小葉田淳:《続日本鉱山史の研究》東京:岩波書店,1986 年。

星斌夫:《明清时代社会经济史の研究》,国书刊行会,1989 年。

岩見宏:《明代徭役制度の研究》,京都:同朋舍,1986 年。

岩見宏:《明末清初期の研究》,京都大学人文科学研究所,1989 年。

岩見宏:《晚明财政の一考察》,岩見宏、谷口规矩雄编:《明末清初期の研究》,京都:京都大學人文科學研究所,1989 年。

岩井茂树:《明代中国の礼制覇権主义と东アジア》,《东洋文化》第 85 号,2005 年 3 月。

岩井茂樹:《張居正财政の課題と方法》,岩見宏、谷口规矩雄编:《明末清初期の研究》,京都:京都大學人文科學研究所,1989 年。

岩井茂樹:《中国近世财政史の研究》,京都:京都大學學術出版會,2004 年。

岩生成一：《关于近世日支贸易数量的考察》，《史学杂志》1953 年第 11 期。

岩生成一：新版《朱印船貿易史の研究》，吉川弘文馆，1985 年。

桜井英治、中西聡編：《流通経済史》，山川出版社，2002 年。

约瑟夫·熊彼特著，朱泱等译：《经济分析史》，商务印书馆 1996 年版。

中島楽章編：《南蛮·红毛·唐人——十六·十七世紀の東アジア海域》，京都：思文阁出版，2013 年。

足立啟二：《初期銀財政の歳出入構造》，《山根幸夫教授退休纪念明代史论丛》下卷，汲古书院，1990 年。

佐伯好郎：《支那基督教の研究》3，春秋社，1944 年。

佐久间重男：《明代における商税と財政上の关系》，《史学杂志》65 卷 1—2 期，1956 年。

佐久间重男：《日明关系史の研究》，东京吉川弘文馆，1992 年。

后　记

对于明代白银货币化研究的不懈追求，终于告一段落。

学也无涯，白银货币化概念的提出和白银货币化过程的研究，已经20多年。关于这一研究，无论在国内还是国外都是一个新的课题，这些年尽管已发表了许多篇论文，与徐英凯合作出版了《明代〈万历会计录〉整理与研究》，但一直没有形成一部专著，这是因为尽管20多年来投入的精力和心血比别的课题都要多，但终因此课题涉及学科面太宽泛，需要关注全球视野中的中国与世界过于广阔又过于复杂的互动关联，自己虽已最大限度地学习和吸收国内外相关领域的研究成果，尝试进行综合研究，形成中国早期近代化进程体系化的书写论述，但是毕竟学识有限，挂一漏万，因此迟迟不能拿出总体成果，总觉得没有做完体系化的论述。在此衷心感谢中国社会科学出版社社长赵剑英和资深老编辑黄燕生的推荐和支持，将此书列入国家社会科学基金后期资助项目，现得以将这本小书呈现出来。需要说明的是，这是在20多年间陆续撰写的一篇篇论文基础上汇集而成，由于研究撰写时间长，学术思想在不断向前发展，接续研究难免有重叠之处，与不尽周至之处，还望读者见谅。在此我还要由衷地感谢责任编辑李凯凯和编校人员付出的大量辛勤工作，对于中央民族大学蒋玉晨博士协助制图与规范注释工作，也深致谢意。至于此书论述不当之处，敬祈专家与读者赐正。

万明

2022年3月于北京海淀万寿秀庐